한국 이민법

-이론과 실제-

차 용 호 저

法 文 社

Korea Immigration Law

Cha, Yongho

2015
Bobmun Sa
Paju bookcity Korea

머 리 말

저는 법무부 출입국·외국인정책본부에서 13년 넘게 이민행정 업무를 맡아 오면서, 저출산과 고령사회에 대비하고 국가성장동력 개발을 위해 이민정책과 제도를 마련하는 것에 보람을 가집니다. 2005년에 '외국인보호·관리정책 예산구조'를 '이민정책 예산체계'로 직접 전면개편하고, 2006년 이래 국제기구에서 세계 최초로 이민을 연구·교육하는 IOM이민정책연구원(MRTC) 설립계획을 직접 기안하고, 사회통합정책의 일환으로 조기적응프로그램, 사회통합프로그램, 외국인 사회통합기금을 직접 기안하여 도입·개발하여 왔습니다.

이와 동시에, 이민과 국가발전, 외국인의 처우에 대하여 연구학회 및 인권단체의 상반된 견해나 가치관을 접하면서, 이러한 과정 중에 아쉬웠던 점은 우리나라 이민법·정책에 관한 이론·실무·정책·판례를 담은 균형 잡힌 책이 있었으면 하는 바램이었습니다. 또한 대학 등 교육현장에서는 이민법·정책을 연구 교육하고자 하지만, 마땅한 교재 한 권 없는 현실이 안타깝게 생각되었습니다. 이런 계기로 8년에 걸쳐 이른 새벽에 복잡한 이민업무를 정리하고 자료를 모으는 과정에서 좀 더 용기를 내어 책으로 출판하게 되었습니다.

정책실무자로서 그간의 이민업무를 이론적 실무적으로 종합하고, 이를 통하여 국내외에서 이민법·정책의 개발에 조금이나마 기여하고자 하는 마음입니다.

이 책의 원고를 작성하기 위하여 수많은 국내외 서적과 논문, 실무교재 및 다른 인접한 학문분야의 성과를 활용하였습니다. 우리나라가 지금껏 경험하지 못한 이민사회를 미리 예측하는 데, 외국의 책이 유용하였습니다. 특히 외국 이민법 교재로서는 미국의 Stephen H. Legomsky & Cristina M. Rodrigue, T. Alexander Aleinikoff & Douglas Klusmeyer, T. Alexander Aleinikoff & Vincent Chetail, 영국의 Rosemary Sales, 인도의 Dr. Gurbax Singh, 필리핀의 Ronaldo P. Ledesma 등이 저술한 이민법 관련 책의 도움이 컸습니다. 국가별로 역사적 상황이 서로 다르지만, 공통된 흐름을 발견할 수 있었습니다. 이민법이 가지는 다학제적 연구의 특성상 다른 학문분야를 참고하였습니다. 정책학, 인구학, 사회학, 사회복지학, 행정학, 경제학(미시, 거시, 국제, 노동경제), 경영학(국제경영), 역사학, 그리고 헌법, 노동법, 근로기준법, 인권법, 관세법(FTA, 제재법), 대외무역법, 경찰행정법, 형법, 형사소송법, 국제법, 민법, 가족법 등 인접 학문의 도움이 컸습니다.

이 책의 집필방향은 다음과 같습니다.

첫째, 이민법 전반에 대한 내용을 종합적으로 작성하였습니다. 국제규범, 헌법, 출입국관리법, 여권법, 재한외국인 처우 기본법, 다문화가족지원법, 재외동포의 출입국과 법적 지위에 관한 법률, 국적법, 외국인근로자의 고용 등에 관한 법률, 자유무역협정(FTA, CEPA), 난민법 등 법률, 시행령, 시행규칙 및 훈령, 지침, 실무내용을 체계적으로 정리하였습니다.

둘째, 단순히 법령만을 나열하는 방식을 탈피하고, 용어의 기본개념을 충실히 설명함으로써 법령이 가지는 의미를 종합적으로 이해할 수 있도록 하였습니다. 또한 다른 제도와의 용어, 법적 성격, 법령과의 관련성에 대하여도 기술하였습니다. 이 책의 내용적 완결성을 위해 세부적인 고시와 지침 등도 설명하였습니다.

셋째, 학설 대립 또는 학설 나뉨이 있는 부분, 아직은 학설로까지 발전하지는 않았지만 해석이 상충하는 부분도 그 학자와 출처를 기재하고 정리하여, 학풍 내지 학파의 형성과정을 알기 쉽도록 하였습니다. 또한 최신의 국내외 사례와 판례를 인용하였습니다. 비록 하급심 판례일지라도 의미 있고 시사성 있는 것은 이 책에 수록하였습니다.

넷째, 이민법을 바라보는 관점은 혈통주의(민족주의) 및 국적주의로 나눌 수 있습니다. 이 책에서는 국적주의 관점을 채택하여 동포, 결혼이민자, 다문화가족, 다문화학생 등 개념 혼란을 정리하고, 외국인과 국민으로 구분하여 설명하였습니다.

다섯째, 대학(원)에서 교재 또는 참고자료로 활용할 수 있도록 교수와 학생의 입장에서 알고 싶은 내용을 담기 위해 노력했습니다.

여섯째, 정부의 정책수립자, 판사, 검사, 변호사, 법학자 등 법률가뿐만 아니라, 외국인의 적응을 지원하는 일반인도 이 책을 실무에서 활용할 수 있도록 작성하였습니다. 신규 출입국관리공무원 등이 이 책을 통해 방대한 규정과 이민업무를 빨리 터득하길 바랍니다. 또한 출입국관리공무원의 사무관승진 등 공무원 시험과목에 활용할 수 있도록 꼼꼼히 작성하였습니다.

이민은 개인과 그 집단의 세대에 걸친 종합적 생활 관계이므로 이민법은 통합적 시각이 필요합니다. 그래서 국가주권, 국민, 통합과 인권, 경제문제, 국가경쟁, 가족, 복지, 국가안보, 국가안전, 국제협력과 공동발전 등 다양한 요소가 동시에 고려되어야 합니다. 숲 전체를 보듯이 이민법을 어떻게 어떤 방향으로 활용해야 우리나라가 국제사회의 공동번영과 발전을 위한 주도적 역할을 맡을 수 있는지 숙고되기를 소망합니다.

최근 일각에서는 불법체류외국인 인권, 다문화가족 확대와 복지 등에 관심이 깊어가지만, 그 전에 전체 이민법·정책의 큰 구조와 균형 잡힌 시각이 필요하다고 생각

합니다. 균형 잡힌 시각이란 국익, 국민, 경제발전, 인권, 가족, 복지, 경쟁, 질서, 안보, 인력활용 등 상충되는 이념들이 어느 한쪽에 치우치지 않고 균형점을 찾는 것입니다.

이 책의 의견 중에서 때로는 정부, 학계, 인권단체의 입장과 대립하는 것도 있을 수 있습니다. 이러한 갭을 줄여가는 과정이 이 책을 작성하게 된 계기라는 점을 이해하여 주기 바랍니다. 이 책의 내용 중 논리적으로 오류에 빠져 있거나 국가주권과 국익·경제·인권 사이의 균형에서 비판할 사항이 있으면 chayh2020@naver.com에 언제든지 넓은 아량으로 지적하여 주기 바랍니다.

책이 출판되기 전 마지막 1년 동안은 수년간에 걸쳐 작성한 전체 원고의 이론과 논리를 재점검하고, 바뀐 법령을 수정하고, 이해하기 쉽도록 내용을 재배열하고, 색인 등을 하나하나씩 확인하는 데 체력과 인내심의 한계를 느꼈습니다. 생각과 사고를 책의 내용으로 담는 것이 어려운 작업이란 것을 새삼 알았습니다. 원고가 마무리될 즈음에, 사증과 체류제도, 외국인력 및 외국국적동포 관련 제도, FTA, 외국인 보호 등에 관한 국내외 교재와 논문, 실무자료, 판례 등을 더 담지 못한 것이 여전히 아쉬움으로 남습니다.

이 책이 출판되기까지 주변에서 많은 도움을 주셨습니다. 이 책에서 인용한 논문과 책의 저자 분들께 감사드립니다. 법무부 한무근 출입국·외국인정책본부장님께 감사드립니다. 한국이민학회, 한국다문화학회, 한국이민법학회 회장님과 교수님 들께도 감사드립니다. 조언하고 의견을 주신 임형백 교수님, IOM이민정책연구원 정기선 박사님, 강성식 공익법무관, 길강묵 사무관, 김진성 사무관, 김태형 사무관(변호사), 나현웅 사무관, 류인성 사무관(변호사), 손홍기 주무관, 이기흠 서기관(변호사), 하용국 사무관에게 감사드립니다. 수십 권의 책을 쓰시면서 저에게도 많이 격려해 주신 백선엽 힌두스태니 대표님에게도 감사드립니다. 어려운 상황에서도 이 책을 출판해 주신 법문사 사장님과 기획영업부 장지훈 차장님, 유진걸 선생님, 초보자인 저를 위해 편집 교정하느라 많이 수고해 주신 편집부 김용석 과장님 등에게 진심으로 감사드립니다. 저와 같이 이민자 통합정책을 개발하는 데 눈코 뜰새 없는 이민통합과 직원분들에게 감사드립니다. 고인이 되신 아버지, 항상 기도해 주시는 어머니, 교정에 도움을 주신 장모 최현자 교수님, 존경하는 장인께도 감사드립니다. 이민에 관한 책을 쓰기로 결정한 후 힘들고 어려운 고비마다 아내가 바로 옆에 있어 힘이 되어 멈추지 않을 수 있었고, 6살밖에 안 되었지만 가족을 위해 늘 기도하는 딸 '예선'이, 인도 델리에서 태어난 아들 '예준'이가 바르고 씩씩하게 성장해서 고마운 마음입니다.

2015년 1월

저 자 차 용 호

대 목 차

세부목차

제1편 이민법 일반

제 3 편 이민과 국경관리

제 4 편 외국인의 체류

제 5 편 국가안전 및 질서유지

제 6 편 이민과 통합

제 7 편 국적제도

제 8 편 외국인력제도

제 9 편 난민제도

주요 법률/시행령/시행규칙

가정폭력방지 및 피해자보호 등에 관한 법률/시행령/시행규칙
가정폭력범죄의 처벌 등에 관한 특례법
가족관계의 등록 등에 관한 법률
감염병의 예방 및 관리에 관한 법률/시행령/시행규칙
건강가정기본법/시행령/시행규칙
검찰보존사무규칙
검찰사건사무규칙
결혼중개업의 관리에 관한 법률/시행령/시행규칙
경찰공무원법
경찰관직무집행법/시행령
고용정책 기본법/시행령/시행규칙
공공보건의료에 관한 법률/시행령/시행규칙
공직선거법/시행령
관광진흥법/시행령/시행규칙
관세법/시행령/시행규칙
국가공무원법
국가인권위원회법/시행령
국세징수법/시행령/시행규칙
국적법/시행령/시행규칙
국제사법
국제수형자이송법
근로기준법/시행령/시행규칙
난민법/시행령/시행규칙
남녀고용평등과 일·가정 양립 지원에 관한 법률/시행령/시행규칙
남북교류협력에 관한 법률/시행령/시행규칙
노동조합 및 노동관계조정법/시행령/시행규칙
다문화가족지원법/시행령/시행규칙
민법
배타적 경제수역에서의 외국인어업 등에 대한 주권적 권리의 행사에 관한 법률/시행령/시행규칙
병역법/시행령/시행규칙

사법경찰관리의 직무를 수행할 자와 그 직무범위에 관한 법률
선박직원법/시행령/시행규칙
선원법/시행령/시행규칙
수난구호법/시행령/시행규칙
여권법/시행령/시행규칙
외국인근로자의 고용 등에 관한 법률/시행령/시행규칙
인신보호법
재외동포의 출입국과 법적 지위에 관한 법률/시행령/시행규칙
재외동포재단법/시행령
재한외국인 처우 기본법/시행령
정당법
정치자금법
제주특별자치도 설치 및 국제자유도시 조성을 위한 특별법/시행령
주민등록법/시행령/시행규칙
중소기업 인력지원 특별법/시행령/시행규칙
지방공무원법
집회 및 시위에 관한 법률/시행령/시행규칙
초・중등교육법/시행령
총포・도검・화약류 등 단속법/시행령/시행규칙
최저임금법/시행령/시행규칙
출입국관리법/시행령/시행규칙
해외이주법/시행령/시행규칙
행정심판법/시행령/시행규칙
행정절차법/시행령/시행규칙
헌법
헌법재판소법
형법
형사소송법
형의 실효 등에 관한 법률/시행령
형의 집행 및 수용자의 처우에 관한 법률/시행령/시행규칙

제 1 편 이민법 일반

(Introduction to Immigration Law)

제 1 장

이민법의 초점

현대사회에서 이민은 보편적 현상이다. 대한민국은 저출산·고령사회에 따른 인구감소에 대비하고, 우수외국인재를 유치하여 국가경쟁력을 강화하고, 난민의 인권을 보호하여 국제사회에서 주도적인 역할을 수행하고, 세계화 또는 지역주의에 능동적으로 대응하는 등 다양한 이유로 인하여 이민정책이 주요한 국가과제로 부각되고 있다. 자연인의 국가간 이동에 수반되는 다양한 이슈에 관해 정책과 법제도를 마련하고, 이민자의 통합과 역동적인 이민사회를 위한 여건을 조성하고, 국가간 또는 지역경제공동체regional economic groupings 내에서 자연인의 질서 있는 이동을 위한 메커니즘을 조성하는 것이 중요한 도전과 과제로 등장하고 있다. 이와 같은 도전과 과제는 주로 국가적 차원에서 다루어지고 있으나, 점차적으로 국제사회 또는 지역경제공동체에서 협력의 주제로 변화되고 있다.[1] 따라서 이들 도전과 과제를 해결하기 위하여 정책수단이 국가적 차원 또는 국가간 차원에서 동시에 고려되어야 한다. 첫째, 국가적 차원에서는, 이민현상과 이민법에 대한 이론을 정립 적용하고, 자연인의 원활한 이동과 체류를 보장하고, 이민자가 대한민국에 조기에 적응하여 개인 능력을 충분히 발휘하며 출신국가·출신민족·인종·피부색 등을 이유로 부당한 차별을 받지 않는 인권이 보장되는 사회를 이루고, 이민자가 경제·사회·문화적으로 대한민국에 기여하도록 하는 기반을 구축하고, 대한민국의 국민과 이민자가 서로 이해하고 존중하는 이민사회 환경을 조성하기 위한 정책적 고려와 이를 반영한 법제도를 구축하는 것이 필요한 시점이다. 둘째, 국가간 차원에서는, 본국으로부터 보호를 받지 못하는 난민의 인권을 보장해야 할 국제사회로부터 요구되는 국가책임을 이행하고, FTA 또는 지역경제공동체의 확대에 따라 국가들 간에 생산요소로서의 자연인이 원활히 이동하도록 하는 메커니즘을 마련하는 종합적 계획이 필요한 시점이다.

이민현상이 보편화되고 이민이 정치, 경제, 외교, 사회, 문화, 국가안전 등에 미치는 영향이 클수록 이민현상을 규율하고 촉진하는 것에 대한 연구가 필요하다. 이민법은 정치사회적 이슈와 법률적 쟁점 사이에서 긴장관계에 있는 법률이다. 이민현상 및 이민과 관련되어 통합, 다문화사회, 다문화정책, 외국인정책, 외국인력정책, 이민정책 등 가치지향적인 용어가 사용되어 법제도 속에 반영되고 있다. 이들 용어가 공통적으로 지향하는 목표점은 외국인이 새로운 낯선 공간에서 능동적인 사회구성원으로 편입되어 활동하도록 하고, 낯선 공간에 이미 정착하여 있는 기존의 구성원(학자에 따라서는 선주민이라고도 말한다)이 이민자의 유입으로 인해 초래되는 차이와 다양성을 인정하도록 하는 것이다. 그러나 공통적으로 지향하는 목표점을 바라보는 관점의 차이로 인하여

1) Stephen H. Legomsky & Cristina M. Rodriguez, Immigration and Refugee law and Policy, Foundation Press(15th), 2009, p. 12.

통합, 다문화사회, 다문화정책, 외국인정책, 외국인력정책, 이민정책 등 용어가 다른 의미를 가지는 것으로 이해되고 있다. 예를 들어 불법이민외국인에 대한 시각, 결혼이민자의 유입으로 인한 효과와 부적응, 난민으로 인정되기 위한 요건과 절차, 외국인근로자의 유입과 경제개발과의 관계, FTA 확대와 전문외국인력의 유입 등의 문제에 대하여 인권에 중점을 둔 관점, 국가의 통제된 질서유지 기능에 중점을 둔 관점, 국내노동시장의 보호에 중점을 둔 관점 등 상이한 여러 관점에 따라 그 문제를 바라보는 접근방법에 차이가 발생하게 된다.

이민법은 이민으로 야기된 다문화사회에 대한 순기능과 역기능을 종합적으로 이해하고, 이민현상이 정치·경제·외교·사회·문화·국가안전 등 국가정책 전반에 미치는 영향을 포괄하기 위한 종합적인 관점을 사용한다. 또한 이민법은 이민현상에 대한 접근방법을 국가관할권 내부의 시각에만 한정하지 않으며, 이민현상을 글로벌화(다자간 또는 지역간 국가공동체를 포함하는 globalization을 말한다) 개념과 연계하여 이민법이 적용되는 범위를 확장한다. 이민移民은 들어오는 이민immigration과 나가는 이민emigration으로 구분되고, 이민의 방향성과 목적성에 있어 글로벌화와 관련성을 가진다. 이민법은 자연인의 국가간 이동으로 인한 '움직이는 세계World in Motion'가 국내문제에 영향을 미칠 뿐만 아니라, 지역주의(FTA 또는 지역경제 공동체를 말한다)와 서비스무역의 발전에도 관련성을 가진다. 마지막으로 이민법은 이민을 원인으로 하여 발생한 다문화사회多文化社會의 방향성과 목적성에 대하여도 이민移民의 관점에서 파악한다.

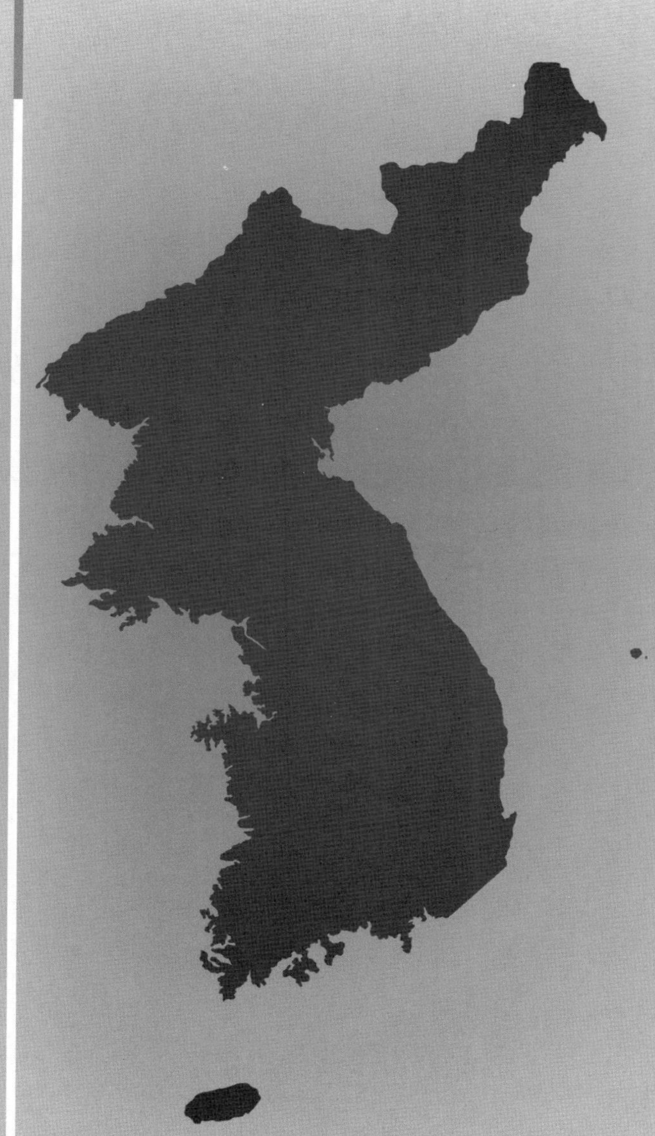

제 2 장

이민법의 의의

제1절 개 념

Ⅰ. 이민에 관한 법

이민법은 '이민에 관한 법'이다. 이민법의 개념은 '이민'의 개념에 의해 좌우된다. 이민이란 '자연인이 기존에 체류하는 국가가 아닌 다른 국가에서 체류할 의사를 가지고 사증발급을 신청하는 때로부터, 다른 국가로 입국하여 체류하거나 그 국가의 정치공동체에서 새로운 구성원 신분을 취득하여 그 국가에 정착하는 일련의 과정 및 이에 수반되는 정치, 경제, 사회, 문화적 과정'을 말한다. 이에 따라 이민법이란 '외국인의 국가간 이동 또는 이민자의 법적 지위를 그 주된 대상으로 하여, 국제규범 및 헌법에 기초하여 국가주권이 합리적으로 조정된 법'이라고 말할 수 있다.[1] 사회현상 또는 사실로서의 이민은 국가의 정치, 경제, 사회, 문화, 안보, 외교적 의제로 새로이 등장하고, 이에 따라 법규범으로서의 이민법은 자연인의 국가간 이동과 그 법적 지위를 법의 형태로 규율한다.

대한민국에서 이민법은 아직까지 하나로 통일된 법전으로 구성된 것이 아니므로 '이민에 관한 법'은 실질적으로 관념화된 것이다. 외국인과 계속적으로 체류하는 이민자가 많은 전통적인 이민국가에서는 하나로 통일된 형식적 의미의 법전인 이민법 내지 이민국적법의 형태로 존재한다. 반면에 외국인과 이민자의 유입을 최근에 겪고 있는 국가(대한민국을 포함한다)에서는 하나로 통일된 형식적 의미의 법전이 아니라 「출입국관리법」, 「국적법」 등 개별 법률의 형태로 이민을 관리하고 있다.[2] 형식적 의미의 이민법을 가지고 있지 않는 국가의 경우에는 이민에 관한 법률들을 통칭하여 이민법으로 부르는 것이 일반적이다.

---

1) 미국 이민국적법 제1101조(정의) 제17항에 의하면, 이민법은 외국인의 출입국관리, 추방, 강제퇴거 등과 관련된 국내법령과 국제협약 등으로 구성된다(The term "immigration laws" includes this Act and all laws, conventions, and treaties of the United States relating to the immigration, exclusion, deportation, expulsion, or removal of aliens)라고 규정하고 있다.

2) 임형백, 한국의 다문화사회의 방향 모색, 제17회 한글문화토론회 - 다문화 담론과 바람직한 외국인정책, 2012, p. 26; 이순태, 다문화사회의 도래에 따른 외국인의 출입국 및 거주에 관한 법제연구, 한국법제연구원, 2007, pp. 235～pp. 237.

Ⅱ. 유사개념: 외국인법

이민법과 유사한 개념으로는 외국인법foreigners act이 있다. 외국인법이란 '국가의 국내법에 규정된 외국인에 관한 특별규정으로 외국인의 법적 지위 또는 권리·의무 등에 관한 법률 또는 법규정'을 말한다. 외국인법에는 외국인법이라는 법률명을 가지는 '형식적 의미의 외국인법' 및 법률명이 외국인법은 아니지만 그 내용이 외국인의 법적 지위 또는 권리·의무 등을 규정한 '실질적 의미의 외국인법'으로 구분된다. 외국인법은 외국인의 입국에서부터 체류 및 출국에 이르는 전 과정에 관련된 사항, 외국인의 법적 지위 또는 권리·의무를 규정한다. 외국인법에는 이민법 이외에도 「외국인투자촉진법」, 「외국인토지법」, 노동관계법 등까지 포함될 수 있다. 일반적으로 외국인법과 이민법은 유사한 의미로 사용되기도 한다.[3] 그러나 엄밀히 말해 외국인법의 적용범위와 내용은 이민법의 적용범위와 내용보다 포괄적이라고 할 수 있다.

제 2 절 이 념

Ⅰ. 개별법의 목적

1. 의 의

이민법에 반영된 이념에 대하여 설명하기가 쉽지는 않다. 이민법이 내포하고 있는 이념을 살펴보기 위해서는 이민법의 큰 뼈대를 이루는 「출입국관리법」, 「국적법」, 「외국인근로자의 고용 등에 관한 법률」, 「난민법」, 「여권법」, 「재한외국인 처우 기본법」, 「다문화가족지원법」, 「결혼중개업의 관리에 관한 법률」, 「재외동포의 출입국과 법적 지위에 관한 법률」 등에서 규정한 목적조항으로부터 공통된 지향점이 있는지를 검토해야 한다.

---

3) 이하룡, 국제이주 쟁점과 정책(International Migration Issues and Policies), 국제이주문제연구소, 2006, pp. 45~46.

2. 개 별 법

「출입국관리법」에서는 "대한민국에 입국하거나 대한민국에서 출국하는 모든 국민 및 외국인의 출입국관리를 통한 안전한 국경관리와 대한민국에 체류하는 외국인의 체류관리 및 난민難民의 인정절차 등에 관한 사항을 규정함을 목적으로 한다."고 규정하고 있다(출입국관리법 제1조). 「국적법」에서는 "대한민국의 국민이 되는 요건을 정함을 목적으로 한다."고 규정하고 있다(국적법 제1조). 「외국인근로자의 고용 등에 관한 법률」에서는 "외국인근로자를 체계적으로 도입·관리함으로써 원활한 인력수급 및 국민경제의 균형 있는 발전을 도모함을 목적으로 한다."고 규정하고 있다(외국인근로자의 고용 등에 관한 법률 제1조). 「난민법」에서는 "「난민의 지위에 관한 1951년 협약」 및 「난민의 지위에 관한 1967년 의정서」 등에 따라 난민의 지위와 처우 등에 관한 사항을 정함을 목적으로 한다."고 규정하고 있다(난민법 제1조). 「여권법」에서는 "여권旅券의 발급, 효력과 그 밖에 여권에 관하여 필요한 사항을 규정함을 목적으로 한다."고 규정하고 있다(여권법 제1조). 「재한외국인 처우 기본법」에서는 "재한외국인에 대한 처우 등에 관한 기본적인 사항을 정함으로써 재한외국인이 대한민국 사회에 적응하여 개인의 능력을 충분히 발휘할 수 있도록 하고, 대한민국 국민과 재한외국인이 서로를 이해하고 존중하는 사회 환경을 만들어 대한민국의 발전과 사회통합에 이바지함을 목적으로 한다."고 규정하고 있다(재한외국인 처우 기본법 제1조). 「다문화가족지원법」에서는 "다문화가족 구성원이 안정적인 가족생활을 영위할 수 있도록 함으로써 이들의 삶의 질 향상과 사회통합에 이바지함을 목적으로 한다."고 규정하고 있다(다문화가족지원법 제1조). 「결혼중개업의 관리에 관한 법률」에서는 "결혼중개업을 건전하게 지도·육성하고 이용자를 보호함으로써 건전한 결혼문화 형성에 이바지함을 목적으로 한다."고 규정하고 있다(결혼중개업관리법 제1조). 「재외동포의 출입국과 법적 지위에 관한 법률」에서는 "재외동포在外同胞의 대한민국에의 출입국과 대한민국 안에서의 법적 지위를 보장함을 목적으로 한다."라고 규정하고 있다(재외동포의 출입국과 법적 지위에 관한 법률 제1조).

3. 검 토

위에서 살펴본 「출입국관리법」, 「국적법」 등에서의 목적조항은 대체로 통제·관리 또는 요건·절차 중심의 관점에서만 제시된 것으로, 이민법이 궁극적으로 추구하고자 하는 이념, 가치관 내지 지향점에 대하여는 규정하지 않고 있다.[4] 「다문화가족지원법」, 「결혼중개업의 관리에 관한 법률」 또는 「외국인근로자의 고용 등에 관한 법률」 등에서 보듯이 이민의 전 과정에 상호 연계됨이 없고 통합 또는 발전이 궁극적으로 지향하는 목표점이 국내영역에 한정되고 있다. 특히 「출입국관리법」, 「국적법」, 「난민법」, 「외국인근로자의 고용 등에 관한 법률」 및 「재한외국인 처우 기본법」, 「다문화가족지원법」, 「재외동포의 출입국과 법적 지위에 관한 법률」 등의 관계에서 전자의 4개 법률은 통제·관리의 입장이고, 후자의 3개 법률은 통합의 입장으로, 본질적으로 다른 원리에 기반하고 있다.[5] 더구나 「출입국관리법」 등은 자유무역협정FTA, 포괄적 경제동반자 협정CEPA 또는 양자간 사증협정 등에서 지향하는 국제협력이 반영되어 있지 않다.

Ⅱ. 이민법의 이념

개별법이 추구하는 목적을 달성하기 위하여는 먼저 이민법이 지향하는 이념이 마련되어야 한다. 이민법의 이념은 이민법이 이루고자 하는 목적 또는 이민법이 추구하는 가치 및 지도원리의 기초가 된다. 앞에서 본 자연인(외국인), 출신국가sending state, 체류국가receiving state라는 삼각관계 내지 복합 관계망을 통하여 이민법의 이념은 '국제사회의 협력과 공동번영'에 있다. 국제사회의 협력과 공동번영이라는 이민법의 이념을 달성하기 위하여는 창조적 목표를 필요로 한다. 창조적 목표는 적극적 목표라고도 한다. 창조적 목표는 과거에는 경험해보지 않은 새로운 상태를 창조하려는 것으로서 정부가 적극적인 태도를 취하는 것이다.[6]

제3절 내용 및 특성

Ⅰ. 내 용

국가가 상품, 자본, 노동인력 등 생산요소의 국가간 이동을 완벽히 관리 통제하는 사례를 찾아보기는 어렵다. 국가가 처한 역사적 진행단계, 경제적 상황, 외교적 관

4) 홍기원, 출입국관리 관련 통합법전 모델의 모색 - UK와 프랑스의 이민법을 참고하여 -, 한국법정책학회 법과정책연구 제12집 제1호, 2012, pp. 189~192.

5) 앞의 논문, p. 194.

6) 이것은 정책문제가 발생하지 않았던 상태로 되돌아가는 것이 목표인 소극적 목표와는 대립되는 개념이다(정정길 외 4인 공저, 정책학원론, 대명출판사, 2011, p. 39 참고).

계, 정책과정에서 공식적 또는 비공식적 정책참여자의 정책능력수준 등에 따라 국경을 넘나드는 생산요소에 대한 국가의 관리능력이 다르게 된다. 상품의 국가간 이동에 대한 규제와 관리는 「대외무역법」, 「관세법」 등에 의하고, 자본의 국가간 이동에 대한 규제와 관리는 「외국환거래법」 등에 의한다. 반면에 노동력을 지닌 경제활동인구 또는 비경제활동인구 등 자연인의 국가간 이동에 대한 규제와 관리는 이민법의 형태로 표출된다.[7)]

이민법은 국가들마다 상이하다. 일반적으로 이민법은 이민관리 또는 지원을 위한 국가기능의 조정, 이민관리 또는 지원의 대상자, 이민관리 또는 이민지원을 위한 규정 그리고 이민관리 규정을 위반한 행위와 그에 대한 제재 등을 그 내용으로 한다. 이민법의 구체적인 내용은 외국인이 대한민국에 출입국하기 위한 요건과 절차, 국가의 출입국관리에 대한 권한과 책임, 외국인에 대한 체류자격과 체류활동 등 법적 지위의 기준, 국가의 구성원인 국민이 되는 요건과 절차, 이민사회에서 통합이 지향하는 가치와 목적 · 수단 등이다. 그리고 「헌법」의 기본이념과 조항에 기초하여 이민과 관련된 국가의 정책목표와 정책수단을 포함함과 동시에, 국제조약과 국제관습법 등 국제규범과 국제관행에 준거하여 국제사회와 국가 사이에 상충하는 가치와 목적 · 수단 간에 균형을 이루어 국가주권이 투명하게 행사되고 국제사회에서 요구되는 국가의 책임을 그 내용으로 규정한다.[8)] 여기에서 국가가 지향하는 가치와 목적 · 수단의 예로는

ⅰ) 국가의 이민통제에 관해서이다. 이민법에서는 재외공관 · (환승)공항만 · 국가 내에서의 외국인을 관리하고, 테러 · 범죄 등 위험관리 및 위험방지를 하고자 한다.

ⅱ) 이민자의 사회통합에 관해서이다. 이민법에서는 경제 · 사회 · 문화적 통합을 이루기 위해 이민자 및 이민자 지원단체의 책임을 요구하고 정부기관의 조정기능을 강조하고자 한다.

Ⅱ. 특 성

1. 적용대상자의 특수성

민법, 노동법 등 각종 생활관계 법률은 그 국가에 거주하는 국민을 주된 대상으로

---

7) 대통령 자문 고령화 및 미래사회 위원회, 이민정책에 관한 연구 – immigration policy for Korea, 2005, p. 28.

8) IOM, Essentials of Migration Management – A Guide for Policy Makers and Practitioners, Volume One: Migration Management Foundations, 2004, pp. 1.8～5.

하는 것이 일반적이다. 반면에, 이민법은 국민의 출입국심사 및 출국금지 등 몇 가지를 제외하면, 정치 · 경제 · 사회 · 문화 · 종교 · 역사 · 언어적 배경이 다른 외국인 또는 이민자를 그 주된 대상자로 한다.

2. 이민규율의 영역

이민법은 이민에 관한 다양한 영역에서 그 고유한 기능을 수행하고 있다. 몇 가지 사례를 들어 보기로 한다. 첫째, 합법적으로 체류하는 외국인의 개념과 범위를 정하며 불법이민외국인을 강제추방시키기 위한 요건과 절차를 규정한다. 둘째, 외국인 중에서 누가 영주자격 또는 국적을 취득하여 정치적 공동체의 구성원에 해당하는지를 결정한다. 셋째, 이민법을 최대한 활용하여 우수한 기술을 지닌 이민자, 정치적 영향력을 지닌 이민자, 일자리를 창출할 수 있는 기업을 설립하고 투자하는 외국인 투자자, 많은 돈을 소비하는 관광객 등을 끌어들이기 위해 경쟁한다. 미국, 캐나다, 호주 등은 이러한 그룹의 잠재적 이민자의 유입을 유도하기 위하여 이민법을 활용한다.[9] 이와 같은 이민법의 특성에 대하여는 주로 사증제도, 국적정책 및 국적제도에서 살펴보기로 한다.

3. 이민법을 바라보는 다양한 관점

(1) 이민법에 대한 관점

브레텔Caroline B. Brettell과 홀리필드Hames F. Hollifield가 설명하는 '이민법에 대한 기본 관점의 3분법Trichotomy of legal consciousness in the immigration'에 의하면, 이민법에 대한 기본 관점은 법전 속의 이민법the law on the books, 실제 속의 이민법the law in action, 사고 속의 이민법the law in their minds으로 구분된다. 이민법에 대한 기본 관점의 3분법은 이민법에 관한 인식이 3가지 관점의 차이perspectival difference로 나타난 것을 반영한 것이다. 공식적으로 제정된 법규범으로서 '법전 속의 이민법'은 실제로 집행되는 법규범으로서 '실제 속의 이민법'과는 많은 부분이 상이하다. 또한 다양한 이해관계자의 의견을 반영한 법규범으로서 '사고 속의 이민법'은 이민 또는 이민자와 관련된 다양한 이해관계자 그룹을 여러 유형으로 구분하고, 다양한 이해관계자 그룹은 직 · 간접적 이해관계에 따라 동일하거나 유사한 하나의 이민 현상과 이민 결과를 다르게 이해한다. 따라서 이민법에 대한 관점의 차이는 이민법을 제정, 집행, 평

---

9) Caroline B. Brettell and Hames F. Hollifield, Migration Theory: talking across disciplines, Routledge, 2003, p. 190.

가하는 데 상당한 영향을 미치게 된다.[10)]

(2) 적용례

이민법을 제정, 집행, 평가하는 데 영향을 미치는 이민법에 대한 기본 관점의 차이를 사례에 적용하여 보기로 한다. 첫째, 이민자는 국경간 인적 이동을 하는 주체라는 경험적 측면으로 인하여 이민자가 체류하는 국가의 국민들과는 다르게 이민법을 이해한다. 이민자와 이민자가 체류하는 국가의 국민 간에는 긴밀하게 지속적인 상호연계가 있을지라도 이민법에 대한 이민자와 국민 간의 관점 차이가 여전히 존재할 수 있다. 둘째, 출입국관리공무원 등 이민담당 공무원과 법원의 판사 간에는 불법이민외국인에 대한 강제퇴거 절차와 인권보호의 관계, 난민신청자에 대한 난민인정 심사절차와 난민으로 인정되기 위한 이민법의 적용, 집행, 평가 등에서 상당한 관점의 차이가 존재한다. 반면에, 출입국관리공무원과 경찰공무원 간의 경우에는 정부조직체계, 근무동기 등이 상이함에도 불구하고, 외국인범죄자 체포, 불법이민외국인 보호 및 강제퇴거의 결정과 절차 등에서 상당히 일치된 의견을 가지는 경향이 있다. 셋째, 재외공관의 사증담당 영사는 사증발급 신청에 대해 사증발급 결정을 최초로 집행하며 사증발급 여부에 있어서 상당한 정도로 재량행위를 행사한다. 그러나 재외공관의 사증담당 영사와 출입국관리사무소의 출입국관리공무원 간에는 사증이 발급된 자의 입국여부 결정에 대해 관점의 차이가 존재하여 이민법을 다르게 해석하여 적용한다. 넷째, 난민신청자 또는 난민인정자, 불법이민외국인을 지원하는 NGO 등 시민단체는 출입국관리공무원 등 이민담당 공무원과는 출입국관리, 불법이민과 인권보호, 국적부여 등 이민법의 여러 영역에서 상당한 정도로 관점의 차이를 가지고 있다. 다섯째, 동일한 출신국가에서 온 이민자일지라도 합법적 또는 불법적으로 체류하는지에 따라 이민법이 어떤 방식·절차와 어느 정도로 적용되어야 하는지에 대하여 관점의 차이를 가지고 있다. 여섯째, 가장 주목을 받는 것은 불법이민외국인에게 적용되는 이민법에 대한 관점의 차이이다. 출입국관리공무원 등 이민담당 공무원은 불법이민외국인에 대해 강하게 비난하고 처벌하고자 한다. 반면에, 다수의 국민은 온정적인 시각으로 불법이민외국인을 너그럽게 보고 있다는 점은 이러한 관점의 차이를 반영한 것이다.[11)]

---

10) 앞의 책, p. 190.
11) 앞의 책.

4. 이민의 결정요인

(1) 결정요인

이민과 이민법의 관계에 대하여 일반인이 생각하기에는 외국인이 장차 입국하려 하거나 현재 체류하는 국가의 이민법을 충분히 알지 못하며, 그 국가의 이민법은 사람이 국가간 이동을 결정하는 데 주된 결정요인으로 작용하지 않는다고 생각하는 경향이 있다. 물론 이민법의 규정과 내용 외에도, 경제사회적 요인, 가족관계적 요인, 정치적 요인 등 다양한 요인이 개인이동 또는 집단이동의 흐름을 형성하고 국가간 이동을 결정한다는 것을 부정하는 것은 아니다. 다양한 요인이 자연인의 국가간 이동을 결정하는 요인으로 작용하고 있음에도 불구하고, 이민법은 국경간 이동을 하려는 자의 결정에 여러모로 영향을 미친다.[12)]

(2) 적용례

이민법은 이민자의 국경간 이동 요건 및 경제활동, 정치활동, 신체의 자유, 거주·이전의 자유, 문화적 정체성의 유지, 가족의 재결합 등에 관한 권리와 의무를 규정하고 있다. 이민법은 이민자의 경제활동에의 참여 및 범위, 사회적응과 인권보호 등을 규정함으로써 들어오는 이민의 방향성을 결정하는 데 상당한 영향력을 발휘한다. 이민법은 이민자가 장차 입국하려 하거나 현재 체류하는 국가에서 개인의 능력을 충분히 발휘할 수 있는 여러 기회들을 제공하기도 하고 이를 제한하기도 한다. 어떤 국가에서 개인의 능력을 충분히 발휘할 수 있는 다양한 기회가 보다 많을수록 다른 조건이 모두 같다면 그 국가로 이민을 가고자 하는 유인책으로 작용하게 된다. 사람은 이민을 갈 것인지, 언제 이민을 갈 것인지, 어느 국가로 이민을 갈 것인지, 어떻게 이민을 갈 것인지, 얼마나 오랫동안 이민을 갈 것인지 등에 관하여 본인 스스로 또는 강요에 의해 결정되기 전에 여러 기회들을 비교하여 선택하게 된다. 이민법은 사람이 이민을 가려는 동기를 형성 또는 이민을 가기로 결정하는 데 더 영향을 주기도 한다. 또한 이민법은 이민을 가려는 동기를 감소 또는 이민을 가려는 결정을 억제하기도 한다. 따라서 국가는 이민법을 통하여 외국인의 국경간 이동을 위한 의사결정을 촉진하거나 중대한 제한을 가하게 된다.[13)]

---

12) 앞의 책, pp. 189~190.
13) 앞의 책, pp. 189~190.

5. 복합적인 법체계적 지위

(1) 공법적 성격

법을 공법公法과 사법私法으로 구분할 때에 이민법은 사법(예를 들어 「민법」 등을 말한다)과는 구별이 되는 공법에 속한다. 이민행정범죄로 인하여 침해된 이익이 개인적 또는 사회적 법익인 경우일지라도 그 위반과 처벌은 국가와 위반자 사이에 제기되는 공법관계로서의 성질을 가지게 된다.[14)]

(2) 사법법(司法法)적 성격

법을 입법법立法法, 행정법行政法, 사법법司法法으로 나눈다고 할 때에 입법법은 입법권의 조직과 작용에 관한 법을 의미하고, 행정법은 행정권을 중심관념으로 하며 그 조직·작용 및 행정구제에 관한 법을 의미하고, 사법법은 사법권의 조직과 작용에 관한 법을 의미한다. 이민법은 이민행정 또는 이민정책을 법에 반영함과 동시에 국가의 형벌권에 근거를 둔다는 점에서 행정법적 성격과 사법법적 성격을 동시에 지니고 있다.[15)]

특히 이민법은 국가의 형벌권에 근거를 두고, 불법이민에 관한 이민행정범죄의 요건과 그에 대한 법률효과를 규정하여 재판에 적용되는 법이라는 점에서 사법법적 특성을 지닌다.[16)] 예를 들어 「출입국관리법」 제10장(벌칙) 제93조의2(벌칙)에서 제100조(과태료)까지는 「출입국관리법」을 위반한 자에 대한 벌칙을 규정한다. 그리고 「출입국관리법」 제6장(강제퇴거 등)의 제2절(조사)에서는 용의자에 대한 출석요구 및 신문 등 출입국관리공무원의 조사를 규정하고, 제3절(심사결정을 위한 보호)에서는 출입국관리공무원의 외국인 보호에 관한 규정을 두고 있다. 이와 같이 「출입국관리법」에는 별도의 벌칙을 규정하고 있으므로 이민형법에 해당한다.

(3) 실체법적 또는 절차법적 성격

사법법司法法은 다시 실체법과 절차법으로 구분할 수 있다. 사법법으로서 실체법은 이민행정범죄의 요건과 그에 대한 법률효과를 규정하고 이를 사건의 실체에 적용한다는 의미이다. 사법법으로서 절차법은 그 실체법을 실현하기 위한 절차에 관한 법을 의미한다.[17)] 따라서 이민법은 실체법적 요소와 절차법적 요소를 모두 가지고

---

14) 이재상, 형법총론, 박영사, 2009, p. 4.
15) 김동희, 행정법Ⅰ, 박영사, 2010, p. 23.
16) 이재상, 형법총론, 박영사, 2009, p. 4.

있다. 예를 들어 「출입국관리법」 제18조(외국인 고용의 제한) 제1항 및 제94조(벌칙) 제8호는 사법법으로서 실체법에 해당하고,[18] 「출입국관리법」 제6장(강제퇴거 등)의 제2절(조사) 및 제3절(심사결정을 위한 보호)은 사법법으로서 절차법에 해당한다. 사법법은 합목적성에 의하여 지배되는 것이 아니라 정적靜的 법률관계 또는 법적 안정성을 그 지도이념으로 한다.[19] 따라서 이민법의 사법법으로서 성격도 법적 안정성의 유지에 있다. 그러나 사법법으로서 절차법은 동적動的 법률관계 또는 발전적 법률관계의 성격을 가지고 있으므로 절차의 발전단계에 따라 그 성격을 달리하지 않을 수 없어 법적 안정성이 엄격히 유지되는 것은 아니다.[20] 따라서 불법이민외국인에 대한 조사절차 또는 보호절차에서는 법적 안정성보다는 합목적성이 강조되지 않을 수 없다.

(4) 행정법적 성격

이민법은 이민행정 또는 이민정책을 주된 대상으로 하여 그 내용을 반영하고 있다는 점에서 행정법적 특성을 지닌다. 행정법은 행정 또는 정책을 그 대상으로 하는 법이다. 이민법은 이민행정 또는 이민정책을 그 대상으로 하고 있으므로 일종의 이민행정법에 해당한다. 이민법은 행정주체의 우월성, 강행성, 명령성, 행위규범성을 특성으로 하는 이민에 관한 행정작용을 규정한 법이다.[21]

비례원칙 등 행정법의 일반원칙과 기본이론이 이민법 또는 이민판례에도 적용된다. 특히 행정법 형성의 전제조건이면서 기본원리로서 법치주의가 있다. 법치주의는 인권보장을 목적으로 하여 모든 국가작용은 법에 따라 행해져야 한다는 것을 그 내용으로 하는 원리를 말한다. 법치주의는 형식적 법치주의와 실질적 법치주의로 구분된다. 오늘날에는 실질적 법치주의가 일반화·보편화되어 가고 있다. 실질적 법치주의의 내용 중 합헌적 법률의 우위원칙, 법률의 유보원칙이 이민법에도 그대로 적용된다. 합헌적 법률의 우위원칙이란 모든 행정작용은 합헌적인 법률에 위반되어서는 안 된다는 것을 그 내용으로 하는 것을 말한다. 법률의 유보원칙이란 행정권의 발동

---

17) 앞의 책, p. 4.

18) **출입국관리법 제18조 (외국인 고용의 제한)**
① 외국인이 대한민국에서 취업하려면 대통령령으로 정하는 바에 따라 취업활동을 할 수 있는 체류자격을 받아야 한다.
출입국관리법 제94조 (벌칙) 다음 각 호의 어느 하나에 해당하는 자는 3년 이하의 징역 또는 2천만원 이하의 벌금에 처한다.
8. 제18조제1항을 위반하여 취업활동을 할 수 있는 체류자격을 받지 아니하고 취업활동을 한 자.

19) 이재상, 형법총론, 박영사, 2009, p. 4.

20) 이재상, 신형사소송법, 박영사, 2007, pp. 5~6.

21) 헌법재판소 2005. 3. 31. 자 2003헌마87 결정 참고.

에는 법률의 근거가 있어야 한다는 것을 말한다. 이민법은 국가의 권력행위를 그 대상으로 하는 규제(질서)행정, 급부행정, 유도행정, 계획행정 등이 대부분이다. 따라서 이민법은 법률의 유보원칙을 택하여, 국가의 권력행위가 남용되지 않도록 사전적으로 규제하거나 사후적으로 통제하는 다양한 규정을 두고 있어 국민의 권리와 외국인의 법적 지위를 보호하고 있다.[22)]

6. 다학제적 성격

이민법은 외국인 또는 이민자의 국경간 인적 이동 흐름을 촉진하고 이민자가 체류국가에 조속히 통합되도록 하는 요청하에 '사회현상 또는 사실로서의 이민'에 대한 합리적이며 체계적인 법이론을 규명하는 학문을 의미한다. 이민법의 연구대상은 그 폭이 상당히 넓다. 이민법은 '사회현상 또는 사실로서의 이민'의 원인과 과정, 효과, 대책을 포괄한다. 그리고 법적 관점에서 '규범으로서의 이민'은 단순히 법률뿐만 아니라 사회적, 정책적, 문화적, 경제적 측면까지도 포함한다. 다양한 학문분야의 연구성과는 이민법의 다학제적 성격을 부각시켜 이민법 연구의 정치적, 사회적, 경제적, 문화적 접근방법을 시도할 수 있다. 이민법의 주된 관심영역은 출입국관리, 불법이민 · 외국인범죄 · 테러 등 국가안전과 질서유지, 이민과 사회통합, 경제 · FTA와 서비스무역의 이동 및 국가간 지역공동체 형성, 국가의 구성원이 되기 위한 요건 · 신분 또는 자격 및 정치적 공동체 형성, 난민인정과 인권보호 등으로 매우 다양하다. 이민법의 연구대상의 다양성 및 방법론적 다양성으로 인해 기초법, 국제법, 공법, 사법, 사회법, 절차법 등 다양한 법학을 활용하고,[23)] 법학 이외에도, 경제학, 문화인류학, 정치학, 행정학, 정책학, 사회학, 사회복지학, 교육학, 형사정책학, 역사학, 지리학, 인권학 등 다른 학문분야의 연구방법론과 성과를 활용하는 다학제적 성격을 지닌다. 예를 들어 이민자의 증가로 인해 다문화사회가 도래하는 것은 새로운 경제성장 동력이라는 긍정적인 면이 부각되고 동시에 불법이민의 증가라는 어두운 면도 발생하고 있다. 이에 관하여는 대안마련과 합리적인 정책수립 · 집행을 위해 다른 학문분야와의 밀접한 관련성을 필요로 한다.

---

22) 김동희, 행정법 I , 박영사, 2010, pp. 17~20, pp. 30~41; 정재완, 관세법, 무역경영사, 2010, p. 2.
23) 이희정, 행정법의 관점에서 본 이민법의 쟁점, 고려대학교 법학연구원 고려법학, 2014, p. 2.

7. 국내 · 외 법규범과의 상호작용

(1) 이민법의 내용과 집행

이민법의 내용과 그 집행은 국가의 헌법, 형사법 및 국제조약, 국가가 비준한 법률문서 등에 준거하여 구체적으로 이루어지며, 수출입 등 무역에 관련된 법령, 공중보건에 관련된 법령, 경제에 관련된 법령 등 전반적인 국내법으로부터 영향을 주고 받는다.[24] 예를 들어 이민자의 사회통합이라는 과제는 국제법 및 헌법, 형사법, 민사법, 사회법 등 여러 법 영역에 걸치는 종합적인 시각을 요구하는 것이다. 이를 통해 이민자의 노동시장 참여, 의사표현의 자유 등에서 차별을 예방하고, 이민사회에 대한 정책수립 · 추진을 위한 법적 체계를 마련하는 것과 관련을 갖는다.[25]

(2) 이민법의 적용대상

이민법의 적용대상은 주로 외국인 또는 이민자이지만, 그 적용된 효과는 외국인 또는 이민자에게만 그치는 것이 아니다. 이민법은 그가 속한 국적국가와 체류국가의 외교관계, 국방관계 및 체류국가의 정치, 경제, 사회, 문화, 종교, 언어, 인권 등에 관한 여러 법규범에 영향을 주고 받는다. 이민법은 국내 · 외 다른 법규범으로부터 영향을 받는다. 이민법의 제 · 개정은 국내 · 외 다른 법규범과의 종합적인 사고 속에서 이루어진다.

8. 주권행사로서 고도의 정책재량

(1) 정책재량

이민법은 국가마다 그 내용이 상이하다. 국가는 외국인의 입국, 외국인이 체류할 때의 법적 지위, 외국인에 대한 강제퇴거, 외국인이 체류국가의 영구적 구성원이 되기 위한 방법과 요건 등을 상이하게 규정하고 있다. 이민행정은 내 · 외국인의 출입국과 외국인의 체류를 적절하게 통제 · 조정함으로써 국가의 이익과 안전을 도모하고자 하는 국가의 행정작용이다. 국가의 이익과 안전 도모라는 공익적 요구가 더 강조될 수밖에 없는 고도의 정책적 판단의 영역이다.[26] 특히 외국인의 입국에 관한 사

---

24) IOM, Essentials of Migration Management - A Guide for Policy Makers and Practitioners, Volume One, 2004, pp. 1.8～3.

25) 김기하, 사회통합을 위한 법의 역할, 한국법학원 저스티스 통권106호, 2008, pp. 218～237.

26) 서울행정법원 2014. 9. 23. 선고 2014구합5842 판결.

항은 주권국가로서의 기능을 수행하는 데 필요한 것으로 국가의 광범위한 정책재량의 영역에 놓여 있는 분야이다.[27] 이민법은 사실상 높은 수준의 정책재량을 가지는 주권행사의 일부분incident of sovereignty인 이민행정을 법률로 반영한 것에 해당한다.

(2) 완화된 심사기준

국가가 체결한 국제조약 등에 의해 정책재량이 축소되지 않는 한, 국가는 그 영역에로 외국인의 입국을 허용할 의무가 없고, 외국인의 체류가 바람직하지 않은 것으로 간주되는 경우에는 그 외국인을 추방할 수 있다.[28] 따라서 이민법에 근거한 국가 공권력 행사의 일탈·남용 여부를 판단함에 있어서는 주권행사로서 높은 수준의 정책재량성 또는 대외적 주권행사의 성격을 고려하여 완화된 심사기준이 적용되어야 한다.[29]

9. 국제사회의 보편통일적 경향 및 국제관계적 성격

(1) 보편통일적 경향

국제연합UN, 국제이주기구IOM 등 국제기구 차원에서 이민에 관한 일반원칙을 수립하는 노력과 유럽연합EU, 북미자유무역협정NAFTA 및 다자간·양자간 협력체계, FTA 등 지역공동체에서 인력이동에 관한 협력관계 구축이 진행 중이다. 이민자의 법적 지위 및 국가의 권한과 책임이 보편성을 가진다. 따라서 이민법은 국제사회에서 보편적으로 통일되어 가는 경향을 보인다.

(2) 국제관계적 성격

이민법은 국제관계적 성격이 뚜렷하다. 최근에는 국가간 서비스무역의 중요성으로 인하여 WTO협정의 인력이동에 관한 규정이 주목을 받고 있다. 2010년 1월 1일에 한국-인도 포괄적 경제동반자협정CEPA: Comprehensive Economic Partnership Agreement이 시행된 이후 WTO서비스무역에 관한 일반협정GATS: the General Agreement on Trade in Services에 따른 4가지 서비스무역 유형Modes 중 특히 Mode4(자연인의 주재; Presence of Natural Persons) 규정의 해석과 적용이 중요한 관심을 받고 있다. 또

---

27) 헌법재판소 2005. 3. 31. 자 2003헌마87 결정.

28) Ronaldo P. Ledesma, An outline of Philippine Immigration and Citizenship Laws, Rex Printing Company, 2006, pp. 6~7.

29) 헌법재판소 2005. 3. 31. 자 2003헌마87 결정 참고; 김정도, 출입국관리법상 외국인보호업무의 운영실태와 개선방안에 관한 연구, 건국대학교 대학원 법학과 석사논문, 2004, p. 16 참고.

한 이민법의 국제관계적 성격은 서비스무역뿐만 아니라, 사회통합의 영역에도 점차적으로 확대 적용되고 있다. 국가간 이주는 국가들 사이에서 정치 · 외교 · 경제 · 사회 · 문화 등 다양한 영역을 연계시키고, 이민자와 본국의 가족 · 동료 등 사이에서도 사회적 연결망이 형성된다.

10. 삼각관계로 이루어진 복잡한 관계망 및 그 규율

(1) 삼각관계

이민법은 자연인(외국인), 출신국가sending state, 체류국가receiving state라는 삼각관계를 통해 이루어진다. 이민의 전 과정은 자연인, 출신국가, 체류국가 간의 삼각관계로 설명될 수 있고, 이러한 삼각관계는 다양한 자연인과 관련된 이익단체, 국가와의 사이에서 복잡한 관계망을 형성한다. 복합 관계를 자세히 분석하여 보면, 외국인을 운송하는 선박 등 운송업자의 책임, 출신국가와 체류국가 사이에서 외국인에 의한 사회적 연결망social networks, 체류국가 내에서 외국인과 그를 고용한 사용자 간의 고용관계, 밀입국자smuggler와 인신매매자trafficker에 의한 인권침해와 그 예방 · 보호, 박해로 인한 자연인의 피난과 국제사회의 의무, 국가 간에 지역공동체를 구성하거나 양자 · 다자무역협정을 체결한 국가들 간에 자연인의 이동을 위한 상호협력의무 등 복합 관계망을 형성하게 된다.[30)]

(2) 이민법을 통한 복합 관계망 규율

위와 같은 삼각관계 및 복합 관계에 대하여 국제규범은 경성법hard law와 연성법soft law 등 다양한 수준과 기준으로 적용되고, 국내규범으로서 이민법은 국제규범에 기초하여 다양한 유형의 적용대상자를 두고 있다.

국제규범의 적용수준은 '국가 대 국가의 의무state-to-state obligations', '국가 대 개인의 의무state-to-individual obligations', '개인 대 개인의 의무individual-individual obligations'로 구분될 수 있다.[31)] 그 예를 들면, 자국민의 본국 귀환을 허가해야 하는 것은 국가 대 국가의 의무state-to-state obligations이고, 난민의 강제송환 금지원칙the non-refoulement of refugees은 국가 대 개인의 의무state-to-individual obligations이고, 공해상에서 어려움을 당한in stress 개인을 구조해야 할 선장의 의무는 개인 대 개인의 의무individual-individual obligations이다. 그리고 이민법은 자연인, 출신국가, 체류국가로 이루어진 삼각관계 및

30) T.Alexander Aleinikoff & Vincent Chetail, Migration and International Legal Norms, TMC Asser Press, 2003, p. 2.

31) 앞의 책, p. 2.

이를 통한 복합 관계를 국제규범에 기초하여 규율한다.

제 4 절 법 원

Ⅰ. 의 의

법원은 다양한 개념으로 정의될 수 있겠지만, 일반적으로 법원이란 법의 존재형식 또는 인식근거를 말한다. 따라서 이민법의 법원이란 이민법이 존재하는 형식 또는 인식되는 근거로서 국가기관이 준수하고 집행하여야 하는 것을 말한다. 이민법을 구성하는 법원의 종류는 매우 다양하다. 위로부터는 헌법에서 시작하여 이민법의 해석과 적용의 종국적 기준으로서의 효력을 지니고 있다. 아직 이민법은 「민법」, 「형법」 등처럼 통일된 법이 아니다. 다만, 이민법은 「출입국관리법」, 「국적법」, 「난민법」 등 다수의 개별 법률이 관념적으로 하나로 이루어진 법규의 총체이다. 이민법의 법원으로는 성문법원, 불문법원 등이 있다. 이민법은 국가주권과 외국인 간의 권리・의무 관계를 주된 내용으로 하고 외국인 또는 이민자 및 국민의 법적 지위를 명확히 해야 할 필요가 있으므로 성문법원을 원칙으로 한다.

Ⅱ. 내 용

1. 성문법원

(1) 의 의

성문법원이란 글자로 기록된 법원을 말한다. 성문법원에는 헌법, 법률, 국제조약・국제법규, 행정입법 및 행정청의 업무처리지침(행정규칙)이 있다.

(2) 헌 법

헌법은 국가의 최고 법규로서 모든 법의 체계적 기초가 된다. 헌법에서 이민법의 직접적인 근거규정을 두고 있지는 않다. 「헌법」 제6조 제2항에서는 "외국인은 국제법과 조약이 정하는 바에 의하여 그 지위가 보장된다."라고 규정하고 있다. 그리고 국적에 관한 법원으로서는 「헌법」 제2조 제1항에서 "대한민국의 국민이 되는 요건은 법으로 정한다."를 규정하고, 그 위임을 받아 하위법인 「국적법」을 제정하여 대한민국의 국적취득에 관한 요건, 지위, 절차 등을 규정하고 있다. 「국적법」 등으로 이루어진 이민법은 헌법의 가치와 지향점을 구체화한 법이다. 헌법에 근거를 둔 법률들은 외국인의 법적 지위에 관해서는 특별한 지위를 가진다.

(3) 법 률

법률은 정부입법 또는 국회입법 발의에 의해 국회가 입법절차를 거쳐 제·개정한 법률 또는 법이라는 명칭을 가진 것을 말한다. 법률이 이민법의 법원 중에서 가장 중요한 위치를 차지한다. 이민법은 외국인 또는 국민의 출입국, 외국인의 등록, 외국인의 추방, 외국인의 고용, 귀화, 사회통합 등을 내용으로 하고, 이를 규율하는 법률로는 「출입국관리법」, 「국적법」, 「외국인근로자의 고용 등에 관한 법률」, 「재외동포의 출입국과 법적 지위에 관한 법률」, 「재한외국인 처우 기본법」, 「다문화가족지원법」, 「결혼중개업의 관리에 관한 법률」, 「여권법」 등이 있다.[32)]

(4) 국제조약 · 국제법규

국제조약·국제법규도 이민법의 법원으로 될 수 있다. 국제조약이란 그 명칭 여하를 불문하고 국가 또는 기타의 국제법 주체 상호간에 그 효과가 귀속되는 국제적 합의를 말한다.[33)] 국제조약은 일반적으로 그 명칭이 Agreement(협정), Accord(협정), Protocol(의정서), Charter(헌장), Constitution(헌장), Covenant(규약), Convention(협약), Pact(협약), Statute(규정), Act(결정서), Exchange of notes(교환각서), Memorandum of Agreement(합의각서), Memorandum of Understanding(양해각서), Arrangement(약정), Modus Vivendi(잠정협정), Provisional Agreement(잠정약정), Declaration(선언), Agreed Minutes(합의의사록) 등 다양하게 사용된다. 그리고 국제법규는 대한민국이 당사국가가 아닌 조약으로서 국제사회에서 일반적으로 그 규범성이 승인된 것과 국제관습법 등을 말한다.[34)] 국제법규는 성문국제법규와 불문국제법규로 나눌 수 있다.

「헌법」 제6조 제1항에서는 "헌법에 의하여 체결·공포된 조약과 일반적으로 승인된 국제법규는 국내법과 같은 효력을 가진다."라고 규정함으로써 국제법질서 존중의 원칙을 채택하고 있다. 국제법과 국내법의 관계에서 「헌법」 제6조 제1항은 국제

---

32) Ronaldo P. Ledesma, An outline of Philippine Immigration and Citizenship Laws, Rex Book Store, 2006, p. 7.
33) 이한기, 국제법강의, 박영사, 1997, p. 496.
34) 김동희, 행정법 I, 박영사, 2010, p. 45.

조약 및 국제법규의 국내에서의 적용을 전제로 한 것으로서 당해 국제조약 및 국제법규가 인구의 이동 등에 관련한 것인 때에는 이민법의 법원으로 된다. 여기에서 '국내법과 같은 효력을 가진다.'의 의미는 국제조약 및 국제법규가 법률과 동일한 효력을 갖는다는 것으로 본다.[35] 이민과 외국인 또는 이민자에 관한 국제조약과 일반적으로 승인된 국제법규는 법률과 동일한 효력을 지니게 된다.

인구의 이동 등에 관련한 국제조약 및 국제법규도 이민법의 법원이 될 수 있다. 여러 국가들 사이에서 규율의 통일을 위한 국제조약 및 국제법규도 있고, 두 개의 국가 간에 규율을 위한 국제조약도 있다. 첫째, 대한민국이 체결·공포한 조약 내지 국제법규 중에서 여러 국가들 사이에서 규율의 통일을 위한 것으로는, 1978년에 비준되어 공포된 1965년 「모든 형태의 인종차별 철폐에 관한 국제협약International Convention on the Elimination of All Forms of Racial Discrimination」이 있고, 1990년에 비준되어 공포된 1966년 「시민적·정치적 권리에 관한 국제규약(일명 'B규약', '자유권규약'이라고 한다)International Covenant on Civil and Political Rights」 및 「경제적·사회적·문화적 권리에 관한 국제규약('A규약', '사회권규약'이라고 한다)International Covenant on Economic, Social and Cultural Rights」이 있고, 1984년에 비준되어 공포된 「모든 형태의 여성차별 철폐에 관한 협약」이 있고, 1991년에 비준되어 공포된 「아동권리협약」이 있고, 1992년에 비준되어 공포된 「난민의 지위에 관한 협약」이 있고, 1995년에 비준되어 공포된 「고문 및 그 밖의 잔혹한 비인도적인 또는 굴욕적인 대우나 처벌의 방지에 관한 협약」이 있고, 1998년에 비준되어 공포된 국제노동기구ILO의 「제111호 고용 및 직업상의 차별에 관한 협약」이 있고, 2001년에 비준되어 공포된 국제노동기구의 「제19호 노동자의 재해보상에 대한 내·외국인노동자의 동등한 대우에 관한 협약」이 있다. 둘째, 2009년 6월 30일에 체결한 「대한민국 정부와 국제이주기구 간의 국제이주기구 이민정책연구원 설립에 관한 협정」은 국무회의의 의결을 거쳐 대통령의 재가를 받아 대한민국 및 국제이주기구IOM 간의 양자대표가 서명을 하여 체결된 것이다. 국제이주기구의 이민정책연구원MRTC은 아직 국제이주기구 총회의 승인이 없고 국회의 비준을 얻지 못하였으므로 국제기구라기보다는 '국제협력기구'에 해당한다. 2010년 1월 1일에 발효된 「대한민국과 인도공화국 간의 포괄적 경제동반자협정」 등이 있다.

(5) 행정입법

행정입법은 대통령이 법령의 위임을 받아 만드는 법인 대통령령, 각 부의 장관이

35) 앞의 책, p. 45.

법령의 위임을 받아 만드는 법인 부령을 말한다. 대통령령은 실무상 시행령이라 부르고, 부령은 실무상 시행규칙이라 부른다.[36] 헌법과 법률 다음으로 단계적 효력을 지니는 시행령이 있으며, 시행령은 헌법과 법률에 반할 수 없다. 그리고 행정청의 업무처리지침(행정규칙)은 행정조직의 내부에서 조직, 활동을 규율하기 위해 행정기관이 제정한 법규범이라고 말한다.

행정청의 업무처리지침(행정규칙)은 대외적 효력은 없지만 사실상 영향력이 큰 기준이 되므로 그 법적 성격을 어떻게 볼 것인지 또는 이를 '법원'에 포함시킬 것인지가 쟁점이 될 수 있다.[37] 이민법과 관련된 행정청의 업무처리지침은 「온라인 사증발급 및 사증추천인에 관한 업무처리지침(법무부 훈령)」, 「공익사업 투자이민 유치기관 지정 및 관리 등에 관한 규정(법무부 훈령)」, 「출입국사범 고발규정(법무부 훈령)」, 「난민위원회 운영세칙(법무부 훈령)」, 「외국인보호규칙 시행세칙(법무부 훈령)」, 「보호외국인 급식관리규정(법무부 훈령)」, 「출입국사범 단속과정의 적법절차 및 인권보호 준칙(법무부 훈령)」, 「투자이민협의회 규정(법무부 훈령)」, 「외국인 종합안내센터 설치 및 운영에 관한 규정(법무부 훈령)」, 「사회통합 프로그램 다문화사회 전문가 인정 기준 등에 관한 규정(법무부 훈령)」, 「외국인근로자 권익보호협의회 운영규정(고용노동부 훈령)」, 「명예국민증 수여에 관한 규정(법무부 예규)」, 「국적업무처리지침(법무부 예규)」, 「사회통합프로그램 기본소양 평가관리 규정(법무부 예규)」, 「사증발급편람(법무부 지침)」, 「난민인정 심사, 처우, 체류 지침(법무부 지침)」, 「사회통합프로그램 운영 지침(법무부 지침)」, 「중국 단체관광객 유치 전담여행사 업무 시행지침(문화체육관광부지침)」, 「국제결혼 안내프로그램 이수 대상 및 운영사항 고시(법무부 고시)」, 「체류자격외 활동허가 등의 신청 및 수령의 대리에 관한 규정(법무부 고시)」, 「출입국관리법 시행령 별표1의 제27호 거주(F-2)의 체류자격 '차'목에 해당하는 부동산의 투자지역, 투자대상, 투자금액 등에 관한 기준 고시(법무부 고시)」, 「부동산 투자이민제 대상지역 지정 절차 고시(법무부 고시)」, 「외국 전문인력 도입 지원사업 운영요령(중소기업청 고시)」 등이 있다. 이와 같이 행정규칙은 행정조직의 내부관계를 규율한다는 측면에서 법원으로 인정되지 않는다. 다만, 행정청의 업무처리지침(행정규칙)은 외국인 및 이민자와 관련된 자에게 영향력을 미치고 법관이 판단의 근거로 삼고 있으므로 사실상으로서의 법원에 해당된다고 할 수 있다.

36) 홍정선, 신행정법입문, 박영사, 2011, p. 12.
37) 이희정, 행정법의 관점에서 본 이민법의 쟁점, 고려대학교 법학연구원 고려법학, 2014, p. 5.

(6) 행정해석

그 밖에 이민업무 전담부서 등의 행정해석에 대하여는 행정관청이 최종적인 해석권자가 될 수 없으므로 행정관청의 행정해석은 법원성이 인정되지 않는다. 다만, 그 행정해석은 법무부 등 중앙정부의 각종 결정 및 법원의 재판에 합리적인 기준으로 적용될 수 있다.

2. 불문법원

(1) 의 의

불문법원이란 글자로 기록되지 않은 법원을 말한다. 불문법원에는 관습법과 판례법이 있다. 성문법원을 원칙으로 삼는 대한민국에서는 불문법원은 성문법원이 없는 경우에 보충적으로 적용된다.[38)]

(2) 관습법

관습법이란 글자로 기록된 것은 아니지만, 일정한 사실 또는 관행이 오랫동안 계속되고 국민 또는 외국인 등이 이와 같은 장기간 반복되는 사실 또는 관행에 대하여 법적 확신을 가지게 되거나 법으로 인식될 때에 이러한 사실 또는 관행을 말한다.[39)] 이민관습법도 법적 확신을 기초로 규범적 효력을 지니게 된다. 이민과 관련한 국내관습법의 사례를 찾아보기는 어렵다.

관습법에는 국제관습법이 포함된다. 이민과 관련된 수많은 사실 또는 관행들이 발전되어 국제조약·국제법규로 성문화되기도 한다. 이민과 관련된 대표적인 국제관습법은 다음과 같다. ⅰ) 외국인에 대한 사증발급 행위는 국가의 고유한 주권행위로서 국내문제 불간섭의 원칙이 적용된다. ⅱ) 국민의 귀국할 자유는 절대적 권리로서 어떠한 경우에 해당할지라도 그가 국적을 가진 국가로 귀국할 권리를 가진다. 또한 국민에 대한 강제퇴거를 금지하고 있다. ⅲ) 외국인의 입국은 기본적으로 국가의 국내문제로 간주된다. 국가가 외국인의 입국을 금지할 수 있는 권한은 국가의 영토적 주권의 행사로부터 나오는 것으로, 국가는 바람직하지 않은 외국인의 입국을 금지할 권리를 가진다. ⅳ) 외국인에 대한 출국심사는 신분확인 및 국내 체류상황 등 사실을 확인하기 위한 것이다. ⅴ) 외국인 1명은 1개의 체류자격을 부여받는 것이

38) 홍정선, 신행정법입문, 박영사, 2011, p. 13.
39) 앞의 책, p. 13.

원칙이다. vi) 외국인은 국적국가가 아닌 다른 국가에 입국하기 위하여는 입국허가를 받아야 하며, 또한 장기간 체류하기 위하여 별도의 허가를 받아야 한다. vii) 외국인이 체류하는 국가의 국민이 되는 요건·신분 또는 자격을 취득하는 이민의 문제는 국가의 전속적 국내관할권 또는 국내문제에 해당하고, 개인이 특정한 국가의 국적을 취득할 수 있는 권리 또는 국적을 변경하거나 다른 국적을 추가적으로 취득할 권리는 인정되지 않는다. viii) 외국인이 다른 국가에 귀화할 때에 그 국가는 그 귀화자의 명단을 그 외국인의 과거 국적국가에 통보할 의무가 없다. ix) (강행규범성에 대해 견해의 대립은 있지만) 난민인정자와 인도적 체류자 및 난민신청자는 박해받을 위험이 있는 국가로 본인의 의사에 반하여 강제로 송환되지 아니한다. 이 책에서는 이와 같은 국제관습법의 내용을 살펴보고, 그 제한 내지 변화된 내용, 한계가 있는 경우에는 별도 설명하기로 한다.

(3) 판례법

판례법이란 판례에서 유사한 사건에 대하여 동일한 취지의 판결 또는 원칙이 오랫동안 계속되어 국민 또는 외국인 등이 이와 같은 판결 또는 원칙을 법적인 것으로 확신을 가지게 될 때에 이러한 판결 또는 원칙을 말한다.[40] 일반적으로 법원의 재판을 판결이라고 하고, 헌법재판소의 재판을 결정이라고 하고, 판결과 결정을 합하여 판례라고 부른다.[41] 외국인 또는 이민자의 사증·출입국·체류·국적·통합 등에 관한 이민판례는 일반적으로 법원성이 부정되지만, 유사한 내용의 판례가 반복될 경우 이민관습법의 성립은 가능하다.

40) 앞의 책, p. 14.
41) 앞의 책, p. 14.

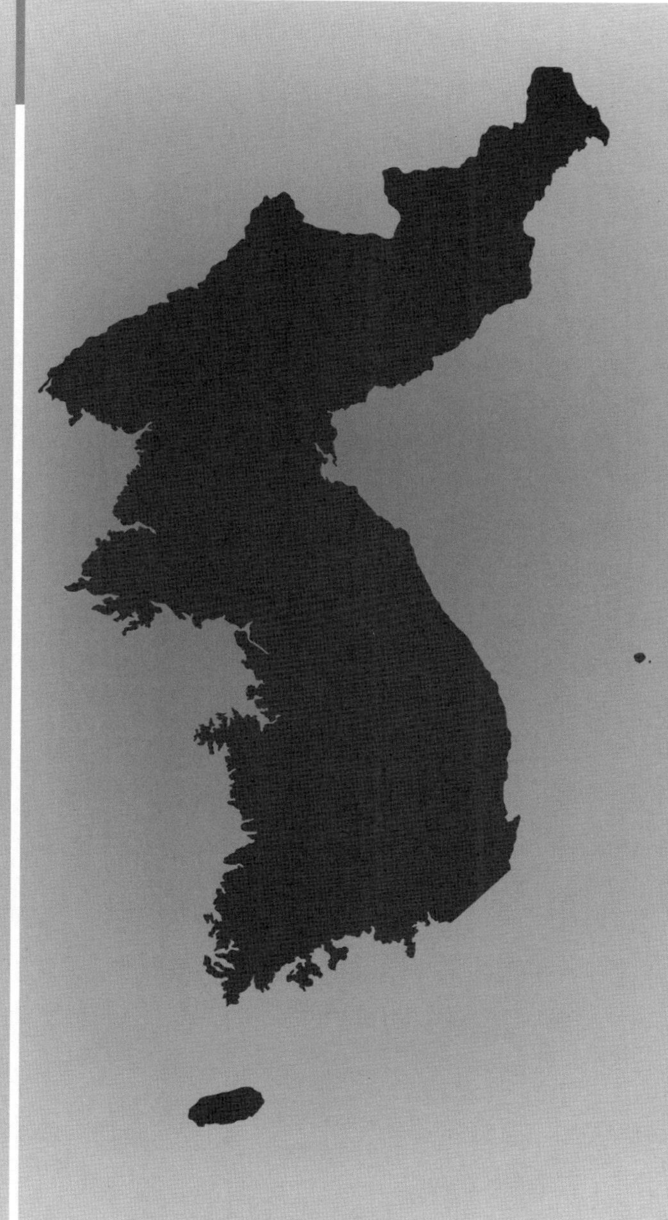

제 3 장

이 민 자

제1절 의 의

Ⅰ. 개 념

1. UN에서의 개념

(1) 고려요소

이민자immigrants를 정의할 때 사용되는 고려요소는 이민의 목적과 기간이다. 이민자는 하나의 국가로부터 다른 국가로 장기간 체류할 목적으로 국경을 넘나드는 일상적 거주지를 바꾼 자를 의미한다. 따라서 휴양 등 관광객, 친구 또는 친척 방문자, 국경통과 통근자, 단기간 사업목적 방문자는 이민자의 범위에 포함되지 않는다. 세계관광기구World Tourism Organization에 의하면 관광객은 아무리 그 이동의 기간이 장기간일지라도 이민자로 간주되지 않는다.[1)]

(2) 개 념

국제연합UN에 의하면, 이민자immigrant란 하나의 국가에서 다른 국가로 3개월을 초과하여 체류지를 옮길 의도를 가진 자를 말한다. 이에 의하면 이민자는 그 체류하는 기간에 따라 다음과 같이 구분할 수 있다. 첫째, 3개월을 초과하여 12개월 이내의 기간 동안에 일상적 체류지를 다른 국가로 옮기고 체류할 의사를 가진 자를 '단기이민자'라고 말한다. 둘째, 1년을 초과하여 일상적 체류지를 다른 국가로 옮기고 정착 또는 영주할 의사를 가진 자를 '장기이민자'라고 말한다. 장기이민자의 경우 그 다른 국가가 새로운 일상적 체류지로 된다.[2)] 즉 이민자란 일시적 또는 영구적으로 다른 국가의 사회구성원 자격을 부여받고 그 국가로 이주한 외국인을 말한다.

2. 출입국관리법 등에서의 개념

「출입국관리법」, 「국적법」 등에서는 이민자의 정의를 규정하지 않고 있다. 다만,

---

1) IOM, Essentials of Migration Management - A Guide for Policy Makers and Practitioners, Volume Two: Developing Migration Policy, 2004, pp. 2.1~9.

2) http://unstats.un.org/unsd/demographic/sconcerns/migration/migrmethods.htm

그 해석과 실무상 국제연합UN의 정의를 따르는 것으로 이해된다. 예를 들어 외국인은 입국한 날로부터 90일을 초과하여 대한민국에 체류하려면 원칙적으로 입국한 날로부터 90일 이내에 그의 체류지를 관할하는 지방출입국·외국인관서의 장에게 외국인등록을 하여야 한다(출입국관리법 제31조 제1항 본문).

3. 소 결

강학상 이민자의 개념에는 대한민국으로 이주한 자의 국적이 반드시 외국국적일 것을 요구하는 것은 아니다. 귀화자는 이민자의 개념에 포함되어 넓은 의미의 이민자로 구분될 수 있다. 예를 들어 후술할 국적에 관한 '세대적 접근방법generational approach'으로 이민 제2세대, 이민 제3세대의 개념을 들 수 있다. 이민자의 개념적 범위를 대한민국의 국적을 취득한 자 및 아직 외국인인 자로 나누고, 이민자의 개념은 귀화자가 포함된 광의의 이민자 및 협의의 이민자로 구분할 수 있다.[3] 다만, 「재한외국인 처우 기본법」에서는 '결혼이민자'의 정의와 관련하여, 결혼이민자란 대한민국의 국민과 혼인한 적이 있거나 혼인관계에 있는 재한'외국인'으로 규정하고 있으므로(재한외국인 처우 기본법 제2조 제3호), 결혼이민자에는 대한민국의 국적을 취득한 귀화자는 제외된다고 해석된다. 대한민국의 국적을 취득한 귀화자는 법률에서 이민자로 규정되지 않는 것이 국적주의적 관점에서 적절하다.

강학상 이민자란 대한민국에서 일시적 또는 영구적으로 사회구성원 자격을 부여받고 대한민국으로 이주한 자 외에도, 대한민국의 국적을 가지지 않은 자로서 대한민국으로 이주하기 위한 일정한 절차를 진행 중인 자를 포함한다고 본다.[4] 이민법의 적용범위는 국내에서뿐만 아니라 외국에서 대한민국으로 이주를 준비하는 사증발급 신청인에게도 적용되므로, 최광의의 이민자에는 '대한민국으로 이주하기 위한 일정한 절차를 진행 중인 자'를 포함할 필요가 있다.

Ⅱ. 구별개념

이민자의 개념을 보다 용이하게 이해하기 위하여 그 대립개념인 '국민'과 유사개

3) 노영돈, 이주여성의 인권: 법제와 정책 – 다문화가정을 중심으로, 이주여성의 인권 현황과 개선방안, 제32회 국회인권포럼, 2008, p. 4.

4) 구 「이민자 사회통합프로그램 및 그 운영 등에 관한 규정」 제2조 제7호에서 '이민자'란 대한민국의 일시적 또는 영구적 사회구성원 자격을 부여받고 대한민국으로 이주한 자 또는 대한민국 국적을 가지지 않은 자로서 대한민국으로 이주하기 위한 일정한 절차가 진행 중인 자라고 규정하였다.

념인 '외국인', '이주민'의 개념을 각각 살펴보기로 한다.

1. 국 민

(1) 의 의

빅토르 콩데H. Victor conde에 의하면, 국민이란 일반적으로 지구상에서 별개의 지역에 거주하고, 동일한 언어 또는 공통적으로 인정된 지배적인 언어를 사용하고, 동일한 관습과 역사적 연속성을 지닌 자를 말한다.[5] 그러나 이와 같은 국민의 정의는 국민이 그 국적국가를 떠나 다른 국가에서 체류할 수 있다는 점, 종전에 외국인으로서 귀화한 자는 동일한 언어 또는 공통적으로 인정된 지배적인 언어를 사용하지 않을 수 있다는 점, 이민자로 구성된 다양화된 사회에서는 동일한 관습과 역사적 연속성에서 벗어날 수 있다는 점 등 새로운 이민사회의 현상을 충분히 반영하지 못한다는 비판이 있을 수 있다.

일반적으로 국민이란 조직화된 권리와 의무의 형태로 존재하는 개개의 자연인 또는 개개인의 전체집합을 의미한다.[6] 국민은 국가의 인적 구성요소 내지 항구적 소속원으로, 국가의 통치권에 복종할 의무를 가진 개개인의 전체집합을 의미하는데, 경우에 따라서는 국가에 소속한 개개의 자연인을 뜻하기도 한다. 국가에 소속된 개개인으로 이들의 집합체가 국민을 구성한다.[7] 헌법적 관점에서는 국민은 국가 이전에 실존하는 자연인으로 국가를 형성하는 사실상의 구성요소이고, 헌법제정권력의 주체로 국가질서를 창설하며, 국민주권에 입각한 국가권력의 이념적 행사자로서 현실적인 국가의 활동을 가능하게 한다. 따라서 국민은 국가창설, 국가의 정당성 부여 및 국가활동의 근원적인 단위가 된다.[8]

(2) 사용례

「출입국관리법」에서는 국민이란 '대한민국의 국민'을 말한다(출입국관리법 제2조 제1호).[9] 「헌법」 제2조 제1항에서는 "대한민국의 국민이 되는 요건은 법률로 정한다."라고 규정하여, 국적법정주의 또는 국적법률주의를 채택하고 있다. 이에 따라 대한민국의 국민이 되

---

5) H. Victor conde, A Handbook of International Human Rights Terminology, University of Nebraska Press, 1999, p. 92.
6) 김철수, 헌법학개론, 박영사, 2007, p. 158.
7) 김철수, 헌법학개론, 박영사, 2007, p. 158.
8) 헌법재판소 2003. 1. 30. 자 2001헌바95 결정, 재판관 권성의 반대의견.
9) 참고로, 외국인투자촉진법에서는 "대한민국 국민이란 대한민국의 국적을 가지고 있는 개인을 말한다."라고 규정하고 있다(외국인투자촉진법 제2조 제1항 제2호).

는 요건을 정한 법률이 「국적법」이다. 국적법에서 정한 국민이 되는 요건을 충족하는 자가 대한민국의 국민으로 된다.

2. 외국인

(1) 의 의

빅토르 콩데H. Victor conde에 의하면, 외국인이란 어느 국가의 외국태생 거주자가 다른 국가에 귀화하지 않으면서, 여전히 그 어느 국가에 충성의무를 지니는 자를 말하고, 그 자는 다른 국가에서 합법적 또는 불법적으로 체류하고 일시적으로 체류하는 자를 말한다.[10] 그러나 이와 같은 정의는 다른 국가에서 태어난 외국국적을 가진 자를 고려하지 않고, 다른 국가에서 장기간 또는 영구적으로 체류하는 외국인이 제외된다는 비판이 있을 수 있다.

일반적으로 외국인alien, alienage이란 국민과 대립되는 개념으로, '대한민국의 국적을 가지지 아니한 자'를 말한다(출입국관리법 제2조 제2호). 외국인을 정의하는 방식은 누가 외국인에 해당되는지를 구체적으로 열거하는 것이 아니라, 대한민국의 국적을 가진 자를 배제하는 방식으로 이루어진다.[11] 대한민국의 국적을 가지지 아니한 모든 자는 외국인이 된다. 따라서 외국인에는 외국국적을 소지한 자뿐만 아니라, 대한민국에서 영주(F-5) 체류자격을 부여받아 장기간 합법적으로 거주하는 자, 어느 국가의 국적도 가지고 있지 않은 무국적자도 포함된다. 반면에, 대한민국의 국적과 외국국적을 함께 가지고 있는 복수국적자는 외국인이 아니라 대한민국의 국민이다. 결혼이민자와 대한민국의 국민이 법률혼 관계를 통하여 출생한 자녀는 외국인이 아니라 대한민국의 국민이다. 다만, 부모가 모두 분명하지 아니한 경우나 국적이 없는 경우 대한민국에서 출생한 자는 출생과 동시에 대한민국의 국적을 취득하고(국적법 제2조 제1항 제3호), 대한민국에서 발견된 기아棄兒는 대한민국에서 출생한 것으로 추정한다(국적법 제2조 제2항).

(2) 특 성

국적국가가 그 국민에게 요구하는 복종의무allegiance는 외국인에게는 일시적으로만 요구된다. 외국인은 그 국가에 체류·정착하는 동안에만 그 국가의 법령에 자발적으로 따를 것이 요구된다.[12] 1965년 「모든 형태의 인종차별 철폐에 관한 국제협

10) H. Victor conde, A Handbook of International Human Rights Terminology, University of Nebraska Press, 1999, p. 7.
11) 이규창, 추방과 외국인 인권, 한국학술정보, 2006, p. 62.
12) David Weissbrodt, Immigration Law and Procedure, West Group, 2003, p. 323.

약International Convention on the Elimination of All Forms of Racial Discrimination」 제1조 제2항에서는 "이 협약은 체약국이 자국의 시민citizens과 비시민non-citizens을 구별하여 어느 한쪽에의 배척, 제한 또는 우선권을 부여하는 행위에는 적용되지 아니한다."라고 규정한 것으로 볼 때에, 국제법규에서는 국민과 외국인을 구별하는 것에 대한 가능성을 전제로 규정하고 있다.13)

일반적으로 '외국인'이라는 용어로부터 이방인, 아웃사이더, 낯선 자, 소외자 등의 어감을 느끼고, 기존 사회와의 차별·격리 및 본질적인 인간으로서의 존엄성을 저해할 오해가 발생하는 경우가 종종 있다. 따라서 이 책에서는 법률 또는 판례에서 외국인으로 사용된 경우 또는 귀화 등을 통하여 대한민국의 국적을 취득한 자를 제외하는 좁은 의미로만 사용한 경우에는 '외국인'이라는 용어를 사용하고, 그 외의 경우에는 주로 '이민자'라는 용어를 사용하도록 하여 과거에 외국인이었던 자를 포함하는 넓은 의미로 사용하기로 한다.14)

(3) 사용례

외국인의 정의를 규정한 다른 법률의 예를 살펴보기로 한다.

첫째, 「출입국관리법」에서 '대한민국의 국적을 가지지 아니한 자' 같이 대한민국의 국적을 가진 자를 배제하는 방식이다. 「선박 및 해상구조물에 대한 위해행위의 처벌 등에 관한 법률」 제2조(정의) 제6호에서는 '대한민국의 국적을 가지지 아니한 자', 「외국인토지법」 제2조(정의) 제1호, 구 「선물거래법」 제3조(정의) 제9호에서는 '대한민국의 국적을 보유하고 있지 아니한 개인'이라고 외국인을 정의하고 있다. 그리고 「재한외국인 처우 기본법」 제2조(정의) 제1호에서는 "재한외국인이라 함은 대한민국의 국적을 가지지 아니한 자로서 대한민국에 거주할 목적을 가지고 합법적으로 체류하고 있는 자를 말한다."라고 규정하여 「재한외국인 처우 기본법」이 적용되는 외국인은 국내에서 합법적으로 체류하는 외국인으로 한정하고 있다.

둘째, 대한민국의 국적을 가진 자를 배제하는 방식이 아니라 외국의 국민 또는 외국의 국적을 가진 자를 배제하는 방식이다. 「국제수형자이송법」 제2조(정의) 제5호에서는 '외국의 국민으로 간주되는 자', 「해양과학조사법」 제2조(정의) 제2호, 「해외

---

13) 2005년 인종차별철폐위원회(The Committee on the Elimination of Racial Discrimination) 제65차 회기에서 채택된 '비시민권자에 대한 차별에 관한 일반권고 XXX(General Recommendation XXX on Discrimination against Non-Citizens)' 제1장 제1조.

14) 외국인(alien)이 가지는 이와 같은 어감의 차이로 인하여, Stephen H. Legomsky & Cristina M. Rodriguez, Immigration and Refugee law and Policy, Foundation Press(2009)에서는 외국인(alien) 용어 대신에 비시민(noncitizen)이라는 용어를 사용하고 있다.

자원개발 사업법」 제2조(정의) 제2호에서는 '외국의 국적을 가진 자', 「외국인투자촉진법」 제2조(정의) 제1항 제1호, 「경제자유구역의 지정 및 운영에 관한 법률」 제2조(정의) 제3호에서는 '외국의 국적을 보유하고 있는 개인'이라고 외국인을 정의하고 있다.

셋째, 일정한 범위의 국민을 외국인으로 대우하는 방식이다. 「외국인투자촉진법」 제2조(정의) 제2항에서는 "이 법을 적용함에 있어서 대한민국의 국적을 보유하는 개인으로서 외국에 영주하고 있는 자에 대하여는 이 법 중 외국인에 대한 규정을 함께 적용한다."라고 규정하여, 국민이 영주권을 소유한 경우를 외국인으로 대우하고 있다.

3. 이주민

이민자와 유사한 개념으로, 이주민 또는 이주자migrants라는 용어가 주로 사용되고 있다. 국내에 체류하는 외국인을 뜻하는 '이주민'이라는 용어는 이민에 관한 법률에서 사용하는 정식용어는 아니다. 다만, 「국방·군사시설 사업에 관한 법률」, 「댐건설 및 주변지역지원 등에 관한 법률」, 「신항만건설촉진법」, 「국유재산법 시행령」, 「행정중심복합도시건설청과 그 소속기관 직제」, 「국토해양부와 그 소속기관 직제 시행규칙」 등 국내법령에서 사용되는 이주민이란 대한민국 내에서 지역을 바꿔 이동하는 자를 말한다.[15]

그렛테 브로흐만 및 토마스 하마Grete Brochmann and Tomas Hammar에 의하면, 외국인을 뜻하는 이주민·이주자 및 이민자의 용어에 대하여 그 용어가 모두 집합적 개념으로, 이들을 구별하는 것은 분석에 실익이 없다고 한다.[16] 예를 들면 「해외이주법」에서 규정한 '이주移住'란 국경을 넘어 이동하는 것으로(해외이주법 제2조, 제4조 참고), 이주의 실질적인 의미와 내용은 '이민'과 다르지 않다.

4. 노동자

노동법에서 노동자란 단순히 '일을 하는 자'를 의미하는 것이 아니라, '임금노동자'를 말한다.[17] 따라서 노동법에서는 자신의 소유로 되어 있는 회사를 운영하는 자, 자신의 땅에서 농사를 짓는 자, 가정에서 살림을 하는 주부는 노동법상의 노동자로 간주되지 않는다. 그러나 이민법에서는 이민자의 유형에 금전적 대가를 받는 외국인

---

15) 황필규, 이민 관렵 법 기초 연구, IOM 이민정책연구원 working paper No. 2010-02, 2010, p. 1.
16) Grete Brochmann and Tomas Hamma, Mechanisms of Immigration Control - a comparative analysis of european regulation policies, Berg publisher, 1999.
17) 김명수, 노동법, 엠지알코리아, 2001, p. 3.

근로자만을 한정하지 않으며, 금전적 대가를 받지 않는 자도 포함된다. 따라서 이민법에서 이민자란 임금에 상관 없이 국가간의 국경을 넘어 평상시의 체류지를 변경하여 다른 국가에서 체류, 정착하는 자를 말한다. 즉 서비스 계약으로 인해 다른 국가에 서비스를 제공하는 전문외국인력, 「외국인근로자의 고용 등에 관한 법률」에 의한 외국인근로자, 국제결혼을 통해 이주한 결혼이민자, 모회사에서 다른 국가에 위치한 자회사 또는 분소에 파견되어 근무하는 기업내전근자, 주된 이민자(예를 들어 기업내 전근자 등이다)와 동반거주하는 부부 또는 그 자녀 등이 이민자에 해당한다.

5. 외국인근로자

「외국인근로자의 고용 등에 관한 법률」에서 규정한 '외국인근로자'란 대한민국의 국적을 가지지 아니한 외국인으로서 국내에 소재하고 있는 사업 또는 사업장에서 임금을 목적으로 근로를 제공하고 있거나 제공하려는 자를 말한다(외국인근로자의 고용 등에 관한 법률 제2조 본문). 외국인근로자의 주된 개념적 요소로는 임금, 근로의 제공 또는 근로의 제공 예정이다.

6. 난 민

「난민법」에서는 난민이란 '인종, 종교, 국적, 특정 사회집단의 구성원인 신분 또는 정치적 견해를 이유로 박해를 받을 수 있다고 인정할 충분한 근거가 있는 공포로 인하여 국적국의 보호를 받을 수 없거나 보호받기를 원하지 아니하는 외국인, 또는 그러한 공포로 인하여 대한민국에 입국하기 전에 거주한 국가(상주국이라 한다)로 돌아갈 수 없거나 돌아가기를 원하지 아니하는 무국적자인 외국인'이라고 규정하고 있다(난민법 제2조 제1호). 반면에, 이민자는 1951년 「난민의 지위에 관한 협약」 또는 「난민법」상의 난민의 정의에 포함된 것 이외의 사유로 다른 국가에 체류하기 위하여 자발적으로 본국을 떠나는 자를 말한다. 이민자는 변화 또는 모험을 구하고, 또는 가정적 혹은 개인적 성격의 기타 이유로 인하여 이주할 수 있다. 전적으로 경제적 이유로 이주한다면, 그는 경제적 '이민자'이지 난민이 아니다(난민지위 인정기준 및 절차 편람 제62항 참고).

제2절 법적 지위

Ⅰ. 이민자의 기본권 주체성

1. 헌법상 이민자의 지위

「헌법」은 각 개별법이 이민자를 어떻게 처우해야 하는지에 대하여 입법해석의 기준이 될 수 있다. 그러나 「헌법」 전문 · 본문에서는 이민자의 법적 지위를 직접적으로 구체적으로 규정한 조항이 존재하지 않는다. 「헌법」 전문에서는 '밖으로는 항구적인 세계평화와 인류공영에 이바지함으로써 우리들과 우리들의 자손의 안전과 자유와 행복을 영원히 확보할 것을 다짐'한다고 하여, 외국인의 유입 즉 이민에 대하여는 적극적이지 않다. 그리고 「헌법」 제6조 제2항에서는 "외국인은 국제법과 조약이 정하는 바에 의하여 그 지위가 보장된다."라고 규정하고 있으나, 실제로는 대한민국에서 체류하는 이민자의 법적 지위에 대하여는 국제법과 조약에 의하기보다는 오히려 국내법령에 의해 그 법적 지위가 결정되고 있다. 또한 국가 간에 상호주의가 적용되는 결과로 국가는 이민자의 법적 지위에 대해 무관심하게 되어 이민자의 법적 지위에 대한 국내법령의 흠결이 많은 상황이다.[18)]

이민자의 법적 지위에 대한 국내법적 흠결을 보완하기 위하여 「헌법」 제6조 제1항에서는 "헌법에 의하여 체결 · 공포된 조약과 일반적으로 승인된 국제법규는 국내법과 같은 효력을 가진다."라고 규정하고 있다. 대한민국이 비준하고 공포한 조약과 일반적으로 승인된 국제법규는 국내법과 동일하게 적용되어야 하고, 이민자의 법적 지위에 대한 판단의 재판규범이 될 수 있다. 헌법재판소와 대법원에서도 "헌법 제6조 제1항의 국제법 존중주의는 우리나라가 가입한 조약과 일반적으로 승인된 국제법규가 국내법과 같은 효력을 가진다는 것이다."라고 하여 이를 재확인하고 있다.[19)] 또한 「헌법」 제6조 제2항에서는 "외국인은 국제법과 조약이 정하는 바에 의하여 그 지위가 보장된다."라고 규정하고 있으므로, 국제적인 인권기준과 국가간 상호주의에

---

18) 오동석, 한국 이민법제의 헌법적 평가와 재구조화, IOM 이민정책연구원 새로운 이민법 체계 수립을 위한 국제 심포지움, 2010, p. 86.

19) 헌법재판소 2001. 4. 26. 자 99헌가13 결정; 대법원 2005. 5. 13. 자 2005초기189 결정 참조. 다만, "조약이나 국제법규가 국내법에 우선한다는 것은 아니다."라고 판시하고 있다.

의해 이민자의 법적 지위를 보완하도록 하는 균형 있는 해석이 필요하다.[20)]

2. 이민자의 기본권 주체성

(1) 헌법 규정의 태도

「헌법」에 따르면 기본권의 원칙적 향유자는 '국민'이다. 「헌법」 제2장 기본권 보장의 표제가 '국민의 권리와 의무'로 되어 있고, 「헌법」 제10조에서 제39조까지를 살펴보면 인간으로서의 존엄과 가치, 각 기본권의 주체를 '국민'에게만 한정되는 것으로 표현하다. 예를 들어 "모든 국민은 인간으로서의 존엄과 가치를 가지며", "모든 국민은 (중략) ~ 권리를 가진다."는 일반적인 형식을 취하고 있다.[21)]

(2) 출입국관리법의 태도

이민자 또는 외국인이 국민에게 보장된 모든 기본권을 향유할 수 있는 것은 아니다. 이민자는 사증을 합법적으로 발급받았을지라도 대한민국이 가입한 국제조약에 따른 구속력 등 예외적인 경우를 제외하고는 대한민국에 입국할 권리를 가질 수 없다. 그리고 이민자가 입국허가를 받았을지라도 대한민국에서 영구적으로 체류할 권리, 취업할 수 있는 권리, 정치적 활동을 할 권리를 가질 수 없다(출입국관리법 제10조, 제17조, 18조).[22)]

(3) 판례의 태도

헌법재판소는 "기본권의 보장에 관한 각 헌법 규정의 해석상 국민 또는 '국민과 유사한 지위에 있는 외국인'만이 기본권의 주체라 할 것이다."라고 판시하여 원칙적으로 외국인의 기본권 주체성을 인정하고 있다.[23)] 또한 "인간의 존엄과 가치, 행복추구권은 대체로 '인간의 권리'로서 외국인도 주체가 될 수 있다고 보아야 하고, 평등권도 인간의 권리로서 참정권 등에 대한 성질상의 제한 및 상호주의에 따른 제한이 있을 수 있을 뿐이다."라고 판시하고 있다.[24)] 헌법재판소는 「헌법」 규정의 문언

20) 이성언·최유, 다문화가정 도래에 따른 혼혈인 및 이주민의 사회통합을 위한 법제지원방안 연구, 한국법제연구원, 2006; 황근수, 여성과 법, 한국학술정보, 2009, p. 210.

21) 오동석, 한국 이민법제의 헌법적 평가와 재구조화, IOM 이민정책연구원 새로운 이민법 체계 수립을 위한 국제 심포지움, 2010, p. 86; 황필규, 이민 관련 법 기초 연구, IOM 이민정책연구원 working paper No. 2010-02, 2010, p. 7; 안정민, 디지털 컨버전스와 방송규제, 한국학술정보, 2006, p. 48.

22) 오승진·이호용, 출입국분야 인권교육 교재, 국가인권위원회, 2009, p. 72 참고.

23) 헌법재판소 1994. 12. 29. 자 93헌마120 결정【불기소처분취소】; 헌법재판소 2001. 11. 29. 자 99헌마494 결정【재외동포의출입국과법적지위에관한법률제2조제2호위헌확인】.

24) 헌법재판소 2001. 11. 29. 자 99헌마494 결정.

그대로의 해석에 머무르지 않고 있다. 헌법이론적으로 인간이면 누구나 누릴 수 있는 권리(인간으로서의 권리)와 국민의 자격(국적을 말한다)을 갖춤으로써 보장받을 수 있는 권리(국민으로서의 권리)를 구분하여, 외국인은 인간으로서의 권리의 주체로 되면서 외국인의 기본권 주체성을 원칙적으로 인정하고 있다.[25)]

Ⅱ. 국　적

1. 국가의 구성원과 이민자

이민자의 법적 지위와 관련하여, 국가의 구성에 있어 국적이 어떤 것을 의미하는지가 문제된다. 국가의 존재 목적은 국민의 기본권을 보장하고 유지하는 것이다. 이민자라는 새로운 구성원의 등장은 국가의 기존 생래적 구성원인 국민에 해당하지 않으므로, 국가의 존재 목적에 대한 예외에 해당한다고 할 수 있다. 그러나 경우에 따라서는 이민자가 오랫동안 체류하면서 그 국가의 기존 구성원인 국민 및 그 밖의 다른 국가로부터 온 여러 이민자와 공동의 운명 속에 살면서 그 국가의 새로운 구성원으로 된다. 국제관계적 관점에서, 국가의 기존 구성원이 아닌 새로운 구성원으로서 이민자가 등장하게 된 첫 번째 원인은 제1차 · 제2차 세계대전과 식민지의 독립운동에 기인한다. 장기간의 전쟁과 독립의 과정에서 국가의 기존 구성원이 다른 국가의 새로운 구성원으로 본인 스스로도 모르는 사이에 변화되거나, 그 반대로도 되고, 상호간에 관련을 맺게 되었다. 두 번째 원인은 세계화 및 FTA 등으로 인한 서비스인력의 국가간 이동의 증가에 기인한다. 선진국가의 경제적 구조로 인하여 서비스 외국인력에 대한 수요가 발생하고 서비스 외국인력은 그 외국에서 오랜 기간 체류하고 있음에도 불구하고, 그 체류하는 외국의 구성원인 국민으로 자동적으로 변경되지는 않았다.[26)]

2. 국가 개념의 쇠퇴와 국적

국적은 국가와 불가분의 관계에 있고, 국적은 국가의 국민이 되기 위한 요건 · 신분 또는 자격을 말한다. 국가의 개념은 세계화의 추세 속에서 지속적인 도전을 받고

---

25) 황근수, 여성과 법, 한국학술정보, 2009, p. 210.

26) Ulrich K. Preuss, Constitutional Powermaking for New Polity, in Michel rosenfeld, Constitutionalism, Identity, Difference and Legitimacy, Duke University Press, 2006, p. 143; Hiroshi Nishihara, 세계화와 법적과제 - 외국인의 법적지위, 경세원, 2008, p. 128 참고.

있고 종종 사라져가는 개념으로 묘사되고 있지만, 여전히 국제관계상 중요한 요소이다. 국가의 개념이 서서히 변화되고 있듯이 국적의 의미도 변화를 겪고 있다. 국경의 폭넓은 통과 가능성, 세계화로 되어가고, 국가간·지역공동체간 상호 의존성이 깊어가는 정치경제, 유사한 정치사회적 구조로 인하여 국적의 기능은 구시대의 전유물로 취급되는 정도까지는 아니지만 점차로 축소되어가고 있다. 인권 보호의 준수에 대한 요구는 더 이상 한 사람의 국적에만 의존하고 있지는 않다. EU시민권 개념은 점차적으로 EU구성원으로 EU회원국가의 개별적 국적의 중요한 부분을 대체하고 있다. 그렇지만 아직 탈脫민족적post-national 또는 초超국가적trans-national 국적에까지 도달한 것은 아니다. 여전히 국적은 국가가 다른 국가 및 국제공동체와의 관계에서 개인에 대한 재판관할권, 조약의 적용범위, 외교적 보호권의 행사 등 기본적 권리와 의무의 적용범위를 결정한다. 또한 개인의 국적은 그 국가 내에서 정치적 권리를 행사하는 데 기본적인 요건이고, 개인의 법적 지위를 결정하는 중요한 요소이다. 따라서 자주 인용되는 국가 개념의 쇠퇴 현상은 국적 개념의 쇠퇴로 이어지는 것은 아니고, 오히려 국적의 문제는 그 중요성이 점점 더해져가고 있다. 최근 국적법의 주요한 특징으로는 혈통주의jus sanguinis에 기반을 둔 인종과 문화적 동질성 위주의 국적법제 및 출생지주의jus soli에 기반을 둔 정치적 동질성 위주의 국적법제 사이에서 그 전통적인 차이가 완화되고 있다. 또한 복수국적자의 수적 증가는 학자들의 관심을 끌고 있다. 국적 및 인권보호의 문제는 이민자와 난민의 이슈와 깊게 관련되어 있다.[27)]

3. 국적 개념의 중요성

앞에서 보듯이 이민자의 정의에 있어서 국적이 차지하는 비중은 상당하다. 우선 국적 및 자연인성, 시민권에 대한 개념 차이를 살펴보기로 한다.

카르멘 티부르치오Carmen Tiburcio에 의하면 국적nationality은 자연인성, 시민권과 구별된다. 국적은 국가의 영역에 관련한 개념으로, 사람이 어느 도시에서 태어났을 경우 그 개인은 그 도시가 위치하는 국가의 자연인natural으로 된다. 그러나 자연 상태에서는 그 개인은 자동적으로 국민national으로 되는 것을 의미하지 않고, 그 도시가 위치하는 국가의 시민권을 가지고 있는 것을 의미하는 것도 아니다. 그러나 국가가 그의 영역 내에서 태어난 모든 사람에게 국적을 부여할 경우 국가의 자연인과 국민

27) 최윤철, Kay Hailbronner, 출입국통제에 관한 국제법적인 문제, 한양대학교 법학연구소 법학논총 제20집 제1호, 2003, p. 75.

이 동시에 될 수 있으므로, 자연인성naturality과 국적nationality은 서로 일치하게 된다.[28)]

반면에 시민권citizenship이란 어느 국가 안에서 충만한 정치적·시민적 권리를 사실상 가지는 국민을 포함한 개념으로, 시민citizen이란 정치적 권리를 획득할 수 있는 잠재력을 지닌 자를 의미한다. 이 중에서 몇몇 시민은 완전한 정치적 자유를 향유하지 못하는데, 그 예로는 어린아이, 범죄에 대해 유죄 판결을 받은 수형자 등을 들 수 있다. 국가의 공적 생활에 완전히 참여하고 정치적 권리를 충만히 향유하기 위하여는, 개인은 그 국가의 자연인이 됨과 동시에 시민이 되어야 한다. 실제로는 많은 대부분의 나라에서 국민에게만 정치적 권리를 부여하고 있다.[29)]

국적과 시민권의 차이를 명확히 설명하기는 다소 어렵다. 그 이유는 두 용어가 '국가 구성원state membership'이라는 동일한 개념의 각기 다른 측면을 강조하기 때문이다. 많은 학자들은 국적 또는 시민권에 대하여 개인이 어느 한 국가에 법적으로 귀속되거나 상징적인 방법으로 구성되어 정치공동체의 일원이 된다는 개인의 지위를 의미한다고 보아, 국적 또는 시민권 두 용어를 구별하지 않고 있다. 심지어 개념적으로는 명확히 구별하면서도 실제로는 상호 교환적으로 사용하기도 한다.[30)] 예를 들어 미국 헌법은 국적의 주제를 명확히 다루고 있지는 않지만, 연방대법원은 *Wong Kim Ark v. US* 판결(1897)에서 헌법 수정 제14조the Fourteenth Amendment to the US Constitution를 적용하였고, 중국부모를 두고 있지만 미국 내에서 출생한 모든 사람은 미국의 '국민national'이라는 것을 의미하기 위하여 "미국 내에서 출생하거나 귀화하였고 이로 인해 미국의 관할권에 복종하는 모든 사람은 미국의 시민citizen이며 그가 거주하고 있는 주의 시민이다"라고 판결하였다.[31)] *Wong Kim Ark v. US* 판결(1897)을 살펴보면, 동 판결은 연방대법원이 헌법 수정 제14조가 미국에서 태어난 모든 사람에게 적용된다고 결정한 최초의 것이다. Wong Kim Ark은 중국인 부모 밑에서 샌프란시스코에서 출생하였는데, 출생 당시에 그의 부모는 중국인이었다. Wong Kim Ark은 21세가 되어, 과거에 미국에서 20년 동안 살고 일을 해온 그의 부모를 방문하기 위해서 중국에 갔다가 다시 미국으로 귀국하려고 할 때에, Wong Kim Ark가 미국 시민이 아니라는 이유로 입국이 거부된 사안이다. 미국의 1882년 중국인추방법Chinese Exclusionary Acts에 의하면 중국인 이민자에게 시민권 부여가 부

28) Carmen Tiburcio, 2001, the human rights of aliens under internatioal and comparative law, Martinus Nijhoff Publishers, 2001.
29) 앞의 책.
30) 앞의 책.
31) 앞의 책.

인되었다. 미국의 1882년 중국인추방법은 인종차별적 이민법으로, 이 규정에 의하면 중국인의 이민을 10년간 정지하고 중국인의 시민권 신청(귀화)을 인정하지 않았다. 1943년에 중국인추방법은 폐지되었다. 그렇다면 미국에서 태어난 중국인의 자녀인 Wong Kim Ark가 미국 시민으로 될 수 없다는 의미인지가 헌법 수정 14조에 의해 의문점으로 제기되었다. Wong Kim Ark은 본인 스스로가 또는 그의 부모가 자녀를 대리하여서도 Wong Kim Ark의 미국 시민권을 포기한 적이 없었고, 입국이 거부될 만한 행동이나 범죄를 저지르지 않았다. 결국 연방대법원에서는 Wong Kim Ark가 승소하여 중국 여행 후 미국에서 다시 살기 위해 되돌아오는 것이 가능하였다. 이 판결로 미국에서 출생한 모든 사람은 인종, 종교, 신조 내지 부모의 시민권 여부로 자신의 시민권 부여가 거부되지 않게 되었다.

Ⅲ. 혈통 · 민족주의 및 정치적 권리

1. 혈통 · 민족주의

(1) 헌법의 태도

대한민국은 일제 식민지배의 해방과정 및 신생독립국가로 헌법을 제정하는 배경에서 민족주의적 의식 · 가치질서가 강조되었고, 민족의식은 군사독재정권을 거치면서 지속적인 국민교육을 통해 민족주의로 재생산되었다. 민족주의는 기본적으로 혈통주의를 기반으로 한다. 이러한 역사적 과정으로부터 「헌법」 전문에서는 "조국의 민주개혁과 평화적 통일의 사명에 입각하여 정의 · 인도와 동포애로써 민족의 단결을 공고히 하고", 「헌법」 제9조에서는 "국가는 전통문화의 계승 · 발전과 민족문화의 창달에 노력하여야 한다." 등을 규정하여, 대한민국이 한민족으로 구성된 민족국가임을 나타내고 있다. 민족주의적 의식 · 가치질서가 대한민국의 현대사에서 보듯이 경제발전의 달성 등 효율성 측면에서는 긍정적인 기능을 가지기도 했다. 그러나 민족주의는 혈통주의를 우선하고, 외국인 또는 이민자에 대하여는 차별이 지속적으로 전개될 가능성이 농후하다. 더욱이 민족주의적 의식 · 가치질서가 국적개념과 결합됨으로써 민족주의가 내포하는 순혈주의, 혈통주의 내지는 타민족 및 타인종에 대한 폐쇄성과 배타성은 더욱 강조되어 왔다. 국민인지 여부를 결정하는 원리인 국적은 주요한 헌법사항이고, 국적개념이 민족 또는 인종과 동일시되어 다른 민족 또는 다른 인종에 대한 차별적 의식을 초래하고, 국가에 대한 충성을 요구하는 이데올로기의 수단으로 작용하게 된다.[32]

(2) 국제법규의 태도

민족주의 및 이민자의 관계에 대하여 직접적으로 규정한 국제법규는 보이지 않는다. 다만, 혈통주의와 관련한 국제법규로는 1965년 「모든 형태의 인종차별 철폐에 관한 국제협약International Convention on the Elimination of All Forms of Racial Discrimination」을 들 수 있다. 본 협약 제1조 제1항에서는 "'인종차별'이란 인종race, 피부색colour, 혈통descent, 민족national이나 종족의 기원ethnic origin에 근거를 둔 어떠한 구별, 배척, 제한 또는 우선권을 말하고, 이것은 정치, 경제, 사회, 문화 또는 기타 어떠한 공공생활의 분야에 있어서든 평등하게 인권과 기본적 자유의 인정, 향유 또는 행사를 무효화시키거나 침해하는 목적 또는 효과를 가지고 있는 경우이다."라고 규정하고 있다. 그리고 2002년 인종차별철폐위원회The Committee on the Elimination of Racial Discrimination 제61차 회기에서 채택된 「협약 제1조 제1항(혈통)에 관한 일반권고 XXIXGeneral Recommendation XXIX on article 1, paragraph 1, of the Convention (Descent)」에서는 "제1조 제1항에서 규정한 '혈통descent'이라는 용어에 대하여는 단순히 '인종'만을 의미하는 것이 아니라, 다른 모든 형태의 차별금지 근거를 보충하는 의미를 갖고 적용된다."라는 입장을 확인하고, "혈통에 기초한 차별의 명백한 금지를 국내 헌법에 수용할 것을 고려한다."라고 선언하고 있다. 인종차별철폐위원회의 일반권고는 국제조약처럼 가입국에 법적 구속력을 가지는 것은 아니다. 그러나 인종차별철폐위원회는 1965년 협약 제9조 제2항에 근거하여 제안과 일반권고를 하는 것이므로, 인종차별 철폐에 관한 국제협약에 대한 유권해석을 제공하고 있다. 따라서 인종차별철폐위원회의 일반권고는 동 협약의 가입국을 사실상 구속한다.

2. 정치적 권리

(1) 의 의

외국인 또는 이민자가 체류하는 국가에서 어느 정도로 통합되었는지를 보기 위하여 정치적 권리가 어느 정도로 부여되고 보장되는지가 문제된다. 정치적 권리political rights란 투표할 권리 또는 공직을 수행할 권리 등 정부의 정책수립과 행정에 직·간접적으로 참여할 수 있는 권한이 개인에게 부여된 권리를 말한다. 이는 정치적 자유political liberty라고도 한다.[33] 정치적 권리는 국가 및 정부업무를 담당하는 자에게 부

32) 이성언·최유, 다문화가정 도래에 따른 혼혈인 및 이주민의 사회통합을 위한 법제지원방안 연구, 한국법제연구원, 2006.

33) Bryan A. Garner, BLACK'S LAW DICTIONARY, abridged seventh edition, West Group,

여된 기능과 관련된 것뿐만 아니라, 이와 같은 업무를 집행할 자를 임명하고 공공정책의 결정·관리에도 관계가 있다. 즉 정치적 권리는 일반적으로 공무를 수행할 권리뿐만 아니라, 그 외 투표할 권리와 선거에서 선출될 권리, 정부기관에서 특정 기능을 수행할 권리, 병역에의 참여 등이 있다. 여기에서 공무를 수행할 권리와 투표할 권리 및 선거에서 선출될 권리는 전형적이고 기본적인 정치적 권리이고, 그 이외의 정치적 권리들은 파생된 정치적 권리라고 할 수 있다.[34] 외국인의 정치적 활동, 선거권 및 피선거권, 공무담임권, 병역의무 등과 관련하여, 「헌법」에서는 언급을 자제하여 규정이 전무한 상태이고, 이에 대한 구체적인 내용은 국제법규, 하위법인 법률 등에 위임하고 있을 뿐이다.

(2) 규정의 사례

1) 의 의

현대사회는 국가간 인구이동이 지속적으로 증가하는 이민의 시대임에도 불구하고, 외국인에게 정치적 권리를 부여할 것인지 부인할 것인지 또는 어느 정도로 기본권 향유를 인정할 것인지에 대한 일반적인 범주를 규정하는 국제법규와 국내법 사례는 매우 적다.

2) 국제법규 등

1928년 「외국인의 지위에 관한 하바나헌장The Havana Convention on the Status of Aliens」[35] 제7장에서는 외국인이 정치적 활동에 참여하는 것을 보장하지 않았고, 국내법은 외국인이 정치적 활동을 수행하는 경우에 강제퇴거하는 등 외국인에게 일정한 처벌을 부과할 수 있다는 것을 규정하였다. 정치적 권리에 관하여 외국인에게는 그 국가의 국민과 같은 동등한 대우equal treatment가 보장되지 않았다. 2000년 독일 「기본법Grundgesetz」 제33조 제1항에서는 "모든 독일인은 모든 주에서 동일한 정치적 권리와 의무를 지닌다Jeder Deutsche hat in jedem Lande die gleichen staatsbuergerlichen Rechte und Pflichten"라고 규정하고, 국민에게만 정치적 권리를 부여하고 외국인에게는 제외하고 있다. 1987년 니카라과 「헌법」 제27조에서는 외국인이 직접적 또는 간접적으로 국내의 정치적 문제에 간섭하는 것을 금지하고 있다.[36] 반면에, 브라질 「헌법」에서는

---

p. 1061.

34) Carmen Tiburcio, the human rights of aliens under internatioal and comparative law, Martinus Nijhoff Publishers, 2001.

35) 1928년 2월 20일에 하바나에서 비준(approval)을 하여 1929년 8월 29일에 발효한 조약으로서, 체약국에는 아르헨티나, 브라질, 칠레, 콜롬비아, 코스타리카, 도미니카 공화국, 에콰도르, 과테말라, 아이티, 멕시코, 니카라과, 파나마, 페루, 미국, 우루과이 등이 있다.

외국인의 정치적 권리에 대하여 포괄적인 금지를 규정하지는 않았지만, 1998년에 제19차 브라질 「헌법」은 외국인이 헌법 규정에 일치하는 한도에서 공공 행정사무 public service에 접근하는 것을 인정하고 있다.37)

3) 국내법규

대한민국의 헌법과 개별 법률에 규정된 외국인의 정치적 활동에 대하여는 제4편 외국인의 체류에서 상세히 후술하기로 한다.

(3) 시민 및 외국인의 구별

정치적 권리는 일반적으로 국민에게만 주어지고 있다. 시민권citizenship은 정치적 권리를 충분히 행사하는 개인인 국민national에게 적용되는 특별한 개념이다. 즉 시민 citizen은 국민national과 동의어가 아니다. 시민은 정치적 권리를 향유하는 자를 의미하고 반드시 모든 국민이 시민이 되는 것은 아니다. 예를 들어 미성년자와 범죄의 유죄선고를 받은 자들은 완전한 정치적 권리를 행사하지 못하는데, 이것은 시민이 정치적 권리를 향유하지 못하는 것이 아니라 몇몇 부류의 국민은 시민이 아닌 것을 뜻하는 것이다. 정치적 권리와 의무에 대하여 시민citizen과 외국인alien의 구별은 폭넓게 인정되고 있다. 뿐만 아니라 시민권이 인정되지 않는 국민에게는 정치적 권리의 행사가 부인되기 때문에 시민과 국민 사이의 구별도 인정되고 있다. 시민·국민·외국인의 구별은 자의적인 것으로 보이지 않으며, 차별로서 분류될 수 없는 것이다.38)

(4) 미국 연방대법원의 태도

1) 의 의

미국 연방대법원Supreme Court은 외국인에 대한 각종 제한 조치들은 의심suspect이 있는 것으로 간주되지 않고, 국가의 헌법적 특권에 관한 문제를 다루는 주제에서와 같은 엄격한 심사기준이 적용되지 않는다고 판결한 바 있다. 외국인에 대한 제한 조치는 주州의 민주적 정치제도에 있어 외국인의 참여를 배제하는 역사에 기초한 주州의 권능, 국민에 의한 정치적 공동체라는 기본 관념을 보호하려는 주州의 권능 등에

36) Articulate 27. - The foreigners such have duties and rights that the Nicaraguans, with the political exception of the right and those that they establish the laws; they cannot take part in the political subjects of the country.

37) Carmen Tiburcio, the human rights of aliens under internatioal and comparative law, Martinus Nijhoff Publishers, 2001.

38) 앞의 책.

기반하는 것이다.[39)]

2) 판 례

주州 경찰관직 응모에서 외국인을 배제한 1978년 3월 22일 *Foley v. Connelie* 사건에 대한 미국 연방대법원의 판례를 통하여 외국인에 대한 제한 조치의 의미를 살펴보기로 한다. 에드먼드 폴리Edmund Foley는 미국에 합법적으로 체류하고 있는 영주권자이고, 뉴욕 주 기마 경찰관시험에 지원하였다. 그러나 뉴욕 주당국은 미국 시민이 아닌 자는 뉴욕 주의 경찰이 될 수 없다는 규정에 의하여 에드먼드 폴리의 경찰관시험 응시를 허가하지 않았다. 이 사건에서 뉴욕 주의 규정이 헌법 수정 제14조의 평등권 보호equal protection 조항을 위반하였는지가 문제가 되었다. 연방대법원 재판관은 6 대 3으로 평등권에 위반하지 않는다고 판결하였다.

그 주요 논거는 다음과 같다. 미국 연방대법원은 주州의 민주적 정치제도에 있어 주州는 외국인의 참여를 배제하려는 역사에 바탕을 둔 권능을 가지고 있다고 보고, 미국 시민이 아닌 자는 경찰이 될 수 없다고 한 뉴욕 주의 규정은 평등권 보호 조항을 위반하지 않았다고 판시했다. 이를 위하여 주州는 외국인에 관한 분류적 계층화 classification와 주州가 가지는 유효한 이해관계 사이의 합리적인 관계를 보여주기만 하면 되고, 주州는 외국인의 분류적 계층화와 이로 인해 보호되어야 할 이익 사이의 균형과 관계를 제시하여 외국인의 분류적 계층화classification를 정당화하여야 한다. 주州가 가지는 유효한 이해관계를 이유로 하여 주州는 투표할 권리 및 배심원, 임명직 정부관료 등 정치적 직위를 맡는 것 등을 외국인에게 인정하지 않을 수 있다. 그리고 정치적 직위는 정책의 결정 · 집행 등과 관련이 있는지를 개별적으로 검토하여야 한다. 결론적으로 *Foley v. Connelie* 사건에서 연방대법원은 경찰관 직위의 기능은 정부의 기본적 기능의 하나로서 정책의 결정 · 집행 등을 구체화하기 때문에, 미국 시민이 맡아야 한다고 판결한 것이다.

39) 앞의 책.

제 2 편 사증제도

(Legal System of Visa)

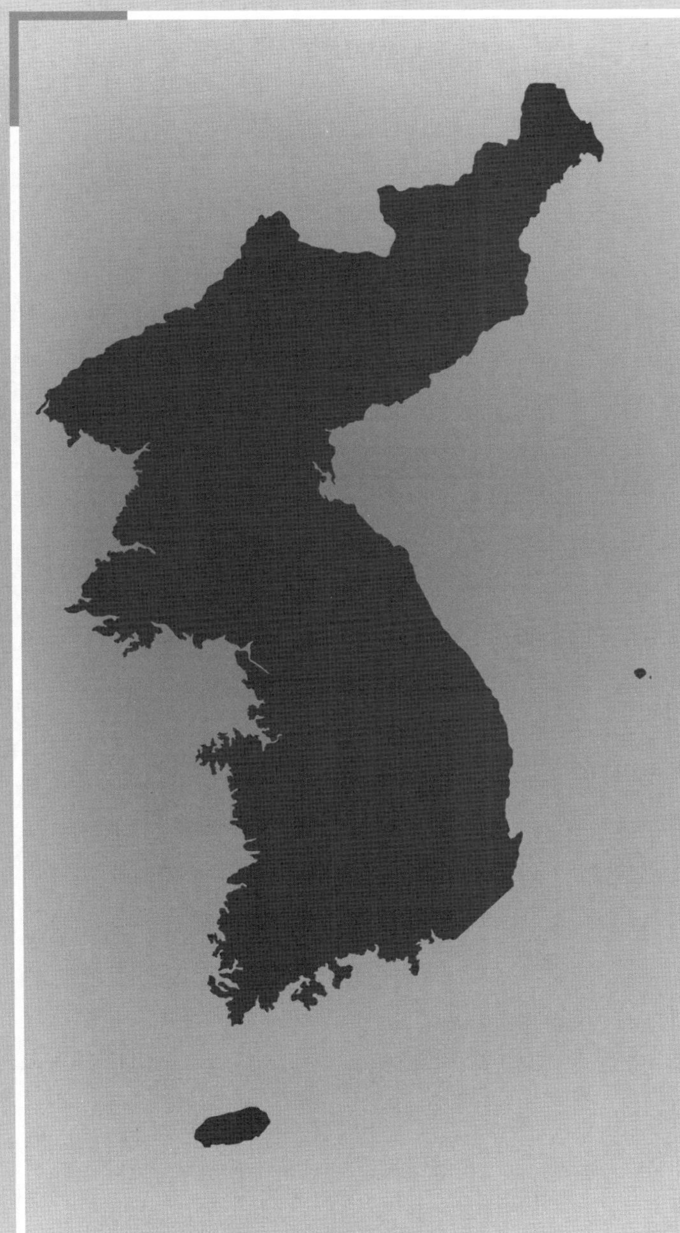

제 1 장

서 론

제1절 사　증

Ⅰ. 의　의

1. 유　래

사증은 자연인의 국가간 이동 또는 이민을 관리하기 위하여 보편적으로 활용되는 제도이다. 원래 사증(査證, visa라고도 말한다)의 유래는 라틴 어에서 비롯되었는데, '본 적이 있는 물건', '조사한 적이 있는 물건'이라는 의미이다. 사증에 함축된 초기의 뜻은 '문서상에 그것이 유효함을 서명'하는 것이었다. 훗날에는 여권에 사증을 날인하여 이것을 소지한 자의 출입국을 관리하는 전문용어가 되었다.[1)]

2. 개　념

「출입국관리법」 등에서는 사증의 정의규정을 직접적으로 두고 있지 않다. 다만, "외국인이 입국할 때에는 유효한 여권과 법무부장관이 발급한 사증을 가지고 있어야 한다."라고 규정하고 있다(출입국관리법 제7조 제1항). 사증은 다음과 같이 정의할 수 있다. 국제이주기구IOM: International Organization for Migration에 의하면, 사증이란 '외국인이 그 국적국가가 아닌 국가로 여행할 수 있도록 부여된 허가증permission 또는 증서authority'라고 말한다.[2)] 사증이란 사증담당 영사가 여권 또는 여행증명서에 기재한 배서written endorsement로서 사증발급 신청에 대해 적절한 심사절차를 거쳤고, 사증소지자가 입국하려는 국가에서 입국심사절차를 받도록 허가된 것을 의미하는 문서로 해석된다.[3)] 즉 사증이란 사증발급 신청인의 여권이 그 국적국가의 정부기관에서 합법적으로 발급된 유효한 여권임을 확인하고, 사증발급 신청의 사유와 사증발급에 요구되는 기준에 의해 입국하려는 국가에서 입국·체류하는 것이 상당함을 확인하여 입국항만에서 출입국관리공무원의 입국심사를 받도록 허가한 문서이다.

---

1) 김원숙, 출입국관리정책론, 한민족, 2008, p. 158.

2) IOM, Essentials of Migration Management - A Guide for Policy Makers and Practitioners, Volume Three: Managing Migration, Passport and Visa Systems, 2004, p. 20.

3) Ronaldo P. Ledesma, An outline of Philippine Immigration and Citizenship Laws, Rex Printing Company, 2006, p. 84.

3. 법적 성격

일반적으로 외국인에 대한 사증발급 행위는 국가의 고유한 주권행위로서 국제관습법상 국내문제 불간섭의 원칙이 적용되는 것으로 간주된다. 따라서 외국인 또는 외국인의 국적국가는 대한민국 재외공관의 사증발급 행위에 간섭할 수 없게 된다. 또한 외국인에게 발급된 사증은 외국인이 대한민국에 입국하기 위한 예비조건에 불과하고, 그 외국인에게 대한민국으로 입국할 권리를 부여하거나 입국을 보증하는 것으로는 볼 수 없다.

사증발급의 법적 성격은 외국인이 다른 국가에 입국할 수 있음을 인정하는 '입국허가 확인'이라는 견해 및 외국인의 입국허가 신청에 대해 단순히 추천하는 '입국추천'이라는 견해가 있다. 어느 견해에 따르든 사증발급은 국가의 외국인에 대한 입국심사 · 입국허가와 분리될 수 없는 행정행위이다.

Ⅱ. 기 능

사증제도는 국가안전 및 질서유지를 위한 주요한 수단들 중의 하나이다. 국가안전 및 질서유지는 국가가 합리적인 이민관리를 통해 추구할 수 있는 정당한 목적에 해당된다.[4] 사증의 주된 기능은 아래와 같다. 사증의 기능은 국가적 차원에서의 국가이익 보호 및 개인적 차원에서의 사적 이익 보호로 구분된다. 사증의 주된 기능은 개인적 차원에서의 사적 이익을 보호하는 것보다 국가적 차원에서의 국가이익 보호에 그 중점을 두고 있다.

첫째, 국가적 차원에서의 국가이익 보호 기능이란 ⅰ) 사증발급은 국가의 주권사항 내지 국내적 관할권에 속하는 사항으로 국경에서 외국인에 대한 입국심사 절차를 신속 간편하게 하고, ⅱ) 외국인에 대한 전체적인 입국규모 및 체류자격별로 입국규모를 조정함으로써 국가의 경제사회적 기반에 수요 · 공급을 균형 있게 조정하고, ⅲ) 국익에 저해되거나 저해될 외국인의 입국을 사전에 억제하여 국가안전 및 사회질서를 유지하고, ⅳ) 불법이민하려는 자를 사전에 통제하여 국내노동시장의 안정성과 내국인의 고용을 유지 안정되게 하고, 불법이민외국인에 대한 강제추방으로 발생될 국제관계의 훼손을 사전에 방지하는 것이다.

둘째, 개인적 차원에서의 사적 이익 보호 기능이란 외국인에 대한 입국허가 가능

4) 헌법재판소 2005. 3. 31. 자 2003헌마87 결정 참고.

성을 사전에 심사하여, 공항만에서 입국금지 · 거부로 인해 발생될 수 있는 그 외국인의 시간적 · 경제적 손실을 부수적으로 미연에 예방하는 것이다. 공항만에서 외국인이 입국금지 · 거부되는 경우 그 외국인이 제기하는 손해배상청구에 대하여는, 재외공관은 외교적 행위로 그 책임이 면제된다.

제2절 사증체계

Ⅰ. 의 의

사증체계는 각 국가의 역사적 발전과정, 경제적 상황 내지 국내노동시장의 여건, 이민자의 전체 입국규모 및 영주자격 · 국적 취득자의 규모, 국가적 안보상황 및 질서유지, FTA 등 지역공동체 구성 등에 따라 국가마다 차이를 보이고 있다. 최근 국가간 인적 교류와 경제교류의 활성화로 사증체계도 점차 수렴되어 가는 경향을 보이고 있다. 이하에서는 대한민국의 사증체계를 일정한 기준 하에 분류하고, 사증의 발급기준을 살펴보기로 한다.

Ⅱ. 사증의 분류

1. 개 관

사증의 유형은 「출입국관리법 시행령」 별표1에서 상세히 규정하고 있으며, 외국인은 그 체류자격의 범위 내에서 활동을 할 수 있다(출입국관리법 제17조 제1항). 사증의 분류는 알파벳 A계열부터 H계열까지 대분류 8종이고, 세부적으로는 36종에 이르는 사증으로 구성된다. 각 사증계열(A~H)은 유사한 성격의 활동끼리 범주화하여 관리된다. 이 중에서 취업활동이 가능한 사증은 E계열 ~ H계열이다.

2. 취업활동

(1) 취업사증

사증은 외국인이 대한민국 내에서 취업활동을 할 수 있는지에 따라 체류자격만 부여되는 사증(실무상 체류사증이라고 말한다) 및 체류자격뿐만 아니라 취업활동까지도 가능한 사증

(실무상 취업사증이라고 말한다)으로 나눌 수 있다. 취업사증이란 단기취업(C-4), 교수(E-1), 회화지도(E-2), 연구(E-3), 기술지도(E-4), 전문직업(E-5), 예술흥행(E-6), 특정활동(E-7), 비전문취업(E-9), 선원취업(E-10), 관광취업(H-1), 방문취업(H-2)을 말한다(출입국관리법 시행령 제23조 제1항 전단, 제5항).

(2) 단기취업 및 장기취업

취업사증은 제1회에 부여하는 체류기간의 상한이 90일 이내인 단기간 취업을 위해 발급되는 단기취업(C-4) 사증 및 90일을 넘는 장기간 취업을 위해 발급되는 장기취업 사증으로 구분된다. 여기에서 장기취업사증은 전문외국인력과 단순외국인력에 부여되는 사증으로 나뉜다. 전문외국인력에 대한 장기취업사증에는 기술, 교육, 문화 등의 분야에서 특별한 능력을 보유하고 대한민국의 경제·사회발전에 기여하는 전문외국인력에게 부여하는 E계열사증[E-1(교수), E-2(회화지도), E-3(연구), E-4(기술지도), E-5(전문직업), E-6(예술흥행), E-7(특정활동)을 말한다. 단, E-9(비전문취업), 선원취업(E-10)은 제외된다]이 있다. 단순외국인력에 대한 장기취업사증에는 E-9(비전문취업), 선원취업(E-10), 관광취업(H-1), 방문취업(H-2)이 있다.

(3) 가족동반의 제한

취업사증 중 비전문취업(E-9), 선원취업(E-10), 관광취업(H-1)은 가족동반이 제한되는 체류자격이다.

3. 입국의 횟수: 단수사증, 복수사증

사증은 대한민국에 외국인의 입국이 가능한 횟수에 따라 단수사증과 복수사증으로 나뉜다. 단수사증은 외국인이 제1회에 한하여 대한민국에 입국할 수 있는 사증이다(출입국관리법 제8조 제1항 전단). 그리고 복수사증은 외국인이 제2회 이상 대한민국에 입국할 수 있는 사증이다(출입국관리법 제8조 제1항 후단).

4. 발급대상자

사증은 발급대상자에 따라 공용사증, 비취업사증, 취업사증, 경영·투자사증, 가족재결합사증으로 나눌 수 있다. 여기에서 공용사증은 외교(A-1), 공무(A-2), 협정(A-3) 수행자 및 그 가족에 대한 사증이다. 취업사증은 위에서 설명한 바와 같다. 경영·투자사증은 주재(D-7), 무역경영(D-9), 기업투자(D-8), 부동산 투자이민

(F-2-8, F-2-81), 공익사업 투자이민(F-2-12, F-2-13, F-2-14), 구직(D-10)이 있다. 가족재결합사증은 방문동거(F-1), 거주(F-2), 동반(F-3), 결혼이민(F-6)이 있다. 보다 자세한 내용은 제2장 사증의 유형에서 살펴보기로 한다.

이와 같은 구분 이외에 비영리 목적의 단기체류사증, 장기체류사증을 추가하여 나눌 수 있다. 비영리 목적의 단기체류사증은 비영리 목적으로 90일 이내에 체류하는 외국인에 대한 일시취재(C-1), 단기방문(C-3) 사증이다. 장기체류사증은 90일 이상 체류하는 외국인에 대한 사증(D계열 사증, E계열 사증, F계열 사증, G-1, H-1, H-2)이다.

Ⅲ. 사증발급의 고려요소 및 기준

1. 고려요소

국가가 사증을 발급하는 것은 매우 어려운 문제이다. 특히 국가가 민감하고 경계적인 사안에 처해 있을 경우에는 더욱 그러하다. 외국인의 이민에 관한 판단은 신중을 요하는 것으로 여러 가지 문제를 고려해야 하는 복잡성을 지닌다. 따라서 국가가 외국인에게 사증을 발급하는 데 있어서는 경제협력, 국가안전, 인구요인, 보건조치, 국제관계, 초청자와의 관계 등을 포함한 폭넓은 고려가 필요하다.[5] 일반적으로 경제협력과 관련하여 FTA, 수출 · 수입의 증대, 관광 · 무역의 활성화 등 긴밀한 경제적 연관이 있는 경우에는 사증면제visa waiver가 선호될 수 있다. 국가안전과 관련하여 어떤 국가 또는 그 국가의 국민이 잠재적 위협요인으로 간주될 경우에는 이와 같은 국가 또는 그 국가의 국민에게 사증을 요구하도록 하는 데 있어서 국가안전이 중요한 요소로 작용한다. 인구요인과 관련하여 인구의 고령화와 노동인력의 부족을 겪고 있는 경우에는 취업사증제도를 완화하고 우수한 외국인력에게 문호를 확대하고자 한다. 보건조치와 관련하여 세계적으로 전염병이 유행하는 경우에는 특정국가로부터 외국인의 이동에 대해 단기적 보건조치로서 사증을 요구하거나 사증발급을 금지할 수 있다.[6]

5) Dr. Gurbax Singh, Law of Foreigners Citizenship & Passports in India, Universal Law Publishing Co. Pvt. Ltd, 2011, pp. 9～10.

6) IOM, Essentials of Migration Management – A Guide for Policy Makers and Practitioners, Volume Three: Passport and Visa Systems, 2004, p. 21.

2. 기 준

(1) 요건심사

법무부장관이 사증 발급을 승인하는 경우 또는 「출입국관리법」 제8조(사증)에 따라 법무부장관이 재외공관의 장에게 사증발급 권한을 위임하여 재외공관의 장이 사증을 발급하는 경우 법무부장관 또는 재외공관의 장은 사증 발급을 신청한 외국인이 다음의 요건을 갖추었는지 여부를 심사·확인하여야 한다(출입국관리법 시행규칙 제9조의2). 사증발급을 위한 요건으로는 i) 유효한 여권을 소지하고 있는지, ii) 「출입국관리법」 제11조(입국의 금지 등)의 규정에 의한 입국의 금지 또는 거부의 대상이 아닌지, iii) 「출입국관리법 시행령」 별표1에서 정하는 체류자격에 해당하는지, iv) 「출입국관리법 시행령」 별표1에서 정하는 체류자격에 부합한 입국목적을 소명하는지, v) 해당 체류자격별로 허가된 체류기간 내에 본국으로 귀국할 것이 인정되는지, vi) 그 밖에 「출입국관리법 시행령」 별표1의 체류자격별로 법무부장관이 따로 정하는 기준에 해당하는지 여부이다.

(2) 신청장소

불법체류다발 고시국가 및 테러지원국가의 국민은 원칙적으로 그의 자국에 소재하는 대한민국 공관에 사증발급을 신청하여야 한다. 다만, 불법체류다발 고시국가 및 테러지원국가의 국민이 제3국의 영주권 또는 재입국허가서 등을 소지한 경우에는 제3국에 소재하는 대한민국 공관에 사증발급을 신청할 수 있다.

Ⅳ. 사증발급 결정

1. 의 의

국가가 외국인에게 사증발급을 결정하는 표준화된 방법으로는 보편주의적 접근방법the universality approach, 상호주의적 접근방법the reciprocity approach, 실용주의적 접근방법the practicality approach이 있다. 국가는 앞에서 설명한 고려요소를 기초로, 그 국가가 처한 다양한 상황에서 단점을 최소화하고 장점을 극대화할 수 있는 하나의 접근방법 또는 혼합된 접근방법을 택하게 된다. 이하에서는 그 표준화된 접근방법을 살펴보기로 한다.

2. 유 형

(1) 보편주의적 접근방법

보편주의적 접근방법이란 국가가 모든 외국인에게 입국하는 데 필요한 사증 및 그 요건을 요구하는 것을 말한다. 이와 같은 접근방법은 간단하고 모든 외국인에게 차별 없이 공평하게 적용된다는 장점을 지닌다. 그러나 모든 외국인에게 입국하는 데 필요한 사증 및 그 요건을 요구하는 것은 행정처리가 복잡하고 운영하는 데 많은 비용이 소요된다는 단점이 있다. 또한 보편주의적 접근방법은 자연인의 국가간 이동을 억제하게 되는데, 결과적으로 관광사업을 침체시키고 무역을 축소하게 된다.[7)]

(2) 상호주의적 접근방법

상호주의적 접근방법이란 국가가 그 국민에 대해 사증 및 그 요건을 요구하는 상대방 국가의 국민에 대하여 사증 및 그 요건을 요구하는 것을 말한다. 이와 같은 접근방법은 논리적이고 정당하게 보일 수는 있으나, 반드시 현실적인 것은 아니다. 상호주의적 접근방법은 국가의 사증발급의 기준이 그 국가가 처한 상황에 따라 정하여지는 것이 아니라, 상대방 국가의 사증발급 기준에 따라 상호적으로 그 국가의 사증발급 기준이 정하여진다는 점에서 그 국가의 경제적 이익 등에도 도움이 안 될 수 있다.[8)]

(3) 실용주의적 접근방법

실용주의적 접근방법이란 지리적 위치, 여행자의 규모, 이민행정범의 특성과 추세, 관광·무역의 수요 등 다양한 고려요소를 감안하여 사증발급을 결정하는 것을 말한다. 다수의 국가들이 지리, 경제, 외교관계, 국가안전, 인구, 보건, 이민법 위반 등 여러 고려요소를 반영한 실용주의적 접근방법을 주로 채택하고 있다.[9)]

---

7) IOM, Essentials of Migration Management - A Guide for Policy Makers and Practitioners, Volume Three: Passport and Visa Systems, 2004, pp. 22~23.

8) 앞의 책, p. 23.

9) 앞의 책, p. 23.

Ⅴ. 사증발급 거부에 대한 불복(행정쟁송)

1. 의 의

사증발급이 거부된 외국인이 그 결정에 대하여 다툴 수 있는지가 문제된다.[10) 이것은 외국인에게 사증을 발급하거나 이를 거부하는 행위의 법적 성격과 관련된다. 사증발급 및 사증발급 거부의 법적 성격에 대한 의견대립은 사증발급 거부에 대한 행정쟁송(행정심판, 행정소송)을 통한 불복이 가능한지와도 관련된다. 이하에서는 사증발급 거부와 사증발급이 거부된 외국인이 자율적 행정통제 및 간이성・신속성 등을 장점으로 하는 행정심판의 대상과 청구인적격으로 인정되는지를 살펴보고, 행정소송인 항고소송에서도 대상적격으로 인정되는지를 살펴보기로 한다.

2. 행정행위성 및 청구인적격 · 원고적격

(1) 행정행위성

사증을 발급하거나 거부하는 행위에 대하여는 행정행위가 아니라는 입장 및 행정행위로 보는 입장으로 구분될 수 있다. 이것은 사증발급을 거부하는 행위가 뒤에서 살펴볼 항고소송의 대상적격으로 인정될 수 있는지와도 관련된 문제이다.

1) 행정행위 부인설

외국인에 대해 사증을 발급하거나 거부하는 행위는 국가이익의 침해를 미연에 방지하고 국가안전 및 질서유지를 확보하기 위한 주권행위로 행정행위가 아니라는 것이다. 이 입장의 논거로는 외국인이 대한민국에 입국하기 위한 사증을 외국에 소재한 재외공관 등을 통해 합법적으로 취득한 경우일지라도, 「출입국관리법」 제12조(입국심사)에 따른 출입국관리공무원의 입국심사에서 그 외국인이 유효한 여권과 사증이 아니거나, 입국목적과 체류자격이 부합되지 않는 등 입국허가의 요건을 갖추지 못한 경우에는 그 외국인의 입국이 허가되지 않을 수 있다는 것에 근거한다. 재외공관이 외국인에게 사증을 발급하는 것은 그 외국인의 입국허가 신청을 위한 입국추천행위로 된다.[11)

10) 스위스의 경우, 사증발급이 거부되거나 취소되는 경우에 소관 연방행정기관은 신청인의 청구에 따라 수수료가 부과된 처분을 발하고, 신청인이 수수료를 납부한 후부터 이의신청에 대한 심사를 개시하도록 연방외국인체류및거주법 및 같은 법에 의한 외국인입국및등록령에 규정하고 있다(국가인권위원회 결정례 2004. 5. 27. 자 외국인 입국심사제도 개선에 대한 권고).

2) 행정행위 인정설 및 소결

사증을 발급하거나 거부하는 행위가 행정행위라는 것이다. 이 입장에 따르면 행정행위란 '행정청이 구체적인 사실에 대한 법집행으로서 행하는 외부에 대하여 직접·구체적인 법적 효과를 발생시키는 권력적 공권행위' 또는 '행정청이 법아래서 구체적 사실에 대한 법집행으로서 행하는 권력적 단독행위로서 공법행위'이다. 따라서 사증 발급행위는 행정기관인 대한민국 대사관·영사관이 외국인의 사증발급 신청에 대해 출입국관리법 제12조(입국심사)에 따른 출입국관리공무원의 입국심사를 받도록 하는 사증 발급이라는 직접적이고 구체적인 법적 효과를 발생시킨다는 점에서 행정행위의 일종이라고 할 수 있다. 이 견해가 타당하다고 본다.

(2) 행정심판의 청구인적격

외국인이 사증발급 거부 처분에 대하여 행정심판을 청구할 수 있는지에 대하여는 아래와 같은 의견의 대립이 있다. 이것은 사증발급이 거부된 외국인이 뒤에서 살펴볼 항고소송의 원고적격(소의 이익)으로 인정될 수 있는지와도 관련된 문제이다.

1) 청구인적격 부인설

외국인의 행정심판 청구인적격을 부정하는 견해이다. 외국에 있는 외국인이 사증발급 거부 처분에 대하여 행정심판으로 다툴 수가 없다는 것이다.[12] 다만, 이 견해에 의할지라도 외국국적동포의 경우에는, 「재외동포의 출입국과 법적 지위에 관한 법률」 제5조(재외동포체류자격의 부여) 제1항[13]에 따라 외국국적동포에게 신청에 의하여 재외동포(F-4) 체류자격을 부여할 수 있도록 하고 있으므로, 외국국적동포는 사증발급 거부 처분에 대하여 이를 다툴 수 있는 권리가 인정된다.[14]

외국인의 행정심판 청구인적격을 부정하는 이 견해의 논거는 아래와 같다. ⅰ) 외국인의 출입국에 관한 문제는 국내문제 불간섭의 원칙이 적용되는 국가주권에 관한

11) 행정청이 신청인의 신청에 대하여 한 거부행위가 항고소송의 대상이 되는 행정처분이 된다고 하기 위하여는 신청인이 그 신청에 따른 행정행위를 하여 줄 것을 요구할 수 있는 법규상 또는 조리상의 권리가 있어야 하며, 이러한 권리에 의하지 아니한 신청인의 신청을 행정청이 받아들이지 아니하고 거부한 경우에는 이로 인하여 신청인의 권리나 법적 이익에 어떤 영향을 주는 것이 아니므로 그 거부행위는 항고소송의 대상이 되는 행정처분이라 할 수 없다(대법원 1990. 9. 28. 선고 89누8101 판결, 대법원 1993. 1. 15. 선고 92누8712 판결 등 참조).

12) 김승열, 알기쉬운 행정심판 - 외국인의 행정심판 청구 가능 여부 등, 법제처 실무, 2004.

13) 재외동포의 출입국과 법적 지위에 관한 법률 제5조 (재외동포체류자격의 부여)
① 법무부장관은 대한민국 안에서 활동하려는 외국국적동포에게 신청에 의하여 재외동포 체류자격을 부여할 수 있다.

14) 김승열, 알기쉬운 행정심판 - 외국인의 행정심판 청구 가능 여부 등, 법제처 실무, 2004.

사항이다.[15] 따라서 사증발급 행위는 통치행위 또는 대한민국의 영토고권에 입각한 주권행위에 해당하는 것으로 외국인은 물론 그의 외국정부도 이의제기 내지 행정심판을 제기할 수 없고, 국내행정과 전혀 관련성이 없는 경우에는 이것은 순수한 통치행위로 행정쟁송의 대상이 되는 처분이 아니다.[16] 다만, 헌법소원의 대상으로는 된다.[17] ii) 「행정심판법」 제1조(목적)에서는 "이 법은 행정심판 절차를 통하여 행정청의 위법 또는 부당한 처분處分이나 부작위不作爲로 침해된 국민의 권리 또는 이익을 구제하고, 아울러 행정의 적정한 운영을 꾀함을 목적으로 한다."라고 규정하고 있다. 따라서 행정심판은 국민의 권리 또는 이익을 구제하는 제도이므로, 국민이 아닌 외국인의 권리구제는 그 대상으로 하지 않는다.[18] 또한 입국이 허가되기 전 단계인 외국인에 대한 사증발급 불허 처분은 대한민국 법률에 의하여 외국인에게 인정된 권리 또는 법률상 이익을 침해하는 것이 아니다.[19] iii) 「헌법」 제6조 제2항에서는 "외국인은 국제법과 조약이 정하는 바에 의하여 그 지위가 보장된다."라고 규정하고 있다. 이것은 상호주의원칙에 따라 국제법규에 의하여 외국인의 지위를 보장한다는 취지이고, 모든 외국인이 일률적으로 대한민국의 국민과 같은 지위가 인정된다는 것을 의미하는 것은 아니다.[20] iv) 국내법은 대한민국의 국민과 그 영역에서 효력을 가지는 것이다. 따라서 「행정심판법」은 지역적 효력 범위에서 국내공법에 해당하고, 외국의 영역에 있는 외국인에 대하여 당연히 적용된다고 할 수는 없다.[21]

2) 청구인적격 인정설

외국인의 행정심판 청구인적격을 인정하는 견해이다. 즉 외국인에 대하여 일률적으로 행정심판 등 청구인적격을 부정하는 것이 아니라, 국제화 시대에 맞추어 「행정심판법」의 해석, 사증발급 행위의 성질 등을 종합하여 외국에 있는 외국인에게도 대한민국의 행정처분에 대하여 불복할 수 있는 기회를 제공해야 한다는 것이다.[22]

이 견해의 논거는 아래와 같다. i) 「행정심판법」은 개인의 권리보호라는 목적

---

15) 곽경림, 사증발급거부행위와 외국인의 행정심판 청구인적격에 대한 소고, 법제처 법제, 2005, p. 73.
16) 곽경림, 사증발급거부행위와 외국인의 행정심판 청구인적격에 대한 소고, 법제처 법제, 2005, p. 73; 중앙행정심판위원회 재결, 사건번호 200210613, 재결일자 2003-04-28, 재결결과 기각, 사건명 입국불허 및 복수비자 취소처분 취소청구 중 피청구인 주장 참고.
17) 곽경림, 사증발급거부행위와 외국인의 행정심판 청구인적격에 대한 소고, 법제처 법제, 2005, p. 73.
18) 김승열, 알기쉬운 행정심판 – 외국인의 행정심판 청구 가능 여부 등, 법제처 실무, 2004.
19) 곽경림, 사증발급거부행위와 외국인의 행정심판 청구인적격에 대한 소고, 법제처 법제, 2005, p. 73.
20) 김승열, 알기쉬운 행정심판 – 외국인의 행정심판 청구 가능 여부 등, 법제처 실무, 2004.
21) 앞의 논문; 곽경림, 사증발급거부행위와 외국인의 행정심판 청구인적격에 대한 소고, 법제처 법제, 2005, p. 72.
22) 곽경림, 사증발급거부행위와 외국인의 행정심판 청구인적격에 대한 소고, 법제처 법제, 2005, p. 72.

외에도, 위법・부당한 공권력의 행사를 통제한다는 행정의 자율통제적 성격을 가진다.[23] ii)「행정심판법」에서 '국민의 권리 또는 이익을 구제'한다고 규정하고 있으나, 이것이 곧바로 외국인의 행정심판 청구인적격을 부정한다고는 보기 어렵다. 또한 재외공관은 외국의 영역에 있더라도 외교부장관 소속의 행정청이고, 사증발급 행위 또한 넓은 범위의 재량권이 주어지는 것과는 관계없이 그 재량권에 대한 적절한 통제가 필요하다.[24] iii) 비록 외국인일지라도 그가 국내의 법률로 인하여 권리 또는 법률상 이해관계를 가지는 경우에는 본안판단을 하여야 할 것이고, 이것은 사증발급과 관련하여 행정청의 자기통제의무에 합치된다.[25]

3) 소　결

외국인이 행정심판의 청구인적격이 되는지에 대하여 일률적으로 부정하거나 일률적으로 인정할 수는 없다고 본다. 외국인이 행정심판의 청구인적격이 되는지는 아래와 같이 개별적인 검토가 필요하다.

첫째, 대한민국에 이미 적법하게 체류하여 체류자격을 가지고 있던 외국인인 경우에는 국내법의 적용을 받았고, 그에 따른 실체법상 권리와 의무를 가지게 된다. 따라서 행정청의 행정처분에 불복하고자 하는 경우에는 개별법령상의 법률상 이익이 있는지 여부를 판단하여 법률상 이익이 있는 경우에는 그 외국인에게 행정심판의 청구인적격을 인정할 수 있다.[26] 또한 대한민국에 장기간 체류하였다가 외국에 나가 있는 외국인일지라도 국내에 체류하면서 긴밀한 생활관계로 인하여 법률상 이익이 형성된 경우에도 그 외국인에게 행정심판의 청구인적격을 인정할 필요가 있다. 예를 들어 대한민국의 이익이나 공공의 안전을 해하는 행동을 할 염려가 있다고 인정할 만한 상당한 이유가 있는 행위에 해당한다는 판단을 이유로 출입국관리법 제11조(입국의 금지 등)에 따라 청구인이 사증발급규제 대상자로 되어 대한민국에 입국하는 것이 일정한 기간 동안 금지된 사안에서, 중앙행정심판위원회는 "청구인은 중국국적의 재외동포로서 대한민국 내에 사업장을 운영하는 자임을 고려할 때, 그에 대한 입국불허관련 처분을 함에 있어서는 그 재량의 행사가 지나치게 자의적이거나 현저히 균형을 상실한 때에는 위법 또는 부당한 행위에 해당된다."라고 재결하여,[27] 과거에 대한민국에서 적법한 체류자격을 가졌던 외국인의 행정심판 청구인적격을

---

23) 앞의 논문, p. 72.
24) 앞의 논문, p. 72.
25) 앞의 논문, p. 73.
26) 앞의 논문, p. 72.
27) 중앙행정심판위원회 재결, 사건번호 200210613, 재결일자 2003-04-28, 재결결과 기각, 사건명 입국불허 및 복수비자 취소처분 취소청구.

인정한 바 있다.

둘째, 대한민국에 입국하여 체류한 적이 없는 순수하게 외국에 거주하는 외국인인 경우에는, 대한민국이 체결·공포한 조약 및 일반적으로 승인된 국제법규에 의하지 않는 한, 대한민국은 그 외국인에게 입국을 허가하거나 보장해야 할 의무를 부담하지 않는다. 일반적으로 외국인은 대한민국에 입국할 권리가 인정되지 않고, 이에 따라 입국이 허가되기 전 단계에서 외국인이 그 사증발급 거부에 대하여 행정심판을 청구할 청구인적격은 인정되지 않는다. 그러나 대한민국이 체결·공포한 조약 및 일반적으로 승인된 국제법규가 있어 그 외국인에게 입국을 허가하거나 보장해야 할 의무를 부담하는 경우에는 행정심판 청구인적격이 인정된다고 할 수 있다.[28] 아직까지는 대법원 판례 등에서는 대한민국에 체류한 적이 없는 외국에 거주하는 외국인이 사증발급 거부에 대해 행정심판 청구인적격에 해당하는지 여부를 판시한 예는 없다.

셋째, 대한민국의 국민과 혼인한 외국인 배우자(결혼이민자를 말한다)와 같이 국내에서 일정한 생활관계의 기반이 있는 경우에는, 헌법상 국가는 그 개인의 행복추구권을 보장하고 가족제도를 보장할 의무가 있다. 이에 따라 사증발급을 거부하는 것은 인도주의적 정신에 비추어 헌법상 인정된 개인의 기본권 또는 제도적 보장의 본질적 부분을 침해한 것이므로 그 결혼이민자에게는 결혼이민(F-6) 사증발급 거부에 대해 행정심판의 청구인적격을 인정하는 것이 타당하다고 본다. 예를 들어 국내에서 대한민국의 국민과 사실혼의 관계로서 결혼의 진정성이 인정되고 혼인의 지속의사가 확인되며 자녀까지 출산한 중국국적의 조선족[29]에 대한 사증발급 불허 처분에 대하여, 국가인권위원회는 "1966년 「시민적 및 정치적 권리에 관한 국제규약」 제23조 제1항, 1966년 「경제적·사회적 및 문화적 권리에 관한 국제규약」 제10조 제1항, 「헌법」 제36조 제1항에서 규정하고 있는 가정에 대한 국가의 보호 보장의무에 위배되는 조치일 뿐만 아니라, 아동의 권리를 규정한 1989년 「아동의 권리에 관한 협약」 제9조 제1항, 제2항 및 「아동복지법」 제3조 제2항, 제3항에 위배되는 조치로 「헌법」 제10조에 보장된 행복추구권을 침해한 것이다."라고 결정하고 있다.[30]

---

28) 곽경림, 사증발급거부행위와 외국인의 행정심판 청구인적격에 대한 소고, 법제처 법제, 2005, p. 74.

29) 현재 중국동포들의 법적 지위는 일반적으로 중국국적을 가진 외국인으로 보고 있다(서울행정법원 2007. 11. 15. 선고 2007구합21983 판결, 대법원 1998. 9. 18. 선고 98다25825 판결, 헌법재판소 2006. 3. 30. 자 2003헌마806 전원재판부 결정).

30) 국가인권위원회 결정례 2004. 8. 16. 자 04진인1581 입국사증 발급불허 관련;
- 시민적 및 정치적 권리에 관한 국제규약(B규약) 제23조 제1항 "가정은 사회의 자연적이며 기초적인 단위이고, 사회와 국가의 보호를 받을 권리를 가진다."
- 경제적·사회적·문화적 권리에 관한 국제규약(A규약) 제10조 제1항 "사회의 자연적이고 기

(3) 항고소송의 원고적격

청구인적격 부인설 및 인정설에 관한 논거를 동일하게 적용할 수 있다. 외국인이 결혼이민(F-6) 사증발급을 신청하여 거부된 사안에서, 서울고등법원은 "이 사건 처분의 직접 상대방이고 사증발급 신청인으로서 사증발급과 관련된 법규에 의하여 보호되는 개별적·직접적·구체적 이익이 있다."라고 판시하여 항고소송에서 처분의 취소를 구할 원고적격을 인정하고 있다.[31] 항고소송의 원고적격에 대하여는 아직 대법원에서 심사 중이다.

3. 항고소송의 대상적격

사증발급을 거부하는 행위가 항고소송의 대상적격으로 인정될 수 있는지에 대하여는 아래와 같은 의견의 대립이 있다. 또한 판례의 태도도 상반되고 있다.

(1) 부인설

사증발급 거부는 항고소송의 대상적격으로 인정될 수 없다는 견해이다. 그 주장의 내용은 다음과 같다. i) 외국인에 대한 사증발급은 국가가 자유로이 결정할 수 있는 주권행사의 일부분으로서 일반적인 행정청의 부작위와는 구별된다. ii) 외국인에 대한 입국허가 여부는 국내문제에 속하는 것으로서 국가의 완전한 재량사항이다(출입국관리법 제11조 제1항). 헌법재판소는 "외국인의 입국에 관한 사항은 주권국가로서의 기능을 수행하는 데 필요한 것으로서 광범위한 정책재량의 영역에 놓여 있는 분야다."라고 하

초적인 단위인 가정에 대하여는, 특히 가정의 성립을 위하여 그리고 가정이 부양 어린이의 양육과 교육에 책임을 맡고 있는 동안에는 가능한 한 광범위한 보호와 지원이 부여된다. 혼인은 혼인의사를 가진 양 당사자의 자유로운 동의하에 성립된다."

- 아동권리에 관한 협약 제9조 제1항 "당사국은 사법적 심사의 구속을 받는 관계당국이 적용 가능한 법률 및 절차에 따라서 분리가 아동의 최상의 이익을 위하여 필요하다고 결정하는 경우 외에는, 아동이 그의 의사에 반하여 부모로부터 분리되지 아니하도록 보장하여야 한다. 위의 결정은 부모에 의한 아동학대 또는 유기의 경우나 부모의 별거로 인하여 아동의 거소에 관한 결정이 내려져야 하는 등 특별한 경우에 필요할 수 있다.", 제2항 "제1항의 규정에 의한 어떠한 절차에서도 모든 이해당사자는 그 절차에 참가하여 자신의 견해를 표시할 기회가 부여되어야 한다."
- 헌법 제36조 제1항 "혼인과 가족생활은 개인의 존엄과 양성의 평등을 기초로 성립되고 유지되어야 하며, 국가는 이를 보장한다."
- 아동복지법 제3조 제2항 "아동은 완전하고 조화로운 인격발달을 위하여 안정된 가정환경에서 행복하게 자라나야 한다.", 제3항 "아동에 관한 모든 활동에 있어서 아동의 이익이 최우선적으로 고려되어야 한다."

31) 서울고등법원 2014. 9. 5. 선고 2014누41086 판결; 서울행정법원 2013. 12. 12. 선고 2013구합21205 판결.

여 외국인의 입국심사에 대한 국가의 광범위한 재량을 인정하고 있다.[32] ⅲ) 외국인은 그 국적국가가 아닌 다른 국가에 입국할 권리가 없다. 따라서 입국허가의 전제가 되는 사증발급 신청권은 인정되지 않는다. 외국인은 입국하려는 국가에 대하여 사증발급을 하여 줄 것을 요구할 수 있는 법규상·조리상 신청권을 가지지 못한다. 다만, 외국인이 사증발급으로 인해 얻을 수 있는 이익은 반사적 이익에 불과하다. 더욱이 아직 국내에 들어와 있지 아니한 외국인에게 법규상·조리상 국내 입국을 요구할 수 있는 권리가 있다고 보기는 어렵다.[33] 법규상·조리상 신청권을 가지지 아니한 외국인의 신청을 거부한 경우 이로 인하여 신청인의 권리나 법적 이익에 어떤 영향을 주는 것이 아니므로 그 거부행위는 항고소송의 대상으로 될 수 없다.[34] ⅳ) 사증발급의 기능은 외국인의 입국과 체류를 적절하게 통제·조정함으로써 국가이익을 보호하는 데 의의가 있다. ⅴ) 1966년「시민적·정치적 권리에 관한 국제규약International Covenant on Civil and Political Rights」 제12조에서는 외국인이 다른 국가에 입국할 권리를 규정하지 않고, 국민이 자신의 국적국가로 입국할 권리만을 언급하고 있을 뿐이다.

(2) 인정설

사증발급 거부는 항고소송의 대상적격으로 인정된다는 견해이다. 즉 행정청의 어떤 행위가 항고소송의 대상으로 될 수 있는지는 추상적·일반적으로 결정할 수 없고 관련 법령의 내용과 취지, 그 행위의 주체·내용·형식·절차, 그 행위와 상대방 등 이해관계인이 입는 불이익과의 실질적 관련성, 법치행정의 원리와 해당 행위에 관련한 행정청 및 이해관계인의 태도 등을 참작하여 개별적으로 결정하여야 한다.[35] 사증을 발급받는 것은 외국인이 대한민국에 입국하기 위한 요건이 되는바, 재외공관의 장의 사증발급행위는 공권력의 행사에 해당하고, 재외공관의 장이 사증발급을 거부하는 행위는 사증신청인으로 하여금 대한민국에 입국할 수 없도록 하는 것으로서 신청인인 외국인의 법률관계에 변동을 초래한다고 주장한다.[36]

---

32) 헌법재판소 2005. 3. 31. 자 2003헌마87 결정.
33) 인천지방법원 2013. 1. 17. 선고 2012구합2041 판결.
34) 대법원 1999. 12. 7. 선고 97누17568 판결; 대법원 1993. 1. 15. 선고 92누8712 판결 참고.
35) 서울행정법원 2014. 11. 20. 선고 2013구합59590 판결; 대법원 2010. 11. 18. 선고 2008두167 전원합의체 판결 참고.
36) 서울행정법원 2014. 11. 20. 선고 2013구합59590 판결 본안전항변에 대한 판단 참고.

(3) 판례의 태도

1) 부인설의 입장

중국국적의 조선족이 방문취업(H-2) 사증발급 거부 취소소송을 제기한 사안에서, 서울행정법원은 동 취소소송이 부적법하다는 이유로 각하 결정하였다. 그 판시사항으로는 "입국사증의 발급 여부는 주권국가의 고권적 행위로서 국제법상 외국인에게 입국하고자 하는 국가에 대하여 사증을 발급해 줄 것을 요구할 권리가 있다고 보기 어려운 점, 출입국관리법령 및 「재외동포의 출입국과 법적 지위에 관한 법률」과 그 시행령상 외국국적의 중국동포에게 방문취업 사증을 요구할 수 있는 권리가 부여되어 있다고 할 수 없고, 이는 조리상으로도 마찬가지라 할 것이다. 중국국적의 조선족의 피고(법무부장관으로부터 사증발급에 관한 업무를 위임받은 재외공관의 장)에 대한 방문취업 사증 발급 신청은 그와 같은 행정행위를 하여 줄 것을 요구할 수 있는 법규상 또는 조리상의 권리가 없이 한 것이어서 피고는 중국국적의 조선족의 신청에 대하여 응답할 의무가 없는 것이고, 피고가 그 신청에 따른 행정행위를 하지 아니하고 거부하기로 하였다고 하여 중국국적의 조선족의 구체적 권리나 법적 이익을 침해하는 것이 아니므로, 피고의 사증발급 거부행위는 항고소송이 대상이 되는 행정처분이라고 할 수 없다."라고 판시하고 있다.[37)]

2) 인정설의 입장

외국국적 중국동포(조선족)가 방문취업(H-2) 사증발급을 신청하여 거부된 사안에서, 서울행정법원은 "재외동포법 시행령 제4조 제4항은 재외동포 체류자격의 취득요건 및 활동범위에 관하여 출입국관리법 시행령 제12조 및 제23조의 규정을 준용한다고 규정하고 있고, 출입국관리법 시행령 제12조는 외국인의 체류자격을 별표1과 같이 분류하고 있다. 재외동포법은 외국국적동포를 단순한 외국인과는 달리 취급하여 외국국적동포에게 방문취업 사증을 발급받을 수 있는 신청권을 부여하고 있다. 그 신청한 행위가 거부되는지 여부에 따라 신청인의 법률관계에 변동이 생기게 되므로, 방문취업 사증의 발급으로 인해 외국국적동포가 누리는 이익은 단순한 반사적 이익이 아닌 법률상 이익으로 보아야 할 것이다."라고 판시하여 방문취업(H-2) 사증발급 신청에 대한 거부행위는 행정소송의 대상이 되는 처분으로 인정하고 있다.[38)]

외국인이 결혼이민(F-6) 사증발급을 신청하여 거부된 사안에서, 서울고등법원은

---

37) 서울행정법원 2007. 11. 15. 선고 2007구합21983 판결.
38) 서울행정법원 2007. 11. 14. 선고 2007구합21204 판결.

"사증을 발급받는 것은 외국인이 대한민국에 입국하기 위한 요건이 되는 것이므로, 재외공관의 장의 사증발급 행위는 공권력의 행사에 해당하고 그 거부행위는 사증신청인으로 하여금 대한민국에 입국할 수 없도록 하는 것으로서 신청인의 법률관계에 변동을 초래한다. 외국인은 사증발급에 관한 법규상의 신청권을 가진다."라고 판시하여 항고소송의 대상적격을 인정하고 있다.[39] 이 사안에서 사증발급 거부행위가 항고소송의 대상적격으로 인정되는지에 대하여는 아직 대법원에서 심사 중이다.

(4) 소 결

원칙적으로 외국인은 사증발급에 관한 법규상·조리상 신청권을 가지지 못한다. 재외동포법에 따라 외국국적 중국동포(조선족)에게 신청권이 인정되는 것이 일반 외국인에게 적용될 수는 없다. 국제조약 또는 국내법상 국가의 의무가 없는 한, 외국인은 대한민국에 입국할 자유와 권리가 없어 외국인에 대한 사증발급 행위는 항고소송의 대상이 될 수 없기 때문이다. 다만, 사증발급을 거부하는 행위가 항고소송의 대상적격으로 되는지에 대하여는 일률적으로 부정하거나 일률적으로 인정할 수 없다고 본다. 사증발급을 신청한 외국인이 대한민국에서 법률상으로 이미 형성된 보호되어야 할 이익을 가지고 있거나, 일정한 생활관계의 기반이 형성된 경우에 예외적으로 한정하여 그 사증발급 거부행위를 항고소송의 대상적격으로 인정할 필요가 있다.

4. 재량행위의 일탈·남용

(1) 의 의

법무부장관이 사증 등의 발급을 승인하거나 「출입국관리법」 제8조 및 「출입국관리법 시행규칙」 제9조의 위임에 따라 재외공관의 장이 사증을 발급하려는 경우에는, 법무부장관 또는 재외공관의 장은 사증발급을 신청한 외국인이 i) 유효한 여권을 소지하고 있는지, ii) 입국금지 또는 입국거부의 대상이 아닌지,[40] iii) 「출입국관리법 시행령」 별표1에서 정하는 체류자격에 해당하는지, iv) 「출입국관리법 시행령」

---

39) 서울고등법원 2014. 9. 5. 선고 2014누41086 판결; 서울행정법원 2013. 12. 12. 선고 2013구합21205 판결.

40) 법무부장관은 외국인이 감염병환자, 마약류중독자, 그 밖에 공중위생상 위해를 끼칠 염려가 있다고 인정되거나, 대한민국의 이익이나 공공의 안전을 해치는 행동을 할 염려가 있다고 인정할 만한 상당한 이유가 있거나, 경제질서 또는 사회질서를 해치거나 선량한 풍속을 해치는 행동을 할 염려가 있다고 인정할 만한 상당한 이유가 있는 경우 등에 해당할 때 외국인의 입국을 금지할 수 있고(출입국관리법 제11조 제1항), 입국하려는 외국인의 본국이 대한민국 출입국관리법에서 정하는 사유 이외로 대한민국 국민의 입국을 거부할 때에는 그와 동일한 사유로 그 외국인의 입국을 거부할 수 있다(출입국관리법 제11조 제2항).

별표1에서 정하는 체류자격에 부합한 입국목적을 소명하는지, v) 해당 체류자격별로 허가된 체류기간 내에 그 외국인의 본국으로 귀국할 것이 인정되는지, vi) 그 밖에 체류자격별로 법무부장관이 따로 정하는 기준에 해당하는지 여부의 요건을 갖추었는지를 심사·확인하여야 한다(출입국관리법 시행규칙 제9조의2). 따라서 사증발급을 신청한 외국인이 위와 같은 요건에 미치지 못할 경우에는 사증발급이 거부될 수 있다. 또한 사증발급을 신청한 외국인이 출입국관리법 등에서 규정된 사증발급을 위한 위의 요건을 모두 갖추었을지라도, 국제관례에서는 법무부장관 또는 그 위임에 따라 재외공관의 장은 재량으로 사증발급을 거부할 수도 있다.

사증발급이 불허된 경우에 그 재량행위의 일탈·남용 여부에 대한 판단이 문제된다. 「출입국관리법」에서는 사증발급을 신청한 외국인이 그 불허결정에 대한 이의신청 내지 재심사를 요청할 수 있는 불복절차를 규정하지 않고 있다. 반면에 「헌법」에서는 행복추구권, 평등권, 직업수행 또는 선택의 자유권 등 개인의 기본권을 보장하고, 혼인과 가족생활의 보장 등 제도적 보장을 하고 있다. 대한민국의 국민은 그의 외국인 가족, 외국인 친족, 외국인 사업가 등 외국인을 초청할 수 있다. 이와 관련하여, 국가 및 개인 간의 상충된 이해관계로 인하여 국가가 일정한 이유로 또는 일정한 이유가 없이 사증발급을 거부한 것이 헌법상 개인에게 부여된 기본권 및 제도적 보장을 침해하여 위법·부당한 처분으로 되는지가 문제된다. 특히 사증발급을 신청한 외국인의 입장에서는 앞에서 살펴본 사증발급 거부처분의 취소 등을 구할 수 있는지와도 관련된 문제이다.

(2) 입장의 대립

법무부장관 또는 그 위임에 따라 재외공관의 장은 사증발급을 신청한 외국인이 「출입국관리법」 등에서 규정된 사증발급의 형식적 또는 실질적 요건을 모두 갖추었을지라도, i) 일정한 이유로 또는 일정한 이유가 없이 사증발급을 거부한 행위가 합법한 처분이라는 입장, ii) 일정한 이유가 없이 사증발급을 거부한 행위가 위법·부당한 처분이라는 입장으로 나뉠 수 있다.

1) 합법처분설

법무부장관 또는 그 위임에 따라 재외공관의 장이 일정한 이유로 또는 일정한 이유가 없이 사증발급을 거부한 행위를 합법한 처분으로 보는 입장이다. 국가가 외국인에게 사증을 발급 또는 거부하는 것을 완전한 주권적 사항으로 이해한다.

이 입장의 논거는 다음과 같다. i) 「출입국관리법」에 규정된 입국금지 또는 입국거부의 대상인지 여부에 따라 사증발급을 거부할 수 있다(출입국관리법 제11조, 출입국관리법 시행규칙 제9조의2 제2호). ii) 「행정절차법」에 따르면 외국인의 출입국에 관한 사항은 당해 행정작용의 성질상 행정절차를 거치기 곤란하거나 불필요하다고 인정되는 사항과 행정절차에 준하는 절차를 거친 사항으로서 대통령령으로 정하는 사항에 해당되므로 「행정절차법」의 적용이 배제된다. 따라서 사증발급 거부의 근거와 사유를 신청인 등에게 제시할 필요가 없다(행정절차법 제3조 제2항 제9호, 행정절차법 시행령 제2조 제2호). 또한 「공공기관의 정보공개에 관한 법률」 제9조 제1항 제2호 및 「법무부 행정정보공개지침」 제12조 관련 별표3에 따르면 재외공관의 사증발급 승인에 관련된 자료는 '국가안전보장・국방・통일・외교관계 등에 관한 사항으로서 공개될 경우 국가의 중대한 이익을 현저히 해할 우려가 있다고 인정되는 정보'로서 비공개 대상정보에 해당된다. iii) 국제조약 또는 국제관행에 따라 외국인에게는 사증을 발급받을 수 있는 권리 또는 법률상 이익이 있다고 할 수 없다.[41)] iv) 국가안전 및 질서유지를 도모하기 위한 국가행정의 본질적 권한・기능에 근거하여, 외국인이 체류자격에 부합한 진정한 입국목적 등 사증발급의 요건을 구비하고 있을지라도 사증발급을 재량적으로 거부할 수 있다. v) 외국인에 대한 사증발급 또는 입국허가 여부는 국가가 자유로이 결정하는 고유한 주권적 행위이며 다른 국가의 간섭이 허용되지 않는 전형적인 국내문제로, 국가의 전속적인 재량사항에 속한다. vi) 행복추구권, 가족제도의 보장 등 헌법상 개인에게 부여된 기본권 내지 제도적 보장은 무제한적으로 보장되는 것이 아니고, 그 본질적 부분이 침해되지 않는 한도 하에서 일정한 제한이 가능하다. 따라서 사증발급을 거부한 행위는 개인의 기본권 내지 제도적 보장을 침해하는 것이라고 보기 어렵다 등이 제시된다.

2) 제한적 위법처분설

법무부장관 또는 그 위임에 따라 재외공관의 장이 일정한 이유로 사증발급을 거부한 행위를 합법한 처분으로 볼 수 있지만, 일정한 이유가 없이 사증발급을 거부한 행위를 위법・부당한 처분으로 보는 입장이다.

이 입장의 논거는 다음과 같다. i) 사증발급 거부는 「출입국관리법」 제11조(입국의 금지 등)에 규정된 입국금지 또는 입국거부의 대상자에 대하여 사실성 또는 그 가능성이 있거나, 최소한 그러한 의심이 합리적이고 상당한 증거가 있어야 한다. 이와 같은 증거 등이 전혀 없이 사증발급을 거부하는 것은 재량권의 한계를 현저하게 일탈 또는 남용한 위법・부당한 처분이다. ii) 국내에서 생활관계가 지속적으로 형성된 외국인 또는 장기간 체류하였던 외국인, 대한민국의 국민과 혼인한 외국인 배

41) 서울행정법원 2007. 11. 15. 선고 2007구합21983 판결 중 2. 소의 적법 여부 가. 본안전항변 참고.

우자(결혼이민자를 말한다)와 같이 국내에서 생활관계의 기반이 있는 경우에 헌법상 국가는 그 개인의 행복추구권을 보장하고 가족제도를 보장할 의무가 있다. 이에 해당하는 경우에 일정한 이유와 그 이유의 제시가 없이 사증발급을 거부하는 것은 인도주의적 정신에 비추어 헌법상 인정된 개인의 기본권 또는 제도적 보장의 본질적 부분을 침해한 것으로 그 제한의 한계를 넘어선다. iii) 사증발급 거부에 대한 적법성 판단은 국익과 사익 간의 균형의 문제로 양자의 조화로운 해석·적용이 필요하다 등이 제시된다.

3) 소 결

사증발급은 「출입국관리법」, 「행정절차법」 등에 따라 재량행위로서 사증발급 거부의 근거와 사유를 신청인 등에게 제시하지 않아도 된다. 본질적으로 국제조약 또는 국제관행상 외국인은 국적국가가 아닌 다른 국가로 입국할 권리가 없고, 국가가 외국인에 대한 입국허가 여부를 자유로이 결정할 수 있는 고유한 주권적 행위를 행사한다. 다만, 이와 같은 논거가 아무런 이유도 없이 사증발급을 거부한 행위를 예외 없이 합법적인 처분으로 보는 것은 국익과 사익 간의 차이를 고려하지 않은 것이다. 실무상으로 사증발급이 거부된 신청인 등이 그 근거와 사유를 요청하는 경우 이를 안내할 수 있도록 별도의 서식을 두고 있다. 예를 들어 사증발급을 신청한 외국인 등이 국내에서 일정한 생활관계가 형성되거나 기반이 있는 경우에는 일정한 이유가 없이 사증발급을 거부한 것은 재량권의 한계를 현저하게 일탈 또는 남용한 것으로 볼 수 있다.

5. 법령상 재량행위의 축소 내지 제한

대한민국이 외국인의 입국을 허가해야 하거나 보장해야 하는 법적 의무를 부담하는 국제조약이 있는 것과는 달리,[42] 대한민국은 외국인의 입국을 허가하거나 보장해야 하는 법적 의무를 부담하는 것은 아니지만 재외공관의 사증발급을 심사하는 과정에서 그 심사의 재량이 상당한 부분으로 축소 내지 제한되는 경우가 있다. 예를 들어 2012년 「대한민국 정부와 인도공화국 정부 간의 사증절차 간소화에 관한 협정」 제1조에서는 상용 관련 사증의 적용 대상자 및 유효기간에 대하여, 제2조에서는 고용 관련 사증의 적용 대상자 및 유효기간에 대하여, 제3조에서는 관광사증 및 단기방문사증의 적용 대상자 및 유효기간에 대하여, 제4조에서는 학생사증의 적용

42) 예를 들어 1967년 「대한민국과 아메리카합중국간의 상호방위조약 제4조에 의한 시설과 구역 및 대한민국에서의 합중국 군대의 지위에 관한 협정(SOFA)」, 1999년 「대한민국 정부와 국제백신연구소간 본부협정」이 이에 해당한다.

대상자 및 유효기간에 대하여 규정하고 있다. 그리고 제6조(요구서류) 전문에서는 "아래 나열된 서류는 한쪽 당사자의 국민이 다른 쪽 당사자의 영역으로 여행하는 목적을 증명하는데 충분한 것으로 간주된다. 어느 쪽 당사자도 아래 나열된 사증에 관한 추가적인 증거를 요구하지 않으며 이 협정에 규정된 간소화된 절차에 따라 사증을 발급한다."라고 규정하고 있다. 제7조(처리기간) 제1항에서는 "각 당사자는 사증신청서와 국내법령에 따라 사증 발급에 필요한 그 밖의 서류를 접수한 후, 근무일 기준 5일을 초과하지 않는 합리적인 기간 이내에 신청자에게 그/그녀의 신청에 관한 결과를 통보한다."라고 규정하고, 제2항에서는 "추가 심사가 필요한 경우, 제1항에 언급된 기간은 근무일 기준 10일까지 연장될 수 있으며 그러한 연장은 신청자 또는 신청자의 대리인에게 통보된다."라고 규정하고 있다. 따라서 대한민국은 인도 국적을 소지한 자의 사증발급 신청에 대하여 적용대상자 및 유효기간 심사에 그 재량성이 상당한 부분으로 축소 내지 제한된다.

6. 행정절차법과의 관계

(1) 의 의

「행정절차법」은 외국인의 출입국·난민인정·귀화 또는 그 밖의 처분 등 해당 행정작용의 성질상 행정절차를 거치기 곤란하거나 거칠 필요가 없다고 인정되는 사항으로서 대통령령으로 정하는 사항에 대하여는 적용되지 아니한다(행정절차법 제3조 제2항 제9호). 여기에서 '대통령령으로 정하는 사항'이란 외국인의 출입국·난민인정·귀화·국적회복에 관한 사항을 말한다(행정절차법 시행령 제2조 제2호). 이와 관련하여 재외공관의 장이 사증발급을 거부한 경우에 「행정절차법」 제21조(처분의 사전통지)에 따라 미리 그 처분의 근거와 이유를 제시하지 않거나, 제22조(의견청취)에 따라 의견을 청취하지 않거나, 제23조(처분의 이유 제시)에 따라 그 근거와 이유를 제시하지 않는 것이 「행정절차법」에 위반되는지가 문제된다.

(2) 판례의 태도

1) 위반되지 않는다는 입장

방글라데시 국적을 가진 외국인의 체류기간 연장을 거부한 것에 대하여, 인천지방법원은 "행정절차법 제3조 제2항 제9호, 같은 법 시행령 제2조 제2호는 외국인의 출입국·난민인정·귀화·국적회복에 관한 사항에 대하여는 행정절차법이 적용되지 않는 것으로 규정하고 있으므로, 피고가 이 사건 처분을 하기 전에 행정절차법에 따른 절차를 거치지 아니하였다고 하더라도 그 자체로 위법하다고 보기는 어렵다." 라고 판시하고 있다.[43]

2) 위반된다는 입장

캐나다 국적을 가진 결혼이민자의 사증발급을 거부한 것에 대하여, 서울행정법원은 "사증발급거부처분은 외국인의 출입국에 관한 처분에 해당한다. (중략) 사증발급거부처분과 관련하여 출입국관리법상 행정절차에 준하는 절차를 거치고 있다고 볼 아무런 규정이 없고, 성질상 행정절차를 거치기 곤란하거나 불필요하다고 보기도 어렵다. 사증발급거부처분의 경우에도 행정절차법 제23조, 제24조에 따라 원칙적으로 문서로 그 처분의 근거와 이유를 제시하여야 한다. (중략) 사증발급을 거부하는 근거와 이유를 구체적으로 제시하지 않은 채 구두로 이루어진 것이어서 위법하다."라고 판시하고 있다.[44]

(3) 소 결

외국인에 대한 사증발급 및 뒤에서 살펴 볼 입국허가, 체류허가와 체류연장, 난민인정, 귀화, 국적회복 등에 대하여는 국가의 주권을 행사하기 위한 광범위한 재량이 요구된다. 원칙적으로 외국인은 다른 국가에 입국, 체류하거나 귀화할 수 있는 권리가 없으므로 이에 대한 신청권도 인정되지 아니 한다. 특히 외국인에 대한 사증발급허가, 입국허가 등 출입국 여부는 국가의 재량사항에 해당하므로 성질상 「행정절차법」에 따른 행정절차를 거치기가 곤란하다. 따라서 원칙적으로 외국인에 대한 사증발급거부처분에 대하여 그 처분의 근거와 이유를 제시할 의무가 없다.

Ⅵ. 사증발급인정

1. 의 의

사증발급인정이란 외국인의 입국에 관하여 직접적인 이해당사자인 초청인이 국내에서 직접 사증발급을 위한 절차를 주도적으로 처리하도록 함으로써 피초청인인 외국인이 외국에서 용이 신속하게 사증을 발급받아 입국할 수 있도록 하는 사증발급제도를 말한다. 피초청인인 외국인이 재외공관에 사증발급을 신청하는 경우에는 재

43) 인천지방법원 2013. 5. 9. 선고 2012구합5392 판결; 인천지방법원 2013. 5. 16. 선고 2012구합5590 판결.

44) 서울행정법원 2014. 11. 20. 선고 2013구합59590 판결.

외공관 사증담당 영사가 외국인의 체류자격과 입국목적 등을 확인·심사하기 위해 장기간 번거로운 절차를 거쳐야 하는바, 사증발급인정의 기능은 이러한 번거로운 절차를 거치지 않고 사증발급 절차를 간소화하고 발급기간을 단축할 수 있다.[45]

2. 발급대상자 및 신청권자

(1) 발급대상자

사증발급인정서의 발급대상자는 「출입국관리법 시행규칙」에서 정하고 있다(출입국관리법 제9조 제3항). 사증발급인정서를 발급할 수 있는 대상자로는 i) 미수교국가 또는 특정국가의 국민, ii) 문화예술(D-1)부터 특정활동(E-7)까지 체류자격, 비전문취업(E-9), 선원취업(E-10), 방문동거(F-1), 거주(F-2), 동반(F-3), 재외동포(F-4), 영주(F-5), 결혼이민(F-6), 기타(G-1), 방문취업(H-2)의 체류자격에 해당하는 자, iii) 기타 법무부장관이 특히 필요하다고 인정하는 자이다(출입국관리법 시행규칙 제17조 제1항).

(2) 신청권자

사증발급인정서의 발급 신청은 대한민국에 입국하려는 발급대상자에 해당하는 외국인이 신청하여야 한다(출입국관리법 제9조 제1항 참고). 또한 그 외국인을 초청하려는 자(국내에 체류하는 외국인도 포함될 수 있다)가 발급 신청을 대리할 수 있다(출입국관리법 제9조 제2항).

3. 절 차

(1) 신 청

사증발급인정서를 발급받고자 하는 자는 사증발급인정신청서에 「출입국관리법 시행규칙」 제76조(사증발급 등 신청시의 첨부서류)에 의한 체류자격별 서류를 첨부하여 그 외국인을 초청하려는 자의 주소지를 관할하는 출입국관리사무소장 또는 출장소장에게 제출하여야 한다(출입국관리법 시행규칙 제17조 제2항, 별표5).

(2) 송 부

외국인을 초청하려는 자의 주소지를 관할하는 출입국관리사무소장 또는 출장소장은 사증발급인정신청서를 제출받은 때에는 발급기준을 확인하고 의견을 붙여 이를 법무부장관에게 송부하여야 한다(출입국관리법 시행규칙 제17조 제4항).

---

45) 제주지방법원 2006. 6. 7. 선고 2005구합733 판결 참고.

(3) 통지 · 교부

법무부장관은 신청서류를 심사한 결과 사증발급이 타당하다고 인정하는 때에는 「전자정부법」의 규정에 의한 전자문서로 사증발급인정서를 발급하여 이를 재외공관의 장에게 송신하고, 초청자에게는 사증발급인정번호를 포함한 사증발급인정내용을 지체없이 통지하여야 한다(출입국관리법 시행규칙 제17조 제5항). 법무부장관은 재외공관에 출입국관리정보시스템이 개설되어 있지 아니하는 등 전자문서에 의한 사증발급인정서를 송신할 수 없는 부득이 한 사유가 있는 경우에는 초청자에게 직접 사증발급인정서를 교부할 수 있다(출입국관리법 시행규칙 제17조 제6항). 법무부장관은 초청인이 동시에 신청한 사증발급인정서 발급대상자가 2인 이상일 경우에는 그 대표자의 사증발급인정서에 사증발급대상자 명단을 첨부하여 사증발급인정서를 발급할 수 있다(출입국관리법 시행규칙 제17조 제7항).

4. 발급기준

(1) 외국인에 대한 발급기준

외국인을 초청하려는 자의 주소지를 관할하는 출입국관리사무소장 또는 출장소장은 사증발급인정신청서를 제출받은 때에는 「출입국관리법 시행규칙」 제17조의3(사증발급인정서 발급의 기준)에 의한 발급기준을 확인하여야 한다(출입국관리법 시행규칙 제17조 제4항). 사증발급인정서 발급의 기준에 관하여는 「출입국관리법 시행규칙」 제9조의2(사증 등 발급의 기준)를 준용한다(출입국관리법 시행규칙 제17조의3 제1항). 따라서 외국인에 대한 사증발급인정서 발급기준으로는 사증발급을 신청한 외국인이 ⅰ) 유효한 여권을 소지하고 있는지, ⅱ) 「출입국관리법」 제11조(입국의 금지 등)에 의한 입국의 금지 또는 거부의 대상이 아닌지, ⅲ) 「출입국관리법 시행령」 별표1에서 정하는 체류자격에 해당하는지, ⅳ) 「출입국관리법 시행령」 별표1에서 정하는 체류자격에 부합한 입국목적을 소명하는지, ⅴ) 해당 체류자격별로 허가된 체류기간 내에 본국으로 귀국할 것이 인정되는지, ⅵ) 그 밖에 「출입국관리법 시행령」 별표1의 체류자격별로 법무부장관이 따로 정하는 기준에 해당하는지 여부를 심사·확인하여야 한다(출입국관리법 시행규칙 제9조의2, 제17조의3 제1항).

(2) 초청인에 대한 발급불허의 기준

법무부장관은 「파견근로자보호 등에 관한 법률」에 따라 피초청 외국인을 사용하려는 사용사업주 또는 「출입국관리법」 제9조(사증발급인정서) 제2항에 따라 외국인을 초청하는 자가 다음의 어느 하나에 해당하는 경우에는 피초청 외국인에 대한 사증발급인정서를 발급하지 아니할 수 있다(출입국관리법 시행규칙 제17조의3 제2항).

첫째, 「출입국관리법」 제7조의2(허위초청 등의 금지), 「출입국관리법」 제12조의3(선박등의 제공금지), 「출입국관리법」 제18조(외국인 고용의 제한) 제3항부터 제5항까지, 「출입국관리법」 제21조(근무처의 변경 · 추가) 제2항 또는 「출입국관리법」 제33조의2(외국인등록증 등의 채무이행 확보수단 제공 등의 금지) 제1호의 규정을 위반하여 금고 이상의 형의 선고를 받고 그 형의 집행이 종료되거나 집행을 받지 아니하기로 한 날 또는 500만원 이상의 벌금형의 선고를 받거나 500만원 이상의 범칙금의 통고처분을 받고 벌금 또는 범칙금을 납부한 날부터 3년이 경과되지 아니한 자이다(출입국관리법 시행규칙 제17조의3 제2항 제1호).

둘째, 「출입국관리법」 제7조의2(허위초청 등의 금지), 「출입국관리법」 제12조의3(선박등의 제공금지), 「출입국관리법」 제18조(외국인 고용의 제한) 제3항부터 제5항까지, 「출입국관리법」 제21조(근무처의 변경 · 추가) 제2항 또는 「출입국관리법」 제33조의2(외국인등록증 등의 채무이행 확보수단 제공 등의 금지) 제1호의 규정을 위반하여 500만원 미만의 벌금형의 선고를 받거나 500만원 미만의 범칙금의 통고처분을 받고 벌금 또는 범칙금을 납부한 날부터 1년이 경과되지 아니한 자이다(출입국관리법 시행규칙 제17조의3 제2항 제2호).

셋째, 외국인에게 윤락행위 · 사행행위 · 마약류 판매 및 공급행위 강요 등으로 「성매매알선 등 행위의 처벌에 관한 법률」, 「사행행위 등 규제 및 처벌특례법」 및 「마약류 관리에 관한 법률」 등을 위반하여 금고 이상의 형의 선고를 받고 그 형의 집행이 종료되거나 집행을 받지 아니하기로 한 날부터 3년이 경과되지 아니한 자이다(출입국관리법 시행규칙 제17조의3 제2항 제3호).

넷째, 외국인근로자 또는 기술연수생에게 임금 또는 수당을 체불하거나 강제근로시키는 등 「근로기준법」을 위반하여 금고 이상의 형의 선고를 받고 그 형의 집행이 종료되거나 집행을 받지 아니하기로 한 날부터 3년이 경과되지 아니한 자이다(출입국관리법 시행규칙 제17조의3 제2항 제4호).

다섯째, 신청일부터 최근 1년간 「출입국관리법」 제9조(사증발급인정서) 제2항에 따라 10인 이상의 외국인을 초청한 자로서 피초청 외국인의 과반수 이상이 불법체류 중인 자이다(출입국관리법 시행규칙 제17조의3 제2항 제5호).

여섯째, 신청일부터 최근 1개월간 「출입국관리법」 제19조(외국인을 고용한 자 등의 신고의무) 또는 「출입국관리법」 제19조의4(외국인유학생의 관리 등)의 규정에 의한 신고의무를 2회 이상 게을리 한 자이다(출입국관리법 시행규칙 제17조의3 제2항 제6호).

일곱째, 그 밖에 제1호 내지 제6호에 준하는 사유에 해당하는 자로서 법무부장관이 따로 정하는 자이다(출입국관리법 시행규칙 제17조의3 제2항 제7호).

(3) 결혼동거 목적에 대한 발급의 기준

「출입국관리법 시행령」 별표1 거주(F-2) 체류자격의 가목(영주(F-5) 체류자격을 가지고 있는 자의 배우자) 또는 결혼이민(F-6) 체류자격의 가목(국민의 배우자)에 해당하는 결혼동거 목적의 사증발급인정서 발급 기준 등에 관하여는 「출입국관리법 시행규칙」 제9조의5(결혼동거 목적의 사증 발급 기준 등)를 준용한다(출입국관리법 시행규칙 제17조의3 제3항). 결혼동거 목적의 사증 발급 기준에 대하여는 후술하기로 한다.

5. 권한의 위임

(1) 법적 근거

법무부장관은 「출입국관리법」에 따른 권한의 일부를 대통령령으로 정하는 바에 따라 지방출입국·외국인관서의 장에게 위임할 수 있다(출입국관리법 제92조 제1항). 이에 따라 법무부장관은 「출입국관리법」 제9조(사증발급인정서)에 따른 그의 권한을 법무부령(출입국관리법 시행규칙 제78조를 말한다)이 정하는 바에 따라 출입국관리사무소장·출장소장 또는 보호소장에게 위임한다(출입국관리법 시행령 제96조 제1항).

(2) 내 용

법무부장관은 「출입국관리법 시행령」 제96조(권한의 위임) 제1항에 따라 「출입국관리법」 제9조(사증발급인정서)에 따른 권한 중 다음의 어느 하나에 해당하는 자에 대한 사증발급인정서의 발급권한을 출입국관리사무소장 또는 출장소장에게 위임한다(출입국관리법 시행규칙 제78조 제1항).

사증발급인정 권한이 위임되는 대상자로는 첫째, 「출입국관리법 시행규칙」 제17조(사증발급인정서의 발급절차 등) 제1항 제1호(미수교국가 또는 특정국가의 국민을 말한다) 및 제3호에 해당하는 자(기타 법무부장관이 특히 필요하다고 인정하는 자를 말한다)로서 체류기간 90일이하의 일시취재(C-1) 내지 단기취업(C-4), 방문동거(F-1)의 체류자격에 해당하거나 체류기간 2년 이하의 기술연수(D-3)의 자격에 해당하는 자이다(출입국관리법 시행규칙 제78조 제1항 제1호). 둘째, 「출입국관리법 시행규칙」 제17조(사증발급인정서의 발급절차 등) 제1항 제2호[46]에 해당하는 자로서 1회에 부여하는 체류자격별 체류

46) 문화예술(D-1)부터 특정활동(E-7)까지 체류자격, 비전문취업(E-9), 선원취업(E-10), 방문동거

기간의 상한이내의 문화예술(D-1)부터 특정활동(E-7)까지의 체류자격, 비전문취업(E-9), 선원취업(E-10), 방문동거(F-1), 거주(F-2), 동반(F-3), 재외동포(F-4), 결혼이민(F-6), 기타(G-1), 방문취업(H-2)의 자격에 해당하는 자이다(출입국관리법 시행규칙 제78조 제1항 제2호).

6. 사증발급인정서의 효력

사증발급인정서의 유효기간은 3월로 하고, 한 번의 사증발급에 한하여 그 효력을 가진다. 다만, 법무부장관은 특히 필요하다고 인정되는 경우에는 사증발급인정서의 유효기간을 달리 정할 수 있다(출입국관리법 시행규칙 제18조).

7. 사증발급인정서에 의한 사증신청 및 사증발급

(1) 사증신청

대한민국에 입국하려는 외국인 등은 초청인으로부터 사증발급인정서를 송부받아 이를 재외공관의 장에게 제출하여야 한다. 즉 사증발급인정번호 등 사증발급 인정 내용을 통보받은 자(대한민국에 입국하려는 외국인 또는 초청자를 말한다)는 사증발급신청서에 사증발급인정번호를 기재하여 재외공관의 장에게 사증발급을 신청할 수 있다(출입국관리법 시행규칙 제17조의2 제1항). 사증발급인정서를 교부받은 자(초청자를 말한다)는 사증발급신청서에 사증발급인정서를 첨부하여 재외공관의 장에게 사증발급을 신청할 수 있다(출입국관리법 시행규칙 제17조의2 제2항).

(2) 사증발급

재외공관의 장은 사증발급을 신청하는 자에 대하여는 「출입국관리법 시행규칙」 제8조(사증 등 발급의 승인)의 규정에 불구하고 사증발급인정번호 등 사증발급인정내용 또는 사증발급인정서의 내용에 따라 사증을 발급하여야 한다(출입국관리법 시행규칙 제17조의2 제3항). 재외공관의 장은 그 사증발급인정내용 또는 사증발급인정서의 내용에 따라 사증을 발급할 의무가 있다.[47] 이때에 재외공관의 장은 사증발급신청서에 사증발급인정서를 첨부하여 사증발급을 신청하는 자에 대하여 사증을 발급한 때에는 사증발급인정서를 회수하여야 한다(출입국관리법 시행규칙 제17조의2 제4항).

(F-1), 거주(F-2), 동반(F-3), 재외동포(F-4), 영주(F-5), 결혼이민(F-6), 기타(G-1), 방문취업(H-2)의 체류자격에 해당하는 자를 말한다.

47) 제주지방법원 2006. 6. 7. 선고 2005구합733 판결.

8. 사증발급인정서 불허결정에 대한 초청인의 불복

(1) 문제제기

사증발급인정서의 발급기준과 관련하여, 초청인이 사증발급인정서 불허결정에 대해 취소를 구할 원고적격이 인정되는지가 문제된다. 2005년 4월 27일에 초청인이 외국인에 대하여 산업연수생(현재에는 기술연수생을 말한다) 사증발급인정서 발급을 신청하였으나, 제주출입국관리사무소장은 초청인이 사증발급인정서 발급 신청시를 기준으로 과거 3년 이내에 「출입국관리법」을 위반하여 500만원 이상의 통고처분을 받은 사유로 산업연수생 사증발급인정서 발급을 불허결정을 한 '용천식품 유한공사' 사건에 대하여, 2005년 9월 12일에 국무총리행정심판위원회에서는 사증발급인정서 발급신청은 입국하려는 외국인이 할 수 있을 뿐이고, 외국인을 초청하려는 자(초청인)는 단지 그 외국인을 대리하여 발급 신청을 할 수 있는 자에 불과하므로 원고자격이 인정되지 않는다는 이유로 각하하였다.[48] 동 행정심판에서는 초청인의 원고적격을 좁게 해석한 결과이다. 그러나 2006년 6월 7일에 제주지방법원은 '용천식품 유한공사' 사건에 대하여 사증발급인정의 도입취지, 초청인의 신청절차 및 이해관계에 대한 의미 등 법령해석을 달리하여 초청인의 원고적격을 폭넓게 인정한 바 있다.[49]

초청인의 원고적격과 관련하여 대법원의 판례가 아직 나오지 않은 상황에서, 지방법원에서는 상반된 취지의 판결이 나오고 있다. 초청인의 원고적격을 인정한 판결은 초청인의 원고적격을 넓게 인정하여 외국인을 초청하려는 초청인의 권리구제 기회를 보장하고자 한 점에서 그 의의가 있다. 이하에서는 초청인의 원고적격에 대한 지방법원의 상반된 판결을 살펴보기로 한다.

(2) 원고적격의 판단기준

「행정심판법」 제13조(청구인 적격) 제1항[50]에 의하면 취소심판청구는 처분의 취

48) 정태용, 행정심판사건의 행정소송결과 분석, 행정법이론실무학회 행정법연구 제18집, 2007, p. 683.
49) 제주지방법원 2006. 6. 7. 선고 2005구합733 판결.
50) 행정심판법 제13조 (청구인 적격)
① 취소심판은 처분의 취소 또는 변경을 구할 법률상 이익이 있는 자가 청구할 수 있다. 처분의 효과가 기간의 경과, 처분의 집행, 그 밖의 사유로 소멸된 뒤에도 그 처분의 취소로 회복되는 법률상 이익이 있는 자의 경우에도 또한 같다.
② 무효등확인심판은 처분의 효력 유무 또는 존재 여부의 확인을 구할 법률상 이익이 있는 자가 청구할 수 있다.
③ 의무이행심판은 처분을 신청한 자로서 행정청의 거부처분 또는 부작위에 대하여 일정한 처분을 구할 법률상 이익이 있는 자가 청구할 수 있다.

소 또는 변경을 구할 법률상 이익이 있는 자가 제기할 수 있고, 「행정소송법」 제12조(원고적격)[51]에 의하면 취소소송은 처분 등의 취소를 구할 법률상 이익이 있는 자가 제기할 수 있다. 여기에서 '법률상 이익'이란 당해 행정처분의 근거가 되는 법률에 의하여 보호되는 직접적이고 구체적인 이익을 말한다.[52] '법률상의 이익이 있는 자'란 당해 처분에 의하여 자기의 권리 혹은 법률상 보호된 이익을 침해받거나 또는 필연적으로 침해받을 우려가 있는 자를 말하지만, 당해 처분을 정한 행정법규가 불특정다수인의 구체적 이익을 오로지 일반적 공익 속에 흡수 해소시키는 데 그치지 않고, 그것이 귀속하는 개개인의 개별적 이익으로서도 이것을 보호해야 한다고 하는 취지를 포함하는 것으로 해석되는 경우에는 이러한 이익도 법률상 보호된 이익에 해당되며 당해 처분에 의하여 이를 침해받거나 또는 필연적으로 침해받을 우려가 있는 자는 당해 처분의 취소소송에 있어서의 원고적격을 가지는 것이라 할 수 있다.[53]

(3) 초청인의 원고적격 유무

1) 원고적격 인정

제주지방법원의 판결에서는 초청인은 사증발급인정 불허처분에 의해 법률상 보호된 이익을 침해당하였다고 할 것이므로 사증발급인정 불허처분의 취소를 구할 원고적격이 인정된다고 판시하여 원고적격을 폭넓게 인정하였다.[54]

그 논거로는 다음과 같다. 첫째, 「출입국관리법」 제9조(사증발급인정서)는 사증발급인정서를 외국인의 신청에 의해 발급할 수 있다고 하면서도 명문으로 그 발급신청을 초청인이 대리할 수 있다고 규정함으로써 관련 외국인 입국과 관련된 초청인의 이해관계를 법적으로 보장하고 있다. 둘째, 사증발급인정을 신청함에 있어 '초청인'의 주소지를 관할하는 출입국관리사무소장에게 '초청인' 작성의 서류를 제출하도록 규정하고 있고(출입국관리법 시행규칙 제17조 제2항), 사증발급인정서를 교부하는 경우에는 이를 '초청인'에게 교부하도록 규정하고 있어(출입국관리법 시행규칙 제17조 제6항), 초청인이 가지는 이해관계를 법적으로 보호하고 있다. 셋째, 사증발급인정서 발급 여부를 심사함에 있어 출입국관리사무소장이나 법무부장관은 '초청인의 초청사유가 타당한지 여부'를 중점적으로 심사하도

51) **행정소송법 제12조 (원고적격)** 취소소송은 처분 등의 취소를 구할 법률상 이익이 있는 자가 제기할 수 있다. 처분 등의 효과가 기간의 경과, 처분 등의 집행 그 밖의 사유로 인하여 소멸된 뒤에도 그 처분 등의 취소로 인하여 회복되는 법률상 이익이 있는 자의 경우에는 또한 같다.

52) 청주지방법원 2010. 3. 11. 선고 2009구합1605 판결.

53) 정태용, 2007, p.684; 제주지방법원 2006. 6. 7. 선고 2005구합733 판결 참고.

54) 제주지방법원 2006. 6. 7. 선고 2005구합733 판결 참고.

록 규정하고 있어 초청인의 결격사유 유무가 사증발급인정서 발급에 있어 매우 중요한 기준이 된다. 넷째, 초청인이 아무런 결격사유가 없음에도 출입국관리사무소장이 사증발급인정을 불허하는 경우에 직접적인 이해당사자인 초청인이 이를 다툴 수 없다면 사증발급인정불허처분에 대하여 다툴 방도가 사실상 봉쇄된다.[55]

2) 원고적격 불인정

청주지방법원의 판결에서는 중국 여성과 혼인신고를 마치고 중국 여성을 대리하여 거주(F-2)[56] 체류자격의 사증발급인정을 신청한 초청인이 그 불허처분의 취소를 구할 수 있는 독자적인 법률상 이익, 즉 원고적격을 부정하였다.[57]

그 논거로는 다음과 같다. 첫째, 항고소송의 대상이 되는 거부처분이 이루어진 것인지에 대하여는, ⅰ) 외국인을 초청하려는 자는 외국인의 사증발급인정 신청을 대리할 수 있을 뿐 외국인을 대리하지 않은 채 독자적인 지위에서 스스로 그 외국인에 대한 사증발급인정을 신청할 권리가 인정되지 않는다. ⅱ) 외국인에게 사증발급을 인정할 때 초청자에게 그 내용을 통지한다거나 부득이한 사유가 있는 경우 예외적으로 초청자에게 사증발급인정서를 교부할 수 있도록 허용하고 있다고 하더라도 이는 절차적인 편의 규정에 불과하지, 초청자에게 독자적인 지위에서 스스로 외국인에 대한 사증발급인정을 신청할 권리가 있음을 전제로 한 것이 아니다. 초청인이 초청하려는 중국 여성의 대리인으로서의 지위에서가 아니라 독자적인 고유한 자격으로 중국 여성에 대한 사증발급인정을 신청할 권리가 없으므로, 비록 초청인의 신청을 거부하는 취지의 통지를 초청인에게 하였다고 하더라도 이는 초청인에 대하여 항고소송의 대상이 되는 거부처분이 이루어진 것으로 볼 수 없다. 둘째, 불허처분의 취소를 구할 수 있는 독자적인 법률상 이익, 즉 원고 적격이 있다고 인정할 수 있는지 여부에 대하여는, 중국 여성에 대한 사증발급인정 신청 불허처분으로 인하여 받게 되는 불이익은 중국 여성에 대한 초청인 내지 절차적 신청 대리인으로서의 간접적, 사실적 이해관계에 불과하지 거기서 더 나아가 독자적으로 항고소송을 제기하여 처분의 효력을 다툴 수 있을 정도로 법률상 보호를 받는 직접적, 구체적 이익에 해당한다고 볼 수 없다.[58]

55) 앞의 판결.
56) 구 출입국관리법 시행규칙 제17조 제1항 제2호에 따르면, 결혼동거 목적의 거주(F-2) 사증은 사증발급인정서를 발급할 수 있는 대상이었다.
57) 청주지방법원 2010. 3. 11. 선고 2009구합1605 판결.
58) 앞의 판결.

3) 소 결

외국인이 대한민국에 입국할 수 있는 권리를 보장받고 있는 것은 아니다. 또한 사증발급인정서의 발급은 법무부장관 또는 출입국관리사무소장 등의 재량사항에 해당한다. 다만, 초청인이 사증발급인정 불허결정에 대하여 다툴 수 있는 법률상 보호받아야 할 이익이 있는 일정한 경우에는 이와 다르게 볼 필요가 있다. 예를 들어 과거에 국내에 장기간 체류하거나 근무하여 긴밀한 생활관계가 형성된 외국인을 초청하거나, 결혼이민을 통한 가족형성에 해당하는 등 초청인에게 법률상 보호받아야 할 이익이 있는 경우에는 원고적격을 폭넓게 인정할 필요가 있다.

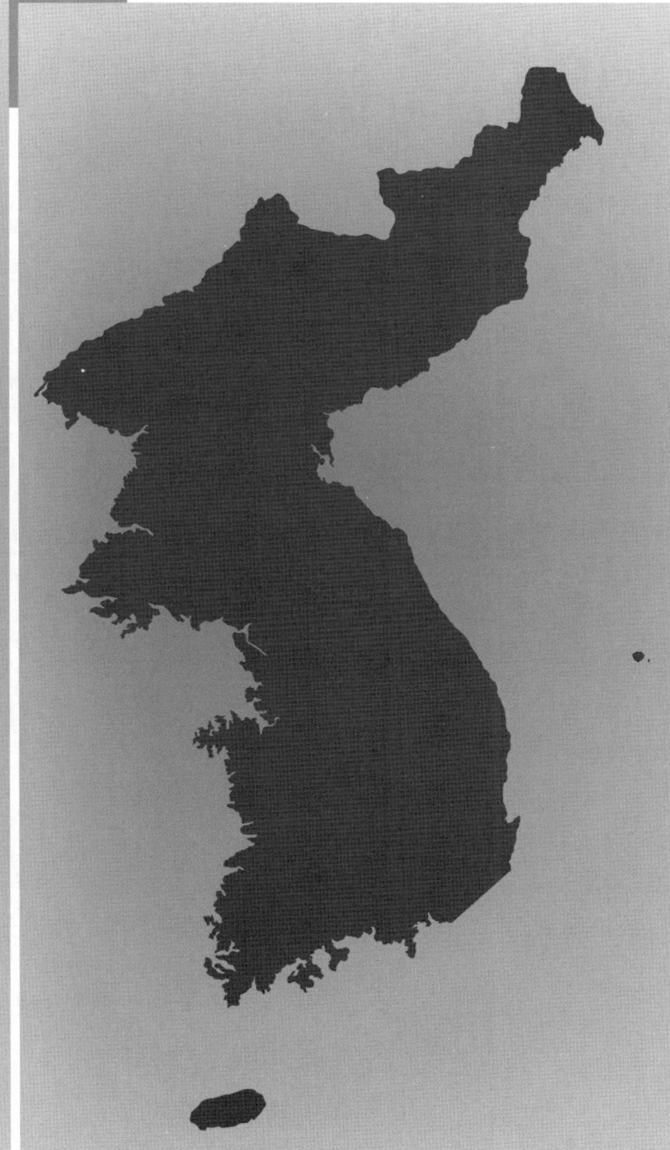

제 2 장

사증의 유형

제1절 공용 사증

1. 외교(A-1)

(1) 대상자

외교(A-1) 사증의 발급 대상자는 '대한민국정부가 접수한 외국정부의 외교사절단이나 영사기관의 구성원, 조약 또는 국제관행에 따라 외교사절과 동등한 특권과 면제를 받는 자와 그 가족'이다.[1] 여기에서 ⅰ) '외국정부의 외교사절단의 구성원'이란 대한민국에 접수된 대사, 공사, 참사관, 서기관 등의 외교직원을 말하고, '외국정부의 영사기관의 구성원'이란 대한민국 정부에 접수된 총영사, 영사 등의 영사관(영사관이라 함은 그 자격에 있어 영사업무를 수행하는 자를 말한다)을 말한다. ⅱ) '조약 또는 국제관행에 따라 외교사절과 동등한 특권과 면제를 받은 자'란 첫째로 국제연합의 사무총장 및 사무차장, 국제연합전문기구의 사무국장 등이 이에 해당되고, 둘째로 국가원수, 각료, 양원의장, 정부주최회의에 출석하는 외국정부의 대표단 구성원 등이 이에 해당된다. ⅲ) 그 가족이란 우리나라에 주재하는 외교관 등과 세대를 같이 하는 배우자, 자녀, 부모 등 동반가족을 말한다.

(2) 체류기간

1회에 부여하는 외교(A-1) 사증에 대한 체류기간의 상한은 재임기간이다.[2]

(3) 외교관 가족의 영리활동

1) 영리활동

외교(A-1) 사증이 발급된 외교관(정확히는 외교직원diplomatic agent을 말한다)의 동반가족이 취업 등 영리활동을 하고자 하는 경우가 문제된다. 1961년 「외교관계에 관한 비엔나협약The Vienna Convention on Diplomatic Relations」 제42조에 의하면 "외교관은 접수국에서 개인적 영리를 위한 어떠한 직업적 또는 상업적 활동도 하여서는 아니된다."라고 규정하고 있다. 1961년 협약상 외교직원의 동반가족에 대한 직업활동

1) 출입국관리법 시행령 별표1 외국인의 체류자격(제12조 관련).
2) 출입국관리법 시행규칙 별표1 1회에 부여하는 체류자격별 체류기간의 상한(제18조의2 관련).

또는 상업활동의 자유를 제한하는 규정은 없다. 직업적 또는 상업적 활동 등 영리활동 제한은 외교직원에게만 적용되고, 외교직원의 동반가족에 대하여는 영리활동 제한은 적용되지 않는다.

2) 체류자격외 활동

외교직원의 동반가족이 취업 등 영리활동을 하고자 하는 때에는 「출입국관리법」 제20조(체류자격외 활동)의 "대한민국에 체류하는 외국인이 그 체류자격에 해당하는 활동과 함께 다른 체류자격에 해당하는 활동을 하려면 미리 법무부장관의 체류자격외 활동허가를 받아야 한다."가 적용된다. 이에 따라 외교직원의 동반가족은 법무부장관으로부터 사전에 체류자격외 활동허가를 받아야 하며, 법무부장관은 상호주의에 의거하여 외국어회화 강사, 외국인학교 교사, 언론기관 등의 외국어교열, TV단역출연 및 특히 법무부장관이 필요하다고 인정하는 직종에 한하여 외교(A-1) 체류자격을 그대로 유지하도록 한 상태에서 체류자격외 활동을 허가할 수 있다.

3) 특권과 면제

(가) 원 칙

1961년 「외교관계에 관한 비엔나협약」 제37조에 의하면 "외교관의 세대를 구성하는 그의 가족은, 접수국의 국민이 아닌 경우, 제29조에서 제36조까지 명시된 특권과 면제를 향유한다."라고 규정하고 있다. 외교직원의 동반가족이 취업 등 직업활동을 계속적으로 하는 경우에도 제29조(외교관 신체의 불가침), 제30조(외교관 개인주거의 불가침), 제31조(외교관의 접수국 형사재판관할권으로부터 면제, 단 직업적 또는 상업적 활동에 관한 소송은 면제가 제외된다), 제32조(파견국에 의한 재판관할권 면제포기), 제33조(외교관의 접수국 사회보장 면제), 제34조(외교관의 인적 또는 물적 부과금과 조세 면제), 제35조(외교관의 인적역무, 공공역무, 군사상 의무 면제), 제36조(외교관의 물품반입 관련 관세, 검열 면제)에 따른 특권과 면제를 향유하게 된다.

(나) 예 외

외교관의 동반가족이 접수국에서 공적 직무 이외로 행한 직업적 또는 상업적 활동에 관한 소송에 대하여 접수국의 민사 및 행정재판관할권으로부터 면제를 향유하지 못한다(외교관계에 관한 비엔나협약 제31조 c). 또한 접수국에 원천을 둔 개인소득에 대한 부과금과 조세 및 접수국에서 상업상의 사업에 행한 투자에 대한 자본세로부터 면제를 향유하지 못한다(외교관계에 관한 비엔나협약 제34조 d).

2. 공무(A-2)

(1) 대상자

공무(A-2) 사증의 발급 대상자는 대한민국정부가 승인한 외국정부 또는 국제기구의 공무를 수행하는 자와 그 가족이다.[3] 여기에서 i) '외국정부 또는 국제기구의 공무를 수행하는 자'란 ① 대한민국 정부가 승인한 외국정부 외교사절단의 사무직원 및 기술직원과 노무직원, ② 대한민국 정부가 승인한 영사기관의 사무직원 및 기술직원과 노무직원, ③ 대한민국에 본부를 둔 국제기구의 직원, ④ 외국정부 또는 국제기구가 대한민국에 있는 지사에서 대한민국 정부와의 공적 업무를 위해 주재하는 당해 외국정부 또는 국제기구의 직원(①부터 ③까지에 해당하는 자는 제외한다), ⑤ 대한민국 정부와의 공적인 업무를 위해 외국정부 또는 국제기구에서 파견한 자(①부터 ④까지에 해당하는 자는 제외한다), ⑥ 국제기구가 주최하는 회의 등에 참가하는 자를 말한다. ii) 그 가족이란 위에서 설명한 ①부터 ⑥까지에 해당하는 자와 동일한 세대에 속하는 가족 구성원을 말한다.

(2) 체류기간

1회에 부여하는 공무(A-2) 사증에 대한 체류기간의 상한은 공무수행기간이다.[4]

(3) 외국인 행정원

대한민국에 설치된 각 국가의 대사관 또는 영사관에서 근무하는 외국인 행정원(사무직원을 의미한다)에 대한 사증 유형은 공무(A-2) 사증에 해당한다. 외교 공관원 또는 영사관원의 범위에 외국인 행정원을 포함하는 것은 1963년「영사관계에 관한 비엔나협약」에 근거한다.

3. 협정(A-3)

(1) 대상자

협정(A-3) 사증의 발급 대상자는 대한민국정부와의 협정에 따라 외국인등록이 면제되거나 면제할 필요가 있다고 인정되는 자와 그 가족이다.[5]

---

3) 출입국관리법 시행령 별표1 외국인의 체류자격(제12조 관련).
4) 출입국관리법 시행규칙 별표1 1회에 부여하는 체류자격별 체류기간의 상한(제18조의2 관련).
5) 출입국관리법 시행령 별표1 외국인의 체류자격(제12조 관련).

(2) 체류기간

1회에 부여하는 협정(A-3) 사증에 대한 체류기간의 상한은 신분존속기간 또는 협정상의 체류기간이다.[6)]

제 2 절 비취업 사증

I. 단기 비취업사증

1. 사증면제(B-1)

(1) 대상자

사증면제(B-1) 사증의 발급 대상자는 대한민국과 사증면제협정을 체결한 국가의 국민으로서 그 협정에 따른 활동을 하려는 자이다.[7)]

(2) 체류기간

1회에 부여하는 사증면제(B-1) 사증에 대한 체류기간의 상한은 협정상의 체류기간이다.[8)]

2. 관광 · 통과(B-2)

(1) 대상자

관광 · 통과(B-2) 사증의 발급 대상자는 관광 · 통과 등의 목적으로 대한민국에 사증 없이 입국하려는 자이다.[9)]

(2) 체류기간

1회에 부여하는 관광 · 통과(B-2) 사증에 대한 체류기간의 상한은 법무부장관이 따로 정하는 기간이다.[10)]

---

6) 출입국관리법 시행규칙 별표1 1회에 부여하는 체류자격별 체류기간의 상한(제18조의2 관련).
7) 출입국관리법 시행령 별표1 외국인의 체류자격(제12조 관련).
8) 출입국관리법 시행규칙 별표1 1회에 부여하는 체류자격별 체류기간의 상한(제18조의2 관련).
9) 출입국관리법 시행령 별표1 외국인의 체류자격(제12조 관련).

3. 일시취재(C-1)

(1) 대상자

일시취재(C-1) 사증의 발급 대상자는 일시적인 취재 또는 보도활동을 하려는 자이다.[11] '일시적인 취재 또는 보도활동을 하려는 자'의 범위로는 ⅰ) 외국의 신문, 방송, 잡지, 기타 보도기관으로부터 파견되어 단기간 취재·보도활동을 하려는 자, ⅱ) 외국의 보도기관과의 계약에 의하여 단기간 취재·보도활동을 하려는 자, ⅲ) 외국 언론사의 지사를 설치 준비하기 위해 단기간 활동을 하려는 자이다.

(2) 체류기간

1회에 부여하는 일시취재(C-1) 사증에 대한 체류기간의 상한은 90일이다.[12]

(3) 프리랜서 등의 일시취재·일시보도

일시취재·일시보도, 외국 언론사의 지사 설치 준비를 위하여 일시취재(C-1) 사증을 발급받고자 하는 외국인은 외국의 신문, 방송, 잡지, 기타 보도기관에 소속된 언론인이어야 한다. 프리랜서 또는 자유기고가 등의 자격으로 일시취재·일시보도 활동을 하고자 하는 외국인은 일시취재(C-1) 사증의 발급대상자가 아니라 단기방문(C-3) 사증의 발급대상자에 해당된다.

(4) 장기 체류자격변경

외국 언론사의 지사 설치 준비를 위해 단기간 활동을 하려는 외국인이 지사가 설치된 후 계속 체류하게 된 경우에는 재외공관에 신청하지 않고 출입국관리사무소 또는 출장소에 일시취재(C-1) 사증에서 취재(D-5) 사증으로 체류자격변경허가 신청이 가능하다.

4. 단기방문(C-3)

(1) 대상자

단기방문(C-3) 사증의 발급 대상자는 시장조사, 업무 연락, 상담, 계약 등의 상용

---

10) 출입국관리법 시행규칙 별표1 1회에 부여하는 체류자격별 체류기간의 상한(제18조의2 관련).
11) 출입국관리법 시행령 별표1 외국인의 체류자격(제12조 관련).
12) 출입국관리법 시행규칙 별표1 1회에 부여하는 체류자격별 체류기간의 상한(제18조의2 관련).

활동과 관광, 통과, 요양, 친지 방문, 친선경기, 각종 행사나 회의 참가 또는 참관, 문화예술, 일반연수, 강습, 종교의식 참석, 학술자료 수집, 그 밖에 이와 유사한 목적으로 90일을 넘지 않는 기간 동안 체류하려는 자(영리를 목적으로 하는 자는 제외한다)이다.[13] 단기방문(C-3) 사증은 영리를 목적으로 하는 자에게 발급할 수 없다. 따라서 일정한 노무, 기술 등을 제공하고 이에 상당한 보수를 받는 단기간 취업활동은 단기방문(C-3) 사증의 발급대상이 아니다.

(2) 세부약호

단기방문(C-3) 사증의 발급 대상자에게 부여되는 체류자격의 세부약호 및 그 기준으로는 ⅰ) 단기일반(C-3-1)이다. 단기방문(C-3) 활동범위 내에 있는 모든 자 중에서 순수관광(C-3-2) 내지 우대기업초청 단기상용(C-3-6)을 제외한 자에게는 단기일반(C-3-1) 사증이 부여된다. ⅱ) 단체관광 등(C-3-2)이다. 단체관광, 개별관광(보증개별을 포함한다) 등 관광객 및 통과자에게는 순수관광(C-3-2) 사증이 부여된다. ⅲ) 일반상용(C-3-4)이다. 시장조사, 업무연락, 상담, 계약 등 상용활동의 경우 및 APEC카드 소지자가 사증 없이 입국하는 경우에는 단기상용(C-3-4) 사증이 부여된다. ⅳ) 협정상 단기상용(C-3-5)이다. 한국-인도 CEFA, 한국-칠레 FTA 등 협정에 따라 단기상용 목적으로 입국하려는 자에게는 협정상 단기상용(C-3-5) 사증이 부여된다. ⅴ) 동포방문(C-3-8)이다. 외국국적동포가 동포방문(C-3-8) 사증으로 단기간 체류하면서 컴퓨터, 미용, 기계, 전기, 자동차 정비 등 95개 종목의 기술교육을 거쳐 방문취업(H-2) 체류자격으로 변경이 가능하다. ⅵ) 일반관광(C-3-9)이다. 단체관광 등(C-3-2) 사증에 포함되지 않는 일반관광객에게 일반관광(C-3-9) 사증이 부여된다. 의료관광(C-3-3)의 경우에는 후술하기로 한다.

(3) 체류기간

1회에 부여하는 단기방문(C-3) 사증에 대한 체류기간의 상한은 90일이다.[14]

(4) 중국 단체관광객의 방문

1) 관 리

중국인의 한국 단체관광을 건전하고 질서 있게 추진하여 한·중 우호협력관계를 돈독히 하고, 관광발전을 촉진하기 위하여 전담여행사의 지정·관리 및 운영 등에

13) 출입국관리법 시행령 별표1 외국인의 체류자격(제12조 관련).
14) 출입국관리법 시행규칙 별표1 1회에 부여하는 체류자격별 체류기간의 상한(제18조의2 관련).

필요한 사항을 정하는 「중국 단체관광객 유치 전담여행사 업무 시행지침」을 두고 있다. 여기에서 '중국인 단체관광객'이란 「중국공민 출국여행 관리방안」에 의거 중국 관광객이 비용을 부담하고, 대한민국을 일시적으로 여행하고자 하는 중국 측의 송출 전담여행사가 모집·송출한 3인 이상의 중국인으로 구성된 단체를 말한다(중국 단체관광객 유치 전담여행사 업무 시행지침 제2조 제1항). 그리고 '전담여행사'란 중국전담여행사 관리위원회의 심의, 의결을 거쳐 문화체육관광부가 지정한 우리나라의 「중국 단체관광객 유치 전담여행사」를 말한다(중국 단체관광객 유치 전담여행사 업무 시행지침 제2조 제2항).

2) 전담여행사 신규지정

문화체육관광부장관은 일반여행업 등록 후 1년이 경과된 여행사 중에서 업체 현황, 중국 단체관광객 유치기획력, 중국 단체관광 상품 구성능력, 과거 행정규정 위반사항, 단체관광객 안전조치 등을 고려하여 전담여행사로서의 자격이 있다고 판단되는 여행사를 새로운 전담여행사로 지정할 수 있다(중국 단체관광객 유치 전담여행사 업무 시행지침 제3조 제1항).

3) 비지정 여행사의 중국인 단체관광객 유치금지

여행사는 전담여행사로 지정받지 않고 중국인 단체관광객을 유치해서는 아니 된다(중국 단체관광객 유치 전담여행사 업무 시행지침 제12조 제1항). 문화체육관광부장관은 전담여행사로 지정받지 아니하고 중국인 단체관광객 유치행위를 한 여행사에 대해 전담여행사 신규지정 제한, 관광기금 지원 제한, 정부사업 지원 제한을 가할 수 있다(중국 단체관광객 유치 전담여행사 업무 시행지침 제12조 제2항).

5. 의료관광(C-3-3)

(1) 취 지

대한민국은 신성장 동력과 발전전략의 일환으로 외국인 환자에 대한 소개·알선을 허용하도록 하고 외국인 환자를 적극 받아들여 관광객의 유치를 지원하기 위하여 외국인 환자와 그 보호자에게 사증을 발급하도록 하는 의료관광용 메디컬 사증을 2009년 5월에 신설하여 시행하고 있다.

(2) 대상자

의료관광(C-3-3) 사증의 발급 대상자는 ⅰ) 「의료법」상 외국인 환자를 유치하는 의료기관 또는 유치업자로 등록한 자의 초청을 받지 않고, 국내 의료기관에서 진료 또는 요양을 할 목적으로 입국하는 외국인 환자, ⅱ) 외국인 환자의 간병 등을 위해 동반입국하고자 하는 외국인 환자의 배우자, 자녀 또는 직계가족이다. 치료 또는 요양을 의미하는 Medical의 'M'을 표기했던 의료관광 세부약호(단기체류의 경우에는 C-3-M, 장기체류의 경우에는 G-1-M)는 새로이 의료관광 세부약호(치료기간이 90일 이하의 단기체류인 경우에는 C-3-3, 치료기간이 90일 이상의 장기체류인 경우에는 G-1-10)로 변경되어 현재에도 시행되고 있다.

(3) 체류기간

1회에 부여하는 의료관광 사증에 대한 체류기간의 상한은 치료 및 여행기간이 90일 이하인 경우에는 의료관광(C-3-3) 사증을 부여하여 최대 90일까지 체류가 가능하다. 치료 및 여행기간이 90일 이상인 경우에는 의료관광(G-1-10) 사증을 부여하여 유효기간인 6개월 이내에서 체류가 가능하다.

Ⅱ. 장기 비취업사증

1. 문화예술(D-1)

(1) 대상자

문화예술(D-1) 사증의 발급 대상자는 수익을 목적으로 하지 않는 학술 또는 예술 관련 활동을 하려는 자(대한민국의 고유문화 또는 예술에 대하여 전문적인 연구를 하거나 전문가의 지도를 받으려는 자를 포함한다)이다.[15] 여기에서 '수익을 목적으로 하지 않는 학술 또는 예술 관련 활동을 하려는 자'란 ⅰ) 논문작성, 창작 활동을 하는 자, ⅱ) 비영리 학술활동·예술단체의 초청으로 학술 또는 순수예술 활동에 종사하는 자, ⅲ) 대한민국의 고유문화 또는 예술에 대하여 전문적인 연구를 하거나 전문가의 지도를 받으려는 자를 말한다. '대한민국의 고유문화 또는 예술'의 예로는 태권도 등 전통무예, 한국무용, 서예, 궁중음악, 참선, 농악 등으로, 이를 전문적으로 연구하거나 전문가의 지도를 받으려는 경우가 이에 해당된다.

(2) 체류기간

1회에 부여하는 문화예술(D-1) 사증에 대한 체류기간의 상한은 2년이다.[16]

(3) 단기의 체류기간

체류기간이 90일 이하인 경우에는 단기방문(C-3-1) 사증의 발급 대상자에 해당된다.

---

15) 출입국관리법 시행령 별표1 외국인의 체류자격(제12조 관련).
16) 출입국관리법 시행규칙 별표1 1회에 부여하는 체류자격별 체류기간의 상한(제18조의2 관련).

(4) 전문가

전문가란 무형문화재 또는 국가공인 기능보유자 등을 말한다. 따라서 문화예술(D-1) 사증의 발급 대상자에는 순수예술 분야의 연구단체나 해당 분야의 저명한 인사로부터 지도를 받는 자가 포함되지만, 영리목적의 사설학원에서의 연수자는 해당되지 않는다.

2. 유학(D-2)

(1) 대상자

유학(D-2) 사증의 발급 대상자는 전문대학 이상의 교육기관 또는 학술연구기관에서 정규과정의 교육을 받거나 특정 연구를 하려는 자이다.[17] 여기에서 '전문대학 이상의 교육기관 또는 학술연구기관에서의 정규과정의 교육 또는 특정연구'란 「고등교육법」의 규정에 의하여 설립된 전문대학, 대학, 대학원 또는 특별법의 규정에 의하여 설립된 전문대학 이상의 학술연구기관에서 정규과정(학사 · 석사 · 박사)의 교육을 받거나 특정의 연구를 말한다.

(2) 체류기간

1회에 부여하는 유학(D-2) 사증에 대한 체류기간의 상한은 2년이다.[18]

(3) 교육기관

1) 특별법에 의한 교육기관

특별법에 의해 설립된 국립교육기관으로는 한국농수산대학(한국농수산대학 설치법), 경찰대학(경찰대학설치법), 육 · 해 · 공군사관학교(사관학교설치법), 국군간호사관학교(국군간호사관학교설치법), 육군 제3사관학교(단기사관학교설치법), 한국 전통문화대학교(한국전통문화대학교 설치법), 한국예술종합학교(한국예술종합학교 설치령), 국방대학교(국방대학교 설치법), 국가정보대학원(국가정보대학원 설치법)이 있다. 그리고 특별법에 의해 설립된 특수법인으로는 한국과학기술원(한국과학기술원법), 광주과학기술원(광주과학기술원법), 대구경북과학기술원(대구경북과학기술원법), 한국학대학원(한국정신문화연구원 육성법)이 있다. 또한 「경제자유구역 및 제주국제자유도시의 외국교육기관 설립 · 운영에 관한 특별법」 규정에 의하여 설립된 네덜란드 국제물류대학 한국 분교, 에어랑엔뉘른베르크프리드리히알렉산더대학교, 한국뉴욕주립

---

17) 출입국관리법 시행령 별표1 외국인의 체류자격(제12조 관련).
18) 출입국관리법 시행규칙 별표1 1회에 부여하는 체류자격별 체류기간의 상한(제18조의2 관련).

대학교 등 전문대학 이상의 정규과정이 있다.

2) 야간대학원 등

유학(D-2) 사증이 발급되는 교육기관에는 야간대학원 및 한국폴리텍대학 학위과정(다기능기술자과정)이 포함된다. 그러나 야간대학, 원격대학(방송대학, 통신대학, 방송·통신대학, 사이버대학) 및 한국폴리텍대학 직업훈련과정은 유학(D-2) 사증이 발급되는 교육기관에서 제외된다.

3. 기술연수(D-3)

(1) 대상자

기술연수(D-3) 사증의 발급 대상자는 법무부장관이 정하는 연수조건을 갖춘 자로서 국내의 산업체에서 연수활동을 받으려는 자이다.[19] 「출입국관리법」에서는 "법무부장관은 외국에 직접투자한 산업체, 외국에 기술·산업설비를 수출하는 산업체 등 지정된 산업체의 모집에 따라 국내에서 기술연수활동을 하는 외국인의 적정한 연수활동을 지원하기 위하여 필요한 조치를 하여야 한다."라고 규정하고 있다(출입국관리법 제19조의2 제1항). 국내에서 기술연수활동을 하는 외국인을 기술연수생이라고 말한다.

(2) 산업체

「출입국관리법 시행령」 제24조의2(기술연수업체 등)에서는 기술연수생이 기술연수활동을 할 수 있는 산업체를 지정하고 있다. 즉 기술연수(D-3) 사증을 발급하기 위한 구체적인 산업체와 그 대상자로는 i) 「외국환거래법」 제3조(정의) 제1항 제18호에 따라 외국에 직접 투자한 산업체에서 연수를 받고자 하는 자(제1호), ii) 외국에 기술을 수출하는 산업체로서 법무부장관이 기술연수가 필요하다고 인정하는 산업체에서 연수를 받고자 하는 자(제2호), iii) 「대외무역법」 제32조(플랜트수출의 촉진 등) 제1항에 따라 외국에 산업설비(플랜트)를 수출하는 산업체에서 연수를 받고자 하는 자(제3호)이다(출입국관리법 시행령 제24조의2).

(3) 모 집

1) 구 분

기술연수생이 기술연수활동을 할 수 있는 산업체는 다음의 구분에 따라 외국인을

---

19) 출입국관리법 시행령 별표1 외국인의 체류자격(제12조 관련).

기술연수생으로 모집하여야 한다(출입국관리법 시행령 제24조의4 제1항). 그 구분은 ⅰ)「출입국관리법 시행령」 제24조의2 제1호의 산업체는 그 합작투자법인 또는 현지법인에서 생산직으로 종사하는 직원, ⅱ)「출입국관리법 시행령」 제24조의2 제2호의 산업체는 그 기술도입 또는 기술제휴 계약금액이 미화 10만달러 이상인 외국기업에서 생산직으로 종사하는 직원, ⅲ)「출입국관리법 시행령」 제24조의2 제3호의 산업체는 그 플랜트를 수입하는 외국기업에서 생산직으로 종사하는 직원이다.

2) 제 외

산업체의 장은 ⅰ) 대한민국에서 금고 이상의 형을 선고받은 사실이 있거나 외국에서 이에 준하는 형을 선고받은 사실이 있는 자, ⅱ) 대한민국에서 출국명령 또는 강제퇴거명령을 받고 출국한 자, ⅲ) 대한민국에서 6개월 이상 불법으로 체류한 사실이 있는 자, ⅳ) 불법취업할 목적으로 입국할 염려가 있다고 인정되는 자, ⅴ)「출입국관리법」 제11조(입국의 금지 등) 제1항 각 호의 어느 하나에 해당하는 자의 어느 하나에 해당하는 외국인을 기술연수생으로 모집해서는 아니 된다(출입국관리법 시행령 제24조의4 제3항).

(4) 체류기간

1회에 부여하는 기술연수(D-3) 사증에 대한 체류기간의 상한은 2년이다.[20]

4. 일반연수(D-4)

(1) 대상자

일반연수(D-4) 사증의 발급 대상자는 유학(D-2) 체류자격에 해당하는 교육기관 또는 학술연구기관 외에, 교육기관이나 기업체, 단체 등에서 교육 또는 연수를 받거나 연구활동에 종사하려는 자(연수기관으로부터 체재비를 초과하는 보수를 받거나 기술연수(D-3) 체류자격에 해당하는 자는 제외한다)이다.[21] 여기에서 '유학(D-2) 자격에 해당하는 교육기관 또는 학술연구기관 외에, 교육기관이나 기업체·단체 등에서 교육 또는 연수를 받거나 연구활동에 종사하려는 자'란 ⅰ) 대학부설 어학원에서 한국어를 연수하는 자, ⅱ) 유학(D-2) 자격에 해당하는 기관 또는 학술연구기관 이외의 교육기관에서 교육을 받는 자, ⅲ) 국·공립 연구기관이나 연수원 등에서 기술, 기능 등을 연수하는 자, ⅳ) 외국인투자기업 또는 외국에 투자한 기업체 등에서 인턴(실습사원)으로 교육 또는 연수를 받거나 연구 활동에 종사하는 자를 말한다.

---

20) 출입국관리법 시행규칙 별표1 1회에 부여하는 체류자격별 체류기간의 상한(제18조의2 관련).
21) 출입국관리법 시행령 별표1 외국인의 체류자격(제12조 관련).

(2) 체류기간

1회에 부여하는 일반연수(D-4) 사증에 대한 체류기간의 상한은 2년이다.[22]

(3) 단기의 체류기간

연수기간이 90일 이하인 경우에는 단기방문(C-3-1) 사증의 발급 대상자에 해당한다.

5. 취재(D-5)

(1) 대상자

취재(D-5) 사증의 발급 대상자는 외국의 신문, 방송, 잡지, 그 밖의 보도기관으로부터 파견 또는 외국 보도기관과의 계약에 따라 국내에 주재하면서 취재 또는 보도활동을 하려는 자이다.[23] 여기에서 '취재 또는 보도활동을 하려는 자'란 ⅰ) 외국의 신문, 방송, 잡지, 기타 보도기관으로부터 파견되어 국내에 주재하면서 취재・보도활동을 하는 자, ⅱ) 외국의 보도기관과의 계약에 따라 국내에 주재하면서 취재・보도 활동을 하는 자, ⅲ) 국내에 지사나 지국이 이미 개설된 외국의 신문, 방송, 잡지, 기타 보도기관으로부터 파견되어 국내에서 취재・보도활동을 하는 자를 말한다.

(2) 체류기간

1회에 부여하는 취재(D-5) 사증에 대한 체류기간의 상한은 2년이다.[24]

(3) 단기의 체류기간

체류기간이 90일 이하인 경우에는 일시취재(C-1) 사증의 발급 대상자에 해당하고, 체류기간이 90일을 초과하는 경우에는 취재(D-5)로 체류자격 변경이 가능하다.

6. 종교(D-6)

(1) 대상자

종교(D-6) 사증의 발급 대상자는 외국의 종교단체 또는 사회복지단체로부터 파견

---

22) 출입국관리법 시행규칙 별표1 1회에 부여하는 체류자격별 체류기간의 상한(제18조의2 관련).
23) 출입국관리법 시행령 별표1 외국인의 체류자격(제12조 관련).
24) 출입국관리법 시행규칙 별표1 1회에 부여하는 체류자격별 체류기간의 상한(제18조의2 관련).

되어 대한민국에 있는 지부 또는 유관 종교단체에서 종교활동을 하려는 자와 대한민국 내의 종교단체 또는 사회복지단체의 초청을 받아 사회복지활동을 하려는 자 및 그 밖에 법무부장관이 인정하는 특정 종교활동 또는 사회복지활동에 종사하려는 자이다.[25] 여기에서 '종교활동을 하려는 자'란 i) 외국의 종교단체 또는 사회복지단체로부터 국내에 등록된 그 지부에 파견되어 근무하는 자, ii) 외국의 종교단체 또는 사회복지단체로부터 파견되어 국내 유관 종교단체에서 종교활동을 하는 자, iii) 소속 종교단체가 운영하는 의료, 교육, 구호단체 등으로부터 초청되어 선교 또는 사회복지 활동에 종사하는 자(단, 종사하는 기관으로부터 보수를 받는 자는 제외된다), iv) 국내 종교단체의 추천을 받아 그 종교단체에서 수도, 수련, 연구 활동을 하는 자를 말한다. 그리고 '사회복지활동에 종사하려는 자'란 국내 종교단체 또는 사회복지단체로부터 초청되어 사회복지활동에만 종사하는 자를 말한다.

(2) 체류기간

1회에 부여하는 종교(D-6) 사증에 대한 체류기간의 상한은 2년이다.[26]

(3) 단기의 체류기간

체류기간이 90일 이하인 경우에는 단기방문(C-3) 사증의 발급 대상자에 해당된다. 다만, 종교활동 또는 사회복지활동으로 단기방문(C-3) 사증을 발급받은 경우에는 「출입국관리법 시행령」 별표1에서 정한 체류자격의 활동범위에 국한된 활동에 한정한다.

7. 기타(G-1)

(1) 대상자

기타(G-1) 사증의 발급 대상자는 외교(A-1)부터 결혼이민(F-6)까지, 관광취업(H-1) 또는 방문취업(H-2) 체류자격에 해당하지 않는 자로서 법무부장관이 인정하는 자이다.

(2) 체류기간

1회에 부여하는 기타(G-1) 사증에 대한 체류기간의 상한은 1년이다.[27]

---

25) 출입국관리법 시행령 별표1 외국인의 체류자격(제12조 관련).
26) 출입국관리법 시행규칙 별표1 1회에 부여하는 체류자격별 체류기간의 상한(제18조의2 관련).
27) 출입국관리법 시행규칙 별표1 1회에 부여하는 체류자격별 체류기간의 상한(제18조의2 관련).

제 3 절 취업 사증

Ⅰ. 단기 취업사증

1. 단기취업(C-4)

(1) 대상자

1) 의 의

단기취업(C-4) 사증의 발급 대상자는 일시 흥행, 광고·패션 모델, 강의·강연, 연구, 기술지도 등 수익을 목적으로 단기간 취업활동을 하려는 자이다.[28] 구체적으로는 ⅰ) 일시흥행 또는 단기간 광고·패션모델 등 활동, ⅱ) 단기간 강의·강연, ⅲ) 단기간 연구·기술지도, ⅳ) 공·사기관과의 계약에 의한 단기간 직업활동, ⅴ) 단기간 용역제공, ⅵ) 첨단기술 분야 단기간 종사자 등 수익을 목적으로 단기간 취업활동을 하려는 외국인이 이에 해당된다.

2) 범 위

첫째, 일시흥행 활동을 하려는 자는 국내 체류기간이 90일 이내이며 수익이 따르는 음악, 미술, 문학 등의 예술활동을 하고자 하는 외국인으로서 ⅰ) 창작활동을 하는 작곡가, 화가, 조각가, 공예가, 저술가 및 사진작가 등의 예술가, ⅱ) 음악, 미술, 문학, 사진, 연주, 무용, 영화, 체육, 기타 예술상의 활동에 관한 지도를 하는 자(예를 들어, 프로팀 감독, 오케스트라 지휘자 등이다)이다. 그리고 단기간 광고·패션모델 등 활동을 하려는 자는 국내 체류기간이 90일 이내이며 수익을 목적으로 하는 연예, 연주, 연극, 운동경기, 광고, 패션모델 등으로 출연하고자 하는 외국인으로서 ⅰ) 출연형태나 명목을 불문하고 수익을 위하여 개인 또는 단체로 연예, 연주, 연극 등을 하는 자(예를 들어, 프로복서, 프로축구선수, 프로골프선수 등이다), ⅱ) 스스로 연예, 연주, 연극 등에 출연하려는 자뿐만 아니라 분장사, 매니저 등 동행하는 자를 포함한다.

둘째, 단기간 강의·강연 활동을 하려는 자는 국내 체류기간이 90일 이내이며 수익이 따르는 계약에 의하여 국내 공·사기관 등으로부터 초청되어 단기간 강연·강

28) 출입국관리법 시행령 별표1 외국인의 체류자격(제12조 관련).

의 활동을 하는 외국인이다.

셋째, 단기간 연구·기술지도 활동을 하려는 자는 국내 체류기간이 90일 이내이며 단기간의 연구(E-3), 기술지도(E-4) 체류자격에 해당하는 활동을 하려는 외국인이다. 구체적으로 i) 자연과학 분야의 연구 또는 산업상 고도기술의 연구 개발에 종사하려는 외국인, ii) 공·사기관에서 자연과학분야의 전문지식 또는 산업상의 특수 분야에 속하는 기술을 제공하려는 외국인이다.

넷째, 공·사기관과의 계약에 의한 단기간 직업활동을 하려는 자는 국내 체류기간이 90일 이내이며 특정활동(E-7) 체류자격에 해당하는 활동을 하려는 외국인이다. 예를 들어 영어캠프 외국인 강사를 들 수 있다.

다섯째, 단기간 용역제공을 하려는 자의 범위는 국내 체류기간이 90일 이내이며 각종 용역제공 계약 등에 의하여 파견되어 국내 공·사기관으로부터 체재비 등 보조성 경비를 지급받고 근무하고자 하는 외국인이다.

여섯째, 첨단기술 분야에 단기간 종사하려는 자는 국내 체류기간이 90일 이내이며 국내기업의 정보기술IT, 전자상거래 등 기업정보화e-business, 생물산업BT, 나노기술NT, 신소재분야(금속, 세라믹, 화학), 수송기계, 디지털전자, 환경에너지 분야 총 8개 분야에 종사하고자 하는 외국인(마케팅 분야 포함)이다.

(2) 체류기간

1회 부여하는 단기취업(C-4) 사증에 대한 체류기간의 상한은 최대 90일이다.[29] 단, 첨단기술 분야에 단기간 종사하고자 하는 고급과학 기술인력에 대한 단기취업(C-4) 사증은 유효기간 1년, 체류기간 90일 이하의 복수사증을 발급할 수 있다.

(3) 장기의 체류기간

일시흥행 또는 단기간 광고·패션모델 등 활동을 하고자 하는 외국인이 대한민국 내에서 체류기간 90일 이상을 초과할 때는 단기취업(C-4) 사증이 아니라, 예술흥행(E-6) 사증발급을 신청하여야 한다.

(4) 수익이 따르지 않는 활동

단기간 강의·강연 활동을 하려는 자는 국내 체류기간이 90일 이내이며 수익이 따르는 계약에 의하여 국내 공·사기관 등으로부터 초청되어 단기간의 강연·강의 활동을 하는 외국인을 말하므로 국내 체류기간이 90일 이내에서 수익이 따르지 않

29) 출입국관리법 시행규칙 별표1 1회에 부여하는 체류자격별 체류기간의 상한(제18조의2 관련).

는 강의 · 강연 활동의 경우에는 단기취업(C-4) 사증이 아니라, 단기방문(C-3) 사증에 해당된다.

Ⅱ. 단순외국인력

1. 비전문취업(E-9)

(1) 대상자

비전문취업(E-9) 사증의 발급 대상자는 「외국인근로자의 고용 등에 관한 법률」에 따라 고용허가제를 통해 국내 취업요건을 갖춘 자이다.[30] 고용허가제도란 외국인근로자의 입장에서는 외국인근로자가 고용허가를 받은 사용자에게 고용되는 것을 조건으로 대한민국의 정부로부터 취업허가 및 일정기간 취업사증을 발급받아 합법적인 근로자의 신분으로 입국하는 외국인력제도를 말한다.[31] 다만, 일정 자격이나 경력 등이 필요한 전문직종에 종사하려는 자는 제외한다.[32] 비전문취업(E-9) 사증에 대하여는 제8편 외국인력제도에서 살펴보기로 한다.

(2) 세부약호

비전문취업(E-9) 사증의 발급 대상자에게 부여되는 체류자격의 세부약호 및 그 기준은 다음과 같다. ⅰ) 제조업(E-9-1)이다. 그 기준은 상시근로자 300인 미만 또는 자본금 80억원 이하의 제조업이다. ⅱ) 건설업(E-9-2)이다. 모든 건설공사가 그 적용범위에 해당되나, 발전소 · 제철소 · 석유화학 건설현장의 건설업체 중 건설면허가 산업환경 설비인 경우에는 적용에서 제외된다. ⅲ) 농축산업(E-9-3)이다. ⅳ) 어업(E-9-4)이다. 그 기준은 연안어업 · 근해어업 및 양식어업, 소금채취업이고, 「선원법」의 적용을 받지 않는 20톤 미만 어선, 정치망 어업, 어장막 어업 종사자에 한정한다. ⅴ) 서비스업(E-9-5)이다.

(3) 숙련기능공의 특정활동(E-7) 체류자격 변경

1) 개 념

비전문취업(E-9), 선원취업(E-10), 방문취업(H-2) 체류자격으로 4년 이상 제조업

30) 출입국관리법 시행령 별표1 외국인의 체류자격(제12조 관련).

31) 유길상, 고용허가제 시행 3년에 대한 평가 및 발전방향, <고용허가제 시행 3주년 기념> 동아시아의 저숙련 외국인력정책, 2007, p. 5; 하갑래, 근로기준법, ㈜중앙경제 제22판, 2010, p. 911.

32) 출입국관리법 시행령 별표1 외국인의 체류자격(제12조 관련).

등에 합법적으로 취업 중인 자로서 연령, 학력, 자격증 또는 임금요건 등을 모두 갖춘 외국인 숙련기능공이 특정활동(E-7) 체류자격으로 변경하는 것을 말한다.

2) 요 건

외국인 숙련기능공이 특정활동(E-7) 체류자격으로 변경하기 위하여는 아래의 3가지 요건을 모두 충족하여야 한다. 첫째, 비전문취업(E-9), 선원취업(E-10), 방문취업(H-2) 체류자격을 가진 외국인이 최근 10년 이내에 제조업, 건설업, 농축어업 직종에 4년 이상 취업하여야 한다. 둘째, 35세 미만의 전문학사 이상의 학위를 소지한 자(다만,「뿌리산업 진흥과 첨단화에 관한 법률 시행령」제2조의 뿌리산업에 종사하는 경우에는 40세 미만의 고등학교 이상의 졸업자이다)로서 해당 취업분야 직종의 기능사 이상의 자격증을 취득하거나 최근 1년간의 임금이 해당직종 근로자의 평균임금 이상이어야 한다. 셋째, 3급 이상(다만,「뿌리산업 진흥과 첨단화에 관한 법률 시행령」제2조의 뿌리산업에 종사하는 자는 2급 이상이다)의 한국어능력을 보유하거나 사회통합프로그램을 이수한 자이어야 한다.

(4) 체류기간

1회에 부여하는 비전문취업(E-9) 사증에 대한 체류기간의 상한은 3년이다.[33]

2. 선원취업(E-10)

(1) 대상자

선원취업(E-10) 사증의 발급 대상자는「해운법」제3조(사업의 종류) 제1호·제2호·제5호 및 제23조(사업의 종류) 제1호에 따른 사업을 경영하는 자 또는「수산업법」제8조(면허어업) 제1항 제1호 및 제41조(허가어업) 제1항에 따른 사업을 경영하는 자와 그 사업체에서 6개월 이상 노무를 제공할 것을 조건으로 선원근로계약을 체결한 자로서「선원법」제2조(정의) 제6호에 따른 부원部員에 해당하는 자를 말한다.[34]

(2) 해운업

해운업과 관련해서는, 첫째, 내항선원(E-10-1)이 있다.「해운법」제3조(사업의 종류) 제1호(내항 정기 여객운송사업)·제2호(내항 부정기 여객운송사업) 및 제23조(사업의 종류) 제1호(내항 화물운송사업)의 사업을 경영하는 자와 그 사업체에서 6개월 이상 선원근로계약을 체결한「선원법」제2조(정의) 제6호의 부원에 해당하는 자이다. 여기에서 '부원部員'이란 선장,「선박직원법」제2조(정의) 제3호에 따른 항해사,

33) 출입국관리법 시행규칙 별표1 1회에 부여하는 체류자격별 체류기간의 상한(제18조의2 관련).
34) 출입국관리법 시행령 별표1 외국인의 체류자격(제12조 관련).

기관장, 기관사, 통신장, 통신사, 운항장 및 운항사 등 선박직원과 어로장, 사무장, 의사, 그 밖에 동등 이상의 대우를 받는 해원으로서 국토해양부령이 정하는 자를 제외한 해원海員을 말한다(선원법 제2조 제5호, 제6호). 다만, 「선원법」이 적용되는 선박 중 어선을 제외한 총톤수 5톤 이상의 내항상선에 승선하는 부원에 한정한다.

둘째, 순항여객선원(E-10-3)이 있다. 「해운법」 제3조(사업의 종류) 제5호에 따른 사업을 영위하는 자와 그 사업체에서 6개월 이상 노무를 제공할 것을 조건으로 선원근로계약을 체결한 자로서, 「해운법 시행령」 제3조(순항여객운송사업)의 규정에 따라 총톤수 2천 톤 이상의 크루즈선에 승선하는 「선원법」 제3조(적용 범위) 제5호의 규정에 의한 부원에 해당하는 자이다.

(3) 수산업

수산업과 관련해서는, 어선원(E-10-2)이 있다. 「수산업법」 제8조(면허어업) 제1항 제1호(정치망어업) 및 제41조(허가어업) 제1항(동력어선을 이용한 근해어업)의 규정에 의한 사업을 경영하는 자와 그 사업체(20톤 이상의 어선)에서 6개월 이상 선원근로계약을 체결한 자로서, 「선원법」 제3조(적용 범위) 제5호의 규정에 의한 부원에 해당하는 자이다.

(4) 체류기간

1회에 부여하는 선원취업(E-10) 사증에 대한 체류기간의 상한은 1년이다.[35]

3. 방문취업(H-2)

(1) 대상자

방문취업(H-2) 사증의 발급 대상자는 「재외동포의 출입국과 법적 지위에 관한 법률」 제2조(정의) 제2호에 따른 외국국적동포에 해당하고, 다음의 어느 하나에 해당하는 만 25세 이상인 자 중에서 방문취업(H-2) 체류자격의 활동범위 내에서 체류하려는 자로서 법무부장관이 인정하는 자이다. 다만, 재외동포(F-4) 체류자격에 해당하는 자는 제외한다.[36]

여기에서 '다음의 어느 하나에 해당'하는 경우로는 i) 출생 당시에 대한민국 국민이었던 자로서 가족관계등록부, 폐쇄등록부 또는 제적부에 등재되어 있는 자 및

---

35) 출입국관리법 시행규칙 별표1 1회에 부여하는 체류자격별 체류기간의 상한(제18조의2 관련).
36) 출입국관리법 시행령 별표1 외국인의 체류자격(제12조 관련).

그 직계비속, ii) 국내에 주소를 둔 대한민국 국민 또는 영주(F-5) 체류자격 마목(「재외동포의 출입국과 법적 지위에 관한 법률」 제2조(정의) 제2호의 외국국적 동포로서 「국적법」에 따른 국적 취득 요건을 갖춘 자)에 해당하는 자인 8촌 이내의 혈족 또는 4촌 이내의 인척으로부터 초청을 받은 자, iii) 「국가유공자 등 예우 및 지원에 관한 법률」 제4조(적용 대상 국가유공자)에 따른 국가유공자와 그 유족 등에 해당하거나 「독립유공자예우에 관한 법률」 제4조(적용 대상자)에 따른 독립유공자와 그 유족 또는 그 가족에 해당하는 자, iv) 대한민국에 특별한 공로가 있거나 대한민국의 국익 증진에 기여한 자, v) 유학(D-2) 체류자격으로 1학기 이상 재학 중인 자의 부모 및 배우자, vi) 국내 외국인의 체류질서 유지를 위하여 법무부장관이 정하는 기준 및 절차에 따라 자진하여 출국한 자, vii) i)부터 vi)까지의 규정에 해당하지 않는 자로서 법무부장관이 정하여 고시하는 한국말 시험, 추첨 등의 절차에 따라 선정된 자이다.[37]

(2) 활동범위

방문취업(H-2) 사증의 활동범위로는 아래와 같다.

첫째, 방문, 친척과의 일시 동거, 관광, 요양, 견학, 친선경기, 비영리 문화예술활동, 회의 참석, 학술자료 수집, 시장조사·업무연락·계약 등 상업적 용무, 그 밖에 이와 유사한 목적의 활동이다.[38]

둘째, 한국표준산업분류표에 따른 다음의 산업 분야에서의 활동이다. 즉 38개 직종의 산업 분야는 작물 재배업(011), 축산업(012), 작물재배 및 축산 관련 서비스업(014), 연근해 어업(03112), 양식 어업(0321), 소금채취업(07220), 제조업(10~33. 다만, 상시 사용하는 근로자 수가 300명 미만이거나 자본금이 80억원 이하인 경우에만 해당한다), 하수, 폐수 및 분뇨 처리업(37), 폐기물 수집운반, 처리 및 원료재생업(38), 건설업(41~42. 다만, 발전소·제철소·석유화학 건설현장의 건설업체 중 건설면허가 산업환경설비인 경우는 제외한다), 산동물 도매업(46205), 기타 산업용 농산물 및 산동물 도매업(46209), 가정용품 도매업(464), 기계장비 및 관련 물품 도매업(465), 재생용 재료 수집 및 판매업(46791), 기타 가정용품 소매업(475), 기타 상품 전문 소매업(478), 무점포 소매업(479), 육상 여객 운송업(492), 냉장 및 냉동 창고업(52102. 다만, 내륙에 위치한 업체에 한정한다), 호텔업(55111. 다만, 「관광진흥법」에 따른 호텔업은 1등급·2등급 및 3등급의 호텔업으로 한정한다), 여관업(55112), 일반 음식점업(5611), 기타 음식점업(5619), 서적, 잡지 및 기타 인쇄물 출판업(581), 음악 및 기타 오디오물 출판업(59201), 사업시설 유지관리 서비스업(741), 건축물 일반 청소업(74211), 사업시설 및 산업용품 청소업(74212), 여행사 및 기타 여행보조 서비스업(752), 사회복지 서비스업(87), 자동차 종합 수리업(95211), 자동차 전문 수리업

---

37) 출입국관리법 시행령 별표1 외국인의 체류자격(제12조 관련).

38) 출입국관리법 시행령 별표1 외국인의 체류자격(제12조 관련).

(95212), 모터사이클 수리업(9522), 욕탕업(96121), 산업용 세탁업(96911), 개인 간병인 및 유사 서비스업(96993), 가구 내 고용활동(97)이다.[39)]

(3) 체류기간

1회에 부여하는 방문취업(H-2) 사증에 대한 체류기간의 상한은 3년이다.[40)]

Ⅲ. 전문외국인력

1. 교수(E-1)

(1) 대상자

교수(E-1) 사증의 발급 대상자는 「고등교육법」에 따른 자격요건을 갖춘 외국인으로서 전문대학 이상의 교육기관이나 이에 준하는 기관에서 전문 분야의 교육 또는 연구・지도 활동에 종사하려는 자이다.[41)]

'고등교육법에 의한 자격요건을 갖춘 외국인으로서 전문대학 이상의 교육기관이나 이에 준하는 기관에서 교육 또는 연구지도에 종사하려는 자'의 구체적인 범위는 다음과 같다. 첫째, 한국과학기술원 등 학술기관의 교수, 전문대학 이상의 교육기관에서 임용하는 전임강사 이상의 교수, 대학 또는 대학부설연구소의 특수분야 연구교수이다. 둘째, 고급과학 기술인력이다. 고급과학 기술인력은 전문대학 이상의 교육과학기술 분야의 교육・연구지도 활동에 종사하고자 하는 교육부장관의 고용추천이 있는 외국인이다.

(2) 체류기간

1회에 부여하는 교수(E-1) 사증에 대한 체류기간의 상한은 5년이다.[42)]

(3) 교수의 자격

1) 자격기준 및 자격인정

대학은 교육 또는 연구를 위하여 외국인을 교원으로 임용할 수 있다(교육공무원법 제10조의2). 교수(E-1) 사증을 받고자 하는 외국인은 전임강사 이상의 교원자격을 갖추어야 한다.

39) 출입국관리법 시행령 별표1 외국인의 체류자격(제12조 관련).
40) 출입국관리법 시행규칙 별표1 1회에 부여하는 체류자격별 체류기간의 상한(제18조의2 관련).
41) 출입국관리법 시행령 별표1 외국인의 체류자격(제12조 관련).
42) 출입국관리법 시행규칙 별표1 1회에 부여하는 체류자격별 체류기간의 상한(제18조의2 관련).

「고등교육법」 제16조(교원 · 조교의 자격기준 등)에 의하면 "교원이 될 수 있는 자의 자격기준 및 자격인정에 관한 사항은 대통령령으로 정한다."라고 규정하여, 대통령령에 교원자격의 구체적인 사항을 위임하여 「교수자격기준 등에 관한 규정」에서 교수의 자격을 두고 있다. 따라서 「교수자격기준 등에 관한 규정」에 의하여 전임강사 이상의 교원자격을 갖추었는지를 확인하여야 한다. 「교수자격기준 등에 관한 규정」 제2조(교원 및 조교의 자격)에 따르면, 교수 · 부교수 · 조교수(이하 교원이라 한다) 또는 조교가 될 수 있는 자는 i) 아래 별표의 교원 또는 조교의 자격기준에 해당하는 자, ii) 「교육공무원법」 제5조(대학인사위원회)에 따른 대학인사위원회 또는 「사립학교법」 제53조의3(교원인사위원회)에 따른 교원인사위원회의 인정을 받은 자(교원의 경우에 한한다)이다.

〈별표〉 교원 또는 조교의 자격기준

(단위: 년)

학력 / 연구교육	대학졸업자 · 동등자격자			전문대학졸업자 · 동등자격자		
경력연수 / 직명	연구실적 연수	교육경력 연수	계	연구실적 연수	교육경력 연수	계
교수	4	6	10	5	8	13
부교수	3	4	7	4	6	10
조교수	2	2	4	3	4	7
전임강사	근무하려는 학교와 동등 이상의 학교를 졸업한 학력이 있는 자					

비고: 연구실적연수와 교육경력연수 중 어느 하나가 기준에 미달하더라도 연구실적연수와 교육경력연수의 합계가 해당 기준을 충족하면 자격기준을 갖춘 것으로 본다.

2) 학위증에 의한 전공분야 및 고용계약에 의한 종사분야

(가) 고용 또는 임용

재외공관에서 교수(E-1) 사증을 발급받고자 하는 외국인은 사전에 해당 교육기관 또는 연구소와 고용계약서를 체결하거나 임용이 확정되어야 한다. 특히 고급과학 기술인력의 경우 교육부장관의 고용추천서를 발급받아야 한다.

(나) 전공분야 및 종사분야의 불일치

일반적으로 학위증 등에 의한 해당 전공분야는 고용계약서에 의한 국내 종사분야와 일치하여야 하므로 해당 전공분야와 종사분야가 완전히 상이한 경우가 문제된다. 이 경우 교수(E-1) 사증 발급이 불가하다는 견해가 있으나,[43] 「교육공무원임용령」

43) 하갑래 · 최태호, 외국인 고용과 근로관계, ㈜중앙경제, 2005, p. 266.

제4조의3(대학교원의 신규채용) 제1항에 의하면 "대학교원을 신규채용하는 경우에는 「교육공무원법」 제11조의2(대학 교원의 신규채용 등) 제1항에 따라 특정 대학의 학사학위 소지자가 「고등교육법 시행령」 제28조(학생의 정원) 제1항의 모집단위별 채용인원의 3분의 2를 초과하지 아니하도록 하여야 한다. 다만, 신규채용된 대학교원이 해당 대학에서 학사학위를 취득하였다 하더라도 그 학사학위 전공분야가 그 대학에 채용되어 교육·연구할 전공분야와 다른 경우에는 그 대학에서 학사학위를 취득한 사람으로 계산하지 아니한다."라는 규정과 대학 교원의 신규채용은 기초심사·전공심사·면접심사 등 각 심사단계를 거쳐 임용하는 대학의 장의 권한이며, 기초심사에서는 채용후보자의 전공과 모집대상 전공분야와의 일치여부 등의 심사가 실시되므로 대학의 자율성 보장이라는 차원에서 학위증 등에 의한 해당 전공분야와 고용계약서에 의한 국내 종사분야가 완전히 일치하지 않는다 하더라도 사증발급인정이 불허될 수는 없다고 판단된다. 따라서 학위증 등에 의한 해당 전공분야와 고용계약서에 의한 국내 종사분야가 일치하지 않더라도 교수(E-1) 사증 발급대상자로 될 수가 있다고 해석하여야 한다.

(4) 관련된 사안

1) 연구의 경우

대학 또는 학술기관에서 보수를 받지 않으며 교원자격이 아닌 특정의 연구를 진행하고자 하는 외국인은 교수(E-1) 사증의 발급 대상자가 아니라 연구(E-3) 사증의 발급 대상자이다. 예를 들어 교육부 WCU사업(세계수준의 연구중심대학 육성사업)으로 초빙된 신성장동력 분야의 연구원은 교수의 자격기준에 해당되지 않으므로 교수(E-1) 사증의 발급 대상자이 아니라 연구(E-3) 사증의 발급 대상이다.

2) 회화지도의 경우

외국인 교원 또는 대학 간의 교환교수 교류협정에 의해 교환교수가 교수(E-1)와 회화지도(E-2)에 동시에 해당되어 외국어 회화를 지도하는 경우에는 회화지도(E-2)가 아니라 교수(E-1) 체류자격을 위한 사증발급인정서를 발급한다.

3) 진료행위의 경우

의과대학의 경우 교수(E-1) 사증을 소지한 외국인 교원 또는 교환교수가 강의의 연장으로 실험과 실습지도 등 활동은 인정될 수 있으나, 진료행위는 인정되지 않는다. 진료행위를 하기 위하여는 전문직업(E-5) 사증으로 신규 또는 변경 신청하여야 한다.

4) 단기취업의 경우

외국인 교원 또는 교환교수가 전임강사 이상에 해당되지 않으며 90일 체류기간 이내에서 전문대 이상의 교육기관이나 이에 준하는 기관에서 교육 또는 연구지도를 하고자 하는 경우 교수(E-1) 사증의 발급 대상자가 아니라 단기취업(C-4) 사증의 발급 대상자에 해당되어 출입국관리사무소의 사증발급인정서를 발급받음이 없이 재외공관에서 재량발급이 가능하다.

2. 회화지도(E-2)

(1) 대상자

회화지도(E-2) 사증의 발급 대상자는 법무부장관이 정하는 자격요건을 갖춘 외국인으로서 외국어 전문학원, 초등학교 이상의 교육기관 및 부설어학연구소, 방송사 및 기업체 부설 어학연수원, 그 밖에 이에 준하는 기관 또는 단체에서 외국어 회화지도에 종사하려는 자이다.[44] 여기에서 '회화지도'란 외국어 전문학원 · 교육기관 · 기업 · 단체 등에서 수강생에게 외국어로 상호 의사소통하는 방법을 지도하는 활동을 말한다. 외국어로 특정 어학이나 문학 또는 통 · 번역 기법 등을 지도하는 것은 회화지도에 해당하지 않는다.

회화지도(E-2) 사증에 해당되는 외국인은 해당 외국어를 모국어로 하는 국가의 국민에 한정한다. 특히 영어를 모국어로 하는 국가는 미국, 영국, 캐나다, 뉴질랜드, 호주, 아일랜드, 남아공에 한정한다.

(2) 대상자 구분

회화지도(E-2) 사증이 발급되는 대상자는 아래와 같이 구체적으로 구분할 수 있다.

첫째, 외국어 전문학원 또는 초등학교 이상의 교육기관 등에서 외국어 회화지도에 종사하려는 자이다. 이 경우에는 해당 외국어를 모국어로 하는 국가의 국민으로서 해당 외국어를 모국어로 하는 국가에서 대학 이상의 학교를 졸업하고 학사 이상의 학위를 소지한 자 또는 이와 동등 이상의 학력이 있는 자이다. 또한 국내 대학 졸업자에 대한 특례를 두고 있는데, 해당 외국어를 모국어로 하는 국가에서 고등학교 또는 전문대학을 졸업하고 국내 대학에서 학사 이상의 학위를 취득한 경우에도 인정된다.

---

44) 출입국관리법 시행령 별표1 외국인의 체류자격(제12조 관련).

둘째, 교육부 또는 시·도교육감 주관으로 모집·선발된 자로서 초·중·고등학교에서 근무하려는 자이다. 이 경우에는 i) 원어민 영어보조교사EPIK: English Program in Korea로서, 영어를 모국어로 하는 국가의 국민으로서 출신국가에서 대학을 졸업하고 학사 이상의 학위를 취득한 자이다. 영어를 모국어로 하는 국가로는 미국, 영국, 캐나다, 뉴질랜드, 호주, 아일랜드, 남아공 7개 국가이다. ii) 「한국-인도 포괄적 경제동반자협정CEPA: Comprehensive Economic Partnership Agreement」에 따른 영어보조교사로서, 인도 국적자로서 대학 이상의 학교를 졸업하고 학사 이상의 학위와 교사자격증(영어전공)을 소지한 자이다. iii) 정부초청 해외 영어봉사장학생TaLK: Teach and Learn in Korea으로서, 영어를 모국어로 하는 국가의 국민이 출신국가에서 대학 2년 이상을 이수(단, 영국인의 경우에는 영국대학 1년 이상 이수)하였거나 전문대학 이상을 졸업한 경우 또는 10년 이상 해당 외국어로 정규교육을 받고 국내대학에서 2년 이상을 이수하였거나 전문대학 이상을 졸업한 경우이다. iv) 원어민 중국어 보조교사CPIK: Chinese Program In Korea로서, 중국 국적자가 중국에서 대학 이상의 학교를 졸업하고 학사 이상의 학위증과 중국 국가한어판공실이 발급한 '외국어로서 중국어 교사 자격증서'를 소지한 경우이다.

(3) 체류기간

1회에 부여하는 회화지도(E-2) 사증에 대한 체류기간의 상한은 2년이다.[45)]

(4) 회화지도 장소

회화지도(E-2) 사증 소지자가 활동할 수 있는 기관 또는 단체로는 '외국어 전문학원, 초등학교 이상의 교육기관 및 부설어학연구소, 방송사 및 기업체 부설 어학연수원 기타 이에 준하는 기관 또는 단체'이다. 여기에서 '초등학교 이상의 교육기관'은 초·중·고등학교를 말한다. '외국어 전문학원'에는 「학원의 설립·운영 및 과외교습에 관한 법률 시행령」에 의하여 등록된 외국어계열 및 국제계열 교습학원(복수교습과정을 등록·운영하는 것도 가능하다. 출입국관리법 시행령 제12조(별표1)에 규정되어 있는 외국어 전문학원에 준하는 학원에 해당한다)이 있고, 정보통신기술 등을 활용한 원격교습 형태의 학교교과 교습학원도 포함된다. 그리고 '기타 이에 준하는 기관 또는 단체'로는 i) 「평생교육법」에 의해 설치된 평생교육시설로서 법무부장관이 정한 기준에 부합하는 시설, ii) 다른 법령(조례를 포함한다)에 의하여 국가 또는 지방자치단체가 설치·운영하는 평생교육 시설, iii) 「근로자직업능력 개발법」에 따라 설립된 직업능

45) 출입국관리법 시행규칙 별표1 1회에 부여하는 체류자격별 체류기간의 상한(제18조의2 관련).

력개발훈련시설과 직업능력개발훈련법인, ⅳ) 소속 직원이 회화지도 학습을 할 수 있는 어학기자재 등이 구비된 강의실을 보유한 법인기업 및 공공기관이 있다.

3. 연구(E-3)

(1) 대상자

연구(E-3) 사증의 발급 대상자는 대한민국 내의 공·사기관으로부터 초청을 받아 각종 연구소에서 자연과학 분야의 연구 또는 산업상 고도기술의 연구·개발에 종사하려는 자이다. 다만, 교수(E-1) 체류자격에 해당하는 자는 제외된다.[46)]

여기에서 자연과학 분야의 연구 또는 산업상 고도기술의 연구·개발에 종사하려는 자란 ⅰ) 「특정연구기관 육성법」, 「정부출연연구기관 등의 설립·운영 및 육성에 관한 법률」에 의한 연구기관에서 자연과학 분야의 연구 또는 산업상 고도기술의 연구·개발에 종사하려는 과학기술자, ⅱ) 「방위사업법」의 규정에 의한 연구기관에서 연구 활동에 종사하려는 과학기술자, ⅲ) 「산업기술혁신 촉진법」 등 관련법령에 따라 자연과학 분야 또는 산업상 고도의 산업기술을 연구·개발하기 위하여 기업부설연구소, 「산업기술연구조합 육성법」에 의한 산업기술연구조합, 교육법에 의한 대학 또는 전문대학, 국·공립 연구기관, 「산업기술혁신 촉진법」에 의한 기술 지원공공기관, 「민법」 또는 다른 법률에 의하여 설립된 과학기술분야의 비영리법인인 연구기관, 기타 과학기술분야의 연구기관이나 단체와 영리를 목적으로 하는 법인과 계약을 맺어 동 기관 또는 단체에서 연구하는 과학기술자를 말한다.

(2) 체류기간

1회에 부여하는 연구(E-3) 사증에 대한 체류기간의 상한은 5년이다.[47)]

4. 기술지도(E-4)

(1) 대상자

기술지도(E-4) 사증의 발급 대상자는 자연과학 분야의 전문지식 또는 산업상 특수한 분야에 속하는 기술을 제공하기 위하여 대한민국 내의 공·사기관으로부터 초청을 받아 종사하려는 자이다.[48)] 여기에서 자연과학 분야의 전문지식 또는 산업상

46) 출입국관리법 시행령 별표1 외국인의 체류자격(제12조 관련).
47) 출입국관리법 시행규칙 별표1 1회에 부여하는 체류자격별 체류기간의 상한(제18조의2 관련).
48) 출입국관리법 시행령 별표1 외국인의 체류자격(제12조 관련).

특수한 분야에 속하는 기술을 제공하려는 자란 i) 「외국인투자 촉진법」의 규정에 의한 기술도입 계약에 따라 대한민국의 국민 또는 대한민국의 법인에게 기술을 제공하는 자, ii) 국내에서 구할 수 없는 산업상의 고도기술 등을 국내 공·사 기관에 제공하는 자로서, 외국의 용역발주업체에서 파견되어 산업상의 특수분야에 속하는 기술을 제공하는 자 또는 국내 산업체에서 도입한 특수기술 등을 제공하는 자를 말한다.

(2) 체류기간

1회에 부여하는 기술지도(E-4) 사증에 대한 체류기간의 상한은 5년이다.[49)]

5. 전문직업(E-5)

(1) 대상자

전문직업(E-5) 사증의 발급 대상자는 대한민국 법률에 따라 자격이 인정된 외국의 변호사, 공인회계사, 의사, 그 밖에 국가공인 자격이 있는 자로서 대한민국 법률에 따라 할 수 있도록 되어 있는 법률, 회계, 의료 등의 전문업무에 종사하려는 자이다. 다만, 교수(E-1) 체류자격에 해당하는 자는 제외된다.[50)]

여기에서 대한민국 법률에 따라 자격이 인정된 외국의 국가공인 자격증을 소지한 자로서 대한민국 법률에 따라 할 수 있도록 되어 있는 전문업무에 종사하려는 자란 i) 국토교통부장관의 추천을 받은 항공기 조종사, ii) 최신의학 및 첨단의술 보유자로서 보건복지부장관의 고용추천을 받아 국가 또는 지방자치단체 의료기관, 의료법인, 비영리법인 및 정부투자기관에서 개설한 의료기관에 근무하고자 하는 의사, iii) 국내의 의(치)과 대학을 졸업한 후 대학 부속병원 또는 보건복지부장관이 지정한 병원 등에서 인턴·레지던트 과정을 연수하는 자, iv) 「남북교류협력에 관한 법률」 규정에 따라 남북 협력사업 승인을 받은 자가 금강산 관광개발사업 등의 목적으로 초청하는 관광선 운항에 필요한 선박 등의 필수 전문인력, v) 국내 운수회사 등에 고용되어 선장 등 선박 운항의 필수전문요원으로 근무하고자 하는 자를 말한다.

(2) 체류기간

1회에 부여하는 전문직업(E-5) 사증에 대한 체류기간의 상한은 5년이다.[51)]

---

49) 출입국관리법 시행규칙 별표1 1회에 부여하는 체류자격별 체류기간의 상한(제18조의2 관련).
50) 출입국관리법 시행령 별표1 외국인의 체류자격(제12조 관련).

(3) 사무직원의 활동

대한민국의 법률에 의하여 자격이 인정된 외국의 변호사, 공인회계사, 의사 기타 국가공인자격을 소지한 외국인이 관련법인 등의 사무직원으로 취업하여 외국어 서류 작성, 교열, 외국법에 대한 법률자문 등에 종사하고자 하는 때에는 특정활동(E-7)사증을 발급받아야 한다.52)

6. 예술흥행(E-6)

(1) 인권침해의 문제

예술흥행(E-6) 사증 소지자에 대한 인권침해의 문제는 1990년대부터 국내 성매매 업소에 외국인 여성들이 유입되면서 꾸준히 제기되어 왔다. 2011년 4월에 미국 '폭스8' 방송이 동두천 기지촌의 인신매매 현황을 폭로하여 사회적 이슈로 주목을 받게 되었다. 특히 2002년 9월에는 우즈베키스탄 정부가 대한민국 정부에 우즈베키스탄 인에 대한 예술흥행 사증의 발급 중단을 요구하면서 문제의 심각성이 부각되었다. 이에 따라 2003년 6월부터 유흥업소 종사 외국인여성 무희(가무)에 대한 사증 발급이 원칙적으로 중단되었다.53)

(2) 대상자

예술흥행(E-6) 사증의 발급 대상자는 수익이 따르는 음악, 미술, 문학 등의 예술 활동과 수익을 목적으로 하는 연예, 연주, 연극, 운동경기, 광고・패션 모델, 그 밖에 이에 준하는 활동을 하려는 자이다.54) 여기에서 '수익이 따르는 음악, 미술, 문학 등의 예술 활동을 하려는 자'란 창작활동을 하는 작곡가, 화가, 조각가, 공예가, 저술가 및 사진작가 등의 예술가 또는 음악, 미술, 문학, 사진, 연주, 무용, 영화, 체육, 기타 예술상의 활동에 관한 지도를 하는 자를 말한다. 예를 들어 프로 및 아마추어 스포츠 감독, 오케스트라 지휘자 등이 이에 해당된다. 그리고 '수익을 목적으로 하는 연예, 연주, 연극, 운동경기, 광고・패션모델 등의 활동을 하려는 자'란 출연하는 흥행 활동가로서, 출연형태나 명목을 불문하고 수익을 위하여 개인 또는 단체로 연예, 연주, 연극, 운동 등을 하는 자를 말한다. 예를 들어 프로 및 아마추어 스포츠 선수 등

---

51) 출입국관리법 시행규칙 별표1 1회에 부여하는 체류자격별 체류기간의 상한(제18조의2 관련).
52) 하갑래・최태호, 외국인 고용과 근로관계, ㈜중앙경제, 2005, p. 276.
53) 국가인권위원회 결정례 2004. 9. 6. 자 04진인25 직권남용에 의한 인권침해.
54) 출입국관리법 시행령 별표1 외국인의 체류자격(제12조 관련).

이 이에 해당된다. '그 밖에 이에 준하는 활동을 하려는 자'란 스스로 연예, 연주, 연극 등에 출연하려는 자에 대한 분장사, 매니저 등 동행하는 자를 말한다.

(3) 세부약호

예술흥행(E-6) 사증의 발급 대상자에게 부여되는 체류자격의 세부약호 및 그 기준은 다음과 같다. ⅰ) 예술·연예(E-6-1)이다. 그 부여 기준은 수익이 따르는 음악, 미술, 문학 등의 예술활동 및 전문 방송연기에 해당하는 자와 「공연법」의 규정에 의한 전문 연예활동에 종사하는 자이다. 예로는 작곡가·화가·사진작가 등 예술가, 오케스트라 연주·지휘자, 광고·패션모델, 바둑기사, 방송인, 연예인, 연극인, 분장사 등이다. ⅱ) 호텔·유흥(E-6-2)이다. 그 부여 기준은 예술·연예(E-6-1)에 해당하지 않고, 「관광진흥법」에 의한 호텔업시설, 유흥업소 등에서 공연 또는 연예활동에 종사하는 자이다. 예로는 가요·연주자, 곡예·마술사 등이다. ⅲ) 운동(E-6-3)이다. 그 부여 기준은 축구·야구·농구 등 프로 운동선수 및 그 동행 매니저 등으로 운동 분야에 종사하는 자이다. 예로는 축구·야구·농구 등 프로선수, 프로팀 감독, 매니저 등이다.

(4) 체류기간

1회에 부여하는 예술흥행(E-6) 사증에 대한 체류기간의 상한은 2년이다.[55]

(5) 단기의 체류기간

체류기간이 90일 이하인 경우에는 단기취업(C-4) 사증의 발급 대상자에 해당된다.

7. 특정활동(E-7)

(1) 대상자

특정활동(E-7) 사증의 발급 대상자는 대한민국 내의 공·사기관 등과의 계약에 따라 법무부장관이 특별히 지정하는 활동에 종사하려는 자이다.[56] 여기에서 '법무부장관이 특별히 지정하는 활동'에 대하여 「출입국관리법 시행령」에서는 상세한 내용이 없으나, 「사증발급편람」에서는 전문외국인력으로 한정하고 있다. 전문외국인력의 정의는 「출입국관리법」에서 직접적으로 규정하고 있지 않다. 다만, 「재한외국

---

55) 출입국관리법 시행규칙 별표1 1회에 부여하는 체류자격별 체류기간의 상한(제18조의2 관련).
56) 출입국관리법 시행령 별표1 외국인의 체류자격(제12조 관련).

인 처우 기본법」에서는 전문외국인력의 처우 개선과 관련하여, 전문외국인력이란 '전문적인 지식·기술 또는 기능을 가진 외국인력'이라고 규정하고 있다(재한외국인 처우 기본법 제16조). 법무부 훈령인 「온라인 사증발급 및 사증추천인에 관한 업무처리지침」에서도 전문외국인력이란 '전문적인 지식·기술 또는 기능을 가진 외국인력'이라고 정의하고 있다(온라인 사증발급 및 사증추천인에 관한 업무처리지침 제2조 제2호). 전문외국인력의 구체적 내용에 대하여는 제8편 외국인력 제도에서 후술하기로 한다.

(2) 특정활동

1) 개 념

특정활동이란 법무부장관이 국가경쟁력 강화 등을 위하여 전문적인 지식·기술 또는 기능을 가진 외국인력의 도입이 필요하다고 지정한 도입직종에서의 활동을 말한다.

2) 도입직종의 유형

전문적인 지식·기술 또는 기능의 수준과 국민의 일자리 침해 여부 및 '한국표준직업분류' 상의 대분류 항목과 직능수준 등을 고려하여 전문인력, 준전문인력, 숙련기능인력으로 분류할 수 있고, 이를 다시 직종에 따라 전문직종, 준전문직종, 숙련기능직종으로 분류할 수 있다. 여기에서 전문직종은 대분류 항목1(관리자)과 2(전문가 및 관련 종사자)의 직종(직능수준 3, 4) 중에서 법무부장관이 선정한 66개 직종이다. 준전문직종은 대분류 항목3(사무종사자)과 4(서비스 종사자), 5(판매 종사자)의 직종(직능수준 2, 3) 중에서 법무부장관이 선정한 8개 직종이다. 숙련기능직종은 대분류 항목6(농림어업 숙련종사자), 7(기능원 및 관련 기능 종사자), 8(장치기계조작 및 조립종사자)의 직종(직능수준 2) 중에서 법무부장관이 선정한 8개 직종이다.

3) 보충성 원칙의 유지

대한민국이 선별적인 이민정책을 통하여 새로운 성장동력을 확보하기 위하여는 국가경쟁력 강화에 기여할 수 있는 다양한 분야의 전문적인 지식·기술 또는 기능을 갖춘 전문외국인력을 적극적으로 유치하여야 한다. 다만, 전문외국인력 고용이 무제한적으로 허용되는 것은 아니다. 준전문인력, 숙련기능인력 또는 후술할 전문외국인력의 개념에 대한 새로운 견해 중 전문외국인력·준전문외국인력 고용의 경우 외국인력 고용의 기본원칙인 '보충성의 원칙'이 적용될 수 있다. 국민고용이 침해되지 않도록 업체에 따라 고용인원의 상한을 설정하는 등 직종별로 적정수준의 도입 및 관리기준을 설정하여 운영하여야 한다.

(3) 체류기간

1회에 부여하는 특정활동(E-7) 사증에 대한 체류기간의 상한은 3년이다.[57]

(4) 단기취업의 경우

체류기간이 90일 이하인 경우에는 단기취업(C-4) 사증의 발급 대상자에 해당된다.

Ⅳ. 기타 취업사증

1. 거주(F-2)

(1) 대상자

거주(F-2) 사증의 발급 대상자는 나이, 학력, 소득 등이 법무부장관이 정하여 고시하는 기준에 해당하는 자이다.[58] 이에 대하여 「출입국관리법 시행령 별표1의 거주(F-2)의 체류자격 자목에 해당하는 자의 연령, 학력, 소득 등에 관한 기준 등 개정 고시」에 의하여 점수이민제도를 도입하고 있다. 이하에서 동 고시의 내용을 살펴보기로 한다.

(2) 점수이민제도

1) 개 념

점수이민제도란 「출입국관리법 시행령」에 따라 법무부장관이 고시한 나이, 학력, 소득, 한국어능력 등을 점수로 평가하여 총 120점 중 80점 이상이면 취업활동이 자유로운 거주(F-2) 체류자격을 부여하고, 3년 동안 체류한 후 영주(F-5) 체류자격을 부여하는 제도를 말한다.

2) 구체적 대상자

거주(F-2) 사증의 구체적 발급 대상자는 교수(E-1), 회화지도(E-2), 연구(E-3), 기술지도(E-4), 전문직업(E-5), 예술흥행(E-6), 특정활동(E-7), 유학(D-2), 취재(D-5), 종교(D-6), 주재(D-7), 기업투자(D-8), 무역경영(D-9), 구직(D-10) 체류자격으로 1년 이상 합법체류 중인 전문인력으로서 결격사유 중 어느 하나에도 해당하지 않는 자이다. 다만, 예술흥행(E-6) 체류자격 소지자 중 호텔·관광유흥업소 등의 연

---

57) 출입국관리법 시행규칙 별표1 1회에 부여하는 체류자격별 체류기간의 상한(제18조의2 관련).
58) 출입국관리법 시행령 별표1 외국인의 체류자격(제12조 관련).

예활동종사자(E-6-2)는 적용대상에서 제외하고, 유학(D-2) 및 구직(D-10) 체류자격 소지자는 국내대학에서 석사이상의 학위를 취득(예정자를 포함한다)하고 국내기업 등에 취업이 확정된 경우에 적용한다.

3) 결격 사유

거주(F-2) 사증 발급의 결격 사유는 ① 금고 이상의 형의 선고를 받은 적이 있는 경우(다만, 「형의 실효 등에 관한 법률」에 따라 형이 실효된 경우는 제외한다), ② 신청일로부터 2년 이내에 「출입국관리법」 등 국내법령을 3회 이상 위반하여 벌금 이하의 처벌을 받은 적이 있거나, 부과된 벌금 등을 납부하지 않은 경우, ③ 입국금지 사유에 해당하거나 대한민국의 안전보장과 질서유지, 공공복리, 기타 대한민국의 이익을 해할 우려가 있는 경우, ④ 체류자격 변경허가 신청시 허위서류를 제출한 경우이다.

4) 기준 및 평가방법

평가표에 의한 평가점수 기준은 80점 이상이어야 하고, 평가방법은 연령·학력·한국어능력·소득 등 평가항목별 점수를 합산하여 평가한다. 여기에서 공통 평가항목은 연령, 학력, 한국어능력, 연간소득이다. 가점 평가항목은 사회통합프로그램 이수, 연간 소득세 납세실적, 한국 유학 경험, 국내 사회봉사 활동, 해외 전문분야 취업경력이다. 감점 평가항목은 벌금 등 처분을 받은 경험, 불법체류를 한 경험이다.

(3) 체류기간

1회에 부여하는 거주(F-2) 사증에 대한 체류기간의 상한은 3년이다.[59)]

2. 재외동포(F-4)

(1) 대 상

재외동포(F-4) 사증의 발급 대상자는 「재외동포의 출입국과 법적 지위에 관한 법률」 제2조(정의) 제2호에 해당하는 외국국적동포이다.[60)] 다만, 단순 노무행위 등 「출입국관리법 시행령」 제23조(외국인의 취업과 체류자격) 제3항 각 호에서 규정한 ⅰ) 단순노무행위를 하는 경우, ⅱ) 선량한 풍속이나 그 밖의 사회질서에 반하는 행위를 하는 경우, ⅲ) 그 밖에 공공의 이익이나 국내 취업질서 등을 유지하기 위하여 그 취업을 제한할 필요가 있다고 인정되는 경우의 취업활동에 종사하려는 자는 제외한

59) 출입국관리법 시행규칙 별표1 1회에 부여하는 체류자격별 체류기간의 상한(제18조의2 관련).
60) 출입국관리법 시행령 별표1 외국인의 체류자격(제12조 관련).

다.[61]

외국국적동포는 한민족의 혈통을 지녔더라도 외국국적을 취득한 자로서 법률상 외국인에 해당하므로 출입국관리 및 체류 절차 등 이민법의 적용을 받게 된다. 다만, 「재외동포의 출입국과 법적 지위에 관한 법률」에서는 외국국적동포에게 출입국관리 등에 있어서 특례를 부여하고 있다. 재외동포(F-4) 체류자격은 동법의 적용대상자인 외국국적동포가 본인이 원하는 경우에만 대한민국에 출입국하고 체류하는 데 있어서 특별한 혜택을 부여 받기 위하여 도입된 체류자격이다. 외국국적동포가 동법의 적용대상자가 되길 원하지 않는 경우 외국적동포가 아닌 외국인으로 취급되어 체류목적에 상응하는 각각의 사증을 발급받아야 한다.

(2) 재외동포

1) 개 념

(가) 일반적 개념

일반적으로 재외동포overseas koreans는 해외동포라고도 말하며, 외국에서 체류 또는 거주하고 있는 한국인 또는 한국계 해외이주자라고 할 수 있다. 이러한 일반적 개념에 의하면, 재외동포는 한국인 또는 한국계 해외이주자가 외국에서 영주권 또는 외국국적을 취득하여 체류 또는 거주하는 경우, 한국인 또는 한국계 해외이주자가 외국대학에 단기간 또는 장기간 유학목적으로 체류 또는 거주하는 경우, 기업내 전근자 등과 같이 한국인 또는 한국계 해외이주자가 외국에 있는 한국기업의 자회사에 주재하는 경우, 한국인 또는 한국계 해외이주자가 외국국적을 취득하고 제3의 국가에 체류 또는 거주하는 경우까지를 폭넓게 포함하게 된다.

(나) 법적 개념

(a) 의 의: 재외동포의 법적 개념은 법률에 따라 그 정의가 상이하다. 재외동포의 개념을 규정하고 있는 법률은 「재외동포재단법」과 「재외동포의 출입국과 법적 지위에 관한 법률(약칭하여 재외동포법이라고 칭한다)」이 있다.

(b) 재외동포재단법: 「재외동포재단법」 제2조(정의)에 의하면, 재외동포란 대한민국의 국민으로서 외국에 장기체류하거나 외국의 영주권을 취득한 자(제1호) 또는 국적에 관계없이 한민족韓民族의 혈통을 지닌 자로서 외국에서 거주·생활하는 자(제2호)를 말한다. 이들에 대하여는 「재외동포재단법」이 적용된다. 「재외동포재단법」에 의한 재외동포의 두 번째 개념에 따라 외국에서 거주·생활하는 자가 국적에 관계

61) 출입국관리법 시행령 별표1 외국인의 체류자격(제12조 관련).

없이 한민족의 혈통을 지니고 있다면 대한민국의 국적을 지녔던 조상이 몇 대代인가를 불문하고 재외동포로 폭넓게 인정되게 된다.[62] 재외동포의 두 번째 개념은 혈통주의적 입법을 채택하고 있다.

(c) **재외동포의 출입국과 법적 지위에 관한 법률**

ⅰ. 구 분: 「재외동포의 출입국과 법적 지위에 관한 법률」 제2조(정의), 「재외동포의 출입국과 법적 지위에 관한 법률 시행령」 제2조(재외국민의 정의)와 제3조(외국국적동포의 정의)에 의하면, 재외동포는 '재외국민'과 '외국국적동포'로 구분되고 이들에 대하여는 「재외동포의 출입국과 법적 지위에 관한 법률」이 적용된다. 외국국적동포의 범위에 대하여는 논쟁이 있다.

ⅱ. 재외국민: 재외국민이란 재외교민이라고도 하는데, 대한민국의 국민으로서 외국의 영주권을 취득한 자 또는 영주할 목적으로 외국에 거주하고 있는 자를 말한다(재외동포법 제2조 제1호). 여기에서 '외국의 영주권을 취득한 자'는 거주국가로부터 영주권이나 이에 준하는 거주목적의 장기체류자격을 취득한 자를 의미하고(재외동포법 시행령 제2조 제1항), '영주할 목적으로 외국에 거주하고 있는 자'는 「해외이주법」 제2조(정의)[63]에 의한 해외이주자[해외이주자란 생업에 종사하기 위하여 외국에 이주하는 자와 그 가족(「민법」 제779조(가족의 범위)에 따른 관계에 있는 자를 말한다) 또는 외국인과의 혼인(외국에서 영주권을 취득한 대한민국의 국민과 혼인하는 경우를 포함한다) 및 연고 관계로 인하여 이주하는 자를 말한다]로서 아직 영주권이나 이에 준하는 거주목적의 장기체류자격을 취득하지 못한 자를 의미한다(재외동포법 시행령 제2조 제2항).

ⅲ. 외국국적동포: 당초 1998년 9월 29일에 입법예고된 재외동포법(안)에서는 '외국국적동포'의 정의를 '한민족 혈통의 지닌 자로서 외국국적을 취득한 자 중 대통령령으로 정하는 자'로 규정하여 혈통주의적 입법을 따르고 있었다. 현행 「재외동포의 출입국과 법적 지위에 관한 법률」에 따르면, 외국국적동포란 대한민국의 국적을 보유하였던 자(대한민국정부 수립 전에 국외로 이주한 동포를 포함한다) 또는 그 직계비속으로서 외국국적을 취득한 자 중 대통령령으로 정하는 자를 말한다(재외동포법 제2조 제2호). 여기에서 '대통령령이 정하는 자'는 대한민국의 국적을 보유하였던 자(대한민국정부 수립 이전에 국외로 이주한 동포를 포함한다)로서 외국국적을 취득한 자(재외동포법 시행령 제3조 제1호)와 부모의 일방 또는 조부모의 일방이 대한민국의 국적을 보유하였던 자

---

62) 설동훈 · 이해춘, 외국적동포 고용이 국내 노동시장에 미치는 사회 경제적 효과 분석, 노동부, 2005, p. 3; 대통령 자문 고령화 및 미래사회 위원회, 이민정책에 관한 연구 – immigration policy for Korea, 2005, p. 192.

63) **해외이주법 제2조 (정의)** 이 법에서 "해외이주자"란 생업에 종사하기 위하여 외국에 이주하는 사람과 그 가족(「민법」 제779조에 따른 관계에 있는 사람을 말한다) 또는 외국인과의 혼인(외국에서 영주권을 취득한 대한민국 국민과 혼인하는 경우를 포함한다) 및 연고(緣故) 관계로 인하여 이주하는 사람을 말한다.

로서 외국국적을 취득한 자(재외동포법 시행령 제3조 제2호)를 의미한다. 「재외동포의 출입국과 법적 지위에 관한 법률」에 의한 외국국적동포의 개념에 따라 대한민국의 국적을 지녔던 조상을 조부모까지만 한정하고 있으므로 대한민국의 국적을 보유하였던 자(1세), 그 자녀(2세) 및 손자녀(3세)로 이루어진 제3대까지만으로 재외동포를 좁게 인정하고 있다. 외국국적동포의 개념은 혈통주의적 입법이 아니라 과거국적주의적 입법을 채택하고 있다.

(다) 헌법재판소의 태도

구 「재외동포의 출입국과 법적 지위에 관한 법률」 제2조 제2호, 구 「재외동포의 출입국과 법적 지위에 관한 법률 시행령」 제3조가 대한민국 정부 수립 이전에 국외로 이주한 동포와 그 이후 국외로 이주한 동포를 구분하여 대한민국 정부 수립 이전에 국외로 이주한 동포, 즉 대부분의 중국동포와 구 소련동포 등을 제외한 것이 평등원칙에 위반되는지에 대하여, 헌법재판소는 "정부 수립 이후 이주 동포와 정부 수립 이전 이주 동포는 이미 대한민국을 떠나 그들이 거주하고 있는 외국의 국적을 취득한 우리의 동포라는 점에서 같고, 정부 수립 이후 이주 동포(주로 재미동포, 그 중에서도 시민권을 취득한 재미동포 1세)의 요망사항은 재외동포법에 의하여 거의 완전히 해결된 반면, 정부 수립 이전 이주 동포(주로 중국동포 및 구 소련동포)는 재외동포법의 적용대상에서 제외됨으로써 그들이 절실히 필요로 하는 출입국 기회와 대한민국 내에서의 취업 기회를 차단당하였고, (중략) 또한 재외동포법상 외국국적동포에 대한 정의 규정에는 일응 중립적인 과거국적주의를 표방하고, 시행령으로 일제시대 독립운동을 위하여 또는 일제의 강제징용이나 수탈을 피하기 위해 조국을 떠날 수밖에 없었던 중국동포나 구 소련동포가 대부분인 대한민국 정부 수립 이전에 이주한 자들에게 외국국적 취득 이전에 대한민국의 국적을 명시적으로 확인받은 사실을 입증하도록 요구함으로써 이들을 재외동포법의 수혜대상에서 제외한 것은 정당성을 인정받기 어렵다."라고 제시하면서, "정부 수립 이전 이주 동포를 재외동포법의 적용대상에서 제외한 것은 합리적 이유 없이 차별하는 자의적인 입법이어서 헌법 제11조의 평등원칙에 위배된다."라고 판시하고 있다.[64] 이들 조항에 대하여는 헌법불합치를 선고하였다.

(라) 소 결

대한민국의 국민으로서 외국의 영주권을 취득하거나 장기체류하는 자는 「재외동포재단법」과 「재외동포의 출입국과 법적 지위에 관한 법률」에 의하여 재외동포로

64) 헌법재판소 2001. 11. 29. 자 99헌마494 결정.

되어 두 법률 모두의 적용을 받는다. 그러나 국적을 불문하고 외국에서 거주·생활하는 자로서 그의 첫 번째 대한민국 조상이 제4대째를 넘어서더라도「재외동포재단법」의 적용대상자로 되지만,「재외동포의 출입국과 법적 지위에 관한 법률」의 적용대상자에서 제외된다. 이와 같이 개념과 적용대상자의 차이로부터 벗어나 보다 명확히 재외동포의 개념을 도출하고,「재외동포재단법」과「재외동포의 출입국과 법적 지위에 관한 법률」의 적용대상자 차이를 해소하고 적용대상자를 통일화하기 위하여 단일한 법적 개념을 채택할 필요가 있다. 저출산 고령화에 대비하고 우수외국인재의 유입 확대를 위해서는「재외동포재단법」의 혈통주의적 입법태도를 지양하고 과거국적주의적 입법태도로 전환할 필요가 있다.「재외동포의 출입국과 법적 지위에 관한 법률」의 재외동포 범위를 제4대째 이상으로 확대하되, 법률관계와 법적 지위의 명확성을 위하여 조상이 외국국적동포임을 입증할 수 있는 합리적인 방법이 있는 경우로 한정할 필요가 있다.

2) 재입국, 체류와 취업

(가) 의 의

재외동포의 체류와 취업에 대하여「재외동포의 출입국과 법적 지위에 관한 법률」및「출입국관리법 시행령」에서 규정하고 있다. 특히「재외동포의 출입국과 법적 지위에 관한 법률」에서는 재외동포의 출입국과 국내에서의 체류, 취업 등 활동의 자유를 충분히 보장하고 있다. 이하에서는 그 내용을 살펴보기로 한다.

(나) 재입국

국내거소신고를 한 외국국적동포가 체류기간 내에 출국하였다가 재입국하는 경우에는「출입국관리법」제30조(재입국허가)에 따른 재입국허가가 필요하지 아니하다(재외동포의 출입국과 법적 지위에 관한 법률 제10조 제3항).

(다) 체류관리

(a) 외국인등록과 체류지변경신고: 대한민국 안의 거소를 신고하거나 그 이전신고移轉申告를 한 외국국적동포에 대하여는「출입국관리법」제31조(외국인등록)에 따른 외국인등록과「출입국관리법」제36조(체류지 변경의 신고)에 따른 체류지변경신고를 한 것으로 본다(재외동포의 출입국과 법적 지위에 관한 법률 제10조 제4항).

(b) 체류기간: 재외동포(F-4) 체류자격에 따른 체류기간은 최장 3년까지로 하며(재외동포의 출입국과 법적 지위에 관한 법률 제10조 제1항), 법무부장관은 최장 3년까지의 체류기간을 초과하여 국내에 계속 체류하려는 외국국적동포에게는「재외동포의 출입국과 법적 지위에 관한 법률 시행령」으로 정하는 바에 따라 체류기간 연장허가를 할 수 있다(재외동포의 출입국과 법적 지위에 관한 법률 제10조 제2항 본문).

다만, 「재외동포의 출입국과 법적 지위에 관한 법률」 제5조(재외동포체류자격의 부여) 제2항 각 호의 어느 하나에 해당하는 사유가 있는 경우에는 그러하지 아니하다(재외동포의 출입국과 법적 지위에 관한 법률 제10조 제2항 단서).

(라) 취 업

(a) 의 의: 「재외동포의 출입국과 법적 지위에 관한 법률」에 따르면 재외동포(F-4) 사증 소지자의 취업이 비교적 자유로운 것처럼 규정하고 있지만, 「출입국관리법」 및 「출입국관리법 시행령」에 의해 재외동포(F-4) 사증 소지자는 단순노무직종에 취업하는 것이 엄격히 제한되어 있다.[65] 즉 외국국적동포는 단순노무행위에는 취업할 수 없지만 장기체류가 가능한 재외동포(F-4) 체류자격 소지자, 단순노무행위에는 취업할 수 있지만 일정 기간 후 출국해야 하는 방문취업(H-2) 체류자격 소지자로 구분될 수 있다. 양 법률에 따른 재외동포(F-4) 사증 소지자의 취업에 관한 부조화를 조정할 필요가 있다.

(b) 자유로운 취업: 재외동포(F-4) 체류자격을 부여받은 외국국적동포의 취업이나 그 밖의 경제활동은 사회질서 또는 경제안정을 해치지 아니하는 범위에서 자유롭게 허용된다(재외동포의 출입국과 법적 지위에 관한 법률 제10조 제5항).

(c) 단순노무행위 등 제한

ⅰ. 법적 근거: 「재외동포의 출입국과 법적 지위에 관한 법률」에 따르면 재외동포(F-4) 체류자격의 취득요건과 재외동포(F-4) 체류자격을 취득한 자의 활동범위는 대통령령으로 정하고(재외동포의 출입국과 법적 지위에 관한 법률 제5조 제4항), 「재외동포의 출입국과 법적 지위에 관한 법률 시행령」에서는 "출입국관리법 시행령 제12조(체류자격의 구분) 및 제23조(외국인의 취업과 체류자격)의 규정은 재외동포 체류자격의 취득요건 및 활동범위에 관하여 이를 준용한다."라고 규정하고 있다(재외동포의 출입국과 법적 지위에 관한 법률 시행령 제4조 제4항). 따라서 재외동포(F-4) 체류자격에 해당하는 자는 ⅰ) 단순노무행위를 하는 경우, ⅱ) 사행행위 등 선량한 풍속 기타 사회질서에 반하는 행위를 하는 경우, ⅲ) 기타 공공의 이익이나 국내 취업질서 등의 유지를 위하여 그 취업을 제한할 필요가 있다고 인정되는 경우를 제외하고는 「출입국관리법 시행령」 별표1의 체류자격 구분에 따른 활동의 제한을 받지 아니한다(출입국관리법 시행령 제23조 제3항). 고용허가제(비전문취업(E-9)을 말한다)와 그 특례규정에 의한 비전문취업(방문취업(H-2)을 말한다)을 통한 방법 이외에는 단순노무직종에 종사하는 것이 금지된다.

ⅱ. 첨부서류: 재외동포(F-4) 사증 발급을 신청하는 때의 첨부서류는 체류기간

65) 설동훈·이해춘, 외국적동포 고용이 국내 노동시장에 미치는 사회 경제적 효과 분석, 노동부, 2005, p. 5~6.

중 단순노무행위 등 「출입국관리법 시행령」 제23조(외국인의 취업과 체류자격) 제3항 각호에서 규정한 취업활동에 종사하지 아니할 것임을 소명하는 연간납세증명서, 소득증명서류 등 서류이다. 다만, 이것은 법무부장관이 고시하는 불법체류가 많이 발생하는 국가의 외국국적동포에 한한다(출입국관리법 시행규칙 제76조 제1항, 별표5).

(d) **판례의 태도:** 재외동포(F-4) 체류자격의 취득요건을 「재외동포의 출입국과 법적 지위에 관한 법률 시행령」에 위임하여 단순노무행위 종사자를 재외동포(F-4) 체류자격 부여대상에서 제외한 것이 중국국적동포를 차별하는 것이라는 주장에 대하여, 대법원은 “재외동포의 출입국과 법적 지위에 관한 법률 제5조(재외동포 체류자격의 부여) 제2항 제3호는 재외동포(F-4) 체류자격의 취득요건에 관하여 이를 제한하는 일정한 기준을 제시하고 있고, 다만 가변적인 사회·경제적 상황 등을 고려해야 할 필요성으로 인하여 취득요건에 관한 구체적인 사항들은 행정입법에 위임하고 있을 뿐이다. 재외동포(F-4) 체류자격을 부여받은 외국국적동포도 사회질서 또는 경제안정을 해치지 아니하는 범위에서만 취업이나 그 밖의 경제활동이 자유롭게 허용된다고 규정함으로써, 재외동포(F-4) 체류자격의 취득요건과 경제활동을 제한하는 일정한 기준을 제시하고 있다. 재외동포(F-4) 체류자격의 취득요건에 관한 구체적인 사항들을 반드시 법률에서 직접 정하여야만 하는 것으로 보기 어려우므로, 위임조항은 법률유보원칙에 위반된다고 볼 수 없다.”라고 판시하고 있다.[66]

(마) 배우자 및 미성년 자녀의 출입국

재외동포(F-4) 체류자격을 부여받은 외국국적동포의 배우자 또는 미성년 자녀가 외국국적동포가 아닌 경우에는 방문동거(F-1) 사증이 부여된다.[67]

(3) 체류기간

1회에 부여하는 재외동포(F-4) 사증에 대한 체류기간의 상한은 3년이다.[68]

3. 영주(F-5)

(1) 대상자

영주(F-5) 사증의 발급 대상자는 「출입국관리법」 제46조(강제퇴거의 대상자) 제1항 각 호의 강제퇴거 대상이 아닌 자로서 아래의 어느 하나에 해당하는 자를 말한다.[69]

---

66) 헌법재판소 2014. 4. 24. 자 2012헌바412 결정.
67) 출입국관리법 시행령 별표1 외국인의 체류자격(제12조 관련).
68) 출입국관리법 시행규칙 별표1 1회에 부여하는 체류자격별 체류기간의 상한(제18조의2 관련).

1) 5년 이상 대한민국에 체류하고 있는 자

그 대상자로는 주재(D-7)부터 특정활동(E-7)까지의 체류자격이나 거주(F-2) 체류자격으로 5년 이상 대한민국에 체류하고 있는 자이다. 예술흥행(E-6) 체류자격을 소지한 자도 포함된다. 그리고 영주(F-5) 체류자격의 요건으로는 i) 대한민국 「민법」에 따른 성년이고, ii) 본인 또는 동반가족이 생계를 유지할 능력이 있으며, 품행이 단정하고, iii) 대한민국에 계속 거주하는 데에 필요한 기본 소양을 갖추는 등 법무부장관이 정하는 조건을 갖추어야 한다(출입국관리법 시행령 별표1 28의3 가목). 이 경우에 부여되는 체류자격의 세부약호는 (F-5-1)이다.

2) 국민 또는 영주(F-5) 체류자격을 가진 자의 배우자 등

그 대상자로는 i) 국민의 배우자 또는 영주(F-5) 체류자격을 가진 자의 배우자로서 거주(F-2)자격을 소지하고 대한민국에 2년 이상 체류하고 있는 자, ii) 국민 또는 영주(F-5) 체류자격을 가진 자의 미성년 자녀로서 거주(F-2)자격을 소지하고 대한민국에 2년 이상 체류하고 있는 자, iii) 대한민국에서 출생한 것을 이유로 「출입국관리법」 제23조(체류자격 부여)에 따라 체류자격 부여 신청을 한 자로서 출생당시 그의 부 또는 모가 영주(F-5) 체류자격으로 대한민국에 체류하고 있는 자이다. 그리고 영주(F-5) 체류자격의 요건으로는 생계유지 능력, 품행, 기본적 소양 등을 고려한 결과 대한민국에 계속 거주할 필요가 있다고 법무부장관이 인정하는 조건을 갖추어야 한다(출입국관리법 시행령 별표1 28의3 나목). 이 경우 국민의 배우자에게 부여되는 체류자격의 세부약호는 (F-5-2)이다. 국민의 미성년 자녀에게 부여되는 체류자격의 세부약호는 (F-5-3)이다. 영주(F-5) 체류자격 소지자의 배우자 및 미성년 자녀에게 부여되는 체류자격의 세부약호는 (F-5-4)이다. 영주자격자의 국내 출생 자녀에게 부여되는 체류자격의 세부약호는 (F-5-20)이다.

3) 고액투자자로서 5인 이상 국민을 고용한 자

그 대상자로는 영주(F-5) 체류자격을 신청하는 때에 「외국인투자 촉진법」에 따라 미화 50만 달러 이상을 투자한 외국투자가로서 5명 이상의 국민을 고용하고 있는 자이다(출입국관리법 시행령 별표1 28의3 다목). 이 경우에 부여되는 체류자격의 세부약호는 (F-5-5)이다.

4) 재외동포(F-4) 체류자격을 소지한 자로서 2년 이상 체류하고 있는 자

그 대상자로는 재외동포(F-4) 체류자격으로 대한민국에 2년 이상 계속 체류하고 있는 자이다. 그리고 영주(F-5) 체류자격의 요건으로는 생계유지 능력, 품행, 기본적

69) 출입국관리법 시행령 별표1 외국인의 체류자격(제12조 관련).

소양 등을 고려하여 대한민국에 계속 거주할 필요가 있다고 법무부장관이 인정하는 조건을 갖추어야 한다(출입국관리법 시행령 별표1 28의3 라목). 이 경우에 부여되는 체류자격의 세부약호는 (F-5-6)이다.

5) 외국국적동포로서 「국적법」에 따른 국적 취득 요건을 갖춘 자

그 대상자로는 「재외동포의 출입국과 법적 지위에 관한 법률」 제2조(정의) 제2호의 외국국적동포로서 「국적법」에 따른 국적 취득 요건을 갖추어야 한다(출입국관리법 시행령 별표1 28의3 마목). 이 경우에 부여되는 체류자격의 세부약호는 (F-5-7)이다.

6) 대한민국에서 출생한 재한화교

그 대상자로는 종전 「출입국관리법 시행령」(2002. 4. 18. 공포·시행되기 이전의 것을 말한다) 별표1 제27호란의 거주(F-2) 체류자격(이에 해당되는 종전의 체류자격을 가진 적이 있는 자를 포함한다)이 있었던 자이다. 그리고 영주(F-5) 체류자격의 요건으로는 생계유지 능력, 품행, 기본적 소양 등을 고려하여 대한민국에 계속 거주할 필요가 있다고 법무부장관이 인정하는 조건을 갖추어야 한다(출입국관리법 시행령 별표1 28의3 바목). 이 경우에 부여되는 체류자격의 세부약호는 (F-5-8)이다.

7) 박사학위증을 소지한 자

그 대상자로는 ⅰ) 국외에서 일정 분야(첨단기술분야)의 박사 학위를 취득한 자로서 영주(F-5) 체류자격을 신청하는 때에 국내 기업 등에 고용된 자, ⅱ) 국내 대학원에서 정규과정을 마치고 박사학위를 취득한 자이다. 그리고 영주(F-5) 체류자격의 요건으로는 법무부장관이 인정하는 조건을 갖추어야 한다(출입국관리법 시행령 별표1 28의3 사목). 이 경우 첨단기술분야의 해외박사학위증을 소지한 자로 국내기업에 고용된 자에게 부여되는 체류자격의 세부약호는 (F-5-9)이고, 국내 대학원에서 정규과정을 마치고 박사 학위를 취득한 자에게 부여되는 체류자격의 세부약호는 (F-5-15)이다.

8) 첨단산업분야 학사학위증 또는 자격증을 소지한 자

그 대상자로는 법무부장관이 정하는 분야의 학사 학위 이상의 학위증 또는 법무부장관이 정하는 기술자격증이 있는 자이다. 그리고 영주(F-5) 체류자격의 요건으로는 국내 체류기간이 3년 이상이고, 영주(F-5) 체류자격을 신청하는 때에 국내기업에 고용되어 법무부장관이 정하는 금액 이상의 임금을 받는 자에 해당하여야 한다(출입국관리법 시행령 별표1 28의3 아목). 이 경우에 부여되는 체류자격의 세부약호는 (F-5-10)이다.

9) 특정분야의 능력 소유자

그 대상자로는 과학·경영·교육·문화예술·체육 등 특정 분야에서 탁월한 능력이 있는 자이다. 그리고 영주(F-5) 체류자격의 요건으로는 법무부장관이 인정하는 조건을 갖추어야 한다(출입국관리법 시행령 별표1 28의3 자목). 이 경우에 부여되는 체류자격의 세부약호는 (F-5-11)이다.

10) 특별 공로자

그 대상자와 요건으로는 대한민국에 특별한 공로가 있는 자로서 법무부장관이 인정하는 조건을 갖추어야 한다(출입국관리법 시행령 별표1 28의3 차목). 이 경우에 부여되는 체류자격의 세부약호는 (F-5-12)이다.

11) 연금 수혜자

그 대상자와 요건으로는 60세 이상으로서 법무부장관이 정하는 금액 이상의 연금을 해외로부터 받고 있는 자이어야 한다(출입국관리법 시행령 별표1 28의3 카목). 이 경우에 부여되는 체류자격의 세부약호는 (F-5-13)이다.

12) 방문취업(H-2) 체류자격으로 4년 이상 제조업종에 근무하고 있는 자

그 대상자로는 방문취업(H-2) 체류자격으로 취업활동을 하고 있는 자로서 「출입국관리법 시행령」 별표1 제27호 거주(F-2)의 사목 1)부터 3)까지의 요건을 모두 갖추고 있는 자이다. 그리고 영주(F-5) 체류자격의 요건으로는 근속기간이나 취업지역, 산업 분야의 특성, 인력 부족 상황 및 국민의 취업 선호도 등을 고려하여 법무부장관이 인정하는 조건을 갖추어야 한다(출입국관리법 시행령 별표1 28의3 타목). 이 경우에 부여되는 체류자격의 세부약호는 (F-5-14)이다.

13) 거주(F-2) 체류자격을 소지한 자

(가) 점수제로 거주(F-2) 체류자격 취득 후 3년 이상 체류한 자 및 그 배우자와 미성년 자녀

그 대상자로는 점수제로 취득한 거주(F-2) 자목(나이, 학력, 소득 등이 법무부장관이 정하여 고시하는 기준에 해당하는 자)에 해당하는 체류자격으로 대한민국에서 3년 이상 체류하고 있는 자이다. 그리고 영주(F-5) 체류자격의 요건으로는 생계유지 능력, 품행, 기본적 소양 등을 고려하여 대한민국에 계속 거주할 필요가 있다고 법무부장관이 인정하는 조건을 충족하여야 한다(출입국관리법 시행령 별표1 28의3 파목). 이 경우에 부여되는 체류자격의 세부약호는 (F-5-16)이다. 그 배우자와 미성년 자녀에게 부여되는 체류자격의 세부약호는 (F-5-18)이다.

(나) 부동산 또는 공익사업 투자자 및 그 배우자와 미혼 자녀

그 대상자로는 거주(F-2) 차목(투자지역, 투자대상, 투자금액 등 법무부장관이 정하여 고시하는 기준에 따라 부동산 등 자산에 투자한 자 또는 법인의 임원, 주주 등으로서 법무부장관이 인정하는 외국인. 이 경우 법인에 대해서는 법무부장관이 투자금액 등을 고려하여 체류자격 부여인원을 정한다)의 체류자격을 받은 후 5년 이상 계속 투자 상태를 유지한 자

이다. 그리고 영주(F-5) 체류자격의 요건으로는 생계유지 능력, 품행, 기본 소양 등을 고려하여 대한민국에 계속 거주할 필요가 있다고 법무부장관이 인정하는 자와 그 배우자 및 자녀(법무부장관이 정하는 요건을 갖춘 자녀만 해당한다)이어야 한다(출입국관리법 시행령 별표1 28의3 하목). 이 경우 부동산 투자자에게 부여되는 체류자격의 세부약호는 (F-5-17)이다. 그 배우자와 미혼 자녀에게 부여되는 체류자격의 세부약호는 (F- 5-19)이다. 그리고 공익사업 투자자에게 부여되는 체류자격의 세부약호는 (F-5-21)이다. 그 배우자와 미혼 자녀에게 부여되는 체류자격의 세부약호는 (F-5-22)이다. 은퇴이민 투자자로서 투자상태를 유지하는 등 요건을 갖춘 자에게 부여되는 체류자격의 세부약호는 (F-5-23)이다.

14) 법인 창업(D-8-4) 체류자격으로 3년 이상 계속 체류 등 요건을 갖춘 자

그 대상자로는 기업투자(D-8) 다목(학사 이상의 학위를 가진 자로서 지식재산권을 보유하거나 이에 준하는 기술력 등을 가진 자 중 법무부장관이 인정한 법인 창업자)에 해당하는 체류자격으로 대한민국에 3년 이상 계속 체류하고 있는 자이다. 그리고 영주(F-5) 체류자격의 요건으로는 투자자로부터 3억원 이상의 투자금을 유치하고 2명 이상의 국민을 고용하는 등 법무부장관이 정하는 요건을 갖추어야 한다(출입국관리법 시행령 별표1 28의3 거목). 이 경우에 부여되는 체류자격의 세부약호는 (F-5-24)이다.

15) 고액 투자자로서 조건부 영주자격을 부여받은 자

그 대상자로는 5년 이상 투자 상태를 유지할 것을 조건으로 법무부장관이 정하여 고시하는 금액 이상을 투자한 자로서 품행 등 법무부장관이 정하는 요건을 갖추어야 한다(출입국관리법 시행령 별표1 28의3 너목). 이 경우에 부여되는 체류자격의 세부약호는 (F-5-25)이다.

(2) 체류기간

1회에 부여하는 영주(F-5) 사증에 대한 체류기간의 상한은 없다.[70] 영주(F-5) 체류자격이 존속하는 동안에는 체류기간 연장을 위해 신청해야 하는 의무가 면제된다.

(3) 신청 절차

영주(F-5) 체류자격을 신청하는 절차는 두 가지 유형으로 나눌 수 있다. 첫째, 재외공관에 영주(F-5) 사증을 신청하는 것이다. 법무부장관이 재외공관의 장에게 위임하는 사증발급 권한(전자사증 발급권한은 제외한다)에는 영주(F-5)의 체류자격에 해당하는 자에 대한 단수사증 발급이 포함된다(출입국관리법 시행령 제11조 제2항, 시행규칙 제9조 제1항 제6호 참고). i) 신청자가 재외공관에 고액투자 외국인에 대한 영주(F-5) 사증을 신청하거나, ii) 신청자가 지방출입국·외국인관서에 특정분야 우수능력 보유자에 대한 영주(F-5) 목적의 사증발급인정서 발급을

70) 출입국관리법 시행규칙 별표1 1회에 부여하는 체류자격별 체류기간의 상한(제18조의2 관련).

「출입국관리법 시행규칙」 제17조(사증발급인정서의 발급절차 등) 제1항 제2호에 따라 신청하여 발급 받은 후, 재외공관에 영주(F-5) 목적의 사증발급인정서와 사증발급신청서 등 관련서류를 신청하는 절차가 있다. 둘째, 지방출입국·외국인관서에 영주(F-5) 체류자격을 신청하는 것이다. 신청자가 국내에서 영주(F-5) 체류자격의 요건에 해당하는 일정한 기간 동안 체류하거나 특정 분야에서 탁월한 능력이 있는 경우 등 영주(F-5) 체류자격의 요건을 갖춘 후, 지방출입국·외국인관서에 영주(F-5)로 체류자격 변경을 신청하는 절차가 있다.

(4) 영주(F-5) 체류자격자의 처우

1) 재입국허가

대한민국에 영주永住할 수 있는 체류자격을 가진 자로서 법무부령으로 정하는 자에 대하여는 재입국허가를 면제할 수 있다(출입국관리법 제30조 제1항). 여기에서 재입국허가 면제기준으로 '법무부령으로 정하는 자'란 영주(F-5)의 체류자격을 가진 자로서 출국한 날부터 2년 이내에 재입국하려는 자를 말한다(출입국관리법 시행규칙 제44조의2 제1항 제1호). 따라서 영주(F-5)의 체류자격을 가진 자가 출국한 날부터 2년 이내에 재입국하고자 하는 경우에는 재입국허가가 면제되고, 출국한 날부터 2년을 초과하여 재입국하고자 하는 경우에는 재입국허가가 필요하다.

2) 제한 없는 취업활동

영주(F-5)의 체류자격을 가지고 있는 자는 「출입국관리법 시행령」 별표1의 체류자격 구분에 따른 활동의 제한을 받지 아니한다(출입국관리법 시행령 제23조 제1항). 따라서 체류자격의 구분에 따른 취업활동의 제한을 받지 아니한다.

3) 강제퇴거의 제한

(가) 원 칙

대한민국에 영주할 수 있는 체류자격을 가진 자는 대한민국 밖으로 강제퇴거되지 아니한다(출입국관리법 제46조 제2항 본문).

(나) 예 외

대한민국에 영주할 수 있는 체류자격을 가진 자가 아래의 어느 하나에 해당하는 경우에는 강제퇴거될 수 있다(출입국관리법 제46조 제2항 단서). 그 경우로는 첫째, 「형법」 제2편 제1장 내란의 죄 또는 제2장 외환의 죄를 범한 자이다(출입국관리법 제46조 제2항 제1호). 둘째, 5년 이상의 징역 또는 금고의 형을 선고받고 석방된 자 중 법무부령으로 정하는 자이다(출입국관리법 제46조 제2항 제2호). 여기에서 '법무부령으로 정하는 자'란 i) 「형법」 제2편 제24장 살인의 죄, 제32장

강간과 추행의 죄 또는 제38장 절도와 강도의 죄 중 강도의 죄를 범한 자, ii)「성폭력범죄의 처벌 등에 관한 특례법」 위반의 죄를 범한 자, iii)「마약류관리에 관한 법률」 위반의 죄를 범한 자, iv)「특정범죄 가중처벌 등에 관한 법률」 제5조의2 · 제5조의4 · 제5조의5 · 제5조의9 또는 제11조 위반의 죄를 범한 자, v)「국가보안법」 위반의 죄를 범한 자, vi)「폭력행위 등 처벌에 관한 법률」 제4조 위반의 죄를 범한 자, vii)「보건범죄단속에 관한 특별조치법」 위반의 죄를 범한 자의 하나에 해당하는 자로서 법무부장관이 강제퇴거함이 상당하다고 인정하는 자의 어느 하나에 해당하는 자로서 법무부장관이 강제퇴거함이 상당하다고 인정하는 자를 말한다(출입국관리법 시행규칙 제54조). 셋째, 「출입국관리법」 제12조의3(선박 등의 제공금지) 제1항 또는 제2항을 위반하거나 이를 교사敎唆 또는 방조幇助한 자이다(출입국관리법 제46조 제2항 제3호).

4) 체류허가의 특례

법무부장관은 용의자가 제출한 강제퇴거명령에 대한 이의신청이 이유 있는지를 심사결정을 할 때 이의신청이 이유 없다고 인정되는 경우라도 용의자가 대한민국 국적을 가졌던 사실이 있거나 그 밖에 대한민국에 체류하여야 할 특별한 사정이 있다고 인정되면 그의 체류를 허가할 수 있다(출입국관리법 제61조 제1항). 여기에서 '그 밖에 대한민국에 체류하여야 할 특별한 사정'에는 용의자가 영주(F-5) 체류자격을 가지고 있는 경우가 포함된다(출입국관리법 시행령 제76조 제1항 제1호).

4. 관광취업(H-1)

(1) 대상자

관광취업(H-1) 사증의 발급 대상자는 대한민국과 '관광취업'에 관한 협정이나 양해각서 등을 체결한 국가의 국민으로서 협정 등의 내용에 따라 관광과 취업활동을 하려는 자이다. 관광취업이란 일명 '워킹홀리데이working holiday'를 말한다. 다만, 협정 등의 취지에 반하는 업종이나 국내법에 따라 일정한 자격요건을 갖추어야 하는 직종에 취업하려는 자는 제외한다.[71)]

여기에서 '관광과 취업활동'의 관계에 대하여는 관광을 주된 목적으로 하면서 이에 수반되는 관광경비 충당을 위하여 단기간 취업활동을 하려는 경우를 말한다. 관광취업의 활동인 경우에는 「외국인근로자의 고용 등에 관한 법률」이 적용되지 않는다(외국인근로자의 고용 등에 관한 법률 시행령 제2조 제3호).

71) 출입국관리법 시행령 별표1 외국인의 체류자격(제12조 관련).

(2) 체류기간

1회에 부여하는 관광취업(H-1) 사증에 대한 체류기간의 상한은 협정상의 체류기간이다.[72]

제 4 절 경영 · 투자 사증

Ⅰ. 의 의

대한민국의 경제를 활성화하며 국민 일자리를 창출하고 대외적 경제상황에 능동적으로 대처하기 위하여 외국기업의 진출을 도모하고, 투자자 등의 경영목적 주재 혹은 기업경영 또는 투자이민을 적극적으로 유치할 필요가 있다. 이러한 노력은 이민정책을 통해 대한민국의 경제성장 동력을 유지하고 확보하기 위한 일환이다. 경영목적의 사증은 주재(D-7), 무역경영(D-9)이 있다. 투자 목적의 사증은 직접투자와 간접투자로 구분되는데, 직접투자에는 기업투자(D-8)가 있고 간접투자에는 부동산투자이민(F-2-8, F-2-81)과 공익사업 투자이민(F-2-12, F-2-13, F-2-14)이 있다. 그리고 경영과 투자 목적을 혼합한 성격을 지니는 사증으로는 구직(D-10)이 있다.

Ⅱ. 사증의 유형

1. 주재(D-7)

(1) 대상자

주재(D-7) 사증의 발급 대상자는 다음과 같다. 첫째, 외국기업의 국내지사 등에서 주재활동하려는 자이다. 즉 외국의 공공기관 · 단체 또는 회사의 본사, 지사, 그 밖의 사업소 등에서 1년 이상 근무한 자로서 대한민국에 있는 그 계열회사, 자회사, 지점 또는 사무소 등에 필수전문인력으로 파견되어 근무하려는 자이다. 다만, 기업투자(D-8) 체류자격에 해당하는 자는 제외한다. 국가기간산업 또는 국책사업에 종사하려는 경우나 그 밖에 법무부장관이 필요하다고 인정하는 경우에는 1년 이상의 근무

72) 출입국관리법 시행규칙 별표1 1회에 부여하는 체류자격별 체류기간의 상한(제18조의2 관련).

요건을 적용하지 않는다.[73] 여기에서 '필수전문인력'의 범위는 임원executives, 관리자 managers, 전문가specialists이다.

둘째, 해외에 진출한 기업에 근무하는 외국인력이 국내 본사 또는 본점에서 주재활동하려는 자이다. 즉「자본시장과 금융투자업에 관한 법률」제9조(그 밖의 용어의 정의) 제15항 제1호에 따른 상장법인(코스닥상장법인을 포함한다) 또는「공공기관의 운영에 관한 법률」제4조(공공기관)에 따른 공공기관이 설립한 해외 현지법인이나 해외지점에서 1년 이상 근무한 자로서 대한민국에 있는 그 본사나 본점에 파견되어 전문적인 지식·기술 또는 기능을 제공하거나 전수받으려는 자이다. 다만, 상장법인의 해외 현지법인이나 해외지점 중 본사의 투자금액 또는 영업기금이 미화 50만 달러 미만인 경우는 제외한다.[74]

(2) 체류기간

1회에 부여하는 주재(D-7) 사증에 대한 체류기간의 상한은 2년이다.[75]

2. 무역경영(D-9)

(1) 대상자

무역경영(D-9) 사증의 발급 대상자는 대한민국에 회사를 설립하여 경영하거나 무역, 그 밖의 영리사업을 위한 활동을 하려는 자로서 필수전문인력에 해당하는 자이다. 수입기계 등의 설치, 보수, 조선 및 산업설비 제작·감독 등을 위하여 대한민국 내의 공·사 기관에 파견되어 근무하려는 자를 포함한다. 다만, 국내에서 채용하는 자와 기업투자(D-8) 체류자격에 해당하는 자는 제외한다.[76] 여기에서 '필수전문인력'의 범위는 임원, 관리자, 전문가이다.

(2) 체류기간

1회에 부여하는 무역경영(D-9) 사증에 대한 체류기간의 상한은 2년이다.[77]

---

73) 출입국관리법 시행령 별표1 외국인의 체류자격(제12조 관련).
74) 출입국관리법 시행령 별표1 외국인의 체류자격(제12조 관련).
75) 출입국관리법 시행규칙 별표1 1회에 부여하는 체류자격별 체류기간의 상한(제18조의2 관련).
76) 출입국관리법 시행령 별표1 외국인의 체류자격(제12조 관련).
77) 출입국관리법 시행규칙 별표1 1회에 부여하는 체류자격별 체류기간의 상한(제18조의2 관련).

3. 기업투자(D-8)

(1) 대상자

기업투자(D-8) 사증의 발급 대상자는 다음과 같다. 첫째, 외국인투자기업에서 주재활동을 하려는 자이다. 즉 「외국인투자 촉진법」에 따른 외국인투자기업의 경영·관리 또는 생산·기술 분야에 종사하려는 필수전문인력이다.[78] 다만, 국내에서 채용하는 자는 제외한다.[79] 여기에서 외국인투자기업은 「금융지주회사법」에 의한 금융지주회사인 경우에는 동 회사가 전액 출자한 자회사를 포함한다. '필수전문인력'의 범위는 임원, 관리자, 전문가이다.

둘째, 「벤처기업 육성에 관한 특별조치법」에 따라 벤처기업을 설립한 자 또는 설립하려는 자이다. 즉 산업재산권이나 지식재산권을 보유하는 등 우수한 기술력으로 「벤처기업육성에 관한 특별조치법」 제2조의2(벤처기업의 요건) 제1항 제2호 다목에 따른 벤처기업을 설립한 자(또는 설립을 예비하는 자를 포함한다) 중 같은 법 제25조(벤처기업의 해당 여부에 대한 확인)에 따라 벤처기업 확인을 받거나 이에 준하는 자로서 법무부장관이 인정하는 자이다.[80] 산업통상자원부장관으로부터 예비 벤처기업 확인을 받은 자를 포함한다.[81]

셋째, 학사 이상의 학위를 가진 자로서 지식재산권을 보유하거나 이에 준하는 기술력 등을 가진 사람 중 법무부장관이 인정한 법인 창업자이다.[82]

(2) 체류기간

1회에 부여하는 기업투자(D-8) 사증에 대한 체류기간의 상한은 다음과 같이 5년 또는 2년으로 구분된다. ⅰ) 외국인투자기업에서의 주재활동의 경우이다. 즉 「외국인투자 촉진법」에 따른 외국인투자기업의 경영·관리 또는 생산·기술 분야에 종사하려는 필수 전문인력에 해당하는 자의 경우에는 5년이다. ⅱ) 「벤처기업 육성에 관한 특별조치법」에 따라 벤처기업을 설립한 자이다. 즉 산업재산권이나 지식재산권을 보유하는 등 우수한 기술력으로 「벤처기업육성에 관한 특별조치법」 제2조의2(벤처기업의 요건) 제1항 제2호 다목에 따른 벤처기업을 설립한 자 중 같은 법 제25조

78) 출입국관리법 시행령 별표1 외국인의 체류자격(제12조 관련).
79) 출입국관리법 시행령 별표1 외국인의 체류자격(제12조 관련).
80) 출입국관리법 시행령 별표1 외국인의 체류자격(제12조 관련).
81) 출입국관리법 시행령 별표1 외국인의 체류자격(제12조 관련).
82) 출입국관리법 시행령 별표1 외국인의 체류자격(제12조 관련).

(벤처기업의 해당 여부에 대한 확인)에 따라 벤처기업 확인을 받거나 이에 준하는 자로서 법무부장관이 인정하는 자의 경우에는 2년이다. 여기에서는 산업통상자원부장관으로부터 예비 벤처기업 확인을 받은 자를 포함한다.[83] 다만, 예비 벤처기업 확인을 받은 자의 경우에는 6개월이다. iii) 학사 이상의 학위를 가진 자로서 지식재산권을 보유하거나 이에 준하는 기술력 등을 가진 사람 중 법무부장관이 인정한 법인 창업자의 경우에는 2년이다.

4. 투자이민(F-2-8, F-2-81, F-2-12, F-2-13, F-2-14)

(1) 의 의

1) 구 분

투자이민제도란 법무부장관이 정하여 고시하는 투자대상에 기준금액 이상의 투자를 한 외국인 또는 법인의 임원, 주주와 그 동반가족에게 거주(F-2) 체류자격의 사증을 부여하고, 거주(F-2) 체류자격으로 투자를 5년 이상 유지한 경우에 일정기준에 따라 영주(F-5) 체류자격을 부여하는 것을 말한다.[84] 투자이민제도를 도입한 취지는 외국인의 자본투자를 유치하여 국민경제를 활성화하고 일자리를 창출하는 데 기여하기 위한 것이다. 투자이민제도는 부동산 투자이민(F-2-8, F-2-81) 및 공익사업 투자이민(F-2-12, F-2-13, F-2-14)으로 구분되며, 이하에서 설명하기로 한다.

2) 투자이민협의회

(가) 의 의

투자이민협의회는 외국인 투자이민제도의 원활한 운영을 위하여 법무부장관의 자문에 응하고 안건을 협의하는 것으로 법무부장관 소속하에 둔다(투자이민협의회 규정 제2조).

(나) 기 능

투자이민협의회는 i) 「출입국관리법 시행령」 제12조(체류자격의 구분), 별표1 외국인의 체류자격 27. 거주 차목에 규정된 외국인의 투자이민제도에 관한 사항, ii) 「출입국관리법 시행령」 제12조(체류자격의 구분), 별표 1 외국인의 체류자격 28의3. 영주 하목에 규정된 외국인 투자이민자의 영주자격 취득에 관한 사항, iii) 기타 외국인 투자이민제도의 운영에 관하여 위원장이 필요하다고 인정하여 협의회에 회부하는 사항에 대하여 법무부장관의 자문에 응하고 안건을 협의한다(투자이민협의회 규정 제3조).

---

83) 출입국관리법 시행규칙 별표1 1회에 부여하는 체류자격별 체류기간의 상한(제18조의2 관련).
84) 출입국관리법 시행령 별표1 외국인의 체류자격(제12조 관련).

(다) 구 성

(a) **투자이민협의회 구성:** 투자이민협의회는 위원장 1인을 포함한 11인 이내의 위원으로 구성한다(투자이민협의회 규정 제4조 제1항). 위원장은 법무부차관이 되고, 위원은 법무부 출입국·외국인정책본부장, 기획재정부·외교부·행정자치부·산업통상자원부·국토교통부·문화체육관광부·금융위원회 소속의 각 소관 국장급 공무원, 외국인정책 관련 분야 또는 외국인 투자이민 관련 분야에 학식과 경험이 풍부한 자 중에서 법무부장관이 임명하거나 위촉하는 자이다(투자이민협의회 규정 제4조 제2항). 투자이민협의회에 그 사무처리를 위하여 간사 1인을 두되, 간사는 법무부 체류관리과장으로 한다(투자이민협의회 규정 제4조 제3항).

(b) **투자이민협의회 운영:** 투자이민협의회의 회의는 위원장이 필요하다고 인정하는 경우에 소집한다(투자이민협의회 규정 제9조 제1항). 위원장이 회의를 소집하고자 하는 때에는 회의 개최 5일 전까지 회의의 일시·장소 및 안건을 각 위원에게 서면으로 알려야 한다. 다만, 긴급히 회의를 개최하여야 하는 경우와 그 밖에 부득이한 사정이 있는 경우에는 그러하지 아니하다(투자이민협의회 규정 제9조 제2항). 투자이민협의회는 재적위원 과반수의 출석으로 개의한다(투자이민협의회 규정 제9조 제3항). 위원장은 긴급하거나 부득이한 사유가 있는 경우에는 안건에 대하여 서면으로 협의할 수 있다(투자이민협의회 규정 제10조). 투자이민협의회는 필요한 경우에는 위원이 아닌 자를 회의에 출석하게 하여 그 의견을 들을 수 있다(투자이민협의회 규정 제9조 제4항). 투자이민협의회의 회의는 공개하지 아니함을 원칙으로 한다(투자이민협의회 규정 제9조 제5항).

투자이민협의회에 출석한 민간위원 등에 대하여는 예산의 범위 안에서 수당과 여비를 지급할 수 있다. 다만, 공무원이 그 소관업무와 관련하여 협의회에 출석하는 경우에는 그러하지 아니하다(투자이민협의회 규정 제11조).

(c) **투자이민실무협의회 구성:** 투자이민협의회 안건의 연구 및 사전검토 등을 위하여 투자이민협의회에 투자이민실무협의회를 둔다(투자이민협의회 규정 제5조 제1항). 투자이민실무협의회는 위원장 1인을 포함한 10인 이내의 정부위원으로 구성한다(투자이민협의회 규정 제5조 제2항). 위원장은 법무부 출입국정책단장이 되고, 위원은 법무부 체류관리과장, 기획재정부·외교부·행정자치부·산업통상자원부·국토교통부·문화체육관광부·금융위원회 소속의 각 소관 과장급 공무원이다(투자이민협의회 규정 제5조 제3항). 투자이민실무협의회에 그 사무처리를 위하여 간사 1인을 두되, 간사는 법무부 담당사무관으로 한다(투자이민협의회 규정 제5조 제4항).

투자이민실무협의회의 운영에 관하여는 투자이민협의회의 운영에 관한 규정을 준용한다(투자이민협의회 규정 제5조 제5항).

(라) 위원장

위원장은 투자이민협의회를 대표하고, 투자이민협의회의 직무를 총괄한다(투자이민협의회 규정 제6조 제1항). 위원장이 사고 등 부득이한 사유로 직무를 수행할 수 없는 때에는 법무부 출입국·외국인정책본부장이 직무를 대행한다(투자이민협의회 규정 제6조 제2항). 위원장은 투자이민협의회의 회의를 소집하고 그 의장이 된다(투자이민협의회 규정 제6조 제3항).

(마) 위 원

(a) 임 기: 행정기관 소속 위원의 임기는 그의 재임기간으로 하며, 민간위원의 임기는 2년으로 하고 연임할 수 있다(투자이민협의회 규정 제7조 제1항). 민간위원의 임기가 만료되거나 임기 중 위원이 결원된 때에는 법무부장관은 임기만료 또는 결원된 날부터 30일 이내에 후임자를 위촉하여야 한다(투자이민협의회 규정 제7조 제2항). 결원이 된 민간위원의 후임으로 위촉된 위원의 임기는 위촉된 날부터 새로이 개시된다(투자이민협의회 규정 제7조 제3항).

(b) 준수사항: 투자이민협의회의 위원은 다음 사항을 준수할 책무를 진다(투자이민협의회 규정 제8조 제1항). 즉 그 책무로는 i) 특정인이나 특정단체의 이익을 위하여 위원의 직위를 행사하여서는 아니된다(제1호). ii) 직무 수행 중 알게 된 사실이나 취득한 정보를 임의로 공개하거나 개인의 사익을 위하여 이를 이용하여서는 아니된다(제2호). iii) 그 밖에 사적인 목적으로 위원의 직위를 이용하여서는 아니된다(제3호).

(c) 해 촉: 법무부장관은 소관 투자이민협의회의 민간위원이 책무에 반하는 행위를 하거나 위원으로서의 품위를 손상하는 행위를 하였음이 명백한 경우에 그 위원을 해촉할 수 있다(투자이민협의회 규정 제8조 제2항). 법무부장관은 소관 협의회의 민간위원이 희망하는 때에는 임기만료 전이라도 그 위원을 해촉할 수 있다(투자이민협의회 규정 제8조 제3항).

(2) 부동산 투자이민(F-2-8, F-2-81)

1) 개 념

부동산 투자이민이란 「출입국관리법 시행령」 별표1 거주(F-2) 차목에 따라 법무부장관이 지정하여 고시한 기준에 따라 부동산에 투자한 외국인 또는 법인의 임원, 주주와 그 동반가족에게 경제활동이 자유로운 거주(F-2) 체류자격의 사증을 부여하고, 거주(F-2) 체류자격으로 그 투자 상태를 5년 이상 유지하는 등 일정한 요건을 구비하는 경우에 영주(F-5) 체류자격을 부여하는 것을 말한다. 부동산 투자이민제도는 2010년 2월에 도입되었다. 부동산 투자이민자에 대한 세부약호는 F-2-8이고, 부동산 투자이민자의 배우자 및 미성년 자녀는 F-2-81이다.

2) 대상자

(가) 일반론

부동산 투자이민(F-2-8) 사증의 발급 대상자는 투자지역, 투자대상, 투자금액 등 법무부장관이 정하여 고시하는 기준에 따라 부동산 등 자산에 투자한 자 또는 법인의 임원, 주주 등으로서 법무부장관이 인정하는 외국인이다. 이 경우 법인에 대해서는 법무부장관이 투자금액 등을 고려하여 체류자격 부여인원을 정한다(출입국관리법 시행령 별표1 27. 차목).[85]

(나) 구체적 대상자

법무부장관이 정하여 고시한 지역의 대상 부동산에 기준금액 이상을 투자한 외국인으로서 해당 부동산에 대한 소유권 등기를 완료한 자, 콘도 등 투자시설에 대한 회원자격을 받은 자, 단일물건 7억원 이상의 고액부동산 투자자[86]가 대상자로 된다. 다만, 투자시설에 계약금과 중도금을 1억원 이상 투자한 외국인 본인에게는 경제활동이 허용되지 않고 체류만 할 수 있는 방문동거(F-1) 사증이 부여된다.

3) 투자 대상물

(가) 휴양 시설 등

부동산 투자이민의 대상이 되는 부동산은「건축법 시행령」별표1 제15호 나목 및「관광진흥법」제3조 제2호 나목에 따른 휴양 콘도미니엄,[87]「건축법 시행령」별표1 제15호 가목에 따른 일반숙박시설 및 생활숙박시설,「지방세법」제13조 제5항 제1호 및「지방세법 시행령」제28조,「소득세법」제104조의3 제1항 제6호 및「소득세법 시행령」168조의13,「법인세법」제55조의2 제2항 제6호 및「법인세법 시행령」제92조의10에 따른 별장,「건축법 시행령」별표1 제15호 라목 및「관광진흥법」제3조 제7호에 따른 관광펜션 등이다.

(나) 주 택

인천경제자유구역에 한하여「경제자유구역의 지정 및 운영에 관한 특별법」제9조의3,「주택공급에 관한 규칙」제3조 제18의2 및「지식경제부 고시(제2012-323호)」에 따라 체육시설과 연계하여 건설하는 주택(예를 들어 골프장 내의 빌라를 말한다)과「주택공급에 관한 규칙」제10조 제6항에 따라 선착순의 방법에 의하여 입주자를 선정할 수 있는 주택(이를 미분양 주택이라고 말한다. 다만, 2014년 9월 30일 현재 및 2015년 9월 30일까지 해당 요건을 갖춘 주택에 한한다)이 추가로 그 대상으로 된다.

---

85) 출입국관리법 시행령 별표1 외국인의 체류자격(제12조 관련).

86) 단일물건 7억원 이상의 고액부동산 투자자란 단일물건 분양가격이 7억원 이상인 고액부동산에 계약 체결 및 계약금을 지급하고, 중도금·잔금으로 2억원 이상을 한국정책금융공사에 예치한 자로서 계약금 지급액과 예치금의 합계가 투자시설이 소재한 지역의 부동산투자 기준금액 이상인 고액부동산 투자자를 말한다(이를 연계투자 진행형이라고 말한다).

87) 2014년 9월「관광진흥법 시행령」제24조(분양 및 회원모집의 기준 및 시기) 제1항 제3호 단서 나목이 개정되어, '「출입국관리법 시행령」별표1 제27호 차목에 따라 법무부장관이 정하여 고시한 투자지역에 건설되는 휴양 콘도미니엄으로서 공유자가 외국인인 경우'에는 1인 분양이 허용되고 있다.

(다) 임대 등 금지

부동산 투자이민(F-2-8) 체류자격의 체류기간 연장 및 영주(F-5) 체류자격으로 변경하기 위한 허가요건으로 투자시설을 타인에게 임대, 매매, 압류, 담보설정 등으로 인해 투자요건을 상실하지 아니하고 투자 상태를 유지하여야 한다(부동산 투자 외국인에 대한 사증발급인정서 발급 및 체류관리지침). 이와 같이 투자요건을 상실할 경우에는 외국인등록은 말소되고 부동산 투자이민(F-2-8) 체류자격으로 계속 체류할 수 없다.

4) 투자지역 및 투자기준금액

(가) 개 관

법무부장관이 정하여 고시한 투자지역 및 투자기준금액을 보면, 강원도 평창 알펜시아(5억원), 인천경제자유구역(7억원), 제주특별자치도(5억원), 전남 여수 경도(5억원), 부산광역시 해운대리조트(7억원), 부산광역시 동부산관광단지(5억원)이다. 이하에서는 투자지역별 투자 대상물 및 투자기준금액을「출입국관리법 시행령 별표1의 제27호 거주(F-2)의 체류자격 '차'목에 해당하는 부동산의 투자지역, 투자대상, 투자금액 등에 관한 기준 고시」에 따라 설명하기로 한다. 그리고 투자지역을 지정하는 절차를「부동산 투자이민제 대상지역 지정 절차 고시」에 따라 설명하기로 한다.

(나) 투자지역별

(a) **강원도 평창에 대한 적용기준:** 투자지역은 강원도 평창군 대관령면 용산리·수하리 일원(알펜시아)이다. 투자 대상물은「관광진흥법」제52조에 따라 강원도지사가 승인하여 지정한 '대관령알펜시아관광단지' 내의 부동산 중 다음 어느 하나에 해당하는 시설이다. 즉 ①「건축법 시행령」별표1 제15호 나목 및「관광진흥법」제3조 제2호 나목에 따른 휴양 콘도미니엄, ②「건축법 시행령」별표1 제15호 가목에 따른 일반숙박시설 및 생활숙박시설, ③「지방세법」제13조 제5항 제1호 및「지방세법 시행령」제28조,「소득세법」제104조의3 제1항 제6호 및「소득세법 시행령」제168조의13,「법인세법」제55조의2 제2항 제6호 및「법인세법 시행령」제92조의10에 따른 별장, ④「건축법 시행령」별표1 제15호 라목 및「관광진흥법」제3조 제7호에 따른 관광펜션이다. 투자금액은 5억원 이상이다.

(b) **인천경제자유구역에 대한 적용기준:** 투자지역은 인천광역시 중구, 연수구, 서구 일원(인천경제자유구역 송도국제도시, 영종지구, 청라국제도시)이다. 투자 대상물은「경제자유구역의 지정 및 운영에 관한 특별법」제4조, 제9조에 따라 산업통상자원부장관이 지정·승인한 인천경제자유구역 송도국제도시, 영종지구, 청라국제도시 내의 부동산 중 다음 어느 하나에 해당하는 시설이다. 즉 ①「건축법 시행령」별표1

제15호 나목 및 「관광진흥법」 제3조 제2호 나목에 따른 휴양 콘도미니엄, ② 「건축법 시행령」 별표1 제15호 가목에 따른 일반숙박시설 및 생활숙박시설, ③ 「경제자유구역의 지정 및 운영에 관한 특별법」 제9조의3, 「주택공급에 관한 규칙」 제3조 제18의2 및 「지식경제부 고시(제2012-323호)」에 따라 체육시설과 연계하여 건설하는 주택(예를 들어 골프빌라를 말한다), ④ 「지방세법」 제13조 제5항 제1호 및 「지방세법 시행령」 제28조, 「소득세법」 제104조의3 제1항 제6호 및 「소득세법 시행령」 제168조의13, 「법인세법」 제55조의2 제2항 제6호 및 「법인세법 시행령」 제92조의10에 따른 별장, ⑤ 「건축법 시행령」 별표1 제15호 라목 및 「관광진흥법」 제3조 제7호에 따른 관광펜션, ⑥ 「주택공급에 관한 규칙」 제10조 제6항에 따라 선착순의 방법에 의하여 입주자를 선정할 수 있는 주택(다만, 2014년 9월 30일 현재 및 2015년 9월 30일까지 해당 요건을 갖춘 주택에 한한다)이다. 투자금액은 7억원 이상이다.

(c) **제주도에 대한 적용기준:** 투자지역은 제주특별자치도 전 지역이다. 투자대상물은 「제주특별자치도 설치 및 국제자유도시 조성을 위한 특별법」 제229조에 따라 도지사의 승인을 얻어 개발한 지역 내의 부동산 중 다음 어느 하나에 해당하는 시설이다. 즉 ① 「건축법 시행령」 별표1 제15호 나목 및 「관광진흥법」 제3조제2호 나목에 따른 휴양 콘도미니엄, ② 「건축법 시행령」 별표1 제15호 가목에 따른 일반숙박시설 및 생활숙박시설, ③ 「지방세법」 제13조 제5항 제1호 및 「지방세법 시행령」 제28조, 「소득세법」 제104조의3 제1항 제6호 및 「소득세법 시행령」 제168조의13, 「법인세법」 제55조의2 제2항 제6호 및 「법인세법 시행령」 제92조의10에 따른 별장, ④ 「건축법 시행령」 별표1 제15호 라목 및 「관광진흥법」 제3조 제7호에 따른 관광펜션이다. 투자금액은 5억원 이상이다.

(d) **전남 여수에 대한 적용기준:** 투자지역은 전남 여수시 경호동 대경도 일원(여수경도 해양관광단지)이다. 투자 대상물은 「여수세계박람회 기념 및 사후활용에 관한 특별법」 제24조에 따라 해양수산부장관이 박람회를 지원하기 위한 구역으로 지정·고시한 '여수경도 해양관광단지' 내의 부동산 중 다음 어느 하나에 해당하는 시설이다. 즉 「건축법 시행령」 별표1 제15호 나목 및 「관광진흥법」 제3조 제2호 나목에 따른 휴양 콘도미니엄, ② 「건축법 시행령」 별표1 제15호 가목에 따른 일반숙박시설 및 생활숙박시설, ③ 「지방세법」 제13조 제5항 제1호 및 「지방세법 시행령」 제28조, 「소득세법」 제104조의3 제1항 제6호 및 「소득세법 시행령」 제168조의13, 「법인세법」 제55조의2 제2항 제6호 및 「법인세법 시행령」 제92조의10에 따른 별장, ④ 「건축법 시행령」 별표1 제15호 라목 및 「관광진흥법」 제3조 제7호에 따른 관광펜션이다. 투자금액은 5억원 이상이다.

(e) **부산광역시에 대한 적용기준:** 투자지역은 부산 해운대구 중1동 일원(해운대관광리조트), 부산 기장군 기장읍 시랑·연화·대변·당사·청강리 일원(동부산관광단지)이다. 투자 대상물은 「관광진흥법」 제52조, 제70조에 따라 부산광역시장이 승인하여 지정한 '해운대관광특구' 중 '해운대관광리조트' 및 '동부산관광단지' 내의 부동산 중 다음 어느 하나에 해당하는 시설이다. 즉 ① 「건축법 시행령」 별표1 제15호 나목 및 「관광진흥법」 제3조 제2호 나목에 따른 휴양 콘도미니엄, ② 「건축법 시행령」 별표1 제15호 가목에 따른 일반숙박시설 및 생활숙박시설, ③ 「지방세법」 제13조 제5항 제1호 및 「지방세법 시행령」 제28조, 「소득세법」 제104조의3 제1항 제6호 및 「소득세법 시행령」 제168조의13, 「법인세법」 제55조의2 제2항 제6호 및 「법인세법 시행령」 제92조의10에 따른 별장, ④ 「건축법 시행령」 별표1 제15호 라목 및 「관광진흥법」 제3조 제7호에 따른 관광펜션이다. 투자금액은 해운대관광리조트 7억원 이상, 동부산관광단지 5억원 이상이다.

5) 투자지역 지정절차

(가) 지정신청 대상

법률에 근거하여 중앙부처의 장 또는 지방자치단체장이 지정(등록)한 특정 구역, 단지 또는 시설이다. 그 예로는 경제자유구역(경제자유구역특별법), 관광 특구·단지(관광진흥법), 올림픽 특구(특별법), 종합휴양업 등록시설(관광진흥법) 등이다.

(나) 사업계획 공고

사업계획을 공고하는 주체는 해당 중앙부처 또는 지자체(기초 또는 광역)이다. 다만, 신청 사업이 2개 이상의 기초 지자체에 걸쳐있는 경우에는 중앙부처 또는 광역지자체가 주체가 되어야 한다. 법무부장관이 정하는 내용이 포함된 '개발 및 투자유치 계획서'를 작성하여 20일 이상 공고하여야 한다.

(다) 지정신청

중앙부처의 장 또는 시도지사는 그 명의의 공문으로 법무부장관에게 부동산 투자이민 투자지역 지정을 신청한다. 신청의 내용으로는 지정 필요성, 외국인 관광활성화 및 투자유치 가능성, 개발 및 투자유치계획, 기대효과 등을 기재한다. 제출하는 서류는 신청공문, 개발 및 투자유치 계획서, 타당성 분석자료, 지정신청 대상사업임을 입증하는 서류, 주민 의견청취 관련 증빙자료, 공청회 및 지방의회 의견을 거친 경우에는 관련 자료 등이다. 여기에서 '개발 및 투자유치 계획서'에는 지정필요성, 사업목적 및 개요, 위치도, 추진상황 및 향후 계획, 투자유치 동향 및 향후 가능성, 공고 등 지역 주민 의견수렴 결과 등을 포함하여야 한다. '타당성 분석자료'에는 부동산 투자이민제로 인하여 지역경제에 미치는 영향, 해당 지역의 발전가능성 등이 포함된 전문기관의 연구결과 또는 자문 등을 근거로 작성하고 해당 자료를 별도로 첨부하여야 한다.

(라) 예비심사 및 실태조사 등

법무부장관이 행하는 예비심사는 제출된 자료 및 관련정보 등을 통해 1차 서면심사로 한다. 실태조사는 지정신청에 대한 현지 실태조사 등을 통해 제출자료 진위여부, 지정필요성 및 지역여론 등을 분석한다. 그리고 심사과정에서 법무부장관이 필요하다고 판단할 경우에는 신청 기관에게 주민 공청회나 지방의회 의견을 듣도록 요구할 수 있고, 법무부장관의 요구가 있을 경우 지정신청 기관은 이에 응해야 한다.

(마) 종합심사 대상여부 결정 및 의견조회 등

법무부장관은 예비심사 결과 등을 바탕으로 지정검토 필요성이 있다고 판단되는 경우에 종합심사 대상을 결정하고 이를 신청기관에 통보한다. 종합심사 대상으로 결정되면 이를 관계기관, 전문가 등을 통한 의견조회, 관련 세부자료 검토 등을 한다.

(바) 투자이민협의회 상정

법무부장관은 종합심사 대상을 투자이민협의회의 안건으로 상정하여 논의한다.

(사) 처리기한

대상지역 지정을 위한 처리기한은 지정신청 접수일로부터 3개월 이내로 한다. 다만, 정밀심사, 자료보완 등이 필요하다고 판단될 경우에는 3개월 연장이 가능하다. 따라서 최대 심사기간은 6개월 이내이다.

(아) 결정 및 고시

법무부장관은 신청사항에 대한 검토 및 관계부처 협의 결과 등을 종합적으로 검토하여 투자대상지역 지정 여부를 결정한다. 결정사항을 법무부장관 명의로 고시한다. 그리고 부동산 시장의 과열 등 부작용을 예방하기 위해 일몰제가 적용되어 지정일로부터 5년 단위로 시행 성과를 분석한 후 지정 유지 여부를 검토한다.

6) 체류기간

1회 부여하는 부동산 투자이민(F-2-8) 사증에 대한 체류기간의 상한은 3년이다.[88] 다만, 미분양 주택 투자자와 방문동거(F-1) 체류자격 해당자의 경우에는 최대 1년이다.

---

88) 출입국관리법 시행규칙 별표1 1회에 부여하는 체류자격별 체류기간의 상한(제18조의2 관련).

(3) 공익사업 투자이민(F-2-12, F-2-13, F-2-14)

1) 개 념

공익사업 투자이민이란 「출입국관리법 시행령」 별표1 거주(F-2) 차목에 따라 법무부장관이 지정하여 고시한 기준에 따라 투자대상(원금보장 · 무이자형, 손익발생형)에 투자한 외국인 또는 법인의 임원, 주주와 그 동반가족에게 경제활동이 자유로운 거주(F-2) 체류자격의 사증을 부여하고, 거주(F-2) 체류자격으로 그 투자 상태를 5년 이상 유지하는 등 일정한 요건을 구비하는 경우에 영주(F-5) 체류자격을 부여하는 것을 말한다. 공익사업 투자이민제도는 2013년 5월에 도입되었다. 공익사업 투자이민자에 대한 세부약호는 F-2-12이고, 은퇴투자이민자는 F-2-14이고, 공익사업 투자 이민자와 은퇴투자이민자의 배우자 및 미성년 자녀는 F-2-13이다.

2) 대상자

(가) 일반론

공익사업 투자이민(F-2-12, F-2-13, F-2-14) 사증의 발급 대상자는 투자지역, 투자대상, 투자금액 등 법무부장관이 정하여 고시하는 기준에 따라 부동산 등 자산에 투자한 자 또는 법인의 임원, 주주 등으로서 법무부장관이 인정하는 외국인이다. 이 경우 법인에 대해서는 법무부장관이 투자금액 등을 고려하여 체류자격 부여인원을 정한다(출입국관리법 시행령 별표1 27. 차목).[89] 대상자에 대한 법적 근거는 부동산 투자이민(F-2-8)과 동일하다.

(나) 구체적 대상자

법무부장관이 위탁한 한국정책금융공사에 5억원 이상을 예치한 외국인 또는 법무부장관이 관계부처와 협의하여 지정 · 고시하는 낙후지역에서 추진하는 개발사업에 5억원 이상 투자한 외국인이 대상자로 된다. 그리고 55세 이상의 은퇴투자이민의 경우에는 3억원 이상 투자한 외국인이 대상자로 된다.

3) 투자 대상물 및 유치기관

투자 대상물 및 유치기관을 「출입국관리법 시행령 별표1의 제27호 거주(F-2)의 체류자격 '차'목에 따른 투자지역, 투자대상, 투자금액 등에 관한 기준 고시」에 따라 설명하기로 한다.

(가) 원금보장 · 무이자형

원금보장 · 무이자형이란 법무부장관이 위탁한 한국정책금융공사가 신설한 펀드

---

89) 출입국관리법 시행령 별표1 외국인의 체류자격(제12조 관련).

에 외국인이 기준금액 이상을 예치하고 5년 후에 원금만 상환 받는 방식을 말한다. 한국정책금융공사에 예치하는 경우에는 원금보장・무이자형으로 나중에 외국인이 해당 투자금을 회수하고자 할 때 이자 없이 원금을 모두 상환 받게 된다. 투자유치기관은 한국정책금융공사가 된다.

(나) 손익발생형

손익발생형이란 법무부장관이 관계부처와 협의하여 지정・고시한 낙후지역에서 추진하는 개발사업에 외국인이 기준금액 이상을 출자하여 그 투자에 대한 손실 또는 이익이 발생하는 방식을 말한다. 낙후지역 개발 사업에 투자한 경우는 손익 발생형이기 때문에 원금이 보장되지 않는다. 투자유치기관은 「신발전지역 육성을 위한 투자촉진특별법」에 따른 '신발전지역발전촉진지구',[90] 「기업도시개발특별법」에 따른 '관광레저형 기업도시'[91]의 어느 하나에 해당하는 지역(지구)에서 실시계획 승인을 받은 개발사업자로서 법무부장관의 승인 후 해당지역 관할 출입국관리사무소에 등록된 자가 된다.

4) 투자기준금액

투자기준금액을 「출입국관리법 시행령 별표1의 제27호 거주(F-2)의 체류자격 '차'목에 따른 투자지역, 투자대상, 투자금액 등에 관한 기준 고시」에 따라 설명하기로 한다.

(가) 일반투자이민

일반투자이민의 투자기준금액은 5억원 이상이다.

(나) 55세 이상의 은퇴투자이민

은퇴투자이민자는 은퇴이민 투자자라고도 말한다. 55세 이상의 은퇴투자이민의 투자기준금액은 3억원 이상이다. 다만, 55세 이상의 은퇴자의 경우 투자금 이외에 본인 또는 배우자의 국내외 자산이 3억원 이상이고, 영주(F-5) 체류자격으로 변경할 때에 국내 자산이 3억원 이상이어야 한다.

(다) 부동산 투자이민제도와 연계형

① (연계투자 완료형) 부동산 투자이민제도의 대상에 투자한 금액과 공익사업 투자이민제도의 대상에 투자한 금액의 합계가 해당 부동산 투자이민제도 적용지역의 투자기준금액 이상일 경우, ② (연계투자 진행형) 부동산 투자이민제도의 대상 부동산에 대한 매입계약을 체결하고 나머지 잔금 등을 한국정책금융공사에 예치하여 그

90) 영주, 안동, 예천을 말한다.
91) 태안, 영암, 해남을 말한다.

금액의 합계가 해당 부동산 투자이민제도 적용지역의 투자기준금액 이상일 경우에는 투자기준금액을 충족한 것으로 간주하여 거주(F-2) 체류자격이 부여된다.

5) 공익사업 투자이민 유치기관

(가) 의 의

공익사업 투자이민제도를 건전하고 원활하게 시행하기 위한 전담유치기관의 지정・관리 및 운영 등에 필요한 사항을 정하기 위해 「공익사업 투자이민 유치기관 지정 및 관리 등에 관한 규정」을 두고 있다(공익사업 투자이민 유치기관 지정 및 관리 등에 관한 규정 제1조). 여기에서 '공익사업 투자이민 유치기관'이란 유치기관의 업무를 하기 위해 법무부장관이 지정한 대한민국 법인을 말한다(공익사업 투자이민 유치기관 지정 및 관리 등에 관한 규정 제2조 제4항).

(나) 유치기관

(a) **업 무:** 유치기관의 업무 범위는 투자이민 희망자 모집 및 알선, 투자이민과 관련된 상담 및 안내, 투자이민 관련 사증(사증발급인정서) 발급 신청 등의 대행, 투자이민 관련 체류허가 신청 등의 대행, 기타 투자이민에 필요한 각종 절차의 대행 등이다(공익사업 투자이민 유치기관 지정 및 관리 등에 관한 규정 제3조).

(b) **금지된 행위:** 유치기관은 다음 각 호의 행위를 하여서는 아니 된다(공익사업 투자이민 유치기관 지정 및 관리 등에 관한 규정 제7조 제1항). 즉 금지되는 행위는 속임수나 그 밖의 부정한 방법으로 투자이민 희망자를 모집・알선하는 행위(제1호), 투자이민 희망자를 대신하여 투자금을 송금하는 행위(제2호), 투자금을 횡령하거나 투자이민 희망자 또는 투자이민자의 이익에 반하는 행위(제3호), 허위 또는 과장광고, 거짓정보 제공, 부당한 수수료 징수행위(제4호), 허위 또는 부정한 방법으로 사증발급 또는 체류허가 신청을 대행하는 행위(제5호), 유치업무를 수행할 국가의 법령 위반 등으로 국위를 손상하는 행위(제6호)이다.

(c) **신고의무:** 유치기관은 다음 각 호의 사유가 발생한 날로부터 1개월 이내에 법무부장관에게 신고를 하여야 한다(공익사업 투자이민 유치기관 지정 및 관리 등에 관한 규정 제7조 제2항). 즉 신고사항은 대표자, 상호, 본점소재지 또는 정관의 변경(제1호), 「공익사업 투자이민 유치기관 지정 및 관리 등에 관한 규정」 제4조(유치기관의 지정 신청 등) 제1항 제3호에 의한 지점(분점) 또는 협약 체결 기관의 신규 설치(신규 협약 체결)・폐쇄・이전・변경 등(제2호), iii) 사업 양도・양수, 합병, 휴업・재개업 또는 폐업(이 경우 이미 신고한 지점이나 분점 또는 협약체결 기관을 포함한다)(제3호)이다.

(d) **표준계약서 체결의무:** 유치기관은 유치기관 업무를 수행하고자 할 때에는 사전에 별지 제4호 서식의 표준계약서에 따라 계약을 체결하여야 한다(공익사업 투자이민 유치기관 지정 및 관리 등에 관한 규정 제7조 제3항).

(e) **자료 제출의무:** 유치기관은 법무부장관이 투자유치 실적 등에 관한 자료제

출을 요청할 경우 이에 응하여야 한다(공익사업 투자이민 유치기관 지정 및 관리 등에 관한 규정 제7조 제4항).

(f) **수수료**: 유치기관은 투자이민자 모집·알선 업무에 관하여 필요한 수수료를 정하여 그 산정내역과 함께 미리 법무부장관에게 신고하여야 한다. 이를 변경하려는 경우에도 또한 같다(공익사업 투자이민 유치기관 지정 및 관리 등에 관한 규정 제11조 제1항). 수수료의 합계는 투자액의 5%를 넘을 수 없다(공익사업 투자이민 유치기관 지정 및 관리 등에 관한 규정 제11조 제2항). 유치기관은 신고한 수수료의 내용을 각 사업장에 게시하여야 한다(공익사업 투자이민 유치기관 지정 및 관리 등에 관한 규정 제11조 제3항).

(다) 신청 및 지정

(a) **요 건**: 유치기관으로 지정 받고자 하는 자는 다음의 요건을 모두 갖추어야 한다(공익사업 투자이민 유치기관 지정 및 관리 등에 관한 규정 제4조 제1항). 그 요건은 ⅰ) 자본금(비영리법인의 경우에는 기본재산을 말한다) 2억원 이상의 대한민국 법인일 것(제1호), ⅱ) 보험금액 3억원 이상의 보증보험에 가입할 것(이 경우의 보증보험은 유치기관이 투자이민 희망자에 대한 계약을 이행하지 아니함으로써 해당 투자이민 희망자가 입게 되는 손해를 보증보험기관이 배상하는 내용이어야 하고, 보험 가입기간이 3년 이상이어야 하며, 법무부장관을 보증보험의 피보험자로 하여야 한다)(제2호), ⅲ) 유치업무를 수행할 국가에 지점(분점)이 있거나, 아래의 요건을 모두 갖춘 해당국가 소재기관과 투자이민에 관한 협약을 체결하였을 것, 즉 ① 해당 국가의 법령에 따라 투자유치 등의 업무를 할 수 있는 기관일 것, ② 1개 국가를 기준으로 법무부장관이 정하는 주요 도시에 1개 이상의 사무실을 가지고 있을 것의 요건을 갖추어야 한다(제3호). ⅳ) 2년 이상 외국인 관련 업무를 수행한 경력이 있을 것(제4호)이다.

(b) **결격사유**: 다음의 어느 하나에 해당하는 자가 대표자 또는 임원으로 있는 법인은 유치기관 지정신청을 할 수 없다(공익사업 투자이민 유치기관 지정 및 관리 등에 관한 규정 제5조). 즉 결격사유는 ⅰ) 금고 이상의 형벌에 해당하는 형을 선고받고 그 집행이 끝나거나 그 집행을 받지 아니하기로 확정된 후 5년이 지나지 아니한 자, ⅱ) 금치산자, 한정치산자, 파산선고를 받고 복권復權되지 아니한 자, ⅲ) 지정 신청을 한 날로부터 과거 3년 이내에 「출입국관리법」을 위반하여 500만원 이상의 범칙금 처분을 받거나 500만원 이상의 벌금형을 선고받은 자, ⅳ) 「공익사업 투자이민 유치기관 지정 및 관리 등에 관한 규정」에 따라 지정이 해제된 법인의 해제 당시 대표자 또는 임원이었던 자로서 그 법인이 지정 해제된 후 3년이 지나지 아니한 자이다.

(c) **신 청**: 유치기관으로 지정 받고자 하는 자가 유치기관 지정 신청을 하고자 할 때에는 지정신청서에 다음의 서류를 첨부하여 법무부장관에게 제출하여야 한다. 이 경우 증빙서류는 원본이거나 인증된 사본이어야 하고, 한글로 작성되지 아니한 경우에는 공증된 한글 번역본을 첨부하여야 한다(공익사업 투자이민 유치기관 지정 및 관리 등에 관한 규정 제4조 제2항). 그 첨부서류는 ⅰ) 법인등기부등본, 사업자등록증, 정관 및 대차대조표, ⅱ) 대표자 신분증, 이력서, ⅲ) 「공익사업 투자이민 유치기관 지정 및 관리 등에 관한 규정」 제4조 제1항

각 호의 요건을 입증하는 서류, ⅳ) 사업계획서, ⅴ) 서약서, ⅵ)「공익사업 투자이민 유치기관 지정 및 관리 등에 관한 규정」 제4조 제1항 제3호의 협약체결 기관의 사업자등록증 또는 이에 준하는 서류와 대표자 신분증 사본, ⅶ) 예정 수수료율과 그 산정 내역, ⅷ) 그 밖의 참고서류이다.

지정신청은 법무부장관이 세부요건을 정하여 따로 공고하는 기간에 한하여 할 수 있다(공익사업 투자이민 유치기관 지정 및 관리 등에 관한 규정 제4조 제3항).

(d) **지 정:** 법무부장관은 ⅰ) 제4조에 따른 지정신청이 있을 것, ⅱ) 제5조에 따른 결격사유가 없을 것의 요건을 모두 갖춘 기관을 투자이민협의회의 심사를 거쳐 유치기관으로 지정할 수 있다(공익사업 투자이민 유치기관 지정 및 관리 등에 관한 규정 제6조 제1항). 법무부장관은 유치기관을 지정한 때에는 지정증을 발급하여야 한다(공익사업 투자이민 유치기관 지정 및 관리 등에 관한 규정 제6조 제4항). 유치기관은 지정증을 국내·외 각 사업장에 게시하여야 한다(공익사업 투자이민 유치기관 지정 및 관리 등에 관한 규정 제6조 제5항).

법무부장관은 지정을 하면서 신청인이 유치업무를 할 수 있는 국가를 정하여야 한다. 이 경우 둘 이상의 국가를 정할 수 있다(공익사업 투자이민 유치기관 지정 및 관리 등에 관한 규정 제6조 제2항). 유치기관의 수는 20개를 넘을 수 없으며, 유치업무를 할 수 있는 국가별로 10개를 넘을 수 없다(공익사업 투자이민 유치기관 지정 및 관리 등에 관한 규정 제6조 제3항).

(라) 지정 해제

(a) **의무적 지정 해제:** 법무부장관은 유치기관이 다음의 어느 하나에 해당하는 경우에는 지정을 해제하여야 한다(공익사업 투자이민 유치기관 지정 및 관리 등에 관한 규정 제8조 제1항). 의무적 지정 해제의 사유는 ⅰ)「공익사업 투자이민 유치기관 지정 및 관리 등에 관한 규정」 제4조 제1항의 요건이 상실된 경우(제1호), ⅱ)「공익사업 투자이민 유치기관 지정 및 관리 등에 관한 규정」 제5조의 결격사유가 발견되거나 새로 발생한 경우(제2호)이다.

(b) **재량적 지정 해제:** 법무부장관은 유치기관이 다음의 어느 하나에 해당하는 경우에는 지정을 해제하거나 6개월 이내의 기간을 정하여 사업의 전부 또는 일부의 정지를 명할 수 있다(공익사업 투자이민 유치기관 지정 및 관리 등에 관한 규정 제8조 제2항). 재량적 지정 해제의 사유는 ⅰ) 신청서 또는 그 증빙서류의 중요부분이 누락되었거나 그 내용이 거짓으로 보이는 상당한 사정이 있는 경우(제1호), ⅱ) 정당한 사유 없이 지정을 받은 날부터 3개월 이내에 그 사업을 시작하지 아니한 경우(제2호), ⅲ) 업무능력이나 재산상황이 현저히 악화되어 의뢰인이나 제3자에게 손해를 입힐 우려가 있는 경우(제3호), ⅳ) 특별한 사정없이 지정을 받은 날로부터 6개월 이내에 투자유치 실적이 없는 경우(제4호), ⅴ)「공익사업 투자이민 유치기관 지정 및 관리 등에 관한 규정」 제7조에 따른 유치기관의 의무를 위반한 경우(제5호), ⅵ)「공익사업 투자이민 유치기관 지정 및 관리 등에 관한

규정」 제11조를 위반하여 알선료 및 수수료를 신고하지 아니하거나 알선료・수수료의 내용을 사업장에게 게시하지 아니한 경우(제6호), vii) 6개월 이상 휴업을 하는 경우(제7호)이다.

(c) **의견 청취:** 법무부장관은 지정을 해제하거나 사업의 전부 또는 일부의 정지를 명하려는 경우에는 당사자의 의견을 들어야 한다(공익사업 투자이민 유치기관 지정 및 관리 등에 관한 규정 제8조 제3항).

(마) 비지정기관의 외국인 투자유치금지

누구든지 법무부장관으로부터 유치기관으로 지정받지 아니하고 투자이민을 유치해서는 아니 된다(공익사업 투자이민 유치기관 지정 및 관리 등에 관한 규정 제13조 제1항). 법무부장관은 유치기관으로 지정받지 아니하고 투자이민 유치행위 등 유치기관의 업무를 하려는 자에 대해 원금보장・무이자형 투자를 위한 한국정책금융공사의 가상계좌 부여 또는 사증이나 체류허가 신청의 대행 등을 제한할 수 있다(공익사업 투자이민 유치기관 지정 및 관리 등에 관한 규정 제13조 제2항).

6) 체류기간

1회 부여하는 공익사업 투자이민(F-2-12, F-2-13, F-2-14) 사증에 대한 체류기간의 상한은 3년이다.[92]

5. 구직(D-10)

(1) 대상자

구직(D-10) 사증의 발급 대상자는 다음과 같이 구분된다.

첫째, 교수(E-1)부터 특정활동(E-7)까지의 체류자격, 다시 말해 교수(E-1)・회화지도(E-2)・연구(E-3)・기술지도(E-4)・전문직업(E-5)・특정활동(E-7) 체류자격에 해당하는 분야에 취업하기 위하여 연수나 구직활동 등을 하려는 자로서 법무부장관이 인정하는 자이다.[93] 다만, 예술흥행(E-6) 체류자격 중 법무부장관이 정하는 공연업소 종사자(유흥업소 등의 흥행활동(E-6-2)을 말한다)는 제외한다.[94] 여기에서 '법무부장관이 인정하는 자'로는 i) 최근 3년 이내에 FORTUNE 지가 선정한 세계 500대 기업 등에서 1년 이상 근무한 경력 있는 자, ii) 최근 3년 이내에 THE TIMES 지가 선정한 세계 200대 대학(원) 졸업(예정)자, iii) 최근 3년 이내에 국내의 전문대학 이상을 졸업한 자 또는 국내의 연구기관 등에서 연구과정을 수료한 학사 이상의 학위 소지자, iv) 상기 요건에 해당하지는 않지만 이에 준하는 요건을 갖추었다고 재외공관장이 특별히 인

---

92) 출입국관리법 시행규칙 별표1 1회에 부여하는 체류자격별 체류기간의 상한(제18조의2 관련).
93) 출입국관리법 시행령 별표1 외국인의 체류자격(제12조 관련).
94) 출입국관리법 시행령 별표1 외국인의 체류자격(제12조 관련).

정하는 자 중의 어느 하나에 해당하고 자국 또는 제3국에 체류 중인 자이다.

둘째, 기업투자(D-8) 다목에 해당하는 창업 준비 등을 하려는 자로서 법무부장관이 인정하는 자이다.[95] 여기에서 '기업투자(D-8) 다목'이란 학사 이상의 학위를 가진 자로서 지식재산권을 보유하거나 이에 준하는 기술력 등을 가진 자 중 법무부장관이 인정한 법인 창업자를 말한다.

(2) 체류기간

1회에 부여하는 구직(D-10) 사증에 대한 체류기간의 상한은 6개월이다.[96]

(3) 단기 인턴과정

교수(E-1)부터 특정활동(E-7)까지의 전문직종 취업에 필요한 연수 또는 구직활동의 범위에는 국내 기업 · 단체 등에서 행하는 구직활동뿐만 아니라, 정식 취업 전에 연수비를 받고 행하는 단기 인턴과정이 포함된다.

제 5 절 가족 재결합 사증

Ⅰ. 의 의

국제조약 또는 국제인권법에서는 가족의 재결합권을 일반적으로 인정하고, 「헌법」 제36조에서는 가족에 대한 국가의 보장의무를 규정하고 있다. 가족을 구성할 권리는 원칙적으로 가족이 함께 살 수 있는 권리를 포함하는 바, 가족이 함께 살기 위하여 다른 가족의 구성원이 대한민국에 입국하고 체류할 권리를 의미하는 가족 재결합권은 혼인의 자유 중 특수한 형태로서 보호된다.[97] 가족 재결합은 외국인에 대한 강제추방(출국권고, 출국명령, 강제퇴거를 말한다)과도 관련성을 가진다.

가족의 재결합을 인정하는 사증으로는 방문동거(F-1), 거주(F-2), 동반(F-3), 결혼이민(F-6)이 있다. 그러나 기술연수(D-3), 비전문취업(E-9), 선원취업(E-10), 관광취업(H-1) 체류자격에 해당하는 자는 그의 배우자 및 20세 미만의 자녀로서 배우자가 없는 자를 결혼이민(F-6) 또는 방문동거(F-1), 거주(F-2), 동반(F-3) 사증으로

95) 출입국관리법 시행령 별표1 외국인의 체류자격(제12조 관련).
96) 출입국관리법 시행규칙 별표1 1회에 부여하는 체류자격별 체류기간의 상한(제18조의2 관련).
97) 헌법재판소 2013. 11. 28. 자 2011헌마520 결정; 서울고등법원 2014. 9. 5. 선고 2014누41086 판결.

초청할 수 없으므로 이들에게는 가족의 재결합권이 인정되지 않는다.

Ⅱ. 사증의 유형

1. 방문동거(F-1)

(1) 대상자

방문동거(F-1) 사증의 발급 대상자로는 첫째, 친척 방문, 가족 동거, 피부양被扶養, 가사정리, 그 밖에 이와 유사한 목적으로 체류하려는 자이다. 둘째, 외교(A-1)부터 협정(A-3)까지의 체류자격에 해당하는 자와 외국인등록을 마친 자의 동거인으로서 그 세대에 속하지 않는 자이다.[98]

(2) 체류기간

1회에 부여하는 방문동거(F-1) 사증에 대한 체류기간의 상한은 2년이다.[99]

2. 거주(F-2)

(1) 대상자

거주(F-2) 사증의 발급 대상자로는 첫째, 국민의 미성년 외국인 자녀 또는 영주(F-5) 체류자격을 가지고 있는 자의 배우자 및 그의 미성년 자녀이다. 둘째, 국민과 혼인관계(사실상의 혼인관계를 포함한다)에서 출생한 자로서 법무부장관이 인정하는 자이다.[100]

(2) 체류기간

1회에 부여하는 거주(F-2) 사증에 대한 체류기간의 상한은 3년이다.[101]

(3) 외국인배우자의 전혼관계에서 출생한 미성년 자녀 입양과 관련된 사안

1) 입양에 따라 국민의 가족관계등록부에 자녀로 기재된 경우 자녀의 체류자격

국민의 미성년 외국인 자녀는 거주(F-2) 사증을 신청하고 이를 발급받아 성년이 되기까지 대한민국에 체류할 수 있다(출입국관리법 시행령 별표1 제27 가호 참고).[102] 국민이 외국인배우자의 전혼

98) 출입국관리법 시행령 별표1 외국인의 체류자격(제12조 관련).
99) 출입국관리법 시행규칙 별표1 1회에 부여하는 체류자격별 체류기간의 상한(제18조의2 관련).
100) 출입국관리법 시행령 별표1 외국인의 체류자격(제12조 관련).
101) 출입국관리법 시행규칙 별표1 1회에 부여하는 체류자격별 체류기간의 상한(제18조의2 관련).

관계에서 출생한 미성년 자녀에 대해 입양절차를 완료한 경우 그 자녀는 국민의 미성년 외국인 자녀로서 거주(F-2) 사증을 신청할 수 있다. 다만, 입양목적이 진정한 양육이 아니라 국내 입국을 위한 방편으로 입양된 경우에는 사증 발급이 제한된다. 자녀가 성년으로 된 후에는 체류목적에 따라 해당 체류자격으로 변경하여야만 계속적으로 대한민국에 체류할 수 있다. 또한 미성년 자녀가 거주(F-2) 사증으로 대한민국에서 2년 이상 체류할 경우에는 영주자격(F-5)을 신청할 수 있다(출입국관리법 시행령 별표1 제28의3 나호 참고).[103)]

2) 성년 자녀와 미성년 자녀에 따라 차이가 있는지

미성년 자녀는 거주(F-2) 사증을 신청할 수 있다(출입국관리법 시행령 별표1 제27 가호 참고). 그러나 성년 자녀는 거주(F-2) 사증을 신청할 수 없다. 다만, 성년 자녀는 유학(D-2) 또는 취업 사증 등 다른 체류자격으로는 사증발급 신청이 가능하다.

3) 입양과 친양자 입양에 따라 차이가 있는지

국민의 미성년 외국인 자녀가 거주(F-2) 사증을 신청하기 위하여는 반드시 「입양특례법」에 따른 입양절차가 완료되어야 한다(출입국관리법 시행령 별표1 제27 가호 참고). 입양 및 친양자 입양에 따른 구분 없이 거주(F-2) 사증의 심사기준이 동일하게 적용된다.

4) 미성년 자녀가 국내에 거주(F-2) 사증으로 입국한 경우 및 거주(F-2) 사증이 아닌 단기방문(C-3)으로 입국한 경우에 따라 차이가 있는지

국민의 미성년 외국인 자녀는 원칙적으로 재외공관으로부터 거주(F-2) 사증을 발급받아 입국하여야 한다. 다만, 부득이한 사유로 다른 유형의 사증(단기방문 C-3을 말한다)으로 입국한 경우에는 출입국관리사무소에 거주(F-2) 체류자격으로 체류자격 변경허가를 신청하여 허가를 받아야만 대한민국에서 체류할 수 있다. 이 경우 거주(F-2) 사증의 심사기준이 동일하게 적용된다.

3. 동반(F-3)

(1) 근 거

1989년 「아동의 권리에 관한 협약Convention on the Rights of the Child」 제9조 제1항

---

102) 출입국관리법 시행령 별표1 제27 가호. 국민의 미성년 외국인 자녀 또는 영주(F-5) 체류자격을 가지고 있는 자의 배우자 및 그의 미성년 자녀.

103) 출입국관리법 시행령 별표1 제28의3 나호. 국민 또는 영주(F-5) 체류자격을 가진 자의 배우자 또는 미성년 자녀로서 대한민국에 2년 이상 체류하고 있는 자 및 대한민국에서 출생한 것을 이유로 「출입국관리법」 제23조에 따라 체류자격 부여 신청을 한 자로서 출생 당시 그의 부 또는 모가 영주(F-5) 체류자격으로 대한민국에 체류하고 있는 자 중 생계유지 능력, 품행, 기본적 소양 등을 고려한 결과 대한민국에 계속 거주할 필요가 있다고 법무부장관이 인정하는 자.

에서 "당사국은 사법적 심사의 구속을 받는 관계당국이 적용 가능한 법률 및 절차에 따라서 분리가 아동의 최상의 이익을 위하여 필요하다고 결정하는 경우 외에는, 아동이 그의 의사에 반하여 부모로부터 분리되지 아니하도록 보장하여야 한다."라고 규정하고, 제10조 제1항에서 "제9조 제1항에 규정된 당사국의 의무에 따라서, 가족의 재결합을 위하여 아동 또는 그 부모가 당사국에 입국하거나 출국하기 위한 신청은 당사국에 의하여 긍정적이며 인도적인 방법으로 그리고 신속하게 취급되어야 한다. 또한 당사국은 이러한 요청의 제출이 신청자와 그의 가족 구성원들에게 불리한 결과를 수반하지 아니하도록 보장하여야 한다."라고 규정하고 있다. 따라서 당사국은 가족의 재결합을 희망하는 아동 또는 그 부모가 본국 또는 외국으로부터 출국하거나 본국 또는 외국에 입국할 수 있도록 적절한 사증의 신청과 발급을 폭넓게 보장하여야 한다.

(2) 대상자

동반(F-3) 사증의 발급 대상자는 문화예술(D-1)부터 특정활동(E-7)까지의 체류자격에 해당하는 자의 배우자 및 20세 미만의 자녀로서 배우자가 없는 자이다.[104] 다만, 기술연수(D-3) 체류자격에 해당하는 자는 제외한다.[105] 「출입국관리법」에서는 주된 사증을 소지한 자의 배우자와 그 20세 미만의 자녀를 동반(F-3) 체류자격으로 인정하고 있다. 가족을 동반하려는 주된 사증 소지자의 체류자격이 문화예술(D-1), 유학(D-2), 일반연수(D-4), 취재(D-5), 종교(D-6), 주재(D-7), 기업투자(D-8), 무역경영(D-9), 구직(D-10), 교수(E-1), 회화지도(E-2), 연구(E-3), 기술지도(E-4), 전문직업(E-5), 예술흥행(E-6), 특정활동(E-7)에 해당하고, 이러한 체류자격에 해당하는 사증을 소지한 자의 배우자 및 20세 미만의 자녀로서 배우자가 없는 자가 동반(F-3) 사증에 해당된다.

(3) 장기간 체류의사

동반(F-3) 사증의 기본성격은 가족 재결합을 위한 사증의 유형에 해당하므로 장기간 체류의 의사가 요구된다. 대한민국 내에서 기술연수(D-3), 비전문취업(E-9), 선원취업(E-10) 등 가족을 동반할 수 없는 체류자격의 외국인이 질병이나 산재 등 부득이한 사유로 인하여 그 가족이 일시적으로 대한민국에 방문하여야 할 필요성이 인정되는 경우 동반(F-3) 사증의 발급대상자가 아니라, 단기방문(C-3) 사증의 발급

104) 출입국관리법 시행령 별표1 외국인의 체류자격(제12조 관련).
105) 출입국관리법 시행령 별표1 외국인의 체류자격(제12조 관련).

대상자에 해당된다.

(4) 체류기간

1회에 부여하는 동반(F-3) 사증에 대한 체류기간의 상한은 가족을 동반하는 본인에게 정하여진 체류기간이다.[106)]

(5) 취재(D-5) 사증 소지자의 가족동반

배우자 및 20세 미만의 자녀로서 배우자가 없는 자를 가족으로 동반하고자 하는 주된 사증을 소지한 자의 체류자격이 취재(D-5)에 해당하는 경우 국내 지사(국)가 개설되어 있어야 그와 동반하여 입국하려는 자에게 동반(F-3) 사증 발급이 가능하다. 국내에서 90일 이상 취재・보도활동을 하고자 하는 외국인이 취재(D-5) 사증을 발급받기 위하여는 국내 지사(국) 설치허가증이 필요하므로 취재(D-5) 사증 소지자가 그의 가족을 동반하여 입국하기 위하여 국내 지사(국)가 개설되어야 하는 것은 당연한 요건이다. 이러한 요건은 단순한 확인사항에 불과하다.

4. 결혼이민(F-6)

(1) 결혼이민의 역사

외국인의 결혼이민은 대한민국의 국민이 외국에서 유학, 주재원 등으로 체류하면서 개인을 중심으로 한 국제결혼을 통하는 것이 주를 이루었다. 대한민국에서 외국인의 결혼이민이 사회적 주목을 받기 시작한 것은 1980년대 초반부터이다. 당시에 통일교도와 결혼하여 대한민국으로 이민해 들어온 결혼이민자는 주로 일본 국적의 여성들이었다. 국제결혼이 상당한 규모로 이루어지고, 대한민국에서의 국제결혼 양상이 변화하기 시작한 것은 1990년대 초반부터이다. 이 시기는 대한민국과 중국의 외교관계가 정상화(1992년)되면서 중국 국적의 조선족 여성과 대한민국 농촌의 노총각이 국제결혼하는 사례가 주를 이루었으며 대한민국 남성과 외국 여성의 혼인이 급증하기 시작하였기 때문이다. 또한 결혼이 대한민국에 입국하기 위한 방편으로 활용되는 위장결혼의 사례가 증가하였다. 이러한 연유로 1990년대 말까지 외국인 여성배우자의 국적은 중국과 일본이 절대 다수이었다.[107)] 1998년까지 대한민국 남성

106) 출입국관리법 시행규칙 별표1 1회에 부여하는 체류자격별 체류기간의 상한(제18조의2 관련).
107) 차용호・나현웅, 결혼이민(F-6) 사증 발급기준 개선 방안, 숙명여자대학교 다문화사회연구 제6권 2호, 2013, pp. 109～128; 김두섭, 한국인 국제결혼의 설명틀과 혼인 및 이혼신고자료의 분석, 한국인구학 제29권 제1호, 2006, pp. 25～56.

과 결혼한 외국 여성배우자는 자동적으로 대한민국의 국적을 취득하였다. 국적취득을 목적으로 하는 위장결혼을 방지하기 위하여 1997년에 「국적법」이 개정되어 대한민국 국민의 처가 된 외국인에게 대한민국의 국적을 부여하던 종전의 제도를 폐지하고, 대한민국의 국민과 혼인한 외국인은 남녀 모두 성별에 상관없이 혼인한 후 국내에 2년 이상 체류하는 등 일정 요건을 갖추고 법무부장관의 귀화허가를 받아야만 대한민국의 국적을 취득할 수 있도록 간이귀화제도가 개선되었다(구 국적법 제6조 제2항 제1호).

대한민국의 국제결혼 양상은 2000년대에 이르러 다시 새로운 단계에 진입하게 된다. 우선 국제결혼의 건수가 급격하게 증가하였다. 농촌총각 장가 보내기 등 국내에서 결혼상대자를 구하지 못한 대한민국 남성이 베트남, 필리핀, 태국 등의 여성과 국제결혼하는 사례가 증가하였다. 1990년에 4,710건에 불과하던 대한민국의 국민과 외국인 간의 결혼이 2001년에 14,523건, 2003년에 24,775건 등 꾸준하게 증가하다가 2005년에는 42,356건으로 정점에 다다르며 전체 결혼 건수 대비 국제결혼 비율이 13.5%까지 높아지기도 하였다.[108] 국제결혼의 건수가 증가하는 것뿐만 아니라 외국인 배우자의 국적도 다양해졌는데, 중국과 일본 이외에도 베트남, 필리핀, 태국 등 동남아시아 국가의 배우자가 적지 않은 비율을 차지하게 되었다.[109] 특히 대만 정부의 국제결혼 사증심사 강화조치로 인해 대한민국의 국민과 베트남 여성배우자 간의 국제결혼이 증가하였다.[110]

그러나 2000년대에 급격하게 증가한 대한민국의 국제결혼 양상은 국제적인 교류에 따른 개인 간의 자연스러운 만남에 의한 것이 아니라 다른 국가의 문화에 대한 이해나 국제결혼에 대한 진지한 고려 없이 결혼중개업체 또는 지인을 통해 단기간에 혼인이 이루어졌다는 특징이 있었다. 혼인을 하기 전에 제공받은 연령, 직업, 재산 등 신상정보가 실제와는 다른 경우가 빈번하였고, 일부 대한민국 남성들은 외국 국적의 여성을 돈을 주고 데려왔다는 왜곡된 인식을 가져 가정폭력과 같은 사회문제를 야기하였으며, "베트남 여성은 도망가지 않습니다."와 같은 결혼중개업체의 인권침해성 광고로 인해 베트남 내 반한감정을 유발하여 외교적 문제로까지 비화되기도 하였다. 왜곡된 국제결혼 문화와 그에 따른 사회문제는 해당 결혼이민자의 본국

108) 통계청, 2011년 혼인·이혼통계, 2012년 4월.
109) 차용호·나현웅, 결혼이민(F-6) 사증 발급기준 개선 방안, 숙명여자대학교 다문화사회연구 제6권 2호, 2013, pp. 109~128; 김두섭, 한국인 국제결혼의 설명틀과 혼인 및 이혼신고자료의 분석, 한국인구학 제29권 제1호, 2006, pp. 25~56.
110) 대만 남성 - 베트남 여성 간의 혼인건수 감소: 2004년 12,202건 → 2005년 3,697건.
대한민국 남성 - 베트남 여성 간의 혼인건수 증가: 2004년 2,461건 → 2005년 5,822건 → 2006년 10,128건.

정부로 하여금 대한민국 국민과의 국제결혼에 개입하게 되는 계기가 되었다. 우선, 베트남 정부는 2006년 7월에 혼인신고를 할 때에 신고자가 결혼 당사자와 함께 인민위원회에 출석해 혼인의 진정성을 심사받고 공통 언어 테스트를 받도록 의무화하는 내용의 혼인법 개정안을 시행하였다. 이로 인해 베트남 국적의 여성이 대한민국에 입국하는 데 걸리는 시간이 종전 1~2개월에서 4~5개월로 늘어나게 되자, 결혼중개업 시장은 주변국인 캄보디아로 대거 이동하였다.[111] 2006년에 12개에 불과하던 캄보디아 내 결혼중개업체가 2007년에는 126개로 10배 이상 증가하였다.[112] 이로 인해 대한민국 남성과 베트남 여성의 국제결혼 건수는 급감하였고, 대한민국 남성과 캄보디아 여성의 국제결혼이 급증하였다.[113] 그러나 캄보디아에서도 역시 속성 국제결혼에 따른 사회문제가 발생하였고 특히 2008년에 국제이주기구IOM가 캄보디아 내 인신매매성 국제결혼중개 실태를 작성한 보고서를 발표하자, 2008년 3월에 캄보디아 정부는 캄보디아 여성의 국제결혼을 일시 중단하기도 하였다.[114]

심각한 국제결혼 실태에 대해 대한민국 정부도 대안을 마련하였다. 2008년에 「결혼중개업의 관리에 관한 법률」을 제정하여 자유업이었던 결혼중개업을 신고제(국내결혼중개)와 등록제(국제결혼중개)로 강화하고(결혼중개업의 관리에 관한 법률 제3조, 제4조), 2008년에 「국적법」을 개정하여 가정폭력 등으로 혼인피해자가 된 결혼이민자가 대한민국의 국적을 취득할 수 있도록 간이귀화의 길을 열어 놓은 것이다(국적법 제6조 제2항 제3호). 그러나 대한민국과 결혼이민자 본국정부의 노력에도 불구하고 국제결혼과 관련한 사회문제는 사라지지 않았다. 2009년에 결혼중개업자가 캄보디아 국적의 여성 25명을 대한민국의 국민 1명과 집단 중개한 것이 문제가 되어 2010년 3월에 캄보디아 정부는 자국 여성이 대한민국 남성과 혼인하는 것을 중단하게 함으로써, 일본 및 동남아국가 언론에서 이를 대서특필하여 국제적인 망신을 당하였다.[115] 또한 2011년 3월부터 캄보디아 정부는 자국 여성과 혼인하려는 외국인 남성은 50세 미만으로 월 소득 2,500달러 이상이어야 한다는 규정을 두었다. 특히, 2010년 3월에 대한민국 국적의 배우자가 보험금을

111) 불법 '집단 맞선' 뒷돈 무마.. 인신매매국 찍힐라, 한겨레, 2007. 2. 5.
112) 외국인 신부 찾기, 단속 피해 캄보디아로, 한겨레, 2007. 11. 2.
113) 대한민국 남성 – 베트남 여성 간의 혼인건수 감소: 2006년 10,128건 → 2007년 6,610건. 대한민국 남성 – 캄보디아 여성 간의 혼인건수 증가: 2006년 394건 → 2007년 1,804건, 2011년. 혼인・이혼통계, 통계청.
114) 차용호・나현웅, 결혼이민(F-6) 사증 발급기준 개선 방안, 숙명여자대학교 다문화사회연구 제6권 2호, 2013, pp. 109~128; 김두섭, 한국인 국제결혼의 설명틀과 혼인 및 이혼신고자료의 분석, 한국인구학 제29권 제1호, 2006, pp. 25~56.
115) 뿔난 캄보디아 정부 "한국남성과의 결혼 금지" 동남아 일대에 반한여론 확산, 2010. 3. 20 뉴스앤뉴스.

노리고 캄보디아 국적의 배우자를 살해한 사건이나 2010년 7월에 정신질환이 있던 대한민국 국적의 남편에게 입국한 지 1주일 만에 살해당한 탓티황옥 사건은 국제결혼 시장에 대한 정부의 강력한 개입을 요구하게 되는 계기가 되었다. 탓티황옥 사건이 발생한 후 대한민국 정부는 불법 결혼중개업체에 대한 대대적인 단속을 실시하는 한편, 범정부 T/F를 구성하여 결혼사증 심사기준 강화와 「결혼중개업의 관리에 관한 법률」을 강화하는 내용으로 국제결혼 건전화 대책을 내놓았고, 이와 같은 규제 대책으로 인해 2011년 국제결혼 건수는 전년 대비 4,500여건이나 감소한 29,762건이 이루어지는 등 직접적인 정책효과를 나타내었다. 특히, 연간 국제결혼 건수가 3만건 아래로 내려간 것은 2003년 이후 8년 만이었다. 그러나 대한민국 정부는 「결혼중개업의 관리에 관한 법률」을 강화하여 국제결혼중개업체가 계약을 체결한 이용자와 결혼중개의 상대방의 신상정보를 받아 각각 해당 국가 공증인의 인증을 받아 신상정보를 이용자와 상대방에게 서면으로 제공하도록 하는 공증제도를 마련하였지만(결혼중개업의 관리에 관한 법률 제10조의2), 재산과 같은 신상정보의 입증책임까지 중개업체가 부담하지는 않는다는 한계가 있고, 최근 늘어나고 있는 중개업체를 통하지 않은 지인을 통한 속성 결혼의 경우에는 공증제도나 신상정보 제공 제도가 적용조차 되지 않는다는 문제가 있다. 또한 개인의 초청으로 인해 새로운 이민자가 국내 사회에 유입되었으면 그 이민자의 국내정착 책임은 초청자가 부담하는 것이 합리적이며 이를 국가와 사회 전체가 부담하는 것은 국제적인 기준에도 맞지 않는다는 지적도 제기되었다.[116] 더욱이 최근 국제결혼을 이용하여 대한민국에 입국하거나 일시동거한 후 잠적하는 등 대한민국의 국민이 피해를 받는 사례도 발생하고 있다.

(2) 근 거

1) 헌법적 근거

「헌법」 제36조 제1항에서는 "혼인과 가족생활은 개인의 존엄과 양성의 평등을 기초로 성립되고 유지되어야 하며, 국가는 이를 보장한다."라고 규정하고 있다. 혼인과 가족생활을 스스로 결정하고 형성할 수 있는 자유를 '기본권'으로서 보장하고, 혼인과 가족에 대한 '제도'를 보장한다.[117] 여기에서 '가족'은 부부 중 한 명이 대한민국의 국민이고 다른 한 명이 외국인인 국제결혼의 경우를 포함한다.[118]

116) 차용호 · 나현웅, 결혼이민(F-6) 사증 발급기준 개선 방안, 숙명여자대학교 다문화사회연구 제6권 2호, 2013, pp. 109~128; 김두섭, 한국인 국제결혼의 설명틀과 혼인 및 이혼신고자료의 분석, 한국인구학 제29권 제1호, 2006, pp. 25~56.

117) 헌법재판소 2002. 8. 29. 자 2001헌바82 결정; 헌법재판소 2013. 11. 28. 자 2011헌마520 결정.

118) 헌법재판소 2013. 11. 28. 자 2011헌마520 결정; 서울고등법원 2014. 9. 5. 선고 2014누41086 판결.

2) 가족 재결합

가족을 구성할 권리는 원칙적으로 가족이 함께 살 수 있는 권리를 포함한다. 부부가 함께 체류하는 것은 혼인 생활을 함께 영위하기 위한 본질적인 요소가 되는바, 부부가 함께 체류할 수 있는 권리는 혼인의 자유의 보호영역에 포함된다.[119)]

(3) 대상자 및 세부약호

1) 결혼이민자

결혼이민자란 대한민국의 국민과 혼인한 적이 있거나 혼인관계에 있는 외국인을 말한다(재한외국인 처우 기본법 제2조 제3호).

2) 구체적 대상자

결혼이민(F-6) 사증의 발급 대상자는 다음과 같이 3가지 유형으로 나뉜다. i) 국민의 배우자, ii) 국민과 혼인관계(사실상의 혼인관계를 포함한다)에서 출생한 자녀를 양육하고 있는 부 또는 모로서 법무부장관이 인정하는 자, iii) 국민인 배우자와 혼인한 상태로 국내에 체류하던 중 그 배우자의 사망이나 실종, 그 밖에 자신에게 책임이 없는 사유로 정상적인 혼인관계를 유지할 수 없는 자로서 법무부장관이 인정하는 자이다.[120)]

3) 세부약호

(가) 연 혁

결혼이민자에게는 종전에 거주(F-2-1) 사증이 부여되었으나, 국민의 배우자, 국민과 혼인관계에서 출산한 자녀를 양육하고 있는 부모 등에 대하여는 종전의 거주(F-2) 체류자격이 아닌 결혼이민(F-6) 체류자격으로 구분하여 지원 및 관리하고, 결혼이민자에 대한 체계적인 지원과 관리가 이루어질 수 있도록 2011년 11월 「출입국관리법 시행령」 별표1을 개정하여 결혼이민(F-6) 사증이 신설되었다.

(나) 세부약호

결혼이민(F-6) 사증의 발급 대상자에게 부여되는 체류자격 세부약호 및 그 기준으로는 i) 국민의 배우자(F-6-1)이다. 양 당사자 국가에서 혼인이 유효하게 성립되어 있고, 대한민국의 국민과 결혼생활을 지속하기 위해 국내 체류를 하고자 하는 외국인에게는 국민의 배우자(F-6-1) 사증을 부여한다. 종전에 「출입국관리법 시행령」 별표1에 따라 거주(F-2-1) 체류자격을 부여 받았던 결혼이민자가 이에 해당한

119) 앞의 결정.
120) 출입국관리법 시행령 별표1 외국인의 체류자격(제12조 관련).

다. ii) 자녀양육(F-6-2)이다. 국민의 배우자(F-6-1) 사증에는 해당하지 않으나, 대한민국의 국민과 혼인관계(사실상의 혼인관계를 포함한다)에서 출생한 미성년 자녀를 국내에서 양육하거나 양육하려는 부 또는 모인 외국인에게는 자녀양육(F-6-2) 사증을 부여한다. 국외에서 양육하거나 양육하려는 경우에는 해당하지 않는다. iii) 혼인단절(F-6-3)이다. 대한민국의 국민인 배우자와 혼인한 상태로 국내에 체류하던 중 그 배우자의 사망·실종, 그 밖에 자신에게 책임이 없는 사유로 정상적인 혼인관계를 유지할 수 없는 외국인에게는 혼인단절(F-6-3) 사증을 부여한다.

(4) 사증발급 권한의 위임

법무부장관은 「출입국관리법」 제8조(사증) 제2항에 따라 「출입국관리법 시행령」 별표1 중 일시취재(C-1)부터 방문취업(H-2)까지의 체류자격에 해당하는 자에 대한 사증발급 권한(전자사증 발급권한은 제외한다)을 법무부령으로 그 범위를 정하여 재외공관의 장에게 위임한다(출입국관리법 시행령 제11조 제2항). 이에 따라 법무부장관은 재외공관의 장에게 결혼이민(F-6) 중 상호주의 또는 대한민국의 이익 등을 위하여 법무부장관이 특히 필요하다고 인정하는 자에 대한 체류기간 1년 이하의 사증발급 권한(출입국관리법 시행령 제7조의2 제4항에 따른 전자사증 발급권한은 제외한다)을 위임한다(출입국관리법 시행규칙 제9조 제1항 제9호).

법무부장관은 사증발급 권한이 위임된 사증의 종류, 체류자격, 체류기간 또는 사증발급 대상 및 절차 등에 관한 세부기준을 정할 수 있다(출입국관리법 시행규칙 제9조 제2항). 따라서 국민의 배우자(F-6-1), 자녀양육(F-6-2)의 경우에는 재외공관의 장에게 그 권한이 위임되어 있다. 다만, 혼인단절(F-6-3)의 경우에는 위임되어 있지 않다. 그리고 국민의 배우자(F-6-1), 자녀양육(F-6-2)의 경우에는 체류기간 90일 이하의 단수사증에 한하여 재외공관의 장에게 위임되어 있다.

(5) 체류기간

1회에 부여하는 결혼이민(F-6) 사증에 대한 체류기간의 상한은 3년이다.[121]

(6) 체류활동

결혼이민(F-6) 체류자격을 가지고 있는 결혼이민자는 체류자격 구분에 따른 취업활동의 제한을 받지 아니한다(출입국관리법 시행령 제23조 제2항 제3호).

---

121) 출입국관리법 시행규칙 별표1 1회에 부여하는 체류자격별 체류기간의 상한(제18조의2 관련).

(7) 요 건

1) 혼인의 성립

(가) 의 의

「민법」에서는 "혼인은 「가족관계의 등록 등에 관한 법률」에 정한 바에 의하여 신고함으로써 그 효력이 생긴다."라고 규정하여(민법 제812조 제1항), 대한민국의 국민이 대한민국에서 외국인과 혼인할 경우 「가족관계의 등록 등에 관한 법률」에서 정한 바에 의하여 가족관계등록관서에 신고함으로써 혼인이 성립된다.

(나) 판단기준

대한민국의 국민이 대한민국에서 외국인과 혼인할 경우 그 혼인의 성립 여부에 대한 판단기준이 문제된다. 「국제사법」에서는 "대한민국에서 혼인을 거행하는 경우에 당사자 일방이 대한민국의 국민인 때에는 대한민국 법에 의한다."라고 규정하여(국제사법 제36조 제2항 단서), 대한민국의 국민이 대한민국에서 외국인과 혼인을 거행하는 경우 그 혼인의 방식은 대한민국 법에 의한다.[122] 또한 「국제사법」에서는 "혼인의 성립요건은 각 당사자에 관하여 그 본국법에 의한다."라고 규정하여(국제사법 제36조 제1항), 혼인의 성립요건은 각 당사자에 관하여 그 본국법에 의한다. 대한민국의 국민이 외국인과 혼인할 경우 대한민국의 국민에 관하여 혼인이 성립되었는지는 대한민국 법률에 의하여 판단하여야 한다.[123]

(다) 혼인관계의 증명

(a) 문제 제기: 초청인이 대한민국에서의 혼인관계증명서 이외에 결혼이민자 본국에서의 혼인관계 증명도 필요한지가 문제된다. 결혼동거 목적의 사증 발급에 있어서 재외공관의 장은 혼인의 진정성 및 정상적인 결혼 생활의 가능성 여부를 판단하기 위하여 '당사국의 법령에 따른 혼인의 성립 여부'를 심사 · 확인하기 때문이다(출입국관리법 시행규칙 제9조의5 제1항 제2호).

(b) 증명 방법

ⅰ. 내 용: 혼인관계를 증명하기 위하여는 초청인의 대한민국에서의 혼인관계증명서를 통해 증명하면 된다. 다만, 주한베트남대사관의 경우에는 국내에 체류하는 베트남 인이 대한민국의 국민과 결혼하여 대한민국에서 먼저 혼인신고를 하여 주한

---

122) 국제사법 제36조 (혼인의 성립)
② 혼인의 방식은 혼인거행지법 또는 당사자 일방의 본국법에 의한다. 다만, 대한민국에서 혼인을 거행하는 경우에 당사자 일방이 대한민국 국민인 때에는 대한민국 법에 의한다.

123) 대구지방법원 2012. 4. 18. 선고 2011구합2394 판결; 대구지방법원 2012. 8. 24. 선고 2012구합166 판결.

베트남대사관에 혼인신고를 할 수 있으므로 주한베트남대사관이 발급한 결혼(혼인) 증명서로도 혼인관계를 증명할 수 있다. 그러나 외국인 배우자 본국에서의 중혼이 의심되는 경우에는 결혼이민자 본국에서의 호구부(중국의 경우), 미혼증명서, 혼인성립구비 증명서 등 중혼이 아님을 입증하는 서류를 징구할 수 있다.

ii. 취 지: 종전에는 결혼이민 사증을 발급받기 위하여 초청인과 외국인 배우자는 양 국가에서 혼인이 유효하게 성립되어야 하고, 양 국가에서의 혼인관계증명서 등을 통하여 증명하여야만 했었다. 그러나 미국·캐나다·호주·뉴질랜드·중국 등 다수의 국가에서는 대한민국에서 혼인신고가 되어 있으면 그 해당 국가에서의 혼인신고가 불가능하고, 중혼 등 혼인성립의 심사권한은 가족관계등록관서의 관할 사항임이 고려되어 2014년 7월부터 초청인의 대한민국에서의 혼인관계증명서만으로도 혼인관계를 입증할 수 있도록 개선되었다.

iii. 판례의 태도: 비록 지방법원의 판례이지만 "파키스탄인이 우리나라 국민과 혼인하였다고 주장할 경우 우리나라 국민과의 혼인이 성립되었는지는 우리나라 법률에 의하여 판단하여야 하므로, 파키스탄 본국법에 따른 결혼증명서를 반드시 첨부하여야 하는 것은 아니다."라고 판시한 바 있다.[124)]

(라) 동성혼의 문제

(a) **문제 제기:** 대한민국의 국민과 결혼한 외국인 배우자가 그 외국에서 동성혼을 인정받았고 대한민국 재외공관에 결혼이민 사증을 신청하기 위한 혼인의 성립으로 인정될 수 있는지가 문제된다. 대한민국 「민법」의 혼인장애·금지 사유로는 혼인적령 미달(제807조), 근친혼(제809조), 중혼(제810조)이 있고, 동성혼이 「민법」의 혼인장애·금지 사유로 규정되어 있지 않다.

(b) **일반적인 경우:** 결혼이민 사증을 발급받기 위하여는 「출입국관리법 시행규칙」 제9조의5 제1항 제2호에 규정된 '당사국의 법령에 따른 혼인의 성립'에 해당하여야 하므로 양 당사국의 본국법에 따라 모두 혼인이 성립하여야 한다. 즉 혼인은 각 당사자에 관하여 그 당사자의 본국법에 따라 모두 성립하여야 한다. 다만, 혼인이란 남녀 간의 육체적·정신적 결합으로 성립하는 것으로서, 대한민국 「민법」은 이성異性 간의 혼인만을 허용하고 동성同性 간의 혼인은 허용하지 않고 있다.[125)] 혼인이 1남 1녀의 정신적·육체적 결합이라는 점에 있어서는 변화가 없다.[126)] 또한 동성同性 간에 사실혼 유사의 동거관계를 사실혼으로 인정하여 법률혼에 준하는 보

124) 대구지방법원 2012. 8. 24. 선고 2012구합166 판결.
125) 대법원 2011. 9. 2. 자 2009스117 전원합의체 결정.
126) 헌법재판소 1997. 7. 16. 자 95헌가6 전원재판부 결정.

호를 할 수는 없다.[127] 따라서 동성혼의 경우에는 결혼이민 사증을 신청하기 위한 혼인의 성립에 해당하지 않는다.

(c) **외교관의 동성 배우자인 경우:** 「대한민국 주재 외국 공관원 등을 위한 신분증 발급과 관리에 관한 규칙」 제2조 제2호 단서에 따르면, 법적 혼인관계의 배우자라는 개념에서 '대한민국 법률에 위배되거나 선량한 풍속이나 그 밖의 사회질서에 반하는 경우에는 배우자의 지위를 인정하지 않을 수 있다'라는 배제규정을 두고 있다. 외교관의 동성 배우자는 외교관 가족에게 발급되는 외교(A-1) 사증의 발급 대상자가 아니라, '외교(A-1) 체류자격에 해당하는 자의 동거인으로서 그 세대에 속하지 않는 자'에게 발급되는 방문동거(F-1) 사증 발급의 대상자에 해당된다(출입국관리법 시행령 제12조, 별표1).[128]

(마) 위장결혼의 처벌 문제

(a) **혼인의 진정성:** 부부(초청자와 피초청자를 말한다) 사이에는 혼인의 진정성이 있어야 하며, 초청인과 피초청인(결혼이민자)의 자발적 의사에 의한 혼인이어야 한다. 결혼동거 목적의 사증발급 기준에서는, 교제경위 및 혼인의사를 미루어봤을 때 혼인의 진정성이 있을 것을 요구하고 있다(출입국관리법 시행규칙 제9조의5 제1항 제1호).

(b) **성립 및 처벌:** 공정증서원본 등의 부실기재죄는 공무원에 대하여 허위신고를 하여 공정증서원본 또는 이와 동일한 전자기록 등 특수매체기록에 부실의 사실을 기재 또는 기록하게 함으로써 성립하는 범죄를 말한다(형법 제228조). 본죄는 간접정범의 형태에 의한 허위공문서작성죄를 특별히 규정한 것이다.[129] 부실의 사실을 기재한 후에 기재된 내용이 객관적 권리관계와 일치하게 되었는가의 여부는 공정증서원본 등의 부실기재죄의 성립에 영향이 없다.[130] 본죄는 고의범이므로 허위신고에 의하여 부실의 사실을 기재한다는 점에 대한 인식이 있을 것을 요한다. 객관적으로 부실의 기재가 있는 경우에도 이에 대한 인식이 없는 때에는 본죄가 성립하지 않는다.[131] 본죄를 범한 자는 5년 이하의 징역 또는 1천만원 이하의 벌금에 처한다(형법 제228조 제1항).

(c) **착수 또는 기수시기:** 위장결혼의 처벌과 관련하여, 공정증서원본 등의 부실기재죄의 성립요건 및 실행의 착수시기 또는 기수시기가 문제된다. 판례에 따르

---

127) 인천지방법원 2004. 7. 23. 선고 2003드합292 판결.

128) 주한미군의 동성 배우자인 경우에도 위와 같은 동일한 문제가 제기된다. SOFA협정에서는 배우자의 개념을 규정하지 않고 있다. 다만, 주한미군의 동성 배우자는 '협정(A-3) 체류자격에 해당하는 자의 동거인으로서 그 세대에 속하지 않는 자'에게 발급되는 방문동거(F-1) 사증 발급의 대상자에 해당된다(출입국관리법 시행령 제12조, 별표1).

129) 이재상, 형사소송법, 박영사, 1998, p. 558.

130) 대법원 1976. 1. 13. 선고 74도1959 판결.

131) 이재상, 형사소송법, 박영사, 1998, p. 562.

면, 본죄의 실행의 착수시기는 허위신고시虛僞申告時를 기준으로 판단하여야 하고, 기수시기는 허위신고에 의하여 공정증서원본 등에 부실의 기재가 된 때이다. 따라서 허위신고를 하였으나 기재되지 아니한 때에는 본죄의 미수에 해당한다.[132] 법원은 본죄의 실행의 착수시기에 대하여 공무원에 대하여 허위의 신고를 하는 때로 판시하고 있다.[133] 위장결혼의 당사자 및 브로커와 공모한 자가 위장결혼을 하면 사례금을 준다는 제의를 받고 이를 승낙한 후, 허위로 결혼사진을 찍고 혼인신고에 필요한 서류를 준비하여 위장결혼의 당사자에게 건네준 것만으로는 본죄의 실행에 착수한 것으로 볼 수 없다.[134]

2) 국민의 배우자

(가) 배우자

(a) **문제 제기:** 「출입국관리법 시행령」 제12조(체류자격의 구분) 및 별표1에서 규정한 국민의 배우자 중 '배우자'의 의미가 문제된다. '외국인의 본국법'에 의하여 대한민국의 국민과 혼인이 성립되는 것으로 인정되는 외국인 배우자가 그 의미에 포함되는지의 문제이기도 하다.

(b) **판례의 태도:** 비록 지방법원의 판례이지만 "배우자란 대한민국의 법률에 의하여 대한민국의 국민과 혼인이 성립된 것으로 인정되는 외국인을 의미하고, 자신(외국인을 뜻한다)의 본국법에 의하여 대한민국의 국민과 혼인이 성립된 것으로 인정되는 외국인을 의미하는 것은 아니다."라고 판시한 바 있다.[135] 판례는 혼인의 성립과 혼인관계의 증명을 동일시하는 입장으로 해석된다.

(c) **소 결:** 결혼이민(F-6) 체류자격의 요건이 되는 '배우자'의 의미에는 대한민국의 법률에 의하여 대한민국의 국민과 혼인이 성립된 것으로 인정되는 외국인뿐만 아니라, 외국인의 그 본국법에 의하여 대한민국의 국민과 혼인이 성립된 것으로 인정되는 외국인을 동시에 의미하는 것으로 해석되어야 한다. 이것은 혼인의 진정성 및 정상적인 결혼 생활의 가능성 여부, 외국인의 본국에서 중혼 여부를 판단하기 위해 '당사국의 법령에 따른 혼인의 성립 여부'를 심사・확인할 수 있도록 하는 혼인관계의 증명과는 별개이다(출입국관리법 시행규칙 제9조의5 제1항 제2호).

---

132) 이재상, 형사소송법, 박영사, 1998, p. 562.
133) 대법원 2009. 9. 24. 선고 2009도4998 판결.
134) 대법원 2009. 9. 24. 선고 2009도4998 판결.
135) 대구지방법원 2012. 4. 18. 선고 2011구합2394 판결; 대구지방법원 2012. 8. 24. 선고 2012구합166 판결.

(나) 사실혼 관계

(a) 문제 제기: 사실혼의 성립요건은 주관적으로는 당사자 사이에 혼인의 의사가 있고, 객관적으로는 사회통념상 가족질서인 면에서 부부공동생활을 인정할 만한 혼인생활의 실체가 있는 경우이다.[136) 「다문화가족지원법」의 적용대상자는 대한민국의 국민과 법률혼 관계의 다문화가족뿐만 아니라, 대한민국의 국민과 사실혼 관계에서 출생한 자녀를 양육하고 있는 사실혼 관계에 있는 다문화가족에게도 적용된다는 점에서 「출입국관리법」상의 체류자격과 「다문화가족지원법」상의 적용대상자 간에는 관련성이 있다.[137) 사실혼 관계에 있는 외국인 배우자가 적용대상자에 포함된 취지는 다양한 형태의 가족이 존재함을 인정하여 사실혼 관계의 외국인 배우자에게도 합법적 체류자격을 부여한 것이다.[138) 이와 관련하여, 사실혼 관계에 있는 외국인 배우자도 결혼이민(F-6-1) 사증을 부여받을 수 있는 대상자에 해당되는지가 문제된다. 결혼이민(F-6-1) 사증의 대상자에 해당되지 않는 경우에는 사실혼 관계에 있는 외국인 배우자는 다른 유형의 사증을 발급받아야 하기 때문이다.

(b) 소 결: 사실혼 관계에 있는 외국인 배우자는 결혼이민(F-6-1) 사증의 대상자인 국민의 배우자에 포함되지 않는다(출입국관리법 시행령 제12조, 별표1). 「출입국관리법 시행규칙」 제9조의5(결혼동거 목적의 사증발급 기준 등) 제1항 제2호에 규정된 '당사국의 법령에 따른 혼인 성립'에 따라 반드시 법적으로 혼인이 유효하게 성립되어 있어야만 결혼이민 사증을 발급받을 수 있다. 다만, 대한민국의 국민과의 사이에 미성년 자녀가 있고 양육목적이 있는 경우에는 자녀양육 목적의 결혼이민(F-6-2) 사증을 발급받을 수 있다. 이 경우 법적 혼인관계뿐만 아니라 사실상의 혼인관계에서 출생한 미성년 자녀도 포함된다.

3) 심사기준의 충족

(가) 의 의

대한민국에 입국하려는 결혼이민자는 기본적으로 사증을 발급받아야 하고, 사증에 대한 일반적인 발급기준은 앞에서 살펴본 「출입국관리법 시행규칙」 제9조의2(사증 등 발급의 기준)에서 규정하고 있다. 그러나 결혼이민(F-6) 사증의 경우에는 「출입국관리법 시행규칙」 제9조의2에 더하여 제9조의4(결혼동거 목적의 외국인 초청절

---

136) 대법원 1998. 12. 8. 선고 98므961 판결; 대법원 1995. 3. 10. 선고 94므1379 판결.

137) **다문화가족지원법 제14조 (사실혼 배우자 및 자녀의 처우)**
제5조부터 제12조까지의 규정은 대한민국 국민과 사실혼 관계에서 출생한 자녀를 양육하고 있는 다문화가족 구성원에 대하여 준용한다.

138) 여성가족부, 결혼이민자 가족실태조사 및 중장기 지원정책방안 연구, 2006, p. 305 참고.

차 등)와 제9조의5(결혼동거 목적의 사증 발급기준 등)에서 추가적 심사기준을 두고 있다. 「출입국관리법 시행규칙」 제9조의4와 제9조의5는 2011년 3월에 신설된 조항으로, 2010년 7월 탓티황옥 사건이 계기가 되어 신설되었다.[139)]

「출입국관리법 시행규칙」 제9조의4(결혼동거 목적의 외국인 초청절차 등)에서는 ⅰ) 배우자의 초청이 있을 것, ⅱ) 법무부장관이 고시하는 요건에 해당하는 결혼이민자를 초청하는 배우자가 국제결혼 안내프로그램을 수강할 것을 두고 있다. 그리고 「출입국관리법 시행규칙」 제9조의5(결혼동거 목적의 사증 발급기준 등)에서는 ⅲ) 교제경위 및 혼인의사를 미루어봤을 때 혼인의 진정성이 있을 것(제1호), ⅳ) 양 당사국의 법률에 따라 혼인이 유효하게 성립할 것(제2호), ⅴ) 최근 5년 이내에 2회 이상 다른 배우자를 초청한 사실이 없을 것(이번 초청이 3번째에 해당하는 경우에는 초청이 제한되나, 이번 초청이 2번째에 해당하는 경우에는 초청이 가능하다)(제3호), ⅵ) 초청인이 「국민기초생활 보장법」 제6조(최저생계비의 결정)의 최저생계비를 고려하여 법무부장관이 매년 정하여 고시하는 소득 요건을 충족할 것(제4호), ⅶ) 부부 양 당사자가 건강상태 및 범죄경력 정보 등을 상호 제공할 것(제5호), ⅷ) 피초청인이 기초 수준 이상의 한국어 구사가 가능할 것(이 경우 구체적인 심사·확인 기준은 법무부장관이 정하여 고시한다)(제6호) ⅸ) 부부가 함께 지속적으로 거주할 수 있는 정상적인 주거공간을 확보할 것(이 경우 고시원, 모텔, 비닐하우스 등 일반적으로 부부가 함께 지속적으로 거주할 수 있는 장소로 보기 어려운 곳은 정상적인 주거 공간이 확보된 것으로 보지 아니한다)(제7호), ⅹ) 초청인이 「국적법」 제6조(간이귀화 요건) 제2항 제1호 또는 제2호에 따라 국적을 취득하거나 「출입국관리법 시행령」 별표1의 영주(F-5) 나목에 따라 영주자격을 취득하고 3년이 경과하였을 것(제8호)을 두고 있다. 이 중에서 법무부장관은 「출입국관리법 시행규칙」 제9조의5(결혼동거 목적의 사증 발급 기준 등) 제1항 제3호부터 제5호까지의 결혼동거 목적의 사증발급 요건에 대하여 2014년 1월 1일을 기준으로 3년마다(매 3년이 되는 해의 기준일과 같은 날 전까지를 말한다) 그 타당성을 검토하여 개선 등의 조치를 하여야 한다(출입국관리법 시행규칙 제84조의2 제1호). 동 조항의 유지 여부를 결정하기 위해 규제를 재검토하여, 경우에 따라서는 동 규정을 삭제하는 '일몰제 규정'으로 규정되어 있다는 한계가 있다.[140)]

(나) 국제결혼 안내프로그램

(a) 의 의: 국제결혼 안내프로그램은 상대방 국가의 문화, 국제결혼 경험담 등을 소개하는 교육과정(3시간)이다. 국제결혼을 하려는 한국인 배우자 중 법무부장관이 고시하는 요건에 해당하는 자는 국제결혼 안내프로그램을 이수하여야 한다

139) 차용호·나현웅, 결혼이민(F-6) 사증 발급기준 개선 방안, 숙명여자대학교 다문화사회연구 제6권 2호, 2013, pp. 109~128.

140) 앞의 글. pp. 109~128.

(출입국관리법 시행규칙 제9조의4). 국제결혼 안내프로그램을 이수해야 할 의무는 개인의 행복추구권 또는 혼인의 권리를 침해한다기보다 무분별한 속성 국제결혼으로 인해 가정폭력, 이혼율 증가, 위장결혼 등 사회문제가 계속 발생함에 따라 도입된 외국인 배우자의 입국에 대한 요건에 해당한다. 국제결혼 안내프로그램의 시행기관, 비용 지원 등 그 운영에 필요한 사항은 법무부장관이 정하여 고시한다(출입국관리법 시행규칙 제9조의4 제3항). 이에 따라, 2011년 3월 7일에 「국제결혼 안내프로그램 이수 대상 및 운영사항 고시」가 제정되어 시행되고 있다.

(b) **법적 근거:** 「출입국관리법」 제8조(사증) 제3항[141]에 따라 사증발급에 관한 기준과 절차는 법무부령으로 정하도록 위임되어 있다. 이에 따라 「출입국관리법 시행규칙」 제9조의4(결혼동거 목적의 외국인 초청절차 등)에 국제결혼 안내프로그램의 법적 근거를 두고 있다. 이에 대하여는, 국민의 자유와 권리를 제한할 경우에는 법률에 근거하여야 한다는 것을 고려하여야 한다(헌법 제37조 제2항 참고). 「출입국관리법 시행규칙」에서 국제결혼을 하고자 하는 국민에게 이수 의무를 부과하고 있지만, 개인의 사생활에 대한 관여 또는 제한 등 「헌법」과의 관계를 고려할 때에 「출입국관리법」 제8조(사증) 제3항에 정한 위임입법의 범위를 넘는 것이다. 입법론적으로는 법적 근거를 상위법인 법률에 둘 필요가 있다.

(c) **대상자**

i. 원 칙: 결혼동거 목적의 사증을 발급받으려는 외국인 중 법무부장관이 고시하는 요건에 해당하는 자는 그의 배우자인 초청인이 법무부장관이 시행하는 국제결혼 안내프로그램을 이수하여야 한다(출입국관리법 시행규칙 제9조의4 제2항). 이에 따라, 국제결혼 안내프로그램의 의무적 이수자는 국제결혼자 중 상대적으로 이혼율이 높거나 대한민국의 국적을 다수 취득한 국가의 국민을 결혼동거 목적으로 초청하려는 내국인 배우자이다(국제결혼 안내프로그램 이수 대상 및 운영사항 고시). 내국인 배우자의 범위에는 내국인 여성도 포함된다. 여기에서 '상대적으로 이혼율이 높거나 대한민국의 국적을 다수 취득한 국가'로는 중국, 베트남, 필리핀, 캄보디아, 몽골, 우즈베키스탄, 태국이다(국제결혼 안내프로그램 이수 대상 및 운영사항 고시).

ii. 면제 대상: 국제결혼 안내프로그램의 의무적 이수로부터 면제되는 자는 i) 내국인 배우자가 외국인 배우자의 국가 또는 제3국에서 유학, 파견근무 등으로 45일 이상 계속 체류하면서 교제한 경우, ii) 외국인 배우자가 대한민국에서 외국인등록을 하고 91일 이상 합법체류하면서 초청자와 교제한 경우, iii) 배우자 임신, 출산, 그 밖에 인도적인 고려가 필요하다고 인정하는 경우에 해당하는 자이

141) 출입국관리법 제8조 (사증) ③ 사증발급에 관한 기준과 절차는 법무부령으로 정한다.

다(국제결혼 안내프로그램 이수 대상 및 운영사항 고시).

(d) **교육과정**: 국제결혼 안내프로그램의 교육과정은 3개의 과정으로 구성된다. 그 과정은 i) 국제결혼관련 현지 국가의 제도·문화·예절 등 소개, ii) 결혼사증 발급절차 및 심사기준 등 정부정책 소개, iii) 시민단체의 결혼이민자 상담·피해사례 및 국제결혼 이민자나 한국인 배우자의 경험담 소개이다(국제결혼 안내프로그램 이수 대상 및 운영사항 고시).

(e) **이수시기**: 내국인 배우자는 외국인 배우자를 초청(사증발급을 신청하는 것을 말한다)하기 전까지 국제결혼 안내프로그램을 이수해야 한다(국제결혼 안내프로그램 이수 대상 및 운영사항 고시).

(f) **절 차**: 내국인 배우자는 온라인(www.socinet.go.kr)을 통해 국제결혼 안내프로그램을 사전에 신청한 후에 정해진 일자에 국제결혼 안내프로그램의 교육과정에 참여한다. 국제결혼 안내프로그램을 이수한 경우 이수자에게는 이수번호가 SMS로 전송되고 이수증이 발급된다(국제결혼 안내프로그램 이수 대상 및 운영사항 고시).

(g) **유효기간**: 이수일로부터 5년 이내에 결혼이민 사증발급을 신청하지 않으면 이수의 효력이 상실되며, 5년이 경과된 경우에는 재이수하여야 한다(국제결혼 안내프로그램 이수 대상 및 운영사항 고시). 종전의 1년 유효기간에서 2014년 7월부터 5년으로 유효기간이 연장된 것이다.

(h) **헌법재판소의 태도(반대의견)**

i. 문제 제기: 특정 7개 국가의 국적이 아닌 외국인과 혼인한 한국인과 비교하여 특정 7개 국가 국적의 외국인과 혼인한 내국인 배우자의 평등권을 침해하는지, 그리고 내국인 배우자의 혼인의 자유를 침해하는지가 문제된다.

ii. 헌법재판소: 헌법재판소는 '반대의견'에서 "면제 대상자에 해당하지 않는 청구인이 이 사건 심판대상조항(출입국관리법 시행규칙 제9조의4(결혼동거 목적의 외국인 초청절차 등) 제2항의 국제결혼 안내프로그램 이수를 말한다)에 따르지 않는 경우 결혼동거 목적의 사증이 발급될 수 없다는 권리관계는 이 사건 심판대상조항에 의해 이미 확정된 것이므로, 기본권침해의 직접성이 인정된다."라고 하면서, "외국인 배우자가 사증발급을 신청할 때 내국인 배우자가 국제결혼 안내프로그램을 이수하지 않으면 외국인 배우자에게 사증이 발급되지 않아 부부가 국내에서 함께 거주할 수 없게 되므로, 국제결혼 안내프로그램 이수를 의무화하는 것은 청구인의 평등권과 혼인의 자유, 가족 결합권을 침해하는 것이다."라고 판시하고 있다.[142)]

그 논거로는 i) 국제결혼 안내프로그램의 이수 대상으로 특정 7개 국가는 출입국행정, 국제결혼 등 제반여건에 대하여 각기 다른 사정을 가지고 있는 나라들로 각 국가마다 합리적인 선정 이유가 있어야 할 것이지만, 그러한 이유를 찾아볼 수 없다.

---

142) 헌법재판소 2013. 11. 28. 자 2011헌마520 결정【출입국관리법 시행규칙 제9조의4 제2항 위헌확인】.

ii) 특정 7개 국가는 국제결혼의 비율이 높은 국가이므로 이혼율과 국적취득률이 높게 나타나는 것이지, 특정 7개 국가의 국제결혼이 특별히 이혼율과 국적취득률이 높다고 보기 어렵다. 국적을 기준으로 차별대우를 하고 있어 7개 국가가 합리적으로 선정되었다고 보기 어렵다. iii) 만약 실질적으로 국제결혼 안내프로그램이 국제결혼 자체가 아니라 국제결혼중개업체를 통한 국제결혼의 부작용을 시정하기 위한 것이라면, 국제결혼중개업체를 통한 국제결혼인지 여부를 기준으로 사증발급의 요건으로서 국제결혼 안내프로그램 이수를 강제하여야 할 것이다. iv) 국제결혼 안내프로그램 이수로 인하여 달성하고자 하는 것은 그 실체적 효과가 불분명한데 반해, 대상자들은 국제결혼 안내프로그램을 이수하지 않으면 외국인 배우자의 국내입국 사증의 발급이 거부되어 국내에서 함께 체류할 수 없게 되므로, 특정 7개 국가 국적의 외국인 배우자를 초청하려는 내국인 배우자의 기본권 침해의 정도는 매우 중대하다.[143]

(다) 소득 요건

(a) 의 의: 구 「출입국관리법 시행규칙」 제9조의5(결혼동거 목적의 사증 발급 기준 등) 제1항 제4호에서는 "초청인의 개인 파산, 부도, 법원의 채무불이행 판결 등을 고려한 가족부양능력 여부"라고 규정하였다. 초청자의 가족부양능력을 초청 요건으로 하고는 있으나, 초청자가 파산, 부도, 신용불량(채무불이행)에만 해당되지 않으면 결혼이민자를 초청할 수 있었다. 사실상 가족부양이 불가능한 기초생활수급자라 하더라도 결혼이민자를 초청할 수 있게 되어 있어 결혼이민자가 입국 후 안정적인 국내 정착을 하지 못하는 원인으로 작용하거나 경제적인 이유로 혼인이 단절되기도 하며, 더 나아가 노숙자, 신용불량자 등이 경제적인 이유로 돈을 받고 위장결혼하는 등 악용되기도 하였다.[144] 2013년 10월에 개정 공포된 「출입국관리법 시행규칙」에서는 결혼이민자가 대한민국에 입국한 후 안정적으로 정착할 수 있도록 초청자의 일정 수준 이상의 소득을 요구하고 있다(출입국관리법 시행규칙 제9조의5 제1항 제4호). 법무부장관이 매년 정하는 고시에서 초청인의 소득 요건에 대한 세부기준을 정하고 있다.

(b) 요 건: 초청인이 「국민기초생활 보장법」 제6조(최저생계비의 결정)의 최저생계비를 고려하여 법무부장관이 매년 정하여 고시하는 소득 요건을 충족하였는지 여부(출입국관리법 시행규칙 제9조의5 제1항 제4호)를 판단하기 위한 결혼동거 목적의 사증발급에 필요한 소득요건은 다음과 같다. 외국인을 결혼동거 목적으로 초청하는 자는 과거 1년간(사증신청일

143) 앞의 결정.
144) 차용호・나현웅, 결혼이민(F-6) 사증 발급기준 개선 방안, 숙명여자대학교 다문화사회연구 제6권 2호, 2013, pp. 109~128.

기준)의 연간소득(세전)이 아래 표에 해당되는 금액 이상이어야 한다(결혼동거 목적의 사증 발급에 필요한 소득요건 고시). 즉 초청인이 과거 1년간 얻은 소득(세전)이 법무부장관이 매년 정하여 고시하는 가구원수별 소득요건을 충족하여야 한다. 7인 가구원 이상의 소득기준은 가구원이 추가될 때마다 1인당 4,444,430원씩 증가한다(결혼동거 목적의 사증 발급에 필요한 소득요건 고시). 소득 요건은 초청인이 '결혼이민자 초청으로 인해 정부보조를 받는 빈곤층에 해당되는지' 여부를 기준으로 하고, 이를 토대로 가구원수별 '최저생계비의 120%(차상위계층)' 이상으로 결정한 것이다.

구분	2인 가구원	3인 가구원	4인 가구원	5인 가구원	6인 가구원
소득기준	15,135,091원	19,579,507원	24,023,937원	28,468,368원	32,912,784원

(c) **가구원수의 계산:** 초청인은 동거가족이 없는 경우에는 초청인과 외국인 배우자로 이루어진 2인 가구원으로 계산된다. 초청인과 주민등록표상 세대를 같이 하는 직계 가족이 있는 경우에는 그 직계 가족은 가구원수에 포함된다. 여기에서 직계가족은 초청인의 조부모, 부모, 자녀, 과거 혼인관계에서 출생한 미성년 자녀, 손자를 의미한다. 다만, 형제 또는 자매는 해당되지 않는다(결혼동거 목적의 사증 발급에 필요한 소득요건 고시). 예를 들어 부양가족이 없는 A가 B를 초청하는 경우 2인 가구원에 해당한다. 전혼 관계에서 출생한 자녀 1명을 양육하는 A가 B를 초청하는 경우 3인 가구원에 해당한다. 또한 가구원수의 계산법을 둔 취지를 고려할 때, 귀화한 A가 외국에 있는 B(둘 사이의 자녀는 2명이다)를 초청하는 경우 4인 가구원으로 해석된다.

(d) **인정되는 소득의 종류:** 인정되는 소득으로는 초청인이 과거 1년간 취득한 근로소득, 사업소득(농림수산업 소득을 포함한다), 부동산 임대소득, 이자소득, 배당소득, 연금소득이 있다(결혼동거 목적의 사증 발급에 필요한 소득요건 고시). 비교적 정기적이고 예측 가능한 소득인 경상소득이 원칙으로 된다. 인정되는 소득의 합계로 산정된다. 이와 같은 소득 이외의 비정기적 소득은 소득 산정에서 제외된다(결혼동거 목적의 사증 발급에 필요한 소득요건 고시). 여기에서 '사업소득자'에는 정기적인 근로계약을 체결하지 않는 프리랜서, 농림축수산업 종사자 등이 해당된다.

(e) **재산의 소득환산:** 초청인의 연간소득이 위 요건을 충족하지 못하더라도 소득을 보충할 수 있는 초청인 명의의 일정 재산이 있는 경우에는 그 재산의 5%를 환산하여 소득으로 인정된다. 여기에 해당하는 재산으로는 예금, 보험, 증권, 채권, 부동산 등이다. 다만, 재산의 안정성을 판단하고 위장납입을 방지하기 위해 인정되는 재산은 취득일로부터 6개월 이상 지속된 것으로 한정한다. 부채가 있는 경우에는 재산에서 부채를 제외한 순자산의 5%만이 인정된다(결혼동거 목적의 사증 발급에 필요한 소득요건 고시). 예를 들어 2인

가구인 A의 1년간 소득이 1,200만원이고 재산이 6,000만원인 경우 소득 1,200만원에 소득환산 300만원(재산 6,000만원의 5%)을 더하면 소득이 1,500만원이므로 소득요건을 충족하게 된다. 또한 2인 가구인 B의 1년간 소득이 0원이고 재산이 3억원인 경우 소득 0원에 소득환산 1,500만원(재산 3억원의 5%)을 더하면 소득이 1,500만원이므로 소득요건을 충족하게 된다.

(f) **면제 대상:** 소득요건의 적용이 면제되는 대상으로는 첫째, 가족의 소득과 재산이 소득요건을 충족하는 경우이다. 이것은 i) 초청인과 주민등록표상 세대를 같이 하는 직계가족의 소득 또는 재산이 소득요건의 기준을 충족하는 경우, ii) 과거 1년간 결혼이민자의 대한민국 내 소득 또는 대한민국에 있는 재산이 소득요건의 기준을 충족하는 경우를 말한다. 초청인과 가족의 소득 및 재산을 합산하는 것도 가능하다(결혼동거 목적의 사증 발급에 필요한 소득요건 고시). 즉 초청인의 소득 및 재산의 환산액이 소득요건을 충족하지 못하였더라도 초청인과 주민등록표상 세대를 같이 하는 직계가족의 소득과 재산을 활용할 수 있다. 둘째, 소득요건의 적용을 면제하는 인도적 사유가 있는 경우이다. 이것은 i) 초청인과 결혼이민자 사이에 출생한 자녀가 있는 경우, ii) 부부(초청인과 결혼이민자를 말한다)가 1년 이상 외국에서 동거하여 과거 1년간 국내 소득이 없는 경우, iii) 그 밖에 법무부장관이 요건의 적용을 면제할 필요가 있다고 특별히 인정하는 경우를 말한다(결혼동거 목적의 사증 발급에 필요한 소득요건 고시).

(g) **입 증**

i. 입증 주체: 초청인은 소득과 재산이 위 요건을 충족하였는지 여부에 대한 입증책임을 부담한다.

ii. 입증 방법: 초청인이 소득 및 재산을 입증하는 방법은 신청서류에 소득과 재산상황을 기재하고, 이를 입증할 수 있는 자료(국세청 발급 소득 관련증명서, 부동산 등기부등본, 예금증명서, 재직증명서, 통장사본 등 제반 서류)를 제출하는 것이다. 또한 소득요건 적용의 면제대상에 해당되는 경우에는 면제사유를 입증할 수 있는 자료를 제출한다(결혼동거 목적의 사증 발급에 필요한 소득요건 고시).

(라) 한국어 구사 요건

(a) **의 의:** 구「출입국관리법 시행규칙」 제9조의5(결혼동거 목적의 사증 발급기준 등) 제1항에서는 부부간 의사소통이 가능한지 여부에 대해 심사·확인하는 기준이 없었다. 따라서 진정한 부부관계의 형성을 확인할 수 없고 사실상 속성 결혼을 묵인하고 있는 실정이었다.[145] 2013년 10월에 개정 공포된「출입국관리법 시행규칙」에서는 피초청인이 결혼동거 목적의 사증을 발급 받는 데 필요한 기초 수준 이

---

145) 앞의 글, pp. 109~128.

상의 한국어 구사요건을 요구하고 있다(출입국관리법 시행규칙 제9조의5 제1항 제6호). 법무부장관이 정하는 고시에서 피초청인의 기초 수준 이상의 한국어 구사 여부를 심사·확인하는 세부기준을 정하고 있다. 즉 원칙적으로 기초 수준 이상의 한국어가 가능해야 한다. 다만, 양 당사자가 한국어 이외의 언어로 의사소통이 가능하다고 판단되는 경우에는 결혼이민자가 기초 수준 이상의 한국어를 하지 못할지라도 의사소통이 가능하다고 의제한다.

(b) **요 건**: 피초청인이 기초 수준 이상의 한국어 구사가 가능한지 여부에 대해 법무부장관이 정하여 고시하는 구체적인 심사·확인 기준(출입국관리법 시행규칙 제9조의5 제1항 제6호)은 다음과 같다. 결혼동거 목적의 사증 신청자는 ⅰ) 교육부 소속 국립국제교육원이 주관하는 한국어능력시험TOPIK 초급 1급 이상 취득, ⅱ) 재외공관의 장이 법무부장관의 승인을 받아 지정하는 기관에서 시행하는 초급 수준 상당의 한국어 교육 과정 이수 중 어느 하나에 해당하여야 한다(결혼동거 목적의 사증 발급에 필요한 기초 수준 이상의 한국어 구사요건 고시). 여기에서 한국어능력시험 초급 1급은 자기 소개하기, 물건 사기 등 생존에 필요한 기초적인 언어 기능을 수행할 수 있는 수준으로 약 800개 어휘와 기초문법 수준에 해당한다. 또한 초급 수준 상당의 한국어 교육 과정 이수로는 문체부 세종학당의 초급 1급 과정(120-150시간) 이수를 들 수 있다.

(c) **면제 대상**: 한국어 요건의 적용이 면제되는 대상으로는 첫째, 한국어 평가를 하지 않아도 의사소통이 가능하다고 의제하는 대상이다. 이것은 ⅰ) 피초청인이 한국어 관련 학위가 있는 경우, ⅱ) 피초청인이 외국국적동포인 경우, ⅲ) 피초청인이 과거 한국에서 1년 이상 거주한 적이 있는 경우, ⅳ) 초청인이 과거 결혼이민자의 국가에서 1년 이상 거주한 적이 있는 경우, ⅴ) 초청인과 피초청인이 과거 1년 이상 거주한 공통의 국가가 있는 경우, ⅵ) 초청인과 피초청인의 모국어(초청인이 귀화자인 경우 귀화 전 국적국의 언어를 의미한다)가 같은 경우, ⅶ) 초청인과 피초청인이 함께 구사할 수 있는 한국어 이외의 언어가 있는 경우(다만, 이 요건에 해당하는 경우 교제기간, 교제경위 등을 판단하여 사증심사시 해당 언어 구사 가능여부에 대한 추가 심사를 할 수 있다)를 말한다(결혼동거 목적의 사증 발급에 필요한 기초 수준 이상의 한국어 구사요건 고시). 둘째, 한국어요건 적용을 면제하는 인도적 사유가 있는 대상이다. 이것은 ⅰ) 초청인과 결혼이민자 사이에 출생한 자녀가 있는 경우, ⅱ) 그 밖에 법무부장관이 요건의 적용을 면제할 필요가 있다고 특별히 인정하는 경우를 말한다(결혼동거 목적의 사증 발급에 필요한 기초 수준 이상의 한국어 구사요건 고시).

(d) **입 증**

ⅰ. **입증 주체**: 피초청인이 기초 수준 이상의 한국어 구사가 가능한지 여부에 대한 입증책임을 부담한다.

ⅱ. **입증 방법**: 피초청인이 사증을 신청할 때 한국어능력시험 증명서 또는 교

육 이수증을 첨부하는 것이다. 또한 한국어요건 적용의 면제대상에 해당되는 경우에는 면제사유를 입증할 수 있는 자료를 제출한다(결혼동거 목적의 사증 발급에 필요한 기초 수준 이상의 한국어 구사요건 고시).

(마) 빈번 초청자가 아닐 것

(a) **의 의:** 결혼이민(F-6) 사증 신청일을 기준으로 초청인이 최근 5년 이내에 다른 외국인배우자를 결혼동거 목적으로 초청한 사실이 없어야 한다(출입국관리법 시행규칙 제9조의5 제1항 제3호). 국제결혼 중개업체를 통한 인신매매를 억제하기 위하여 외국인배우자에 대한 초청인의 초청횟수를 제한한 것이다. 초청인 甲이 과거 외국인배우자 A를 초청한 적이 있고(2014년 4월 1일에 결혼이민 사증을 신청하여 그 후에 입국한 것을 말한다), 외국인배우자 A와 이혼한 후 다른 외국인배우자 B와 혼인하여 2018년 3월 1일에 결혼이민(F-6) 사증을 신청하는 경우에는 최근 5년 이내에 2번째 초청에 해당되므로 초청이 제한된다. 초청횟수 제한의 규정은 2014년 4월 1일 이후의 초청에만 적용된다.

(b) **초청횟수 미산입:** 초청인이 과거에 초청했던 외국인배우자를 다시 초청하는 경우에는 '다른 외국인배우자'에 해당하지 않으므로 초청횟수의 제한에 해당하지 않는다. 또한 외국인과 혼인을 하였더라도 초청한 사실이 없는 경우, 외국인배우자를 초청한 사실이 있더라도 결혼이민(F-6) 사증발급이 불허되거나 발급된 후 그 외국인배우자가 입국하지 않은 경우에는 초청횟수에 포함되지 않는다. 다만, 초청인이 혼인무효의 판결을 받아 확정되었을지라도 결혼이민(F-6) 사증이 발급된 후 그 외국인배우자가 입국한 경우에는 초청횟수에 포함된다.

(c) **면제 대상:** 초청횟수의 제한에서 면제되는 대상으로는 i) 부부(초청인과 피초청인을 말한다) 사이에 출생한 자녀가 있는 경우, ii) 최근 5년 이내에 초청한 외국인배우자가 입국하였더라도 법원으로부터 혼인무효 판결을 받고 그 외국인배우자와의 혼인이 위장결혼이 아닌 것이 명백한 경우에는 그 초청횟수에서 제외될 수 있다.

(바) 건강상태 및 범죄경력의 정보 상호제공

(a) **의 의:** 부부(초청인과 피초청인을 말한다)가 건강상태 및 범죄경력 정보 등을 상호제공하고 이를 인지하고 있어야 한다(출입국관리법 시행규칙 제9조의5 제1항 제5호). 종전에 이와 같은 심사기준은 모든 결혼이민(F-6) 사증 신청의 경우에 적용되었으나, 국제결혼 안내프로그램를 이수하여야 하는 대상자에게만 한정하여 적용된다(출입국관리법 시행규칙 제76조 제1항, 별표5 참고).

(b) **입 증:** 부부는 결혼이민 사증을 신청할 때에 다음의 서류를 제출하여 입증하여야 한다. i) 혼인당사자의 건강진단서(후천성면역결핍증 및 성병감염, 정상적인 결혼생활에 지장을 초래할 수 있는 정신질환 여부 등을 포함한다)이다. 「의료법」 제3조(의료기관) 제2항 제3호에 따른 병원급 의료기관이나 「지역보건법」 제7조(보건소의 설치)에 따른 보건소가 발행한 것이어야 한다. 다만, 외국인 배우자는

해당 국적국 또는 거주국에서 통용되는 유사한 입증자료로 갈음할 수 있다. ii) 국적국 또는 거주국의 관할 기관이 발급한 혼인당사자의 범죄경력에 관한 증명서이다(출입국관리법 시행규칙 제76조 제1항, 별표5).

(c) **사증발급이 억제되는 건강상태 또는 범죄경력**

부부 사이에 건강상태와 범죄경력을 상호제공하여 이를 인지하고 있을지라도 아래의 사증발급이 억제되는 대상에 해당되어 정상적인 혼인생활을 유지하기 곤란한 것으로 판단될 경우에는 결혼이민자를 초청할 수 없다.

i. 건강상태: 초청자 및 피초청자가 후천성면역결핍증, 성병, 인격장애·약물중독 등의 정신질환으로 정상적인 혼인생활이 곤란하다고 판단되는 경우이다. 단순히 신체적 장애만 있는 경우에는 이에 해당하지 않는다.

ii. 범죄경력: 초청자 또는 피초청자에게 중한 범죄경력이 있어 정상적인 혼인생활이 곤란하다고 판단되는 경우로는, 첫째, '허위의 혼인신고'로 「형법」 제227조의2(공전자기록위작·변작), 제228조(공정증서원본 등의 부실기재)에 따른 벌금형 이상의 형을 선고받고 그 형의 집행을 마쳤거나 집행을 받지 아니하기로 한 날부터 5년이 경과되지 아니한 자이다. 둘째, 「성폭력범죄의 처벌 등에 관한 특례법」 제2조(정의)에 규정된 '성폭력범죄' 또는 「아동·청소년의 성 보호에 관한 법률」 제2조(정의) 제2호에 규정된 '아동·청소년 대상 성범죄'를 범하고 금고 이상의 형을 선고받아 그 형의 집행을 마쳤거나 집행을 받지 아니하기로 한 날부터 5년이 경과되지 아니한 자, 셋째, 「특정강력범죄의 처벌에 관한 특례법」 제2조(적용범위)에 규정된 '특정강력범죄' 또는 「형법」 제24장 '살인의 죄'에 규정된 범죄를 범하고 금고 이상의 형을 선고받아 그 형의 집행을 마쳤거나 집행을 받지 아니하기로 한 날부터 5년이 경과되지 아니한 자, 넷째, 「가정폭력범죄의 처벌 등에 관한 특례법」 제2조(정의) 제3호에 규정된 '가정폭력범죄'를 범하고 임시조치 또는 보호처분 중에 있거나, 금고 이상의 형을 선고받아 그 형의 집행을 마쳤거나 집행을 받지 아니하기로 한 날부터 5년이 경과되지 아니한 자이다.

(사) 주거요건

(a) **의 의**: 부부(초청인과 피초청인을 말한다)가 함께 지속적으로 거주할 수 있는 정상적인 주거공간이 있어야 한다(출입국관리법 시행규칙 제9조의5 제1항 제7호 전단). 주거공간은 초청인 또는 초청인의 직계가족(결혼이민자를 포함한다) 명의로 소유 또는 임차한 주거공간이어야 한다. 종전에는 '주민등록표상 세대를 같이 하는' 직계가족이었으나, 주민등록표상 세대를 달리하지만 직계가족 명의의 주거공간에서 거주하는 경우도 포함한다.

(b) 주거공간 불인정: 고시원, 모텔, 비닐하우스 등 일반적으로 부부가 함께 지속적으로 거주할 수 있는 장소로 보기 어려운 곳은 정상적인 주거공간이 확보된 것으로 보지 아니한다(출입국관리법 시행규칙 제9조의5 제1항 제7호 후단). 또는 제3자의 명의로 소유 또는 임차한 경우에는 주거공간이 확보된 것으로 보지 아니한다.

(아) 혼인귀화 등 후 3년 경과

(a) 의 의: 초청인이 「국적법」 제6조(간이귀화 요건) 제2항 제1호 또는 제2호에 따라 대한민국의 국적을 취득하거나 「출입국관리법 시행령」 별표1 영주(F-5) 나목에 따라 영주자격을 취득하고 3년이 경과하여야 한다(출입국관리법 시행규칙 제9조의5 제1항 제8호). 외국인배우자의 본국 가족이 대한민국으로 불법으로 입국하기 위한 수단으로 국제결혼을 악용하는 것을 억제하기 위한 것이다.

(b) 적용 예외: 혼인귀화자(국적법 제6조 제2항) 중 혼인단절 결혼이민자(국적법 제6조 제2항 제3호) 또는 자녀양육 결혼이민자(국적법 제6조 제2항 제4호)가 대한민국에 귀화한 경우에는 혼인귀화 후 3년 경과라는 제한에서 예외로 된다. 혼인단절 결혼이민자는 자신에게 책임 없는 사유로 국민과의 혼인이 단절되고, 자녀양육 결혼이민자는 국민과의 혼인관계에서 출생한 자녀를 양육하기 때문이다.

(자) 심사기준의 면제

결혼동거 목적의 사증 발급 신청을 받은 재외공관의 장은 초청인과 피초청인 사이에 출생한 자녀가 있는 경우 등 법무부장관이 정하는 경우에 해당하면 위의 심사기준의 요건 중 일부에 대한 심사를 면제할 수 있다(출입국관리법 시행규칙 제9조의5 제1항 단서).

(8) 사증발급 신청시 제출서류

1) 제출서류의 요구

결혼이민(F-6) 사증발급을 신청함에 있어 초청인이 외국인 배우자와의 교제과정, 결혼경위, 소개인과의 관계, 교제경비내역 등을 기재한 서류를 제출할 것을 요구하는 행위는 동 신청이 수리될 수 있는 요건으로, 법령의 근거에 따라 기재해야 하는 의무를 부과한 고권적 행위이고, 초청인과 사증발급 신청인에 대해 구속력을 갖는 권력적 사실행위이다.[146]

2) 기본권 침해의 여부

(가) 문제 제기

결혼이민(F-6) 사증발급을 신청할 때에 제출하는 교제과정, 결혼경위 등 기재요

---

146) 헌법재판소 2005. 3. 31. 자 2003헌마87 결정.

구행위가 법률유보의 원칙이나 과잉금지의 원칙에 위배되어 당사자에게 「헌법」상 보장된 기본권을 침해하는지가 문제된다.

(나) 헌법재판소

헌법재판소는 "첫째, 법률유보의 원칙과 관련하여, 결혼경위 등 기재요구행위는 합헌적인 법령인 「출입국관리법」 제8조(사증) 제2항, 「출입국관리법 시행령」 제11조(사증발급 권한의 위임) 제2항, 「출입국관리법 시행규칙」 제9조(사증발급권한의 위임) 제4호, 제76조(사증발급 등 신청시의 첨부서류) 제1항 등의 근거에 따라 이루어진 것으로 법률유보의 원칙에 위배되지 않는다. 둘째, 과잉금지의 원칙과 관련하여, i) 국제결혼이 한국입국 및 취업을 위한 편법으로 악용되고 있기 때문에 무차별적이고 불법적인 외국인력의 국내유입을 방지해야 하는 외국인 입국심사의 기본목적을 달성하기 위한 조치이고, ii) 결혼이민 사증의 심사는 다른 목적의 사증심사와는 달리 위장·사기결혼의 여부를 확인하는 것이 주된 목적인 데, 결혼경위 등의 기재서류가 없으면 혼인의 진실성을 확인하는 것이 사실상 어렵다는 점에서 결혼경위 등 요구행위는 사증심사의 목적을 달성하는 데 필요한 최소한의 조치라고 보아야 할 것이다. 나아가 외국인 배우자와의 결혼에 이르게 된 경위나 교제경비 등의 사실관계를 기재하도록 요구한 행위가 외국인 배우자와 결혼하려는 한국인에게 수인한도를 넘는 과중한 부담을 부과하거나 기본권의 본질적 부분을 침해하는 것이라고 평가할 수는 없다. 결혼경위 등 기재요구행위는 과잉금지원칙에 위배되지 않는다." 라고 판시하고 있다.[147]

(9) 사증발급 신청절차 및 장소

1) 재외공관을 통한 사증발급

(가) 국제결혼 안내프로그램 이수

국민의 배우자에 해당하는 결혼동거 목적의 사증을 발급받으려는 외국인 중 법무부장관이 고시하는 요건에 해당하는 자는 그의 한국인 배우자인 초청인이 법무부장관이 시행하는 국제결혼 안내프로그램을 이수하였다는 증명서를 첨부하거나 초청장에 국제결혼 안내프로그램 이수번호를 기재하여 사증발급을 신청하여야 한다(출입국관리법 시행규칙 제9조의4 제2항). 즉 외국인 배우자는 대한민국 재외공관에 결혼이민 사증을 신청할 때 '외국인 배우자 초청장'에 이수번호를 기재하거나 이수증을 제출하여야 한다(국제결혼 안내프로그램 이수 대상 및 운영사항 고시).

---

147) 앞의 결정.

(나) 한국인 배우자의 초청

외국인이 결혼이민(F-6) 중 국민의 배우자에 해당하는 결혼동거 목적의 사증을 발급받기 위하여는 그의 한국인 배우자의 초청이 있어야 한다. 이 경우 초청인인 한국인 배우자는 「출입국관리법」 제90조(신원보증) 제1항에 따라 피초청인의 신원보증인이 된다(출입국관리법 시행규칙 제9조의4 제1항).

(다) 심사 · 확인

(a) **혼인의 진정성 등 판단:** 결혼이민(F-6) 중 국민의 배우자에 해당하는 결혼동거 목적의 사증발급 신청을 받은 재외공관의 장은 혼인의 진정성 및 정상적인 결혼 생활의 가능성 여부를 판단하기 위하여 「출입국관리법 시행규칙」 제9조의2(사증 등 발급의 기준) 각 호(제5호는 제외한다) 외에도 사증발급을 신청한 외국인과 그 초청인인 한국인 배우자에 대하여 다음의 요건을 심사 · 확인할 수 있다(출입국관리법 시행규칙 제9조의5 제1항). 다만, 초청인과 피초청인 사이에 출생한 자녀가 있는 경우 등 법무부장관이 정하는 경우에 해당하면 다음 각 호의 요건 중 일부에 대한 심사를 면제할 수 있다(출입국관리법 시행규칙 제9조의5 제1항 단서).

(b) **심사 · 확인 사항:** 「출입국관리법 시행규칙」 제9조의2(사증 등 발급의 기준) 각 호(제5호는 제외한다) 외에도 심사 · 확인할 요건으로는 i) 교제경위 및 혼인의사 여부, ii) 당사국의 법령에 따른 혼인의 성립 여부, iii) 초청인이 최근 5년 이내에 다른 배우자를 초청한 사실이 있는지 여부, iv) 초청인이 「국민기초생활 보장법」 제6조(최저생계비의 결정)의 최저생계비를 고려하여 법무부장관이 매년 정하여 고시하는 소득요건을 충족하였는지 여부, v) 건강상태 및 범죄경력 정보 등의 상호 제공 여부, vi) 피초청인이 기초 수준 이상의 한국어 구사가 가능한지 여부(이 경우 구체적인 심사 · 확인 기준은 법무부장관이 정하여 고시한다), vii) 부부가 함께 지속적으로 거주할 수 있는 정상적인 주거공간의 확보 여부(이 경우 고시원, 모텔, 비닐하우스 등 일반적으로 부부가 함께 지속적으로 거주할 수 있는 장소로 보기 어려운 곳은 정상적인 주거 공간이 확보된 것으로 보지 아니한다), viii) 초청인이 「국적법」 제6조 제2항 제1호 또는 제2호에 따라 국적을 취득하거나 「출입국관리법 시행령」 별표1 영주(F-5) 나목에 따라 영주자격을 취득하고 3년이 경과하였는지 여부이다(출입국관리법 시행규칙 제9조의5 제1항 제1호에서 제8호).

(c) **확인 요청:** 재외공관의 장은 위의 요건을 심사 · 확인하기 위하여 필요할 때에는 초청인의 주소지를 관할하는 출입국관리사무소장 또는 출장소장에게 사실관계의 확인을 요청할 수 있다(출입국관리법 시행규칙 제9조의5 제2항).

(d) **판례의 태도:** 법원은 혼인의 진정성을 판단하는 방법에 대하여 "결혼이민(F-6) 체류자격을 가진 자가 휴게텔에 취업하여 성매매를 한 행위는 혼인의 실질이 있는 자가 생계의 수단으로 택한 방법이라고 보기에는 매우 이례적이다."라고 판시하고 있다.[148] 또한 출입국관리공무원에게 금품을 제공한 시도는 혼인의 진정성을

판단하기 위한 일종의 정황에 해당한다고 보고 있다.[149]

(라) 사증발급

재외공관의 장은 국민의 배우자에 대하여는 체류기간 90일 이하의 결혼이민(F-6-1) 단수사증을 발급할 수 있다. 다만, 국민의 배우자로서 미국국적 소지자의 경우에는 체류기간 90일 이하의 결혼이민(F-6-1) '복수'사증을 발급할 수 있다. 결혼이민(F-6-1) 사증을 소지한 국민의 배우자는 대한민국에 입국한 후 90일 이내에 외국인등록 및 체류기간 연장을 하여야 한다. 또한 재외공관의 장은 자녀양육을 위해 입국하고자 하는 자에 대한 체류기간 90일 이하의 결혼이민(F-6-2) 단수사증을 발급할 수 있다. 다만, 미국국적 소지자의 경우에는 체류기간 90일 이하의 결혼이민(F-6-2) '복수'사증을 발급할 수 있다. 이 경우에도 결혼이민(F-6-2) 사증을 소지한 국민의 배우자는 대한민국에 입국한 후 90일 이내에 외국인등록 및 체류기간 연장을 하여야 한다.

(마) 사증발급 불허의 경우

심사・확인한 결과에 따라 사증발급이 허가되지 않은 경우 해당 신청인은 그 한국인 배우자와 혼인의 진정성 등을 재고再考하여 허가되지 않은 날부터 6개월이 경과한 후에 사증발급을 다시 신청할 수 있다(출입국관리법 시행규칙 제9조의5 제3항 본문). 다만, 출산이나 그 밖에 국내에 입국하여야 할 급박한 사정이 있는 경우에는 6개월이 경과하지 아니한 경우에도 신청할 수 있다(출입국관리법 시행규칙 제9조의5 제3항 단서).

2) 지방출입국 · 외국인관서의 사증발급인정서를 통한 사증발급

국민의 배우자에 대한 결혼이민(F-6) 사증은 사증발급인정서를 발급할 수 있는 대상자에 해당한다(출입국관리법 시행규칙 제17조 제1항). 다만,「출입국관리법 시행령」제11조(사증발급 권한의 위임) 제2항,「출입국관리법 시행규칙」제9조(사증발급권한의 위임) 제1항 제9호 및「결혼이민(F-6) 사증 및 체류관리 통합지침」에 따라 법무부장관이 결혼이민(F-6) 사증 발급의 권한을 재외공관의 장에게 위임한다. 결혼이민(F-6) 사증 발급은 지방출입국・외국인관서의 사증발급인정서 발급 대상자에서 제외된다.

---

148) 수원지방법원 2013. 5. 2. 선고 2012구합16665 판결.

149) 앞의 판결.

제 3 편 이민과 국경관리

(Immigration and Border Control)

현대국가는 외국인의 입국을 허가하거나 금지·거부하는 카테고리를 분류하고, 국가의 영역으로 들어오려는 외국인의 입국을 관리할 권한을 행사한다. 동시에 국가는 그 국가이익에 해로운 바람직하지 않은 외국인을 그 국가 밖으로 추방할 권한을 행사한다. 국가가 외국인의 입국을 금지할 수 있는 사유로는 질병, 범죄 활동, 이민법의 위반, 국가안전 위협, 경제능력의 부족 등이 포함된다. 이를 위하여 국가는 그 영역에 들어오려는 외국인에게 유효한 여권의 소지, 사증 등 특정한 서류의 충족을 요구한다. 국제사회에서 외국인에 대한 출입국심사는 2001년 9월 11일에 발생한 미국 대폭발 테러사건을 기점으로 근본적으로 변화되었다. 이러한 정책적 변화와 이민법령의 제·개정은 후술할 국가안전national security 및 질서유지의 확보와 직접적인 관련성을 가지고 있다.[1] 그리고 국가는 그 국가의 국적을 가진 국민만이 향유할 수 있는 혜택과 기회를 부여할 권한도 행사한다.[2]

이하에서는 국민 및 외국인에 대한 출입국관리를 살펴보기로 한다.

---

1) Stephen H. Legomsky & Cristina M. Rodriguez, Immigration and Refugee law and Policy, Foundation Press(15th), 2009, p. 463.

2) IOM, Interanational Dialogue on Migration - International Legal Norms and Migration: an Analysis, 2002, p. 15.

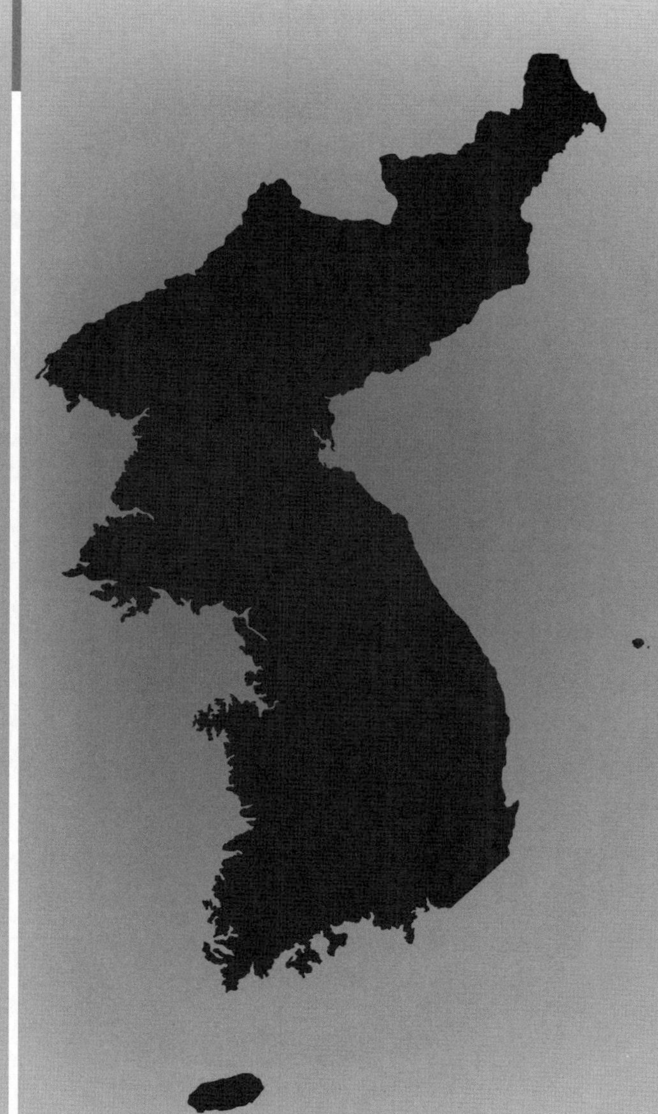

제 1 장

국민의 출입국관리

제1절 의 의

Ⅰ. 원 칙

1. 거주 · 이전의 자유

「헌법」 제14조에서는 "모든 국민은 거주 · 이전의 자유를 가진다."라고 규정하여 국민에게 거주 · 이전의 자유를 보장하고 있다. 거주 · 이전의 자유란 국민이 자기가 원하는 곳에 주소나 거소를 설정하고 그것을 이전할 자유를 말한다.[1] 개인이 국가의 간섭 없이 자유롭게 체류지와 거주지를 정할 수 있는 자유이다. 거주 · 이전의 자유는 정치 · 경제 · 사회 · 문화 등 모든 생활영역에서 개인의 개성 신장을 촉진함으로써 헌법상 보장되고 있는 다른 기본권들의 실효성을 증대시켜주는 기능을 한다. 그리고 거주 · 이전의 자유는 국내에서 체류지와 거주지를 자유롭게 정할 수 있는 자유뿐만 아니라, 국외에서 체류지와 거주지를 자유롭게 정할 수 있는 '해외여행 및 해외이주의 자유'를 포함한다. 해외여행 및 해외이주의 자유는 국민이 대한민국의 통치권이 미치지 않는 곳으로 여행하거나 이주할 수 있는 자유이다.[2] 해외여행 및 해외이주의 자유에는 필연적으로 외국에서 체류 또는 거주하기 위하여 대한민국을 떠날 수 있는 '출국의 자유' 및 외국에서 체류 또는 거주를 중단하고 다시 대한민국으로 돌아올 수 있는 '입국의 자유'를 포함한다.[3]

2. 국민에 대한 출입국관리

국민은 거주 · 이전의 자유의 한 유형으로 출국 및 입국의 자유를 향유한다. 출입국관리공무원이 국민에 대하여 출입국심사를 하는 목적은 국민의 출입국을 허가하는 것이 아니라, 대한민국의 안 · 밖으로 출입국하려는 자가 국민 또는 외국인인지 여부를 파악하여 국민의 출입국을 확인하려는 데 그 주된 목적을 두고 있다.

---

1) 대법원 2008. 1. 24. 선고 2007두10846 판결.
2) 앞의 판결.
3) 헌법재판소 2004. 10. 28. 자 2003헌가18 결정; 대법원 2008. 1. 24. 선고 2007두10846 판결.

Ⅱ. 제 한

국민이 출입국할 자유가 헌법상 거주·이전의 자유의 한 유형으로 보장된다고 할지라도, 「헌법」 제37조 제2항에서는 "국민의 모든 자유와 권리는 국가안전보장·질서유지 또는 공공복리를 위하여 필요한 경우에 한하여 법률로써 제한할 수 있으며, 제한하는 경우에도 자유와 권리의 본질적인 내용을 침해할 수 없다."라고 규정하고 있다. 국민이 출입국할 자유는 국가안전보장·질서유지 또는 공공복리를 위하여 법률로써 제한될 수 있다. 따라서 「여권법」 제12조(여권의 발급 등의 거부·제한)에서는 일정한 사유에 해당하는 국민에 대하여 여권의 발급 또는 재발급을 거부하거나, 여권의 발급 또는 재발급을 제한할 수 있다. 「출입국관리법」 제4조(출국의 금지) 내지 제5조(국민의 여권 등의 보관)에서는 일정한 요건에 해당하는 국민에 대하여 그 출국을 금지할 수 있는 법적 근거를 두고 있다. 다만, 출국금지는 헌법상 보장된 거주·이전의 자유를 제한하는 기본권의 제한조치이므로, 기본권 제한의 일반원칙인 과잉금지의 원칙(최소한 침해의 원칙이라고도 한다)에 따라 필요한 최소한의 범위 내에서만 행하여져야 한다.

제 2 절 국민의 출국

Ⅰ. 의 의

1. 출국의 개념

출국이란 '입국'과 대립되는 개념으로, 자연인이 대한민국에서 나갈 의도 내지 목적으로 대한민국의 영역으로부터 대한민국 밖의 지역으로 나가는 것을 말한다. 즉 대한민국 영역 밖의 지역으로 나갈 의도 내지 목적을 가지고 대한민국의 영역 밖으로 나가는 것을 의미한다. 「출입국관리법」에서는 출국을 대한민국에서 대한민국 밖의 지역으로 나가는 것으로 규정하고 있으나(출입국관리법 제3조 제1항), 출국은 출국이라는 사실행위 외에도 그 의도성 또는 목적성이 있어야 한다. 단순히 대한민국의 영역 밖으로 나가는 것만으로는 출국이라고 할 수는 없다.

2. 출국의 자유 및 그 제한

국민이 출국할 자유는 「헌법」 제14조에서 규정된 거주·이전의 자유에 포함된 기본권의 하나이다. 출국의 자유는 양심, 종교, 언론, 집회, 결사, 학문 등의 자유와 결합되어 일반적인 인격권의 발현으로서 중요한 의미가 있을 뿐 아니라, 국가간 교역의 확대에 따라 경제적 자유로서의 역할도 증대되고 있으므로 그 보호의 필요성이 매우 크게 증가하고 있다.

그러나 거주·이전의 자유는 제한 없이 허용될 수 있는 것이 아니다. 출국의 자유는 제한 없이 허용될 수 있는 것은 아니므로, 「헌법」 제37조 제2항에 규정된 국가안전보장, 질서유지 또는 공공복리를 위하여 필요한 경우에 한하여 법률로써 제한하는 것이 가능하다.[4]

Ⅱ. 요건 및 절차

1. 의 의

국민이 대한민국 밖의 지역으로 출국하려는 때에는 유효한 여권을 가지고 출국하는 출입국항에서 출입국관리공무원의 출국심사를 받아야 한다(출입국관리법 제3조 제1항). 국민이 이와 같은 요건 내지 절차를 위반하여 출입국관리공무원의 출국심사를 받지 아니하고 출국한 경우에는 3년 이하의 징역 또는 2천만원 이하의 벌금에 처한다(출입국관리법 제94조 제1호). 이하에서는 국민이 출국하기 위한 요건 및 절차를 살펴보기로 한다.

2. 유효한 여권의 소지

(1) 여 권

1) 개 념

여권旅券, passport이란 소지자의 국적 등 신원을 증명하고 그 소지자가 국외여행, 본국으로 귀국, 해외에서 체류할 때에 그 자가 외교적 보호를 받을 수 있도록 허가하는 국가의 발급권한 있는 부서에 의하여 발행된 공문서를 말한다.[5] 여권은 국민

---

4) 서울고등법원 2001. 4. 3. 선고 2000누15431 판결. 동 판결의 상급심 판결인 대법원 2001. 7. 27. 선고 2001두3365 판결 참고.

5) 외교통상부, 여권실무편람, 2010, p. 8; IOM, Essentials of Migration Management - A Guide

이 합법적으로 국경을 넘을 수 있도록 허가하는 공식적 문서이다.6)

2) 기 능

여권의 기능은 소지자의 국적을 확인하고 귀국의 권리the right of return를 보장하는 것이다. 여권을 소지한 자는 경유국 또는 도착국으로부터 그 여권을 발급한 국가로 되돌아가는 것이 보장된다. 사증제도가 외국인을 대상으로 그의 이동을 관리하는 제도라고 한다면, 여권은 국민을 대상으로 하여 그의 이동을 관리하는 제도이다. 다만, 여권 하나만으로 국외여행을 위한 요건이 충족되는 것은 아니다.7)

(2) 여권의 소지

국민이 대한민국에서 대한민국 밖의 지역으로 출국하려는 때에는 유효한 여권을 가지고 있어야 한다(출입국관리법 제3조 제1항 본문). 「여권법」에서도 "외국을 여행하려는 국민은 여권법에 따라 발급된 여권을 소지하여야 한다."라고 규정하고 있다(여권법 제2조). 여권의 발급은 「헌법」 제14조에서 보장한 거주·이전의 자유의 내용인 해외여행 및 해외이주의 자유를 보장하기 위한 수단적 성격을 갖는다.8)

(3) 여권의 유효성

여권의 유효성에 대하여는 외국인에 대한 입국의 요건에서 후술하기로 한다.

3. 출국심사

(1) 일반 국민

1) 원 칙

(가) 출입국항에서의 출국심사

유효한 여권을 소지하고 대한민국에서 대한민국 밖의 지역으로 출국하려는 국민은 출국하는 출입국항에서 출입국관리공무원의 출국심사를 받아야 한다(출입국관리법 제3조 제1항 본문). 여기에서 '출입국항'이란 출국 또는 입국할 수 있는 대한민국의 항구·공항과 그 밖의 장소로서 대통령령으로 정하는 곳을 말한다(출입국관리법 제2조 제6호). 출입국항은 i) 「항공법」 제2조 제7호에 따라 국토해양부장관이 지정한 국제공항, ii) 「남북교류협력에 관한

for Policy Makers and Practitioners, Volume Three: Glossary, 2004, p. 17.

6) IOM, Essentials of Migration Management – A Guide for Policy Makers and Practitioners, Volume Three: Passport and Visa Systems, 2004, p. 4.

7) 앞의 책, pp. 4~9.

8) 대법원 2008. 1. 24. 선고 2007두10846 판결.

법률 시행령」 제2조 제1항 제1호부터 제3호까지와 제6호에 따른 출입장소, iii)「개항질서법 시행령」 제2조에 따른 개항, iv) 오산군용비행장, 대구군용비행장, 광주군용비행장, 군산군용비행장 및 서울공항으로 지정한다(출입국관리법 시행령 제98조 제1항). 도심공항터미널은 「항공법」 제2조 제8호에 따라 이를 출입국항시설의 일부로 본다(출입국관리법 시행령 제98조 제2항).

(나) 출국신고서

대한민국의 국민이 출국심사를 받는 때에는 여권과 출국신고서를 출입국관리공무원에게 제출하고 질문에 답하여야 한다(출입국관리법 시행령 제1조 제1항). 출국신고서는 공용란을 제외하고는 출국자 본인이 작성하여야 한다. 다만, 부득이한 사유로 출국자 본인이 직접 작성할 수 없는 경우에는 그러하지 아니하다(출입국관리법 시행규칙 제2조 제1항). 출국자는 출국신고서를 작성하는 때에는 사항별로 이를 정확하게 기재하여야 한다(출입국관리법 시행규칙 제2조 제2항). 출입국관리공무원은 출국자 본인이 작성·제출한 출국신고서에 잘못 기재된 것이나 기타 미비한 사항이 있는지 여부를 확인하여 이를 보완하게 하고, 공용란은 자신이 직접 기재하여야 한다(출입국관리법 시행규칙 제2조 제3항). 출국신고서 제출은 뒤에서 살펴볼 일정한 경우에 해당되는 때 그 제출을 생략할 수 있다(출입국관리법 시행령 제1조 제10항). 이에 따라 출국신고서 제출은 국민 편의를 위해 2006년에 사실상 폐지되었다.

(다) 필요사항 확인 및 출국심사인

(a) **필요사항 확인:** 출입국관리공무원은 대한민국의 국민에 대한 출국심사를 하는 때에는 국민의 출국의 적격여부와 그 밖에 필요한 사항을 확인하여야 한다(출입국관리법 시행령 제1조 제2항). 따라서 출입국관리공무원은 출국심사를 하는 때에는 여권 명의인의 본인 여부 및 여권의 위·변조 여부, 출입국 규제 여부 기타 법무부장관이 따로 정한 사항 등을 확인하여야 한다(출입국관리법 시행규칙 제1조). 여권을 소지한 국민이 그 여권 명의인과 동일한 자인지를 확인하는 것은 타인이 다른 자의 여권을 불법으로 이용하여 불법으로 출국하는 것을 방지하고, 여권 명의인과 동일한 국민이 출국하는지를 확인하기 위한 것이다.

(b) **출국심사인:** 출입국관리공무원은 출국심사를 마친 때에는 여권과 출국신고서에 출국심사인을 찍어야 한다(출입국관리법 시행령 제1조 제3항).

2) 예 외

(가) 출입국항이 아닌 장소에서의 출국심사

「출입국관리법」에서는 부득이한 경우에 출입국항 외의 장소에서 출입국관리공무원의 출국심사를 받도록 하는 장소적 예외 규정을 두고 있다. 유효한 여권을 소지하고 대한민국에서 대한민국 밖의 지역으로 출국하려는 국민이 부득이한 사유로 출입국항으로 출국할 수 없을 때에는 관할 출입국관리사무소장 또는 출장소장의 허가를 받아 출입국항이 아닌 장소에서 출입국관리공무원의 출국심사를 받은 후 출국할 수 있다(출입국관리법 제3조 제1항 단서). 여기에서 '부득이한 사유'란 천재지변, 기상악화, 재난상황 등으로 출입국항에서 출국심사를 받기가 곤란한 경우를 말한다.

(나) 출국신고서 및 출국심사인 생략

출입국관리공무원은 여권자동판독기 등 정보화기기를 이용하여 개인별 출입국기록을 확보할 수 있는 경우 또는 법무부장관이 정하는 경우에는 출국신고서의 제출을 생략하게 하거나 출국심사인의 날인을 생략할 수 있다(출입국관리법 시행령 제1조 제10항). 출입국관리공무원은 출국신고서의 제출을 생략하게 하는 경우에는 해당 출국자의 출국기록에 관한 사항을 즉시 정보화처리하여 저장하여야 한다(출입국관리법 시행규칙 제2조 제4항).

(다) 정보화기기를 이용한 출국심사(자동출국심사)

(a) 의 의: 출국심사는 대통령령으로 정하는 바에 따라 정보화기기에 의한 출국심사로 갈음할 수 있다(출입국관리법 제3조 제2항). 일반적으로 국민이 출국하기 위하여는 출입국관리공무원에 의한 출국심사를 받아야 하지만, 일정한 경우에는 정보화기기에 의한 출국심사로 대체할 수 있는 법적 근거를 「출입국관리법」에 마련한 것이다. 최근 국민의 출국 수가 증가함에 따라 신속하고 정확한 출입국관리의 확보 및 출국자의 편의를 증진하기 위하여 정보화기기에 의한 출국심사를 도입한 것이다. 정보화기기를 이용한 출국 심사는 국민의 출국뿐만 아니라 외국인의 출국에게도 준용된다(출입국관리법 제6조 제3항, 제12조 제2항, 출입국관리법 시행령 제35조 제4항).

(b) 요 건: 정보화기기에 의한 출국심사를 받을 수 있는 국민의 요건으로는 i) 유효한 복수여권을 가지고 있을 것(출입국관리법 시행령 제1조의2 제1항 제1호), ii) 법무부령으로 정하는 바에 따라 스스로 지문과 얼굴에 관한 정보를 등록하였을 것(출입국관리법 시행령 제1조의2 제1항 제2호), 여기에서 지문과 얼굴에 관한 정보등록의 절차와 방법 등에 관한 사항은 법무부령으로 정한다(출입국관리법 시행령 제1조의2 제3항). iii) 출국금지 대상이 아닌 17세 이상의 자로서 주민등록증(「재외동포의 출입국과 법적 지위에 관한 법률」 제2조 제1호에 따른 재외국민의 경우에는 재외국민 국내거소신고증을 말한다)을 발급받았을 것(출입국관리법 시행령 제1조의2 제1항 제3호), iv) 그 밖에 「여권법」에 따라 사용이 제한되거나 반납명령을 받은 여권을 가지고 있는 등 출입국관리공무원의 심사가 필요한 경우에 해당하지 아닐 것(출입국관리법 시행령 제1조의2 제1항 제4호)이라는 위 4가지 요건을 모두 갖추어야 한다. 국민이 이러한 4가지 요건을 모두 갖춘 경우에는 정보화기기에 의한 출국심사를 출입국관리공무원에 의한 출국심사에 갈음할 수 있다(출입국관리법 제3조 제2항, 출입국관리법 시행령 제1조의2 제1항).

(c) 등록절차

i. 등 록: 정보화기기에 의한 출국심사를 받기 위하여 지문과 얼굴에 관한 정

보를 등록하려는 국민은 출입국관리사무소의 장 또는 출장소의 장에게 자동출입국심사 등록신청서를 제출하여야 한다(출입국관리법 시행규칙 제1조의2 제1항). 출입국관리사무소장 또는 출장소장은 자동출입국심사 등록 신청을 받으면 정보화기기를 이용한 출국심사를 받을 수 있는 국민의 요건을 확인하고 신청자의 여권에 자동출입국심사 등록 확인인을 날인하거나 자동출입국심사 등록 스티커를 붙여야 한다(출입국관리법 시행규칙 제1조의2 제2항). 등록절차를 마친 국민은 등록을 해지하지 아니하는 한 그 등록을 마친 때부터 계속하여 정보화기기에 의한 출국심사를 받을 수 있다(출입국관리법 시행규칙 제1조의2 제5항).

ii. 해지 또는 정정: 자동출국심사 등록을 한 자는 등록을 해지하거나 등록정보를 정정하려면 출입국관리사무소장 또는 출장소장에게 다음의 구분에 따른 서류를 제출하여야 한다(출입국관리법 시행규칙 제1조의2 제3항). 등록을 해지하려는 경우에는 자동출입국심사 등록 해지신청서, 등록정보를 정정하려는 경우에는 자동출입국심사 등록정보 정정신청서이다. 출입국관리사무소장 또는 출장소장은 해지 또는 정정 신청을 접수하면 지체 없이 그 등록의 해지 또는 등록정보의 정정을 하여야 한다(출입국관리법 시행규칙 제1조의2 제4항).

(d) 출국심사인 생략: 정보화기기를 이용하여 출국심사를 마친 국민에 대하여는 출국심사인의 날인을 생략한다(출입국관리법 시행령 제1조의2 제2항).

(2) 복수국적자

복수국적자는 원칙적으로 대한민국을 출국할 때에 대한민국의 여권으로 출국하여야 한다. 복수국적자에 대하여는 대한민국의 법령 적용에서 원칙적으로 외국인으로서의 법적 지위를 인정하지 않기 때문이다. 「국적법」에서는 복수국적자가 대한민국의 법령 적용에서 대한민국의 국민으로만 처우되도록 하여, 복수국적자에 대한 '국민처우 기본원칙'을 규정하고 있다(국적법 제11조의2 제1항).

(3) 승무원

1) 승무원등록증 또는 선원신분증명서

출입국관리공무원은 대한민국과 대한민국 밖의 지역 사이에서 사람이나 물건을 수송하는 선박, 항공기, 기차, 자동차, 그 밖의 교통기관(이하에서는 선박등이라고 한다)의 승무원인 국민이 출국하는 경우에는, 승무원등록증 또는 선원신분증명서의 확인으로 출국신고서의 제출과 출국심사인의 날인을 갈음할 수 있다(출입국관리법 시행령 제1조 제4항 본문). 다만, 선박 등의 승무원이 최초로 출국하는 경우에는 그러하지 아니하다(출입국관리법 시행령 제1조 제4항 단서).

2) 승무원등록

(가) 대 상

선박 등의 승무원인 국민이 최초로 출국하는 경우에는 승무원등록을 하여야 한다(출입국관리법 시행령 제1조 제5항 본문). 다만, 부정기적으로 운항하는 선박 등의 승무원인 경우에는 그러하지 아니하다(출입국관리법 시행령 제1조 제5항 단서).

(나) 절 차

선박 등의 승무원인 국민(부정기적으로 운항하는 선박 등의 승무원을 제외한다)이 승무원등록을 하고자 하는 때에는, 여권 및 승무원등록신고서에 사진 1매와 재직증명서를 첨부하여 출입국관리공무원에게 제출하여야 한다(출입국관리법 시행규칙 제4조 제1항). 출입국관리공무원이 승무원등록신고서를 제출받은 때에는 승무원의 자격심사를 한 후 등록번호를 부여하여 승무원등록대장에 기재하고 승무원등록증을 그 승무원에게 교부하여야 한다(출입국관리법 시행규칙 제4조 제2항). 승무원등록을 한 승무원이 등록사항에 변동이 있는 때에는 관계 증명서류를 출입국관리공무원에게 제출하여야 한다(출입국관리법 시행규칙 제4조 제3항).

(4) 병역의무자

1) 국외여행허가

병역의무자인 국민이 출국심사를 받을 때에는 「병역법」 제70조[9]에 따른 국외여

---

9) 병역법 제70조 (국외여행의 허가 및 취소)

① 병역의무자로서 다음 각 호의 어느 하나에 해당하는 사람이 국외여행을 하려면 병무청장의 허가를 받아야 한다.

1. 25세 이상인 제1국민역 또는 보충역으로서 소집되지 아니한 사람
2. 승선근무예비역 또는 보충역으로 복무 중이거나 의무종사 중인 사람

② 병무청장은 정당한 사유 없이 징병검사나 입영을 기피한 사실이 있거나 기피하고 있는 사람 등 대통령령으로 정하는 사람에 대하여는 다음 각 호의 기준에 따라 처리하여야 한다. 다만, 가족의 사망 등 불가피한 사유로서 대통령령으로 정하는 경우에는 그러하지 아니하다.

1. 제1항에 따른 국외여행허가 대상자인 경우에는 국외여행허가를 하여서는 아니 된다.
2. 25세 미만으로 제1국민역 또는 보충역으로서 소집되지 아니한 사람인 경우에는 국외여행이 제한되도록 필요한 조치를 취하여야 한다.

③ 국외여행의 허가를 받은 사람이 허가기간에 귀국하기 어려운 경우에는 기간만료 15일 전까지, 25세가 되기 전에 출국한 사람은 25세가 되는 해의 1월 15일까지 병무청장의 기간연장허가 또는 국외여행허가를 받아야 한다.

④ 제1항 및 제3항에 따른 국외여행허가 또는 기간연장허가의 범위 및 절차에 관하여는 대통령령으로 정한다.

⑤ 병무청장은 국외여행허가 또는 기간연장허가를 한 경우에는 그 사실을 법무부장관에게 통보하여야 한다.

⑥ 제1항 및 제3항에 따라 국외여행허가 또는 기간연장허가를 받은 사람이 국내에서 영주할 목적으로 귀국하는 등 대통령령으로 정하는 사유에 해당하는 경우에는 국외여행허가 또는 기간연장허가를 취소하고 병역의무를 부과할 수 있다.

행허가(기간연장허가를 포함한다)를 받았다는 확인서를 제출하여야 한다(출입국관리법 시행령 제1조 제6항 본문). 다만, 출입국관리공무원은 병무청장으로부터 정보통신망 등을 통하여 병역의무자인 국민이 국외여행허가를 받았음을 통보받은 경우에는 확인서 제출을 생략하게 할 수 있다(출입국관리법 시행령 제1조 제6항 단서).

2) 출국사실 통보

출입국관리사무소장 또는 출장소장은 병역의무자인 국민이 출국하면 그 사실을 지체 없이 병무청장에게 통보(정보통신망을 이용한 통보를 포함한다)하여야 한다(출입국관리법 시행규칙 제5조).

4. 입국사증 확인제도 폐지

(1) 입국사증 확인제도

2005년 3월 24일 구「출입국관리법」이전에는, "국민이 출국심사를 받을 때에는 행선국 또는 경유국의 유효한 입국사증을 가지고 있어야 한다. 다만, 대한민국과의 협정에 의하여 입국사증이 면제되는 국가로 출국하거나 출입국관리공무원이 사증을 필요로 하지 아니하다고 인정하는 경우에는 그러하지 아니하다."라고 규정하였다(구 출입국관리법 제3조 제2항). 출입국관리공무원은 국민에 대한 출국심사를 하는 때에 행선국 또는 경유국의 유효한 입국사증을 소지하였는지를 확인하였다.

(2) 입국사증 확인제도 폐지

2005년 3월 24일 구「출입국관리법」개정 이후부터는, 출입국관리공무원이 출국심사를 받는 국민에게 행선국 또는 경유국의 유효한 입국사증을 소지하였는지를 확인하는 절차가 폐지되었다. 그 취지는 국제민간항공기구ICAO: International Civil Aviation Organization의 권고에 따라 승객의 입국사증 소지 여부에 대한 확인은 본인이나 항공사의 자율적인 판단에 맡김으로써 출입국절차를 간소화하고자 하는 데 있다. 국제민간항공기구는 항공사가 승객의 입국사증 소지 여부 등 행선국 또는 경유국에 입국하기 위한 기준을 확인하도록 하고 있다. 국민인 출국자에 대한 입국사증 확인제도 폐지를 통하여 출국심사에 소요되는 시간이 단축되며 출국하려는 국민의 편의를 도모하고 출국심사장의 혼잡을 해소하는 긍정적 효과가 있다.

Ⅲ. 출국금지

1. 국민의 출국에 대한 제한

(1) 법적 근거

1) 헌 법

국민은 거주·이전의 자유를 가진다. 「헌법」 제14조에서도 "모든 국민은 거주·이전의 자유를 가진다."라고 규정하고 있다. 그러나 「헌법」 제37조 제2항에서는 "국민의 모든 자유와 권리는 국가안전보장·질서유지 또는 공공복리를 위하여 필요한 경우에 한하여 법률로써 제한할 수 있으며, 제한하는 경우에도 자유와 권리의 본질적인 내용을 침해할 수 없다."라고 하고 규정하고 있다. 국민에 대한 출국금지는 「헌법」상 보장된 거주·이전의 자유 중 출국의 자유와 관련된 문제이다. 국민의 거주·이전의 자유 중의 한 부분인 출국의 자유도 국가안전보장·질서유지 또는 공공복리의 열거된 사유로 인하여 필요한 경우에 한하여 법률로써 제한될 수 있다.[10] 「헌법」 제37조 제2항에서 규정한 기본권 제한의 일반원칙 또는 기본권 제한 입법의 한계인 과잉금지원칙에 위반되지 않는 한 법률로써 제한될 수 있다.[11] 국민의 출국을 제한할 수 있는 우선적인 사유로는 국익확보와 보호에 있다.

2) 여권법

「여권법」에서는 여권의 발급 또는 재발급이 거부되거나 제한되는 일정한 사유를 규정하고 있다. 외교부장관은 ⅰ) 장기 2년 이상의 형刑에 해당하는 죄를 범하고 기소起訴되어 있는 자 또는 장기 3년 이상의 형에 해당하는 죄를 범하고 국외로 도피하여 기소중지된 자, ⅱ) 「여권법」 제24조부터 제26조까지에 규정된 죄를 범하여 형을 선고받고 그 집행이 종료되지 아니하거나 집행을 받지 아니하기로 확정되지 아니한 자, ⅲ) 제2호 외의 죄를 범하여 금고 이상의 형을 선고받고 그 집행이 종료되지 아니하거나 그 집행을 받지 아니하기로 확정되지 아니한 자, ⅳ) 국외에서 대한민국의 안전보장·질서유지나 통일·외교정책에 중대한 침해를 야기할 우려가 있는 경우로서 가. 출국할 경우 테러 등으로 생명이나 신체의 안전이 침해될 위험이 큰 자, 나. 「보안관찰법」 제4조에 따라 보안관찰처분을 받고 그 기간 중에 있으면서

10) 대법원 2008. 1. 24. 선고 2007두10846 판결.
11) 헌법재판소 2004. 10. 28. 자 2003헌가18 결정.

같은 법 제22조에 따라 경고를 받은 자의 어느 하나에 해당하는 자에 대하여는 여권의 발급 또는 재발급을 거부할 수 있다(여권법 제12조 제1항). 그리고 외교부장관은 i) 제1항 제2호에서 규정하는 죄를 범하여 그 형의 집행을 종료하거나 그 형의 집행을 받지 아니하기로 확정된 자, ii) 외국에서의 위법한 행위 등으로 국위國威를 크게 손상시킨 사실이 재외공관 또는 관계 행정기관으로부터 통보된 자에 대하여는 그 사실이 있는 날부터 1년 이상 3년 이하의 기간 동안 여권의 발급 또는 재발급을 제한할 수 있다. 외교부장관은 여권의 발급 또는 재발급이 거부되거나 제한된 자에 대하여 긴급한 인도적 사유 등 대통령령으로 정하는 사유가 있는 경우에는 해당 사유에 따른 여행목적에만 사용할 수 있는 여권을 발급할 수 있다.

3) 출입국관리법

「출입국관리법」에서는 출국금지의 대상과 요건·절차 등을 규정하고 있다. 과거에는 국민에 대한 출국금지의 대상에 대하여 법무부령인 「출국금지업무 처리규칙」에서 규정하고 있었다. 법무부장관이 정한 「출국금지업무 처리규칙」은 행정기관 내부의 사무처리 기준을 정한 것으로 대외적으로 국민이나 법원을 기속하는 것이 아니다. 그러나 2011년 7월 18일에 「출입국관리법」 개정을 통하여 출국금지의 대상을 상세히 규정하여, 국민의 기본권 제한은 법률에 의해서만 제한된다는 헌법정신에 일치시키고 있다. 즉 과거에는 국민에 대한 출국금지 대상자를 i) 출국이 대한민국의 이익을 현저하게 해할 염려가 있다고 인정되는 자, ii) 범죄의 수사를 위하여 그 출국이 부적당하다고 인정되는 자로 규정하여, 그 대상자의 범위가 상당히 포괄적이었다(1999. 2. 5 구 출입국관리법 제4조 제1항). 2011년 7월 18일에 개정된 「출입국관리법」 제4조(출국의 금지)에서는 국민에 대한 출국이 금지되는 대상자를 i) 범죄의 수사를 위하여 그 출국이 적당하지 아니하다고 인정되는 자, ii) 형사재판에 계속 중인 자, iii) 징역형이나 금고형의 집행이 끝나지 아니한 자, iv) 대통령령으로 정하는 금액 이상의 벌금이나 추징금을 내지 아니한 자, v) 대통령령으로 정하는 금액 이상의 국세·관세 또는 지방세를 정당한 사유 없이 그 납부기한까지 내지 아니한 자, vi) 그 밖에 대한민국의 이익이나 공공의 안전 또는 경제질서를 해칠 우려가 있어 그 출국이 적당하지 아니하다고 법무부령으로 정하는 자라고 구체적으로 규정하였다. 이를 '출입국관리법 제4조에 따른 출국금지'라고도 말한다.

(2) 법적 성격

출국금지는 「출입국관리법」에서 정한 일정한 사유에 해당되는 국민에 대하여 i)

형벌의 이행을 확보하고 국가사법권 행사의 목적을 달성하기 위하여, ii) 국세·관세 또는 지방세 미납자의 재산권에 대한 강제집행을 달성하기 위하여, iii) 대한민국의 이익이나 공공의 안전 또는 경제질서를 보호 유지하기 위하여 국민이 출국할 자유를 제한하는 행정처분의 성격을 지닌다. 출국금지의 법적 성격은 행정상 즉시강제에 해당한다. 출국금지는 「형법」 제41조의 형벌에 해당하지 않는다.[12]

2. 제한의 한계 및 판단기준

(1) 제한의 한계

법률에 의한 출국금지를 통하여 국민이 가지는 거주·이전의 자유를 제한할지라도 그 제한으로 달성하려는 공익이 침해받는 사익보다 높아야 한다. 출국의 자유에 대한 제한은 그 기본권으로서의 성격에 비추어 필요한 최소한의 범위에 그쳐야 하고, 또한 출국금지에 의하여 보호하려는 공익과 그에 의하여 침해되는 국민의 거주·이전의 자유를 비교 형량할 때 보호되는 공익이 침해되는 사익에 비하여 더 커야 한다는 비례의 원칙에 적합하여야만 그 적법성이 인정된다.[13]

(2) 판단기준

1) 기본원칙

법무부장관은 국민의 출국금지 여부를 결정할 때에 따라야 하는 기본원칙은 다음과 같다.

(가) 필요 최소한의 제한

출국금지는 필요 최소한의 범위에서 하여야 한다(출입국관리법 시행규칙 제6조 제1항). 국민이 출국할 자유는 해외여행 및 해외이주의 자유에 속하는 것으로 국민이 행복을 추구하기 위한 권리이고 이동의 자유로운 보장의 확보를 통하여 의사를 표현할 수 있는 측면에서 인신의 자유 또는 표현의 자유와 밀접한 관련을 가진 기본권이다. 최대한 그 권리가 보장되어야 하고 따라서 그 권리를 제한하는 것은 최소한에 그쳐야 한다.[14] 출국금지는 국민의 기본권을 제한하는 처분이므로 국가사법권 행사의 목적을 달성하기 위하여 불가피한 경우에 한하여 최소한의 기간 동안에만 시행되어야 한다.[15]

---

12) 제41조 (형의 종류) 형의 종류는 다음과 같다.
1. 사형, 2. 징역, 3. 금고, 4. 자격상실, 5. 자격정지, 6. 벌금, 7. 구류, 8. 과료, 9. 몰수
13) 서울행정법원 2009. 1. 22. 선고 2008구합32515 판결; 서울고등법원 2001. 4. 3. 선고 2000누15431 판결. 동 판결의 상급심 판결인 대법원 2001. 7. 27. 선고 2001두3365 판결 참고.
14) 대법원 2008. 1. 24. 선고 2007두10846 판결.
15) 대법원 2007. 11. 30. 선고 2005다40907 판결.

(나) 공무수행 또는 행정제재 목적 금지

출국금지는 단순히 공무수행의 편의를 위하여 하거나, 형벌 또는 행정벌을 받은 자에게 행정제재를 가할 목적으로 해서는 아니된다(출입국관리법 시행규칙 제6조 제2항). 예를 들어 재산의 해외 도피 우려 여부를 확인하지 아니한 채, 단순히 일정 금액 이상의 추징금 또는 국세를 미납한 사실 자체만으로 바로 출국금지 처분을 하는 것은 행정제재의 목적으로 한 것으로 과잉금지의 원칙에 비추어 허용되지 아니한다.16)

(다) 유효한 여권 소지자에 대한 제한

출국금지는 출국금지 대상자가 유효한 여권을 가지고 있다고 인정되는 경우에만 한다. 다만, i) 범죄수사와 관련된 자(다만, 기소중지자로 결정된 자는 제외한다), ii) 「여권법 시행령」 제6조의2에 따라 거주여권을 발급받을 수 있는 자의 어느 하나에 해당하는 자에 대하여는 유효한 여권을 가지지 아니한 경우에도 출국금지를 할 수 있다(출입국관리법 시행규칙 제6조 제3항).

(라) 출국금지 중복 금지

법무부장관은 출국금지 중인 자에 대하여 동일한 사유로 출국금지의 요청을 받은 경우에 거듭 출국금지하지 아니한다. 이 경우 출국금지를 요청한 기관의 장에게 그 사실을 통보하여야 한다(출입국관리법 시행규칙 제6조 제4항).

2) 고려사항

(가) 의 의

법무부장관은 출국금지 또는 출국금지기간 연장 여부를 결정할 때에 고려하여야 하는 사항으로는 출국금지의 기본원칙, 출국금지 대상자의 범죄사실, 출국금지 대상자의 연령 및 가족관계, 출국금지 대상자의 해외도피 가능성이다(출입국관리법 시행규칙 제6조의5 제1항).

(나) 해외도피

(a) 출국금지 대상자의 해외도피 가능성: 출국금지 대상자의 해외도피 가능성과 관련하여 그 판단기준이 문제된다. 출국금지 대상자의 해외도피 가능성에 대한 판단기준으로는 여러 가지가 있을 수 있는데, 특히 외국국가의 영주권 소지 여부가 그 고려사항이 될 수 있다.17) 그러나 단순히 여행횟수가 많다는 사실 또는 배우자가 여권을 갱신하고 자녀가 장기유학을 하고 있다는 사실만으로 은닉재산을 해외로 유출할 혐의가 있는 것으로 보는 것은 부당하다.18) 출국금지의 대상자가 일정한 직업을 가지고 경제활동을 하면서 그 경제활동으로 벌어들인 수입으로 추징금을 일부씩

16) 대법원 2001. 7. 27. 선고 2001두3365 판결; 서울행정법원 2005. 5. 19. 선고 2004구합32210 판결.
17) 대법원 1992. 10. 9. 선고 91누10510 판결.
18) 국민고충처리위원회 결정례, 2005. 11. 21, 출국규제해제.

납부하여 왔고, 또한 가족과 함께 국내에 거주하고 있어 출국하였다가 곧바로 귀국할 가능성이 높다고 인정된다면, 단지 추징금을 납부하지 않고 있다는 사유만으로 출국을 제한하는 것은 거주·이전의 자유와 경제활동의 자유를 지나치게 제한하는 것이다.[19] 반대로, 주된 생활근거지가 해외이므로 본인이 먼저 출국한 후 가족들도 뒤따라 출국할 가능성이 높다거나, 추징금이 고액이고 정상적인 경제활동을 하면서도 장기간 추징금을 일체 납부하지 아니하였다면 출국금지로 달성하려는 공익에 비하여 그로 인하여 침해되는 사익이 더 보호할 가치가 있다고는 볼 수 없다.[20]

(b) **재산의 해외도피:** 판례는 추징금 등을 미납한 이유로 출국금지 처분을 함에 있어서는 '재산의 해외도피 우려'를 중요한 기준으로 삼고 있다.[21] 추징금 또는 국세 미납을 이유로 한 출국금지는 그 추징금 또는 국세 미납자가 출국을 이용하여 재산을 해외로 도피하는 등으로 강제집행을 곤란하게 하는 것을 방지함에 주된 목적이 있는 것이지, 단순히 출국을 기화로 해외로 도피하거나 시효기간 동안 귀국하지 아니하고 외국에 체재하여 그 시효기간을 넘기는 것을 방지하는 등 신병을 확보하기 위함에 있는 것이 아니다.[22] 재산의 해외 도피 가능성 여부에 관한 판단에 대하여도 재량권을 일탈하거나 남용하여서는 아니된다.[23]

3) 세부기준 등

(가) 세부기준

법무부장관은 필요하다고 인정하는 경우에는 출국금지 대상자에 대한 세부기준을 정할 수 있다(출입국관리법 시행규칙 제6조의3 제1항). 세부기준은 중앙행정기관 및 법무부장관이 정하는 관계기관과의 협의를 거쳐 정하여야 한다(출입국관리법 시행규칙 제6조의3 제2항). 따라서 법무부장관은 출국금지 대상자에 대한 세부기준을 결정할 때에는 중앙행정기관 및 법무부장관이 정하는 관계 기관과의 협의를 의무적으로 거쳐야 한다.

(나) 협의사항

법무부장관은 중앙행정기관 및 법무부장관이 정하는 관계 기관과 ⅰ) 출국금지제도의 운영 및 개선에 관한 사항, ⅱ) 출국금지 또는 이의신청의 심사, 출국금지의 해제에 관한 사항 중 협의가 필요한 사항, ⅲ) 그 밖에 출국금지 업무와 관련하여 협의가 필요한 사항을 협의한다(출입국관리법 시행규칙 제6조의11 제1항). 법무부장관은 협의사항과 관련하여 필

19) 서울고등법원 2001. 4. 3. 선고 2000누15431 판결.
20) 앞의 판결.
21) 헌법재판소 2004. 10. 28. 자 2003헌가18 결정.
22) 대법원 2001. 7. 27. 선고 2001두3365 판결; 서울행정법원 2005. 5. 19. 선고 2004구합32210 판결; 서울행정법원 2009. 12. 17. 선고 2009구합35634 판결.
23) 대법원 2001. 7. 27. 선고 2001두3365 판결; 서울행정법원 2005. 5. 19. 선고 2004구합32210 판결.

요한 경우에 중앙행정기관 및 법무부장관이 정하는 관계 기관에 필요한 자료나 의견 제출을 요청할 수 있다(출입국관리법 시행규칙 제6조의11 제2항).

3. 사유 및 대상자

(1) 의 의

「출입국관리법」에서는 국민의 출국이 금지되는 사유 및 대상자에 대하여 규정하고 있다(출입국관리법 제4조). 출국금지의 사유 및 대상자는 「출입국관리법」 외에도, 「여권법」, 「병역법」, 「형사소송법」, 「해외이주법」, 「국세징수법」 등 여러 법률과도 관련된다.

국민의 출국이 제한되는 사유는 국가안보적 상황, 정치외교적 상황, 경제적 상황 등에 따라 다양하다. 예를 들어 1989년 1월 1일 이래 해외여행의 자유화가 시행되기 전까지는 안보적 상황으로 인하여 국민의 해외여행은 제한되어 왔다.[24] 또한 국외에서 대한민국의 안전보장·질서유지나 통일·외교정책에 중대한 침해를 야기할 우려가 있는 경우로서 출국할 경우 테러 등으로 생명이나 신체의 안전이 침해될 위험이 큰 경우(여권법 제12조), 천재지변·전쟁·내란·폭동·테러 등 국외 위난상황으로 인하여 국민의 생명·신체나 재산을 보호하기 위한 경우(여권법 제17조),[25] 범죄수사상 불가피한 경우(출입국관리법 제4조 제2항), 형사재판에 계속 중인 경우(출입국관리법 제4조 제1항 제1호), 징역형·금고형의 집행이 끝나지 아니한 경우(출입국관리법 제4조 제1항 제2호), 과세 이탈의 방지(출입국관리법 제4조 제1항 제4호), 국가위신의 추락 방지, 사회의 안정 또는 공공의 안전, 경제질서의 교란 방지, 국가재원 확보, 병역자원의 이탈 방지 등 다양하고 폭넓은 사유로 인하여 국민에 대한 출국의 자유를 제한할 수 있다(출입국관리법 제4조 제1항 제5호).[26]

법무부장관이 국민의 출국을 금지할 수 있는 사유에 대한 구분은 다음과 같다. 범죄수사 또는 형사재판과 관련된 경우, 재산권의 행사와 관련된 경우, 공공안전 또는 경제질서와 관련된 경우 등으로 구분할 수 있다. 이하에서는 그 구체적인 내용을 살펴보기로 한다.

---

24) 김원숙, 출입국관리정책론, 한민족, 2008, p. 297.

25) 「여권법」에 의하면, 방문 및 체류가 금지된 국가나 지역으로 고시된 사정을 알면서도 허가를 받지 아니하고 해당 국가나 지역에서 여권 등을 사용하거나 해당 국가나 지역을 방문하거나 체류한 자는 1년 이하의 징역 또는 300만원 이하의 벌금에 처한다(여권법 제26조 제3호).

26) 헌법재판소 2004. 10. 28. 자 2003헌가18 결정.

(2) 범죄수사 또는 형사재판과 관련된 경우

1) 의 의

법무부장관은 범죄수사를 위하여 출국이 적당하지 아니하다고 인정되는 국민에 대하여 출국을 금지할 수 있다(출입국관리법 제4조 제2항). 범죄수사를 위하여 국민의 출국이 제한되는 경우이다. 범죄수사搜査란 범죄의 혐의 유무를 명백히 하여 공소의 제기와 유지 여부를 결정하기 위하여 범인을 발견·확보하고 증거를 수집·보전하는 수사기관의 활동을 말한다. 수사는 수사기관의 주관적 혐의에 의해 개시되는데, 수사개시의 원인을 수사의 단서라고 한다. 범죄수사는 주로 공소제기 전에 하는 것이 일반적이나, 공소제기 후에도 공소유지를 위하여 또는 공소유지 여부를 결정하기 위한 범죄수사도 허용된다.[27]

또한 법무부장관은 형사재판에 계속 중인 국민, 징역형 또는 금고형의 집행이 끝나지 아니한 국민, 벌금 또는 추징금을 미납한 국민 등 형사재판과 관련된 국민에 대하여 출국을 금지할 수 있다.

2) 범죄수사와 관련된 경우

(가) 범죄수사의 범위

출국금지를 요청할 수 있는 범죄수사에는 임의수사 또는 강제수사, 불구속수사를 불문한다.

(나) 대상자의 범위

범죄수사를 위하여 출국이 적당하지 아니하다고 인정되는 자의 범위에는 피내사자, 그 소재를 알 수 없어 기소중지결정이 된 자, 도주 등 특별한 사유가 있어 수사진행이 어려운 자가 포함된다.

(a) 내사절차

i. 문제 제기: 범죄수사의 필요성과 관련하여, 특히 내사절차 및 「헌법」 제14조에서 보장된 거주·이전의 자유와의 관계가 문제된다. 실무에서 수사기관은 피의자에 대한 출국금지뿐만 아니라 피내사자에 대하여도 출국금지를 요청하고 있고, 피내사자도 아닌 이해관계인들 또는 중요관계인들에 대한 출국금지도 이루어지고 있으므로 내사절차에서 인권침해의 소지가 농후하기 때문이다.[28]

---

27) 이재상, 신형사소송법, 박영사, 2007, p. 179.

28) 조광훈, 내사절차에서 피내사자의 인권보호에 관한 연구, 연세대학교 법학연구소 법학연구, 2009, p. 314; 정웅석, 내사사건의 통제방안에 관한 연구, 형사정책, 한국형사정책학회, 2008, p. 280.

ii. 내사의 의의: 내사란 수사기관이 범죄혐의의 유무를 확인하기 위하여 범죄인지 전前의 단계에서 수행하는 조사활동을 말한다.[29] 피내사자가 범죄혐의가 있는지를 밝혀내는 과정인 내사가 넓은 의미의 수사에 포함된다고 해석하면 「형사소송법」의 규율을 받아야 한다. 그러나 「헌법」상 형사절차법정주의에 따라 「형사소송법」에서는 수사절차만을 규율하고 있을 뿐이고, 내사에 관한 규정을 별도로 규정하지 않고 있다. 다만, 「특별사법경찰관리 집무규칙」 제22조, 「검찰사건사무규칙」 제142조 · 제143조, 「검찰보존사무규칙」은 범죄의 내사에 관한 수리와 절차 등을 규정하고 있으나, 동 규칙들은 국회에서 제정된 법률이 아니라 수사기관 내부에서 업무처리의 통일성을 기하여 위하여 마련된 내부지침에 불과하므로 내사의 법적 근거로는 보기가 어렵다. 따라서 형사절차에 있어서 내사의 법적 근거는 존재하지 않는다.[30] 수사기관이 내사절차에서 출국금지를 자주 활용하는 이유는 피내사자와 이해관계인 또는 중요관계인의 국외출국을 막아 내사의 진행을 원활히 하고, 피내사자의 범죄혐의가 발견되었을 때 피내사자의 신병 확보를 효율적으로 하려는 데 그 목적이 있다.[31]

iii. 판례의 태도: 대법원은 '범죄의 수사를 위하여 출국이 적당하지 아니하다고 인정되는 자'의 범위에 내사단계에 있는 피내사자도 포함된다고 판시하고 있다.[32]

iv. 소 결: 범죄혐의의 유무를 확인하기 위한 범죄인지 전前의 단계에 있는 피내사자와 이해관계인 또는 중요관계인에 대한 출국금지는 출국금지가 필요 최소한의 범위에서 하여야 한다는 최소한 침해의 기본원칙 및 상당성의 원칙을 견지할 경우 매우 엄격히 적용되어야 할 것이다(출국관리법 시행규칙 제6조 제1항). 또한 「형사소송법」 제199조 제1항에서는 "수사에 관하여는 그 목적을 달성하기 위하여 필요한 조사를 할 수 있다. 다만, 강제처분은 이 법률에 특별한 규정이 있는 경우에 한하며, 필요한 최소한도의 범위 안에서만 하여야 한다."라고 규정하고 있다. 피내사자에게는 강제처분이 허용

29) 정웅석, 내사사건의 통제방안에 관한 연구, 형사정책, 한국형사정책학회, 2008, p. 279; 조광훈, 수사기관 내사(內査)의 효율적 통제와 피내사자(被內査者)의 인권보장에 관한 연구, 연세대학교 법학연구소 법학연구, 2005, p. 115; 조광훈, 내사절차에서 피내사자의 인권보호에 관한 연구, 연세대학교 법학연구소 법학연구, 2009, p. 301.

30) 정웅석, 내사사건의 통제방안에 관한 연구, 형사정책, 한국형사정책학회, 2008, p. 286; 조광훈, 내사절차에서 피내사자의 인권보호에 관한 연구, 연세대학교 법학연구소 법학연구, 2009, pp. 300~302 참고. 다만, 통신비밀보호법에서는 제6조(범죄수사를 위한 통신제한조치의 허가절차), 제9조의2(통신제한조치의 집행에 관한 통지), 제9조의3(압수 · 수색 · 검증의 집행에 관한 통지) 등에서 내사에 대해 규정하고 있다.

31) 조광훈, 내사절차에서 피내사자의 인권보호에 관한 연구, 연세대학교 법학연구소 법학연구, 2009, p. 315.

32) 대법원 2007. 11. 30. 선고 2005다40907 판결.

되지 않는다고 해석된다. 피의자에게 적용되는 출국금지에 대한 기준을 피내사자와 이해관계인 또는 중요관계인에게도 동일하게 적용하여 「헌법」 제14조에서 보장된 거주·이전의 자유를 제한하는 것은 기본권의 지나친 침해에 해당한다. 따라서 「출입국관리법」 제4조 제2항에서 '범죄 수사를 위하여', 「출입국관리법」 제4조 제1항 제5호에서 '대한민국의 이익이나 공공의 안전 또는 경제질서를 해칠 우려가 있어 그 출국이 적당하지 아니하다고 법무부령으로 정하는 자', 「출입국관리법」 제4조의6에서 '범죄 피의자'의 범위에 피내사자와 이해관계인 또는 중요관계인을 포함하는 것은 타당하지 않다고 본다. 다만, 피내사자와 이해관계인 또는 중요관계인을 포함하는지에 대한 논란을 피하기 위하여는 법률에 근거를 두거나 법률에 구체적으로 범위를 정하여 하위법령에 위임할 필요가 있다.

3) 형사재판과 관련된 경우

(가) 형사재판에 계속 중인 자

법무부장관은 형사재판에 계속係屬 중인 국민에 대하여 출국을 금지할 수 있다(출입국관리법 제4조 제1항 제1호).

(나) 징역형 또는 금고형의 집행이 끝나지 아니한 자

법무부장관은 징역형이나 금고형의 집행이 끝나지 아니한 국민에 대하여 출국을 금지할 수 있다(출입국관리법 제4조 제1항 제2호).

(다) 벌금 또는 추징금과 관련된 경우

(a) 벌 금: 벌금이란 범죄인에 대하여 일정한 금액의 지불의무를 강제적으로 부담하게 하는 것을 내용으로 하는 재산형 중에서 가장 무거운 형벌을 말한다.[33)]

(b) 추징금: 추징追徵이란 「형법」 제41조 제9호에 정한 몰수의 대상인 물건을 몰수하기 불가능한 때에 몰수에 갈음하여 그 가액의 납부를 명령하는 사법처분을 말한다(형법 제48조 제2항). 추징의 법적 성격에 관하여는 이를 몰수의 취지를 관철시키기 위한 일종의 '사법처분'이지만, 실질적으로는 몰수에 갈음하는 '부가형'의 성격을 가지므로 주형은 아니지만 부가형으로서의 추징도 일종의 형벌이라고 보는 것이 판례의 입장이다.[34)] 「형법」 제41조(형의 종류)에 의하면 추징은 형이 아님은 명백하나, 실질적으로 볼 때 몰수와 차이가 없고 특히 보안처분적 의미를 가지지 아니하는 점에 있어서는 몰수보다도 오히려 순수한 형벌적 성격을 보유하는 것이다.[35)]

33) 이재상, 형법총론, 박영사, 2009, p. 568.

34) 대법원 1988. 6. 21. 선고 88도551 판결; 대법원 1979. 4. 10. 선고 78도3098 판결; 헌법재판소 2004. 10. 28. 자 2003헌가18 결정.

35) 대법원 1961. 11. 9. 선고 4294형상572 판결.

(c) **벌금 또는 추징금 미납자:** 법무부장관은 대통령령으로 정하는 금액 이상의 벌금이나 추징금을 내지 아니한 국민에 대하여 출국을 금지할 수 있다(출입국관리법 제4조 제1항 제3호). 여기에서 '대통령령으로 정하는 금액'으로 벌금 또는 추징금 미납에 따라 출국이 금지되는 기준은 벌금의 경우 1천만원, 추징금의 경우 2천만원이다(출입국관리법 시행령 제1조의3 제1항). 벌금을 미납하여 환형(노역장)에 유치하기로 된 자도 출국금지의 대상자에 포함된다.

(d) **판단의 기준 · 방법**

ⅰ. 판단의 기준 - 재산에 대한 강제집행: 벌금 또는 추징금 미납을 이유로 한 출국금지는 그 미납자가 출국을 이용하여 '재산을 해외로 도피하는 등 강제집행을 곤란'하게 하는 것을 방지함에 그 주된 목적이 있는 것이다. 단순히 출국을 기화로 해외로 도피하거나 시효기간 동안 귀국하지 아니하고 외국에 체재하여 그 시효기간을 넘기는 것을 방지하는 등 신병을 확보하기 위함에 있는 것이 아니다.[36] 또한 미납자의 출국할 자유를 제한하여 그 신병을 확보함으로써 벌금 또는 추징금을 납부하도록 하는 데 목적이 있는 것도 아니다. 벌금 또는 추징금 미납자에 대하여 재산의 해외도피 우려 여부를 종합적으로 확인하지 아니한 채, 추징금 미납 사실만으로 법무부장관이 출국금지처분을 하는 것은 형벌을 받은 자에게 행정제재의 목적으로 한 것으로 과잉금지의 원칙에 비추어 허용되지 않는다.[37]

ⅱ. 판단의 방법: 벌금 또는 추징금 미납자에 대한 출국금지처분의 기준인 '재산의 해외도피 우려' 또는 '재산의 해외도피 가능성' 여부의 판단방법은 벌금 또는 추징금 처분의 범죄사실, 벌금 또는 추징금 미납자의 성별 · 연령 · 학력 · 직업 · 성행이나 사회적 신분, 벌금 또는 추징금 미납자의 경제적 활동과 그로 인한 수입의 정도 · 재산상태와 그간의 벌금 또는 추징금 납부의 방법이나 수액의 정도, 그간의 벌금 또는 추징금 징수처분의 집행과정과 그 실효성 여부, 그간의 출국 여부와 그 목적 · 기간 · 행선지 · 해외에서의 활동내용 · 소요자금의 수액과 출처, 가족관계나 가족의 생활 정도 · 재산상태 · 직업 · 경제활동 등을 종합하여 판단하여야 한다.[38] 예를 들어 상당한 재산을 보유하고 있으리라 추정되는데도 불구하고 추징금 판결이 확정된 때로부터 4년이 넘는 기간 동안 단 한 번도 자진하여 추징금을 납부하고 있지 않는 경우 등에 해당할 때에는 출국을 기화로 재산을 해외로 도피할 가능성이 없다고 단정할 수 없다.[39]

36) 대법원 2001. 7. 27. 선고 2001두3365 판결 참고. 동 판결에서는 '추징금' 미납자에 대하여 출국금지처분의 기준인 재산의 해외도피 우려 및 재산의 해외도피 가능성 여부에 대한 판단 방법을 판시하였다.

37) 대법원 2001. 7. 27. 선고 2001두3365 판결 참고.

38) 앞의 판결 참고.

(e) 합헌성

ⅰ. 의 의: 대통령령으로 정하는 금액 이상의 벌금 또는 추징금을 납부하지 아니한 국민을 출국금지할 수 있도록 한 것이 과잉금지원칙, 포괄위임입법금지원칙, 이중처벌금지원칙 등에 위배되는지가 문제된다. 국민이 벌금 또는 추징금을 납부하지 않았다고 하여 당연히 그 출국이 금지되는 것은 아니고, 기본권 제한에 있어서의 비례의 원칙 또는 과잉금지의 원칙, 포괄위임입법금지원칙, 이중처벌금지원칙에 적합하여야만 출국금지처분의 적법성이 인정된다. 헌법재판소는 과거에 법무부령으로 규정한 출국금지의 사유인 '추징금'을 납부하지 아니한 자에 대하여 합헌적 의견을 제시한 바 있다. 헌법재판소에 따르면, 국민에 대한 출국금지 사유로 '대통령령으로 정하는 금액 이상의 추징금을 내지 아니한 자' 부분은 헌법에 위반되지 않는다.[40] 이하에서는 그 논거를 살펴보기로 한다.

ⅱ. 과잉금지원칙 관련: 벌금 또는 추징금을 납부하지 않는 자에 대한 출국금지로 국가형벌권의 실현을 확보하려는 국가의 이익은 형벌집행을 회피하고 재산을 국외로 도피시키려는 자가 받게 되는 출국금지의 불이익에 비하여 현저히 크다. 고액 추징금 미납자에 대한 출국금지는 정당한 목적을 실현하기 위해 상당한 비례관계가 유지되는 합헌적인 근거를 가진 법조항에 따라 시행되는 제도이다.[41]

ⅲ. 포괄위임입법금지원칙 관련: 출국금지의 대상이 되는 금액의 액수를 법률에 직접 규정하지 않고 하위법령(출입국관리법 시행령)으로 정하도록 하고는 있으나, 법원에서 선고하는 벌금이나 추징금 액수는 경제현실에 따라 변동될 수 있고, 법의식 및 사회관념의 변화에 따라 출국금지의 상당성을 인정하는 금액이 다를 수 있으므로 출국금지의 기준 금액을 현실의 상황변화에 맞게 탄력적으로 결정할 수 있도록 할 필요가 크다. 법률에서 직접 출국금지의 기준이 되는 벌금 또는 추징금의 액수를 규정하기보다는 하위법령에 위임하는 것이 입법기술상으로 보다 상당하다. 그리고 출국금지 처분의 사유가 되는 벌금 또는 추징금의 미납액수 하한을 정하는 기준과 범위를 명시적으로 설정하고 있지는 않지만, 벌금 또는 추징금 미납자를 그 대상으로 하는 만큼 일정한 금액 이상의 추징금을 미납하는 경우에 출국금지처분은 명확하게 예측할 수 있고, 「출입국관리법」의 전반적 체계와 관련 규정들에 비추어 보면 사회적 상당성 있는 금액이 규정될 것임을 알 수 있어 위임입법의 한계를 일탈하였다고 볼 수는 없다.[42]

---

39) 서울행정법원 2007. 10. 26. 선고 2007구합18338 판결.
40) 헌법재판소 2004. 10. 28. 자 2003헌가18 결정 참조.
41) 앞의 결정 참조.

ⅳ. 이중처벌금지원칙 관련: 벌금은 형벌이다. 추징은 몰수에 갈음하여 그 가액의 납부를 명령하는 사법처분이나 부가형의 성질을 가지므로, 주형은 아니지만 부가형으로서의 추징도 일종의 형벌임을 부인할 수는 없다. 그러나 일정한 액수의 추징금을 납부하지 않은 자에게 내리는 출국금지의 행정처분은 「형법」 제41조상의 형벌이 아니라, 형벌의 이행 확보를 위하여 출국의 자유를 제한하는 행정조치의 성격을 지니고 있다. 출국금지의 행정처분은 「헌법」 제13조 제1항[43]에 규정된 이중처벌금지원칙에 위배된다고 할 수 없다.[44]

(3) 재산권의 행사와 관련된 경우: 국세 · 관세 · 지방세 미납자

1) 국세 · 관세 · 지방세 미납자

법무부장관은 대통령령으로 정하는 금액 이상의 국세 · 관세 또는 지방세를 정당한 사유 없이 그 납부기한까지 내지 아니한 국민에 대하여 출국을 금지할 수 있다(출입국관리법 제4조 제1항 제4호). 여기에서 '대통령령으로 정하는 금액'으로 국세 · 관세 또는 지방세 미납에 따라 출국이 금지되는 기준은 5천만원이다(출입국관리법 시행령 제1조의3 제2항).[45]

---

42) 앞의 결정 참조.

43) 헌법 제13조 제1항에서 "모든 국민은 행위시의 법률에 의하여 범죄를 구성하지 아니하는 행위로 소추되지 아니하며, 동일한 범죄에 대하여 거듭 처벌받지 아니한다."라고 규정하고 있다.

44) 앞의 결정 참조.

45) (1) 국세징수법 제7조의4 제1항에서는 "국세청장은 정당한 사유 없이 5천만원 이상으로서 대통령령으로 정하는 금액 이상의 국세를 체납한 자 중 대통령령으로 정하는 자에 대하여 법무부장관에게 「출입국관리법」 제4조 제2항에 따라 출국금지를 요청하여야 한다."라고 규정하고, 국세징수법 시행령 제10조의5 제1항에서는 "법 제7조의4 제1항에서 대통령령으로 정하는 금액"이란 5천만원을 말한다."라고 규정하고 있다.

(2) 국세징수법 제7조의4 제1항에 따르면, 국세청장은 정당한 사유 없이 5천만원 이상으로서 대통령령으로 정하는 금액 이상의 국세를 체납한 자 중 국세징수법 시행령으로 정하는 자에 대하여 법무부장관에게 「출입국관리법」 제4조 제2항에 따라 출국금지를 요청하여야 한다. 여기에서 국세징수법 제7조의4 제1항에서 "국세징수법 시행령으로 정하는 자"란 ⅰ) 배우자 또는 직계존비속이 국외로 이주(국외에 3년 이상 장기체류 중인 경우를 포함한다)한 자(국세징수법 시행령 제10조의5 제2항 제1호), ⅱ) 출국금지 요청일 현재 최근 2년간 미화 5만달러 상당액 이상을 국외로 송금한 자(국세징수법 시행령 제10조의5 제2항 제2호), ⅲ) 미화 5만달러 상당액 이상의 국외자산이 발견된 자(국세징수법 시행령 제10조의5 제2항 제3호), ⅳ) 「국세기본법」 제85조의5 제1항 제1호에 따라 명단이 공개된 고액 · 상습체납자(국세징수법 시행령 제10조의5 제2항 제4호), ⅴ) 출국금지 요청일을 기준으로 최근 1년간 체납액이 5천만원 이상인 상태에서 사업 목적, 질병 치료, 직계존비속의 사망 등 정당한 사유 없이 국외 출입 횟수가 3회 이상이거나 국외 체류 일수가 6개월 이상인 자(국세징수법 시행령 제10조의5 제2항 제호), ⅵ) 법 제30조에 따라 사해행위(詐害行爲) 취소소송 중이거나 「국세기본법」 제35조 제4항에 따라 제3자와 짜고 한 거짓계약에 대한 취소소송 중인 자(국세징수법 시행령 제10조의5 제2항 제6호)의 어느 하나에 해당하는 경우로서, 관할 세무서장이 압류 · 공매, 담보 제공, 보증인의 납세보증서 등으로 조세채권을 확보할 수 없고, 체납처분을 회피할 우려가 있다고 인정되는 자를 말한다(국세징수법 시행령 제10조의5 제2항).

2) 판단의 기준 · 방법

(가) 판단의 기준 – 재산에 대한 강제집행

경제질서의 교란방지 및 과세이탈의 방지 또는 국가재원 확보를 위하여 출국금지할 수 있는 판단기준이 문제된다. 국세 · 관세 · 지방세 체납자에 대하여 출국을 금지하는 이유는 국세 등을 납부하지 아니한 자가 그 출국을 기화로 해외로 도피하거나 출국을 이용하여 재산을 해외로 도피하여 강제집행을 면탈하는 것을 막을 목적에 그 이유를 두고 있다는 하급심 판례가 있다.[46] 그러나 대법원에서는 "국세 미납을 이유로 한 출국금지는 그 국세 미납자가 출국을 이용하여 재산을 해외로 도피하는 등으로 강제집행을 곤란하게 하는 것을 방지함에 주된 목적이 있는 것이지, 단순히 출국을 기화로 해외로 도피하거나 시효기간 동안 귀국하지 아니하고 외국에 체재하여 그 시효기간을 넘기는 것을 방지하는 등 신병을 확보하기 위함에 있는 것이 아니다."라고 판시하고 있다.[47] 국세 · 관세 · 지방세 미납을 이유로 한 출국금지는 그 국세 · 관세 · 지방세 미납자가 출국을 이용하여 재산을 해외로 도피하는 등 강제집행을 곤란하게 하는 것을 방지함에 주된 목적이 있다. 다만, 재산의 해외도피 우려 여부를 확인하지 아니한 채 단순히 일정 금액 이상의 국세 · 관세 · 지방세 체납사실 자체만으로 바로 출국금지처분을 하는 것은 형벌 등을 받은 자에게 행정제재의 목적으로 한 것으로 과잉금지의 원칙에 비추어 허용되지 아니한다.[48]

(나) 판단의 방법

국세 · 관세 · 지방세 미납자에 대한 출국금지 처분의 기준인 '재산의 해외도피' 여부의 판단방법은 체납 국세 · 관세 · 지방세의 다과, 체납경위, 국세 · 관세 · 지방세 체납자의 성별 · 연령 · 학력 · 직업 · 성행이나 사회적 신분, 경제적 활동과 그로 인한 수입의 정도 · 재산상태와 그간의 국세 · 관세 · 지방세 납부의 방법이나 수액의 정도, 그간의 국세 · 관세 · 지방세 징수처분의 집행과정과 그 실효성 여부, 그간의 출국 여부와 그 목적 · 기간 · 행선지 · 해외에서의 활동 내용 · 소요자금의 수액과 출처, 가족관계나 가족의 생활 정도 · 재산상태 · 직업 · 경제활동 등을 종합하여 판단하여야 한다.[49]

---

46) 서울고등법원 2001. 4. 3. 선고 2000누15431 판결.

47) 대법원 2001. 7. 27. 선고 2001두3365 판결; 서울행정법원 2005. 5. 19. 선고 2004구합32210 판결; 서울행정법원 2008. 12. 12. 선고 2008구합29533 판결.

48) 서울행정법원 2008. 12. 12. 선고 2008구합29533 판결 참고.

49) 대법원 2001. 7. 27. 선고 2001두3365 판결; 서울행정법원 2005. 5. 19. 선고 2004구합32210 판결; 서울행정법원 2009. 12. 17. 선고 2009구합35634 판결 참고. 동 판결은 국세 · 지방세 미납에 따른 출국금지에 대한 것이다.

3) 적법성 여부

국세 · 관세 · 지방세의 미납에 따른 출국금지의 적법성에 대하여는, 법원은 "국세체납자에 대한 출국금지처분 및 출국금지기간연장처분이 적법하다."고 판시하고 있다.[50)]

(4) 대한민국의 이익, 공공안전 또는 경제질서와 관련된 경우

1) 의 의

법무부장관은 그 밖에 「출입국관리법」 제4조 제1항 제1호부터 제4호까지의 규정에 준하는 자로서, 대한민국의 이익이나 공공의 안전 또는 경제질서를 해칠 우려가 있어 그 출국이 적당하지 아니하다고 '법무부령으로 정하는 자'에 대하여 출국을 금지할 수 있다(출입국관리법 제4조 제1항 제5호). 그리고 외교부장관은 일정한 경우에 해당하는 국민에 대하여 여권의 발급 또는 재발급을 거부할 수 있다(여권법 제12조 제1항).

2) 판단기준

(가) 출입국관리법

대한민국의 이익이나 공공의 안전 또는 경제질서를 해칠 우려가 있어 그 출국이 적당하지 아니하다고 '법무부령으로 정하는 자'에 대하여는 「출입국관리법 시행규칙」 제6조의2 제1항에서 제한적으로 열거하고 있다. 이에 따라, 법무부장관이 출국을 금지할 수 있는 대상자로는 ⅰ) 「병역법」 제65조 제5항에 따라 보충역 편입처분이나 공익근무요원소집의 해제처분이 취소된 자, ⅱ) 거짓이나 그 밖의 부정한 방법으로 병역면제 · 제2국민역 · 보충역의 처분을 받고 그 처분이 취소된 자, ⅲ) 「병역법 시행령」 제128조 제4항에 따라 징병검사 · 입영 등의 연기처분이 취소된 자, ⅳ) 종전 「병역법」(2004. 12. 31. 법률 제7272호로 개정되기 전의 것을 말한다) 제65조 제4항에 따라 병역면제 처분이 취소된 자. 다만, 영주귀국의 신고를 한 자는 제외한다. ⅴ) 「병역법」 제76조 제1항 각 호 또는 제3항에 해당하는 병역의무 불이행자, ⅵ) 「병역법」 제86조를 위반하여 병역의무 기피 · 감면 목적으로 도망가거나 행방을 감춘 자, ⅶ) 2억원 이상의 국세를 포탈한 혐의로 세무조사를 받고 있는 자, ⅷ) 20억원 이상의 허위 세금계산서 또는 계산서를 발행한 혐의로 세무조사를 받고 있는 자, ⅸ) 「출입국관리법 시행령」 제98조에 따른 출입국항에서 타인 명의의 여권 또는 위조 · 변조여권 등으로 출입국하려고 한 자, ⅹ) 3천만원 이상의 공금횡령橫領 또는 금품수수收受 등의 혐의로 감사원

50) 대법원 1992. 10. 9. 선고 91누10510 판결; 서울행정법원 2009. 12. 17. 선고 2009구합35634 판결.

의 감사를 받고 있는 자, xi) 그 밖에 출국시 국가안보 또는 외교관계를 현저하게 해칠 염려가 있다고 법무부장관이 인정하는 자이다(출입국관리법 시행규칙 제6조의2 제1항).

(나) 여권법

국외에서 대한민국의 안전보장·질서유지나 통일·외교정책에 중대한 침해를 야기할 우려가 있는 경우로서 i) 출국할 경우 테러 등으로 생명이나 신체의 안전이 침해될 위험이 큰 자, ii)「보안관찰법」 제4조에 따라 보안관찰처분을 받고 그 기간 중에 있으면서 같은 법 제22조에 따라 경고를 받은 자에 대하여 외교부장관은 여권의 발급 또는 재발급을 거부할 수 있다(여권법 제12조 제1항 제4호). 외교부장관은 그 자가「여권법」 제12조 제1항 제4호에 해당하는 여권의 발급 또는 재발급이 거부되는 대상자인지의 여부를 판단하려고 할 때에는 미리 법무부장관과 협의하고 여권정책심의위원회의 심의를 거쳐야 한다(여권법 제12조 제2항).

3) 명확성의 원칙

(가) 문제제기

대한민국의 이익이나 공공의 안전 또는 경제질서를 해칠 우려가 있어 그 출국이 적당하지 아니한 자(출입국관리법 제4조 제1항 제5호), 그 밖에 출국시 국가안보 또는 외교관계를 현저하게 해칠 염려가 있다고 법무부장관이 인정하는 자(출입국관리법 시행규칙 제6조의2 제1항 제11호)라는 출국금지의 사유가 포괄적으로 규정되어 명확성의 원칙에 위배되는지가 문제된다.

(나) 침해설

국민의 기본권을 제한하는 법률은 명확하여야 한다는 명확성의 요청과 관련하여, 출국금지의 기준 내지 사유가 지나치게 추상적·포괄적이므로 명확성의 원칙에 위배되어 국민의 기본권을 필요 이상으로 제한한다는 견해가 있다.[51] 이 견해의 논거로는 국민에 대한 출국금지는 그 구체적인 필요성이 있어야 하고 출국금지의 사유는 엄격한 기준이 적용되어야 한다는 것이다.

(다) 불침해설

대한민국의 이익이나 공공의 안전 또는 경제질서를 해칠 우려가 있거나, 그 밖에 출국시 국가안보 또는 외교관계를 해칠 염려가 있다는 이유로 국민의 출국을 금지할 수 있는 것은 명확성의 원칙에 위배되지 않는다는 견해이다. 그 사유에 대하여 헌법재판소는 "국민의 출국은 일반적으로 그 목적 및 실태가 천차만별이고 출국금지의 필요성이 시시각각 변화하는 점 등을 고려하여 볼 때, 출국관리업무 전반을 법

51) 조광훈, 2005, 수사기관 내사(內査)의 효율적 통제와 피내사자(被內査者)의 인권보장에 관한 연구, 연세대학교 법학연구소 법학연구, 2005; 서울고등법원 2001. 4. 3. 선고 2000누15431 판결.

에서 정형화하여 규정한다는 것은 거의 불가능에 가깝다. 「출입국관리법」은 국민의 출국금지 사유에 대하여 불가피하게 불확정개념을 사용하여 규정하지 않을 수 없고, 따라서 이러한 규정을 두고 명확성이 결여되었다고 단정할 수는 없다. 규정 내용 및 관계법령의 전체적 내용과 전반적 체계를 종합하여 보면, 출국금지 사유의 내재적인 범위나 한계를 객관적으로 확정할 수 있으므로 명확성의 원칙에 위반되었다고 할 수 없다."라고 판시하고 있다.[52)]

(라) 소 결

국민이 출국하는 목적 및 실태는 매우 다양하므로 그 출국을 금지할 필요성이 시대적 상황에 따라 변화하는 점 등을 고려하여 법률에서 이를 명확히 규정하는 것은 어렵다. 따라서 불가피하게 불확정개념을 사용하지 않을 수 없다. 불확정개념을 사용한 출국금지의 사유를 두고 이를 명확성의 원칙에 위배된다고 할 수 없다.

4. 절 차

(1) 출국금지의 요청

1) 요청권자

(가) 중앙행정기관의 장 등

중앙행정기관의 장 및 법무부장관이 정하는 관계기관의 장은 소관 업무와 관련하여 「출입국관리법」 제4조 제1항 또는 제2항 각 호의 어느 하나에 해당하는 자(출국금지의 대상자를 말한다)가 있다고 인정할 때에는 법무부장관에게 출국금지를 요청할 수 있다(출입국관리법 제4조 제3항). 이 경우에 중앙행정기관의 장 및 법무부장관이 정하는 관계기관의 장은 출국금지 요청 사유와 출국금지 예정기간 등을 적은 출국금지 요청서에 법무부령으로 정하는 서류를 첨부하여 법무부장관에게 보내야 한다(출입국관리법 시행령 제2조 제2항 본문). 여기에서 '법무부령으로 정하는 서류'란 ⅰ) 당사자가 출국금지 대상자에 해당하는 사실에 대한 소명 자료, ⅱ) 출국금지가 필요한 사유에 대한 소명 자료를 말한다(출입국관리법 시행규칙 제6조의4 제1항 제1호).[53)] 다만, 「출입국관리법」 제4조 제2항에 따른 범죄수사 목적으로 출국금지를 요청하는 경우에는 검사의 수사지휘서를 첨부하여야 한다(출입국관리법 시행규칙 제6조의4 제1항 제2호).

52) 헌법재판소 2002. 12. 18. 자 2002헌바6 결정.

53) 예를 들어, 국세청장은 「국세징수법」 제7조의44(출국금지 요청 등) 제1항에 따라 법무부장관에게 체납자에 대한 출국금지를 요청하는 경우에는 해당 체납자가 「국세징수법 시행령」 제10조의5(출국금지 요청) 제2항 각 호 중 어느 항목에 해당하는지와 조세채권을 확보할 수 없고 체납처분을 회피할 우려가 있다고 인정하는 사유를 구체적으로 밝혀야 한다(국세징수법 시행령 제10조의5 제3항).

(나) 지방자치단체의 장

시장 · 군수 또는 구청장(「제주특별자치도 설치 및 국제자유도시 조성을 위한 특별법」 제17조에 따른 행정시장을 포함하며, 구청장은 자치구의 구청장을 말한다)의 소관 업무에 관한 출국금지 요청은 특별시장 · 광역시장 또는 도지사(특별자치도지사를 포함한다)가 한다(출입국관리법 시행령 제2조 제2항 단서).

2) 기 간

(가) 출국금지기간

(a) 의 의: 출국금지기간은 출국을 금지하는 사유와 대상자에 따라 차이가 있다. 「출입국관리법」에 의한 출국금지는 국민의 기본권을 제한하는 처분이므로 국가 사법권 행사의 목적을 달성하기 위하여 불가피한 경우에 한하여 최소한의 기간 동안에만 시행되어야 한다.[54] 출국금지기간을 계산할 때에는 그 기간이 일日 단위이면 첫날은 시간을 계산하지 않고 1일로 산정하고, 월月 단위이면 역서曆書에 따라 계산한다. 이 경우에 기간의 마지막 날이 공휴일 또는 토요일이더라도 그 기간에 산입한다(출입국관리법 시행령 제1조의4).

(b) 예정기간: 출국금지 예정기간은 출입국관리법 제4조(출국의 금지) 제1항 또는 제2항에 따른 출국금지기간을 초과할 수 없다(출입국관리법 시행령 제2조 제3항).

(c) 출국금지기간의 유형

ⅰ. 형사재판, 재산권의 행사와 관련된 경우: 「출입국관리법」 제4조(출국의 금지) 제1항에 따른 출국금지의 경우이다. 법무부장관은 아래의 사유와 대상자에 해당하는 국민에 대하여 6개월 이내의 기간을 정하여 출국을 금지할 수 있다(출입국관리법 제4조 제1항). 출국금지기간의 상한은 6개월이다. 그 사유와 대상자는 ⅰ) 형사재판에 계속係屬 중인 자(제1호), ⅱ) 징역형이나 금고형의 집행이 끝나지 아니한 자(제2호), ⅲ) 대통령령으로 정하는 금액 이상의 벌금이나 추징금을 내지 아니한 자(제3호), ⅳ) 대통령령으로 정하는 금액 이상의 국세 · 관세 또는 지방세를 정당한 사유 없이 그 납부기한까지 내지 아니한 자(제4호), ⅴ) 그 밖에 제1호부터 제4호까지의 규정에 준하는 자로서 대한민국의 이익이나 공공의 안전 또는 경제질서를 해칠 우려가 있어 그 출국이 적당하지 아니하다고 법무부령으로 정하는 자(제5호)이다.

ⅱ. 범죄수사와 관련된 경우: 「출입국관리법」 제4조(출국의 금지) 제2항에 따른 출국금지의 경우이다. 법무부장관은 범죄수사를 위하여 출국이 적당하지 아니하다고 인정되는 자에 대하여는 1개월 이내의 기간을 정하여 출국을 금지할 수 있다

---

54) 대법원 2007. 11. 30. 선고 2005다40907 판결.

(출입국관리법 제4조 제2항 본문). 출국금지기간의 상한은 1개월이다. 다만, i) 소재를 알 수 없어 기소중지결정이 된 자 또는 도주 등 특별한 사유가 있어 수사진행이 어려운 자의 경우에는 3개월 이내, ii) 기소중지결정이 된 경우로서 체포영장 또는 구속영장이 발부된 자의 경우에는 영장 유효기간 이내에서 정한 기간으로 한다(출입국관리법 제4조 제2항 단서).

(나) 출국금지기간의 연장

(a) **의 의**: 법무부장관은 출국금지기간을 초과하여 계속 출국을 금지할 필요가 있다고 인정하는 경우에는 그 기간을 연장할 수 있다(출입국관리법 제4조의2 제1항).

(b) **요 청**: 출국금지를 요청한 기관의 장은 출국금지기간을 초과하여 계속 출국을 금지할 필요가 있을 때에는 출국금지기간이 끝나기 3일 전까지 법무부장관에게 출국금지기간을 연장하여 줄 것을 요청하여야 한다(출입국관리법 제4조의2 제2항). 이 경우 출국금지를 요청한 중앙행정기관의 장 및 법무부장관이 정하는 관계기관의 장은 출국금지기간 연장요청 사유와 출국금지기간 연장예정기간 등을 적은 출국금지기간 연장요청서에 법무부령으로 정하는 서류를 첨부하여 법무부장관에게 보내야 한다(출입국관리법 시행령 제2조의2 제2항). 여기에서 '법무부령으로 정하는 서류'란 i) 당사자가 「출입국관리법」 제4조(출국의 금지) 제1항 또는 제2항에 따른 출국금지 대상자에 해당하는 사실에 대한 소명 자료, ii) 출국금지기간 연장이 필요한 사유에 대한 소명 자료를 말한다(출입국관리법 시행규칙 제6조의4 제2항 제1호). 「출입국관리법」 제4조(출국의 금지) 제2항에 따른 범죄수사를 목적으로 출국금지기간 연장을 요청하는 경우에는 검사의 수사지휘서를 첨부하여야 한다(출입국관리법 시행규칙 제6조의4 제2항 제2호).

(c) **연장예정기간**: 출국금지 연장예정기간은 「출입국관리법」 제4조(출국의 금지) 제1항 또는 제2항에 따른 출국금지기간을 초과할 수 없다(출입국관리법 시행령 제2조의2 제3항).

(d) **출국금지연장기간**: 법무부장관은 출국금지기간을 연장하려면 「출입국관리법」 제4조(출국의 금지) 제1항 또는 제2항에 따른 출국금지기간 내에서 그 기간을 정하여 연장하여야 한다(출입국관리법 시행령 제2조의2 제1항 전단).

3) 출국금지 요청대장

출국금지 요청기관의 장은 출국금지 요청, 출국금지기간 연장요청, 출국금지 해제 요청 및 그 해제 등의 변동사항을 적은 출국금지 요청대장을 갖추어 두어야 한다(출입국관리법 시행령 제3조의2).

(2) 심사 · 결정

1) 자료제출 요청

법무부장관은 출국을 금지하려는 경우에는 관계기관의 장에게 의견을 묻거나 관련 자료를 제출하도록 요청할 수 있다(출입국관리법 시행령 제2조 제1항). 또한 법무부장관은 출국금지기간을 연장하려는 경우에는 관계기관의 장에게 의견을 묻거나 관련 자료를 제출하도록 요청할 수 있다(출입국관리법 시행령 제2조의2 제1항 후단).

2) 기 한

(가) 출국금지

법무부장관은 중앙행정기관의 장 및 법무부장관이 정하는 관계기관의 장으로부터 출국금지 요청서를 받으면 그 날부터 i) 긴급한 조치를 필요로 하는 경우에는 1일 이내, ii) 중앙행정기관 및 법무부장관이 정하는 관계기관과의 협의가 필요하다고 인정되는 경우에는 10일 이내, iii) 그 밖의 경우에는 3일 이내의 기간에 출국금지 여부 및 출국금지기간을 심사하여 결정하여야 한다(출입국관리법 시행령 제2조의3 제1항).

(나) 출국금기기간 연장

법무부장관은 출국금지를 요청한 중앙행정기관의 장 및 법무부장관이 정하는 관계 기관의 장으로부터 출국금지기간 연장요청서를 받으면 그 날부터 3일 이내에 심사하여 결정하여야 한다(출입국관리법 시행령 제2조의3 제2항).

3) 고려사항

법무부장관은 출국금지나 출국금지기간 연장 여부를 결정할 때에는 i)「출입국관리법 시행규칙」제6조(출국금지의 기본원칙)에 따른 출국금지의 기본원칙, ii) 출국금지 대상자의 범죄사실, iii) 출국금지 대상자의 연령 및 가족관계, iv) 출국금지 대상자의 해외도피 가능성을 고려하여야 한다(출입국관리법 시행규칙 제6조의5 제1항).

4) 내 용

(가) 통지 제외 요청 심사·결정

법무부장관은 출국금지나 출국금지기간 연장 요청에 관하여 심사·결정할 때에는 통지 제외에 관한 요청을 함께 심사·결정하여야 한다(출입국관리법 제3조의3 제2항).

(나) 심사결정서

법무부장관은 출국금지 요청이나 출국금지기간 연장요청에 관하여 심사·결정하면 심사결정서를 작성하여야 한다(출입국관리법 시행규칙 제6조의5 제2항).

(3) 통 지

1) 원 칙

(가) 의 의

법무부장관은 출국을 금지하거나 출국금지기간을 연장하였을 때에는 즉시 당사자에게 그 사유와 기간 등을 밝혀 서면으로 통지하여야 한다(출입국관리법 제4조의4 제1항).[55] 또한 법무부장관은 출국금지를 해제하였을 때에는 이를 즉시 당사자에게 통지하여야 한다(출입국관리법 제4조의4 제2항).

(나) 방 법

통지는 서면으로 하여야 한다. 즉 통지는 ⅰ) 출국금지한 경우에는 출국금지 통지서, ⅱ) 출국금지기간을 연장한 경우에는 출국금지기간 연장통지서, ⅲ) 출국금지를 해제한 경우에는 출국금지 해제통지서로 한다(출입국관리법 시행규칙 제6조의7 제1항). 통지서는 본인에게 직접 교부하거나 우편 등의 방법으로 보내야 한다(출입국관리법 시행규칙 제6조의7 제2항).

2) 예 외

(가) 의 의

출국금지 요청기관의 장은 출국금지를 요청하거나 출국금지기간 연장을 요청하는 경우 당사자가 「출입국관리법」 제4조의4(출국금지결정 등의 통지) 제3항 각 호에 해당된다고 인정하면 법무부장관에게 출국금지의 통지를 하지 아니할 것을 요청할 수 있다(출입국관리법 시행령 제3조의3 제1항).

(나) 요청 및 결정

(a) 요 청: 출국금지 요청기관의 장은 당사자에게 통지하지 아니할 것을 요청하는 경우에는 출국금지 요청서의 출국금지 사유란 또는 출국금지기간 연장요청서의 연장요청 사유란에 그 이유를 기재하여야 한다(출입국관리법 시행규칙 제6조의8 제2항).

(b) 결 정: 법무부장관은 출국금지나 출국금지기간 연장 요청에 관하여 심사·결정할 때에는 통지 제외에 관한 요청을 함께 심사·결정하여야 한다(출입국관리법 시행령 제3조의3 제2항). 그리고 법무부장관은 출국금지 또는 출국금지기간 연장을 결정한 사실을 통지하지 아니하기로 한 경우에는 출국금지 등의 심사결정서에 그 이유를 기재하여야 한다(출입국관리법 시행규칙 제6조의8 제3항).

---

55) 법무부장관이 출국금지를 한 경우에는 국세청장에게 그 결과를 「정보통신망 이용촉진 및 정보보호 등에 관한 법률」 제2조 제1항 제1호에 따른 정보통신망 등을 통하여 통보하여야 한다(국세징수법 제7조의4 제2항).

(다) 사 유

법무부장관은 아래 사유의 어느 하나에 해당하는 경우에는 출국금지 또는 출국금지기간 연장의 통지를 하지 아니할 수 있다(출입국관리법 제4조의4 제3항).

첫째, 대한민국의 안전 또는 공공의 이익에 중대한 위해를 끼칠 우려가 있다고 인정되는 경우이다(출입국관리법 제4조의4 제3항 제1호). 대한민국의 안전 또는 공공의 이익에 중대한 위해를 미칠 우려가 있어 출국금지나 출국금지기간 연장의 통지를 하지 아니할 수 있는 경우는 출국이 금지된 자가 「형법」 중 내란·외환의 죄, 「국가보안법」 위반의 죄, 「군형법」 중 반란·이적의 죄, 「군형법」 중 군사기밀 누설죄와 암호부정 사용죄의 어느 하나에 해당하는 죄와 관련된 혐의자인 경우로 한정한다(출입국관리법 시행규칙 제6조의8 제1항).

둘째, 범죄수사에 중대한 장애가 생길 우려가 있다고 인정되는 경우이다(출입국관리법 제4조의4 제3항 제2호 본문). 다만, 연장기간을 포함한 총 출국금지기간이 3개월을 넘는 때에는 당사자에게 통지하여야 한다(출입국관리법 제4조의4 제3항 제2호 단서).

셋째, 출국이 금지된 자가 있는 곳을 알 수 없는 경우이다(출입국관리법 제4조의4 제3항 제3호).

(4) 출국금지 여부의 확인

출국이 금지된 자(본인으로부터 소송 등을 위임받은 변호인을 포함한다)는 법무부장관이나 출입국관리사무소장 또는 출장소장에게 본인의 출국금지 사실을 확인할 수 있다(출입국관리법 시행규칙 제6조의9 제1항). 사실확인 절차 등 필요한 사항은 법무부장관이 정한다(출입국관리법 시행규칙 제6조의9 제2항).

5. 긴급출국금지

(1) 의 의

수사기관이 수사상 긴급한 필요가 있는 때에는 직접 출국금지를 요청할 수 있도록 하되, 이 경우 법무부장관의 사후 통제를 받도록 하는 긴급출국금지제도를 두고 있다(출입국관리법 제4조의6). 2011년 7월 18일에 「출입국관리법」이 개정되어 도입되었다. 이를 '출입국관리법 제4조의6 제1항에 따른 출국금지'라고도 말한다. 즉 수사기관은 범죄 피의자로서 사형·무기 또는 장기 3년 이상의 징역이나 금고에 해당하는 죄를 범하였다고 의심할 만한 상당한 이유가 있고, ① 피의자가 증거를 인멸할 염려가 있는 때, ② 피의자가 도망하거나 도망할 우려가 있는 때로서 어느 하나에 해당하는 사유가 있으며, 긴급한 필요가 있는 때에는 출국심사를 하는 출입국관리공무원(인천공항출입국관리사무소에 근무하는 출입국관리공무원을 말한다)에게 출국금지를 요청할 수 있다.

(2) 적용 대상자

범죄 피의자로서 사형·무기 또는 장기 3년 이상의 징역이나 금고에 해당하는 죄를 범하였다고 의심할 만한 상당한 이유가 있는 국민이다(출입국관리법 제4조의6 본문). 다만, 외국인에 대하여는 긴급출국정지제도가 없다.

(3) 요 건

수사기관이 「출입국관리법」제4조(출국의 금지) 제3항에도 불구하고 출국심사를 하는 출입국관리공무원에게 긴급출국금지를 요청할 수 있는 요건은 i) 범죄 피의자로서 사형·무기 또는 장기 3년 이상의 징역이나 금고에 해당하는 죄를 범하였다고 의심할 만한 상당한 이유가 있고, ii) ① 피의자가 증거를 인멸할 염려가 있는 때, ② 피의자가 도망하거나 도망할 우려가 있는 때로서 어느 하나에 해당하는 사유가 있으며, iii) 긴급한 필요가 있는 때이다(출입국관리법 제4조의6 제1항). 여기에서 '긴급한 필요가 있는 때'란 범죄 피의자가 출입국하는 공항만에서 긴급히 도주하려는 경우로서 「출입국관리법」 제4조(출국의 금지) 제3항에 의한 출국금지를 요청할 시간적 여유가 없는 때로 항공권 예약, 공항만으로 이동 및 여권소지 등 출국정황이 입증되어야 하고, 공휴일 및 정상근무시간 이외에 검사의 수사지휘를 받을 시간적인 여유가 없는 긴박한 경우를 말한다.

(4) 전담 공무원 지정

법무부장관은 출입국관리공무원 중에서 긴급출국금지 업무를 전담하는 공무원을 지정할 수 있다(출입국관리법 시행령 제5조의2 제3항).

(5) 절 차

1) 요 청

긴급출국금지를 요청하려는 수사기관의 장은 긴급출국금지 요청 사유와 출국금지 예정기간 등을 적은 긴급출국금지 요청서에 법무부령으로 정하는 서류를 첨부하여 출입국관리공무원에게 보내야 한다(출입국관리법 시행령 제5조의2 제1항). 긴급출국금지 요청서에는 긴급출국금지의 요청 사유 및 출국금지예정기간 등을 기입하여야 한다(출입국관리법 시행규칙 별지 제13호 서식 참고). 국민에 대한 범죄수사 목적의 긴급출국금지기간은 원칙적으로 1개월 이내의 기간이다(출입국관리법 제4조 제2항 본문 참고). 여기에서 '법무부령으로 정하는 서류'란 당사자가 긴급출국금지 대상자에 해당하는 사실, 긴급한 필요 등 긴급출국금지가 필요한 사유의 서류를 말한다(출입국관리법 시행규칙 제6조의4 제3항).

2) 긴급출국금지 및 보고

긴급출국금지가 접수되면 그 대상자는 바로 출국이 금지된다. 즉 긴급출국금지 요청을 받은 출입국관리공무원은 출국심사를 할 때에 출국금지가 요청된 자를 출국시켜서는 아니 된다(출입국관리법 제4조의6 제2항). 출입국관리공무원은 긴급출국금지 업무를 처리할 때 필요하면 긴급출국금지를 요청한 수사기관의 장에게 의견을 묻거나 관련 자료를 제출하도록 요청할 수 있다(출입국관리법 시행령 제5조의2 제2항).

출입국관리공무원은 긴급출국금지를 한 경우에는 즉시 법무부장관에게 보고하여야 한다(출입국관리법 시행규칙 제6조의13).

3) 승인요청

수사기관은 긴급출국금지를 요청한 때로부터 6시간 이내에 법무부장관에게 긴급출국금지 승인을 요청하여야 한다. 이 경우 검사의 수사지휘서 및 범죄사실의 요지, 긴급출국금지의 사유 등을 기재한 긴급출국금지보고서를 첨부하여야 한다(출입국관리법 제4조의6 제3항). 즉 긴급출국금지를 요청한 수사기관의 장은 긴급출국금지 승인을 요청할 때에는 긴급출국금지 승인 요청서에 수사지휘서 및 긴급출국금지보고서 등 법무부령으로 정하는 서류를 첨부하여 법무부장관에게 보내야 한다(출입국관리법 시행령 제5조의3 제1항). 여기에서 '법무부령으로 정하는 서류'란 검사의 수사지휘서, 긴급출국금지보고서, 소명 자료(당사자가 긴급출국금지 대상자에 해당하는 사실, 긴급출국금지 승인이 필요한 사유), 긴급출국금지 요청시 제출하였던 긴급출국금지 요청서와 첨부서류를 말한다(출입국관리법 시행규칙 제6조의4 제4항).

4) 승 인

(가) 의 의

법무부장관은 긴급출국금지 승인 요청을 받으면 긴급출국금지 승인 여부와 출국금지기간을 심사하여 결정하여야 한다(출입국관리법 시행령 제5조의3 제2항). 이것은 법무부장관의 사후통제에 해당한다. 법무부장관은 심사·결정을 할 때에 필요하면 승인을 요청한 수사기관의 장에게 의견을 묻거나 관련 자료를 제출하도록 요청할 수 있다(출입국관리법 시행령 제5조의3 제3항). 긴급출국금지가 승인이 되면 그 요청기간 동안에 출국금지자로 된다.

(나) 출입국관리법 제4조에 따른 출국금지 승인 절차의 준용

긴급출국금지 승인 절차 등에 관하여는 「출입국관리법 시행규칙」 제6조(출국금지의 기본원칙), 제6조의3(출국금지의 세부기준), 제6조의5(출국금지 등의 심사·결정 시 고려사항), 제6조의6(출국금지의 해제), 제6조의7(출국금지결정 등의 통지서), 제6조의

8(출국금지결정 등 통지의 예외), 제6조의9(출국금지 여부의 확인), 제6조의10(출국금지결정 등에 대한 이의신청서), 제6조의11(중앙행정기관 등과의 협의사항), 제6조의12(문서관리 등)를 준용한다(출입국관리법 시행규칙 제6조의14).

(다) 불승인된 경우

법무부장관은 긴급출국금지를 승인하지 아니하기로 결정한 때에는 그 이유를 분명히 밝혀 긴급출국금지 승인을 요청한 수사기관의 장에게 통보하여야 한다(출입국관리법 시행령 제5조의3 제4항).

(라) 승인된 경우

법무부장관이 긴급출국금지를 승인한 경우에 출국금지기간의 연장 요청 및 심사·결정, 출국금지의 해제 절차, 출국금지결정 등 통지의 제외, 이의신청에 대한 심사·결정에 관하여는 「출입국관리법 시행령」 제2조의2(출국금지기간 연장 절차), 제2조의3(출국금지 등의 요청에 대한 심사·결정) 제2항부터 제4항까지, 제3조(출국금지의 해제 절차), 제3조의3(출국금지결정 등 통지의 제외) 및 제3조의4(이의신청에 대한 심사·결정)를 준용한다. 이 경우 출국금지기간은 긴급출국금지된 때부터 계산한다(출입국관리법 시행령 제5조의3 제5항). 따라서 긴급출국금지가 승인되면 긴급출국금지 대상자는 일반 출국금지자로 전환되는바, 출국금지기간 연장은 수사기관의 장 명의로 요청하여야 한다.

(6) 긴급출국금지 해제

법무부장관은 수사기관이 긴급출국금지 승인 요청을 하지 아니한 때에는 수사기관 요청에 따른 출국금지를 해제하여야 한다. 수사기관이 긴급출국금지 승인을 요청한 때로부터 12시간 이내에 법무부장관으로부터 긴급출국금지 승인을 받지 못한 경우에도 출국금지를 해제하여야 한다(출입국관리법 제4조의6 제4항).

(7) 한 계

1) 필요 최소한의 제한

긴급출국금지는 그 적용 대상자에 대한 신체의 자유와 거주이전의 자유 등 「헌법」상 보장된 기본권을 사전예고 없이 제한하는 강제처분으로 자의적으로 남용되어서는 아니 된다. 또한 긴급출국금지는 국민의 기본권을 제한하는 처분이므로 국가사법권 행사의 목적을 달성하기 위하여 불가피한 경우에 한하여 필요 최소한의 기간 동안에만 시행되어야 한다.[56] 수사기관이 긴급한 필요가 없음에도 불구하고 대상자

---

56) 대법원 2007. 11. 30. 선고 2005다40907 판결 참고.

의 출국을 우려하여 수사편의상 긴급출국금지하는 것은 위법 소지가 있다.

2) 공무수행 또는 행정제재 목적 금지

단순히 공무수행의 편의를 위하여 하거나 형벌 또는 행정벌을 받은 자에게 행정제재를 가할 목적으로 할 수 없다.[57] 특히, 일반적인 「출입국관리법」 제4조에 의한 출국금지 절차에 비하여 긴급을 이유로 범죄 피의자의 인권보호없이 행정편의를 위해 아무 때나 하는 것은 위법 소지가 있고, 정상근무시간이 아닌 때 긴급출국금지를 요청할 경우 적정한 심사가 곤란하므로 신중을 기해야 한다.

3) 긴급출국금지 중복 금지

수사기관이 긴급출국금지 승인 요청을 하지 아니하거나 수사기관이 긴급출국금지 승인 요청으로부터 12시간 이내에 승인을 받지 못한 경우에는 법무부장관은 출국금지를 해제하여야 한다(출입국관리법 제4조의6 제4항 참고). 이에 따라 출국금지가 해제된 경우에 수사기관은 동일한 범죄사실에 관하여 다시 긴급출국금지 요청을 할 수 없다(출입국관리법 제4조의6 제5항).

(8) 자료관리

긴급출국금지를 요청한 수사기관의 장은 긴급출국금지 요청과 그 승인 또는 해제요청, 기간 연장 또는 해제 등의 변동 사항을 적은 긴급출국금지 요청대장을 갖추어 두어야 한다(출입국관리법 시행령 제5조의4).

법무부장관은 긴급출국금지를 하거나 긴급출국금지 승인을 한 자에 대해서는 지체 없이 정보화업무처리 절차에 따라 그 자료를 관리하여야 한다(출입국관리법 시행령 제5조).

6. 불 복

(1) 법적 근거

종전에는 출국금지에 대한 이의신청은 법무부령인 「출국금지업무 처리규칙」에 규정되어 있어 일반국민이 알기가 어려워 국민의 알권리를 침해하고, 출국금지·출국금지기간 연장에 대한 불복절차 등 방어능력 확보가 어렵고, 법률에 의한 기본권 제한이라는 「헌법」 제37조 제2항에 취지에 부합하지 않는다는 비판이 제기되어 왔다. 2007년 12월 21일에 「출입국관리법」을 개정하여 「출국금지업무 처리규칙」으로부터 상위법인 출입국관리법에 이의신청의 법적 근거를 두고 있다(출입국관리법 제4조의5).

57) 대법원 2001. 7. 27. 선고 2001두3365 판결 참고; 서울행정법원 2005. 5. 19. 선고 2004구합32210 판결 참고.

(2) 절 차

1) 신 청

출국이 금지되거나 출국금지기간이 연장된 자는 출국금지결정이나 출국금지기간 연장의 통지를 받은 날 또는 그 사실을 안 날부터 10일 이내에 법무부장관에게 출국금지결정이나 출국금지기간 연장결정에 대한 이의를 신청할 수 있다(출입국관리법 제4조의5 제1항). 출국금지결정이나 출국금지기간 연장결정에 대하여 이의신청을 하려는 자는 법무부장관에게 이의신청서를 제출하여야 한다(출입국관리법 시행규칙 제6조의10 제1항).

2) 심사 · 결정

(가) 자료제출 요청

법무부장관은 이의신청에 대한 심사 · 결정에 필요하다고 인정하면 이의신청인 또는 출국금지 요청기관의 장에게 필요한 서류를 제출하거나 의견을 진술할 것을 요구할 수 있다(출입국관리법 시행령 제3조의4 제1항).

(나) 기 한

법무부장관은 이의신청을 받으면 그 날부터 15일 이내에 이의신청의 타당성 여부를 결정하여야 한다. 다만, 부득이한 사유가 있으면 15일의 범위에서 한 차례만 그 기간을 연장할 수 있다(출입국관리법 제4조의5 제2항).

(다) 결 정

법무부장관은 이의신청이 이유 있다고 판단하면 즉시 출국금지를 해제하거나 출국금지기간의 연장을 철회하여야 하고, 그 이의신청이 이유 없다고 판단하면 이를 기각하고 당사자에게 그 사유를 서면에 적어 통보하여야 한다(출입국관리법 제4조의5 제3항).

(라) 통 보

법무부장관은 이의신청에 대하여 심사 · 결정을 하면 그 결과를 이의신청인과 출국금지 요청기관의 장에게 통보하여야 한다(출입국관리법 시행령 제3조의4 제2항). 법무부장관은 심사 · 결정을 하면 이의신청에 대한 심사결정서를 작성하고, 그 사본을 이의신청인과 출국금지 또는 출국금지기간 연장을 요청한 기관의 장에게 보내야 한다(출입국관리법 시행규칙 제6조의10 제2항).

7. 출국금지 해제

(1) 의 의

국민의 출국금지를 요청하는 기관은 주로 검 · 경찰 등 수사기관이므로 출국금지의 필요성이 인정되어 출국금지를 한 경우일지라도 그 필요성 또는 사유가 소멸된 후에는 즉시 출국금지의 해제를 요청하여 국민의 기본권이 부당하게 침해받지 않도록 하여야 한다. 또한 법무부장관은 출국금지를 요청한 기관의 출국금지 해제 요청이 없을지라도 출국금지 사유가 없어졌거나 출국을 금지할 필요가 없다고 인정될 때에는 직권으로 출국금지를 해제하여 국민의 기본권을 보장하도록 하고 있다.

(2) 요 청

1) 주 체

출국금지를 요청한 기관의 장은 출국금지 사유가 없어졌을 때에는 즉시 법무부장관에게 출국금지의 해제를 요청하여야 한다(출입국관리법 제4조의3 제2항). 국민의 출국금지기간이 종료되지 않았음에도 그 사유가 소멸한 경우에 요청기관의 장이 출국금지의 해제를 요청해야 하는 것을 의미한다. 예를 들면 국세청장은 체납액 징수, 체납자 재산의 압류, 담보 제공 등으로 출국금지 사유가 해소된 경우에는 즉시 법무부장관에게 출국금지의 해제를 요청하여야 한다(국세징수법 제7조의4 제3항).

2) 요 건

출국금지를 요청한 기관의 장이 출국금지의 해제를 요청하여야 하는 경우로는 출국금지 사유가 없어졌을 때이다. 여기에서 '출국금지 사유가 없어졌을 때'란 범죄수사를 위하여 출국이 금지된 자에 대한 수사사건이 확정판결(선고유예를 포함한다)로 종결된 경우 등과 같이 출국금지사유가 소멸된 때를 말한다.[58] 예를 들면 출국금지기간의 만료 전에 범죄수사가 종결되어 종국처분을 하는 등 출국금지사유가 소멸되었다면 출국금지를 요청한 수사기관은 즉시 출국금지 해제 신청을 하여야 한다. 다만, 수사가 종결되어 종국처분을 하기 전에 피내사자 등에 대한 구속영장 청구가 기각되었다는 사정만으로 출국금지사유가 소멸하여 출국금지조치가 위법하다고 단정할 수는 없다. 따라서 수사가 종결되어 종국처분을 하기 전에 피내사자 등에 대한 구속영장 청구가 기각되었다는 사정만으로 출국금지사유가 소멸되지 않는다.[59]

3) 절 차

(가) 해제 요청

출국금지 요청기관의 장은 출국금지 해제를 요청하려면 출국금지 해제요청서를

58) 서울민사지방법원 1991. 7. 10. 선고 91나1102 판결.

59) 대법원 2007. 11. 30. 선고 2005다40907 판결 참고; 조광훈, 내사절차에서 피내사자의 인권보호에 관한 연구, 연세대학교 법학연구소 법학연구, 2009, p. 315.

작성하여 법무부장관에게 보내야 한다(출입국관리법 시행령 제3조 제3항).

(나) 심사 및 결정

법무부장관은 출국금지 해제요청서를 받으면 지체 없이 해제 여부를 심사하여 결정하여야 하고(출입국관리법 시행령 제3조 제4항), 출국금지 해제 요청에 관하여 심사·결정하면 심사결정서를 작성하여야 한다(출입국관리법 시행규칙 제6조의6 제3항).

(다) 통 보

법무부장관은 심사결과 출국금지를 해제하지 아니하기로 결정하면 지체 없이 그 이유를 분명히 밝혀 출국금지 요청기관의 장에게 통보하여야 한다(출입국관리법 시행령 제3조 제5항).

(라) 자료관리

법무부장관은 출국금지나 긴급출국금지를 해제하기로 결정한 자에 대하여는 지체 없이 정보화업무처리 절차에 따라 그 자료를 관리하여야 한다(출입국관리법 시행령 제5조 후단).

4) 요청의 해태

검사의 출국금지의 해제 요청 해태로 인하여 피해가 발생한 국민에 대하여 국가의 배상책임이 인정된 바가 있다. 법원은 "범죄수사를 위하여 출국을 금지한 자에 대한 수사사건이 확정판결(선고유예)로 종결되었다면 담당검사는 지체 없이 법무부장관에게 위 출국금지의 해제를 요청하여야 함에도 불구하고, 담당검사는 그의 산하 수사관청 담당공무원이 위와 같이 출국금지사유가 소멸되었음에도 불구하고 그 해제를 요청하지 아니함으로 인하여 출국이 금지된 자가 입은 손해를 배상할 책임이 있다. 근 1년이 지나도록 출국금지의 해제요청을 하지 아니한 관계로 그 후 출국이 금지된 자가 해외시찰여행단의 일원으로 출국을 하려다가 김포출입국관리사무소 직원으로부터 범죄혐의자로 취급되어 감시를 받는 등 수모를 당하면서 여행을 포기당하기에 이르렀다면, 국가는 그로 인한 손해(여행취소로 인하여 여행사로부터 반환받지 못하게 된 경비상당액 및 위자료)를 배상하여야 한다."라고 판시한 바 있다.[60)]

(3) 직권해제

1) 주 체

법무부장관은 출국금지 사유가 없어졌거나 출국을 금지할 필요가 없다고 인정할 때에는 즉시 출국금지를 해제하여야 한다(출입국관리법 제4조의3 제1항).

---

60) 서울민사지방법원 1991. 7. 10. 선고 91나1102 판결.

2) 요 건

(가) 임의적 직권해제

법무부장관은 출국이 금지된 자가 i) 출국금지로 인하여 생업을 유지하기 어렵다고 인정되는 경우, ii) 출국금지로 인하여 회복하기 어려운 중대한 손해를 입을 우려가 있다고 인정되는 경우, iii) 그 밖에 인도적인 사유 등으로 출국금지를 해제할 필요가 있다고 인정되는 경우의 어느 하나에 해당되면 출국금지를 해제할 수 있다(출입국관리법 시행규칙 제6조의6 제2항).

(나) 의무적 직권해제

법무부장관은 출국금지 사유가 소멸되거나 출국을 금지할 필요가 없음이 명백한 경우에는 즉시 출국금지를 해제하여야 한다(출입국관리법 시행령 제3조 제1항 단서). 법무부장관이 즉시 출국금지를 해제하여야 하는 경우로는 i) 출국이 금지된 자의 여권이 「여권법」에 따라 반납되었거나 몰취沒取된 것이 확인된 경우, ii) 유효한 여권을 소지하지 아니한 자로서 여권발급이 제한되어 있어 해외도피의 우려가 없다고 확인된 경우, iii) 그 밖에 출국금지 사유가 소멸되었음이 확인된 경우의 어느 하나이다(출입국관리법 시행규칙 제6조의6 제1항).

3) 절 차

(가) 의견 또는 자료제출 요청

법무부장관은 출국금지를 해제하려는 경우에는, 출국금지 사유의 소멸 또는 출국금지의 필요 여부를 판단하기 위하여 관계 기관 또는 출국금지 요청기관의 장에게 의견을 묻거나 관련 자료를 제출하도록 요청할 수 있다(출입국관리법 시행령 제3조 제1항 본문). 다만, 출국금지 사유가 소멸되거나 출국을 금지할 필요가 없음이 명백한 경우에는 즉시 출국금지를 해제하여야 한다(출입국관리법 시행령 제3조 제1항 단서).

(나) 통지 및 통보

(a) **통 지:** 법무부장관은 출국금지를 해제하였을 때에는 이를 즉시 당사자에게 통지하여야 한다(출입국관리법 제4조의4 제2항).

(b) **통 보:** 법무부장관은 출국금지를 해제하면 그 이유를 분명히 밝혀 지체 없이 출국금지 요청기관의 장에게 통보하여야 한다. 다만, 출국이 금지된 자의 여권이 반납되었거나 몰취沒取된 것이 확인된 경우에는 통보하지 아니할 수 있다(출입국관리법 시행령 제3조 제2항).

(다) 자료관리

법무부장관은 출국금지나 긴급출국금지를 해제하기로 결정한 자에 대하여는 지체 없이 정보화업무처리 절차에 따라 그 자료를 관리하여야 한다(출입국관리법 시행령 제5조 후단).

8. 여권의 회수 · 보관, 반환, 송부

(1) 여권의 회수 · 보관

출입국관리공무원은 출국이 금지된 국민의 여권을 회수하여 보관할 수 있다(출입국관리법 제5조 제1항). 출입국관리공무원은 출국이 금지된 국민의 여권을 보관할 때에는 여권의 명의인에게 보관증을 발급하여야 하고(출입국관리법 시행령 제6조 제1항), 보관일자 · 보관사유 등을 보관물대장에 정확하게 기재하여야 한다(출입국관리법 시행규칙 제7조 제1항).

(2) 여권의 반환

출입국관리공무원은 i) 출국금지가 해제된 경우, ii) 그 밖에 여권을 계속 보관할 필요가 없다고 인정하는 경우의 어느 하나에 해당하는 사유가 있는 때에는 직권 또는 신청에 따라 보관하고 있는 여권을 반환할 수 있다(출입국관리법 시행령 제6조 제2항). 출입국관리공무원은 여권을 반환하는 때에는 그 뜻을 보관물대장에 기재하고 수령인의 서명 또는 날인을 받아야 한다(출입국관리법 시행규칙 제7조 제2항). 또한 출입국관리공무원은 여권을 반환하는 때에는 보관증을 회수하여야 한다(출입국관리법 시행규칙 제7조 제3항).

(3) 여권의 송부 및 통지

1) 여권의 송부

출입국관리사무소장 또는 출장소장은 i) 수사기관의 장이 수사상 필요하여 송부를 요청한 경우, ii) 보관 중인 여권이 보관하는 동안 효력을 상실한 경우, iii) 발급기관의 장이 요청한 경우의 어느 하나에 해당할 때에는 보관 중인 여권을 요청기관 또는 발급기관의 장에게 보낼 수 있다(출입국관리법 시행령 제6조 제4항 본문). 출입국관리공무원은 여권을 송부하는 때에는 그 뜻을 보관물대장에 기재하고 수령인의 서명 또는 날인을 받거나 송부사실을 증명할 수 있는 영수증 등을 첨부하여야 한다(출입국관리법 시행규칙 제7조 제2항).

2) 통 지

보관한 여권을 보냈을 때에는 출입국관리사무소장 또는 출장소장은 그 명의인에게 지체 없이 그 사실을 알려야 한다(출입국관리법 시행령 제6조 제4항 후단).

(4) 입법론

출국이 금지된 국민은 여권이 회수되어 보관되지 않더라도 그 여권으로 출국할 수 없다. 출국이 금지된 국민의 여권을 회수 · 보관하는 것은 실효성이 없고 행정편의적 조치에 해당하므로 「출입국관리법」 제5조(국민의 여권 등의 보관) 제1항이 폐지될 예정이다.

제 3 절 국민의 입국

Ⅰ. 의 의

1. 국민의 귀국할 자유

(1) 절대적 권리

국민은 어떠한 경우에 해당할지라도 그가 국적을 가진 국가로 귀국할 권리를 가진다. 국민이 그의 국적국가로 귀국할 수 있는 권리는 국제관습법에 의해 보호되는 절대적 권리이다. 국제관습법은 국민이 그가 국적을 가진 국가로 귀국하기 위하여 그 국적국가에게 어떠한 실체적 요건의 부과를 허용하지 않는다. 국민이 자국으로 돌아올 권리는 명시적으로 보호된다.61)

(2) 국제법규

국민의 귀국할 자유에 대한 국제법규를 살펴보기로 한다. 1948년 「세계인권선언 Universal Declaration of Human Rights」 제13조 제2항에서는 "모든 사람은 자국his country으로 돌아올 권리를 가진다."라고 규정하고 있다. 1966년 「시민적 및 정치적 권리에 관한 국제규약(일명 'B 규약')International Covenant on Civil and Political Rights」 제12조 제4항에서도 "어느 누구도 자국에 돌아올 권리를 자의적으로 박탈당하지 아니한다."라고 규정하고 있다. 1965년 「모든 형태의 인종차별 철폐에 관한 국제협약International Convention on the Elimination of All Forms of Racial Discrimination」 제5조 (d)호에서도 "체약국은 자국을 포함 모든 국가로부터 출국하고 '자국으로 귀국하는 권리'를 향유함에 있어서 인종, 피부색 또는 민족이나 종족의 기원에 구별 없이 만민의 권리를 법 앞에 평등하게 보장하고 모든 형태의 인종차별을 금지하고 폐지할 의무를 진다."라고 규정하고 있다.

---

61) David Fisher, Suan Martin, and Andrew Schoenholtz, Migration and Security in International Law, Migration and International Legal Norms, TMC Asser Press, 2003, p. 99.

2. 국민에 대한 입국심사

(1) 절차적 요건

국민이 그의 국적국가로 입국하는 데 어떠한 실체적 요건의 충족을 요구받지는 않는다. 다만, 국민이 외국에서 그의 국적국가로 입국하기 위하여는 유효한 여권을 소지하고 출입국관리공무원의 입국심사를 받아야 한다는 절차적 요건을 따를 뿐이다.

(2) 법적 성격

국민에 대한 입국심사는 허가 기타 행정심판의 대상이 되는 처분에 해당하지 않는다는 견해가 있다.[62] 즉 출입국관리공무원의 국민에 대한 입국심사는 국민의 입국을 허가하는 것이 아니라, 국민의 입국을 확인하는 것에 지나지 않는다는 것이다. 국민이 입국하려는 때에는 출입국관리공무원의 입국심사를 받도록 하고 있지만(출입국관리법 제6조 제1항), 「출입국관리법」에서는 외국인에 대하여 그 입국을 금지 또는 거부할 수 있으나 국민에 대하여는 입국금지 규정이 없다는 점, 국민이 유효한 여권을 잃어버리거나 그 밖의 사유로 이를 가지지 아니한 경우에도 확인절차를 거쳐 입국할 수 있다는 점(출입국관리법 제6조 제2항) 등에 비추어 보면, 국민에 대한 입국심사는 국민임을 단순히 확인하는 절차로서 비권력적 사실행위에 불과하다.[63] 따라서 출입국관리공무원의 국민에 대한 입국심사는 유효한 여권을 소지하였는지 등을 확인하는 입국확인을 위한 절차에 불과할 뿐이고 국민의 법률상 지위에 직접적인 변동을 가져오는 것이 아니다.

Ⅱ. 절차적 요건

1. 의 의

국민이 외국에서 대한민국으로 입국하기 위하여는 유효한 여권을 소지하고 출입국관리공무원의 입국심사를 받아야 한다는 절차적 요건을 따라야 한다(출입국관리법 제6조 제1항). 국민이 이와 같은 요건 내지 절차를 위반하여 출입국관리공무원의 입국심사를 받지 아니하고 입국한 경우에는 1년 이하의 징역 또는 1천만원 이하의 벌금에 처한다(출입국관리법 제95조 제1호). 이하에서는 국민이 입국하기 위한 요건 및 절차를 살펴보기로 한다.

---

62) 중앙행정심판위원회 재결 사건번호 200201890 사건명 입국허가처분등취소청구 중 본안전 항변.
63) 중앙행정심판위원회 재결 사건번호 200201890 사건명 입국허가처분등취소청구.

2. 유효한 여권의 소지

(1) 여권의 소지

국민이 대한민국 밖의 지역에서 대한민국으로 입국하려는 경우에는 유효한 여권을 가지고 있어야 한다(출입국관리법 제6조 제1항 본문).

(2) 여권의 유효성

여권의 유효성에 대하여는 외국인에 대한 입국의 요건에서 후술하기로 한다.

(3) 미소지한 경우

국민은 어떠한 경우에 해당할지라도 그가 국적을 가진 국가로 귀국할 권리를 가진다. 국민이 여권을 소지하지 않거나 유효한 여권을 가지고 있지 않은 경우일지라도 그 국민의 귀국이 거부될 수는 없다. 따라서 출입국관리공무원은 국민이 유효한 여권을 잃어버리거나 그 밖의 사유로 유효한 여권을 가지지 아니하고 입국하려고 할 때에는 확인절차를 거쳐 입국하게 할 수 있다(출입국관리법 제6조 제2항). 출입국관리공무원은 유효한 여권을 가지지 아니하고 입국하려는 국민에 대하여는 국민임을 증명할 수 있는 서류를 제출하게 하여 심사하고 그의 출국사실 등을 확인하여야 한다(출입국관리법 시행령 제1조 제8항). 출입국관리공무원은 심사 결과 국민임이 확인된 때에는 입국신고서에 입국심사인을 찍어야 한다(출입국관리법 시행령 제1조 제9항).

3. 입국심사

(1) 일반국민

1) 원 칙

(가) 출입국항에서의 입국심사

대한민국 밖의 지역에서 대한민국으로 입국하려는 국민은 유효한 여권을 가지고 입국하는 출입국항에서 출입국관리공무원의 입국심사를 받아야 한다(출입국관리법 제6조 제1항 본문). 여기에서 '출입국항'이란 입국할 수 있는 대한민국의 항구·공항과 그 밖의 장소로서 대통령령으로 정하는 곳을 말한다(출입국관리법 제2조 제6호).

(나) 입국신고서

대한민국의 국민이 「출입국관리법」에 따른 입국심사를 받을 때에는 여권과 입국신고서를 출입국관리공무원에게 제출하고 질문에 답하여야 한다(출입국관리법 시행령 제1조 제1항).

(다) 필요사항 확인 및 입국심사인

출입국관리공무원은 국민에 대하여 입국심사를 할 때에는 입국의 적격여부와 그 밖에 필요한 사항을 확인하여야 한다(출입국관리법 시행령 제1조 제2항). 따라서 출입국관리공무원은 대한민국의 국민에 대한 입국심사를 하는 때에는 여권 명의인의 본인 여부 및 여권의 위·변조 여부, 출입국규제 여부 기타 법무부장관이 따로 정한 사항 등을 확인하여야 한다(출입국관리법 시행규칙 제1조). 출입국관리공무원은 입국심사를 마친 때에는 여권과 입국신고서에 입국심사인을 찍어야 한다(출입국관리법 시행령 제1조 제3항).

2) 예 외

(가) 출입국항이 아닌 장소에서의 입국심사

「출입국관리법」에서는 부득이한 경우에 출입국항 외의 장소에서 출입국관리공무원의 입국심사를 받도록 하는 장소적 예외 규정을 두고 있다. 유효한 여권을 소지하고 대한민국 밖의 지역에서 대한민국으로 입국하려는 국민이 부득이한 사유로 출입국항으로 입국할 수 없을 때에는 출입국관리사무소장 또는 출장소장의 허가를 받아 출입국항이 아닌 장소에서 출입국관리공무원의 입국심사를 받은 후 입국할 수 있다(출입국관리법 제6조 제1항 단서). 여기에서 '부득이한 사유'란 천재지변, 기상악화, 재난상황 등으로 국민이 탑승한 선박 등이 지정된 출입국항으로 입항할 수 없는 경우를 말한다.

(나) 입국신고서 및 입국심사인 생략

출입국관리공무원은 여권자동판독기 등 정보화기기를 이용하여 개인별 출입국기록을 확보할 수 있는 경우 또는 법무부장관이 정하는 경우에는 입국신고서의 제출을 생략하게 하거나 입국심사인의 날인을 생략할 수 있다(출입국관리법 시행령 제1조 제10항). 출입국관리공무원은 입국신고서의 제출을 생략하게 하는 경우에는 해당 입국자의 입국기록에 관한 사항을 즉시 정보화처리하여 저장하여야 한다(출입국관리법 시행규칙 제2조 제4항).

(다) 정보화기기를 이용한 입국심사: 자동입국심사

(a) **의 의:** 국민의 입국심사는 대통령령으로 정하는 바에 따라 정보화기기에 의한 입국심사로 갈음할 수 있다(출입국관리법 제6조 제3항). 정보화기기를 이용한 입국심사는 국민의 입국뿐만 아니라 외국인의 입국에도 준용된다(출입국관리법 제6조 제3항, 제12조 제2항, 출입국관리법 시행령 제35조 제4항).

(b) **요 건:** 정보화기기에 의한 입국심사를 받을 수 있는 국민의 요건으로는 ⅰ) 유효한 복수여권을 가지고 있을 것, ⅱ) 법무부령으로 정하는 바에 따라 스스로 지문과 얼굴에 관한 정보를 등록하였을 것, ⅲ)「출입국관리법」 제4조 제1항, 제2항에 따른 출국금지 또는「출입국관리법」 제4조의6 제1항에 따른 긴급출국금지 대상

이 아닌 자로서 가목. 17세 이상의 사람으로서 주민등록증(「재외동포의 출입국과 법적 지위에 관한 법률」 제2조 제1호에 따른 재외국민의 경우에는 같은 법 제7조 제1항 제1호에 따른 재외국민 국내거소신고증을 말한다)을 발급받았을 것 또는 나목. 14세 이상 17세 미만의 사람으로서 주민등록(「재외동포의 출입국과 법적 지위에 관한 법률」 제2조 제1호에 따른 재외국민의 경우에는 같은 법 제6조 제1항에 따른 국내거소신고를 말한다)이 되어 있고, 부모의 동의를 받아 제2호의 지문과 얼굴에 관한 정보를 등록하였을 것의 어느 하나에 해당할 것, ⅳ) 그 밖에 「여권법」에 따라 사용이 제한되거나 반납명령을 받은 여권을 가지고 있는 등 출입국관리공무원의 심사가 필요한 경우에 해당하지 아니할 것이라는 4가지 요건을 모두 갖추고 있어야 한다(출입국관리법 시행령 제1조의2 제1항). 「출입국관리법 시행령」 제1조의2 제1항 제2호 지문과 얼굴에 관한 정보의 등록절차와 방법 등에 관한 사항은 법무부령으로 정한다(출입국관리법 시행령 제1조의2 제3항).

국민이 위와 같은 요건을 모두 갖춘 경우 정보화기기에 의한 입국심사를 출입국관리공무원에 의한 입국심사에 갈음할 수 있다.

(c) 등록절차

ⅰ. 등 록: 정보화기기에 의한 입국심사를 받기 위하여 지문과 얼굴에 관한 정보를 등록하려는 국민은 출입국관리사무소의 장 또는 출장소의 장에게 자동출입국심사 등록신청서를 제출하여야 한다(출입국관리법 시행규칙 제1조의2 제1항). 출입국관리사무소장 또는 출장소장은 자동출입국심사 등록 신청을 받으면 정보화기기를 이용한 입국심사를 받을 수 있는 국민의 요건을 확인하고 신청자의 여권에 자동출입국심사 등록 확인인을 날인하거나 자동출입국심사 등록 스티커를 붙여야 한다(출입국관리법 시행규칙 제1조의2 제2항). 등록절차를 마친 국민은 등록을 해지하지 아니하는 한 그 등록을 마친 때부터 계속하여 정보화기기에 의한 입국심사를 받을 수 있다(출입국관리법 시행규칙 제1조의2 제5항).

ⅱ. 해지 또는 정정: 자동출입국심사 등록을 한 자는 등록을 해지하거나 등록정보를 정정하려면 출입국관리사무소장 또는 출장소장에게 다음의 구분에 따른 서류를 제출하여야 한다(출입국관리법 시행규칙 제1조의2 제3항). 등록을 해지하려는 경우에는 자동출입국심사 등록 해지신청서를 제출하여야 하고, 등록정보를 정정하려는 경우에는 자동출입국심사 등록정보 정정신청서를 제출하여야 한다. 출입국관리사무소장 또는 출장소장은 해지 또는 정정 신청을 접수하면 지체 없이 그 등록의 해지 또는 등록정보의 정정을 하여야 한다(출입국관리법 시행규칙 제1조의2 제4항).

(d) 입국심사인 생략: 정보화기기를 이용하여 입국심사를 마친 국민에 대하여는 입국심사인의 날인을 생략한다(출입국관리법 시행령 제1조의2 제2항).

(2) 복수국적자

복수국적자는 원칙적으로 대한민국을 입국할 때에 대한민국의 여권으로 입국하여야 한다. 복수국적자에 대하여는 대한민국의 법령 적용에서 원칙적으로 외국인으로서의 법적 지위를 인정하지 않기 때문이다. 「국적법」에서는 복수국적자가 대한민국의 법령 적용에서 대한민국의 국민으로만 처우되도록 하여, 복수국적자에 대한 '국민처우 기본원칙'을 규정하고 있다(국적법 제11조의2 제1항).

(3) 승무원

선박 · 항공기 · 기차 · 자동차 기타의 교통기관의 승무원인 국민이 입국하는 경우에는, 출입국관리공무원은 승무원등록증 또는 선원신분증명서의 확인으로 입국신고서의 제출과 입국심사인의 날인을 갈음할 수 있다. 다만, 선박 · 항공기 · 기차 · 자동차 기타의 교통기관의 승무원이 최종적으로 입국하는 경우에는 그러하지 아니하다(출입국관리법 시행령 제1조 제4항).

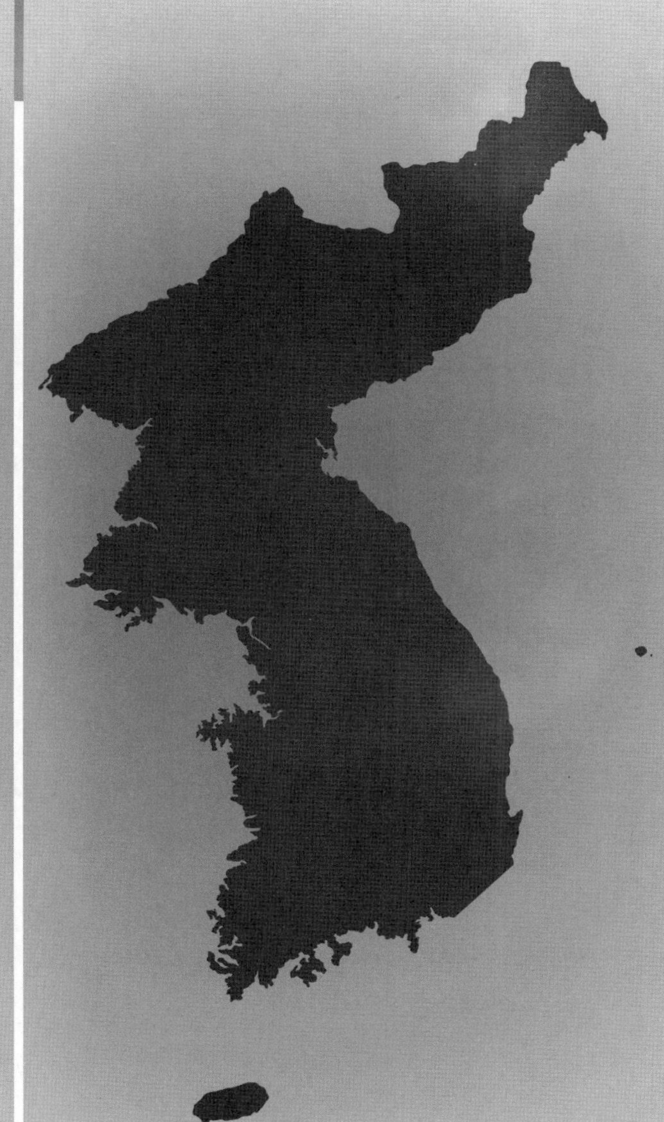

제 2 장

외국인의 출입국관리

제1절 의 의

Ⅰ. 개 관

국제법규와 국내법에 의하면 일반적으로 외국인은 대한민국의 영역 안으로 입국할 권리와 자유는 없다. 외국국적동포의 경우에도 마찬가지이다.[1] 다만, 대한민국이 체결한 FTA, CEPA 등 인력이동협정 또는 SOFA협정(대한민국과 아메리카합중국간의 상호방위조약 제4조에 의한 시설과 구역 및 대한민국에서의 합중국 군대의 지위에 관한 협정)에 의할 때에, 대한민국은 특정한 자격과 신분을 가진 외국인의 입국을 허가해야 할 경우도 있다.

국제법규와 국내법에 의하면 원칙적으로 외국인은 그 자신의 출국을 정지하는 특정한 근거가 없는 한 대한민국의 밖으로 출국할 권리와 자유가 인정된다.[2]

Ⅱ. 원 칙

1948년 「세계인권선언Universal Declaration of Human Rights」 제13조 제2항에서는 "모든 사람은 자국을 포함한 어떤 나라로부터도 출국할 권리가 있으며"라고 규정하고, 1966년 「시민적 및 정치적 권리에 관한 국제규약(B규약)」 제12조 제2항에서는 "모든 사람은 자국을 포함하여 어떠한 나라로부터도 자유로이 퇴거할 수 있다."라고 규정하고 있다. 외국인의 출국은 권리이며 자유이고, 국가는 원칙적으로 외국인의 출국할 권리와 자유를 제한할 수 없다.

Ⅲ. 제 한

1966년 「시민적 및 정치적 권리에 관한 국제규약(일명 'B규약')International Covenant on Civil and Political Rights」 제12조 제3항에서는 "외국인이 출국할 권리와 자유는 법률에 의

---

1) 헌법재판소 2014. 4. 24. 자 2012헌바412 결정.

2) IOM, Essentials of Migration Management - A Guide for Policy Makers and Practitioners, Volume One: Developing Migration Legislation, 2004, p. 15.

하여 규정되고, 국가안보, 공공질서, 공중보건 또는 도덕, 타인의 권리와 자유를 보호하기 위하여 필요하고, 또한 이 규약에서 인정되는 기타 권리와 양립되는 것을 제외하고는 어떠한 제한도 받지 아니한다."라고 규정하고 있다. 또한 「헌법」 제14조에서 "모든 국민은 거주·이전의 자유를 가진다."라고 규정하고 거주·이전의 자유에는 출입국의 자유도 포함되어 있으나, 외국인에게는 일반적으로 인정된 기본권이라고 보기는 어렵다.[3] 외국인이 대한민국에서 체류하는 중에 납세 등의 의무를 이행하지 않은 경우, 외국인에게 형의 집행 등을 위한 귀책사유가 있는 경우 등에 해당할 때에는 그의 출국을 정지시킬 수 있고, 외국인의 출국을 허가하는 경우에도 출국의 경로를 지정할 수도 있다.[4]

제 2 절 외국인의 출국

Ⅰ. 의 의

1. 개 념

외국인의 출국이란 대한민국의 국적을 가지지 아니한 외국인이 대한민국으로부터 그 국경을 떠나는 것을 말한다. 외국인의 출국은 자발적 의사에 의한 출국 및 자발적 의사가 아닌 강제출국으로 구분된다. 강제출국에 대하여는 제5편 국가안전 및 질서유지의 제4장 외국인 강제추방에서 설명하기로 한다. 본 절에서 말하는 외국인의 출국이란 자발적 의사에 의한 출국만을 의미한다.[5]

2. 출국심사의 법적 성격

(1) 문제 제기

외국인이 출국할 때에는 유효한 여권을 가지고 출국하는 출입국항에서 출입국관리공무원의 출국심사를 받아야 한다(출입국관리법 제28조 제1항). 외국인은 입국심사를 받을 때에 여권과 출국신고서를 출입국관리공무원에게 제출하고 출입국관리공무원의 질문에 답하

3) 국가인권위원회 결정례 2003. 7. 28. 자 02진인2181, 03진인1124 병합결정 미국시민권자 입국불허 관련.
4) 이한기, 국제법강의, 박영사, 1997, p. 426.
5) 김원숙, 출입국관리정책론, 한민족, 2008, p. 238.

여야 하고(출입국관리법 시행령 제35조 제1항, 제1조 제1항), 출국정지의 사유에 해당하지 않아야 한다(출입국관리법 제29조 제2항). 이와 관련하여 외국인에 대한 출국심사가 외국인이 출국할 권리와 자유를 제한하는 것인지가 문제된다. 이것은 외국인에 대한 출국심사가 외국인이 출국할 자유를 일반적으로 제한하고 특정한 경우에 한하여 일정한 사실행위 또는 법률행위를 할 수 있도록 하는 '허가'에 해당하는지의 문제이다.

(2) 판단기준

허가許可란 법규에 의한 일반적인 상대적 금지를 특정한 경우에 해제하여 적법하게 일정한 사실행위 또는 법률행위를 할 수 있게 하여 주는 행정행위를 말한다. 허가는 상대적 금지의 경우에만 가능하다. 외국인에 대한 출국심사가 허가에 해당하는지는 관계법령의 구체적 규정 또는 취지 등에 비추어 구체적으로 판단하여야 한다.[6] 1948년 「세계인권선언」과 1966년 「시민적 및 정치적 권리에 관한 국제규약」 등에서 규정하는 바와 같이, 외국인은 출국의 권리와 자유를 가지고 국가는 원칙적으로 외국인이 출국할 권리와 자유를 제한할 수 없다. 또한 외국인이 출국할 때에 반드시 여권을 소지하도록 한 것은 여권 소지자의 국적 등 신분을 확인하기 위한 공적인 목적에 기인한 것이다(출입국관리법 제28조 제1항). 국민의 출국금지와는 달리 외국인에 대하여는 출국정지만이 가능하다(출입국관리법 제29조).

(3) 준법률행위적 행정행위로서 확인

외국인의 출국에 대한 국제관습법 및 국제법규, 「출입국관리법」의 규정 또는 그 취지에 의할 때에, 외국인에 대한 출국심사는 신분확인 및 국내 체류상황 등 사실을 확인하는 이른바 준법률행위적 행정행위로서 '확인確認'에 해당한다. 이것은 신청에 의하여 허가 여부를 결정하는 외국인에 대한 입국심사와는 구별된다. 확인은 특정한 어떤 사실 또는 법률관계에 관하여 의문이 있는 경우에 공적 권위로써 그 존부 또는 정부를 판단・확정하는 행위를 말한다. 확인은 형성적 행위로서의 특허와 같이 새로운 법률관계를 설정하는 것이 아니고, 기존의 사실 또는 법률관계를 유권적으로 확정하는 행위로서, 법선언적 행위이고 광의의 사법행위로서의 성질을 가진다.[7]

---

6) 김동희, 행정법 I, 박영사, 2010, p. 280.
7) 김동희, 행정법 I, 박영사, 2010, pp. 290~291.

Ⅱ. 출국의 요건 및 절차

1. 요건 및 절차

외국인이 출국할 때에는 유효한 여권을 가지고 출국하는 출입국항에서 출입국관리공무원의 출국심사를 받아야 한다(출입국관리법 제28조 제1항). 다만, 부득이한 사유로 출입국항으로 출국할 수 없을 때에는 관할 출입국관리사무소장 또는 출장소장의 허가를 받아 출입국항이 아닌 장소에서 출입국관리공무원의 출국심사를 받은 후 출국할 수 있다(출입국관리법 제28조 제2항, 제3조 제1항 단서). 따라서 외국인은 출국하기 위하여는 i) 유효한 여권의 소지, ii) 출입국관리공무원의 출국심사라는 두 가지의 요건 및 절차를 충족하여야 한다.

2. 처 벌

외국인이 출국할 때에 유효한 여권을 가지고 출국하는 출입국항에서 또는 출입국항이 아닌 장소에서 출입국관리공무원의 출국심사를 받지 아니하고 출국한 경우에는 3년 이하의 징역 또는 2천만원 이하의 벌금에 처하도록 벌칙규정을 두고 있다(출입국관리법 제94조 제18호).[8)]

Ⅲ. 출국정지

1. 의 의

(1) 출국 제한

외국인의 입국은 대한민국이 가입한 별도의 협정에 의해 보호되지 않는 한 국제법과 국내법상 보장되지 않는다. 이와는 다르게, 외국인의 출국은 국제법과 국내법에 따라 원칙적으로 그 외국인의 권리이자 자유이다. 그러나 외국인이 출국할 권리와 자유는 법률에 의하여 규정되고 국가안보, 공공질서, 공중보건 또는 도덕 또는 타인의 권리와 자유를 보호하기 위하여 필요한 경우에는 일정한 제한을 할 수 있다

8) 출입국관리법 제94조 제18호 "출입국관리법 제28조 제1항 또는 제2항을 위반하여 출국심사를 받지 아니하고 출국한 자"의 의미는 외국인이 출국심사를 받지 아니하고 이미 출국한 외국인을 처벌하겠다는 것이 아니라, 문언의 합리적 해석상 외국인이 출국심사를 받지 아니하고 출국을 시도하는 것으로 해석되어야 한다.

(시민적 및 정치적 권리에 관한 국제규약 제12조 제3항). 외국인의 출국을 제한하는 제도로는 외국인에 대한 출국정지제도가 있다(출입관리법 제29조). 출입국관리공무원은 출국심사를 할 때에 출국이 정지된 자를 출국시켜서는 아니 된다(출입국관리법 제4조 제4항, 제29조 제2항). 예를 들어 외국인이 대한민국 내에서 부담해야 할 납세 등 일정한 의무를 이행하지 않거나 또는 외국인에게 범죄수사 또는 형의 집행 등 귀책사유가 있는 경우 그 외국인의 출국은 법률로써 제한될 수 있다.[9)]

(2) 근 거

1) 연 혁

종전에는 외국인의 출국정지에 대한 구체적 근거와 기준을 법무부령인 「외국인 출국정지업무 처리규칙」에서 규정하였다. 2001년 12월 29일에 「출입국관리법」 제29조가 개정되기 전까지는 외국인의 출국을 정지할 수 있는 경우로는 i) 대한민국의 안전 또는 사회질서를 해하거나 기타 중대한 죄를 범한 혐의가 있어 수사 중에 있는 자, ii) 조세 기타 공과금을 체납한 자, iii) 대한민국의 이익보호를 위하여 그 출국이 특히 부적당하다고 인정되는 자로 하여 그 대상자의 범위가 포괄적이었다(구 출입국관리법 제29조). 그러나 2001년 12월 29일에 「출입관리법」 제29조가 개정된 이래 「출입국관리법」 제4조(국민의 출국금지) 제1항 또는 제2항을 외국인의 출국정지에 준용하도록 하여 출국정지 대상자의 기준을 법률에서 직접 규정하고 있다. 「출입국관리법」에 직접적으로 출국정지의 근거조항을 마련하여 외국인이 출국할 권리와 자유를 법률로 제한하고 있다. 그 후 2012년에 「출입국관리법 시행규칙」을 개정하여 「외국인 출국정지업무 처리규칙」은 폐지되었다(구 출입국관리법 시행규칙 부칙 제2조).

2) 법적 근거

국가가 외국인이 출국할 권리와 자유를 정지하고자 하는 경우에는, 이에 대한 법적 근거를 마련하고 적법한 권한을 가진 정부기관이 명확하고 정당한 기준과 절차에 따라 출국하려는 외국인의 출국을 정지하는 결정을 하여야 한다.[10)]

외국인이 출국할 권리와 자유를 제한하는 헌법적 근거로는 「헌법」 제37조 제2항 "국민의 모든 자유와 권리는 국가안전보장·질서유지 또는 공공복리를 위하여 필요한 경우에 한하여 법률로써 제한할 수 있으며, 제한하는 경우에도 자유와 권리의 본질적인 내용을 침해할 수 없다."이고, 이것은 국민뿐만 아니라 외국인에게도 적용된

---

9) 이한기, 국제법강의, 박영사, 1997, p. 426.

10) IOM, Essentials of Migration Management – A Guide for Policy Makers and Practitioners, Volume One: Developing Migration Legislation, 2004, p. 15.

다. 「출입국관리법」에서는 "법무부장관은 제4조(출국의 금지) 제1항 또는 제2항 각 호의 어느 하나에 해당하는 외국인에 대하여는 출국을 정지할 수 있다."라고 규정하여 외국인의 출국을 제한할 수 있는 법적 근거를 두고 있다(출입국관리법 제29조 제1항). 국민에 대하여 출국을 금지할 수 있는 사유와 기준을 외국인에게 준용하고 있다(출입국관리법 제29조 제2항).

(3) 기본원칙 및 세부기준

1) 기본원칙

출국정지는 필요 최소한의 범위에서 하여야 한다(출입국관리법 시행규칙 제39조의2 제1항). 법무부장관은 출국정지 중인 외국인에 대하여 동일한 사유로 출국정지의 요청을 받은 경우 거듭 출국정지하지 아니한다. 이 경우 출국정지를 요청한 기관의 장에게 그 사실을 통보하여야 한다(출입국관리법 시행규칙 제39조의2 제2항).

2) 세부기준

법무부장관은 필요하다고 인정하는 경우에는 출국정지 대상자에 대한 세부기준을 정할 수 있다(출입국관리법 시행규칙 제6조의3 제1항, 제39조의5). 그 세부기준은 중앙행정기관 및 법무부장관이 정하는 관계 기관과의 협의를 거쳐 정하여야 한다(출입국관리법 시행규칙 제6조의3 제2항, 제39조의5). 출국정지 대상자에 대한 세부기준을 정함에 있어 중앙행정기관 및 법무부장관이 정하는 관계 기관과의 협의를 필수적으로 거쳐야 한다.

3) 중앙행정기관 등과의 협의

법무부장관은 중앙행정기관 및 법무부장관이 정하는 관계 기관과 i) 출국정지제도의 운영 및 개선에 관한 사항, ii) 출국정지 또는 이의신청의 심사, 출국정지의 해제에 관한 사항 중 협의가 필요한 사항, iii) 그 밖에 출국정지 업무와 관련하여 협의가 필요한 사항을 협의한다(출입국관리법 시행규칙 제6조의11 제1항, 제39조의5). 법무부장관은 협의사항과 관련하여 필요한 경우 중앙행정기관 및 법무부장관이 정하는 관계 기관에 필요한 자료나 의견 제출을 요청할 수 있다(출입국관리법 시행규칙 제6조의11 제2항, 제39조의5).

2. 출국정지의 사유

(1) 고려사항

법무부장관은 출국정지나 출국정지기간 연장 여부를 결정할 때에는 i) 출국정지의 기본원칙, ii) 출국정지 대상자의 범죄사실, iii) 출국정지 대상자의 연령 및 가족관계, iv) 출국정지 대상자의 해외도피 가능성을 고려하여야 한다(출입국관리법 시행규칙 제6조의3 제1항, 제39조의5).

(2) 대상자

1) 의 의

법무부장관은 「출입국관리법」 제4조(국민의 출국금지) 제1항 또는 제2항 각 호의 어느 하나에 해당하는 외국인에 대하여 출국을 정지할 수 있다(출입국관리법 제29조 제1항). 외국인의 출국이 정지되는 경우는 아래와 같다.

2) 형사재판 또는 범죄수사

(가) 형사재판과 관련

(a) **의 의:** 법무부장관은 다음 각 호의 어느 하나에 해당하는 외국인에 대하여 출국을 정지할 수 있다(출입국관리법 제4조 제1항). 즉 i) 형사재판에 계속係屬 중인 자(출입국관리법 제4조 제1항 제1호, 제29조 제1항), ii) 징역형이나 금고형의 집행이 끝나지 아니한 자(출입국관리법 제4조 제1항 제2호, 제29조 제1항), iii) 대통령령으로 정하는 금액 이상의 벌금이나 추징금을 내지 아니한 자(출입국관리법 제4조 제1항 제3호, 제29조 제1항)이다. 그 출국이 정지되는 기간에 대하여는 후술하기로 한다.

(b) **벌금 또는 추징금의 금액:** '대통령령으로 정하는 금액 이상의 벌금이나 추징금'이란 벌금의 경우에는 1천만원, 추징금의 경우에는 2천만원을 말한다(출입국관리법 시행령 제1조의3 제1항).

(나) 범죄수사

(a) **의 의:** 법무부장관은 범죄수사를 위하여 출국이 적당하지 아니하다고 인정되는 외국인에 대하여 출국을 정지할 수 있다(출입국관리법 제4조 제2항 본문, 제29조 제1항). 그 예로는 i) 소재를 알 수 없어 기소중지결정이 된 자 또는 도주 등 특별한 사유가 있어 수사진행이 어려운 자, ii) 기소중지결정이 된 경우로서 체포영장 또는 구속영장이 발부된 자이다(출입국관리법 제4조 제2항 제1호, 제2호, 제29조 제1항).

(b) **구체적 대상자:** 출국을 정지할 수 있는 대상자는 사형, 무기, 장기 3년 이상의 징역 또는 금고에 해당하는 범죄 혐의로 수사를 받고 있거나 그 소재를 알 수 없어서 기소중지결정이 된 외국인으로 한다(출입국관리법 시행규칙 제39조의3 제2항).

3) 재산권의 행사

(가) 의 의

법무부장관은 대통령령으로 정하는 금액 이상의 국세·관세 또는 지방세를 정당한 사유 없이 그 납부기한까지 내지 아니한 외국인에 대하여 출국을 정지할 수 있다(출입국관리법 제4조 제1항 제4호, 제29조 제1항). 그 출국이 정지되는 기간에 대하여는 후술하기로 한다.

(나) 국세 · 관세 또는 지방세의 금액

'대통령령으로 정하는 금액 이상의 국세 · 관세 또는 지방세'란 5천만원을 말한다(출입국관리법 시행령 제1조의3 제2항).

(다) 관련 판례

출국정지 대상자를 오인하여 지정한 것과 관련하여, 대법원은 "법률상 납세의무자가 아닌 외국인이 체납자로 오인되어 납세고지서에 납세의무자인 양 잘못 표시되었다하더라도 그 외국인에게 세금에 대한 납세의무가 발생하는 것은 아니다. 뿐만 아니라 법무부장관이 세금에 대한 체납자로 오인하고 사실상 출입국관리법에 의하여 출국을 정지함으로써 그 세금에 대한 정리가 사실상 강요하고 있다고 하더라도 위의 세금에 대한 법률상 납세의무자가 아닌 자가 그 세금에 대한 부과처분의 취소를 구할 이익은 없다."라고 판시하고 있다.[11]

4) 공공안전 또는 경제질서

(가) 의 의

법무부장관은 그 밖에 제1호부터 제4호까지의 규정에 준하는 자로서 대한민국의 이익이나 공공의 안전 또는 경제질서를 해칠 우려가 있어 그 출국이 적당하지 아니하다고 법무부령으로 정하는 외국인에 대하여 출국을 정지할 수 있다(출입국관리법 제4조 제1항 제5호, 제29조 제1항).

(나) 구체적 대상자

출국이 적당하지 아니하다고 법무부령으로 정하는 외국인은 다음의 어느 하나에 해당하는 자로 한다(출입국관리법 시행규칙 제39조의3 제1항). 즉 i) 2억원 이상의 국세를 포탈한 혐의로 세무조사를 받고 있는 자(제1호), ii) 20억원 이상의 허위 세금계산서 또는 계산서를 발행한 혐의로 세무조사를 받고 있는 자(제2호), iii) 그 밖에 출국시 국가안보 또는 외교관계를 현저하게 해칠 우려가 있다고 법무부장관이 인정하는 자(제3호)이다.

3. 출국정지의 절차

(1) 의 의

외국인에 대한 출국정지의 절차는 국민에 관한 출국금지의 절차를 준용한다(출입국관리법 제29조 제2항). 따라서 출국정지의 요청, 출국정지, 출국정지기간의 연장, 출국정지의 해제, 출국정지결정 등의 통지, 출국정지결정 등에 대한 이의신청에 관한 절차는 국민에 관한 출국금지의 절차를 준용한다. 이하에서는 외국인에 대한 출국정지의 절차를 살

---

11) 대법원 1968. 4. 2. 선고 68누2 판결.

펴보기로 한다.

(2) 요 청

1) 출국정지의 요청

(가) 주 체

중앙행정기관의 장 및 법무부장관이 정하는 관계 기관의 장은 소관 업무와 관련하여 출국정지의 당사자에 해당하는 자가 있다고 인정할 때에는 법무부장관에게 출국정지를 요청할 수 있다(출입국관리법 제29조 제2항, 제4조 제3항). 출국정지 요청기관의 장은 출국정지 요청 등의 변동사항을 적은 출국정지 요청대장을 갖추어 두어야 한다(출입국관리법 시행령 제3조의2, 제36조의2).

(나) 절차 및 제출서류

(a) **중앙행정기관의 장 등:** 중앙행정기관의 장 및 법무부장관이 정하는 관계 기관의 장은 출국정지를 요청하는 경우에는 출국정지 요청 사유와 출국정지 예정기간 등을 적은 출국정지 요청서에 법무부령으로 정하는 서류를 첨부하여 법무부장관에게 보내야 한다(출입국관리법 시행령 제36조의2, 제2조 제2항 본문). 여기에서 '법무부령으로 정하는 서류'란 i) 당사자가 「출입국관리법」에 따른 출국정지 대상자에 해당하는 사실, ii) 출국정지가 필요한 사유에 대한 소명 자료를 말한다(출입국관리법 시행규칙 제6조의4 제1항 제1호). 범죄수사의 목적으로 출국정지를 요청하는 경우에만 검사의 수사지휘서를 첨부하여야 한다(출입국관리법 시행규칙 제6조의4 제1항 제2호).

(b) **지방자치단체의 장:** 시장 · 군수 또는 구청장(「제주특별자치도 설치 및 국제자유도시 조성을 위한 특별법」 제17조에 따른 행정시장을 포함하며, 구청장은 자치구의 구청장을 말한다)의 소관 업무에 관한 출국정지 요청은 특별시장 · 광역시장 또는 도지사(특별자치도지사를 포함한다)가 한다(출입국관리법 시행령 제36조의2, 제2조 제2항 단서).

(다) 예정기간 및 출국정지기간

(a) **예정기간:** 출국정지 예정기간은 출국정지기간을 초과할 수 없다(출입국관리법 시행령 제36조의2, 제2조 제3항). 다만, 「출입국관리법 시행령」 제36조 제1항 제2호에 해당하는 외국인 중 기소중지 결정된 자의 소재가 발견된 경우에는 출국정지 예정기간을 발견된 날부터 10일 이내로 한다(출입국관리법 시행령 제36조 제2항).

(b) **출국정지기간**

i . 형사재판, 재산권의 행사와 관련된 경우: 외국인에 대한 출국정지기간은 「출입국관리법」 제4조 제1항 각 호의 어느 하나에 해당하는 외국인에 대하여는 3개월 이내이다(출입국관리법시행령 제36조 제1항 제1호).

ii . 범죄수사와 관련된 경우: 외국인에 대한 출국정지기간은 「출입국관리법」 제4조 제2항에 해당하는 외국인에 대하여는 10일 이내이다(출입국관리법 시행령 제36조 제1항 제2호 본문). 다만, 아래에 해당하는 외국인은 그 정한 기간으로 한다(출입국관리법 시행령 제36조 제1항 제2호 단서). 즉 i) 도주 등 특별한 사유가 있어 수사진행이 어려운 외국인에 대하여는 1개월 이내이고, ii) 소재를 알 수 없어 기소중지결정이 된 외국인에 대하여는 3개월 이내이고, iii) 기소중지결정이 된 경우로서 체포영장 또는 구속영장이 발부된 외국인에 대하여는 영장 유효기간 이내이다.

(c) **출국정지기간의 계산:** 외국인의 출국정지기간의 계산에 관하여는 그 기간이 일日 단위이면 첫날은 시간을 계산하지 않고 1일로 산정하고, 월月 단위이면 역서曆書에 따라 계산한다. 이 경우 기간의 마지막 날이 공휴일 또는 토요일이더라도 그 기간에 산입算入한다(출입국관리법 시행령 제1조의4, 제36조 제3항).

(라) 불통지

(a) **요 청:** 출국정지 요청기관의 장은 출국정지를 요청하는 경우에 당사자가 「출입국관리법」 제4조의4(출국금지결정 등의 통지) 제3항에서 규정한 출국정지결정의 통지 예외에 해당된다고 인정하면, 법무부장관에게 출국정지결정의 통지를 하지 아니할 것을 요청할 수 있다(출입국관리법 시행령 제36조의2, 제3조의3 제1항).

(b) **방 법:** 출국정지 요청기관의 장은 당사자에게 통지하지 아니할 것을 요청하는 경우에는 출국정지 요청서의 출국정지 사유란 또는 출국정지기간 연장요청서의 연장요청 사유란에 그 이유를 기재하여야 한다(출입국관리법 시행규칙 제6조의8 제2항).

(c) **결 정:** 법무부장관은 출국정지 요청에 관하여 심사・결정할 때에는 통지제외에 관한 요청을 함께 심사・결정하여야 한다(출입국관리법 시행령 제3조의3 제2항, 제36조의2). 법무부장관은 출국정지를 결정한 사실을 통지하지 아니하기로 한 경우에는 출국정지 등의 심사결정서에 그 이유를 기재하여야 한다(출입국관리법 시행규칙 제6조의8 제3항).

(d) **통지 예외의 사유:** 출국정지결정의 통지 예외에 해당하는 사유로는 i) 대한민국의 안전 또는 공공의 이익에 중대한 위해危害를 끼칠 우려가 있다고 인정되는 경우, ii) 범죄수사에 중대한 장애가 생길 우려가 있다고 인정되는 경우. 다만, 연장기간을 포함한 총 출국정지기간이 3개월을 넘는 때에는 당사자에게 통지하여야 한다. iii) 출국이 정지된 외국인이 있는 곳을 알 수 없는 경우이다(출입국관리법 제29조, 제4조의4 제3항).

2) 출국정지기간 연장의 요청

(가) 주 체

출국정지를 요청한 기관의 장은 출국정지기간을 초과하여 계속 출국을 정지할 필요가 있을 때에는 출국정지기간이 끝나기 3일 전까지 법무부장관에게 출국정지기간을 연장하여 줄 것을 요청하여야 한다(출입국관리법 제4조의2 제2항, 제29조 제2항). 출국정지기간 연장을 요청할 수 있는 주체는 출국정지를 요청한 중앙행정기관의 장 및 법무부장관이 정하는 관계 기관의 장이다. 출국정지 요청기관의 장은 출국정지기간 연장 요청 등의 변동사항을 적은 출국정지 요청대장을 갖추어 두어야 한다(출입국관리법 시행령 제3조의2, 제36조의2).

(나) 연장 절차 및 제출서류

(a) **연장 절차:** 출국정지를 요청한 중앙행정기관의 장 및 법무부장관이 정하는 관계 기관의 장은 출국정지기간의 연장을 요청하는 경우에는 출국정지기간 연장요청 사유와 출국정지기간 연장예정기간 등을 적은 출국정지기간 연장요청서에 법무부령으로 정하는 서류를 첨부하여 법무부장관에게 보내야 한다(출입국관리법 시행령 제2조의2 제2항, 제36조의2).

(b) **제출서류:** 출국정지기간 연장요청서에는 i) 당사자가 출국정지 대상자에 해당하는 사실, ii) 출국정지기간 연장이 필요한 사유에 대한 소명 자료를 첨부하여야 한다(출입국관리법 시행령 제36조의2, 시행령 제2조의2 제2항, 출입국관리법 시행규칙 제6조의4 제2항 제1호). 범죄수사의 목적으로 출국정지기간 연장을 요청하는 경우에만 검사의 수사지휘서를 첨부하여야 한다(출입국관리법 시행령 제36조의2, 시행령 제2조의2 제2항, 출입국관리법 시행규칙 제6조의4 제1항 제2호).

(다) 연장예정기간 및 출국정지연장기간

(a) **연장예정기간:** 출국정지기간 연장예정기간은 출국정지기간을 초과할 수 없다(출입국관리법 시행령 제2조의2 제3항, 제36조의2).

(b) **출국정지연장기간:** 법무부장관은 출국정지기간을 연장하려면 출국정지기간 내에서 그 기간을 정하여 연장하여야 한다. 이 경우 법무부장관은 관계 기관의 장에게 의견을 묻거나 관련 자료를 제출하도록 요청할 수 있다(출입국관리법 시행령 제36조의2, 제2조의2 제1항).

(라) 불통지

출국정지 요청기관의 장은 출국정지기간의 연장을 요청하는 경우 당사자가 「출입국관리법」 제4조의4(출국금지결정 등의 통지) 제3항에 규정한 출국정지결정의 통지 예외에 해당된다고 인정하면 법무부장관에게 출국정지기간 연장 결정의 통지를 하지 아니할 것을 요청할 수 있다(출입국관리법 시행령 제3조의3 제1항, 제36조의2).

(마) 출국정지기간 연장의 해태

출국정지기간 연장과 관련한 수사기관의 직무상 의무 및 국가배상책임에 대하여, 대법원은 "검사가 외국인 범죄혐의자 등에 대한 수사의 일환으로 취하는 출국정지 또는 그 연장 요청과 관련하여 현저하게 불합리한 방식으로 업무처리를 하는 바람에 살인사건의 매우 유력한 용의자가 영구적으로 도주할 의사로 출국하여 버리고 이로 인하여 그에 대한 수사의 진행이나 형사재판의 개시가 현저히 곤란하게 되었다면, 피해자의 유족들로서는 공식적인 방법으로 그 사건의 진상 규명을 할 기회나 진상 규명에 대한 합리적인 기대를 사실상 박탈당하게 됨으로써 정신적 고통을 겪게 되리라는 것은 경험칙상 명백한 것으로 보아야 하고, 검사의 위법한 직무상 의무 위반행위와 피해자 유족들의 정신적 고통 사이에는 상당인과관계가 있고, 이는 보호할 가치 있는 인격적 법익을 종국적으로 침해하는 행위에 해당한다."라고 판시하여 유력한 외국인 범죄혐의자에 대한 출국정지기간 연장 요청을 게을리 한 검사의 과실에 대해 부작위를 국가배상책임의 위법한 행위로 평가하여 국가배상책임을 인정한 바 있다.[12]

(3) 심사 · 결정

1) 자료제출 요청

법무부장관은 출국을 정지하려는 경우에는 관계 기관의 장에게 의견을 묻거나 관련 자료를 제출하도록 요청할 수 있다(출입국관리법 시행령 제2조 제1항, 36조의2). 또한 법무부장관은 출국정지기간을 연장하려는 경우에는 관계 기관의 장에게 의견을 묻거나 관련 자료를 제출하도록 요청할 수 있다(출입국관리법 시행령 제2조의2 제1항, 제36조의2).

2) 기 한

(가) 출국정지

법무부장관은 중앙행정기관의 장 및 법무부장관이 정하는 관계 기관의 장으로부터 출국정지 요청서를 받으면 그날부터 i) 긴급한 조치를 필요로 하는 경우에는 1일 이내, ii) 중앙행정기관 및 법무부장관이 정하는 관계 기관과의 협의가 필요하다고 인정되는 경우에는 10일 이내, iii) 그 밖의 경우에는 3일 이내의 기간 내에 출국정지 여부 및 출국정지기간을 심사하여 결정하여야 한다(출입국관리법 시행령 제2조의3 제1항, 제36조의2).

(나) 출국정지기간 연장

법무부장관은 출국정지를 요청한 중앙행정기관의 장 및 법무부장관이 정하는 관계 기관의 장으로부터 출국정지기간 연장요청서를 받으면 그날부터 3일 이내에 심사하여 결정하여야 한다(출입국관리법 시행령 제2조의3 제2항, 제36조의2).

3) 고려사항

법무부장관은 출국정지나 출국정지기간 연장 여부를 결정할 때에는 i) 출국정지의 기본원칙, ii) 출국정지 대상자의 범죄사실, iii) 출국정지 대상자의 연령 및 가족관계, iv) 출국정지 대상자의 해외도피 가능성을 고려하여야 한다(출입국관리법 시행규칙 제6조의5 제1항, 제39조의5).

12) 대법원 2005. 9. 9. 선고 2003다29517 판결.

4) 내 용

(가) 통지 제외 요청 심사 · 결정

법무부장관은 출국정지나 출국정지기간의 연장 요청에 관하여 심사·결정할 때에는 통지 제외에 관한 요청을 함께 심사·결정하여야 한다(출입국관리법 시행령 제3조의3 제2항, 제36조의2).

(나) 출국정지기간 연장

법무부장관은 출국정지기간을 초과하여 계속 출국을 정지할 필요가 있다고 인정하는 경우에는 그 기간을 연장할 수 있다(출입국관리법 제4조의2 제1항, 제29조 제2항). 이에 따라, 법무부장관은 출국정지기간을 연장하려면 출국정지기간 내에서 그 기간을 정하여 연장하여야 한다. 이 경우 법무부장관은 관계 기관의 장에게 의견을 묻거나 관련 자료를 제출하도록 요청할 수 있다(출입국관리법 시행령 제2조의2 제1항, 제36조의2).

(다) 심사결정서

법무부장관은 출국정지 요청이나 출국정지기간 연장 요청에 관하여 심사·결정하면 심사결정서를 작성하여야 한다(출입국관리법 시행규칙 제6조의5 제2항, 제39조의5).

(4) 통 지

1) 원 칙

(가) 의 의

법무부장관은 출국을 정지하거나 출국정지기간을 연장하였을 때에는 즉시 당사자에게 그 사유와 기간 등을 밝혀 서면으로 통지하여야 한다(출입국관리법 제4조의4 제1항, 제29조 제2항). 또한 법무부장관은 심사 결과 출국정지나 출국정지기간 연장을 하지 아니하기로 결정하면 그 이유를 분명히 밝혀 출국정지 요청기관의 장에게 통보하여야 한다(출입국관리법 시행령 제2조의3 제4항, 제36조의2).

(나) 방 법

통지는 서면으로 하여야 한다. 즉 통지는 i) 출국정지한 경우에는 출국정지 통지서, ii) 출국정지기간을 연장한 경우에는 출국정지기간 연장통지서에 따른 서면으로 한다(출입국관리법 시행규칙 제6조의7 제1항, 제39조의5). 통지서는 본인에게 직접 교부하거나 우편 등의 방법으로 보내야 한다(출입국관리법 시행규칙 제6조의7 제2항, 제39조의5).

2) 예 외

(가) 의 의

법무부장관은 일정한 사유에 해당하는 경우에는 출국정지 또는 출국정지기간 연장의 통지를 하지 아니할 수 있다(출입국관리법 제4조의4 제3항, 제29조 제2항).

(나) 사 유

첫째, 대한민국의 안전 또는 공공의 이익에 중대한 위해危害를 끼칠 우려가 있다고 인정되는 경우이다(출입국관리법 제4조의4 제3항 제1호, 제29조 제2항). 대한민국의 안전 또는 공공의 이익에 중대한 위해를 끼칠 우려가 있어 출국정지 또는 출국정지기간 연장의 통지를 하지 아니할 수 있는 경우로는 출국이 정지된 자가 i)「형법」 중 내란·외환의 죄, ii)「국가보안법」 위반의 죄, iii)「군형법」 중 반란·이적의 죄, iv)「군형법」 중 군사기밀 누설죄와 암호부정 사용죄의 어느 하나에 해당하는 죄와 관련된 혐의자인 경우로 한정한다(출입국관리법 시행규칙 제6조의8, 제39조의5).

둘째, 범죄수사에 중대한 장애가 생길 우려가 있다고 인정되는 경우이다(출입국관리법 제4조의4 제3항 제2호 본문, 제29조 제2항). 다만, 연장기간을 포함한 총 출국정지기간이 3개월을 넘는 때에는 당사자에게 통지하여야 한다(출입국관리법 제4조의4 제3항 제2호 단서, 제29조 제2항).

셋째, 출국이 정지된 자가 있는 곳을 알 수 없는 경우이다(출입국관리법 제4조의4 제3항 제3호, 제29조 제2항).

(5) 출국정지 여부의 확인

출국이 정지된 자(본인으로부터 소송 등을 위임받은 변호인을 포함한다)는 법무부장관이나 출입국관리사무소장 또는 출장소장에게 본인의 출국금지 사실을 확인할 수 있다(출입국관리법 시행규칙 제6조의9 제1항, 제39조의5). 이에 따른 사실확인 절차 등 필요한 사항은 법무부장관이 정한다(출입국관리법 시행규칙 제6조의9 제2항, 제39조의5).

4. 불복절차

(1) 이의신청 제기

출국이 정지되거나 출국정지기간이 연장된 자는 출국정지결정이나 출국정지기간 연장의 통지를 받은 날 또는 그 사실을 안 날부터 10일 이내에 법무부장관에게 출국정지결정 또는 출국정지기간 연장결정에 대한 이의를 신청할 수 있다(출입국관리법 제4조의5 제1항, 제29조 제2항). 출국정지결정이나 출국정지기간 연장결정에 대하여 이의신청을 하려는 자는 그 정한 기간 내에 법무부장관에게 이의신청서를 제출하여야 한다(출입국관리법 시행규칙 제6조의10 제1항, 제39조의5).

(2) 심사 및 결정

1) 심 사

법무부장관은 이의신청을 받으면 그날부터 15일 이내에 이의신청의 타당성 여부를 결정하여야 한다. 다만, 부득이한 사유가 있으면 15일의 범위에서 한 차례만 그 기간을 연장할 수 있다(출입국관리법 제4조의5 제2항, 제29조 제2항). 법무부장관은 이의신청에 대한 심사·결정에 필요하다고 인정하면 이의신청인이나 출국정지 요청기관의 장에게 필요한 서류를 제출하거나 의견을 진술할 것을 요구할 수 있다(출입국관리법 시행령 제3조의4, 제36조의2).

2) 결 정

법무부장관은 이의신청이 이유 있다고 판단하면 즉시 출국정지를 해제하거나 출국정지기간의 연장을 철회하여야 하고, 그 이의신청이 이유 없다고 판단하면 이를 기각하여야 한다(출입국관리법 제4조의5 제3항, 제29조 제2항).

(3) 통 보

당사자에게 그 사유를 서면에 적어 통보하여야 한다(출입국관리법 제4조의5 제3항, 제29조 제2항 참고). 법무부장관은 이의신청에 대하여 심사・결정을 하면 그 결과를 이의신청인과 출국정지 요청기관의 장에게 통보하여야 한다(출입국관리법 시행령 제3조의4 제2항, 제36조의2). 즉 법무부장관은 심사・결정을 하면 이의신청에 대한 심사결정서를 작성하고, 그 사본을 이의신청인과 출국정지 또는 출국정지기간 연장을 요청한 기관의 장에게 보내야 한다(출입국관리법 시행규칙 제6조의10 제2항, 제39조의5).

5. 출국정지 해제

(1) 요청해제

1) 주 체

출국정지를 요청한 기관의 장은 출국정지 사유가 없어졌을 때에는 즉시 법무부장관에게 출국정지의 해제를 요청하여야 한다(출입국관리법 제4조의3 제2항, 제29조 제2항). 이 경우 출국정지 요청기관의 장은 출국정지 해제요청 및 그 해제 등의 변동사항을 적은 출국정지 요청대장을 갖추어 두어야 한다(출입국관리법 시행령 제3조의2, 제36조의2).

2) 서 류

출국정지 요청기관의 장은 출국정지 해제를 요청하려면 출국정지 해제요청서를 작성하여 법무부장관에게 보내야 한다(출입국관리법 시행령 제3조 제3항, 제36조의2).

3) 심사 및 결정

(가) 심 사

법무부장관은 출국정지 요청기관의 장으로부터 출국정지 해제요청서를 받으면 지체 없이 해제 여부를 심사하여 결정하여야 한다(출입국관리법 시행령 제3조 제4항, 제36조의2).

(나) 결 정

법무부장관은 출국정지 해제요청에 관하여 심사・결정하면 심사결정서를 작성하여야 한다(출입국관리법 시행규칙 제6조의6 제3항, 제39조의5).

법무부장관은 심사 결과 출국정지를 해제하지 아니하기로 결정하면 지체 없이 그 이유를 분명히 밝혀 출국정지 요청기관의 장에게 통보하여야 한다(출입국관리법 시행령 제3조 제5항, 제36조의2).

(2) 직권해제

1) 의무적 직권해제

법무부장관은 출국정지 사유가 없어졌거나 출국을 정지할 필요가 없다고 인정할 때에는 즉시 출국정지를 해제하여야 한다(출입국관리법 제4조의3 제1항, 제29조 제2항). 이 경우 법무부장관은 출국정지를 해제하려는 경우에는 출국정지 사유의 소멸 또는 출국정지의 필요성 여부를 판단하기 위하여 관계 기관 또는 출국정지 요청기관의 장에게 의견을 묻거나 관련 자료를 제출하도록 요청할 수 있다(출입국관리법 시행령 제3조 제1항 본문, 제36조의2).

다만, 법무부장관은 출국금지 사유가 소멸되거나 출국금지를 할 필요가 없음이 명백한 경우에는 즉시 출국금지를 해제하여야 한다(출입국관리법 시행령 제3조 제1항 단서, 제36조의2). 법무부장관은 출국이 정지된 외국인의 출국정지 사유가 소멸되었다고 확인되면 즉시 출국정지를 해제하여야 한다(출입국관리법 시행규칙 제39조의4 제1항).

2) 재량적 직권해제

법무부장관은 출국이 정지된 외국인이 ⅰ) 출국정지로 인하여 외국과의 우호관계를 현저히 해칠 우려가 있는 경우, ⅱ) 출국정지로 인하여 회복하기 어려운 중대한 손해를 입을 우려가 있다고 인정되는 경우, ⅲ) 그 밖에 인도적 사유 등으로 출국정지를 해제할 필요가 있다고 인정되는 경우의 어느 하나에 해당하면 출국정지를 해제할 수 있다(출입국관리법 시행규칙 제39조의4 제2항).

(3) 통 보

법무부장관은 출국정지를 해제하였을 때에는 이를 즉시 당사자에게 통지하여야 한다(출입국관리법 제4조의4 제2항, 제29조 제2항). 법무부장관은 출국정지를 해제하면 그 이유를 분명히 밝혀 지체 없이 출국정지 요청기관의 장에게 통보하여야 한다.

다만, 출국이 정지된 자의 여권이 반납되었거나 몰취된 것이 확인된 경우에는 통보하지 아니할 수 있다(출입국관리법 시행령 제3조 제2항, 제36조의2).

(4) 자료관리

법무부장관은 출국정지를 해제하기로 결정한 자에 대하여는 지체 없이 정보화업무처리 절차에 따라 그 자료를 관리하여야 한다(출입국관리법 시행령 제5조, 제36조의2).

(5) 출국정지가 해제된 자의 출국

외국인이 허가받은 체류기간 내에 출국하고자 하였으나, 출국정지로 인하여 그 허가받은 체류기간까지 출국하지 못하는 경우 출국정지 해제일부터 10일 이내에는 체류기간 연장 등 별도의 절차를 밟지 아니하고 출국할 수 있다(출입국관리법 시행령 제37조).

제 3 절 외국인의 입국

Ⅰ. 의 의

1. 개 념

「출입국관리법」에서는 외국인의 입국entry을 정의하는 규정이 없다. 외국인의 입국에 대한 사전적 의미는 외국인이 대한민국 밖의 지역으로부터 대한민국의 안으로 들어오는 것이다. 그러나 「출입국관리법」에서 의미하는 외국인의 입국이란 외국인이 대한민국 밖의 지역으로부터 대한민국의 영토, 영해, 영공 안의 지역으로 진입하여 출입국관리공무원의 입국허가를 받아 합법적으로 들어오는 것을 말한다.[13)]

2. 구별개념

(1) 입국허가

입국허가admission, admitted란 외국인이 다른 국가에 합법적으로 입국하기 위하여 출입국관리공무원의 입국심사를 거친 허가를 얻는 것을 말한다.[14)] 입국과 입국허가를 개념적으로 구별할 필요가 있다. 입국과 입국허가는 외국인이 국경을 이동하는 과정에서 유사한 개념이기는 하지만, 양자는 개념적으로 구별된다. 외국인이 어느 체류자격으로부터 다른 체류자격으로 체류자격을 변경하는 것은 입국허가의 취소 및 변경과 관련된 것으로, 입국의 취소 및 변경과는 관련된 것이 아니다.[15)] 입국허

---

13) 이것은 입국의 기수시기에 대한 우리 대법원의 입장이다. 대법원 2005. 1. 28. 선고 2004도7401 판결 참고.

14) U.S. Immigration and Nationality Act, 8 U.S.C. 1101, Section 101(a)(13) 참고.

15) Ronaldo P. Ledesma, An outline of Philippine Immigration and Citizenship Laws, Rex Printing

가는 외국인이 입국할 자유를 일반적으로 금지 내지 제한하고, 특정한 경우에 한하여 특정인에게 금지 내지 제한된 행위를 해제하는 허가에 해당한다.

(2) 상 륙

상륙landing이란 대한민국과 대한민국 밖의 지역 사이에서 사람이나 물건을 수송하는 선박, 항공기, 기차, 자동차, 그 밖의 교통기관에 타고 있는 외국인(승무원을 포함한다)이 일반적인 입국의 요건 및 절차를 통하지 않고, 선박 등에 타고 있는 외국인의 긴급한 사정 또는 외국인승무원의 잦은 방문 등 특별한 사유가 있는 경우에 간소화된 입국의 요건 및 절차를 통하여 대한민국의 영역에 들어오는 것을 말한다(출입국관리법 제14조에서 제16조의2). 상륙의 사유 및 대상자는 선박 등에 옮겨 타거나 휴양 등의 목적을 가진 외국인승무원, 관광을 목적으로 여객운송선박 중 법무부령으로 정하는 선박에 승선한 외국인승객, 질병 등 기타 사고로 인해 긴급히 상륙할 필요가 있는 선박 등에 타고 있는 외국인(승무원을 포함한다), 긴급히 구조할 필요가 있는 조난한 선박 등에 타고 있는 외국인(승무원을 포함한다), 난민협약에 준하는 이유로 대한민국에 비호를 신청하는 선박 등에 타고 있는 외국인이다.

'상륙'은 특별한 사유와 간소화된 입국의 요건 및 절차에 의한 것이라는 점에서 '입국'의 특수한 형태에 해당될 뿐이다. 외국인에게 있어서 상륙의 효과와 입국의 효과 간에는 차이가 없다. 예를 들어 출입국관리사무소장·출장소장 또는 외국인보호소장은 외국인이 상륙허가를 받지 아니하고 상륙한 경우에는 그 외국인을 대한민국 밖으로 강제퇴거시킬 수 있다(출입국관리법 제46조 제1항 제6호). '입국'은 일반적인 입국의 요건 및 절차를 통해 대한민국에 들어오려는 외국인에게 적용되는 용어이고, '상륙'은 특별한 사유로 인하여 별도의 간소화된 입국의 요건 및 절차를 통해 대한민국에 들어오려는 외국인에 적용되는 용어이다.

3. 입국 행위의 기수시기

(1) 문제 제기

외국인의 입국을 정의하려는 실익은 외국인이 입국심사를 받아야 하는 시점, 외국인의 입국 행위가 종료되는 시점, 외국인이 입국허가를 받기 전에 난민인정을 신청할 수 있도록 한 '출입국항에서의 신청'의 시점, 출입국관리공무원에 의한 입국심사를 받아야 하는 외국인이 그 입국심사를 받지 않고 불법으로 입국하거나 외국인

Company, 2006, p. 4.

또는 국민이 불법입국을 알선한 경우에 「출입국관리법」 위반죄의 기수시기와 관련된다. 다시 말해 외국인이 입국심사를 거치지 않고 출입국관리공무원의 허가가 없을지라도 대한민국의 영역에 들어오는 행위 자체가 바로 입국으로 인정되는지 아니면 외국인이 입국심사를 마친 후 출입국관리공무원의 허가가 있어야 비로소 입국으로 인정되는지의 문제이다.[16] '외국인의 입국'의 개념과 관련하여, 외국인의 입국 행위가 종료되는 시점에 대하여 아래와 같이 구분하는 입장이 있을 수 있다.

(2) 영역진입설

외국인의 입국이란 외국인이 대한민국의 공항만 또는 공항만 이외의 장소에 들어오는 모든 행위를 말한다는 입장이다. 이 입장은 외국인이 자발적 또는 비자발적이든 상관없이 국가의 공항만 또는 공항만 이외의 장소에 들어오는 모든 행위를 의미하는 것이다.[17] 국가의 주권이 미치는 영역을 영토 · 영해 · 영공으로 구분하지 않고 외국인이 국가의 영역 내로 들어오는 것을 입국으로 본다. 외국인이 출입국관리공무원의 입국심사 또는 입국허가를 받았는지는 고려가 되지 않는다.

(3) 입국심사설

외국인의 입국이란 외국인이 출입국관리공무원의 입국심사를 받아 대한민국의 영역에 들어오는 것을 말한다는 입장이다. 이 입장의 논거로는 「출입국관리법」에서는 외국인이 입국하고자 할 때에 입국하는 출입국항에서 출입국관리공무원의 입국심사를 받아야 한다고 규정하고(출입국관리법 제12조 제1항), '입국하는 출입국항'은 그 어의상 일반적으로 영해 또는 영공이 아닌 영토를 의미한다. 다만, 부득이한 사유로 출입국항으로 입국할 수 없을 때에는 출입국관리사무소장 또는 출장소장의 허가를 받아 출입국항이 아닌 장소에서도 출입국관리공무원의 입국심사를 받은 후 입국할 수 있

---

16) **출입국관리법 제93조의2 (벌칙)**
② ⅰ. 제12조 제1항 또는 제2항에 따라 입국심사를 받아야 하는 외국인을 집단으로 불법입국하게 하거나 이를 알선한 자로서 영리를 목적으로 한 사람은 7년 이하의 징역 또는 5천만원 이하의 벌금에 처한다.
출입국관리법 제93조의3 (벌칙)
ⅰ. 제12조 제1항 또는 제2항을 위반하여 입국심사를 받지 아니하고 입국한 자는 5년 이하의 징역 또는 3천만원 이하의 벌금에 처한다.
출입국관리법 제99조 (미수범 등)
① 제93조의2, 제93조의3 (중략)의 죄를 범할 목적으로 예비하거나 또는 음모한 자와 미수범은 각각 해당하는 본죄에 준하여 처벌한다.

17) Ronaldo P. Ledesma, An outline of Philippine Immigration and Citizenship Laws, Rex Printing Company, 2006, p. 4.

다(출입국관리법 제12조 제2항, 제6조 제1항 단서). 예외적으로 '출입국항 외의 장소'가 영해 · 영공으로 될 수 있으며, 출입국관리공무원에 의한 입국심사가 영해에 있는 선박, 영공에 있는 항공기 등에서 이루어질지라도 외국인의 입국은 이루어진 것을 의미한다. 이에 의하면, 외국인이 대한민국의 영토, 영해, 영공에 들어 온 것으로는 곧바로 입국행위가 종료되어 불법입국의 기수가 되는 것이 아니라, 출입국관리공무원의 입국심사를 받거나 받을 수 있는 상황에 이르러야 비로소 입국행위가 종료되며 불법입국의 기수가 된다. 이것은 외국인이 입국허가를 받기 전에 난민인정을 신청할 수 있도록 한 '출입국항에서의 신청'과도 관련된다.

(4) 소 결

입국을 시간 · 절차적 및 법효과적 관점에서 입국과 입국허가로 구별하여 살펴보기로 한다. 입국entry이란 외국인이 대한민국 밖의 지역으로부터 자발적으로 또는 비자발적으로 대한민국의 영역에로 들어오는 각종 형태를 말한다. 입국은 입국허가와는 구별되는 개념이다. 외국인의 입국은 「출입국관리법」 제7조에서 제13조까지의 규정에 의하여 규율되고 있다. 출입국관리공무원이 외국인의 입국을 허가하기 전에(출입국관리법 제12조 제3항), 그 외국인은 대한민국의 안으로 들어와 있어야 한다(출입국관리법 제7조 제1항에서 4항까지 참고). 입국 행위의 기수시기는 영역진입설에 따르는 것이 입국의 효과 또는 출입국항에서의 난민신청, 입국심사 시기 등 관련된 법률문제와 조화로운 해석이 가능하다.

반면에, 외국인에 대한 입국허가admission란 외국인이 대한민국의 공항만 또는 공항만 이외의 장소에서 출입국관리공무원의 입국심사를 받아 그 외국인의 입국이 비로소 인정되어 입국이 허가된 것admitted을 말한다. 외국인의 입국이 합법적으로 되기 위하여는 단기간 체류할 외국인 또는 장기간 영주할 의사 · 목적을 가진 외국인이건 상관없이 필연적으로 그 외국인에 대한 유효한 입국허가가 선행하여 이루어져야 한다. 입국허가는 합법적인 입국의 효과 또는 그 결과라고 할 수 있다.

(5) 판 례

'외국인의 입국'에 대한 개념 및 그 입국행위가 종료되는 시점과 관련한 대법원 판례가 있다. 불법으로 입국하려는 외국인이 대한민국의 '영해' 안으로 들어와 검거된 사안에서, 대법원은 "「출입국관리법」상 '입국'이라 함은 대한민국 밖의 지역으로부터 대한민국 안의 지역으로 들어오는 것을 말한다. 여기서 '대한민국 안의 지역'이라 함은 대한민국의 영해, 영공 안의 지역을 의미한다. 「출입국관리법」 제12조(입국심사) 제1항 또는 제2항의 규정에 의하여 입국심사를 받아야 하는 외국인을 집단으로 불법 입국시키거나 이를 알선한 자 등을 처벌하는 「출입국관리법」 제93조의2 제2항 제1호 위반죄의 기수 시기는 불법 입국하는 외국인이 대한민국의 영해 또는 영공 안의 지역에 들어올 때를 기준으로 판단하여야 한다."라는 논거를 제시하면서,[18] "외국인들이 출입국항에서 출입국관리공무원의 입국심사 없이 입국하였을 때에 비로소 「출입국관리법」 제93조의2 제2항 제1호 위반의 기수에 이른다."라고 판시하고 있다.[19] 대법원은 영역진입설에 따르고 있다.

Ⅱ. 국가의 정책재량 및 그 축소

1. 의 의

형식 논리적으로는 국가가 모든 외국인의 입국을 자의적으로 금지 또는 거부할 수 있는 권리를 그 고유한 주권territorial sovereignty의 본질적 속성에 기하여 행사할 수 있게 된다. 국가의 입장에서는 외국인이 그의 국적국가가 아닌 외국에 입국하는 것에 대하여 크게 4가지 경우를 관념적으로 상정할 수 있다. 즉 ⅰ) 국가가 모든 외국인의 입국을 허가해야 하는 의무를 부담하는 경우이다. ⅱ) 범죄인, 마약 중독자, 전염병 환자 또는 기타 바람직하지 않은 외국인 등 특정 부류의 외국인을 제외하고는, 국가가 외국인의 입국을 허가해야 하는 의무를 부담하는 경우이다. ⅲ) 국가가 외국인의 입국을 허가하되, 그의 입국과 관련하여 일정한 조건을 부담하게 하는 경우이다. ⅳ) 국가가 모든 외국인의 입국을 자의적으로 금지 또는 거부하는 경우이다.[20] 국제법규 또는 국내법 및 국가의 관행상으로 국가는 모든 외국인의 입국을 받아들여야 하는 의무가 존재하지 않는다. 주권국가는, 국제조약 등에 의해 규범적으로 구속되지 않는 한, 외국인의 입국을 허가해야 할 의무를 부담하지 않는다.[21]

이하에서는 국가가 외국인의 입국허가 여부를 결정할 때에, 국가가 정책재량을 가지는 경우와 입국허가를 허가 내지 보장하여야 하는 경우를 구분하기로 한다. 그리고 국제조약 또는 국내법에서 국가가 외국인의 입국을 허용해야 할 부담을 가지는 경우를 살펴보고, 국제조약 또는 국내법에 의하지 않더라도 구체적이고 특수한 경우에 국가가 외국인의 입국을 허가해야 할 부담을 가지는지 여부를 살펴보기로 한다.

---

18) 대법원 2005. 1. 28. 선고 2004도7401 판결.
19) 앞의 판결.
20) I.A.Shearer, Starke's International Law, OXFORD, 1994, p. 314.
21) 앞의 책, p. 314.

2. 국가의 정책재량

(1) 국제법의 일반원칙

모든 국가는 그 주권적 속성으로부터 외국인이 그 국가의 영역으로 입국하는 것을 금지 또는 거부하거나, 국가가 규정한 일정한 조건에 부합하는 경우에만 외국인의 입국을 허가할 수 있다는 것은 국제사회에서 일반적으로 승인된 국제법의 일반원칙an accepted maxim of international law이다. 외국인의 입국에 관한 사항은 국가로서의 기능을 수행하는 데 필요한 것으로 국가의 광범위한 정책재량의 영역에 놓여 있는 분야이다.[22] 즉 외국인에게는 그의 국적국가가 아닌 다른 국가로 자유로이 입국할 권리가 원칙적으로 인정되지 않는다.

(2) 법적 근거

1948년 「세계인권선언Universal Declaration of Human Rights」에서도 거주 · 이전의 자유를 언급할 때에 '각 국가의 영역 내에서within the borders of each state'라는 전제를 두고 있다.[23] 국가가 외국인의 거주 · 이전의 자유를 규제하는 것은 국제적으로 폭넓게 용인되고 있다.[24] 이와 같은 국제법의 일반원칙이 나오게 된 배경은 국제사회는 국가를 토대로 하여 성립되었고, 국가는 그 국민의 이해관계를 보호하고 인구이동에 대하여 권한을 행사하는 가장 기본적 단위이기 때문이다.[25] 또한 「헌법」 제14조에서 보장한 거주 · 이전의 자유에는 국민이 출입국할 자유가 포함된다고 하겠으나, 외국인에게는 출입국할 자유가 일반적으로 인정된 기본권이라고 보기 어렵다.[26]

(3) 국내문제

외국인의 입국은 기본적으로 국가의 국내문제로 간주된다. 국가와 그 정부기관은 어떠한 외국인이 입국하여야 하는지를 자율적으로 결정할 권리를 좀처럼 포기하지 않고자 한다. 국가와 그 정부기관은 이와 같은 국내문제에 대한 결정권을 국제규범

---

22) 헌법재판소 2005. 3. 31. 자 2003헌마87 결정.

23) 세계인권선언 제13조 제1항에서는 "모든 사람은 각국의 영역 내에서 이전과 거주의 자유에 관한 권리를 가진다(Everyone has the right to freedom of movement and residence within the borders of each state.)"라고 규정하고 있다.

24) 설동훈, 이주노동자와 인권, 인권법 교재발간위원회 편저 인권법, 2006, p. 304.

25) IOM, Essentials of Migration Management - A Guide for Policy Makers and Practitioners, Volume One: Authority and Responsibility of States, 2004, p. 6.

26) 국가인권위원회 결정례 2003. 7. 28. 자 02진인2181, 03진인1124 병합결정 미국시민권자 입국불허 관련.

등에 부분적으로 또는 천천히 위임하고자 한다.[27] 따라서 전통적으로 외국인의 입국허가는 특별한 사안을 제외하고는 국가의 재량사항, 국내관할 내지 국내문제로 간주되고 있다. 국가가, 양자 또는 다자조약 및 국제협약 · 국내법 등에 의해 일정한 부담을 지지 않는 한, 외국인의 입국을 당연히 보장해야 할 법적 의무는 없다. 외국인은 그의 국적국가와 대한민국 간에 체결 · 공포된 국제조약, 국제관습법 등이 없는 한 대한민국에 입국할 권리가 인정되지 않는다. 예를 들어 대한민국에서 WTO 등 국제회의가 개최될 때 외국인 또는 외국인 단체가 반대의견을 표명하기 위해 입국하려는 경우에 국가는 그 외국인 또는 외국인 단체의 입국을 금지할 수 있다.

(4) 유효한 사증이 발급된 경우

외국인이 재외공관으로부터 적법하고 정당한 절차를 거쳐 법무부장관이 발급한 사증을 가지고 대한민국 안에서 출입국관리공무원의 입국심사를 받는 경우에, 국가는 그 외국인의 입국을 반드시 허가해야 하는지가 문제된다. 외국인에게 발급된 사증은 유효한 여권과 더불어 외국인이 대한민국에 입국하기 위한 예비조건에 불과하고, 재외공관으로부터 법무부장관이 발급한 사증이 외국인에게 대한민국에 입국할 권리를 부여하거나 입국을 보증하는 것으로는 볼 수 없다. 국제조약 또는 국내법에 의하여 외국인의 입국을 허용하거나 보장해야 할 국가의 부담을 지지 않는 한, 외국인의 입국 여부는 특별한 사안을 제외하고는 국가의 정책적 재량사항, 국내관할 내지 국내문제로 간주된다.

3. 국가의 정책재량 축소

(1) 국가주권의 제한

국가는 그 영역에 대하여 완전한 주권을 지닌다고 여겨진다. 그러나 예외적으로 양자조약 또는 다자조약 등 국제조약, 국내법에 명시된 국가의 일정한 부담 내지 의무는 국가가 주권을 일방적으로 행사하는 것을 제지하는 역할을 한다.[28] 대한민국은 양자 또는 다자조약 등 국제조약, 국내법의 규정에 따라 일정한 요건을 충족하는 경우에는 이에 해당한 외국인의 입국을 허가하거나 보장해야 할 부담을 지니고, 이

27) Thomas Straubhaar, Why do we Need a General Agreement on Movement of People (GAMP)?, Managing Migration – Time for a New International Regimes?, edited by Bimal Ghosh, 2003, p. 111.

28) IOM, Essentials of Migration Management – A Guide for Policy Makers and Practitioners, Volume One: Authority and Responsibility of States, 2004, p. 8.

에 따라 그 외국인은 대한민국에 입국할 권리를 누릴 수 있다.

일정한 요건을 충족하는 경우에 외국인의 입국을 허용하거나 보장해야 할 국가의 부담을 지니는 것은 국제조약의 형태 및 국내법의 형태로 구분할 수 있다.

(2) 국제조약의 형태

1) 유 형

대한민국이 외국인의 입국을 허용하거나 보장해야 할 부담을 지니게 하는 양자조약 등을 살펴보기로 한다.

첫째, 대한민국이 특정한 외국인의 입국을 허용허거나 보장해야 하는 대표적인 규정으로는 1967년「대한민국과 아메리카합중국 간의 상호방위조약 제4조에 의한 시설과 구역 및 대한민국에서의 합중국 군대의 지위에 관한 협정SOFA」이 있다. SOFA협정 제8조(출입국) 제1항 전문에서는 "합중국은 합중국 군대의 구성원, 군속 및 그들의 가족인 자를 대한민국에 입국시킬 수 있다."라고 규정하고, 제8조 제2항 전문에서는 "합중국 군대의 구성원은 여권 및 사증에 관한 대한민국 법령의 적용으로부터 면제된다."라고 규정하고, 제8조 제3항에서는 "합중국 군대의 구성원은 대한민국에 입국하거나 대한민국으로부터 출국함에 있어서 다음 문서를 소지하여야 한다. (가) 성명, 생년월일, 계급과 군번軍番 및 군軍의 구분區分을 기재하고 사진을 첨부한 신분증명서, (나) 개인 또는 집단이 합중국 군대의 구성원으로서 가지는 지위 및 명령받은 여행을 증명하는 개별적 또는 집단적 여행의 명령서. 합중국 군대의 구성원은 대한민국에 있는 동안 그들의 신분을 증명하기 위하여 신분증명서를 소지하여야 하며, 신분증명서는 대한민국의 관계당국이 요구하면 이를 제시하여야 한다." 라고 규정하고 있다. 따라서 합중국 군대 구성원이 현역군인 신분증명서와 여행명령서를 소지한 경우에는 여권 및 사증에 관한「출입국관리법」의 적용이 면제되어 대한민국에 입국하기 위한 여권과 사증을 필요로 하지 않는다.

둘째, 1999년「대한민국 정부와 국제백신연구소간 본부협정」 제9조(경유 및 체류) 제1항에서는 "정부는 연구소 직원·가족 및 그 세대의 구성원과 연구소 행사 참가자 및 연구소 소재지의 공식 방문자에 대하여 국적에 관계없이 대한민국에서의 출입국 및 체류를 원활하게 할 수 있도록 필요한 조치를 취한다. (중략) 이 조항에서 언급된 관계인에 대한 입국사증은 가능한 한 신속히 발급되어야 한다."라고 규정하고 있다.「출입국관리법 시행령」 제12조(체류자격의 구분) 및 별표1에 의하면, '대한민국 정부가 승인한 국제기구의 공무를 수행하는 자와 그 가족'에게는 공무(A-2) 체류자격을 부여하도록 규정하고 있다. 따라서 국제백신연구소에 근무하는 직원·

가족 및 그 세대의 구성원에게는 공무(A-2) 체류자격을 부여하고 대한민국에의 입국을 보장하여야 한다.

2) 한 계

국가가 가지는 고유한 주권의 본질적 속성에 따르면, 합중국 군대 구성원 또는 국제백신연구소 직원·가족 및 그 세대의 구성원이 대한민국에 입국하는 것이 무제한적으로 허가 내지 보장되는 것은 아니다. 사증발급 신청단계에서 재외공관 사증담당 영사의 사증발급 신청자에 대한 심사·확인,[29)]「출입국관리법」 제12조에 규정된 출입국관리공무원에 의한 입국심사, 「출입국관리법」 제11조 제1항에 규정된 입국금지 또는 거부의 사유 등 일반적 절차가 동일하게 적용되기 때문이다. 그리고 양자조약에 의해 일방 국가의 국민은 그 상대방 국가에 입국하는 것이 허가 내지 보장되어 있으나, 사증발급 수수료를 과다하게 인상하거나 입국심사 시간을 지나치게 장시간 처리하는 등 사실상 입국을 어렵게 하는 경우에는 양자조약의 위반으로 볼 수 있다.

(3) 국내법의 형태

대한민국이 외국인의 입국을 허용하거나 보장해야 할 부담을 지니게 하는 국내법을 살펴보기로 한다.

한시법적 성격을 지니는 「2012세계자연보전총회 지원특별법」 제11조(보전총회 참가 외국인의 입국) 제1항에서는 "보전총회에 참가하는 등 보전총회와 관련된다고 인정되는 외국인은 법무부장관이 정하여 고시하는 국가의 국민을 제외하고는 출입국관리법 제7조 제1항에도 불구하고,[30)] 사증 없이 입국할 수 있다."라고 규정하고, 제2항에서는 "법무부장관은 제1항에 따라 입국하는 자의 체류기간을 출입국관리법 제10조 제2항에도 불구하고,[31)] 따로 정하여 고시할 수 있다."라고 규정하고 있

---

29) 출입국관리법 시행규칙 제9조의2 (사증 등 발급의 기준) 제8조 및 제10조에 따라 법무부장관이 사증 등의 발급을 승인하거나 제9조의 위임에 따라 재외공관의 장이 사증을 발급하는 경우 사증발급을 신청한 외국인이 다음 각 호의 요건을 갖추었는지의 여부를 심사·확인하여야 한다.
1. 유효한 여권을 소지하고 있는지 여부
2. 법 제11조의 규정에 의한 입국의 금지 또는 거부의 대상이 아닌지 여부
3. 영 별표1에서 정하는 체류자격에 해당하는지 여부
4. 영 별표1에서 정하는 체류자격에 부합한 입국목적을 소명하는지 여부
5. 해당 체류자격별로 허가된 체류기간 내에 본국으로 귀국할 것이 인정되는지 여부
6. 그 밖에 영 별표1의 체류자격별로 법무부장관이 따로 정하는 기준에 해당하는지 여부

30) 출입국관리법 제7조 (외국인의 입국)
① 외국인이 입국할 때에는 유효한 여권과 법무부장관이 발급한 사증(査證)을 가지고 있어야 한다.

31) 출입국관리법 제10조 (체류자격)
② 1회에 부여할 수 있는 체류자격별 체류기간의 상한은 법무부령으로 정한다.

다. 「2012세계자연보전총회 지원특별법」은 환경문제를 논의하는 국제행사 또는 국제회의 등을 위해 제정된 것으로, 「출입국관리법」에 대하여 특별법적 지위에 해당된다. 따라서 법무부장관이 정하여 고시하는 국가의 국민을 제외하고는 보전총회에 참가 등 보전총회와 관련된다고 인정되는 외국인은 사증 없이 대한민국에 입국할 수 있고, 체류기간이 따로 정해질 수 있다.

4. 구체적이고 특수한 사정이 있는 경우

(1) 문제 제기

국제관행 내지 국제실행에 따르면, 국가는 별도의 양자조약 등 국제조약이 없을지라도 외국인의 입국을 일반적으로 허용하는 것이 추세이다. 국가가 외국인의 입국을 허용하지 않을 경우 특정한 사안의 경우에는 상대방 국가에 대한 비우호적인 행위로 간주되거나 국제사회의 비난을 받을 수도 있다. 외국인의 입국과 관련하여 문제가 되는 경우로는 '구체적이고 특수한 사정이 있는 경우'이다. 예를 들어 외국인이 거주하는 외국에서 천재·지변 등 위급한 상황이 발생했거나, 국적국가의 정치적 박해 등을 피하여 대한민국의 공항만에서 난민인정을 신청하거나, 외국인이 대한민국에서 영주(F-5) 체류자격 또는 대한민국 국적을 취득한 이민자와의 공동생활을 위해 가족 재결합을 요구하거나, 외국인이 대한민국에서 이미 외국인등록을 하고 장기간 체류한 사실이 있거나, 아동을 보호할 필요가 있거나, 비차별의 기본원칙 및 인권을 보호할 필요가 있는 경우에, 대한민국이 그 외국인의 입국을 허용하거나 보장해야 할 부담을 지니는지가 문제된다.

구체적이고 특수한 사정이 있는 경우에 국가가 그 외국인의 입국을 허용하거나 보장해야 할 부담을 지니는지에 대하여는 국가주권의 본질적 속성에 따라 순수한 국내문제라는 견해 및 국제조약 또는 국제관습법에 따라 국가의 권한이 온건하게 제한되고 책임이 강조된다는 견해로 나뉠 수 있다. 이하에서는 각 견해의 내용을 살펴보기로 한다.

(2) 순수한 국내문제설

외국인의 입국을 허용하거나 보장해야 할지 여부는 국가주권의 본질적 속성에 따라 순수한 국내문제라는 견해이다. 이 견해에 의하면 ⅰ) 외국인이 그 국적국가가 아닌 국가에 자유로이 입국하는 것을 허용하는 국가는 실제로 존재하지 않는다. 국제조약에서도 외국인이 다른 국가에 입국할 수 있는 권리를 명시적으로 부여하는 입법례는 찾기가 어렵다. 1966년 「시민적 및 정치적 권리에 관한 국제규약(일명 'B 규약' International Covenant on Civil and Political Rights」 제12조 제1항에서는 "합법적으로 어느 국가의 영역 내에 있는 모든 사람은 그 영역 내에서 이동의 자유 및 거주의 자유에 관한 권리를 가진다."라고 규정하여, 합법적으로 입국이 허가된 외국인에게만 그 영역 내에서 거주·이전의 자유가 보장된다. 동 국제규약 제2항에서는 "모든 사람은 자국을 포함하여 어떠한 나라로부터 자유로이 퇴거할 수 있다."라고 규정하여, 외국인의 자유로운 출국만이 보장된다. ii) 외국인의 입국에 대한 요건과 허가에 관한 규율은 국가가 자유로이 정할 수 있는 국내문제로 간주된다. 국가는 국내에서 체류비용을 부담할 능력이 없는 빈곤자, 병자와 범죄인의 입국을 사회안전망을 확보하기 위해 금지할 수 있다. 더 나아가 외국인의 입국 요건에 정치적·인종적 차별을 두는 것도 실정법상 위법이라고 보기는 어렵고, 상대방 국가는 정치적 비난과 외교단절, 상호주의에 의한 보복조치 등 외교적 또는 경제적 보복을 통하여 법 이외의 다른 방법으로 대항할 수밖에 없다.[32] iii) 국제조약 또는 국내법에 따라 국가가 그 외국인의 입국을 허가해야 할 부담을 지닐지라도, 외국인의 입국 요건 또는 입국 여부를 결정하는 국가의 권한이 절대적으로 제한되는 것은 존재하지 않는다. 국제조약 또는 국제관습법의 일반원칙은 일종의 지침으로서의 역할만 있을 뿐이고, 국가의 권한을 절대적으로 제한하지는 못한다.[33]

(3) 제한적 국가책임설

국제조약 또는 국제관습법에 따라 국가의 권한이 온건하게 제한되고 그 책임이 강조된다는 견해이다. 이 견해에 의하면 i) 1966년 「시민적 및 정치적 권리에 관한 국제규약」 등 국제조약에서는 가족생활에 관한 존중, 아동의 권리에 대한 보호, 비차별의 기본원칙 및 인권보호, 인간 이하의 대우의 금지 등 구체적이고 특수한 사정이 있는 경우에는 국가가 그 외국인의 입국을 금지 또는 거부할 권리는 제한된다.[34] 1966년 「시민적 및 정치적 권리에 관한 국제규약」에 따른 외국인의 지위에 대하여 '시민적·정치적 권리위원회'의 1986년 일반논평 15는 "동 규약은 당사국 영토 내의 외국인의 입국 및 체류에 관한 권리를 인정하고 있지는 않다. 자국 영토 내에 누구를 받아들일 것인가에 대한 결정은 원칙적으로 당사국의 몫이다. 그러나

32) 이한기, 국제법강의, 박영사, 1997, p. 425.

33) IOM, Essentials of Migration Management – A Guide for Policy Makers and Practitioners, Volume One: Authority and Responsibility of States, 2004, p. 11.

34) David Fisher, Suan Martin, and Andrew Schoenholtz, Migration and Security in International Law, Migration and International Legal Norms, TMC Asser Press, 2003, p. 99.

어떤 상황에서는, 예를 들어, 비차별, 비인도적 처우의 금지, 가정생활에 대한 존중과 같은 문제가 대두될 경우에는 입국과 체류에 관련된 사항일지라도 외국인은 동 규약상의 보호를 향유할 수 있다."라고 하고, "입국 허가consent for entry는 예컨대 이동, 체류, 고용 등과 관련하여 상황에 따라 부여된다. 그러나 일단 외국인이 당사국 영토 내로의 입국을 허가 받으면 동 규약에 명시된 권리를 보장받을 자격이 있다."라고 해석하고 있다.[35)] ii) 국가는 외국인의 입국을 통제하고 관리하는 권한을 지니고 있으나, 이러한 권한은 그 국가가 가입한 국제조약 또는 국제관습법의 일반원칙에 따라 온건한 정도의 제한modest limitations을 받게 된다. 따라서 국가가 외국인의 입국에 관하여 완전한 통제력을 가지는 것은 아니다.[36)] 국제법규 등에 근거하여 국가가 가지는 외국인의 입국허가에 관한 권한은 제한될 수 있다. 다만, 그 제한의 정도는 온건한 수준에 그치게 된다. 외국인의 입국에 관하여 국가의 권한을 제한하는 국제조약 또는 국제관습법이 있을지라도, 국가가 그 외국인의 입국으로 인하여 초래될 국가안보 또는 정치적 사유를 고려하는 것을 완전히 배제할 수는 없다. 외국인의 입국에 관한 국가권한을 제한하는 것은 구체적이고 특수한 사정이 있는 예외적인 상황에서는 가능하지만, 국가주권에 관한 기본원칙은 여전히 유효하다.[37)]

(4) 사 례

2002년에 미국 시민권자인 유○○의 입국불허 사건에서 유○○이 본인에 대한 입국금지는 거주·이전의 자유를 침해한 것이라는 주장에 대하여, 국가인권위원회는 "외국인은 대한민국에 입국할 자유가 보장되지 아니한다. 입국의 경우 각 주권국

---

35) CCPR General Comment No. 15: The position of aliens under the Covenant: 1986-04-11; 국가인권위원회 결정례 2008. 2. 18. 자 출국명령처분 취소소송(서울행정법원 2007구합24500호, 원고 허00, 피고 서울출입국관리사무소장)에 관한 의견제출.
CCPR General Comment No. 15
http://www.unhchr.ch/tbs/doc.nsf/0/bc561aa81bc5d86ec12563ed004aaa1b?Opendocument
5. The Covenant does not recognize the right of aliens to enter or reside in the territory of a State party. It is in principle a matter for the State to decide who it will admit to its territory. However, in certain circumstances an alien may enjoy the protection of the Covenant even in relation to entry or residence, for example, when considerations of non-discrimination, prohibition of inhuman treatment and respect for family life arise.
6. Consent for entry may be given subject to conditions relating, for example, to movement, residence and employment. A State may also impose general conditions upon an alien who is in transit. However, once aliens are allowed to enter the territory of a State party they are entitled to the rights set out in the Covenant.

36) IOM, Essentials of Migration Management - A Guide for Policy Makers and Practitioners, Volume One: Authority and Responsibility of States, 2004, pp. 3~4.

37) 앞의 책, pp. 7~8.

가는 자국에 있어서 바람직하지 않다고 인정하는 외국인의 입국을 거부[38]할 권한을 가지고 있다는 것이 국제관습법상 확립된 원칙이다."라고 결정한바 있다.[39] 유○○의 입국불허 사건에서 국가가 외국인의 입국을 허용해야 할지의 문제는 국가주권의 본질적 속성에 따른 순수한 국내문제라는 견해를 취한 것으로 해석된다.

그러나 중국동포가 사실혼 관계에 있는 대한민국의 국민과의 혼인신고를 위해 불법체류에 대한 자진신고를 한 후 중국으로 출국하였다가 과거 불법체류를 이유로 5년간 입국금지된 사안에서, 국가인권위원회는 "사실혼 관계에 있는 국민이 불법체류 외국인과 혼인을 하기 위하여는 배우자의 국가로 출국하여 배우자의 부모 및 친지에게 허락을 받은 후 혼인을 마치는 것이 일반적인 절차인바, 일률적으로 1년의 기간이 지난 후 사실조사를 걸쳐 심사를 하는 것은 「헌법」 및 국제규약이 규정한 국가의 가정보호 의무에 위배된다고 판단되므로, 입국규제자라 하더라도 법률혼인 관계가 성립되었다면 1년의 경과기간 없이 혼인의 진정성 등 사실관계를 확인한 후 입국규제 여부를 결정하는 것이 타당하다."라고 권고한 바 있다.[40] 따라서 가족 재결합 등 구체적이고 특수한 사정이 있는 경우에는 국가의 책임이 강조되어 국가가 외국인의 입국에 대해 가지는 정책재량이 온건하게 제한된다는 견해를 취하고 있다.

(5) 소 결

국가의 주권적 본질상 외국인의 입국에 대하여 폭넓은 정책재량을 가지는 것으로 일반적으로 인정되고 있다. 그렇다고 하더라도 국제규약 또는 「헌법」상 국가에게 일정한 책무를 부과하고 있는 구체적이고 특수한 사정이 있는 경우에는 국가가 외국인의 입국을 허용하거나 보장해야 할지 여부에 대하여 그 권한이 온건하게 제한되고 국가의 책임이 강조될 필요가 있다.

---

38) 국가인권위원회의 동 결정에서 언급한 '외국인의 입국을 거부'한다는 표현은 잘못된 표현으로, '외국인의 입국을 금지'로 수정하여야 한다. 출입국관리법상 외국인에 대한 입국의 금지(출입국관리법 제11조 제1항)와 입국의 거부(출입국관리법 제11조 제2항)는 법률적으로 다른 의미를 가진 용어이다.

39) 국가인권위원회 결정례 2003. 7. 28. 자 02진인2181, 03진인1124 병합결정 미국시민권자 입국불허 관련.

40) 국가인권위원회 결정례 2003. 9. 8. 자 03진인931 중국동포 배우자 입국금지 관련.

Ⅲ. 입국 허가의 요건

1. 의 의

국가는 어느 외국인의 입국을 허가할 것인지에 대하여 자체적인 기준을 설정할 권한을 가지고 있다.[41] 외국인이 대한민국에 입국할 때에는 유효한 여권과 법무부장관이 발급한 사증査證을 가지고 있어야 한다(출입국관리법 제7조 제1항). 또한 출입국관리공무원은 입국심사를 할 때에 ⅰ) 여권과 사증이 유효할 것. 다만, 사증은 「출입국관리법」에서 요구하는 경우만을 말한다. ⅱ) 입국목적이 체류자격에 맞을 것, ⅲ) 체류기간이 법무부령으로 정하는 바에 따라 정하여졌을 것, ⅳ) 「출입국관리법」 제11조에 따른 입국의 금지 또는 거부의 대상이 아닐 것이라는 요건을 갖추었는지를 심사하여 입국을 허가한다(출입국관리법 제12조 제3항). 즉 대한민국의 국적을 가지지 아니한 외국인이 대한민국에서 입국 허가를 받기 위하여는 형식적 요건으로 '외국인', '여권', '사증', '체류기간'을 갖추어야 하고, 실질적 요건으로 '입국목적과 체류자격의 동일', '입국금지 또는 거부의 대상자가 아닐 것'을 갖추어야 한다. 이하에서는 외국인이 대한민국에서 입국 허가를 받기 위한 형식적 및 실질적 요건을 살펴보기로 한다.

2. 형식적 요건

(1) 외국인

외국인이란 대한민국의 국적을 가지지 아니한 자이다(출입국관리법 제2조 제2호). 외국인에는 무국적자가 포함된다.

(2) 여 권

「여권법」에서는 여권의 개념과 유효성에 관한 규정을 두지 않고, 「출입국관리법」에서 여권의 개념과 유효성에 대한 규정을 두고 있다. 이하에서는 여권의 개념, 기능 및 그 유효성에 대해 살펴보기로 한다.

1) 개 념

여권이란 소지자의 국적 등 공적 신분을 증명하고 이로써 소지자에 대해 외교적

41) IOM, Essentials of Migration Management – A Guide for Policy Makers and Practitioners, Volume One: Authority and Responsibility of States, 2004, p. 6.

보호권을 행사할 수 있도록 하기 위하여 대한민국 정부, 대한민국이 국제법상 국가로 승인한 외국정부, 권한 있는 국제기구에서 발급한 공문서(협의의 여권) 또는 난민여행증명서 기타 여권에 갈음하는 증명서(광의의 여권)의 일종으로 대한민국 정부가 유효하다고 인정하는 것을 말한다.[42] 행정기관이 여권을 발급하는 행위는 '공증公證'에 해당하는 것으로, 여권 명의인의 국적 · 성명 · 생년월일 등 특정 사실을 공적으로 증명하는 준법률행위적 행정행위準法律行爲的 行政行爲이다.[43]

2) 구분 및 규정

여권의 개념은 여권의 발급 대상자 및 발급 사유를 중심으로 협의의 여권과 광의의 여권으로 구분된다. 그리고 「출입국관리법」에서의 입법태도를 살펴보기로 한다.

(가) 구 분

(a) 협의의 여권: 협의의 여권은 대한민국 정부, 대한민국이 국제법상 국가로 승인한 외국정부가 발급한 외교관여권, 관용여권, 일반여권, 여행증명서로 구분된다. 여행증명서란 국외에 체류하거나 거주하고 있는 국민으로서 여권을 잃어버렸거나 유효기간이 만료되는 등의 경우에 여권 발급을 기다릴 시간적 여유가 없이 긴급히 귀국하거나 제3국에 여행할 필요가 있는 자, 국외에 거주하고 있는 국민으로서 일시 귀국한 후 여권을 잃어버렸거나 유효기간이 만료되는 등의 경우에 여권 발급을 기다릴 시간적 여유가 없이 긴급히 거주지국가로 출국하여야 할 필요가 있는 자 등에게 여행목적지가 기재된 여권을 갈음하는 증명서를 말한다(여권법 제14조, 여권법 시행령 제16조). 여행증명서를 광의의 여권에 준하는 견해도 있으나, 여행증명서는 제한적인 사유와 시간적 여유가 없는 긴급한 경우에 한하여 발급되는 것으로, 법적 효력에 있어서 여행증명서는 여권과 차이가 없으므로 협의의 여권과 구별할 필요는 없다.

권한 있는 국제기구가 발급한 여권도 협의의 여권에 해당한다. 권한 있는 국제기구가 발급한 여권이란 국제연합UN 또는 그 전문기구의 직원에 대하여 국제연합사무국이 발급한 국제연합통행증Laissez-Passer 등이고, 국제연합통행증 등을 소지한 자의 국적은 국제연합 또는 국제연합전문기구로 표시된다. 국제기구에서 발급한 여권을 광의의 여권 개념에 준하는 견해도 있으나, 국가와 국제기구는 동일한 국제법상 주체이므로 국제기구가 발급한 여권을 대한민국 정부 또는 외국 정부가 발급한 여권과

42) 출입국관리법 제2조 제4호에서 "'여권'이란 대한민국정부 · 외국정부 또는 권한 있는 국제기구에서 발급한 여권 또는 난민여행증명서나 그 밖에 여권을 갈음하는 증명서로서 대한민국정부가 유효하다고 인정하는 것을 말한다."라고 규정하고 있다. 외교통상부, 여권실무편람, 외교통상부 편저, 2010, p. 8.

43) 박상순, 출입국관리법상 여권의 유효성에 관한 소고, 법조, 법조협회, 2001, pp. 229~230.

구별할 필요는 없다. 그러나 인터폴Interpol: ICPO, International Criminal Police Organization은 UN과 같은 국제기구가 아니라 정부간기구로서 인터폴이 그 소속요원에게 발급한 여행증명서는 국제기구에서 발급한 여권으로 볼 수 없다.

(b) **광의의 여권:** 광의의 여권은 무국적자 또는 난민의 증가로 인하여 이들에게 거주・이전의 자유 등 기본적 인권을 보장하고 국제법규 등에 의해 부담하는 '국가 대 개인의 의무state-to-individual obligations'와 관련된 것이다. 1951년 「난민의 지위에 관한 협약Convention relating to the Status of Refugees」 제28조에서는 "체약국은 합법적으로 그 영역 내에 체재하는 난민에게 국가안보 또는 공공질서를 위하여 어쩔 수 없는 이유가 있는 경우를 제외하고는, 그 영역 외로의 여행을 위한 여행증명서를 발급하고, (중략) 체약국은 그 영역 내에 있는 다른 난민에게도 이러한 여행증명서를 발급할 수 있으며, 또한 체약국은 특히 그 영역 내에 있는 난민으로서 합법적으로 거주하고 있는 국가로부터 여행증명서를 받을 수 없는 자에게 이러한 여행증명서의 발급에 관하여 호의적으로 고려한다."라고 규정하고 있다. 이에 따라 체약국은 자국의 영역 내에 체류하는 난민에게 난민여행증명서를 발급할 수 있다. 따라서 법무부장관은 「난민법」에 따른 난민인정자가 출국하려고 할 때에는 그의 신청에 의하여 「출입국관리법 시행령」으로 정하는 바에 따라 난민여행증명서를 발급하여야 한다. 다만, 그의 출국이 대한민국의 안전을 해칠 우려가 있다고 인정될 때에는 그러하지 아니하다(출입국관리법 제76조의5 제1항). 또한 외교부장관은 출국하는 무국자에게 여행증명서를 발급할 수 있다(여권법 제14조, 여권법 시행령 제16조). 난민여행증명서 또는 무국적자 여행증명서는 협의의 여권이 아니라 광의의 여권에 해당한다.

(나) 규 정

「출입국관리법」에서는 "여권이란 대한민국 정부・외국정부 또는 권한 있는 국제기구에서 발급한 여권 또는 난민여행증명서나 그 밖에 여권을 갈음하는 증명서로서 대한민국정부가 유효하다고 인정하는 것을 말한다."라고 규정하여(출입국관리법 제2조 제4호), 광의의 여권까지 포함하고 있다.

3) 기 능

여권이 가지는 기능은 다양하다. 여권은 개인이 그가 속한 국적국가에게 보호를 구하는 요청의 근거가 되고, 여권을 소지한 자의 정체성 내지 국적의 명백한 증거를 나타내는 문서이다. 여권은 이를 소지한 자의 국적을 증명하므로 국적에 관한 증명의 한 부분이 되고,[44] 다른 반증이 없는 한 여권에 기재된 자의 국적은 정확한 것으

---

44) *A.C.Kazi v. C.V.Jathwani*; Dr. Gurbax Singh, Law of Foreigners Citizenship & Passports in

로 간주된다.[45] 또한 예외적인 경우를 제외하고는 여권을 소지하지 않은 상태에서 다른 국가에 입국하는 것은 불가능하다. 여권을 가지고 있어야만 자유로운 여행이 가능한 조건을 갖추게 된다.[46]

4) 여권의 유효성

(가) 의 의

외국인이 대한민국에 입국하기 위하여는 여권이 유효할 것이 요구된다(출입국관리법 제12조 제3항 제1호). 「출입국관리법」에서는 여권의 유효성을 요구하고 있으나, 「출입국관리법」 및 「여권법」에서는 여권이 유효하기 위한 요건을 규정하지 않고 있다. 외국인은 대한민국에 입국할 때에는 '유효한 여권旅券'과 법무부장관이 발급한 사증을 가지고 있어야 한다고만 규정하고 있을 뿐이고(출입국관리법 제7조 제1항), 여권이 유효하기 위한 요건을 규정하지 않고 있다. 다만, 「출입국관리법」에서는 '유효한 여권'을 위반하여 입국한 외국인은 3년 이하의 징역 또는 2천만원 이하의 벌금에 처하도록 하는 벌칙 조항을 규정하고(출입국관리법 제94조 제2호), 강제퇴거의 대상자로도 규정하고 있으므로(출입국관리법 제46조 제1항 제1호), 여권의 유효성에 대한 명확한 요건이 필요하다. 여권의 개념으로부터 여권이 유효하기 위한 요건을 해석상 도출할 수 있다.

(나) 유효성의 요건

(a) **의 의**: 「출입국관리법」에서 "여권이란 대한민국 정부·외국정부 또는 권한 있는 국제기구에서 발급한 여권 또는 난민여행증명서나 그 밖에 여권을 갈음하는 증명서로서 대한민국정부가 유효하다고 인정하는 것을 말한다."라고 규정하고 있다(출입국관리법 제2조 제4호). 이와 같은 여권의 개념으로부터 여권이 유효하기 위한 요건을 도출할 수 있다. 즉 형식적 요건으로는 '대한민국 정부·외국정부 또는 권한 있는 국제기구에서 발급한 것'이고, 실질적 요건으로는 '대한민국 정부가 유효하다고 인정하는 것'이다.[47] 여권이 유효하기 위하여는 형식적 요건 및 실질적 요건을 모두 갖추어야 한다.

(b) **형식적 요건**: '대한민국 정부·외국정부 또는 권한 있는 국제기구에서 발

India, Universal Law Publishing Co. Pvt. Ltd, 2011, p. 1019.

45) Dr. Gurbax Singh, Law of Foreigners Citizenship & Passports in India, Universal Law Publishing Co. Pvt. Ltd, 2011, p. 1,020.

46) *Satwant Singh Sawhney v. Asstt. Passport Officer, New Delhi*; Dr. Gurbax Singh, Law of Foreigners Citizenship & Passports in India, Universal Law Publishing Co. Pvt. Ltd, 2011, p. 1019.

47) 박상순, 출입국관리법상 여권의 유효성에 관한 소고, 법조, 법조협회, 2001, p. 233 참고. 여권이 유효하기 위한 기준을 형식적 기준, 내용적 기준, 실질적 기준으로 3가지로 구분하고 있다.

급한 것'이란 대한민국 정부·외국정부 또는 권한 있는 국제기구가 여권을 발급할 수 있는 권한을 가지고 형식적으로 발급한 것을 말한다. 따라서 외국정부 또는 권한 있는 국제기구가 아닌 기관이 발급한 증명서는 여권이 아니다. 인터폴이 그 소속요원에게 발급한 여행증명서는 여권의 효력이 인정되지 않는다.

(c) **실질적 요건:** '대한민국 정부가 유효하다고 인정하는 것'이란 대한민국 정부·외국정부 또는 권한 있는 국제기구가 발급한 증명서로서 정당한 절차에 따라 적법하게 발급된 것임을 대한민국 정부로부터 인정받는 것을 말한다. 대한민국 정부·외국정부 또는 권한 있는 국제기구가 발급한 증명서일지라도 대한민국 정부가 유효하다고 인정하지 않은 것은 여권이 아니다. 대한민국과 수교하지 않은 미수교국가의 정부가 발급한 여권 또는 여권을 갈음하는 증명서에 대하여는 대한민국 정부가 유효한 것으로 인정하지 않는다. 여권의 유효기간이 이미 경과한 것은 여권이 아니고, 여권 소지자의 국적·성명·생년월일 등 특정 사실이 그 여권의 명의인과 상이하여 위조·변조된 경우에는 대한민국 정부가 유효하다고 인정하지 않는 것으로 여권이 아니다.

'대한민국 정부가 유효하다고 인정하는 것'은 외국정부 또는 권한 있는 국제기구가 발급한 증명서(여권을 말한다)의 유효 또는 무효에 관하여 의문이 있는 경우에 대한민국의 행정기관이 공적으로 그 존부 또는 정부를 판단하여 이를 유효한 것으로 확인하는 행위로서 그 결과에 따라 일정한 법률효과를 발생하게 하는 준법률행위적 행정행위인 확인確認에 해당한다.[48] 실무상 대한민국 정부가 유효하다고 인정하는 행위는 출입국관리공무원의 입국심사를 통하여 이루어진다(출입국관리법 제12조 제1항, 제3항 제1호).

5) 여권 등의 보관

출입국관리공무원은 위조되거나 변조된 외국인의 여권·선원신분증명서를 발견하였을 때에는 회수하여 보관할 수 있다(출입국관리법 제12조의4, 제5조 제2항).

(3) 사 증

1) 개 념

사증의 개념에 대하여는 「출입국관리법」에 규정이 없다. 다만, 「출입국관리법」에서는 외국인이 입국할 때에 '법무부장관이 발급한 사증'을 소지하도록 규정하고(출입국관리법 제7조 제1항), 출입국관리공무원은 '사증이 유효할 것'을 갖추었는지를 심사하도록 규정하고 있다(출입국관리법 제12조 제3항 제1호). 사증이란 사증발급 신청인의 여권이 그 국적국가의 정부기관

48) 앞의 논문, pp. 233~234 참고.

에서 합법적으로 발급된 유효한 여권임을 확인하고, 사증발급 신청의 사유와 사증발급에 요구되는 기준에 의해 입국하려는 국가에서 입국 · 체류하는 것이 상당함을 확인하여 입국하는 공항만에서 출입국관리공무원의 입국심사를 받도록 허가한 문서를 말한다.

2) 유효성

외국인이 대한민국에 입국하기 위하여는 사증이 유효할 것이 요구된다(출입국관리법 제12조 제3항 제1호). 사증이 유효하기 위하여는 사증을 발급한 주체가 법무부장관이어야 하고(출입국관리법 제7조 제1항), 또한 유효기간 내이어야 한다. 사증이 유효할 것은 「출입국관리법」에서 이를 요구하는 경우만을 말한다(출입국관리법 제12조 제3항 제1호 단서). 즉 외국인이 사증 없이 입국할 수 있는 사증면제협정 등의 경우에는 출입국관리공무원은 사증의 유효성을 심사하지 않는다(출입국관리법 제7조 제2항).

(4) 체류기간

출입국관리공무원은 외국인에 대한 입국심사를 할 때에 사증의 체류기간이 법무부령으로 정하는 바에 따라 정하여졌는지를 심사하여 입국을 허가한다(출입국관리법 제12조 제3항 제3호). 다만, 출입국관리공무원은 입국심사를 받는 외국인이 ⅰ) 재외공관의 장이 발급한 사증의 체류기간이 잘못된 것이 명백한 경우, ⅱ) 방문취업(H-2) 체류자격의 복수사증에 기재된 체류기간의 만료일이 그 사증의 유효기간 만료일을 초과하게 되는 경우의 어느 하나에 해당하는 경우에는 법무부령으로 정하는 바에 따라 그가 가지고 있는 사증의 내용을 정정하여 입국을 허가할 수 있다(출입국관리법 시행령 제15조 제6항). 따라서 외국인이 소지한 사증의 체류기간이 단순히 잘못 기재되었더라도 그 외국인에 대한 입국금지 또는 입국거부의 사유로는 되지 않는다.

3. 실질적 요건

(1) 입국목적과 체류자격의 동일

출입국관리공무원은 외국인에 대한 입국심사를 할 때에 그 외국인의 입국목적이 체류자격에 맞는지를 심사하여 입국을 허가한다(출입국관리법 제12조 제3항 제2호). 출입국관리공무원은 외국인이 소지한 사증에 기재된 체류자격과 입국심사를 통해 확인된 입국목적이 동일한지를 심사하여야 한다.

(2) 입국금지 또는 거부의 대상자가 아닐 것

출입국관리공무원은 외국인에 대한 입국심사를 할 때에 「출입국관리법」 제11조에 따른 입국의 금지 또는 거부의 대상이 아닌지를 심사하여 입국을 허가한다(출입국관리법 제12조 제3항 제4호).

Ⅳ. 입국심사

1. 개 념

외국인에 대한 입국심사란 외국인이 대한민국에 입국할 때에 그 외국인의 입국을 허가할 것인지를 출입국관리공무원이 입국의 요건을 심사하는 것을 말한다.

2. 시기 및 종기

(1) 시 기

외국인에 대한 입국심사가 개시되는 시기始期는 외국인이 입국하는 출입국항에서 또는 외국인이 부득이한 사유로 출입국항으로 입국할 수 없을 때에 출입국관리사무소장 또는 출장소장의 허가를 받아 출입국항이 아닌 장소에서 출입국관리공무원에게 여권과 사증(사증은 「출입국관리법」에서 요구하는 경우만을 말한다) 등을 제출하는 때이다(출입국관리법 제12조 및 제6조 제1항 단서, 출입국관리법 시행령 제15조).

(2) 종 기

외국인에 대한 입국심사가 종료되는 종기終期는 출입국관리공무원이 외국인의 입국을 허가하는 경우에는 여권에 입국심사인을 날인하고 체류자격 및 체류기간 등을 부여하는 때이고(출입국관리법 제12조 제3항, 출입국관리법 시행령 제15조), 출입국관리공무원이 외국인의 입국을 금지 · 거부하는 경우에는 송환지시서를 발급하는 때이다(출입국관리법 제12조 제4항 및 제76조, 출입국관리법 시행령 제88조).

3. 입증책임의 문제

(1) 의 의

출입국관리공무원이 외국인에 대한 입국 요건을 심사하여 입국을 허가할 때에 출입국관리공무원 또는 외국인 중에서 누가 입국 요건을 갖추었는지를 입증해야 하는 입증책임burden of proof의 주체 문제가 발생한다.

(2) 외국인의 입증책임

외국인이 입국허가를 받는 것은 행정법상 특허matter of privilege에 해당하는 것으로 입국하려는 외국인에게 그 입증책임이 전가된다. 「출입국관리법」에서는 입국 요건을 입증하는 직접적인 규정이 없고, 간접적으로 입증책임에 대한 규정을 두고 있다. 즉 "출입국관리공무원은 외국인이 「출입국관리법」 제12조(입국심사) 제3항 각 호의 요건을 갖추었음을 증명하지 못하면 입국을 허가하지 아니할 수 있다."라고 규정하여(출입국관리법 제12조 제4항), 대한민국에 입국하려는 외국인이 입국 요건을 입증하여야 한다. 따라서 외국인은 장・단기 체류기간에 상관없이 실질적 자료와 증거를 제시하여야 한다. 또한 외국인은 입국이 금지 또는 거부되는 사유에 해당하지 않는다는 것을 진술하거나, 객관적인 자료 등을 통해 증명하여야 한다.[49)]

4. 입국불허

(1) 사 유

출입국관리공무원은 대한민국에 입국하려는 외국인이 「출입국관리법」 제12조(입국심사) 제3항 각 호의 요건을 갖추었음을 증명하지 못하면 그의 입국을 허가하지 아니할 수 있다(출입국관리법 제12조 제4항 참고). 또한 출입국관리공무원은 대한민국에 입국하려는 외국인이 입국심사를 받을 때에 법무부령으로 정하는 방법으로 지문 및 얼굴에 관한 정보를 제공하지 아니하는 경우에는 그의 입국을 허가하지 아니할 수 있다(출입국관리법 제12조의2 제2항).

다만, 출입국관리공무원은 입국심사를 받는 외국인이 i) 재외공관의 장이 발급한 사증의 구분, 체류자격 및 체류기간 등이 잘못된 것이 명백한 경우(제1호), ii) 방문취업(H-2) 체류자격의 복수사증에 기재된 체류기간의 만료일이 그 사증의 유효기간 만료일을 초과하게 되는 경우(제2호)의 어느 하나에 해당하는 경우에는 법무부령으로 정하는 바에 따라 그가 가지고 있는 사증의 내용을 정정하여 입국을 허가할 수 있다(출입국관리법 시행령 제15조 제6항). 사증의 잘못된 기재내용은 외국인에 대한 입국불허의 사유로 되지 않는다.

(2) 중요사안 보고

출입국관리공무원은 외국인의 입국을 허가하지 아니하기로 결정한 경우 그 사안이 중요하다고 인정되면 지체 없이 법무부장관에게 보고하여야 한다(출입국관리법 시행령 제15조 제4항).

49) Ronaldo P. Ledesma, An outline of Philippine Immigration and Citizenship Laws, Rex Printing Company, 2006, p. 272.

(3) 통보의무의 문제

1) 의 의

출입국관리공무원이 외국인의 입국을 불허하는 경우 외국인 또는 그의 국적국가에게 입국이 불허된 사유를 고지 또는 통보해야 하는지가 문제된다.

2) 소 결

국제조약 및 국제관례, 국내법 등에 의하면 국가는 외국인 또는 그의 국적국가에게 입국이 불허된 사유를 고지 또는 통보할 의무가 없다. 예를 들어 1961년 「외교관계에 관한 비엔나협약Vienna Convention on Diplomatic Relations」 제4조 제2항에서는 "접수국은 '아그레망'을 거절한 이유를 파견국에 제시할 의무를 지지 아니한다."라고 규정하여 공관장으로 파견될 자에 대한 아그레망 부여를 거절한 경우에 그 이유를 제시할 의무가 없고, 제9조 제1항에서는 "외교관의 접수국은 그 결정사유에 대해 설명할 필요 없이 (중략) '기피인물' 또는 '비우호적 인물'이라고 선언할 수 있다. (중략) 접수국은 해당인이 입국전에 '기피인물' 또는 '비우호적 인물'로 선언할 수 있다."라고 규정하여 공관장 또는 공관원에 대해 기피인물 또는 비우호적 인물로 선언한 경우에 그 결정사유를 설명할 필요가 없다.[50] 또한 「행정절차법」에 의하면 '외국인의 출입국'에 대하여는 행정절차법이 적용되지 않으므로 입국이 금지 또는 거부된 외국인에게 그 근거와 이유를 제시하지 않아도 된다(행정절차법 제3조 제2항 제9호, 행정절차법 시행령 제2조 제2호).

5. 입국심사의 절차

(1) 의 의

외국인이 대한민국에 입국할 때에는 원칙적으로 유효한 여권과 법무부장관이 발급한 사증을 가지고 있어야 한다. 다만, 「출입국관리법」 제7조(외국인의 입국) 제2항과 제4항에 따라 외국인은 사증이 없이도 대한민국에 입국할 수 있다. 이외에도 일정한 사유에 해당할 경우에는 예외적인 입국심사 절차가 적용될 수 있다. 이하에서는 외국인이 대한민국에 입국하는 절차를 보편적 입국심사와 예외적 입국심사로 구분하여 설명하기로 한다. 예외적 입국심사는 무사증에 의한 입국심사, 미수교 국가 또는 특정 국가의 국민에 대한 입국심사, 조건부 입국허가, 외국인의 상륙허가제도가 있다.

---

50) 중앙행정심판위원회 재결, 사건번호 200210613, 재결일자 2003-04-28, 재결결과 기각, 사건명 입국불허 및 복수비자 취소처분 취소청구 참고.

(2) 보편적인 입국심사

1) 출입국관리공무원의 입국심사

외국인이 대한민국에 입국하려는 경우에는 원칙적으로 입국하는 출입국항에서 출입국관리공무원의 입국심사를 받아야 한다(출입국관리법 제12조 제1항). 출입국관리공무원은 입국심사를 마친 때에는 여권과 출입국신고서에 입국심사인을 찍어야 한다(출입국관리법 시행령 제1조 제3항). 다만, 부득이한 사유로 출입국항으로 입국할 수 없을 때에는 출입국관리사무소장 또는 출장소장의 허가를 받아 출입국항이 아닌 장소에서 출입국관리공무원의 입국심사를 받은 후 입국할 수 있다(출입국관리법 제12조 제2항, 제6조 제1항 단서). 따라서 어떠한 경우이든 외국인은 대한민국에 입국하려는 경우에는 출입국관리공무원의 입국심사를 받아야 한다. 외국인이 출입국관리공무원의 입국심사를 받지 아니하고 불법으로 입국한 경우에는 강제퇴거의 대상자로 되고(출입국관리법 제46조 제1항 제4호), 5년 이하의 징역 또는 3천만원 이하의 벌금에 처하게 된다(출입국관리법 제93조의3 제1호).

2) 일반적 절차

(가) 입국 요건의 심사

출입국관리공무원은 대한민국에 입국하려는 외국인에 대한 입국심사를 할 때에, i) 여권과 사증이 유효할 것. 다만, 사증은 「출입국관리법」에서 요구하는 경우만을 말한다. ii) 입국목적이 체류자격에 맞을 것, iii) 체류기간이 법무부령으로 정하는 바에 따라 정하여졌을 것, iv) 입국 금지 또는 거부의 대상이 아닐 것이라는 모든 요건을 갖추었는지를 심사하여 입국을 허가한다(출입국관리법 제12조 제3항). 출입국관리공무원은 외국인이 대한민국에 입국하기 위한 형식적 요건과 실질적 요건을 갖추었는지를 심사하여야 한다.

(나) 지문 및 얼굴정보의 제공의무

(a) **의 의**: 지문 및 얼굴정보의 제공의무는 국가안전 및 질서유지를 위하여 2010년에 도입된 제도이다. 국내에서 형사범죄 또는 출입국관리법을 위반하여 강제추방된 자, 테러범 등의 입국을 방지하기 위한 것이다.

(b) **원 칙**: 「출입국관리법」에서는 "대한민국에 입국하려는 외국인은 출입국관리공무원의 입국심사를 받을 때에 법무부령으로 정하는 방법으로 지문 및 얼굴에 관한 정보를 제공하고 본인임을 확인하는 절차에 응하여야 한다."라고 규정하고 있다(출입국관리법 제12조의2 제1항 본문). 대한민국에 입국하려는 17세 이상의 외국인은 출입국관리공무원의 입국심사를 받을 때에 지문 및 얼굴에 관한 정보를 원칙적으로 제공하여야 한다.

(c) **면 제:** 출입국관리공무원의 입국심사를 받을 때에 지문 및 얼굴정보의 제공의무가 면제되는 자는 i) 17세 미만인 자, ii) 외국정부 또는 국제기구의 업무를 수행하기 위하여 입국하는 자와 그 동반가족, iii) 외국과의 우호 및 문화교류 증진, 경제활동 촉진 또는 대한민국의 이익 등을 고려하여 지문 및 얼굴에 관한 정보의 제공을 면제하는 것이 필요하다고 대통령령으로 정하는 자의 어느 하나에 해당하는 경우이다(출입국관리법 제12조의2 제1항 단서). 여기에서 '대통령령으로 정하는 자'란 i) 전·현직 국가 원수, 장관 또는 그에 준하는 고위 공직자로서 국제 우호 증진을 위하여 입국하려는 자(가목), 교육·과학·문화·예술·체육 등의 분야에서 저명한 자(나목), 투자사절단 등 경제 활동 촉진을 위하여 입국이 필요하다고 인정되는 자(다목)의 어느 하나에 해당하는 외국인 중 중앙행정기관의 장의 요청에 따라 지문 및 얼굴에 관한 정보 제공 의무를 면제할 필요가 있다고 법무부장관이 인정한 자, ii) 협정(A-3) 체류자격에 해당하는 자, iii) 그 밖에 대한민국의 이익 등을 고려하여 지문 및 얼굴에 관한 정보 제공 의무를 면제할 필요가 있다고 법무부장관이 인정하는 자의 어느 하나에 해당하는 자를 말한다(출입국관리법 시행령 제15조의2 제1항).

(d) **면제 절차:** 중앙행정기관의 장은 외국인이 지문 및 얼굴에 관한 정보 제공의무를 면제받을 수 있도록 요청하려면 외국인의 신원을 확인하고, 입국 24시간 전까지 요청사유와 입국·출국 예정일 등을 법무부장관에게 제출하여야 한다(출입국관리법 시행령 제15조의2 제2항). 법무부장관은 면제의 요청을 받은 경우에는 해당 외국인의 지문 및 얼굴에 관한 정보 제공의무를 면제할 것인지를 지체 없이 심사하여 결정하여야 한다(출입국관리법 시행령 제15조의2 제3항). 법무부장관은 심사 결과 해당 외국인의 지문 및 얼굴에 관한 정보 제공의무를 면제하지 않기로 결정한 때에는 그 이유를 분명히 밝혀 요청한 기관의 장에게 알려야 한다(출입국관리법 시행령 제15조의2 제4항).

(e) **활 용:** 법무부장관은 입국심사에 필요한 경우에는 관계 행정기관이 보유하고 있는 외국인의 지문 및 얼굴에 관한 자료의 제출을 요청할 수 있다(출입국관리법 제12조의2 제3항). 출입국관리공무원은 외국인이 입국심사를 받을 때에 제공받은 지문 및 얼굴에 관한 정보, 관계 행정기관으로부터 제출받은 외국인의 지문 및 얼굴에 관한 자료를 입국심사에 활용할 수 있다(출입국관리법 제12조의2 제5항). 외국인으로부터 제공받은 지문 및 얼굴에 관한 정보, 관계 행정기관으로부터 제출받은 외국인의 지문 및 얼굴에 관한 자료는 입국심사에만 활용되어야 한다.

(f) **관 리:** 법무부장관은 입국심사를 받을 때에 제공받은 지문 및 얼굴에 관한 정보, 관계 행정기관으로부터 제출받은 외국인의 지문 및 얼굴에 관한 자료를 「개인

정보 보호법」에 따라 보유하고 관리한다(출입국관리법 제12조의2 제6항). 이와 관련하여 외국인의 지문 및 얼굴 등 개인정보에 대한 관리주체가 문제된다. 「출입국관리법」에서는 외국인의 지문 및 얼굴 등 개인정보의 관리주체를 법무부장관으로 규정하고 있다. 그러나 실제로는 관리주체가 정보관리 부서 또는 해당 출입국관리사무소가 될 것이므로 법적 책임을 명확히 하기 위하여는 명확한 위임규정을 둘 필요가 있다.

3) 간소화된 절차

(가) 출입국항이 아닌 장소에서의 입국심사

외국인이 부득이한 사유로 출입국항으로 입국할 수 없을 때에는 출입국관리사무소장 또는 출장소장의 허가를 받아 출입국항이 아닌 장소에서 출입국관리공무원의 입국심사를 받은 후 입국할 수 있다(출입국관리법 제12조 제2항, 제6조 제1항 단서). 여기에서 '부득이한 사유'란 기상악화, 재난 등으로 인해 탑승한 선박 등이 지정된 출입국항으로 입항할 수 없는 경우를 말한다.

(나) 정보화기기를 이용한 입국심사

(a) **의 의:** 외국인에 대한 입국심사는 대통령령으로 정하는 바에 따라 정보화기기에 의한 입국심사로 갈음할 수 있다(출입국관리법 제12조 제2항, 제6조 제3항). 이에 따라 일정한 요건을 모두 갖춘 외국인은 정보화기기에 의한 입국심사를 받을 수 있다(출입국관리법 시행령 제15조 제2항).

(b) **요 건:** 외국인이 정보화기기에 의한 입국심사를 받기 위하여 갖추어야 하는 요건으로는 다음과 같고, 이 3가지 요건을 모두 갖추어야 한다. 그 요건은 첫째, 17세 이상으로서 i) 「출입국관리법」 제31조(외국인등록)에 따라 외국인등록을 한 외국인, ii) 대한민국과 상호 간에 정보화기기를 이용한 출입국심사를 할 수 있도록 양해각서·협정 등을 체결하거나 그 밖의 방법으로 합의한 국가의 국민으로서 법무부장관이 정하는 자의 어느 하나에 해당하는 자일 것이다(제1호). 둘째, 법무부령으로 정하는 바에 따라 스스로 지문과 얼굴에 관한 정보를 등록하였을 것이다(제2호). 셋째, 그 밖에 법무부장관이 정하여 고시하는 요건을 갖추고 있을 것(제3호)이다(출입국관리법 시행령 제15조 제2항).

(c) **입국심사인의 날인 생략:** 정보화기기에 의한 입국심사를 마친 외국인에 대해서는 입국심사인의 날인을 생략한다(출입국관리법 시행령 제15조 제3항).

(다) 선박 등에 출입 및 입국심사

출입국관리공무원은 외국인에 대한 입국심사를 하기 위하여 대한민국과 대한민국 밖의 지역 사이에서 사람이나 물건을 수송하는 선박, 항공기, 기차, 자동차, 그 밖의 교통기관에 출입할 수 있다(출입국관리법 제12조 제6항, 제2조 제8호). 이는 외국인이 대한민국에 입국하려는 경우에 선박 등에서 내려서 출입국관리공무원의 입국심사를 받아야 하지만, 불가피하게 필요한 경우에는 출입국관리공무원이 선박 등에 출입하여 입국심사를 할 수 있도록 한 것이다.

4) 선박 등의 제공금지 및 벌칙

(가) 선박 등의 제공금지

누구든지 외국인을 불법으로 입국하게 할 목적으로 i) 선박 등이나 여권 또는 사증, 탑승권이나 그 밖에 출입국에 사용될 수 있는 서류 및 물품을 제공하는 행위, ii) 위의 행위를 알선하는 행위를 하여서는 아니 된다(출입국관리법 제12조의3 제1항). 여기에서 '그 밖에 출입국에 사용될 수 있는 서류 및 물품'은 공항만의 보안구역 출입증 등이다. 대법원은 "2002년 한・일월드컵대회 입장권을 소지한 관광목적 외국인에 대하여는 입국심사가 쉽게 이루어지는 점을 이용하여 국내에서 불법취업을 원하는 사증면제국가의 외국인 명의로 국내에서 월드컵 입장권을 구입하여 입국을 원하는 그 외국인에게 제공하였다고 하더라도 위 입장권이 밀입국의 도구가 되거나 밀입국에 반드시 필요한 서류가 되는 것은 아니어서, 불법입국에 사용될 수 있는 서류나 물품의 제공에 해당한다고 볼 수는 없다."라고 판시하고 있다.[51]

(나) 벌 칙

선박 등의 제공을 금지한 취지는 외국인이 정상적인 입국심사 절차를 거치지 아니하고 불법으로 입국하기 위하여 밀입국에 사용되는 선박 등 교통수단, 여권・선원수첩・사증・탑승권 등 밀입국에 직접 사용되는 서류 및 물품을 제공하여 불법입국의 편의를 제공하는 자를 처벌하려는 것이다.[52]

「출입국관리법」 제12조의3(선박 등의 제공금지) 제1항을 위반하여 외국인을 집단으로 불법입국하게 할 목적으로 선박 등이나 여권・사증, 탑승권, 그 밖에 출입국에 사용될 수 있는 서류 및 물품을 제공하거나 알선한 자로서 영리를 목적으로 한 자는 7년 이하의 징역 또는 5천만원 이하의 벌금에 처한다(출입국관리법 제93조의2 제2항 제2호). 또한 「출입국관리법」 제93조의2(벌칙) 제2항 제2호에 해당하는 죄를 범한 자(영리를 목적으로 한 자는 제외한다)는 5년 이하의 징역 또는 3천만원 이하의 벌금에 처한다(출입국관리법 제93조의3 제2호).

(3) 무사증에 의한 입국심사

1) 구 분

외국인이 대한민국에 입국하려는 경우에는 원칙적으로 법무부장관이 발급한 사증

---

51) 대법원 2003. 5. 16. 자 2002모338 결정.
52) 앞의 결정.

을 가지고 입국하여야 한다(출입국관리법 제7조 제1항). 그러나 예외적으로 외국인이 「출입국관리법」 제7조(외국인의 입국) 제2항의 일정한 사유에 해당할 때에는 사증 없이 대한민국에 입국할 수 있다. 무사증으로 입국이 가능한 외국인은 재입국허가를 받은 자 또는 재입국허가가 면제된 자, 사증면제협정을 체결한 국가의 국민, 국제친선 · 관광 등 대통령령으로 따로 정하는 자, 난민여행증명서를 발급받고 그 유효기간이 종료하기 전에 입국한 자이다. 아래에서 무사증에 의한 입국이 인정되는 대상자와 그 요건 · 절차 등을 살펴보기로 한다.

2) 재입국허가

(가) 의 의

재입국허가를 받은 외국인 또는 재입국허가가 면제된 외국인으로서 그 허가 또는 면제받은 기간이 끝나기 전에 입국하는 자는 사증 없이 입국할 수 있다(출입국관리법 제7조 제2항 제1호). 이하에서는 재입국허가에 대하여 살펴보기로 한다.

(나) 대상자

(a) **원 칙**: 재입국허가의 대상자는 외국인등록을 하거나 외국인등록이 면제된 외국인이 체류기간 내에 출국하였다가 재입국하려는 경우이다(출입국관리법 제30조 제1항 본문 참고).

(b) **면 제**: 외국인의 체류자격 중 대한민국에 영주할 수 있는 체류자격을 가진 자와 재입국허가를 면제하여야 할 상당한 이유가 있는 자로서 법무부령으로 정하는 자에 대하여는 재입국허가를 면제할 수 있다(출입국관리법 제30조 제1항 단서). 여기에서 '법무부령으로 정하는 자'란 i) 영주(F-5)의 체류자격을 가진 자로서 출국한 날부터 2년 이내에 재입국하려는 자, ii) 외교(A-1)부터 협정(A-3)까지, 문화예술(D-1)부터 동반(F-3)까지, 결혼이민(F-6)부터 방문취업(H-2)까지의 체류자격을 가진 자로서 출국한 날부터 1년(남아 있는 체류기간이 1년보다 짧을 경우에는 남아있는 체류기간으로 한다) 이내에 재입국하려는 자를 말한다(출입국관리법 시행규칙 제44조의2 제1항 본문). 다만, 「출입국관리법」 제11조(입국의 금지 등)에 따라 입국이 금지되는 외국인과 「출입국관리법 시행규칙」 제10조(사증발급의 승인) 각 호의 어느 하나에 해당하는 자는 제외한다(출입국관리법 시행규칙 제44조의2 제1항 단서).

(다) 유 형

재입국허가는 한 차례만 재입국할 수 있는 단수재입국허가와 2회 이상 재입국할 수 있는 복수재입국허가로 구분한다(출입국관리법 제30조 제2항). 복수재입국허가의 기준은 상호주의원칙 등을 고려하여 법무부장관이 따로 정한다(출입국관리법 시행규칙 제40조).

(라) 절 차

법무부장관은 외국인등록을 하거나 외국인등록이 면제된 외국인이 체류기간 내에 출국하였다가 재입국하려는 경우 그의 신청을 받아 재입국을 허가할 수 있다(출입국관리법 제30조 제1항 본문). 이를 위하여, 재입국허가를 받고자 하는 자는 재입국허가신청서에 그 사유를 소명하는 서류를 첨부하여 출입국관리사무소장 또는 출장소장에게 제출하여야 한다(출입국관리법 시행규칙 제39조의6 제1항). 출입국관리사무소장 또는 출장소장은 재입국허가신청서를 받은 때에는 의견을 붙여 지체 없이 이를 법무부장관에게 송부하여야 한다(출입국관리법 시행규칙 제39조의6 제2항).

출입국관리사무소장 또는 출장소장은 재입국허가신청에 대하여 법무부장관의 허가가 있는 때에는 여권에 재입국허가인을 찍고 재입국허가기간을 기재하거나 재입국허가 스티커를 부착하되, 무국적자 또는 「출입국관리법」 제7조(외국인의 입국) 제4항의 규정에 의한 국가(미수교 국가 또는 특정 국가를 말한다)의 국민에 대하여는 재입국허가서를 발급한다(출입국관리법 시행규칙 제39조의6 제4항).

(마) 재입국허가기간

재입국허가기간은 허가받은 체류기간을 초과하지 아니하는 범위 내에서 이를 정한다(출입국관리법 시행규칙 제39조의6 제3항).

재입국허가의 최장기간은 단수재입국허가의 경우에는 1년(제1호), 복수재입국허가의 경우에는 2년(제2호)이다(출입국관리법 시행규칙 제41조 제1항). 다만, 다음의 하나에 해당하는 자에 대하여는 복수재입국허가의 최장기간을 「출입국관리법 시행규칙」 제41조(재입국허가기간) 제1항 제2호의 규정에 불구하고 3년으로 한다(출입국관리법 시행규칙 제41조 제2항). 이에 해당하는 자는 기업투자(D-8)의 체류자격에 해당하는 자로서 법무부장관이 정하는 일정금액 이상을 투자한 자(제1호), 거주(F-2)의 체류자격에 해당하는 자로서 법무부장관이 정하는 일정금액·일정기간 이상을 국내산업체에 투자하고 계속하여 기업활동에 종사하고 있는 자(제2호)이다.

(바) 재입국허가기간 연장허가

(a) **연장허가:** 외국인이 질병이나 그 밖의 부득이한 사유로 허가받은 기간 내에 재입국할 수 없는 경우에는 그 기간이 끝나기 전에 법무부장관의 재입국허가기간 연장허가를 받아야 한다(출입국관리법 제30조 제3항).

(b) **권한의 위임:** 법무부장관은 재입국허가기간 연장허가에 관한 권한을 대통령령으로 정하는 바에 따라 재외공관의 장에게 위임할 수 있다(출입국관리법 제30조 제4항). 즉 재입국허가를 받은 자(재입국허가가 면제된 자를 포함한다)이 출국 후 선박 등이 없거나 질병 또는 그 밖의 부득이한 사유로 그 허가기간 또는 면제기간 내에 재입국할 수 없는 경우에 받아야 하는 재입국허가기간 연장허가에 관한 법무부장관의 권한은 재외공관의 장에게 위임한다(출입국관리법 시행령 제38조).

(c) 절 차: 재입국허가기간 연장허가를 받고자 하는 자는 재입국허가기간 연장허가신청서에 그 사유를 소명하는 서류를 첨부하여 재외공관의 장에게 제출하여야 한다(출입국관리법 시행규칙 제39조의7 제1항). 재입국허가기간 연장허가를 받은 자의 여권 또는 재입국허가서에는 재입국허가기간 연장허가인을 찍고 연장허가기간을 기재하여야 한다(출입국관리법 시행규칙 제39조의7 제3항).

(d) **연장허가기간:** 재입국허가기간 연장허가기간은 재입국허가기간의 만료일부터 3개월 이내에서 이를 정할 수 있다. 이 경우 그 연장허가기간은 허가받은 체류기간을 초과할 수 없다(출입국관리법 시행규칙 제39조의7 제2항).

(사) 재입국허가서의 회수

출입국관리공무원은 재입국허가서를 발급받은 자가 i) 단수재입국허가서의 명의인이 입국하는 때, ii) 복수재입국허가서의 명의인이 최종 입국하는 때에는 재입국허가서를 회수하여 이를 발급한 출입국관리사무소장 또는 출장소장에게 송부하여야 한다(출입국관리법 시행규칙 제42조).

3) 사증면제협정

(가) 의 의

대한민국과 사증면제협정을 체결한 국가의 국민으로서 그 협정에 따라 면제대상이 되는 외국인은 법무부장관이 발급한 사증 없이 입국할 수 있다(출입국관리법 제7조 제2항 제2호). 사증면제협정이란 입국의 요건과 절차를 간소화하고 인적교류를 확대하기 위하여 국가들 간에 합의에 의하여 관광, 학술, 단기간 사업방문 등 비취업적 활동을 위하여 사증 발급 없이 출입국할 수 있도록 하는 협정을 말한다. 일반적으로 사증면제협정을 체결하기 위한 절차는 국회의 동의절차를 거치지 않고, 대통령의 위임을 받은 서명권자가 사증면제협정에 최종 서명한다.

(나) 절 차

출입국관리공무원은 대한민국과 사증면제협정을 체결한 국가의 국민으로 그 사증면제협정에 의하여 사증이 면제되는 외국인에게 입국을 허가할 때에는, 체류자격을 부여하고 체류기간을 정하여야 한다(출입국관리법 제12조 제5항). 즉 출입국관리공무원은 대한민국과의 사증면제협정에 의하여 사증이 면제되는 외국인의 입국을 허가할 때에는 여권에 허가된 체류자격과 그 체류기간을 기재한 입국심사인을 찍어야 하는데, 사증면제(B-1) 체류자격과 체류기간을 적어야 한다(출입국관리법 시행령 제15조 제5항 본문). 다만, 외교·관용 사증면제협정의 적용대상으로서 대한민국에 주재하려는 외국인의 입국을 허가할 때에는 외교(A-1) 또는 공무(A-2)의 체류자격과 그 체류기간을 적어야 한다(출입국관리법 시행령 제15조 제5항 단서).

(다) 일시정지

법무부장관은 공공질서의 유지나 국가이익에 필요하다고 인정하면 사증면제협정에 의하여 사증이 면제되는 외국인에 대하여 사증면제협정의 적용을 일시 정지할 수 있다(출입국관리법 제7조 제3항). 법무부장관은 사증면제협정의 적용을 일시 정지하려면 외교부장관과 미리 협의하여야 하고(출입국관리법 시행령 제9조 제1항), 법무부장관은 사증면제협정의 적용을 일시 정지하기로 결정한 때에는 지체 없이 그 사실을 외교부장관을 거쳐 당사국에 통고하여야 한다(출입국관리법 시행령 제9조 제2항).

4) 국제친선 · 관광 등

(가) 의 의

국제친선, 관광 또는 대한민국의 이익 등을 위하여 입국하는 외국인으로서 「출입국관리법 시행령」으로 정하는 바에 따라 따로 입국허가를 받은 자는 법무부장관이 발급한 사증 없이 입국할 수 있다(출입국관리법 제7조 제2항 제3호). 사증면제협정을 체결한 국가의 국민에게 사증 없이 입국을 허가하는 것은 상호주의가 적용된 결과이지만, 국제친선, 관광 또는 대한민국의 이익 등을 위하여 입국하는 외국인에게 사증면제협정이 없음에도 사증 없이 입국을 허가하는 것은 상호주의의 적용이 배제된 경우이다.

(나) 대상자

국제친선, 관광 또는 대한민국의 이익 등의 목적으로 사증 없이 입국할 수 있는 외국인은 ⅰ) 외국정부 또는 국제기구의 업무를 수행하는 자로서 부득이한 사유로 사증을 가지지 아니하고 입국하려는 자, ⅱ) 「출입국관리법 시행규칙」이 정하는 기간 내에 대한민국을 관광 또는 통과할 목적으로 입국하려는 자, ⅲ) 그 밖에 법무부장관이 대한민국의 이익 등을 위하여 그 입국이 필요하다고 인정하는 자의 어느 하나에 해당하는 자이다(출입국관리법 시행령 제8조 제1항). 국제친선, 관광 또는 대한민국의 이익 등의 목적으로 사증 없이 입국할 수 있는 외국인의 구체적인 범위는 법무부장관이 국가와 사회의 안전 또는 외국인의 체류질서를 고려하여 따로 정한다(출입국관리법 시행령 제8조 제3항).

(다) 절 차

출입국관리공무원은 국제친선, 관광 또는 대한민국의 이익 등을 위하여 사증 없이 입국하려는 외국인에게 입국을 허가할 때에는 체류자격을 부여하고 체류기간을 정하여야 한다(출입국관리법 제12조 제5항). 이와 같은 경우에 외국인의 입국을 허가하는 절차는 「출입국관리법 시행규칙」으로 정한다(출입국관리법 시행령 제8조 제2항). 각 대상자에 따라 그 구체적인 절차는 아래와 같다.

(a) **외국정부 또는 국제기구의 업무를 수행하는 자:** 외국정부 또는 국제기구

의 업무를 수행하는 자로서 부득이한 사유로 사증을 가지지 아니하고 입국하려는 자에 대하여는 출입국관리사무소장 또는 출장소장이 그 입국을 허가할 수 있다(출입국관리법 시행규칙 제14조 제1항). 출입국관리사무소장 또는 출장소장이 입국을 허가하는 때에는 여권 등에 입국심사인을 찍고 외교(A-1) 내지 협정(A-3)의 체류자격과 그 체류기간을 기재하여야 한다(출입국관리법 시행규칙 제14조 제2항).

(b) **대한민국을 관광하거나 통과할 목적으로 입국하려는 자:** 법무부장관이 정하는 국가의 국민으로서 「출입국관리법 시행규칙」으로 정하는 기간 내에 대한민국을 관광하거나 통과할 목적으로 입국하려는 자에 대하여는 출입국관리공무원이 그 입국을 허가할 수 있다(출입국관리법 시행규칙 제15조 제1항). 이와 같은 무사증 입국을 '관광 · 통과 무사증제도'라고 말한다. 출입국관리공무원은 입국허가를 하는 때에는 여권에 입국심사인을 찍고, 관광통과(B-2)의 체류자격과 30일의 범위 내에서의 체류기간을 부여하여야 한다(출입국관리법 시행규칙 제15조 제2항 본문). 다만, 법무부장관이 국제관례, 상호주의 또는 대한민국의 이익 등을 고려하여 체류기간 등을 따로 정하는 때에는 그에 따라야 한다(출입국관리법 시행규칙 제15조 제2항 단서).

관광통과(B-2)의 체류자격과 30일의 범위 내에서의 체류기간을 부여받아 입국허가를 받은 자에 대하여는 체류자격 변경 또는 체류기간 연장을 허가하지 아니한다(출입국관리법 시행규칙 제15조 제3항 본문). 다만, 부득이한 사유가 있다고 인정되는 때에는 출입국관리사무소장 또는 출장소장이 「출입국관리법 시행규칙」 제78조(권한의 위임) 제2항의 규정에 의하여 권한이 위임된 범위 내에서 체류자격 변경 또는 체류기간 연장을 허가할 수 있다(출입국관리법 시행규칙 제15조 제3항 단서). 이 경우 체류기간을 연장하는 때에는 출입국관리사무소장 또는 출장소장은 입국일부터 90일을 초과하여 연장할 수 없다(출입국관리법 시행규칙 제15조 제4항).

(c) **대한민국의 이익 등을 위하여 입국이 필요하다고 인정하는 자:** 그 밖에 법무부장관이 대한민국의 이익 등을 위하여 입국이 필요하다고 인정하는 자에 대하여는 출입국관리사무소장 또는 출장소장이 법무부장관의 승인을 받아 입국을 허가할 수 있다(출입국관리법 시행규칙 제14조 제3항 본문). 다만, 출입국관리사무소장 또는 출장소장은 i) 단기방문(C-3)의 체류자격에 해당하는 자, ii) 방문동거(F-1)의 체류자격에 해당하는 자로서 그 연령이 17세 미만이거나 61세 이상인 자, iii) 동반(F-3)의 체류자격에 해당하는 자로서 그 연령이 17세 미만인 자의 어느 하나에 해당하는 자에 대하여는 체류기간 90일의 범위에서 법무부장관의 승인 없이 그 입국을 허가할 수 있다(출입국관리법 시행규칙 제14조 제3항 단서).

출입국관리사무소장 또는 출장소장은 대한민국의 이익 등을 위하여 입국이 필요하다고 인정하는 자에 대해 입국허가를 하려면 입국허가 신청서, 유효한 사증을 가지지 못한 부득이한 사유를 증명하는 서류 또는 사유서, 「출입국관리법 시행규칙」 제76조(사증발급 등 신청시의 첨부서류) 제1항 제2호 및 별표5의 규정에 의한 체류자격별 첨부서류를 받아 신청인의 진술내용이나 제출서류의 진위 등을 확인하여야 한다(출입국관리법 시행규칙 제14조 제4항). 출입국관리사무소장 또는 출장소장이 입국허가를 하는 때에는 이를 외국인 입국허가대장에 기재하여야 하며, 여권에 입국심사인을 찍고 허가된 체류자격과 체류기간을 기재하여야 한다(출입국관리법 시행규칙 제14조 제5항).

법무부장관이 대한민국의 이익 등을 위하여 그 입국이 필요하다고 인정하는 자로서 법무부장관이 정하는 증명서를 소지한 자에 대하여는 법무부장관의 승인 없이 출입국관리공무원이 체류기간 90일의 범위 내에서 그 입국을 허가할 수 있다(출입국관리법 시행규칙 제14조 제6항). 출입국관리공무원이 그 입국허가를 하는 때에는 여권에 입국심사인을 찍고 허가된 체류자격과 체류기간을 기재하여야 한다(출입국관리법 시행규칙 제14조 제5항 및 제7항 본문). 다만, 법무부장관이 대한민국의 이익 등을 위하여 그 입국이 필요하다고 인정하는 자로서 법무부장관이 정하는 증명서를 소지한 자에 대하여는 외국인 입국허가대장에 기재에 관한 사항은 준용되지 않으므로 출입국관리공무원은 이를 외국인 입국허가대장에 기재할 필요가 없다(출입국관리법 시행규칙 제14조 제7항 단서).

4) 난민여행증명서

난민여행증명서를 발급받고 출국한 후 그 유효기간이 끝나기 전에 입국하는 외국인(난민)은 사증 없이 입국할 수 있다(출입국관리법 제7조 제2항 제4호).

(4) 미수교 국가 또는 특정 국가의 국민에 대한 입국심사

1) 의 의

미수교 국가란 대한민국과 수교修交하지 아니한 국가의 준말로서, 대한민국과 외교관계를 맺지 않거나 국교를 단절한 국가를 말한다(출입국관리법 시행규칙 제8조 제1항 본문 참고). 2013년 현재 「출입국관리법」 제7조(외국인의 입국) 제4항의 적용을 받아 그 국민이 외국인 입국허가서로 입국하여야 하는 미수교 국가는 쿠바, 마케도니아, 시리아, 코소보 4개 국가뿐이다. 또한 특정 국가란 법무부장관이 외교부장관과 협의하여 지정한 국가를 말한다(출입국관리법 시행규칙 제8조 제1항 본문). 법무부장관은 외교부장관과 협의하여 특정국가를 지정하면 지체 없이 그 사실을 재외공관의 장, 출입국관리사무소장 및 출장소장에게 통보하여야 한다(출입국관리법 시행령 제10조 제1항).

외국인 입국허가서란 미수교 국가 또는 특정 국가의 국민이 대한민국에 입국하고자 하는 경우에 법무부장관이 발급한 사증의 기능을 대신하는 허가서를 말한다. 특히 미수교 국가의 정부가 발급한 여권 또는 여권을 갈음하는 증명서에 대하여는 대한민국 정부가 유효한 것으로 인정하지 않기 때문에 일반적인 외국인의 입국심사를 따를 수가 없다. 대한민국과 수교하지 아니한 미수교 국가 또는 법무부장관이 외교부장관과 협의하여 지정한 특정 국가의 국민은 사전에 법무부장관으로부터 승인을 받아 재외공관의 장 또는 지방출입국・외국인관서의 장이 발급한 외국인 입국허가서를 가지고 입국하여야 한다.

2) 대상자

(가) 미수교 국가 또는 특정 국가의 국민

외국인 입국허가서가 발급될 수 있는 대상자는 대한민국과 수교하지 아니한 미수교 국가 또는 법무부장관이 외교부장관과 협의하여 지정한 특정 국가의 국민이다(출입국관리법 제7조 제4항).

(나) 미수교 국가 또는 특정 국가에 거주하는 무국적자의 경우

미수교 국가 또는 특정 국가에 거주하는 무국적자가 외국인 입국허가서가 발급될 수 있는 대상자에 포함되는지가 문제된다. 「출입국관리법」에서는 외국인 입국허가서가 발급되는 자의 범위에 관하여, "대한민국과 수교하지 아니한 미수교국가 또는 법무부장관이 외교부장관과 협의하여 지정한 특정국가의 국민은 (중략) 외국인 입국허가서를 가지고 입국할 수 있다."라고 규정하고 있다(출입국관리법 제7조 제4항). 그러나 「출입국관리법 시행규칙」에서는 "미수교국가 또는 특정국가에 거주하는 무국적자에 대하여 외국인입국허가서를 발급하거나"라고 규정하여(출입국관리법 시행규칙 제8조 제1항), 그 대상자에 '무국적자'를 포함하고 있다. 미수교 국가 또는 특정 국가의 국민에서 '국민'이란 그 국가의 국적을 지닌 자만을 말한다. '무국적자'는 미수교 국가 또는 특정 국가에 거주할지라도 그 국가에서는 외국인으로 취급된다. 따라서 미수교 국가 또는 특정 국가의 국민에는 그 국가에 거주하는 무국적자를 제외하는 것이 타당하다.

3) 절 차

(가) 신 청

(a) 재외공관의 장에게 신청: 미수교 국가 또는 특정 국가의 국민으로 외국인 입국허가서를 발급받으려는 자는 사증발급 신청서에 법무부령으로 정하는 서류를 첨부하여 재외공관의 장에게 제출하여야 한다(출입국관리법 시행령 제10조 제2항).

(b) 지방출입국・외국인관서의 장에게 신청: 미수교국가 또는 특정국가의 국민은 긴급한 사유 기타 부득이한 사유로 인하여 재외공관의 장으로부터 외국인 입국허가서를 발급받지 아니하고 입국하고자 하는 때에는 출입국관리사무소장 또는 출장

소장에게 외국인 입국허가서 발급 신청을 하여야 한다(출입국관리법 시행령 제10조 제2항, 출입국관리법 시행규칙 제16조 제1항). 이 경우에 외국인 입국허가서 발급 신청을 하고자 하는 자는 사증발급 신청서에 「출입국관리법 시행규칙」 제76조(사증발급 등 신청시의 첨부서류)의 규정에 의한 서류를 첨부하여 출입국관리사무소장 또는 출장소장에게 제출하여야 한다(출입국관리법 시행령 제10조 제2항, 출입국관리법 시행규칙 제16조 제2항).

(나) 승인 요청

(a) 재외공관의 장의 승인 요청: 재외공관의 장은 미수교 국가 또는 특정 국가의 국민 및 미수교 국가 또는 특정 국가에 거주하는 무국적자에 대하여 외국인 입국허가서를 발급하고자 하는 때에는 법무부장관의 승인을 얻어야 한다(출입국관리법 시행규칙 제8조 제1항 본문). 다만, 국제연합기구 또는 각국 정부 간의 국제기구가 주관하는 행사에 참석하는 자와 법무부장관이 따로 정하는 자에 대하여 체류기간 90일 이하의 외국인 입국허가서 또는 사증을 발급하는 경우에는 그러하지 아니하다(출입국관리법 시행규칙 제8조 제1항 단서).

재외공관의 장은 법무부장관의 승인을 얻고자 하는 때에는 사증발급승인신청서에 입국의 적부에 관한 의견을 붙여 외교부장관을 거쳐 법무부장관에게 승인 요청을 하여야 한다. 다만, 긴급을 요하는 때에는 사증발급승인요청서에 의하여 전문으로 승인을 요청할 수 있으며, 이 경우 재외공관의 장은 그 신청인으로부터 실비상당의 전신료를 징수할 수 있다(출입국관리법 시행규칙 제8조 제2항).

재외공관의 장은 법무부장관에게 사증발급 승인을 요청한 때에는 그 승인 통지를 받기 전에 사증[53]을 발급하여서는 아니 된다(출입국관리법 시행규칙 제8조 제4항).

(b) 지방출입국 · 외국인관서의 장의 승인 요청: 미수교 국가 또는 특정 국가의 국민이 긴급한 사유 기타 부득이한 사유로 인하여 재외공관의 장으로부터 외국인 입국허가서를 발급받지 아니하고 출입국관리사무소장 또는 출장소장에게 외국인 입국허가서 발급신청을 하는 경우에는, 출입국관리사무소장 또는 출장소장은 이를 허가하거나 거부하고자 하는 때에는 법무부장관의 승인을 얻어야 한다. 이 경우 필요하다고 인정하는 때에는 당해 출입국항에 주재하는 관계기관의 공무원에게 의견을 물을 수 있다(출입국관리법 시행규칙 제16조 제3항).

(다) 승 인

외국인 입국허가서 발급을 위해 재외공관의 장의 승인 요청이 있는 때에는, 법무부장관은 입국의 적부를 심사한 후에 그 승인 여부와 승인하는 경우 그 사증의 단수 또는 복수의 구분, 체류자격 및 체류기간을 각각 명시하여 이를 외교부장관을

53) 출입국관리법 시행규칙 제9조(사증발급권한의 위임)에서는 법무부장관이 재외공관의 장에게 위임하는 사증발급 권한을 규정하고 있다.

거쳐 해당 재외공관의 장에게 통지한다(출입국관리법 시행규칙 제8조 제3항 전단). 이 경우 체류자격은 문자와 기호를 병기하고, 근무처, 연수장소, 학교명 등이 있는 때에는 이를 명시하여야 한다(출입국관리법 시행규칙 제8조 제3항 후단).

(라) 외국인 입국허가서의 발급

(a) **발 급:** 법무부장관으로부터 승인 통지를 받거나 허가의 승인이 있는 때에는, 재외공관의 장 또는 출입국관리사무소장 · 출장소장은 외국인 입국허가 신청을 한 자에게 법무부령이 정하는 바에 따라 외국인 입국허가서를 발급하여야 한다. 이 경우 그 외국인 입국허가서에는 체류자격 · 체류기간 및 근무처 등을 적어야 한다(출입국관리법 시행령 제10조 제3항). 외국인 입국허가서를 발급하는 기관은 재외공관의 장 또는 출입국관리사무소장 · 출장소장이다.

(b) **효 력:** 외국인 입국허가서의 유효기간은 3월로 하며, 1회 입국에만 효력을 가진다(출입국관리법 시행령 제10조 제4항 본문). 다만, 외교(A-1)부터 협정(A-3)까지의 체류자격에 해당하는 자로서 대한민국에 주재하기 위하여 입국하려는 자에 대한 외국인 입국허가서의 유효기간은 3년으로 하며, 2회 이상 입국할 수 있는 효력을 가진다(출입국관리법 시행령 제10조 제4항 단서).

(마) 외국인 입국허가서의 회수

출입국관리공무원은 외국인 입국허가서를 발급받아 입국한 외국인이 출국할 때에는 외국인 입국허가서를 회수하여야 한다(출입국관리법 시행령 제10조 제5항 본문). 다만, 외교(A-1)부터 협정(A-3)까지의 체류자격에 해당하는 자로서 대한민국에 주재하기 위하여 입국하려는 자에 해당하는 외국인 입국허가서를 발급받아 입국한 외국인에 대해서는 최종적으로 출국할 때에 회수하여야 한다(출입국관리법 시행령 제10조 제5항 단서).

4) 벌 칙

미수교 국가 또는 특정 국가의 국민은 재외공관의 장이나 출입국관리사무소장 또는 출장소장이 발급한 외국인 입국허가서를 소지하지 아니하고 입국하여야 하는데,[54] 이를 위반하여 입국한 자는 3년 이하의 징역 또는 2천만원 이하의 벌금에 처한다(출입국관리법 제94조 제2호).

(5) 조건부 입국허가

1) 의 의

조건부 입국허가란 지방출입국 · 외국인관서의 장이 대한민국에 입국하려는 외국인에 대해 잠정적으로 입국을 허가해야 할 필요가 있는 때에 조건부로 입국을 허가

54) 대법원 1984. 5. 22. 선고 84도39 판결.

한 후 그 조건이 충족될 때에 정식으로 입국을 허가하는 제도를 말한다(출입국관리법 제13조). 조건부 입국허가를 둔 취지는 외국인이 입국허가의 요건을 갖추지는 못하였으나 입국해야 할 특별한 사정이 있고, 일정기간 이내에 그 요건을 갖출 수 있다고 인정되는 경우에 그 외국인의 입국을 불허하면 그 외국인에게 회복하지 못할 손해가 발생할 수 있기 때문에 일정한 조건으로 잠정적으로 입국을 허가하는 것이다.

2) 대상자

지방출입국・외국인관서의 장이 조건부 입국을 허가할 수 있는 있는 대상자는 다음과 같다.

첫째, 부득이한 사유로 「출입국관리법」 제12조(입국심사) 제3항 제1호의 요건(여권과 사증이 유효할 것, 출입국관리법에서 사증을 요구하는 경우에만 해당한다)을 갖추지는 못하였으나, 일정 기간 이내에 그 요건을 갖출 수 있다고 인정되는 외국인이다(출입국관리법 제13조 제1항 제1호). 예를 들어 외국에서 외국인이 항공기에 탑승할 때에는 여권(사증이 부착된 경우를 포함한다)을 소지하였으나 입국하는 도중에 여권을 분실한 경우 또는 외국인이 소지한 여권의 유효기간이 도과한 경우에 대한민국 내의 자국 공관에서 여권 또는 여행증명서를 새로이 발급받거나 여권의 유효기간 연장이 가능한 때 등이다.

둘째, 입국금지의 사유에 해당된다고 의심되거나, 「출입국관리법」 제12조(입국심사) 제3항 제2호의 요건(입국목적이 체류자격에 맞을 것)을 갖추지 못하였다고 의심되어 특별히 심사할 필요가 있다고 인정되는 외국인이다(출입국관리법 제13조 제1항 제2호).

셋째, 지방출입국・외국인관서의 장이 조건부 입국을 허가할 필요가 있다고 인정하는 외국인이다(출입국관리법 제13조 제1항 제3호). 예를 들어 대한민국에 장기간 체류하는 가족과의 재결합 등 인도적인 사유를 고려하여 조건부로 입국을 허가할 필요가 있는 경우 등이다.

넷째, 「난민법」에서 출입국항에서의 난민신청자에 대해 난민인정 심사에 회부하기로 결정된 자이다(난민법 시행령 제5조 제4항). 난민인정 심사에 회부하기로 결정된 자에 대하여는 「출입국관리법」 제12조(입국심사)에 따른 입국허가 또는 「출입국관리법」 제13조(조건부 입국허가)에 따른 조건부 입국허가를 한다(난민법 시행령 제5조 제4항 전단).

3) 절 차

(가) 입증서류 등 접수

출입국관리사무소장 또는 출장소장은 조건부 입국을 허가하고자 할 때에는 그 외국인으로부터 「출입국관리법」 제12조(입국심사) 제3항 제1호의 요건(여권과 사증이 유효할 것, 출입국관리법에서 사증을 요구하는 경우에만 해당한다)을 갖추지 못한 부득이한 사유를 입증하는 서류 또는 사유서를 받아야 한다(출입국관리법 시행규칙 제22조 제1항).

(나) 조건부 입국허가서 발급

지방출입국·외국인관서의 장(출입국관리사무소장 또는 출장소장를 말한다)은 조건부 입국을 허가할 때에는 조건부 입국허가서를 발급하여야 한다. 이 경우 그 허가서에는 주거의 제한, 출석요구에 따를 의무 및 그 밖에 필요한 조건을 붙여야 하며, 필요하다고 인정할 때에는 1천만원 이하의 보증금을 예치預置하게 할 수 있다(출입국관리법 제13조 제2항). 출입국관리사무소장 또는 출장소장은 조건부 입국허가서를 발급하는 때에는 이를 조건부 입국허가서발급대장에 기재하여야 한다(출입국관리법 시행규칙 제22조 제2항).

(다) 입국심사

출입국관리공무원은 조건부 입국허가를 받은 외국인이 그 허가기간 내에 「출입국관리법」 제12조(입국심사) 제3항 각호의 요건 i) 여권과 사증이 유효할 것(사증은 출입국관리법에서 요구하는 경우만을 말한다), ii) 입국목적이 체류자격에 맞을 것, iii) 체류기간이 법무부령으로 정하는 바에 따라 정하여졌을 것, iv) 「출입국관리법」 제11조(입국의 금지 등)에 따른 입국의 금지 또는 거부의 대상이 아닐 것을 갖추었다고 인정되면, 「출입국관리법 시행령」 제15조(입국심사) 제1항에 따라 입국심사를 하여야 한다. 이 경우 입국일은 조건부 입국허가일로 한다(출입국관리법 시행령 제16조 제3항). 조건부 입국허가를 받은 외국인의 입국일은 조건부 입국허가일로 소급한다.

(라) 조건부 입국허가서 회수

출입국관리공무원은 조건부 입국허가를 받은 외국인에 대해 입국심사를 할 때에는 그 외국인의 조건부 입국허가서를 회수하여야 한다(출입국관리법 시행령 제16조 제4항).

출입국관리공무원은 조건부 입국허가를 받은 외국인이 입국심사를 받지 아니하고 출국할 때에는 조건부 입국허가서를 회수하여야 한다(출입국관리법 시행령 제16조 제5항). 이 경우 그 외국인의 입국은 불허되고 입국이 불허된 외국인과 동일한 절차로 송환된다.

4) 허가기간

(가) 원 칙

출입국관리사무소장 또는 출장소장은 조건부 입국을 허가하는 때에는 72시간의 범위 내에서 허가기간을 정할 수 있다(출입국관리법 시행령 제16조 제1항). 다만, 「난민법」에서 출입국항에서의 난민신청자에 대해 난민인정 심사에 회부하기로 결정된 자에게 조건부 입국허가를 하는 경우에는 「출입국관리법 시행령」 제16조(조건부 입국허가) 제1항에도 불구하고 90일의 범위에서 허가기간을 정할 수 있다(난민법 시행령 제5조 제4항).

(나) 연 장

출입국관리사무소장 또는 출장소장은 조건부 입국허가를 받은 외국인이 부득이한 사유로 그 허가기간 내에 조건을 갖추지 못하였거나 조건을 갖추지 못할 것으로 인정될 때에는 「출입국관리법 시행령」 제16조(조건부 입국허가) 제1항의 허가기간(72시간)을 초과하지 아니하는 범위에서 조건부 입국허가기간을 연장할 수 있다(출입국관리법 시행령 제16조 제2항). 여기에서 '「출입국관리법 시행령」 제16조 제1항의 허가기간'의 의미는 조건부 입국허가기간을 연장하는 경우에 최대 72시간까지 연장을 할 수 있다는 것이다. 예를 들어 출입국관리사무소장 또는 출장소장이 조건부 입국을 48시간까지 최초로 허가였을 때에 이를 연장하는 경우에는 최대 72시간까지 허가하는 것이 그 외국인에게 유리한 합리적인 해석이다. 조건부 입국허가기간의 연장은 1회에 한정한다.

5) 보증금

(가) 예 치

지방출입국·외국인관서의 장은 조건부 입국을 허가할 경우 필요하다고 인정할 때에는 1천만원 이하의 보증금을 예치하게 할 수 있다(출입국관리법 제13조 제2항 후단). 출입국관리사무소장 또는 출장소장은 외국인에게 보증금을 예치하게 할 때에는 그 외국인의 소지금·입국목적·체류비용과 그 밖의 사정을 고려하여 보증금액을 정하여야 한다(출입국관리법 시행령 제17조 제1항).

출입국관리사무소장 또는 출장소장은 보증금을 예치 받은 때에는 조건부 입국허가서에 붙인 주거의 제한, 출석요구에 따를 의무 및 그 밖에 필요한 조건을 위반하는 경우 그 보증금을 국고에 귀속시킬 수 있다는 뜻을 그 외국인에게 알려야 하며, 보증금의 예치 및 납부 등에 관한 절차는 정부가 보관하는 보관금 취급에 관한 절차에 따른다(출입국관리법 시행령 제17조 제2항).

(나) 반 환

예치된 보증금은 그 외국인이 입국심사를 받은 때 또는 허가기간 내에 「출입국관리법」 제12조(입국심사) 제3항 각 호의 요건을 갖추지 못하여 출국할 때 돌려주어야 한다(출입국관리법 시행령 제17조 제3항).

(다) 국고귀속

(a) 의 의 : 지방출입국·외국인관서의 장은 조건부 입국허가를 받은 외국인이 그 조건을 위반하였을 때에는 그 예치된 보증금의 전부 또는 일부를 국고에 귀속시킬 수 있다(출입국관리법 제13조 제3항).

(b) 결정사유 및 금액: 출입국관리사무소장 또는 출장소장은 조건부 입국허가를 받은 외국인이 도주하거나 정당한 사유 없이 2회 이상 출석요구에 따르지 아니한 때에는 보증금의 전부를 국고에 귀속시킬 수 있고, 그 밖의 이유로 허가조건을 위반한 때에는 그 일부를 국고에 귀속시킬 수 있다(출입국관리법 시행령 제17조 제4항).

(c) 절 차: 출입국관리사무소장 또는 출장소장은 보증금을 국고에 귀속시키려면 국고귀속 결정사유 및 국고귀속 금액 등을 적은 보증금 국고귀속통지서를 그 외국인에게 발급하여야 한다(출입국관리법 시행령 제17조 제5항).

(6) 외국인의 상륙허가

외국인의 상륙허가에 대하여는 아래에서 후술하기로 한다.

V. 외국인의 상륙허가제도

1. 의 의

(1) 개 념

외국인의 상륙허가제도란 대한민국과 대한민국 밖의 지역 사이에서 사람이나 물건을 수송하는 선박, 항공기, 기차, 자동차, 그 밖의 교통기관에 타고 있는 외국인(외국인승무원을 포함한다)에게 일반적인 외국인의 입국요건과 절차와는 다르게 간소화한 것을 말한다.

(2) 필요성

외국인이 대한민국에 입국하기 위해서는 일반적으로 유효한 여권과 법무부장관이 발급한 사증을 가지고 있어야 하고(출입국관리법 제7조 제1항), 「출입국관리법 시행령」으로 정하는 체류자격을 가져야 한다(출입국관리법 제10조 제1항). 그러나 선박 등에 승선한 외국인승무원은 정기 또는 부정기적으로 출입국하는데 매번 출입국할 때마다 사증의 소지 등 일반적인 입국의 요건과 절차를 요구한다면 복잡하게 될 것이다. 또한 선박 등에 타고 있는 외국인승무원 또는 외국인이 질병 기타 사고로 긴급히 상륙할 필요가 있거나 선박이 조난을 당하여 외국인승무원 또는 외국인을 긴급히 구조할 필요가 있는 경우에까지 일반적인 입국의 요건과 절차를 요구한다면 불합리한 결과가 발생할 것이다. 일반적인 입국의 요건과 절차 및 이로 인해 불합리한 결과가 발생하는 것을 방지하기 위하여 입국의 요건과 절차가 간소화된 상륙허가제도가 도입된 것이다.

(3) 구별 개념: 입국, 입국허가

일반적으로 외국인이 대한민국의 영역에 들어오는 경우를 '입국'한다고 말한다. 반면에 외국인승무원, 질병 등 기타 사고를 당한 선박 등에 타고 있는 외국인(외국인승무원을 포함한다), 조난한 선박 등에 타고 있는 외국인(외국인승무원을 포함한다), 대한민국에 비호를 신청하는 선박 등에 타고 있는 외국인 등이 대한민국의 영역에 들어오는 경우를 '상륙'한다고 말한다. 입국은 일반적인 절차를 통해 입국하려는 외국인에게 적용되는 용어이고, 상륙은 특별한 사유로 인하여 별도의 요건 · 절차를 통해 입국하려는 외국인에 적용되는 용어이다.

외국인의 상륙허가는 특별한 사유와 요건 · 절차에 의한 입국허가의 특례라는 점에서 일반적인 입국과의 차이가 존재할 뿐이고, 상륙의 효과와 입국의 효과는 구별되지 않는다. 예를 들어 지방출입국 · 외국인관서의 장은 외국인이 상륙허가를 받지 아니하고 상륙한 경우에는 해당하는 외국인을 대한민국 밖으로 강제퇴거시킬 수 있다(출입국관리법 제46조 제1항 제6호).

(4) 유 형

1963년 3월 5일에 제정된 「출입국관리법」에서는 임시상륙허가, 승무원의 상륙허가, 기항지상륙허가, 관광을 위한 통과상륙허가, 전선상륙허가, 긴급상륙허가, 재난상륙허가의 7가지 상륙허가제도를 두고 있었다. 현행 「출입국관리법」에서는 승무원의 상륙허가, 긴급상륙허가, 재난상륙허가, 난민임시상륙허가, 관광상륙허가의 5가지 상륙허가제도를 두고 있다. 이하에서는 외국인의 상륙허가제도의 각 내용을 살펴보기로 한다.

2. 승무원의 상륙허가

(1) 개 념

승무원의 상륙허가란 외국인승무원이 승선 중인 선박 등이 대한민국의 출입국항에 정박하고 있는 동안에 휴양 등의 목적으로 상륙하고자 하는 경우 또는 대한민국의 출입국항에 입항할 예정이거나 정박 중인 선박 등으로 옮겨 타려는 경우에는, 그 선박 등의 장 또는 운수업자나 외국인승무원 본인이 신청하면 15일의 범위에서 입국하기 위한 사증 없이 상륙을 허가하는 제도를 말한다(출입국관리법 제14조 제1항). 국가의 관행은 외국인승무원의 국가간 이동을 원활하게 하고 국제무역을 용이하게 하고자 외국인승무원에게 일반 외국인의 입국요건과 절차에 비하여 간소히 출입국할 수 있도록 제도화하고 있다.

(2) 내 용

1) 신청자

승무원의 상륙허가를 신청할 수 있는 신청자는 외국인승무원이 타고 있는 선박 등의 장, 운수업자, 외국인승무원 본인이다(출입국관리법 제14조 제1항). 여기에서 '운수업자'란 선박 등을 이용하여 사업을 운영하는 자와 그를 위하여 통상 그 사업에 속하는 거래를 대리하는 자를 말한다(출입국관리법 제2조 제10호). '승무원'이란 선박 등에서 그 업무를 수행하는 자를 말한다(출입국관리법 제2조 제9호). 특히 선박의 승무원은 선박에 승선하여 그 선박의 운항에 종사하는 선원, 해원, 예비원 등을 지칭하는 것이다.

장기간 외항선에 종사하는 외국인인 일반인 및 잠수부 등이 대한민국 정부의 허가를 받고 노양작업을 위해 한국의 영역 내에서 승선하면서 수시로 상륙할 경우에는, 「선원법」상 선원의 자격으로서 승무원의 상륙허가를 받아야 하는지 일반 외국인의 자격으로서 출입국심사를 받아야 할 것인지가 문제된다. 선박의 운항에 종사하지 않고 단지 장기간 선박에 승선하여 다른 작업에 종사하는 자는 선박의 승무원에 해당하지 않으므로 선박의 승무원이 아닌 자는 일반 외국인의 자격으로서 일반 외국인의 입국 절차에 따라 입국허가를 받아야 한다.[55]

2) 신청사유

승무원의 상륙허가를 신청할 수 있는 사유는 i) 외국인승무원이 승선 중인 선박 등이 대한민국의 출입국항에 정박하고 있는 동안 휴양 등의 목적으로 상륙하려는 경우이다(출입국관리법 제14조 제1항 제1호). 여기에서 '휴양 등'이란 사회통념상 쇼핑, 관광 등을 포함하는 휴양 등을 말한다. 선박의 운항 또는 승무원의 지위와는 관련 없는 회의·집회 참석, 임금을 받는 취업활동 등은 휴양에서 제외된다. ii) 외국인승무원이 대한민국의 출입국항에 입항할 예정이거나 정박 중인 선박 등으로 옮겨 타려는 경우이다(출입국관리법 제14조 제1항 제2호). 여기에서 '옮겨 타려는 경우'는 선박 등이 대한민국의 출입국항에 입항할 예정이 분명하거나(예컨대 정기여객선을 말한다), 정박 중인 것이 명백한 경우에 한한다.

55) 교통부, 출입국관리법 해석에 관한 질의, 법제처 국가법령정보센터, 연도미상.

(3) 신청절차

1) 신 청

선박 등의 장, 운수업자 또는 외국인승무원 본인이 외국인승무원의 상륙허가를 신청할 때에는 상륙허가신청서를 출입국관리공무원에게 제출(「물류정책기본법」 제30조의2 제1항에 따른 국가물류통합정보센터에 의한 제출을 포함한다)하여야 한다(출입국관리법 시행령 제18조 제1항). 다른 선박 등에 옮겨 타거나 국내의 다른 출입국항에 상륙하기 위하여 상륙허가 신청을 하는 경우에는 그 이유를 소명하는 자료를 첨부하여야 한다(출입국관리법 시행령 제18조 제3항).

후술할 승무원의 복수상륙허가의 경우에도 「출입국관리법 시행령」 제18조(승무원의 상륙허가) 제1항의 규정이 준용되므로, 선박 등의 장, 운수업자 또는 외국인승무원 본인이 승무원의 상륙허가를 신청하고자 하는 때에는 상륙허가신청서를 출입국관리공무원에게 제출(「물류정책기본법」 제30조의2 제1항에 따른 국가물류통합정보센터에 의한 제출을 포함한다)하여야 한다(출입국관리법 시행령 제18조의2 제4항, 제18조 제1항).

2) 신청서류의 확인

출입국관리공무원은 승무원의 상륙허가 신청을 받으면 이에 해당하는 각 서류를 확인하여야 한다(출입국관리법 제14조 제2항 본문). 즉 출입국관리공무원이 확인하여야 하는 서류는 ⅰ) 승선 중인 선박 등이 대한민국의 출입국항에 정박하고 있는 동안 휴양 등의 목적으로 상륙하려는 외국인승무원이 선원인 경우에는 선원신분증명서(제1호), ⅱ) 대한민국의 출입국항에 입항할 예정이거나 정박 중인 선박 등으로 옮겨 타려는 외국인승무원이 선원인 경우에는 여권 및 승선예정확인서 또는 외국인선원 입국예정사실이 기재된 전자문서(제2호 본문, 출입국관리법 시행령 제18조 제2항). 다만, 국제친선, 관광 또는 대한민국의 이익 등을 위하여 입국하는 외국인으로서 대통령령으로 정하는 바에 따라 따로 입국허가를 받은 자에 해당하여 사증 없이 입국할 수 있는 경우에는 여권(제2호 단서, 출입국관리법 제7조 제2항 제3호), ⅲ) 그 밖의 외국인승무원의 경우에는 여권(제3호)이다.

다만, 외국과의 협정 등에서 선원신분증명서로 여권을 대신할 수 있도록 하는 경우에는 선원신분증명서의 확인으로 여권의 확인을 대신할 수 있다(출입국관리법 제14조 제2항 단서). 즉 대한민국과의 협정 등에 의하여 선원신분증명서를 여권에 갈음하는 문서로 인정하기로 한 국가의 선원인 경우에는 선박 등으로 옮겨 타려는 경우 등에도 여권을 대신하여 선원신분증명서로 상륙허가를 받을 수 있다.

(4) 허 가

1) 승무원 상륙허가서 발급

승무원 상륙의 허가는 출입국관리공무원의 재량사항이다. 출입국관리공무원은 허가를 할 때에는 승무원 상륙허가서를 발급하여야 한다. 이를 '승무원의 단수상륙허가'라고 말한다. 발급받은 승무원 상륙허가서는 그 선박 등이 최종 출항할 때까지 국내의 다른 출입국항에서도 계속 사용할 수 있다(출입국관리법 제14조 제6항). 다만, 「출입국관리법」 제11조(입국의 금지 등) 제1항에 해당하는 입국이 금지되는 외국인승무원에 대하여는 승무원의 상륙허가가 인정되지 않는다(출입국관리법 제14조 제1항 단서).

다만, 대한민국의 출입국항에 입항할 예정이거나 정박 중인 선박 등으로 옮겨타려는 외국인승무원에 해당하는 승무원 상륙허가에 관하여는 「출입국관리법」 제12조(입국심사)를 준용하므로 일반적인 외국인의 입국요건 및 심사절차에 따른다(출입국관리법 제14조 제4항, 제14조 제1항 제2호).

2) 승무원의 복수상륙허가

출입국관리공무원은 대한민국에 정기적으로 운항하거나 자주 출·입항하는 선박 등의 외국인승무원에 대하여 승무원 상륙을 허가할 때에는 유효기간 범위 내에서 승무원이 2회 이상 상륙할 수 있는 복수상륙허가를 할 수 있다(출입국관리법 시행령 제18조의2 제1항). 출입국관리공무원은 복수상륙허가를 할 때에는 유효기간 1년이고 상륙허가 기간이 15일 이내인 승무원 복수상륙허가서를 발급하여야 한다(출입국관리법 시행령 제18조의2 제2항).

3) 행동지역

(가) 설 정

출입국관리공무원은 승무원 상륙을 허가하는 경우에는 승무원 상륙허가서에 행동지역의 제한 등 필요한 조건을 붙일 수 있다(출입국관리법 제14조 제3항). 이 경우 출입국관리공무원은 관할구역(출장소장의 경우는 소속 출입국관리사무소의 관할구역을 말한다)을 행동지역으로 정한다(출입국관리법 시행규칙 제24조 본문).

(나) 확 대

발급받은 승무원 상륙허가서는 그 선박 등이 최종 출항할 때까지 국내의 다른 출입국항에서도 계속 사용할 수 있는데 승무원이 승무원상륙허가서를 국내의 다른 출입국항에서 계속 사용하려는 경우 또는 그 밖에 출입국관리공무원이 행동지역을 확대할 필요가 있다고 인정하는 경우에는 관할구역 외의 지역을 행동지역으로 정할 수 있다(출입국관리법 시행규칙 제24조 단서).

(5) 허가기간

1) 원 칙

출입국관리공무원은 15일의 범위에서 승무원의 상륙을 허가할 수 있다(출입국관리법 제14조 제1항).

2) 연 장

지방출입국·외국인관서의 장은 승무원 상륙허가를 받은 외국인승무원에 대하여 필요하다고 인정하면 그 상륙허가의 기간을 연장할 수 있다(출입국관리법 제14조 제5항). 승무원 상륙허가기간의 연장 여부는 지방출입국·외국인관서의 장의 재량사항에 해당한다. 승무원 상륙허가를 받은 외국인승무원이 그 허가기간 내에 출국할 수 없을 때에는 상륙허가 신청을 한 자가 그 연장사유를 적은 상륙허가기간 연장신청서를 출입국관리사무소장 또는 출장소장에게 제출하여야 한다(출입국관리법 시행령 제21조 제1항). 그리고 상륙허가기간의 연장 신청이 있는 경우 1회에 연장할 수 있는 기간은 출입국관리법 제14조(승무원의 상륙허가) 제1항에서 정한 허가기간(15일)을 초과할 수 없다(출입국관리법 시행령 제21조 제2항).

3. 긴급상륙허가

(1) 개 념

긴급상륙허가란 외국인(외국인승무원을 포함한다)이 선박 등에 타고 있는 동안에 질병이나 그 밖의 사고로 긴급히 상륙할 필요가 있는 경우에는 그 선박 등의 장이나 운수업자가 신청하면 30일의 범위에서 긴급상륙을 허가받는 제도를 말한다(출입국관리법 제15조 제1항).

(2) 내 용

1) 신청자

긴급상륙허가를 신청할 수 있는 신청자는 외국인(외국인승무원을 포함한다)이 타고 있는 선박 등의 장 또는 운수업자이다(출입국관리법 제15조 제1항). 외국인 또는 외국인승무원 본인은 긴급상륙허가의 신청자에 해당하지 않는다.

2) 신청사유

긴급상륙허가를 신청할 수 있는 사유는 외국인(외국인승무원을 포함한다)이 선박 등에 타고 있는 동안에 질병이나 그 밖의 사고로 긴급히 상륙할 필요가 있다고 인정되는 경우이다(출입국관리법 제15조 제1항). 질병 등의 사유로 긴급히 상륙하고자 하는 외국인(외국인승무원을 포함한다)의 간병이 필요하다고 인정되는 경우에 동반 상륙하는 간병인에게도 긴급상륙허가가 가능하다.

3) 비용부담

선박 등의 장 또는 운수업자는 긴급상륙한 자의 생활비·치료비·장례비와 그 밖에 상륙 중에 발생한 모든 비용을 부담하여야 한다(출입국관리법 제15조 제3항). 이는 질병이나 그 밖의 사고로 인한 긴급상륙과 같이 위급한 상황에서 긴급히 상륙하는 외국인(외국인승무원을 포함한다) 본인보다는 선박 등의 장 또는 운수업자의 부담능력이 높기 때문이다. 선박 등의 장 또는 운수업자가 부담한 생활비 등 비용을 긴급히 상륙한 외국인(외국인승무원을 포함한다)에게 구상할 수 있는지에 대해서는 선박 등의 장 또는 운수업자 및 그 외국인(외국인승무원을 포함한다) 간의 계약에 근거한 민사문제에 해당된다.

(3) 절 차

선박 등의 장 또는 운수업자가 선박 등에 타고 있는 외국인(외국인승무원을 포함한다)의 긴급상륙 허가를 신청하고자 하는 때에는 상륙허가신청서에 긴급상륙의 이유를 소명하는 서류를 첨부하여 출입국관리공무원에게 제출하여야 한다(출입국관리법 시행령 제19조).

(4) 허 가

1) 긴급상륙허가서 발급

긴급상륙의 허가는 출입국관리공무원의 재량사항이다. 출입국관리공무원은 허가를 할 때에는 긴급상륙허가서를 발급하여야 한다(출입국관리법 제15조 제2항, 제14조 제3항 전단). 여권 미소지자, 입국 금지자에 대해서도 질병이나 그 밖의 사고로 긴급히 상륙할 필요가 있는 경우에는 인도적 차원에서 긴급상륙허가서의 발급이 가능하지만, 간병인이 여권을 미소지하거나 입국이 금지된 경우에는 긴급상륙이 허가되지 않는다.

2) 행동지역

긴급상륙허가서를 발급하는 경우 긴급상륙허가서에는 상륙허가의 기간, 행동지역의 제한 등 필요한 조건을 붙일 수 있다(출입국관리법 제15조 제2항, 제14조 제3항 후단). 출입국관리공무원은 긴급상륙을 허가할 때에는 관할구역(출장소장의 경우는 소속 출입국관리사무소의 관할구역을 말한다)을 행동지역으로 정한다(출입국관리법 시행규칙 제24조 본문). 다만, 출입국관리공무원이 필요하다고 인정하는 경우에는 관할구역 외의 지역을 행동지역으로 정할 수 있다(출입국관리법 시행규칙 제24조 단서).

(5) 허가기간

1) 원 칙

출입국관리공무원은 30일의 범위에서 긴급상륙을 허가할 수 있다(출입국관리법 제15조 제1항).

2) 연 장

지방출입국·외국인관서의 장은 긴급상륙허가를 받은 외국인(외국인승무원을 포함한다)에 대하여 필요하다고 인정하면 그 상륙허가의 기간을 연장할 수 있다(출입국관리법 제15조 제2항, 제14조 제5항). 긴급상륙허가의 연장 여부는 지방출입국·외국인관서의 장의 재량사항에 해당한다. 긴급상륙허가를 받은 자가 그 허가기간 내에 출국할 수 없을 때에는 긴급상륙허가 신청을 한 자가 그 연장사유를 적은 상륙허가기간 연장신청서를 출입국관리사무소장 또는 출장소장에게 제출하여야 한다(출입국관리법 시행령 제21조 제1항). 긴급상륙 허가기간의 연장신청이 있는 경우 1회에 연장할 수 있는 기간은 「출입국관리법」 제15조(긴급상륙허가) 제1항에서 정한 허가기간(30일)을 초과할 수 없다(출입국관리법 시행령 제21조 제2항). 다만, 긴급상륙의 사유가 계속하여 있는 경우에는 타고 입항한 선박의 출항과는 상관없이 긴급상륙 허가기간의 연장이 지속적으로 가능하며, 이 경우에 그 허가기간이 90일을 초과할지라도 외국인등록의 대상자로 되지 않는다.

4. 재난상륙허가

(1) 개 념

재난상륙허가란 외국인(외국인승무원을 포함한다)이 조난을 당한 선박 등에 타고 있고 긴급히 구조할 필요가 있다고 인정되는 경우에 그 선박 등의 장, 운수업자, 「수난구호법」에 따른 구호업무 집행자 또는 그 외국인을 구조한 선박 등의 장이 신청하면 30일의 범위에서 재난상륙허가를 받는 제도를 말한다(출입국관리법 제16조 제1항).

(2) 내 용

1) 신청자

조난을 당한 선박 등의 장, 운수업자, 「수난구호법」에 따른 구호업무 집행자 또는 그 외국인을 구조한 선박 등의 장이 재난상륙허가를 신청할 수 있다(출입국관리법 제16조 제1항, 출입국관리법 시행령 제20조). 여기에서 「수난구호법」에 따른 구호업무 집행자는 특별자치도지사 또는 시장·군수·구청장(자치구의 구청장을 말한다)이다. 해수면에서의 수난구호는 구조본부의 장이 수행하고(수난구호법 제13조 전단),[56] 특별자치도지사 또는 시장·군수·구청장은 구조된 자의 보호와 습득

56) 해수면에서의 수난구호에 관한 사항의 총괄·조정, 수난구호 협력기관과 수난구호 민간단체 등이 행하는 수난구호활동의 역할조정과 지휘·통제 및 수난구호활동의 국제적인 협력을 위하여 국민안전처에 중앙구조본부를 둔다(수난구호법 제5조 제1항). 그리고 중앙구조본부의 본부장은 국민안전처 해양경비안전본부장이 된다(수난구호법 시행령 제4조 전단).

한 물건의 보관·반환·공매 및 구호비용의 산정·지급·징수, 그 밖에 사후처리에 관한 일체의 사무를 담당하기 때문이다(수난구호법 제14조 제3항).

2) 신청사유

외국인(외국인승무원을 포함한다)이 조난을 당한 선박 등에 타고 있고, 긴급히 구조할 필요가 있다고 인정되는 경우이다(출입국관리법 제16조 제1항). '조난'이란 선박 등의 침몰·좌초·전복·충돌·화재·기관고장 및 추락 등으로 인하여 사람의 생명·신체 및 선박 등의 안전이 위험에 처한 상태를 말한다(수난구호법 제2조 제4호 참고). '조난을 당한 선박 등'이란 대한민국과 대한민국 밖의 지역 사이에서 사람이나 물건을 수송하는 선박, 항공기, 기차, 자동차, 그 밖의 교통기관으로 조난이 발생한 것을 말한다(출입국관리법 제2조 제8호 참고). 조난의 장소는 불문하므로 영공, 영해의 내·외를 포함한다.

3) 비용부담

선박 등의 장 또는 운수업자는 재난상륙허가를 받은 자의 상륙 중 생활비·치료비·장례비와 그 밖에 상륙 중에 발생한 모든 비용을 부담하여야 한다(출입국관리법 제16조 제3항, 제15조 제3항). 선박 등의 장 또는 운수업자가 부담한 비용을 재난상륙허가를 받은 자에게 구상할 수 있는지의 문제는 재난상륙허가를 받은 자와의 사이에서 민사법이 적용되는 영역이다.

해수면에서 수난구호된 자의 구호비용과 관련하여, 구조된 자 등을 인계받은 「수난구호법」에 따른 구호업무 집행자(특별자치도지사 또는 시장·군수·구청장)는 구조된 자에게 신속히 숙소·급식·의류의 제공과 치료 등 필요한 보호조치를 취하여야 한다(수난구호법 제36조 전단). 이 경우 구조된 자에 대하여 소요된 비용은 구조된 자의 부담으로 한다(수난구호법 제38조 제1항). 구조된 자는 그 비용을 특별자치도지사 또는 시장·군수·구청장이 지정하는 기한 내에 납부하여야 한다(수난구호법 제38조 제2항). 구조된 자가 그 비용을 납부할 수 없는 때에는 국고의 부담으로 한다. 이 경우 비용을 납부할 수 없는 기준은 총리령으로 정한다(수난구호법 제38조 제3항).

(3) 신청절차

조난을 당한 선박 등의 장, 운수업자, 「수난구호법」에 따른 구호업무 집행자 또는 그 외국인을 구조한 선박 등의 장이 재난상륙허가를 신청하고자 하는 때에는 상륙허가신청서에 재난선박 등의 명칭·재난장소 및 일시와 그 사유 등을 기재한 재난보고서를 첨부하여 출입국관리사무소장 또는 출장소장에게 제출하여야 한다(출입국관리법 시행령 제20조).

(4) 허 가

1) 재난상륙허가서 발급

재난상륙의 허가는 출입국관리사무소장 또는 출장소장의 재량사항이다. 출입국관리공무원은 재난상륙허가를 할 때에는 재난상륙허가서를 발급하여야 한다(출입국관리법 제16조 제2항, 제14조 제3항 전단). 여권 미소지자, 입국 금지자에 대해서도 선박 등이 조난을 당하여 긴급히 구조할 필요가 있는 경우에는 인도적 차원에서 재난상륙허가서의 발급이 가능하지만, 간병인이 여권을 미소지하거나 입국이 금지된 경우에는 재난상륙이 허가되지 않는다.

2) 행동지역

재난상륙허가서에는 상륙허가의 기간, 행동지역의 제한 등 필요한 조건을 붙일 수 있다(출입국관리법 제16조 제2항, 제14조 제3항 후단). 출입국관리공무원은 재난상륙을 허가할 때에는 관할구역(출장소장의 경우는 소속 출입국관리사무소의 관할구역을 말한다)을 행동지역으로 정한다(출입국관리법 시행규칙 제24조 본문). 그 밖에 출입국관리공무원이 행동지역을 확대할 필요가 있다고 인정하는 경우에는 관할구역 외의 지역을 행동지역으로 정할 수 있다(출입국관리법 시행규칙 제24조 후단).

(5) 허가기간

1) 원 칙

출입국관리사무소장 또는 출장소장은 30일의 범위에서 재난상륙을 허가할 수 있다(출입국관리법 제16조 제1항).

2) 연 장

지방출입국・외국인관서의 장은 재난상륙허가를 받은 외국인(외국인승무원을 포함한다)에 대하여 필요하다고 인정하면 그 재난상륙허가의 기간을 연장할 수 있다(출입국관리법 제16조 제2항, 제14조 제5항). 재난상륙허가의 연장 여부는 지방출입국・외국인관서의 장의 재량사항에 해당한다. 재난상륙허가를 받은 자가 그 허가기간 내에 출국할 수 없을 때에는 재난상륙허가 신청을 한 자가 그 연장사유를 기재한 상륙허가기간 연장신청서를 출입국관리사무소장 또는 출장소장에게 제출하여야 한다(출입국관리법 시행령 제21조 제1항). 재난상륙 허가기간의 연장신청이 있는 경우 1회에 연장할 수 있는 기간은 「출입국관리법」 제16조(재난상륙허가) 제1항에서 정한 허가기간(30일)을 초과할 수 없다(출입국관리법 시행령 제21조 제2항). 다만, 재난상륙의 사유가 계속하여 있는 경우에는 타고 입항한 선박의 출항과는 상관없이 재난상륙 허가기간의 연장이 지속적으로 가능하며, 이 경우에 그 허가기간이 90일을 초과할지라도 외국인등록의 대상자로 되지 않는다.

5. 난민임시상륙허가

(1) 개 념

난민임시상륙허가란 선박 등에 타고 있는 외국인이 「난민법」 제2조(정의) 제1호에 규정된 이유나 그 밖에 이에 준하는 이유로 그 생명·신체 또는 신체의 자유를 침해받을 공포가 있는 영역에서 도피하여 곧바로 대한민국에 비호를 신청하는 경우에는, 그 외국인이 신청하면 법무부장관의 승인을 받아 90일의 범위에서 난민 임시상륙을 허가 받는 제도를 말한다(출입국관리법 제16조의2 제1항 본문). 난민임시상륙허가는 대한민국의 영토적 비호권에 근거를 둔 제도이다.

(2) 내 용

1) 신청자

선박 등에 타고 있는 외국인이 난민임시상륙허가를 신청할 수 있다(출입국관리법 제16조의2 제1항). 난민임시상륙허가의 신청은 선박 등에 타고 있는 외국인이 하여야 하지만, 17세 미만의 경우 또는 질병 등 부득이한 사유가 있는 경우에는 대리가 허용된다.

2) 신청사유

선박 등에 타고 있는 외국인이 「난민법」 제2조(정의) 제1호에 규정된 이유나 그 밖에 이에 준하는 이유로 그 생명·신체 또는 신체의 자유를 침해받을 공포가 있는 영역에서 도피하여 곧바로 대한민국에 비호를 신청하는 경우이다(출입국관리법 제16조의2 제1항 본문). '「난민법」 제2조(정의) 제1호에 규정된 이유'와는 구별되는 것으로 경제적 이민자가 있다. 전적으로 경제적인 이유로 이주한다면, 그는 경제적 이민자이지 난민에 해당하지 않는다(난민지위 인정기준 및 절차 편람 제62항 참고). '「난민법」 제2조(정의) 제1호에 규정된 이유'는 제9편 난민제도에서 살펴보기로 한다.

(3) 절 차

1) 신 청

선박 등에 타고 있는 외국인이 난민임시상륙허가를 신청할 때에는 난민임시상륙허가신청서에 그 이유를 소명하는 서류를 첨부하여 출입국관리사무소장 또는 출장소장에게 제출하여야 한다(출입국관리법 시행령 제20조의2 제1항). 출입국관리사무소장 또는 출장소장은 난민임시상륙허가신청서를 받으면 의견을 붙여 이를 법무부장관에게 보내야 한다(출입국관리법 시행령 제20조의2 제2항).

2) 외교부장관과의 협의

법무부장관은 난민임시상륙허가를 승인하기에 앞서 외교부장관과 협의하여야 한다(출입국관리법 제16조의2 제1항 후단). 법무부장관의 외교부장관과의 사전협의는 필요한 경우에 개최하는 임의적 절차가 아니라 반드시 거쳐야 하는 의무적 절차이다. 그러나 난민에 대한 구호의 긴급성, 인도주의적 고려 등으로 인해 임의적 절차로 개정할 필요가 있다.

(4) 허 가

1) 난민임시상륙허가서 발급

난민임시상륙상륙의 허가는 지방출입국・외국인관서의 장의 재량사항이다. 지방출입국・외국인관서의 장은 선박 등에 타고 있는 외국인이 대한민국에 비호를 신청하는 경우 그 외국인을 상륙시킬 만한 상당한 이유가 있다고 인정되면 법무부장관의 승인을 받아 난민임시상륙허가를 할 수 있다(출입국관리법 제16조의2 제1항). 즉 대한민국에 비호를 신청한 외국인을 상륙시킬 만한 '상당한 이유가 있다고 인정'되어야 한다. 여권 미소지자, 입국 금지자에 대해서도 난민임시상륙을 시킬 필요가 있는 경우에는 인도적 차원에서 난민임시상륙이 가능하다. 출입국관리공무원은 난민임시상륙허가의 신청에 대하여 법무부장관이 승인한 때에는 난민임시상륙허가서를 발급하여야 한다(출입국관리법 제16조의2 제2항, 제14조 제3항 전단, 출입국관리법 시행령 제20조의2 제3항 전단).57)

출입국관리사무소장 또는 출장소장은 난민임시상륙허가서를 발급하는 때에는 이를 난민임시상륙허가서 발급대장에 기재하여야 한다(출입국관리법 시행규칙 제24조의4 제1항).

2) 거소의 지정

출입국관리사무소장 또는 출장소장은 난민임시상륙허가의 신청에 대하여 법무부장관이 승인한 때에는 법무부장관이 정한 시설 등에 그 거소를 지정하여야 한다(출입국관리법 시행령 제20조의2 제3항 후단). 난민임시상륙을 허가할 때에 그 거소의 지정은 의무적 절차이다. 여기에서 '법무부장관이 정한 시설 등'이라 함은 난민보호소 기타 법무부장관이 따로

---

57) 출입국관리법 제16조의2 제2항, 제14조 제3항에 의하면 난민임시상륙허가서의 발급은 출입국관리공무원이 하는 것으로 규정하고 있으나, 출입국관리법 시행령 제20조의2 제3항 전단에 의하면 난민임시상륙허가서의 발급은 출입국관리사무소장 또는 출장소장이 하는 것으로 규정되어 있다. 난민임시상륙허가서의 발급권자에 대한 통일적 규정이 필요하다.

지정하는 장소를 말한다(출입국관리법 시행규칙 제24조의4 제2항).

3) 조건 부과

난민임시상륙허가서에는 상륙허가의 기간, 행동지역의 제한 등 필요한 조건을 붙일 수 있다(출입국관리법 제16조의2 제2항, 제14조 제3항 후단).

(5) 허가기간

1) 원 칙

출입국관리사무소장 또는 출장소장은 90일의 범위에서 난민 임시상륙을 허가할 수 있다(출입국관리법 제16조의2 제1항).

2) 연 장

지방출입국·외국인관서의 장은 난민임시상륙허가를 받은 외국인에 대하여 필요하다고 인정하면 그 상륙허가의 기간을 연장할 수 있다(출입국관리법 제16조의2 제2항, 제14조 제5항). 난민임시상륙허가의 연장 여부는 지방출입국·외국인관서의 장의 재량사항에 해당한다. 난민임시상륙허가를 받은 자가 그 허가기간 내에 출국할 수 없을 때에는 난민임시상륙허가신청을 한 자가 그 연장사유를 적은 상륙허가기간연장신청서를 출입국관리사무소장 또는 출장소장에게 제출하여야 한다(출입국관리법 시행령 제21조 제1항). 상륙허가의 연장 신청이 있는 경우 1회에 연장할 수 있는 기간은 「출입국관리법」 제16조의2(난민 임시상륙허가) 제1항에서 정한 허가기간(90일)을 초과할 수 없다(출입국관리법 시행령 제21조 제2항). 다만, 난민 임시상륙의 사유가 계속하여 있는 경우에는 타고 입항한 선박 등의 출항과는 상관없이 난민임시상륙 허가기간의 연장이 지속적으로 가능하며, 이 경우에 그 허가기간이 90일을 초과할지라도 외국인등록의 대상자로 되지 않는다.

(6) 난민인정 신청

난민임시상륙의 허가를 받은 외국인이 난민으로 인정받기 위하여는 별도로 난민인정의 신청을 하여야 한다. 이와 관련하여 「난민법」에서는 '대한민국 안에서의 신청'과 '출입국항에서의 신청(출입국항 난민신청제도)'을 두고 있다.

6. 관광상륙허가

(1) 개 념

관광상륙허가란 관광을 목적으로 대한민국과 외국 해상을 국제적으로 순회하여 운항하는 여객운송선박 중 법무부령으로 정하는 선박에 승선한 외국인승객에 대하여 그 선박의 장 또는 운수업자가 상륙허가를 신청하면 3일의 범위에서 승객의 관광상륙을 허가하는 제도를 말한다(출입국관리법 제14조의2 제1항 본문). 관광상륙허가제도는 크루즈 외국인승객 중에서 사증면제 대상 국가의 국민이 아닌 경우에도 선박의 장 또는 운수업자가 상륙허가 신청을 하는 경우에 외국인승객의 상륙을 허가할 수 있는 근거규정을 마련한 것이다.

(2) 내 용

1) 신청자

관광상륙허가를 신청할 수 있는 신청자는 외국인승객이 승선하고 있는 여객운송선박의 장 또는 운수업자이다(출입국관리법 제14조의2 제1항). 외국인승객 본인은 관광상륙허가의 신청자에 해당하지 않는다.

2) 대상 선박

(가) 원 칙

관광을 목적으로 대한민국과 외국 해상을 국제적으로 순회하여 운항하는 여객운송선박 중 법무부령으로 정하는 선박이어야 한다. 여기에서 '법무부령으로 정하는 선박'이란 다음 각 호의 요건을 모두 갖춘 선박을 말한다(출입국관리법 시행규칙 제24조의2 제1항). 즉 i) 국제총톤수 2만 톤 이상일 것(제1호), ii) 대한민국을 포함하여 3개국 이상의 국가를 기항할 것(제2호), iii) 「해운법」 제4조에 따라 순항여객운송사업 또는 복합해상여객운송사업 면허를 받은 선박(「해운법」 제6조에 따라 해상여객운송사업의 승인을 받았거나 「개항질서법」 제5조에 따라 입항신고를 하거나 입항허가를 받은 선박을 포함한다)일 것(제3호), iv) 「관광진흥법」 제4조에 따라 「관광진흥법 시행령」 제2조 제1항 제3호 라목 2)에 따른 크루즈업을 등록한 선박(법무부장관이 정하는 숙박시설, 식음료시설 및 위락시설 등을 갖춘 선박을 포함한다)일 것(제4호), v) 그 밖에 국경관리의 필요성 등을 고려하여 법무부장관이 정하는 요건을 갖추었을 것(제5호)이다.

(나) 예 외

대규모 국제행사나 국제교류 · 협력 등 국가이익을 위하여 외국인승객의 출입국을 지원할 필요가 있는 경우 법무부장관은 「출입국관리법 시행규칙」 제24조의2(관광상륙허가 대상 선박) 제1항 제1호 및 제2호의 요건을 완화하여 적용하거나 적용하지 아니할 수 있다(출입국관리법 시행규칙 제24조의2 제2항).

3) 신청사유

외국인승객이 관광을 목적으로 신청하는 경우이다(출입국관리법 제14조의2 제1항 전단).

(3) 신청절차

1) 신 청

관광을 목적으로 대한민국과 외국 해상을 국제적으로 순회하여 운항하는 여객운송선박의 외국인승객에 대하여 그 선박의 장 또는 운수업자가 관광상륙허가를 신청할 때에는 외국인승객이 「출입국관리법 시행령」 제18조의3(관광상륙허가의 기준) 제2항의 기준에 해당하는지를 검토한 후 신청하여야 한다(출입국관리법 시행령 제18조의3 제1항).

선박의 장 또는 운수업자는 관광상륙허가를 신청할 때에는 관광상륙허가 신청서와 「출입국관리법」 제14조의2(관광상륙허가) 제2항 각 호의 서류를 출입국관리공무원에게 제출하여야 한다(출입국관리법 시행령 제18조의4 제1항). 여기에서 '「출입국관리법」 제14조의2(관광상륙허가) 제2항 각 호의 서류'는 외국인승객의 여권, 외국인승객의 명부, 그 밖에 법무부령으로 정하는 서류이다. 그리고 '법무부령으로 정하는 서류'는 국제톤수증서나 운항선박 명세서 등 「출입국관리법 시행규칙」 제24조의2(관광상륙허가 대상 선박)에서 정한 선박에 해당함을 증명하는 서류, 출국보증 각서, 여행계획서, 「출입국관리법 시행령」 제18조의3(관광상륙허가의 기준) 제2항 제3호 다목에 따른 협정 및 합의 등에 관한 이행사항 확인을 위하여 법무부장관이 필요하다고 인정하는 서류, 그 밖에 외국인승객의 관광상륙허가를 위하여 필요한 서류로서 법무부장관이 정하는 서류이다(출입국관리법 시행규칙 제24조의3 제1항).

출입국관리공무원은 「출입국관리법 시행규칙」 제24조의3(관광상륙허가 신청 시 제출서류) 제1항 각 호의 서류 중 제출할 필요가 없다고 인정하거나 선박의 장 또는 운수업자가 이미 제출하여 보관 중인 서류에 대해서는 해당 서류를 제출하지 아니하도록 할 수 있다(출입국관리법 시행규칙 제24조의3 제2항).

2) 확 인

출입국관리공무원은 상륙허가 신청을 받으면 외국인승객의 여권, 외국인승객의 명부, 그 밖에 법무부령으로 정하는 서류를 확인하여야 한다(출입국관리법 제14조의2 제2항).

(4) 허 가

1) 허가의 기준

출입국관리공무원은 관광상륙허가를 할 때에는 다음 각 호의 사항을 고려하여야 한다(출입국관리법 시행령 제18조의3 제2항). 그 기준은 첫째, 본인의 유효한 여권을 소지하고 있는지 여부이다(제1호). 둘째, 대한민국에 관광목적으로 하선下船하여 자신이 하선한 기항지에서 자신이 하선한 선박으로 돌아와 출국할 예정인지 여부이다(제2호). 셋째, 다음의 어느 하나에 해당하는 자로서 법무부장관이 정하는 사람에 해당하는지 여부이다(제3호). i) 사증면제협정 등에 따라 대한민국에 사증 없이 입국할 수 있는 자(가목), ii) 「제주특별자치도 설치 및 국제자유도시 조성을 위한 특별법」 제156조에 따라 제주특별자치도에 사증 없이 입국하여 제주특별자치도에 체류하려는 자(나목), iii) 대한민국과 상호 단체여행객 유치에 관한 협정 등을 체결하거나 그 밖의 방법으로 합의한 국가의 국민(다목), iv) 가목부터 다목까지의 규정에 준하여 관광상륙허가를 할 필요가 있는 자(라목)이다. 넷째, 그 밖에 국제친선 및 관광산업 진흥 등 국익을 고려하여 법무부장관이 정하는 요건을 갖추었는지 여부이다(제4호).

2) 불허가의 사유

출입국관리공무원은 다음 각 호의 어느 하나에 해당하는 경우에는 관광상륙허가를 하여서는 아니 된다(출입국관리법 시행령 제18조의3 제3항). 불허가의 사유는 첫째, 외국인승객이 「출입국관리법」 제11조(입국의 금지 등)에 따른 입국의 금지 또는 거부 대상인 경우이다(제1호). 둘째, 관광상륙허가를 신청한 선박의 장 또는 운수업자가 과거에 관광상륙허가를 받았던 외국인승객이 선박으로 돌아오지 아니한 비율이 법무부장관이 정하는 기준을 초과하는 등 외국인승객을 성실히 관리하지 아니하였다고 인정되는 경우이다(제2호). 셋째, 그 밖에 대한민국의 안전을 위한 국경관리 및 체류관리 필요성 등을 고려하여 법무부장관이 관광상륙허가를 하지 아니할 필요가 있다고 인정하는 경우이다(제3호).

3) 관광상륙허가서 발급

관광상륙의 허가는 출입국관리공무원의 재량사항이다. 출입국관리공무원은 관광상륙허가를 할 때에는 관광상륙허가서를 발급하여야 한다(출입국관리법 제14조의2 제3항 전단). 출입국관리공무원은 관광상륙허가서를 발급하는 경우 외국인승객의 국내 여행일정의 동일성 등을 고려하여 단체 관광상륙허가서로 발급할 수 있다(출입국관리법 시행령 제18조의4 제2항). 관광상륙허가는 외국인승객이 하선하였던 선박이 출항하는 즉시 효력을 상실한다(출입국관리법 시행령 제18조의3 제4항 전단).

4) 행동지역

관광상륙허가서에는 상륙허가의 기간, 행동지역의 제한 등 필요한 조건을 붙일 수 있다(출입국관리법 제14조의2 제3항 후단).

(5) 지문 및 얼굴정보의 제공의무

관광상륙허가를 받으려는 외국인승객의 지문 및 얼굴에 관한 정보 제공 등에 관하여는 「출입국관리법」 제12조의2(입국 시 지문 및 얼굴에 관한 정보의 제공 등)를 준용한다. 다만, 외국인승객의 관광상륙허가 절차상 지문 및 얼굴에 관한 정보의 제공이 곤란한 경우에는 그러하지 아니하다(출입국관리법 제14조의2 제4항).

(6) 허가기간

1) 원 칙

출입국관리공무원은 3일의 범위에서 관광상륙을 허가할 수 있다(출입국관리법 제14조의2 제1항).

2) 연 장

관광상륙허가를 받은 자가 그 허가기간 내에 출국할 수 없을 때에는 상륙허가 신청을 한 자가 그 연장 사유를 적은 상륙허가기간 연장신청서를 사무소장 또는 출장소장에게 제출하여야 한다(출입국관리법 시행령 제21조 제1항). 출입국관리공무원은 관광상륙허가를 받은 외국인승객에 대하여 필요하다고 인정하면 그 상륙허가의 기간을 연장할 수 있다(출입국관리법 제14조의2 제3항, 제14조 제5항). 상륙허가기간을 연장하는 경우에 그 기준에 대해서는 「출입국관리법 시행령」 제18조의3(관광상륙허가의 기준) 제2항 및 제3항을 준용한다(출입국관리법 시행령 제18조의3 제5항). 연장신청이 있는 경우 1회에 연장할 수 있는 기간은 「출입국관리법」 제14조의2(관광상륙허가) 제1항에서 정한 허가기간(3일)을 초과할 수 없다(출입국관리법 시행령 제21조 제2항). 관광상륙허가는 상륙허가기간이 연장된 경우 외국인승객이 하선하였던 선박이 출항하는 즉시 효력을 상실한다(출입국관리법 시행령 제18조의3 제4항 후단).

Ⅵ. 입국금지

1. 의 의

(1) 개 념

일반적으로 외국인에 대한 입국금지란 대한민국 밖의 지역으로부터 대한민국의 영역으로 들어오려는 외국인에 대하여 공항만에서 그의 입국을 허용하지 않는 국가의 행위를 말한다. 「출입국관리법」에 따르면, 외국인에 대한 입국금지란 법무부장관이 입국금지의 사유에 해당하는 외국인에 대하여 그의 입국을 허가하지 않는 것을 말한다(출입국관리법 제11조).[58] 국가가 외국인의 입국을 금지할 수 있는 권한은 국가의 영토적 주권territorial sovereignty의 행사로부터 나오는 것으로, 국제관습법에 따라 국가는 바람직하지 않은 외국인의 입국을 금지할 권리를 가지는 것으로 인정된다.[59]

(2) 재량행위

외국인에 대한 법무부장관의 입국금지는 재량행위에 해당한다. 「출입국관리법」 제11조 제1항에서는 "법무부장관은 (중략) 외국인에 대하여는 입국을 금지할 수 있다."라고 규정하여, 법무부장관에게 입국금지 여부에 대해 재량권을 부여하고 있다. 「출입국관리법」 제11조 제1항이 그 자체로 처분청에 재량의 여지를 주어 개별 외국인의 특별한 사정을 고려할 수 있도록 하고 있다.[60]

(3) 구별개념

1) 입국거부

외국인에 대한 입국거부란 대한민국에 입국하려는 외국인의 국적국가가 「출입국관리법」 제11조(입국의 금지 등) 제1항에 규정된 입국금지 사유 이외의 다른 사유로 대한민국 국민의 입국을 거부할 때에는 대한민국이 그와 동일한 사유로 그 외국인의 입국을 허가하지 않는 것을 말한다(출입국관리법 제11조 제2항). 상호주의에 따른 외국인에 대한 입국 불허가이다. 외국인에 대한 입국거부는 입국금지 사유와는 다른 이유로 외국인의 입국이 불허되는 것으로 입국금지와는 구별된다.

2) 강제추방

강제추방은 외국인이 대한민국에 이미 체류·거주하고 있는 경우에 그 외국인의 의사에 반하여 자발적으로 또는 강제적으로 출국시키는 국가행위라는 점에서 입국금지와는 구별된다. 강제추방은 출국권고, 출국명령, 강제퇴거로 구성된다. 외국인에 대한 입국금지는 외국인을 강제로 출국시키는 국가의 일방적 행위로서 국가가 외국인의 출입국에 대하여 갖는 고유한 주권의 행사라는 점에서는 강제추방과 동일하다.[61]

---

58) Ronaldo P. Ledesma, An outline of Philippine Immigration and Citizenship Laws, Rex Printing Company, 2006, p. 260.
59) I.A.Shearer, Starke's International Law, OXFORD, 1994, p. 316.
60) 서울행정법원 2008. 4. 16. 선고 2007구합24500 판결.
61) 이한기, 국제법강의, 박영사, 1997, p. 426.

2. 사 유

(1) 의 의

1) 입법기술의 한계 및 포괄적 규정

「출입국관리법」 제11조(입국의 금지 등) 제1항 제1호에서 제8호까지의 입국금지 사유는 그 사유마다 독립적이고 개별적인 특성이 있다.[62] 다만, 「출입국관리법」에서 외국인의 입국이 금지되는 모든 개별적인 사유를 일일이 열거하는 것은 입법기술상으로 한계가 있다.[63] 따라서 「출입국관리법」에서는 외국인의 입국이 금지되는 사유를 일정한 범위를 기준으로 포괄적으로 규정하고 있다. 외국인의 입국을 금지하는 사유는 전염질환, 범죄행위, 경제적 궁핍, 국내인력의 보호(국내노동시장의 보호), 출입국관리의 통제 등과 관련된다.[64] 「출입국관리법」에서 규정된 입국금지 사유는 이민관리 및 이민통제, 공중보건, 공중도덕, 국가안전, 국가이익, 일본전범 관련, 경제이익, 기타 사유로 분류된다.

2) 영토적 주권의 행사 및 국제관습법

국가는 외국인의 입국을 금지할 수 있는 근거를 규정하는 데 영토적 주권의 행사에 기하여 광범위한 재량권을 가진다. 각 주권국가가 자국에 바람직하지 않다고 인정되는 외국인의 입국을 거부할 권한을 가진다는 것은 일반적으로 인정된 법의 일반원칙 또는 국제관습법상 확립된 원칙이다. 「헌법」상 거주 · 이전의 자유는 대한민국의 국적을 가진 모든 국민에게 보장되는 권리이지만, 외국인에 대하여는 원칙적으로 보장되는 권리가 아니다.[65]

3) 국내 체류자에 대한 별도 기준 고려 여부

일반적으로 외국인의 입국을 금지하는 사유는 이미 국가에 입국한 외국인을 강제적으로 추방할 수 있는 사유보다도 포괄적이다.[66] 외국인의 입국이 금지되는 사유는 전염질환, 범죄행위, 경제적 궁핍 등 다양한 범위를 포괄하고 있다. 국가의 일반

---

62) 서울행정법원 2014. 11. 20. 선고 2013구합59590 판결.

63) 서울행정법원 2009. 6. 5. 선고 2009구합10253 판결 참고.

64) Stephen H. Legomsky & Cristina M. Rodriguez, Immigration and Refugee law and Policy, Foundation Press(15th), 2009, p. 420.

65) 국가인권위원회 결정례 2004. 4. 17. 자 03진인6284 직권남용에 의한 인권침해; 국가인권위원회 결정례 2003. 7. 28. 자 02진인2181, 03진인1124 병합결정 미국시민권자 입국불허 관련.

66) IOM, Essentials of Migration Management - A Guide for Policy Makers and Practitioners, Volume One: Authority and Responsibility of States, 2004, p. 7.

적인 관행은 이미 입국허가를 받아 국내에 체류하는 외국인의 경우보다는 새로이 입국하려는 외국인에게 높은 수준의 엄격한 기준을 요구하고 있다.[67] 이와 관련하여 국내에서 합법적으로 장기간 체류하는 외국인에게는 재입국re-admission을 허가하거나 엄격한 입국심사를 완화해야 할 국가의 의무가 있다는 견해가 있다. 이 견해는 '획득한 권리acquired rights' 또는 '정당한 기대legitimate expectations'의 원칙을 기초로 한다. 1966년 「시민적 및 정치적 권리에 관한 국제규약」 제12조 제4항에서는 "어느 누구도 자국에 돌아올 권리를 자의적으로 박탈당하지 아니한다No one shall be arbitrarily deprived of the right to enter his own country."라고 규정하고 있고, 여기에서 '자국his own country'의 의미는 그 국가의 국적을 가진 자뿐만 아니라, 합법적으로 장기간 체류하는 외국인도 포함된다는 것을 그 이유로 들고 있다.[68] 그러나 「출입국관리법」에서는 외국인에게 입국이 금지되는 사유를 적용함에 있어 새로이 입국하려는 외국인과 종전에 합법적으로 장기간 체류한 외국인을 구별하여 달리 적용하지 않는다.

(2) 이민관리 및 이민통제

1) 강제퇴거된 자

국가는 강제적으로 퇴거된 자에 대하여는 제재를 하고 있다. 가장 일반적으로 사용되는 제재로는 강제퇴거된 자의 재입국을 특정한 기간 동안에 금지prohibition of return to the state하는 것이다.[69] 「출입국관리법」에서는 "법무부장관은 강제퇴거명령을 받고 출국한 후 5년이 지나지 아니한 자에 해당하는 외국인에 대하여는 입국을 금지할 수 있다."라고 규정하고 있다(출입국관리법 제11조 제1항 제6호).

2) 정신장애인 등

법무부장관은 사리 분별력이 없고 국내에서 체류활동을 보조할 사람이 없는 정신장애인, 그 밖에 구호救護가 필요한 자에 해당하는 외국인에 대하여는 입국을 금지할 수 있다(출입국관리법 제11조 제1항 제5호 전단). 이와 같은 사유에 기한 입국금지에 대하여 차별적이고 인권에 반하는 것으로 보는 견해가 있다.[70] 그러나 국가가 기본적 질서를 유지하고자 하는 주권의 속성상 합리적인 제한으로 판단된다. 또한 이것은 정신장애인에 대한

---

67) David Weissbrodt, Immigration Law and Procedure, West Group, 1998, p. 246.

68) IOM, Essentials of Migration Management - A Guide for Policy Makers and Practitioners, Volume One: Authority and Responsibility of States, 2004, p. 13.

69) IOM, Essentials of Migration Management - A Guide for Policy Makers and Practitioners, Volume One: Developing Migration Legislation, 2004, p. 14.

70) 황필규, 기조발제: 인권을 기준으로 출입국관리법 개정해야, 다문화사회를 위한 출입국관리법 개정방안 모색, 2009, p. 13.

보호자를 두도록 하여 국내에서 정신장애인의 안전을 확보하기 위한 것이므로 차별적이고 인권에 반한다고 볼 수 없다. 실무적으로 보호자가 동반된 정신장애 외국인의 입국이 금지된 적은 없다.

(3) 공중보건

1) 대상자

법무부장관은 감염병환자, 마약류중독자, 그 밖에 공중위생상 위해를 끼칠 염려가 있다고 인정되는 자에 해당하는 외국인에 대하여는 입국을 금지할 수 있다(출입국관리법 제11조 제1항 제1호). 「감염병의 예방 및 관리에 관한 법률」, 「마약류 관리에 관한 법률」 등에서 정한 감염병환자, 마약류중독자, 그 밖에 공중위생상 위해를 끼칠 염려가 있다고 인정되는 자는 입국금지의 대상자에 해당된다.

「감염병의 예방 및 관리에 관한 법률」에 따르면 '감염병'이란 제1군감염병, 제2군감염병, 제3군감염병, 제4군감염병, 제5군감염병, 지정감염병, 세계보건기구 감시대상 감염병, 생물테러감염병, 성매개감염병, 인수人獸공통감염병 및 의료관련감염병을 말하고(감염병의 예방 및 관리에 관한 법률 제2조 제1호), '감염병환자'란 감염병의 병원체가 인체에 침입하여 증상을 나타내는 자로서 「감염병의 예방 및 관리에 관한 법률」 제11조 제5항의 진단 기준에 따른 의사 또는 한의사의 진단이나 보건복지부령으로 정하는 기관의 실험실 검사를 통하여 확인된 자를 말한다(감염병의 예방 및 관리에 관한 법률 제2조 제13호). 그리고 「마약류 관리에 관한 법률」에 따르면 마약류중독자란 마약 · 향정신성의약품 및 대마에 중독된 자를 말한다(마약류 관리에 관한 법률 제2조 제1호 참고).

2) 위헌성 여부

(가) 문제제기

대한민국에 처음 입국하려는 외국인이 아니라, 이미 입국하여 생활기반을 국내에 두고 있는 외국인의 입국을 전염병 등의 사유로 입국을 금지하는 것이 타당한 것인지가 문제된다.

(나) 위헌의견

외국인에 대한 입국금지는 국가의 주권적 영역에 속하는 것이다. 그러나 국가의 주권적 영역에 속할지라도 국내에 합법적으로 체류하는 외국인에 대하여는 「헌법」상 보장된 기본권 제한의 한계 또는 국제인권규약에 따른 한계가 존재한다는 입장이 있다.[71]

---

71) 서울행정법원 2008. 4. 16. 선고 2007구합24500 판결 중 원고의 주장.

위헌의견의 논거로는 ⅰ) 전염병을 이유로 한 입국금지의 대상자가 지나치게 포괄적이다. 그 전염경로나 전파 속도 등의 차이에 따른 구별 없이 모든 전염병 환자를 입국금지 대상자로 규정하고 있다. ⅱ) 과잉금지의 원칙에 위반된다. 전염병을 예방하고 비감염인의 건강권을 보호하기 위해서 전염 경로에 따라 해당 환자가 종사할 수 있는 직종을 제한한다거나 전염 경로를 차단하는 등 여러 가지 다른 방법이 있음에도 불구하고, 전염병에 감염된 모든 외국인의 입국을 금지하는 것은 피해 최소성의 원칙에 반하고, 특히 후천성면역결핍증AIDS의 경우 격리수용 대상자로 정하고 있지도 않고, 전염력이 상대적으로 약한 3종 전염병이다. ⅲ) 평등의 원칙에 위반된다. 국내에서 거주할 권리를 가지고 있는 외국인에 대하여 강제격리조치 보다 더욱 강력한 재입국 금지라는 영구적인 격리조치를 취하는 것은 외국인에 대하여 병력病歷을 이유로 한 부당한 차별행위이다. 내국인의 경우에는 격리수용조차 하지 않는 질병에 대하여, 외국인에게는 치료를 받을 기회조차 박탈하고 입국을 금지할 수 있도록 한 것은 합리적 이유가 없는 차별이다. 이것은 이미 입국하여 생활기반을 국내에 두고 있는 외국인과 국내에 처음 입국하고자 하는 외국인을 같게 취급하는 것으로써 '같은 것을 같게, 다른 것을 다르게' 취급하여야 한다는 기본적인 평등의 원칙에 위배된다. ⅳ) 명확성의 원칙에 위반된다. '감염병 환자' 또는 '그 밖에 공중위생상 위해를 미칠 염려가 있다고 인정되는 자'의 입국을 금지시킬 수 있도록 규정하고 있으나, 그 정의에 관하여는 따로 규정하지 않아 '감염병 환자'나 '그 밖에 공중위생상 위해를 미칠 염려가 있다고 인정되는 자'라는 규정은 그 자체로 지나치게 포괄적이고 광범위하여 자의적인 해석이 가능하다.[72)]

(다) 판례의 태도

대법원의 최종적 견해는 아니지만, 법원은 과잉금지의 원칙 또는 평등의 원칙 위반에 대하여 "헌법에 의하여 보장되는 기본권이라 하더라도 「헌법」 제37조 제2항에 의하여 '국가안전보장 · 질서유지 또는 공공복리를 위하여 필요한 경우에는 법률로써 제한' 할 수 있는바, 국가가 '전염병 환자 · 마약류 중독자 그 밖에 공중위생상 위해를 끼칠 염려가 있다고 인정되는 외국인'의 입국을 제한할 수 있도록 하는 것은 공공복리를 위하여 반드시 필요한 조치인 것으로 판단된다. 「출입국관리법」 제11조 제1항 1호 규정이 그 자체로 처분청에 재량의 여지를 주어 개별 외국인의 특별한 사정을 고려할 수 있도록 하고 있는 점 등에 비추어 볼 때, 위 법률 조항이 그 자체로 과잉금지의 원칙에 위반한다거나, 평등의 원칙에 위반한다고는 보기 어렵다."라

72) 앞의 판결 중 원고의 주장 논거.

고 판시하고 있다.[73] 그리고 명확성의 원칙 위반에 대하여는 "'전염병 환자' 내지 '그 밖에 공중위생상 위해를 미칠 염려가 있다고 인정되는 자'라는 표현이 다소 포괄적이라 하더라도 「출입국관리법」의 입법목적 및 외국인에 대한 출입국관리의 특성 등을 고려하여 볼 때 통상적인 법 감정 및 합리적 상식에 기하여 그 구체적 의미를 충분히 예측하고 해석할 수 있는 정도인 것으로 보이며, 또 전염병 예방법 등 관계 법령을 통하여 그 범위를 한정하여 제한적으로 해석할 수도 있는 점 등에 비추어 볼 때 위 규정이 명확성을 결여하였다고는 볼 수 없다."라고 판시하고 있다.[74]

(4) 공중도덕

1) 대상자

법무부장관은 사회질서를 해치거나 선량한 풍속을 해치는 행동을 할 염려가 있다고 인정할 만한 상당한 이유가 있는 자에 해당하는 외국인에 대하여는 입국을 금지할 수 있다(출입국관리법 제11조 제1항 제4호). 국가가 「출입국관리법」 제11조 제1항 제4호에 해당하는 외국인의 입국을 제한할 수 있도록 하는 것은 국가안전보장 · 질서유지 또는 공공복리를 위하여 반드시 필요한 조치인 것으로 판단된다.[75]

2) 포괄적 입국금지

사회질서 또는 선량한 풍속을 이유로 한 입국금지의 사유는 포괄적 입국금지의 사유에 해당한다. 처분청인 법무부장관에게 재량의 여지를 주어 개별 외국인의 특별한 사정을 고려할 수 있도록 하고 있다.[76] 이에 대해 판례는 명확성이 결여되었다고 보지는 않는다.[77]

과거에 발생한 어떤 행위에 대한 제재로서의 입국을 금지하는 것이 아니라, '해치는 행동을 할 염려'라고 규정되어 있으므로 외국인이 입국한 후 그의 행동에 대한 미래예측적인 판단이 개입되어 있다. 외국인이 대한민국의 영역 내로 들어온 이후 그의 어떤 행동으로 인하여 대한민국의 사회질서 또는 선량한 풍속이 저해될 염려가 있는 경우를 예정한 것이다.[78]

---

73) 서울행정법원 2008. 4. 16. 선고 2007구합24500 판결.
74) 앞의 판결.
75) 서울행정법원 2009. 6. 5. 선고 2009구합10253 판결.
76) 앞의 판결.
77) 앞의 판결.
78) 김선택, 병역기피목적의 외국국적취득자에 대한 입국금지의 위헌성, 고시계, 고시계사, 2003, p. 71.

3) 사례의 적용

법무부장관이 인간복제회사인 '클로네이드 사'의 창립자인 라엘의 입국을 금지한 조치에 대하여, 국가인권위원회는 "2003.8 현재 「생명윤리 및 안전에 관한 법률」이 제정되어 인간복제를 금지하는 사회적 합의가 도출된 상황에서 인간복제에 관한 대중강연 및 활동은 사회윤리의 근간을 훼손할 우려가 있다는 이유로 입국금지 처분을 한 것이 인권침해 행위로 볼 수 없다."라고 결정한 바 있다.[79)]

해외에서 대한민국 국적을 가진 여성의 성매매 광고 등을 통해 직·간접으로 성매매 활동에 관여하는 외국인의 입국을 금지할 수 있다. 해외에서 한국 여성의 성매매에 가담한 외국인이 국내에서 성매매 인력을 확보하기 위해 대한민국에 수시로 입국하는 것은 사회질서를 해치거나 선량한 풍속을 해치는 행동을 할 염려가 있다고 인정할 만한 상당한 이유에 해당한다.[80)]

(5) 국가안전

1) 대상자

법무부장관은 「총포·도검·화약류 등 단속법」에서 정하는 총포·도검·화약류 등을 위법하게 가지고 입국하려는 자에 해당하는 외국인에 대하여는 입국을 금지할 수 있다(출입국관리법 제11조 제1항 제2호). 따라서 「총포·도검·화약류 등 단속법」에서 정하는 총포·도검·화약류 등을 적법한 절차를 거치지 않고 가지고 입국하는 자는 입국이 금지된다.

총포란 권총·소총·기관총·포·엽총, 금속성 탄알이나 가스 등을 쏠 수 있는 장약총포, 공기총(압축가스를 이용하는 것을 포함한다) 및 총포신·기관부 등 그 부품으로서 대통령령이 정하는 것을 말한다(총포·도검·화약류 등 단속법 제2조 제1항). 도검이란 칼날의 길이가 15센티미터 이상 되는 칼·검·창·치도雉刀·비수 등으로서 성질상 흉기로 쓰이는 것과 칼날의 길이가 15센티미터 미만이라 할지라도 흉기로 사용될 위험성이 뚜렷이 있는 것 중에서 대통령령이 정하는 것을 말한다(총포·도검·화약류 등 단속법 제2조 제2항). 화약류란 「총포·도검·화약류 등 단속법」 제2조 제3항 각호에서 정하는 화약·폭약 및 화공품(화공품이란 화약 및 폭약을 써서 만든 공작물을 말한다)을 말한다.

2) 관세법 등과의 관계

「관세법」에 따르면 "헌법질서를 문란하게 하거나 공공의 안녕질서 또는 풍속을

79) 국가인권위원회 결정례 2004. 4. 17. 자 03진인6284 직권남용에 의한 인권침해.
80) YTN 정치 2011. 12. 16, 해외 한인 성매매 가담 동포 첫 입국금지; 아주경제 정치 2011. 12. 2 정부, 호주에 검사파견‥韓여성 성매매 수사.

해치는 (중략) 물품은 (중략) 수입할 수 없다."라고 규정하고 있다(관세법 제234조 제1호). 어떠한 경우에도 수입이 금지되는 절대적 수입금지품목에 관한 법적 근거이다. 여기에서 '공공의 안녕질서를 해친다'는 것은 사회의 평온을 해하고 질서를 어지럽히는 것을 말한다. 「관세법」 제234조 제1항을 위반하여 성립하는 범죄를 '금지품 수입죄'라고 하며, 본 죄의 주체에는 제한이 없고, 「관세법」 제279조(양벌규정)에 의하여 법인도 형벌능력이 인정될 수 있다.[81] 「관세법」 제234조 제1항에 규정된 수입금지품목을 수입한 자는 10년 이하의 징역 또는 2천만원 이하의 벌금에 처한다(관세법 제269조 제1항).[82]

「특정범죄 가중처벌 등에 관한 법률」에 따르면 '금지품 수입죄'에 대한 가중처벌을 규정하고, 「특정범죄 가중처벌 등에 관한 법률」이 「관세법」에 우선하여 적용된다. 「관세법」 제269조 제1항에 규정된 죄를 범한 자는 아래의 구분에 따라 가중처벌한다. i) 수출 또는 수입한 물품의 가액이 1억원 이상인 경우에는 무기 또는 7년 이상의 징역에 처하고, ii) 물품가액이 3천만원 이상 1억원 미만인 경우에는 3년 이상의 유기징역에 처한다(특정범죄 가중처벌 등에 관한 법률 제6조 제1항). 다만, 「특정범죄 가중처벌 등에 관한 법률」에서는 양벌규정을 두고 있지 않으므로 법인은 가중처벌되지 않는다.

(6) 국가이익

1) 대상자

법무부장관은 대한민국의 이익 또는 공공의 안전을 해치는 행동을 할 염려가 있다고 인정할 만한 상당한 이유가 있는 자에 해당하는 외국인에 대하여는 입국을 금지할 수 있다(출입국관리법 제11조 제1항 제3호). 국가가 「출입국관리법」 제11조 제1항 제3호에 해당하는 외국인의 입국을 제한할 수 있도록 하는 것은 국가안전보장 · 질서유지 또는 공공복리를 위하여 반드시 필요한 조치인 것으로 판단된다.[83]

2) 포괄적 입국금지

대한민국의 이익 또는 공공의 안전을 이유로 한 입국금지의 사유는 포괄적 입국금지의 사유에 해당하고, 처분청인 법무부장관에게 재량의 여지를 주어 개별 외국인의 특별한 사정을 고려할 수 있도록 하고 있다.[84] 이에 대해 법원은 "대한민국의 이

---

81) 박영기, 관세제재법-관세형벌과 관세과태료, 세창출판사, 2009, p. 180.

82) **관세법 제279조 (양벌 규정)** ① 법인의 대표자나 법인 또는 개인의 대리인, 사용인, 그 밖의 종업원이 그 법인 또는 개인의 업무에 관하여 제11장에서 규정한 벌칙(제277조의 과태료는 제외한다)에 해당하는 위반행위를 하면 그 행위자를 벌하는 외에 그 법인 또는 개인에게도 해당 조문의 벌금형을 과(科)한다. 다만, 법인 또는 개인이 그 위반행위를 방지하기 위하여 해당 업무에 관하여 상당한 주의와 감독을 게을리하지 아니한 경우에는 그러하지 아니하다.

83) 서울행정법원 2009. 6. 5. 선고 2009구합10253 판결.

익 또는 공공의 안전을 해하는 행동을 할 염려가 있다고 인정할 만한 상당한 이유가 있는 자라는 표현이 다소 포괄적이라 하더라도 대한민국의 이익이나 공공의 안전 내지 경제 · 사회질서와 관련된 행위 유형이 다양하여 그 실태가 천차만별인 현실에서 (중략) 모든 사유를 일일이 법률로써 한정하여 규율하는 것은 입법기술상 한계가 있을 뿐 아니라, 국익을 최우선으로 하여 외교관계, 국제정세의 변천 등에 따라 신속하고 적절하게 대처해야 한다는 출입국관리행정의 특수성과 더불어 출입국관리법의 입법목적을 종합적으로 고려하여 볼 때 그 구체적 의미를 충분히 예측하고 해석할 수 있는 정도인 것이다."라고 판시하여, 명확성이 결여되었다고 보지는 않는다.[85]

과거에 발생한 어떤 행위에 대한 제재로서의 입국을 금지하는 것이 아니라, '해치는 행동을 할 염려가 있다고 인정할 만한 상당한 이유가 있는 자'라고 규정하고 있으므로 외국인이 입국한 후 그 행동에 대한 미래예측적인 판단이 개입되어 있다. 외국인이 대한민국의 영역 내로 들어온 이후 어떤 행동으로 인하여 대한민국의 이익 또는 공공의 안전이 저해될 염려가 있는 경우를 예정한 것이다.[86]

3) 사례의 적용

대한민국의 이익 또는 공공의 안전을 해치는 행동의 대표적인 예로는 대한민국의 주권 · 영토보전 또는 독립을 방해하거나 위협하는 경우 등이다. 병역을 면탈할 목적으로 외국국적을 취득하여 대한민국에로 입국이 금지된 2002년 유00 입국불허 사안에서, 국가인권위원회는 "「출입국관리법」 제11조 제1항 제3호(대한민국의 이익이나 공공의 안전을 해치는 행동을 할 염려가 있다고 인정할 만한 상당한 이유가 있는 자), 제4호(경제질서 또는 사회질서를 해치거나 선량한 풍속을 해치는 행동을 할 염려가 있다고 인정할 만한 상당한 이유가 있는 자), 제8호(제1호부터 제7호까지의 규정에 준하는 자로서 법무부장관이 그 입국이 적당하지 아니하다고 인정하는 자)의 규정을 적용하여 유○○에 대한 입국을 거부[87]한 법무부장관의 조치는 타당하다."는 결정을 한 바 있다.[88]

(7) 일본전범 관련

1) 대상자

법무부장관은 1910년 8월 29일부터 1945년 8월 15일까지 사이에 일본 정부, 일

---

84) 앞의 판결.

85) 앞의 판결.

86) 김선택, 병역기피목적의 외국국적취득자에 대한 입국금지의 위헌성, 고시계, 고시계사, 2003, p. 71.

87) 국가인권위원회의 결정문의 '입국거부'는 문언의 의미와 「출입국관리법」 제11조에 따라 '입국금지'를 의미한다.

88) 국가인권위원회 결정례 2003. 7. 28. 자 02진인2181, 03진인1124 병합결정 미국시민권자 입국불허 관련.

본 정부와 동맹 관계에 있던 정부, 일본 정부의 우월한 힘이 미치던 정부의 어느 하나에 해당하는 정부의 지시를 받거나 그 정부와 연계하여 인종, 민족, 종교, 국적, 정치적 견해 등을 이유로 사람을 학살·학대하는 일에 관여한 자에 해당하는 외국인에 대하여는 입국을 금지할 수 있다(출입국관리법 제11조 제1항 제7호). 일본의 강점기간 동안에 일본 정부 등의 지시를 받거나 연계하여 사람을 학살·학대하는 일에 관여한 자를 입국금지의 대상자로 정한 것이다. 이와 같은 사유는 일본 전범 관련자에 대한 입국금지의 사유이지만, 실제로 동 조항의 적용을 받는 대상자가 이미 사망하는 등 입국이 금지될 가능성은 희박하다. 따라서 정치외교적 또는 상징적 조항에 해당된다.

(8) 경제이익

1) 의 의

국가는 국내노동시장에서 국민을 보호하기 위하여 경제적인 사유에 기초하여 일정한 외국인의 입국을 제한할 수 있다. 국가는 외국인이 국내에서 체류하는 동안에 경제적으로 자립할 수 있는지를 사증발급의 신청 또는 입국심사의 단계에서 증명하도록 요구하고 있다.[89] 이하에서는 「출입국관리법」이 규정하는 경제이익에 기초한 입국금지의 사유를 살펴보기로 한다.

2) 경제질서 훼손

(가) 대상자

법무부장관은 경제질서를 해치는 행동을 할 염려가 있다고 인정할 만한 상당한 이유가 있는 자에 해당하는 외국인에 대하여는 입국을 금지할 수 있다(출입국관리법 제11조 제1항 제4호 전단).

(나) 포괄적 입국금지

국가가 「출입국관리법」 제11조 제1항 제4호에 해당하는 외국인의 입국을 제한할 수 있도록 하는 것은 국가안전보장·질서유지 또는 공공복리를 위하여 반드시 필요한 조치인 것으로 판단된다.[90] 경제질서를 해치는 행동을 할 염려가 있다고 인정할 만한 상당한 이유로 한 입국금지의 사유는 포괄적 입국금지의 사유에 해당하고, 처분청인 법무부장관에게 재량의 여지를 주어 개별 외국인의 특별한 사정을 고려할 수 있도록 하고 있다.[91] 판례는 이에 대해 명확성이 결여되었다고 보지는 않는다.[92]

89) IOM, Essentials of Migration Management - A Guide for Policy Makers and Practitioners, Volume One: Authority and Responsibility of States, 2004, p. 11.
90) 서울행정법원 2009. 6. 5. 선고 2009구합10253 판결.
91) 앞의 판결.
92) 앞의 판결 참고.

과거에 발생한 어떤 행위에 대한 제재로서의 입국을 금지하는 것이 아니라, '해치는 행동을 할 염려'라고 규정되어 있으므로 외국인이 입국한 후 그의 행동에 대한 미래예측적인 판단이 개입되어 있다. 외국인이 대한민국의 영역 내로 들어온 이후 어떤 행동으로 인하여 대한민국의 경제질서가 저해될 염려가 있는 경우를 예정한 것이다.[93)]

3) 국내체류비용 무능력

(가) 대상자

법무부장관은 국내체류비용을 부담할 능력이 없는 자, 그 밖에 구호救護가 필요한 자에 해당하는 외국인에 대하여는 입국을 금지할 수 있다(출입국관리법 제11조 제1항 제5호 후단). 이와 같은 사유로 입국금지하는 것은 차별적이고 인권에 반한다는 견해가 있다.[94)] 그러나 이와 같은 입국금지의 취지는 경제력 또는 경제활동능력이 부족한 외국인의 입국으로 인해 발생할 우려가 있는 국가의 재정적 부담을 완화하기 위한 것이다.

(나) 판단기준

국내체류비용 부담능력에 대한 판단기준은 입국하려는 외국인의 재정능력이 기준이 된다. 초청인 또는 제3자가 입국하려는 외국인의 국내체류비용을 부담하는 경우일지라도 그 외국인이 국내체류비용을 부담할 수 있는 능력으로 간주되지는 않는다. 그러나 국내체류비용 부담능력에 대한 판단기준은 일률적으로 정하기는 어려우므로, 관광, 사업, 주재, 결혼이민 등 국내에 체류하려는 목적과 초청인과의 관계 등을 고려하여 그 판단기준을 합리적으로 설정할 필요가 있다.

(9) 기타 사유

1) 대상자

법무부장관은 제1호부터 제7호까지의 규정에 준하는 자로서 법무부장관이 그 입국이 적당하지 아니하다고 인정하는 자에 해당하는 외국인에 대하여는 입국을 금지할 수 있다(출입국관리법 제11조 제1항 제8호). 따라서 「출입국관리법」 제11조 제1항 제1호에서 제7호까지의 입국금지 사유에 해당하지 않는 외국인일지라도 법무부장관은 그 입국이 적당하지 아니하다고 인정하는 자의 입국을 금지할 수 있다.

---

93) 김선택, 병역기피목적의 외국국적취득자에 대한 입국금지의 위헌성, 고시계, 고시계사, 2003, p. 71.

94) 황필규, 기조발제: 인권을 기준으로 출입국관리법 개정해야, 다문화사회를 위한 출입국관리법 개정방안 모색, 2009, p. 13.

2) 포괄적 입국금지

법무부장관이 그 입국이 적당하지 아니하다고 인정하는 자에 해당하는 외국인을 이유로 한 입국금지의 사유는 포괄적 입국금지의 사유에 해당한다. 그 취지는 법률이 예상하지 못한 상황에서 불가피한 사유에 적절하게 대응하기 위한 것이다.

3) 명확성의 원칙 위반 여부

「출입국관리법」 제11조 제1항 제8호에 규정한 '법무부장관이 그 입국이 적당하지 아니하다고 인정하는 자'에 해당하는 입국금지 사유에 대하여는 그 입국금지 사유가 지나치게 광범위하여 명확성의 원칙에 위배된다는 견해가 있다. 이 견해에 의하면 '법무부장관이 그 입국이 적당하지 아니하다고 인정하는 자'는 불확정 개념에 해당하여 예측가능성을 침해하고, 법무부장관의 입국금지 결정에 광범위한 재량권을 부여하여 자의적인 법해석의 우려가 있다는 것이다.[95)]

(10) 공직선거 부정

1) 대상자

법무부장관은 국외에서 「공직선거법」에서 금지하는 행위를 하였다고 인정할 만한 상당한 이유가 있는 외국인에 대하여 입국을 금지할 수 있다(공직선거법 제218조의31 제1항 본문). 입국금지기간은 해당 선거 당선인의 임기만료일까지로 한다(공직선거법 제218조의31 제3항). 입국금지 절차 등에 관하여는 「출입국관리법」을 준용한다(공직선거법 제218조의31 제4항).

2) 예 외

국외에서 「공직선거법」에서 금지하는 행위를 하였다고 인정할 만한 상당한 이유가 있는 외국인이 수사에 응하기 위하여 입국하려는 때에는 입국을 금지하지 않을 수 있다(공직선거법 제218조의31 제1항 단서).

3. 설명의무 여부

국가가 외국인의 입국을 허가하지 않는다면 국가가 입국금지된 사유를 외국인에게 설명해야 할 의무가 있는지 문제된다. 이에 대하여, 국가는 외국인에 대한 입국금지의 사유를 설명할 의무를 부담하지 않는다. 행정청은 처분을 할 때에는 당사자에게 그 근거와 이유를 제시하여야 하지만(행정절차법 제23조 제1항), 「행정절차법」은 외국인의 출입

95) 황필규, 기조발제: 인권을 기준으로 출입국관리법 개정해야, 다문화사회를 위한 출입국관리법 개정방안 모색, 2009, p. 13.

국에 해당하는 사항에 대하여 적용하지 아니한다(행정절차법 제3조 제2항 제9호). 외국인에 대한 입국허가는 대한민국의 주권 또는 국내관할에 속하는 사항이다. 대한민국은 외국인을 입국시켜야 하는 의무가 없고, 외국인의 입국이 불허된 사유를 제시하지 않더라도 국제법과 국내법적으로 문제가 되지 않는다.

4. 절차: 요청 및 해제

(1) 입국금지의 요청

중앙행정기관의 장 및 법무부장관이 정하는 관계 기관의 장은 그 소관 업무와 관련하여 입국금지 사유에 해당한다고 인정하는 외국인에 대하여는 법무부장관에게 입국금지를 요청할 수 있다(출입국관리법 시행령 제14조 제1항 본문). 예를 들어 중앙선거관리위원회는 입국금지대상에 해당하는 외국인을 법무부장관에게 통보할 수 있다(공직선거법 제218조의31 제2항).

다만, 기초자치단체의 장인 시장·군수 또는 구청장의 소관 업무에 관한 입국금지의 요청은 특별시장·광역시장 또는 도지사가 한다(출입국관리법 시행령 제14조 제1항 단서). 특별시장·광역시장 또는 도지사가 입국금지를 요청하도록 한 것은 지방자치단체 차원에서 입국금지 요청의 통일성을 확보하고 그 오·남용을 미연에 방지하기 위한 것이다.

(2) 입국금지의 해제

입국금지를 요청한 기관의 장은 그 사유가 소멸한 때에는 지체 없이 법무부장관에게 입국금지의 해제를 요청하여야 한다(출입국관리법 시행령 제14조 제3항).

Ⅶ. 입국거부

1. 개 념

외국인에 대한 입국거부란 대한민국에 입국하려는 외국인의 국적국가가 「출입국관리법」 제11조(입국의 금지 등) 제1항에 규정된 입국금지 사유 외의 다른 이유로 대한민국 국민의 입국을 거부할 때에는 그와 동일한 이유로 그 외국인의 입국을 허가하지 않는 것을 말한다(출입국관리법 제11조 제2항). 국가가 외국인의 입국을 금지할 수 있는 권한은 국가의 영토적 주권territorial sovereignty의 행사로부터 나오는 것으로, 국제관습법에 따라 국가는 바람직하지 않은 외국인의 입국을 금지할 권리를 가지는 것으로 인정된다.[96)]

96) I.A.Shearer, Starke's International Law, OXFORD, 1994, p. 316.

2. 사 유

법무부장관은 입국하려는 외국인의 본국이 「출입국관리법」 제11조(입국의 금지 등) 제1항에서 규정한 입국금지 사유 외의 다른 사유로 대한민국 국민의 입국을 거부할 때에는 그와 동일한 사유로 그 외국인의 입국을 거부할 수 있다(출입국관리법 제11조 제2항). 대한민국의 국민이 다른 국가에서 부당한 사유로 인해 입국이 거부되는 경우 대한민국이 그 부당한 사유에 의한 입국거부에 대한 외교적 항의, 보복조치 및 견제의 차원에서 「출입국관리법」 제11조(입국의 금지 등) 제1항의 입국금지의 사유에 해당하지 않더라도 그 국가의 국민에 대해 그와 동일한 사유로 입국을 거부할 수 있다. 외국인에 대한 입국거부는 입국금지 사유와는 다른 이유로 외국인의 입국이 불허되는 것으로, 상호주의에 따른 외국인에 대한 입국 불허가이다.

3. 절차: 요청 및 해제

(1) 입국거부의 요청

중앙행정기관의 장 및 법무부장관이 정하는 관계 기관의 장은 그 소관 업무와 관련하여 입국거부 사유에 해당한다고 인정하는 외국인에 대해서는 법무부장관에게 입국거부를 요청할 수 있다(출입국관리법 시행령 제14조 제1항 본문).

(2) 입국거부의 해제

입국거부를 요청한 기관의 장은 그 사유가 소멸한 때에는 지체 없이 법무부장관에게 입국거부의 해제를 요청하여야 한다(출입국관리법 시행령 제14조 제3항).

Ⅷ. 불복 또는 구제

1. 의 의

외국인이 대한민국으로의 입국이 금지되거나 거부된 경우 불복할 수 있는 절차로는 내부적 불복절차와 사법적 구제절차로 구분할 수 있다. 내부적 불복절차는 입국이 불허된 외국인이 입국 불허결정을 한 행정부 내부의 절차 내에서 그 불복을 주장하는 것이다. 그리고 사법적 구제절차는 입국이 불허된 외국인이 법원의 소송절차를 통하여 그 불복을 주장하는 것이다.

2. 내부적 불복절차

(1) 「출입국관리법」상 규정

「출입국관리법」에서는 입국이 불허(금지 또는 거부)된 외국인이 이의신청 또는 행정적 재심사 등을 제기할 수 있는 내부적 불복절차를 규정하지 않고 있다. 다만, 「출입국관리법」 제11조(입국의 금지 등), 제12조(입국심사), 제13조(조건부 입국허가), 제56조(외국인의 일시보호)가 규정되어 있을 뿐이다. 따라서 「출입국관리법」에 따라 입국심사 단계에서 입국이 불허된 외국인은 법무부장관에게 이의신청을 제기할 수 있는 여지가 없다. 다만, 법무부 내부규정에서는 출입국관리공무원에 의한 1차 심사 및 재심사를 규정하고 있을 뿐이다.[97]

(2) 구 별

외국인이 입국하여 불법이민자로 된 후에 「출입국관리법」 제46조(강제퇴거의 대상자) 및 제59조(심사 후의 절차)에 의한 강제퇴거명령을 받고, 이에 따라 「출입국관리법」 제51조(보호)에 의한 보호명령을 받았을 경우 보호된 자나 그의 법정대리인 등은 법무부장관에게 보호에 대한 이의신청을 할 수 있다(출입국관리법 제55조 제1항). 그러나 입국이 불허된 외국인은 이의신청 또는 입국심사의 재심 청구 등을 할 수 있는 불복절차가 규정되지 않아, 입국이 불허된 외국인은 법무부장관에게 입국의 금지 또는 거부에 대해 이의신청을 할 수 없다.[98].

(3) 입법례

입국이 불허된 외국인에게 이의신청권right to appeal을 인정하는 입법례를 살펴보기로 한다. 영국은 입국이 불허된 외국인에게 입국 불허의 사유와 이의신청이 가능한지에 대한 설명이 적힌 서면통지서written notice를 발급한다. 이의신청이 가능한 외국인은 유효한 사증을 소지한 자에 한정된다. 외국인이 이의신청을 할 수 있는지는 그 입국이 불허된 사유에 의하여 결정된다. 입국이 불허된 외국인의 주장이 충분한 근거가 없는 등에 해당하지 않는 한, 누구든지 인도적 사유가 있는 경우에는 강제출국이 시행되기 전에 이의신청을 할 수 있다. 또한 입국 불허의 사유에 따라서는 입국이 불허된 외국인은 영국 내에서 또는 영국 밖에서 이의신청을 제기할 수 있

97) 국가인권위원회 결정례 2004. 5. 27. 자 외국인 입국심사제도 개선에 대한 권고.

98) 황필규, 기조발제: 인권을 기준으로 출입국관리법 개정해야, 다문화사회를 위한 출입국관리법 개정방안 모색, 2009, pp. 9～10.

다.[99)]

(4) 견해대립

1) 문제 제기

「출입국관리법」에서는 입국이 불허된 외국인이 불복할 수 있는 절차를 규정하지 않고 있다. 이와 관련하여 입국심사 단계에서 입국이 불허된 외국인에게 이의신청권이 보장될 수 있는지가 문제된다. 이것은 입국 불허결정에 대한 합리적인 불복절차의 문제이기도 하다. 입국이 허가된 외국인은 입국이 아직 허가되지 않은 외국인보다 강한 절차적 권리를 향유하게 된다. 또한 강제퇴거는 국내에 체류하는 외국인에게 적용되는 것으로 그 외국인은 강제퇴거의 사유와 절차에 대한 법적 구제절차에 호소할 수 있다. 입국이 아직 허가되지 않은 외국인이 입국금지 또는 입국거부에 대하여 구제를 신청할 수 있는지 즉, 입국이 불허된 외국인에게 이의신청권을 인정하는 것에 대하여는 아래와 같이 상반된 입장이 있다.

2) 부정설

이의신청권을 부정하는 입장이다. 입국금지 또는 입국거부는 입국이 아직 허가되지 않은 외국인에게 적용되므로, 그 외국인은 입국이 금지 또는 거부된 국가에서 사법심사의 대상 등 법적 구제절차에의 호소가 불가능하다는 견해이다.[100)]

이 견해의 논거로는 외국인의 입국 여부는 국가의 주권사항 내지 국내문제에 속한다는 점, 외국인이 국적국가가 아닌 다른 국가에 입국하는 것은 국제법상 기본적 권리로 인정되지 않는다는 점, 입국이 불허된 외국인으로부터 무절제한 이의신청이 제기되는 경우에 입국심사의 행정능률이 저하된다는 점, 법무부장관이 발급한 사증의 성격은 입국추천행위에 해당한다는 점, 이의신청에 대한 결정기간이 장기간 소요되어 외국인이 불안정한 상태에서 장기간 기다리는 동안에 다른 형태의 인권침해가 발생할 수 있는 가능성이 있다는 점 등을 제시한다.

3) 인정설

이의신청권을 인정하는 입장이다. 외국인에 대한 입국은 기본적으로 국가의 주권

---

99) Fragomen Global, Global Business Immigration Handbook 2009 Edition, West Group, 2009, p. 999; Nicholas Blake QC & Raza Husain, Immigration, Asylum and Human Rights, Oxford university press, p. 21; Jeremy Rosenblatt, Ian Lewis, Children and Immigration, Cavendish Publishing Limited, 1997, p. 5.

100) 이한기, 국제법강의, 박영사, 1997, p. 426; David Weissbrodt, Immigration Law and Procedure, West Group, 1998, p. 247.

적 속성으로부터 광범위한 재량에 해당하는 것이지만, 일정한 경우에 해당할 때에는 국가는 외국인의 입국을 허용해야 할 부담을 지니기도 한다. 국가가 외국인의 입국을 허용해야 할 부담을 지니는 조약을 체결하거나 국내법이 있는 경우, 가족 재결합, 아동의 보호, 비차별의 원칙 등 구체적이고 특수한 사정이 있는 경우에는 국가가 그 외국인의 입국을 허용해야 할 부담을 지닌다는 견해이다. 입국이 불허된 외국인이 이의신청을 할 수 있는 불복절차를 규정하지 않은 것은 국제법규 및 「헌법」에 위배된다는 것이다.

이 견해의 논거로는 첫째, 외국인은 그의 입국이 불허되는 경우 그 외국인이 신뢰할 수 있는 구제절차를 통하여 입국 목적의 진실성을 소명하고 소명자료를 제출할 수 있는 절차적 권리가 보장되어야 한다. 둘째, 가족결합권의 보장, 대한민국에 장기간 체류한 사실, 기타 인도적인 사유 등 구체적이고 특수한 사정의 경우에는 국가주권의 재량성이 합리적으로 제한될 수 있다.[101] 셋째, 1948년 「세계인권선언Universal Declaration of Human Rights」 제10조(공정하고 공개적인 심문을 평등하게 받을 권리)에서는 "모든 사람은 자신의 권리와 의무, 그리고 자신에 대한 형사상의 혐의를 결정함에 있어서 독립적이고 편견 없는 법정에서 공정하고도 공개적인 심문을 전적으로 평등하게 받을 권리를 가진다."라고 규정하고 있다. 1966년 「시민적 및 정치적 권리에 관한 국제규약」 제14조(재판에 관한 권리) 제1항에서는 "모든 사람은 재판에 있어서 평등하다. 모든 사람은 그에 대한 형사상 죄의 결정 또는 민사상 권리 및 의무의 다툼에 관한 결정을 위하여 법률에 의하여 설치된 권한 있는 독립적이고 공평한 법원에 의한 공정한 공개심리를 받을 권리를 가진다."라고 규정하고 있다. 그리고 「헌법」 제27조(재판을 받을 권리)에 보장된 외국인의 재판청구권과 부합되지 않고, 재판청구권을 침해할 우려가 있다.[102] 이에 의하면 「헌법」 제27조에는 "모든 국민은 헌법과 법률이 정한 법관에 의하여 법률에 의한 재판을 받을 권리를 가진다."라고 하여 재판청구권을 규정하고, 재판청구권은 외국인에게도 허용되는 기본권으로서 부당한 기본권이 침해되었을 때에 회복 또는 구제를 위한 권리이다. 넷째, 법무부장관의 입국금지는 재량행위에 해당하는 것으로, 행정법상 재량권 행사의 일탈·남용의 원칙이 적용된다. 재량권 행사의 일탈·남용에 대한 판단기준으로는 신뢰보호의 원칙, 비례의 원칙, 평등의 원칙, 부당결부금지의 원칙 등이 있다. 외국인에 대한 입국금지 또는 입국거부의 경우 법무부장관의 재량권 행사가 일탈 또는 남용되지 않았다면 적법한 행정행위에 해당하지만, 재량권 행사가 일탈·남용되었다

101) 국가인권위원회 결정례 2004. 5. 27. 자 외국인 입국심사제도 개선에 대한 권고.
102) 앞의 결정례.

면 위법한 행정행위가 될 것이다.[103)]

4) 소 결

외국인의 입국허가 여부는 국가의 주권행사 또는 국내문제에 속하는 것이지만, 그 속성상 그 외국인이 보호받아야 할 인권과도 깊은 관계가 있다. 국가가 외국인의 입국을 허가해야 할 부담을 지니거나, 앞에서 본 구체적이고 특수한 사정이 있는 경우에는 외국인의 입국허가 여부는 국제법규 등에 위배되지 않을 것이 요구된다. 「출입국관리법」 제12조(입국심사)에서는 출입국관리공무원에 의한 입국심사, 입국요건 및 입국요건의 심사, 입국요건의 입증책임을 규정하고 있으면서도, 출입국관리공무원에 의한 입국불허의 공정성과 적정성을 확보하기 위한 절차 또는 불복절차를 규정하지 않고 있다. 이와 같은 「출입국관리법」의 입법태도는 1948년 「세계인권선언」 제7조에서 "모든 사람은 법 앞에 평등하고, 차별 없이 법의 보호를 받을 수 있다."에 부합되지 않는다. 그리고 「헌법」 제12조 제1항에 의한 적법절차의 원칙 등에도 부합되지 않는다.[104)] 「헌법」 제12조 제1항에서는 "누구든지 (중략) 법률과 적법한 절차에 의하지 아니하고는 처벌 · 보안처분 또는 강제노역을 받지 아니한다."라고 하여 적법절차의 원칙을 규정하고 있다. 적법절차라는 것은 입법 · 집행 · 사법 등 모든 국가작용은 정당한 법률을 근거로 하고 정당한 절차에 따라 발동되어야 한다는 헌법적 원리로서, 모든 공권력의 행사는 절차상의 적법성을 갖추어야 하고 공권력 행사의 근거가 되는 법률의 실체적 내용도 합리성과 정당성을 갖추어야 한다는 것을 의미한다. 적법절차의 원칙은 형사절차는 물론 행정절차에도 적용되는 것이다.[105)]

입국심사 단계에서 입국이 불허된 외국인에게 이의신청권을 부여하는 것은 국가가 그 외국인에게 '입국할 수 있는 권리'를 인정하는 것이 아니라, 입국심사의 기준이 합리적으로 설정되고, 판단절차가 표준화되어 입국심사의 절차적 적정성을 보장하고, 입국불허에 대하여 공정한 심사를 받을 권리를 보장하고, 입국심사 과정의 절차적 투명성과 합리성을 확보하여 입국불허 판단의 자의성 문제도 상당부분 해소하기 위한 것이다.[106)] 그리고 입국불허에 대한 불복절차는 법무부장관에 대한 이의신청처럼 신속하고 용이한 절차 또는 행정소송 등 사법심사처럼 장기간 소요되는 형

---

103) 김선택, 병역기피목적의 외국국적취득자에 대한 입국금지의 위헌성, 고시계, 고시계사, 2003, pp. 71～72.
104) 국가인권위원회 결정례 2004. 5. 27. 자 외국인 입국심사제도 개선에 대한 권고.
105) 앞의 결정례.
106) 앞의 결정례.

태가 있을 수 있다. 다만, 행정소송과 같은 사법심사는 그 소요기간이 매우 길어 조건부 입국 또는 일시보호 등과 같은 상황 하에 있게 될 외국인이 소를 계속하기 어려울뿐더러 장기간 소요된 소송결과의 실익여부도 문제된다.[107)]

3. 사법적 구제절차

(1) 문제 제기

외국인의 입국 불허결정 취소 등 입국 불허결정 자체를 다투는 법원의 판결은 아직까지 보이지 않는다.[108)] 다만, 송환대기실에 수용된 자에 대하여「인신보호법」상 구제절차의 청구권자에 해당하는지를 결정한 판례가 있다. (난민인정을 신청한) 외국인이「출입국관리법」에 따른 입국불허 처분이 있은 뒤 공항 내에 있는 송환대기실로 인도되어 (난민인정심사 불회부결정 취소소송을 제기하였음에도) 약 5개월간 외부로 출입이 금지된 상태에서 그 외국인이「인신보호법」상 구제청구를 할 수 있는지가 문제된다. 이것은 송환대기실에 생활하고 있는 외국인에게「인신보호법」상 구제청구권이 인정되는지의 문제이다. 이를 위하여 ⅰ) 송환대기실은 일시보호를 위한 시설에 해당하는지, ⅱ) 송환대기실에 생활하고 있는 외국인이「인신보호법」 제2조(정의)가 정한 수용시설에 수용・보호 또는 감금되어 있는 피수용자에 해당하는지, ⅲ) 출입국관리사무소와 항공사운영협의회가「인신보호법」 제2조(정의)가 정한 수용자에 해당하는지를 살펴보기로 한다.

(2) 송환대기실

「출입국관리법」 등에는 송환대기실의 설치 및 운영에 관한 법적 근거를 두고 있지 않다.「출입국관리법」 제76조(송환의 의무)에서 운수업자의 일방적 송환의무를 규정하고 있고,「출입국관리법 시행령」에서 "선박 등의 장 또는 운수업자는 송환을 요구받은 외국인을 송환할 때까지 그의 교통비・숙식비 등 비용을 부담하고 그를 보호하여야 한다."라고 규정하고 있을 뿐이다(출입국관리법 시행령 제88조 제3항).「출입국관리법」 제76조,「출입국관리법 시행령」 제88조 제3항은 입국이 불허된 자에 대한 신체의 자유 제한의 법적 근거가 될 수 없다.[109)] 또한 송환대기실은 외국인보호시설이 아니다.[110)] 따라서 송환대기실은「인신보호법」 제2조(정의) 제1호가 정한 요건에 부합하는 수용

107) 앞의 결정례.
108) 이희정, 행정법의 관점에서 본 이민법의 쟁점, 고려법학, 고려대학교 법학연구원, 2014, p. 8 참고.
109) 인천지방법원 2014. 5. 2. 선고 2014인라4 판결 참고.
110) 앞의 판례 참고.

시설이다.[111]

(3) 송환대기실에서의 수용

송환대기실에서의 수용은 「출입국관리법」 제51조(보호)에 의한 보호 또는 이에 준하는 물리력의 행사를 용인케 하는 보호, 「출입국관리법」 제56조(외국인의 일시보호)에 의한 일시보호에 해당하지 않는다.[112] 즉 송환대기실에서의 수용은 지방출입국・외국인관서의 공권력 행사에 의한 보호로서의 외관을 전혀 갖추고 있지 못한 이상 「인신보호법」 제2조(정의) 제1항 단서에 정한 「인신보호법」의 적용 대상이 아닌 「출입국관리법」에 따른 보호로 볼 수 없다.[113]

(4) 피수용자(송환대기실에 수용된 자)

「인신보호법」 제2조(정의) 제1항에서는 피수용자란 '수용시설에 수용・보호 또는 감금되어 있는 자'라고 규정하여 신체의 자유의 제한 양태를 특정한 법문의 개념에 얽매이지 않은 채 포괄적으로 규정하고 있다.[114] 다만, 「출입국관리법」에 따라 보호된 자는 제외한다(인신보호법 제2조 제1항 단서). 따라서 입국이 불허되어 송환대기실에 수용된 자는 「인신보호법」에 따른 피수용자에 해당한다.

(5) 수용자

출입국관리사무소 또는 항공사운영협의회는 함께 송환대기실을 운영하는 자로서 「인신보호법」에 따른 수용자에 해당한다.[115]

(6) 판례의 태도

대법원은 "대한민국 입국이 불허된 결과 대한민국 공항에 머무르고 있는 외국인에게 신체의 자유에 대한 위법한 침해에 대하여 구제를 구하는 「인신보호법」상 구제청구권이 인정된다. 대한민국 입국이 불허된 구제청구권자를 법률상 근거 없이 외부와의 출입이 통제되는 송환대기실에 강제로 수용한 것은 위법한 수용에 해당한다."라고 판시하고 있다.[116] 현재 송환대기실은 개방형으로 전환하여 운영되고 있다.

111) 앞의 판례 참고.
112) 앞의 판례 참고.
113) 앞의 판례 참고.
114) 앞의 판례 참고.
115) 앞의 판례 참고.
116) 대법원 2014. 8. 28. 선고 2014인마5 판결; 인천지방법원 2014. 5. 2. 선고 2014인라4 판결 참고.

제 4 편 외국인의 체류

(Residence of Foreigners)

제1장 총　　설
제2장 체류자격의 부여
제3장 체류자격외 활동
제4장 근무처의 변경 · 추가
제5장 체류자격의 변경
제6장 체류기간의 연장
제7장 외국인등록제도

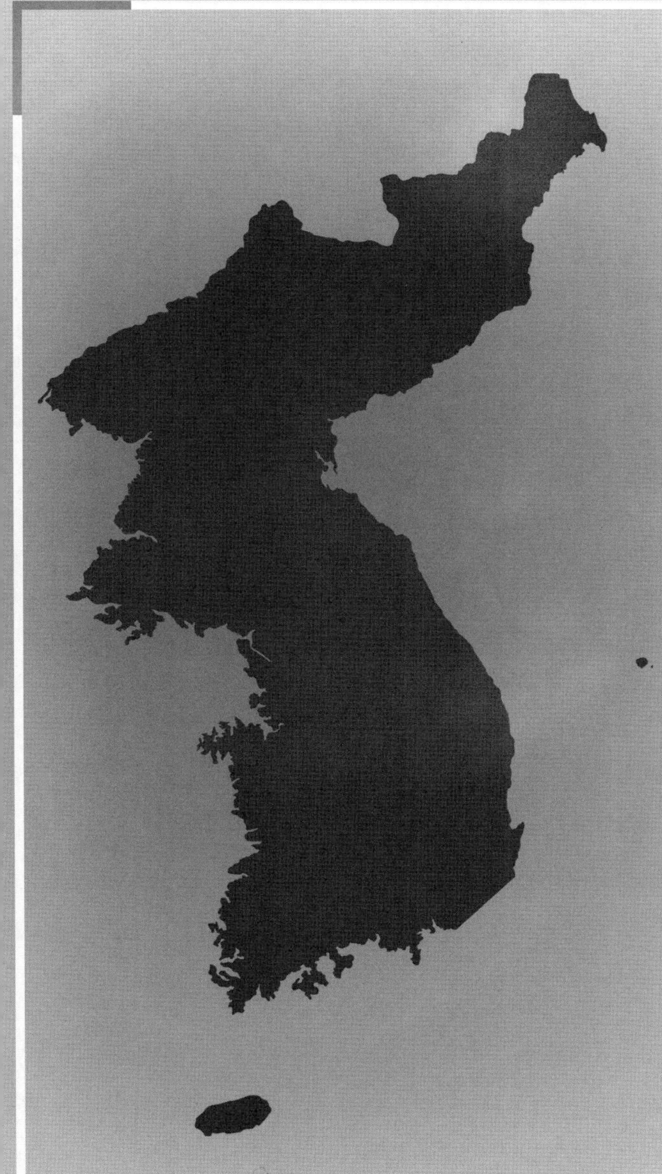

제 1 장

총 설

제1절 의　　의

외국인의 체류란 외국인이 대한민국에 입국하여 대한민국에서 머물러 있는 상태를 말한다. 90일을 초과하여 장기간 체류하려는 경우에는 외국인의 체류라고도 말할 수 있다. 전통적으로 국가는 외국인이 그 국가의 영역에서 체류stay하도록 허가할 것인지에 관하여 폭넓은 이민정책적 재량권을 가진다.[1] 일반적으로 국제법규에서는 국가가 입국이 허가된 외국인이 체류할 수 있는 기간the period of stay에 관하여 일정한 의무를 부담하게 하는 규정은 존재하지 않는다.[2]

그러나 국가가 외국인의 체류에 관하여 가진 폭넓은 이민정책적 재량권을 수정하거나 이를 제한하려는 국제사회의 현상과 노력이 있다. 이것은 다음과 같이 3가지 경우로 구분할 수 있다. 첫째, 외국인력의 이동이다. 경제적 이유를 원인으로 국가간에 이동하는 외국인력은 이민의 중심적 역할을 맡으며, 장기체류로 인해 영주자격·국적 등 새로운 구성원 신분을 취득하고, 본국에 있는 가족을 초청하는 등 이민의 연쇄적 과정이 발생하게 된다. 이민의 연쇄적 과정에서 국가의 이민정책적 재량권이 축소 내지 제한을 받게 된다. 둘째, 난민의 이동이다. 1951년 「난민의 지위에 관한 협약」, 「난민법」 등에 따라 난민신청자, 난민인정자, 인도적 체류자에게 체류할 수 있는 체류자격과 체류기간이 부여된다. 난민인정을 신청할 수 있는 자에는 합법 또는 불법이민을 불문한다. 불법이민외국인이 난민인정을 신청한 경우 난민인정 여부에 관한 결정이 확정될 때까지 강제퇴거명령의 집행이 보류되어 대한민국에 체류할 수 있다. 셋째, 외국인에 대한 인권보호이다. 외국인의 체류에 관한 국가의 결정이 그 외국인 또는 그와 관련된 국민에게 보장된 인권을 침해하는 경우 그 결정권은 제한을 받게 된다.[3] 따라서 외국인이 위의 3가지 경우에 해당될 때에는 국가의 이민정책적 재량권은 수정되어 축소 내지 제한되고, 그 외국인에게는 대한민국에서 체류할 수 있는 권리가 파생된다.

최근 외국인이 대한민국에서 장기적으로 정주하는 경향이 있다. 외국인이 대한민

---

1) 최윤철, Kay Hailbronner, 출입국통제에 관한 국제법적인 문제, 한양대학교 법학연구소 법학논총 제20집 제1호, 2003, p. 259 참고.

2) I.A.Shearer, Starke's International Law, OXFORD, 1994, p. 314.

3) 최윤철, Kay Hailbronner, 출입국통제에 관한 국제법적인 문제, 한양대학교 법학연구소 법학논총 제20집 제1호, 2003, pp. 259～265 참고.

국으로 이민을 와서 정착하는 경향을 4가지 측면에서 설명할 수 있다. 첫째, 이민의 과정에서 사회적 네트워크social networks가 중요한 역할을 한다. 자연인의 국가간 이동이 일단 시작되면, 자연인들 간의 상호지원과 다양한 형태를 가진 지원기관의 활동을 통하여 스스로 그 이동의 흐름을 유지하게 된다. 상호지원과 지원활동의 내용은 자연인의 연쇄적 이동이 이루어지도록 하고, 직업을 물색하고 정착을 후원하게 된다. 둘째, 복지국가welfare states의 발달로 인해 외국인에게 고용과 체류에 관한 사회적 혜택 내지 권리를 부여하게 된다. 국내노동시장의 여건이 좋지 않은 경우일지라도 외국인은 계속적으로 체류하도록 하는 유인책으로 작용한다. 셋째, 외국인에 대한 법적 보호 및 인권보호principles of human rights는 외국인이 강제적으로 추방되는 것을 어렵게 한다. 넷째, 민주주의적 시민사회의 본래적 특징에 기인한다. 자연인 즉 인구의 이동이 시작된 후에는 그 이민과 정착을 제한하는 데 사실상 매우 어렵게 된다. 세계화와 이민으로 인해 다문화사회가 이루어지고 국가정체성과 국가를 구성하는 구성원의 중대한 변화는 피할 수 없는 필연적 결과물이 된다.[4)]

제 2 절 주요 개념

Ⅰ. 체류자격

1. 의 의

체류자격이란 외국인이 국내에서 머물면서 일정한 활동을 할 수 있는 법적 지위를 유형화한 것으로, 그에 따라 일정한 권리를 부여받고 의무를 부담하는 「출입국관리법」에서 정한 자격을 말한다.[5)] 「출입국관리법 시행령 별표1」에서는 A계열에서 H계열에까지 36개의 체류자격을 규정하고 있다. 체류자격은 이민관리를 위한 기준이 된다.[6)]

4) Stephen Castles, International Migration and the Nation-State in Asia, International Migration into the 21st Century edited by M.A.B. Siddique, 2001, p. 185.
5) 김원숙, 출입국관리정책론, 한민족, 2008, p. 223.
6) 앞의 책, p. 223.

2. 기 능

체류자격의 기능을 알아보기 위하여「출입국관리법」,「국적법」등의 규정을 살펴보기로 한다. 첫째, 체류자격은 외국인이 대한민국에 입국하려는 때에 입국허가의 요건이 된다. 외국인이 입국할 때에는 유효한 여권과 법무부장관이 발급한 사증査證을 가지고 있어야 하는데(출입국관리법 제7조 제1항), 그 사증에는 체류자격 등 필요한 사항이 기재되어야 한다(출입국관리법 시행령 제7조 제2항). 둘째, 체류자격은 외국인이 대한민국에 입국한 후 90일을 초과하여 체류하려는 때에 활동범위에 관하여 예측 가능한 명확한 기준을 설정하는 가이드라인 내지 제한이 된다. 외국인은 그 체류자격과 체류기간의 범위에서 대한민국에 체류할 수 있다(출입국관리법 제17조 제1항). 셋째, 체류자격은 영주 또는 국적과의 연계를 통하여 국가간 인적 교류를 증진하는 수단이 된다. 예를 들어 주재(D-7)부터 특정활동(E-7) 체류자격 또는 거주(F-2) 체류자격으로 5년 이상 대한민국에 체류하는 자는 법무부장관이 정하는 일정한 조건을 갖춘 경우 영주(F-5) 체류자격으로 변경이 가능하고(출입국관리법 시행령 제12조 및 별표1), 법무부장관은 귀화허가 신청을 받으면「국적법」제5조부터 제7조까지의 귀화요건을 갖추었는지를 심사한 후 그 요건을 갖춘 자에게만 귀화를 허가한다(국적법 제4조 제2항). 넷째, 체류자격은 외국인의 법적 지위에 따른 권리와 의무의 범위를 정하고, 그 범위를 위반할 경우에는 제재하고 관리하는 규범이 된다. 지방출입국·외국인관서의 장은「출입국관리법」제17조(외국인의 체류 및 활동범위) 제1항[7]을 위반한 외국인을 대한민국 밖으로 강제퇴거시킬 수 있다(출입국관리법 제46조 제1항 제8호). 지방출입국·외국인관서의 장은 대한민국에 체류하는 외국인이「출입국관리법」제17조(외국인의 체류 및 활동범위)와 제20조(체류자격 외 활동)[8]를 위반한 자로서 그 위반 정도가 가벼운 경우에 해당하면 그 외국인에게 자진하여 출국할 것을 권고할 수 있다(출입국관리법 제67조 제1항 제1호). 그리고 출입국관리법 제17조(외국인의 체류 및 활동범위) 제1항을 위반하여 체류자격 또는 체류기간의 범위를 벗어나서 체류한 외국인은 3년 이하의 징역 또는 2천만원 이하의 벌금에 처한다(출입국관리법 제94조 제7호).

---

7) **출입국관리법 제17조 (외국인의 체류 및 활동범위)**
① 외국인은 그 체류자격과 체류기간의 범위에서 대한민국에 체류할 수 있다.

8) **출입국관리법 제20조 (체류자격 외 활동)** 대한민국에 체류하는 외국인이 그 체류자격에 해당하는 활동과 함께 다른 체류자격에 해당하는 활동을 하려면 미리 법무부장관의 체류자격 외 활동허가를 받아야 한다.

3. 재량행위

「출입국관리법」 제10조 제1항,[9] 제24조,[10] 「출입국관리법 시행령」 제12조,[11] 제30조,[12] 제33조[13] 등의 규정 형식과 문언, 체류자격에 따라 외국인이 대한민국에서 행할 수 있는 활동범위나 체류기간의 상한이 달라진다는 점 등을 고려할 때에, 체류자격의 부여는 재량행위에 해당한다.[14] 따라서 재량행위에 대한 법원의 사법심사는 그 행정행위가 사실오인, 비례·평등의 원칙 위배, 그 행정행위의 목적 위반 또는 부정한 동기 등에 근거하여 이루어짐으로써 재량권의 일탈·남용이 있었는지 여부를 심사하게 된다.[15]

4. 불법이민외국인의 노동조합 가입

(1) 문제제기

「출입국관리법」 제17조 제1항에 의하면 "외국인은 그 체류자격과 체류기간의 범위 내에서 대한민국에 체류할 수 있다."라고 규정하고 있다. 외국인의 활동범위는

---

9) 출입국관리법 제10조 (체류자격)
① 입국하려는 외국인은 대통령령으로 정하는 체류자격을 가져야 한다.

10) 출입국관리법 제24조 (체류자격 변경허가)
① 대한민국에 체류하는 외국인이 그 체류자격과 다른 체류자격에 해당하는 활동을 하려면 미리 법무부장관의 체류자격 변경허가를 받아야 한다.
② 제31조 제1항 각 호의 어느 하나에 해당하는 사람으로서 그 신분이 변경되어 체류자격을 변경하려는 사람은 신분이 변경된 날부터 30일 이내에 법무부장관의 체류자격 변경허가를 받아야 한다.

11) 출입국관리법 시행령 제12조 (체류자격의 구분) 출입국관리법 제10조 제1항에 따른 외국인의 체류자격은 별표1과 같다.

12) 출입국관리법 시행령 제30조 (체류자격 변경허가)
① 법 제24조 제1항에 따라 체류자격 변경허가를 받으려는 사람은 체류자격 변경허가 신청서에 법무부령으로 정하는 서류를 첨부하여 사무소장 또는 출장소장에게 제출하여야 한다.
② 사무소장 또는 출장소장은 제1항에 따른 신청서를 제출받은 때에는 의견을 붙여 지체 없이 법무부장관에게 보내야 한다.
③ 사무소장 또는 출장소장은 법무부장관이 제1항에 따른 신청에 대하여 허가한 때에는 여권에 체류자격 변경허가인을 찍고 체류자격, 체류기간 및 근무처 등을 적거나 체류자격 변경허가 스티커를 붙여야 한다. 다만, 외국인등록증을 발급 또는 재발급할 때에는 외국인등록증의 발급 또는 재발급으로 이를 갈음한다.

13) 출입국관리법 시행령 제33조 (체류기간 연장 등을 허가하지 아니할 때의 출국통지)
① 법무부장관은 제29조부터 제31조까지의 규정에 따른 허가 등을 하지 아니할 때에는 신청인에게 체류기간 연장 등 불허결정 통지서를 발급하여야 한다. 이 경우 제30조의 체류자격 변경허가를 하지 아니할 때에는 이미 허가된 체류기간의 범위에서 체류하게 할 수 있다.

14) 대구지방법원 2012. 4. 18. 선고 2011구합2394 판결.

15) 앞의 판결.

그 체류자격에 따라 일정한 범위로 제한을 받게 된다. 그러나 외국인이 불법이민인 상태일지라도 근로계약을 체결하여 임금·급료 기타 이에 준하는 수입에 의하여 생활하는 근로자 신분을 가지고 있다면 산업재해를 인정하고 있다.

「노동조합 및 노동관계조정법」에 의하면 외국인이 직업의 종류를 불문하고 임금·급료 기타 이에 준하는 수입에 의하여 생활하는 외국인노동자인 경우에 근로조건의 유지·개선 기타 근로자의 경제적·사회적 지위의 향상을 도모하기 위해 내국인근로자와 구별 없이 자유로이 노동조합을 조직하거나 이에 가입할 수 있고(노동조합 및 노동관계조정법 제5조), 노동조합의 조합원은 어떠한 경우에도 인종 등에 의하여 차별대우를 받지 아니한다(노동조합 및 노동관계조정법 제9조). 반면에, 「출입국관리법」에서는 "외국인이 대한민국에서 취업하려면 대통령령으로 정하는 바에 따라 취업활동을 할 수 있는 체류자격을 받아야 한다."라고 규정하고 있다(출입국관리법 제18조 제1항). 불법이민외국인의 고용으로 인한 노동조합의 조직·가입과 관련하여 체류자격이 문제가 된다.[16)]

(2) 사건 개요

서울, 경기, 인천지역에 거주하는 외국인노동자 91명은 「노동조합 및 노동관계조정법」 등에 따라 2004년 4월 24일에 '서울·경기·인천 이주노동자 노동조합' 창립총회를 개최하여 규약을 제정하고 위원장 및 회계감사 등 임원을 선출하여 '외국인근로자 노동조합'을 결성한 다음, 노동부장관에게 노조의 설립신고서를 제출하였다. 이에 서울지방노동청장은 노조가입 자격이 없는 불법이민외국인(「출입국관리법」상 대한민국에 체류할 자격이 없는 외국인을 말한다)이 주된 조합 구성원으로 되어 「노동조합 및 노동관계조정법」에서 정한 노동조합으로 볼 수 없다는 이유로 노조의 설립신고서를 반려하는 처분을 하였다. '서울·경기·인천 이주노동자 노동조합'은 외국인노동자라 하더라도 「헌법」상 근로3권의 주체가 되고, 「노동조합 및 노동관계조정법」 어디에도 외국인노동자의 체류자격 유무를 노동조합설립신고의 요건으로 규정하지 않고 있으므로 이를 반려처분의 사유로 삼을 수 없다고 보아 서울지방노동청을 상대로 '노조설립신고서반려처분취소' 청구소송을 제기하였다.

(3) 제1심 법원

2006년 2월에 제1심 법원인 서울행정법원은 대한민국에서 체류자격 없는 외국인이 노동조합 가입이 허용되는 근로자에 해당하는지 여부에 대하여 "「출입국관리법」

16) 이동재, 한국내 외국인근로자와 관련된 법적문제, 외국인노동자정책 국제비교, 한국민족연구논집, 2004 참고.

제18조(외국인 고용의 제한) 제1항에서는 외국인이 대한민국에서 취업하고자 할 때에는 일정한 체류자격을 받아야 한다고 규정하고, 제18조 제3항 및 제4항에서는 누구든지 위와 같은 체류자격을 가지지 아니한 외국인을 고용하거나 고용을 알선 또는 권유하여서는 아니 된다고 규정하고 있으며, 이를 위반한 사용자는 「출입국관리법」에 의하여 처벌받게 되어 있으므로 대한민국에서 체류자격 없는 이른바 불법체류외국인은 「출입국관리법」상 취업이 엄격히 금지되어 있기 때문에 이들은 장차 적법한 근로관계가 계속될 것임을 전제로 근로조건의 유지·개선과 지위향상을 도모할 법률상 지위에 있는 것으로는 보이지 아니하므로 불법체류외국인이 「노동조합 및 노동관계조정법」 제2조 제4호 (라)목의 노동조합 가입이 허용되는 근로자에 해당한다고 보기 어렵다."고 판시하였다. 즉 "'서울·경기·인천 이주노동자 노동조합' 구성원의 일부는 불법체류외국인이므로 노조를 설립할 자격이 있는 근로자로 볼 수 없다."라고 하고, "이러한 판단이 불법체류외국인이 기왕에 사실상 근로를 제공한 부분에 관하여 사용자를 상대로 임금을 청구하거나 그 근로제공 과정에서 입은 업무상 재해에 관하여 「산업재해보상보험법」상 요양급여를 받는 범위에서 근로자로 인정되는 것과 서로 배치되는 것은 아니다."라는 것이다.[17]

(4) 제2심 법원

2007년 2월에 제2심 법원인 서울고등법원은 제1심 법원과는 상반되게 "불법체류외국인근로자도 노동조합 결성과 가입이 허용되는 근로자에 해당된다 할 것이므로, 서울지방노동청은 노조의 조합원인 외국인근로자가 적법한 체류자격이 있는 자인지 여부에 관하여 심사할 권한이 없다."라는 견해를 제시하였다.

그 판단 근거를 살펴보면, 국내에서 근로자로 생활하고 있는 불법체류 외국인근로자가 노동조합을 설립할 수 있는지 여부, 즉 노동조합을 설립하기 위해서는 외국인근로자가 적법한 체류자격이 있어야 하는지에 대하여 "「노동조합 및 노동관계조정법」 제2조 제1호 및 제4호, 제5조, 제9조, 「근로기준법」 제5조의 규정에서 근로자의 단결권·단체교섭권 및 단체행동권을 보장하여 근로조건의 유지·개선과 근로자의 경제적·사회적 지위의 향상을 도모한다는 「노동조합 및 노동관계조정법」의 목적을 더하여 보면, 불법체류외국인이라 하더라도 우리나라에서 현실적으로 근로를 제공하면서 임금·급료 기타 이에 준하는 수입에 의하여 생활하는 이상 노동조합을 설립할 수 있는 근로자에 해당한다고 보아야 하며, 근로자라는 의미는 「헌법」

---

17) 서울행정법원 2006. 2. 7. 선고 2005구합18266 판결.

제33조 제1항의 근로자와 동일한 개념으로서 「노동조합 및 노동관계조정법」 제2조 제1항에 규정된 '직업의 종류를 불문하고 임금·급료 기타 이에 준하는 수입에 의하여 생활하는 자'를 말한다. 「노동조합 및 노동관계조정법」 제2조 제4호에서는 노동조합을 '근로자가 주체가 되어 자주적으로 단결하여 근로조건의 유지·개선 기타 근로자의 경제적·사회적 지위의 향상을 도모함을 목적으로 조직하는 단체 또는 그 연합단체'를 말한다고 정의하면서 같은 호 (라)목에서는 근로자가 아닌 자의 가입을 허용하는 경우에는 노동조합으로 보지 아니한다고 규정하고 있으므로, 노동조합의 조합원은 근로자임을 요한다. 「헌법」 제33조 제1항에 규정된 근로자의 단결권·단체교섭권·단체행동권의 근로3권의 노사관계에서 실질적 평등이라는 입법 취지에다가 외국인의 지위를 보장한 「헌법」 제6조, 국적에 따른 근로조건의 차별대우를 금지한 「근로기준법」 제5조, 조합원에 대하여 인종 등에 의한 차별대우를 금지한 「노동조합 및 노동관계조정법」 제9조의 입법 취지 및 「헌법」에 의한 근로자의 단결권·단체교섭권 및 단체행동권을 보장하여 근로조건의 유지·개선과 근로자의 경제적·사회적 지위의 향상을 도모한다는 「노동조합 및 노동관계조정법」의 목적을 더하여 보면, 불법체류 외국인근로자라 하더라도 우리나라에서 현실적으로 근로를 제공하면서 임금·급료 기타 이에 준하는 수입에 의하여 생활하는 이상 노동조합을 설립할 수 있는 근로자에 해당한다.[18]

노동조합 설립신고를 받은 서울지방노동청장이 조합원의 체류자격을 심사할 권한이 있는지에 대하여, 서울고등법원은 "「출입국관리법」 제18조 제1항에서는 외국인이 대한민국에서 취업하고자 할 때에는 일정한 체류자격을 받아야 한다고 규정하고, 같은 조 제3항과 제4항에서는 누구든지 위와 같은 체류자격을 가지지 아니한 외국인을 고용하거나 고용을 알선 또는 권유하여서는 아니된다고 규정하고 있으며 이를 위반한 사용자는 「출입국관리법」 제94조 제5의 2호 및 제6호에 의하여 처벌받도록 규정함으로써, 외국인의 취업자격에 관하여 규율하는 「출입국관리법」이 취업자격 없는 외국인의 고용을 금지하기 위한 입법목적을 아울러 가지고 있다 하더라도 이는 취업자격 없는 외국인의 고용이라는 사실적 행위 자체를 금지하고자 하는 것에 불과할 뿐이고, 취업자격 없는 외국인이 사실상 근로를 제공하고 있는 경우에 취업자격이 없다는 이유로 고용계약이 당연 무효라고 할 수도 없으며 취업자격 없는 외국인근로자가 사용자와 대등한 관계를 이루어 근로조건을 향상시키기 위한 근로자단체를 결성하는 것까지 금지하려는 취지로 보기는 어렵다. 따라서 불법체류 외국인

---

18) 서울고등법원 2007. 2. 1. 선고 2006누6774 판결.

근로자도 노동조합 결성과 가입이 허용되는 근로자에 해당되므로, 서울지방노동청장으로서는 노동조합의 조합원이 적법한 체류자격이 있는 자인지 여부에 관하여 심사할 권한이 없다."고 판시하였다.[19]

(5) 대법원

이 사안에 대하여는 현재까지 대법원에서 계류중이다.

Ⅱ. 활동범위

1. 의 의

「출입국관리법」에서는 "외국인은 그 체류자격과 체류기간의 범위에서 대한민국에 체류할 수 있다."라고 규정하고 있으므로(출입국관리법 제17조 제1항), 외국인은 대한민국 내에서 활동하는 때에 일정한 범위 내에서 제한을 받는다. 또한 「출입국관리법」에서 "외국인이 대한민국에서 취업하려면 대통령령으로 정하는 바에 따라 취업활동을 할 수 있는 체류자격을 받아야 한다."라고 규정하고 있으므로(출입국관리법 제18조 제1항), 외국인이 국내노동시장에 미치는 영향을 최소화하기 위하여 외국인은 국내에서 취업하는 때에 일정한 제한을 받는다. 이하에서는 외국인이 대한민국에서 체류하면서 받는 활동범위의 제한 및 취업의 제한, 더 나아가 정치활동 및 그 제한을 살펴보기로 한다.

2. 활동범위의 제한

(1) 사 유

자연인의 권리와 자유를 제한하는 것은 일정한 사유로 법률로서만 가능하고, 제한하는 경우에도 그 권리와 자유의 본질적 내용을 침해할 수 없다. 「출입국관리법」에서는 "법무부장관은 공공의 안녕질서 또는 대한민국의 중요한 이익을 위하여 필요하다고 인정하면 대한민국에 체류하는 외국인에 대하여 거소居所 또는 활동의 범위를 제한하거나 그 밖에 필요한 준수사항을 정할 수 있다."라고 규정하고 있다(출입국관리법 제22조). 외국인의 활동범위를 제한하려는 사유로는 공공의 안녕질서 또는 대한민국의 중요한 이익을 위한 필요한 경우이다. 다만, 권리와 자유를 제한하는 사유의 한계와 관련하여, 외국인의 활동범위를 제한하는 사유 중 '대한민국의 중요한 이익'

19) 앞의 판결.

을 위하여 필요한 경우는 「헌법」 제37조 제2항에 규정된 기본권 제한의 사유인 '국가안전보장 · 질서유지 또는 공공복리'를 위하여 필요한 경우보다도 지나치게 추상적이고 광범위하다.[20)]

(2) 통 지

1) 활동범위 등 제한 통지서

법무부장관은 외국인의 거소 또는 활동범위를 제한하거나 준수사항을 정한 때에는 그 제한사항 또는 준수사항과 그 이유를 적은 활동범위 등 제한통지서를 해당 외국인에게 직접 발급하거나 출입국관리사무소장 또는 출장소장을 거쳐 해당 외국인에게 발급하여야 한다(출입국관리법 시행령 제27조). 출입국관리사무소장 또는 출장소장이 활동범위 등 제한통지서를 교부하는 때에는 수령증을 받아야 하고(출입국관리법 시행규칙 제27조 제1항, 제30조), 출입국관리사무소장 또는 출장소장이 활동범위 등 제한통지서를 교부하는 경우 필요하다고 인정되는 때에는 해당 소속단체의 장 또는 신원보증인을 입회하게 하여 활동범위 등 제한 명령을 지키도록 촉구할 수 있다(출입국관리법 시행규칙 제27조 제2항, 제30조).

2) 방 법

활동범위 등 제한통지서를 발급할 때 본인이 없거나 그 밖에 본인에게 직접 발급할 수 없는 사유가 있을 때에는 동거인 또는 그 외국인이 소속된 단체의 장에게 발급할 수 있다. 이 경우 본인에게 발급한 것으로 본다(출입국관리법 시행령 제28조 제1항). 또한 긴급하면 먼저 구두로 알릴 수 있다. 이 경우에 구두로 알린 후 지체 없이 활동범위 등 제한통지서를 발급하여야 한다(출입국관리법 시행령 제28조 제2항).

(3) 처 벌

지방출입국 · 외국인관서의 장은 「출입국관리법」 제22조(활동범위의 제한)에 따라 법무부장관이 정한 거소 또는 활동범위의 제한이나 그 밖의 준수사항을 위반한 자를 대한민국 밖으로 강제퇴거시킬 수 있다(출입국관리법 제46조 제1항 제10호). 그리고 「출입국관리법」 제22조(활동범위의 제한)에 따른 제한 등을 위반한 자는 3년 이하의 징역 또는 2천만원 이하의 벌금에 처한다(출입국관리법 제94조 제14호)

---

20) 황필규, 기조발제: 인권을 기준으로 출입국관리법 개정해야, 다문화사회를 위한 출입국관리법 개정방안 모색, 2009, p. 22.

3. 취업활동의 제한

(1) 사 유

외국인이 대한민국에서 취업하려면 대통령령으로 정하는 바에 따라 취업활동을 할 수 있는 체류자격을 받아야 한다(출입국관리법 제18조 제1항). 취업활동을 할 수 있는 체류자격을 가진 외국인은 지정된 근무처가 아닌 곳에서 근무하여서는 아니 된다(출입국관리법 제18조 제2항). 그리고 누구든지 취업활동을 할 수 있는 체류자격을 가지지 아니한 자를 고용하여서는 아니 되고(출입국관리법 제18조 제3항), 누구든지 취업활동을 할 수 있는 체류자격을 가지지 아니한 자의 고용을 알선 또는 권유하여서는 아니 되고(출입국관리법 제18조 제4항), 누구든지 취업활동을 할 수 있는 체류자격을 가지지 아니한 자의 고용을 알선할 목적으로 그를 자기 지배하에 두는 행위를 하여서는 아니 된다(출입국관리법 제18조 제5항).

(2) 취업활동을 할 수 있는 체류자격

1) 체류자격의 구분에 따른 제한을 받는 취업자격

(가) 유 형

외국인이 대한민국에서 취업하려면 대통령령으로 정하는 바에 따라 취업활동을 할 수 있는 체류자격을 받아야 한다(출입국관리법 제18조 제1항). 여기에서 '취업활동을 할 수 있는 체류자격'이란 단기취업(C-4), 교수(E-1), 회화지도(E-2), 연구(E-3), 기술지도(E-4), 전문직업(E-5), 예술흥행(E-6), 특정활동(E-7), 비전문취업(E-9), 선원취업(E-10), 방문취업(H-2)의 체류자격을 말한다(입국관리법 시행령 제23조 제1항 전단). 그리고 관광취업(H-1) 체류자격을 가지고 있는 자가 취업활동을 하는 경우에는 취업활동을 할 수 있는 체류자격에 해당하는 것으로 본다(출입국관리법 시행령 제23조 제5항). '취업활동'은 해당 체류자격의 범위에 속하는 활동으로 한다(출입국관리법 시행령 제23조 제1항 후단). 따라서 외국인은 위에 해당하는 취업활동을 할 수 있는 체류자격의 구분에 따라 그 범위에 속하는 취업활동을 할 수 있고, 그 범위를 넘는 취업활동에는 제한이 따른다.

(나) 처 벌

취업활동의 제한을 위반한 자에 대하여는 「출입국관리법」에 따라 처벌을 받는다. 즉 취업활동을 할 수 있는 체류자격을 받지 아니하고 취업활동을 한 외국인, 취업활동을 할 수 있는 체류자격을 가지지 아니한 외국인을 고용한 자, 취업활동을 할 수 있는 체류자격을 가지지 아니한 외국인의 고용을 업으로 알선·권유한 자, 체류자격을 가지지 아니한 외국인을 자기 지배하에 두는 행위를 한 자는 3년 이하의 징역 또는 2천만원 이하의 벌금에 처한다(출입국관리법 제94조 제8, 제9호, 제10호, 제11호). 그리고 지정된 근무처가 아닌 곳에서 근무한 외국인은 1년 이하의 징역 또는 1천만원 이하의 벌금에 처한다(출입국관리법 제95조 제5호).

2) 체류자격의 구분에 따른 제한을 받지 않는 취업자격

「출입국관리법 시행령」에서는 체류자격의 구분에 따른 취업활동의 제한을 받지 아니하는 예외를 아래와 같이 규정하고 있다.

(가) 거주(F–2) 또는 결혼이민(F–6)

거주(F-2)의 가목부터 다목까지 및 자목부터 카목까지의 어느 하나에 해당하는 체류자격을 가지고 있는 자, 거주(F-2)의 라목・바목 또는 사목의 체류자격을 가지고 있는 자로서 그의 종전 체류자격에 해당하는 분야에서 활동을 계속하고 있는 자, 결혼이민(F-6)의 체류자격을 가지고 있는 자의 경우에는 체류자격 구분에 따른 취업활동의 제한을 받지 아니한다(출입국관리법 시행령 제23조 제2항).

(나) 재외동포(F–4)

재외동포(F-4) 체류자격을 가지고 있는 자는 i) 단순노무행위를 하는 경우, ii) 선량한 풍속이나 그 밖의 사회질서에 반하는 행위를 하는 경우, iii) 그 밖에 공공의 이익이나 국내 취업질서 등을 유지하기 위하여 그 취업을 제한할 필요가 있다고 인정되는 경우의 어느 하나에 해당하는 경우를 제외하고는, 체류자격 구분에 따른 활동의 제한을 받지 아니한다(출입국관리법 시행령 제23조 제3항 본문 및 제1호, 제2호, 제3호). 다만, 허용되는 취업활동이라도 국내 법령에 따라 일정한 자격이 필요할 때에는 그 자격을 갖추어야 한다(출입국관리법 시행령 제23조 제3항 단서).

(다) 영주(F–5)

영주(F-5)의 체류자격을 가지고 있는 자는 체류자격 구분에 따른 활동의 제한을 받지 아니한다(출입국관리법 시행령 제23조 제4항).

4. 외국인의 정치활동

(1) 의　의

정치활동이란 정치적 의견과 정치사상을 외부로 표현하는 활동을 말한다. 정치활동은 정치적 표현의 자유에 기초하고 있다. 정치적 표현의 자유는 여론의 자유, 정치적 기본권 또는 정치권이라고도 말한다. 정치적 표현의 자유는 민주정치에서 필수불가결의 자유로 인정된다.[21] 정치적 표현의 자유로는 선거권과 피선거권, 공무담임권, 언론・출판・집회・결사의 자유, 국민투표권, 정당의 설립과 활동의 자유가 있

21) 김철수, 헌법학개론, 박영사, 2006, p. 766.

다.[22] 외국인이 대한민국 사회에 조기적응하여 능력을 충분히 발휘하고, 대한민국의 발전과 사회에 이바지하여 진정한 사회적 구성원으로 인정되기 위하여 그 종국적인 지표로서는 외국인에게 정치활동의 자유가 인정되는가이다. 외국인의 통합을 위하여 의사표현의 일종으로 볼 수 있는 정치활동의 자유에 관한 것이다.

(2) 헌법과 개별법률

1) 헌 법

「헌법」 제6조 제2항에서는 "외국인은 국제법과 조약이 정하는 바에 의하여 그 지위가 보장된다."라고 규정하고 있다. 그리고 「헌법」 제24조에서는 "모든 국민은 법률이 정하는 바에 의하여 선거권을 가진다."라고 하여 선거권을, 제25조에서는 "모든 국민은 법률이 정하는 바에 의하여 공무담임권을 가진다."라고 하여 공무담임권을, 제21조 제1항에서는 "모든 국민은 언론 · 출판의 자유와 집회 · 결사의 자유를 가진다."라고 하여 언론 · 출판 및 집회 · 결사의 자유를, 제72조에서는 "대통령은 필요하다고 인정할 때에는 외교 · 국방 · 통일 기타 국가안위에 관한 중요정책을 국민투표에 붙일 수 있다." 및 제130조 제2항에서는 "헌법 개정안은 국회가 의결한 후 30일 이내에 국민투표에 붙여 국회의원선거권자 과반수의 투표와 투표자 과반수의 찬성을 얻어야 한다."라고 하여 국민투표권을 규정하고 있다. 이와 같은 「헌법」의 태도는 외국인의 정치활동에 관한 개별 법률에 반영되고 있다.

2) 출입국관리법

(가) 규 정

「출입국관리법」 제17조(외국인의 체류 및 활동범위) 제1항에서 "외국인은 그 체류자격과 체류기간의 범위에서 대한민국에 체류할 수 있다.", 제2항에서 "대한민국에 체류하는 외국인은 「출입국관리법」 또는 다른 법률에서 정하는 경우를 제외하고는 정치활동을 하여서는 아니 된다.", 제3항에서 "법무부장관은 대한민국에 체류하는 외국인이 정치활동을 하였을 때에는 그 외국인에게 서면으로 그 활동의 중지명령이나 그 밖에 필요한 명령을 할 수 있다."라고 규정하고 있다. 「출입국관리법」 제25조(체류기간 연장허가)에 의하면 "외국인이 체류기간을 초과하여 계속 체류하고자 할 때에는 대통령령이 정하는 바에 따라 그 기간의 만료 전에 법무부장관의 체류기간 연장허가를 받아야 한다."라고 규정되어 있다. 외국인이 정치적 활동을 제한한 규정을 위반할 경우에는 강제퇴거의 사유에 해당한다(출입국관리법 제46조 제1항 제7호).

22) 앞의 책, pp. 766～792; 이준일, 헌법학강의, 홍문사, 2011, pp. 627～644.

(나) 연 혁

「출입국관리법」에 외국인의 정치활동 금지가 규정된 계기는 1960년 대한민국에 입국하여 선교활동 중이던 오글레George Ewing Ogle 목사에 대한 1974년 강제퇴거 사건에 기인한다. 이는 외국인 선교사에 대한 최초의 강제퇴거이다. 오글레 목사는 유신체제 하에서 유신헌법 폐지, 인혁당사건 관련 구속자 석방요구 등 정치적 성격의 활동을 했다는 이유로 강제퇴거 되었다. 이로 인해 미국의 항의를 유발했고, 한·미 간의 공조체제 유지에 장애요인이 되기도 하였다. 1977년에 「출입국관리법」 제23조(활동범위) 제2항을 개정하여 외국인의 정치활동을 금지한 이래, 2005년까지 「출입국관리법」에서는 "대한민국에 체류하는 외국인은 정치활동을 하여서는 아니된다."라고 하여 외국인의 정치적 활동을 전면 금지하였다(구 출입국관리법 제17조 제2항). 그 후 2005년 3월 24일에 「출입국관리법」이 개정되어 "대한민국에 체류하는 외국인은 「출입국관리법」 또는 다른 법률에서 정하는 경우를 제외하고는 정치활동을 하여서는 아니된다."고 규정함으로써 외국인의 정치활동을 부분적으로 허용하고 있다.

3) 선거·정당 관련법

선거권과 관련하여 「공직선거법」 제15조(선거권) 제1항에서 "19세 이상의 국민은 대통령 및 국회의원의 선거권이 있다."라고 규정하고 있다. 그리고 피선거권과 관련하여 「공직선거법」 제16조(피선거권) 제1항에서 "선거일 현재 5년 이상 국내에 거주하고 있는 40세 이상의 국민은 대통령의 피선거권이 있다.", 제2항에서 "25세 이상의 국민은 국회의원의 피선거권이 있다."라고 규정하고 있다. 따라서 외국인은 대통령 및 국회의원 선거에서 선거권과 피선거권이 인정되지 않는다. 다만, 19세 이상으로서 선거인명부작성기준일 현재 「출입국관리법」 제10조에 따른 영주의 체류자격 취득일 후 3년이 경과한 외국인으로서 「출입국관리법」 제34조(외국인등록표 등의 작성 및 관리)에 따라 해당 지방자치단체의 외국인등록대장에 올라 있는 자는 그 구역에서 선거하는 지방자치단체의 의회의원 및 장의 선거권이 있다(공직선거법 제15조 제2항).

정당의 활동과 관련하여 「정당법」 제22조(발기인 및 당원의 자격) 제2항에서 "대한민국 국민이 아닌 자는 당원이 될 수 없다.", 「정치자금법」 제31조(기부의 제한) 제1항에서 "외국인 (중략)는 정치자금을 기부할 수 없다."라고 규정하고 있다. 따라서 외국인은 정당의 활동과 관련하여 정당에 참여할 수 있는 직·간접적인 방법이 없다.[23]

---

23) 이성언·최유, 다문화가정 도래에 따른 혼혈인 및 이주민의 사회통합을 위한 법제지원방안 연구, 한국법제연구원, 2006, p. 133.

4) 공무담임 관련법

「외무공무원법」 제9조(임용자격 및 결격사유) 제2항 제2호에서 “다음 각 호의 어느 하나에 해당하는 자는 외무공무원으로 임용될 수 없다. 2. 대한민국의 국적을 가지지 아니한 자”, 「경찰공무원법」 제7조(임용자격 및 결격사유) 제2항 제1호에서 “다음 각 호의 어느 하나에 해당하는 자는 경찰공무원으로 임용될 수 없다. 1. 대한민국의 국적을 가지지 아니한 자”, 「국가정보원직원법」 제8조(임용자격 및 결격사유) 제2항 제1호에서 “다음 각 호의 어느 하나에 해당하는 자는 직원으로 임용될 수 없다. 1. 대한민국의 국적을 가지지 아니한 자”, 「대통령 등의 경호에 관한 법률」 제8조(직원의 임용 자격 및 결격사유) 제2항 제1호에서 “다음 각 호의 어느 하나에 해당하는 자는 직원으로 임용될 수 없다. 1. 대한민국의 국적을 가지지 아니한 자”라고 규정하고 있다.

반면에, 공무원 임용의 기본법에 해당하는 「국가공무원법」 제26조의3(외국인과 복수국적자의 임용) 제1항에서 “국가기관의 장은 국가안보 및 보안·기밀에 관계되는 분야를 제외하고 국회규칙, 대법원규칙, 헌법재판소규칙, 중앙선거관리위원회규칙 또는 대통령령으로 정하는 바에 따라 외국인을 공무원으로 임용할 수 있다.”, 제2항에서 “국가기관의 장은 다음 각 호의 어느 하나에 해당하는 분야로서 국회규칙, 대법원규칙, 헌법재판소규칙, 중앙선거관리위원회규칙 또는 대통령령으로 정하는 분야에는 복수국적자(대한민국의 국적과 외국국적을 함께 가진 자를 말한다)의 임용을 제한할 수 있다. 1. 국가의 존립과 헌법 기본질서의 유지를 위한 국가안보 분야, 2. 내용이 누설되는 경우 국가의 이익을 해하게 되는 보안·기밀 분야, 3. 외교, 국가 간 이해관계와 관련된 정책결정 및 집행 등 복수국적자의 임용이 부적합한 분야”라고 규정하고 있다. 그리고 「지방공무원법」 제25조의2(외국인과 복수국적자의 임용) 제1항에서 “지방자치단체의 장은 국가안보 및 보안·기밀에 관계되는 분야를 제외한 분야에서 대통령령으로 정하는 바에 따라 외국인을 공무원으로 임용할 수 있다.”, 제2항에서 “지방자치단체의 장은 다음 각 호의 어느 하나에 해당하는 분야로서 대통령령으로 정하는 분야에는 복수국적자(대한민국 국적과 외국국적을 함께 가진 자를 말한다)의 임용을 제한할 수 있다. 1. 국가의 존립과 헌법 기본질서의 유지를 위한 국가안보 분야, 2. 내용이 누설되는 경우 국가 또는 지방자치단체의 이익을 해하게 되는 보안·기밀 분야, 3. 외교, 국가 간 이해관계와 관련된 정책 결정 및 집행 등 복수국적자의 임용이 부적합한 분야”라고 규정하고 있다.

5) 언론의 자유 관련법

「방송법」 제13조(결격사유) 제2항 제1호에서 “다음 각호의 1에 해당하는 자는 중계유선방송사업·음악유선방송사업을 할 수 없다. 1. 외국인 또는 외국의 정부나 단체", 제3항에서 "다음 각호의 1에 해당하는 자는 제9조 제1항·제2항·제3항·제5항·제6항·제8항 및 제10항의 규정에 의하여 허가 또는 승인을 받거나 등록을 한 법인의 대표자 또는 방송편성책임자가 될 수 없다. 1. 대한민국의 국적을 가지지 아니한 자, (중략) 7. 외국의 법인 또는 단체의 대표자(전송망사업의 경우는 제외한다)"라고 규정하고 있다. 「뉴스통신진흥에 관한 법률」 제9조(결격사유 등) 제1항에서 "다음 각 호의 어느 하나에 해당하는 자는 뉴스통신사업자의 대표이사 또는 편집인이 될 수 없다. 1. 대한민국의 국적을 가지지 아니한 자", 제4항에서 "다음 각 호의 어느 하나에 해당하는 자는 뉴스통신사업을 할 수 없다. 1. 외국정부 또는 외국의 법인이나 단체, 2. 대한민국의 국적을 가지지 아니한 자가 대표자로 되어 있는 법인 또는 단체, 3. 외국인 또는 외국의 법인이나 단체가 100분의 25 이상의 주식 또는 지분을 소유하고 있는 법인"라고 규정하고 있다. 따라서 외국인은 방송 또는 뉴스통신에 참여할 수 있는 방법이 엄격히 차단되어 있다.

(3) 기본권 주체성

「헌법」에서는 외국인의 기본권 주체성에 대하여 직접적으로 규정하지 않고 있다.[24] 「헌법」상 외국인이 기본권의 주체가 될 수 있는지에 대하여는 견해가 대립된다. 외국인의 기본권 주체성 범위에 대하여 '어느 정도'의 범위를 인정할 것인지 그 기준이 문제된다. 기본적 인권은 권리의 성질상 대한민국 국민에게만 적용되는 고유한 권리를 제외하고는 대한민국에 체류하는 외국인도 그 대상자가 될 수 있다. 정치적 활동의 자유는 대한민국의 정치적 의사결정 또는 그 실시에 영향을 미치는 활동 등 외국인의 법적 지위에 비추어 그 대상으로 하지 않는 것을 제외하고는 외국인에게도 정치적 활동은 보장되어 진다.[25]

(4) 정치적 활동

1) 협의의 참정권(선거권과 피선거권)

외국인에게 기본권 주체성을 '어느 정도'의 범위로 인정할지라도 "대한민국의 주권은 국민에게 있고, 모든 권력은 국민으로부터 나온다."라는 「헌법」 제1조 제2항의 국민주권의 원칙을 유지하는 한 외국인의 정치적 활동은 부분적일 수밖에 없다.[26]

---

24) 국가인권위원회, 차별 관련 법령 실태조사, 2003, p. 149.
25) 박동철, 일본 출입국관리법 위반 관련 판례 번역, 법무연수원, 2008, p. 59.
26) 이성언·최유, 다문화가정 도래에 따른 혼혈인 및 이주민의 사회통합을 위한 법제지원방안 연구,

대통령 선거와 국회의원 선거는 국민주권의 원칙과의 관계에서 국민의 권리에 해당한다. 다만, 지방자치단체는 주민의 복리에 관한 사무를 처리하고 재산을 관리하며, 법령의 범위 안에서 자치에 관한 규정을 제정할 수 있으므로(헌법 제117조 제1항), 외국인이 지방자치단체의 선거에 참여하는 문제는 생활관계를 형성 유지한다는 측면에서 그 성격을 달리한다.

2) 정치활동

(가) 문제 제기

외국인이 체류하는 국가 내에서 정치활동을 이유로 체류기간 연장 불허가 또는 강제퇴거 결정, 판례 및 의견 등을 통하여 외국인이 정치활동을 할 수 있는지를 알 수 있다. 이와 관련하여 외국인의 정치활동으로 인한 체류기간 연장 불허가 또는 강제퇴거 결정에 대해 재량권을 가지는지가 문제된다.

(나) 제한적 재량행위설

외국인이 체류하고 있는 국가 내에서 정치활동을 하였다는 이유로 법무부장관이 해당 외국인의 체류기간 연장을 불허하거나 강제퇴거하는 것은 법무부장관의 재량권을 일탈한 위법한 결정이 될 수 있다는 견해이다. 「헌법」 어디에도 외국인의 자유로운 입국에 대해 규정되어 있는 조항이 없고, 외국인이 대한민국에 입국한 후 계속하여 체류할 수 있는 것을 요구할 수 있는 권리가 보장되어 있는 것도 아니다. 또한 법무부장관의 체류기간 연장 불허가 또는 강제퇴거 여부는 광범위한 재량권을 갖는 것으로 해석되지만, 그 재량권도 「헌법」 기타 법령상 일정한 제한이 따른다.

외국인의 정치활동으로 인한 법무부장관의 체류기간 연장 불허가 또는 강제퇴거 여부에 관해 재량권 행사를 제한하는 논거로는, 첫째, 외국인의 정치활동이 대한민국 정치에 대한 부당한 간섭으로서 대한민국의 국민 및 대한민국의 이익을 해할 염려가 있다고 인정되는지 여부이다. 둘째, 외국인의 체류가 대한민국의 국민과 대한민국의 이익을 해할 염려가 있는지는 그 정치활동의 실체에 따라 판단하여야 한다. 정치적 집회 등에 참가한 목적, 의도 및 참가양태가 주도적이었는지의 여부이다. 셋째, 「헌법」의 국제협조주의 또는 기본적 인권보장 이념에 비추어 법무부장관에 주어진 재량권은 제한적으로 행사되어야 한다. 이에 대한 1973년 일본의 제1심 판결를 보면, 1969년 미국인이 일본의 출입국관리법 개정을 반대하는 전단을 배포하고 요코하마 외국인보호소에 항의시위한 행위를 일본정치에 대한 간섭이라기보다는 미국인이 외국인이라는 신분상의 이해관계 및 일본국민과 일본정부에 선처를 호소하

한국법제연구원, 2006, p. 134.

는 성질을 가지므로 일본국민과 일본의 이익을 해할 염려가 없다고 보고 법무대신에게 주어진 재량권의 범위를 일탈한 위법한 처분이라고 결정하였다.[27)]

(다) 포괄적 재량행위설

외국인의 정치활동은 대한민국에 체류하는 동안 외국인에게도 허용되는 의사표현의 자유로서 특별한 제한과 불이익을 강제받는 것은 아니지만, 대한민국의 국민과 대한민국의 이익에 바람직한 것은 아니며 누가 보아도 타당하지 않은 것이 분명한 특별한 사정이 있는 경우를 제외하고는 외국인의 정치활동으로 인한 체류기간 연장 불허가 또는 강제퇴거는 법무부장관에게 부여된 재량권의 범위 내에 있다는 견해이다. 「헌법」 어디에도 외국인이 대한민국에 입국하는 권리에 대한 어떠한 규정을 가지고 있지 않고, 국제관습법상 국가는 외국인을 받아들일 의무가 없으며, 「대한민국과 아메리카합중국간의 상호방위조약 제4조에 의한 시설과 구역 및 대한민국에서의 합중국 군대의 지위에 관한 협정(소위 협정 SOFA)」 등 특별한 조약이 없는 한 외국인을 대한민국 안으로 받아들일지 여부와 입국을 허가하는 경우에도 조건을 부과할지에 대하여도 대한민국이 자유로이 결정할 수 있다. 외국인은 그의 체류기간이 만료된 경우 대한민국을 출국하여야 하고, 체류기간을 초과하여 계속 체류하고자 할 때에는 그 기간의 만료 전에 법무부장관의 체류기간 연장허가를 받아야 하므로 외국인이 계속하여 체류할 수 있는 권리가 보장되어 있지 않다.[28)]

「출입국관리법」 제25조(체류기간 연장허가)에서 체류기간 연장허가의 구체적인 판단기준이 없는 것은 법무부장관에게 체류기간 연장허가에 대한 재량권의 범위를 광범위하게 부여한 것이다. 일정기간마다 외국인의 체류상황, 필요성, 상당성 및 대한민국의 질서와 선량한 풍속 유지, 보건과 위생 확보, 국내노동시장의 안정, 외교관계 등을 고려하여 체류연장 여부를 결정한다. 법무부장관의 재량권의 범위를 광범위하게 인정하는 주장의 논거로는, 첫째, 행정청의 재량권 행사가 위법하게 되는 것은 법이 인정하는 재량권의 범위를 넘어서거나 남용이 있는 경우에 한정한다. 법무부장관의 판단이 사실에 완전히 기초하지 않아 사실에 오인이 있거나, 사실에 대한 평가가 사회통념상 현저하게 합리성과 타당성을 결여한 것이 분명한 경우에 한하여 재량권의 범위를 넘어서거나 남용이 있는 것으로 되어 위법하게 된다. 둘째, 「헌법」상 대한민국에 입국할 권리가 본질적으로 보장되지 아니한 외국인은 대한민국에 체류하는 권리 또는 계속하여 체류하는 권리가 보장되지 않는다. 대한민국에 체류하는 외국인은 법무부장관이 체류기간 연장을 허가하는 경우에 한하여 계속적으로 체류

27) 박동철, 일본 출입국관리법 위반 관련 판례 번역, 법무연수원, 2008, pp. 63~66.
28) 앞의 책, pp. 56~57.

기간을 연장 받을 수 있는 지위를 받는 것에 지나지 않으며, 법무부장관의 재량권을 구속하는 것까지의 보장은 아니다. 셋째, 대한민국 내에서 정치활동을 하는 외국인의 행동에 대하여 법무부장관은 고도의 정치적 고려를 하게 된다. 「헌법」상 대한민국의 국민만이 주권행사의 일환으로 결정해야 하는 사항에 대하여 학술저서, 논문 등의 범위 및 국제예양에서 허용되는 범위를 넘어 간섭적 언행을 하는 것은 체류기간 연장 불허 또는 강제퇴거에 해당되는 사유가 된다. 이에 대한 1978년 일본의 최고재판소 및 1975년 고등재판소 판결을 보면, 1969년 미국인이 일본의 출입국관리법 개정을 반대하는 전단을 배포하고 요코하마 외국인보호소에 항의시위한 행위를 그 행동의 양태 등으로 보아 헌법의 보장이 미치지 않는 정치활동이라고 하여 법무대신의 재류기간 갱신 불허가는 재량권을 일탈한 위법한 처분으로 인정되지 않는다고 결정하였다.[29)]

(라) 소 결

아직 대한민국의 대법원에서는 외국인의 정치적 활동에 대한 명확한 결정은 없다. 다만, 세계적으로 참정권 등 외국인의 의사표현의 자유가 확대되는 추세를 감안하고 외국인의 정치활동이 대한민국의 국민 및 대한민국의 이익을 해할 염려가 없는 경우에는 의사표현의 자유의 일환으로 외국인의 정치활동을 인정할 필요가 있다.

3) 불법이민자의 정치활동

(가) 문제 제기

외국인도 인간의 존엄과 가치, 행복추구권 등 인간의 권리로서 기본권의 주체가 될 수 있다고 보아야 할 것이나, 평등권은 참정권 등에 의한 성질상 제한 및 상호주의에 따른 제한이 가능하다. 국민 또는 국민과 유사한 지위에 있는 외국인은 기본권의 주체가 될 수 있다. 반면에, 대한민국에 불법이민한 외국인에게도 정치적 활동의 자유가 인정되는지가 문제된다. 특히 불법이민자에게 집회의 자유가 인정되는지를 살펴보기로 한다.

(나) 제한적으로 집회의 자유 인정

불법이민자에게 집회의 자유를 제한적으로 긍정하는 것은 외국인은 대한민국 국민의 동화적 통합을 해치지 않고 대한민국 사회에 통합되는 데 필요한 범위 내에서 기본권의 주체가 될 수 있으며, 사회통합의 여건은 상황에 따라 다르므로 구체적으로 외국인이 어떤 기본권을 향유할 수 있는지는 개별적인 경우에 따라 결정할 문제로서 처음부터 이를 획일적으로 정할 수 있는 없다고 보는 견해로부터 논리를 전개

29) 앞의 책, pp. 55~62.

한다. 모든 외국인이 언제나 동등하게 대우되어야 하는 것은 아니다. 외국인의 기본권은 절대적 기본권 등을 제외하고는 상호주의 원칙 등에 의해 대한민국 국민의 통합을 해치지 않는 범위 내에서 인정된다 할 것이며 법령이 이를 판단하는 기준의 하나가 된다. 예컨대 「공직선거법」, 「외국인토지법」, 「국가공무원법」, 「변호사법」 등이다. 외국인의 기본권을 제한하거나 「공직선거법」 등 법령에서 특별히 허용하는 경우와는 달리, 「집회 및 시위에 관한 법률」은 외국인에 대하여 특별한 제한규정을 두고 있지 않으므로 대한민국 내에서 불법체류하고 있는 외국인에게도 집회의 자유가 인정된다.

Ⅲ. 신고의무

1. 의　의

취업활동을 할 수 있는 체류자격을 가지고 있는 외국인은 고용주와 고용·피고용 관계가 형성되어, 고용주는 피고용된 외국인을 고용관리할 수 있다. 「출입국관리법」에서는 고용주에게 피고용된 외국인에 대한 일정한 의무를 부여하고 있다. 그리고 유학생에 대한 관리를 위하여 「출입국관리법」에서는 외국인유학생이 재학 중이거나 연수 중인 학교의 장에게 일정한 의무를 부여하고 있다. 이하에서는 그 내용을 살펴보기로 한다.

2. 고용주 등의 신고

(1) 취업활동을 할 수 있는 체류자격 소지자

취업활동을 할 수 있는 체류자격을 가지고 있는 외국인을 고용한 자는 i) 외국인을 해고하거나 외국인이 퇴직 또는 사망한 경우, ii) 고용된 외국인의 소재를 알 수 없게 된 경우, iii) 고용계약의 중요한 내용을 변경한 경우의 어느 하나에 해당하는 사유가 발생하면 그 사실을 안 날부터 15일 이내에 지방출입국·외국인관서의 장에게 신고하여야 한다(출입국관리법 제19조 제1항). 여기에서 '고용계약의 중요한 내용을 변경한 경우'란 아래 3가지의 어느 하나에 해당하는 경우를 말한다. 첫째, 고용계약 기간을 변경한 경우이다. 둘째, 고용주 또는 대표자가 변경되거나 근무처의 명칭이 변경된 경우 또는 근무처의 이전으로 그 소재지가 변경된 경우이다. 다만, 국가기관이나 지방자치단체에서 외국인을 고용한 경우, 「초·중등교육법」 제2조 또는 「고등교육법」

제2조에 따른 학교 및 특별법에 따른 고등교육기관에서 외국인을 고용한 경우, 법인의 대표자가 변경된 경우, 「출입국관리법」 제21조(근무처의 변경·추가) 제1항에 따라 외국인이 근무처를 변경한 경우는 제외한다. 셋째, 「파견근로자 보호 등에 관한 법률」 등 다른 법률에 따라 근로자를 파견한 경우(파견사업장이 변경된 경우를 포함한다)이다(출입국관리법 시행령 제24조 제2항).

(2) 기술연수생

「출입국관리법」 제19조의2(외국인의 기술연수활동)에 따라 외국인에게 산업기술을 연수시키는 업체의 장에 대하여는 외국인을 고용한 자의 신고의무 규정을 준용한다(출입국관리법 제19조 제1항 및 제2항). 기술연수(D-3) 활동은 취업활동을 할 수 있는 체류자격에 해당하지 않지만, 외국인의 산업기술 연수를 관리하기 위하여 산업기술을 연수시키는 업체의 장에게도 고용주와 동일하게 신고의무를 부여한 것이다.

(3) 절 차

외국인을 고용한 자 또는 외국인에게 산업기술을 연수시키는 업체의 장은 신고를 하려는 경우에는 고용·연수 외국인 변동사유 발생신고서를 출입국관리사무소장 또는 출장소장에게 제출하여야 한다(출입국관리법 시행령 제24조 제1항).

(4) 「외국인근로자의 고용 등에 관한 법률」의 적용을 받는 외국인의 신고절차

「외국인근로자의 고용 등에 관한 법률」의 적용을 받는 외국인을 고용한 자가 「출입국관리법」 제19조(외국인을 고용한 자 등의 신고의무) 제1항에 따른 신고를 한 경우 그 신고사실이 「외국인근로자의 고용 등에 관한 법률」 제17조(외국인근로자의 고용관리) 제1항에 따른 신고사유에 해당하는 때에는 같은 항에 따른 신고를 한 것으로 본다(출입국관리법 제19조 제3항). 또한 신고를 받은 지방출입국·외국인관서의 장은 그 신고사실이 「출입국관리법」 제19조(외국인을 고용한 자 등의 신고의무) 제3항에 해당하는 경우 지체 없이 외국인을 고용한 자의 소재지를 관할하는 「직업안정법」 제2조의2(정의) 제1호에 따른 직업안정기관의 장에게 통보하여야 한다(출입국관리법 시행령 제24조 제1항). 이것은 「외국인근로자의 고용 등에 관한 법률」의 적용을 받는 외국인근로자를 고용한 고용주가 동일한 사안에 대하여 「외국인근로자의 고용 등에 관한 법률」에 따른 신고와 「출입국관리법」에 따른 신고를 중복적으로 해야 하는 불편을 해소하기 위하여 2014년 10월 15일에 개정되어 도입된 제도이다. 2015년 4월 16일부터 시행될 예정이다.

(5) 처 벌

「출입국관리법」 제19조(외국인을 고용한 자 등의 신고의무)의 신고의무를 위반한 자에게는 200만원 이하의 과태료를 부과한다(출입국관리법 제100조 제1항).

3. 외국인유학생에 대한 관리

(1) 관리담당 직원 지정·통보

유학이나 연수활동을 할 수 있는 체류자격을 가지고 있는 외국인(외국인유학생을 말한다)이 재학 중이거나 연수 중인 학교(「고등교육법」 제2조 각 호에 따른 학교를 말한다)의 장은 그 외국인유학생의 관리를 담당하는 직원을 지정하고 이를 지방출입국·외국인관서의 장에게 알려야 한다(출입국관리법 제19조의4 제1항).

(2) 외국인유학생 관리

외국인유학생이 재학 중이거나 연수 중인 학교의 장은 ⅰ) 외국인유학생의 출결사항出缺事項 및 학점 이수履修 등 관리, ⅱ) 외국인유학생 이탈 방지를 위하여 필요한 상담, ⅲ) 사무소장·출장소장에 대한 관리 및 상담 현황 통보(정보통신망에 의한 통보를 포함한다)를 수행하여야 한다(출입국관리법 제19조의4 제3항, 시행령 제24조의8 제1항). 이와 같은 업무는 외국인유학생의 관리를 담당하는 직원이 수행할 수 있다(출입국관리법 제19조의4 제3항, 시행령 제24조의8 제2항).

(3) 변동사항 신고

외국인유학생이 재학 중이거나 연수 중인 학교의 장은 ⅰ) 입학하거나 연수허가를 받은 외국인유학생이 매 학기 등록기한까지 등록을 하지 아니하거나 휴학을 한 경우, ⅱ) 제적·연수중단 또는 행방불명 등의 사유로 외국인유학생의 유학이나 연수가 끝난 경우의 어느 하나에 해당하는 사유가 발생하면 그 사실을 안 날부터 15일 이내에 지방출입국·외국인관서의 장에게 신고(정보통신망에 의한 신고를 포함한다)하여야 한다(출입국관리법 제19조의4 제2항).

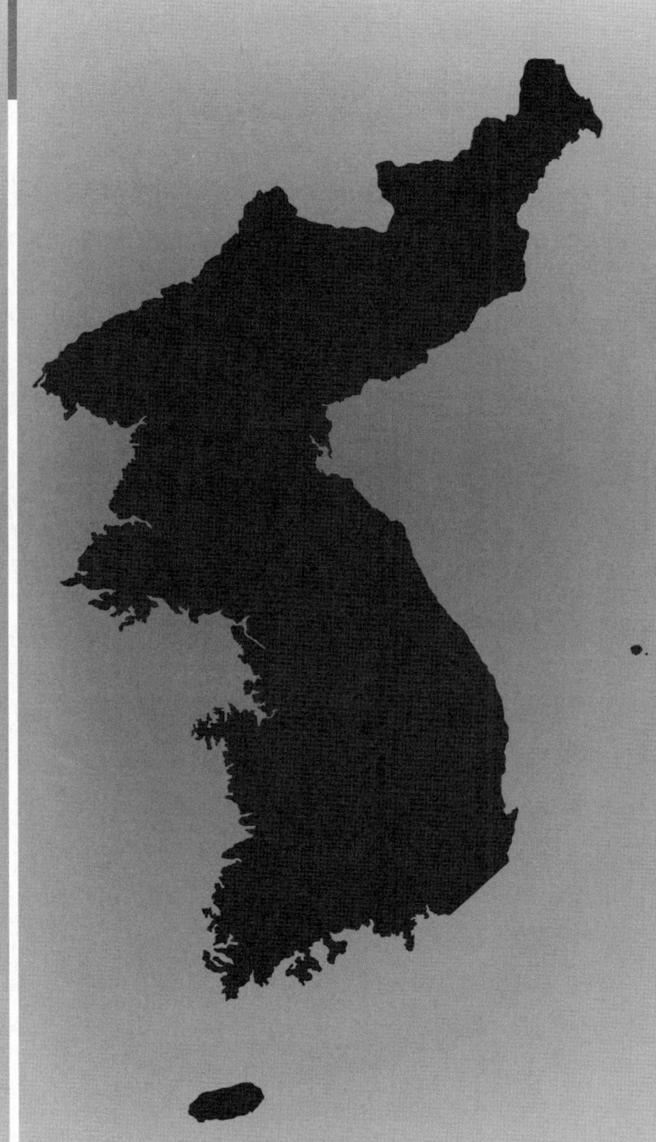

제 2 장

체류자격의 부여

제 1 절 의　의

Ⅰ. 개　념

체류자격의 부여란 대한민국에서 출생하여 체류자격을 가지지 못하고 체류하거나, 대한민국에서 체류하는 중에 대한민국의 국적을 상실하거나 국적을 이탈하는 등 그 밖의 사유로 체류자격을 가지지 못하고 체류하게 되는 외국인에게 새로이 체류자격을 부여하는 것을 말한다(출입국관리법 제23조). 외국인이 대한민국에서 합법적으로 체류하기 위하여는 원칙적으로 재외공관에서 체류목적에 합당한 사증을 미리 발급받아 하고, 그렇지 않은 경우에는 다시 출국하여 체류목적에 합당한 사증을 발급받아야 한다. 다만, 출생 · 국적상실 · 국적이탈 등 불가피한 사유가 인정되는 경우에는 그 외국인의 편의를 위하여 출국하지 않고서도 대한민국 내에서 체류자격을 부여한다.

Ⅱ. 구별개념

체류자격의 부여는 체류자격을 부여받을 대상자가 처음부터 체류자격을 갖고 대한민국에 머물고 있는 것이 아니라, 체류자격이 없는 상태에서 새로이 체류자격을 부여 받는 것이라는 점에서 '체류자격외 활동 허가', '체류자격 변경 · 추가 허가'와는 구별된다.

제 2 절 대 상 자

체류자격 부여의 대상자는 ⅰ) 대한민국에서 출생하여 체류자격을 가지지 못하고 체류하게 되는 외국인, ⅱ) 대한민국에서 체류 중 대한민국의 국적을 상실하거나 이탈하는 등 그 밖의 사유로 체류자격을 가지지 못하고 체류하게 되는 외국인이다(출입국관리법 제23조).

제 3 절 절 차

I. 신 청

1. 신청자

(1) 자 격

체류자격 부여의 신청이나 수령은 본인이 직접 하거나 법무부장관이 정하는 자가 대리하게 할 수 있다(출입국관리법 시행규칙 제34조 제1항 제2호). 대리신청 및 수령에 관하여 필요한 사항은 법무부장관이 따로 정한다(출입국관리법 시행규칙 제34조 제2항). 여기에서 '법무부장관이 정하는 자'는 대리인의 자격으로「체류자격외 활동허가 등의 신청 및 수령의 대리에 관한 규정」별표에서 정하고 있다. 그리고 체류자격을 받아야 할 자가 17세 미만인 경우 본인이 그 허가 등의 신청을 하지 아니하면 그의 부모나 그 밖에 대통령령으로 정하는 자가 그 신청을 하여야 한다(출입국관리법 제79조 제2호).

(2) 대리신청

1) 절 차

대리인이 각종 허가 등을 신청하는 경우에는 i) 주민등록증, 운전면허증, 여권 또는 외국인등록증 등 대리인의 신원확인이 가능한 증명서(제1호), ii) 위임장(제2호), iii) 가족관계기록사항에 관한 증명서, 주민등록표등(초)본, 재직증명서 등 본인과의 관계를 증명할 수 있는 서류(제3호)를 출입국관리사무소장 또는 출장소장에게 제출하여야 한다(체류자격외 활동허가 등의 신청 및 수령의 대리에 관한 규정 제3조 제1항).

대리인이 각종 허가 등을 수령하는 경우에는 위 제1호의 증명서와 접수증을 제출하여야 한다(동 규정 제3조 제3항).

2) 제 한

출입국관리사무소장 또는 출장소장은 각종 허가 등의 신청사유, 신청인의 체류실태 등을 심사하기 위하여 본인의 출석이 필요하다고 인정되는 경우에는 대리인의 신청을 제한할 수 있다(동 규정 제4조 제1항). 출입국관리사무소장 또는 출장소장은 대리인의 신청을 제한하는 경우에는 그 사유 및 본인이 직접 신청하여야 한다는 뜻을 대리인 또는 본인에게 지체 없이 통지하여야 한다(동 규정 제4조 제2항).

2. 체류자격 부여 신청서

체류자격을 받으려는 자는 체류자격 부여 신청서에 법무부령으로 정하는 서류를 첨부하여 출입국관리사무소장 또는 출장소장에게 제출하여야 한다(출입국관리법 시행령 제29조 제1항 전단).

Ⅱ. 송　부

출입국관리사무소장 또는 출장소장은 지체 없이 법무부장관에게 보내야 한다(출입국관리법 시행령 제29조 제1항 후단).

Ⅲ. 허　가

법무부장관은 신청에 따라 체류자격을 부여할 때에는 체류기간을 정하여 출입국관리사무소장 또는 출장소장에게 통보하여야 한다(출입국관리법 시행령 제29조 제2항). 그리고 출입국관리사무소장 또는 출장소장은 통보를 받은 때에는 신청인의 여권에 체류자격 부여인을 찍고 체류자격과 체류기간 등을 적거나 체류자격 부여 스티커를 붙여야 한다(출입국관리법 시행령 제29조 제3항). 출입국관리사무소장 또는 출장소장은 체류자격 부여의 허가를 하는 때에는 이를 허가대장에 기재하여야 한다(출입국관리법 시행규칙 제35조).

제 4 절　체류기간

체류자격 부여의 허가를 하는 경우 1회에 부여할 수 있는 체류자격별 체류기간의 상한은 「출입국관리법 시행규칙」 별표1과 같다.[1] 다만, 법무부장관은 국제관례나 상호주의 원칙 또는 국가이익에 비추어 필요하다고 인정하는 때에는 그 상한을 달리 정할 수 있다(출입국관리법 시행규칙 제37조 제1항, 제18조의2).

1) 출입국관리법 시행규칙 제10조 (체류자격) ② 1회에 부여할 수 있는 체류자격별 체류기간의 상한은 법무부령으로 정한다.

제 5 절 권한의 위임

Ⅰ. 의 의

법무부장관은 「출입국관리법」에 따른 권한의 일부를 대통령령으로 정하는 바에 따라 지방출입국 · 외국인관서의 장에게 위임할 수 있다(출입국관리법 제92조 제1항). 법무부장관은 체류자격 변경 허가의 권한을 법무부령으로 정하는 바에 따라 출입국관리사무소장 · 출장소장 또는 보호소장에게 위임한다(출입국관리법 시행령 제96조 제1항).

Ⅱ. 범 위

법무부장관이 체류자격 변경 허가의 권한을 출입국관리사무소장 또는 출장소장에게 위임하는 범위는 별표6의 범위 내에서 위임한다(출입국관리법 시행규칙 제78조 제3항). 첫째, 외교(A-1), 공무(A-2), 협정(A-3), 방문동거(F-1), 동반(F-3), 재외동포(F-4) 체류자격의 경우 체류자격 부여 허가의 권한이 출입국관리사무소장 또는 출장소장에게 위임이 되어 있다. 법무부장관의 허가를 별도로 받을 필요가 없다. 둘째, 단기방문(C-3), 거주(F-2), 영주(F-5), 결혼이민(F-6), 기타(G-1) 체류자격의 경우 법무부장관이 정하여 고시하는 사무의 일부를 출입국관리사무소장 또는 출장소장에게 위임한다. 다만, 사증면제(B-1), 일시취재(C-1), 단기취업(C-4), 문화예술(D-1), 유학(D-2), 기술연수(D-3), 일반연수(D-4), 취재(D-5), 종교(D-6), 주재(D-7), 무역경영(D-9), 교수(E-1), 회화지도(E-2), 연구(E-3), 기술지도(E-4), 전문직업(E-5), 예술흥행(E-6), 특정활동(E-7), 선원취업(E-10) 체류자격의 경우 법무부장관의 권한으로 출입국관리사무소장 또는 출장소장에게 위임되어 있지 않다.

제 6 절 출국예고 및 출국통지

Ⅰ. 체류자격 부여 허가시 출국예고

법무부장관이 체류자격 부여의 허가를 하는 경우 그 이후의 체류기간 연장을 허가하지 아니하기로 결정한 때에는, 출입국관리사무소장 또는 출장소장은 허가된 체류기간 내에 출국하여야 한다는 뜻을 여권에 적여야 한다(출입국관리법 시행령 제34조). 출입국관리사무소장 또는 출장소장은 허가된 체류기간 내에 출국하여야 한다는 뜻을 기재하고자 하는 때에는 여권에 출국예고인을 찍음으로써 이에 갈음할 수 있다(출입국관리법 시행규칙 제38조).

Ⅱ. 체류자격 부여 불허가시 출국통지

법무부장관은 체류자격 부여을 허가하지 아니할 때에는 신청인에게 체류자격 부여 불허결정통지서를 발급하여 한다. 이 경우 체류자격 부여 허가를 하지 아니할 때에는 이미 허가된 체류자격으로 체류하게 할 수 있다(출입국관리법 시행령 제33조 제1항). 체류자격 부여 불허결정통지서에는 그 발급일부터 14일을 초과하지 아니하는 범위에서 출국기한을 분명하게 밝혀야 한다. 다만, 법무부장관이 필요하다고 인정할 때에는 이미 허가된 체류기간의 만료일을 출국기한으로 할 수 있으며, 「출입국관리법 시행령」 제33조 제1항 후단에 따라 이미 허가된 체류자격으로 체류하게 할 때에는 그 출국기한을 적지 아니할 수 있다(출입국관리법 시행령 제33조 제2항).

제 7 절 위반 및 처벌

「출입국관리법」 제23조(체류자격 부여)를 위반하여 체류자격을 받지 아니하고 체류한 자는 대한민국 밖으로 강제퇴거 되거나(출입국관리법 제46조 제1항 제8호), 3년 이하의 징역 또는 2천만원 이하의 벌금에 처하게 된다(출입국관리법 제94조 제15호).

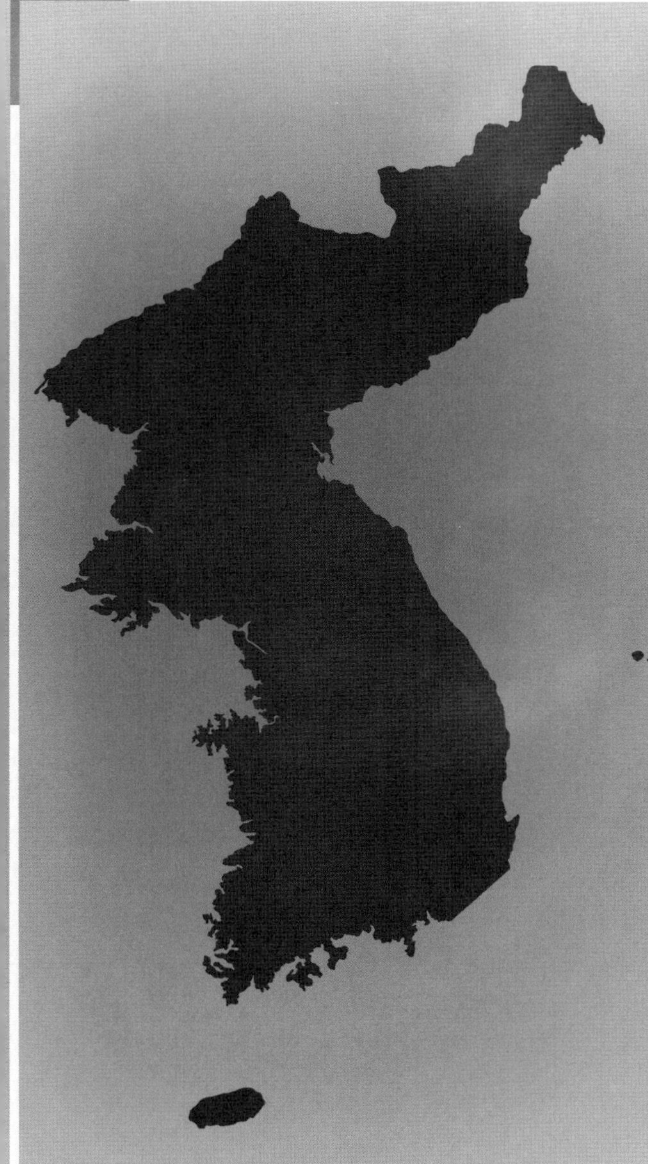

제 3 장

체류자격외 활동

제1절 의 의

Ⅰ. 개 념

체류자격외 활동이란 대한민국에서 체류하는 외국인이 원래부터 부여받은 체류자격에 해당하는 활동을 유지하면서, 다른 체류자격에 해당하는 활동을 추가적으로 하는 것을 말한다(출입국관리법 제20조). 「출입국관리법」에서는 외국인이 몇 개의 체류자격을 부여받을 수 있는지에 대하여 규정하지 않고 있다. 국제관습법상 외국인 1명은 1개의 체류자격을 부여받는 것이 원칙이다. 체류자격외 활동 허가는 '1명의 외국인에 대한 1개의 체류자격'이라는 원칙에 예외를 둔 것이다. 체류자격외 활동 허가란 체류자격외 활동의 신청에 대하여 사전에 허가를 하는 것을 말한다. 대한민국에 체류하는 외국인이 그 체류자격에 해당하는 활동과 함께 다른 체류자격에 해당하는 활동을 하려면 미리 법무부장관의 체류자격외 활동허가를 받아야 한다(출입국관리법 제20조).

Ⅱ. 구별개념

체류자격외 활동은 체류자격 변경과는 다른 것이다. 체류자격외 활동 또는 체류자격 변경 간의 구별이 문제된다. 그 구별기준으로는 원래부터 부여된 체류자격의 주된 활동에 대한 종속성 내지 부수성附隨性 여부이다. 즉 원래부터 부여된 체류자격과 다른 체류자격의 관계, 다른 체류자격에 해당하는 활동의 형태 및 정도, 다른 체류자격에 해당하는 활동이 원래부터 부여된 체류자격의 활동을 저해하는지 여부, 영리활동의 유무 등을 종합적으로 검토하여 그 종속성 내지 부수성 여부를 판단하여야 한다. 「출입국관리법」에서는 종속성 내지 부수성 여부를 판단하기 위한 고려요소를 규정하지 않고, 「출입국관리법 시행규칙」에서 "출입국관리사무소장 또는 출장소장은 체류자격외 활동허가 신청을 받은 때에는 이를 심사하고, 심사결과 새로이 종사하고자 하는 활동이 주된 활동인 것으로 인정되는 때에는 「출입국관리법 시행령」 제30조에 의한 체류자격 변경허가를 받도록 하여야 한다."라고 규정하고 있다(출입국관리법 시행규칙 제29조). 따라서 외국인이 원래부터 부여된 체류자격과 병행하여 활동하려는 다른 체류자격에 해당하는 활동이 원래부터 부여된 체류자격에 종속성 또는 부수성을 넘어서는 경우 체류자격외 활동을 허가받을 수 없다. 이 경우에는 체류자격외 활동 허가를 신청할 수 없고, 체류자격 변경허가를 신청하여야 한다.

제 2 절 대 상

체류자격외 활동 허가의 대상은 원래부터 부여받은 체류자격에 해당하는 활동과는 다른 체류자격에 해당하는 활동이다. '다른 체류자격에 해당하는 활동'은 영리활동 또는 비영리활동 여부를 불문한다. 다만, 다른 체류자격에 해당하는 활동이 영리활동에 해당하지 않고 관광, 구매, 종교, 자원봉사 등 인간으로서 당연히 누리는 활동에 해당할 경우 종속성 내지 부수성에 상관없이 체류자격외 활동 허가의 대상으로부터 제외된다.

제 3 절 절 차

Ⅰ. 신 청

1. 신청자

체류자격외 활동허가의 신청이나 수령은 본인이 직접 하거나 법무부장관이 정하는 자가 대리하게 할 수 있다(출입국관리법 시행규칙 제34조 제1항 제2호). 대리신청 및 수령에 관하여 필요한 사항은 법무부장관이 따로 정한다(출입국관리법 시행규칙 제34조 제2항). 이를 위하여 「체류자격외 활동허가 등의 신청 및 수령의 대리에 관한 규정」이 있다. 그리고 체류자격외 활동허가를 받아야 할 자가 17세 미만인 경우 본인이 그 허가 등의 신청을 하지 아니하면 그의 부모나 그 밖에 대통령령으로 정하는 자가 그 신청을 하여야 한다(출입국관리법 제79조 제1호).

2. 체류자격외 활동허가 신청서

외국인이 그 체류자격에 해당하는 활동과 함께 다른 체류자격에 해당하는 활동을 허가를 받으려는 경우에는 체류자격외 활동허가 신청서에 법무부령이 정하는 서류를 첨부하여 출입국관리사무소장 또는 출장소장에게 제출하여야 한다(출입국관리법 시행령 제25조 제1항).

Ⅱ. 송 부

출입국관리사무소장 또는 출장소장은 체류자격외 활동허가의 신청서를 제출받은 때에는 의견을 붙여 지체 없이 법무부장관에게 보내야 한다(출입국관리법 시행령 제25조 제2항).

Ⅲ. 허 가

출입국관리사무소장 또는 출장소장은 법무부장관이 체류자격외 활동허가의 신청에 대하여 허가한 때에는 여권에 체류자격외 활동허가인을 찍거나 체류자격외 활동허가 스티커를 부착하여야 한다. 다만, 여권이 없거나 그 밖에 필요하다고 인정할 때에는 체류자격외 활동허가인을 찍는 것과 체류자격외 활동허가 스티커를 붙이는 것을 갈음하여 체류자격외 활동허가서를 발급할 수 있다(출입국관리법 시행령 제25조 제3항). 출입국관리사무소장 또는 출장소장은 체류자격외 활동을 허가하는 때에는 이를 허가대장에 기재하여야 한다(출입국관리법 시행규칙 제35조).

제 4 절 권한의 위임

Ⅰ. 의 의

법무부장관은 「출입국관리법」에 따른 권한의 일부를 대통령령으로 정하는 바에 따라 지방출입국·외국인관서의 장에게 위임할 수 있다(출입국관리법 제92조 제1항). 이에 따라 법무부장관은 체류자격외 활동 허가의 권한을 법무부령으로 정하는 바에 따라 출입국관리사무소장·출장소장 또는 보호소장에게 위임한다(출입국관리법 시행령 제96조 제1항).

Ⅱ. 범 위

법무부장관은 체류자격외 활동허가의 권한을 출입국관리사무소장 또는 출장소장에게 출입국관리법 시행규칙 별표6의 범위 내에서 위임한다(출입국관리법 시행규칙 제78조 제3항). 첫째, 문화예술(D-1), 유학(D-2), 일반연수(D-4), 기업투자(기업투자 D-8 중 「외국인투자 촉진법」에 따른 외국인투자기업의 경영 · 관리 또는 생산 · 기술분야에 종사하려는 필수 전문외국인력이다. 다만, 국내에서 채용하는 자는 제외한다) 체류자격의 경우 다른 체류자격에서 해당 체류자격으로의 체류자격외 활동 허가 권한이 출입국관리사무소장 또는 출장소장에게 위임되어 있다. 법무부장관의 허가를 별도로 받을 필요가 없다. 둘째, 단기취업(C-4), 종교(D-6), 주재(D-7), 교수(E-1), 회화지도(E-2), 연구(E-3), 기술지도(E-4), 전문직업(E-5), 예술흥행(E-6), 특정활동(E-7), 방문취업(H-2) 체류자격의 경우 법무부장관이 정하여 고시하는 사무의 일부를 출입국관리사무소장 또는 출장소장에게 위임한다. 다만, 기술연수(D-3), 취재(D-5), 무역경영(D-9), 선원취업(E-10) 체류자격의 경우 법무부장관의 권한으로 출입국관리사무소장 또는 출장소장에게 위임되어 있지 않다.

제 5 절 위반 및 처벌

Ⅰ. 의 의

「출입국관리법」에서는 외국인의 체류자격에 따라 체류, 활동범위, 취업활동을 제한하고 있다. 외국인은 그 체류자격과 체류기간의 범위에서 대한민국에 체류할 수 있고(출입국관리법 제17조 제1항), 외국인이 대한민국에서 취업하려면 대통령령으로 정하는 바에 따라 취업활동을 할 수 있는 체류자격을 받아야 하고(출입국관리법 제18조 제1항), 취업활동을 할 수 있는 체류자격을 가진 외국인은 지정된 근무처가 아닌 곳에서 근무하여서는 아니 된다(출입국관리법 제18조 제2항).

Ⅱ. 위반 및 처벌

외국인이 원래부터 부여된 체류자격에 해당하는 활동과 병행하여 다른 체류자격에 해당하는 활동을 하기 위하여는 미리 법무부장관의 체류자격외 활동허가를 받아야 한다. 이를 위반하여 체류자격외 활동허가를 받지 아니하고 다른 체류자격에 해당하는 활동을 한 경우에는 그 외국인은 위반의 정도에 따라 대한민국 밖으로 강제퇴거 되거나(출입국관리법 제46조 제1항 제8호) 또는 출국권고 되고(출입국관리법 제67조 제1항 제1호), 3년 이하의 징역 또는 2천만원 이하의 벌금에 처하게 된다(출입국관리법 제94조 제12호).

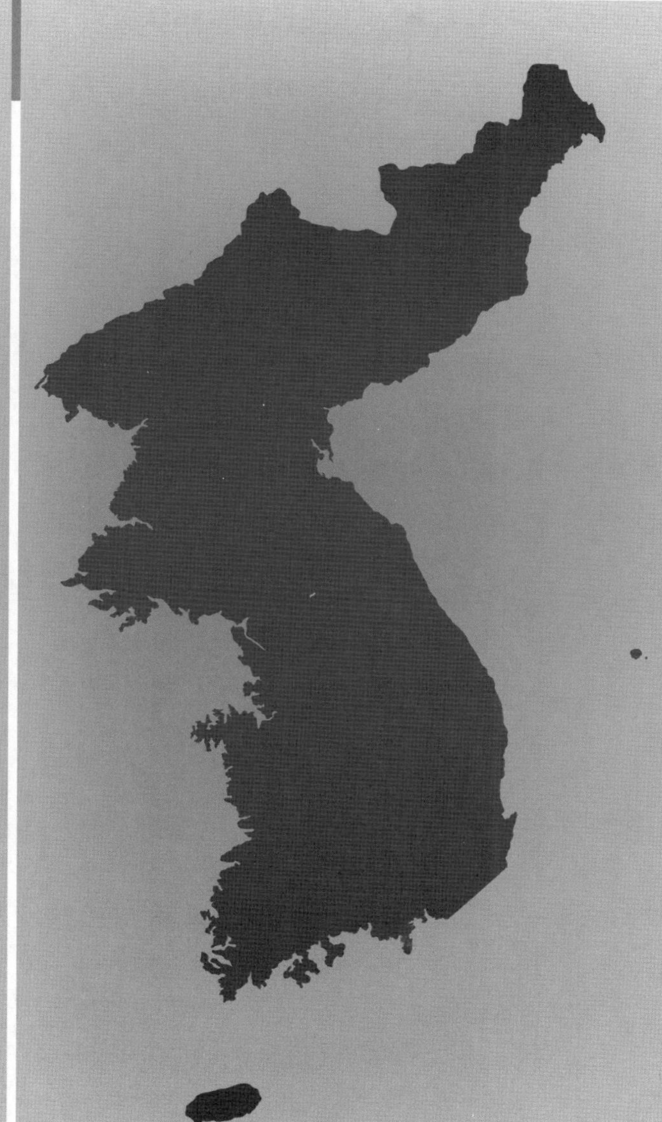

제 4 장

근무처의 변경 · 추가

제1절 의　　의

Ⅰ. 개　　념

근무처의 변경이란 대한민국에 체류하는 외국인이 원래부터 부여된 그 체류자격을 유지하면서 원래부터 지정된 그의 근무처에서 새로운 근무처로 근무처를 변경하는 것을 말한다(출입국관리법 제21조). 근무처의 변경 허가란 이와 같은 근무처 변경의 신청에 대하여 허가하는 것을 말한다. 그리고 근무처의 추가란 대한민국에 체류하는 외국인이 원래부터 부여된 그 체류자격을 유지하면서 원래부터 지정된 그의 근무처에 근무하면서 다른 근무처에 추가적으로 근무하는 것을 말한다(출입국관리법 제21조). 근무처의 추가 허가란 이와 같은 근무처 추가의 신청에 대하여 허가하는 것을 말한다. 「출입국관리법」에서는 "대한민국에 체류하는 외국인이 그 체류자격의 범위에서 그의 근무처를 변경하거나 추가하려면 미리 법무부장관의 허가를 받아야 한다. 다만, 전문적인 지식·기술 또는 기능을 가진 자로서 대통령령으로 정하는 자는 근무처를 변경하거나 추가한 날부터 15일 이내에 법무부장관에게 신고하여야 한다."라고 규정하고 있다(출입국관리법 제21조 제1항).

Ⅱ. 근 무 처

근무처란 취업활동을 할 수 있는 체류자격이 있는 외국인이 근무하는 특정 장소를 말한다. 근무처는 고용과 관련된 개념이므로 고용주와의 고용계약 범위 내에서 체류자격에 해당하는 활동을 할 수 있는 장소를 포함한다. 또한 근무처는 근로자 수와 상관없이 모든 사업 또는 사업장을 의미하는 것으로 해석된다.[1] 사업 또는 사업장은 「근로기준법」 적용의 기본단위이고, 일반적으로 사업과 사업장은 동일한 개념으로 이해된다. 사업이란 물적 시설과 노력을 유기적으로 결합하여 계속적으로 일정

---

1) 반면에, 근로기준법 제11조 제1항에서는 상시 5인 이상의 근로자를 사용하는 모든 사업 또는 사업장을 그 적용대상으로 하고 있다.

한 목적을 추구하는 기업, 단체 등과 같은 사회적 활동체를 말하고, 사업장이란 이러한 목적을 계속적으로 추구하는 공장, 사무소 등과 같은 장소적 시설을 말한다. 「출입국관리법」상 근무처의 의미를 「근로기준법」상 사업 또는 사업장의 의미와 동일하게 볼 경우 그 근무처의 업종형태(이 경우에 가사사용인을 포함한다.[2] 다만, 무허가, 선량한 풍속에 반하는 업종은 제외한다), 사업의 지속성 또는 일시성에 따른 계속성 여부, 사업의 영리성 또는 공익성에 따른 영리추구 여부를 묻지 않는다.[3]

제 2 절 절　　차

Ⅰ. 신　　청

1. 신 청 자

근무처 추가・변경 허가의 신청은 본인이 직접 하거나 법무부장관이 정하는 자가 대리하게 할 수 있다(출입국관리법 시행규칙 제34조 제1항 제2호). 대리신청에 관하여 필요한 사항은 법무부장관이 따로 정한다(출입국관리법 시행규칙 제34조 제2항). 이를 위하여 「체류자격외 활동허가 등의 신청 및 수령의 대리에 관한 규정」이 있다.

2. 근무처 변경・추가허가 신청서

대한민국에 체류하는 외국인이 그 체류자격의 범위에서 그의 근무처를 변경 또는 추가하고자 하는 경우에는, 근무처 변경・추가허가 신청서에 법무부령이 정하는 서류를 첨부하여 출입국관리사무소장 또는 출장소장에게 제출하여야 한다(출입국관리법 시행령 제26조 제2항).

Ⅱ. 송　　부

출입국관리사무소장 또는 출장소장은 근무처의 변경・추가 허가의 신청서를 제

2) 가사사용인지 여부는 가정의 사생활에 관한 근로에 종사하느냐의 여부를 기준으로 하고, 근로의 장소, 종류 등을 감안하여 판단한다. 근로기준법상 가정의 가정부, 파출부 등 가사사용인에 대하여는 그 관계가 주로 사생활과 관련이 있으므로 사생활에까지 감독행정이 미치기 어려우므로 근로기준법의 적용을 배제하고 있다(김명수, 노동법, 엠지알코리아, 2001, p. 48 참고).

3) 김명수, 노동법, 엠지알코리아, 2001, p. 47.

출받은 때에는 제출받은 신고서와 첨부서류를 지체없이 이를 법무부장관에게 보내야 한다(출입국관리법 시행령 제26조 제3항).

Ⅲ. 허 가

출입국관리사무소장 또는 출장소장은 근무처의 변경 허가 신청에 대하여 법무부장관의 허가가 있는 때에는 여권에 근무처 변경 허가인을 찍고 변경된 근무처와 체류기간을 적거나 근무처 변경 허가 스티커를 붙여야 한다(출입국관리법 시행령 제26조 제3항). 또한 출입국관리사무소장 또는 출장소장은 근무처의 추가 허가 신청에 대하여 법무부장관의 허가가 있는 때에는 여권에 근무처 추가 허가인을 찍고 추가된 근무처와 유효기간을 적거나 근무처 추가 허가 스티커를 붙여야 한다(출입국관리법 시행령 제26조 제4항). 출입국관리사무소장 또는 출장소장은 근무처의 변경 또는 근무처 추가를 허가하는 때에는 이를 허가대장에 기재하여야 한다(출입국관리법 시행규칙 제35조).

제 3 절 권한의 위임

Ⅰ. 의 의

법무부장관은 「출입국관리법」에 따른 권한의 일부를 대통령령으로 정하는 바에 따라 지방출입국 · 외국인관서의 장에게 위임할 수 있다(출입국관리법 제92조 제1항). 법무부장관은 근무처 변경 · 추가 허가의 권한을 법무부령으로 정하는 바에 따라 출입국관리사무소장 · 출장소장 또는 보호소장에게 위임한다(출입국관리법 시행령 제96조 제1항).

Ⅱ. 범 위

법무부장관이 근무처 변경 · 추가 허가의 권한을 출입국관리사무소장 또는 출장소장에게 위임하는 범위는 별표6의 범위 내에서 위임한다(출입국관리법 시행규칙 제78조 제3항). 첫째, 문화예술(D-1), 유학(D-2), 기업투자(D-8 중에서 「외국인투자촉진법」에 따른 외국인투자기업의 경영 · 관리 또는 생산 · 기술분야에 종사하려는 필수 전문인력이다. 다만, 국내에서 채용하는 사람은 제외한다), 회화지도(E-2), 관광취업(H-1) 체류자격의 경우 각 동일한 체류자격에서 근무처 변경 ·

추가에 대한 허가 권한이 출입국관리사무소장 또는 출장소장에게 위임이 되어 있다. 법무부장관의 허가를 별도로 받을 필요가 없다. 둘째, 단기취업(C-4), 종교(D-6), 주재(D-7), 무역경영(D-9), 교수(E-1), 연구(e-3), 기술지도(E-4), 전문직업(E-5), 예술흥행(E-6), 특정활동(E-7), 비전문취업(E-9), 선원취업(E-10) 체류자격의 경우 법무부장관이 정하여 고시하는 사무의 일부를 출입국관리사무소장 또는 출장소장에게 위임한다. 다만, 기술연수(D-3), 취재(D-5) 체류자격의 경우 법무부장관의 권한으로 출입국관리사무소장 또는 출장소장에게 위임되어 있지 않다.

제 4 절 사전허가의 예외(사후신고)

전문적인 지식 · 기술 또는 기능을 가진 자로서 대통령령으로 정하는 자는 근무처를 변경하거나 추가한 날부터 15일 이내에 법무부장관에게 신고하여야 한다(출입국관리법 제21조 제1항 단서). 여기에서 '대통령령으로 정하는 자'란 교수(E-1)부터 특정활동(E-7)까지의 체류자격 중 어느 하나의 체류자격을 가진 외국인으로서 법무부장관이 고시하는 요건을 갖춘 자를 말한다(출입국관리법 시행령 제26조의2 제1항).

제 5 절 위반 및 처벌

Ⅰ. 불법고용 · 알선의 금지

1. 원 칙

누구든지(국민을 포함한다) 대한민국에 체류하는 외국인이 그 체류자격의 범위에서 그의 근무처를 변경하거나 추가하려면 미리 법무부장관의 허가를 받아야 하는 경우에 법무부장관으로부터 근무처의 변경허가 · 추가허가를 받지 아니한 외국인을 고용하거나 고용을 알선하여서는 아니 된다(출입국관리법 제21조 제2항 본문). 지방출입국 · 외국인관서의 장은 미리 법무부장관으로부터 근무처의 변경허가 또는 추가허가를 받지 아니한 자를 불법고용 · 알선한 외국인을 대한민국 밖으로 강제퇴거시킬 수 있다(출입국관리법 제46조 제1항 제9호). 근무처의 변경허가 또는 추가허가를 받지 아니한 자의 고용을 업으로 알선한 자(국민을 포함한다)는 3년 이하의 징역 또는 2천만원 이하의 벌금에 처한다(출입국관리법 제94조 제13호). 또한 지방출입국 · 외국인관서의 장은 근무처의 변경 또는 추가허가를 받지 아니하고 근무처를 변경 · 추가한 외국인을 대한민국 밖으로 강제퇴거시킬 수 있다(출입국관리법 제46조 제1항 제9호).

2. 예　외

다른 법률에 따라 고용을 알선하는 경우에는 법무부장관으로부터 근무처의 변경허가 · 추가허가를 받지 아니한 외국인을 고용하거나 고용을 알선할 수 있다(출입국관리법 제21조 제2항 단서).

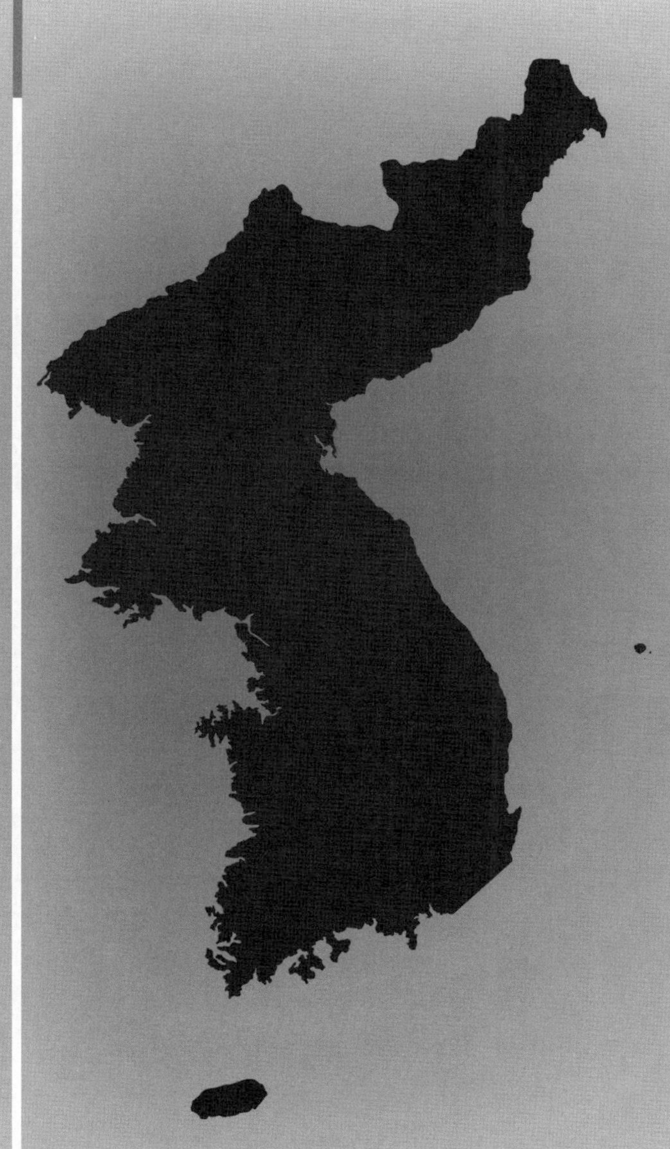

제 5 장

체류자격의 변경

제1절 의 의

Ⅰ. 개 념

체류자격의 변경이란 대한민국에 체류하는 외국인이 그 체류자격과는 다른 체류자격에 해당하는 활동을 하기 위하여 종전의 체류자격을 변경하는 것을 말한다(출입국관리법 제24조). 체류자격의 변경 허가란 이와 같은 체류자격의 변경 신청에 대하여 허가하는 것을 말한다.

Ⅱ. 법적 성격

외국인에 대한 체류자격의 변경은 「출입국관리법」 제10조(체류자격) 제1항, 제24조(체류자격 변경허가), 「출입국관리법 시행령」 제12조(체류자격의 구분), 제30조(체류자격 변경허가), 제33조(체류기간 연장 등을 허가하지 아니할 때의 출국통지) 등의 규정 형식과 문언, 외국인의 체류자격에 따라 활동범위나 체류기간의 상한이 달라진다는 점 등을 고려할 때에, 체류자격 변경의 허가는 재량행위에 해당한다.[1] 재량행위에 대한 법원의 사법심사는 그 행정행위가 사실오인, 비례·평등의 원칙 위배, 그 행정행위의 목적 위반 또는 부정한 동기 등에 근거하여 이루어짐으로써 재량권의 일탈·남용이 있었는지 여부를 심사하게 된다.[2]

Ⅲ. 판단기준

1. 문제 제기

체류자격 변경 허가의 기준과 관련하여, 「출입국관리법」 제46조(강제퇴거의 대상자) 제1항 각 호에 정한 강제퇴거의 사유에 해당하여 강제퇴거명령을 받은 외국인이 일정한 사실 또는 사정에 해당하는 경우 그 자가 강제적으로 출국되지 않고 국내에

1) 대구지방법원 2012. 4. 18. 선고 2011구합2394 판결.
2) 앞의 판결.

서 체류자격을 변경할 수 있는지가 문제된다. 이를 부정하는 견해와 긍정하는 견해로 구분할 수 있다.

2. 부 정 설

불법이민 중에 단속 등으로 적발되어 강제퇴거명령을 받고 보호조치 또는 보호 일시해제된 자에게 진정한 혼인신고 등을 이유로 체류자격 변경을 허가한다면 국내에서 외국인의 준법질서 침해 등 법적 안정성이 저하되고, 합법적으로 체류하는 외국인과의 형평성 문제가 발생한다. 대한민국으로부터 강제퇴거된 외국인은 재외공관으로부터 혼인생활 등을 위한 사증을 발급받아 재입국이 가능하도록 입국규제를 완화하는 인도주의적 입장에서의 행정조치를 그 논거로 들고 있다.[3]

3. 긍정설 및 소결

강제퇴거된 외국인과 가정을 구성하고 있는 대한민국의 국민은 그 외국인이 재입국의 과정을 거치면서 겪어야 할 불편함과 경제적·정신적 피해의 발생은 「헌법」 제36조 제1항에서 보호하고 있는 결혼 등에 의한 가족관계 또는 가족의 결합권을 침해하는 것이다. 일반적으로 체류자격 변경의 사유가 발생한 경우 불법체류자에 대하여도 국내에서 불법체류 기간에 대한 벌금을 납부하고 체류자격을 변경하는 방법 또는 절차가 있는데, 강제퇴거명령을 집행하지 않는다고 하여 합법적으로 체류하는 외국인과의 형평성 문제가 발생할 여지는 없고, 형식적인 출국 및 재입국의 과정을 거치도록 하는 것은 가족 재결합의 원칙 또는 가족관계의 보호 등 인권적 관점에서 과도한 규제로 본다는 것을 그 논거로 들고 있다.[4] 이 견해가 타당하다고 본다.

4. 사례의 적용

국가인권위원회는 강제퇴거명령을 받고 일시보호해제의 기간 중인 외국인이 대한민국의 국민과 혼인 등 예외적인 상황이 발생한 경우에 국내에서 체류자격 변경이 가능하도록 권고를 한 바 있다.[5] 긍정설을 취하고 있다.

---

3) 국가인권위원회 결정례 2007. 9. 11. 자 06진인2702 체류자격 변경 불허에 의한 인권침해 중 피진정인(법무부)의 주장요지.
4) 앞의 결정례.
5) 앞의 결정례.

제 2 절 절 차

Ⅰ. 신 청

1. 신청자

체류자격 변경 허가의 신청은 본인이 직접 하거나 법무부장관이 정하는 자가 대리하게 할 수 있다(출입국관리법 시행규칙 제34조 제1항 제2호), 대리신청에 관하여 필요한 사항은 법무부장관이 따로 정한다(출입국관리법 시행규칙 제34조 제2항). 이를 위하여 「체류자격외 활동허가 등의 신청 및 수령의 대리에 관한 규정」이 있다.

2. 체류자격 변경허가 신청서

대한민국에 체류하는 외국인이 그 체류자격과 다른 체류자격에 해당하는 활동을 하기 위해 체류자격 변경허가를 받고자 하는 경우에는, 체류자격 변경허가 신청서에 법무부령이 정하는 서류를 첨부하여 출입국관리사무소장 또는 출장소장에게 제출하여야 한다(출입국관리법 시행령 제30조 제1항).

Ⅱ. 송 부

출입국관리사무소장 또는 출장소장은 체류자격 변경 허가의 신청서를 제출받은 때에는 의견을 붙여 지체없이 이를 법무부장관에게 보내야 한다(출입국관리법 시행령 제30조 제2항).

Ⅲ. 허 가

출입국관리사무소장 또는 출장소장은 체류자격 변경 허가 신청에 대하여 법무부장관의 허가가 있는 때에는 여권에 체류자격변경허가인을 찍고 체류자격·체류기간 및 근무처 등을 적거나 체류자격 변경허가 스티커를 붙여야 한다(출입국관리법 시행령 제30조 제3항 본문). 다만, 외국인등록증을 발급 또는 재발급할 때에는 외국인등록증의 발급 또는 재발급으로 이를 갈음한다(출입국관리법 시행령 제30조 제3항 단서). 출입국관리사무소장 또는 출장소장은 체류자격 변경을 허가하는 때에는 이를 허가대장에 기재하여야 한다(출입국관리법 시행규칙 제35조).

제 3 절 신분변경으로 인한 체류자격 변경

Ⅰ. 외국인등록 면제자의 신분변경

외국인이 입국한 날부터 90일을 초과하여 대한민국에 체류하려면 대통령령으로 정하는 바에 따라 입국한 날부터 90일 이내에 그의 체류지를 관할하는 지방출입국·외국인관서의 장에게 외국인등록을 하여야 한다(출입국관리법 제31조 제1항 본문). 다만, 일정한 외국인에게는 외국인등록이 면제되는 경우가 있다(출입국관리법 제31조 제1항 단서). 즉 i) 주한외국공관(대사관과 영사관을 포함한다)과 국제기구의 직원 및 그의 가족(제1호), ii) 대한민국정부와의 협정에 따라 외교관 또는 영사와 유사한 특권 및 면제를 누리는 자와 그의 가족(제2호), iii) 대한민국정부가 초청한 자 등으로서 법무부령으로 정하는 자(제3호)는 외국인등록이 면제된다. 외국인등록 면제자가 퇴직 또는 이혼 등의 사유가 있는 경우에는 그 신분이 변경된다.

Ⅱ. 체류자격 변경

외국인등록 면제자가 퇴직 또는 이혼 등의 사유로 그 신분이 변경되어 체류자격을 변경하려는 경우 그 신분이 변경된 날부터 30일 이내에 법무부장관의 체류자격 변경허가를 받아야 한다(출입국관리법 제24조 제2항). 그리고 신분변경으로 체류자격 변경허가를 받는 자로서 입국한 날부터 90일을 초과하여 체류하게 되는 자는 체류자격 변경허가를 받는 때에 외국인등록을 하여야 한다(출입국관리법 제31조 제3항).

제 4 절 체류기간

체류자격 변경의 허가를 하는 경우 1회에 부여할 수 있는 체류자격별 체류기간의 상한은 「출입국관리법 시행규칙」 별표1과 같다.[6] 다만, 법무부장관은 국제관례나 상호주의 원칙 또는 국가이익에 비추어 필요하다고 인정하는 때에는 그 상한을 달리 정할 수 있다(출입국관리법 시행규칙 제37조 제1항, 제18조의2).

제 5 절 권한의 위임

Ⅰ. 의 의

법무부장관은 「출입국관리법」에 따른 권한의 일부를 대통령령으로 정하는 바에 따라 지방출입국 · 외국인관서의 장에게 위임할 수 있다(출입국관리법 제92조 제1항). 법무부장관은 체류자격 변경 허가의 권한을 법무부령으로 정하는 바에 따라 출입국관리사무소장 · 출장소장 또는 보호소장에게 위임한다(출입국관리법 시행령 제96조 제1항).

Ⅱ. 범 위

법무부장관이 체류자격 변경 허가의 권한을 출입국관리사무소장 또는 출장소장에게 위임하는 범위는 별표6의 범위 내에서 위임한다(출입국관리법 시행규칙 제78조 제3항). 첫째, 외교(A-1), 공무(A-2), 협정(A-3), 기업투자(ⅰ) D-8 중에서 「외국인투자촉진법」에 따른 외국인투자기업의 경영 · 관리 또는 생산 · 기술분야에 종사하려는 필수 전문인력이다. 다만, 국내에서 채용하는 자는 제외한다. ⅱ) 지식재산권을 보유하는 등 우수한 기술력으로 「벤처기업육성에 관한 특별조치법」 제2조의2 제1항 제2호 다목에 따른 벤처기업을 설립한 자 중 같은 법 제25조에 따라 벤처기업 확인을 받거나 이에 준하는 자로서 법무부장관이 인정하는 자, ⅲ) 학사 이상의 학위를 가진 자로서 지식재산권을 보유하거나 이에 준하는 기술력 등을 가진 자 중 법무부장관이 인정한 법인 창업자), 구직(D-10), 동반(F-3), 재외동포(F-4) 체류자격의 경우 체류자격 변경 허가의 권한이 출입국관리사무소장 또는 출장소장에게 위임이 되어 있다. 법무부장관의 허가를 별도로 받을 필요가 없다. 둘째, 단기취업(C-4), 문화예술(D-1), 유학(D-2), 기술연수(D-3), 일반연수(D-4), 취재(D-5), 종교(D-6), 주재(D-7), 교수(E-1), 회화지도(E-2), 연구(E-3), 기술지도(E-4), 예술흥행(E-6), 특정활동(E-7), 비전문취업(E-9), 선원취업(E-10), 방문동거(F-1), 거주(F-2), 영주(F-5), 결혼이민(F-6), 기타(G-1), 방문취업(H-2) 체류자격의 경우 법무부장관이 정하여 고시하는 사무의 일부를 출입국관리사무소장 또는 출장소장에게 위임한다. 다만, 관광통과(B-2), 일시취재(C-1), 단기방문(C-3), 전문직업(E-5) 체류자격의 경우 법무부장관

---

6) **출입국관리법 시행규칙 제10조 (체류자격)**
② 1회에 부여할 수 있는 체류자격별 체류기간의 상한은 법무부령으로 정한다.

의 권한으로 출입국관리사무소장 또는 출장소장에게 위임되어 있지 않다.

제 6 절 출국예고 및 출국통지

Ⅰ. 체류자격 변경 허가시 출국예고

법무부장관이 체류자격 변경의 허가를 하는 경우 그 이후의 체류기간 연장을 허가하지 아니하기로 결정한 때에는, 출입국관리사무소장 또는 출장소장은 허가된 체류기간 내에 출국하여야 한다는 뜻을 여권에 적어야 한다(출입국관리법 시행령 제34조). 출입국관리사무소장 또는 출장소장은 허가된 체류기간 내에 출국하여야 한다는 뜻을 기재하고자 하는 때에는 여권에 출국예고인을 찍음으로써 이에 갈음할 수 있다(출입국관리법 시행규칙 제38조).

Ⅱ. 체류자격 변경 불허가시 출국통지

법무부장관은 체류자격 변경을 허가하지 아니할 때에는 신청인에게 체류자격 변경 불허결정통지서를 발급하여 한다. 이 경우 체류자격 변경허가를 하지 아니할 때에는 이미 허가된 체류자격으로 체류하게 할 수 있다(출입국관리법 시행령 제33조 제1항). 체류자격 변경 불허결정통지서에는 그 발급일부터 14일을 초과하지 아니하는 범위에서 출국기한을 분명하게 밝혀야 한다. 다만, 법무부장관이 필요하다고 인정할 때에는 이미 허가된 체류기간의 만료일을 출국기한으로 할 수 있으며, 「출입국관리법 시행령」 제33조 제1항 후단에 따라 이미 허가된 체류자격으로 체류하게 할 때에는 그 출국기한을 적지 아니할 수 있다(출입국관리법 시행령 제33조 제2항).

제 7 절 위반 및 처벌

「출입국관리법」 제24조(체류자격 변경허가)를 위반하여 체류자격 변경허가를 받지 아니하고 다른 체류자격에 해당하는 활동을 한 자는 대한민국 밖으로 강제퇴거 되거나(출입국관리법 제46조 제1항 제8호), 3년 이하의 징역 또는 2천만원 이하의 벌금에 처하게 된다(출입국관리법 제94조 제16호).

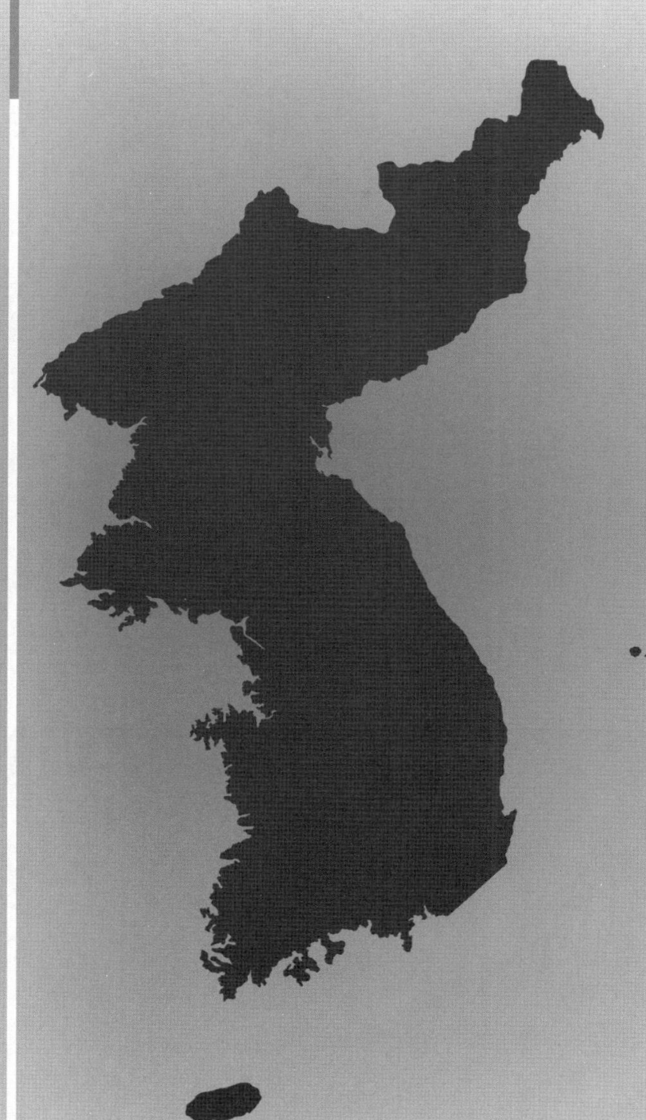

제 6 장

체류기간의 연장

제 1 절 의　　의

Ⅰ. 개　　념

체류기간의 연장이란 당초에 부여하였던 체류기간의 범위를 초과하여 대한민국에서 체류할 수 있도록 새로운 체류기간을 부여하는 것을 말한다(출입국관리법 제25조 참고). 「출입국관리법」에서는 "외국인이 체류기간을 초과하여 계속 체류하려면 출입국관리법 시행령으로 정하는 바에 따라 체류기간이 끝나기 전에 법무부장관의 체류기간 연장 허가를 받아야 한다."라고 규정하고 있다(출입국관리법 제25조).

Ⅱ. 법적 성격

체류기간의 연장 허가는 외국인에게 대한민국에서 체류할 수 있는 확정된 권리를 설정하여 주는 설권행위로서 국내의 사정 등을 고려하여 합목적적으로 판단할 재량행위에 해당한다.1)

Ⅲ. 판단기준

「출입국관리법」 제25조(체류기간 연장허가) 및 「출입국관리법 시행령」에 따르면, 외국인에게 체류기간 연장 허가를 위한 신청권을 인정하고, 법무부장관에게 체류기간 연장 허가의 신청에 대하여 허가 여부를 처분할 의무를 부여하고 있다. 체류기간 연장 허가의 신청이 있으면, 법무부장관은 결혼이민(F-6) 체류자격인 경우에 신청인이 진정한 국민의 배우자인지 또는 그 밖에 체류자격에 해당하는 자인지를 조사하고, 신청인의 적격성, 체류목적, 공익상의 영향 등을 참작하여 체류기간 연장을 허가할 것인지 여부를 판단한다.2) 체류기간 연장 허가의 신청을 한 외국인이 그 신청

---

1) 인천지방법원 2013. 5. 9. 선고 2012구합5392 판결; 수원지방법원 2013. 5. 2. 선고 2012구합16665 판결; 중앙행정심판위원회 2010-16664, 2011. 1. 25, 인용, 체류기간연장허가 거부처분 등 취소청구.

2) 인천지방법원 2013. 5. 9. 선고 2012구합5392 판결; 수원지방법원 2013. 5. 2. 선고 2012구합16665

이 권리남용에 해당한다는 등의 특별한 사정이 없는 한 허가 여부의 처분이 있을 때까지는 체류기간이 지난 뒤에도 불법체류자로서의 책임을 지지 않는다.[3)]

제 2 절 절 차

Ⅰ. 신 청

1. 신 청 자

체류기간 연장 허가의 신청은 본인이 직접 하거나 법무부장관이 정하는 자가 대리하게 할 수 있다(출입국관리법 시행규칙 제34조 제1항 제2호). 대리신청에 관하여 필요한 사항은 법무부장관이 따로 정한다(출입국관리법 시행규칙 제34조 제2항).

2. 체류기간 연장허가 신청서

대한민국에 체류하는 외국인이 체류기간을 초과하여 계속 체류하고자 하는 경우에는, 그 체류기간 만료 전에 체류기간 연장허가 신청서에 법무부령이 정하는 서류를 첨부하여 출입국관리사무소장 또는 출장소장에게 제출하여야 한다(출입국관리법 시행령 제31조 제1항).

Ⅱ. 송 부

출입국관리사무소장 또는 출장소장은 체류기간 연장 허가의 신청서를 제출받은 때에는 의견을 붙여 지체 없이 이를 법무부장관에게 보내야 한다(출입국관리법 시행령 제31조 제2항).

Ⅲ. 허 가

출입국관리사무소장 또는 출장소장은 체류기간 연장 허가 신청에 대하여 법무부장관의 허가가 있는 때에는 여권에 체류기간연장허가인을 찍고 체류기간을 기재하

판결.

3) 대법원 2013. 6. 21. 선고 2013무409 판결.

거나 체류기간연장허가 스티커를 부착하여야 한다. 다만, 외국인등록을 마친 자에 대하여 체류기간의 연장을 허가한 때에는 외국인등록증에 허가기간을 기재함으로써 이에 갈음한다(출입국관리법 시행령 제31조 제3항). 출입국관리사무소장 또는 출장소장은 체류기간 연장을 허가하는 때에는 이를 허가대장에 기재하여야 한다(출입국관리법 시행규칙 제35조).

제 3 절 체류기간

체류기간 연장의 허가를 하는 경우 1회에 부여할 수 있는 체류자격별 체류기간의 상한은 「출입국관리법 시행규칙」 별표1과 같다. 다만, 법무부장관은 국제관례나 상호주의 원칙 또는 국가이익에 비추어 필요하다고 인정하는 때에는 그 상한을 달리 정할 수 있다(출입국관리법 시행규칙 제18조의2, 제37조 제1항).

제 4 절 권한의 위임

Ⅰ. 의 의

법무부장관은 「출입국관리법」에 따른 권한의 일부를 대통령령으로 정하는 바에 따라 지방출입국·외국인관서의 장에게 위임할 수 있다(출입국관리법 제92조 제1항). 법무부장관은 체류기간 연장 허가의 권한을 법무부령으로 정하는 바에 따라 출입국관리사무소장·출장소장 또는 보호소장에게 위임한다(출입국관리법 시행령 제96조 제1항).

Ⅱ. 범 위

법무부장관이 체류기간 연장 허가의 권한을 출입국관리사무소장 또는 출장소장에게 위임하는 범위는 별표6의 범위 내에서 위임한다(출입국관리법 시행규칙 제78조 제3항). 첫째, 사증면제(B-1), 관광통과(B-2), 일시취재(C-1), 단기방문(C-3), 단기취업(C-4), 문화예술(D-1), 유학(D-2), 기술연수(D-3), 일반연수(D-4), 취재(D-5), 종교(D-6), 주재(D-7), 기업투자(ⅰ) D-8 중에서 「외국인투자촉진법」에 따른 외국인투자기업의 경영·관리 또는 생산·기술분야에 종사하려는 필수 전문인력이다. 다만, 국내에서 채용하는 자는 제외한다. ⅱ) 지식재산권을 보유하는 등 우수한 기술력으로 「벤처기업육성에 관한 특별조치법」

제2조의2 제1항 제2호 다목에 따른 벤처기업을 설립한 자 중 같은 법 제25조에 따라 벤처기업 확인을 받거나 이에 준하는 자로서 법무부장관이 인정하는 자, iii) 학사 이상의 학위를 가진 자로서 지식재산권을 보유하거나 이에 준하는 기술력 등을 가진 자 중 법무부장관이 인정한 법인 창업자), 무역경영(D-9), 구직(D-10), 교수(E-1), 회화지도(E-2), 연구(E-3), 기술지도(E-4), 전문직업(E-5), 예술흥행(E-6), 특정활동(E-7), 비전문취업(E-9), 선원취업(E-10), 방문동거(F-1), 거주(F-2), 동반(F-3), 재외동포(F-4), 결혼이민(F-6), 기타(G-1), 방문취업(H-2) 체류자격의 경우 체류기간 연장 허가의 권한이 출입국관리사무소장 또는 출장소장에게 위임이 되어 있다. 법무부장관의 허가를 별도로 받을 필요가 없다. 둘째, 관광취업(H-1) 체류자격의 경우 법무부장관이 정하여 고시하는 사무의 일부를 출입국관리사무소장 또는 출장소장에게 위임한다.

제 5 절 출국예고 및 출국통지

Ⅰ. 체류기간 연장 허가시 출국예고

체류기간 연장을 허가를 하는 경우 그 이후의 체류기간 연장을 허가하지 아니하기로 결정한 때에는, 출입국관리사무소장 또는 출장소장은 허가된 체류기간 내에 출국하여야 한다는 뜻을 여권에 적어야 한다(출입국관리법 시행령 제34조). 이 때에 여권에 출국예고인을 찍음으로써 이에 갈음할 수 있다(출입국관리법 시행규칙 제38조).

Ⅱ. 체류기간 연장 불허가시 출국통지 및 출국기한의 유예

1. 행정절차법의 관계

체류기간 연장 허가 신청에 대하여 법무부장관의 불허가가 있는 때에 처분의 사전통지 및 처분의 이유를 제시할 의무가 있는지가 문제된다. 「행정절차법」은 외국인의 출입국·난민인정·귀화에 관한 사항에 대하여는 적용하지 아니하므로(행정절차법 제3조 제2항 제9호, 행정절차법 시행령 제2조 제2호), 법무부장관이 불허가 결정을 하기 전에 「행정절차법」에 따른 절차를 준수하지 않았더라도 그 자체로 절차적 하자가 있어 그 처분이 위법하다고 보기는 어렵다. 판례도 같은 입장이다.[4]

4) 인천지방법원 2013. 5. 9. 선고 2012구합5392 판결; 인천지방법원 2013. 5. 16. 선고 2012구합5590 판결.

2. 출국통지

법무부장관은 체류기간 연장을 허가하지 아니할 때에는 신청인에게 체류기간 연장 불허결정 통지서를 발급하여야 한다. 이 경우 「출입국관리법 시행령」 제30조(체류자격 변경허가)의 체류자격 변경허가를 하지 아니할 때에는 이미 허가된 체류자격으로 체류하게 할 수 있다(출입국관리법 시행령 제33조 제1항 전단).

체류기간 연장 불허결정 통지서에는 그 발급일부터 14일을 초과하지 아니하는 범위에서 출국기한을 분명하게 밝혀야 한다. 다만, 법무부장관이 필요하다고 인정할 때에는 이미 허가된 체류기간의 만료일을 출국기한으로 할 수 있으며, 이미 허가된 체류자격으로 체류하게 할 때에는 그 출국기한을 적지 아니할 수 있다(출입국관리법 시행령 제33조 제2항).

3. 출국기한의 유예

(1) 사 유

출입국관리사무소장·출장소장 또는 외국인보호소의 장은 체류기간 연장 불허결정 통지를 받은 자가 출국할 선박 등이 없거나 질병 기타 부득이한 사유로 그 기한 내에 출국할 수 없음이 명백한 때에는 그 출국기한을 유예할 수 있다(출입국관리법 시행규칙 제33조 제1항). 출국기한 유예의 사유는 출국할 선박 등이 없거나 질병 기타 부득이한 사유로 그 기한 내에 출국할 수 없음이 명백한 때로서 그 사유가 제한적이다.

(2) 절 차

출국기한을 유예 받고자 하는 자는 출국기한유예신청서에 그 사유를 소명하는 자료를 첨부하여 출입국관리사무소장·출장소장 또는 보호소장에게 제출하여야 한다(출입국관리법 시행규칙 제33조 제2항). 출입국관리사무소장·출장소장 또는 보호소장은 출국기한유예신청서류를 심사한 결과 그 출국기한의 유예가 필요하다고 인정하는 경우에는, ⅰ) 출국할 선박 등이 없는 때에는 출국예상인원 및 선박 등의 사정 등을 참작하여 법무부장관이 따로 정하는 기간까지, ⅱ) 그 밖의 경우에는 그 사유가 소멸할 때까지 그 출국기한을 유예할 수 있다(출입국관리법 시행규칙 제33조 제3항).

4. 집행정지

법무부장관이 체류기간 연장 허가 신청을 거부한 처분에 대하여 신청인이 그 효력의 정지를 구할 법률상 이익이 있는지가 문제된다. 외국인의 체류기간 연장 허가 신청을 거부한 처분의 효력이 정지되더라도 이로 인하여 외국인이 체류기간이 끝난 뒤에도 계속 체류할 수 있는 권리를 취득하거나 법무부장관에게 체류기간 연장 허가를 하여야 할 의무가 생기는 것은 아니기 때문이다. 대법원은 "체류기간 연장 허가 신청을 거부한 처분의 효력을 정지하는 것은 거부처분이 없었던 것과 같은 상태, 즉 거부처분이 있기 전의 신청 시의 상태로 돌아가는 것이기 때문에 그 거부처분을 받은 신청인은 그 효력정지를 구할 법률상 이익이 있다."라고 판시하고 있다.[5] 따라서 거부처분으로 인하여 신청인에게 생길 회복하기 어려운 손해를 예방하기 위하여 그 효력을 즉시 정지하여야 할 긴급한 필요가 있다고 인정되는 경우에는 체류기간 연장 허가 거부처분의 효력정지를 신청할 수 있다.

제 6 절 출국을 위한 체류기간 연장

Ⅰ. 사 유

출입국관리사무소장 또는 출장소장은 허가된 체류기간이 만료되는 외국인이 ⅰ) 외국인등록을 한 자로서 그 체류자격의 활동을 마치고 국내여행 등을 목적으로 일시 체류하고자 하는 경우, ⅱ) 출국할 선박 등이 없거나 그 밖에 부득이한 사유로 출국할 수 없는 경우에는 그 체류기간을 연장할 수 있다(출입국관리법 시행규칙 제32조 제1항 본문). 다만, 체류연장기간이 30일을 초과하는 때에는 법무부장관의 승인을 얻어야 한다(출입국관리법 시행규칙 제32조 제1항 단서).

Ⅱ. 절 차

체류기간이 만료되는 외국인이 출국을 위한 체류기간 연장의 사유에 해당하여 체류기간 연장 허가를 받고자 하는 경우에는, 체류기간연장허가신청서에 그 사유를 소명하는 자료를 첨부하여 출입국관리사무소장 또는 출장소장에게 제출하여야 한다(출입국관리법 시행규칙 제32조 제2항). 출입국관리사무소장 또는 출장소장은 체류기간연장을 허가하는 때에는 수수료를 받지 아니한다(출입국관리법 시행규칙 제32조 제3항).

5) 대법원 2013. 6. 21. 선고 2013무409 판결.

제 7 절 위반 및 처벌

「출입국관리법」 제25조를 위반하여 체류기간이 끝나기 전에 법무부장관의 체류기간 연장 허가를 받지 아니하고 체류기간을 초과하여 계속 체류한 자는 대한민국 밖으로 강제퇴거 되거나(출입국관리법 제46조 제1항 제8호), 3년 이하의 징역 또는 2천만원 이하의 벌금에 처하게 된다(출입국관리법 제94조 제17호).

제 8 절 결혼이민자의 체류기간 연장에 대한 특칙

법무부장관은 「가정폭력범죄의 처벌 등에 관한 특례법」 제2조(정의) 제1호의 가정폭력을 이유로 법원의 재판, 수사기관의 수사 또는 그 밖의 법률에 따른 권리구제 절차가 진행 중인 대한민국 국민의 배우자인 외국인이 체류기간 연장허가를 신청한 경우에는 그 권리구제 절차가 종료할 때까지 체류기간 연장을 허가할 수 있다(출입국관리법 제25조의2 제1항). 그리고 법무부장관은 이에 따른 체류 연장기간 만료 이후에도 피해 회복 등을 위하여 필요하다고 인정하는 경우 체류기간 연장허가를 할 수 있다(출입국관리법 제25조의2 제2항).

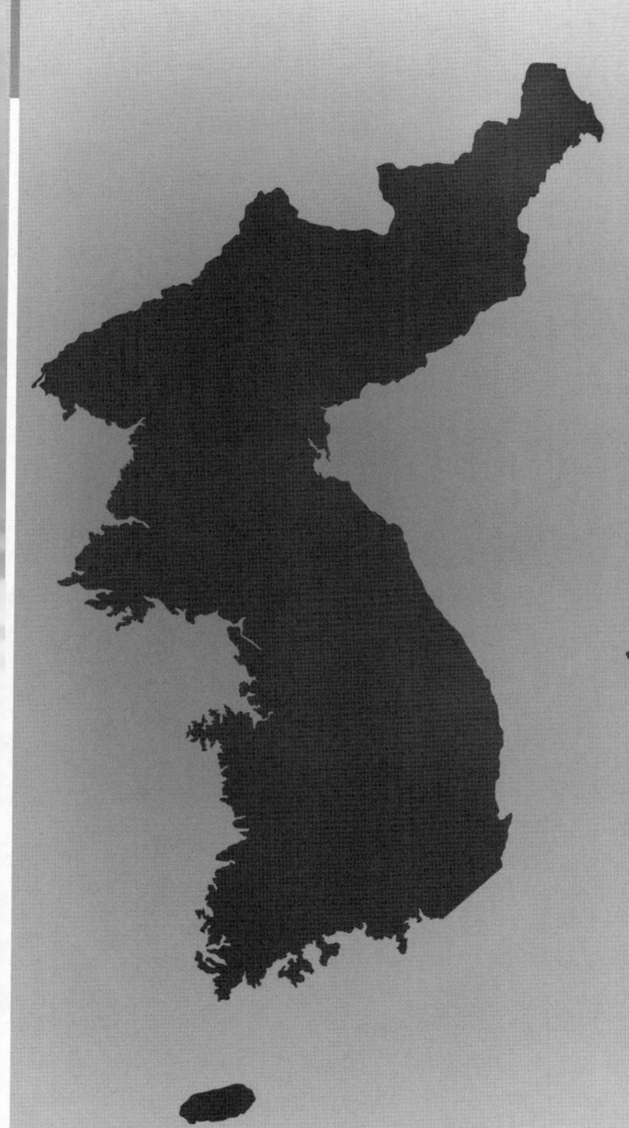

제 7 장

외국인등록제도

제1절 의 의

Ⅰ. 개 념

외국인등록제도란 외국인에 대하여 체류와 신분관계를 명확히 하고 외국인이 생활하는 데 편익을 제공하기 위하여 「출입국관리법」에 의한 등록제도를 말한다(출입국관리법 제31조).

Ⅱ. 취 지

대한민국에 장기간 체류하고 있는 외국인에 대한 성명, 성별, 생년월일, 국적, 여권의 기재사항, 근무처와 직위 또는 담당업무, 본국의 주소와 대한민국에서의 체류지, 체류자격과 체류기간 등 인적 · 체류사항에 관한 기본정보를 효율적으로 관리하여 i) 국가 차원에서는 외국인의 체류와 신분관계를 명확히 하고, ii) 외국인 개인 차원에서는 금융거래 · 인터넷 가입 · 운전면허 취득 · 의료보험 가입 등 생활편의에 폭넓게 사용하기 위한 제도이다. 외국인등록은 대한민국 정부가 체류하는 외국인의 인적 · 체류사항에 관한 기본정보를 활용하여 외국인 현황에 대한 이슈를 발굴 분석하고, 이민정책을 수립 집행하는 데 기본자료로 활용되고, 또한 「출입국관리법」 위반, 외국인범죄 수사 등 외국인 관리를 위한 기본자료로 활용된다.

Ⅲ. 구별개념

1. 주민등록

(1) 개 념

외국인등록제도와 유사하지만 구별되는 것으로 주민등록제도가 있다. 주민등록제도란 대한민국의 국민에 대하여 거주관계 등 인구의 동태를 명확하게 파악하여 주민생활의 편익을 증진시키고 행정사무를 적정하게 처리하도록 하는 것을 목적으로 하는 「주민등록법」에 의한 등록제도를 말한다.

(2) 대상자

주민등록의 대상자에 대하여는 「주민등록법」 제6조(대상자) 제1항에서 "시장·군수 또는 구청장은 30일 이상 거주할 목적으로 그 관할 구역에 주소나 거소를 가진 자(주민이라 한다)를 이 법의 규정에 따라 등록하여야 한다. 다만, 외국인은 예외로 한다."라고 규정하고 있다. 따라서 「주민등록법」에 의한 주민등록 대상자는 대한민국의 국적을 가진 자만으로 한정된다. 외국인은 주민등록의 대상자에서 제외되며 주민등록을 할 수 없다. 그러나 주민등록표 등본을 교부할 때 i) 세대주나 세대원의 배우자인 외국인, ii) 세대주나 세대원의 국민인 직계혈족의 배우자였던 외국인이 같이 거주하고 있음이 확인되는 경우로서 신청이 있는 때에는 별도 기재하여야 한다(주민등록법 시행규칙 제15조 제2항 본문).[1] 다만, 그 신청은 세대주나 세대원(위임을 받은 자를 포함한다)만이 할 수 있다(주민등록법 시행규칙 제15조 제2항 단서).

(3) 외국인등록 및 주민등록의 관계

외국인등록 및 주민등록의 관계가 문제된다. 「주민등록법」에 의한 주민등록지는 공법적 법률관계에서 외국인의 주소를 정하는 기준이 될 수 없다. 「출입국관리법」에서는 외국인등록과 주민등록의 관계를 규정하고 있다. 법령에 규정된 각종 절차와 거래관계 등에서 주민등록증이나 주민등록등본 또는 초본이 필요하면 외국인등록증이나 외국인등록 사실증명으로 이를 갈음하고(출입국관리법 제88조의2 제1항), 「출입국관리법」에 따른 외국인등록과 체류지 변경신고는 주민등록과 전입신고를 갈음한다(출입국관리법 제88조의2 제2항). 또한 「주민등록법」에서는 주민등록자의 지위에 대하여 "다른 법률에 특별한 규정이 없으면 이 법에 따른 주민등록지를 공법公法 관계에서의 주소로 한다."라고 규정하고(주민등록법 제23조 제1항), "주민등록지를 공법 관계에서의 주소로 하는 경우에 신고의무자가 신거주지에 전입신고를 하면 신거주지에서의 주민등록이 전입신고일에 된 것으로 본다."라고 규정하고 있다(주민등록법 제23조 제2항).

외국인은 입국한 날부터 90일을 초과하여 대한민국에 체류하고자 하는 경우에 입국한 날부터 90일 이내에 그의 체류지를 관할하는 지방출입국·외국인관서의 장에

---

1) 결혼이민자를 배우자의 주민등록표 등본에 기재하도록 한 취지는 결혼이민자가 국적을 취득할 때까지 가족으로 함께 살면서도 배우자의 주민등록표 등본에 나타나지 않아 그 자녀들이 편부모 가정으로 오해받거나, 배우자 세액공제 근거자료 미비 등 생활불편이 있었기 때문이다. 이러한 불편을 해소하기 위해 2010년 6월 15일에 주민등록법 시행규칙 제15조가 개정되었다.

게 외국인등록을 하여야 한다(출입국관리법 제31조 제1항). 그 외국인등록의 사항으로 '국내 체류지'를 두어 공법적 법률관계에서 외국인의 주소를 정하는 기준으로 하고 있다(출입국관리법 제32조 제4호). 따라서 외국인이 외국인등록을 할 때에 기재하는 '국내 체류지'가 공법적 법률관계에서 그 외국인의 주소로 된다. 그리고 「출입국관리법」에서는 "이 법에 따른 (중략) 체류지 변경신고는 (중략) 전입신고를 갈음한다."라고 규정하고(출입국관리법 제88조의2 제2항), 다른 법령에 따른 신고와의 관계에 대하여 「주민등록법」에서는 "주민의 거주지 이동에 따른 주민등록의 전입신고가 있으면 「병역법」, 「민방위기본법」, 「인감증명법」, 「국민기초생활 보장법」, 「국민건강보험법」 및 「장애인복지법」에 따른 거주지 이동의 전출신고와 전입신고를 한 것으로 본다."라고 규정하고 있다(주민등록법 제17조). 따라서 외국인이 「출입국관리법」에 따른 체류지 변경신고를 한 경우 다른 법령에 따른 전출신고와 전입신고를 한 것으로 보아야 한다.

Ⅳ. 법적 근거

외국인등록의 법적 근거는 「출입국관리법」 제5장(외국인의 등록 등)에서 규정되어 있다. 주한외국공관과 국제기구의 직원 및 그의 가족 등을 제외한, 외국인이 입국한 날로부터 90일을 초과하여 대한민국에 체류하고자 하는 경우에는 그 외국인이 입국한 날로부터 90일 이내에 그 외국인의 체류지를 관할하는 지방출입국·외국인관서의 장에 그 외국인의 인적사항과 체류사항을 등록하게 하고(출입국관리법 제31조 제1항), 성명, 성별, 생년월일 및 국적 등 외국인 등록사항과 체류지가 변경된 경우 이를 14일 기간 내에 신고하도록 하고 있다(출입국관리법 제35조, 제36조 제1항).

Ⅴ. 평등원칙과의 관계

국가가 외국인에게 외국인등록제도를 운영하여 부당하게 국민과 외국인 간의 평등원칙을 침해한 것은 아닌지가 문제된다. 국제관습법상 외국인은 국적국가가 아닌 다른 국가에 입국하기 위하여는 입국허가를 받아야 하며, 또한 장기간 체류하기 위하여 별도의 허가를 받아야 하는 점을 고려할 때, 국민의 주민등록제도와는 별도로 외국인에 대한 외국인등록제도를 두는 것은 단지 제도·운영의 목적에 차이가 있을 뿐이며 「헌법」 제11조에 보장된 평등의 원칙에 위배되는 것은 아니다.[2)]

제 2 절 내 용

Ⅰ. 대 상 자

1. 원 칙

외국인등록의 대상자는 다음과 같다.

첫째, 대한민국에 입국한 날로부터 90일을 초과하여 대한민국에 체류하고자 하는 외국인이다(출입국관리법 제31조 제1항). 외국인이 대한민국에서 90일 이내의 범위에서 체류하는 경우 외국인등록 의무를 부담하지 않고, 대한민국에서 90일을 초과하여 체류하고자 하는 경우에만 외국인등록 의무를 부담한다. 둘째, 대한민국의 국적을 상실하고 외국국적을 취득하여 외국인의 체류자격을 부여받거나 대한민국에서 출생하여 외국인의 체류자격을 부여 받은 자로서 체류자격을 부여 받은 날로부터 90일을 초과하여 대한민국에 체류하게 되는 외국인이다(출입국관리법 제31조 제2항). 셋째, 대한민국에 체류하는 외국인이 그 체류자격과 다른 체류자격에 해당하는 활동을 하고자 체류자격 변경허가를 받은 자로서 입국한 날로부터 90일을 초과하여 체류하고자 하는 외국인이다(출입국관리법 제31조 제3항). 이는 외국인이 외국인등록의 대상자가 아닌 체류기간 90일 이내의 사증으로 입국한 후 그 체류자격을 변경하여 장기간 체류하는 경우를 말한다.

2. 예 외

「출입국관리법」에서는 일정한 외국인에게 외국인등록 의무의 예외를 인정하고 있다.

첫째, 주한외국공관(대사관과 영사관을 포함한다)과 국제기구의 직원 및 그 가족이다(출입국관리법 제31조 제1항 제1호). 1961년 「외교관계에 관한 비엔나협약Vienna Convention on Diplomatic Relations」, 1963년 「영사관계에 관한 비엔나협약Vienna Convention on Consular Relations」 제46조[3] 등과 국

2) 김원숙, 출입국관리정책론, 한민족, 2008, p. 231.

3) 영사관계에 관한 비엔나협약 제46조 (외국인등록과 거주허가로부터의 면제)

1. 영사관원과 사무직원 및 그 세대의 일부를 이루는 가족은 외국인등록 및 거주허가에 관하여 접수국의 법령에 따른 모든 의무로부터 면제된다.

2. 다만, 본조 1항의 규정은 파견국의 고정된 고용원이 아니거나 또는 접수국 내에서 영리적인 사적 직업에 종사하는 사무직원 또는 그 가족구성원에 대하여 적용되지 아니한다.

제관례에 따라 주한외국공관(대사관과 영사관을 포함한다)과 국제기구의 직원 및 그 가족에게 외국인등록 의무를 면제하고 있다. 둘째, 대한민국정부와의 협정에 의하여 외교관 또는 영사와 유사한 특권 및 면제를 누리는 자와 그의 가족이다(출입국관리법 제31조 제1항 제2호). 셋째, 대한민국정부가 초청한 자 등으로서 법무부장관이 그 등록을 면제하기로 결정하여 이를 체류지를 관할하는 출입국관리사무소장 또는 출장소장에게 통보한 외국인이다(출입국관리법 제31조 제1항 제3호, 출입국관리법 시행규칙 제45조 제2항). 즉 ⅰ) 외교·산업·국방상 중요한 업무에 종사하는 자 및 그의 가족, ⅱ) 기타 법무부장관이 특별히 외국인등록을 면제할 필요가 있다고 인정하는 자이다(출입국관리법 시행규칙 제45조 제1항).

Ⅱ. 등록 사항

1. 규 정

「출입국관리법」에서 규정하고 있는 외국인등록 사항은 ⅰ) 성명, 성별, 생년월일 및 국적, ⅱ) 여권의 번호·발급일자 및 유효기간, ⅲ) 근무처와 직위 또는 담당업무, ⅳ) 본국의 주소와 국내 체류지, ⅴ) 체류자격과 체류기간, ⅵ) 제1호부터 제5호까지에서 규정한 사항 외에 법무부령으로 정하는 사항이다(출입국관리법 제32조). 여기에서 외국인의 체류와 신분관계, 생활편의 등 환경변화에 신속히 대응하기 위하여 「출입국관리법」 제32조(외국인등록사항) 제6호에 의한 외국인등록사항은 「출입국관리법 시행규칙」에서 규정하고 있다. 법무부령으로 정하는 외국인등록의 사항은 ⅰ) 입국일자 및 입국항, ⅱ) 사증에 관한 사항, ⅲ) 동반자에 관한 사항, ⅳ) 세대주 및 세대주와의 관계, ⅴ) 사업자 등록번호이다(출입국관리법 시행규칙 제47조).

2. 유형별 분류

외국인등록 사항을 유형화하여 분류하면 다음과 같다. ⅰ) 성명, 성별, 생년월일 및 국적, 세대주 및 세대주와의 관계, 동반자에 관한 사항으로서 등록외국인에 대한 외교적 보호권이 있는 국가를 확인하기 위한 사항이다. ⅱ) 여권의 번호, 발급일자 또는 유효기간으로서 등록외국인의 신원 확인을 위한 사항이다. ⅲ) 근무처와 직위 또는 담당업무, 사업자 등록번호로서 등록외국인에 대한 고용정보에 관한 사항이다.

영사관계에 관한 비엔나협약 제65조 (외국인등록 및 거주허가로부터의 면제) 명예영사관원은, 사적 이득을 위하여 접수국에서 전문직업적 또는 상업적 활동에 종사하는 자를 제외하고, 외국인등록 및 거주허가에 관하여 접수국의 법령에 따른 모든 의무로부터 면제된다.

ⅳ) 본국의 주소와 국내 체류지로서 등록외국인에 대한 위급상황과 체류관리를 위한 사항이다. ⅴ) 사증사항에 관한 사항, 입국일자 및 입국항, 체류자격과 체류기간으로서 등록외국인의 법적 지위와 활동범위에 관한 사항이다.

3. 등록사항의 허위신고

외국인이 등록사항을 허위로 신고한 경우에 그 처벌이 문제된다. 범죄행위로 인하여 강제출국당한 전력이 있는 외국인이 외국 주재 한국영사관에 허위의 호구부 등을 제출하여 사증을 발급받고 다시 입국한 후 출입국관리사무소에 외국인등록증을 발급받은 사안에서, 대법원은 위계에 의한 공무집행방해죄가 성립한다고 판시한 바 있다.[4)]

Ⅲ. 등록 기관

외국인등록 대상자인 외국인이 외국인등록을 하고자 하는 경우 그의 체류지를 관할하는 지방출입국·외국인관서의 장에 외국인등록을 하여야 한다(출입국관리법 제31조 제1항).

Ⅳ. 등록 시기

외국인이 외국인등록을 하는 시기의 기준점은 3가지 유형에 따라 차이가 있다.

1. 입국한 날로부터 90일 이내

외국인이 대한민국에 입국한 날로부터 90일을 초과하여 대한민국에 체류하고자 하는 경우에는 '입국한 날로부터 90일 이내'에 그의 체류지를 관할하는 지방출입국·외국인관서의 장에게 외국인등록을 하여야 한다(출입국관리법 제31조 제1항). '입국한 날로부터 90일 이내'의 의미는 외국인이 대한민국에 입국한 날로부터 90일을 경과하지 않아야 한다는 외국인등록 의무의 시간적 한계이다.

4) 대법원 2009. 2. 26. 선고 2008도11862 판결.

2. 체류자격을 부여받은 때

대한민국 내에서 체류자격을 부여받은 외국인의 외국인등록의 시기이다.[5] 외국인이 대한민국의 국적을 상실하고 외국국적을 취득하여 외국인의 체류자격을 부여받거나 대한민국에서 출생하여 외국인의 체류자격을 부여받아 그 날로부터 90일을 초과하여 체류하게 되는 경우에는 '그 체류자격을 부여받은 때'에 외국인등록을 하여야 한다(출입국관리법 제31조 제2항).

3. 체류자격 변경허가를 받은 때

대한민국 내에서 체류자격 변경허가를 받은 외국인의 외국인등록의 시기이다.[6] 대한민국에 체류하는 외국인이 그 체류자격과 다른 체류자격에 해당하는 활동을 하고자 미리 체류자격 변경허가를 받은 자로서 입국한 날로부터 90일을 초과하여 체류하고자 하는 경우에는 '그 체류자격 변경허가를 받은 때'에 외국인등록을 하여야 한다(출입국관리법 제31조 제3항).

V. 외국인등록번호

외국인등록번호는 생년월일 · 성별 · 등록기관 등을 표시하는 13자리 숫자로 한다(출입국관리법 시행령 제40조의3 제1항). 외국인등록번호는 주민등록번호의 체계와 같이 13자 숫자를 부여한다.[7] 외국인등록번호는 1인 1번호로 하며, 이미 부여한 번호를 다른 자에게 부여해

5) 출입국관리법 제23조(체류자격 부여)에서는 "대한민국에서 출생하여 제10조에 따른 체류자격을 가지지 못하고 체류하게 되는 외국인은 그가 출생한 날부터 90일 이내에, 대한민국에서 체류 중 대한민국의 국적을 상실하거나 이탈하는 등 그 밖의 사유로 제10조에 따른 체류자격을 가지지 못하고 체류하게 되는 외국인은 그 사유가 발생한 날부터 30일 이내에 대통령령으로 정하는 바에 따라 체류자격을 받아야 한다."라고 규정하고 있으므로, 외국인이 대한민국의 국적을 상실하고 외국의 국적을 취득하여 외국인의 체류자격을 부여받는 경우 그 사유가 발생한 날부터 30일 이내에 체류자격 부여를 신청해야 하고, 외국인이 대한민국에서 출생하여 외국인의 체류자격을 부여 받는 경우 그가 출생한 날부터 90일 이내에 체류자격 부여를 신청해야 한다.

6) **출입국관리법 제24조 (체류자격 변경허가)**
① 대한민국에 체류하는 외국인이 그 체류자격과 다른 체류자격에 해당하는 활동을 하려면 미리 법무부장관의 체류자격 변경허가를 받아야 한다.
② 제31조제1항 각 호의 어느 하나에 해당하는 사람으로서 그 신분이 변경되어 체류자격을 변경하려는 사람은 신분이 변경된 날부터 30일 이내에 법무부장관의 체류자격 변경허가를 받아야 한다.

7) **주민등록법 시행규칙 제2조 (주민등록번호의 작성)** 「주민등록법」 제7조 제3항에 따른 주민등록번호는 생년월일 · 성별 · 지역 등을 표시할 수 있는 13자리의 숫자로 작성한다.

서는 아니 된다(출입국관리법 시행령 제40조의3 제2항). 그 밖에 외국인등록번호의 체계와 부여절차에 필요한 사항은 법무부장관이 정한다(출입국관리법 시행령 제40조의3 제3항).8)

제 3 절 절 차

Ⅰ. 외국인등록 신청

외국인등록을 하려는 자는 외국인등록신청서에 여권과 그 밖에 법무부령이 정하는 서류를 첨부하여 그의 체류지를 관할하는 출입국관리사무소장 또는 출장소장에게 제출하여야 한다(출입국관리법 시행령 제40조 제1항).

Ⅱ. 외국인등록번호 부여

그의 체류지를 관할하는 출입국관리사무소장 또는 출장소장은 외국인등록신청을 받은 때에는 그 외국인에게 개인별 외국인등록번호를 부여하여 등록외국인대장에 기재하고, 여권에 외국인등록필인을 찍어야 한다(출입국관리법 시행령 제40조 제2항). 다만, 과거에 외국인등록을 하여 외국인등록번호가 부여된 외국인이 완전출국으로 인해 외국인등록이 말소된 후, 다시 입국하여 외국인등록을 하는 경우에는 과거에 사용한 외국인등록번호가 다시 부여된다.

Ⅲ. 외국인등록증 발급

1. 발 급

(1) 대상자

외국인등록을 받은 지방출입국·외국인관서의 장은 대통령령이 정하는 바에 따

8) 외국인등록번호(국내거소신고번호) 부여 체계

□□□□□□ - ○ ◎ ◎ ■ ■ ■ ◇

생년월일 성별 등록기관 일련번호 검증

라 그 외국인에게 외국인등록증을 발급하여야 한다(출입국관리법 제33조 제1항 본문). 여기에서 '그 외국인'이란 외국인등록 의무가 있는 외국인을 말한다. 외국인등록증에는 앞 6자리 숫자 및 뒤 7자리 숫자로 구성된 외국인등록번호, 사진, 여권상 성명, 여권상 국적, 한국내 주소인 체류지, 체류자격, 외국인등록증 발급일과 체류기간 만료일, 발급된 출입국관리사무소 또는 출장소(전화번호 포함) 등이 수록된다.

(2) 17세 미만자

외국인이 17세 미만인 때에는 그의 부모 및 부양자, 형제자매, 신원보증인 기타 동거인의 외국인등록증에 17세 미만의 등록을 한 외국인을 동반자로 기재하여 줄 것을 요청하는 경우에 한하여 외국인등록증을 발급하지 아니할 수 있다(출입국관리법 제33조 제1항 단서, 출입국관리법 시행령 제41조 제2항 참고). 17세 미만인 외국인에게 외국인등록증을 발급하지 아니할 수 있도록 한 취지는 「주민등록법」상 국민의 주민등록증 발급대상자가 17세 이상인 것에 준하는 것이다.[9)]

위와 같은 요청에 의해 그의 부모 등의 외국인등록증에 동반자로 기재되어 외국인등록증을 발급받지 아니한 외국인이 17세가 된 때에는 90일 이내에 그의 체류지를 관할하는 지방출입국·외국인관서의 장에게 외국인등록증 발급신청을 하여야 한다(출입국관리법 제33조 제2항). 이를 위반하여 외국인등록증 발급신청을 하지 아니한 자에게 50만원 이하의 과태료가 부과된다(출입국관리법 제100조 제3항 제1호).

(3) 발급대장

외국인등록을 한 등록외국인의 체류지를 관할하는 출입국관리사무소장 또는 출장소장은 외국인등록증을 발급하는 때에는 그 사실을 외국인등록증발급대장에 적어야 한다(출입국관리법 시행령 제41조 제1항).

2. 재발급

(1) 사 유

외국인등록을 한 자의 체류지를 관할하는 출입국관리사무소장 또는 출장소장은 외국인등록증을 발급받은 자에게 다음의 어느 하나에 해당하는 사유가 있으면 외국

---

9) 주민등록법 제24조 (주민등록증의 발급 등)
① 시장·군수 또는 구청장은 관할 구역에 주민등록이 된 자 중 17세 이상인 자에 대하여 주민등록증을 발급한다. 다만, 「장애인복지법」 제2조 제2항에 따라 제1급부터 제3급까지의 장애등급에 해당하는 중증시각장애인이 신청하는 경우 시각장애인용 점자 주민등록증을 발급할 수 있다.

인등록증을 재발급할 수 있다(출입국관리법 시행령 제42조 제1항). 즉 외국인등록증의 재발급 사유로는 i) 외국인등록증이 분실되거나 없어진 때(제1호), ii) 외국인등록증이 헐어서 못쓰게 된 때(제2호), iii) 외국인등록증의 적는 난이 부족한 때(제3호), iv)「출입국관리법」 제24조(체류자격 변경허가)에 따라 체류자격 변경허가를 받은 때(제4호), v) 성명, 성별, 생년월일 및 국적의 사항에 대한 외국인등록사항 변경신고를 받은 때(제5호), vi) 위조방지 등을 위하여 외국인등록증의 한꺼번에 갱신할 필요가 있는 때(제6호)이다.

(2) 절 차

1) 신 청

외국인등록증을 재발급받으려는 자는 외국인등록증재발급신청서에 사진 1장을 첨부하여 그 사유가 발생한 날부터 14일 이내에 체류지 관할 사무소장 또는 출장소장에게 제출하여야 한다(출입국관리법 시행령 제42조 제2항 본문).

2) 원래의 외국인등록증 첨부

외국인등록증을 재발급 받으려는 자가 i) 외국인등록증이 헐어서 못쓰게 된 때, ii) 외국인등록증의 적는 난이 부족한 때, iii)「출입국관리법」 제24조(체류자격 변경허가)에 따라 체류자격 변경허가를 받은 때, iv) 성명, 성별, 생년월일 및 국적의 사항에 대한 외국인등록사항 변경신고를 받은 때, v) 위조방지 등을 위하여 외국인등록증을 한꺼번에 갱신할 필요가 있는 때의 사유로 외국인등록증의 재발급 신청을 할 때에는 그 신청서에 원래의 외국인등록증을 첨부하여야 한다(출입국관리법 시행령 제42조 제2항 후단).

3) 재발급

외국인등록을 한 외국인의 체류지를 관할하는 출입국관리사무소장 또는 출장소장은 외국인등록증을 재발급할 때에는 그 재발급 사유를 외국인등록증 발급대장의 비고란에 적어야 한다(출입국관리법 시행령 제42조 제3항 전단, 출입국관리법 시행규칙 제48조 제2항). 종전의 외국인등록번호를 사용하고(출입국관리법 시행규칙 제48조 제2항), 제출받은 원래의 외국인등록증은 파기한다(출입국관리법 시행령 제42조 제3항 후단).

제 4 절 위반 및 처벌

Ⅰ. 등록의무 위반

외국인이 「출입국관리법」 제31조(외국인등록)에 정한 외국인등록의 의무를 위반한 경우에는 1년 이하의 징역 또는 1천만원 이하의 벌금에 처하게 된다(출입국관리법 제95조 제7호).

Ⅱ. 외국인등록증 부정사용 금지

1. 의　　의

누구든지 외국인등록증을 다음과 같이 부정사용하는 행위를 하여서는 아니된다(출입국관리법 제33조의2). 금지되는 행위로는 ⅰ) 외국인의 외국인등록증을 취업에 따른 계약 또는 채무이행의 확보수단으로 제공받거나 그 제공을 강요하는 행위, ⅱ) 외국인등록번호를 거짓으로 생성하여 자기 또는 다른 사람의 재물이나 재산상의 이익을 위하여 사용하는 행위, ⅲ) 외국인등록번호를 거짓으로 생성하는 프로그램을 다른 사람에게 전달하거나 유포하는 행위, ⅳ) 다른 사람의 외국인등록증을 부정하게 사용하는 행위, ⅴ) 다른 사람의 외국인등록번호를 자기 또는 다른 사람의 재물이나 재산상의 이익을 위하여 부정하게 사용하는 행위이다(출입국관리법 제33조의2 제1호에서 제5호).

2. 처　　벌

「출입국관리법」 제33조의2(외국인등록증 등의 채무이행 확보수단 제공 등의 금지) 제1호에서 제5호에 해당하는 외국인등록증 부정사용 금지에 해당하는 행위를 한 외국인(국민을 포함한다)은 3년 이하의 징역 또는 2천만원 이하의 벌금에 처한다(출입국관리법 제94조 제19호).

3. 양벌규정

「출입국관리법」 제33조의2(외국인등록증 등의 채무이행 확보수단 제공 등의 금지) 제1호(취업에 따른 계약 또는 채무이행의 확보수단)를 위반한 행위와의 관계에서 법인 또는 개인의 양벌규정이 적용된다. 법인의 대표자나 법인 또는 개인의 대리인, 사용인, 그 밖의 종업원이 그 법인 또는 개인의 업무에 관하여 외국인의 외국인등록증을 취업에 따른 계약 또는 채무이행의 확보수단으로 제공받거나 그 제공을 강요하는 행위를 하면 그 행위자를 벌하는 외에, 그 법인 또는 개인에게도 2천만원 이하의 벌금형을 과科한다는 양벌규정을 두고 있다(출입국관리법 제99조의3 제3호 본문). 다만, 법인 또는 개인이 그 위반행위를 방지하기 위하여 해당 업무에 관하여 상당한 주의와 감독을 게을리하지 아니한 경우에는 그러하지 아니하다(출입국관리법 제99조의3 제3호 단서).

제 5 편 국가안전 및 질서유지

(National Security and Social Order)

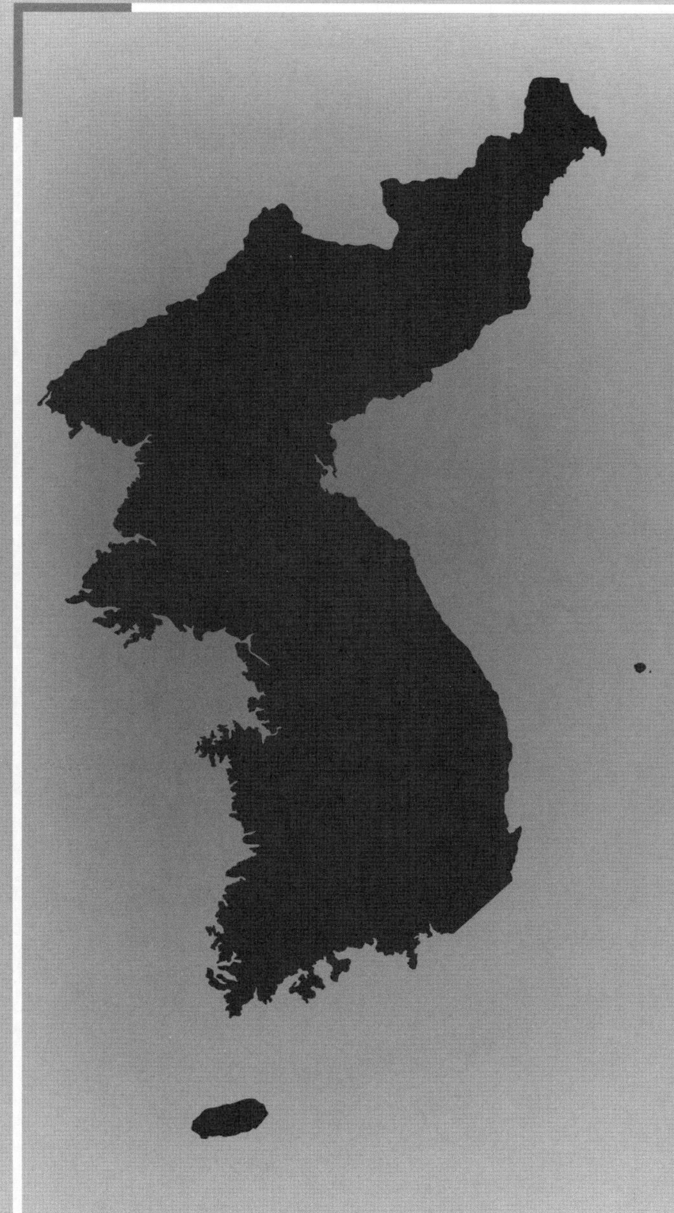

제 1 장

의 의

Ⅰ. 개 관

모든 국가는 그 국경을 넘는 외국인의 흐름을 엄격히 제한하려고 노력한다. 어느 국가도 그 국경을 넘는 외국인에게 완전하고 자유로운 이동을 보장하지 않는다. 이와 같은 규제는 국가는 사람의 몸처럼 보호와 절제를 필요로 한다는 것으로부터 형성된 것이다.[1] 국가안전 및 질서유지는 모든 국가가 첫 번째로 중요히 여기는 정책목표 내지 의무사항이고, 이러한 목표와 의무를 달성하기 위해 이민을 효과적으로 규율하는 것이 중요하다. 국가안전 및 질서유지는 이민을 규율하는 법령의 내용 중에서 자연인의 인권을 억제하는 기능을 맡게 된다. 그러나 국제사회에서 이민과 국가안전 및 질서유지 간의 관계를 중점으로 하는 포괄적인 국제협정은 아직 마련되어 있지 않다.[2]

국가안전 및 질서유지를 위하여 이민법에서는 인신매매trafficking, 밀입국smuggling, 불법으로 국경을 넘는 행위에 대한 예방 또는 제재, 그리고 해상 저지interdiction at sea, 선박운수업자의 책임, 테러에 대한 예방 또는 제재 등 간접적 수단을 활용하고, 외국인의 활동에 대한 조사와 외국인의 보호, 외국인의 강제추방 등 실질적 수단을 활용한다. 특히 테러에 대한 예방 또는 제재를 위하여 명시적으로 출입국관리border control를 그 수단으로 활용한다. 국가안전 및 질서유지를 하거나 불법이민의 발생을 억제하는 것은 전통적으로 국가에게 인정된 특권으로 간주된다. 어느 외국인이 다른 국가의 영역으로 입국하여 체류·정착하고 장래에 그 국가의 국민으로 될지를 결정하는 것은 국가의 기본적 권리에 해당한다.[3] 그러나 국가가 불법이민의 억제에만 주된 초점을 맞추고 이를 가장 우선시하는 관점을 가진다면 이민자와 대한민국 모두에게 이익을 가져온다기보다는 큰 그림을 놓칠 수 있다. 국가가 불법이민에 대하여 보다 엄격한 예방수단 또는 제재수단으로 대응하는 것은 합법적이지만, 불법이민에 대하여 엄격한 수단으로만 대응할 경우에는 불법이민자가 인신매매와 밀입국에 노출될 취약성이 증가하게 된다. 국가안전 및 질서유지를 위한 활동은 이민의 총체적인 관리라는 보다 큰 그림a broader context of migration management 속에서 외국인의

---

1) Nikos papastergiadis, The Turbulence of Migration - Globalization, Deterritorialization and Hybridity, Polity Press, 2004, p. 53.

2) David Fisher, Suan Martin, and Andrew Schoenholtz, Migration and Security in International Law, Migration and International Legal Norms, TMC Asser Press, 2003, p. 87.

3) 앞의 책, p. 87; Mark J. Miller, the prevention of unauthorized migration, Migration and Refugee Policies - an overview -, Continuum, 1999, p. 20.

인권을 보장하고, 통제된 외국인력제도를 통해 합법적인 노동이민의 기회가 보장되는 것이 전제되어야 한다.[4)]

국가안전 및 질서유지를 위한 국가의 책무는 외국인에 대한 입국의 통제control of entry, 출국의 통제control of exit, 체류관리internal regulation of immigrants, 조사 · 보호, 강제추방expulsion로 나눌 수 있다.[5)] 입국의 통제와 출국의 통제는 제3편 이민과 국경관리에서, 체류관리internal regulation of migrants는 제4편 외국인의 체류에서 별도로 설명하고 있으므로, 본편에서는 불법이민자에 대한 조사 · 보호, 강제추방을 중심으로 설명하고자 한다.

Ⅱ. 불법이민

1. 의 의

불법이민illegal immigration이란 외국인이 이민법에 정한 요건과 절차에 따르지 아니하고 입국한 것을 말한다. 불법이민자illegal immigrants란 이민법에 정한 요건과 절차에 따르지 아니하고 그의 국적국가가 아닌 국가에 들어온 외국인을 말한다. 반면에 합법이민이란 외국인이 이민법에 정한 요건과 절차에 따라 입국한 것을 말하고, 합법이민자란 이민법에 정한 요건과 절차에 따라 그의 국적국가가 아닌 국가에 들어온 외국인을 말한다. 불법이민은 국가안전 및 질서유지에 매우 심각한 도전 내지 걸림돌이 된다.[6)] 국가안전 및 질서유지에 영향을 미치는 불법이민에는 다음의 2가지 경우도 포함된다. 첫째, 국가안전 또는 사회질서에 악영향을 끼치고자 하는 외국의 요원이 입국하는 것이다. 둘째, 국가의 사회질서에 악영향을 초래하는 범죄자가 입국하는 것이다.[7)]

이민은 현대사회에서 일반적이고 필수적으로 나타나는 현상 중의 하나이다. 그러나 지속되는 불법적 형태의 이민의 흐름, 불법이민자가 착취당할 취약성, 불법이민이 인신매매trafficking와 밀입국smuggling의 범죄조직 네트워크에 연계될 위험성은 고

4) IOM, Essentials of Migration Management - A Guide for Policy Makers and Practitioners, Volume Three: Irregular Migration, 2004, pp. 4~5.
5) David Fisher, Suan Martin, and Andrew Schoenholtz, Migration and Security in International Law, Migration and International Legal Norms, TMC Asser Press, 2003, p. 87.
6) IOM, Essentials of Migration Management - A Guide for Policy Makers and Practitioners, Volume Three: Irregular Migration, 2004, p. 3.
7) David Fisher, Suan Martin, and Andrew Schoenholtz, Migration and Security in International Law, Migration and International Legal Norms, TMC Asser Press, 2003, p. 88.

질적인 문제이다. 특히 밀입국은 착취와 인신매매로 이어질 수 있고, 이것은 조직범죄organized crime, 폭력, 공무원 부패와 연결되어 국가안전 및 질서유지에 위협요인으로 작용될 수 있다.8)

2. 출입국관리법에서의 용어

「출입국관리법」에서는 '불법'이라는 용어를 사용하고 있다. 「출입국관리법」 제12조의3에서는 '외국인을 불법으로 입국 또는 출국하게 하거나', 「출입국관리법」 제81조 제2항에서는 '외국인의 불법입국을 방지하기 위하여', 「출입국관리법」 제90조의2 제목에서는 '불법취업 외국인' 및 제1항에서는 '취업활동을 할 수 있는 체류자격을 가지지 아니한 외국인을 고용한 불법고용주'라고 규정하고 있다. 따라서 이하에서는 불법이민자 또는 불법체류자라는 용어를 사용하기로 한다.

3. 성　　격

불법이민자 또는 불법체류자는 형사범이 아니라 후술할 이민행정범에 해당한다. 반면에, '불법'이라는 용어와 관련하여 불법이민자 또는 불법체류 외국인을 이민관리의 차원을 넘어서 형사법상 범죄자로 보는 견해가 있다. 이 견해에 의하면 불법이민illegal immigration의 경우에는 그 접두사에 해당되는 불법illegal이 지니는 법적 함의로 인해 불법이민자는 '범죄자'에 해당하며 불법이민 또는 불법체류를 범죄현상으로 보고, 「경찰관직무집행법」에 의한 임의수사인 일반경찰의 불심검문을 강제수사로 전환하여 외국인이 불심검문에 불응할 때에는 지문채취 · 사진촬영을 강제하자는 것이다.9) 그러나 불법이민자 또는 불법체류자에 대한 임의수사인 불심검문을 강제수사로 전환하자는 견해는 이민행정범의 특성을 고려할 때 부적절하다고 본다.

4. 유　　형

(1) 일반론

불법이민자는 밀입국자, 이민법상 부여된 체류기간을 도과한 자, 미리 법무부장관의 체류자격 변경허가 또는 체류자격외 활동허가를 받지 않고 그 체류자격에 해당

8) IOM, Essentials of Migration Management - A Guide for Policy Makers and Practitioners, Volume Three: Irregular Migration, 2004, p. 4.

9) 김택수, 불심검문과 불법체류자 단속절차의 연계방안, 연세대학교 법학연구원 법학연구, 2011, pp. 43~44, p. 60.

하는 활동과 다른 체류자격에 해당하는 활동을 한 자 등을 포괄한다. 밀입국자란 유효한 여권과 사증을 소지하지 않은 상태에서 또는 유효한 여권과 사증을 소지하더라도 공항만에서 출입국관리공무원의 입국심사를 받지 않고 대한민국에 입국한 외국인을 말한다. 체류기간을 도과한 자란 관광, 친척방문, 취업 등 합법적인 절차를 거쳐 대한민국에 입국한 후에 부여된 그 체류기간을 초과하여 체류하고 있는 외국인을 말한다. 체류자격 변경허가 또는 체류자격외 활동허가를 받지 않고 활동한 자란 유효한 여권과 사증을 소지하고 대한민국에 입국하여 체류하는 것은 합법적이지만, 부여된 체류자격과는 다른 체류자격에 해당하는 활동에 대해 체류자격 변경허가 또는 체류자격외 활동허가를 받지 않고 활동을 하는 외국인을 말한다.[10)]

(2) 비취업사증 소지자의 구직활동

불법이민자의 유형에 구직활동을 하는 실업자를 포함하는 견해가 있다. 이 견해에 의하면 외국인이 취업활동이 가능한 사증을 발급 받지 않았음에도 그 체류기간의 초과 여부를 불문하고 대한민국에서 구직활동을 하는 경우에도 불법이민에 해당한다.[11)] 그러나 이 견해는 불법취업의 예비·음모를 인정하는 것이며(출입국관리법 제99조 참고), 그 외국인의 내심을 파악하기가 어려우므로 타당하지 않다고 본다. 다만, 취업활동을 할 수 있는 체류자격을 가지지 아니한 외국인의 고용을 업으로 알선·권유한 자는 3년 이하의 징역 또는 2천만원 이하의 벌금에 처하고(출입국관리법 제94조 제10호), 취업활동을 할 수 있는 체류자격을 가지지 아니한 외국인의 고용을 알선·권유한 자(업으로 하는 자는 제외한다)는 500만원 이하의 벌금에 처하게 된다(출입국관리법 제97조 제1호).[12)]

5. 구별개념

학계·시민단체 및 국제기구 등에서는 불법이민자 또는 불법체류 외국인이라는 용어 사용을 기피한다. 예를 들어 1986년 노벨평화상 수상자 엘리 위젤Elie Wiesel은 인간은 그 존재로서 불법illegal일 수 없다고 하면서, '불법illegal'이라는 용어가 지닌 부정적 개념은 이민자가 경제, 사회, 문화 등에 기여하는 부분을 간과시킬 우려가

---

10) 노재철, 미등록외국인근로자의 문제점과 해결방안, 노동법논총 제18집, 2010, p. 40.

11) 앞의 논문, p. 40.

12) 출입국관리법 제18조 (외국인 고용의 제한)
① 외국인이 대한민국에서 취업하려면 대통령령으로 정하는 바에 따라 취업활동을 할 수 있는 체류자격을 받아야 한다.
④ 누구든지 제1항에 따른 체류자격을 가지지 아니한 사람의 고용을 알선하거나 권유하여서는 아니 된다.

있고, 다수의 외국인이 인신매매 또는 송출업체에 의해 착취될 상황에 처하게 되는 희생자로 된다는 점이 무시된다고 설명한 바 있다.[13] 불법이민자와 구별되는 용어로는 미등록 외국인undocumented foreigners, 비정규 이민자irregular immigrants, 비밀 이민자clandestine immigrants 등이 사용된다. 다만, 미등록 외국인의 경우에는 관광객, 유학생 등이 재외공관으로부터 발급받은 합법적이고 유효한 사증을 소지하여 국내에 입국한 후, 그 체류자격에 해당하지 않는 분야에 활동 또는 취업하는 것까지를 포함하지 못하는 한계가 있다.[14]

6. 불법이민의 영향 및 발생원인

(1) 영 향

국가의 주권이 미치는 영역에서 불법이민이 증가하는 것은 국가안전 및 사회질서, 국내노동시장 등 다방면에 걸쳐 저해요소로 작용하게 된다. 불법이민의 증가는 국민과 외국인 사이에, 외국인 사이에 갈등을 유발한다. 사용자는 저임금의 유혹으로 인해 불법이민자 고용을 선호하여 국내노동시장을 침해하고 내국인근로자와 외국인근로자의 임금시장을 왜곡하게 된다. 불법이민은 범죄조직과 연계될 가능성이 많아 국가안전 및 질서유지를 위해할 우려가 있다. 또한 불법이민으로 인해 발생하는 외국인의 인권침해 문제는 이를 예방 또는 구제하기 위한 국가의 부담과 사회비용이 증가하게 된다.

(2) 발생원인

불법이민이 발생하는 문제를 국내·외의 경제적 관점을 중심으로 살펴보고자 한다.

1) 임금수준의 상대적 차이

일반적으로 불법이민자가 출신국가에서 받는 임금수준의 가치는 대한민국에서 받는 임금수준보다 상대적으로 낮다. 공급자인 외국인의 입장에서는 체류기간과 체류자격을 위반하여 체류하려는 유인책으로 작용하고, 수요자인 사용자의 입장에서는 내국인력의 임금수준과 비교하여 상대적으로 임금수준이 낮은 외국인력에 대한 고

13) Piyasiri Wickramasekera, Asian Labour Migration: Issues and Challenges in an Era of Globalization, INTERNATIONAL LABOUR OFFICE INTERNATIONAL MIGRATION PAPERS 57, 2002, p. 1.

14) 설동훈, 국내 불법체류 외국인의 적정 규모 추정, 법무부 출입국관리국 정책연구보고서, 문중인쇄, 2006, p. 75.

용이 유인책으로 작용한다.[15)] 이와 같은 공급과 수요가 같은 방향으로 일치하게 되어 불법이민이 발생하게 된다.

2) 불법고용 수요

상대적으로 영세하고 근무환경이 열악하여 내국인근로자를 고용하기 어려운 중소기업의 경우에는 외국인근로자를 선호하고 불법이민자 고용에 대한 의존도가 높다.[16)]

3) 미흡한 제재

불법이민에 대한 제재는 그 외국인이 강제퇴거된 후 일정기간 동안에 걸쳐 입국금지되는 등 입국규제 조치를 하거나(출입국관리법 제11조), 경미한 수준의 불법이민인 경우에는 범칙금을 부과한 후 국내체류를 허용하고 있다(출입국관리법 제103조, 출입국관리법 시행규칙 별표7 및 8). 취업활동을 할 수 있는 체류자격을 가지지 아니한 외국인을 불법으로 고용한 사용자에 대한 제재는 3년 이하의 징역 또는 2천만원 이하의 벌금을 처하는 낮은 수준이고(출입국관리법 제94조 제9호), 범칙금을 미납한 경우에 고발이 이루어지고는 있으나 대부분 약식기소로 마무리되고 있어 제재에는 한계가 있다.[17)]

Ⅲ. 이민행정범 및 이민행정벌

1. 이민행정범

각종 행정법규에는 행정목적을 달성하기 위하여 여러 가지 의무를 두고 그 실효성을 확보하기 위하여 위반에 대한 제재 또는 처벌을 규정하고 있다. 행정범이란 특정한 행정목적을 위해 정해진 법규에 위반하는 행위 그 자체는 반사회성・반도덕성을 갖지 않으나 법규에 정한 명령・금지에 위반되기 때문에 위법성을 갖게 되는 범죄를 말한다. 다시 말해 행위자의 행위를 중심으로 법규에 정한 의무를 위반하여 다음에서 설명할 행정벌이 부과하여지는 행위가 행정범이다.[18)] 행정범은 행위 그 자체가 반사회적・반도덕적 성격을 띠는 자연범自然犯에 대응한 것으로, 행위 그 자체는 윤리적으로 무색無色이나 법률에 정해진 범죄를 범했다는 뜻에서 법정범法定犯

15) 하갑래, 외국인근로자 활용제도에 관한 입법론적 연구, 동국대학교 대학원 박사논문, 2003, p. 169 참고.
16) 최홍, 외국인 고용허가제의 현황과 개선방안, 삼성경제연구소 SERI 경제 포커스, 2011, p. 7.
17) 앞의 논문, p. 7.
18) 김동희, 행정법Ⅰ, 박영사, 2010, pp. 479~480.

이라고도 할 수 있다.[19] 따라서 이민법이 추구하는 행정목적을 달성하기 위하여 정한 명령·금지를 위반하여 이민행정벌이 과하여지는 행위를 '이민행정범'이라고 칭할 수 있다. 「출입국관리법」에서는 형사처벌 또는 통고처분 및 과태료에 해당되는 죄를 범하였다고 인정되는 자를 '출입국사범'이라고 한다(출입국관리법 제2조 제14호).

이하에서는 이민행정범은 이민행정형벌 또는 이민행정질서벌이 부과하여지는 행위로 구분하여 상술하기로 한다.

2. 이민행정벌

(1) 의 의

행정법상의 의무 위반에 대하여 일반통치권에 의거하여 과하는 제재로서 법령에 규정된 벌 내지 벌칙규정을 강학상 행정벌行政罰이라고 말한다. 행정벌은 「형법」상의 형벌을 그 제재로 과하여지는 '행정형벌' 및 「형법」상의 형벌이 아닌 제재가 과하여지는 '행정질서벌'로 구분된다.[20] 행정형벌과 행정질서벌은 다 같이 행정법령을 위반한 것에 대한 제재라는 점에서는 같다.[21] 그러나 헌법재판소는 행정법규 위반 행위에 대하여 행정형벌을 부과할 것인가 아니면 행정질서벌을 부과할 것인가는 기본적으로 입법재량에 속하는 문제로 보고 있다.[22] 이민법에서는 출입국관리 등에 관하여 그 행정목적을 달성하기 위해 여러 가지 의무를 두고 있는데 당사자가 이민법상의 의무를 위반한 경우 이민법상 제재로서 벌 내지 벌칙규정, 즉 이민행정벌을 규정하고 있다. 이민행정벌은 그 처벌의 종류·내용에 따라 이민행정형벌 및 이민행정질서벌로 구분된다.

(2) 법적 근거

이민행정벌은 당사자의 자유와 재산에 침해를 초래하므로 이민행정벌의 부과는 「헌법」 제37조 제2항에 따라 법적 근거를 필요로 한다.[23] 따라서 국가안전보장·질서유지 또는 공공복리를 위하여 필요한 경우에 한하여 법률로써 당사자의 자유와 재산을 제한할 수 있다. 단, 제한하는 경우에도 그 자유와 권리의 본질적인 내용을 침해할 수 없다.

---

19) 앞의 책, pp. 479~480.
20) 앞의 책, pp. 479~480.
21) 대법원 1969. 7. 29. 자 69마400 결정.
22) 김동희, 행정법 I, 박영사, 2010, pp. 479~480; 헌법재판소 1994. 4. 28. 자 91헌바14 결정.
23) 홍정선, 경찰 행정법, 박영사, 2010, p. 418 참고.

(3) 이민행정형벌

1) 의 의

이민행정형벌이란 이민법상의 의무 위반에 대한 제재로 「형법」에 형명이 있는 형벌[24]이 부과되는 이민행정벌을 말한다. 이민행정형벌은 이민행정범에게 이민법상의 의무를 위반한 경우에 「형법」상의 형벌이 과하여지는 이민법상 제재로서의 처벌이다. 이민행정형벌에는 특별한 규정이 있는 경우를 제외하고는 「형법」총칙이 적용된다(형법 제8조).[25] 이민행정형벌은 그 행정법규 위반이 직접적으로 행정목적과 사회공익을 침해하는 경우에 과하여지는 것이므로 그 이민행정형벌을 과하는데 있어서 고의 또는 과실을 필요로 한다.[26]

2) 부과되는 형벌

「출입국관리법」, 「여권법」, 「결혼중개업의 관리에 관한 법률」, 「외국인근로자의 고용 등에 관한 법률」에 규정된 벌칙조항에 의하면, 이민행정형벌에 부과되는 형벌의 종류로는 징역, 벌금이 있다. 이민행정형벌에는 이민행정질서벌에 부과하는 과태료는 제외된다.

3) 구별개념: 형사벌

형사벌은 국가적·사회적 생활질서 중에서 기본적 생활구조를 규제하는 규범에 위반한 행위에 대한 제재이고, 이민행정형벌(이민행정질서벌을 포함한다)은 기본적 생활구조를 규제하는 규범과는 직접적으로 결합되지 않는 파생적 생활질서 규범에 위반한 행위에 대한 제재를 말한다.[27] 형사벌과 이민행정형벌은 양자가 형벌을 그 제재로서 과하는 것이라는 점에서는 공통적이다.

4) 특수성

(가) 형사벌과의 구별

(a) 구별실익: 이민행정형벌이 형사벌과 구별되는 것은 이민행정형벌의 행정범으로서 특수성이 반영된 것이다. 이민행정형벌과 형사벌을 구별하는 실익은 「형

---

24) 형법 제41조 (형의 종류) 형의 종류는 다음과 같다.
1. 사형 2. 징역 3. 금고 4. 자격상실 5. 자격정지 6. 벌금 7. 구류 8. 과료 9. 몰수

25) 형법 제8조 (총칙의 적용) 본법 총칙은 타법령에 정한 죄에 적용한다. 단 그 법령에 특별한 규정이 있는 때에는 예외로 한다.
김동희, 행정법 I, 박영사, 2010, p. 483.

26) 대법원 1969. 7. 29. 자 69마400 결정 참고.

27) 김동희, 행정법 I, 박영사, 2010, p. 481.

법」총칙이 이민행정형벌에 그대로 적용되는지, 영장주의가 이민행정형벌에도 적용되는지의 문제와 지방출입국·외국인관서의 장의 전속적 고발권 및 통고처분을 연계한 취지 등과 관련된다.

(b) **구별여부:** 이민행정형벌과 형사벌 양자를 구별하여야 할 것인지에 관하여 견해가 대립된다.[28] 이민행정형벌과 형사벌은 모두 제재로서 「형법」상의 형벌이 과하여진다는 점에서 양자는 질적 차이가 없고, 오직 양자간에는 경미사범과 중대사범이라는 질적 차이밖에 없다고 보는 구별부정설이 있다. 그러나 이민행정형벌과 형사벌 양자의 구별을 인정하는 구별인정설이 일반적인 견해이다.[29]

(c) **구별기준:** 이민행정형벌과 형사벌 양자를 구별하는 기준에 대하여는 '피침해이익'의 성질을 기준으로 하는 견해 및 '피침해규범'의 성질을 기준으로 하는 견해가 있다. 통설에 따라 피침해규범의 성질을 기준으로 이민행정형벌과 형사벌 양자를 구별하기로 한다.[30] 피침해규범의 성질을 기준으로 하는 견해에 의하면, 형사벌은 살인, 강간 등 그 반도덕성·반사회성이 국가의 명령·금지를 기다릴 필요도 없이 명백한 행위, 즉 자연범自然犯에 대한 제재이다. 형사벌은 그 형사범이 지니는 반도덕성·반사회성이 법률의 제정 이전에 존재한다. 그러나 이민행정형벌은 불법이민 등 그 자체는 반도덕성·반사회성을 띠지는 않고, 특정한 정책목표 또는 행정목적을 실현하기 위한 국가의 명령·금지에 위반함으로써 비로소 범죄로 처벌되는 행위, 법정범法定犯에 대한 제재이다. 이민행정형벌은 그 이민행정범이 지니는 반도덕성·반사회성이 법률의 제정 이전에 인정되는 것이 아니라 그 행위를 범죄로 규정한 법률의 제정에 의하여 비로소 그 성격이 승인된 것이다. 이민행정형벌은 이민법이 추구하는 특수한 정책목표 또는 행정목적과 파생적 생활질서를 보호하기 위한 것이다.[31]

(나) 죄형법정주의

(a) **의 의:** 죄형법정주의란 어떤 행위가 범죄로 되고 그 범죄에 대하여 어떤 처벌을 할 것인가는 미리 성문의 법률에 규정되어 있어야 한다는 원칙을 말한다. 죄형법정주의는 「헌법」에 그 근거를 두고 있다. 「헌법」 제12조 제1항에서는 "누구든지 법률과 적법한 절차에 의하지 아니하고는 처벌·보안처분 또는 강제노역을 받지 아니한다.", 제13조 제1항에서는 "모든 국민은 행위시의 법률에 의하여 범죄를 구성

28) 앞의 책, p. 480.
29) 앞의 책, p. 480.
30) 앞의 책, p. 481.
31) 앞의 책, pp. 481~482.

하지 아니하는 행위로 소추되지 아니하며"라고 하여 죄형법정주의를 규정하고 있다.[32)]

(b) **강학상 이민형법:** 이민행정형벌의 경우에도 형사범에게 적용되는 죄형법정주의가 원칙적으로 적용된다. 이민행정형벌이 규정된 법규로는 「출입국관리법」, 「여권법」, 「결혼중개업의 관리에 관한 법률」, 「외국인근로자의 고용 등에 관한 법률」 등이다. 이것을 이민행정형벌과의 관계에서 강학상 '이민형법'이라고 칭할 수 있다. 죄형법정주의는 이민행정형벌에도 적용되므로, 이민형법을 위반한 행위에 대한 제재에 죄형법정주의가 적용된다.

(c) **이민행정형벌의 성립요건:** 이민행정형벌도 기본적으로 「형법」에 형명이 있는 형벌이 부과되므로 이민행정형벌이 성립되기 위한 요건으로는 그 의무위반의 행위가 구성요건에 해당하고, 위법성이 있어야 하고, 책임이 있어야 한다. 이민법과 이민법에 의한 각종 명령에 정한 의무위반 행위가 구성요건해당성, 위법성, 책임성이라는 범죄의 성립요건을 모두 충족하여야 한다. 그리고 그 의무위반 행위에 대한 제재 내지 처벌로서 형사처벌 또는 통고처분이 부과된다.

(d) **형법총칙의 적용문제**

ⅰ. 문제 제기: 이민행정형벌에도 죄형법정주의가 원칙적으로 적용되는데, 「형법」총칙이 그대로 적용되는가가 문제된다. 다시 말해 이민행정형벌은 「형법」상 형명이 있는 형벌로 되어있는데 이민행정형벌에는 총칙적 규정이 없으므로, 「형법」총칙이 어느 범위까지 적용되는가의 문제이다.

ⅱ. 원 칙: 「형법」에서는 "본법 총칙은 타법령에 정한 죄에 적용한다. 단, 그 법령에 특별한 규정이 있는 때에는 예외로 한다."라고 하여(형법 제8조), 이민행정형벌에도 원칙적으로 형법총칙이 적용된다.[33)]

ⅲ. 예 외: 이민행정형벌의 특수성을 반영하여 그 법령에 '특별한 규정'이 있는 때에는 그 한도에서 「형법」총칙의 적용이 배제되거나 수정된다.[34)] '특별한 규정'의 의미에 대하여는 법령의 취지 · 목적 등에 기하여 형벌의 범위를 확대하거나 형벌을 가중하는 것은 죄형법정주의의 유추적용금지원칙에 반하는 것이므로 허용되지 않으나, 형벌 범위의 축소 · 경감은 죄형법정주의에 반하지 않으므로 그 한도에서는 법령 그 자체의 해석상 「형법」총칙의 적용이 배제되거나 수정되는 경우가 있다.[35)]

32) 이재상, 신형사소송법, 박영사, 2007, pp. 4～9.
33) 김동희, 행정법Ⅰ, 박영사, 2010, p. 484.
34) 앞의 책, p. 484 참고.
35) 앞의 책, pp. 484～485.

(4) 이민행정질서벌

이민행정질서벌이란 이민법상의 의무 위반에 대한 제재에 해당하지만 「형법」에 형명이 없는 과태료가 부과되는 이민행정벌을 말한다. 이민행정질서벌은 이민법상의 위반 행위가 행정목적을 직접적으로 침해하거나 일반사회의 법익에 직접적으로 영향을 주는 것이 아니라, 다만 행정목적을 달성하는 데 장해가 되는 정도의 비행인 경우에 과하여지는 것이다. 이민행정질서벌인 과태료는 행정목적이나 사회공익을 직접적으로 침해하는 데까지는 이르지 않고, 다만 간접적으로 행정상의 질서에 장해를 줄 위험성이 있는 정도의 단순한 의무태만에 대한 제재로 과하여지는 데 불과하다. 단순한 신고의무를 위반한 자 등이 이민행정질서벌의 위반자에 해당한다. 예를 들어 「출입국관리법」 제100조(과태료)가 이에 해당된다. 이민행정질서벌에는 「형법」총칙이 적용되지 않고, 그 과벌 절차는 특별한 규정이 없는 한 「질서위반행위규제법」이 정하는 바에 의한다.[36] 다른 특별한 규정이 없는 한 원칙적으로 고의 또는 과실을 필요로 하지 않는다.[37]

36) 앞의 책, pp. 479~480.
37) 대법원 1969. 7. 29. 자 69마400 결정 참고.

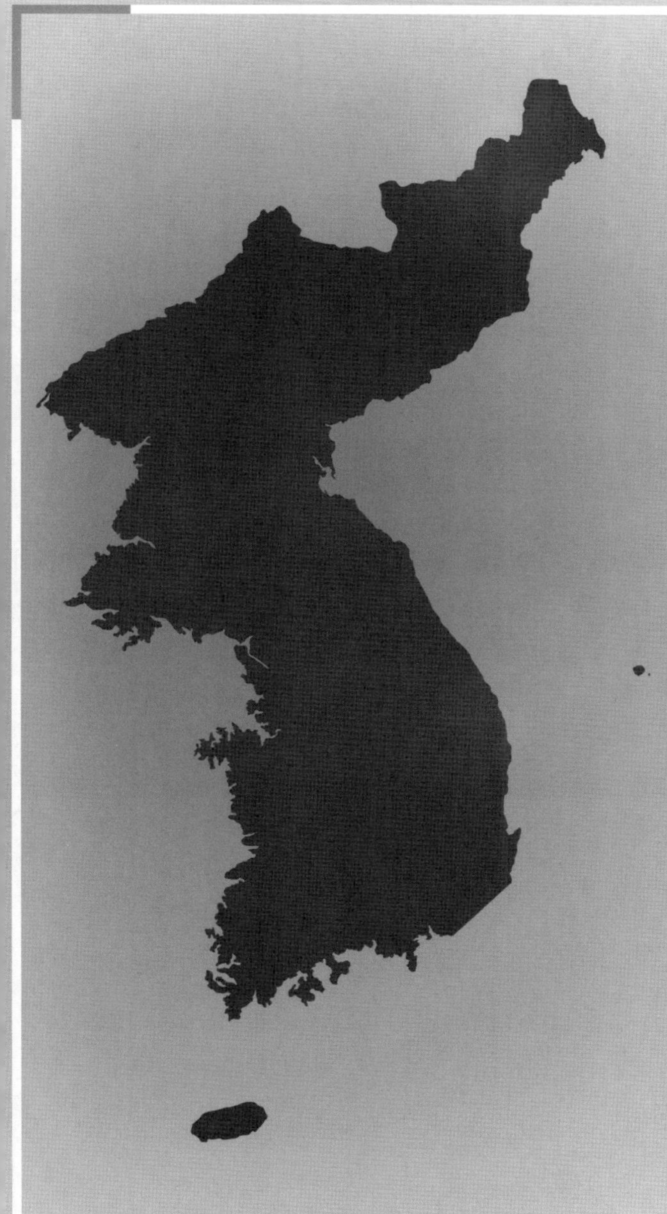

제 2 장
조 사

「출입국관리법」에서의 조사는 동향조사(출입국관리법 제81조), 위반조사(출입국관리법 제47조), 사실조사(출입국관리법 제80조)의 3가지로 구분된다. 이하에서는 동향조사, 위반조사를 중심으로 살펴보기로 한다.

제1절 동향조사

Ⅰ. 의 의

1. 의 의

동향조사란 출입국관리공무원 등이 외국인, 외국인의 소속단체 또는 외국인과 관련된 개인·단체 등의 첩·정보를 파악하고, 외국인이 이민법을 위반하지 않고 적법하게 체류하고 있는지 또는 허위초청 등 외국인의 불법입국을 방지하기 위해 자료를 수집 분석하는 활동을 말한다. 「출입국관리법」에 동향조사를 둔 취지는 출입국관리공무원 등은 외국인이 「출입국관리법」 또는 「출입국관리법」에 따른 명령에 따라 적법하게 체류하는지를 사전에 예방적인 차원에서 파악하기 위한 것이다. 1963년에 제정된 「출입국관리법」에서는 동향조사에 대한 규정을 두고 있지 않았고, 그 후에 1992년에 「출입국관리법」 개정으로 동향조사에 관한 규정을 두었다.[1)]

2. 법적 성격

출입국관리공무원 등의 동향조사는 사실행위로서 행정조사에 해당한다. 동향조사는 그 자체가 법적 효과를 가져오는 행위는 아니고, 사실행위일 뿐이다. 상대방의 명시적 또는 묵시적 의사에 반하여 강제력을 통한 행정조사의 목적을 달성할 수 있는 권한이 부여된 것으로 보기 어렵다.[2)]

---

1) 1992년 출입국관리법 제81조 (출입국관리공무원의 외국인동향조사)
① 출입국관리공무원은 외국인이 이 법 또는 이 법에 의한 명령에 따라 적법하게 체류하고 있는지 여부를 조사하기 위하여 외국인, 그 외국인을 고용한 자, 그 외국인의 소속단체 또는 그 외국인이 근무하는 업소의 대표자와 그 외국인을 숙박시킨 자를 방문하여 질문을 하거나 기타 필요한 자료의 제출을 요구할 수 있다.
② 제1항의 규정에 의하여 질문을 받거나 자료의 제출을 요구받은 자는 정당한 이유없이 이를 거부하여서는 아니된다.

2) 김택수, 불심검문과 불법체류자 단속절차의 연계방안, 연세대학교 법학연구원 법학연구, 2011, p. 46.

3. 법적 근거

출입국관리공무원 등의 동향조사는 피조사자의 신체 또는 재산에 침해를 가져오는 것이므로 권력적인 행정조사 작용이며, 법률의 근거를 필요로 한다.[3] 일반적인 행정조사를 위하여는 「행정조사기본법」이 있으나, 특별법적 관계에서 「출입국관리법」이 규율하고 있다. 「출입국관리법」 제81조에 의한 동향조사는 이민행정범에 해당하는 외국인을 보호하고 강제퇴거시키기 위한 조사로는 그 법적 근거가 부족하므로, 이민행정범에 해당하는 외국인을 보호하고 강제퇴거시키기 위한 조사를 위하여는 별도의 법적 근거가 필요하다. 외국인을 보호하고 강제퇴거시키기 위한 조사에 대하여는 후술하기로 한다.

Ⅱ. 종 류

1. 외국인 등에 대한 동향조사

(1) 의 의

출입국관리공무원과 대통령령으로 정하는 관계 기관 소속 공무원은 외국인이 「출입국관리법」 또는 「출입국관리법」에 따른 명령에 따라 적법하게 체류하고 있는지를 조사하기 위하여 외국인, 외국인을 고용한 자, 외국인의 소속 단체 또는 외국인이 근무하는 업소의 대표자, 외국인을 숙박시킨 자를 방문하여 질문하거나 그 밖에 필요한 자료를 제출할 것을 요구할 수 있다(출입국관리법 제81조 제1항, 출입국사범 단속과정의 적법절차 및 인권보호 준칙 제10조 제1항).

(2) 주 체

1) 출입국관리법 위반에 대하여

「출입국관리법」에서는 외국인이 「출입국관리법」 또는 「출입국관리법」에 따른 명령에 따라 적법하게 체류하고 있는지 조사할 권한을 행사하는 자의 범위를 규정하고 있다. 출입국관리공무원과 대통령령으로 정하는 관계 기관 소속 공무원은 외국인 등에 대한 동향조사를 할 수 있다(출입국관리법 제81조 제1항). 여기에서 '대통령령으로 정하는 관계 기관 소속 공무원'은 고용노동부 소속 공무원 중 고용노동부장관이 지정하는 자, 중소기업청 소속 공무원 중에서 중소기업청장이 지정하는 자, 경찰공무원 중에서 경찰청

3) 홍정선, 경찰 행정법, 박영사 2010, pp. 451~452 참고.

장이 지정하는 자, 그 밖에 기술연수생의 보호·관리와 관련하여 법무부장관이 필요하다고 인정하는 관계 중앙행정기관 소속 공무원의 어느 하나에 해당하는 자를 말한다(출입국관리법 시행령 제91조의2 제1항).

2) 경합범 관계에 있는 형법, 여권법, 밀항단속법 위반에 대하여

「경찰관직무집행법」은 국가경찰공무원의 직무수행에 필요한 사항을 일반적으로 규정한 것이다. 국가경찰공무원이란 국가사무로서의 경찰사무를 수행하기 위해 국가가 설치 유지하는 경찰을 말한다.[4] 「출입국관리법」 등 다른 법률에서 「경찰관직무집행법」의 내용을 배제하거나 별도로 규정하는 내용이 있는 경우에는 「출입국관리법」 등 다른 법률이 우선하여 적용된다. 출입국관리 내지 이민 등 특별한 사항에 관하여 사법경찰관리의 직무를 행할 자와 그 직무의 범위는 법률로써 정한다(형사소송법 제197조).[5] 「사법경찰관리의 직무를 수행할 자와 그 직무범위에 관한 법률」에 의하면, 출입국관리공무원은 특별사법경찰관리로서 출입국관리에 관한 범죄와 경합범 관계에 있는 「형법」 제225조부터 제240조까지의 규정에 해당하는 범죄, 「여권법」 위반범죄, 「밀항단속법」 위반범죄에 관하여 사법경찰관리로서의 직무를 수행한다(사법경찰관리의 직무를 수행할 자와 그 직무범위에 관한 법률 제3조 제5항). 출입국관리에 관한 범죄와 경합범 관계에 있는 「형법」 제225조부터 제240조까지의 규정에 해당하는 자, 「여권법」 위반자, 「밀항단속법」 위반자에 대한 동향조사의 주체는 출입국관리공무원이다(사법경찰관리의 직무를 수행할 자와 그 직무범위에 관한 법률 제3조 제5항 본문 참고). 출입국관리에 관한 범죄와 경합범 관계에 있는 자에 대한 출입국관리공무원의 동향조사는 사실상 사법경찰관리의 '내사'에 해당된다.

출입국관리 업무에 종사하는 4급부터 7급까지의 국가공무원은 출입국관리에 관한 범죄와 경합범 관계에 있는 위 범죄에 관하여 사법경찰관의 직무를, 출입국관리 업무에 종사하는 8급·9급의 국가공무원은 그 범죄에 관하여 사법경찰리의 직무를 수행한다(사법경찰관리의 직무를 수행할 자와 그 직무범위에 관한 법률 제3조 제5항 본문). 출입국관리공무원은 출입국관리에 관한 범죄와 경합범 관계에 있는 위와 같은 일정한 범죄에 대하여는 임의동행 등 임의수사 또는 강제수사를 할 수 있다.

---

4) 국가경찰공무원에 대립되는 개념으로는 지방자치단체경찰공무원이 있다. 지방자치단체경찰공무원이란 지방자치단체사무소로서의 경찰사무를 수행하기 위해 지방자치단체가 설치 유지하는 경찰을 말한다(홍정선, 경찰 행정법, 박영사 2010, pp. 32～33).

5) **형사소송법 제197조 (특별사법경찰관리)** 삼림, 해사, 전매, 세무, 군수사기관 기타 특별한 사항에 관하여 사법경찰관리의 직무를 행할 자와 그 직무의 범위는 법률로써 정한다.

(3) 대 상

1) 외국인 또는 관련된 국민

「출입국관리법」에서는 출입국관리공무원과 대통령령으로 정하는 관계 기관 소속 공무원은 외국인이 「출입국관리법」 또는 「출입국관리법」에 따른 명령에 따라 적법하게 체류하고 있는지 조사할 수 있는 대상자의 범위를 규정하고 있다. 외국인, 외국인을 고용한 자, 외국인의 소속단체 또는 외국인이 근무하는 업소의 대표자, 외국인을 숙박시킨 자는 동향조사의 대상자로 된다(출입국관리법 제81조 제1항). 동향조사의 대상자에는 외국인뿐만 아니라 그 외국인의 고용주 등 대한민국의 국민이 포함된다.

2) 출입국관리에 관한 범죄와 경합범 관계에 있는 자

출입국관리에 관한 범죄와 경합범 관계에 있는 자에 대한 동향조사와 관련하여, 출입국관리공무원이 외국인 또는 대한민국의 국민을 조사할 수 있는 법적 근거로는 「사법경찰관리의 직무를 수행할 자와 그 직무범위에 관한 법률」이다. 출입국관리공무원이 동향조사할 수 있는 경합범으로는 i) 출입국관리에 관한 범죄와 경합범 관계에 있는 「형법」 제225조부터 제240조까지의 규정에 해당하는 범죄,[6] ii) 출입국관리에 관한 범죄와 경합범 관계에 있는 「여권법」 위반 범죄, iii) 출입국관리에 관한 범죄와 경합범 관계에 있는 「밀항단속법」 위반 범죄이다(사법경찰관리의 직무를 수행할 자와 그 직무범위에 관한 법률 제3조 제5항 제1호에서 제3호). 외국인이 출입국관리에 관한 범죄와 경합범 관계에 있는 범죄에 해당될 경우에는 「출입국관리법」 제46조에 따라 강제퇴거의 대상자로 될 수 있다.

(4) 내 용

1) 출입국관리법 또는 출입국관리법에 따른 명령 위반여부 조사

「출입국관리법」에서는 동향조사의 구체적인 내용을 직접적으로 규정하지 않고 있다. 다만, 출입국관리공무원 등은 '출입국관리법 또는 출입국관리법에 따른 명령에 따라 적법하게 체류하고 있는지를 조사'한다고 규정하고 있다(출입국관리법 제81조 본문).

일반적으로 동향조사의 내용으로는 외국인이 「출입국관리법」 또는 「출입국관

---

6) 형법 제225조(공문서등의 위조・변조), 제226조(자격모용에 의한 공문서등의 작성), 제227조(허위공문서작성등), 제227조의2(공전자기록위작・변작), 제228조(공정증서원본등의 부실기재), 제229조(위조등 공문서의 행사), 제230조(공문서등의 부정행사), 제231조(사문서등의 위조・변조), 제232조(자격모용에 의한 사문서의 작성), 제232조의2(사전자기록위작・변작), 제233조(허위진단서등의 작성), 제234조(위조사문서등의 행사), 제235조(미수범, 제225조 내지 제234조의 미수범은 처벌한다). 제236조(사문서의 부정행사), 제238조(공인등의 위조, 부정사용), 제239조(사인등의 위조, 부정사용), 제240조(미수범, 제236조, 제238조, 제239조의 미수범은 처벌한다).

리법」에 따른 명령을 위반하였는지가 주된 것이 된다. '「출입국관리법」에 따른 명령'이란 활동중지명령서 또는 활동범위등제한통지서를 말한다. 기타 대한민국에 체류하는 외국인이 정치활동을 하였을 때에 그 활동의 중지나 그 밖에 필요한 명령을 명하기 위해 법무부장관이 발급한 '활동중지명령서'의 내용을 준수하고 있는지(출입국관리법 제17조 제2항 제3항, 출입국관리법 시행령 제22조, 제91조 제2항), 공공의 안녕질서나 대한민국의 중요한 이익을 위하여 필요하다고 인정하면 대한민국에 체류하는 외국인에게 거소 또는 활동의 범위를 제한하거나 그 밖에 필요한 준수사항을 정하는 법무부장관이 발급한 '활동범위등제한통지서'의 내용을 준수하고 있는지(출입국관리법 제22조, 출입국관리법 시행령 제27조, 제91조 제2항)에 대한 동향조사도 포함된다.

2) 방문질문 및 자료제출 요구

(가) 의 의

출입국관리공무원과 대통령령으로 정하는 관계 기관 소속 공무원은 외국인이 「출입국관리법」 또는 「출입국관리법」에 따른 명령에 따라 적법하게 체류하고 있는지를 조사하기 위하여, 대상자를 방문하여 질문하거나 그 밖에 필요한 자료를 제출할 것을 요구할 수 있다(출입국관리법 제81조 제1항).

(나) 상대방의 협조의무

방문질문에 대하여, 출입국관리공무원이 주거권자나 관리자의 의사에 반하여 주거, 사업장, 영업소 등에 들어가 외국인 동향을 조사할 권한을 부여하고 있다고 볼 수 없다.[7] 본질적으로 외국인 등에 대한 동향조사는 상대방의 임의적 협조를 기초로 하는 행정조사에 해당하므로, 상대방의 명시적 또는 묵시적 의사에 반하여 강제력을 행사할 수가 없다. 그러나, 출입국관리공무원 등으로부터 질문을 받거나 자료제출을 요구받은 자는 정당한 이유 없이 거부하여서는 아니 된다(출입국관리법 제81조 제4항). 출입국관리공무원으로부터 질문 또는 요구를 받은 자는 정당한 이유가 없는 한 이에 응하여야 한다.

3) 처 벌

출입국관리공무원의 장부 또는 자료 제출 요구를 거부하거나 기피한 자에게는 100만원 이하의 과태료가 부과된다(출입국관리법 제100조 제2항 제3호). 외국인 등에 대한 동향조사의 법적 성격은 상대방의 임의적 협조를 기초로 하는 행정조사에 해당하므로, 장부 또는 자료 제출을 거부·기피한 경우에는 형벌이 아니라 이민행정질서벌인 과태료가 부과

7) 의정부지방법원 2008. 4. 23. 선고 2008고단291 판결.

된다.[8)]

2. 허위초청 또는 국제결혼중개업에 대한 동향조사

(1) 의 의

허위초청 또는 국제결혼중개업에 대한 동향조사는 사업가, 결혼이민자 등 외국인이 허위초청 또는 위장결혼 알선·중개를 통해 불법으로 입국하는 것이 증가함에 따라 이에 대해 동향조사를 할 필요성이 있어 2010년에 「출입국관리법」 개정으로 마련된 것이다. 특히 「결혼중개업의 관리에 관한 법률」에 따르면, 국제결혼중개업은 등록제로서 국제결혼중개업을 하고자 하는 자는 대통령령으로 정하는 기준을 갖추어 중개사무소를 두고자 하는 지역을 관할하는 시장·군수·구청장에게 등록하여야 하고(결혼중개업의 관리에 관한 법률 제4조 제1항), 시장·군수·구청장은 등록사항과 업무에 관한 사항에 대하여 지도점검을 실시하여야 한다(결혼중개업의 관리에 관한 법률 제4조의3 제1항). 그러나 국제결혼중개업체로 인한 허위광고, 국제결혼가정의 해체 또는 위장결혼 등 사회문제가 발생하게 되어 국제결혼중개업에 대한 출입국관리공무원의 동향조사가 도입되었다.

(2) 법적 성격

허위초청 또는 국제결혼중개업에 대한 동향조사의 법적 성격은 상대방의 동의를 전제로 하는 임의조사인 동향조사 중의 하나이다.

(3) 주 체

1) 출입국관리공무원

출입국관리공무원은 외국인의 초청이나 국제결혼 등을 알선·중개하는 자 또는 그 업소를 방문하여 질문하거나 자료를 제출할 것을 요구할 수 있다(출입국관리법 제81조 제2항). 「출입국관리법」에서는 외국인의 초청을 알선·중개하는 자 또는 그 업소, 국제결혼을 알선·중개하는 자 또는 그 업소에 대해 동향조사할 수 있는 권한을 출입국관리공무원에게만 인정하고 있다.

2) 일반경찰과의 관계

일반경찰권과의 관계에서, 허위초청 또는 국제결혼중개업에 대한 일반경찰의 동향조사권이 문제된다. 특별경찰행정관청이란 특정의 전문영역에서 경찰상의 권한을

8) 김택수, 불심검문과 불법체류자 단속절차의 연계방안, 연세대학교 법학연구원 법학연구, 2011, p. 46.

가진 행정기관으로서 조직상 일반경찰행정관청에 속하지 아니하는 행정청을 말한다. 특별경찰행정관청은 일반적으로 주무부 장관, 외청의 장 소속으로 이루어지고, 그 임무는 관련된 특별법에서 규정된다. 외국인의 출입국관리 및 체류관리 등 이민관리의 경우에는 법무부장관이 특별경찰행정관청이 된다. 또한 특별법이 일반법에 우선한다는 논리에 비추어, 특별법인 「출입국관리법」에 근거하는 특별경찰행정관청의 권한 영역 내에서는 일반법에 근거하는 일반경찰행정관청(일반적으로 경찰청이라 한다)이 원칙적으로 활동할 수 없다. 이민관리에 대하여는 특별경찰행정관청의 권한이 일반경찰행정관청에 우선한다.[9)]

(4) 대 상

출입국관리공무원이 허위초청 또는 위장결혼 알선·중개에 의해 외국인의 불법입국을 방지하기 위하여 동향조사할 수 있는 대상으로는 외국인의 초청을 알선·중개하는 자 또는 그 업소, 국제결혼을 알선·중개하는 자 또는 그 업소이다(출입국관리법 제81조 제2항).

(5) 내 용

1) 방문질문 및 자료제출 요구

(가) 의 의

출입국관리공무원은 외국인의 초청을 알선·중개하는 자 또는 그 업소, 국제결혼을 알선·중개하는 자 또는 그 업소에 대하여 허위초청 또는 위장결혼 알선·중개에 의해 외국인의 불법입국을 방지하기 위하여 방문하여 질문하거나 자료를 제출할 것을 요구할 수 있다(출입국관리법 제81조 제2항).

(나) 상대방의 협조의무

출입국관리공무원으로부터 질문을 받거나 자료 제출을 요구받은 자는 정당한 이유 없이 거부하여서는 아니 된다(출입국관리법 제81조 제4항). 출입국관리공무원으로부터 요구를 받은 자는 정당한 이유가 없는 한 이에 응하여야 한다.

2) 처 벌

출입국관리공무원의 장부 또는 자료 제출 요구를 거부하거나 기피한 자에게는 100만원 이하의 과태료를 부과한다(출입국관리법 제100조 제2항 제3호).

9) 홍정선, 경찰 행정법, 박영사, 2010, pp. 122～129.

(6) 필요성

허위초청 또는 국제결혼중개업에 대한 동향조사는 「출입국관리법」에 규정된 필요한 범위 내에서만 가능하다. 「출입국관리법」에서는 '외국인의 불법입국을 방지하기 위하여 필요하면'이라고 규정하고 있다(출입국관리법 제81조 제2항). 외국인의 불법입국을 방지하기 위하여 필요한 경우에만 허위초청 또는 국제결혼중개업에 대한 동향조사가 가능하므로 동향조사의 필요성, 비례의 원칙은 준수되어야 한다.

3. 불심검문

(1) 의 의

불심검문이란 출입국관리공무원이 거동이 수상한 자를 발견한 때에는 이를 정지시켜 질문하는 것을 말한다.[10] 이를 직무질문이라고도 한다. 「출입국관리법」에서는 "출입국관리공무원은 거동이나 주위의 사정을 합리적으로 판단하여 이 법을 위반하였다고 의심할 만한 상당한 이유가 있는 외국인에게 정지를 요청하고 질문할 수 있다."라고 규정하여(출입국관리법 제81조 제3항), 외국인에 대한 출입국관리공무원의 불심검문을 인정하고 있다. 「출입국관리법」에 의한 불심검문은 2010년에 「출입국관리법」 개정을 통해 신설된 것으로, 소위 '길거리 단속'의 법적 근거를 마련한 것이다. 「출입국관리법」 제81조 제3항의 불심검문은 「경찰관직무집행법」 제3조에 규정된 거동수상자에 대한 불심검문의 내용과 방식에서 유사하다.[11]

(2) 법적 성격

1) 행정조사

「출입국관리법」에 의한 불심검문은 상대방의 명시적 또는 묵시적 동의를 전제로 하는 임의조사인 동향조사 중의 하나이다. 외국인의 신상정보를 확인하는 사실행위로서 행정조사의 성질을 갖는다.[12] 출입국관리공무원은 상대방의 명시적 또는 묵시적 의사에 반하는 강제력을 통하여 행정조사의 목적을 달성할 수 없다.[13]

---

10) 이재상, 신형사소송법, 박영사, 2007, p. 190.
11) 김택수, 불심검문과 불법체류자 단속절차의 연계방안, 연세대학교 법학연구원 법학연구, 2011, p. 44.
12) 홍정선, 경찰 행정법, 박영사, 2010, p. 246 참고.
13) 김택수, 불심검문과 불법체류자 단속절차의 연계방안, 연세대학교 법학연구원 법학연구, 2011, p. 46.

2) 위반조사와의 관계

불심검문은 그 대상자가 특정되었는지에 따라 이민행정범에 대한 위반조사 또는 수사와 구별된다. 「출입국관리법」의 체계적 구조와 불심검문의 후속적 기능을 고려할 때, 불심검문은 이를 통하여 이민행정범의 혐의가 있으면 이민행정범에 대한 위반조사 또는 수사가 개시되는 위반조사 또는 수사의 단서가 된다. 불심검문은 위반조사 또는 수사와 밀접한 관련성을 가진다. 불심검문은 이민행정범이 발각되기 전에 이민행정범에 대한 위반조사 또는 수사의 단서가 될 뿐만 아니라, 특정한 이민행정범에 대한 범죄혐의가 발각되지 않은 때에는 특정한 이민행정범 발견의 계기가 된다.[14] 따라서 불심검문의 법적 근거를 「출입국관리법」 제6장(강제퇴거 등) 제2절(조사)에 두지 않고 제9장(보칙)에 별도로 규정한 것은 법체계상 통일적이지 않다.[15]

(3) 주 체

1) 출입국관리공무원

「출입국관리법」에서 불심검문을 행하는 주체는 출입국관리공무원이다(출입국관리법 제81조 제3항). 「출입국관리법」을 위반하였다고 의심할 만한 상당한 이유가 있는 외국인 또는 출입국관리에 관한 범죄와 경합범 관계에 있는 범죄에 대한 불심검문의 주체는 출입국관리공무원이 된다.

2) 일반경찰과의 관계

(가) 문제 제기

「경찰관직무집행법」에서는 불심검문의 주체로 경찰관을 규정하고 있다(경찰관직무집행법 제3조 제1항).[16] 따라서 「출입국관리법」 또는 「경찰관직무집행법」에 따라 불심검문의 주체가 상이하다. 따라서 불심검문을 행하는 주체의 경합문제가 발생한다.

(나) 주체의 경합

「출입국관리법」에서는 불심검문의 주체를 출입국관리공무원에게만 한정하고 있

---

14) 이재상, 신형사소송법, 박영사, 2007, p. 190 참고.

15) 이와는 달리, 출입국관리법의 법조문의 체계상 제4장(외국인의 체류와 출국)의 제1절(외국인의 체류) 제27조(여권 등의 휴대 및 제시)가 아닌 제81조에 불심검문의 규정을 둔 것은 통일적이 않으며 체계적이지 않다는 비판이 있다(김택수, 불심검문과 불법체류자 단속절차의 연계방안, 연세대학교 법학연구원 법학연구, 2011, p. 49 참고).

16) 경찰관직무집행법 제3조 (불심검문)
① 경찰관은 수상한 거동 기타 주위의 사정을 합리적으로 판단하여 어떠한 죄를 범하였거나 범하려 하고 있다고 의심할 만한 상당한 이유가 있는 자 또는 이미 행하여진 범죄나 행하여지려고 하는 범죄행위에 관하여 그 사실을 안다고 인정되는 자를 정지시켜 질문할 수 있다.

지만, 이것은 경찰관이 「경찰관직무집행법」에 의한 불심검문의 절차에 따라 「출입국관리법」을 위반하였거나 위반하려 하고 있다고 의심할 만한 상당한 이유가 있는 외국인을 정지시켜 질문할 수 있는 것을 배척하는 것으로는 해석되지 않는다.[17] 다만, 누구든지 「출입국관리법」을 위반한 것은 형사범에 해당하는 것이 아니라 「출입국관리법」을 위반한 이민행정범에 해당하므로 형사범과는 달리 취급되어야 한다.[18] 경찰관이 「경찰관직무집행법」에 따른 불심검문의 절차에 따라 「출입국관리법」을 위반하였거나 위반하려 하고 있다고 의심할 만한 상당한 이유가 있는 사건을 입건立件하였을 때에는 지체 없이 관할 지방출입국·외국인관서의 장에게 인계하여야 한다(출입국관리법 제101조 제2항). 여기에서 '인계'는 「출입국관리법」에 따른 사건의 인계이지만, 「형사소송법」 제238조에서 규정된 송부와 마찬가지로 수사서류·증거물의 이첩 및 신병의 인도를 포함하는 것으로 해석된다.[19]

(4) 대상자

출입국관리공무원에 의한 불심검문의 대상은 '거동이나 주위의 사정을 합리적으로 판단하여 「출입국관리법」을 위반하였다고 의심할 만한 상당한 이유가 있는 외국인'이다(출입국관리법 제81조 제3항). 이와 같은 자를 '거동불심자擧動不審者'라고도 한다.[20] 불심검문의 대상자에 대한 판단은 합리적일 것을 요한다. 그 판단에 있어서는 형식적으로 수상한 거동이 있었는가뿐만 아니라, 출입국관리공무원이 가지는 정보·지식·관찰의 결과도 고려되어야 한다.[21]

(5) 정지와 질문

1) 의 의

「출입국관리법」에서는 "출입국관리공무원은 거동이나 주위의 사정을 합리적으로 판단하여 출입국관리법을 위반하였다고 의심할 만한 상당한 이유가 있는 외국인에게 정지를 요청하고 질문할 수 있다."라고 규정하고 있는데(출입국관리법 제81조 제3항), 이를 출입국관리공무원의 정지·질문이라고 말한다. 「출입국관리법」에 의한 출입국관리공무원의

17) 김택수, 불심검문과 불법체류자 단속절차의 연계방안, 연세대학교 법학연구원 법학연구, 2011, p. 50.
18) 김수원, 불법체류 외국인과 인권 – 단속과 보호를 중심으로 –, 한독사회과학회 한독사회과학논총 제18권 제1호, 2008, p. 318.
19) 김택수, 불심검문과 불법체류자 단속절차의 연계방안, 연세대학교 법학연구원 법학연구, 2011, p. 51. 형사소송법 제238조(고소, 고발과 사법경찰관의 조치) 사법경찰관이 고소 또는 고발을 받은 때에는 신속히 조사하여 관계서류와 증거물을 검사에게 송부하여야 한다.
20) 이재상, 신형사소송법, 박영사, 2007, p. 191.
21) 앞의 책, p. 182.

불심검문은 정지와 질문을 그 주된 내용으로 한다. 불심검문의 핵심은 질문에 있다. 출입국관리공무원이 질문을 하기 위하여 그 대상자를 정지하도록 하는 것은 질문을 위한 수단에 불과하다.22) 이하에서 정지와 질문의 내용, 이와 관련된 문제들을 살펴 보기로 한다.

2) 정 지

(가) 의 의

출입국관리공무원이 거동불심자에게 질문하기 위하여 그 자를 정지시켜야 한다. 정지란 외국인이 출입국관리공무원 앞에서 장소적 이동을 하지 아니하는 것을 말한다. 질문을 위한 정지는 그 대상자의 행동의 자유를 일시적으로 정지하게 할 수 있다. 그러나 이와 같은 일시적 정지는 침해의 경미성으로 인하여 「헌법」 제12조가 보장하는 신체의 자유의 침해에 해당하지는 않는다.23) 정지에 필요한 시간도 보호라고 볼 수 있는 정도에 이르러서는 안 된다. 다만, 허용되는 정지의 시간은 구체적인 사정에 따라 결정된다.24)

(나) 법적 성격

질문을 위한 정지는 명령적 행정행위로서 하명下命에 해당한다.25) 그렇지만 외국인이 이에 불응하더라도 원칙적으로 강제적 수단에 의하여 정지시키는 것은 허용되지 않는다.26)

(다) 강제력 행사의 문제

출입국관리공무원의 정지 요구를 무시하여 그냥 지나가거나 질문 도중에 떠나려는 경우 실력행사 또는 강제력을 행사할 수 있는지가 문제된다.27)

상황의 긴급성, 거동이나 주위의 사정, 질문의 필요성, 의심의 상당성 등을 고려하여 실력행사 또는 강제력에 이르지 않는 정도의 단순한 행위는 허용된다. 출입국관리공무원이 그 상대방을 정지시키기 위해 가하는 행위가 강제력에 해당하는지 여부는 객관적·합리적으로 판단하여야 한다. 예를 들어 정지를 위하여 길을 막거나 팔을 가볍게 붙잡는 정도의 경우에는 강제력으로 보지 않는다.28) 또한 중범죄 또는 징역과 벌금에 준하는 벌칙에 해당되는 경우에 한하여 예외적으로 강제력 행사를 인

22) 앞의 책, p. 182.
23) 홍정선, 경찰 행정법, 박영사, 2010, p. 247.
24) 이재상, 신형사소송법, 박영사, 2007, p. 192.
25) 홍정선, 경찰 행정법, 박영사, 2010, p. 247.
26) 앞의 책, p. 247; 이재상, 신형사소송법, 박영사, 2007, p. 192.
27) 이재상, 신형사소송법, 박영사, 2007, p. 192에 의하면, 실력행사와 강제력을 구별하는 것은 사실상 불가능하다는 입장이다.
28) 홍정선, 경찰 행정법, 박영사, 2010, p. 247.

정하는 것이 타당하다. 또한 「출입국관리법」의 다른 규정에 따른 위반조사, 보호 또는 「형사소송법」에 따른 체포 등 강제력을 행사하는 것은 별론으로 한다.

3) 질 문

(가) 의 의

질문이란 무엇인가를 알기 위하여 묻는 행위를 말한다.[29]

(나) 법적 성격

질문은 강제수단을 수반하지 않고 상대방의 임의적 협력을 필요로 하는 비권력적 사실행위로서 그 성질상 행정조사의 성질을 갖는다.[30] 질문은 그 성질상 임의적 협력에 의한 임의수단에 해당하므로, 상대방의 의사에 반하여 답변을 강요하는 질문 강제는 어떠한 경우에도 허용되지 않는다.[31] 질문을 하기 위하여 「행정절차법」상의 사전통지가 필요한 것은 아니다.[32]

(다) 내 용

「출입국관리법」에서는 질문의 내용에 대하여 구체적으로 규정하지 않고 있다. 그러나 질문의 내용은 「출입국관리법」 위반에 관한 사항 외에도, 일반적으로 그 상대방에게 행선지, 용건 또는 성명·주소·연령·생년월일·국적·외국인등록번호 등을 묻고, 필요한 때에는 소지품의 내용을 질문하여 수상한 점을 밝히는 것이다.[33]

4) 관련: 여권 등 휴대·제시의무

(가) 문제 제기

「경찰관직무집행법」에서는 경찰관의 불심검문에 대한 근거규정만을 두고 있고, 경찰관의 주민등록증 제시 요구에 대하여는 규정하지 않고 있다(경찰관직무집행법 제3조). 다만, 「주민등록법」에서 경찰관의 주민등록증 제시 요구를 규정하고 있다(주민등록법 제26조 제1항).[34] 「주민등록법」에서는 주민은 주민등록증 휴대·제시의무가 없고, 주민이 주민등록증을 휴대

29) 앞의 책, p. 248.
30) 앞의 책, p. 248.
31) 이재상, 신형사소송법, 박영사, 2007, p. 191; 홍정선, 경찰 행정법, 박영사, 2010, p. 249.
32) 홍정선, 경찰 행정법, 박영사, 2010, p. 248.
33) 이재상, 신형사소송법, 박영사, 2007, p. 191; 홍정선, 경찰 행정법, 박영사, 2010, pp. 248~249.
34) **주민등록법 제26조 (주민등록증의 제시요구)**
① 사법경찰관리가 범인을 체포하는 등 그 직무를 수행할 때에 17세 이상인 주민의 신원이나 거주 관계를 확인할 필요가 있으면 주민등록증의 제시를 요구할 수 있다. 이 경우 사법경찰관리는 주민등록증을 제시하지 아니하는 자로서 신원을 증명하는 증표나 그 밖의 방법에 따라 신원이나 거주 관계가 확인되지 아니하는 자에게는 범죄의 혐의가 있다고 인정되는 상당한 이유가 있을 때에 한정하여 인근 관계 관서에서 신원이나 거주 관계를 밝힐 것을 요구할 수 있다.
② 사법경찰관리는 제1항에 따라 신원 등을 확인할 때 친절과 예의를 지켜야 하며, 정복근무 중인 경우 외에는 미리 신원을 표시하는 증표를 지니고 이를 관계인에게 내보여야 한다.

하지 않거나 제시하지 않을지라도 이를 처벌하는 벌칙규정은 없다. 또한 경찰관의 주민등록증 제시 요구에 대하여 그 상대방은 거부하거나 동행요구를 거절할 수도 있다. 그러나 「출입국관리법」에서는 외국인에게 여권 등의 휴대의무 및 제시의무를 규정하고(출입국관리법 제27조), 이를 이행하지 않을 경우에는 벌금에 처하고 있다(출입국관리법 제98조 제1호).[35] 여권 등의 휴대·제시의무 및 벌칙을 규정한 「출입국관리법」이 대한민국의 국민에 비하여 외국인을 차별대우함으로써, 헌법에서 보장된 평등권을 위배하는지가 문제된다.

(나) 여권 등 휴대·제시의무의 근거

외국인에게 여권 등 휴대·제시의무를 부과하는 것은 합리적인 이유와 필요성에 근거한다. 그 이유로는 형사법에서 범죄의 일반적 성립요건 및 이민법에서 이민행정범의 성립요건에 차이가 있다는 것을 그 근거로 한다. 형사법에서 범죄는 그 위반행위가 구성요건해당성, 위법성, 책임성이라는 범죄 성립요건을 모두 충족하여야 하고, 그 위반행위의 입증은 일반적으로 물리적 증거를 필요로 한다. 반면에, 이민법에서는 특히 불법이민외국인의 경우 그 위반행위가 구성요건해당성, 위법성, 책임성이라는 범죄 성립요건의 충족이 동일하게 요구되지만, 체류기간의 도과라는 '시간적 요소'를 필요로 한다. 이민행정범의 특성과 입증방법이 형사법상의 일반 범죄와는 상이하므로, 외국인에게 여권 등의 휴대·제시의무 및 벌칙규정을 두는 것은 합리적인 이유가 인정된다. 다만, 불심검문과의 관계에서 '거동이나 주위의 사정을 합리적으로 판단하여' 상당한 이유가 있는 경우만으로 여권 등 제시의무가 부과되어야 하는 합리적인 제한이 뒤따른다.

(다) 여권 등 휴대의무

「출입국관리법」에서는 외국인에게 여권 등의 휴대의무를 규정하고 있다. 대한민국에 체류하는 외국인은 항상 여권·선원신분증명서·외국인입국허가서·외국인등록증 또는 상륙허가서를 지니고 있어야 한다(출입국관리법 제27조 제1항 본문). 여권 등의 휴대의무를 위반한 외국인은 100만원 이하의 벌금에 처한다(출입국관리법 제98조 제1호). 다만, 17세 미만인 외국인의 경우에는 여권 등의 휴대의무를 부담하지 아니하다(출입국관리법 제27조 제1항 단서).[36]

---

35) **출입국관리법 제98조 (벌칙)** 다음 각 호의 어느 하나에 해당하는 사람은 100만원 이하의 벌금에 처한다.

1. 제27조에 따른 여권 등의 휴대 또는 제시 의무를 위반한 사람

36) 17세 미만인 외국인에게 여권 등의 휴대의무를 부과하지 않는 것은 주민등록법에서 주민등록증의 발급 대상이 17세 이상인 점이 고려된 것이다.

주민등록법 제24조 (주민등록증의 발급 등)

① 시장·군수 또는 구청장은 관할 구역에 주민등록이 된 자 중 17세 이상인 자에 대하여 주민등록증을 발급한다.

(라) 여권 등 제시의무

(a) 의 의: 불심검문과 관련하여 외국인이 여권 등을 제시할 의무가 있는지가 문제된다. 「출입국관리법」에서는 "대한민국에 체류하는 외국인은 출입국관리공무원이나 권한 있는 공무원이 그 직무수행과 관련하여 여권 등의 제시를 요구하면 여권 등을 제시하여야 한다."고 규정되어 있다(출입국관리법 제27조 제2항). 출입국관리공무원 또는 권한 있는 공무원이 그 직무를 수행하면서 여권 등의 제시를 요구하는 때에는 대한민국에 체류하는 17세 이상의 외국인은 그 요구에 응하여야 한다. 여권 등의 제시 의무를 위반한 외국인은 100만원 이하의 벌금에 처한다(출입국관리법 제98조 제1호).

(b) 법적 성격: 「출입국관리법」에 따라 출입국관리공무원이 여권 등 제시를 요구하는 것은 여권 등을 제시할 의무가 있는 외국인이 이에 협조하지 않을 경우에는 처벌을 받는 강제조치(행정상 즉시강제)에 해당한다.

(c) 제시요구의 주체

ⅰ. 문제 제기: 여권 등 제시를 요구할 '권한 있는 공무원'의 범위가 문제된다. 「출입국관리법」 등 관련 법령에서는 '권한 있는 공무원'의 범위에 대하여 구체적인 규정이 없다. 이것은 수사를 담당하는 경찰관 등이 '권한 있는 공무원'에 포함되는지의 문제이기도 하다. 「경찰관직무집행법」 제3조에서는 수사의 단서로 경찰관의 불심검문에 대한 근거규정만을 두고 있고 주민등록증의 제시 요구는 「주민등록법」에 명문의 근거규정을 두고 있으므로, 「경찰관직무집행법」에서는 경찰관이 불심검문을 위하여 주민등록증 등 신분증 제시까지 요구하는 것을 허용하지 않고 있기 때문이다.[37] 이하에서는 여권 등 제시요구의 주체에 대한 상반된 입장을 살펴보기로 한다.

ⅱ. 포괄적 적용설: '권한 있는 공무원'의 범위에 대하여는 수사를 담당하는 경찰관 등도 이에 포함된다는 입장이 있다. 권한 있는 공무원이란 법령에 의하여 외국인 관련 업무를 수행하는 자를 통칭하는 것으로, 경찰관, 해양경찰관, 검찰수사관, 세관직원, 관련 사법경찰관(건축, 교육, 노동 등), 지방자치단체 외국인 관련 업무수행자가 이에 포함된다. 그 논거로는 ⅰ) 「출입국관리법」 제101조 제2항에서 출입국관리공무원 외 수사기관의 인계의무를 규정하고 있는데,[38] 수사기관이 신병인계를 위하여는 출입국사범에 해당하는지를 확인하기 위한 신원확인 작업이 필요하다. ⅱ) 대법원은 "출입국사범에 관하여 출입국관리사무소장 등의 고발이 있기 전에 일반사

37) 신양균, 형사소송법, 법문사, 2004, p. 86 참고.

38) **출입국관리법 제101조 (고발)**
② 출입국관리공무원 외의 수사기관이 제1항에 해당하는 사건을 입건(立件)하였을 때에는 지체 없이 관할 출입국관리사무소장·출장소장 또는 외국인보호소장에게 인계하여야 한다.

법경찰관리 등 수사기관이 수사를 하였더라도, 그 수사가 장차 고소 또는 고발의 가능성이 없는 상태 하에서 행해졌다는 등의 특단의 사정이 없는 한, 출입국관리사무소장 등의 고발이 있기 전에 수사를 하였다는 이유만으로 그 수사가 소급하여 위법하게 되는 것은 아니다."라고 판시하고 있으므로,[39] 경찰관이 여권 등 신분증 제시요구를 통해 신원확인조치를 취할 수 있다.[40]

iii. 제한적 적용설 및 소결: 「출입국관리법」에서 공무원의 직무수행과 관련하여 여권 등 제시를 요구할 수 있는 '권한 있는 공무원'의 범위를 결정하는 데 명확성의 원칙이 적용되어 제한적으로 해석되어야 한다는 입장이 있다. 외국인에 대한 신원확인 또는 여권 등 휴대·제시의무의 필요성이 인정될지라도 국민과의 형평성, 침해되는 외국인의 법익에 대한 비례원칙 등을 고려하여 볼 때에 '권한 있는 공무원'의 범위는 제한적으로 해석되어야 한다. 그 논거로는 i) 「출입국관리법」 제27조 제2항에서 규정된 여권 등 제시를 요구할 '권한 있는 공무원'의 범위는 「출입국관리법」 제81조 제1항 및 「출입국관리법 시행령」 제91조의2에 규정된 외국인 동향조사를 할 수 있는 '대통령령으로 정하는 관계 기관 소속 공무원'에 비하여 지나치게 추상적이고 포괄적이다.[41] ii) 외국인이 여권 등 제시의무를 위반한 경우에는 100만원 이하의 벌금에 처하게 된다(출입국관리법 제98조 제1호). 그 위반행위는 예측가능성이 있어야 하고, 죄형법정주의의 측면에서 그 위반행위는 구성요건해당성, 위법성, 책임성을 명확히 충족하여야 한다. iii) 「경찰관직무집행법」에서는 경찰관이 주민등록증 제시요구를 규정하지 않고, 「주민등록법」에서 경찰관이 주민의 신원 또는 거주관계를 확인하기 위하여 주민등록증 제시요구를 규정하고 있다. 「주민등록법」에서 경찰관의 주민등록증 제시요구는 상대방의 협조를 요구하는 임의조사에 해당한다. 그러나 「출입국관리법」에서는 '권한 있는 공무원'이라고 추상적으로 규정되어 있고, 그 상대방이 협조하지 않을 경우에는 처벌을 받는 강제조치(행정상 즉시강제)에 해당한다. 위와 같

---

39) 대법원 2011. 3. 10. 선고 2008도7724 판결; 대법원 1995. 2. 24. 선고 94도252 판결.

40) 성홍재, 경찰 신원확인조치에 대한 국가론적 접근 - 출입국관리법과 경찰관직무집행법의 비교를 통하여 -, 한독사회과학회 한독사회과학논총 제17권 제1호, 2009, pp. 156~157.

41) **출입국관리법 시행령 제91조의2 (관계 기관 소속 공무원)**
① 법 제81조제1항 각 호 외의 부분에서 "대통령령으로 정하는 관계 기관 소속 공무원"이란 다음 각 호의 어느 하나에 해당하는 사람을 말한다.
1. 고용노동부 소속 공무원 중에서 고용노동부장관이 지정하는 사람
2. 중소기업청 소속 공무원 중에서 중소기업청장이 지정하는 사람
3. 경찰공무원 중에서 경찰청장이 지정하는 사람
4. 그 밖에 기술연수생의 보호·관리와 관련하여 법무부장관이 필요하다고 인정하는 관계 중앙행정기관 소속 공무원
② 제1항 각 호의 공무원이 법 제81조제1항에 따라 외국인의 동향을 조사한 때에는 그 내용을 사무소장 또는 출장소장에게 통보하여야 한다.

은 이유로 인해 「출입국관리법」에서 공무원의 직무수행과 관련하여 여권 등 제시를 요구할 수 있는 '권한 있는 공무원'의 범위는 그 하위법에 명확히 규정되어야 한다.

(마) 절 차

(a) 제시요구: 단속반원은 「출입국관리법」 제27조에 따라 외국인에 대하여 여권, 외국인등록증, 외국인입국허가서, 난민여행증명서 등의 제시를 요구할 수 있다(출입국사범 단속과정의 적법절차 및 인권보호 준칙 제8조).

(b) 미소지에 대한 조치

ⅰ. 합법이민자로 판명된 경우: 여권 등을 미소지한 자가 합법체류자로 판명된 경우에는 「출입국관리법」 제98조에 의한 처벌대상임을 고지하고, 여권 등 미소지 사실확인서를 징구할 수 있다(출입국사범 단속과정의 적법절차 및 인권보호 준칙 제9조 제1항).

ⅱ. 불법이민자로 판명된 경우: 여권 등을 미소지한 자가 불법체류자로 판명된 경우에는 그 자(용의자)를 긴급보호할 수 있다(출입국사범 단속과정의 적법절차 및 인권보호 준칙 제9조 제2항).

Ⅲ. 요 건

1. 적법절차의 준수

「헌법」 제12조 제1항[42]에 규정된 적법절차원칙은 형사소송절차에 국한되지 않고 모든 국가작용에 적용된다. 행정작용에 있어서도 적법절차원칙은 준수되어야 한다.[43] 예를 들어 출입국관리공무원은 제3자의 주거지 또는 영업장소에서의 조사 또는 단속은 불가피한 경우에 한하여 최소한도로 실시하여야 하고(출입국사범 단속과정의 적법절차 및 인권보호 준칙 제3조 제7호), 출입국관리공무원인 단속반원이 외국인 및 고용주 등에 대한 방문조사를 하는 때에는 단속반장이 주거권자 또는 관계자에게 증표를 제시하면서 소속과 성명을 밝히고 조사 목적 등을 알려야 한다(출입국사범 단속과정의 적법절차 및 인권보호 준칙 제10조 제2항).

2. 증표휴대 · 제시의 의무

(1) 의 의

출입국관리공무원 또는 권한 있는 공무원은 「출입국관리법」 제81조(출입국관리공

---

42) 헌법 제12조 ① 모든 국민은 신체의 자유를 가진다. 누구든지 법률에 의하지 아니하고는 체포 · 구속 · 압수 · 수색 또는 심문을 받지 아니하며, 법률과 적법한 절차에 의하지 아니하고는 처벌 · 보안처분 또는 강제노역을 받지 아니한다.

43) 헌법재판소 2012. 8. 23. 자 2008헌마430 결정; 헌법재판소 2007. 10. 4. 자 2006헌바91 결정.

무원 등의 외국인 동향조사)에 따른 질문이나 그 밖에 필요한 자료의 제출을 요구하는 직무를 집행할 때에는 그 권한을 표시하는 증표를 지니고 이를 관계인에게 내보여야 한다(출입국관리법 제82조 제3호). 이것은 동향조사의 적법절차를 보장하여 상대방의 인권을 보호하고, 출입국관리공무원 또는 권한 있는 공무원의 권한남용을 억제하기 위한 것이다.

(2) 내 용

1) 단속업무 및 복장 · 증표

단속반원은 출입국사범에 대한 단속업무를 수행하는 때에는 외국인 등이 출입국관리공무원임을 인식할 수 있는 복장을 착용하여야 한다. 다만, 긴급을 요하거나 직무의 성질을 고려하여 필요하다고 인정되는 때에는 사복을 착용할 수 있다(출입국사범 단속과정의 적법절차 및 인권보호 준칙 제7조 제1항). 직무를 수행하는 때에는 증표를 휴대 및 제시하여야 한다(출입국사범 단속과정의 적법절차 및 인권보호 준칙 제7조 제2항).

2) 방문조사 및 증표제시

출입국관리공무원 등에 의한 동향조사는 실질적으로 위반조사, 보호 등 신체의 자유에 대한 제한으로 연결될 수 있으므로 출입국관리공무원(실무적으로는 단속반원을 말한다)이 외국인 및 고용주 등에 대한 방문조사를 하는 때에는 단속반장이 주거권자 또는 관계자에게 증표를 제시하면서 소속과 성명을 밝히고 조사목적 등을 알려야 한다(출입국사범 단속과정의 적법절차 및 인권보호 준칙 제10조 제2항). 그러나 동향조사의 경우에는 변호인의 조력을 받을 권리를 고지할 필요가 없다.

(3) 상대방의 수인의무

1) 원 칙

출입국관리공무원 또는 권한 있는 공무원이 그 권한을 표시하는 증표를 제시하면서 소속과 성명을 밝히고 그 목적과 이유를 설명하면서 질문이나 그 밖에 필요한 자료의 제출을 요구하면, 상대방은 그 질문 또는 자료제출의 요구에 수인하여야 할 의무가 발생한다.[44] 출입국관리공무원의 장부 또는 자료 제출 요구를 거부하거나 기피한 자에게는 100만원 이하의 과태료를 부과한다(출입국관리법 제100조 제2항 제3호).

---

44) 홍정선, 경찰 행정법, 박영사, 2010, p. 248.

2) 한 계

불심검문의 경우에는 임의적 협력을 전제로 하는 것이므로 정지와 질문에 응하지 않았더라도 이를 강제할 수단은 없다.

(4) 위법한 동향조사

1) 의 의

증표의 휴대 및 제시의무를 이행하지 않고 행한 출입국관리공무원 또는 권한 있는 공무원의 동향조사는 위법한 직무집행행위가 된다.

2) 구 제

증표의 휴대 및 제시의무를 이행하지 않은 위법한 동향조사에 대한 구제는 다음과 같이 구분할 수 있다. ⅰ) 증표의 휴대 및 제시의무를 이행하지 않은 위법한 동향조사에 대한 상대방의 거부로 과태료 등 제재처분이 과하여진 경우이다. 그 상대방은 그 동향조사의 위법성을 이유로 그 처분의 취소를 청구할 수 있다. ⅱ) 위법한 동향조사가 현재에도 계속 진행되고 있는 경우이다. 상대방은 동향조사의 위법성을 이유로 그 동향조사에 대한 취소소송을 제기할 수 있다(행정소송법 제4조 제1호). 동향조사는 사실행위이고, 행정소송법에서는 '처분 등'의 개념을 '구체적 사실에 관한 법집행으로서의 공권력의 행사 또는 거부와 그 밖에 이에 준하는 행정작용'이라고 광의로 정의하고 있으므로 동향조사의 처분성은 인정된다. ⅲ) 위법한 동향조사가 종료된 경우이다. 상대방은 이로 인하여 발생한 신체·재산상의 손해에 대한 국가배상을 청구할 수 있다(국가배상법 제2조 제1항).[45]

3) 후속적 행정행위의 효력

(가) 의 의

동향조사는 외국인, 외국인의 소속단체 또는 외국인과 관련된 개인·단체 등의 첩·정보를 수집 파악하기 위한 수단으로 그 결과에 따라 행정처분이 행하여지는 경우도 있고, 동향조사 자체로 종결되는 경우도 있다.

(나) 원 칙

동향조사와 이에 따른 후속적 행정행위(위반조사, 보호, 강제퇴거 등을 말한다)가 하나의 과정을 구성하는 때에는 적정절차의 관점에서 동향조사에 중대한 위법사유가 있는 때에는 이를 기초로 한 후속적 행정행위도 위법한 행위로 된다.

45) 김동희, 행정법Ⅰ, 박영사, 2010, pp. 469～470.

(다) 예 외

경우에 따라서는 동향조사는 독자적인 제도로서의 성질을 가지므로 동향조사의 위법성이 그대로 후속적인 행정행위의 위법사유를 구성하는 것은 아니다.[46)]

3. 주거권자 등의 사전동의

(1) 사전동의

1) 문제 제기

외국인 등에 대한 동향조사와 관련하여, 출입국관리공무원과 대통령령으로 정하는 관계 기관 소속 공무원이 제3자의 주거 또는 동향조사의 대상자인 외국인이 근무하는 사업장에서 동향조사를 하고자 하는 경우 주거권자 또는 관리자의 사전동의가 있어야 하는지가 문제된다.

2) 국가인권위의 결정

사전동의 없이 동향조사를 실시한 사안에 대하여, 국가인권위원회는 출입국관리사무소의 관련자에게 주의조치 및 인권교육을 실시할 것을 권고한 바 있다. 즉 “고용주의 동의 없이 진정인(불법체류 외국인을 말한다)에 대한 단속업무를 개시한 사실이 인정되고, 동의를 받을 수 없었던 급박한 사정도 발견되지 아니한다. 따라서 출입국관리공무원이 단속시 외국인을 고용한 업소 및 주거를 무단 진입하여 조사하는 관행을 개선”할 것을 권고하였다.[47)] 권고문의 취지와 내용을 감안할 때, 출입국관리공무원 등이 주거권자 또는 관리자의 사전동의를 받을 수 없는 급박하고 위급한 상황의 경우에는 예외적으로 사전동의가 없어도 무단으로 진입하여 불법체류외국인을 동향조사할 수 있다고 추론할 수 있다.

3) 판례의 태도

지방법원에서는 “출입국관리공무원이 불법체류자 단속을 위하여 제3자의 주거나 사업장 등을 검사하고자 하는 경우 주거권자나 관리자의 사전동의가 반드시 필요하다.”라고 판시하고 있다.[48)] 대법원에서도 “영장주의 원칙의 예외로서 출입국관리공무원 등에게 외국인 등을 방문하여 외국인의 동향을 조사할 권한을 부여하고 있는 「출입국관리법」 제81조 제1항의 입법취지 및 그 규정내용 등을 비추어 볼 때, 출입

---

46) 앞의 책, p. 470.

47) 국가인권위원회 결정례 2008. 10. 27. 자 08진인3152 단속과정에서의 적법절차 미준수 및 폭행 등에 의한 인권침해.

48) 의정부지방법원 2008. 4. 23. 선고 2008고단291 판결.

국관리공무원 등이 제3자의 주거 또는 일반인이 자유로운 출입이 허용되지 아니한 사업장 등에 들어가 외국인을 상대로 조사하기 위하여는 그 주거권자 또는 관리자의 사전동의가 있어야 한다."라고 판시하고 있다.[49]

(2) 명시적 또는 묵시적 동의

주거권자 또는 관리자의 사전동의가 명시적 동의를 의미하는지 또는 묵시적 동의로도 충분한지에 대하여는 명확하지 않다. 출입국관리공무원 등이 제3자의 주거 또는 동향조사의 대상자인 외국인이 근무하는 사업장에 동향조사를 위해 진입하고자 하는 경우 주거권자 또는 관리자의 명시적 또는 묵시적 사전동의를 필요로 한다. 판례도 "동의는 묵시적으로 표현될 수도 있다."고 판시하고 있다.[50] 묵시적 동의에 준할 만한 명백한 상황이 있어야 한다.[51] 이와 관련하여 지방법원은 "출입국관리사무소 소속 출입국사범 단속팀장이 공장관리자에게 공장 사무실입구 복도에 선 채로 자신의 신분을 밝힌 후 불법체류자 단속을 나왔다는 사실을 고지한 후 관리동 현관 밖으로 나가 버린 사실이 인정되나, 이는 단속공무원의 일방적 통보에 불과할 뿐 공장관리자의 동의나 승낙을 받은 것으로 볼 수는 없다."라고 판시한 바 있다.[52] 또한 출입국관리공무원이 주거나 사업장 등에 들어감과 동시에 조사의 개시를 고지하는 것만으로는 동의의 요건이 충족되는 것으로 보기 어렵다.[53]

(3) 사전동의 없는 동향조사를 통한 단속행위

1) 문제 제기

출입국관리공무원 등이 주거권자 등으로부터 사전동의 없이 무단으로 진입하여 불법이민외국인을 연행하는 행위가 「출입국관리법」 제81조 제1항에 규정된 방문조사 및 자료제출 요구의 범위 내에 해당하는 적법한 공무집행인지가 문제된다. 공무집행의 적법성이 부인될 경우에는 주거권자 등의 방해 행위가 공무집행방해죄를 구성하지 않는다.

2) 국가인권위의 결정

국가인권위원회는 방문조사 및 자료제출 요구의 본래적 성질을 중심으로 하여, "「출입국관리법」 제81조 제1항에서 규정한 방문조사 및 자료제출 요구가 직접적 강

---

49) 대법원 2009. 3. 12. 선고 2008도7156 판결; 대구지방법원 2011. 9. 9. 선고 2011노1600 판결.
50) 의정부지방법원 2008. 4. 23. 선고 2008고단291 판결.
51) 앞의 판결.
52) 대구지방법원 2011. 9. 9. 선고 2011노1600 판결.
53) 의정부지방법원 2008. 4. 23. 선고 2008고단291 판결.

제를 수반하는 조사(진입, 수사 및 단속)까지 포함하는 것은 위법한 법집행에 해당하고, 출입국관리공무원이 진정인(동향조사의 대상자인 외국인을 말한다)의 사업장에 무단 진입하여 그 외국인을 단속 연행한 행위는 「헌법」 제12조에서 정하고 있는 적법절차 위반에 해당하고, 「헌법」 제17조의 사생활보호침해 및 「헌법」 제10조의 인간의 존엄과 가치에 대한 침해로 판단된다."라고 결정한 바 있다.[54)]

3) 판례의 태도

대법원도 영장주의 원칙의 예외에 대한 주거권자 또는 관리자의 사전동의의 필요성을 중심으로 하여, "동의나 승낙 없이 공장에 들어가 그 공장 내에서 일하고 있던 피고인(방글라데시인) 등을 상대로 불법체류자 단속업무를 개시한 사실이 인정되므로 이 사건 불법체류자 단속업무는 적법한 공무집행 행위로 볼 수 없다."라고 판시한 바 있다.[55)]

4) 소 결

출입국관리공무원 등이 동향조사의 대상자인 외국인이 근무하는 사업장 또는 제3자의 주거에 무단으로 진입하여 그 외국인을 연행하는 행위가 「출입국관리법」 제81조 제1항에서 규정한 방문조사 및 자료제출 요구의 한계를 넘어서는 것으로 판단된다.

4. 기록 유지

(1) 동향조사의 결과

출입국관리공무원은 외국인 등에 대한 동향, 허위초청 또는 결혼중개업에 대한 동향을 조사를 한 때에는 그 기록을 유지하여야 한다(출입국관리법 시행령 제91조 제1항). 출입국관리공무원은 동향조사의 결과를 외국인동향조사부에 기재하여야 한다(출입국관리법 시행규칙 제69조 제1조).

(2) 정치활동 등 확인

대한민국에 체류하는 외국인이 정치활동을 하였을 때에는 출입국관리공무원은 서면으로 그 활동의 중지나 그 밖에 필요한 명령을 명하기 위해 법무부장관이 발급한 '활동중지명령서'를 받은 자가 그 명령 또는 제한 내용을 준수하고 있는지를 계속 확인하여 그 기록을 유지하여야 한다(출입국관리법 제17조 제2항 제3항, 출입국관리법 시행령 제22조, 제91조 제2항). 출입국관리공무원은 공

54) 국가인권위원회 결정례 2008. 10. 27. 자 08진인3152 단속과정에서의 적법절차 미준수 및 폭행 등에 의한 인권침해.

55) 대법원 2009. 3. 12. 선고 2008도7156 판결; 대구지방법원 2011. 9. 9. 선고 2011노1600 판결.

공의 안녕질서나 대한민국의 중요한 이익을 위하여 필요하다고 인정하면 대한민국에 체류하는 외국인에 대하여 거소 또는 활동의 범위를 제한하거나 그 밖에 필요한 준수사항을 정하기 위해 법무부장관이 발급한 '활동범위등제한통지서'를 받은 자가 그 명령 또는 제한 내용을 준수하고 있는지를 계속 확인하여 그 기록을 유지하여야 한다(출입국관리법 제22조, 출입국관리법 시행령 제27조, 제91조 제2항).

(3) 외국인 근무기관 또는 단체의 기록

출입국관리사무소장·출장소장 또는 보호소장은 외국인 등 동향조사와 관련하여, 외국인이 근무하고 있는 기관 또는 단체에 관한 기록을 기재한 외국인관련단체 동향기록표를 비치하여야 한다(출입국관리법 시행규칙 제69조 제4항).

5. 관계 기관 소속 공무원의 통보의무

대통령령으로 정하는 관계 기관 소속 공무원은 외국인이 「출입국관리법」 또는 「출입국관리법」에 따른 명령에 따라 적법하게 체류하고 있는지를 조사하기 위하여 외국인, 그 외국인을 고용한 자, 그 외국인의 소속단체 또는 외국인이 근무하는 업소의 대표자, 그 외국인을 숙박시킨 자를 방문하여 질문하거나 그 밖에 필요한 자료를 제출할 것을 요구하여 외국인의 동향을 조사한 때에는 그 내용을 출입국관리사무소장 또는 출장소장에게 통보하여야 한다(출입국관리법 시행령 제91조의2 제2항).

6. 법무부장관에 보고

(1) 즉시 보고

출입국관리사무소장·출장소장 또는 보호소장은 외국인과 관련된 사안으로서 ⅰ) 외교관계에 중대한 영향을 미칠 우려가 있는 사항, ⅱ) 외국인과 관련된 공안사범에 관한 사항, ⅲ) 신문, 통신, 방송 등 대중전달매개체에 의한 외국인 및 외국단체와 관련된 주요 정보사항, ⅳ) 출입국관리의 기본정책 수립 및 운영에 필요한 사항, ⅴ) 외국인의 체류관리에 필요한 주요 국내·외 정보사항, ⅵ) 특히 사회의 이목을 끌 만한 외국인의 범법사실에 관한 사항, ⅶ) 체류외국인의 특이활동 사항 및 기타 중요하다고 판단되는 사항에 해당하는 사항에 관하여는 이를 지체 없이 법무부장관에게 보고하여야 한다(출입국관리법 시행규칙 제69조 제2항).

(2) 분기 보고

출입국관리사무소장 · 출장소장 또는 보호소장은 동향조사의 결과를 분기별로 종합하여 분기 종료 후 15일 이내에 법무부장관에게 보고하여야 한다(출입국관리법 시행규칙 제69조 제3항).

제 2 절 위반조사

Ⅰ. 의 의

1. 의 의

(1) 위반조사

위반조사란 출입국관리공무원이 「출입국관리법」 제46조 제1항에 정한 강제퇴거의 대상자에 해당된다고 의심되는 외국인(용의자라고도 한다)에 대하여 그 이민행정범 사실을 조사하는 것을 말한다(출입국관리법 제47조). 외국인이 국내법을 위반하였다는 혐의 등을 전제로 하여 용의사실을 입증하고 강제퇴거 또는 처벌 여부를 결정하기 위해 이민행정범 사실을 조사하고 필요한 증거자료를 발견, 수집, 보전하는 특별사법경찰관리로서의 출입국관리공무원의 수사활동을 의미한다.[56)]

(2) 출입국사범

출입국사범이란 「출입국관리법」 제93조의2, 제93조의3, 제94조부터 제99조까지, 제99조의2, 제99조의3 및 제100조에 규정된 죄를 범하였다고 인정되는 자를 말한다(출입국관리법 제2조 제14호). 출입국사범의 경우에는 대부분 강제퇴거의 대상이 된다.[57)]

2. 법적 성격

(1) 임의조사설

위반조사는 상대방의 임의적 협조를 받아 행하는 것이므로 임의조사에 해당한다.

---

56) 정승규, 외국인근로자에 대한 강제퇴거 처분과 절차적 구제수단의 모색, 한국비교노동법학회 노동법논총 제17편, 2009, p. 359.

57) 박상순, 외국인의 강제퇴거에 관한 운영상 문제점과 개선방안 등에 관한 연구, 법조, 법조협회, 1998, p. 204.

위반조사에 근거하여 강제력을 행사할 수 없다. 위반조사는 상대방의 임의적 협조를 전제로 하는 것으로 불법이민외국인에 대한 단속의 직접적 근거로 보는 것은 타당하지 않는다.

(2) 준수사설 및 소결

위반조사의 법적 성격을 임의조사설과는 달리 해석하는 견해가 있다. 위반조사는 행정목적을 위한 자료의 수집 차원에서 행하는 '행정조사' 및 범죄의 확증 등을 위한 '수사'와는 그 성격을 달리하는 것이다. 출입국관리공무원이 특별사법경찰관리라는 우월적 지위에서 강제적으로 실시하는 준수사적準搜査的 성격을 지니는 행정행위의 일종으로 보는 견해이다. 이 견해에 의하면 위반조사가 불법체류외국인에 대한 단속의 근거로 된다.[58] 그 논거로는 출입국사범에 대한 조사에 관하여는 강제퇴거를 위한 위반조사의 규정(위반조사, 용의자에 대한 출석요구 및 신문, 참고인에 대한 출석요구 및 진술, 검사 및 서류 등의 제출요구)을 준용하도록 하고(출입국관리법 제102조 제4항 전단), 용의자신문조서를 「형사소송법」 제244조(피의자신문조서의 작성)에 의한 피의자신문조서로 보도록 규정한 것을 그 이유로 한다(출입국관리법 제102조 제4항 후단).[59]

3. 구별개념

(1) 동향조사

「출입국관리법」에 규정된 동향조사는 아래와 같이 구분된다. i) 출입국관리공무원과 대통령령으로 정하는 관계 기관 소속 공무원은 외국인이 「출입국관리법」 또는 「출입국관리법」에 따른 명령에 따라 적법하게 체류하고 있는지를 조사하기 위하여 외국인, 외국인을 고용한 자, 외국인의 소속 단체 또는 외국인이 근무하는 업소의 대표자, 외국인을 숙박시킨 자를 방문하여 질문하거나 그 밖에 필요한 자료를 제출할 것을 요구할 수 있다(출입국관리법 제81조 제1항). ii) 출입국관리공무원은 허위초청 등에 의한 외국인의 불법입국을 방지하기 위하여 필요하면 외국인의 초청이나 국제결혼 등을 알선·중개하는 자 또는 그 업소를 방문하여 질문하거나 자료를 제출할 것을 요구할 수 있다(출입국관리법 제81조 제2항). iii) 출입국관리공무원은 거동이나 주위의 사정을 합리적으로 판단하여 「출입국관리법」을 위반하였다고 의심할 만한 상당한 이유가 있는 외국인에

58) 오승진·이호용, 출입국분야 인권교육 교재, 국가인권위원회, 2009, p. 94.
59) 김정도, 출입국관리법상 외국인보호업무의 운영실태와 개선방안에 관한 연구, 건국대학교 대학원 법학과 석사논문, 2004, pp. 27~28.

게 정지를 요청하고 질문할 수 있다(출입국관리법 제81조 제3항). 동향조사는 강제퇴거의 대상자에 해당된다고 의심되는 외국인에 대하여 그 이민행정범 사실을 조사하는 위반조사와는 대상자 및 성격 등에서 구별된다.

(2) 사실조사

「출입국관리법」에 규정된 사실조사란 출입국관리공무원 또는 권한 있는 공무원이 「출입국관리법」에 따른 신고 또는 등록의 정확성을 유지하기 위하여 제19조(외국인을 고용한 자 등의 신고의무), 제31조(외국인등록), 제35조(외국인등록사항의 변경신고), 제36조(체류지 변경의 신고)에 따른 신고 또는 등록의 내용이 사실과 다르다고 의심할 만한 상당한 이유가 있는 때에 또는 출입국관리 공무원이 제9조(사증발급인정서), 제20조(체류자격 외 활동), 제21조(근무처의 변경・추가), 제24조(체류자격 변경허가) 및 제25조(체류기간 연장허가)에 따른 허가, 제23조(체류자격 부여)에 따른 업무의 수행에 필요하다고 인정하는 때에 그 사실의 진위여부를 조사하는 것을 말한다(출입국관리법 제80조). 사실조사는 강제퇴거의 대상자에 해당된다고 의심되는 외국인(용의자라고도 한다)에 대하여 그 범죄사실을 조사하는 위반조사와는 구별된다.

Ⅱ. 내 용

1. 의 의

위반조사의 기본적인 내용과 절차는 출입국관리공무원이 강제퇴거의 대상자에 해당된다고 의심되는 외국인(용의자라고도 한다)에 대해 위반조사를 착수할 때에 출입국관리사무소장 등에게 인지보고를 하고, 용의자에게 출석을 요구하여 신문을 하고 참고인에게 출석을 요구하여 그의 진술을 듣거나, 주거・물건을 검사하거나 서류・물건을 제출하도록 요구한다. 이하에서는 그 내용과 절차를 구체적으로 살펴보기로 한다.

2. 주체 및 대상자

(1) 주 체

출입국관리공무원은 「출입국관리법」 제46조(강제퇴거의 대상자) 제1항 각 호의 어느 하나에 해당된다고 의심되는 외국인(용의자라고도 한다)에 대하여 그 사실을 조사할 수 있다(출입국관리법 제47조). 「출입국관리법」상 위반조사는 출입국관리공무원에게만 주어진 권한이다.

(2) 대상자

1) 용의자

위반조사의 대상자는 강제퇴거의 대상자에 해당된다고 의심되는 외국인(용의자라고 도 한다)이다. 「출입국관리법」에서는 강제퇴거의 대상자에 해당된다고 의심되는 외국인을 '용의자'라는 용어를 사용하고 있다. 「출입국관리법」상의 위반조사는 적법절차원칙이 적용되는 등 「형사소송법」상 수사의 방법 · 절차와 유사한 성격을 지니고 있고, 출입국관리공무원은 특별사법경찰관리에 해당하므로 피의자에 대응되는 개념으로 '용의자'라는 용어를 사용하는 것이다.[60] 다만, 「형사소송법」에서 사용하는 '피의자'와는 달리 「출입국관리법」상 용의자에 대하여는 피의자에게 인정되는 높은 수준의 신체의 자유에 대한 보장의 정도가 약하다.[61]

2) 참고인

출입국관리공무원은 위반조사에 필요하면 참고인에게 출석을 요구하여 그의 진술을 들을 수 있다(출입국관리법 제49조 제1항). 이 경우에 참고인의 진술에 관하여는 용의자에 대한 출석요구 및 신문의 절차를 준용한다(출입국관리법 제49조 제2항, 제48조 제2항에서 제7항).

3. 위반조사의 단서(착수)

(1) 의 의

1) 개 념

출입국관리공무원이 어떠한 통제도 없이 「출입국관리법」 위반에 대한 의심만으로 모든 외국인을 조사할 수 있다는 것은 인권을 침해할 소지가 있다.[62] 그러나 「형사소송법」상의 수사 절차에서 수사기관이 범죄에 대한 주관적 혐의로도 언제든지 수사할 수 있는 것과 마찬가지로(형사소송법 제195조, 제196조 제2항), 출입국관리공무원은 특별사법경찰관리로서 강제퇴거의 대상자에 해당된다고 의심되는 외국인에 대한 주관적인 의심만으로도 언제든지 위반조사에 착수할 수 있다.[63] 출입국관리공무원이 강제퇴거의 대상

---

60) 하명호, 외국인 보호 및 강제퇴거절차와 구제절차에 대한 공법적 고찰, 고려대 법학연구원 고려법학, 2009, p. 173 참고.

61) 최윤철, 다문화사회로의 변화에 따른 입법적 대응, 한국법학원 저스티스 통권 제134-2호, 2013, p. 292 참고.

62) 이주노동자 차별철폐와 인권 · 노동권 실현을 위한 공동행동, 출입국관리법 일부개정안 입법예고에 대한 우리의 입장, 민주주의법학연구회 민주법학 제35호, 2007, p. 353.

63) 하명호, 외국인 보호 및 강제퇴거절차와 구제절차에 대한 공법적 고찰, 고려대 법학연구원 고려법학, 2009, p. 173.

자에 해당된다고 의심되는 외국인에 대해 위반조사를 착수하기 위하여는 강제퇴거의 대상자에 해당된다고 의심하게 된 원인이 있어야 한다. 이를 '위반조사의 단서' 또는 '위반조사의 착수'라고도 말한다. 「출입국관리법」상 위반조사의 단서는 「형사소송법」상 수사 절차에서 범죄 혐의를 두게 된 원인인 '수사의 단서'에 대응되는 개념이다.[64)]

2) 유　형

「출입국관리법」상 위반조사의 단서의 예로는 사실조사(출입국관리법 제80조), 출입국관리공무원의 동향조사(출입국관리법 제81조), 범죄의 내사(특별사법경찰관리 집무규칙 제22조 제1항), 출입국사범의 신고(출입국관리법 제83조), 국가나 지방자치단체 공무원의 통보의무(출입국관리법 제84조), 신병의 인도(출입국관리법 제86조), 수사기관의 인계(출입국관리법 제101조 제2항) 등이다. 이하에서는 범죄의 내사, 출입국사범의 신고, 공무원의 통보의무를 중심으로 살펴보기로 한다.

(2) 범죄의 내사

「특별사법경찰관리 집무규칙」에서는 '범죄의 내사'라고 하여 출입국관리공무원의 내사권을 인정하고 있다. 「사법경찰관리의 직무를 행할 자와 그 직무범위에 관한 법률」에 의하여 사법경찰관의 직무를 행하는 특별사법경찰관은 법에 의한 직무의 범위 안에서 범인과 범죄사실을 수사하고 그에 관한 증거를 수집함을 그 직무로 한다(특별사법경찰관리 집무규칙 제2조 제1항). 출입국관리공무원은 특별사법경찰관으로서, 그 직무범위에 속하는 이민행정범에 관한 신문·방송 그 밖의 보도매체의 기사, 익명의 신고 또는 풍문이 있는 경우에는 특히 출처에 주의하여 진상을 내사한 후 범죄의 혐의가 있다고 인정되는 때에는 즉시 수사에 착수하여야 한다(특별사법경찰관리 집무규칙 제22조 제1항).

(3) 출입국사범의 신고

누구든지 출입국관리법을 위반하였다고 의심되는 자를 발견하면 출입국관리공무원에게 신고할 수 있다(출입국관리법 제83조). 일반인도 「출입국관리법」을 위반하였다고 의심되는 출입국사범을 출입국관리공무원에게 신고할 수 있다.

(4) 공무원의 통보의무

1) 논의배경

불법이민외국인이 산업재해 또는 임금체불, 폭행, 범죄행위 등 인권침해를 당하여

64) 앞의 논문, p. 173.

그 외국인이 해당 국가기관 또는 지방자치단체에 권리구제를 요청할지라도, 2012년 1월 26일에 「출입국관리법」이 개정되기 전에는 공무원이 그 직무수행 중에 외국인이 강제퇴거의 사유에 해당하거나 「출입국관리법」에 위반된 사실을 인지한 경우에는 이를 출입국관리사무소장 · 출장소장 또는 외국인보호소장에게 의무적으로 통보하여야 했다. 이에 따라 외국인은 산업재해 요양을 신청하거나 범죄의 피해자로서 고소를 제기하는 등 해당 국가기관에 권리구제를 청구하는 것을 기피하게 되고, 그 외국인에게는 지속적인 인권침해가 발생할 우려가 있다는 지적이 있었다.[65] 이와 관련하여, 공무원의 통보의무로 인하여 외국인이 대한민국에 체류하면서 당연히 조건 없이 누릴 수 있고 누려야 하는 헌법상 기본권 또는 법령상의 권리는 보호 · 강제퇴거 조건부 기본권 또는 권리로 전락되었다. 따라서 공무원의 통보의무는 외국인의 기본권 또는 인권보장이라는 보편적 원리보다는 '출입국관리'라는 행정목적의 달성이 우선시되는 제도이고, 일반적으로 국민의 범죄사실에 대하여는 공무원의 통보의무가 규정되지 않음과 비교하여 볼 때에 「출입국관리법」에 의한 공무원의 통보의무는 차별적 제도라는 견해가 있었다.[66]

이하에서는 2012년 1월 26일에 개정되어 2012년 7월 27일부터 시행된 「출입국관리법」에 따른 공무원의 통보의무의 내용과 한계를 살펴보기로 한다.

2) 개 념

공무원의 통보의무란 공무원이 그 직무수행 중에 알게 된 강제퇴거의 대상자 또는 출입국사범을 지방출입국 · 외국인관서의 장에게 의무적으로 통보해야 하는 것을 말한다.[67] '국가나 지방자치단체의 공무원'은 그 직무를 수행하면서 알게 된 강제퇴거의 대상자 또는 「출입국관리법」의 위반자에 해당된다고 인정되는 외국인(국민을 포함한다)에 대해 그 사실을 지방출입국 · 외국인관서의 장에게 의무적으로 통보하여야 한다. 또는 '교도소 · 소년교도소 · 구치소 및 그 지소 · 보호감호소 · 치료감호시설 또는 소년원의 장'은 형의 집행을 받고 형기의 만료, 형의 집행정지 또는 그 밖의 사유로 석방이 결정된 외국인이 강제퇴거의 대상자에 해당하거나 「출입국관리법」에 위반된다고 인정되는 경우 그 사실을 지방출입국 · 외국인관서의 장에게 의무적으로 통보하여야 한다.

---

65) 노재철, 미등록외국인근로자의 문제점과 해결방안, 노동법논총 제18집, 2010, p. 60.

66) 황필규, 기조발제: 인권을 기준으로 출입국관리법 개정해야, 다문화사회를 위한 출입국관리법 개정방안 모색, 2009, p. 97.

67) 출입국관리법 제2조
14. 출입국사범이란 제93조의2, 제93조의3, 제94조부터 제99조까지, 제99조의2, 제99조의3 및 제100조에 규정된 죄를 범하였다고 인정되는 자를 말한다.

3) 법적 성격

공무원의 통보의무는 출입국관리공무원이 강제퇴거의 대상자 또는 「출입국관리법」의 위반자에 해당된다고 의심되는 외국인(국민을 포함한다)에 대해 위반조사를 착수하기 위한 '위반조사의 단서' 또는 '위반조사의 착수'에 해당한다.

4) 통보의무의 내용

(가) 공무원의 직무수행시

(a) 의 의: 국가 또는 지방자치단체의 공무원이 그 직무를 수행할 때에 「출입국관리법」 제46조 제1항 각 호의 어느 하나에 해당하는 외국인 또는 「출입국관리법」에 위반된다고 인정되는 자(국민을 포함한다)를 발견하면 그 사실을 지체 없이 지방출입국·외국인관서의 장에게 알려야 한다(출입국관리법 제84조 제1항 본문). 여기에서 '「출입국관리법」 제46조 제1항 각 호의 어느 하나에 해당하는 외국인'이란 강제퇴거의 대상자에 해당하는 외국인을 말하고, '출입국관리법에 위반된다고 인정되는 자'란 출입국사범을 말한다. 다만, 수사기관이 불법이민외국인의 신병을 지방출입국·외국인관서의 장에게 인계하는 것은 「출입국관리법」 제84조 제1항에 의한 통보의무에 따른 것이 아니라, 「출입국관리법」 제101조 제2항에 따른 사건의 인계에 따른 것이다.

(b) 주 체: 통보의무의 주체는 국가 또는 지방자치단체의 공무원이다. 본래의 직무를 수행하면서 강제퇴거의 대상자에 해당하는 외국인 또는 출입국사범을 발견한 국가 또는 지방자치단체의 공무원이 통보의무의 주체가 된다. 따라서 본래의 직무를 수행하는 도중이 아니라, 우연히 알게 된 경우이거나 직무수행과는 무관하게 알게 된 경우 통보의무의 주체로 되지 않는다.

(c) 대상자: 국가 또는 지방자치단체의 공무원이 통보해야 할 대상자로는 강제퇴거의 대상자에 해당하는 외국인, 「출입국관리법」에 위반된다고 인정되는 외국인 또는 「출입국관리법」에 위반된다고 인정되는 국민이다.

강제퇴거의 대상자에 해당하는 외국인의 범위가 문제된다. 강제퇴거의 대상자를 규정한 「출입국관리법」 제46조 제1항 제3호에 의해 입국이 금지되는 사유가 규정된 「출입국관리법」 제11조 제1항 제3호 및 제4호가 준용되므로, 대한민국의 이익이나 공공의 안전을 해치는 행동을 할 염려가 있다고 인정할 만한 상당한 이유가 있는 외국인(출입국관리법 제11조 제1항 제3호), 경제질서 또는 사회질서를 해치거나 선량한 풍속을 해치는 행동을 할 염려가 있다고 인정할 만한 상당한 이유가 있는 외국인(출입국관리법 제11조 제1항 제4호)은 공무원이 통보해야 할 대상자에 포함된다. 이에 대하여는 앞에서 본 바와 같이 명확성의 문제가 발생한다.

(d) 시 기: 통보의무를 부담하는 공무원은 강제퇴거의 대상자에 해당하는 외국인 또는 출입국사범을 '발견'하면 그 사실을 '지체 없이' 지방출입국・외국인관서의 장에게 알려야 한다(출입국관리법 제84조 제1항). '지체 없이'의 판단은 합리적인 상황에 비추어 정당하게 결정되어야 한다.

(나) 교도소장 등의 석방 결정시

(a) 의 의: 교도소・소년교도소・구치소 및 그 지소・보호감호소・치료감호시설 또는 소년원의 장은 강제퇴거의 대상자에 해당하는 외국인 또는 「출입국관리법」에 위반된다고 인정되는 외국인이 i) 형의 집행을 받고 형기의 만료, 형의 집행정지 또는 그 밖의 사유로 석방이 결정된 경우, ii) 보호감호 또는 치료감호 처분을 받고 수용된 후 출소가 결정된 경우, iii) 소년법에 따라 소년원에 수용된 후 퇴원이 결정된 경우에는 그 사실을 지체 없이 지방출입국・외국인관서의 장에게 알려야 한다(출입국관리법 제84조 제2항).

(b) 주 체: 통보의무의 주체는 교도소・소년교도소・구치소 및 그 지소・보호감호소・치료감호시설 또는 소년원의 장이다. 형의 집행을 받거나 보호감호 또는 치료감호 처분을 받거나 「소년법」에 따라 소년원에 수용되어 있는 외국인의 신병을 확보하고 있는 교정시설 또는 보호시설의 장이 통보의무의 주체가 된다.

(c) 대상자: 교도소의 장 등이 통보해야 할 대상자로는 강제퇴거의 대상자에 해당하거나 「출입국관리법」에 위반된다고 인정되는 외국인이다. 「출입국관리법」에 위반된다고 인정되는 국민은 교도소의 장 등이 통보할 대상자에서 제외된다.

(d) 시 기: 통보의무를 부담하는 교도소의 장 등은 형의 집행을 받거나 보호감호 또는 치료감호 처분을 받거나 「소년법」에 따라 소년원에 수용되어 있는 외국인이 석방, 출소, 퇴원이 '결정'된 경우에는 그 사실을 '지체 없이' 지방출입국・외국인관서의 장에게 알려야 한다(출입국관리법 제84조 제2항). 교도소의 장 등은 그 외국인이 석방, 출소, 퇴원된 후에 그 사실을 통보한다면 지방출입국・외국인관서의 장은 그 외국인의 신병을 확보하기가 어렵게 때문이다.

5) 통보의무의 해태

(가) 문제 제기

강제퇴거의 대상자에 해당하는 외국인 또는 「출입국관리법」에 위반된다고 인정되는 자에 대한 공무원의 통보의무 해태는 「형사소송법」 또는 「국가공무원법」과의 관계에서 문제가 된다. 「형사소송법」에서는 "누구든지 범죄가 있다고 사료하는 때에는 고발할 수 있다."라고 규정하고(형사소송법 제234조 제1항), "공무원은 그 직무를 행함에 있어

범죄가 있다고 사료하는 때에는 고발하여야 한다."라고 규정하고 있다(형사소송법 제234조 제2항). 그리고 「국가공무원법」에서는 "모든 공무원은 법령을 준수하며 성실히 직무를 수행하여야 한다."라고 규정하고(국가공무원법 제56조), 「지방공무원법」에서는 "모든 공무원은 법규를 준수하며 성실히 그 직무를 수행하여야 한다."라고 규정하고 있다(지방공무원법 제48조). 공무원의 통보의무는 공무원의 성실의무와도 관련된다.

(나) 형사소송법과의 관계

「형사소송법」과 관련하여서는 구체적인 사안에 따라 직무유기죄가 성립할 수 있다. 직무유기죄는 구체적으로 그 직무를 수행하여야 할 작위의무가 있는데도 불구하고 이러한 직무를 버린다는 인식하에 그 작위의무를 수행하지 아니함으로써 성립하는 것이다. 직무란 공무원이 그 직위에 따라 맡은 바 공무원법상의 본래의 직무를 말하는 이상 「형사소송법」 제234조 제2항의 공무원의 고발의무 역시 법률상 공무원에게 부과된 일반적 본래의 직무이며, 파생된 부수적 직무라고 볼 수 없다.[68] 그 직무를 유기한 때라 함은 공무원이 직무의 의식적 포기 등과 같이 그것이 국가의 기능을 저해하며 국민에게 피해를 야기시킬 가능성이 있는 경우를 말한다.[69] 서울고등법원은 "공무원이 그 직무수행 중 범죄를 인지하였다고 하더라도 가벌성이 없다고 인정되거나 기타 사정으로 고발하지 아니함이 상당하다고 인정되는 경우에는 재량에 따라 고발하지 아니할 수 있다."라고 판시하였다.[70] 반면에, 대법원은 "경찰관이 불법체류자임을 알면서도 이들의 신병을 출입국관리사무소에 인계하지 않고 훈방하면서 통상의 절차와 달리 이들의 인적사항조차 기재해 두지 아니한 행위는 직무유기죄에 해당한다."고 판시한 바 있다.[71]

(다) 공무원법과의 관계

「출입국관리법」에서는 국가 또는 지방자치단체의 공무원 및 교도소장 등이 「출입국관리법」 제84조에 규정된 통보의무를 고의·과실로 하지 않았을 경우 이를 처벌하는 벌칙규정은 없다. 그러나 「국가공무원법」[72] 또는 「지방공무원법」[73]에서는 국

68) 서울고등법원 1970. 9. 3. 선고 69노558 판결.

69) 대법원 1997. 4. 22. 선고 95도748 판결; 대법원 1999. 11. 26. 선고 99도1904 판결.

70) 서울고등법원 1970. 9. 3. 선고 69노558 판결. 수도사업소 직원인 피고인이 당국의 부정수도시설에 대한 양성화방침에 따라 부정수도공사 사실을 인지하고도 양성화 신고를 하여 부정시설을 합법화시키기로 생각하고 고발하지 않았다면 직무유기가 되지 아니한다.

71) 대법원 2008. 2. 14. 선고 2005도4202 판결.

72) 국가공무원법 제78조 (징계 사유)
① 공무원이 다음 각 호의 어느 하나에 해당하면 징계 의결을 요구하여야 하고 그 징계 의결의 결과에 따라 징계처분을 하여야 한다.
2. 직무상의 의무(다른 법령에서 공무원의 신분으로 인하여 부과된 의무를 포함한다)를 위반하거나 직무를 태만히 한 때

가 또는 지방자치단체의 공무원 및 교도소장 등이 통보의무를 고의·과실로 하지 않았을 경우 그 법에 정한 징계 사유에 해당되므로 징계처분의 사유가 될 수 있다.

6) 통보의무의 면제

(가) 논의배경

대한민국 정부는 1991년에 1989년 「아동의 권리에 관한 협약Convention on the Rights of the Child」에 가입하여 모든 아동이 기본적인 교육을 받을 수 있도록 보장하고 있다. 외국인인 아동 또는 학생은 대한민국에서 불법체류하고 있을지라도 임대차계약서, 거주사실에 대한 인우보증서 등 거주사실을 확인할 수 있는 서류만으로 초등학교에 입학, 전학 및 편입학 할 수 있다(초·중등교육법 시행령 제19조 제2항, 제75조 참고).[74] 이 경우 2012년 1월 26일에 「출입국관리법」이 개정되기 전에는 초·중등교육을 위한 학교의 장, 교사가 그 사실을 알게 된 경우 공무원의 통보의무에 의하여 그 외국인인 아동 또는 학생은 교육을 받을 권리 또는 학습권이 침해받게 되었다.

그리고 외국인(불법이민외국인을 포함한다)은 사용자의 임금체불 등 「근로기준법」에 위반되는 사항을 고용노동부에 구제를 신청할 수 있으나, 상담자가 공무원이기 때문에 그 외국인이 강제퇴거의 대상자에 해당되거나 「출입국관리법」에 위반된다고 인정되는 경우 지방출입국·외국인관서의 장에 의무적으로 고발하여 그 불법이민외국인은 강제로

---

73) 지방공무원법 제69조 (징계사유)
① 공무원이 다음 각 호의 어느 하나에 해당하면 징계의결을 요구하여야 하고, 징계의결의 결과에 따라 징계처분을 하여야 한다.
2. 직무상의 의무(다른 법령에서 공무원의 신분으로 인하여 부과된 의무를 포함한다)를 위반하거나 직무를 태만히 하였을 때

74) 초·중등교육법 시행령 제19조 (귀국 학생 등의 입학 및 전학)
① 다음 각 호의 어느 하나에 해당하는 아동이나 학생(이하 "귀국학생 등"이라 한다)의 보호자는 제17조 및 제21조에 따른 입학 또는 전학 절차를 갈음하여 거주지가 속하는 학구 안에 있는 초등학교의 장에게 귀국학생등의 입학 또는 전학을 신청할 수 있다.
1. 외국에서 귀국한 아동 또는 학생
2. 재외국민의 자녀인 아동 또는 학생
3. 「북한이탈주민의 보호 및 정착지원에 관한 법률」 제2조제1호에 따른 북한이탈주민인 아동 또는 학생
4. 외국인인 아동 또는 학생
5. 그 밖에 초등학교에 입학하거나 전학하기 전에 국내에 거주하지 않았거나 국내에 학적이 없는 등의 사유로 제17조 및 제21조에 따른 입학 또는 전학 절차를 거칠 수 없는 아동 또는 학생
② 제1항의 신청을 받은 초등학교의 장은 「전자정부법」 제36조제1항에 따른 행정정보의 공동이용을 통하여 「출입국관리법」 제88조에 따른 출입국에 관한 사실증명 또는 외국인등록 사실증명의 내용을 확인하여야 한다. 다만, 귀국학생 등의 보호자가 그 확인에 동의하지 않을 때에는 다음 각 호의 어느 하나에 해당하는 서류를 첨부하게 하여야 한다.
1. 출입국에 관한 사실이나 외국인등록 사실을 증명할 수 있는 서류
2. 임대차계약서, 거주사실에 대한 인우보증서 등 거주사실을 확인할 수 있는 서류

퇴거될 가능성이 있었다.

(나) 법적 근거

「출입국관리법」에서는 공무원의 통보의무가 예외적으로 면제되는 경우를 별도로 규정하고 있다. 즉 "국가나 지방자치단체의 공무원이 통보로 인하여 그 직무수행 본연의 목적을 달성할 수 없다고 인정되는 경우로서 「출입국관리법 시행령」으로 정하는 사유에 해당하는 때에는 그러하지 아니하다."고 규정하고(출입국관리법 제84조 제1항 단서), 그 구체적인 사유를 「출입국관리법 시행령」에 위임하고 있다. 「출입국관리법」에서는 공무원의 통보의무가 면제되는 일반적 근거를 두고, 그 하위법령인 「출입국관리법 시행령」에 그 구체적인 사유를 규정하고 있다. 다만, 교도소장 등은 형의 집행을 받거나 보호감호 또는 치료감호 처분을 받거나 「소년법」에 따라 소년원에 수용되어 있는 외국인이 석방, 출소, 퇴원이 결정된 경우에는 그 사실을 지체 없이 지방출입국·외국인관서의 장에게 '예외 없이' 알려야 한다(출입국관리법 제84조 제2항 참고).

(다) 면제의 사유

(a) 의 의: 공무원이 그 직무를 수행할 때에 강제퇴거의 대상자에 해당되거나 「출입국관리법」에 위반된다고 인정되는 자를 발견한 경우에도 직무수행 본연의 목적을 달성하기 위하여 지방출입국·외국인관서의 장에게 신상정보를 통보하지 않아도 되는 면제사유로는 학교, 공공보건 의료기관, 인권구조기관 등에서 외국인 아동, 환자, 범죄피해자, 진정인의 신상정보를 알게 된 경우이다. 「출입국관리법 시행령」에서는 통보의무가 면제되는 3가지 사유를 열거적으로 규정하고 있다.

(b) **외국인 학생의 학교생활:** 「초·중등교육법 제2조」에 따른 학교에서 외국인 학생의 학교생활과 관련하여 신상정보를 알게 된 경우이다(출입국관리법 시행령 제92조의2 제1호).[75] 초등학교, 중학교, 고등학교에 재학 중인 불법이민 아동[76]에 대하여는 공무원의 통보의무가 면제된다. 불법이민한 사실을 알게 된 원인으로 외국인 학생의 '학교생활'만을 규정하고 있으나, 외국인 학생의 전·입학 절차 등까지 포함하여 넓게 해석하여야 한다. 이렇게 해석하는 것이 1989년 「아동의 권리에 관한 협약Convention on the Rights of the Child」 제28조 및 제29조에 보장된 '아동의 교육에 대한 권리', '아동의 학습권'에 부합한다.

(c) **보건의료 활동:** 「공공보건의료에 관한 법률」 제2조 제2호에 따른 공공보

---

75) **초·중등교육법 제2조 (학교의 종류)** 초·중등교육을 실시하기 위하여 다음 각 호의 학교를 둔다. 1. 초등학교·공민학교, 2. 중학교·고등공민학교, 3. 고등학교·고등기술학교, 4. 특수학교, 5. 각종학교.

76) 아동복지법 제3조 제1호에서는 "아동이란 18세 미만인 사람을 말한다."라고 규정하고 있다.

건 의료기관에서 담당 공무원이 보건의료 활동과 관련하여 환자의 신상정보를 알게 된 경우이다(출입국관리법 시행령 제92조의2 제2호).

(d) **외국인의 피해구제:** 그 밖에 공무원이 범죄피해자 구조, 인권침해 구제 등 법무부장관이 정하는 업무를 수행하는 과정에서 해당 외국인의 피해구제가 우선적으로 필요하다고 법무부장관이 인정하는 경우이다(출입국관리법 시행령 제92조의2 제3호). 예를 들어 「형사소송법」 제223조에 따라 범죄피해를 당한 외국인이 고소하는 등으로 인하여 그 피해자의 불법이민한 사실 등 신상정보를 알게 된 경우이다.77) 다만, 외국인이 형사사건의 증인證人인 경우 그가 범죄피해자가 아니므로 이에 해당하지 않는다.

ⅰ. 면제대상 공무원의 범위: 「출입국관리법 시행령」 제92조의2 제3호에 관련된 「통보의무의 면제에 관한 지침」에 따르면, 외국인의 피해구제와 관련하여 통보의무가 면제되는 '그 밖에 공무원'으로는 검찰공무원, 경찰공무원(해양경찰공무원을 포함한다), 국가인권위원회 공무원이 있다.78) 그러나 불법이민외국인은 사용자의 임금체불 등 노동관계법에 위반되는 사항을 고용노동부에 구제를 신청할 수 있으므로, 고용노동부 공무원이 임금체불 등에 관한 구제절차를 상담하는 과정에 그 신상정보를 알게 된 경우에도 통보의무의 면제에 해당되는 것으로 해석되어야 한다.

ⅱ. 면제대상 업무의 범위: 통보의무가 면제되는 '그 밖에 공무원'의 업무범위는 다음과 같다. 검찰공무원, 경찰공무원(해양경찰공무원을 포함한다)의 경우에는 「형법」 및 특별법상 생명・신체・재산 등 개인적 법익을 침해한 죄에 관한 업무수행이 통보의무가 면제되는 업무에 해당된다. 즉 살인의 죄(제24장), 상해와 폭행의 죄(제25장), 과실치사상의 죄(제26장), 유기와 학대의 죄(제28장), 체포와 감금의 죄(제29장), 협박의 죄(제30장), 약취와 유인의 죄(제31장), 강간과 추행의 죄(제32장), 권리행사를 방해하는 죄(제37장), 절도와 강도의 죄(제38장), 사기와 공갈의 죄(제39장)에 해당하는 범죄가 포함된 「형법」상의 범죄 및 「폭력행위 등 처벌에 관한 법률」, 「성폭력범죄의 처벌 등에 관한 특례법」, 「교통사고처리 특례법」 등 특별법상의 범죄에 관한 구조업무를 수행하는 과정에서 그 범죄피해자의 신상정보를 알게 된 경우이다. 예를 들어 여성인 불법이민외국인이 성폭행을 당하였고 그 사실과 가해자를 경찰에 신고한 경우 경찰공무원은 통보의무를 부담하지 않는다. 또한 국가인권위원회 공무원의 경우 「국가인권위원회법」 제30조(위원회의 조사대상) 제1항에서 정하는 인권침해와 차별행위에 관한 구제업무를 수행하는 과정에서 그 진정인의 신상정보를 알게 된 경우이다.79)

---

77) **형사소송법 제223조 (고소권자)** 범죄로 인한 피해자는 고소할 수 있다.
78) 법무부, 통보의무의 면제에 관한 지침, 2013.
79) 앞의 지침.

(라) 면제의 예외

ⅰ) 범죄피해 또는 인권침해나 차별행위를 허위로 신고하는 경우, ⅱ)「출입국관리법」 제84조 제1항 단서에서 정한 '통보로 인하여 그 직무수행 본연의 목적을 달성할 수 없다고 인정되는 경우'가 아닌 경우에는 해당 공무원의 통보의무 면제는 적용되지 않는다. 이 경우 해당 공무원은 지방출입국·외국인관서의 장에게 그 사실을 의무적으로 통보하여야 한다.[80]

(마) 면제의 기간

「출입국관리법」 제84조 제1항 및 「출입국관리법 시행령」 제92조의2에서는 공무원의 통보의무가 면제되는 종료기간을 규정하지 않고 있다. 이에 대하여 국가는 질서유지 및 불법이민외국인의 인권보호를 비교 형량하여 그 외국인의 권리구제가 시급한 경우에는 그 구제절차가 완료된 후 구체적인 사안에 따라 통보의무를 이행하는 방안, 즉 '선 구제 후, 사안에 따른 통보'가 타당하다. 그 이유로는 「출입국관리법」 제84조 제1항에서 '그 직무수행 본연의 목적을 달성할 수 없다' 또는 「출입국관리법 시행령」 제92조의2에서 '외국인의 피해구제가 우선적으로 필요하다'라는 규정의 반대해석으로부터, 해당 공무원이 그 직무수행 본연의 목적을 달성한 후 또는 외국인의 피해가 우선적으로 구제된 후에 그 공무원이 그 외국인의 신상정보를 새로이 알게 된 경우에는 통보의무가 새로이 발생한다. 또한 통보의무가 면제되었던 수사기관이 그 출입국사범에 해당하는 사건을 입건立件하였을 때에는 지체 없이 관할 지방출입국·외국인관서의 장에게 인계하여야 한다(출입국관리법 제101조 제2항).

(5) 절 차

1) 용의사실인지보고서 작성

출입국관리공무원이 강제퇴거의 대상자에 해당된다고 의심되는 외국인에 대한 위반조사를 착수할 때에는 용의사실인지보고서를 작성하여 출입국관리사무소장·출장소장 또는 외국인보호소의 장에게 제출하여야 한다(출입국관리법 시행령 제57조).

2) 사건부 등재

출입국관리공무원은 용의사실인지보고서를 작성하는 때에는 사건부에 용의자의 인적사항, 죄명, 체류자격 등 소정의 사항을 기재하고, 용의사실인지보고서에 사건번호를 기재하여야 한다(출입국관리법 시행규칙 제54조의3 제1항). 사건번호는 사건마다 접수연도와 접수순서에 따라 연도표시 일련번호로 표시한다(출입국관리법 시행규칙 제54조의3 제2항).

---

80) 앞의 지침.

4. 용의자 신문 및 참고인 조사

(1) 의 의

「출입국관리법」에서는 용의자에 대한 신문訊問(출입국관리법 제48조) 및 참고인에 대한 조사(출입국관리법 제49조)를 인정하고 있다. 용의자에 대한 신문 및 참고인에 대한 조사는 그 법적 성격이 임의의 진술을 듣는 임의수사에 해당한다. 조사방식에 있어서 용의자와 참고인에게 강제력을 행사할 수 없고 이들의 임의적 협조를 받아 조사를 하여야 한다는 점에서는 양자는 본질적인 차이가 없다. 그러나 용의자에 대하여는 피의사실을, 참고인에 대하여는 제3자로서 목격사실 또는 기타 참고사항을 진술하도록 한다는 점에서 진술내용의 대상이 다르다.

(2) 용의자 신문

1) 의 의

출입국관리공무원은「출입국관리법」 제47조에 따른 위반조사에 필요하면 용의자의 출석을 요구하여 신문訊問할 수 있다(출입국관리법 제48조 제1항, 출입국사범 단속과정의 적법절차 및 인권보호 준칙 제15조 제1항). 용의자 신문이란 출입국관리공무원이 용의자의 혐의사실에 대해 신문하여 용의자로부터 임의의 진술을 듣는 것을 말한다. 용의자 신문은 출입국관리공무원이 이민행정범의 혐의를 받고 있는 용의자의 진술을 통하여 직접 증거를 수집하는 절차일 뿐만 아니라, 용의자가 본인에게 유리한 사실을 주장할 수 있는 기회를 제공하는 의미도 가지고 있다.[81]

2) 법적 성격

용의자에 대한 신문은 그로부터 임의의 진술을 듣는 임의수사에 해당한다. 용의자에게는 출입국관리공무원에 의한 출석요구에 응할 의무가 없다. 용의자는 출석을 거부할 수 있고, 출석한 때에도 언제나 퇴거할 수 있다.[82]

3) 신문의 방법

(가) 출석요구

출입국관리공무원이 용의자의 출석을 요구하고자 할 때에는 출석요구의 취지, 출석일시 및 장소 등을 기재한 출석요구서를 발급하고 그 발급사실을 출석요구서발급

81) 이재상, 신형사소송법, 박영사, 2007, p. 221.
82) 앞의 책, p. 221.

대장에 적어야 한다(출입국관리법 시행령 제58조 제1항). 출입국관리공무원은 용의자의 출석을 요구하고자 할 때에는 미리 출입국관리사무소장·출장소장 또는 보호소장의 승인을 얻어야 한다. 다만, 긴급한 사유로 인하여 승인을 얻지 아니하고 출석을 요구할 때에는 사후에 지체 없이 이를 보고하여 승인을 얻어야 한다(출입국관리법 시행규칙 제55조).

출석을 요구하는 방법에는 제한이 없다. 원칙적으로 출석요구서의 발급에 의하지만, 반드시 여기에 제한되는 것은 아니다. 출입국관리공무원은 용의자의 출석요구를 함에 있어 긴급한 경우에는 출석요구를 구두로 할 수 있다(출입국관리법 시행령 제58조 제2항). 전화 또는 인편人便에 의하여 출석을 요구할 수도 있다.[83] 출석을 요구하는 장소도 출입국관리사무소 등에 한정된 것이 아니다. 출입국관리공무원이 용의자가 있는 곳에 가서 신문하여도 무방하다.[84]

(나) 참여자

(a) **변호인:** 출입국관리공무원은 신문을 하는 때에는 용의자에게 변호인을 참여하게 할 수 있음을 미리 알려주어야 한다(출입국사범 단속과정의 적법절차 및 인권보호 준칙 제17조 제1항). 출입국관리공무원은 용의자 또는 변호인이 신청할 경우에는 용의자신문에 변호인의 참여를 허용하여야 한다(출입국사범 단속과정의 적법절차 및 인권보호 준칙 제17조 제2항). 변호인이 신문을 방해하거나 조사기밀을 누설하는 경우 또는 그 염려가 있는 경우 등 정당한 사유가 있는 때를 제외하고는 참여를 불허하거나 퇴거를 요구할 수 없다(출입국사범 단속과정의 적법절차 및 인권보호 준칙 제17조 제3항).

(b) **가족 또는 신뢰관계자:** 출입국관리공무원은 용의자가 i) 사물 변별능력이나 의사결정 능력이 미약한 때, ii) 심리적 안정과 원활한 의사소통을 위해 필요한 때의 어느 하나에 해당하는 때에는 본인의 의사에 반하지 않는 한 가족, 기타 신뢰관계 있는 자를 신문에 동석하게 할 수 있다(출입국사범 단속과정의 적법절차 및 인권보호 준칙 제18조).

(c) **다른 출입국관리공무원:** 위반조사의 공정성을 확보하고 조사과정에서의 인권침해 등을 방지하며 신문조서 기재의 정확성을 위하여, 출입국관리공무원이 용의자의 출석을 요구하여 신문을 할 때에는 다른 출입국관리공무원을 참여하게 하여야 한다(출입국관리법 제48조 제2항).

(다) 진술거부권 고지

출입국관리공무원은 용의자 신문을 시작하기 전에 용의자에게 구두 또는 서면으로 진술을 거부할 수 있음을 알리고, 그 사실을 용의자신문조서에 기재하여야 한다(출입국사범 단속과정의 적법절차 및 인권보호 준칙 제16조).

---

83) 앞의 책, p. 221.
84) 앞의 책, p. 221.

(라) 통역 · 번역의 제공

국어가 통하지 아니하는 자나 청각장애인 또는 언어장애인의 진술은 통역인에게 통역하게 하여야 한다. 다만, 청각장애인이나 언어장애인에게는 문자로 묻거나 진술하게 할 수 있다(출입국관리법 제48조 제6항, 출입국사범 단속과정의 적법절차 및 인권보호 준칙 제21조 제1항). 용의자의 진술 중 국어가 아닌 문자나 부호가 있으면 이를 번역하게 하여야 한다(출입국관리법 제48조 제7항, 출입국사범 단속과정의 적법절차 및 인권보호 준칙 제21조 제2항). 그리고 출입국관리공무원은 통역 또는 번역하게 한 때에는 통역 또는 번역한 자로 하여금 조서에 간인間印한 후 서명 또는 기명날인하게 하여야 한다(출입국관리법 시행령 제59조 제2항).

(마) 참고인 등과의 대질

출입국관리공무원은 사실을 발견함에 필요하다고 인정되는 때에는 용의자와 다른 용의자 또는 참고인과 대질하여 신문할 수 있다(출입국사범 단속과정의 적법절차 및 인권보호 준칙 제20조).

(바) 영상녹화

출입국관리공무원은 불법입국 알선자, 위·변조여권 행사자, 밀입국자, 기타 중요사범에 대하여는 신문과정을 영상녹화 할 수 있다(출입국사범 단속과정의 적법절차 및 인권보호 준칙 제19조 제1항). 영상녹화를 하는 때에는 용의자 또는 변호인에게 미리 그 사실을 알려주어야 하며 신문을 시작하는 때부터 종료시까지 전 과정을 영상녹화 하여야 한다. 다만, 참고인에 대해 영상녹화를 하고자 하는 때에는 미리 참고인의 동의를 받아야 한다(출입국사범 단속과정의 적법절차 및 인권보호 준칙 제19조 제2항). 영상녹화가 완료된 때에는 용의자 또는 변호인 앞에서 지체 없이 그 원본을 봉인하고 용의자로 하여금 기명날인 또는 서명하게 하여야 한다(출입국사범 단속과정의 적법절차 및 인권보호 준칙 제19조 제3항).

(사) 신문조서의 작성

출입국관리공무원이 용의자에 대한 신문을 할 때에는 용의자가 한 진술은 용의자신문조서調書에 적어야 한다(출입국관리법 제48조 제3항, 출입국사범 단속과정의 적법절차 및 인권보호 준칙 제15조 제2항). 용의자신문조서에는 국적·성명·성별·생년월일·주소 및 직업, 출입국 및 체류에 관한 사항, 용의사실의 내용, 기타 범죄경력 등 필요한 사항을 적어야 한다(출입국관리법 시행령 제59조 제1항). 출입국관리공무원은 용의자신문조서를 용의자에게 읽어 주거나 열람하게 한 후 오기誤記가 있고 없음을 물어야 하고, 용의자가 그 내용에 대한 추가·삭제 또는 변경을 청구하면 그 진술을 용의자신문조서에 적어야 한다(출입국관리법 제48조 제4항). 용의자신문조서에는 용의자로 하여금 간인間印한 후 서명 또는 기명날인記名捺印하게 하고, 용의자가 서명 또는 기명날인할 수 없거나 이를 거부할 때에는 그 사실을 조서에 적어야 한다(출입국관리법 제48조 제5항).

(3) 참고인 조사

1) 의 의

출입국관리공무원은 「출입국관리법」 제47조에 따른 위반조사에 필요하면 참고인에게 출석을 요구하여 그의 진술을 들을 수 있다(출입국관리법 제49조 제1항). 참고인이란 용의자가 아닌 제3자를 말한다.

2) 참고인 조사의 방법

(가) 출석요구

참고인에 대한 출석요구는 용의자에 대한 출석요구와 같다. 출입국관리공무원이 참고인의 출석을 요구하고자 할 때에는 출석요구의 취지, 출석일시 및 장소 등을 기재한 출석요구서를 발급하고 그 발급사실을 출석요구서발급대장에 적어야 한다(출입국관리법 시행령 제58조 제1항). 다만, 출입국관리공무원이 출석요구를 함에 있어 긴급한 경우에는 출석요구를 구두로 할 수 있다(출입국관리법 시행령 제58조 제2항). 출입국관리공무원은 참고인의 출석을 요구하고자 할 때에는 미리 출입국관리사무소장·출장소장 또는 보호소장의 승인을 얻어야 한다. 다만, 긴급한 사유로 인하여 승인을 얻지 아니하고 출석을 요구할 때에는 사후에 지체 없이 이를 보고하여 승인을 얻어야 한다(출입국관리법 시행규칙 제55조).

(나) 조사 방식

참고인에 대한 조사의 방식은 용의자에 대한 신문의 방식과 같다. 참고인의 진술에 관하여는 「출입국관리법」 제48조(용의자에 대한 출석요구 및 신문) 제2항부터 제7항까지의 규정을 준용하고 있다(출입국관리법 제49조 제2항). 즉 다른 출입국관리공무원의 참여(제48조 제2항), 진술조서 작성(제48조 제3항), 진술조서 열람과 내용의 추가·삭제·변경(제48조 제4항), 진술조서의 서명 또는 기명날인 등(제48조 제5항), 통역인 제공 등(제48조 제6항), 진술 번역(제48조 제7항)에 관한 용의자 신문방식 규정이 참고인의 조사방식에도 그대로 준용된다.

(다) 기 타

참고인의 진술조서를 작성하는 경우 통역 또는 번역하게 한 때에는 통역 또는 번역한 자로 하여금 조서에 간인間印한 후 서명 또는 기명날인하게 하여야 한다(출입국관리법 시행령 제60조 제1항, 제59조 제2항). 출입국관리공무원은 참고인의 진술내용이 복잡하거나 참고인이 원하는 경우에는 서면으로 진술하게 할 수 있다(출입국관리법 시행령 제60조 제2항).

5. 검사 및 서류 등 제출요구

(1) 의 의

출입국관리공무원이 「출입국관리법」 제47조에 따라 용의자에 대한 위반조사를 할 때에 용의사실을 입증하기 위하여 용의자 또는 용의자와 관련 있는 제3자의 주거 또는 물건을 검사하거나, 서류 또는 물건을 제출하도록 요구할 수 있다(출입국관리법 제50조 참고). 이것은 용의자 또는 용의자와 관련 있는 제3자의 사전 동의를 전제로 하는 것으로 임의조사에 해당한다. 출입국관리공무원이 불법체류 용의자의 주거를 검사하는 경우 용의자 등의 동의를 얻어야 한다.[85] 따라서 용의자 또는 용의자와 관련 있는 제3자가 사전에 동의하지 않는 경우에는 이를 강제할 수 없다.

(2) 내 용

1) 용의자 또는 제3자에 대한 요구

(가) 의 의

출입국관리공무원은 용의자에 대한 위반조사에 필요하면 용의자 또는 그 용의자와 관련 있는 제3자의 사전 동의를 받아 용의자 또는 그 용의자와 관련 있는 제3자의 주거 또는 물건을 검사하거나, 서류 또는 물건을 제출하게 할 수 있다.

(나) 용의자

출입국관리공무원은 위반조사에 필요하면 용의자의 동의를 받아 그의 주거 또는 물건을 검사하거나, 서류 또는 물건을 제출하도록 요구할 수 있다(출입국관리법 제50조). 여기에서 '위반조사에 필요'하다는 것이란 출입국관리공무원이 용의자를 조사할 때에 용의자가 용의사실을 부인하거나 용의자가 제출한 서류만으로는 용의사실을 증명하기에 충분하지 아니하다고 인정되는 경우를 말한다(출입국관리법 시행령 제61조).

(다) 제3자

그 용의자와 관련 있는 제3자의 주거 또는 물건을 검사하거나, 서류 또는 물건을 제출하게 할 수 있다. 이 경우 미리 그 제3자의 동의를 받아야 한다(출입국관리법 시행령 제61조). 용의자와 관련 있는 제3자의 예로는 용의자를 고용한 사용자, 용의자가 숙박하는 시설의 소유자 또는 관리인, 그의 배우자 또는 동거인 등이다.

---

85) 의정부지방법원 2008. 4. 23. 선고 2008고단291 판결.

2) 사전 동의의 주체

(가) 문제 제기

사전 동의의 주체와 관련하여 법체계상 문제가 있다. 출입국관리공무원이 용의자에 대한 위반조사를 할 때에 주거 또는 물건을 검사하거나 서류 또는 물건을 제출하도록 요구하는 것에 관한 사전 동의의 주체에 대하여는, 「출입국관리법」에서는 용의자에 한정하고 있으나(출입국관리법 제50조), 그 하위법인 「출입국관리법 시행령」에서는 용의자와 관련 있는 제3자까지도 넓게 포함하고 있기 때문이다(출입국관리법 시행령 제61조).

(나) 소 결

용의자와 관련 있는 제3자의 주거 또는 물건에 대한 검사, 서류 또는 물건에 대한 제출 요구가 당사자의 사전 동의를 전제로 하는 법적 근거를 필요로 하지 않는 임의조사에 해당할지라도, 「출입국관리법」에서 검사 및 서류 등 제출요구에 대한 사전 동의의 주체를 용의자에게만 한정함으로써 개인의 사생활 보호와 출입국관리공무원의 적정한 조사권을 확보하고자 하는 본래의 취지에 반하고 「출입국관리법」에서 용의자에 한정한 범위를 넘어서므로 법체계상으로도 적절하지 않는 것으로 판단된다. 만약 출입국관리공무원의 조사권을 실질적으로 보장할 필요가 있는 경우라면 「출입국관리법」에서 규정한 검사 및 서류 등 제출요구에 대한 사전 동의의 주체를 용의자뿐만 아니라 용의자와 관련 있는 제3자까지로 확대하는 방안이 필요하다.

(3) 제출물조서 및 제출물목록

출입국관리공무원은 용의자 또는 그 용의자와 관련 있는 제3자로부터 서류 또는 물건을 제출받은 때에는 제출 경위 등을 기재한 제출물조서와 제출한 물건 등의 특징과 수량을 기재한 제출물목록을 작성하여야 한다(출입국관리법 시행령 제62조 제1항). 출입국관리공무원은 제출물목록을 작성한 때에는 제출물목록 부본 1부를 제출인에게 교부하여야 한다(출입국관리법 시행규칙 제56조).

제출물조서 및 제출물목록의 작성은 용의자신문조서 또는 참고인진술조서에 제출물에 관한 사항을 적는 것으로 제출물조서와 제출물목록의 작성에 갈음할 수 있다(출입국관리법 시행령 제62조 제2항).

(4) 제출물보관대장

출입국관리공무원은 용의자 또는 그 용의자와 관련 있는 제3자로부터 서류 또는 물건을 제출받은 때에는 이를 제출물보관대장에 기재하여야 한다(출입국관리법 시행규칙 제57조 제1항).

(5) 제출물의 보관

출입국관리공무원은 제출물을 보관할 필요가 없다고 인정하는 때에는 지체 없이 이를 제출인에게 반환하여야 한다(출입국관리법 시행규칙 제57조 제2항). 출입국관리공무원은 제출물을 반환하는 때에는 그 반환사실을 제출물보관대장에 기재하고 수령인의 서명을 받아야 한다. 이 경우 제출물목록 부본을 제출인에게 교부한 사실이 있는 때에는 이를 회수하여 그 정본과 함께 보관하여야 한다(출입국관리법 시행규칙 제57조 제3항).

6. 여권 등의 보관

출입국관리공무원은 「출입국관리법」을 위반하여 조사를 받고 있는 자로서 「출입국관리법」 제46조(강제퇴거의 대상자)에 따른 강제퇴거 대상자에 해당하는 출입국사범의 여권 · 선원신분증명서를 발견하면 회수하여 보관할 수 있다(출입국관리법 제12조의4 제2항). 이것은 강제퇴거 대상자인 출입국사범의 여권 또는 선원신분증명서를 사전에 확보하여 강제퇴거집행을 용이하게 하기 위한 규정이다.

7. 심사결정

(1) 의 의

지방출입국 · 외국인관서의 장은 출입국관리공무원이 용의자에 대한 조사를 마치면 지체 없이 용의자가 「출입국관리법」 제46조(강제퇴거의 대상자) 제1항 각 호의 어느 하나에 해당하는지를 심사하여 결정하여야 한다(출입국관리법 제58조).

(2) 심사결정서 작성

1) 심사결정서

출입국관리사무소장 · 출장소장 또는 보호소장은 출입국관리공무원이 용의자에 대한 신문을 마친 때에는 지체없이 심사결정을 하고, 심사결정을 한 때에는 주문 · 이유 및 적용 법조문 등을 분명히 밝힌 심사결정서를 작성하여야 한다(출입국관리법 시행령 제72조, 출입국사범 단속과정의 적법절차 및 인권보호 준칙 제22조 제1항).

2) 출입국사범심사결정통고서

출입국관리사무소장 · 출장소장 또는 보호소장은 심사결과 법 위반사실이 여권 또는 서류 등에 의하여 명백히 인정되고 처분에 다툼이 없는 출입국사범에 대하여는 용의자신문조서나 심사결정서를 작성하지 아니하고 출입국사범심사결정통고서의 작성으로 이에 갈음할 수 있다(출입국사범 단속과정의 적법절차 및 인권보호 준칙 제22조 제2항).

3) 열 람

심사결정서 및 출입국사범심사결정통고서는 용의자가 이해할 수 있는 언어로 읽어 주거나 열람하게 한 후 오기가 있고 없음을 물어 용의자가 그 내용에 대한 증감 또는 변경 청구를 한 때에는 그 진술을 심사결정서 및 출입국사범심사결정통고서에 기재하여야 한다(출입국사범 단속과정의 적법절차 및 인권보호 준칙 제22조 제3항).

(3) 심사결정 후 절차

1) 기명날인 또는 서명

출입국관리사무소장·출장소장 또는 보호소장은 심사결정서 또는 출입국사범심사결정통고서에 지체없이 용의자의 기명날인 또는 서명을 받아야 한다. 다만, 용의자가 기명날인 또는 서명을 거부하는 때에는 그 사유를 심사결정서 또는 출입국사범심사결정통고서에 기재할 수 있다(출입국사범 단속과정의 적법절차 및 인권보호 준칙 제23조 제1항).

2) 강제퇴거명령서 발부 및 이의신청 고지

출입국관리사무소장·출장소장 또는 보호소장은 용의자가 「출입국관리법」 제46조(강제퇴거의 대상자) 제1항 각 호의 하나에 해당된다고 인정되어 강제퇴거명령서를 발부하는 경우에는 용의자에게 구두 또는 고지문으로 법무부장관에게 이의신청을 할 수 있음을 알려야 한다(출입국사범 단속과정의 적법절차 및 인권보호 준칙 제23조 제2항).

(4) 증거 미비로 인한 보호 해제

출입국관리사무소장·출장소장 또는 보호소장은 심사결과 법 위반사실에 대한 증거가 불충분하다고 판단되는 경우에는 출입국관리공무원에게 「출입국관리법」 제52조(보호기간 및 보호장소) 제1항에서 정한 보호기간 내에 증거를 보완하도록 지시하고, 이를 보완하지 못한 때에는 즉시 보호를 해제하여야 한다(출입국사범 단속과정의 적법절차 및 인권보호 준칙 제22조 제4항).

Ⅲ. 형사절차와의 관계

1. 의 의

출입국사범에 관한 사건은 지방출입국·외국인관서의 장의 고발이 없으면 공소公

訴를 제기할 수 없다(출입국관리법 제101조 제1항). 이하에서는 지방출입국·외국인관서의 장의 전속적 고발을 알아보고, 이와 관련되는 통고처분, 수사와의 관계를 살펴보기로 한다. 또한 수사기관의 출입국사범에 해당하는 사건의 인계에 대하여도 살펴보기로 한다.

2. 전속적 고발

(1) 의 의

1) 개 념

고발告發이란 고소권자와 범인 이외의 자가 수사기관에 대하여 범죄사실을 신고하여 그 소추를 구하는 의사표시를 말한다.[86] 고발은 일반적으로 위반조사 또는 수사의 단서에 불과하지만, 출입국사범에 대하여는 소송조건이 된다.[87] 따라서 출입국사범에 관한 전속적 고발이란 「출입국관리법」에 관한 지방출입국·외국인관서의 장이 경찰, 검찰 등 수사기관에게 구체적인 범죄사실을 신고하여 그 수사기관으로 하여금 범인의 처벌을 구하는 즉 출입국사범을 공소제기하여 형사소추할 것을 요청하는 의사표시를 말한다.[88]

2) 유 형

(가) 의 의

고발은 「출입국관리법」에 의한 고발 및 「형사소송법」에 의한 고발로 나뉜다. 「출입국관리법」에서는 고발은 「출입국관리법」 제102조(통고처분) 제3항에 의한 지방출입국·외국인관서의 장의 고발과 「출입국관리법」 제105조(통고처분의 불이행과 고발) 제2항에 의한 지방출입국·외국인관서의 장의 고발로 다시 구분된다. 그 외에 「형사소송법」 제234조(고발) 제2항에 의한 출입국관리공무원의 고발이 있다.

(나) 출입국관리법

「출입국관리법」 제102조 제3항 및 「출입국관리법」 제105조 제2항에 의한 고발은 지방출입국·외국인관서의 장이 행하는 전속적 고발에 해당된다. 「출입국관리법」 제102조(통고처분) 제3항에 의한 지방출입국·외국인관서의 장의 고발이란 지방출입국·외국인관서의 장은 출입국사범에 대한 조사 결과 범죄의 정상이 금고 이상의 형에 해당할 것으로 인정되면 즉시 고발하여야 하는 것을 말한다. 그리고 「출입국관

86) 앞의 책, p. 207.
87) 앞의 책, p. 207.
88) 대법원 2000. 4. 21. 선고 99도3403 판결; 대법원 1982. 6. 22. 선고 82도898 판결; 대법원 1982. 1. 19. 선고 80도1759 판결.

리법」 제105조(통고처분의 불이행과 고발) 제2항에 의한 고발이란 지방출입국·외국인관서의 장은 출입국사범이 통고처분의 통고서를 송달받으면 10일 이내에 범칙금을 내야 하는데 이를 이행하지 않을 때에 고발하여야 하는 것을 말한다.

(다) 형사소송법

「형사소송법」 제234조(고발) 제2항에 의한 출입국관리공무원의 고발이란 출입국관리공무원이 그 직무를 행함에 있어 출입국사범 이외에 범죄가 있다고 사료하는 때에는 고발하여야 하는 것을 말한다.[89] 이것은 출입국관리공무원이 특별사법경찰관(리)로서 행하는 고발과 관련된다.[90] 출입국심사, 동향조사, 위반조사, 사실조사 등 이민업무에 종사하는 출입국관리공무원이 출입국관리에 관한 범죄와 경합범 관계에 있는 「형법」 제225조부터 제240조까지의 규정에 해당하는 범죄, 「여권법」 위반범죄, 「밀항단속법」 위반범죄(사법경찰관리의 직무를 수행할 자와 그 직무범위에 관한 법률 제3조 제5호) 및 위조화폐, 마약, 강간, 살인 등 출입국사범 이외의 범죄를 인지한 경우에는 경찰·검찰 등 수사기관에 고발하여야 한다. 다만, 「형사소송법」 제234조(고발) 제2항 또는 「사법경찰관리의 직무를 수행할 자와 그 직무범위에 관한 법률」 제3조 제5항에 의한 출입국관리공무원의 고발은 소송조건이 아니다.

3) 법적 성격

고발은 일반적으로 위반조사 또는 수사의 단서에 불과하지만, 출입국사범에 관한 지방출입국·외국인관서의 장의 고발은 공소제기의 요건으로 소송조건이다. 출입국사범은 지방출입국·외국인관서의 장의 고발이 있어야 공소제기할 수 있는 친고죄의 일반적 규정 형식을 취한다. 출입국사범에 관해 지방출입국·외국인관서의 장의 고발이 없으면 검사는 공소를 제기할 수가 없다. 그러나 「출입국관리법」에 의하여 고발이 있어야 논할 수 있는 죄에 있어서 고발은 이른바 소추조건에 불과하고 당해 범죄의 성립요건이나 위반조사 또는 수사의 조건은 아니다.[91] 이에 대하여는 후술하기로 한다.

(2) 대상자

1) 의　의

출입국사범을 엄정하고 공정하게 처벌하기 위하여 「출입국관리법」 제102조(통고

89) **형사소송법 제234조 (고발)**
② 공무원은 그 직무를 행함에 있어 범죄가 있다고 사료하는 때에는 고발하여야 한다.

90) **형사소송법 제197조 (특별사법경찰관리)** 삼림, 해사, 전매, 세무, 군수사기관 기타 특별한 사항에 관하여 사법경찰관리의 직무를 행할 자와 그 직무의 범위는 법률로써 정한다.

91) 대법원 2011. 3. 10. 선고 2008도7724 판결.

처분) 제3항에 따른 고발의 대상과 기준을 명확히 정하고 있다(출입국사범 고발규정 제1조). 「출입국관리법」 제102조(통고처분) 제3항에 따라 지방출입국·외국인관서의 장은 조사 결과 범죄의 정상이 금고 이상의 형에 해당할 것으로 인정되면 즉시 고발하여야 하는데, 그 고발의 대상과 기준은 아래와 같다.

2) 고발의 대상

(가) 의무적 고발

출입국관리사무소장·출장소장 또는 외국인보호소장은 출입국사범이 아래의 어느 하나에 해당하는 때에는 고발하여야 한다(출입국사범 고발규정 제2조).

첫째, 「출입국관리법」 제93조의2(벌칙)에 해당하는 죄를 범한 자이다(출입국사범 고발규정 제2조 제1호). 즉 다음의 어느 하나에 해당하는 자는 7년 이하의 징역에 처한다. ⅰ) 「출입국관리법」에 따라 보호되거나 일시보호된 자로서 (a) 도주할 목적으로 보호시설 또는 기구를 손괴하거나 다른 사람을 폭행 또는 협박한 자, (b) 2명 이상이 합동하여 도주한 자의 어느 하나에 해당하는 자, ⅱ) 「출입국관리법」에 따른 보호나 강제퇴거를 위한 호송 중에 있는 자로서 다른 사람을 폭행 또는 협박하거나 2명 이상이 합동하여 도주한 자, ⅲ) 「출입국관리법」에 따라 보호·일시보호된 자이나 보호 또는 강제퇴거를 위한 호송 중에 있는 사람을 탈취하거나 도주하게 한 자이다(출입국관리법 제93조의2 제1항). 그리고 다음의 어느 하나에 해당하는 자로서 영리를 목적으로 한 자는 7년 이하의 징역 또는 5천만원 이하의 벌금에 처한다. ⅰ) 「출입국관리법」 제12조(입국심사) 제1항 또는 제2항에 따라 입국심사를 받아야 하는 외국인을 집단으로 불법입국하게 하거나 이를 알선한 자, ⅱ) 「출입국관리법」 제12조의3(선박 등의 제공금지) 제1항을 위반하여 외국인을 집단으로 불법입국 또는 불법출국하게 하거나 대한민국을 거쳐 다른 국가로 불법입국하게 할 목적으로 선박 등이나 여권·사증, 탑승권, 그 밖에 출입국에 사용될 수 있는 서류 및 물품을 제공하거나 알선한 자, ⅲ) 「출입국관리법」 제12조의3(선박 등의 제공금지) 제2항을 위반하여 불법으로 입국한 외국인을 집단으로 대한민국에서 은닉 또는 도피하게 하거나 은닉 또는 도피하게 할 목적으로 교통수단을 제공하거나 이를 알선한 자이다(출입국관리법 제93조의2 제2항).

둘째, 「출입국관리법」 제93조의3(벌칙) 제2호에 해당하는 죄를 범한 자이다(출입국사범 고발규정 제2조 제2호). 즉 「출입국관리법」 제93조의2(벌칙) 제2항 각 호의 어느 하나에 해당하는 죄를 범한 자(영리를 목적으로 한 자는 제외한다)는 5년 이하의 징역 또는 3천만원 이하의 벌금에 처한다(출입국관리법 제93조의3 제2호).

셋째, 「출입국관리법」 제94조(벌칙)에 해당하는 죄를 범한 자로서 다음 각 목에 해당하는 자이다(출입국사범 고발규정 제2조 제3호). 즉 i)「출입국관리법」 제12조의3(선박 등의 제공금지)의 규정을 위반한 자로서 제93조의2(벌칙) 제2항 또는 제93조의3(벌칙)의 규정에 해당하지 아니하는 자(출입국사범 고발규정 제2조 제3호 가목), ii)「출입국관리법」 제7조의2(허위초청 등의 금지)의 규정을 위반한 자로서 원칙적으로 해당 사건의 허위초청·신청 또는 알선한 외국인이 5명 이상이거나, 허위초청·신청 또는 알선으로 최근 3년 내에 1회 이상 처벌받은 사실이 있는 자(출입국사범 고발규정 제2조 제3호 나목), iii)「출입국관리법」 제18조(외국인 고용의 제한) 제3항의 규정을 위반한 자로서 해당 사건의 고용외국인이 7명 이상이거나, 외국인 불법고용으로 최근 5년 내에 3회 이상 처벌받은 사실이 있는 자(출입국사범 고발규정 제2조 제3호 다목), iv)「출입국관리법」 제18조(외국인 고용의 제한) 제3항의 규정을 위반한 자로서 해당 사건의 고용기간이 1년 이상인 자(출입국사범 고발규정 제2조 제3호 라목), v)「출입국관리법」 제18조(외국인 고용의 제한) 제4항의 규정을 위반하여 취업활동을 할 수 있는 체류자격을 가지지 아니한 외국인의 고용을 업으로 알선·권유한 자(출입국사범 고발규정 제2조 제3호 마목), vi)「출입국관리법」 제21조(근무처의 변경·추가) 제2항의 규정을 위반하여 근무처의 변경 또는 추가허가를 받지 아니한 외국인의 고용을 업으로 알선한 자(출입국사범 고발규정 제2조 제3호 바목), vii)「출입국관리법」 제33조의2(외국인등록증 등의 채무이행 확보수단 제공 등의 금지) 제1호부터 제3호까지의 규정을 위반한 자(출입국사범 고발규정 제2조 제3호 사목)이다.

넷째,「출입국관리법」 제46조(강제퇴거의 대상자) 제1항 제1호부터 제11호·제13호 또는 제14호의 어느 하나에 해당하는 외국인을 도주하게 하는 등 증거를 인멸하거나 인멸하려고 한 자이다(출입국사범 고발규정 제2조 제6호).

다섯째,「출입국관리법」 제99조(미수범 등)에 해당하는 자로서「출입국사범 고발규정」 제2조(고발대상) 제1호부터 제3호 가목의 기준에 해당하는 자이다(출입국사범 고발규정 제2조 제7호).

여섯째,「출입국사범 고발규정」 제2조(고발대상) 각 호에 해당하지 아니하는 출입국사범이라고 하더라도「출입국관리법」 제48조(용의자에 대한 출석요구 및 신문) 또는 제102조(통고처분) 제4항에 따른 소장의 출석요구에 3회 이상 불응하는 등 조사를 의도적으로 방해한 것으로 인정되는 자이다(출입국사범 고발규정 제2조 제9호).

(나) 임의적 고발

출입국관리사무소장·출장소장 또는 외국인보호소장은 출입국사범의 법위반 동기와 결과, 법위반으로 얻은 수익, 법위반 양태, 법위반 행위로 인한 사회적 파장 등을 고려할 때 고발함이 상당한 경우에는「출입국사범 고발규정」 제2조(고발대상)에 해당하지 아니하더라도 고발할 수 있다(출입국사범 고발규정 제3조의2).

3) 고발의 예외

(가) 자수 등

출입국관리사무소장·출장소장 또는 외국인보호소장은 「출입국사범 고발규정」 제2조(고발대상)에 의한 고발대상에 해당함에도 불구하고 고발대상이 i) 자수한 자, ii) 사건조사 중 증거를 임의로 제시하고 범행을 순순히 자백하는 등 조사에 적극 협조한 자, iii) 출입국사범에 대한 정보를 제공하는 등 외국인 관련 범죄예방에 적극 협조한 자, iv) 검사와 협의하여 형사고발이 부적당하다고 결정한 자의 어느 하나에 해당하는 때에는 고발하지 아니하고 통고처분할 수 있다(출입국사범 고발규정 제3조 제1항 본문). 다만, 「출입국사범 고발규정」 제2조(고발대상) 제1호·제4호·제6호 또는 제9호에 해당하는 자는 그러하지 아니하다(출입국사범 고발규정 제3조 단서).

(나) 사건송치

출입국관리사무소장·출장소장 또는 외국인보호소장은 해당 사건이 「출입국사범 고발규정」 제2조(고발대상)에 의한 고발사유에 해당하는 경우에도 「특별사법경찰관리집무규칙」 제62조(사건송치)의 규정에 따라 사건을 검찰에 송치하는 때에는 고발하지 아니한다.[92]

(3) 기록유지

출입국관리사무소장·출장소장 또는 외국인보호소장은 출입국사범을 고발한 때에는 그 현황을 출입국사범 고발현황에 기재하여 기록을 유지하여야 한다(출입국사범 고발규정 제4조 제1항). 그리고 출입국관리사무소장·출장소장 또는 외국인보호소장은 출입국사범을 고발하지 아니한 때에는 그 사유 등을 출입국사범 고발예외자 현황에 기재하여 기록을 유지하여야 한다(출입국사범 고발규정 제4조 제2항). 출입국관리사무소장·출장소장 또는 외국인보호소장은 출입국관리정보시스템을 이용하여 제1항 및 제2항에 따른 기록유지를 할 수 있다(출입국사범 고발규정 제4조 제3항).

(4) 범칙사실의 표시 및 특정

1) 의 의

「출입국관리법」에서는 "지방출입국·외국인관서의 장은 (중략) 고발하여야 한다."라고만 규정하고 있을 뿐이고(출입국관리법 제102조 제3항, 제105조 제2항), 고발을 할 때에 그 범칙사실의 표

92) 특별사법경찰관리집무규칙 제62조 (사건송치) 특별사법경찰관이 수사를 종결한 때에는 관할 지방검찰청 검사장 또는 지청장에게 사건을 송치하여야 한다. 다만, 통고처분을 하거나 검사의 지휘를 받아 입건하지 아니한 사건은 그러하지 아니하다.

시정도에 대하여는 구체적으로 규정하지 않고 있다. 지방출입국·외국인관서의 장의 고발은 수사기관에 대하여 범죄사실을 신고하여 그 소추를 구하는 것이므로 그 대상인 범칙사실이 특정되지 않으면 아니 된다.[93] 대법원에서도 "출입국관리법에 의한 출입국관리소장 등의 고발은 그 고발장에 범칙사실의 기재가 없거나 특정이 되지 아니할 때에는 부적법하다."라고 판시하고 있다.[94]

2) 표시 및 특정

고발 및 범칙사실의 표시 내지 특정 정도와 관련하여, 「출입국관리법」에 따른 지방출입국·외국인관서의 장의 고발에 필요한 범칙사실의 표시 내지 특정 정도가 문제된다. 표시 내지 특정의 정도는 지방출입국·외국인관서의 장의 의사가 구체적으로 어떤 범칙사실을 지정하여 범인의 처벌을 구하고 있는가를 확정할 수 있는 정도면 족하며, 범행의 일시·장소·방법이나 죄명까지 상세히 지적할 것을 요구하지 않는다. 따라서 범인의 성명이 불명하거나 오기誤記가 있거나, 범행의 일시·장소·방법 등이 명확하지 않거나 틀리는 곳이 있어도 고발의 효력에는 영향이 없다.[95] 범칙사실에 대한 신고가 있으면 되고, 범인이 누구인가를 적시할 필요는 없다.[96] 또한 고발사실의 특정은 고발장에 기재된 범칙사실과 공무원의 보충진술 기타 고발장과 같이 제출된 서류 등을 종합하여 판단하여야 한다.[97]

3) 판례의 태도

대법원은, "출입국관리법에 관한 출입국관리소장 등의 고발은 반드시 공소장의 기재 요건과 동일한 범죄의 일시 장소를 표시하여 사건의 동일성을 특정할 수 있을 정도로 범죄사실을 표시함을 필요로 하는 것은 아니고, 출입국관리법 소정의 어떠한 태양의 범죄인지를 판명할 수 있을 정도의 사실을 일응 확정할 수 있을 정도로 표시하면 족하다."라고 판단하면서,[98] "고발사실과 공소사실 간에 범행의 일시에 관하여 다소 상이한 점이 있으나, 이것은 동일한 수법과 태양으로 출입국관리법 제18조(외국인 고용의 제한) 제1항에 위반하여 취업활동을 하였다는 범행에 대한 것이므로, 결국 출입국관리소장의 고발은 이 부분 공소사실에 대하여 피고인의 처벌을 구하는 의사표시로서 유효하다."라고 판시한 바 있다.[99]

---

93) 이재상, 1998, 형사소송법, 박영사, 1998, p. 187 참고.
94) 대법원 2009. 7. 23. 선고 2009도3282 판결 참고.
95) 대법원 1984. 10. 23. 선고 84도1704 판결 참고. 동 판결은 고소에 관한 내용이다.
96) 이재상, 형사소송법, 박영사, 1998 참고.
97) 대법원 2009. 7. 23. 선고 2009도3282 판결 참고.
98) 대법원 2000. 4. 21. 선고 99도3403 판결; 대법원 2009. 7. 23. 선고 2009도3282 판결; 대법원 1982. 6. 22. 선고 82도898 판결; 대법원 1982. 1. 19. 선고 80도1759 판결.

(5) 전속적 고발 및 통고처분

1) 취 지

지방출입국・외국인관서의 장의 전속적 고발은 출입국사범의 처리절차에서 통고처분과 관련된다. 지방출입국・외국인관서의 장의 전속적 고발과 통고처분을 연계한 취지는 출입국관리공무원의 특별사법경찰관리로서의 지위 부여와 관련된 것이다. 이민행정에 관한 전문적 지식과 경험을 갖춘 출입국관리공무원이 행정목적 달성을 위하여 자율적・행정적 제재수단을 형사처벌에 우선하여 활용할 수 있도록 하려는 데에 있다.[100] 즉 범죄의 정상이 금고 미만에 해당하는 경미한 출입국사범에 대하여는 준형사처분의 성격을 지닌 간이절차인 통고처분으로 신속 간편히 처리하고, 범죄의 정상이 금고 이상의 형에 해당하는 경우에만 고발하도록 하여 형사처벌하도록 하기 위함이다.

2) 연 계

지방출입국・외국인관서의 장의 고발은 출입국사범에 관한 구체적인 조사 결과 또는 검토에 따라 통고처분 없이 행할 수 있는 재량행위에 해당한다.[101] 즉 지방출입국・외국인관서의 장은 출입국사범에 대한 조사 결과 범죄의 확증을 얻었을 때에는 그 이유를 명확하게 적어 서면으로 벌금에 상당하는 금액(범칙금)을 지정한 곳에 낼 것(납부)을 통고할 수 있다(출입국관리법 제102조 제1항). 그리고 지방출입국・외국인관서의 장은 출입국사범에 대한 조사 결과 범죄의 정상이 금고 이상의 형에 해당할 것으로 인정되면 즉시 고발하여야 한다(출입국관리법 제102조 제3항).

(6) 전속적 고발 및 수사

1) 문제 제기

출입국사범은 지방출입국・외국인관서의 장의 고발이 공소제기의 요건이 된다. 출입국사범에 관해 지방출입국・외국인관서의 장의 고발이 없으면 수사기관은 공소를 제기할 수 없다. 여기에서 공소제기의 요건이 수사의 조건이 될 수 있는지가 문제된다. 이것은 친고죄에 있어서의 수사와의 관계이기도 하다. 친고죄의 일반적 규정 형식은 '고소(고발)이 있어야 공소를 제기할 수 있다', '고소(고발)이 없으면 공소를 제기할 수 없다'를 취하여 고소(고발)은 공소제기의 필요조건이다. 친고죄에 있어

99) 대법원 2000. 4. 21. 선고 99도3403 판결.
100) 대법원 2011. 3. 10. 선고 2008도7724 판결 참고.
101) 앞의 판결.

서 고소가 없는 경우에 수사를 개시할 수 있느냐 또는 친고죄의 규정 형식을 갖는 출입국사범에서 지방출입국 · 외국인관서의 장의 고발이 없는 경우에도 수사를 개시할 수 있느냐에 대한 것이다.

2) 견해의 대립

첫째, 전면허용설이다. 친고죄의 고소가 없는 경우에도 수사기관의 수사가 허용된다는 견해이다. 검사는 범죄의 혐의가 있다고 사료하는 때에는 범인, 범죄사실과 증거를 수사하여야 하고(형사소송법 제195조), 수사에 관하여는 그 목적을 달성하기 위하여 필요한 조사를 할 수 있고, 법률의 규정에 따라 강제수사로 할 수 있다(형사소송법 제199조).[102] 친고죄의 고소는 소송조건이고 범죄의 성립과는 관계가 없으므로 당연히 수사가 허용된다는 것을 그 이유로 들고 있다. 둘째, 전면부정설이다. 친고죄에 있어서 고소가 없으면 수사기관은 강제수사는 물론 임의수사도 할 수 없다는 견해이다. 친고죄에 관하여 고소가 없으면 공소를 제기할 수 없으므로 그 준비를 위한 수사도 허용될 수 없다는 것을 그 이유로 들고 있다. 셋째, 제한적 허용설이다. 고소가 없는 경우에도 수사기관의 수사는 허용되지만 고소의 가능성이 없는 때에는 수사가 허용되지 않거나 제한되어야 한다는 견해이다. 우리나라의 다수설이고, 판례의 태도이다.[103]

3) 판례의 태도

출입국사범에 관한 지방출입국 · 외국인관서의 장의 고발이 공소제기의 요건이라고 할지라도, 수사기관이 그 전에 수사를 할 수 없는 것은 아니다. 「출입국관리법」에서는 출입국사범에 대해 출입국관리공무원이 수사를 전담하도록 하는 규정은 없으므로, 「경찰관직무집행법」 제2조 제6호에 따라 공공의 안녕과 질서유지를 위하여 그 직무를 수행하는 일반사법경찰관리의 출입국사범에 대한 수사권한은 지방출입국 · 외국인관서의 장의 전속적 고발권에도 불구하고 배제되는 것은 아니다.[104] 따라서 출입국사범에 관하여 지방출입국 · 외국인관서의 장의 고발이 있기 전에 일반사법경찰관리 등 수사기관이 수사를 하였더라도, 그 수사가 장차 고소 또는 고발의 가능성이 없는 상태 하에서 행해졌다는 등의 특단의 사정이 없는 한, 지방출입국 · 외국인관서의 장의 고발이 있기 전에 수사를 하였다는 이유만으로 그 수사가 소급하여 위법하게 되는 것은 아니다.[105]

---

102) 형사소송법 제199조 (수사와 필요한 조사)
① 수사에 관하여는 그 목적을 달성하기 위하여 필요한 조사를 할 수 있다. 다만, 강제처분은 이 법률에 특별한 규정이 있는 경우에 한하며, 필요한 최소한도의 범위 안에서만 하여야 한다.

103) 이재상, 형사소송법, 박영사, 1998, pp. 176~177 참고.

104) 대법원 2011. 3. 10. 선고 2008도7724 판결.

3. 인 계

(1) 의 의

출입국관리공무원 외의 수사기관이 출입국사범에 해당하는 사건을 입건立件하였을 때에는 지체 없이 관할 지방출입국·외국인관서의 장에게 인계하여야 한다(출입국관리법 제101조 제2항). 따라서 일반사법경찰관리가 출입국사범을 입건한 때에는 지체 없이 지방출입국·외국인관서의 장에게 출입국사범에 해당하는 자의 신병을 인계하여야 한다.

(2) 취 지

출입국관리공무원 외의 수사기관이 출입국사범에 해당하는 사건을 지방출입국·외국인관서의 장에게 인계하도록 한 취지는 지방출입국·외국인관서의 장의 전속적 고발권 행사의 편의 등을 위한 것이다. 이것은 일반사법경찰관리와의 관계에서 존중되어야 할 것이다.[106]

(3) 일반경찰행정과의 관계

출입국관리공무원 외의 수사기관이 출입국사범에 관한 인계의무를 행하는 것은 출입국관리공무원의 수사 전담권에 관한 규정이라고까지 해석될 수는 없다.[107] 그러나 특별경찰행정관청이란 특정의 전문영역에서 경찰상의 권한을 가진 행정기관으로서 조직상 일반경찰행정관청에 속하지 아니하는 행정청을 말한다. 특별경찰행정관청은 일반적으로 주무부 장관 또는 외청의 장으로 이루어지고, 임무는 관련된 특별법에서 규정된다. 이민관리의 경우에는 법무부장관이 특별경찰행정관청이 된다. 또한 특별법이 일반법에 우선한다는 논리에 비추어 특별법인 「출입국관리법」에 근거하는 특별경찰행정관청의 권한 영역 내에서는 원칙적으로 일반법에 근거하는 일반경찰행정관청(일반적으로 경찰청이라 한다)이 활동할 수는 없다. 이민관리에 대하여는 특별경찰행정관청의 권한이 우선한다.[108]

105) 앞의 판결; 대법원 1995. 2. 24. 선고 94도252 판결.
106) 대법원 2011. 3. 10. 선고 2008도7724 판결.
107) 앞의 판결.
108) 홍정선, 경찰 행정법, 박영사 2010, pp. 122~129.

(4) 인계의 방법

일반사법경찰관리 등이 출입국사범에 해당하는 자의 신병을 인계하는 방법에 대하여는 「출입국관리법」에 구체적으로 규정하지 않고 있다. 인계의 방법은 일반사법경찰관리 등의 통상적인 업무절차에 따라야 한다. 따라서 경찰이 불법체류 혐의의 필리핀 무용수를 출입국관리사무소에 인계하는 과정에서 고용주의 차량을 이용하는 것은 적절하지 못한 조치이다.[109]

(5) 직무유기의 문제

출입국관리공무원 외의 수사기관이 부담하는 출입국사범에 해당하는 사건의 인계의무와 관련하여 직무유기죄의 성립이 문제된다. 직무유기죄는 구체적으로 그 직무를 수행하여야 할 작위의무가 있는데도 불구하고 이러한 직무를 버린다는 인식하에 그 작위의무를 수행하지 아니하면 성립하는 것이다.[110] 경찰관이 불법체류자의 신병을 출입국관리사무소에 인계하지 않고 훈방하면서 이들의 인적사항조차 기재해 두지 아니한 사안에 대하여, 대법원은 "출입국관리법령의 규정, 불법체류자 단속업무에 관한 경찰 내부의 업무지시, 경찰공무원의 일반적인 직무상 의무 등을 인정한 다음, 불법체류자임을 알면서도 이들의 신병을 출입국관리사무소에 인계하지 않고, 훈방을 함에 있어서도 이들의 인적사항조차 기재해 두지 아니한 행위는 직무유기죄에 해당한다."라고 판시하고 있다.[111]

4. 기타 절차 – 무기 등의 휴대 및 사용

출입국관리공무원은 그 직무를 집행하기 위하여 필요하면 무기 등(「경찰관 직무집행법」 제10조(경찰장비의 사용 등) 및 제10조의2(경찰장구의 사용)부터 제10조의4까지의 규정에서 정한 장비, 장구, 분사기 및 무기를 말한다)을 지닐 수 있다(출입국관리법 제77조 제1항). 출입국관리공무원은 「경찰관 직무집행법」 제10조 및 제10조의2부터 제10조의4(무기의 사용)까지의 규정에 준하여 무기 등을 사용할 수 있다(출입국관리법 제77조 제2항).

---

109) 국가인권위원회 결정례 2004. 9. 6. 자 04진인25 직권남용에 의한 인권침해.
110) 대법원 1997. 4. 22. 선고 95도748 판결; 대법원 1999. 11. 26. 선고 99도1904 판결 등 참조.
111) 대법원 2008. 2. 14. 선고 2005도4202 판결.

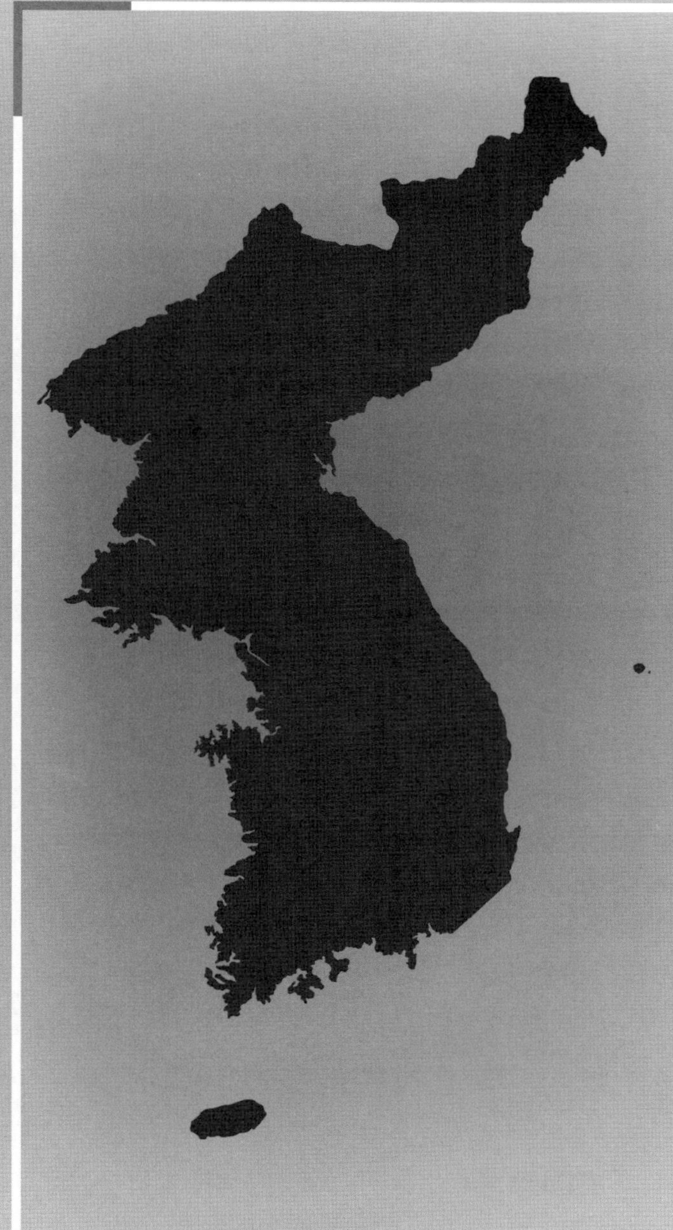

제 3 장

외국인 보호

제1절 의 의

Ⅰ. 논의의 배경

외국인 보호는 강제퇴거를 위한 하나의 절차로서 필요할 수 있다. 국제관행은 외국인 보호가 법에 근거를 두고 일정한 상황 하에서 행하여질 경우에 정당화되고 있다.[1] 그러나 「출입국관리법」상의 보호는 외국인에 대한 기본권 제한의 정도가 막대하고 신체의 자유에 대한 침해를 수반한다는 점에서 보호의 개념, 법적 성격, 그 내용과 적용범위 등에 대해 논쟁이 지속되고 있다. 예를 들어 일각에서 「출입국관리법」 제2조 제11호에서 규정한 보호의 정의는 '출국시키기 위하여', '인치하고 수용'하는 강제퇴거 집행을 위한 보호를 말하는 것으로, 위반조사와 심사를 위한 보호까지 포함하는 것으로는 보기 어렵다는 견해[2] 등이다. 또한 보호가 실질적으로 단속 내지 구금 등의 형태로 운영되고 있음에도 불구하고, '보호'라는 용어를 사용함으로써 신체의 자유를 제한하는 데 필요한 법률유보의 원칙에 위배되고 있다는 지적이 제기되고 있다.

이하에서는 외국인 보호제도를 올바르게 이해하기 위하여 외국인 보호의 개념, 법적 근거와 법적 성격, 내용 및 그 한계 등을 살펴보기로 한다.

Ⅱ. 개 념

1. 연 혁

보호protection의 사전적 정의는 위험이나 곤란 따위가 미치지 아니하도록 잘 보살펴 돌보는 것이다. 그러나 「출입국관리법」에서 사용하는 보호detention는 앞의 사전적 정의와는 달리 사용되고 있다. 보호란 일반적으로 "약자를 지킨다"라는 의미로 쓰이

1) IOM, Essentials of Migration Management - A Guide for Policy Makers and Practitioners, Volume Three Managing Migration: Return Migration, 2004, p. 30.

2) 이원재, 출입국관리법 개정안의 주요내용과 평가 - 단속, 보호, 강제퇴거 등을 중심으로, 법무부 출입국관리법 개정안 공청회, 2006, p. 19; 김진, 단속 보호 부분과 관련된 의견, 법무부 출입국관리법 개정안 공청회, 2006, pp. 59~60.

므로 보호라는 용어보다는 '수용收容'이라는 용어가 그 실체에 보다 근접한다.[3] 1983년 구 「출입국관리법」까지는 수용, 외국인수용소, 외국인수용장, 수용명령서 등 '수용'이라는 용어를 사용하였으나, 1992년 「출입국관리법」 개정부터는 '보호'라는 용어로 변경되었다. 보호는 「형의 집행 및 수용자의 처우에 관한 법률」에서 사용하는 '수용'과도 혼동될 우려가 있다.

2. 출입국관리법에서의 보호

「출입국관리법」에서 보호란 출입국관리공무원이 「출입국관리법」 제46조(강제퇴거의 대상자) 제1항 각 호에 따른 강제퇴거 대상에 해당된다고 의심할 만한 상당한 이유가 있는 자를 출국시키기 위하여 외국인보호실, 외국인보호소 또는 그 밖에 법무부장관이 지정하는 장소에 인치引致하고 수용하는 집행활동을 말한다(출입국관리법 제2조 제11호). 보호의 실질적 의미는 수용을 위하여 일정한 장소로 인치하는 '보호 전 구인'과 일정한 장소에 수용하는 '구금'을 모두 포괄하는 개념이다. 외국인 보호는 「출입국관리법」에 규정된 강제퇴거 사유에 해당되는 외국인의 강제퇴거 집행을 담보하기 위해 그 신병을 확보하는 것이다. 또한 '강제퇴거 대상에 해당된다고 의심할 만한 상당한 이유가 있는 자'라고 규정하고 있으므로, 보호의 적용범위에는 강제퇴거명령을 받은 외국인의 강제퇴거 집행을 위한 보호 외에도, 강제퇴거의 대상자에 해당되는지에 대한 위반조사 또는 심사를 위한 보호까지도 포함된다.

3. 국제기준 등

IOM에 의하면 개인의 신체적 자유에 대한 국가기관의 제한을 구금detention이라고 하는데, 구금은 형사적 구금criminal detention 및 행정적 구금administrative detention으로 나뉜다. 형사적 구금은 형사상 범죄인에게 형벌을 부과하기 위한 것이고, 행정적 구금은 형사상 범죄에 해당하지 않는 「출입국관리법」 및 「출입국관리법」에 의한 명령을 위반한 자의 강제퇴거 등 행정조치를 담보하기 위한 것이다.[4] 국제기준과 국제관행에 의하면 불법이민외국인 등 이민행정범에게는 행정적 구금이 적용된다. 외국인 보호시설에 보호된 외국인은 형사법 위반자로 간주되지 않고, 법원의 판결에 의

3) 최홍엽, 외국인 강제퇴거절차와 관련한 몇 가지 쟁점, 민주주의법학연구회 민주법학 제33호, 2007, p. 360; 이원재, 출입국관리법 개정안의 주요내용과 평가 – 단속, 보호, 강제퇴거 등을 중심으로, 법무부 출입국관리법 개정안 공청회, 2006, p. 19.

4) IOM, International Migration Law – Glossary on Migration, International Organization for Migration, 2004, pp. 18∼19.

하여 형벌이 부과되어 수형시설에서 수형된 수형자와도 구별된다.[5)]

Ⅲ. 보호의 유형

「출입국관리법」에 규정된 보호에 대하여 그 유형을 중심으로 살펴보도록 한다. 첫째, 출입국관리공무원은 외국인이 강제퇴거의 대상자에 해당된다고 의심할 만한 상당한 이유가 있고 도주하거나 도주할 염려가 있으면 지방출입국·외국인관서의 장으로부터 보호명령서를 발급받아 그 외국인을 보호할 수 있다(출입국관리법 제51조 제1항). 다만, 긴급한 경우에 지방출입국·외국인관서의 장으로부터 보호명령서를 발급받을 여유가 없을 때에는 긴급보호명령서 발부에 의해 그 외국인을 보호할 수 있다(출입국관리법 제51조 제3항). 둘째, 지방출입국·외국인관서의 장은 강제퇴거명령을 받은 외국인을 즉시 대한민국 밖으로 송환할 수 없으면 송환할 수 있을 때까지 그를 보호시설에 보호할 수 있다(출입국관리법 제63조 제1항). 셋째, 출입국관리공무원은 외국인이 입국요건을 갖추지 못하여 입국이 허가되지 않거나, 조건부 입국허가 또는 출국명령을 받은 자로서 도주하거나 도주할 염려가 있다고 인정할 만한 상당한 이유가 있는 경우에는 48시간을 초과하지 않는 범위 내에서 그 자를 외국인보호실에 일시보호할 수 있다(출입국관리법 제56조 제1항). 이와 같은 유형에 따라 보호는 ⅰ) 외국인이 강제퇴거 대상자에 해당된다고 의심할 만한 상당한 이유가 있고 도주하거나 도주할 염려가 있는 경우 그 외국인이 강제퇴거 대상자에 해당하는지를 조사하기 위해 일정한 장소에 수용하는 것과 그 수용을 위하여 호송하는 집행활동까지 포함하는 신체의 자유에 대한 제한, ⅱ) 강제퇴거명령을 받은 외국인에 대해 강제퇴거의 집행이 불가능한 경우 그 외국인이 대한민국의 밖으로 송환이 가능할 때까지 신체의 자유에 대한 제한, ⅲ) 외국인의 입국이 불허되거나, 조건부 입국허가 또는 출국명령을 받은 외국인에 대해 일시적인 사유로 그 신체의 자유를 제한하는 것으로 구분된다.

Ⅳ. 법적 근거

「출입국관리법」에서 외국인 보호는 수용의 형식을 취하는 신병확보 수단인 권력적 행정행위로서 행정처분에 해당한다. 인신의 자유를 박탈하는 구금detention이라는

5) IOM, Essentials of Migration Management – A Guide for Policy Makers and Practitioners, Volume Three Managing Migration: Return Migration, 2004, p. 30.

법적 성격으로부터 외국인 보호라는 그 행정처분은 법률에 근거하고 법률의 수권에 의하여 행하여져야 하는 법적 근거를 필요로 하는 법률유보원칙이 적용된다. 외국인 보호는 행정처분이지만 사법절차에 의하지 않고 기본권을 제한한다는 점에서 인신의 자유에 대한 제한은 기본적이고 실질적인 내용을 법률에 규정하여야 한다.[6)]

Ⅴ. 법적 성격

1. 권력적 행정행위

「출입국관리법」에서 외국인 보호는 강제퇴거 대상자에 해당된다고 의심할 만한 상당한 이유가 있고 도주하거나 도주할 염려가 있는 경우 그 외국인이 강제퇴거 대상자에 해당하는지를 조사하거나, 강제퇴거명령을 받은 외국인에 대해 강제퇴거의 집행이 불가능한 경우 대한민국의 밖으로 송환이 가능할 때까지 신체의 자유를 제한하거나, 외국인의 입국이 불허되거나 조건부 입국허가 또는 출국명령을 받은 외국인에 대해 일시적인 사유로 인해 신체의 자유를 제한하는 것이다.

「형사소송법」에서 체포와 구속은 인신구속으로 소송의 진행과 형벌의 집행을 확보하기 위해 강제력을 사용하는 강제처분을 말한다.[7)] 외국인 보호는 「형사소송법」상 수사 초기에 단기간에 걸쳐 피의자의 신병확보를 가능하게 하는 체포와 유사하고, 피의자 또는 피고인을 비교적 장기간에 걸쳐 감금하는 구속(구속은 구인과 구금으로 구성된다)과도 유사하다. 그러나 「출입국관리법」에서 외국인 보호란 강제퇴거에 해당하는 외국인 또는 입국이 거부된 외국인 등에 대해 대한민국의 밖으로 출국시키기 위해 일시적으로 외국인의 신체의 자유를 제한하는 것이다. 따라서 외국인 보호는 교도소 등 행형시설에서의 수용과는 성질이 다르고,[8)] 행정법상 권력적 행정행위로서의 행정처분에 해당한다.

2. 행정상 즉시강제

외국인 보호는 '도주의 염려'라는 목전의 급박한 행정상 장애를 제거하여야 할 필요가 있는 경우 미리 의무를 명할 시간적 여유가 없을 때에 또는 성질상 의무를 명

---

6) 국가인권위원회, 미등록 외국인 단속 및 외국인보호시설 실태조사, 2005.
7) 이재상, 신형사소송법, 박영사, 2007, p. 227.
8) 김수원, 불법체류 외국인과 인권 – 단속과 보호를 중심으로 –, 한독사회과학회 한독사회과학논총 제18권 제1호, 2008, p. 318.

하여서는 목적달성이 곤란할 때에 외국인의 신체에 실력을 가하여 행정상 필요한 상태를 실현하는 작용인 즉시강제에 해당한다. 따라서 「형사소송법」상의 체포・구속과는 그 성질, 목적, 대상, 요건 등에 있어서 다르다.

3. 행정적 구금

외국인 보호는 형사상 범죄 또는 형사범이 아닌 이민행정범에 대해 행정조치를 담보하기 위한 행정적 구금administrative detention에 해당한다. 따라서 「출입국관리법」에 따라 외국인보호실 등 외국인보호시설에 수용된 자는 「형의 집행 및 수용자의 처우에 관한 법률」에 의한 수용자와는 구별된다.[9)]

Ⅵ. 구별 개념

1. 체포・구속

체포란 죄를 범하였다고 의심할 만한 상당한 이유가 있는 피의자를 단시간 동안 수사관서 등 일정한 장소에 인치하는 강제처분을 말한다. 「형사소송법」에서는 영장에 의한 체포(형사소송법 제200조의2), 긴급체포(형사소송법 제200조의3), 현행범인의 체포(형사소송법 제212조)를 규정하고 있다. 구속이란 피의자 또는 피고인의 신체의 자유를 체포에 비하여 장기간에 걸쳐 제한하는 강제처분을 말한다. 구속은 구인과 구금을 포함한다(형사소송법 제69조). 구인은 피의자 또는 피고인을 법원 기타 일정한 장소에 인치하는 강제처분이고, 구금은 피의자 또는 피고인을 구치소 또는 교도소에 감금하는 강제처분이다. 체포・구속은 소송의 진행과 형벌의 집행을 확보하기 위해 강제력을 사용하는 대인적 강제처분對人的 强制處分이다.[10)]

「출입국관리법」에서의 외국인 보호는 외국인의 의사에 반하여 그 신체의 자유를 제한한다는 점에서는 형사법에서의 체포・구속과 유사하다. 그러나 체포・구속은 형사처벌을 목적으로 하는 강제처분이지만, 외국인 보호는 강제퇴거를 위해 그 신병을 확보하는 즉시강제인 행정처분에 해당한다.

---

9) 형의 집행 및 수용자의 처우에 관한 법률 제2조
ⅳ. "수용자"란 수형자・미결수용자・사형확정자, 그 밖에 법률과 적법한 절차에 따라 교도소・구치소 및 그 지소에 수용된 자를 말한다.

10) 이재상, 형사소송법, 박영사, 1998, pp. 213~227.

2. 주거의 제한이 부과된 조치

지방출입국·외국인관서의 장은 강제퇴거명령을 받은 외국인이 다른 국가로부터 입국이 거부되는 등의 사유로 송환될 수 없음이 명백하게 된 때에 그의 보호를 해제하는 경우에는 '주거의 제한이 부과된 조치'를 할 수 있다(출입국관리법 제63조 제4항, 제5항). 반면에 「출입국관리법」에서의 외국인 보호는 '수용형식을 취하는 신병확보'에 국한된다.[11]

제 2 절 내 용

「헌법」 제12조 제1항[12]에서 규정하고 있는 적법절차원칙은 형사소송절차에 국한되지 않고 모든 국가작용에 적용된다. 행정작용에 있어서도 적법절차원칙은 준수되어야 한다.[13] 따라서 불법이민외국인에 대한 보호의 경우에도 「출입국관리법」이 정한 요건에 해당하지 않거나 절차를 위반하는 때에는 적법절차원칙에 반하여 신체의 자유 등 기본권을 침해하게 된다.[14]

이하에서는 보호의 유형에 따라 그 요건, 절차, 기간 등을 살펴보기로 한다.

Ⅰ. 일반보호

1. 의 의

(1) 개 념

출입국관리공무원은 외국인이 「출입국관리법」 제46조(강제퇴거의 대상자) 제1항 각 호의 어느 하나에 해당된다고 의심할 만한 상당한 이유가 있고, 도주하거나 도주할 염려가 있으면 지방출입국·외국인관서의 장으로부터 보호명령서를 발급받아 그 외국인을 보호할 수 있다(출입국관리법 제51조 제1항). 일반보호란 외국인이 강제퇴거의 대상자에 해당

11) 국가인권위원회, 미등록 외국인 단속 및 외국인보호시설 실태조사, 2005.
12) 헌법 제12조 ① 모든 국민은 신체의 자유를 가진다. 누구든지 법률에 의하지 아니하고는 체포·구속·압수·수색 또는 심문을 받지 아니하며, 법률과 적법한 절차에 의하지 아니하고는 처벌·보안처분 또는 강제노역을 받지 아니한다.
13) 헌법재판소 2012. 8. 23. 자 2008헌마430 결정; 헌법재판소 2007. 10. 4. 자 2006헌바91 결정.
14) 헌법재판소 2012. 8. 23. 자 2008헌마430 결정.

된다고 의심할 만한 상당한 이유가 있고, 도주하거나 도주할 염려가 있으므로 보호하여 강제퇴거의 대상자에 해당되는지를 조사하기 위한 보호를 말한다.

(2) 심사결정을 위한 보호

출입국관리공무원은 외국인이 강제퇴거의 대상자에 해당되는지 여부를 위반조사하여, 그 외국인에 대한 강제퇴거명령서가 발급될 때까지 지방출입국·외국인관서의 장으로부터 보호명령서를 발급받아 그 외국인을 보호할 수 있다. 외국인이 강제퇴거의 대상자에 해당되는지를 위반조사하여 심사하기 위해 그 외국인의 신병을 확보한다는 점에서, 이를 실무상으로는 '심사결정전 보호' 또는 '심사결정을 위한 보호'라고도 한다. 이것은 후술할 「출입국관리법」 제63조에 따른 '강제퇴거집행을 위한 보호'와는 구별된다.

2. 요 건

출입국관리공무원이 지방출입국·외국인관서의 장으로부터 보호명령서를 발급받기 위하여는 외국인이 강제퇴거의 사유에 해당된다고 의심할 만한 상당한 이유가 있고, 도주하거나 도주할 염려가 있어야 한다. 보호명령서에 의한 일반보호의 요건은 아래와 같다.

(1) 강제퇴거 사유의 혐의

1) 강제퇴거 사유

보호명령서를 발급받기 위하여는 외국인이 강제퇴거의 사유에 해당된다고 의심할 만한 상당한 이유가 있어야 한다(출입국관리법 제51조 제1항). 강제퇴거의 사유란 외국인이 「출입국관리법」 제46조 제1항에 정한 강제퇴거의 사유를 말한다. 다만, 1961년 「외교관계에 관한 비엔나협약Vienna Convention on Diplomatic Relations」 제29조에 따라 외교관과 그의 세대를 구성하는 가족은 보호의 대상에서 제외된다.[15)]

2) 객관적 혐의

외국인 보호는 외국인에 대한 신체의 자유를 제한하는 행정상 즉시강제이므로 강제퇴거의 사유에 대한 보다 강한 객관적인 혐의를 필요로 한다.[16)] 혐의는 구체적인

---

15) 1961년 「외교관계에 관한 비엔나협약」 제29조 외교관의 신체는 불가침이다. 외교관은 어떠한 형태의 체포 또는 구금도 당하지 아니한다. (생략)
동 제37조 외교관의 세대를 구성하는 그의 가족은, 접수국의 국민이 아닌 경우, 제29조에서 제36조까지의 명시된 특권과 면제를 향유한다.

사실에 기초하여 객관화되어야 한다.[17] 외국인이 강제퇴거의 사유에 해당하는 것이 확실한 것뿐만 아니라 확실하지는 않지만 이를 의심할 만한 객관적인 상당한 이유가 있는 경우를 포함한다. 외국인이 강제퇴거의 사유에 해당하는지 여부는 출입국관리공무원의 주관적 판단으로는 충분하지 않고 객관적이고 합리적인 근거가 있어야 한다.[18] 이와는 달리 위반조사는 강제퇴거의 대상자에 해당된다고 의심되는 출입국관리공무원의 주관적인 의심 또는 주관적인 구체적 혐의만으로도 언제든지 착수할 수 있는 것과는 구별된다.[19]

3) 국민에 대한 보호 여부

출입국관리에 관한 범죄와 경합범 관계에 있는 일정한 범죄를 행한 대한민국의 국민을 보호할 수 있는지가 문제된다. 「출입국관리법」에서의 보호는 외국인을 그 적용대상으로 하는 것이므로, 대한민국의 국민 또는 과거에 외국인이었을지라도 귀화 등을 통해 대한민국의 국적을 취득한 자에 대하여는 보호할 수 없다. 다만, 「사법경찰관리의 직무를 수행할 자와 그 직무범위에 관한 법률」 제3조 제5항 제1호, 제2호, 제3호의 출입국관리에 관한 범죄와 경합범 관계에 있는 일정한 범죄[20]에 대하여는, 출입국관리 업무에 종사하는 4급부터 7급까지의 국가공무원은 사법경찰관의 직무를, 출입국관리 업무에 종사하는 8급・9급의 국가공무원은 그 범죄에 관하여 사법경찰리의 직무를 수행한다(사법경찰관리의 직무를 수행할 자와 그 직무범위에 관한 법률 제3조 제5항). 따라서 출입국관리공무원은 출입국관리에 관한 범죄와 경합범 관계에 있는 일정한 범죄를 행한 대한민국의 국민에 대해 임의동행, 피의자신문(형사소송법 제200조, 제241조 등), 피의자 이외의 제3자에 대한 참고인조사(형사소송법 제221조 제1항 전단), 감정・통역・번역의 위촉(형사소송법 제221조 제2항) 등 강제력을 행사하지 않는 상대방의 동의나 승낙을 필요로 하는 임의수사와 체포, 구속 등 강제수사가 가능하다.

---

16) 이재상, 형사소송법, 박영사, 1998, p. 228 참고.

17) 앞의 책, p. 228 참고.

18) 김원숙, 출입국관리정책론, 한민족, 2008, p. 261.

19) 하명호, 외국인 보호 및 강제퇴거절차와 구제절차에 대한 공법적 고찰, 고려대 법학연구원 고려법학, 2009, p. 173 참고.

20) **사법경찰관리의 직무를 수행할 자와 그 직무범위에 관한 법률 제3조**
⑤ 출입국관리 업무에 종사하는 4급부터 7급까지의 국가공무원은 출입국관리에 관한 범죄와 다음 각 호에 해당하는 범죄에 관하여 사법경찰관의 직무를, 8급・9급의 국가공무원은 그 범죄에 관하여 사법경찰리의 직무를 수행한다.
1. 출입국관리에 관한 범죄와 경합범 관계에 있는 「형법」 제225조부터 제240조까지의 규정에 해당하는 범죄
2. 출입국관리에 관한 범죄와 경합범 관계에 있는 「여권법」 위반범죄
3. 출입국관리에 관한 범죄와 경합범 관계에 있는 「밀항단속법」 위반범죄

(2) 보호의 사유: 도주 또는 도주할 염려

보호의 사유는 도주하거나 도주할 염려가 있는 때로 제한된다(출입국관리법 제51조 제1항). 도주란 외국인이 「출입국관리법」에 의한 강제퇴거의 집행을 피하기 위해 영구히 또는 장기간에 걸쳐 숨는 것을 말한다. 도주는 강제퇴거 사유의 혐의가 있는 외국인이 「출입국관리법」에 의한 강제퇴거의 집행을 영구히 또는 장기간 피할 의사意思가 있음을 그 전제로 한다. 출입국관리사무소 등에서 연락하지 못하도록 종래의 주거지를 떠나 새로운 거처를 정하지 않거나, 종래의 주거지로 돌아오지 않을 의사로 새로운 거처로 옮기는 것이 이에 해당한다. 그리고 도주할 염려란 구체적 사정을 평가한 결과 강제퇴거 사유의 혐의가 있는 외국인이 강제퇴거에 대한 위반조사를 피해 종래의 주거지를 떠날 고도의 개연성이 있는 것을 말한다.[21)]

(3) 비례의 원칙

1) 의 의

보호는 다른 수단에 의해서는 이민행정의 목적을 달성할 수 없는 때에만 허용되어야 한다. 비례의 원칙도 외국인 보호를 위한 실질적 요건에 해당된다. 강제퇴거 사유의 혐의 및 도주 또는 도주할 염려 외에도, 비례의 원칙이 보호명령서에 의한 외국인 보호의 실질적인 요건이 된다. 외국인 보호는 다른 방법에 의해서는 이민행정의 집행을 확보할 수 없을 때에만 허용된다.[22)] 보호는 외국인에 대한 신체의 자유를 침해하고, 이민행정의 집행기능을 확보하기 위한 것이므로, 보호는 비례의 원칙에 의해 균형적으로 조화되어야 한다. 또한 후술할 보호의 해제 등과 같이 외국인을 보호할 사유가 없음에도 계속적으로 보호하는 것은 비례의 원칙에 반하여 허용될 수 없다.

2) 판단기준

비례의 원칙에 대한 판단기준으로는 사건의 의미와 그것에 대하여 기대되는 처벌의 의미를 종합한 것으로, 적합성의 원칙, 최소침해의 원칙(또는 필요성의 원칙), 협의의 비례의 원칙을 그 내용으로 한다. 첫째, 적합성의 원칙이다. 보호명령서의 발부는 도주 또는 도주할 염려가 있는 용의자의 신병 확보 등 이민행정의 목적을 달성하기 위한 것으로만 한정하여야 하고 이러한 목적을 전제로 하지 않은 외국인 보호는

---

21) 이재상, 형사소송법, 박영사, 1998, p. 228 참고.
22) 앞의 책, p. 230 참고.

정당화될 수 없다. 둘째, 최소침해의 원칙이다. 인신의 수용에 이르지 않는 다른 수단에 의하여도 이민행정의 목적을 달성할 수 있는 경우에는 외국인 보호는 허용되지 않는다. 셋째, 협의의 비례의 원칙이다. 추구하는 이민행정의 목적과 외국인 보호는 비례관계가 유지되어야 한다.[23)]

3) 적 용

강제퇴거의 대상자에 해당된다고 의심되어 위반조사를 받고 있는 모든 외국인이 보호의 대상이 되는 것은 아니다. 강제퇴거의 사유에 해당하는 외국인이 일정한 주소 또는 거소를 가지고 있지 않거나 그 신원이 불분명하여 신병을 확보할 다른 방법이나 수단이 없는 경우에 그 외국인에 대한 보호를 최후의 수단으로 해야 한다. 외국인이 강제퇴거의 대상자에 해당하는 것이 확실한 경우일지라도 보호의 사유(도주하거나 도주할 염려)가 소멸된 때, 즉 신원보증인 또는 법정대리인 등에 의한 보증이 있어 도주의 염려가 없는 때, 주소 또는 거소를 가지고 그 신원이 분명하여 도주의 염려가 없는 때에는 외국인을 보호할 수 없다.

3. 절 차

(1) 보호명령서

1) 발급 신청

(가) 의 의

출입국관리공무원이 강제퇴거의 사유에 해당된다고 의심할 만한 상당한 이유가 있는 외국인을 보호하기 위하여는 지방출입국·외국인관서의 장으로부터 보호명령서를 발급받아야 한다(출입국관리법 제51조 제1항). 지방출입국·외국인관서의 장이 발급하는 보호명령서는 이민행정범에 대한 것으로, 형사범에 대해 검사의 신청에 의해 법원이 발부하는 체포·구속영장과는 구별된다.[24)]

(나) 주 체

강제퇴거의 대상자에 해당된다고 의심되는 외국인(용의자라고 한다)에 대한 '위반조사'는 출입국관리공무원이 단독으로 수행할 수 있으나(출입국관리법 제47조), 외국인에 대한 일반보호는 출입국관리공무원이 단독으로 수행할 수 없고 지방출입국·외국인관서의 장으로부터 보호명령서를 발급받아야 한다.[25)] 따라서 보호명령서에 의해 외국인을 보호할

23) 하명호, 외국인 보호 및 강제퇴거절차와 구제절차에 대한 공법적 고찰, 고려대 법학연구원 고려법학, 2009, p. 203.

24) 김원숙, 출입국관리정책론, 한민족, 2008, p. 261.

권한은 출입국관리공무원에게 있는 것이 아니라, 지방출입국 · 외국인관서의 장에게 있다.

(다) 신청서류

출입국관리공무원은 보호명령서의 발급을 신청할 때에는 보호의 사유를 적은 보호명령서 발급신청서에 보호의 필요성을 인정할 수 있는 자료, 조사자료, 용의자의 여권 등 신분증 · 출입국기록 · 진술서, 고용주의 고용확인서, 출소자의 판결문 사본 등을 첨부하여 지방출입국 · 외국인관서의 장에게 제출하여야 한다(출입국관리법 제51조 제2항, 출입국관리법 시행령 제63조 제1항).

(라) 용의자 특정

「출입국관리법」에서는 보호명령서에 의한 용의자 특정의 정도에 대하여 구체적으로 규정하지 않고 있다. 지방출입국 · 외국인관서의 장의 고발 및 「형사소송법」상의 체포 · 구속영장의 특정 정도 등을 종합적으로 검토하면,[26] 외국인의 거주지, 근무 장소, 외모 등 개략적 방법으로 특정하면 족하다.[27] 보호하고자 하는 외국인의 성명이 분명하지 아니한 때에는 인상, 체격, 기타 특정할 수 있는 사항으로 그 외국인을 표시할 수 있다. 주거가 분명하지 아니한 때에는 그 주거의 기재를 생략할 수 있다.

2) 발 급

「출입국관리법」에서는 "출입국관리공무원은 외국인이 강제퇴거의 사유에 해당된다고 의심할 만한 상당한 이유가 있고 도주하거나 도주할 염려가 있으면 지방출입국 · 외국인관서의 장으로부터 보호명령서를 발급받아 그 외국인을 보호할 수 있다." 고 임의규정으로 되어 있다(출입국관리법 제51조 제1항). 보호명령서를 발급하여 그 외국인을 보호할

---

25) 정승규, 외국인근로자에 대한 강제퇴거 처분과 절차적 구제수단의 모색, 한국비교노동법학회 노동법논총 제17편, 2009, p. 359; 최홍엽, 외국인 강제퇴거절차와 관련한 몇 가지 쟁점, 민주주의법학연구회 민주법학 제33호, 2007, p. 359.

26) **형사소송법 제75조 (구속영장의 방식)**

① 구속영장에는 피고인의 성명, 주거, 죄명, 공소사실의 요지, 인치구금할 장소, 발부연월일, 그 유효기간과 그 기간을 경과하면 집행에 착수하지 못하며 영장을 반환하여야 할 취지를 기재하고 재판장 또는 수명법관이 서명날인하여야 한다.

② 피고인의 성명이 분명하지 아니한 때에는 인상, 체격, 기타 피고인을 특정할 수 있는 사항으로 피고인을 표시할 수 있다.

③ 피고인의 주거가 분명하지 아니한 때에는 그 주거의 기재를 생략할 수 있다.

체포영장의 기재방식은 구속영장의 기재방식과 동일하다.

형사소송법 제200조의6 (준용규정) 제75조, 제81조제1항 본문 및 제3항, 제82조, 제83조, 제85조제1항 · 제3항 및 제4항, 제86조, 제87조, 제89조부터 제91조까지, 제93조, 제101조제4항 및 제102조제2항 단서의 규정은 검사 또는 사법경찰관이 피의자를 체포하는 경우에 이를 준용한다. 이 경우 "구속"은 이를 "체포"로, "구속영장"은 이를 "체포영장"으로 본다.

27) 오승진 · 이호용, 출입국분야 인권교육 교재, 국가인권위원회, 2009, p. 95.

것인지 여부는 지방출입국·외국인관서의 장의 재량행위에 해당한다. 지방출입국·외국인관서의 장은 그 외국인을 보호할 필요성이 없다고 판단하면 보호명령서를 발급하지 않을 수 있다.

3) 보호명령서 발부대장

출입국관리사무소장·출장소장 또는 외국인보호소장은 외국인을 일반보호하고자 보호명령서를 발부하는 때에는 보호명령서 발부대장에 이를 기재하여야 한다(출입국관리법 시행규칙 제58조 제1항).

(2) 보호의뢰

1) 보호의뢰서

출입국관리공무원은 「출입국관리법」 제51조(일반보호) 제1항에 의하여 보호명령서가 발급된 외국인(용의자를 말한다)을 외국인보호실·외국인보호소 또는 그 밖에 법무부장관이 지정하는 장소에 보호하려면, 소속 출입국관리사무소장·출장소장 또는 외국인보호소장으로부터 보호의뢰의 사유 및 근거를 적은 보호의뢰서를 발급받아 이를 보호의뢰를 받는 외국인보호실·외국인보호소 또는 법무부장관이 지정하는 장소의 장에게 보내야 한다(출입국관리법 시행령 제64조 제1항). 보호의뢰서의 송부는 용의자가 보호의 대상이 되는지를 심사 의뢰하기 위한 것이 아니라, 보호의 의뢰를 받는 보호시설과 보호인원이 적정한 규모인지 등 판단하여 해당 용의자를 보호할 수 있는지를 확인하는 절차에 불과하다.

2) 보호시설

(가) 개 념

외국인 보호시설이란 외국인이 강제퇴거 대상자에 해당되는지 여부를 심사·결정하기 위해 그 외국인을 보호할 목적으로 설치된 장소를 말한다. 강제퇴거 대상자 여부를 심사·결정하기 위해 외국인을 보호할 수 있는 장소로는 외국인보호실, 외국인보호소 또는 그 밖에 법무부장관이 지정하는 장소로 한다(출입국관리법 제52조 제2항). 외국인 보호시설은 외국인보호실, 외국인보호소 또는 그 밖에 법무부장관이 지정하는 장소로 구분된다. 외국인보호실이란 「출입국관리법」에 따라 외국인을 보호할 목적으로 지방출입국·외국인관서에 설치한 장소를 말하고(출입국관리법 제2조 제12호), 외국인보호소란 지방출입국·외국인관서 중 「출입국관리법」에 따라 외국인을 보호할 목적으로 설치한 시설로서 대통령령으로 정하는 곳을 말하고(출입국관리법 제2조 제13호), '그 밖에 법무부장관이 지정하는 장소'란 구치소·교도소 그 밖에 법무부장관이 따로 지정하는 장소를 말한다(출입국관리법 시행규칙 제59조).

(나) 긴급대피

출입국관리사무소장·출장소장 또는 외국인보호소장은 천재지변이나 화재 등의 긴급사태가 발생할 경우를 대비하여 보호시설 안에 임시대피시설을 두거나 지정하여야 하며, 긴급사태가 발생하였을 때에는 보호외국인을 임시대피시설로 신속히 대피시켜야 한다(외국인보호규칙 제48조 제1항).

(다) 긴급이송

지방출입국·외국인관서의 장은 천재지변이나 화재, 그 밖의 사변으로 인하여 보호시설에서는 피난할 방법이 없다고 인정되면 보호시설에 보호되어 있는 자(피보호자 또는 보호외국인을 말한다)를 다른 장소로 이송할 수 있다(출입국관리법 제56조의2 제1항). 여기에서 '보호시설에서는 피난할 방법이 없다'란 천재지변이나 화재, 그 밖의 사변 등으로 외국인을 보호시설 내에서 계속적으로 보호할 경우 그의 생명, 신체 등에 피해가 발생하거나 발생할 우려가 있는 경우를 말한다. 따라서 천재지변이나 화재, 그 밖의 사변 등의 긴급사태가 발생한 경우 지방출입국·외국인관서의 장은 임시대피시설이 없거나 임시대피시설이 안전하지 못하다고 판단될 때에는 보호외국인을 보호구역 밖의 안전한 장소로 호송할 수 있으며, 필요한 경우 관계 기관에 협조를 요청할 수 있다(외국인보호규칙 제48조 제2항). 지방출입국·외국인관서의 장은 긴급이송 여부에 대해 재량적으로 판단하되 합리적인 사유에 근거하여야 한다.

(라) 보호해제

지방출입국·외국인관서의 장은 긴급이송이 불가능하다고 판단되면 외국인의 보호조치를 해제할 수 있다(출입국관리법 제56조의2 제2항). 여기에서 '긴급이송이 불가능하다'란 천재지변이나 화재, 그 밖의 사변 등 그 위난의 정도가 심각하여 즉시 외국인의 보호를 해제하지 않으면 그의 생명, 신체 등에 심각한 피해가 발생하거나 발생할 우려가 있는 경우를 말한다. 지방출입국·외국인관서의 장은 보호의 해제 여부에 대해 재량적으로 판단하되 합리적인 사유에 근거하여야 한다.

(마) 보호시설의 변경: 직권이송

(a) 의 의: 출입국관리공무원은 보호의뢰한 외국인이 「출입국관리법」에 따른 외국인에 대한 조사, 출국집행, 보호시설 내 안전 및 질서유지, 외국인에 대한 의료제공 등 필요한 처우의 어느 하나에 해당하는 사유가 있으면 다른 보호시설로 보호장소를 변경할 수 있다(출입국관리법 시행령 제64조 제2항).

(b) 직권이송과 법률유보: 출입국관리공무원의 직권이송 처분으로 인해 보호

외국인이 보호 결정, 강제퇴거 결정, 보호시설 내의 처우 등에 대한 이의제기를 함에 있어 심리적으로 위축될 수 있고 변호인 접견권, 가족과의 접견권을 실질적으로 제한받을 가능성이 있다. 따라서 보호외국인의 직권이송에 대하여는 법률에 근거를 두어야 하고, 직권이송의 사유도 합리적이어야 한다. 법률에 근거가 없는 직권이송 처분은 「헌법」 제12조 제1항 "모든 국민은 신체의 자유를 가진다. 누구든지 법률에 의하지 아니하고는 체포·구속·압수·수색 또는 심문을 받지 아니하며, 법률과 적법한 절차에 의하지 아니하고는 처벌·보안처분 또는 강제노역을 받지 아니한다."로부터 보장된 신체의 자유 등의 기본권을 침해하고, 「헌법」 제37조 제2항 "국민의 모든 자유와 권리는 국가안전보장·질서유지 또는 공공복리를 위하여 필요한 경우에 한하여 법률로써 제한할 수 있으며, 제한하는 경우에도 자유와 권리의 본질적인 내용을 침해할 수 없다."라는 기본권 제한에 대한 법률유보의 원칙을 위배하는 것이다.[28]

(c) 사 유: 「출입국관리법 시행령」에서는 "출입국관리공무원은 보호의뢰한 외국인이 다음 각 호의 어느 하나에 해당하는 사유가 있으면 다른 보호시설로 보호장소를 변경할 수 있다."라고 하여(출입국관리법 시행령 제64조 제2항), 직권이송의 법적 근거를 두고 있다. 직권이송의 사유로는 「출입국관리법」에 따른 외국인에 대한 조사, 출국집행, 보호시설 내 안전 및 질서유지, 외국인에 대한 의료제공 등 필요한 처우로 구분된다(출입국관리법 시행령 제64조 제2항 각호). 직권이송의 사유는 신체의 자유가 제한된 보호외국인에게 적용되는 징벌사유의 범위 이상으로 적용되어서는 아니된다.[29]

(d) 절 차: 출입국관리공무원은 보호장소를 변경하려면 소속 출입국관리사무소장·출장소장 또는 외국인보호소장으로부터 보호장소의 변경사유 등을 적은 보호장소 변경 의뢰서를 발급받아 그 외국인을 보호하고 있는 보호시설의 장과 변경되는 보호시설의 장에게 각각 보내야 한다(출입국관리법 시행령 제64조 제3항).

(e) 불복절차: 「출입국관리법」에서는 직권이송과 관련한 청원 등 불복절차가 규정되어 있지 않다.[30]

(f) 단식과 직권이송: 「출입국관리법 시행령」 제64조 제2항 제3호에 직권이송의 사유로 규정된 '보호시설 내 안전 및 질서유지'와 관련하여, '단식'이 직권이송의 사유가 될 수 있는지가 문제된다. 그 이유는 보호외국인의 단식 행위가 다른 보호외국인의 단식 행위로 발전하여 다수의 보호외국인이 집단적으로 단식 행위에 참여할

28) 국가인권위원회 결정례 2008. 1. 28. 자 07진인121 법적 근거 없는 이송처분으로 인한 인권침해.
29) 앞의 결정례.
30) 앞의 결정례.

경우 보호시설 내 안전 및 질서유지가 어려워질 수 있기 때문이다. 교도소 내 질서유지를 위한 계구 사용의 요건과 한계에 대하여, 대법원은 "수감자가 소란행위를 종료하고 독거실에 수용된 이후 별다른 소란행위 없이 '단식'하고 있는 상태에서 수감자에 대하여 더 이상 계구를 사용할 필요는 없는 것이고, 수감자에 대하여 계속하여 계구를 사용한 것은 위법한 행위"이고, "계구의 사용은 사용 목적과 필요성, 그 사용으로 인한 기본권의 침해 정도, 목적 달성을 위한 다른 방법의 유무 등 제반 사정에 비추어 상당한 이유가 있는 경우에 한하여 그 목적 달성에 필요한 최소한의 범위 내에서만 허용된다."라고 판시하고 있어, '단식'만으로는 계구 사용이 정당한 사유가 될 수 없다.[31)] 대법원 판결의 취지로부터 보호외국인이 '단식' 행위를 한다는 것만으로 다른 외국인보호실 등으로 보호시설을 변경하는 것은 직권이송의 합리적인 사유에 해당한다고 볼 수 없다.

(바) 수용시설과의 관계

(a) **문제 제기:** 보호시설에 구치소 · 교도소 등 형사범의 수용을 위한 수용시설이 포함된 것은 「출입국관리법」 등을 위반한 이민행정범이 형사범과 같이 처우되거나 보호가 형벌의 대체수단으로 활용될 수 있다는 비판이 있을 수 있다.

(b) **소 결:** 「출입국관리법 시행규칙」 제59조(보호장소의 지정)에서 보호시설로서 '그 밖에 법무부장관이 지정하는 장소'에 구치소 · 교도소가 포함될 수 있도록 한 것은 다음과 같은 문제점이 있다. 첫째, 「출입국관리법」에서 규정한 보호시설보다 시설과 처우면에서 상이한 수용시설을 활용할 수 있도록 한 것은 모법의 취지, 범위와 정도 그리고 보호시설로서의 한계를 벗어난 것이다.[32)] 둘째, 「외국인보호규칙」에서 규정한 "누구든지 보호시설을 「형의 집행 및 수용자의 처우에 관한 법률」상의 수용자를 수용하는 시설로 이용하여서는 아니 된다."고 규정하여(외국인보호규칙 제3조), 보호시설이 수용시설로 이용되는 것을 금지하고 있는 것과도 상충된다. 셋째, 보호시설에 구치소 · 교도소가 포함될 경우에는 보호외국인이 형사사건의 피의자 · 피고인 또는 기결수와 함께 수용될 수 있다. 1988년 「UN피구금자 보호원칙(모든 형태의 억류하에 있는 사람들을 보호하기 위한 원칙, Body of Principles for the Protection of All Persons under Any Form of Detention of Imprisonment)」 및 1990년 「모든 이주노동자와 그 가족의 권리보호에 관한 국제협약(International Convention on the Protection of the Rights of All Migrant Workers and Members of Their Families)」[33)]'에서 규정한 인간으로서의 존엄성 존중정신에 어긋난다.[34)] 1988년 「UN피구금자 보호원칙」 제8조에서는 "억류된 자는

---

31) 앞의 결정례; 대법원 1998. 1. 20. 선고 96다18922 판결.

32) 박상순, 외국인의 강제퇴거에 관한 운영상 문제점과 개선방안 등에 관한 연구, 법조, 법조협회, 1998, p. 218.

33) 현재 대한민국은 미가입하고 있다.

34) 김수원, 불법체류 외국인과 인권 – 단속과 보호를 중심으로 –, 한독사회과학회 한독사회과학논총

유죄판결을 받지 않은 자로서의 지위에 상응하는 처우를 받도록 해야 한다. 따라서 억류된 자는 가능한 경우에는 언제라도 구금된 자와 분리되도록 해야 한다Persons in detention shall be subject to treatment appropriate to their unconvicted status. Accordingly, they shall, whenever possible, be kept separate from imprisoned persons."라고 규정하고 있다. 그리고 1990년 「모든 이주노동자와 그 가족의 권리보호에 관한 국제협약」 제17조 제2항에서는 "기소된 이주노동자와 그 가족은 예외적인 사정이 있는 경우를 제외하고는 기결수와 분리되어야 하며, 유죄의 판결을 받고 있지 아니한 자로서의 지위에 상응하는 별도의 취급을 받는다."라고 규정하고, 제17조 제3항에서는 "이주에 관한 규정을 위반하여 통과국 또는 취업국에서 억류된 이주노동자와 그 가족은 가능한 한 기결수 또는 재판계류 중인 피억류자와는 분리되어 취급되어야 한다."라고 규정하고 있다.

(3) 보호명령의 집행

1) 집행의 주체

출입국관리공무원은 외국인이 「출입국관리법」 제46조 제1항에 정한 강제퇴거의 대상자에 해당된다고 의심할 만한 상당한 이유가 있고 도주하거나 도주할 염려가 있으면 지방출입국·외국인관서의 장으로부터 보호명령서를 발급받아 그 외국인을 보호할 수 있다(출입국관리법 제51조 제1항). 따라서 출입국관리공무원이 보호명령서의 집행을 담당한다.

2) 제 시

(가) 의 의

지방출입국·외국인관서의 장이 보호명령서의 발급 신청에 대하여 보호명령결정을 한 경우에, 출입국관리공무원이 보호명령서를 집행할 때에는 지방출입국·외국인관서의 장으로부터 보호의 사유, 보호장소 및 보호기간 등을 적은 보호명령서를 발급 받아 이를 용의자에게 내보여주어야 한다(출입국관리법 제53조, 출입국관리법 시행령 제63조 제2항). 출입국관리공무원의 보호명령서 제시의무를 둔 취지는 보호명령서에 의한 적법한 보호임을 용의자에게 알려주고, 용의자에게 보호의 사유 등을 알려주어 그의 방어권 행사를 보장하도록 한 것이다.

(나) 방 법

출입국관리공무원은 용의자에게 보호명령서를 제시하기만 하면 되고, 이를 교부

제18권 제1호, 2008, p. 322.

까지 하여야 하는 것은 아니다.[35)]

(다) 절차상 하자의 문제

출입국관리공무원이 용의자에게 보호명령서를 보여주지 않고 외국인을 보호하거나, 용의자에게 보호명령서를 보여주었더라도 보호명령서에 보호의 사유, 보호장소 및 보호기간 등이 기재되어 있지 않은 경우라면 보호절차상의 하자로 인하여 위법한 행정행위가 된다.

3) 보호의 통지

(가) 의 의

출입국관리공무원은 용의자를 보호한 때에는 국내에 있는 그의 법정대리인・배우자・직계친족・형제자매・가족・변호인 또는 용의자가 지정하는 자에게 3일 이내에 보호의 일시・장소 및 이유를 서면으로 통지하여야 한다(출입국관리법 제54조 제1항 본문). 출입국관리공무원이 용의자의 법정대리인 등에게 보호의 통지를 하도록 한 취지는 용의자의 방어권 행사를 보장하기 위한 것이다.

(나) 법적 성격

보호의 통지는 준법률행위적 행정행위로서 법정대리인 등에게 보호된 사실을 알리는 행정절차이다.[36)] 준법률행위적 행정행위란 행정청의 단순한 정신작용의 표현에 의하여 그 효과는 법령이 정하는 바에 따라 부여되는 행위이다.[37)] 외국인이 보호되었다는 사실에 관한 관념의 통지이다. 통지란 특정인 또는 불특정 다수인에게 특정한 사실을 알리는 행위를 말한다. 통지는 그 자체가 독립한 행정행위라는 점에서 그 자체로 법적 효력을 다투는 행정행위이고, 특정한 법규명령 또는 행정행위의 효력발생요건인 공포・교부 또는 송달과는 구별된다.[38)]

(다) 기 한

(a) 기산점: 출입국관리공무원은 법정대리인 등에게 3일 이내에 보호의 통지를 해야 한다(출입국관리법 제54조 제1항 본문). 후술할 보호기간의 기산점은 출입국관리공무원이 용의자의 신체를 실질적으로 제한하기 시작한 날로부터 계산한다. 따라서, 통지의 기산점도 출입국관리공무원이 용의자의 신체를 보호시설로 인치引致한 때가 아니라, 용의자의 신체를 실질적으로 보호한 때로부터 기산하여야 한다.

---

35) 반면에, 「출입국관리법 시행령」 제74조에서는 강제퇴거명령서에 대한 교부의 의무를 규정하고 있다.
36) 김정도, 출입국관리법상 외국인보호업무의 운영실태와 개선방안에 관한 연구, 건국대학교 대학원 법학과 석사논문, 2004, p. 38.
37) 김동희, 행정법Ⅰ, 박영사, 2010, p. 241.
38) 앞의 책, p. 293 참고.

(b) **입법론:** 3일 이내에 보호의 사실을 통지하도록 한 것은 보호가 3일 미만일 경우에는 그 보호의 통지를 받지 못할 가능성이 있다. 긴급보호의 기간은 2일(48시간) 이내이고, 일시보호의 기간도 2일(48시간)을 초과하지 않는 범위이다. 긴급보호 및 일시보호의 기간은 보호의 통지 기한인 3일 이내에 해당되어 그 기간 동안에 보호의 통지를 받지 못할 수도 있다.[39] 따라서 「출입국관리법」에서 보호의 통지를 3일 이내에 하도록 한 것에 대해 보호된 용의자의 권익보장과 대응을 위해 지체 없이 또는 현행 3일 이내보다 단축된 24시간 이내로 변경할 필요가 있다.

(라) 방 법

(a) **서 면:** 보호의 통지는 보호의 사유 · 일시 및 장소와 이의신청을 할 수 있다는 뜻을 적은 보호통지서로 하여야 한다(출입국관리법 시행령 제68조). 일반적으로 통지는 구두 · 전화 등으로도 할 수 있으나, 「출입국관리법 시행령」에 의하면 보호의 통지는 서면으로만 하여야 한다. 구두 · 전화 또는 모사전송FAX 등의 방법으로 서면통지를 갈음할 수는 없다.

(b) **입법론:** 우편 등 서면에 의한 보호통지서의 교부는 시일이 소요되므로, 보호의 통지방법에 모사전송을 포함할 필요가 있다.[40]

(마) 대상자

출입국관리공무원이 용의자를 보호한 때에 보호의 사실을 통지해야 할 대상자로는 국내에 있는 그의 법정대리인 · 배우자 · 직계친족 · 형제자매 · 가족 · 변호인 또는 용의자가 지정하는 자이다(출입국관리법 제54조 제1항). 여기에서 '용의자가 지정하는 자'는 고용관계에 있는 사용자, 초청자, 그 외국인을 지원하는 시민단체 종사자, 그의 국적이나 시민권이 속하는 국가의 영사 등이 될 수 있다. 다만, 법정대리인 등이 없는 때에는 그 사유를 서면에 적고 통지하지 아니할 수 있다(출입국관리법 제54조 제1항 단서). 따라서 통지의 대상자가 대한민국 안에 있지 않거나, 법정대리인 등이 없거나, 용의자가 별도로 지정하는 자가 없는 경우에는 보호의 통지를 하지 않을 수 있다.

(바) 자국영사에 대한 통지

(a) **문제제기:** 외국인이 체포 · 구속 또는 보호되었을 때에 대한민국에 주재하는 그 외국인의 자국영사에게 예외 없이 통지되어야 하는지가 문제된다. 국가에 따라서는 양자 · 다자간 영사협정을 통하여 자국민이 영사협정의 상대국에서 체포 · 구속 또는 보호되었을 때에 영사협정의 상대국이 그 자국민의 요청과는 관계없이 그 자국

39) 박상순, 외국인의 강제퇴거에 관한 운영상 문제점과 개선방안 등에 관한 연구, 법조, 법조협회, 1998, p. 214.

40) 앞의 논문, p. 214.

민의 자국영사에게 그 사실을 의무적으로 통보하도록 하는 내용으로 영사협정을 체결하는 경우도 있다.[41] 이를 '자동통보제도mandatory notification requirement'라고 말한다.

(b) **국제협약**

ⅰ. 영사관계에 관한 비엔나협약: 대한민국 정부가 체결·공포한 1963년 「영사관계에 관한 비엔나협약Vienna Convention on Consular Relations」은 국내법과 동일한 효력을 가진다. 1963년 「영사관계에 관한 비엔나협약」 제36조 제1항 (b)에서는 "파견국의 영사관할 구역 내에서 파견국의 국민이, 체포되는 경우, 또는 재판에 회부되기 전에 구금 또는 유치되는 경우, 또는 기타의 방법으로 구속되는 경우에, 그 국민이 파견국의 영사기관에 통보할 것을 요청하면, 접수국의 권한 있는 당국은 지체 없이 통보하여야 한다."라고 규정하고 있다. 보호외국인이 원하는 경우에만 자국영사에게 통지되도록 한 것은 보호된 자의 사생활 보호 및 보호된 자가 강제퇴거로 자국에 입국할 때에 형사처벌 등 불이익한 처벌을 받을 우려가 있는 것이 고려된 것이다.

ⅱ. 대한민국과 중화인민공화국 간의 영사협정: 대한민국과 중화인민공화국 간에 체결·공포한 2014년 「대한민국과 중화인민공화국 간의 영사협정」 제7조 제1항에서는 "달리 입증되지 아니하는 한, 파견국 국민이라고 주장하는 자를 포함하는 파견국 국민이 접수국의 권한 있는 당국에 의하여 구금, 체포 또는 다른 어떤 방식으로 자유를 박탈당하였을 경우, 그 당국은 그 국민이 요구하든 그러하지 아니하든 간에 지체 없이 그러나 그 강제행동이 취해진 날부터 4일이 넘지 아니하는 기간 내에 파견국 영사기관에 그 국민의 이름, 신분확인 방식, 그 강제행동의 이유, 날짜와 장소 그리고 그 국민을 접촉할 수 있는 정확한 장소를 통보한다. 그러나 파견국 국민이 접수국의 출입국관리 법령 위반violation of the immigration laws and regulations으로 접수국의 권한 있는 당국에 의하여 구속되는 경우, 접수국의 권한 있는 당국은, 그 국민이 서면으로 그 통보를 명시적으로 반대하지 아니하는 한, 영사기관에 통보한다."라고 규정하고 있다.

(c) **출입국관리법**: 「출입국관리법」에서는 "출입국관리공무원은 용의자를 보호한 때에는 법정대리인 등에 대한 보호통지서의 통지 외에, 보호된 자가 원하는 경우에는 긴급한 사정이나 그 밖의 부득이한 사유가 없으면 국내에 주재하는 그의 국적이나 시민권이 속하는 국가의 영사에게 보호의 일시·장소 및 이유를 통지하여야

---

41) 그 예로는 1979년 미국 및 중국 정부 간에 영사협정을 들 수 있다. 이에 따르면 양 당사국은 상대방 국가의 국민이 체포·구금 또는 보호되었을 때에 본인의 의사와는 관계없이 상대방 국가의 영사기관에 통보하여야 하는 의무를 지닌다.

한다."라고 규정하고 있다(출입국관리법 제54조 제2항). 보호된 자가 원하지 않는 경우 자국영사에게 보호의 통지를 하지 않는다. 필리핀 여성 무용수가 대한민국의 국민을 강간 혐의로 고소한 사건에서, 국가인권위원회는 "파견국의 국민이 이와 같이 고소한 경우에는 파견국의 국민이 체포·구속된 것이 아니므로 주한필리핀대사관에 통지할 의무는 없다."라고 결정한 바 있다.[42]

출입국관리공무원은 용의자를 보호한 때에 법정대리인 등에게 보호의 통지를 한 후 보호장소를 변경하거나 보호기간을 연장한 때에는, 법정대리인 등 또는 보호된 자가 원하는 경우에는 자국영사에게 보호사항 변경통지서를 송부하여야 한다(출입국관리법 시행규칙 제60조).

4. 일반보호의 기간

(1) 원 칙

외국인의 강제퇴거 대상자 여부를 심사·결정하기 위한 보호, 즉 보호명령서에 의한 보호기간은 10일 이내로 한다(출입국관리법 제52조 제1항 본문).

(2) 기간 연장

1) 1회 연장

부득이한 사유가 있으면 지방출입국·외국인관서의 장의 허가를 받아 10일을 초과하지 아니하는 범위에서 한 차례만 연장할 수 있다(출입국관리법 제52조 제1항 단서). 여기에서 '부득이한 사유'는 보호가 외국인의 신체자유를 제한하는 권력적 행정행위이므로 엄격히 해석되어야 하고, 사건의 난이도, 조사의 진행상황, 보호기간의 연장 필요성 등을 종합적으로 검토하여 제한적으로 운영되어야 한다. 10일을 초과하지 아니하는 범위에서 1차에 한하여 일반보호의 기간을 연장할 수 있으므로 일반보호의 최대기간은 20일을 초과할 수 없다. 이 기간을 초과하면 위법한 보호가 된다.

2) 연장 절차

출입국관리공무원은 일반보호의 기간을 연장하려면 출입국관리사무소장·출장소장 또는 외국인보호소장으로부터 연장기간, 연장사유 및 적용 법조문 등을 적은 보호기간 연장허가서를 발부받아야 한다(출입국관리법 시행령 제65조 제1항). 출입국관리공무원은 보호기간 연장허가서가 발급된 용의자가 보호시설에 보호되어 있는 때에는 출입국관리사무소장·출장소장 또는 외국인보호소장으로부터 연장기간 및 연장사유 등을 적은 보호

42) 국가인권위원회 결정례 2004. 9. 6. 자 04진인25 직권남용에 의한 인권침해.

기간 연장허가서 부본副本을 발급받아 그 외국인을 보호하고 있는 보호시설의 장에게 보내야 한다(출입국관리법 시행령 제65조 제2항).

3) 불허가 및 보호해제

출입국관리공무원은 출입국관리사무소장·출장소장 또는 보호소장이 일반보호의 기간연장을 허가하지 아니한 때에는 지체없이 보호를 해제하여야 한다. 이 경우 용의자가 외국인보호소 등에 보호되어 있는 때에는 출입국관리사무소장·출장소장 또는 보호소장으로부터 보호해제 사유 등을 기재한 보호해제의뢰서를 발부받아 이를 외국인보호소 등의 장에게 송부하여야 한다(출입국관리법 시행령 제65조 제3항).

Ⅱ. 긴급보호

1. 의　의

(1) 개　념

긴급보호란 출입국관리공무원은 외국인이 강제퇴거의 대상자에 해당된다고 의심할 만한 상당한 이유가 있고 도주하거나 도주할 염려가 있는 긴급한 경우 지방출입국·외국인관서의 장으로부터 보호명령서를 발급받을 여유가 없을 때에 보호명령서를 발급 받지 않고 보호하는 것을 말한다(출입국관리법 제51조 제3항).

(2) 긴급보호의 비독자성非獨自性

출입국관리공무원은 긴급보호의 사유를 알리고 외국인을 긴급히 보호하면 출입국관리공무원 명의로 즉시 긴급보호서를 작성하여 그 외국인에게 내보여야 한다(출입국관리법 제51조 제3항, 제4항). 48시간 이내에 지방출입국·외국인관서의 장으로부터 보호명령서를 발급받아 그 외국인에게 내보여야 하는 사후승인을 거치고, 보호명령서를 발급받지 못한 경우에는 즉시 보호를 해제하여야 하는 것이다(출입국관리법 제51조 제5항). 긴급보호는 일반보호처럼 독자적인 보호의 형식으로 보는 것이 아니라, 사전에 보호명령서를 발급받아야 하는 일반보호의 특수한 형태로 보는 것이다.[43]

---

43) 김정도, 출입국관리법상 외국인보호업무의 운영실태와 개선방안에 관한 연구, 건국대학교 대학원 법학과 석사논문, 2004, p. 34.

2. 실체적 요건

출입국관리공무원이 외국인을 긴급히 보호할 수 있는 요건으로는 실체적 요건과 절차적 요건으로 구분할 수 있다. 실체적 요건으로는 외국인이 「출입국관리법」 제46조(강제퇴거의 대상자) 제1항에 정한 강제퇴거 사유에 해당된다고 의심할 만한 상당한 이유가 있고, 도주하거나 도주할 염려가 있고, 긴급하여 지방출입국·외국인관서의 장으로부터 보호명령서를 발급받을 여유가 없을 때이다.

(1) 강제퇴거 사유의 혐의

보호명령서에 의한 일반보호의 요건과 기본적으로 동일하다. 출입국관리공무원이 외국인을 긴급보호하기 위하여는 외국인이 강제퇴거의 사유에 해당된다고 의심할 만한 상당한 이유가 있어야 한다.

(2) 보호의 사유: 도주 또는 도주할 염려

보호명령서에 의한 일반보호의 요건과 기본적으로 동일하다. 도주 또는 도주할 염려에 대한 판단에서, 헌법재판소는 "청구인들은 출국기한의 유예를 받았으나 그 기간 내에 출국하지 아니하였고, 이주노동자조합의 위원장과 부위원장으로 각 활동하고 있었던 점에 비추어 보면, 보호가 행해질 당시 청구인들은 스스로 출국할 의사가 없었던 것으로 보이고, 만약 출입국관리사무소장 등이 퇴거절차를 진행하고자 할 경우 청구인들이 순순히 응하지 않고 도주할 염려가 있었다."라고 판단한 바 있다.[44]

(3) 비례의 원칙

보호명령서에 의한 일반보호의 요건과 기본적으로 동일하다.

(4) 보호의 긴급성

1) 의 의

긴급보호를 위하여는 긴급을 요하여 지방출입국·외국인관서의 장으로부터 보호명령서를 발급받을 여유가 없을 것이 요구된다. 이것은 강제퇴거의 사유에 해당된다고 의심할 만한 상당한 이유가 있는 외국인이 도주하거나 도주할 염려가 있어서 긴

44) 헌법재판소 2012. 8. 23. 자 2008헌마430 결정.

급을 요하여 지방출입국 · 외국인관서의 장으로부터 보호명령서를 발급받을 시간적 여유가 없는 때를 말한다. 예를 들어 외국인등록을 하지 않은 강제퇴거 대상자를 사전에 특정하여 보호명령서를 발급받은 후 집행하기는 현실적으로 어렵다.[45] 외국인등록을 하지 않은 외국인에 대하여는 인적 동일성이나 주거지 등을 확인할 수 있는 객관적인 자료가 없기 때문이다.

2) 판례의 태도

보호의 긴급성에 대한 판단에서, 헌법재판소는 "외국인등록을 하지 아니한 채 오랜 기간 불법적으로 체류하면서 스스로 출국할 의사가 없는 청구인들에 대한 긴급보호는 그에 필요한 긴급성의 요건을 갖추지 못하였다고 볼 수 없다."라고 판시한 바 있다.[46] 불법체류하는 이주노동자조합의 간부들에 대하여 사전에 준비하여 계획적으로 이루어진 표적단속은 긴급보호에 필요한 긴급성의 요건을 갖추지 못한 것이라는 주장에 대하여, 헌법재판소는 "설사 그와 같은 사실이 인정된다고 하더라도, 그것만으로 불법체류하는 이주노동자조합의 간부들에 대한 긴급보호가 '긴급을 요하여 출입국관리사무소장 등으로부터 보호명령서를 발부받을 여유가 없는 때'에 해당하지 않는다고 단정할 수 없다."라고 판시하고 있다.[47]

3. 절차적 요건

출입국관리공무원이 외국인을 긴급히 보호할 수 있는 절차적 요건으로는 출입국관리공무원은 긴급보호의 사유를 알리고 즉시 긴급보호서를 작성하여 그 외국인에게 내보여야 하고, 48시간 이내에 지방출입국 · 외국인관서의 장으로부터 보호명령서를 발급받아야 한다.

(1) 긴급보호서

1) 주 체

긴급보호하기 위한 실체적 요건을 충족하는 외국인에 대한 긴급보호권자는 지방출입국 · 외국인관서의 장이 아니라 출입국관리공무원이다.

2) 연 혁

출입국관리공무원은 외국인을 긴급히 보호하면, 긴급보호한 후 즉시 출입국관리

45) 앞의 결정.
46) 앞의 결정.
47) 앞의 결정.

공무원의 명의로 긴급보호서를 작성하여 그 외국인에게 내보여야 한다(출입국관리법 제51조 제4항). 구 「출입국관리법」에서는 "출입국관리공무원의 명의로 긴급보호서를 발부하여 그 외국인을 보호할 수 있다."라고 규정하여(구 출입국관리법 제51조 제3항), 출입국관리공무원이 본인의 명의로 긴급보호서를 발부하여 그 외국인에게 내보인 후 보호할 수 있다는 것처럼 해석되었다. 그러나 2010년 5월 14일 「출입국관리법」 제51조(보호) 제3항과 제4항 개정을 통해 시간 순서상으로 출입국관리공무원이 먼저 외국인을 긴급보호한 후, 출입국관리공무원이 본인의 명의로 즉시 긴급보호서를 작성하여 그 외국인에게 내보여야 한다.

3) 작성 및 제시

출입국관리공무원은 외국인이 강제퇴거의 사유에 해당된다고 의심할 만한 상당한 이유가 있고 도주하거나 도주할 염려가 있는 긴급한 경우에 지방출입국·외국인관서의 장으로부터 보호명령서를 발급받을 여유가 없을 때에는 그 사유를 알리고 긴급히 보호할 수 있다(출입국관리법 제51조 제3항). 출입국관리공무원은 외국인을 긴급히 보호하면 즉시 긴급보호의 사유, 보호장소 및 보호시간 등이 기재된 긴급보호서를 작성하여 그 외국인에게 내보여야 한다(출입국관리법 제51조 제4항, 출입국관리법 시행령 제64조 제4항).

4) 시기적 한계

출입국관리공무원이 외국인을 긴급보호한 후에 즉시 긴급보호서를 작성하여 내보여야 하는 것에 대한 시기적 한계는 단속현장 또는 단속당시의 차량 등 시간적·공간적으로 밀접하게 관련성을 가지고 있어야 한다. 출입국관리공무원이 외국인을 긴급보호한 후, 출입국관리사무소 사무실에서 조사하는 과정 중에 긴급보호된 외국인에게 긴급보호서를 내보이는 경우에는 그 시기적 한계를 넘어서는 것이다. 이와 관련하여, 국가인권위원회는 "출입국관리공무원이 불법체류외국인을 단속한 직후에 「출입국관리법」에 근거한 긴급보호서를 발부하여 진정인에게 단속이유를 알려야 할 책임이 있음에도, 단속과정에서 단속의 취지를 알릴 수 있는 긴급보호서를 발부하지 않고 추후에 조사를 받는 과정에서 진정인에게 알리는 것은 적법절차 위반에 해당된다."라고 결정한 바 있다.[48]

5) 긴급보호서발부대장

출입국관리공무원은 외국인을 긴급히 보호하기 위해 긴급보호서를 발부하는 때에는 긴급보호서발부대장에 이를 기재하여야 한다(출입국관리법 시행규칙 제58조 제3항).

48) 국가인권위원회 결정례 2008. 10. 27. 자 08진인3152 단속과정에서의 적법절차 미준수 및 폭행 등에 의한 인권침해.

(2) 보호명령서

출입국관리공무원은 외국인을 긴급보호한 경우에는 48시간 이내에 지방출입국·외국인관서의 장으로부터 보호명령서를 발급받아 그 외국인에게 내보여야 하며, 보호명령서를 발급받지 못한 경우에는 즉시 긴급보호를 해제하여야 한다(출입국관리법 제51조 제5항). 보호명령서에 의해 외국인을 보호할 권한은 지방출입국·외국인관서의 장에게 있다.

4. 긴급보호의 기간

(1) 의 의

출입국관리공무원은 긴급보호에 의하여 외국인을 보호한 경우에는 48시간 이내에 보호명령서를 발급받아 외국인에게 내보여야 하며, 보호명령서를 발급받지 못한 경우에는 즉시 보호를 해제하여야 한다(출입국관리법 제51조 제5항). 따라서 긴급보호의 기간은 어떠한 사유로도 그 기간이 연장되지 않는다.

(2) 기산점

출입국관리공무원은 긴급보호에 의하여 외국인을 보호한 경우에 48시간 이내에 보호명령서를 발급받아야 한다. 이 경우에 '48시간 이내'의 기산점은 출입국관리공무원이 긴급보호서를 작성하여 이를 외국인에게 내보인 때가 아니라, 출입국관리공무원이 그 외국인의 신체를 실질적으로 제한한 때이다. 출입국관리공무원은 외국인을 긴급히 보호하면 즉시 긴급보호서를 작성하여 그 외국인에게 내보여야 한다(출입국관리법 제51조 제4항). 시간적으로 긴급보호서가 작성되기 전에 그 외국인은 출입국관리공무원에 의해 긴급보호된다.

Ⅲ. 일시보호

1. 개 념

일시보호란 출입국관리공무원은 외국인이 입국요건을 갖추지 못하여 입국이 허가되지 않거나, 조건부 입국허가를 받은 외국인 또는 출국명령을 받은 외국인으로서 도주하거나 도주할 염려가 있다고 인정할 만한 상당한 이유가 있는 경우에, 그 외국인을 48시간을 초과하지 않는 범위에서 외국인보호실에 일시적으로 보호하는 처분을 말한다(출입국관리법 제56조 제1항). 일시보호는 행정상 즉시강제에 해당한다.

2. 요 건

(1) 주 체

외국인을 일시보호할 수 있는 권한을 행사하는 자는 지방출입국·외국인관서의 장이다(출입국관리법 제56조 제1항). 출입국관리공무원은 외국인을 일시보호할 때에는 출입국관리사무소장 또는 출장소장으로부터 일시보호의 사유, 보호장소 및 보호시간 등을 적은 일시보호명령서를 발급받아 그 외국인에게 보여주어야 한다(출입국관리법 시행령 제71조 제1항, 제2항).

(2) 대상자

외국인보호실에 일시보호될 수 있는 대상자로는 아래와 같다.

1) 입국이 불허가된 자

「출입국관리법」 제12조(입국심사) 제4항에 따라 입국이 허가되지 아니한 외국인이다(출입국관리법 제56조 제1항 제1호). 여기에서 '입국이 허가되지 아니한 외국인'이란 외국인이 입국하는 출입국항에서 출입국관리공무원의 입국심사를 받을 때에(출입국관리법 제12조 제1항), 그 외국인이 i) 여권과 사증이 유효할 것. 다만, 사증은 「출입국관리법」에서 요구하는 경우만을 말한다. ii) 입국목적이 체류자격에 맞을 것, iii) 체류기간이 법무부령으로 정하는 바에 따라 정하여졌을 것, iv) 입국의 금지 또는 거부의 대상이 아닐 것이라는 요건을 갖추었음을 증명하지 못하여 입국을 허가받지 아니한 자를 말한다(출입국관리법 제12조 제4항).

2) 조건부 입국허가를 받은 자

「출입국관리법」 제13조(조건부 입국허가) 제1항에 따라 조건부 입국허가를 받은 자로서 도주하거나 도주할 염려가 있다고 인정할 만한 상당한 이유가 있는 외국인이다(출입국관리법 제56조 제1항 제2호). '조건부 입국허가를 받은 자'란 부득이한 사유로 여권과 사증이 유효할 것이라는 요건을 갖추지 못하였으나 일정 기간 내에 그 요건을 갖출 수 있다고 인정되는 자 등 외국인이 입국할 당시에는 입국허가의 요건을 갖추지는 못하였으나, 일정한 기간 내에 그 요건을 갖출 것으로 인정되어 주거의 제한, 출석요구에 따를 의무 및 그 밖에 필요한 조건을 붙여 조건부로 입국이 허가된 자를 말한다(출입국관리법 제13조 제1항, 제2항). 조건부 입국허가를 받은 자가 도주하거나 도주할 염려가 있는지에 대한 판단은 객관적이고 합리적이어야 한다.

3) 출국명령을 받은 자

「출입국관리법」 제68조(출국명령) 제1항에 따라 출국명령을 받은 자로서 도주하거나 도주할 염려가 있다고 인정할 만한 상당한 이유가 있는 외국인이다(출입국관리법 제56조 제1항 제3호). '출국명령을 받은 자'란 강제퇴거의 대상자에 해당한다고 인정되나 자기비용으로 자진하여 출국하려는 자, 출국권고를 받고도 이행하지 아니한 자, 「출입국관리법」 제89조(각종 허가 등의 취소 · 변경)에 따라 각종 허가 등이 취소된 자, 제100조(과태료) 제1항부터 제3항까지의 규정에 따른 과태료 처분 후 출국조치하는 것이 타당하다고 인정되는 자, 「출입국관리법」 제102조(통고처분) 제1항에 따른 통고처분通告處分 후 출국조치하는 것이 타당하다고 인정되는 자의 어느 하나에 해당하는 자를 말한다(출입국관리법 제68조 제1항). 도주하거나 도주할 염려에 대한 판단은 객관적이고 합리적이어야 한다.

3. 절　차

(1) 일시보호명령서

출입국관리공무원은 외국인을 일시보호할 때에는 출입국관리사무소장 또는 출장소장으로부터 일시보호의 사유, 보호장소 및 보호시간 등이 기재된 일시보호명령서를 발급받아 그 외국인에게 보여 주어야 한다(출입국관리법 시행령 제71조 제1항, 제2항). 출입국관리사무소장 또는 출장소장은 일시보호명령서를 발부하는 때에는 이를 일시보호명령서발부대장에 기재하여야 한다(출입국관리법 시행규칙 제61조).

(2) 보호의 장소

출입국관리공무원이 외국인을 일시보호할 수 있는 장소로는 '외국인보호실'이다. 다만, 송환대기실은 외국인보호실에 해당하지 아니한다.[49)]

4. 일시보호의 기간

(1) 원　칙

출입국관리공무원은 입국이 허가되지 아니한 외국인, 조건부 입국허가를 받은 자 또는 출국명령을 받은 자로서 도주하거나 도주할 염려가 있다고 인정할 만한 상당한 이유가 있는 외국인을 '48시간을 초과하지 아니하는 범위'에서 외국인보호실에 일시보호할 수 있다(출입국관리법 제56조 제1항).

---

49) 인천지방법원 2014. 4. 30. 자 2014인라4 결정.

(2) 예 외

1) 기간의 연장

출입국관리공무원은 일시보호한 외국인을 출국교통편의 미확보, 질병, 그 밖의 부득이한 사유로 48시간 내에 송환할 수 없는 경우에는 지방출입국·외국인관서의 장의 허가를 받아 48시간을 초과하지 아니하는 범위에서 한 차례만 보호기간을 연장할 수 있다(출입국관리법 제56조 제2항). 일시보호의 최대 기간은 최대 96시간까지이다.

2) 연장 절차

출입국관리공무원은 일시보호기간을 연장하고자 하는 때에는 출입국관리사무소장 또는 출장소장으로부터 연장기간·연장사유 및 적용법조 등을 기재한 일시보호기간연장허가서를 발부받아 이를 그 외국인에게 내보여야 한다(출입국관리법 시행령 제71조 제3항). 출입국관리사무소장 또는 출장소장은 일시보호기간 연장허가서를 발부하는 때에는 이를 일시보호명령서발부대장에 기재하여야 한다(출입국관리법 시행규칙 제61조).

Ⅳ. 강제퇴거 집행을 위한 보호

1. 의 의

강제퇴거집행을 위한 보호란 지방출입국·외국인관서의 장이 강제퇴거명령을 받은 외국인을 즉시 대한민국 밖으로 송환할 수 없을 때에 송환이 가능할 때까지 그 외국인을 외국인보호실·외국인보호소 기타 법무부장관이 지정하는 장소에 보호하는 처분을 말한다(출입국관리법 제63조 제1항). 강제퇴거명령을 받은 자를 즉시 대한민국 밖으로 송환할 수 없는 경우 송환할 수 있을 때까지 일시적으로 보호하는 것이다.[50]

2. 요 건

(1) 대상자

강제퇴거집행을 위한 보호의 대상자는 이미 강제퇴거명령을 받은 외국인이다. 지방출입국·외국인관서의 장으로부터 강제퇴거명령이 있어야 하는 것으로 강제퇴거명령은 그 집행을 위한 보호명령의 전제가 된다.

50) 대법원 1997. 1. 20. 자 96두31 결정 참고.

(2) 사유: 즉시 대한민국 밖으로 송환할 수 없는 상황

강제퇴거명령을 받은 외국인을 즉시 대한민국 밖으로 송환할 수 없는 상황이어야 한다. 여기에서 '즉시 대한민국 밖으로 송환할 수 없는 상황'이란 여권 미소지, 출국 교통편 미확보, 질병 등 기타 부득이한 사유로 인하여 강제퇴거명령을 받은 외국인을 즉시 대한민국 밖으로 송환할 수 없는 것을 말한다. 「출입국관리법」에서는 '여권 미소지 또는 교통편 미확보 등'이라고 예시적으로 규정하고 있다(출입국관리법 제63조 제1항). 송환할 수 없는 상황은 지속적이어야 한다. 송환할 수 없는 상황의 발생원인은 당사자의 귀책사유를 불문한다.

(3) 강제퇴거의 집행

강제퇴거집행을 위한 보호는 강제퇴거명령의 집행력을 확보하기 위한 목적 이외, 다른 목적을 위하여 이를 발할 수 없다는 "목적"상의 한계를 가진다.[51] 「외국인보호규칙」에서도 "누구든지 보호시설을 「형의 집행 및 수용자의 처우에 관한 법률」상의 수용자를 수용하는 시설로 이용하여서는 아니 된다."라고 규정하여(외국인보호규칙 제3조), 보호시설이 수용시설로 이용되는 것을 금지하고 있다.

송환을 위한 출국준비가 마쳐졌다면 신속히 강제퇴거를 집행하여야 한다.[52] 예를 들어 형사피의자인 외국인이 벌금형을 선고받고 석방되었으나 검찰이 항소와 동시에 법무부에 출국정지를 요청하였더라도, 동 외국인의 신병확보를 위하여는 외국인을 보호할 수 없는 것이다. 강제퇴거명령대상자로 보호처분 중에 있는 자에 대하여 다른 고소사건을 수사하기 위하여 강제퇴거명령의 집행을 보류하고 보호기간을 연장한 사안과 관련하여, 대법원은 "강제퇴거 대상자로서 보호처분 중에 있는 외국인에 대하여 별도의 고소사건 수사를 위하여 강제퇴거명령의 집행을 보류하고 강제퇴거명령의 집행에 통상 소요되는 기간을 넘어서까지 보호기간을 연장하여 실질적인 인신구속 상태를 유지한 경우에는 「출입국관리법」 제63조 제1항의 보호에 해당하지 않는 위법한 구금에 해당한다."고 판시한 바 있다.[53]

---

51) 대법원 2001. 10. 26. 선고 99다68829 판결.
52) 국가인권위원회 결정례 2008. 4. 28. 자 08진인28 외국인들의 강제퇴거에 의한 인권침해.
53) 대법원 2001. 10. 26. 선고 99다68829 판결.

3. 절 차

(1) 주 체

강제퇴거 집행을 위한 보호를 할 수 있는 권한을 행사하는 자는 지방출입국·외국인관서의 장이다.

(2) 강제퇴거명령

강제퇴거집행을 위한 보호는 지방출입국·외국인관서의 장으로부터 강제퇴거명령이 있어야 하는 것으로, 강제퇴거명령서의 효력이 그 전제가 된다.

(3) 보호명령서

출입국관리사무소장·출장소장 또는 외국인보호소장은 강제퇴거명령을 받은 자를 송환할 수 있을 때까지 보호하려는 때에는 강제퇴거를 위한 보호명령서를 발급하여 이를 강제퇴거명령을 받은 자에게 보여 주어야 한다(출입국관리법 시행령 제78조 제1항).

(4) 보호의 의뢰

출입국관리공무원은 강제퇴거명령서가 발급된 외국인을 외국인보호실, 외국인보호소 또는 그 밖에 법무부장관이 지정하는 장소에 보호하려면, 소속 출입국관리사무소장·출장소장 또는 외국인보호소장으로부터 보호의뢰의 사유 및 근거를 적은 보호의뢰서를 발급받아 이를 보호의뢰를 받는 보호시설의 장에게 보내야 한다(출입국관리법 시행령 제64조 제1항). 강제퇴거집행을 위한 보호의 보호시설은 외국인보호실, 외국인보호소 또는 그 밖에 법무부장관이 지정하는 장소이다(출입국관리법 제63조 제1항, 제52조 제2항).

4. 보호의 기간

(1) 송환할 수 있을 때까지

「출입국관리법」에서는 강제퇴거집행을 위한 보호의 기간을 구체적으로 규정하고 있지 않고, '송환할 수 있을 때까지 그를 보호시설에 보호할 수 있다.'라고 규정하고 있다(출입국관리법 제63조 제1항). 강제퇴거집행을 위한 보호의 시간적 한계는 송환이 가능할 때까지이다. 강제퇴거명령을 받은 외국인을 즉시 송환할 수 없는 때에 송환에 필요한 준비와 절차를 신속히 마쳐 송환이 가능할 때까지 잠정적으로만 가능하다는 시간적 한계를 갖는다.[54] 즉 일단 적법하게 보호명령이 발하여진 경우에도 송환에 필요한 준비와 절차를 신속히 마쳐 송환이 가능할 때까지 필요한 최소한의 기간 동안 잠정적으로만 보호할 수 있고 다른 목적을 위하여 보호기간을 연장할 수 없다는 "시간"적 한계를 가지는 일시적인 강제조치이다.[55)]

(2) 제 한

지방출입국·외국인관서의 장은 강제퇴거집행을 위한 보호를 할 때 그 기간이 3개월을 넘는 경우에는 3개월마다 미리 법무부장관의 승인을 받아야 한다(출입국관리법 제63조 제2항). 지방출입국·외국인관서의 장은 법무부장관의 승인을 받지 못하면 지체 없이 보호를 해제하여야 한다(출입국관리법 제63조 제3항). 이것은 장기간 보호에 대한 법무부장관의 절차적 통제에 해당한다.

제 3 절 보호의 해제

Ⅰ. 의 의

외국인이 보호되어 있는 경우 그 보호를 가능하게 하는 요건이 불충족하거나, 강제퇴거를 위한 보호에 있어서 보호기간의 연장이 승인되지 않거나 다른 국가로 송환이 거부되는 등의 사유가 있다면 그 보호외국인의 보호를 해제할 수 있다. 그리고 보호되어 있는 외국인이 강제로 추방될 경우 회복하기 어려운 손해가 발생하는 등 일시적으로 보호를 정지할 필요가 있다면 그 보호외국인의 보호를 일시적으로 해제할 수 있다. 이하에서는 그 개념과 요건·기준, 절차 등을 살펴보기로 한다.

Ⅱ. 보호의 일반해제

1. 개 념

보호의 일반해제란 보호외국인의 보호가 해제되어 신체의 자유가 있는 것을 말한다.

54) 국가인권위원회 결정례 2008. 4. 28. 자 08진인28 외국인들의 강제퇴거에 의한 인권침해.
55) 대법원 2001. 10. 26. 선고 99다68829 판결.

2. 보호유형별 사유

(1) 일반보호 요건의 불충족: 강제퇴거 사유에 미해당

지방출입국·외국인관서의 장은 출입국관리공무원이 용의자에 대한 조사를 마치면 지체 없이 용의자가 「출입국관리법」 제46조(강제퇴거의 대상자) 제1항 각 호의 강제퇴거 대상자에 해당하는지를 심사하여 결정하여야 한다(출입국관리법 제58조). 그러나, 지방출입국·외국인관서의 장은 심사 결과, 용의자가 강제퇴거의 대상자에 해당하지 아니한다고 인정하면 지체 없이 용의자에게 그 뜻을 알려야 하고, 용의자가 보호되어 있으면 즉시 보호를 해제하여야 한다(출입국관리법 제59조 제1항).

(2) 긴급보호 요건의 불충족: 보호명령서의 미발급

출입국관리공무원은 외국인이 「출입국관리법」 제46조(강제퇴거의 대상자) 제1항 각 호의 강제퇴거 대상자에 해당된다고 의심할 만한 상당한 이유가 있고 도주하거나 도주할 염려가 있는 긴급한 경우에 지방출입국·외국인관서의 장으로부터 보호명령서를 발급받을 여유가 없을 때에는 그 사유를 알리고 긴급히 보호할 수 있다(출입국관리법 제51조 제3항). 이를 '긴급보호'라고 말한다. 이 경우 출입국관리공무원은 48시간 이내에 보호명령서를 발급받아 외국인에게 내보여야 한다(출입국관리법 제51조 제5항 전단). 그러나, 출입국관리공무원은 48시간 이내에 보호명령서를 발급받지 못한 경우에는 즉시 보호를 해제하여야 한다(출입국관리법 제51조 제5항 후단).

(3) 강제퇴거 집행을 위한 보호의 해제

1) 보호기간의 연장 미승인

(가) 의 의

지방출입국·외국인관서의 장은 강제퇴거명령을 받은 자를 여권 미소지 또는 교통편 미확보 등의 사유로 즉시 대한민국 밖으로 송환할 수 없으면 송환할 수 있을 때까지 그를 보호시설에 보호할 수 있다(출입국관리법 제63조 제1항). 이를 '강제퇴거집행을 위한 보호'라고 말한다. 이에 따라 보호할 때에는, 지방출입국·외국인관서의 장은 그 기간이 3개월을 넘는 경우에는 3개월마다 미리 법무부장관의 승인을 받아야 한다(출입국관리법 제63조 제2항). 이것은 장기간 보호에 대한 법무부장관의 절차적 통제에 해당한다. 그러나 지방출입국·외국인관서의 장은 법무부장관의 승인을 받지 못하면 지체 없이 보호를 해제하여야 한다(출입국관리법 제63조 제3항).

(나) 조건 등

법무부장관의 승인을 받지 못하여 보호를 해제하는 경우에 지방출입국·외국인관서의 장은 주거의 제한이나 그 밖에 필요한 조건을 붙일 수 있다(출입국관리법 제63조 제5항). 예를 들어 그 밖에 필요한 조건으로는 정치적 활동의 금지 등 활동범위의 제한, 출입국관리공무원의 출석요구시 출석의무 등을 들 수 있다. 그리고 출입국관리사무소장·출장소장 또는 외국인보호소장은 보호를 해제한 자에 대하여는 주거의 제한, 그 밖의 조건 이행여부 등 동향을 파악하여야 한다(출입국관리법 시행령 제78조 제4항).

2) 송환의 불가능

(가) 의 의

지방출입국·외국인관서의 장은 강제퇴거명령을 받은 자가 다른 국가로부터 입국이 거부되는 등의 사유로 송환될 수 없음이 명백하게 된 경우에는 그의 보호를 해제할 수 있다(출입국관리법 제63조 제4항). 여기에서 '송환될 수 없음이 명백하게 된 경우'란 상당히 장기간에 걸쳐 송환이 불가능한 객관적인 인도적 고려가 있는 경우를 말한다. 다른 국가의 일시적 입국 거부, 강제퇴거명령을 받은 자의 질병, 여권의 유효기간 도과, 소송을 수행 등은 이에 해당되지 않는다. 강제퇴거명령을 받은 자가 송환이 명백히 불가능할 경우 지방출입국·외국인관서의 장은 그의 보호해제 여부 판단에 대해 재량권을 가진다.

(나) 조건 등

강제퇴거명령을 받은 자가 송환될 수 없음이 명백하여 보호를 해제하는 경우에 지방출입국·외국인관서의 장은 주거의 제한이나 그 밖에 필요한 조건을 붙일 수 있다(출입국관리법 제63조 제5항). 출입국관리사무소장·출장소장 또는 외국인보호소장은 보호를 해제한 자에 대하여는 주거의 제한, 그 밖의 조건 이행여부 등 동향을 파악하여야 한다(출입국관리법 시행령 제78조 제4항).

3) 직권판단

강제퇴거 명령을 받은 자의 보호해제에 대하여는 당사자 등의 신청 내지 청구가 없이 지방출입국·외국인관서의 장이 직권으로 보호해제 여부를 판단한다. 이와 달리, 후술할 보호의 일시해제의 경우에는 보호명령서나 강제퇴거명령서를 발급받고 보호되어 있는 자, 그의 보증인 등이 보호의 일시해제를 청구할 수 있다(출입국관리법 제65조 제1항).

4) 절 차

출입국관리사무소장·출장소장 또는 외국인보호소장은 법무부장관의 보호기간 연장 미승인 또는 송환의 불가능으로 인하여 보호를 해제하는 때에는 해제사유, 주거의 제한 기타 필요한 조건을 적은 '보호해제 통보서'를 강제퇴거명령을 받은 자에게 발급하여야 한다(출입국관리법 시행령 제78조 제3항 전단). 이 경우 출입국관리사무소장 · 출장소장 또는 외국인보호소장은 강제퇴거명령을 받은 자가 보호시설에 보호되어 있을 때에는 보호해제 사유 등을 적은 '보호해제 의뢰서'를 보호시설의 장에게 보내야 한다(출입국관리법 시행령 제78조 제3항 후단).

5) 벌 칙

강제퇴거 명령을 받은 자가 보호기간의 연장 미승인 또는 송환의 불가능이라는 사유로 보호를 해제할 때에 붙여진 주거의 제한이나 그 밖의 필요한 조건을 위반한 경우에는, 1년 이하의 징역 또는 1천만원 이하의 벌금에 처한다(출입국관리법 제95조 제9호).

Ⅲ. 보호의 일시해제

1. 개 념

보호의 일시해제란 보호명령서나 강제퇴거명령서를 발급받고 보호되어 있는 자가 강제로 추방될 경우 회복하기 어려운 손해가 발생하여 그 구제를 위한 소송 등 권리구제절차의 진행 또는 생명 · 신체 등의 위험으로부터 치료를 위하여 보호를 일시적으로 정지하여 강제추방을 일정기간 동안 유보하는 것을 말한다(출입국관리법 제65조).

2. 법적 성격

보호의 일시해제 청구에 대한 지방출입국 · 외국인관서의 장이 행하는 결정 및 이와 관련한 보증금, 허가기간 등은 재량사항에 해당된다. 보호외국인이 임금체불에 대한 민사소송 등 민사적 권리구제 절차를 제기하여 수행하는 등 사정이 있는 경우 반드시 보호의 일시해제를 하여야 하는지가 문제된다. 보호의 일시해제는 재량행위적 성격이므로 보호외국인이 소송을 제기하여 수행하고 있다고 하더라도 당연히 보호의 일시해제를 하여야 하는 것은 아니다. 국가인권위원회도 "보호외국인이 소송을 제기하여 수행하고 있을지라도 당연히 보호의 일시해제를 하여야 하는 것이 아니다."고 결정한 바 있다.[56)]

---

56) 국가인권위원회 결정례 2003. 7. 14. 자 02진인1961.

3. 심사기준

(1) 일반론

보호를 일시해제하는 심사기준은 다음과 같다. 보호 일시해제 청구를 받은 출입국관리사무소장·출장소장 또는 보호소장은 ⅰ) 보호명령서 또는 강제퇴거명령서의 집행으로 보호시설에 보호되어 있는 자(피보호자라 말한다)의 생명·신체에 중대한 위협이나 회복할 수 없는 재산상 손해가 발생할 우려가 있는지 여부, ⅱ) 국가안전보장·사회질서·공중보건 등의 국익을 해칠 우려가 있는지 여부, ⅲ) 피보호자의 범법사실·연령·품성, 조사과정 및 보호시설에서의 생활태도, ⅳ) 도주할 우려가 있는지 여부, ⅴ) 그 밖에 중대한 인도적 사유가 있는지 여부를 심사하여야 한다(출입국관리법 시행령 제79조의2 제1항). 보호 일시해제의 세부 기준과 방법에 관하여 필요한 사항은 법무부장관이 정한다(출입국관리법 시행령 제79조의2 제2항).

(2) 민사적 권리구제 절차

피보호자(보호외국인)가 임금체불에 대한 민사소송 등 민사적 권리구제 절차를 제기하는 경우 보호의 일시해제 사유에 해당되는지가 문제된다. 국가인권위원회는 "불법체류 외국인노동자라 하더라도 폭행사건의 실질적 피해자로 상해에 대한 민사적 권리구제절차 및 임금체불이 청산되지 않은 상황에서 강제퇴거를 집행하는 것은 돌이킬 수 없는 권리침해가 예상되고 「헌법」 제10조의 인간의 존엄 및 행복추구권을 침해하는 경우로 판단된다."라고 결정한 바 있다.[57] 임금체불에 대한 민사소송 등 민사적 권리구제 절차를 제기하는 것은 보호의 일시해제 사유에 해당한다.

4. 절 차

(1) 청 구

보호명령서 또는 강제퇴거명령서를 발급받고 보호되어 있는 자, 그의 보증인 또는 법정대리인 등은 대통령령으로 정하는 바에 따라 지방출입국·외국인관서의 장에게 보호의 일시해제를 청구할 수 있다(출입국관리법 제65조 제1항). 이 경우에 보호의 일시해제를 청구하려는 자는 보호일시해제청구서에 청구의 사유 및 보증금 납부능력을 소명하는 자료를 첨부하여 출입국관리사무소장·출장소장 또는 보호소장에게 제출하여야 한

57) 국가인권위원회 결정례 2002. 12. 9. 자 02진인1487.

다(출입국관리법 시행령 제79조 제1항).

(2) 결 정

1) 주 체

지방출입국·외국인관서의 장은 보호의 일시해제 청구를 받으면 피보호자의 정상情狀, 해제요청 사유, 자산, 그 밖의 사항을 고려하여 2천만원 이하의 보증금을 예치시키고 주거의 제한이나 그 밖에 필요한 조건을 붙여 보호를 일시해제할 수 있다(출입국관리법 제65조 제2항). 따라서 보호 일시해제의 결정권자는 지방출입국·외국인관서의 장이다.

2) 결정서

출입국관리사무소장·출장소장 또는 외국인보호소장은 보호의 일시해제 청구를 받은 경우에 특별한 사정이 없으면 지체 없이 관계서류를 심사하여, 주문·이유 및 적용 법조문 등을 적은 보호 일시해제 청구에 대한 결정서를 청구인에게 발급하여야 한다(출입국관리법 시행령 제79조 제2항). 보호의 일시해제 청구에 대한 결정을 한 때에는 그 결정서에 보호해제기간, 보증금의 액수·납부일시 및 장소, 주거의 제한 기타 필요한 조건 외에 보증금을 내면 보호를 일시 해제하며, 조건을 위반하면 보호의 일시해제를 취소하고 보증금을 국고에 귀속시킬 수 있다는 뜻을 적어야 한다(출입국관리법 시행령 제79조 제3항).

(3) 보증금

1) 결정기준

지방출입국·외국인관서의 장은 피보호자의 정상情狀, 해제요청사유, 자산, 그 밖의 사항을 고려하여 2천만원 이하의 보증금을 예치시킬 수 있다(출입국관리법 제65조 제2항 전단). 보증금의 결정기준은 피보호자의 정상情狀, 해제요청사유, 자산, 그 밖의 사항을 고려하고, '그 밖의 사항'으로는 그 외국인의 소지금·입국목적·체류비용 등을 들 수 있다.

2) 예치 등

「출입국관리법」에서는 보증금의 예치 및 반환의 절차를 「출입국관리법 시행령」으로 위임하고 있다(출입국관리법 제65조 제3항). 출입국관리사무소장·출장소장 또는 외국인보호소장은 보증금을 예치 받은 때에는 「출입국관리법」 제65조(보호의 일시해제) 제2항의 규정에 의하여 붙인 조건을 위반하는 경우 그 보증금을 국고에 귀속시킬 수 있다는 뜻을 그 외국인에게 알려야 하며, 보증금의 예치 및 납부 등 절차에 관하여는 정부가 보관하는 보관금의 취급에 관한 절차에 따른다(출입국관리법 시행령 제17조 제2항, 제79조 제5항).

3) 반 환

예치된 보증금은 국고귀속의 경우를 제외하고는 그 외국인이 출국하거나 보호의 일시해제를 취소하는 때에 보증금을 낸 자에게 반환하여야 한다(출입국관리법 시행령 제79조 제6항).

(4) 보호해제 의뢰서

출입국관리사무소장·출장소장 또는 외국인보호소장은 보호를 일시해제하기로 결정한 경우에 용의자가 보호시설에 보호되어 있을 때에는, 보호해제기간을 분명히 밝힌 보호해제 의뢰서를 보호시설의 장에게 보내야 한다(출입국관리법 시행령 제79조 제4항).

5. 취 소

(1) 사 유

지방출입국·외국인관서의 장은 보호로부터 일시해제된 자가 i) 도주하거나 도주할 염려가 있다고 인정되는 경우, ii) 정당한 사유 없이 출석명령에 따르지 아니한 경우, iii) 일시해제에 붙인 조건을 위반한 경우의 어느 하나에 해당하면 보호의 일시해제를 취소하고 다시 보호의 조치를 할 수 있다(출입국관리법 제66조 제1항).

(2) 절 차

지방출입국·외국인관서의 장은 보호의 일시해제를 취소하는 경우 보호 일시해제 취소서를 발급한다(출입국관리법 제66조 제2항 전단). 출입국관리사무소장·출장소장 또는 외국인보호소장은 보호 일시해제 취소서를 발급할 때에는 그 취소서에 취소사유, 보호할 장소 등을 적어 보호 일시해제 청구인에게 교부하고, 지체 없이 그 용의자를 다시 보호하여야 한다(출입국관리법 시행령 제80조 제1항).

(3) 보증금의 국고귀속

1) 의 의

출입국관리사무소장·출장소장 또는 외국인보호소장은 보호의 일시해제를 취소하는 경우 보증금의 전부 또는 일부를 국고에 귀속시킬 수 있다(출입국관리법 제66조 제2항 후단).

2) 절 차

보증금의 국고 귀속절차는 대통령령으로 정한다(출입국관리법 제66조 제3항). 이에 따라 보증금의 국고귀속 절차에 관하여는 「출입국관리법 시행령」 제17조(보증금의 예치 및 반환과 국고귀속 절차) 제4항 및 제5항을 준용한다(출입국관리법 시행령 제80조 제2항). 즉 보호 일시해제의 취소에 따른 보증금의 국고 귀속절차에 대하여는 조건부입국허가의 보증금 국고 귀속절차의 규정을 준용하고 있다. 출입국관리사무소장・출장소장 또는 외국인보호소장은 보호의 일시해제를 받은 자가 도주하거나 정당한 사유 없이 2회 이상 출석요구에 따르지 아니한 때에는 보증금의 전부를, 그 밖의 이유로 허가조건을 위반한 때에는 그 일부를 국고에 귀속시킬 수 있다(출입국관리법 시행령 제80조 제2항, 제17조 제4항). 출입국관리사무소장・출장소장 또는 외국인보호소장은 보증금을 국고에 귀속시키려면 국고귀속 결정 사유 및 국고귀속 금액 등을 적은 보증금 국고귀속 통지서를 그 외국인에게 발급하여야 한다(출입국관리법 시행령 제80조 제2항, 제17조 제5항).

제 4 절 구제제도

Ⅰ. 이의신청

1. 의 의

보호명령서에 따라 보호된 자 등은 보호명령의 위법・부당을 이유로 법무부장관에게 이의신청을 제기할 수 있다(출입국관리법 제55조). 이것은 보호외국인의 방어권과 관련된 것이다.

2. 신청권자

법무부장관에게 보호에 대한 이의신청을 할 수 있는 자는 보호명령서에 따라 보호된 자 또는 그의 법정대리인 등이다(출입국관리법 제55조 제1항). 여기에서 '법정대리인 등'의 범위는 법정대리인・배우자・직계친족・형제자매・가족・변호인 또는 용의자가 지정하는 자이다(출입국관리법 제54조 제1항). '용의자가 지정하는 자'를 법무부장관에게 이의신청을 할 수 있는 자에 포함한 취지는 보호외국인이 그의 국적국가를 떠나 다른 국가에 거주하므로 그의 법정대리인 또는 가족이 함께 거주하지 않을 가능성이 많고 대한민국의 구제제도에 대한 전문지식이 부족할 것이라는 점에서 보호외국인이 지정하는 자에게도 이의신청권을 부여한 것이다.[58] 따라서 보호명령서에 따라 보호된 용의자뿐만 아니

58) 황필규, 기조발제: 인권을 기준으로 출입국관리법 개정해야, 다문화사회를 위한 출입국관리법 개정

라, 그의 법정대리인 · 배우자 · 직계친족 · 형제자매 · 가족 · 변호인 또는 용의자가 지정하는 자도 지방출입국 · 외국인관서의 장을 거쳐 법무부장관에게 보호에 대한 이의신청을 할 수 있다.

3. 절 차

(1) 신 청

신청권자는 지방출입국 · 외국인관서의 장을 거쳐 법무부장관에게 보호에 대한 이의신청을 할 수 있다(출입국관리법 제55조 제1항). 신청권자는 이의신청서에 이의의 사유를 소명하는 자료를 첨부하여 출입국관리사무소장 · 출장소장 또는 보호소장에게 제출하여야 하고(출입국관리법 시행령 제69조 제1항), 출입국관리사무소장 · 출장소장 또는 보호소장은 이의신청서를 제출받은 때에는 의견을 붙여 지체 없이 이를 법무부장관에게 보내야 한다(출입국관리법 시행령 제69조 제2항).

(2) 의견청취

법무부장관은 결정에 앞서 필요하면 관계인의 진술을 들을 수 있다(출입국관리법 제55조 제3항). 법무부장관이 보호명령서에 따라 보호된 용의자가 아닌 관계인의 진술을 듣는 것은 의무적이지 않다.

(3) 결 정

법무부장관은 보호에 대한 이의신청을 받은 경우에, 지체 없이 관계 서류를 심사하여 그 신청이 이유 없다고 인정되면 결정으로 기각하고, 이유 있다고 인정되면 결정으로 보호된 자의 보호해제를 명하여야 한다(출입국관리법 제55조 제2항). 법무부장관은 이의신청에 대한 결정을 한 때에는 주문主文 · 이유 및 적용 법조문 등을 적은 이의신청에 대한 결정서를 작성하여 출입국관리사무소장 · 출장소장 또는 외국인보호소장을 거쳐 신청인에게 보내야 한다(출입국관리법 시행령 제70조 제1항).

(4) 보호 해제

출입국관리사무소장 · 출장소장 또는 외국인보호소장은 법무부장관이 그 이의신청이 이유 있다고 인정하여 보호해제 결정이 있으면 지체 없이 보호를 해제하여야 한다. 이 경우 용의자가 보호시설에 보호되어 있는 때에는 보호해제 의뢰서를 보호시설의 장에게 보내야 한다(출입국관리법 시행령 제70조 제2항).

방안 모색, 2009, p. 65.

Ⅱ. 행정쟁송

외국인에 대한 보호는 행정상 즉시강제이고 권력적 사실행위의 성질을 갖는 처분에 해당한다. 그 처분의 위법·부당함을 주장하는 자는 행정심판을 제기할 수 있고, 그 처분의 위법함을 주장하는 자는 행정소송을 제기할 수 있다. 또한 행정소송을 제기하거나 제기한 후 집행정지를 신청할 수도 있다.59)

Ⅲ. 사법적 구제

보호명령과 보호의 절차에 출입국관리공무원의 불법행위가 개입되어 있는 경우에는 국가배상 또는 손해배상 등 민사상의 절차에 따른 사후구제를 신청할 수 있다. 또한 보호명령에 「형법」상 감금죄 등에 해당하는 위법성이 있는 경우에는 형사처벌을 요구할 수 있다.60)

---

59) 하명호, 외국인 보호 및 강제퇴거절차와 구제절차에 대한 공법적 고찰, 고려대 법학연구원 고려법학, 2009, p. 179.

60) 앞의 논문, p. 179.

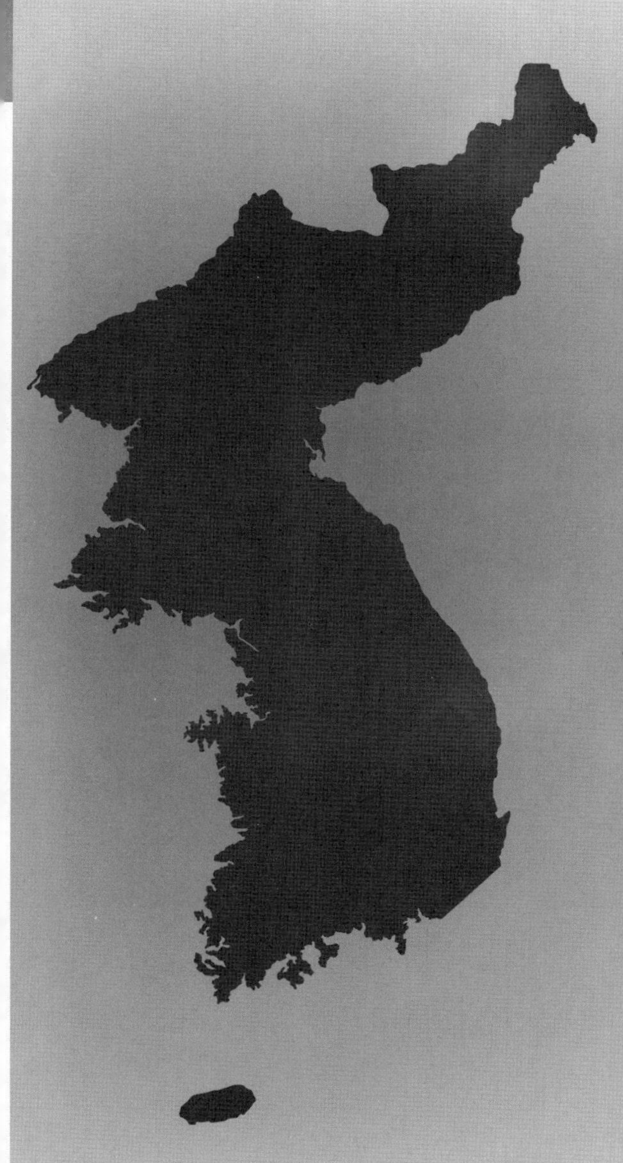

제 4 장

외국인 강제추방

제1절 의 의

Ⅰ. 개 념

일반적으로 강제추방이란 국가가 사회질서를 유지할 목적으로 법규범 또는 사회규범을 어긴 외국인을 국가의 영역 밖으로 배제하여 내쫓고, 이들로부터 일정한 자격을 박탈하는 행위를 의미한다. 강제추방에 대하여는 다양한 정의가 시도되고 있다. 강제추방deportation이란 국가의 영역으로부터 외국인을 강제퇴거expulsion하는 것이라는 견해,[1] 다른 국가에 이미 입국이 허가된 외국인을 강제퇴거하는 것이라고 강제퇴거와 동일한 의미로 사용하는 견해,[2] 강제퇴거의 동의어로 사용되지만 입국거부exclusion를 포함하는 넓은 의미로 사용된다는 견해[3] 등이 있다. 강제추방의 사용례는 매우 다양한바, expulsion, deportation, removal, reconduite 등의 용어가 사용되고 있다.

강제추방이란 국가가 합법적이든 불법적이든 국내에 체류하고 있는 바람직하지 않은 외국인을 「출입국관리법」 위반을 이유로 체류를 불허하고 그 당사자의 의사에 반하여 강제력을 행사하여 일정지역 또는 영역 밖으로 보내는 국가의 행정처분을 말한다.[4] 강제추방은 엄밀히 말하면 강제퇴거와는 개념적으로 구분되지만, 실질적으로 동일한 의미로 사용된다. 강제추방의 대상자로 되는 바람직하지 않은 외국인을 구분하는 기준은 그 당사자의 과거, 현재 또는 미래의 활동이 국가 또는 사회의 이익에 반하거나 이익을 해할 우려가 있는 경우이다. 그 활동 자체의 위법성 여부는 불문한다.

---

1) Ronaldo P. Ledesma, An outline of Philippine Immigration and Citizenship Laws, Rex Printing Company, 2006, p. 284.
2) David Weissbrodt, Immigration Law and Procedure, West Group, 1998, p. 175.
3) 이한기, 국제법강의, 박영사, 1997, p. 426.
4) 노재철, 미등록외국인근로자의 문제점과 해결방안, 노동법논총 제18집, 2010, p. 59 참고.

Ⅱ. 구 분

1. 4단계 구분설

강제추방은 그 대상자 및 출국명령의 강제력 여부를 기준으로 최협의, 협의, 광의, 최광의의 강제추방으로 구분하는 견해가 있다. 이에 의하면, 최협의의 강제추방이란 그 대상자로 합법체류 외국인에 한정하고 출국명령만을 말한다. 협의의 강제추방이란 그 대상자로 합법체류 또는 불법체류 여부를 불문하고 즉 대상자에 외국인 법적 신분의 구분이 없고, 출국명령만을 말한다. 광의의 강제추방이란 그 대상자로 합법체류 또는 불법체류 여부를 불문하고, 외국인이 출국명령에 불응하였을 경우 이를 직접적으로 강제하는 것을 말한다. 마지막으로 최광의의 강제추방이란 강제추방의 대상자로 합법체류 또는 불법체류 여부에 상관없이 외국인이 출국명령에 불응하였을 경우 이를 직접적으로 강제하는 경우 외에 간접적인 조치까지도 포함하는 것을 말한다.[5)]

2. 소결: 3유형설

「출입국관리법」에서는 강제추방이라는 용어를 사용하지 않는다. 다만, 「출입국관리법」에서의 출국권고, 출국명령, 강제퇴거의 대상자 및 요건·절차, 법적 효과 등을 종합하여 검토하면, 강제추방의 개념은 출국권고를 포함하여 광의의 강제추방까지만 보는 것이 타당하다. 강제추방의 대상자로는 합법체류 또는 불법체류를 불문한다. 또한 출국권고의 경우에도 「출입국관리법」을 위반한 외국인에 대해 지방출입국·외국인관서의 장의 결정에 의하고, 외국인이 그 출국권고를 받고도 이행하지 않을 경우에는 출국명령이 그 뒤를 따른다(출입국관리법 제68조 제1항 제2호). 출국권고는 강제퇴거와 같이 외국인이 국가의 영역 밖으로 배제된 것과 같은 동일한 법적 효과가 발생한다는 점에서 출국권고까지도 강제추방의 범위에 포함되어야 한다. 따라서 강제추방에는 출국권고·출국명령·강제퇴거가 있다.

5) 이규창, 추방과 외국인 인권, 한국학술정보, 2006, p. 34.

Ⅲ. 법적 성격

1. 국가주권의 행사

(1) 의 의

1948년 UN총회에서 채택된 「세계인권선언Universal Declaration of Human Rights」 제13조 제1항에서는 "모든 사람은 각국의 영역 내에서 이전과 거주의 자유에 관한 권리를 가진다.", 제2항에서는 "모든 사람은 자국을 포함한 어떤 나라로부터도 출국할 권리가 있으며, 또한 자국으로 돌아올 권리를 가진다."라고 규정하고 있다. 외국인을 포함한 모든 자는 각국의 영역 내에서 거주와 이전의 자유권을 가지고, 자국을 포함한 어떤 국가로부터도 출국할 권리를 가지고 자국으로 돌아올 권리를 갖는다. 그러나 한편으로는 국가가 바람직스럽지 않은 외국인을 추방할 권리를 갖는 것은 주권의 본질적 속성상 당연한 것이다. 일반적으로 외국인은 내국인과 동일한 수준으로 거주·이전의 자유를 갖는다고는 볼 수 없다.[6)]

(2) 국가의 추방권

모든 국가는 자기보존에 필수적으로 그 영역 내로 일정한 사유에 해당하는 외국인의 입국을 금지할 본래의 권한을 지닌다는 것은 국제법의 일반원칙the maxim of international law이다. 국가가 어떠한 유형과 성격의 외국인을 받아들일 것인지에 대한 권리는 일반적으로 외국인을 그 영역 밖으로 내보낼 권리까지를 포함한다. 이와 같이 국가가 바람직스럽지 않은 외국인을 추방할 권리를 갖는 것은 국가주권의 본질적 속성상 당연한 것이고 국가주권으로부터 파생된 속성이다.[7)] 국제법규에서도 국가안전 및 질서유지 등을 위해 외국인을 적법절차를 거쳐 강제추방할 수 있음을 전제로 하고 있다. 예를 들어 1966년 「시민적 및 정치적 권리에 관한 국제규약」 제13조에서는 "합법적으로 이 규약의 당사국의 영역 내에 있는 외국인은 법률에 따라 이루어진 결정에 의하여서만 그 영역으로부터 추방될 수 있으며"라고 규정하고 있다.

---

6) 서울행정법원 2008. 4. 16. 선고 2007구합24500 판결; 서울행정법원 2009. 6. 5. 선고 2009구합10253 판결.

7) 서울행정법원 2008. 4. 16. 선고 2007구합24500 판결 참고.

(3) 사법통제에 대한 완화된 심사기준

뒤에서 살펴볼 강제추방에 대한 구제와 관련하여, 강제퇴거결정이 재량권의 일탈·남용에 해당될 때에는 사법통제의 대상이 된다. 외국인의 기본권을 제한하는 공권력 행사인 강제추방의 목적이 정당하고 수단이 적정해야 하며 목적과 수단 사이에 합리적 비례관계가 유지되고 있는지 여부가 그 판단의 기준이 된다. 이 경우에는 강제추방은 국가의 광범위한 정책재량의 영역 또는 국가주권 행사로서 성격을 지니므로 완화된 심사기준이 재량권의 일탈·남용에 대한 판단요소로 작용될 수 있다.[8)]

2. 형벌대체적 수단

(1) 통고처분

강제추방은 「형법」 제41조(형의 종류)에서 나열된 사형, 징역, 금고, 자격상실, 자격정지, 벌금, 구류, 과료, 몰수라는 형벌의 종류에는 해당하지 않는다. 강제추방은 국가가 국내에 체류하는 바람직하지 않은 외국인을 그의 의사에 반하여 강제력을 행사하여 일정지역 또는 영역 밖으로 보내는 국가의 행정처분으로, 형사처벌과는 본질적으로 다르다. 「출입국관리법」에서는 출입국사범에 대한 제재로서 벌금형 이상의 형벌을 규정하고, 이에 대해 범칙금을 통고처분하도록 하는 구조를 취하고 있다.[9)] 지방출입국·외국인관서의 장은 출입국사범에 대한 조사 결과 범죄의 확증을 얻었을 때에는 그 이유를 명확하게 적어 서면으로 벌금에 상당하는 금액(범칙금을 말한다)을 지정한 곳에 낼 것을 통고할 수 있다(출입국관리법 제102조 제1항). 실무상으로도 대체로 통고처분에 의하고 있다.

(2) 통고처분 불이행과 강제추방

출입국사범이 통고처분을 불이행할 경우 지방출입국·외국인관서의 장은 그 출입국사범을 고발하여야 하나, 출입국사범에게 강제퇴거명령서가 발급된 경우에는 그 출입국사범이 통고처분을 불이행할지라도 고발하지 않도록 규정하고 있다.[10)] 강

8) 김정도, 출입국관리법상 외국인보호업무의 운영실태와 개선방안에 관한 연구, 건국대학교 대학원 법학과 석사논문, 2004, p. 16; 헌법재판소 2005. 3. 31. 자 2003헌마87 결정 참고.

9) 김정도, 출입국관리법상 외국인보호업무의 운영실태와 개선방안에 관한 연구, 건국대학교 대학원 법학과 석사논문, 2004, p. 19 참고.

10) 앞의 학위논문, p. 19 참고.

제추방의 형벌대체적 수단을 인정하고 있다. 즉 「출입국관리법」 제105조(통고처분의 불이행과 고발) 제2항 본문에서는 "지방출입국 · 외국인관서의 장은 출입국사범이 통고서를 송달받아 10일 이내에 범칙금을 내지 아니하면 고발하여야 한다."라고 하고, 제3항에서는 "출입국사범에 대하여 강제퇴거명령서를 발급한 경우에는 제2항 본문에도 불구하고 고발하지 아니한다."라고 규정하고 있다. 이것은 통고처분 이행의 어려움을 고려한 입법정책적 결단이기도 하다.

3. 행정행위

(1) 의 의

1) 개 념

행정행위는 본래 실정법상 용어는 아니고, 학문상 관념으로서 정립된 것이다. 이 관념은 다양한 행정작용 중에서 다른 작용과는 구별되는 일정한 개념적 징표를 가지고, 특유한 법적 규율을 받는 행위형식이 존재한다는 사실에 입각하여, 이것을 행정행위라는 개념으로 정립한 경험적 · 목적적 개념이다.[11] 우리나라의 통설적 견해는 행정행위를 최협의로 파악하고 있는데, 이에 따르면 행정행위란 "행정청이 법 아래서 구체적 사실에 관한 법집행으로서 행하는 권력적 단독행위인 공법행위"를 말한다.[12] 행정행위의 징표로서는 i) 행정행위는 행정청의 행위이다. ii) 행정행위는 구체적 사실을 규율하는 행위이다. iii) 행정행위는 외부에 대하여 직접적인 법적 효과를 발생하는 것이어야 한다. 행정행위는 국민 또는 외국인의 권리 · 의무를 형성하거나 그 범위를 확정하는 등 기존의 권리상태를 변동시키거나 일반적인 법적 상태를 구체화하는 것이어야 한다. iv) 행정행위는 공권력의 행사로서, 행정청이 일방적으로 국민 또는 외국인에 권리를 부여하거나 의무를 명하고, 권리 · 의무관계를 규율 · 확정하는 행위이다.[13] 그러나 행정청의 행위는 본질적으로 행정행위에 해당한다고 보아야 하지만, 고도의 국가적 이익 또는 정치적 성격으로 인하여 일반적으로 학설 · 판례는 재판통제에서 제외되는 것으로 인정하고 있는 것을 통치행위라고 말한다.

2) 적 용

강제추방은 행정청인 지방출입국 · 외국인관서의 장이 「출입국관리법」을 위반한

---

11) 김동희, 행정법 I , 박영사, 2010, p. 233.
12) 앞의 책, p. 235.
13) 김동희, 행정법 I , 박영사, 2010, pp. 236~237.

외국인을 강제적으로 대한민국의 밖으로 출국하도록 하는 직접적인 법적 효과를 발생시키는 공권력의 행사라는 점에서 행정행위에 해당한다.[14] 아래에서는 강제추방이 가지는 행정행위로서의 종류와 내용을 살펴보기로 한다.

(2) 국가의 행정행위

행정행위는 그 주체를 기준으로 다음과 같이 구분할 수 있다. 국가의 행정행위, 공공단체(지방자치단체 등)의 행정행위, 공권력이 부여된 사인私人의 행정행위로 구분된다. 강제추방은 지방출입국·외국인관서의 장이 「출입국관리법」을 위반한 외국인을 강제적으로 추방시킨다는 점에서 국가의 행정행위에 해당한다.

(3) 재량행위

1) 독자적 판단

재량행위란 법률이 행정청에 그 요건의 판단 또는 행위(효과)의 결정에 있어 일정한 독자적 판단권을 인정하고 있는 경우 그 행위를 말한다.[15] 강제추방에 대하여는 당사국 간에 조약 등 특별한 규정이 있는 경우를 제외하고, 국가의 강제추방은 다른 국가의 간섭 내지 통제를 받지 않는 재량행위에 해당한다.[16] 「출입국관리법」 제46조(강제퇴거의 대상자) 제1항에서는 "지방출입국·외국인관서의 장은 (중략) 외국인을 대한민국 밖으로 강제퇴거시킬 수 있다."라고 규정하고 있다. 강제퇴거 사유에 해당하는 모든 외국인을 반드시 강제퇴거하여야 한다는 것이 아니라, 강제추방의 사유에 해당하는 외국인일지라도 위반의 경중 또는 인도주의, 상호주의 등을 고려하여 강제퇴거되지 않을 수도 있다. 그리고 「출입국관리법」 제59조(심사 후의 절차) 제2항에서는 "지방출입국·외국인관서의 장은 (중략) 강제퇴거명령을 할 수 있다.", 「출입국관리법」 제67조(출국권고) 제1항에서는 "지방출입국·외국인관서의 장은 (중략) 외국인에게 자진하여 출국할 것을 권고할 수 있다.", 「출입국관리법」 제68조(출국명령) 제1항에서는 "지방출입국·외국인관서의 장은 (중략) 외국인에게는 출국명령을 할 수 있다."라고 규정하고 있다. 지방출입국·외국인관서의 장에게 외국인이 특별한 사유가 있을 때에는 강제퇴거, 출국명령, 출국권고 중에서 선택할 수 있는 재량을 부여하고 있다.[17]

---

14) 이규창, 추방과 외국인 인권, 한국학술정보, 2006, p. 45.

15) 김동희, 행정법 I, 박영사, 2010, p. 256.

16) Ronaldo P. Ledesma, An outline of Philippine Immigration and Citizenship Laws, Rex Printing Company, 2006, p. 284.

17) 김정도, 출입국관리법상 외국인보호업무의 운영실태와 개선방안에 관한 연구, 건국대학교 대학원

2) 판례의 태도

대법원도 "출입국관리사무소장 등이 결정하는 국내에 체류 중인 외국인에 대한 강제퇴거명령은 법규에 의하여 의무화된 사항이 아니었고, 출입국관리사무소장 등의 자유재량에 속하는 사항이다."고 판시하고 있다.[18)]

(4) 침익적 행정행위

행정행위는 상대방 또는 제3자에 대한 법적 효과를 기준으로 상대방에게 권리·이익을 부여하는 수익적授益的 행정행위, 상대방에게 권리·이익을 제한 박탈하거나 의무를 부과하는 등과 같이 불이익을 주는 침익적侵益的 행정행위, 상대방에게 수익적이지만 제3자에게는 침익적으로 작용하거나 상대방에게 침익적이지만 제3자에게는 수익적으로 작용하는 복효적複效的 행정행위로 구분된다. 여기에서 침익적 행정행위는 상대방에게 권리·이익을 제한 박탈하거나 의무를 부과하는 행위라는 점에서 그 발동에는 법률의 근거가 있어야 한다.[19)] 따라서 강제추방은 외국인의 자유의사에 반하여 대한민국의 밖으로 출국할 것이라는 불이익을 부과하는 것으로 침익적 행정행위에 해당한다.

(5) 요식행위

행정행위는 일정한 형식을 요구하는지를 기준으로 요식행위要式行爲와 불요식행위不要式行爲로 구분된다. 요식행위란 행정행위의 내용을 명백·확실하게 하기 위하여 관계법령에서 일정한 서식 또는 서명(기명)·날인 기타 일정한 형식에 의할 것을 규정하는 행위를 말한다.[20)] 지방출입국·외국인관서의 장은 강제퇴거명령을 결정한 때에는 명령의 취지 및 이유와 이의신청을 할 수 있다는 뜻을 적은 강제퇴거명령서를 발급하여 그 부본을 용의자에게 교부하여야 한다는 점에서(출입국관리법 시행령 제74조), 강제추방은 문서주의를 택하고 있으므로 요식행위에 해당한다.

(6) 명령적 행정행위

행정행위는 상대방에 대한 법률효과의 내용을 기준으로 명령적 행정행위와 형성적 행정행위로 나눌 수 있다. 명령적 행정행위란 상대방에 대하여 일정한 의무(작

법학과 석사논문, 2004, p. 16.

18) 대법원 1972. 3. 20. 선고 71누202 판결; 행정법원에서도 강제퇴거명령을 재량행위로 보고 있다(서울행정법원 2009. 6. 5. 선고 2009구합10253 판결).

19) 김동희, 행정법Ⅰ, 박영사, 2010, pp. 242~244.

20) 앞의 책, p. 253.

위 · 부작위)를 부과하거나 이미 과하여진 의무를 해제함을 그 내용으로 하는 행정행위를 말한다.[21] 형성적 행정행위란 상대방에 대하여 권리 · 능력(권리능력 · 행위능력), 포괄적 법률관계 등을 발생 · 변경 · 소멸시키는 행위를 말한다.[22] 명령적 행정행위는 상대방에 대하여 새로운 권리 또는 능력의 형성(발생 · 변경 · 소멸)을 목적으로 하는 형성적 행정행위와는 구별된다.[23] 명령적 행정행위의 종류로는 작위의 의무, 부작위의 의무, 급부의 의무, 수인의 의무 등 의무를 명하는 행위, 즉 하명下命이 있다.[24] 따라서 강제추방은 외국인에게 대한민국으로부터 출국하도록 하는 작위의 의무를 명하는 명령적 행정행위로서 하명에 해당한다.[25] 강제추방은 개인의 자유를 제한하여 일정한 의무를 부과하는 행위이므로 「헌법」 제37조 제2항에 근거하여 반드시 법률의 근거를 필요로 한다.[26]

Ⅳ. 구별개념

1. 강제퇴거

앞에서 살펴본 바와 같이 강제추방이란 외국인이 비자발적으로 체류하는 국가를 떠나는 폭넓은 의미이고, 국제법적 또는 국제정치적 성격이 강하다. 강제추방이 국제법적 또는 국제정치적 성격을 지니는 예로는 외교관 또는 영사에 대한 강제추방이 있다. 외교관 또는 영사는 원칙적으로 접수국가의 민사관할권 및 행정관할권으로부터 면제되지만, 강제추방의 대상에서 제외되는 것은 아니다.[27] 외교관 또는 영사의 강제추방은 「출입국관리법」에 의하는 것이 아니라, 1961년 「외교관계에 관한 비엔나협약Vienna Convention on Diplomatic Relations」,[28] 1963년 「영사관계에 관한 비엔나

21) 앞의 책, p. 277.
22) 앞의 책, p. 285.
23) 앞의 책, p. 278.
24) 앞의 책, pp. 278~284. 명령적 행정행위에는 하명 이외에도, ⅰ) 법규에 의한 일반적인 상대적 금지를 특정한 경우에 해제하여 적법하게 일정한 사실행위 또는 법률행위를 할 수 있게 하여 주는 행위, 즉 허가(許可)가 있고, ⅱ) 법령에 의하여 일반적으로 부과되어 있는 작위의무 · 급부의무 등을 특정한 경우에 해제하는 행정행위, 즉 면제(免除)가 있다.
25) 이규창, 추방과 외국인 인권, 한국학술정보, 2006, p. 45.
26) 앞의 책, p. 45; 홍정선, 행정법 특강, 박영사, 2002, p. 203.
27) 이규창, 추방과 외국인 인권, 한국학술정보, 2006, pp. 67~69.
28) 외교관계에 관한 비엔나협약 제9조
① 접수국은, 언제든지 그리고 그 결정을 설명할 필요 없이, 공관장이나 또는 기타 공관의 외교직원이 기피인물(persona non grata)이며, 또는 기타의 공관직원을 받아들일 수 없는 인물(not acceptable)이라고 파견국에 통보할 수 있다. 이와 같은 경우에, 파견국은 적절히 관계자를 소환하거나 또는 그의 공관직무를 종료시켜야 한다.

협약Vienna Convention on Consular Relations」[29)]에 따른다.

강제퇴거는 「출입국관리법」 등 국내법에서 사용되는 용어로 「출입국관리법」에 위반한 외국인을 강제적으로 대한민국의 밖으로 퇴거하는 것을 말한다. 「출입국관리법」 등에서는 그 내용과 요건 · 절차가 규정되어 있다.[30)] 다만, 강제추방과 강제퇴거는 실질적으로 의미상 차이가 크지 않고 동일한 의미로 사용된다. 예를 들어 대한민국이 어떤 외교관 또는 영사를 공관원으로 인정함을 거부할 경우 외교(A-1) 체류자격이 상실되어 결과적으로 강제추방의 대상자로 된다.[31)] 따라서 강제추방과 강제퇴거는 결과적으로 외국인이 비자발적으로 대한민국의 밖으로 나간다는 점에서 그 실질적 효과가 동일하다.

2. 입국금지

입국금지란 국가 또는 사회의 이익에 반하는 외국인의 입국을 사전에 방지하기 위하여 입국 요건을 갖추지 못한 외국인을 공항만에서 차단하는 국가의 재량적 행정행위이다. 반면에, 강제추방이란 합법적이든 불법적이든 국내에 이미 체류하는 바람직하지 않은 외국인을 국가 또는 사회의 이익에 저해되는 사유 내지 위법행위로 인해 그 당사자의 의사에 반하여 일정지역 또는 영역 밖으로 보내는 국가의 재량적 행정행위라는 점에서 차이가 있다.

입국금지와 강제추방의 차이점은 다음과 같다. 일반적으로 입국금지는 외국인이 국내에서 생활관계가 마련되거나 이루어지기 전에 취해지는 조치이다. 강제추방은 외국인이 국내에서 생활관계가 어느 정도 형성된 후에 국가가 그 당사자의 의사에 반하여 강제적으로 이미 형성된 생활관계를 종료시킨다는 점에서 외국인 개인에게 미치는 영향은 상당하다.

---

② 파견국이 본조 제1항에 의한 의무를 이행을 거절하거나 또는 상당한 기일 내에 이행하지 못하는 경우에는, 접수국은 관계자를 공관원으로 인정함을 거부할 수 있다.

29) 1963년 영사관계에 관한 비엔나협약 제23조 (불만으로 선언된 인물)
① 접수국은 영사관원이 기피인물(persona non grata)이거나 또는 기타의 영사직원이 받아들일 수 없는 인물(not acceptable)이라고 언제든지 파견국에 통보할 수 있다. 그러한 통보가 있는 경우에 파견국은 사정에 따라 관계자를 소환하거나 또는 영사기관에서의 그의 직무를 종료시켜야 한다.
② 파견국이 본조 제1항에 따른 의무의 이행을 적당한 기간 내에 거부하거나 또는 이행하지 아니하는 경우에, 접수국은 사정에 따라 관계자로부터 영사인가장을 철회하거나 또는 그를 영사직원으로 간주하지 아니할 수 있다.

30) 김정도, 출입국관리법상 외국인보호업무의 운영실태와 개선방안에 관한 연구, 건국대학교 대학원 법학과 석사논문, 2004, p. 13.

31) 이규창, 추방과 외국인 인권, 한국학술정보, 2006, p. 69 참고.

제 2 절 유형 및 요건

Ⅰ. 출국권고

1. 개 념

출국권고란 외국인이 「출입국관리법」을 위반한 사실에 대하여는 출국명령 및 강제퇴거의 경우와 동일하지만, 「출입국관리법」 위반의 정도가 경미한 때 등에는 지방출입국·외국인관서의 장이 그 외국인에게 자진하여 출국할 것을 권고하는 것을 말한다(출입국관리법 제67조).

2. 법적 성격

출국권고는 「출입관리법」 위반을 전제로 자진출국이라는 행정목적을 달성하기 위해 활용하는 행정처분으로 비록 상대방의 임의적 협조를 요하는 '권고'라는 용어를 사용하고 있으나, 「출입국관리법」을 위반한 자에게 자진하여 출국할 것이라는 작위의무를 명령하는 명령적 행정행위인 하명下命에 해당한다. 출국권고는 재량행위에 해당한다.

출국권고는 하명으로서, ⅰ) 법령에 의거한 행정행위에 의하여 행하여지고, ⅱ) 대상자에게 자진하여 출국하여야 하는 「출입국관리법」상 의무를 발생시키고, ⅲ) 당사자에게 직접적이고 외부적인 법적 효과를 가진다. 출국권고의 효과는 그 특정한 대상자에 대한 관계에서만 발생하는 대인적 처분에 속한다.[32] 당사자가 출국권고를 받고도 이행하지 않는 경우에는 출국명령을 받게 된다(출입국관리법 제68조 제1항 제2호).

3. 대 상 자

(1) 외국인

「출입국관리법」 제67조(출국권고) 제1항에서는 "지방출입국·외국인관서의 장은 (중략) 그 외국인에게 자진하여 출국할 것을 권고할 수 있다."라고 규정하여, 출국권

32) 김동희, 행정법Ⅰ, 박영사, 2010, p. 278; 홍정선, 경찰 행정법, 박영사, 2010, p. 359.

고의 대상자는 외국인이다. 외국인이란 대한민국의 국적을 가지지 아니한 자를 말하므로(출입국관리법 제2조 제2호), 무국적자도 외국인에 해당한다.

(2) 유 형

출국권고의 대상자는 첫째, 「출입국관리법」 제17조(외국인의 체류 및 활동범위) 및 제20조(체류자격 외 활동)를 위반한 외국인으로서, 그 위반 정도가 가벼운 경우이다(출입국관리법 제67조 제1항 제1호). 여기에서 '위반 정도가 가벼운 경우'란 「출입국관리법」 제17조(외국인의 체류 및 활동범위) 또는 제20조(체류자격 외 활동)를 처음 위반한 자로서 그 위반기간이 10일 이내인 경우를 말한다(출입국관리법 시행령 제81조). 그 위반의 예를 들면 ⅰ) 외국인은 그 체류자격과 체류기간의 범위에서 대한민국에 체류할 수 있는데 이를 위반한 외국인, ⅱ) 외국인은 「출입국관리법」 또는 「공직선거법」 등에서 정하는 경우를 제외하고는 정치활동을 하여서는 아니 되는데 이를 위반하여 정치활동을 한 외국인 또는 정치활동의 중지 기타 필요한 명령을 위반한 외국인, ⅲ) 외국인은 그 체류자격에 해당하는 활동과 병행하여 다른 체류자격에 해당하는 활동을 하려면 미리 법무부장관의 체류자격 외 활동허가를 받아야 하는데 사전에 체류자격 외 활동허가를 받지 않고 다른 체류자격에 해당하는 활동을 한 외국인 등이다.

둘째, 「출입국관리법」 또는 「출입국관리법」에 따른 명령을 위반한 외국인으로서 법무부장관이 그 출국을 권고할 필요가 있다고 인정하는 경우이다(출입국관리법 제67조 제1항 제2호).

4. 절 차

(1) 주 체

출국권고를 할 수 있는 자는 지방출입국 · 외국인관서의 장이다(출입국관리법 제67조 제1항 참고). 법무부장관은 출국권고를 할 수 있는 자가 아니다. 출입국관리사무소장 · 출장소장 또는 보호소장은 출국권고를 한 때에는 이를 지체 없이 법무부장관에게 보고하여야 한다(출입국관리법 시행규칙 제81조 제1항 제1호). 법무부장관은 보고를 정보화업무처리절차를 이용하여 하게 할 수 있다(출입국관리법 시행규칙 제81조 제2항).

(2) 출국권고서

지방출입국 · 외국인관서의 장은 출국권고를 할 때에는 출국권고서를 발급하여야 한다(출입국관리법 제67조 제2항). 출입국관리사무소장 또는 출장소장은 출국권고서를 발부하는 때에는 이를 사건부에 기재하여야 한다(출입국관리법 시행규칙 제64조).

5. 출국기한

(1) 원 칙

지방출입국・외국인관서의 장은 출국권고서를 발급하는 경우 발급한 날부터 5일의 범위에서 출국기한을 정할 수 있다(출입국관리법 제67조 제3항).

(2) 유 예

1) 의 의

출입국관리사무소장・출장소장 또는 외국인보호소의 장은 출국권고를 받은 자가 출국할 선박 등이 없거나 질병 기타 부득이한 사유로 그 기한 내에 출국할 수 없음이 명백한 때에는 그 출국기한을 유예할 수 있다(출입국관리법 시행규칙 제33조 제1항).

2) 신 청

출국기한을 유예 받고자 하는 자는 출국기한 유예 신청서에 그 사유를 소명하는 자료를 첨부하여 출입국관리사무소장・출장소장 또는 외국인보호소장에게 제출하여야 한다(출입국관리법 시행규칙 제33조 제2항).

3) 결 정

출입국관리사무소장・출장소장 또는 외국인보호소장은 신청서류를 심사한 결과 그 출국기한의 유예가 필요하다고 인정하는 경우 출국할 선박 등이 없는 때에는 출국예상인원 및 선박 등의 사정 등을 참작하여 법무부장관이 따로 정하는 기간까지, 그 밖의 경우에는 그 사유가 소멸할 때까지 그 출국기한을 유예할 수 있다(출입국관리법 시행규칙 제33조 제3항).

6. 불이행시 조치

지방출입국・외국인관서의 장은 외국인이 출국권고를 받고도 출국기한의 유예를 신청함이 없이 이를 이행하지 않을 때에는 그 외국인에 대하여 출국명령을 할 수 있다(출입국관리법 제68조 제1항 제2호).

Ⅱ. 출국명령

1. 개 념

출국명령이란 외국인이 「출입국관리법」을 위반한 사실에 대하여는 강제퇴거의 경우와 동일하지만, 「출입국관리법」 위반의 정도가 경미하거나 출국할 준비가 필요한 때 등에는 지방출입국 · 외국인관서의 장이 그 외국인에게 자진하여 출국할 것을 명령하는 것을 말한다(출입국관리법 제68조 참고).

2. 법적 성격

출국명령은 「출입국관리법」을 위반한 자에게 자진하여 출국할 것이라는 작위의무를 명령하는 명령적 행정행위인 하명下命에 해당한다. 출국명령은 재량행위에 해당한다.

3. 대 상 자

(1) 외국인

「출입국관리법」 제68조(출국명령) 제1항에서는 "지방출입국 · 외국인관서의 장은 (중략) 외국인에게는 출국명령을 할 수 있다."라고 규정하여, 출국명령의 대상자는 외국인이다. 외국인이란 대한민국의 국적을 가지지 아니한 자를 말하므로(출입국관리법 제2조 제2호), 무국적자도 외국인에 해당한다.

(2) 유 형

출국명령의 대상자는 첫째, 「출입국관리법」 제46조(강제퇴거의 대상자) 제1항 각 호의 어느 하나에 해당한다고 인정되나 자기비용으로 자진하여 출국하려는 자이다(출입국관리법 제68조 제1항 제1호). 둘째, 「출입국관리법」 제67조(출국권고)에 따른 출국권고를 받고도 이행하지 아니한 자이다(출입국관리법 제68조 제1항 제2호). 셋째, 「출입국관리법」 제89조(각종 허가 등의 취소 · 변경)에 따라 각종 허가 등이 취소된 자이다(출입국관리법 제68조 제1항 제3호). 넷째, 「출입국관리법」 제100조(과태료) 제1항부터 제3항까지의 규정에 따른 과태료 처분 후 출국조치하는 것이 타당하다고 인정되는 자이다(출입국관리법 제68조 제1항 제4호). 다섯째, 「출입국관리법」 제102조(통고처분) 제1항에 따른 통고처분通告處分 후 출국조치하는 것이 타당하다고 인정되는 자이다(출입국관리법 제68조 제1항 제5호).

4. 절 차

(1) 주 체

출국명령을 할 수 있는 자는 지방출입국·외국인관서의 장이다(출입국관리법 제68조 제1항 참고). 법무부장관은 출국명령을 할 수 있는 자가 아니다. 출입국관리사무소장·출장소장 또는 보호소장은 출국명령을 한 때에는 이를 지체 없이 법무부장관에게 보고하여야 한다(출입국관리법 시행규칙 제81조 제1항 제1호). 법무부장관은 보고를 정보화업무처리절차를 이용하여 하게 할 수 있다(출입국관리법 시행규칙 제81조 제2항).

(2) 출국명령서

지방출입국·외국인관서의 장은 출국명령을 할 때에는 출국명령서를 발급하여야 한다(출입국관리법 제68조 제2항). 출입국관리사무소장·출장소장 또는 보호소장은 출국명령서를 발부하는 때에는 이를 사건부에 기재하여야 한다(출입국관리법 시행규칙 제65조 제2항).

출국명령서를 발급할 때에는 법무부령으로 정하는 바에 따라 출국기한을 정하고 주거의 제한이나 그 밖에 필요한 조건을 붙일 수 있다(출입국관리법 제68조 제3항).

5. 출국기한

(1) 원 칙

출국명령서를 발부하는 때에는 그 발부일부터 30일의 범위 내에서 출국기한을 정하여야 한다(출입국관리법 시행규칙 제65조 제1항).

(2) 유 예

출입국관리사무소장·출장소장 또는 외국인보호소의 장은 출국명령을 받은 자가 출국할 선박 등이 없거나 질병 기타 부득이한 사유로 그 기한 내에 출국할 수 없음이 명백한 때에는 그 출국기한을 유예할 수 있다(출입국관리법 시행규칙 제33조 제1항).

6. 불이행시 조치

지방출입국·외국인관서의 장은 출국명령을 받고도 지정한 기한까지 출국하지 아니하거나 붙인 조건을 위반한 자에게는 지체 없이 강제퇴거명령서를 발급하여야 한다(출입국관리법 제68조 제4항).

Ⅲ. 강제퇴거

1. 개 념

강제퇴거란 「출입국관리법」을 위반하였거나 장래 국가의 이익을 해할 우려 등의 사유로 국내체류가 바람직하지 않은 외국인을 그의 의사에 반하여 대한민국 영역 밖으로 정해진 절차와 방법에 의해 강제적으로 출국시키는 것을 말한다(출입국관리법 제46조).

2. 법적 성격

(1) 직접강제

외국인에 대한 강제퇴거는 행정상 직접강제에 해당한다.

(2) 법률유보

국가가 자국에 바람직하지 못하다고 판단되는 외국인을 추방할 수 있는 권리는 국제법상 확립된 권리이므로,[33] 국가안전 및 질서유지 등을 위하여 그 국가의 영역에 입국하여 거주하는 외국인을 추방할 수 있다. 국가는 그 강제퇴거의 사유를 법률에 규정하여 한다. 1966년 「시민적 및 정치적 권리에 관한 국제규약」 제13조에서는 "합법적으로 이 규약의 당사국의 영역 내에 있는 외국인은 법률에 따라 이루어진 결정에 의하여서만 그 영역으로부터 추방될 수 있으며"라고 규정하고 있다. 「출입국관리법」에서는 "지방출입국·외국인관서의 장은 이 장에 규정된 절차에 따라 다음 각 호의 어느 하나에 해당하는 외국인을 대한민국 밖으로 강제퇴거시킬 수 있다."라고 규정하고 있다(출입국관리법 제46조 제1항). 강제퇴거의 사유를 구체적인 조문으로 규정함으로써 외국인이 동 조항의 내용으로부터 해당 행위의 결과를 예측할 수 있게 하고, 법집행자의 자의적·차별적 해석과 집행을 제한하여 법률의 명확성 원칙을 구현하고 있다.[34]

---

33) 서울행정법원 2009. 3. 19. 선고 2008구합50308 판결; 서울행정법원 2009. 3. 25. 선고 2008구합46200 판결.

34) 국가인권위원회 결정례 2003. 7. 14. 자 출입국관리법 중 개정 법률안에 대한 의견.

(3) 재량권

국가는 외국인에 대한 강제퇴거 사유를 규정하는 데 광범위한 재량권을 가진다. 즉 국가는 어떠한 외국인을 바람직하지 않다고 판단하여 추방할 것인지에 대하여 자유로이 결정할 수 있다. 「출입국관리법」 제46조(강제퇴거의 대상자) 제1항에서는 강제퇴거 대상자에 대해 강제퇴거를 명할 수 있도록 규정하여, 국가의 안전과 질서유지라는 공익의 관점에서 강제퇴거를 명할지 여부에 관하여 판단할 수 있는 재량의 여지를 두고 있다.[35] 비록 국가가 외국인의 입국을 허가한 후일지라도, 그 외국인이 국가안전 및 질서유지 등을 해하였거나 해할 우려가 있는 경우 그 외국인을 대한민국의 밖으로 강제적으로 추방시키는 것에도 광범위한 재량권을 가진다.[36] 다만, 국가의 영역에 이미 체류하는 외국인을 강제적으로 추방할 수 있는 법적 근거는 외국인의 입국을 금지하기 위한 법적 근거보다 사실상으로 제한적이게 된다.[37]

3. 대 상 자

(1) 외국인

「출입국관리법」에서는 강제퇴거의 대상자를 외국인에게 한정하고 있다. 지방출입국·외국인관서의 장은 외국인을 대한민국 밖으로 강제퇴거시킬 수 있다(출입국관리법 제46조 제1항). 외국인이란 대한민국의 국적을 가지지 아니한 자를 말한다(출입국관리법 제2조 제2항). 무국적자도 외국인에 포함된다. 지방출입국·외국인관서의 장이 대상자를 대한민국 밖으로 강제퇴거를 시키기 위하여는 그가 대한민국의 국적을 가지지 아니한 외국인이라고 단정할 수 있어야 한다.[38]

(2) 국 민

1) 의 의

국제법규 또는 국제관습법에서 국민에 대한 강제퇴거를 금지하고 있다. 1948년 「세계인권선언Universal Declaration of Human Rights」 제9조에서는 "어느 누구도 자의적인 (중략) 추방을 당하지 아니한다."라고 규정하고, 제13조 제2항에서는 "모든 사람

35) 서울행정법원 2009. 3. 19. 선고 2008구합50308 판결.
36) 김원숙, 출입국관리정책론, 한민족, 2008, p. 243.
37) IOM, Essentials of Migration Management – A Guide for Policy Makers and Practitioners, Volume One: Authority and Responsibility of States, 2004, p. 7.
38) 대법원 1996. 11. 12. 선고 96누1221 판결.

은 (중략) 자국으로 돌아올 권리를 가진다."라고 규정하고 있다.

2) 북한이탈주민

국내에 거주하는 북한이탈주민은 대한민국의 국민이다. 북한이탈주민은 「헌법」 제3조의 "대한민국의 영토는 한반도와 그 부속도서로 한다."에 따라 대한민국의 국민으로 간주된다. 북한이탈주민은 「출입국관리법」에 의해 강제퇴거될 수 없다.[39]

3) 복수국적자

대법원은 "재외국민이 다른 나라의 여권을 소지하고 대한민국에 입국하였다 하더라도 그가 당초에 대한민국의 국민이었던 점이 인정되는 이상, 다른 나라의 여권을 소지한 사실 자체만으로는 그 나라의 국적을 취득하였다거나 대한민국의 국적을 상실한 것으로 추정 · 의제되는 것이 아니다."라고 판시하여,[40] 단순히 외국 여권을 소지한 재외국민은 대한민국의 국민으로 보고 있다. 또한 복수국적자는 대한민국의 국민이므로 「출입국관리법」에 의해 강제퇴거될 수 없다.

4. 사 유

(1) 이민 관리 · 통제 관련

1) 유효한 여권과 사증의 미소지자

지방출입국 · 외국인관서의 장은 「출입국관리법」 제7조(외국인의 입국)를 위반한 외국인을 대한민국 밖으로 강제퇴거시킬 수 있다(출입국관리법 제46조 제1항 제1호). 「출입국관리법」 제7조(외국인의 입국)를 위반한 외국인이란 ⅰ) 외국인이 입국할 때에 유효한 여권과 법무부장관이 발급한 사증을 가지고 있지 않은 경우, ⅱ) 외국인이 입국할 때에 유효한 여권과 법무부장관이 발급한 사증을 가지고 있지 않은 사실이 입국심사를 마친 후 국내에서 체류하는 도중에 발견된 경우를 말한다. 여기에서 '외국인이 입국할 때'의 시간적 의미는 외국인이 입국하고자 할 때 출입국관리공무원이 입국심사를 하는 것으로, 외국인이 대한민국에 입국하려는 의사라는 주관적 요건 및 외국인이 대한민국의 영역 안에 도착하여 입국절차를 마치기 전의 객관적 요건을 모두 갖춘 것을 말한다(출입국관리법 제12조 제1항 및 제3항).

「출입국관리법」 제7조(외국인의 입국)를 위반한 예로는 유효한 여권 및 사증을 전혀 소지하지 않은 밀입국자, 대한민국의 여권을 부정하게 입수하여 대한민국의 국민

39) 이규창, 추방과 외국인 인권, 한국학술정보, 2006, p. 78 참고.
40) 대법원 1996. 11. 12. 선고 96누1221 판결.

으로 행세를 하여 입국한 자, 외국의 위·변조된 여권 등 유효한 여권을 소지하지 아니하고 입국한 자, 유효한 여권을 소지하고 있으나 유효한 사증 없이 입국한 자 등이다.

2) 허위초청 등의 금지를 위반한 자

지방출입국·외국인관서의 장은 「출입국관리법」 제7조의2(허위초청 등의 금지)를 위반한 외국인을 대한민국 밖으로 강제퇴거시킬 수 있다(출입국관리법 제46조 제1항 제2호 전단). 「출입국관리법」 제7조의2(허위초청 등의 금지)를 위반한 외국인이란 거짓된 사실의 기재나 거짓된 신원보증 등 부정한 방법으로 외국인을 초청하거나 그러한 초청을 알선하는 행위, 거짓으로 사증 또는 사증발급인정서를 신청하거나 그러한 신청을 알선하는 행위를 한 외국인을 말한다.

3) 허위초청 등으로 입국한 자

지방출입국·외국인관서의 장은 「출입국관리법」 제7조의2(허위초청 등의 금지)에 규정된 허위초청 등의 행위로 입국한 외국인을 대한민국 밖으로 강제퇴거시킬 수 있다(출입국관리법 제46조 제1항 제2호 후단). 「출입국관리법」 제7조의2(허위초청 등의 금지)에 규정된 허위초청 등의 행위로 입국한 외국인이란 위와 같은 거짓초청 또는 거짓신청에 의해 입국한 외국인을 말한다.

4) 입국금지 사유에 해당하는 자

(가) 의 의

지방출입국·외국인관서의 장은 「출입국관리법」 제11조(입국의 금지 등) 제1항 각 호의 어느 하나에 해당하는 입국금지 사유가 입국 후에 발견되거나 발생한 외국인을 대한민국 밖으로 강제퇴거시킬 수 있다(출입국관리법 제46조 제1항 제3호). 「출입국관리법」 제11조(입국의 금지 등) 제1항 각 호의 어느 하나에 해당하는 입국금지 사유가 입국 후에 발견되거나 발생한 외국인이란 외국인의 입국을 금지하는 사유가 입국할 당시에는 발견되지 않았으나, 입국한 후 국내에서 체류하는 도중에 입국을 금지하는 사유가 뒤늦게 발견되거나, 입국심사 단계에서는 입국을 금지하는 사유에 해당하지 않았으나 입국한 후 국내에서 체류하는 도중에 입국을 금지하는 사유가 새로이 발생한 외국인을 말한다.

(나) 일반조항

(a) 의 의: 「출입국관리법」 제46조(강제퇴거의 대상자) 제1항 제3호는 입국금지의 사유를 규정한 「출입국관리법」 제11조(입국의 금지 등) 제1항 각 호의 사유를 강제퇴거의 사유로 그대로 준용하고 있다.[41] 특히 「출입국관리법」 제11조(입국의 금

지 등) 제1항 제3호(보건) 및 제4호(경제질서 또는 사회질서, 선량한 풍속)가 강제퇴거의 일반적 사유로 적용되게 된다. 즉 공중위생상 위해를 끼칠 염려가 있다고 인정되는 외국인, 경제질서 또는 사회질서를 해치거나 선량한 풍속을 해치는 행동을 할 염려가 있다고 인정할 만한 상당한 이유가 있는 외국인은 강제퇴거의 대상자에 해당된다.

(b) **비판적 견해:** 강제퇴거 사유의 일반조항에 대하여는 비판적인 견해가 있다. 외국인의 입국을 금지하는 사유 및 외국인이 입국한 후 국내에서 보호되어야 할 생활관계가 이미 형성된 상황에서의 강제퇴거하는 사유는 그 규율대상이 근본적으로 다르다. 강제퇴거의 사유에 입국금지의 사유를 그대로 준용하는 것은 강제퇴거 결정이 국내에서 이미 형성된 생활관계 전체를 박탈하는 중대한 침해이며 장래에 회복하기 어려운 불이익을 초래하기 때문이다. 강제퇴거제도에는 형사절차에 준하는 무죄추정원칙의 정신이 존중되어야 한다.[42] 이 견해의 논거로는 다음과 같다. ⅰ) 일반조항에 따른 강제퇴거의 사유는 지나치게 불명확한 불확정적이고 포괄적인 개념으로 법률의 명확성 원칙에 반한다. ⅱ) 일반조항에 근거하여 행정목적을 달성하려는 법집행자의 광범위한 재량판단이 적용될 여지가 많다. ⅲ) 행동의 종료 또는 행동의 종료로 초래된 결과가 없음에도 '행동을 할 염려가 있다고 인정할 만한 상당한 이유'라는 가능성만으로 강제퇴거를 할 수 있다는 것은 행위책임의 원칙에 반한다. ⅳ) 1986년 「시민적 · 정치적 권리위원회 일반논평 15」에서는 1966년 「시민적 · 정치적 권리에 관한 국제규약」에 따른 외국인의 지위에 대하여, "일단 외국인이 당사국 영토 내로의 입국을 허가 받으면 동 규약에 명시된 권리를 보장받을 자격이 있다."라고 해석하고 있다. 이에 따라 국가의 강제퇴거 권한이 온건하게 제한되고 그 책임이 강조된다. ⅴ) 강제퇴거 집행을 위한 보호를 거치도록 함으로써 구속수사의 절차를 회피할 수 있다. 즉 「형법」 또는 「사법경찰관리의 직무를 수행할 자와 그 직무범위에 관한 법률」상 범죄혐의에 관한 것일 경우 용의자가 범죄혐의를 부인할지라도 강제퇴거의 사유에 해당하는 '행동을 할 염려가 있다고 인정할 만한 상당한 이유'라는 「출입국관리법」 제11조(입국의 금지 등) 제1항 제3호, 제4호 일반조항 및 동 조항을 준용한 「출입국관리법」 제46조(강제퇴거의 대상자) 제1항 제3호에 의하여 범죄혐의가 확정되기 전에 강제퇴거될 수 있다. 그리고 「형사소송법」상 구속요건에 해당하지 않는 외국인 피의자를 강제퇴거 집행을 위한 보호를 통하여

---

41) 황필규, 기조발제: 인권을 기준으로 출입국관리법 개정해야, 다문화사회를 위한 출입국관리법 개정방안 모색, 2009, p. 28.

42) 국가인권위원회, 미등록 외국인 단속 및 외국인보호시설 실태조사, 2005, p. 182.

인신의 자유를 제한하면서 수사절차를 진행하여 구속수사의 절차를 회피할 수 있다.[43)]

(c) **판례의 태도:** 비록 지방법원의 판례이지만, "외국인에 대한 입국심사 시 당해 외국인에게 「출입국관리법」 제11조 제1항 제3호 또는 제4호(중략)에의 해당 여부를 심사함에 있어서 허용되는 재량권의 범위와 대한민국에 입국한 외국인에게 「출입국관리법」 제11조 제1항 제3호 또는 제4호 사유가 입국 후 발견되었거나 발생하였는지를 심사함에 있어서 허용되는 재량권의 범위를 비교하면, 일반적으로 후자가 그 폭이 좁다. 그 이유는 일반적으로 대한민국에 입국하려는 외국인보다 대한민국에 일단 입국한 외국인의 경우가 경제적 내지 사회적으로 대한민국과 좀 더 많은 연관성을 가지고 있을 것이고, 이러한 대한민국과 관련된 당해 외국인의 경제적 내지 사회적 이익을 보호할 필요성이 있기 때문이다. 강제퇴거와 관련하여, 재량권의 범위가 입국심사 시에 허용되는 재량권의 범위보다 좁다."라고 판시하고 있다.[44)]

(d) **소 결:** 국가가 「출입국관리법」 제46조(강제퇴거의 대상자) 제1항 제3호에서 「출입국관리법」 제11조(입국의 금지 등) 제1항 각 호의 입국금지 사유를 그대로 준용하여 외국인의 강제퇴거를 명할 수 있도록 하는 것은 국가안전보장·질서유지 또는 공공복리를 위하여 반드시 필요한 조치인 것으로 판단된다.

다만, 일반조항이 처분청인 지방출입국·외국인관서의 장에게 재량의 여지를 주어 개별 외국인의 특별한 사정을 고려할 수 있도록 하고 있다.[45)] 또한 일반조항에 의한 강제퇴거 사유의 확장 가능성에 대하여는 개별사건의 발생배경·내용·결과 등을 고려하여 종합적으로 판단하여야 한다. 예를 들어, 조선족 중국인이 술에 취해 단순히 멱살을 잡고 밀친다거나 욕설을 한 행위에 대하여, 국가인권위원회는 "대한민국의 이익이나 공공의 안전을 해치거나, 사회질서를 해치거나, 선량한 풍속을 해치는 행동을 할 염려가 있다고 인정할 만한 상당한 이유가 있었다고 단정하기에는 부족하다고 하여 「출입국관리법」 제46조(강제퇴거의 대상자) 제1항 제3호 및 「출입국관리법」 제11조(입국의 금지 등) 제3호, 제4호에 정한 강제퇴거의 사유에 해당되지 않는다."고 결정한 바 있다.[46)] 술 취한 한국인이 외국인의 팔을 잡아끈 것이 발

43) 이원재, 출입국관리법 개정안의 주요내용과 평가 - 단속, 보호, 강제퇴거 등을 중심으로, 법무부 출입국관리법 개정안 공청회, 2006, p. 18; 황필규, 기조발제: 인권을 기준으로 출입국관리법 개정해야, 다문화사회를 위한 출입국관리법 개정방안 모색, 2009, pp. 29~31; 국가인권위원회, 미등록 외국인 단속 및 외국인보호시설 실태조사, 2005, pp. 180~182.

44) 서울행정법원 2014. 9. 23. 선고 2014구합5842 판결.

45) 서울행정법원 2009. 6. 5. 선고 2009구합10253 판결 참고.

46) 국가인권위원회 결정례 2002. 8. 9. 자 02진인1382 조선인동포 강제퇴거 관련.

단이 되어 다투던 중, 외국인은 전치 3개월의 중상해를 당하고 한국인을 주먹으로 1회 폭행하여 한국인에게 치료일수 불상의 상해를 입힌 행위에 대하여, 국가인권위원회는 "「출입국관리법」 제46조(강제퇴거의 대상자) 제1항 제3호 및 출입국관리법 제11조(입국의 금지 등) 제3호, 제4호에 정한 강제퇴거의 사유에 해당되지 않는다."고 결정한 바 있다.[47)]

(다) 보 건

(a) 의 의: '감염병환자, 마약류중독자, 그 밖에 공중위생상 위해를 끼칠 염려가 있다고 인정되는 외국인'에 대한 입국금지 사유(출입국관리법 제11조 제1항 제1호)를 강제퇴거의 사유에 준용하고 있다(출입국관리법 제46조 제1항 제3호). 이하에서는 국민의 보건을 이유로 한 강제퇴거와 관련하여, HIV감염인/AIDS인 외국인에 대하여 살펴보기로 한다.

(b) HIV감염인/AIDS

i. 문제 제기: 감염병환자라고 하여 일률적으로 강제퇴거의 사유로 규정하는 것은 타당하지 않고, '그 밖에 공중위생상 위해를 끼칠 염려가 있다고 인정되는 외국인' 규정은 지나치게 포괄적이라는 견해가 있다.[48)] 특히 HIV감염인/AIDS의 경우가 강제퇴거의 사유에 해당하는지가 문제된다.

ii. 개 념: 후천성면역결핍증Acquired Immuno-Deficiency Syndrome, AIDS이라는 용어는 면역기능이 저하되어 건강한 인체 내에서는 병을 유발하지 못하던 세균, 바이러스 등이 병원체로 다시 활동하거나, 새로운 균이 외부로부터 침입・증식함으로써 폐결핵 등이 발병하는 일련의 증상들을 총칭하는 것이다. AIDS는 이러한 증상이 나타난 환자에게 적합한 용어이다. 반면에 AIDS 바이러스인 HIV(Human Immuno-Deficiency Virus, 인체면역결핍바이러스)에 감염되었으나 AIDS 증상이 나타나지 않은 자를 포괄하여 총칭하는 경우에는 HIV감염인[49)]이라는 용어가 통용되고, 국제적으로는 PLHAPeople Living with HIV/AIDS라는 용어가 사용되고 있다. HIV는 의학적으로 발병까지 장기간의 시간이 걸리고 전염력도 약한 바이러스로 분류되고, HIV감염은 유지 가능한 만성질환으로 인정되고 있다.[50)] 「감염병의 예방 및 관리에 관한

47) 국가인권위원회 결정례 2002. 8. 24. 자 02진인1467 이주노동자 강제퇴거 관련.

48) 정정훈, 법무부 개정안은 관행의 근절을 위한 제도적 개선의 수준에 이르렀는가? - 법무부 출입국관리법 개정안 공청회 토론문 -, 출입국관리법 개정안 공청회(법무부), 2006, p. 68.

49) 군 후천성면역결핍증 예방 업무 훈령[국방부훈령 제1164호, 2009. 8. 17] 제2조(정의)에서는 HIV감염인의 정의를 에이즈바이러스(HIV)의 침입으로 검사결과 항체가 형성된 자로서 외관상 건강해 보이나 타인에게 전파력이 있으며, '에이즈 감염인, HIV항체 양성자・보균자'라고도 한다고 규정하고 있다.

50) 국가인권위원회 결정례 2008. 2. 18. 자 출국명령처분 취소소송(서울행정법원 2007구합24500호, 원고 허○○, 피고 서울출입국관리사무소장)에 관한 의견제출.

법률」 제2조(정의) 제4호에서는 AIDS를 '간헐적으로 유행할 가능성이 있어 계속 그 발생을 감시하고 방역대책의 수립이 필요한' 제3군 감염병으로 분류하고 있다.

iii. 국제기준: HIV감염인/AIDS에 대하여는 그동안의 편견과 냉대가 지나쳤다는 인식으로 인해 수많은 질병 가운데 비교적 국제적으로 명백한 인권기준이 설정되어 있다.[51] 외국인 HIV감염인/AIDS와 관련하여 설정된 국제적 기준을 살펴보기로 한다.

첫째, 대한민국이 가입하여 「헌법」 제6조에 따라 국내법과 동일한 효력을 가지는, 1966년 「시민적·정치적 권리에 관한 국제규약」 제2조 제1항에서는 "이 규약의 각 당사국은 자국의 영토 내에 있으며, 그 관할권 하에 있는 모든 개인에 대하여 인종, 피부색, 성, 언어, 종교, 정치적 또는 기타의 의견, 민족적 또는 사회적 출신, 재산, 출생 또는 기타의 신분 등에 의한 어떠한 종류의 차별도 없이 이 규약에서 인정되는 권리들을 존중하고 확보할 것을 약속한다."라고 규정하고, 제26조에서는 "모든 사람은 법 앞에 평등하고 어떠한 차별도 없이 법의 평등한 보호를 받을 권리를 가진다. 이를 위하여 법률은 모든 차별을 금지하고, 인종, 피부색, 성, 언어, 종교, 정치적 또는 기타의 의견, 민족적 또는 사회적 출신, 재산, 출생 또는 기타의 신분 등의 어떠한 이유에 의한 차별에 대하여도 평등하고 효과적인 보호를 모든 사람에게 보장한다."라고 규정하여, 모든 생활에서의 차별금지를 보장하고 있다. 그리고 1986년에 「시민적·정치적 권리위원회 일반논평 15」에서는 1966년 「시민적·정치적 권리에 관한 국제규약」에 따른 외국인의 지위에 대하여, "동 규약은 당사국 영토 내의 외국인의 입국 및 거주에 관한 권리를 인정하고 있지는 않다. 자국 영토 내에 누구를 받아들일 것인가에 대한 결정은 원칙적으로 당사국의 몫이다. 그러나 어떤 상황에서는, 예를 들어, 비차별, 비인도적 처우의 금지, 가정생활에 대한 존중과 같은 문제가 대두될 경우에 입국과 거주에 관련된 사항일지라도 외국인은 동 규약상의 보호를 향유할 수 있다."고 해석하고, "입국 허가Consent for Entry는 예컨대 이동, 거주, 고용 등과 관련하여 상황에 따라 부여된다. 그러나 일단 외국인이 당사국 영토 내로의 입국을 허가 받으면 동 규약에 명시된 권리를 보장받을 자격이 있다."라고 해석하고 있다.

둘째, 1998년 UN인권위원회의 「HIV/AIDS와 인권에 관한 국제 가이드라인 international guidelines on HIV/AIDS and human Rights」에서는 HIV감염을 이유로 이동의 자유나 거주지 선택의 자유를 제한하는 것은 공중위생상의 필요성에 의해 정당화될

51) 앞의 결정례.

수 없고, 여행규제, 입국요건, 이민·망명절차 등과 관련하여 HIV감염 상태를 근거로 차별하는 행위는 법 앞의 평등한 보호에 대한 권리를 침해한다고 밝히고 있다.[52)]

셋째, 2004년 유엔에이즈계획UNAIDS: the United Nations Programme on HIV/AIDS 및 국제이주기구IOM: International Organization for Migration의 「HIV감염인/AIDS의 국가간 여행 규제에 관한 성명UNAIDS/IOM STATEMENT ON HIV/AIDS-RELATED TRAVEL RESTRICTIONS(2004)」에서는 "비록 HIV가 전염성은 있으나 어떤 나라에 HIV를 가진 사람이 존재한다는 것 자체로만으로는 혹은 (공기, 음식이나 물을 통해) 우연적인 접촉에 의해 전염되지 않기 때문에, HIV감염인/AIDS는 여행과 관련한 공공보건에 위협이 되는 사항으로 간주되어서는 안 되고, 입국이나 체류와 관련하여 어떠한 HIV 테스트도 고지에 입각한 동의에 기반하여 자발적으로 이루어져야 하고, HIV감염인/AIDS를 포함하여 건강 상태에 기반한 입국이나 체류에 대한 제한은 차별금지, 난민의 강제송환의 금지, 사생활권, 가족의 보호, 이민자 권리의 보호, 아동의 최상의 이해 보호를 포함한 인권 의무가 충족되는 방식으로 채워져야 한다."라고 선언하고 있다. 국가가 공중보건을 지키고 외국인에 대한 비용 부담을 막겠다는 이유로 HIV감염인/AIDS의 여행을 제한하고 있지만, HIV감염인/AIDS이 입국한다는 사실만으로 감염 위험이 높아지지는 않으며, 개인의 건강 상태에 따라 입국 및 체류에 있어서 차별해서는 안 된다고 권고하면서, HIV감염인/AIDS 관련 여행의 제한이 오히려 비용도 많이 들 뿐만 아니라 효과도 없다고 밝히고 있다.[53)]

ⅳ. 사 례: 2007년에 서울출입국관리사무소장이 한국계 중국인 A가 HIV항체 양성반응자라는 이유로 출국명령한 처분에 대하여, 국가인권위원회는 "서울출입국관리사무소장은 주어진 재량권을 일탈하여 한국계 중국인 A가 외국인으로서 국내에 거주할 권리, 병력을 이유로 차별을 받지 말아야 할 평등권을 침해하였다."라는 의견을 제시한 바 있다.[54)] 국가인권위원회는 HIV항체 양성반응자의 출국명령 결정에 대한 서울출입국관리사무소장의 재량권의 일탈을 심사하는 기준으로는, 수단의 적합성의 원칙, 필요성의 원칙(최소침해의 원칙), 협의의 비례의 원칙(상당성의 원칙)의 3가지 요건으로 구성된 비례의 원칙(과잉금지의 원칙)을 원용하고 있다. 여기에서 비례의 원칙이란 어떤 행정목적을 달성하기 위한 수단은 그 목적달성에 유효·적절하고 또한 가능한 한 최소침해를 가져오는 것이어야 하며 아울러 그 수단의 도입으로 인한 침해가 의도하는 공익을 능가하여서는 아니된다는 「헌법」상의 원칙을 말하

52) 앞의 결정례.
53) 앞의 결정례; http://www.unhcr.org/refworld/category,POLICY,IA,,,468249392,0.html
54) 앞의 결정례.

는 것이다.[55)]

HIV감염인의 강제퇴거에 대한 행정기관의 재량권 행사의 적법함을 심사하는 비례의 원칙에 비추어 볼 때, 국가인권위원회는 외국인의 인권(외국인으로서 국내에 체류할 권리, 병력을 이유로 한 차별을 받지 말아야 할 평등권)을 침해하였는지 여부를 아래와 같은 기준으로 판단하고 있다.

첫째, 행정목적을 달성하기 위한 수단은 그 목적달성에 유효하고 적절하여야 한다는 '수단의 적합성의 원칙'이다. HIV감염인을 격리조치하는 것은 HIV의 감염경로가 밝혀져 있고 일상생활을 통해서는 전파되지 않기 때문에 부적절하고 불필요하다는 점이 인정되어 격리조치를 폐지하고, 구 「전염병예방법」에서도 AIDS를 격리수용 대상의 전염병에서 제외하고 있다. 외국인이 대한민국에 적법하게 입국한 이상 다른 사람과 차별 없이 우리나라에서 체류·거주할 권리를 가지고 있음에도 불구하고, HIV/AIDS에 감염된 내국인의 경우와 달리 HIV/AIDS에 감염된 외국인에 대하여 강제 격리조치보다도 더 강력한 강제퇴거 및 재입국의 금지라는 영구적인 격리조치를 취하는 것은 외국인에 대하여 HIV감염인/AIDS라는 병력病歷을 이유로 한 차별행위에 해당한다. 국내에서 전염병을 예방하고 비감염인의 건강권을 보호한다는 행정목적을 달성하는 데 있어 유효 적절한 수준을 넘어서는 것이다.[56)]

둘째, 행정목적을 달성하기 위한 수단이 가능한 한 최소한도의 침해를 가져와야 한다는 '필요성의 원칙(최소 침해의 원칙)'이다. HIV감염이 되었다는 사유로 강제퇴거될 외국인의 가족들(친모, 계부, 여동생)이 대한민국에서 대한민국의 국적을 가진 한국인으로 거주하고 있고, 그 외국인이 강제퇴거될 경우에 그의 가족과 함께 거주할 수 없는 고통을 감내하여야 하므로 대한민국 밖으로 강제적으로 퇴거시킴으로써 최소한의 침해를 초래하는 것이 아니라 최대한의 침해를 초래하는 것이다.[57)]

셋째, 행정수단이 가져오는 침해가 그로 인하여 가져오는 행정목적상의 공익을 능가하여서는 아니된다는 '협의의 비례의 원칙(상당성의 원칙)'이다. 외국인이 「출입국관리법」 제46조(강제퇴거의 대상자) 제1항 제3호 '입국금지 사유가 입국 후에 발견되거나 발생한 외국인'에 따라 HIV감염/AIDS이라는 사유로 대한민국 밖으로 강제퇴거됨으로써 그 외국인에게 가져오는 침해는 「출입국관리법」 제11조(입국의 금지 등) 제1항 제1호 '감염병환자, 마약류중독자, 그 밖에 공중위생상 위해를 끼칠 염

---

55) 대법원 1997. 9. 26. 선고 96누10096 판결.
56) 국가인권위원회 결정례 2008. 2. 18. 자 출국명령처분 취소소송(서울행정법원 2007구합24500호, 원고 허○○, 피고 서울출입국관리사무소장)에 관한 의견제출.
57) 앞의 결정례.

려가 있다고 인정되는 외국인'에 따라 입국금지 대상자로 되어 HIV/AIDS가 완치되기 이전에는 대한민국에서 완전히 격리됨으로써 대한민국에서 대한민국의 국적을 가진 가족(친모, 계부, 여동생)과 함께 살 권리가 거의 박탈된다. 이러한 결과는 비록 외국인의 체류·거주에 관한 사항일지라도 비차별, 가정생활의 존중, 일단 외국인이 당사국의 영토 내로 입국허가를 받으면 1966년 「시민적·정치적 권리에 관한 국제규약」에 명시된 권리를 보장받을 자격이 있다는 자유권규약의 정신에 반하는 측면이 있다. 이에 반하여 HIV감염/AIDS인 외국인을 강제출국시킬 경우에 달성할 수 있는 공익으로는 그 외국인으로 인해 대한민국의 국민이 HIV에 감염되는 것을 방지하는 것이다. 현행 「후천성면역결핍증 예방법」에 따라 구축된 HIV/AIDS 관리체계 아래에서 치료를 계속함으로써 동 외국인으로 인한 HIV감염의 위험성은 현저히 낮은 편이다. 그러므로 HIV감염/AIDS인 외국인을 대한민국 밖으로 강제적으로 퇴거시킴으로써 달성할 수 있는 공익에 비추어, 그 외국인이 강제퇴거됨으로써 입을 침해가 불균형하게 크다고 할 수 있다.[58]

(라) 경제질서 또는 사회질서, 선량한 풍속

(a) 의 의: '경제질서 또는 사회질서를 해치거나 선량한 풍속을 해치는 행동을 할 염려가 있다고 인정할 만한 상당한 이유가 있는 외국인'에 대한 입국금지 사유(출입국관리법 제11조 제1항 제4호)를 강제퇴거의 사유에 준용하고 있다(출입국관리법 제46조 제1항 제3호). 국가가 「출입국관리법」 제46조(강제퇴거의 대상자) 제1항 제3호 및 제11조(입국의 금지 등) 제1항 제4호에 해당하는 외국인의 강제퇴거를 명할 수 있도록 하는 것은 국가안전보장·질서유지 또는 공공복리를 위하여 반드시 필요한 조치인 것으로 판단된다.[59]

(b) 벌금형 및 강제퇴거의 적법성

ⅰ. 문제 제기: 경제질서 또는 사회질서, 선량한 풍속을 침해하는 것을 이유로 한 강제퇴거와 관련하여, 벌금형을 선고받은 자에 대한 강제퇴거명령이 「출입국관리법」 제46조(강제퇴거의 대상자) 제1항 제13호에서 강제퇴거의 사유로 규정한 '금고 이상의 형을 선고받고 석방된 외국인'과의 형평성을 비교할 때에 법적 근거를 가지고 있는지와 그 재량권을 일탈·남용하였는지를 살펴보기로 한다. 이것은 강제퇴거의 사유에 벌금형을 선고받은 경우가 포함될 수 있는지의 문제이다.

ⅱ. 소 결: 「출입국관리법」 제46조(강제퇴거의 대상자) 제1항 제3호에서는 '경제질서 또는 사회질서를 해치거나 선량한 풍속을 해치는 행동을 할 염려가 있다고 인정할 만한 상당한 이유가 있는 외국인(출입국관리법 제11조 제1항 제4호)'에 해당하는 사유가 입국 후에

58) 앞의 결정례.
59) 서울행정법원 2009. 6. 5. 선고 2009구합10253 판결.

발견되거나 발생한 경우를 별개의 강제퇴거사유로 규정하고 있다. 형의 종류, 형량 이외에도 범행의 종류나 내용, 횟수 등에 따라 경제질서 또는 사회질서 등에 미치는 영향이 달라지는 점 등에 비추어 볼 때, 벌금형을 받은 범행에 대하여도 강제퇴거의 사유가 적용될 수 있다.[60] 따라서 '금고 이상의 형을 선고받고 석방'된 경우 그 외국인은 「출입국관리법」 제46조(강제퇴거의 대상자) 제1항 제13호(금고 이상의 형을 선고받고 석방된 자)가 적용되어 강제퇴거될 수 있으며, '벌금형을 선고' 받은 경우 그 외국인은 「출입국관리법」 제46조(강제퇴거의 대상자) 제1항 제3호(「출입국관리법」 제11조 제1항 각 호의 어느 하나에 해당하는 입국금지 사유가 입국 후에 발견되거나 발생한 자) 및 제11조(입국의 금지 등) 제1항 제4호(경제질서 또는 사회질서를 해치거나 선량한 풍속을 해치는 행동을 할 염려가 있다고 인정할 만한 상당한 이유가 있는 자)가 적용되어 강제퇴거될 수 있다. 또한 「출입국관리법」 제46조(강제퇴거의 대상자) 제1항 제3호 및 제11조(입국의 금지 등) 제1항 제3호(대한민국의 이익이나 공공의 안전을 해치는 행동을 할 염려가 있다고 인정할 만한 상당한 이유가 있는 자)도 적용될 수 있다.

iii. 사 례: 경제질서 또는 사회질서를 해치거나 선량한 풍속을 해치는 행동을 하여 그 결과로 벌금형을 선고받은 외국인에 대한 강제퇴거명령은 재량권을 일탈·남용하였다고 할 수 없다. 이하에서는 그 사례를 살펴보기로 한다.

첫째, 외국환거래법위반죄는 행정기관의 인가를 받지 않고 외국환업무를 영위한 것으로서, 이로 인하여 외국환의 관리가 곤란해져서 외국환거래의 기본질서를 해할 우려가 있는 점, 몽골 근로자들로부터 송금을 의뢰받은 돈 합계 136,362,840원을 이른바 '환치기계좌'에 입금하고 그 대가로 송금의뢰액 중 일부를 수수료로 지급받음으로써 상당한 이득을 취득한 점 등을 감안하면, 이와 같은 죄로 벌금형을 선고받은 외국인에 대하여 강제퇴거한 처분이 사회통념상 현저하게 타당성을 잃었다거나 동 처분으로 달성하고자 하는 공익에 비하여 그 외국인이 입는 불이익이 지나치게 과도하여 재량권을 남용하였다고 보기 어렵다.[61] 둘째, 장물취득·운반죄는 재산죄의 실행을 유발할 위험성이 있으므로,[62] 장물취득죄, 장물운반죄로 벌금형을 선고받은 외국인에 대한 강제퇴거명령은 사회통념상 현저하게 타당성을 잃었거나 강제퇴거처분으로 인해 달성하고자 하는 공익 목적에 비해 개인이 입는 불이익이 과도하여 재량권을 일탈·남용하였다고 보기 어렵다.[63] 셋째, 주거침입죄로 벌금형을 선고받은

60) 서울행정법원 2009. 5. 28. 선고 2008구합38629 판결 참고.

61) 의정부지방법원 2009. 6. 16. 선고 2008구합4560 판결; 서울행정법원 2009. 5. 28. 선고 2008구합38629 판결 참고.

62) 형법 제362조 (장물의 취득, 알선등)

① 장물을 취득, 양도, 운반 또는 보관한 자는 7년 이하의 징역 또는 1천500만원 이하의 벌금에 처한다.

② 전항의 행위를 알선한 자도 전항의 형과 같다.

63) 서울행정법원 2009. 5. 28. 선고 2008구합38629 판결 참고.

외국인에 대한 강제퇴거명령은 '경제질서 또는 사회질서를 해치거나 선량한 풍속을 해치는 행동을 할 염려가 있다고 인정할 만한 상당한 이유가 있는 외국인'에 해당하므로 그 강제퇴거명령 처분은 적법하다.[64)]

5) 출입국심사를 위반한 자

지방출입국·외국인관서의 장은 「출입국관리법」 제12조(입국심사) 제1항 또는 제2항을 위반한 외국인을 대한민국 밖으로 강제퇴거시킬 수 있다(출입국관리법 제46조 제1항 제4호 전단). 「출입국관리법」 제12조(입국심사) 제1항 또는 제2항을 위반한 외국인이란 외국인이 입국하려는 경우 입국하는 출입국항에서 출입국관리공무원의 입국심사를 받아야 하는데 입국심사를 받지 않고 불법으로 입국한 자를 말한다.

6) 선박 등의 제공금지를 위반한 자

지방출입국·외국인관서의 장은 외국인을 불법으로 입국 또는 출국하게 하거나 대한민국을 거쳐 다른 국가에 불법으로 입국하게 할 목적으로 선박 등이나 여권 또는 사증, 탑승권이나 그 밖에 출입국에 사용될 수 있는 서류 및 물품을 제공하는 행위와 이러한 행위를 알선하는 행위를 한 외국인(출입국관리법 제12조의3 제1항 제1호, 제2호), 불법으로 입국한 외국인을 대한민국에서 은닉 또는 도피하게 하거나 그러한 목적으로 교통수단을 제공하는 행위와 이러한 행위를 알선하는 행위를 한 외국인(출입국관리법 제12조의3 제2항)을 대한민국 밖으로 강제퇴거시킬 수 있다(출입국관리법 제46조 제1항 제4호 후단). 여기에서 '선박 등'이란 대한민국과 대한민국 밖의 지역 사이에서 사람이나 물건을 수송하는 선박, 항공기, 기차, 자동차, 그 밖의 교통기관을 말한다(출입국관리법 제2조 제8호).

7) 조건부 입국허가를 위반한 자

지방출입국·외국인관서의 장은 「출입국관리법」 제13조(조건부 입국허가) 제2항에 따라 지방출입국·외국인관서의 장이 붙인 허가조건을 위반한 자를 대한민국 밖으로 강제퇴거시킬 수 있다(출입국관리법 제46조 제1항). 「출입국관리법」 제13조(조건부 입국허가) 제2항에 따라 지방출입국·외국인관서의 장이 붙인 허가조건을 위반한 자란 지방출입국·외국인관서의 장이 조건부 입국을 허가할 때에 발부된 조건부입국허가서에 부관된 주거의 제한, 출석요구에 따를 의무 및 그 밖에 필요한 조건을 위반한 외국인을 말한다.

8) 상륙허가를 위반한 자

지방출입국·외국인관서의 장은 「출입국관리법」 제14조(승무원의 상륙허가) 제1

64) 수원지방법원 2008. 5. 21. 선고 2008구합1017 판결.

항, 제14조의2(관광상륙허가) 제1항, 제15조(긴급상륙허가) 제1항, 제16조(재난상륙허가) 제1항 또는 제16조의2(난민 임시상륙허가) 제1항에 따른 허가를 받지 아니하고 상륙한 외국인을 대한민국 밖으로 강제퇴거시킬 수 있다(출입국관리법 제46조 제1항 제6호). 상륙허가제도에 대하여는 제3편 이민과 국경관리 제3절 외국인의 입국에서 설명한 바 있다.

9) 상륙허가의 허가조건을 위반한 자

지방출입국 · 외국인관서의 장은 「출입국관리법」 제14조(승무원의 상륙허가) 제3항(제14조의2(관광상륙허가) 제3항에 따라 준용되는 경우를 포함한다), 제15조(긴급상륙허가) 제2항, 제16조(재난상륙허가) 제2항 또는 제16조의2(난민 임시상륙허가) 제2항에 따라 지방출입국 · 외국인관서의 장 또는 출입국관리공무원이 붙인 허가조건을 위반한 외국인을 대한민국 밖으로 강제퇴거시킬 수 있다(출입국관리법 제46조 제1항 제7호).

10) 체류자격 및 체류활동 등을 위반한 자

지방출입국 · 외국인관서의 장은 「출입국관리법」 제17조(외국인의 체류 및 활동범위) 제1항 · 제2항, 제18조(외국인 고용의 제한), 제20조(체류자격 외 활동), 제23조(체류자격 부여), 제24조(체류자격 변경허가) 또는 제25조(체류기간 연장허가)를 위반한 외국인을 대한민국 밖으로 강제퇴거시킬 수 있다(출입국관리법 제46조 제1항 제8호).

11) 근무처의 변경 · 추가를 위반한 자

(가) 일반 외국인

지방출입국 · 외국인관서의 장은 「출입국관리법」 제21조(근무처의 변경 · 추가) 제1항 본문을 위반하여 허가를 받지 아니하고 근무처를 변경 · 추가하거나 제21조(근무처의 변경 · 추가) 제2항을 위반하여 외국인을 고용 · 알선한 외국인을 대한민국 밖으로 강제퇴거시킬 수 있다(출입국관리법 제46조 제1항 제9호). 여기에서 「출입국관리법」 제21조(근무처의 변경 · 추가) 제2항을 위반하여 외국인을 고용 · 알선한 외국인이란 누구든지 다른 법률에서 고용을 알선하는 경우를 제외하고는 미리 법무부장관으로부터 근무처의 변경허가 · 추가허가를 받지 아니한 외국인을 고용하거나 고용을 알선하여서는 아니 되는데, 이러한 변경허가 · 추가허가를 받지 않은 외국인을 고용한 외국인 고용주 또는 고용을 알선한 외국인을 말한다.

(나) 전문적인 지식 · 기술 또는 기능을 가진 외국인의 경우

일반 외국인에 대한 근무처의 변경 · 추가의 사전허가제와는 달리, 전문적인 지식 · 기술 또는 기능을 가진 외국인으로서 「출입국관리법 시행령」 제26조의2(근무처의 변경 · 추가 신고)에서 정하는 자는 근무처를 변경하거나 추가한 날부터 15일 이

내에 법무부장관에게 신고하여야 한다(출입국관리법 제21조 제1항 단서). 전문직종에 종사하는 외국인에게는 사후신고제가 적용된다. 「출입국관리법」 제21조(근무처의 변경·추가) 제1항 단서의 신고의무를 위반한 외국인에게는 200만원 이하의 과태료를 부과하지만(출입국관리법 제100조 제1항 제3호), 강제퇴거의 사유에는 해당하지 않는다.

12) 활동범위의 제한을 위반한 자

지방출입국·외국인관서의 장은 「출입국관리법」 제22조(활동범위의 제한)에 따라 법무부장관이 정한 거소 또는 활동범위의 제한이나 그 밖의 준수사항을 위반한 외국인을 대한민국 밖으로 강제퇴거시킬 수 있다(출입국관리법 제46조 제1항 제10호). 이에 따른 강제퇴거의 대상자란 법무부장관은 공공의 안녕질서나 대한민국의 중요한 이익을 위하여 필요하다고 인정하면 대한민국에 체류하는 외국인에 대하여 거소 또는 활동의 범위를 제한하거나 그 밖에 필요한 준수사항을 정할 수 있는데, 법무부장관이 정한 거소 또는 활동범위의 제한이나 그 밖의 준수사항을 위반한 외국인을 말한다.

13) 출국심사를 받지 않고 출국하려는 자

(가) 의 의

지방출입국·외국인관서의 장은 「출입국관리법」 제28조(출국심사) 제1항 및 제2항을 위반하여 출국하려고 한 외국인을 대한민국 밖으로 강제퇴거시킬 수 있다(출입국관리법 제46조 제1항 제11호). 이에 따른 강제퇴거의 대상자란 외국인이 출국할 때에는 유효한 여권을 가지고 출국하는 출입국항 등에서 출입국관리공무원의 출국심사를 받은 후 출국할 수 있는데, 이를 위반하여 불법으로 출국하려는 외국인을 말한다.

(나) 출입국관리법 제46조 제4호와의 구별

외국인이 출국하려는 경우 출입국관리공무원의 출국심사를 받지 않고 불법으로 출국하려는 것을 강제퇴거 사유로 정한 것은 외국인이 입국하려는 경우 출입국관리공무원의 입국심사를 받지 않고 불법으로 입국한 것을 강제퇴거의 사유로 정한 것(출입국관리법 제46조 제4호)과는 적용 대상자와 행위태양 면에서 구별된다. 「출입국관리법」 제46조 제4호의 사유는 불법으로 입국하여 국내에 체류중인 외국인을 대상으로 하고, 제11는 불법출국이 완료되지 않고 불법으로 출국을 기도한 외국인을 대상으로 한다.

14) 외국인등록 의무를 위반한 자

지방출입국·외국인관서의 장은 「출입국관리법」 제31조(외국인등록)에 따른 외국인등록 의무를 위반한 외국인을 대한민국 밖으로 강제퇴거시킬 수 있다(출입국관리법 제46조 제1항 제12호).

(2) 범죄 관련

1) 금고 이상의 형을 선고받고 석방된 자

(가) 의 의

지방출입국・외국인관서의 장은 금고 이상의 형을 선고받고 석방된 외국인을 대한민국 밖으로 강제퇴거시킬 수 있다(출입국관리법 제46조 제1항 제13호). 강제퇴거의 사유에 '금고 이상의 형의 선고를 받고 석방된 자'를 규정하여 범죄에 대응한 국가안전 및 질서유지라는 공익적 관점에서 반사회성의 정도에 이른 자를 강제퇴거할 수 있도록 재량의 여지를 주고 있다.[65] 예를 들어 범인도피죄로 징역 8월에 집행유예 2년을 선고받은 자가 행한 범죄행위는 국가의 수사를 방해하여 형사질서법의 근간을 훼손하는 중대한 범죄이고, 수사기관의 추적을 받고 있던 조○○에게 단순히 자신의 집을 은신처로 제공하는 수준을 넘어서 자신의 여자친구의 집에 머무르게 하고 은행계좌를 빌려주어 돈을 인출 받게 하는 한편 타인명의의 휴대전화를 건네주고 수사상황을 알려주는 등 주도면밀한 계획 하에 적극적으로 도피시켰던 바, 이와 같은 범행은 그 방법 및 행위태양 등에 비추어 죄질이 좋지 아니하다.[66]

(나) 적용 범위

(a) **집행유예:** 「출입국관리법」 제46조(강제퇴거의 대상자) 제1항 제13호에서는 '금고 이상의 형을 선고받고 석방'된 외국인으로만 규정하고 있어 선고된 금고 이상의 형이 실제로 집행된 것만을 의미하는지가 문제된다. 즉 금고 이상의 형을 선고받고 집행이 유예된 것도 강제퇴거의 사유에 포함되는지의 문제이다. 금고 이상의 형에 대한 집행유예를 선고받은 경우를 강제퇴거의 사유에 포함하는 것은 지나치다는 견해가 있다.[67] 그러나 '금고 이상의 형을 선고받고 석방'된 외국인으로 규정되어 있는 조문의 해석에 따라 선고된 금고 이상의 형이 실제 집행되었는지 또는 집행유예로 석방되었는지에 상관없이 금고 이상의 형이 선고된 경우에는 강제퇴거의 사유로 될 수 있다.[68]

(b) **외국법에 의한 금고 이상의 형 선고:** 금고 이상의 형의 선고는 반드시 대한민국의 법률에만 의해야 하는지가 문제된다. 1963년 3월 5일에 제정된 구「출입국

---

65) 서울행정법원 2009. 3. 25. 선고 2008구합46200 판결 참고.

66) 앞의 판결.

67) 정정훈, 법무부 개정안은 관행의 근절을 위한 제도적 개선의 수준에 이르렀는가? – 법무부 출입국관리법 개정안 공청회 토론문 –, 법무부 출입국관리법 개정안 공청회, 2006, p. 68.

68) 이규창, 추방과 외국인 인권, 한국학술정보, 2006, p. 232; 박상순, 외국인의 강제퇴거에 관한 연구, 법무연수원 법무연구 제26호, 1999, p. 434.

관리법」 제26조(강제퇴거) 제1항 제6호는 '대한민국의 법률에 의하여' 금고 이상의 형을 선고받고 석방된 자라고 규정하여 대한민국의 법률에 의해 선고된 경우만으로 한정하였다. 현행 「출입국관리법」에서는 금고 이상의 형의 선고를 대한민국의 법률에만 의해야 한다는 한정적 규정이 없다. 국내법 또는 외국법을 불문하고 금고 이상의 형을 선고받고 석방된 외국인은 강제퇴거의 대상자로 된다.[69]

(c) 벌금형의 선고: 금고 이상의 형이 아닌 '벌금형'의 선고를 받은 외국인은 「출입국관리법」 제46조(강제퇴거의 대상자) 제13호에 의해 강제퇴거의 대상자로 되는 것이 아니라, 제3호(출입국관리법 제11조(입국의 금지 등) 제1항 각 호의 어느 하나에 해당하는 입국금지 사유가 입국 후에 발견되거나 발생한 외국인)에 의해 강제퇴거의 대상자로 될 수 있다.

(3) 공공질서 관련

1) 의 의

지방출입국·외국인관서의 장은 그 밖에 제1호부터 제13호까지의 규정에 준하는 자로서 법무부령으로 정하는 외국인을 대한민국 밖으로 강제퇴거시킬 수 있다(출입국관리법 제46조 제1항 제14호).

2) 법적 성격

일견상 「출입국관리법」 제46조(강제퇴거의 대상자) 제1항 제14호가 강제퇴거 사유의 일반조항에 해당되는 것으로 볼 수 있으나, 출입국관리법으로부터 위임을 받아 「출입국관리법 시행규칙」 제54조의2(강제퇴거의 대상자)에서 그 사유를 구체적으로 열거하고 있으므로 강제퇴거 사유의 일반조항에 해당하지 않는다.

3) 법무부령으로 정하는 외국인

「출입국관리법」 제46조(강제퇴거의 대상자) 제1항 제14호에서 규정한 '법무부령으로 정하는 외국인'이란 다음 각 호의 어느 하나에 해당하는 자로서 출입국관리사무소장·출장소장 또는 외국인보호소장이 강제퇴거함이 상당하다고 인정하는 자를 말한다(출입국관리법 시행규칙 제54조의2 본문).

첫째, 「출입국관리법 시행규칙」 제54조(영주자격을 가진 자의 강제퇴거) 각 호의 어느 하나에 해당하는 죄를 범한 외국인이다(제1호). 즉 ⅰ) 「형법」 제2편 제24장 살인의 죄, 제32장 강간과 추행의 죄, 제38장 절도와 강도의 죄 중 강도의 죄를 범한 외국인, ⅱ) 「성폭력범죄의 처벌 및 피해자보호 등에 관한 법률」 위반의 죄를 범한 외

69) 이규창, 추방과 외국인 인권, 한국학술정보, 2006, p. 232; 박상순, 외국인의 강제퇴거에 관한 연구, 법무연수원 법무연구 제26호, 1999, p. 434.

국인, iii)「마약류관리에 관한 법률」 위반의 죄를 범한 외국인, iv)「특정범죄 가중처벌 등에 관한 법률」 제5조의2 · 제5조의4 · 제5조의5 · 제5조의9, 제11조 위반의 죄를 범한 외국인, v)「국가보안법」 위반의 죄를 범한 외국인, vi)「폭력행위 등 처벌에 관한 법률」 제4조 위반의 죄를 범한 외국인, vii)「보건범죄단속에 관한 특별조치법」 위반의 죄를 범한 외국인을 말한다. 둘째,「배타적 경제수역에서의 외국인어업 등에 대한 주권적 권리의 행사에 관한 법률」을 위반한 외국인이다(제2호). 셋째,「영해 및 접속수역법」을 위반한 외국인이다(제3호).

특히「배타적 경제수역에서의 외국인어업 등에 대한 주권적 권리의 행사에 관한 법률」에서는 신체형이 없고 벌금형만 법정형으로 규정되어 있고,「영해 및 접속수역법」을 위반한 외국인에게 벌금형이 선고되어 재판을 받고 나면 즉시 석방되고 석방되면 해당 외국인의 소재를 파악하기 곤란하다는 문제점이 있어 그 행위의 위반성 자체만으로 강제퇴거할 수 있도록 근거를 마련한 것이다.

4) 비판적 견해

「출입국관리법 시행규칙」 제54조(영주자격을 가진 자의 강제퇴거) 각 호의 어느 하나에 해당하는 죄를 범한 외국인,「배타적 경제수역에서의 외국인어업 등에 대한 주권적 권리의 행사에 관한 법률」 및「영해 및 접속수역법」을 위반한 외국인은 그 유죄 여부가 확정되지 않은 자이다. 이에 대해,「출입국관리법」 제46조(강제퇴거의 대상자) 제1항 제13호(금고 이상의 형을 선고받고 석방된 외국인)와 비교할 때 명확성의 원칙에 위배되는 불명확한 강제퇴거의 사유이고, 기본권 제한의 법률유보 원칙에 위배된다는 비판적 견해가 있다.[70)]

5. 입증책임

「출입국관리법」에 따른 강제퇴거의 대상자는 대한민국의 국적을 가지지 아니한 외국인이라고 단정할 수 있어야 한다. 국민인지 외국인인지 불분명한 경우 지방출입국 · 외국인관서의 장에게 그 입증책임이 귀속된다. 예컨대 다른 나라의 여권을 소지하고 입국한 재외국민이 그 나라의 국적을 취득하였다거나 대한민국의 국적을 상실한 외국인이라는 점에 대하여는 관할 처분청인 지방출입국 · 외국인관서의 장이 이를 입증하여야 한다.[71)]

---

70) 이원재, 출입국관리법 개정안의 주요내용과 평가 – 단속, 보호, 강제퇴거 등을 중심으로, 법무부 출입국관리법 개정안 공청회, 2006, p. 22.

71) 대법원 1996. 11. 12. 선고 96누1221 판결.

제 3 절 절 차

Ⅰ. 의 의

강제퇴거의 일반적 절차는 외국인에 대한 위반조사 및 심사결정, 강제퇴거명령, 집행의 단계로 나눌 수 있다. 외국인(용의자)에 대한 위반조사에 대하여는 앞에서 살펴보았다. 이하에서는 강제퇴거의 대상자인 외국인(용의자)에 대한 위반조사 이후의 절차를 중심으로 살펴보기로 한다.

Ⅱ. 심사결정

1. 결정권자

지방출입국·외국인관서의 장은 출입국관리공무원이 용의자에 대한 조사를 마치면 지체 없이 용의자가 「출입국관리법」 제46조(강제퇴거의 대상자) 제1항 각 호에 규정된 강제퇴거의 대상자에 해당하는지를 심사하여 결정하여야 한다(출입국관리법 제58조). 용의자에 대한 심사결정이란 출입국관리공무원이 용의자에 대한 위반조사를 마친 경우 지방출입국·외국인관서의 장은 그 용의자가 강제퇴거의 대상자에 해당하는지 여부를 심사하여 결정하는 과정을 말한다. 이를 줄여서 심사결정이라고도 말한다. 여기에서 출입국관리공무원이 행하는 용의자에 대한 조사는 위반조사를 의미한다.[72]

2. 절 차

(1) 심사결정서

1) 의 의

출입국관리사무소장·출장소장 또는 보호소장은 심사결정을 한 때에는 주문·이

72) 출입국관리법에서 '심사'라는 용어는 여러 규정에서 발견된다. 예를 들면, 외국인 또는 국민에 대한 출입국심사 등에서도 사용된다. 외국인 또는 국민에 대한 출입국심사란 출입국관리공무원이 외국인 또는 국민이 대한민국에 출·입국하는 과정에서 그 자가 유효한 여권 등을 소지하였는지에 대해 심사하는 것을 말한다(출입국관리법 제3조, 제6조, 제12조, 제28조).

유 및 적용 법조문 등을 분명히 밝힌 심사결정서를 작성하여야 한다(출입국관리법 시행령 제72조). 주문에는 심사결정의 주된 내용을 기재하고, 이유에는 주문과 같이 결정하게 된 구체적인 자료·증거 등을 기재한다.

2) 이유 제시

(가) 문제 제기

처분의 이유제시와 관련하여 「행정절차법」에서는 "행정청은 처분을 하는 때에는 1. 신청내용을 모두 그대로 인정하는 처분인 경우, 2. 단순·반복적인 처분 또는 경미한 처분으로서 당사자가 그 이유를 명백히 알 수 있는 경우, 3. 긴급을 요하는 경우를 제외하고는 당사자에게 그 근거와 이유를 제시하여야 한다."라고 규정하고 있다(행정절차법 제23조 제1항). 출입국관리사무소장 등이 심사결정서에 그 이유를 모호하게 기재한 것이 「행정절차법」에 위배되는지가 문제된다.

(나) 소 결

「행정절차법」에서는 행정청이 처분을 하는 때에는 당사자에게 그 근거와 이유를 제시하도록 규정하고 있다(행정절차법 제23조 제1항). 다만, 외국인의 출입국·난민인정·귀화·국적회복에 관한 사항에 대하여는 「행정절차법」이 적용되지 않는다(행정절차법 제3조 제2항 제9호 및 행정절차법 시행령 제2조 제2호). 즉 강제퇴거명령 처분은 외국인의 출입국과 관련한 것이어서 비록 「행정절차법」이 정하고 있는 절차에 따르지 않았다 하더라도 그 자체로 위법하다고 볼 수 없다.[73] 이 취지는 이민행정의 성질상 「행정절차법」에 의한 행정절차를 거치기 곤란하거나 불필요하다고 인정되는 사항에 대하여 그 적용범위의 제외를 인정한 것이다. 또한, 출입국관리사무소장·출장소장 또는 보호소장은 조사 결과 위반사실이 여권 또는 서류 등에 의하여 명백히 인정되고 처분에 다툼이 없는 출입국사범에 대하여는 용의사실 인지보고서, 용의자신문조서, 심사결정서 및 통고서를 따로 작성하지 아니하고, 출입국사범 심사결정 통고서를 작성하는 것으로 갈음할 수 있다(출입국관리법 시행령 제104조 제3항).

(2) 보호의 해제

1) 의 의

지방출입국·외국인관서의 장은 심사의 결과 용의자가 「출입국관리법」 제46조(강제퇴거의 대상자) 제1항 각 호의 어느 하나에 해당하지 아니한다고 인정하면 지체 없이 용의자에게 그 뜻을 알려야 하고, 용의자가 보호되어 있으면 즉시 보호를 해제하여야 한다(출입국관리법 제59조 제1항). 여기에서 '용의자가 「출입국관리법」 제46조(강제퇴거의

73) 의정부지방법원 2009. 6. 16. 선고 2008구합4560 판결.

대상자) 제1항 각 호의 어느 하나에 해당하지 아니한다'는 것이란 출입국관리공무원의 위반조사 결과 용의사실이 「출입국관리법」 제46조(강제퇴거의 대상자) 제1항 각 호에 정한 강제퇴거의 사유에 해당하지 않아 용의자가 강제퇴거의 대상자가 아닌 것을 말한다.

2) 보호해제의뢰서

출입국관리사무소장·출장소장 또는 보호소장은 보호를 해제하는 경우에 용의자가 외국인보호소 등 보호시설에 보호되어 있을 때에는 보호해제사유 등을 적은 보호해제의뢰서를 외국인보호소 등 보호시설의 장에게 송부하여야 한다(출입국관리법 시행령 제73조).

3. 관련 문제

(1) 적법한 심사절차

1) 의 의

1966년「시민적 및 정치적 권리에 관한 국제규약」 제13조에서는 "합법적으로 이 규약의 당사국의 영역 내에 있는 외국인은, (중략) 권한 있는 당국 또는 동 당국에 의하여 특별히 지명된 자에 의하여 자기의 사안이 심사되는 것이 인정되며"라고 규정하여 적법한 심사절차를 거치도록 보장하고 있다.

2) 부적법한 심사절차 및 불법행위

심사결정은 출입국관리공무원에 의한 모든 위반조사의 절차가 종료된 후에 강제퇴거 또는 보호처분의 해제 등 여부를 결정하기 위한 최종적 결정에 해당하므로 사전에 합리적이고 적법한 위반조사의 절차를 거쳐야 한다. 사전에 합리적이고 적법한 위반조사의 절차를 거치지 않고 행하여진 심사결정은 적법한 심사결정이 아니다. 또한 적법하지 아니한 심사결정의 절차에 의한 강제퇴거는 불법행위에 해당한다.

3) 사 례

절차적 적법성과 관련하여, 국가인권위원회는 "검사가 택시강도 혐의로 입건된 피해자들에 대하여 '불법체류자'로 강제퇴거 조치를 취하라고 지시하였으나, 경찰공무원이 출입국관리사무소에 인계하는 과정에서 불법체류자가 아닌 사실이 밝혀지자 검사지휘서의 '불법체류자'를 '범법자'로 임의로 고쳐 이를 변조하여 출입국관리사무소에 통보하고, 출입국관리사무소장이 이와 같은 변조 서류를 근거로 강제퇴거 결정을 한 것은 그 절차에 있어서 합법성을 갖추었다고 보기 어렵다."고 결정한 바 있다.[74]

(2) 심사절차에의 참여

1) 의 의

1966년「시민적 및 정치적 권리에 관한 국제규약」제13조에서는 “합법적으로 이 규약의 당사국의 영역 내에 있는 외국인은, (중략) 국가안보상 불가피하게 달리 요구되는 경우를 제외하고는 자기의 추방에 반대하는 이유를 제시할 수 있고, (중략) 또한 이를 위하여 그 당국 또는 사람 앞에서 다른 사람이 그를 대리하는 것이 인정된다.”라고 규정하여, 국가가 외국인을 추방할 경우 원칙적으로 자기변호의 기회를 제공받도록 보장하고 있다.[75]

2) 변호인의 참여 보장

미국의 경우에는 강제퇴거를 위한 심사절차에서 당사자 외에도, 변호사 등을 포함한 변호인이 그 당사자를 대리할 수 있도록 권한을 인정하고 있다.[76] 대한민국의 경우에도 출입국사범 단속과정에서 적법절차를 보장하기 위하여 변호인의 참여를 인정하고 있다. 즉 출입국관리공무원은 신문을 하는 때에는 용의자에게 변호인을 참여하게 할 수 있음을 미리 알려주어야 한다(출입국사범 단속과정의 적법절차 및 인권보호 준칙 제17조 제1항). 출입국관리공무원은 용의자 또는 변호인이 신청할 경우에는 용의자신문에 변호인의 참여를 허용하여야 한다(출입국사범 단속과정의 적법절차 및 인권보호 준칙 제17조 제2항).

3) 한 계

변호인이 신문을 방해하거나 조사기밀을 누설하는 경우 또는 그 염려가 있는 경우 등 정당한 사유가 있는 때를 제외하고는 변호인의 참여를 불허하거나 퇴거를 요구할 수 없다(출입국사범 단속과정의 적법절차 및 인권보호 준칙 제17조 제3항). 따라서 변호인이 신문을 방해하거나 조사기밀을 누설하는 경우 또는 그 염려가 있는 경우에는 그 참여를 제한할 수 있다.

---

74) 국가인권위원회 결정례 2003. 8. 21. 자 03진인5111 불법체류외국인 강제퇴거 관련.

75) 김정도, 출입국관리법상 외국인보호업무의 운영실태와 개선방안에 관한 연구, 건국대학교 대학원 법학과 석사논문, 2004, p. 15.

76) 노재철, 미등록외국인근로자의 문제점과 해결방안, 노동법논총 제18집, 2010, p. 60; 이희정・박찬호, 미국의 이민법제에 관한 연구, 한국법제연구원 비교법제연구 07-10, 2007, p. 120; David Weissbrodt, Immigration Law and Procedure, West Group, 1998, p. 208.

Ⅲ. 강제퇴거명령

1. 의 의

(1) 결정권자

지방출입국·외국인관서의 장은 심사의 결과 용의자가 「출입국관리법」 제46조(강제퇴거의 대상자) 제1항 각 호의 어느 하나에 해당한다고 인정되면 강제퇴거명령을 할 수 있다(출입국관리법 제59조 제2항). 강제퇴거명령의 결정권자는 지방출입국·외국인관서의 장이다. 법무부장관은 강제퇴거명령의 결정권자에 해당하지 않는다.

(2) 재량행위

지방출입국·외국인관서의 장은 용의자의 확인, 보호의 실체적 및 절차적 적법성 확인, 용의사실과 관련된 서류와 증거자료의 확인 등을 거쳐 그 결과 강제퇴거의 사유에 해당한다고 인정될 경우에는 강제퇴거명령을 할 수 있다.[77] 강제퇴거명령의 결정은 지방출입국·외국인관서의 장의 재량행위이다. 지방출입국·외국인관서의 장은 용의자가 강제퇴거의 대상자에 해당한다고 인정될지라도 자기비용으로 자진하여 출국하는 경우 등 사안의 경중을 따져 출국명령을 할 수 있다.[78]

2. 절 차

(1) 강제퇴거명령서

지방출입국·외국인관서의 장은 강제퇴거명령을 결정하는 때에는 명령의 취지 및 이유와 이의신청을 할 수 있다는 뜻을 적은 강제퇴거명령서를 발급하여, 그 부본을 용의자에게 교부하여야 한다(출입국관리법 제59조 제3항, 출입국관리법 시행령 제74조). 강제퇴거명령서 발급권자는 지방출입국·외국인관서의 장이다. 강제퇴거명령서에는 적용법조·퇴거이유·송환국 등을 명시하여야 한다(출입국관리법 시행규칙 제63조). 출입국관리사무소장·출장소장 또는 보호소장은 강제퇴거명령서를 발부하는 때에는 이를 사건부에 기재하여야 한다(출입국관리법 시행규칙 제62조).

77) 최홍엽, 외국인 강제퇴거절차와 관련한 몇 가지 쟁점, 민주주의법학연구회 민주법학 제33호, 2007, p. 360.

78) 박상순, 외국인의 강제퇴거에 관한 연구, 법무연수원 법무연구 제26호, 1999, p. 475.

(2) 이의신청 고지의무

지방출입국 · 외국인관서의 장은 강제퇴거명령서를 발급하는 경우 법무부장관에게 이의신청을 할 수 있다는 사실을 용의자에게 알려야 한다(출입국관리법 제59조 제4항). 지방출입국 · 외국인관서의 장은 법무부장관에게 이의신청을 할 수 있다는 사실을 용의자에게 알려야 주어야 하는 고지의무를 가진다.

3. 강제퇴거 집행을 위한 보호

지방출입국 · 외국인관서의 장은 강제퇴거명령을 받은 외국인을 여권 미소지 또는 교통편 미확보 등의 사유로 즉시 대한민국 밖으로 송환할 수 없으면 송환할 수 있을 때까지 그를 보호시설에 보호할 수 있다(출입국관리법 제63조 제1항). 강제퇴거 집행을 위한 보호는 지방출입국 · 외국인관서의 장이 강제퇴거명령을 결정한 후에 그 외국인을 즉시 대한민국 밖으로 송환할 수 없는 일정한 사유가 있는 경우 보호하는 것이다.

Ⅳ. 집 행

1. 집행권자

(1) 원 칙

강제퇴거명령서의 집행권자는 원칙적으로 출입국관리공무원이다. 출입국관리공무원은 지방출입국 · 외국인관서의 장이 발부한 강제퇴거명령서를 지체 없이 집행한다(출입국관리법 제62조 제1항).

(2) 예 외

1) 사법경찰관리

사법경찰관리가 예외적으로 강제퇴거명령서의 집행권자로 되는 경우가 있다. 즉 지방출입국 · 외국인관서의 장은 출입국관리공무원이 직접 강제퇴거명령서를 집행하지 못할 사유가 있는 경우 사법경찰관리에게 강제퇴거명령서의 집행을 의뢰할 수 있다(출입국관리법 제62조 제2항). 출입국관리사무소장 · 출장소장 또는 보호소장은 사법경찰관리에게 강제퇴거명령서의 집행을 의뢰할 때에는 집행의뢰서를 발급하여 강제퇴거명령서와 함께 이를 교부하여야 한다. 다만, 긴급한 경우에는 강제퇴거명령서만을 교부하고 구두로 의뢰할 수 있다(출입국관리법 시행령 제77조 제2항).

2) 운송업자의 송환의무

「출입국관리법」 제76조(송환의 의무) 제5호에 따라 외국인이 탔던 선박 등의 장 또는 운수업자가 「출입국관리법」 제46조(강제퇴거의 대상자) 제1항 제6호 또는 제7호에 해당하는 자로서 강제퇴거명령을 받은 자를 송환하게 되는 경우, 출입국관리공무원은 그 선박 등의 장이나 운수업자에게 그를 인도할 수 있다(출입국관리법 제62조 제3항 단서). 출입국관리공무원은 선박 등의 장 또는 운수업자에게 강제퇴거명령을 받은 자를 인도할 때에는 그의 인적사항 및 강제퇴거 사유와 「출입국관리법」 제76조(송환의 의무)에 따른 선박 등의 장 또는 운수업자의 송환의무가 있음을 적은 송환지시서를 발급하고, 그 의무를 이행할 것과 강제퇴거명령을 받은 자를 인도받은 뜻을 기재한 인수증을 받아야 한다(출입국관리법 시행령 제77조 제4항).

2. 절 차

(1) 송환국

1) 송 환

강제퇴거명령서를 집행할 때에는 그 명령을 받은 자에게 강제퇴거명령서를 내보이고 지체 없이 그를 「출입국관리법」 제64조(송환국)에 따른 송환국으로 송환하여야 한다(출입국관리법 제62조 제3항 본문).

2) 기 준

일반적으로 강제퇴거를 집행하기 위한 송환국으로는 우선 강제퇴거에 관해 체결된 조약이 있는 경우 그 조약에 근거하여 입국하기 전의 국가로 되돌려 보내야 하고, 강제퇴거에 관해 체결된 조약이 없는 경우 강제퇴거되는 자의 국적국가country of nationality 또는 출생국가country of birth로 되돌려 보내고, 최소한으로는 그 자가 입국하기 전에 마지막으로 장기간 거주하였던 국가로 되돌려 보내야 한다.[79] 「출입국관리법」에 의하면, 출입국관리공무원이 강제퇴거명령서를 집행할 때에는 강제퇴거 명령을 받은 외국인에게 강제퇴거명령서를 내보이고 지체 없이 그를 국적이나 시민권을 가진 국가로 송환하되(출입국관리법 제64조 제1항), 그 국가로 송환할 수 없는 경우에는 대한민국에 입국하기 전에 거주한 국가, 출생지가 있는 국가, 대한민국에 입국하기 위하여 선박

79) IOM, Essentials of Migration Management – A Guide for Policy Makers and Practitioners, Volume One: Developing Migration Legislation, 2004, p. 14.

등에 탔던 항港이 속하는 국가, 본인이 송환되기를 희망하는 국가 중 어느 하나에 해당하는 국가로 송환하여야 한다(출입국관리법 제64조 제2항).

3) 한 계

외국인을 송환하는 경우에 일정한 한계가 있을 수 있다. 2005년 인종차별철폐위원회The Committee on the Elimination of Racial Discrimination의 제65차 회기에서 채택된 「비시민권자에 대한 차별에 관한 일반권고General Recommendation XXX on Discrimination against Non-Citizens」 제6장 제27조에서 "비시민권자를 고문 및 잔혹한, 비인도적인 또는 굴욕적인 처우 또는 형벌을 포함한 심각한 인권 유린을 당할 위험이 있는 국가 또는 영토로 환송하거나 이동시키지 않을 것을 보장한다."라고 선언하였다. 이 권고는 국제조약과 같이 해당 국가에 구속력을 가지는 것은 아니다. 다만, 1969년 「모든 형태의 인종차별 철폐에 관한 국제협약International Convention on the Elimination of All Forms of Racial Discrimination」 제9조 제2항에 근거하여 제안과 일반적인 권고를 하는 것이므로 해당 협약에 대한 유권해석을 제공한다. 따라서 1978년에 동 협약에 가입한 대한민국은 일정한 국제법상 의무를 부담한다.

4) 강제퇴거명령의 집행 보류

강제퇴거명령을 받은 자가 ⅰ) 「난민법」에 따라 난민인정 신청을 하였으나 난민인정 여부가 결정되지 아니한 경우, ⅱ) 「난민법」 제21조에 따라 이의신청을 하였으나 이에 대한 심사가 끝나지 아니한 경우의 어느 하나에 해당하는 경우에는 송환하여서는 아니된다(출입국관리법 제62조 제4항 본문 및 제1호, 제2호). 다만, 「난민법」에 따른 난민신청자가 대한민국의 공공의 안전을 해쳤거나 해칠 우려가 있다고 인정되면 그러하지 아니하다(출입국관리법 제62조 제4항 단서).

(3) 보관금 등 반환

출입국관리공무원은 강제퇴거명령서를 집행할 때에는 해당 외국인의 보관금이나 영치품領置品 등의 반환 여부를 확인하여 이를 당해 외국인에게 반환하여야 한다(출입국관리법 시행령 제77조 제1항).

(4) 보 고

출입국관리공무원 또는 사법경찰관리는 강제퇴거명령서에 의한 송환을 마치거나 그 집행이 불가능하여 집행하지 못한 때에는 강제퇴거명령서에 그 사유를 적어 지체 없이 출입국관리사무소장·출장소장 또는 외국인보호소장에게 제출하여야 한다

(출입국관리법 시행령 제77조 제3항).

3. 형사절차와의 관계

(1) 의 의

「출입국관리법」 제85조(형사절차와의 관계)에서는 「형사소송법」에 따른 형의 집행과 불기소처분, 석방·출소·퇴원 및 「출입국관리법」에 따른 강제퇴거명령서의 집행 간의 관계를 규정하고 있다. 즉 외국인이 「형사소송법」에 따라 형의 집행을 받고 있는 중에는 강제퇴거절차의 진행, 강제퇴거명령서의 집행이 형사절차와의 관계에서 어떻게 조정되는지를 규정하고 있다. 또한 「출입국관리법 시행령」 제93조(형사절차와의 관계)에서는 약식명령의 경우에 강제퇴거명령서의 집행이 어떤 관계로 이루어지는지를 규정하고 있다. 그리고 「출입국관리법」 제86조(신병의 인도)에서는 「형사소송법」에 따라 불기소처분을 한 경우와 교도소에서 석방된 경우 등에 형사절차로부터 「출입국관리법」에 의한 강제퇴거명령서의 집행이 원활히 이루어지도록 그 외국인의 신병을 출입국관리공무원에게 인도하도록 규정하고 있다. 이하에서 그 구체적인 조정관계를 살펴보기로 한다.

(2) 조정관계

1) 형의 집행 및 강제퇴거절차

지방출입국·외국인관서의 장은 「출입국관리법」 제46조(강제퇴거의 대상자) 제1항에 따라 강제퇴거의 대상자에 해당하는 자가 형의 집행을 받고 있는 중에도 강제퇴거의 절차를 밟을 수 있다(출입국관리법 제85조 제1항). 외국인이 형사절차에 의한 형의 집행을 받고 있을지라도 「출입국관리법」에 따른 강제퇴거절차를 밟을 수 있다. 이 규정을 둔 취지는 형의 집행이 종료될 외국인이 「형사소송법」에 따른 형사절차에서 「출입국관리법」에 따른 강제퇴거절차로 조속히 진행되도록 하기 위함이다. 여기에서 '강제퇴거의 절차'란 강제퇴거의 대상자에 해당하는지 여부를 심사하여 결정하는 심사결정, 강제퇴거명령의 결정, 강제퇴거명령서의 발급 및 교부를 포함한다. 다만, 강제퇴거명령서의 집행은 제외된다.

2) 형의 집행 및 강제퇴거명령서의 집행

(가) 원 칙

강제퇴거명령서가 발급되면 그 외국인에 대한 형의 집행이 끝난 후에 강제퇴거명령서를 집행한다(출입국관리법 제85조 제2항 본문). 외국인에 대한 형사절차가 「출입국관리법」에 따른 강제퇴거명령서의 집행보다 우선한다. 형사절차에 의한 형의 집행을 받고 있는 외국인의 경우에는 강제퇴거명령서가 발급되었더라도 그 형의 집행이 종료된 후에 강제퇴거서가 집행된다.

(나) 예 외

그 외국인의 형 집행장소를 관할하는 지방검찰청 검사장檢事長의 허가를 받은 경우에는 형의 집행이 끝나기 전이라도 강제퇴거명령서를 집행할 수 있다(출입국관리법 제85조 제2항 단서). 이것은 외국인의 선도·교화와 사회복귀라는 목적보다는 대한민국의 안전과 질서유지, 공공의 이익을 위하여 그 형의 집행이 종료되기 전에 강제퇴거를 집행하는 것이 바람직한 경우가 있는 것을 반영한 것이다. 또한 「국제수형자이송법」에 따라 대한민국에서 자유형을 선고받아 그 형이 확정되어 형 집행중인 외국인(국외이송대상 수형자라 말한다)을 외국으로 인도하여 그 자유형을 집행받도록 하는 국외이송과도 관련된 것이다.[80]

3) 약식명령 및 강제퇴거명령서의 집행

출입국관리사무소장·출장소장 또는 외국인보호소장은 검사가 약식명령을 청구한 외국인에 대하여 강제퇴거명령서 또는 출국명령서를 발부한 경우 그 외국인이 출국하여도 재판에 지장이 없다는 관할 지방검찰청 검사장의 의견이 있고, 벌금 상당액을 납부한 때에는 지방법원의 약식명령에 앞서 강제퇴거명령서를 집행할 수 있고, 출국명령서를 발부받은 자를 출국하게 할 수 있다(출입국관리법 시행령 제93조 제1항).

4) 벌금 또는 추징금 및 강제퇴거명령서의 집행

출입국관리사무소장·출장소장 또는 외국인보호소장은 벌금 또는 추징금을 완납하지 아니한 자에 대하여 강제퇴거명령서 또는 출국명령서를 발부한 경우 그가 이를 납부할 능력이 없다는 관할 지방검찰청 검사장의 의견이 있는 때에는 벌금 또는 추징금을 완납하지 아니하여도 강제퇴거명령서를 집행할 수 있고, 출국명령서를 발부받은 자를 출국하게 할 수 있다(출입국관리법 시행령 제93조 제2항).

---

80) 국제수형자이송법 제23조 (국외이송의 요건) ① 국외이송은 다음 각호의 요건이 갖추어진 때에 한하여 실시할 수 있다.

1. 대한민국에서 자유형이 선고·확정된 범죄사실이 외국의 법률에 의하여 범죄를 구성할 것. 이 경우 수 개의 범죄사실중 한 개의 범죄사실이 외국의 법률에 의하여 범죄를 구성하는 경우를 포함한다.
2. 대한민국에서 선고한 자유형의 판결이 확정될 것
3. 국외이송대상수형자가 국외이송에 동의할 것
4. 대한민국에서 자유형이 선고·확정된 재판에서 벌금·과료·몰수 또는 추징이 병과된 때에는 그 집행이 종료되거나 집행을 하지 아니하기로 확정될 것

5) 신병의 인도

(가) 검사의 불기소처분

검사는 강제퇴거명령서가 발급된 구속피의자에게 불기소처분을 한 경우에는 석방과 동시에 출입국관리공무원에게 그를 인도하여야 한다(출입국관리법 제86조 제1항).

(나) 교도소의 장 등의 석방 · 출소 · 퇴원

교도소 · 소년교도소 · 구치소 및 그 지소 · 보호감호소 · 치료감호시설 또는 소년원의 장은 「출입국관리법」 제84조(교도소장 등의 통보의무) 제2항에 따라 지방출입국 · 외국인관서의 장에게 통보한 외국인에 대하여 강제퇴거명령서가 발급되면 석방 · 출소 또는 퇴원과 동시에 출입국관리공무원에게 그를 인도하여야 한다(출입국관리법 제86조 제2항).

제 4 절 외국인의 출국비용

Ⅰ. 의 의

대한민국에 불법이민하고 있는 외국인을 강제적으로 출국시키는 경우 그 출국비용을 누구가 부담하는지가 문제되고, 만약에 국가가 출국비용이 없는 외국인을 위하여 출국비용을 부담하는 경우 그 비용에 대해 구상할 수 있는지가 문제된다. 이하에서는 그 내용을 살펴보기로 한다.

Ⅱ. 주 체

1. 출국하는 외국인

출국하는 외국인이 원칙적으로 그 출국비용을 부담하여야 한다. 다만, 외국인이 출국비용이 없거나 부족한 경우 국가가 무상으로 전액 또는 일정부분을 제공할 수 있다.

외국인이 강제퇴거될 때에 출국비용의 부담과 관련하여, 1990년 「모든 이주노동자와 그 가족의 권리보호에 관한 국제협약(International Convention on the Protection of the Rights of All Migrant Workers and Members of Their Families)」 제22조 제8호에서는 "이주노동자 또는 그의 가족이 강제퇴거되는 경우에는, 강제퇴거의 비용은 강제퇴거되는 외국인이 부담하여서는 안 된다In case of expulsion of a migrant worker or a member of his or her family, the costs of expulsion shall not be borne by him or her." 라고 규정하고 있다. 동 국제협약에 근거하여 이주노동자의 출국비용을 국가가 부담해야 한다는 진정인의 주장에 대하여, 국가인권위원회는 "대한민국은 동 협약을 비준하지 않았으므로 국가인권위원회의 조사대상인 인권침해행위에 해당하지 않는다."라고 하여, 이에 대한 견해 표명을 유보하였다.[81] 또한 외국인이 강제퇴거될 때에 출국비용이 없다는 이유로 3개월간 보호시설에 보호된 것이 이중처벌이라는 진정인의 주장에 대하여, 국가인권위원회는 "대한민국은 동 협약을 비준하지 않았으므로 국가인권위원회의 조사대상인 인권침해행위에 해당하지 않는다."라고 하여, 이에 대한 견해 표명을 유보하였다.

2. 신원보증인

(1) 의 의

신원보증인도 외국인의 출국에 드는 비용의 전부 또는 일부를 부담하게 할 수 있다. 즉 법무부장관은 사증 발급, 사증발급인정서 발급, 입국허가, 조건부 입국허가, 각종 체류허가, 외국인의 보호 또는 출입국사범의 신병인도身柄引渡 등과 관련하여 필요하다고 인정하면 초청자나 그 밖의 관계인에게 그 외국인(피보증외국인을 말한다)의 신원을 보증하게 할 수 있다(출입국관리법 제90조 제1항). 이 경우 법무부장관은 신원보증을 한 자에게 피보증외국인의 체류, 보호 및 출국에 드는 비용의 전부 또는 일부를 부담하게 할 수 있다(출입국관리법 제90조 제2항). 신원보증인이 비용을 부담하지 아니할 염려가 있거나 그 보증만으로는 보증목적을 달성할 수 없다고 인정될 때에는 신원보증인에게 피보증외국인 1인당 300만원 이하의 보증금을 예치하게 할 수 있다(출입국관리법 제90조 제4항).

(2) 개 념

신원보증제도란 초청자나 그 밖의 관계인 등 제3자가 법적 또는 금전적 부담을 약속함으로써 외국인에 대한 신뢰도가 부족한 부분을 보완하는 것을 말한다. 「출입국관리법」에서는 "법무부장관은 사증 발급, 사증발급인정서 발급, 입국허가, 조건부 입국허가, 각종 체류허가, 외국인의 보호 또는 출입국사범의 신병인도 등과 관련하여 필요하다고 인정하면 초청자나 그 밖의 관계인에게 그 피보증외국인의 신원을 보증하게 할 수 있다."라고 규정하고 있다(출입국관리법 제90조 제1항).

81) 국가인권위원회 결정례 2003. 7. 21. 자 03진인226 강제퇴거시의 출국경비부담 등.

(3) 신원보증인

1) 주 체

피보증외국인의 신원을 보장할 수 있는 자로는 초청자 또는 그 밖의 관계인이다(출입국관리법 제90조 제1항). 다만, 신원보증인은 피보증외국인과 초청관계, 가족관계, 고용관계, 사업관계 등 일정한 관계를 가지고 있어야 한다.

신원보증인이 될 수 있는 자는 국민에게만 한정된 것이 아니라, 외국인도 신원보증인이 될 수 있다. 외국인이 신원보증인이 되는 때에는 보증능력이 있는 것을 소명하여야 하는 것 외에도, 외국인등록증을 가지고 있어야 한다(출입국관리법 시행규칙 제77조 제4항 전단). 따라서 외국인등록증을 가진 등록외국인만이 신원보증인으로 될 수 있다. 그리고 피보증외국인이 소속하는 기관 또는 단체가 있는 때의 신원보증인은 특별한 사유가 없는 한 그 기관 또는 단체의 장으로 한다(출입국관리법 시행규칙 제77조 제3항 전단). 기관 또는 단체가 대한민국 안에 주소를 두고 있더라도, 신원보증인은 그 기관 또는 단체의 장(자연인)만이 할 수 있다.

2) 보증능력

(가) 원 칙

신원보증인은 대한민국 안에 주소를 둔 자로서 보증능력이 있는 자임을 소명하여야 한다(출입국관리법 시행규칙 제77조 제2항). 여기에서 '대한민국 안에 주소를 둔 자'는 국민뿐만 아니라, 외국인등록을 한 등록외국인, 거소신고를 한 재외동포를 포함한다. 보증능력의 소명은 신원보증인의 재정능력, 재직여부, 사회적 신분 또는 지위 등을 종합하여 판단하여야 한다.

(나) 예 외

피보증외국인이 소속하는 기관 또는 단체의 장이 신원보증인으로 되는 경우에는 보증능력의 소명을 요하지 아니한다(출입국관리법 시행규칙 제77조 제3항 후단).

3) 변 경

신원보증인인 국민이 외국에서 영주할 목적으로 출국하고자 하는 때에는 피보증외국인은 새로이 신원보증인을 설정하여야 한다. 신원보증인인 외국인이 완전히 출국하는 때에도 피보증외국인은 새로이 신원보증인을 설정하여야 한다(출입국관리법 시행규칙 제77조 제5항). 신원보증인이 변경된 경우 새로운 신원보증인은 신원보증서를 출입국관리사무소장·출장소장 또는 외국인보호소장에게 제출하여야 한다.

4) 제 한

출입국관리사무소장·출장소장 또는 외국인보호소장은 신원보증인이 다음의 어느 하나에 해당하는 경우에는 신원보증인의 자격을 1년의 범위에서 제한할 수 있다(출입국관리법 시행규칙 제77조 제10항). 신원보증인이 신원보증 책임을 이행하지 않아 신원보증이 제한되는 것은 i) 신원보증 신청일을 기준으로 최근 1년 이내에 신원보증 책임을 이행하지 않은 사실이 있는 경우(제1호), ii) 피보증외국인의 소속 기관·단체 또는 업체의 장이 신원보증인인 경우에 신원보증 신청일부터 최근 1년 이내에 3회 이상 신원보증 책임을 이행하지 않은 사실이 있는 경우(제2호)이다.

5) 신원보증 기간

(가) 원 칙

신원보증 기간의 최장기간은 4년으로 한다(출입국관리법 시행규칙 제77조 제7항). 다만, 외국인등록증을 가진 등록외국인이 신원보증인으로 되는 때에는 그 보증기간은 신원보증인의 체류기간을 초과할 수 없다(출입국관리법 시행규칙 제77조 제4항 후단). 외국인등록증을 가진 등록외국인이 하는 신원보증 기간은 그 체류기간의 범위 내에로 한정된다.

(나) 연 장

신원보증 기간을 연장할 필요가 있는 경우에는 신원보증인은 새로이 신원보증서를 출입국관리사무소장·출장소장 또는 보호소장에게 제출하여 한다.

6) 신원보증서의 제출

(가) 원 칙

신원보증을 하는 자는 신원보증인 및 피보증외국인의 인적사항·보증기간·보증내용 등을 기재한 신원보증서를 출입국관리사무소장·출장소장 또는 외국인보호소장에게 제출하여야 한다(출입국관리법 시행규칙 제77조 제1항). 다만, 재외공관의 사증발급과 관련하여 신원보증을 하는 자가 따라야 할 절차에 대하여는 구체적으로 규정하지 않고 있다. 법무부장관은 사증발급에 관한 권한을 재외공관의 장에게 위임할 수 있으므로(출입국관리법 제8조 제2항), 신원보증을 하는 자는 신원보증서를 재외공관의 장에게 제출할 수 있다고 해석된다.

(나) 예 외

출입국관리사무소장·출장소장 또는 외국인보호소장은 대한민국 또는 외국의 정부기관이 신원보증인이 되거나 법무부장관이 따로 정하는 자에 대하여는 신원보증서의 제출을 생략할 수 있다(출입국관리법 시행규칙 제77조 제8항).

신원보증서를 제출한 자가 그 신원보증서의 보증기간의 범위 내에서 체류기간을 연장하는 경우에는 신원보증서의 추가제출을 요하지 아니한다(출입국관리법 시행규칙 제77조 제9항).

3. 불법고용주

법무부장관은 취업활동을 할 수 있는 체류자격을 가지지 아니한 외국인을 고용한 불법고용주에게 그 외국인의 출국에 드는 비용의 전부 또는 일부를 부담하게 할 수 있다(출입국관리법 제90조의2 제1항).

Ⅲ. 구상권 행사

1. 출국하는 외국인에 대한 구상권 행사

출국할 비용이 없는 외국인에게 국가가 무상으로 출국비용을 제공하는 것이므로, 이에 대한 구상권은 사실상 어렵다고 볼 수 있다.

2. 신원보증인에 대한 구상권 행사

(1) 의 의

신원보증인이 보증책임을 이행하지 않는 경우, 즉 피보증외국인의 체류, 보호 및 출국에 드는 비용의 전부 또는 일부를 부담하지 아니하여 국고에 부담이 되게 한 경우에는 법무부장관은 신원보증인에게 구상권求償權을 행사할 수 있다(출입국관리법 제90조 제3항).

(2) 절 차

1) 통 지

신원보증인이 보증책임을 이행하지 아니하여 국고에 부담이 된 경우 법무부장관이 신원보증인에게 구상권을 행사하려면 구상금액 산출근거 등을 명확히 밝혀 구상금을 낼 것을 서면으로 신원보증인에게 통지하여야 한다(출입국관리법 시행령 제95조의2 제1항). 통지를 하는 때에는 구상금 납부통지서에 납입고지서를 첨부하여야 한다(출입국관리법 시행규칙 제77조의2 제1항).

2) 납 부

구상금 납부통지를 받은 신원보증인은 그 통지를 받은 날부터 15일 이내에 구상금을 내야 한다(출입국관리법 시행령 제95조의2 제2항). 구상권 행사 담당공무원은 구상권 행사 및 수납사항을 구상권 행사 사건처리부에 기재하여야 한다(출입국관리법 시행규칙 제77조의2 제2항).

(3) 구상권 행사의 경합

신원보증인 및 불법고용주가 다른 사람이어서 구상권이 경합하는 경우 불법고용주, 신원보증인의 순으로 구상권을 행사하는 것이 적절하다는 견해가 있을 수 있다. 그러나 일반적으로 시간 순서상으로 신원보증인이 우선하고, 외국인에 대한 사증발급, 입국, 체류 등에 일차적으로 기여하였으므로 신원보증인, 불법고용주의 순으로 구상권을 행사하거나, 신원보증인 및 불법고용주 모두에게 동일하게 구상권을 행사하도록 법률에 명확히 규정할 필요가 있다.

3. 불법고용주에 대한 구상권 행사

(1) 의 의

불법고용주가 불법으로 취업한 외국인의 출국에 드는 비용의 전부 또는 일부에 대한 비용 부담책임을 이행하지 아니하여 국고에 부담이 되게 한 경우에는 법무부장관은 그 불법고용주에게 구상권을 행사할 수 있다(출입국관리법 제90조의2 제2항).

(2) 절 차

1) 통 지

법무부장관은 불법고용주에게 구상권을 행사하려면 구상금액 산출근거 등을 명확히 밝혀 구상금을 낼 것을 서면으로 불법고용주에게 통지하여야 한다(출입국관리법 시행령 제95조의2 제1항). 통지를 하는 때에는 구상금 납부통지서에 납입고지서를 첨부하여야 한다(출입국관리법 시행규칙 제77조의2 제1항).

2) 납 부

구상금 납부통지를 받은 불법고용주는 그 통지를 받은 날부터 15일 이내에 구상금을 내야 한다(출입국관리법 시행령 제95조의2 제2항). 구상권 행사 담당공무원은 구상권 행사 및 수납사항을 구상권 행사 사건처리부에 기재하여야 한다(출입국관리법 시행규칙 제77조의2 제2항).

제 5 절 강제추방의 한계

Ⅰ. 의 의

국가가 자국에 바람직하지 못하다고 판단하는 외국인을 추방할 수 있는 권리는 국제법상 확립된 권리이다.[82] 강제추방은 국제사회의 관행 또는 조약 등에 의해 일반적으로 인정되거나, 국가의 자기보전 원칙으로부터 파생되어 나온 고유한 주권행사이다. 그렇지만 강제추방에는 일정한 한계가 있다. 강제추방이 재량권의 일탈 · 남용에 해당될 때에는 사법통제의 대상이 된다. 외국인의 기본권을 제한하는 공권력 행사인 강제추방의 목적이 정당하고 수단이 적정해야 하며 목적과 수단 사이에 합리적 비례관계가 유지되고 있는지 여부가 그 판단의 기준이 된다. 다만, 강제추방은 국가의 광범위한 정책재량의 영역 또는 국가주권 행사로서 성격을 지니므로 완화된 심사기준이 재량권의 일탈 · 남용에 대한 판단요소로 작용될 수 있다.[83]

강제추방은 무제한적으로 행사될 수 있는 절대적인 것이 아니다. 합법적이고 정당한 기준 내지 사유 및 절차에 근거하여 행사되어야 하는 한계를 지닌다. 강제추방은 그 재량권 행사의 기초가 된 사실에 오인이 있거나 재량권 행사가 비례원칙 또는 평등원칙을 위배한 경우에는 재량권을 일탈 · 남용한 것으로 위법 또는 부당하게 된다. 강제추방이 위법하거나 부당한 경우에는 사법권에 의한 구제절차가 뒤따르거나, 그 외국인이 속한 국적국가의 외교적 보호권, 보복조치 등의 발동 근거가 될 수 있다.[84] 아래에서는 강제추방이 제한되는 원칙과 국내법을 살펴보기로 한다.

---

82) 서울행정법원 2009. 3. 19. 선고 2008구합50308 판결; 서울행정법원 2009. 3. 25. 선고 2008구합46200 판결.
83) 김정도, 출입국관리법상 외국인보호업무의 운영실태와 개선방안에 관한 연구, 건국대학교 대학원 법학과 석사논문, 2004, p. 16; 헌법재판소 2005. 3. 31. 자 2003헌마87 결정 참고.
84) 김정도, 출입국관리법상 외국인보호업무의 운영실태와 개선방안에 관한 연구, 건국대학교 대학원 법학과 석사논문, 2004, p. 12; 서울행정법원 2009. 3. 25. 선고 2008구합46200 판결 참고.

Ⅱ. 기본원칙

1. 가족결합권

(1) 의 의

가족결합권, 즉 가족이 함께 살 수 있는 권리the family's right to live together는 국제법규에 의하여 폭넓게 인정된다. 1948년 「세계인권선언Universal Declaration of Human Rights」 제16조 제3항에서는 "가족은 사회의 자연적이며 기초적인 구성단위fundamental group unit이며, 사회와 국가의 보호를 받을 권리를 가진다."라고 규정하고, 1989년 「아동의 권리에 관한 협약Convention on the Rights of the Child」 제9조 제1항에서는 "당사국은 사법적 심사의 구속을 받는 관계당국이 적용 가능한 법률 및 절차에 따라서 분리가 아동의 최상의 이익을 위하여 필요하다고 결정하는 경우 외에는, 아동이 그의 의사에 반하여 부모로부터 분리되지 아니하도록 보장하여야 한다."라고 규정하고 있다.[85] 가족은 사회의 기초단위로서 존중되고, 보호되고, 지탱되어야 한다는 것으로, 이것은 국제사회에서 합의된 일치된 의견이다.

가족결합권the right to family unification이란 남녀가 혼인하여 가정을 구성할 권리, 아동이 부모와 분리되지 않고 함께 살 권리 등으로부터 파생된 개념이다. 혼인을 할 권리 및 가족을 구성할 권리는 '가족이 함께 살 수 있는 권리'를 기초로 한다.[86] 가족결합권은 그 가족이 체류하는 국가의 국민에게만 인정된 권리가 아니라, 국민과 외국인 모두에게 인정된 권리이다. 따라서 외국에 거주하는 외국인이 대한민국의 국민과 결혼하여 가족을 구성하고, 이를 유지할 권리는 보호된다. 그러나 가족결합권의 문제는 국가가 외국인인 가족 구성원을 강제퇴거시키거나, 그 국가에서 이미 체류하는 다른 가족구성원과의 동반 체류를 위해 입국하려는 외국인의 입국을 허가하지 않는 경우에 주로 발생한다.[87] 이것은 전술한 통합(사회적응)과 관련된 문제이기도 하다. 예를 들어 외국인근로자가 대한민국에서 근로를 제공하는 동안에 본국에 있는 그 가족을 초청할 수 있는지 또는 초청된 그 가족이 취업할 수 있는지, 불법이민외국인이 본국에 있는 그 가족을 초청할 수 있는지 등의 문제이다.[88]

---

85) T.Alexander Aleinikoff & Vincent Chetail, Migration and International Legal Norms, TMC Asser Press, 2003, pp. 185~186.

86) 앞의 책, p. 17, pp. 185~186; 이규창, 추방과 외국인 인권, 한국학술정보, 2006, p. 184.

87) T.Alexander Aleinikoff & Vincent Chetail, Migration and International Legal Norms, TMC Asser Press, 2003, p. 17, p. 186.

(2) 법적 근거

1) 국제법규

국제법규에서는 가족결합권의 존재를 일반적으로 인정하고, 가족에 대한 국가의 보호 의무를 규정하고 있다. 예를 들어 1966년「경제적 · 사회적 · 문화적 권리에 관한 국제규약」제10조 제1항에서는 "사회의 자연적이고 기초적인 단위인 가정에 대하여는, 특히 가정의 성립을 위하여 그리고 가정이 부양 어린이의 양육과 교육에 책임을 맡고 있는 동안에는 가능한 한 광범위한 보호와 지원이 부여된다."라고 규정하고 있다. 1966년「시민적 및 정치적 권리에 관한 국제규약」제23조 제1항에서는 "가정은 사회의 자연적이며 기초적인 단위이고, 사회와 국가의 보호를 받을 권리를 가진다."라고 규정하고, 제2항에서는 "혼인적령의 남녀가 혼인을 하고, 가정을 구성할 권리가 인정된다."라고 규정하고 있다. 1989년「아동의 권리에 관한 협약Convention on the Rights of the Child」제9조 제1항에서는 "당사국은 사법적 심사의 구속을 받는 관계 당국이 적용 가능한 법률 및 절차에 따라서 분리separation가 아동의 최상의 이익을 위하여for the best interests of the child 필요하다고 결정하는 경우 외에는, 아동이 그의 의사에 반하여 부모로부터 분리되지 아니하도록 보장하여야 한다."라고 규정하고, 제10조 제1항에서는 "제9조 제1항에 규정된 당사국의 의무에 따라서, 가족의 재결합을 위하여 아동 또는 그 부모가 당사국에 입국하거나 출국하기 위한 신청은 당사국에 의하여 긍정적이며 인도적인 방법으로 그리고 신속하게 취급되어야 한다. 또한 당사국은 이러한 요청의 제출이 신청자와 그의 가족구성원들에게 불리한 결과를 수반하지 아니하도록 보장하여야 한다."라고 규정하고 있다.

강제추방과 관련하여 그 한계를 규정하고 있는 국제법규를 살펴보기로 한다. 1965년「모든 형태의 인종차별 철폐에 관한 국제협약International Convention on the Elimination of All Forms of Racial Discrimination」제5조에서는 "체약국은 특히 아래의 제 권리를 향유함에 있어서 인종, 피부색 또는 민족이나 종족의 기원에 구별 없이 모든 사람의 권리를 법 앞에 평등하게 보장하고 모든 형태의 인종차별을 금지하고 폐지할 의무를 진다."라고 규정하고 있다. 동 협약 제5조에 기초하여, 2005년 인종차별 철폐위원회The Committee on the Elimination of Racial Discrimination 제65차 회기에서 채택된「비시민권자에 대한 차별에 관한 일반권고 XXXGeneral Recommendation XXX on Discrimination against Non-Citizens」제6장 제28조에서는 "비시민권자, 특히 장기 거주자

88) 이하룡, 국제이주 쟁점과 정책(International Migration Issues and Policies), 국제이주문제연구소, 2006, p. 136.

의 경우에 있어서 가족생활에 대한 권리the right to family life를 불균형적으로 방해하는 결과를 초래하는 강제퇴거를 피한다."라고 선언하고 있다.[89] 인종차별철폐위원회의 일반권고는 국제조약과 같이 해당 국가에 구속력을 가지는 것은 아니지만, 인종차별철폐위원회가 1965년 「모든 형태의 인종차별 철폐에 관한 국제협약International Convention on the Elimination of All Forms of Racial Discrimination」 제9조 제2항에 근거하여 제안과 일반적인 권고를 하는 것으로 해당 협약에 대한 유권해석을 제공하는 것이다. 따라서 동 협약의 체약국가를 사실상 구속한다.

2) 국내법

「헌법」 제36조 제1항에서는 "혼인과 가족생활은 개인의 존엄과 양성의 평등을 기초로 성립되고 유지되어야 하며, 국가는 이를 보장한다."라고 규정하고 있다. 그리고 「출입국관리법」 등에 의하면, 기술연수(D-3) 체류자격에 해당하는 자를 제외한 문화예술(D-1)에서 특정활동(E-7) 체류자격에 해당하는 자의 배우자 및 20세 미만의 자녀로서 배우자가 없는 경우에 한하여 동반(F-3) 체류자격을 부여한다. 제한적으로 가족결합을 인정하고 있다(출입국관리법 제10조, 출입국관리법 시행령 제12조 및 별표1). 90일 미만의 단기 체류자격 소지자 및 기술연수(D-3), 비전문취업(E-9) 체류자격 소지자의 경우에는 그 가족과의 결합이 인정되지 않는다. 다만, 예외적으로 가족방문이 허용되는 경우로는 기술연수(D-3), 비전문취업(E-9) 체류자격 소지자 등 가족결합권이 인정되지 않는 외국인이 국내에 체류하는 중 질병, 산재 등 부득이한 사유로 그 가족이 일시적으로 방문하고자 할 필요성이 인정되는 경우에 한하여 단기방문(C-3) 체류자격으로 90일의 체류기간 이내에 그 가족의 방문이 허용될 수 있다.

(3) 가 족

1) 의 의

가족은 일반적으로 혼인과 혈연을 통하여 배우자와 그 미성년인 미혼 자녀로 이루어진 집단을 의미한다. 부부와 미혼 자녀만으로 이루어진 핵가족nuclear family은 가족결합권에 관하여는 매우 폭넓게 인정된다. 그러나 가족에 대해 국제적으로 인정된 단일 개념은 아직 존재하지 않고, 국제법규의 규정들은 각기 다른 형식으로 규정하고 있다. 가족간 유대family tie의 존재 여부는 사실상의 문제로 사안에 따라 개별적으

89) The Committee on the Elimination of Racial Discrimination, General Recommendation XXX on Discrimination against Non-Citizens, 65 session, 2005, Ⅵ 28, "Avoid expulsions of non-citizens, especially of long-term residents, that would result in disproportionate interference with the right to family life."

로 결정된다. 가족결합권에 관한 가족 개념의 다양성 및 가족간 유대의 중요성을 감안할 때에, 가족의 개념과 범위가 어느 정도까지 인정될 것인지에 대하여는 유용한 제한요인을 결정할 때에 탄력적인 접근방법이 요구된다.[90]

2) 부 모

(가) 범 위

부모는 일반적으로 아버지 또는 어머니, 아버지 그리고 어머니 모두를 말한다. 부모의 범위에는 의붓아버지 또는 의붓어머니(의붓아버지 또는 의붓어머니는 친부모가 사망한 경우에만 인정된다), 비적출자illegitimate child의 아버지, 양부모를 포함한다.[91] 그러나 부모의 범위에는 친척은 포함되지 않는다.[92]

(나) 사실혼

사실혼 관계에 있는 부부가 가족결합권의 적용을 받는 가족으로 볼 수 있는지가 문제된다. 법률혼 관계의 부부로 구성된 가족뿐만 아니라, 사실혼 관계의 부부로 구성된 가족도 가족결합권의 가족에 해당된다. 강제퇴거와 관련된 직접적 결정례는 아니지만, 불법체류를 하다가 대한민국의 국민과의 혼인을 목적으로 자진하여 신고한 후 출국명령된 한국계 중국인에 대한 법무부장관의 입국사증 발급 불허에 대하여, 국가인권위원회는 "사실혼 관계에 있었고 자녀까지 출산한 경우에 사증발급을 불허한 처분은 「헌법」 제10조에 보장된 행복추구권을 침해한 것이다."라고 결정한 바 있다.[93] 즉 사실혼 관계에 있는 가족에 대한 국가의 보호 및 보장의무를 확인한 것이다. 이 결정례는 강제퇴거가 제한되는 가족의 범위에도 적용될 수 있다.

3) 자 녀

(가) 국제법규

가족의 개념과 범위를 정할 때에 자녀가 문제된다. 가족결합권의 적용을 받는 자녀와 관련하여 우선 국제법규의 규정을 살펴보기로 한다. 1965년에 발효된 「유럽사

---

90) T.Alexander Aleinikoff & Vincent Chetail, Migration and International Legal Norms, TMC Asser Press, 2003, pp. 197~198.

91) Jeremy Rosenblatt, Ian Lewis, Children and Immigration, Cavendish Publishing Limited, 1997, p. 7.

92) 앞의 책, p. 8.

93) 국가인권위원회 결정례 2004. 8. 16. 자 04진인1581 입국사증 발급불허 관련; 국가인권위원회 결정례 2003. 9. 8. 자 03진인931 중국동포 배우자 입국금지 관련.
특히, '국가인권위원회 결정례 2003. 9. 8. 자 03진인931 중국동포 배우자 입국금지 관련'에서는 중국동포로서 혼인신고를 위해 불법체류에 대한 자진신고를 한 후 중국으로 출국하였다가 과거 불법체류를 이유로 5년간 입국금지 조치된 사안에서, 국가인권위원회는 이를 가정에 대한 국가의 보호 및 보장의무에 반하는 처분으로서 부당하다고 하여 입국금지 해제를 법무부장관에게 권고하였다.

회헌장European Social charter」 제19조 제6항에서는 '21세 미만의 동반자녀'라고 규정하고 있다.[94] 1983년에 발효된 「외국인근로자의 법적 지위에 관한 유럽조약European Convention on the Legal Status on Migrant Workers」 제12조 제1항에서는 합법적으로 고용된 외국인근로자의 부양가족인 '결혼하지 않은 미성년 자녀'에 한정하고 있다.[95] 그러나 1968년에 발효된 「유럽경제공동체에서 근로자의 이동의 자유에 관한 이사회지침(Regulation 1612/68/EEC, Council Regulation of 15 October 1968 on Freedom of Movement for Workers Within the Community)」 제10조 제1항에서는 '21세 미만의 자녀 또는 부양가족인 자녀'라고 규정하여,[96] 21세 이상의 자녀일지라도 부양가족이라면 가족의 범위에 포함하고 있다.[97] 1959년 「로마조약the Treaty of Rome 1959」과 「1959년 로마조약에 따른 유럽지침European Directives and Regulations pursuant to the Treaty of Rome 1959」에서는 유럽경제지대European Economic Area 내에서 회원국의 국민이 이동하는 것과 관련하여 그 자녀의 범위를 21세 미만의 피부양 자녀 또는 피부양 자녀, 피부양 손자손녀grandchildren, 21세 미만의 독립된 손자손녀를 포함하고 있다.[98]

---

94) Article 19 – The right of migrant workers and their families to protection and assistance
With a view to ensuring the effective exercise of the right of migrant workers and their families to protection and assistance in the territory of any other Contracting Party, the Contracting Parties undertake:
6 to facilitate as far as possible the reunion of the family of a foreign worker permitted to establish himself in the territory.
APPENDIX TO THE SOCIAL CHARTER
Article 19, paragraph 6
For the purpose of this provision, the term "family of a foreign worker" is understood to mean at least his wife and dependent children under the age of 21.

95) Article 12 – Family reunion
1. The spouse of a migrant worker who is lawfully employed in the territory of a Contracting Party and the unmarried children thereof, as long as they are considered to be minors by the relevant law of the receiving State, who are dependent on the migrant worker, are authorised on conditions analogous to those which this Convention applies to the admission of migrant workers and according to the admission procedure prescribed by such law or by international agreements to join the migrant worker in the territory of a Contracting Party, provided that the latter has available for the family housing considered as normal for national workers in the region where the migrant worker is employed. Each Contracting Party may make the giving of authorisation conditional upon a waiting period which shall not exceed twelve months.

96) Article 10
1. The following shall, irrespective of their nationality, have the right to install themselves with a worker who is a national of one Member State and who is employed in the territory of another Member State: (a) his spouse and their descendants who are under the age of 21 years or are dependants; (b) dependent relatives in the ascending line of the worker and his spouse.

97) 이하룡, 국제이주 쟁점과 정책(International Migration Issues and Policies), 국제이주문제연구소, 2006, pp. 136~137.

98) Jeremy Rosenblatt, Ian Lewis, Children and Immigration, Cavendish Publishing Limited,

2010년에 발효된 「한국-인도 포괄적 경제동반자협정CEPA」 제2조 제5항에서는 '미성년 자녀'라고 규정하고 있다.[99] 위와 같이 가족결합권의 적용을 받는 자녀의 범위에 대한 국제사회의 관행은 아직 명확히 정립되지 않아 여전히 형성 과정 중에 있다고 할 수 있다.

(나) 국내법

「출입국관리법」 등에서는 국민 또는 영주(F-5) 체류자격을 가지고 있는 자의 미성년 자녀에게 거주(F-2) 체류자격을 부여하고, 난민의 인정을 받은 자(거주(F-2))의 미성년 자녀에게 방문동거(F-1) 체류자격을 부여하고,[100] 기술연수(D-3)를 제외한 문화예술(D-1) 내지 특정활동(E-7) 체류자격에 해당하는 자의 20세 미만의 자녀로서 배우자가 없는 자에게 동반(F-3) 체류자격을 부여하도록 규정하고 있다(출입국관리법 제10조 제1항, 출입국관리법 시행령 제12조 및 별표1). 「출입국관리법」에 의하면, 미성년 자녀를 가족결합권의 적용을 받는 자녀로 보고 있다.

(4) 아동의 분리

1) 의 의

국가가 가족 구성원을 분리하는 것은 가족생활이 존중받아야 하는 권리의 침해와 관련된다. 외국인의 입국을 허가하지 않거나 강제적으로 퇴거시킴으로써 가족 구성원을 분리하는 것은 국가에게 절대적으로 인정된 권리는 아니다. 1966년 「시민적 및 정치적 권리에 관한 국제규약」 제17조 제1항에서는 "어느 누구도 그의 가정에 대하여 자의적이거나 불법적인 간섭을 받지 아니한다."라고 규정하고, 제2항에서는 "모든 사람은 그러한 간섭에 대하여 법의 보호를 받을 권리를 가진다."라고 규정하고 있다. 따라서 국가안전 또는 공공질서를 이유로 한 가족 구성원으로부터 배제는 법률에 근거하고 적절하고 정당한 수단을 통해서만 허용된다. 가족의 분리는 가족생활이 존중받아야 할 개인의 권리 및 국가안전 또는 공공질서 사이에서 균형 있는 적용 해석이 필요하다.[101]

1997, p. 2.

99) 한국-인도 포괄적 경제동반자협정(CEPA) 제2조
⑤ 당사자는 제2항 및 제3항에 언급된 고용방문자의 가족구성원(배우자, 미성년 자녀)에게 그 주된 사증소지자가 발급받은 고용 관련 사증과 함께 만료되는 복수입국 사증을, 그들 가족 관계의 증명을 접수한 때, 발급할 수 있다.

100) 난민법 제37조 (배우자 등의 입국허가)
① 법무부장관은 난민인정자의 배우자 또는 미성년자인 자녀가 입국을 신청하는 경우 「출입국관리법」 제11조에 해당하는 경우가 아니면 입국을 허가하여야 한다.
② 제1항에 따른 배우자 및 미성년자의 범위는 「민법」에 따른다.

101) David Fisher, Suan Martin, and Andrew Schoenholtz, Migration and Security in

2) 제 한

1989년「아동의 권리에 관한 협약」 제9조 제1항에 대한 해석에 의하면, 부모로부터의 아동을 분리family separation하는 것은 그 아동의 최상의 이익을 위하여 필요하다고 결정하는 경우에만 허용하도록 규정하여 아동의 가족으로부터 분리를 매우 엄격히 제한하고 있다. 따라서 부모의 강제추방이 사실상 가족의 분리를 초래하는 경우 1989년「아동의 권리에 관한 협약」에 의한 당사국의 의무에 따라 당사국은 아동 또는 그의 후견인·대리인으로부터 이에 대한 의견을 청취할 의무가 있고, 부모의 강제추방이 그 아동의 최상의 이익을 위한 것인지를 결정하여야 한다.[102)]

(5) 사례의 적용

외국인(재한화교)이 대한민국에서 출생 성장하여 대한민국의 국민과 혼인하다가 구「반공법」 위반으로 강제퇴거명령을 받은 손승억 사안에서, 대법원은 "「반공법」 위반의 범행에 의하여 형의 선고를 받은 잘못이 있는 외국인이었다 할지라도, 그 외국인이 우리나라에서 출생 성장하여 우리나라 여성과 결혼하였고 송환될 당시까지 한국인 노모를 모시고 생업에 종사하고 그 형수 매형 등이 모두 우리나라 사람이며 등 여러 가지 정상에 비추어 그에 대하여 강제퇴거를 명한 처분은 심히 가혹하고 부당하여 재량의 범위를 일탈한 것이다."라고 판시하고 있다.[103)]

국가인권위원회는 "외국인인 중국동포가 2회에 걸쳐 타인명의 위명여권으로 입국하여 불법체류하고 거주(F-2) 체류자격 신분으로 체류자격 외 활동을 한 것 때문에 강제퇴거 되어「출입국관리법」 제11조(입국의 금지 등) 제6호의 규정[104)]에 의하여 5년간 입국할 수 없는 외국인이라 할지라도, 중국동포와 진정인(중국동포의 배우자)은 강제퇴거되기 전에 법적·사실적으로 혼인사실이 인정되고, 강제퇴거 후 정상적인 결혼생활을 재개하기 위하여 진정인(중국동포의 배우자)은 중국동포의 조속한 재입국을 위해 노력하고 있는 상황으로 보아 향후에도 결혼생활을 절실하게 원하고 있는 것으로 보인다. 따라서 가정의 보호 및 보장의무에 대한「헌법」 및 국제인권법의 인도주의 정신에 비추어 원만한 결혼생활을 위해 중국동포에 대한 재입국이 필요하

International Law, Migration and International Legal Norms, TMC Asser Press, 2003, p. 100.

102) T.Alexander Aleinikoff & Vincent Chetail, Migration and International Legal Norms, TMC Asser Press, 2003, p. 18.

103) 대법원 1972. 3. 20. 선고 71누202 판결.

104) 출입국관리법 제11조 (입국의 금지 등)
① 법무부장관은 다음 각 호의 어느 하나에 해당하는 외국인에 대하여는 입국을 금지할 수 있다.
6. 강제퇴거명령을 받고 출국한 후 5년이 지나지 아니한 사람

다고 판단하고 입국금지 처분의 해제를 권고한다."라고 결정한 바 있다.[105] 다만, 동일한 사안에서, 국가인권위원회는 중국동포가 위명여권을 사용하고 거주(F-2) 체류자격 신분으로 체류자격외 활동[106]인 다방을 경영한 사실로 강제퇴거를 결정한 것은 위법이 아니라고 결정한 바 있다.[107] 또한 국가인권위원회는 "2003년 법무부 입국규제업무처리지침에 의하면 한국인과 혼인한 외국적 배우자로 단순불법체류자인 출입국사범은 입국규제를 유예하도록 명시되어 있음에도, 현재까지 5년의 입국규제 조치하고 있는 것은 법무부 입국규제업무처리지침에 위반하는 행위라고 판단된다."라고 결정하고 있다.[108]

2. 비차별의 원칙

2005년 인종차별철폐위원회The Committee on the Elimination of Racial Discrimination 제65차 회기에서 채택된 「비시민권자에 대한 차별에 관한 일반권고 XXXGeneral Recommendation XXX on Discrimination against Non-Citizens」 제6장 제25조에서 "당사국 관할국으로부터 비시민권자의 추방 또는 다른 형태의 이동에 관한 법률이 그 목적이나 효력에 있어서 인종, 피부색 또는 종족이나 민족을 근거로 하여 차별하지 않도록 하고"라고 선언하고 있다.[109] 동 일반권고는 국제조약과 같이 해당 국가에 구속력을 가지는 것은 아니지만, 1965년 「모든 형태의 인종차별 철폐에 관한 국제협약International Convention on the Elimination of All Forms of Racial Discrimination」 제9조 제2항에 근거하여 제안과 일반적인 권고를 하는 것이고 해당 협약에 대한 유권해석을 제공하고 있으므로 동 협정의 체약국가를 사실상 구속한다.

Ⅲ. 강제추방을 제한하는 국내법

1. 의 의

강제추방의 대상자는 합법이민 또는 불법이민외국인, 결혼이민자, 무국적자, 난민 등을 포함한 모든 유형의 외국인이다(출입국관리법 제46조). 그러나 「출입국관리법」에 규정된 일

105) 국가인권위원회 결정례 2003. 1. 13. 자 02진인1428 중국동포 입국금지 관련.
106) 현재는 거주(F-2)의 경우 취업에 원칙적으로 제한이 없다.
107) 국가인권위원회 결정례 2003. 1. 13. 자 02진인1428 중국동포 입국금지 관련.
108) 국가인권위원회 결정례 2003. 9. 8. 자 03진인931 중국동포 배우자 입국금지 관련.
109) The Committee on the Elimination of Racial Discrimination, General Recommendation XXX on Discrimination against Non-Citizens, 65 session, 2005, Ⅵ 25.

정한 사유를 위반한 외국인을 강제적으로 추방하여 보호하려는 공적 이익 및 그 외국인이 국내에 체류하여 누리고 있는 생활안정이라는 사적 이익을 비교 형량하여야 한다. 따라서 다수의 국가에서는 강제추방의 사유에 해당할지라도 일정한 경우 강제추방의 예외를 인정하고 있다.

이하에서는 강제추방을 제한 내지 유보하는 국내법을 살펴보기로 한다.

2. 영주(F-5) 체류자격 소지자

(1) 의 의

영주(F-5) 체류자격 소지자도 외국인이므로 당연히 강제추방의 대상자로 될 수 있다. 다만, 영주(F-5) 체류자격 소지자는 단기간 동안 체류하는 외국인에 비하여 거주국이 생활의 근거지가 된다는 점에서 특별히 처우를 할 필요가 있다. 강제추방의 예외에 해당하는 영주(F-5) 체류자격 소지자인지 여부는 강제퇴거명령의 결정시를 기준으로 하여야 한다. 이하에서는 영주(F-5) 체류자격 소지자의 강제추방과 관련한 원칙과 한계를 살펴보기로 한다.

(2) 원 칙

영주(F-5) 체류자격 소지자는 이미 국내에서 생활의 기반 내지 근거를 가지고 있으므로 이들을 강제로 추방할 경우 회복하기 어려운 손해가 발생할 우려가 있다. 「출입국관리법」에서는 "대한민국에 영주할 수 있는 체류자격을 가진 자는 대한민국 밖으로 강제퇴거 되지 아니한다."라고 규정하고 있다(출입국관리법 제46조 제2항 본문). 영주(F-5) 체류자격 소지자는 「출입국관리법」 제46조(강제퇴거의 대상자) 제1항 각 호에 정한 강제퇴거의 사유만으로는 원칙적으로 대한민국 밖으로 강제퇴거 되지 않는다.

(3) 예 외

대한민국에 영주할 수 있는 체류자격을 가진 외국인은 예외적으로 아래의 3가지의 하나에 해당하는 경우에는 강제퇴거될 수 있다.

첫째, 「형법」 제2편 제1장 내란의 죄 또는 제2장 외환의 죄를 범한 자이다(출입국관리법 제46조 제2항 제1호).

둘째, 5년 이상의 징역 또는 금고의 형을 선고받고 석방된 자 중 법무부령으로 정하는 자이다(출입국관리법 제46조 제2항 제2호). 여기에서 '법무부령으로 정하는 자'란 i) 「형법」 제2편 제24장 살인의 죄, 제32장 강간과 추행의 죄 또는 제38장 절도와 강도의 죄 중 강도의 죄를 범한 자, ii)「성폭력범죄의 처벌 등에 관한 특례법」 위반의 죄를 범한 자, iii)「마약류관리에 관한 법률」 위반의 죄를 범한 자, iv)「특정범죄 가중처벌 등에 관한 법률」 제5조의2 · 제5조의4 · 제5조의5 · 제5조의9 또는 제11조 위반의 죄를 범한 자, v)「국가보안법」 위반의 죄를 범한 자, vi)「폭력행위 등 처벌에 관한 법률」 제4조 위반의 죄를 범한 자, vii)「보건범죄단속에 관한 특별조치법」 위반의 죄를 범한 자의 어느 하나에 해당하는 자로서 법무부장관이 강제퇴거함이 상당하다고 인정하는 자를 말한다(출입국관리법 시행규칙 제54조).

셋째, i) 외국인을 불법으로 입국 또는 출국하게 하거나 대한민국을 거쳐 다른 국가에 불법으로 입국하게 할 목적으로 선박 등이나 여권 또는 사증, 탑승권이나 그 밖에 출입국에 사용될 수 있는 서류 및 물품을 제공하는 행위 및 이러한 행위를 알선하는 행위(출입국관리법 제12조의3 제1항)를 하거나 이를 교사教唆 또는 방조幇助한 자, ii) 불법으로 입국한 외국인에 대하여 대한민국에서 은닉 또는 도피하게 하거나 그러한 목적으로 교통수단을 제공하는 행위 및 이러한 행위를 알선하는 행위(출입국관리법 제12조의3 제2항)를 하거나 이를 교사 또는 방조한 자이다(출입국관리법 제46조 제2항 제3호).

3. 난민신청자 및 난민인정자

(1) 의 의

난민신청자(난민인정을 신청한 자를 말한다) 및 난민인정자(난민으로 인정된 자를 말한다)는 대한민국의 국적을 가지지 아니한 자이므로 외국인에 해당되어 강제추방의 대상자로 될 수 있다. 다만, 1951년 「난민의 지위에 관한 협약the Convention Relating to the Status of Refugees」 등 국제법규 및 「출입국관리법」, 「난민법」 등에서는 난민신청자와 난민인정자에게 일반 외국인에 비하여 우월적 법적지위를 부여하고 강제추방에 일정한 한계를 두고 있다.[110] 이하에서는 난민인정을 신청한 자 및 난민으로 인정된 자에 대한 강제추방의 한계를 살펴보기로 한다.

(2) 강제송환 금지의 원칙

1) 개 념

강제송환 금지의 원칙이란 난민인정자와 인도적 체류자 및 난민신청자는 「난민협약」 제33조 및 「고문 및 그 밖의 잔혹하거나 비인도적 또는 굴욕적인 대우나 처벌

110) 이규창, 추방과 외국인 인권, 한국학술정보, 2006, p. 64 참고.

의 방지에 관한 협약」 제3조에 따라 본인의 의사에 반하여 강제로 송환되지 아니한다는 것을 말한다(난민법 제3조). 난민인정자 등이 추방 또는 송환이 금지되는 영역이 속하는 국가로 송환되지 아니한다는 강제퇴거명령에 대한 예외에 해당한다.

2) 법적 성격

강제송환 금지의 원칙이 국제관습법으로 성립되었는지에 대하여는 의견이 나뉘고 있다. 이에 대하여는 후술하기로 한다. 대한민국 정부는 강제송환 금지의 원칙이 국제관습법으로 인정된 것으로 보고 있다.[111]

3) 근거규정

1965년 「모든 형태의 인종차별 철폐에 관한 국제협약」 제5조에서는 "(중략) 인종, 피부색 또는 민족이나 종족의 기원에 구별 없이 만인의 권리를 법 앞에 평등하게 보장하고 모든 형태의 인종차별을 금지하고 폐지할 의무를 진다."라고 규정하고 있다. 동 협약 제5조에 기초하여, 1996년 인종차별철폐위원회 제49차 회기에서 채택된 「난민과 실향민에 관한 협약 제5조에 관한 일반권고 XXIIGeneral Recommendation XXII on article 5 of the Convention on Refugees and Displaced Persons」 제2조 (b)항에서는 "당사국은 난민의 귀환이 자발적이도록 하며, 강제송환 금지의 원칙과 강제추방 금지의 원칙을 지킬 의무가 있다."라고 선언하고 있다. 인종차별철폐위원회의 일반권고는 국제조약과 같이 해당 국가에 법적 구속력을 가지는 것은 아니지만, 1965년 「모든 형태의 인종차별 철폐에 관한 국제협약」 제9조 제2항에 근거하여 인종차별철폐위원회가 제안과 일반적인 권고를 하는 것이므로 협약에 대한 유권해석을 제공하고 협약의 체약국을 사실상 구속한다. 그리고 「난민법」 제3조에서는 "난민인정자와 인도적 체류자 및 난민신청자는 「난민협약」 제33조 및 「고문 및 그 밖의 잔혹하거나 비인도적 또는 굴욕적인 대우나 처벌의 방지에 관한 협약」 제3조에 따라 본인의 의사에 반하여 강제로 송환되지 아니한다."라고 규정하여, 강제송환 금지의 원칙을 인정하고 있다.

(3) 강제퇴거명령의 집행 보류

출입국관리공무원이 강제퇴거명령서를 집행할 때에는 강제퇴거명령을 받은 자에게 강제퇴거명령서를 내보이고 지체 없이 그를 「출입국관리법」 제64조(송환국)에 따른 송환국으로 송환하여야 한다(출입국관리법 제62조 제1항, 제3항 본문). 그러나 강제퇴거명령을 받은 자가

111) 2011. 12. 8. (목) 제11-1142호 외교통상부 보도자료 - 김봉현 다자외교조정관, 「난민협약 60주년 계기 고위급 특별회의 참석」.

ⅰ) 「난민법」에 따라 난민인정 신청을 하였으나 난민인정 여부가 결정되지 아니한 경우, ⅱ) 「난민법」 제21조에 따라 이의신청을 하였으나 이에 대한 심사가 끝나지 아니한 경우의 어느 하나에 해당하는 경우에는 송환하여서는 아니된다(출입국관리법 제62조 제4항 본문 및 제1호, 제2호). 다만, 「난민법」에 따른 난민신청자가 대한민국의 공공의 안전을 해쳤거나 해칠 우려가 있다고 인정되면 그러하지 아니하다(출입국관리법 제62조 제4항 단서).

(4) 난민인정자에 대한 체류허가의 특례

법무부장관은 「난민법」에 따른 난민인정자가 강제퇴거명령에 대하여 이의신청을 한 경우에는, 난민인정자가 「출입국관리법」 제61조(체류허가의 특례) 제1항에 규정된 ⅰ) 대한민국의 국적을 가졌던 사실이 있거나, ⅱ) 그 밖에 대한민국에 체류하여야 할 특별한 사정이 있다고 인정되는 체류허가의 특례에 해당되지 아니하고, 이의신청이 이유 없다고 인정되는 경우에도 그의 체류를 허가할 수 있다(출입국관리법 제76조의7 전단). 법무부장관은 난민인정자에 대한 체류허가의 특례를 하는 경우에 체류기간 등 필요한 조건을 붙일 수 있다(출입국관리법 제76조의7 후단, 제61조 제2항).

4. 강제퇴거 명령 이의신청자에 대한 체류허가의 특례

(1) 개 념

강제퇴거명령을 받은 용의자가 제기한 이의신청에 이유가 없다는 결정을 할 것에 대하여, 「출입국관리법」에서는 법무부장관이 용의자가 강제퇴거의 대상자에 해당하지만 특별한 사정이 있다고 인정되어 그 재량권에 기초하여 체류를 허가할 수 있는 특례를 규정하고 있다. 체류허가의 특례란 법무부장관이 강제퇴거명령의 이의신청에 대한 결정을 할 때에 '이의신청이 이유 없다'고 인정되는 경우라도 용의자가 대한민국의 국적을 가졌던 사실이 있거나 그 밖에 대한민국에 체류하여야 할 특별한 사정이 있다고 인정되면 그의 체류를 허가할 수 있는 것을 말한다(출입국관리법 제61조 제1항).

(2) 요 건

체류허가의 특례는 외국인이 강제퇴거명령을 받기 전에 또는 강제퇴거명령에 대한 이의신청을 제기하기 전에 적용되는 것이 아니다. 강제퇴거명령을 받은 용의자가 제기한 이의신청이 이유가 없다는 요건이 충족되어야 한다. 여기에서 '이의신청이 이유 없다'라는 것은 지방출입국·관서의 장이 행한 심사결정이 절차상 법령에 준수하였고, 용의자에 대해 적용된 법조가 올바르고, 사실관계에 오인이 없고, 지방출입국·관서의 장의 재량권 행사에 일탈 또는 남용이 없다고 인정되어, 용의자가 「출입국관리법」 제46조(강제퇴거의 대상자) 제1항 각 호에 정한 강제퇴거 사유의 어느 하나에 해당되어 강제퇴거의 대상자로 결정된 것을 말한다.

(3) 사 유

1) 의 의

용의자가 강제퇴거의 사유에 해당하여 강제퇴거의 대상자로 결정될지라도, 법무부장관은 용의자가 대한민국의 국적을 가졌던 사실 또는 그 밖에 대한민국에 체류하여야 할 특별한 사정이 있는 경우에 해당될 때에 재량적으로 그 용의자의 체류를 특별히 허가할 수 있다. 체류허가의 특례가 적용될 수 있는 사유로는 아래와 같이 2가지로 구분될 수 있다.

2) 대한민국의 국적을 가졌던 사실

용의자가 대한민국의 국적을 가졌던 사실이 있는 경우이다. 이것은 과거에 대한민국의 국민이었던 외국인을 말한다. 과거에 대한민국의 국적을 가졌던 적이 있는 외국인에 대하여는 대한민국과의 관계, 대한민국의 국민과의 혈연관계 등을 고려한 배려이다. 예를 들어 과거에 대한민국의 국민이었으나 외국국적을 자진하여 취득하여 대한민국의 국적을 상실한 자 등이다.

3) 대한민국에 체류하여야 할 특별한 사정

그 밖에 대한민국에 체류하여야 할 특별한 사정이 있다고 인정되는 경우이다. 이것으로는 i) 용의자가 영주(F-5) 체류자격을 가지고 있는 경우, ii) 용의자가 대한민국 정부로부터 훈장 또는 표창을 받은 사실이 있거나, 대한민국에 특별한 공헌을 한 사실이 있는 경우, iii) 그 밖에 국가이익이나 인도주의人道主義에 비추어 체류하여야 할 특별한 사정이 있다고 인정되는 경우의 어느 하나에 해당하는 경우를 말한다(출입국관리법 시행령 제76조 제1항).

4) 관련된 사안

위와 관련하여 강제퇴거명령을 받은 자가 국내에 체류하는 중 기존 체류자격이 연장되거나 새로운 체류자격이 부여되는 경우 체류허가의 특례가 적용될 수 있는지가 문제된다. 체류자격의 부여·연장과 강제퇴거명령은 그 요건이 서로 다르므로, 강제퇴거명령의 사유에 해당하는 범행 이후에도 체류기간이 연장되었거나 새로운 체류자격이 부여되었다는 사실만으로는 강제퇴거명령의 사유에 해당하는 범행을 이

유로 한 강제퇴거명령이 행해지지 않으리라는 정당한 신뢰가 형성되었다고 보기 어렵다.[112)]

(4) 절 차

1) 특별체류허가서

법무부장관은 강제퇴거명령의 이의신청자에 대한 체류허가의 특례에 의하여 체류허가를 한 때에는 체류자격, 체류기간과 그 밖에 필요한 준수사항을 적은 특별체류허가서를 발급하여 출입국관리사무소장·출장소장 또는 외국인보호소장을 거쳐 그 용의자에게 교부하여야 한다(출입국관리법 시행령 제76조 제2항). 이때에 법무부장관은 주문·이유 및 적용 법조문 등을 분명히 밝힌 이의신청에 대한 결정서에 그 뜻(체류허가 특례를 하였다는 것을 말한다)을 적어야 한다(출입국관리법 시행령 제76조 제3항).

2) 조건 부여

법무부장관은 체류허가 특례를 할 때에 체류기간 등 필요한 조건을 붙일 수 있다(출입국관리법 제61조 제2항).

(5) 사 례

체류허가의 특례가 적용될 수 있는 사유 중 인도주의가 고려되어 적용된 사례를 살펴보기로 한다.

강제퇴거명령을 받고 일시보호해제의 기간 중에 있는 외국인이 단속 및 강제퇴거가 결정되기 이전에 교제를 시작하여 대한민국 국민과의 혼인 등 신상의 변화가 발생한 예외적인 상황인 경우, 국가인권위원회는 체류허가의 특례가 적용되도록 권고한 바 있다. 그 논거로는 결혼 등에 의한 가족관계는 「헌법」 제36조 제1항에서 명시하는 바와 같이 사회와 국가의 보호를 받을 권리를 가진 사회의 기초단위이고,[113)] 양 당사자의 자유로운 동의하에 이루어지는 혼인은 1966년 「경제적·사회적 및 문화적 권리에 관한 국제규약」 및 1966년 「시민적·정치적 권리에 관한 국제규약」 등 국제법규에 의거하여 국가가 광범위하게 보호하도록 되어 있으므로 가족결합은 기본적 인권으로 보호되어야 할 권리이며 원칙이다. 일시보호해제의 기간 중에 있는 외국인이 위장결혼이 아닌 진정한 혼인 등의 예외적인 상황변경이 발생한 경우 인도주의적 사유에 의한 특례조치가 가능하도록 하고, 일시보호해제 기간 중에 있는

---

112) 서울행정법원 2009. 5. 28. 선고 2008구합38629 판결.

113) 헌법 제36조 제1항에서는 "혼인과 가족생활은 개인의 존엄과 양성의 평등을 기초로 성립되고 유지되어야 하며, 국가는 이를 보장한다."라고 규정하고 있다.

외국인이 불법체류 기간에 대한 벌금을 납부하는 등의 절차를 통하여 국내에서 체류자격 변경이 가능하도록 적절한 조치가 필요하다.[114] 대한민국의 국민과 진정한 혼인관계를 유지하는 외국인이 형식적으로 출국한 후에, 혼인생활을 다시 유지하기 위하여 재외공관에 결혼이민(F-6-1) 사증을 신청하고 이를 발급받아 재입국하는 과정을 거치도록 하는 것은 외국인 및 대한민국의 국민의 인권적 관점에서는 과도한 규제로 판단된다.[115]

제6절 구제제도

Ⅰ. 의 의

2005년 인종차별철폐위원회의 제65차 회기에서 채택된「비시민권자에 대한 차별에 관한 일반권고」제6장 제25조에서는 "비시민권자가 효과적인 구제조치에 동등하게 접근할 권리를 가지고, 강제퇴거명령에 대하여 이의를 제기할 수 있는 권리를 포함하여, 그러한 구제조치를 효과적으로 구하는 것이 허용되도록 보장한다."라고 선언하고 있다. 인종차별철폐위원회의 일반권고는 국제조약과 같이 해당 국가에 구속력을 가지는 것은 아니지만, 1965년「모든 형태의 인종차별 철폐에 관한 국제협약」제9조 제2항에 근거하여 인종차별철폐위원회가 제안과 일반적인 권고를 하는 것이므로 해당 협약에 대한 유권해석을 제공하고 동 협약의 체약국을 사실상 구속한다. 이하에서는 강제추방에 대한 구제제도를 유형별로 살펴보기로 한다.

Ⅱ. 유 형

1. 이의신청

(1) 의 의

이민법에서는 외국인이 처한 상황에 따라 구제조치를 구하는 제도를 달리 규정하고 있다. 즉「출입국관리법」에서 규정된 이의신청은 출국금지결정 및 출국금지기간

114) 국가인권위원회 결정례 2007. 9. 11. 자 06진인2702 체류자격 변경 불허에 의한 인권침해.
115) 앞의 결정례.

연장에 대한 이의신청(출입국관리법 제4조의5), 보호에 대한 이의신청(출입국관리법 제55조), 강제퇴거명령에 대한 이의신청(출입국관리법 제60조)이 있다. 「난민법」에서 규정된 이의신청은 난민불인정 및 난민인정의 취소에 대한 이의신청(난민법 제21조)이 있다. 여기에서 강제퇴거명령에 대한 이의신청이란 외국인(용의자)이 지방출입국・외국인관서의 장의 강제퇴거명령에 대하여 이의를 제기하여 대항하는 것을 말한다(출입국관리법 제60조). 이하에서는 강제퇴거명령에 대한 이의신청을 살펴보기로 한다.

(2) 신청권자

「출입국관리법」에서는 "용의자는 강제퇴거명령에 대하여 이의신청을 하려면 (중략) 지방출입국・외국인관서의 장을 거쳐 법무부장관에게 이의신청서를 제출하여야 한다."라고 규정하고 있다(출입국관리법 제60조 제1항). 외국인(용의자)만이 강제퇴거명령에 대하여 법무부장관에게 이의신청을 할 수 있다. 보호에 대한 이의신청은 보호명령서에 따라 보호된 외국인(용의자) 또는 그의 법정대리인 등도 할 수 있는 것과 비교하여 볼 때(출입국관리법 제55조 제1항),[116] 강제퇴거명령에 대한 이의 신청권자가 용의자만으로 제한된 것은 충분한 권리구제에 한계가 있다. 강제퇴거명령에 대한 이의 신청권자의 경우에도 용의자뿐만 아니라 그의 법정대리인 등이 강제퇴거명령에 대한 이의신청권을 할 수 있도록 개선하여야 한다.

(3) 신청기한

외국인(용의자)는 강제퇴거명령에 대하여 이의신청을 하려면 강제퇴거명령서를 받은 날부터 7일 이내에 지방출입국・외국인관서의 장을 거쳐 법무부장관에게 이의신청서를 제출하여야 한다(출입국관리법 제60조 제1항). 강제퇴거명령에 대한 이의신청의 신청기한은 강제퇴거명령서를 받은 날로부터 기산된다.

(4) 절 차

1) 신 청

용의자는 강제퇴거명령에 대하여 이의신청을 하려면 강제퇴거명령서를 받은 날부터 7일 이내에 지방출입국・외국인관서의 장을 거쳐 법무부장관에게 이의신청서를 제출하여야 한다(출입국관리법 제60조 제1항).

---

116) 출입국관리법 제55조 (보호에 대한 이의신청)
① 보호명령서에 따라 보호된 자나 그의 법정대리인등은 지방출입국・외국인관서의 장을 거쳐 법무부장관에게 보호에 대한 이의신청을 할 수 있다.

2) 송 부

지방출입국・외국인관서의 장은 용의자로부터 강제퇴거명령에 대한 이의신청서를 접수하면 심사결정서와 조사기록을 첨부하여 법무부장관에게 제출하여야 한다(출입국관리법 제60조 제2항). 출입국관리사무소장・출장소장 또는 외국인보호소장은 이의신청서에 대한 의견을 붙여 지체 없이 법무부장관에게 보내야 한다(출입국관리법 시행령 제75조 제1항).

3) 심사결정

(가) 의 의

법무부장관은 강제퇴거명령에 대하여 용의자의 이의신청서 및 지방출입국・외국인관서의 장의 심사결정서와 조사기록 및 의견서를 접수하면, 이의신청이 이유 있는지를 심사결정하여야 한다(출입국관리법 제60조 제3항).

(나) 인 용

이의신청이 이유 있다는 결정이란 지방출입국・외국인관서의 장이 행한 심사결정이 절차상 법령에 위반되었거나, 용의자에 대해 적용된 법조가 잘못되었거나, 사실관계에 오인이 있었거나, 지방출입국・외국인관서의 장의 재량권 행사에 일탈 또는 남용이 있었다고 인정되는 경우를 말한다. 이러한 결정은 인용에 해당한다. 지방출입국・외국인관서의 장은 법무부장관으로부터 이의신청이 이유 있다는 결정을 통지받으면 지체 없이 용의자에게 그 사실을 알리고, 용의자가 보호시설에 보호되어 있을 때에는 보호해제 사유 등을 적은 보호해제 의뢰서를 보호시설의 장에게 보내야 하고, 즉시 그 보호를 해제하여야 한다(출입국관리법 제60조 제4항, 출입국관리법 시행령 제75조 제3항).

(다) 기 각

이의신청이 이유 없다는 결정이란 지방출입국・외국인관서의 장이 행한 심사결정이 절차상 법령에 준수하였고, 용의자에 대해 적용된 법조가 올바르고, 사실관계에 오인이 없고, 지방출입국・외국인관서의 장의 재량권 행사에 일탈 또는 남용이 없다고 인정되는 경우를 말한다. 용의자가 「출입국관리법」에서 정한 강제퇴거의 대상자로 인정되는 것이다. 이러한 결정은 기각에 해당한다. 지방출입국・외국인관서의 장은 법무부장관으로부터 이의신청이 이유 없다는 결정을 통지받으면 지체 없이 용의자에게 그 사실을 알려야 한다(출입국관리법 제60조 제5항). 이의신청이 이유 없다는 결정을 받은 경우에는 그 용의자에 대하여는 강제퇴거집행을 위한 절차가 진행된다.

4) 통 보

법무부장관은 심사결정 결과를 지방출입국・외국인관서의 장에게 알려야 한다

(출입국관리법 제60조 제3항, 출입국관리법 시행령 제75조 제2항). 즉 법무부장관은 심사결정을 하는 때에는 주문·이유 및 적용법조문 등을 분명히 밝힌 이의신청에 대한 결정서를 작성하여 출입국관리사무소장·출장소장 또는 보호소장을 거쳐 용의자에게 발급하여야 한다. 다만, 긴급한 경우에는 구두로 통지한 후 결정서를 발급할 수 있다(출입국관리법 시행령 제75조 제2항).

(5) 이의신청과 강제퇴거의 집행정지

보호외국인이 지방출입국·외국인관서의 장의 강제퇴거명령에 대하여 이의신청을 제기한 경우 강제퇴거의 집행이 정지되는지가 문제된다. 이에 대하여, 국가인권위원회는 "강제퇴거명령에 대한 이의신청 및 행정소송 등 필요한 구제조치가 종결되기 전에 강제퇴거명령이 집행되면 그 피해자들에게 회복할 수 없는 피해의 발생이 예상되므로, 강제퇴거명령의 집행은 그 구제조치에 대한 절차가 종결될 때까지 정지됨이 상당하다."는 결정을 한 바 있다.[117)]

2. 행정심판

(1) 이의신청 및 행정심판의 관계

1) 문제 제기

행정심판의 대상에 대하여 「행정심판법」은 "행정청의 처분 또는 부작위에 대하여는 다른 법률에 특별한 규정이 있는 경우 외에는 이 법에 따라 행정심판을 청구할 수 있다."라고 규정하고 있다(행정심판법 제3조 제1항). 다른 법률에 특별한 규정이 있는 경우에는 행정심판을 청구할 수 없다. 따라서 강제퇴거명령에 대하여 법무부장관에게 이의신청하는 것이 행정심판에 해당한다면 「행정심판법」상 행정심판을 제기할 수 없고, 강제퇴거명령에 대하여 법무부장관에게 이의신청하는 것이 행정심판에 해당하지 않는다면 「행정심판법」에 의한 행정심판 청구를 금지하는 것으로 볼 수 없으므로 용의자는 법무부장관에게 이의신청하는 것 외에도 「행정심판법」상 행정심판을 제기할 수 있다. 이와 관련하여 강제퇴거명령에 대한 이의신청 및 행정심판과의 관계가 문제된다.

2) 소 결

「출입국관리법」 규정을 종합하면, 강제퇴거명령에 대한 이의신청은 「행정심판법」상 행정심판과 동일시할 수 없다. 그 이유는 지방출입국·외국인관서의 장은 외

117) 국가인권위원회 결정례 2002. 8. 9. 자 02진인1382 조선인동포 강제퇴거 관련; 국가인권위원회 결정례 2002. 8. 24. 자 02진인1467 이주노동자 강제퇴거 관련.

국인(용의자)이 「출입국관리법」 제46조(강제퇴거의 대상자)에 정한 강제퇴거의 대상자에 해당하는지 심사결정을 하고(출입국관리법 제58조), 지방출입국·외국인관서의 장은 용의자의 강제퇴거명령에 대한 이의신청에 대하여 심사결정을 한다(출입국관리법 제60조 제3항). 즉 강제퇴거명령 및 강제퇴거명령의 이의신청에 대한 심사결정을 위한 판단기관이 동일하다. 강제퇴거명령의 이의신청에 대한 심사결정 절차에서 법무부장관의 독립성과 객관성이 결여되어 있고, 사법절차가 준용된다고 보기 어렵다. 따라서 외국인(용의자)이 법무부장관에게 이의신청을 거친 후에도 별도로 「행정심판법」상 행정심판을 제기할 수 있다.[118)]

3. 행정소송

(1) 의 의

행정소송이란 행정법상의 법률관계와 행정법규의 적용과 관련하여 분쟁이 있는 경우 당사자의 불복제기에 따라 정식의 소송절차에서 이를 심리·판단하여 판정하는 재판절차를 말한다. 행정소송에서는 강제퇴거명령이 재량권을 일탈·남용했거나 비례원칙에 위반되었는지를 심사한다. 강제퇴거명령은 재량행위에 해당한다. 강제퇴거명령이 그로 인하여 보호되는 공익에 비하여 개인에게 지나치게 가혹한 것으로 재량의 범위를 일탈·남용하거나 비례원칙에 위반된 것인지 여부에 대하여 심사한다.[119)]

(2) 사 례

외국인이 야간에 부녀자들을 상대로 강제추행하고 폭행한 것을 이유로 그 외국인을 강제퇴거할 것을 명령한 것에 대하여, 법원은 "그와 같은 범행의 방법 등에 비추어 볼 때 범행의 죄질이 결코 가볍다고 할 수 없는 점, 범행이 유죄로 인정되어 200만 원의 벌금형을 선고받은 데다가 성폭력범죄를 엄단해야 한다는 사회적 중대성까지 고려하면 그 외국인이 저지른 범행을 경미하다고 평가할 수 없는 점 등을 종합하면, 강제퇴거명령으로 인한 공익목적에 비하여 그 외국인이 입는 불이익이 지나치게 과도하여 재량권을 일탈·남용하거나 비례의 원칙에 위반된다고 보기 어렵다."라고 판시한 바 있다.[120)]

---

118) 최홍엽, 외국인 강제퇴거절차와 관련한 몇 가지 쟁점, 민주주의법학연구회 민주법학 제33호, 2007, pp. 364~368.

119) 서울행정법원 2009. 6. 5. 선고 2009구합10253 판결 참고.

120) 앞의 판결 참고.

(3) 가구제의 문제

1) 집행정지

출입국관리사무소장의 출국명령에 대하여, 법원은 "출국명령의 집행으로 신청인에게 회복하기 어려운 손해를 예방하기 위하여 긴급한 필요가 있다고 인정되고, 달리 집행정지로 인하여 공공복리에 중대한 영향을 미칠 우려가 있는 때에 해당한다고 인정할 자료도 없으므로 그 집행을 정지한다."라고 판시하여 강제퇴거의 집행정지를 인정하고 있다.[121)]

2) 강제퇴거명령 집행정지 및 보호명령 집행정지의 관계

(가) 문제제기

강제퇴거명령을 집행할 경우 보호외국인에게 회복하기 어려운 손해가 생길 우려가 있어 이를 예방하기 위한 긴급한 필요가 인정되고 그 집행의 정지로 인하여 공공복리에 중대한 영향을 미칠 우려가 없는 때에 해당하여 강제퇴거명령의 집행을 정지시켰고, 「출입국관리법」상 강제퇴거명령의 집행이 정지된다면 이에 따라 강제퇴거 집행을 위한 보호명령의 집행도 당연히 정지되어야 하는지가 문제된다. 이것은 강제퇴거 집행을 위한 보호명령에 대하여 그 취소를 구하는 소송이 제기되어 집행이 정지된 경우에도 마찬가지로 강제퇴거명령의 집행이 정지되어야 하는지의 문제이기도 하다. 강제퇴거 집행을 위한 보호명령의 보호기간은 결국 본안소송이 확정될 때까지 장기간으로 연장되는 결과가 되어 그 보호명령이 그대로 집행된다면 본안소송에서 승소하더라도 그 보호외국인에게는 회복하기 어려운 손해가 발생하기 때문이다.

(나) 판례의 태도

대법원은 "강제퇴거명령의 집행이 정지되면 그 성질상 당연히 강제퇴거 집행을 위한 보호명령의 집행도 정지되어야 한다고 볼 수는 없다."라고 하면서, "보호명령의 집행을 정지하면 외국인의 출입국관리에 막대한 지장을 초래하여 공공복리에 중대한 영향을 미칠 우려가 있다는 이유로 그 보호명령의 집행정지를 허용하지 않은 결정은 정당하다."라고 판시하고 있다.[122)]

---

121) 서울행정법원 2013. 7. 12. 선고 2013아10143 판결.
122) 대법원 1997. 1. 20. 자 96두31 결정.

4. 국가배상

외국인이 위법한 강제퇴거명령에 의하여 손해를 입게 된 경우에는 그 외국인은 국가를 상대로 손해배상을 청구할 수 있다. 「국가배상법」에서는 "국가나 지방자치단체는 공무원 또는 공무를 위탁받은 사인이 직무를 집행하면서 고의 또는 과실로 법령을 위반하여 타인에게 손해를 입힐 때에는 이 법에 따라 그 손해를 배상하여야 한다."라고 규정하고 있다(국가배상법 제2조 제1항). 이 경우에 공무원에게 고의 또는 중대한 과실이 있으면 국가는 그 공무원에게 구상求償할 수 있다(국가배상법 제2조 제2항).

5. 기타 구제제도

(1) 헌법소원

1) 의 의

헌법소원이란 공권력이 행사되거나 행사되지 않음(불행사)으로써 헌법상 보장된 기본권을 침해받은 자가 헌법재판소에 구제를 청구하여 구제를 받을 수 있는 절차를 말한다.[123] 「헌법재판소법」에서는 "공권력의 행사 또는 불행사不行使로 인하여 「헌법」상 보장된 기본권을 침해받은 자는 법원의 재판을 제외하고는 헌법재판소에 헌법소원심판을 청구할 수 있다. 다만, 다른 법률에 구제절차가 있는 경우에는 그 절차를 모두 거친 후에 청구할 수 있다."라고 규정하고 있다(헌법재판소법 제68조 제1항). 헌법소원은 공권력의 행사 또는 불행사로 인하여 「헌법」에 보장된 기본권을 침해받은 자가 제기하는 '권리구제형 헌법소원' 및 법원에 위헌법률심판제청 신청을 하였으나 기각된 경우에 그 제청신청을 한 당사자가 헌법재판소에 제기하는 '위헌심사형 헌법소원'으로 나뉜다.[124] 입법부작위에는 진정입법부작위와 부진정입법부작위가 있는바, '부진정입법부작위'의 경우에는 입법자가 어떤 사항에 관하여 입법은 하였으나 그 입법의 내용・범위・절차 등이 당해 사항을 불완전, 불충분 또는 불공정하게 규율하는 결함이 있는 당해 입법규정 그 자체를 대상으로 하여 그것이 평등원칙에 위배된다는 등의 이유를 내세워 헌법소원을 하게 되고 그러한 한 적법한 것이다.[125]

---

123) 이준일, 헌법학강의, 홍문사, 2011, p. 1,008.
124) 앞의 책, p. 1,009.
125) 헌법재판소 2001. 11. 29. 자 99헌마494 결정; 헌법재판소 1996. 10. 4. 자 94헌마108 결정; 헌법재판소 2000. 4. 27. 자 99헌마76 결정.

2) 주 체

「헌법재판소법」 제68조(청구 사유) 제1항에서 "(중략) 「헌법」상 보장된 기본권을 침해받은 자는 (중략) 헌법재판소에 헌법소원의 심판을 청구할 수 있다."라고 규정한 것은 기본권을 침해받은 자만이 헌법소원을 청구할 수 있다는 것이다. 따라서 기본권의 주체라야만 헌법소원을 청구할 수 있고, 기본권의 주체가 아닌 자는 헌법소원을 청구할 수 없다. 기본권의 보장에 관한 각 헌법규정의 해석상 국민 또는 국민과 유사한 지위에 있는 '외국인'은 기본권의 주체가 될 수 있다고 하여 원칙적으로 외국인의 기본권 주체성을 인정한다.126) 인간의 존엄과 가치, 행복추구권은 대체로 인간의 권리로서 '외국인'도 주체가 될 수 있다. 평등권은 인간의 권리로서 참정권 등에 의한 성질상 제한 및 상호주의에 따른 제한이 있을 수 있을 뿐이다.127)

3) 헌법소원 제기

외국인 보호시설에 보호되어 강제퇴거의 대상자로 된 외국인이 법원에 그 보호의 적법성 여부, 보호의 해제 및 일시해제 등 사법기관에 의한 적부심사를 구하기 위하여 헌법소원을 제기할 수 있다는 견해가 있다.128) 이 견해의 논거로는 아래와 같다.

첫째, 「인신보호법」이 헌법상 재판을 받을 권리를 보장하고 위법한 행정처분에 의한 시설에의 수용으로 인하여 부당하게 인신의 자유를 제한당한 개인의 구제절차를 마련하기 위하여 수용에 대한 적법여부 심사 및 수용의 해제 등 사법기관에 의한 적부심사를 규정하여야 함에도 불구하고, 「인신보호법」 제2조(정의)에서는129) '「출입국관리법」에 따라 보호된 자'를 「인신보호법」의 적용대상자인 피수용자에서 제외하여 「인신보호법」 제3조(구제청구)에130) 의하여 법원에 구제청구를 할 수 없다. 이것에 대하여, 보호되어 있는 당사자인 외국인은 기본권을 직접적으로 침해받은 것이

---

126) 헌법재판소 1994. 12. 29. 자 93헌마120 결정; 헌법재판소 2001. 11. 29. 자 99헌마494 결정.

127) 헌법재판소 2001. 11. 29. 자 99헌마494 결정.

128) 박찬운, 인권법, 한울아카데미, 2008, p. 447; 이규창, 추방과 외국인 인권, 한국학술정보, 2006, p. 325.

129) 인신보호법 제2조 (정의)
① 이 법에서 "피수용자"란 자유로운 의사에 반하여 국가, 지방자치단체, 공법인 또는 개인, 민간단체 등이 운영하는 의료시설·복지시설·수용시설·보호시설에 수용·보호 또는 감금되어 있는 자를 말한다. 다만, 형사절차에 따라 체포·구속된 자, 수형자 및 「출입국관리법」에 따라 보호된 자는 제외한다.

130) 인신보호법 제3조 (구제청구) 피수용자에 대한 수용이 위법하게 개시되거나 적법하게 수용된 후 그 사유가 소멸되었음에도 불구하고 계속 수용되어 있는 때에는 피수용자, 그 법정대리인, 후견인, 배우자, 직계혈족, 형제자매, 동거인, 고용주 또는 수용시설 종사자(이하 "구제청구자"라 한다)는 이 법으로 정하는 바에 따라 법원에 구제를 청구할 수 있다. 다만, 다른 법률에 구제절차가 있는 경우에는 상당한 기간 내에 그 법률에 따른 구제를 받을 수 없음이 명백하여야 한다.

라는 이유로 헌법소원을 제기할 수 있다.[131] 둘째, 「인신보호법」 제2조(정의)에서는 '「출입국관리법」에 따라 보호된 자'는 「인신보호법」의 적용대상자인 피수용자에서 제외되어 「인신보호법」 제3조(구제청구)에 의하여 법원에 구제청구를 할 수 없다. 이와 같은 인신보호법이 헌법에 위반되는지 여부가 재판의 전제가 된 경우 보호되어 있는 당사자인 외국인이 행한 헌법재판소에 위헌여부 심판을 위한 신청이 당해 사건을 담당하는 법원에서 기각된다면,[132] 보호되어 있는 당사자인 외국인은 헌법소원을 제기하여 「인신보호법」 제2조(정의)와 제3조(구제청구)의 위헌여부를 다툴 수 있다.[133]

(2) 국가인권위원회를 통한 구제

1) 의 의

인권침해나 차별행위를 당한 피해자 또는 그 사실을 알고 있는 자나 단체는 국가기관 또는 구금·보호시설의 업무수행(국회의 입법 및 법원·헌법재판소의 재판을 제외한다)과 관련하여 「헌법」 제10조부터 제22조까지의 규정에서 보장된 인권을 침해당하거나 차별행위를 당한 경우에는 국가인권위원회에 그 내용을 진정할 수 있다(국가인권위원회법 제30조 제1항 제1호). 여기에서 국가인권위원회가 실태조사 등 조사를 실시할 수 있는 '구금·보호시설'에는 외국인보호소가 포함된다(국가인권위원회법 제2조 제2호 라목).

2) 진정권자

(가) 외국인

국가인권위원회법은 대한민국 국민과 대한민국의 영역에 있는 외국인에 대하여

---

131) **헌법재판소법 제68조 (청구 사유)**
① 공권력의 행사 또는 불행사(不行使)로 인하여 헌법상 보장된 기본권을 침해받은 자는 법원의 재판을 제외하고는 헌법재판소에 헌법소원심판을 청구할 수 있다. 다만, 다른 법률에 구제절차가 있는 경우에는 그 절차를 모두 거친 후에 청구할 수 있다.

132) **헌법재판소법 제41조 (위헌 여부 심판의 제청)**
① 법률이 헌법에 위반되는지 여부가 재판의 전제가 된 경우에는 당해 사건을 담당하는 법원(군사법원을 포함한다. 이하 같다)은 직권 또는 당사자의 신청에 의한 결정으로 헌법재판소에 위헌 여부 심판을 제청한다.
② 제1항의 당사자의 신청은 제43조제2호부터 제4호까지의 사항을 적은 서면으로 한다.
③ 제2항의 신청서면의 심사에 관하여는 「민사소송법」 제254조를 준용한다.
④ 위헌 여부 심판의 제청에 관한 결정에 대하여는 항고할 수 없다.
⑤ 대법원 외의 법원이 제1항의 제청을 할 때에는 대법원을 거쳐야 한다.

133) **헌법재판소법 제68조 (청구 사유)**
② 제41조제1항에 따른 법률의 위헌 여부 심판의 제청신청이 기각된 때에는 그 신청을 한 당사자는 헌법재판소에 헌법소원심판을 청구할 수 있다. 이 경우 그 당사자는 당해 사건의 소송절차에서 동일한 사유를 이유로 다시 위헌 여부 심판의 제청을 신청할 수 없다.

적용한다(국가인권위원회법 제4조). 따라서 인권침해나 차별행위를 당한 피해자 또는 그 사실을 알고 있는 자나 단체의 범위에는 대한민국의 국민뿐만 아니라 대한민국의 영역 안에 있는 외국인과 외국인단체도 포함된다. 원칙적으로 외국인과 외국인단체도 국가인권위원회에 진정할 수 있다. 즉 진정인은 국민일 수도 있고 외국인일 수도 있다. 이와 같은 「국가인권위원회법」의 인적보호 범위와 관련하여, 외국인도 불가침의 기본적 인권의 주체임을 인정한 것이다. 국가인권위원회의 설립목적은 모든 개인이 가지는 불가침의 기본적 인권을 보호하고 그 수준을 향상시킴으로써 인간으로서의 존엄과 가치를 실현하고 민주적 기본질서의 확립에 이바지하기 위한 것이기 때문이다(국가인권위원회법 제1조). 국가인권위원회법 제4조(적용범위)는 그 규정이 없을지라도 대한민국의 관할권 범위 내에 있는 외국인을 배제할 이유가 없다는 선언적 규정으로서의 성격을 가진다.

(나) 대한민국의 영역

대한민국의 영역에 있는 외국인 중 '영역'의 의미가 문제된다. 「국가인권위원회법」은 다른 법률과 마찬가지로 대한민국의 통치권이 미치는 범위에서 효력을 갖는 것이므로 영역은 영토적 개념이 아니라 '관할권'으로 이해된다. 따라서 대한민국의 국가기관 또는 구금·보호시설의 업무수행(국회의 입법 및 법원·헌법재판소의 재판을 제외한다)에 의해 인권을 침해당하거나 차별행위를 당한 경우 외국인이 대한민국 영토 안에 있건 또는 영토 밖에 있건간에 국가인권위원회에 그 내용을 진정할 수 있다. 예를 들어 외국인이 이미 대한민국으로부터 강제추방되어 외국에 있을지라도 대한민국의 국가기관 또는 구금·보호시설 등에 의해 침해된 인권을 구제받기 위하여 국가인권위원회에 진정을 제기할 수 있다.

3) 조사를 계속할 법률상 이익

(가) 문제 제기

외국인이 국가기관 또는 구금·보호시설의 업무수행(국회의 입법 및 법원·헌법재판소의 재판을 제외한다)과 관련한 인권침해행위 또는 차별행위를 진정의 원인으로 하여 국가인권위원회에 진정을 제기한 후에, 그 외국인이 강제퇴거된 경우 동 진정에 대하여 조사를 계속할 법률상 이익이 있는지가 문제된다.

(나) 소 결

진정의 원인이 된 사실이 대한민국의 영역 내에서 이미 발생한 것이라면 외국인이 진정을 제기한 시점 또는 국가인권위원회가 조사하는 도중에 그 외국인이 강제퇴거된 사실은 국가인권위원회의 진정조사가 종결에 이르는데 어떠한 법적 장애를 구성하지 않는다. 그리고 인권침해행위 또는 차별행위에 대한 국가인권위원회의 구제조치에는 원상회복 · 손해배상 그 밖의 필요한 구제조치, 동일하거나 유사한 인권침해행위 또는 차별행위의 재발을 방지하기 위하여 필요한 조치, 법령 · 제도 · 정책 · 관행의 시정 또는 개선 등을 권고할 수 있다는 점에서 진정을 제기한 외국인의 개별적 권리구제뿐만 아니라 인권보호와 그 수준을 향상시키기 위한 공적 이익을 위한 권고조치도 포함할 수 있다. 따라서 진정을 제기한 외국인이 강제퇴거 되었더라도 동 진정에 대한 '조사를 계속할 법률상 이익'과는 무관하다.

(다) 사 례

국가인권위원회가 진정을 제기한 외국인에 대하여 1차 조사를 진행하던 중에 출입국관리사무소가 적법한 법적 절차를 거쳐 그 외국인을 강제퇴거시킨 사안에서, 국가인권위원회는 공정한 조사에 차질이 발생하므로 국가인권위원회가 조사 중인 진정사건에 대하여는 조사의 종료시까지 또는 국가인권위원회가 출국을 승인한 경우까지 강제퇴거를 유예할 수 있도록 법무부장관에게 권고한바 있다.[134]

4) 구제조치

(가) 종 류

(a) 권 고: 국가인권위원회는 국가기관의 공권력에 의한 인권침해행위 또는 차별행위에 대한 조사와 구제를 할 수 있고(국가인권위원회법 제19조 제2호, 제3호), 인권침해의 유형, 판단 기준 및 그 예방 조치 등에 관한 지침의 제시 및 권고를 할 수 있다(국가인권위원회법 제19조 제6호). 그리고 국가인권위원회는 인권의 보호와 향상을 위하여 필요하다고 인정하면 관계 기관 등에 정책과 관행의 개선 또는 시정을 권고하거나 의견을 표명할 수 있다(국가인권위원회법 제25조 제1항).

(b) 조 정: 국가인권위원회의 조정위원회는 인권침해나 차별행위와 관련하여 당사자의 신청이나 위원회의 직권으로 조정위원회에 회부된 진정에 대하여 조정 절차를 시작할 수 있고(국가인권위원회법 제42조 제1항), 조정 절차 중에 당사자 사이에 합의가 이루어지지 아니하는 경우에는 사건의 공정한 해결을 위하여 i) 조사대상 인권침해나 차별행위의 중지, ii) 원상회복, 손해배상, 그 밖에 필요한 구제조치, iii) 동일하거나 유사한 인권침해 또는 차별행위의 재발을 방지하기 위하여 필요한 조치 등이 포함된 조정을 갈음하는 결정을 할 수 있다(국가인권위원회법 제42조 제3항, 제4항). 즉 국가인권위원회가 진정을 조사한 결과 인권침해나 차별행위가 일어났다고 판단할 때에는 피진정인, 그 소속 기관 · 단체 또는 감독기관의 장에게 i) 조정을 갈음하는 결정의 이행, ii) 법령 · 제도 · 정책 · 관행의 시정 또는 개선을 권고할 수 있다(국가인권위원회법 제44조 제1항).

134) 국가인권위원회 결정례 2008. 4. 28. 자 08진인28 외국인들의 강제퇴거에 의한 인권침해.

(c) **긴급구제조치:** 국가인권위원회는 인권침해행위 또는 차별행위를 방치할 경우 회복하기 어려운 피해가 발생할 우려가 있을 때에는 긴급구제조치를 권고할 수 있다. 국가인권위원회는 진정을 접수한 후 조사대상 인권침해나 차별행위가 계속되고 있다는 상당한 개연성이 있고, 이를 방치할 경우 회복하기 어려운 피해가 발생할 우려가 있다고 인정하면 그 진정에 대한 결정 이전에 진정인이나 피해자의 신청에 의하여 또는 직권으로 피진정인, 그 소속기관 등의 장에게 i) 의료, 급식, 의복 등의 제공, ii) 장소, 시설, 자료 등에 대한 현장조사 및 감정 또는 다른 기관이 하는 검증 및 감정에 대한 참여, iii) 시설수용자의 구금 또는 수용 장소의 변경, iv) 인권침해나 차별행위의 중지, v) 인권침해나 차별행위를 하고 있다고 판단되는 공무원 등을 그 직무에서 배제하는 조치, vi) 그 밖에 피해자의 생명, 신체의 안전을 위하여 필요한 사항의 어느 하나의 조치를 하도록 권고할 수 있다(국가인권위원회법 제48조 제1항). 그리고 국가인권위원회는 필요하다고 인정하면 당사자 또는 관계인 등의 생명과 신체의 안전, 명예의 보호, 증거의 확보 또는 증거 인멸의 방지를 위하여 필요한 조치를 하거나 관계인 및 그 소속 기관·단체 또는 감독기관의 장에게 그 조치를 권고할 수 있다(국가인권위원회법 제48조 제2항).

(나) 법적 성격

국가인권위원회가 피진정인, 그 소속기관·단체 또는 감독기관의 장에게 행하는 구제수단은 행정소송 등 사법적 구제처럼 법적 구속력 있는 결정이 아니라, 권고적 효력의 결정이다.[135] 국가인권위원회가 행한 결정의 법적 성격은 권고적 효력을 가질 뿐이므로 국가인권위원회의 권고를 받은 피진정인, 그 소속기관·단체 또는 감독기관의 장이 그 권고의 내용대로 이행하지 않는다면, 피해자의 인권침해는 구제받지 못하게 된다.

(다) 실효성 확보수단

아래와 같은 간접적 수단을 통하여 국가인권위원회가 행한 결정의 실효성을 확보할 수 있다.

(a) **존중의무:** 국가인권위원회는 인권의 보호와 향상을 위하여 필요하다고 인정하면 국가기관, 지방자치단체, 그 밖의 공사公私 단체에 정책과 관행의 개선 또는 시정을 권고하거나 의견을 표명할 수 있다(국가인권위원회법 제25조 제1항). 이에 따라 국가인권위원회의 권고를 받은 국가기관, 지방자치단체, 그 밖의 공사 단체(이하 관계 기관 등이라고 말한다)의 장은 그 권고사항을 존중하고 이행하기 위하여 노력하여야 하는 존중의무를 규정하고 있다

135) 박찬운, 인권법, 한울아카데미, 2008, p. 448.

(국가인권위원회법 제25조 제2항). 권고를 받은 관계 기관 등의 장은 권고를 받은 날부터 90일 이내에 그 권고사항의 이행계획을 국가인권위원회에 통지하여야 하고(국가인권위원회법 제25조 제3항), 그 권고의 내용을 이행하지 아니할 경우에는 그 이유를 위원회에 통지하여야 한다(국가인권위원회법 제25조 제4항). 국가인권위원회는 필요하다고 인정하면 권고와 의견 표명 및 권고를 받은 관계 기관 등의 장이 통지한 내용을 공표할 수 있다(국가인권위원회법 제25조 제5항).

국가인권위원회가 진정을 조사한 결과 인권침해나 차별행위가 일어났다고 판단할 때에는 피진정인, 그 소속 기관·단체 또는 감독기관(이하 소속기관 등이라고 말한다)의 장에게 i) 제42조(조정위원회의 조정) 제4항 각 호에 해당하는 조정을 갈음하는 결정의 이행, ii) 법령·제도·정책·관행의 시정 또는 개선을 권고할 수 있다(국가인권위원회법 제44조 제1항). 이에 따라 따라 권고를 받은 소속기관 등의 장에 관하여는 제25조(정책과 관행의 개선 또는 시정 권고) 제2항부터 제5항까지를 준용한다(국가인권위원회법 제44조 제2항).

(b) 사후적 구제조치: 국가인권위원회는 해당 공무원에 대한 고발, 징계권고 등을 통하여 사후적 구제조치를 취할 수 있다. 국가인권위원회는 진정을 조사한 결과 진정의 내용이 범죄행위에 해당하고 이에 대하여 형사처벌이 필요하다고 인정하면 검찰총장에게 그 내용을 고발할 수 있다(국가인권위원회법 제45조 제1항 본문). 고발을 받은 검찰총장은 고발을 받은 날부터 3개월 이내에 수사를 마치고 그 결과를 국가인권위원회에 통지하여야 한다. 다만, 3개월 이내에 수사를 마치지 못할 때에는 그 사유를 밝혀야 한다(국가인권위원회법 제45조 제3항). 그리고 국가인권위원회가 진정을 조사한 결과 인권침해 및 차별행위가 있다고 인정하면 피진정인 또는 인권침해에 책임이 있는 자를 징계할 것을 소속기관 등의 장에게 권고할 수 있다(국가인권위원회법 제45조 제2항). 국가인권위원회로부터 권고를 받은 소속기관 등의 장은 권고를 존중하여야 하며 그 결과를 위원회에 통지하여야 한다(국가인권위원회법 제45조 제4항).

제 6 편 이민과 통합

(Integration of Immigrants)

제1장 총 설
제2장 통합의 법적 기반
제3장 통합교육

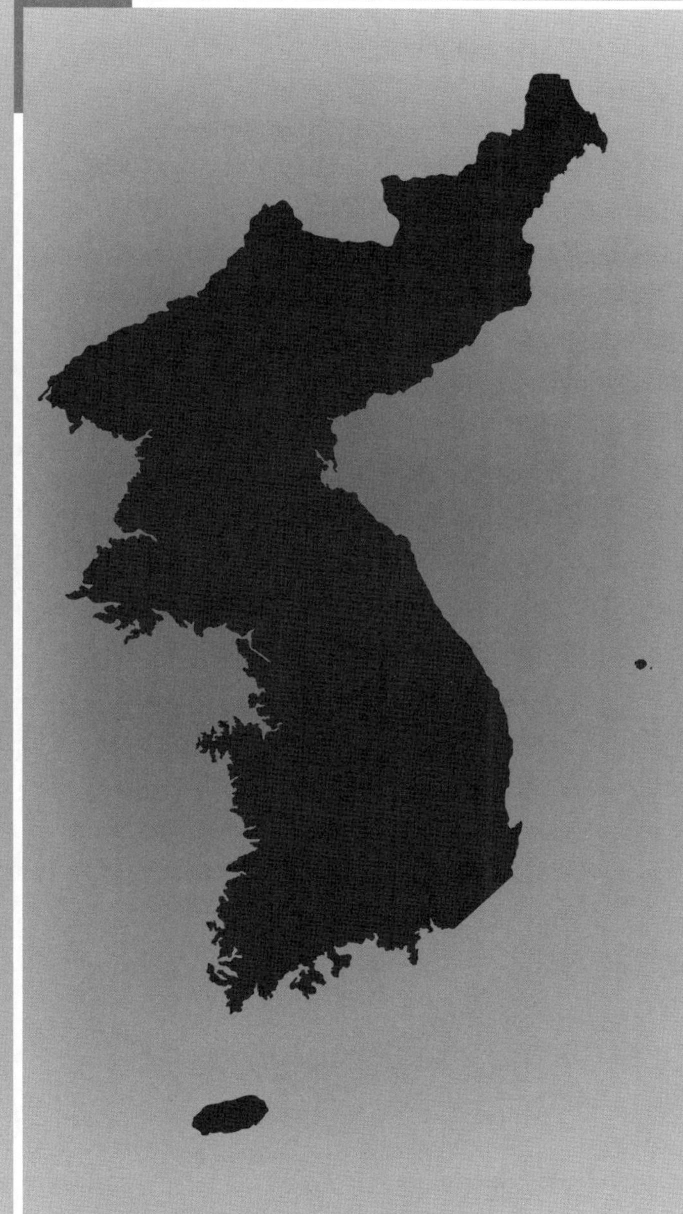

제 1 장
총 설

제 1 절　변화된 환경

현대사회는 교통수단의 발달과 이민자 간의 네트워크효과network effect로 움직이는 세계Worlds in Motion라고 불린다. 국제이주의 역사는 1,500년대 중상주의 시대 이후부터 점진적으로 시작된 이래 20세기 중반부터 다수의 선진 국가는 이주의 시대the Age of Migration를 경험하고 있다. 이민을 국가정책의 주요한 부분으로 삼고 있는 이민국가에서도 이민사회는 국가가 쉽사리 통제할 수 있는 영역이 아니다. 이민은 문화적으로 다양한 사회culturally-diverse society의 출현을 초래한다. 이민사회의 출현과 진행은 예상 밖의 빠른 속도로 진행되고 그 진행을 억제하려는 정부의 정책에도 불구하고 지속적으로 확대되고 있다.[1] 또한 이민사회와 통합은 하나의 국가 안에서만 해결될 수 있는 국내문제가 아니라, 여러 국가들 간에 얽혀 연계되어 있는 국제이슈로 되어가고 있다.

대한민국은 이제껏 경험하지 못한 다양한 유형의 외국인이 출입국하고, 동시에 이민자가 수적으로 증가하는 현상을 겪고 있다. 대한민국은 다문화주의 논쟁, 통합정책의 바람직한 방향 논의 등으로 바야흐로 이주의 시대를 겪고 있고, 이러한 논쟁 내지 논의는 지속될 것이다. 「출입국관리법」이 1963년에 처음으로 제정되었고, 산업연수생 등 단순외국인력의 유입이 1993년 이래 본격적으로 시작되었고, 「재외동포의 출입국과 법적 지위에 관한 법률」이 1999년에 제정되었고, 영주(F-5) 체류자격제도가 2002년에 도입되었고, 결혼이민자의 유입은 2000년대부터 증가하였다. 이러한 변화된 환경에 신속하게 대처하고자 2007년에 「재한외국인 처우 기본법」이 제정되었고, 2008년에 「다문화가족지원법」이 제정되는 등 이민사회에 대비하여 통합정책을 수립 집행할 법률적 근거가 마련되었다. 그러나 대한민국은 이민자와 국민 간의 통합을 위한 역사가 이제야 걸음마를 시작하는 단계이다. 대한민국은 이제껏 한 번도 겪어 보지 못한 새로운 의제를 효과적으로 대처하여야 하는 상황에 처해 있다.

---

1) Stephen Castles, International Migration and the Nation-State in Asia, International Migration into the 21st Century edited by M.A.B. Siddique, 2001, p. 185.

제 2 절 문 제 점

Ⅰ. 이민법적 관점의 미비

이민의 양적 규모는 통합의 대상자를 국내에 어느 정도까지 받아들일 것인지, 이민의 질적 규모는 통합의 대상자를 누구로 할 것인지의 문제이다.[2] 그러나 이민의 양적·질적 규모의 문제가 「재한외국인 처우 기본법」의 외국인정책위원회에서 결정되기 어려운 법적 한계가 있다. 대한민국이 이민사회로 진입하는 것에 대비하여, 중앙정부가 추진하는 정책이 위와 같은 이민의 양적·질적 규모에 대한 진지한 고민 없이 시행되고 있다. 그리고 이민사회가 가져올 긍정적 효과 외에 부정적 효과에 대한 균형 잡힌 시각이 필요하다. 소위 다문화사회의 출현은 이민자의 유입을 직접적인 원인으로 하여 초래된 현상임에도 불구하고, 아직 이민법을 중심으로 한 법이론 개발 및 이민법 교육이 부족한 상황이다.[3]

이하에서는 「재한외국인 처우 기본법」 및 「다문화가족지원법」 등을 통해 통합의 의미·대상·내용·범위 등을 살펴보기로 한다.

Ⅱ. 다문화가족의 용어

「다문화가족지원법」에 정의된 다문화가족[4]이 전체 이민자를 뜻하는 개념으로 혼

---

2) 임형백, 한국의 다문화사회의 방향 모색, 제17회 한글문화토론회 - 다문화 담론과 바람직한 외국인정책, 2012, p. 24.

3) 다문화사회와 이민법의 연구 교육에 대한 좋은 예로는 미국 조지타운대학교 로스쿨의 Immigration Law and Policy 과목(3학점) 등에서 다문화사회와 통합의 문제를 이민법 이론을 중심으로 운영하고 있다.

4) 다문화가족지원법 제2조 (정의) 이 법에서 사용하는 용어의 뜻은 다음과 같다.
1. 다문화가족이란 다음 각 목의 어느 하나에 해당하는 가족을 말한다.
가. 「재한외국인 처우 기본법」 제2조제3호의 결혼이민자와 「국적법」 제2조부터 제4조까지의 규정에 따라 대한민국 국적을 취득한 자로 이루어진 가족
나. 「국적법」 제3조 및 제4조에 따라 대한민국 국적을 취득한 자와 같은 법 제2조부터 제4조까지의 규정에 따라 대한민국 국적을 취득한 자로 이루어진 가족
2. 결혼이민자 등이란 다문화가족의 구성원으로서 다음 각 목의 어느 하나에 해당하는 자를 말한다.
가. 「재한외국인 처우 기본법」 제2조제3호의 결혼이민자
나. 「국적법」 제4조에 따라 귀화허가를 받은 자

동되고 있다. 즉 다문화가족은 「다문화가족지원법」상 정의와는 달리 외국인근로자, 외국국적동포, 유학생, 난민, 전문외국인력, 귀화자 등 전체 이민자를 대표하는 혼동을 초래한다. 다문화가족이라는 용어가 이민의 목적·과정이 상이한 외국인근로자, 유학생, 난민 등 다른 유형의 이민자와 혼용되는 것은 다양한 출신국가, 국적, 피부색, 언어, 역사, 문화 등을 지닌 이민자의 증가로 이민사회로 변화될 한국사회의 변화과정, 미래의 진단과 효과적인 대응방안 및 실행계획을 수립하는 데 장애가 된다. 한국사회에서는 다문화가족에 대한 사회적 이슈와 정책의제를 부각시키기 위하여 160만여명에 달하는 외국인 전체를 제시하면서 실제로 채택되는 정책의제와 정책결정은 결혼이민자만을 중심으로 하는 배타적 접근을 선택한다.[5] 그리고 다문화가족이라는 의미는 이민자 및 그 자녀에 대한 복지지원과 유사한 것으로 오해된다.[6] 다문화가족에 대한 복지정책을 전체 이민자에 대한 통합정책이라고 하기는 어렵다.[7]

이하에서는 「다문화가족지원법」상의 다문화가족이 의미하는 정확한 법적 개념과 그 의미를 살펴보기로 한다.

Ⅲ. 국가재정의 우선순위 문제

이민자의 '초기 진입기'에는 사회갈등이 표면화되지 않지만, 이민자가 국내인구의 10% 이상을 넘어선 '확산기'에는 사회적 갈등 내지 마찰이 본격화된다. 2014년에 대한민국은 국내인구 대비 이민자의 비율이 3%로 아직은 사회적 갈등 내지 마찰을 해소하기 위한 비용이 적게 들지만, 장기적으로는 이민자의 증가에 대비하여 통합비용 마련이 필요하게 된다.[8] 그러나 국가재정을 배분하는 데 통합비용이 국가재정의 우선순위에서 밀리고 있다. 통합의 문제는 이민자의 이해관계에만 그치는 것은 아니다. 외국인을 대한민국의 구성원으로 변형시키는 정책은 매우 중요한 공공의 이해관계를 가지며, 국가정책에서 매우 높은 우선권이 부여되어야 한다.[9]

---

5) 임형백, 한국의 다문화사회의 방향 모색, 제17회 한글문화토론회 - 다문화 담론과 바람직한 외국인정책, 2012, p. 25.

6) 법무부, 제2차 외국인정책 기본계획, 2012 참고

7) 임형백, 한국의 다문화사회의 방향 모색, 제17회 한글문화토론회 - 다문화 담론과 바람직한 외국인정책, 2012, p. 23; 김혜순, 결혼이민자 다문화가족 사회통합정책, 한국이민정책의 이해, 2011.

8) 삼성경제연구소, 다문화정책: 동화에서 융화로, CEO Information 제853호, 2012, p. 3.

9) T.Alexander Aleinikoff and Douglas Klusmeyer, Citizenship policies for an age of migration, Carnegie Endowment for international peace, 2002, p. 20 참고.

제 3 절 통합의 개념

일반적으로 통합은 사회적 배제 내지 사회적 불이익의 대립되는 개념으로 정의된다. 사회적 배재 내지 사회적 불이익은 차별과 소득빈곤을 포함한다. 차별이란 기회균등의 측면에서 국적, 인종 등을 기반으로 한 기회의 불균등한 배분을 말하고, 빈곤이란 경제적 측면에서 국적, 인종 등에 기인한 소득의 불균등 배분, 즉 주거권, 교육권, 환경권, 의료권 등 사회적 권리에 대한 배제를 말한다.[10] 통합의 개념은 법적으로는 정의내릴 수 없다는 견해도 있으나,[11] 본서에서는 외국인에 대한 통합은 비차별의 기본원칙과 인권보호 및 사회적응을 통한 포섭이라고 정의할 수 있다. 비차별과 인권보호 및 사회적응의 수준이 통합의 수준이 된다. 이는 외국인이 가지는 기본권 향유의 조절의 문제이기도 하다. 「재한외국인 처우 기본법」 제1조(목적)에서 사회통합의 개념을 유추할 경우, 이민자가 대한민국 사회에 적응하여 개인의 능력을 충분히 발휘할 수 있도록 하고, 출생국가에서 습득한 문화·가치와 우리나라의 문화·가치를 접목하여 대한민국 국민과 재한외국인이 서로를 이해하고 존중하는 사회 환경을 조성하는 것이 통합의 개념이라고 할 수 있다.

제 4 절 통합의 대상자

Ⅰ. 이민정책과 그 대상자

이민정책이란 국가가 어떠한 국가목표를 위해 외부인인 이민자를 받아들이거나 배제하는 것으로서, 이민으로 인해 발생하는 제반환경에 관한 정치·외교·안보·경제·사회·문화·종교 등 사회문제를 파악하고 이를 해결하기 위해 채택하는 일련의 국가정책을 말한다. 「재한외국인 처우 기본법」 제2장 '외국인정책의 수립 및 추진체계'에서 '외국인정책'이라는 용어를 사용하고 있다. 「재한외국인 처우 기본법」

10) 대통령자문 정책기획위원회, 한국의 사회정책 모델연구: 사회통합의 과제를 중심으로, 2004.
11) T. Alexander Aleinikoff and Vincent Chetail, 「Migration and International Legal Norms」, T·M·C·Aseer Press, 2003, p. 271.

에서의 '외국인정책'은 정치사회적인 맥락에서 '이민정책'이라는 의미로 사용된다. 외국인정책은 국경 및 출입국관리정책Border control & Immigration control policy과 통합정책Integration policy을 포괄한다.[12] 이민정책의 주된 대상자는 이민자이다. 그리고 이민자는 대한민국에 입국한 후 정치·안보·경제·사회·문화·종교·국가정체성 등 다양한 관계를 형성하고 그의 이민 후세대가 국민생활에 직·간접적으로 영향을 미치게 되므로 국민도 이민정책의 주요 대상자가 될 수 있다.

Ⅱ. 통합 대상자의 우선순위모델

1. 의 의

「출입국관리법」에서 외국인의 정의규정(출입국관리법 제2조 제2호) 및 실무상 적용되는 UN에서 이민자의 해석기준을 종합하여 보면, 이민법에서 사용되는 이민자는 외국인이 소지한 사증의 종류(A·B·C계열 사증을 제외한다) 상관없이 포괄적으로 사용되고 있다. A·B·C계열 사증 소지자를 제외한 국내에 체류한 모든 외국인이 이민자로 포괄됨으로써 통합 대상자의 우선순위 모델 적용에 있어서 혼란이 발생한다. 「출입국관리법」에서 이민자에 대한 정의규정이 없으므로 UN의 해석기준을 적용할 경우 이민자 중에서 제1순위와 제2순위, 제3순위 통합 대상자를 다시 선정해야 하는 이유와 근거를 별도로 제시하여야 한다. 제1순위 통합 대상자를 이민자immigrant로 설정하고, 제2순위, 제3순위 통합 대상자를 준準이민자quasi-immigrant로 설정할 경우 통합 대상자의 우선순위 모델을 적용에 있어 명확하게 된다.[13] 「출입국관리법」 및 「재외동포의 출입국과 법적 지위에 관한 법률」, 「국적법」 등을 종합하여 이민자, 준準이민자, 비非이민자에 대한 구분기준 마련이 필요하다. 이하에서는 이민법에서 사용되는 이민자에 대해 통합 대상이 우선순위를 구분하는 이유와 근거를 설명하기로 한다.

---

12) 법무부, 제2차 외국인정책 기본계획, 2012; 김혜순, 결혼이민자 다문화가족 사회통합정책, 한국이민정책의 이해, 2011; 임형백, 한국의 다문화사회의 방향 모색, 제17회 한글문화토론회 - 다문화담론과 바람직한 외국인정책, 2012, p. 35.

13) 미국의 사증체계 및 이민자의 개념 정의는 UN의 기준을 따르지 않고 미국 개별법인 이민법의 규정에 의하고 있다. 미국의 이민사증은 인척(immediate relatives), 취업이민(Employment-based Immigrants), 다양성 이민(Diversity Immigrants) 등으로, 비이민사증은 단기방문, 유학생, 연수생 및 단기취업(H-1B), 비숙련(H-2B), 약혼자(K-1), 방문사증(B-2) 등으로 구분되며, 이민사증 소지자는 애초부터 비이민사증 소지자 보다 이민법상 관계에서 월등한 지위에 있게 된다.

2. 구분기준

통합의 대상자에 대한 구분기준으로는 외국인의 기본권 주체성이 중요한 기준이 된다. 헌법재판소는 「재외동포의 출입국과 법적 지위에 관한 법률」 위헌 판결과 노동위원회의 헌법소원 청구적격을 다룬 사건에서 '국민 또는 국민과 유사한 지위에 있는 외국인'이라고 하면서 외국인의 기본권 주체성을 논하고 있다.[14] 헌법재판소의 판결을 통하여 외국인은 '국민과 유사한 법적 지위에 있는 외국인' 및 '국민과 유사하지 않은 법적 지위에 있는 외국인'으로 구분되는 것으로 해석된다.

첫째, 국민과 유사한 법적 지위에 있는 외국인은 ⅰ) 민족적 관점에서는 「재외동포의 출입국과 법적 지위에 관한 법률」 제2조에서 규정된 외국국적동포이다. 민족적 유대 내지 연관이 있거나, 과거에 대한민국의 국적을 가졌던 외국인이 국민과 유사한 법적 지위에 있는 외국인으로 될 수 있다. ⅱ) 체류자격적 관점에서는 「재한외국인 처우 기본법」 제13조에서 규정된 영주자격자, 「재한외국인 처우 기본법」 제2조 제3호 또는 「다문화가족지원법」 제2조, 제6조에서 규정된 결혼이민자이다. 국내에 영구적으로 또는 장기간 체류하는 외국인이 단기간 체류하는 외국인에 비하여 국민과 유사한 법적 지위에 있는 외국인으로 될 수 있다.[15] 외국인이라도 우리나라에 입국하여 상당기간 거주해 오면서 대한민국 국민과 같은 생활을 계속해온 자라면 사실상 국민으로 취급해 예외적으로 기본권 주체성을 인정할 여지는 있다.[16] 결혼이민자 등으로 구성된 다문화가족은 민주적이고 양성평등적인 가족관계를 누릴 수 있어야 한다(다문화가족지원법 제7조 참고). 「국적법」에서는 결혼이민자는 대한민국 국민과 혼인에 의한 신분관계를 이유로 일반귀화에 비하여 간편하게 귀화할 수 있다(국적법 제6조 제2항 참고). ⅲ) 인권적 관점에서는 국제인권법에서 보장하는 일정한 외국인은 국민과 유사한 법적 지위에 있는 외국인으로 될 수 있다. 「재한외국인 처우 기본법」 제14조 또는 「난민법」 제31조, 제32조, 제33조, 제34조에서 규정된 난민인정자 또는 인도적 체류의 허가자이다. 난민인정자 또는 인도적 체류의 허가자에 대한 국제인권법에 대한 내용은 후술할 난민제도에서 설명하기로 한다. 또한 「초·중등교육법」 제2조에 따른 학교에서 재학 중인 미성년인 불법체류외국인 아동 또는 학생이다.[17] 1989년 「아동의

---

14) 헌법재판소 1994. 12. 29. 자 93헌마120 결정; 헌법재판소 2001. 11. 29. 자 99헌마494 결정.

15) 최유, 헌법과 다문화주의에 관한 몇 가지 생각, 전문가회의-외국인정책 및 다문화에 관한 법제의 동향과 과제, 한국법제연구원, 2007, p. 17 참고.

16) 헌법재판소 2011. 9. 29. 자 2007헌마1083 결정의 반대의견(각하의견).

17) 초·중등교육법 및 동법 시행령에 의하면 외국인인 아동 또는 학생 및 그 부모가 대한민국에서 불법체류하고 있을지라도 임대차계약서, 거주사실에 대한 인우보증서 등 거주사실을 확인할 수

권리에 관한 협약Convention on the Rights of the Child」 제28조 및 제29조에 보장된 '아동의 교육에 대한 권리', '아동의 학습권'에 부합되므로 국민과 유사한 법적 지위에 있는 외국인으로 될 수 있다. 학교에서 재학 중인 미성년인 불법체류외국인 아동 또는 학생은 교육을 받을 권리가 보장된다. 공무원은 이와 같은 아동 또는 학생을 출입국관리사무소장 등에게 알려야 하는「출입국관리법」 제84조에 따른 통보의무에서 면제된다(출입국관리법 시행령 제92조의2 참고).

둘째, 국민과 유사하지 않은 법적 지위에 있는 외국인은 '국민과 유사한 법적 지위에 있는 외국인'에 해당하지 않는 경우라고 할 수 있다. 예를 들어 외국인근로자(E-9)가 이에 해당한다.[18]

3. 우선순위모델

(1) 순차적 우선순위모델

외국인의 기본권 주체성과 관련하여 '국민과 유사한 법적 지위'에 있는 외국인을 기준으로 통합의 대상자를 순차적으로 구분할 수 있다. 통합 대상자를 선정하기 위한 1차적 기준으로는 대한민국 사회에서 장기체류·영주자격 또는 국적 취득 등 영구적 사회구성원으로 될 가능성이 높거나 영구적 사회구성원이 된 외국인이었던 자이다. 제2차적 기준으로는 대한민국 사회와의 인적 네트워크를 지닌 결혼이민자 또는 혈연·민족적 유대관계[19]에 있는 외국국적동포이다. 제3차적 기준으로는 인도적 사유에 의한 난민신청자·인정자, 부당한 인권침해를 받은 외국인이다. 마지막 기준으로는 대한민국 사회에서 일시적 사회구성원이 될 자 및 일시적 사회구성원이 된 자이다.

(2) 적　용

통합대상자의 우선순위모델에 따르면, 제1순위 통합 대상자에는 장기체류·영주자격 또는 국적 취득을 신청할 가능성이 있는 결혼이민자, 외국인 유학생, 전문외국인력, 영주자격 취득자·귀화자 및 그 자녀가 해당된다. 제2순위 통합 대상자에는 결혼이민자, 외국국적동포 및 가족결합을 통해 입국한 본국의 가족이 해당된

있는 서류만으로 외국인인 아동 또는 학생은 학교에 입학할 수 있다.

18) 헌법재판소 2011. 9. 29. 자 2007헌마1083 결정의 반대의견(각하의견) 참고.

19) 사회적 연계망 형성의 중요성에 대하여는 Thoma Faist, the volume and dynamic of international migration and transnational social spaces, OXFORD, 2000 참고. 국경을 넘나드는 이민자 연결망을 통해 가족, 경제, 사회, 종교, 문화, 정치적 관계가 형성 유지되며, 이는 필연적으로 국가간 상품, 사고, 정보, 상징, 사람이 상호 소통되는 초국경적 사회공간이 형성된다는 견해이다.

다. 제3순위 통합 대상자에는 난민신청자 및 인정자, 인도적 체류의 허가자, 인권이 침해된 외국인이 해당된다. 마지막 통합 대상자에는 단기순환 원칙이 적용되는 외국인근로자, 숙련 생산기능 외국인근로자(성실외국인근로자를 포함한다)가 해당된다. 다만, 통합 대상자의 우선순위 모델은 국가의 재정상황, 지역별 외국인의 거주 비율 등에 따라 변동될 수 있다.[20]

(3) 우선순위모델에 따른 통합의 내용

각 부처가 사회통합이라는 막연한 개념으로 각종 시책을 추진하기보다는, 통합의 우선순위 모델에 해당하는 외국인 유형별로 통합의 내용을 어느 정도로 제공할 것인지에 대한 합의를 도출하는 것이 필요하다.[21]

Ⅲ. 통합의 내용

1. 의 의

통합의 내용에 대하여는「재한외국인 처우 기본법」제10조로부터 제20조까지,「다문화가족지원법」제5조로부터 제11조의2까지 포괄적으로 규정하고 있다. 이하에서는 그 규정의 내용을 개관하기로 한다.

2. 규 정

(1) 재한외국인 처우 기본법

「재한외국인 처우 기본법」에서는 재한외국인 또는 그 자녀에 대한 불합리한 차별 방지 및 인권옹호(제10조), 대한민국에서 생활하는 데 필요한 기본적 소양과 지식에 관한 교육 · 정보제공 및 상담(제11조), 결혼이민자와 그 자녀에 대한 보육 및 교육 지원(제12조), 영주권자에 대한 입국 · 체류 또는 대한민국 안에서의 경제활동 등 보장 및 영주권자와 그 자녀에 대한 보육 및 교육 지원(제13조), 난민과 그 자녀에 대한 보육 및 교육 지원(제14조), 국적취득자와 그 자녀에 대한 사회적응 지원(제15조), 전문외국인력에 대한 처우 개선(제16조), 외국국적동포에 대한 대한민국으로의 입국 · 체류 또는 대한민국 안에서의 경제활동 등을 보장(제17조), 다문화에 대한 이해 증진(제18조) 및 세계인의 날

20) 차용호, 이민자 사회통합을 위한 정책방향, 한국이민학회 후기학술대회, 2008.
21) 앞의 발표글.

과 세계인주간(제19조)으로 이루어진 국민과 재한외국인이 더불어 살아가는 환경 조성, 외국인에 대한 민원 안내 및 상담 제공을 위한 외국인종합안내센터의 설치 · 운영(제20조)를 규정하고 있다.

(2) 다문화가족지원법

「다문화가족지원법」에서는 다문화 이해교육과 홍보 등 다문화가족에 대한 이해증진 및 학교에서 다문화가족에 대한 이해 교육(제5조), 생활정보 제공 및 사회적응교육, 직업교육 · 훈련 및 언어소통 능력 향상을 위한 한국어교육 등 교육 지원(제6조), 가족상담, 부부교육, 부모교육, 가족생활교육 등 평등한 가족관계의 유지를 위한 조치(제7조), 다문화가족 내 가정폭력을 예방 등 가정폭력 피해자에 대한 보호 · 지원(제8조), 영양 · 건강에 대한 교육, 산전 · 산후 도우미 파견, 건강검진 등의 의료서비스를 지원 및 건강관리를 위한 지원(제9조), 아동 보육 · 교육(제10조), 다국어에 의한 서비스 제공(제11조), 다문화가족 종합정보 전화센터의 설치 · 운영 등(제11조의2)을 규정하고 있다.

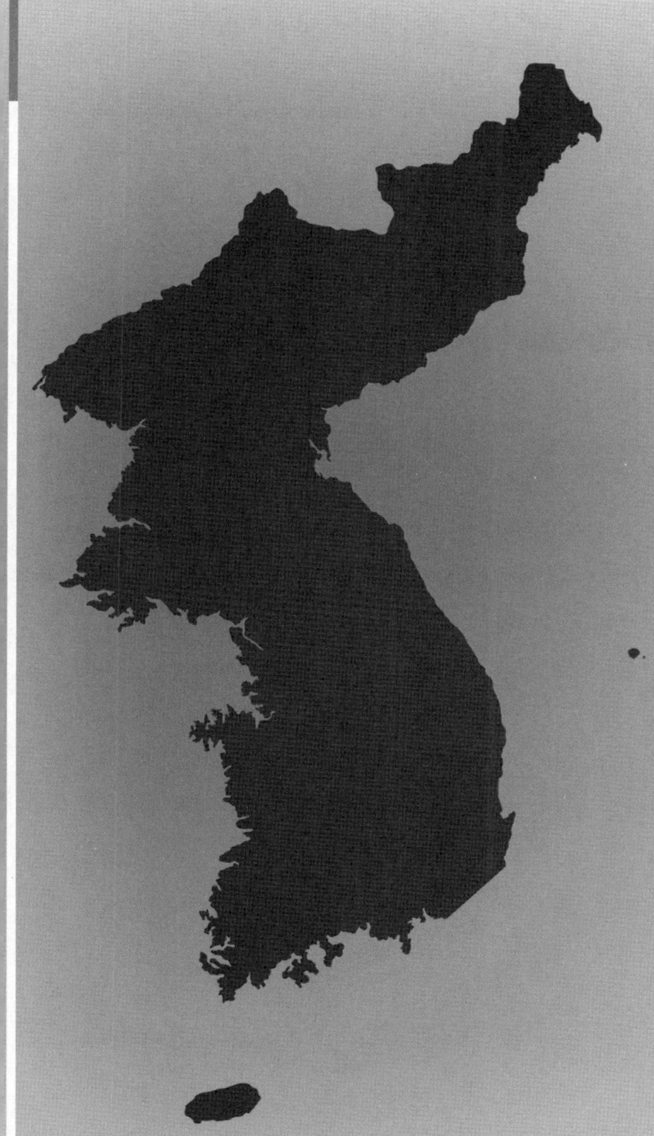

제 2 장

통합의 법적 기반

제 1 절 의 의

외국인의 통합에 대한 관점이 종전에는 주로 화교의 인권 문제에만 중점을 두었으나,[1] 2005년에 미식축구선수 하인즈워드의 한국방문을 계기로 혼혈인의 인권 문제와 사회적 중요성이 강조되었다.[2] 결혼이민자의 부적응 및 그 자녀의 학교 부적응 등으로 인해 2005년 이후 통합의 관심영역이 결혼이민자에게로 확대되어 2006년부터 정부차원에서 결혼이민자의 통합에 대한 정책의제가 본격적으로 다루어졌다. 최근에는 결혼이민자에 대한 관심이 전체 외국인의 통합에 대한 관심으로 그 영역이 확대되는 추세이다. 외국인에 대한 통합 문제가 특정한 체류자격 또는 법적 지위에 있는 외국인에 대한 인권침해와 이에 대한 예방·구제로부터 전체 외국인에 대한 통합의 문제로 그 논의의 영역이 진전되고 있다.[3]

외국인에 대한 지원과 통합을 위한 법률은 그 대상 영역에 따라 크게 「재한외국인 처우 기본법」과 「다문화가족지원법」, 「재외동포의 출입국과 법적 지위에 관한 법률」로 구분된다. 2007년에 법무부는 이민정책의 측면에서 기본법적 성격을 지니는 「재한외국인 처우 기본법」을 제정하였고, 2008년에 보건복지가족부는 「다문화가족지원법」을 제정하였다. 두 법률의 명칭과 공통규정, 제정시기, 적용대상자의 범위 등을 고려할 때 「재한외국인 처우 기본법」이 기능적으로 「다문화가족지원법」의 상위법으로 판단되지만, 두 법률의 상호관계가 불분명하다는 견해도 있다.[4] 이하에서는 외국인에 대한 지원과 통합을 규율하고 있는 각 법률의 제정취지, 구체적인 내용 등을 살펴보기로 한다.

1) 예를 들어 2003년에 국가인권위원회는 '국내거주 화교 인권실태조사'를 실시한 바 있다.
2) 현재는 혼혈인의 용어를 사용하는 것을 자제하고 있다.
3) 김정순, 외국인 이주민의 사회통합 법제 연구, 한국법제연구원 연구보고 2009-13, 2009, p. 24; 한승준, 우리나라 다문화정책의 거버넌스 분석, 한국행정학회 2008년도 추계학술대회 발표논문집, 2008, p. 74.
4) 노영돈, 이주여성의 인권: 법제와 정책 - 다문화가정을 중심으로, 이주여성의 인권 현황과 개선방안, 제32회 국회인권포럼, 2008, p. 7.

제 2 절 재한외국인 처우 기본법

Ⅰ. 의 의

1. 제정취지

외국인근로자, 결혼이민자, 외국국적동포, 유학생, 전문외국인력 등 이민자의 유형이 다양화되고 이들의 수가 증가하고 있음에도 불구하고, 대한민국은 이민자에 대한 통합정책과 국민의 이민사회에 대한 이해가 부족하여 사회적 갈등요인으로 부각되고 있다. 특히 외국인근로자 또는 결혼이민자 및 그 자녀 등이 한국말과 한국사회에 적응하지 못하여 심각한 갈등요인으로 될 우려가 있다. 대한민국에 체류하고 있는 외국인의 빠른 사회적응을 조기에 지원하고 개개인의 능력을 충분히 발휘할 수 있도록 하고 대한민국 국민과 외국인이 서로를 이해하고 존중하는 사회환경을 만들어 대한민국의 정치, 경제, 사회, 문화 등 전반적인 분야가 발전하도록 새로운 법적 기반을 마련한 것이다.

한국사회가 급속히 저출산·고령화로 진행되고 이민자가 정치, 경제, 사회, 문화적 차원에서 차지하는 중요성이 점차적으로 주목받고 있음에도 불구하고, 이민정책을 수립하고 집행하는 데 국가 전체의 종합적인 시각과 조율이 없이 개별부처의 입장에서 단기적으로 시행하여 개별부처간의 역할이 중복·충돌·부재하는 현상이 발생하고 있다. 이러한 문제로부터 이민정책을 종합적으로 수립, 집행, 평가하는 기능을 수행할 주무부처를 선정하게 된 것이다.

위와 같은 배경으로 「재한외국인 처우 기본법」은 2007년 5월 17일에 제정되어 2007년 7월 18일에 발효되었다. 대한민국에서 외국인의 사회적응과 국민의 이민사회에 대한 이해를 체계적으로 지원하기 위한 법적 체계가 마련된 것이다.

2. 법적 성격

(1) 기본법적 성격

1) 기본법

(가) 개 념

기본법이란 '국가의 제도·정책의 중요한 비중을 차지하는 분야에 대해 국가의 기본적인 이념·원칙 내지 준칙, 중요한 법 분야에서 제도·정책 등에 관한 기본적인 이념·원칙 내지 기준을 정하는 법률'을 말한다.[5] 기본법의 형식을 취하는 입법형태는 새로운 행정수요의 증대에 따른 행정권의 확대현상을 반영한 것이다. 기본법은 정책의 지향점·방향을 제시하고 그 틀에서 관련법이 입법화되도록 하려는 관점에서 비롯된 것이다. 기본법은 유사한 목적을 가진 법률에 정책의 기본방향을 규정함으로써 입법의 체계화 또는 입법의 경제화를 도모하고자 한다.[6]

(나) 분류기준

대한민국에서는 기본법이 그 실시를 위해 개별 법률을 제정할 것을 전제로 하는 입법체계를 채택하지 않고 있다.[7] 어떠한 법률이 기본법에 해당될 수 있는지가 문제된다. 기본법의 개념은 아래와 같이 3가지로 분류할 수 있다. 첫째, 기본법은 법률명에 기본법이라는 제목을 사용하는 경우를 말한다. 국회가 어떤 법률에 관하여 기본법이라는 제목을 붙여 그 법률의 명칭으로 사용하는 것을 말한다. 이것은 '형식적 의미의 기본법'이라고 할 수 있다. 실질적으로 기본법으로 작용하는지와는 관계없이 법률의 명칭에 기본법이라고 포함되는 것으로 족하다. 형식적 의미의 기본법은 반드시 실질적 의미의 기본법과 일치하지는 않는다. 둘째, 기본법은 어떤 분야에 대해 기본적인 대강·준칙·원칙·방침 등을 결정하는 법률을 말한다. 이것은 '실질적 의미의 기본법'이라고 할 수 있다. 법률에 기본법이라는 명칭이 있는지와는 관계없이 실질적으로 기본법으로서의 내용을 포함하고 있는지가 중요하다.[8] 법률의 명칭에 기본법이라고 포함되어 있을지라도 기본법으로서의 내용이 없으면 실질적 의미

5) 이준희, 고용정책에서의 고용정책기본법의 실현에 대한 시론적 검토, 한국노사관계학회 산업관계연구, 2011, p. 139; 박정훈, 입법체계상 기본법의 본질에 관한 연구 – 일본의 기본법을 중심으로 –, 법조협회 법조, 2009, p. 277.

6) 황승흠, 기본법 체제에 대한 법학적 이해 – 아동·청소년 분야 통합·분리논의를 중심으로 –, 한국비교공법학회 공법학연구, 2010, p. 246.

7) 박정훈, 입법체계상 기본법의 본질에 관한 연구 – 일본의 기본법을 중심으로 –, 법조협회 법조, 2009, pp. 293～298 참고.

8) 예를 들어 국가공무원법은 국가공무원에 대한 기본법이고, 형법은 범죄와 형벌에 관한 기본법이라고 칭하는 경우이다.

의 기본법에 해당하지 않는다. 셋째, 기본법은 국가의 기본조직을 결정하는 법률을 말한다. 기본법이 일반적으로 헌법을 지칭하는 것으로는 독일연방공화국기본법이 있다.9)

(다) 적 용

기본법에 대한 분류기준에 따르면, 「재한외국인 처우 기본법」은 형식적 의미의 기본법이고 동시에 실질적 의미의 기본법에 해당된다. 「재한외국인 처우 기본법」은 법률명에 기본법이라는 제목을 사용하고 있고, 이민 분야에 대해 국가의 기본적인 이념·원칙 내지 준칙만을 정하고 있다. 「재한외국인 처우 기본법」의 주된 내용적 특징으로는 기본법이 지향하는 목적을 실현하기 위해 국가 및 지방자치단체의 권리·의무, 국민 또는 외국인의 권리·의무를 직접적으로 규정하지 않고, 국가의 법제도·정책의 기본방침만을 마련하고 있다.10) 그리고 국가 및 지방자치단체의 책무 외에 국민 또는 사업자의 의무를 규정하는 경우에도 기본법의 본질상 기본이념을 선언하는 것에 그친다.11)

2) 프로그램법

기본법은 동일·유사한 목적 또는 내용을 가진 개별법들이 여러 개 있을 경우 이들 개별법들의 기본적 입법방향, 통일적 적용·해석의 지침 내지 지도이념, 정책의 수립과 효율적인 추진체계로 작용한다. 기본법은 일반적으로 노력규정형식 내지 프로그램적 규정형식, 즉 프로그램법으로서의 기능과 성격을 지닌다.12) 「재한외국인 처우 기본법」은 외국인의 처우에 대한 기본법적 특성을 가지므로 대강의 방향에 대하여만 규정하고 있다. 「재한외국인 처우 기본법」에서는 지향하는 목적을 실현하기 위해 국가 및 지방자치단체의 권리·의무, 국민 또는 외국인의 권리·의무를 직접적으로 규정하지 않고, 법제도·정책의 기본방침만을 규정하고 있다.13)

---

9) 박영도, 기본법의 법제상의 위치, 한국법제연구원 외국법제정보, 1993; 박정훈, 입법체계상 기본법의 본질에 관한 연구 – 일본의 기본법을 중심으로 –, 법조협회 법조, 2009, pp. 276~277; 황승흠, 기본법 체제에 대한 법학적 이해 – 아동·청소년 분야 통합·분리논의를 중심으로 –, 한국비교공법학회 공법학연구, 2010, pp. 247~248.

10) 박정훈, 입법체계상 기본법의 본질에 관한 연구 – 일본의 기본법을 중심으로 –, 법조협회 법조, 2009, p. 282 참고.

11) 앞의 논문, p. 285 참고.

12) 이경희, 다문화가족지원법의 문제점과 개선방향 – 다문화가족의 정의 및 범위를 중심으로 –, 경북대학교 법학연구원 법학논고 제32집, 2010, pp. 530~532; 황승흠, 기본법 체제에 대한 법학적 이해 – 아동·청소년 분야 통합·분리논의를 중심으로 –, 한국비교공법학회 공법학연구, 2010, p. 245.

13) 김정순, 외국인 이주민의 사회통합 법제 연구, 한국법제연구원 연구보고 2009-13, 2009, p. 48; 박정훈, 입법체계상 기본법의 본질에 관한 연구 – 일본의 기본법을 중심으로 –, 법조협회 법조, 2009, pp. 282~283 참고.

(2) 건강가정기본법과의 관계

1) 문제 제기

「재한외국인 처우 기본법」 제4조에서는 "국가는 재한외국인에 대한 처우 등과 관련되는 다른 법률을 제정 또는 개정하는 경우에는 이 법의 목적에 맞도록 하여야 한다."라고 규정하고, 「건강가정기본법」 제6조에서는 "국가는 건강가정사업과 관련되는 다른 법률을 제정 또는 개정하는 경우에는 이 법에 부합되도록 하여야 한다." 라고 규정하고 있으므로 두 기본법의 관계가 문제된다. 또한 「재한외국인 처우 기본법」 제12조 '결혼이민자와 그 자녀의 처우'에 대한 내용이 「건강가정기본법」 제3장 건강가정사업의 내용과 중복되는지에 대하여도 살펴보기로 한다. 이것은 후술할 「다문화가족기본법」이 「재한외국인 처우 기본법」 또는 「건강가정기본법」 중 어느 법률에 기능적으로 기본법을 두고 있는지의 문제이기도 하다.

2) 재한외국인 처우 기본법 및 건강가정기본법의 관계

「재한외국인 처우 기본법」의 제정목적은 재한외국인에 대한 처우 등에 관한 기본적인 사항을 정함으로써 재한외국인이 대한민국 사회에 적응하여 개인의 능력을 충분히 발휘할 수 있도록 하고, 국민과 재한외국인이 서로를 이해하고 존중하는 사회환경을 만들어 대한민국의 발전과 사회통합에 이바지하도록 하는 것이다(재한외국인 처우 기본법 제1조). 이러한 목적을 달성하기 위하여 재한외국인에 대한 처우 등에 관한 정책의 수립·시행에 노력하여야 할 국가 및 지방자치단체의 책무를 규정하고 있다(재한외국인 처우 기본법 제3조). 반면에, 「건강가정기본법」의 제정목적은 건강한 가정생활의 영위와 가족의 유지 및 발전을 위한 국민의 권리·의무와 국가 및 지방자치단체 등의 책임을 명백히 하고, 가정문제의 적절한 해결방안을 강구하며 가족구성원의 복지증진에 이바지할 수 있는 지원정책을 강화함으로써 건강가정 구현에 기여하는 것이다(건강가정기본법 제1조). 이러한 국민의 권리·의무에 대하여 모든 국민은 가정의 구성원으로서 안정되고 인간다운 삶을 유지할 수 있는 가정생활을 영위할 권리를 가지고, 모든 국민은 가정의 중요성을 인식하고 그 복지의 향상을 위하여 노력하여야 하는 의무를 규정하고 있다(건강가정기본법 제4조).

「건강가정기본법」은 그 적용대상자를 국민으로 하고, 결혼이민자 등 외국인 또는 영주자격자를 그 직접적인 적용대상자로 규정하지 않고 있다. 「건강가정기본법」은 국적을 취득하기 전의 결혼이민자 및 그 자녀의 처우, 영주자격자의 처우 등을 포함하는 재한외국인의 처우 및 외국인정책의 수립과 추진체계에 관한 기본적인 사항을 대상으로 하는 「재한외국인 처우 기본법」과는 제정목적, 적용대상자면에서 법률상 중복되지 않는다. 다만, 결혼이민자는 국민과의 혼인을 원인으로 국민의 배우자로 되어 가족을 이루고 생계 또는 주거를 함께 하는 생활공동체로서 가족구성원의 일상적인 부양·양육·보호·교육 등이 이루어지는 생활단위가 된다. 결혼이민자는 「건강가정기본법」상 혼인·입양 등으로 이루어진 사회의 기본단위인 가족의 구성원에 포함될 수 있다(건강가정기본법 제3조 제1호).

Ⅱ. 적용 대상자

1. 재한외국인 및 국민

「재한외국인 처우 기본법」은 외국인근로자, 결혼이민자와 그 자녀뿐만 아니라 영주권자, 난민, 국적취득 후 일정 기간 이내의 국적취득자, 전문외국인력, 과거 대한민국의 국적을 보유하였던 자, 외국국적동포, 외국인유학생 등 재한외국인과 국민을 적용 대상자로 하고 있다. 여기에서 '재한외국인'이란 대한민국의 국적을 가지지 아니한 자로서 대한민국에 거주할 목적을 가지고 합법적으로 체류하고 있는 자를 말한다(재한외국인 처우 기본법 제2조 제1호). 그리고 '국민'이란 대한민국의 국민을 말한다(출입국관리법 제2조 제1호).

2. 합법체류 재한외국인

(1) 합법이민자에의 적용

「재한외국인 처우 기본법」은 대한민국에 거주할 목적을 가지고 합법적으로 체류하고 있는 모든 외국인을 그 적용 대상자로 한다(재한외국인 처우 기본법 제2조 제1호). 「재한외국인 처우 기본법」의 적용 대상자로서 재한외국인이란 대한민국의 국적을 가지지 아니한 외국인으로서 대한민국에 거주할 목적을 가지고 '합법적으로' 체류하고 있는 자를 말한다(재한외국인 처우 기본법 제2조 제1호).

(2) 불법이민자에의 적용

1) 문제 제기

「재한외국인 처우 기본법」의 적용 대상자를 합법적으로 체류하고 있는 외국인으로 제한한 것이 타당하지 않다거나, 「재한외국인 처우 기본법」이 불법이민자를 법 밖에 두어 사회갈등을 해결하지 못한다는 지적이 있다.[14] 이것은 「재한외국인 처우

14) 이정민, 재한외국인 처우 기본법 및 이주민가족 지원 법률안에 대한 검토, 부산지방변호사회 부

기본법」의 적용 대상자에서 제외되는 불법이민자의 처우를 어떻게 할 것인지와 관련된 것이다. 즉「재한외국인 처우 기본법」이 불법이민자에 적용될 수 있는지와 적용될 경우 어떤 형식과 절차를 따라야 하는지의 문제이다. 이에 대하여 불법이민자는 적용 대상자에 포함되지 않는다는 견해와 불법이민자는 간접적인 적용 대상자로 된다는 견해로 구분된다.

2) 제외설

불법이민자는「재한외국인 처우 기본법」의 적용 대상자에 포함되지 않는다는 견해이다.[15)]「재한외국인 처우 기본법」은 명시적으로 불법이민자를 그 적용 대상자에서 제외하고 있다는 것이다. 이 견해에 따르면 불법이민자에 관하여「출입국관리법」에 강제퇴거 또는 보호의 절차적 규정을 두고 있는 것 외에는, 불법이민자의 처우에 대해 규정하고 있는 법률은 없다. 불법이민자가 대한민국 국민과 사실혼관계에 있는 자 또는 대한민국 국민과의 사이에 자녀를 두고 있는 경우, 불법이민자인 미성년 자녀의 교육을 위한 경우, 결혼이민자가 대한민국 국민과 혼인한 후 국적취득 전에 이혼하여 불법체류자가 된 경우 등 법의 지원을 필요로 하는 경우가 있다. 그러나「재한외국인 처우 기본법」은 그 적용 대상자를 합법체류외국인으로 제한하고 있으므로 불법이민자는 그 적용 대상자에서 제외된다.

3) 포함설 및 소결

「재한외국인 처우 기본법」의 적용 대상자에서 불법이민자를 제외한 것은 입법재량에 의한 입법형성권의 범위에 해당하고, 불법이민자는「재한외국인 처우 기본법」의 간접적인 적용 대상자로 된다는 견해이다. 국가가 불법이민자의 사회적응과 지원을 법적으로 보장하는 것은 결과적으로 국가가 불법이민을 장려하게 되므로「재한외국인 처우 기본법」 제2조 제1호(재한외국인의 정의)에서 불법이민자를 제외하고 제3장(재한외국인 등의 처우)에서 불법이민자의 처우에 대한 규정을 두지 않은 것이다. 다만, 불법이민자의 처우는「재한외국인 처우 기본법」 제5조(외국인정책의 기본계획), 제6조(연도별 시행계획)에 따라 외국인정책의 기본계획 및 연도별 시행계획을 수립할 경우 정책적 고려로 간접적인 적용 대상자로 될 수 있다.[16)] 그리고「재한외국인 처우 기본법 시행령」 제11조(실무위원회의 구성 및 운영) 제3항 및 제13조(운영

산법조 제25호, 2008, p. 55.

15) 앞의 논문, p. 55; 소성규, 결혼이민자 인식조사를 통한 다문화가족 법제도의 개선방향 - 포천시 사례를 중심으로 -, 한국법정책학회 법과 정책연구, 2010, pp. 504~505.

16) 배병호, 재한외국인 처우 기본법상 사회통합에 관한 연구, 성균관대학교법학연구소 성균법학, 2009; 김정순, 외국인 이주민의 사회통합 법제 연구, 한국법제연구원 연구보고 2009-13, 2009, p. 50.

세칙)와 「외국인정책실무위원회 운영세칙」 제10조에 따라 외국인정책실무위원회에는 불법체류외국인대책 실무분과위원회를 두고 있다. 또한 법무부장관은 기본계획의 수립, 시행계획의 수립 및 추진실적에 대한 평가, 외국인정책위원회 및 실무위원회의 구성·운영 등이 효율적으로 이루어질 수 있도록 불법체류외국인에 관한 실태조사를 수행하여야 한다(재한외국인 처우 기본법 제9조 제1항).

3. 중도입국 미성년 외국인자녀

「재한외국인 처우 기본법」에서는 법률 용어로서의 중도입국 미성년 외국인자녀에 대한 규정은 없다. 중도입국 미성년 외국인자녀는 법률 용어가 아니라 정책 용어에 해당한다. 중도입국 미성년 외국인자녀란 외국에서 출생하여 성장한 후 가족(부 또는 모를 말한다)의 재혼 또는 취업으로 인해 그 가족과 동반하여 대한민국으로 이주하여 온 만19세 미만의 외국인인 자녀를 말한다. 중도입국 미성년 외국인자녀는 대한민국의 국적을 가지지 아니한 외국인으로서 「재한외국인 처우 기본법」의 적용 대상자에 해당한다.

Ⅲ. 주요 내용

1. 의 의

「재한외국인 처우 기본법」은 제1장 총칙, 제2장 외국인정책의 수립 및 추진 체계, 제3장 재한외국인 등의 처우, 제4장 국민과 재한외국인이 더불어 살아가는 환경조성, 제5장 보칙, 부칙으로 구성되어 있다. 「재한외국인 처우 기본법」은 크게 3가지 영역으로 구분될 수 있는데, 첫 번째 영역은 총칙, 두 번째 영역은 외국인정책의 수립 및 추진 체계에 관한 내용, 세 번째 영역은 재한외국인의 적응 지원 등에 관한 내용이다. 이하에서는 그 구체적인 내용을 살펴보고자 한다.

2. 총 칙

(1) 국가 및 지방자치단체의 책무

「재한외국인 처우 기본법」 제1장 총칙에서는 "국가 및 지방자치단체는 재한외국인 처우 기본법의 목적을 달성하기 위하여 재한외국인에 대한 처우 등에 관한 정책의 수립·시행에 노력하여야 한다."라고 국가 및 지방자치단체의 책무를 총칙적으로 규정하고 있다(재한외국인 처우 기본법 제3조). 그리고 「재한외국인 처우 기본법」의 다른 조항에서는 "국가 및 지방자치단체는 (중략) 노력하여야 한다.", "국가 및 지방자치단체는 (중략) 할 수 있다."라고 국가 및 지방자치단체의 책무를 사안별로 규정하고 있다(제10조, 제11조, 제12조, 제13조, 제16조, 제17조, 제18조, 제20조, 제21조, 제22조, 제23조). 여기에서 '국가'에는 행정부뿐만 아니라 국회를 포함한다.

3. 외국인정책의 수립 및 추진체계

(1) 의 의

1) 조정기능

기본법은 그 추구하는 목적을 시행하는 각종 정책을 종합하는 '조정의 기능'이 있는데, 그 분야에 대해 종합계획을 수립하는 규정을 두고 있다.[17] 「재한외국인 처우 기본법」에서도 외국인정책에 관한 종합계획을 수립하기 위한 규정을 두고 있다(재한외국인 처우 기본법 제5조). 이하에서는 외국인정책위원회의 구성 및 운영, 외국인정책의 기본계획 및 연도별 시행계획 수립, 외국인정책의 공표 및 전달, 외국인정책위원회의 추진체계로서 평가를 살펴보기로 한다.

2) 외국인정책

「재한외국인 처우 기본법」에 규정된 '외국인정책'의 구체적 의미는 실제 '이민정책'으로 사용되고 있다.[18] 후술할 「다문화가족지원법」과의 관계에서 외국인정책은 사안에 따라 다문화가족정책을 의미하기도 하고(다문화가족지원법 제3조 제3항, 재한외국인 처우 기본법 제5조에서 제9조), 「출입국관리법」과의 관계에서 외국인정책은 사안에 따라 통합정책을 의미하기도 한다(출입국관리법 제39조, 제40조).

(2) 외국인정책위원회의 구성 및 운영

1) 의 의

법무부장관은 관계 중앙행정기관의 장과 협의하여 5년마다 수립된 외국인정책에 관한 기본계획을 외국인정책위원회의 심의를 거쳐 확정하여야 한다(재한외국인 처우 기본법 제5조 제3항). 외국인정책위원회의 간사부서는 법무부이다. 외국인정책에 관한 주요 사항을 심의·

17) 박정훈, 입법체계상 기본법의 본질에 관한 연구 – 일본의 기본법을 중심으로 –, 법조협회 법조, 2009, pp. 290~291.

18) 김혜순, 결혼이민자 다문화가족 사회통합정책, 한국이민정책의 이해, 2011, p. 182; 임형백, 한국의 다문화사회의 방향 모색, 제17회 한글문화토론회 – 다문화 담론과 바람직한 외국인정책, 2012, p. 35.

조정하기 위하여 국무총리 소속으로 외국인정책위원회를 설치하는 근거를 두고 있다(재한외국인 처우 기본법 제8조 제1항).

2) 연 혁

2006년 5월 22일에 대통령훈령 제171호 「외국인정책위원회 규정」에 의하여 외국인정책위원회와 외국인정책실무협의회가 설치되어 운영되던 것을 2007년 5월 17일에 「재한외국인 처우 기본법」이 제정되어 대통령훈령 제171호 「외국인정책위원회 규정」을 폐지한 것이다.

3) 심의 · 조정

외국인정책위원회에서는 ⅰ) 외국인정책의 기본계획의 수립에 관한 사항, ⅱ) 외국인정책의 시행계획 수립, 추진실적 및 평가결과에 관한 사항, ⅲ) 사회적응에 관한 주요 사항, ⅳ) 그 밖에 외국인정책에 관한 주요 사항을 심의 · 조정한다(재한외국인 처우 기본법 제5조 제2항).

4) 구 성

(가) 필수적 구성

외국인정책위원회는 위원장 1인을 포함한 30인 이내의 위원으로 구성하며, 위원장은 국무총리가 된다(재한외국인 처우 기본법 제8조 제3항 전단). 위원은 ⅰ) 대통령령으로 정하는 중앙행정기관의 장, ⅱ) 외국인정책에 관하여 학식과 경험이 풍부한 자 중에서 위원장이 위촉하는 자가 된다(재한외국인 처우 기본법 제8조 제3항 후단). 여기에서 '대통령령으로 정하는 중앙행정기관의 장'이란 기획재정부장관, 미래창조과학부장관, 교육부장관, 외교부장관, 법무부장관, 행정자치부장관, 문화체육관광부장관, 농림축산식품부장관, 산업통상자원부장관, 보건복지부장관, 고용노동부장관, 여성가족부장관, 국토교통부장관, 해양수산부장관, 중소기업청장 및 위원회의 의결을 거쳐 위원회의 위원장이 필요하다고 인정한 중앙행정기관의 장을 말한다(재한외국인 처우 기본법 시행령 제7조 제1항). 그리고 '외국인정책에 관하여 학식과 경험이 풍부한 자'에 관하여 위원장은 9명 이내의 위원을 위촉할 수 있고(재한외국인 처우 기본법 시행령 제7조 제2항), 위촉된 위원의 임기는 3년으로 한다(재한외국인 처우 기본법 시행령 제7조 제3항).

(나) 임의적 구성

위원장은 필요하다고 인정되면 위원회의 심의 안건과 관련된 행정기관의 장(국가정보원장과 국무조정실장을 포함한다), 지방자치단체의 장 및 「재한외국인 처우 기본법 시행령」 제6조 각 호의 기관 · 단체의 장을 회의에 참석하게 할 수 있다(재한외국인 처우 기본법 시행령 제7조 제4항). 여기에서 '「재한외국인 처우 기본법 시행령」 제6조 각 호의 기관 · 단체의 장'이란 ⅰ) 「유아교육법」, 「초 · 중등교육법」, 「고등교육법」, 그 밖에 다른 법률에 따라 설립된 각급 학교,

ⅱ)「공공기관의 운영에 관한 법률」에 따라 지정·고시된 공기업·준정부기관 및 기타공공기관, ⅲ)「지방공기업법」에 따라 설립된 지방공사 및 지방공단, ⅳ) 특별법에 따라 설립된 특수법인, ⅴ)「사회복지사업법」 제42조 제1항에 따라 국가나 지방자치단체로부터 보조금을 받는 사회복지법인과 사회복지사업을 하는 비영리법인의 장을 말한다(재한외국인 처우 기본법 시행령 제6조).

5) 운 영

(가) 외국인정책위원회

(a) **위원장**: 위원장은 위원회를 대표하고 위원회의 사무를 총괄한다(재한외국인 처우 기본법 시행령 제8조 제1항). 위원장이 부득이한 사유로 직무를 수행할 수 없을 때에는 법무부장관이 그 직무를 대행한다(재한외국인 처우 기본법 시행령 제8조 제2항).

(b) **회 의**: 위원장은 위원회의 회의를 소집하고 그 의장이 된다(재한외국인 처우 기본법 시행령 제9조 제1항). 위원장은 회의를 소집하려면 회의의 일시·장소 및 심의 안건을 위원과 「재한외국인 처우 기본법 시행령」 제7조 제4항에 따라 회의에 참석하는 자에게 회의개최 5일 전까지 서면으로 알려야 한다. 다만, 긴급히 개최하여야 하는 경우와 그 밖에 부득이한 사정이 있는 경우에는 그러하지 아니하다(재한외국인 처우 기본법 시행령 제9조 제2항). 위원회의 회의는 재적위원 과반수의 출석으로 개의하고, 출석위원 과반수의 찬성으로 의결한다(재한외국인 처우 기본법 시행령 제9조 제3항).

(c) **간 사**: 위원회의 사무를 처리하기 위하여 위원회에 간사 1명을 두며, 간사는 법무부 출입국·외국인정책본부장이 된다(재한외국인 처우 기본법 시행령 제10조).

(나) 외국인정책실무위원회

(a) **의 의**: 외국인정책위원회에 상정할 안건과 외국인정책위원회에서 위임한 안건을 처리하기 위하여 외국인정책위원회에 외국인정책실무위원회를 둔다(재한외국인 처우 기본법 제8조 제4항). 외국인정책실무위원회의 구성과 운영에 관하여 필요한 사항은 대통령령으로 정한다(재한외국인 처우 기본법 제8조 제5항).

(b) **구성 및 운영**

ⅰ. 구 성: 외국인정책실무위원회는 위원장 1명을 포함한 30명 이내의 위원으로 구성하며, 실무위원회의 위원장은 법무부차관이 되고 위원은 ⅰ)「재한외국인 처우 기본법 시행령」 제7조 제1항에 따른 중앙행정기관의 장·국가정보원장 및 국무조정실장이 소속된 행정기관의 고위공무원단에 속하는 공무원 또는 고위공무원단에 속하지 아니한 1급부터 3급까지의 공무원 중에서 지명하는 자, ⅱ) 외국인정책에 관하여 학식과 경험이 풍부한 자 중에서 실무위원회의 위원장이 위촉한 자가 된다(재한외국인 처우 기본법 시행령 제11조 제1항).

외국인정책실무위원회의 위원장은 필요하다고 인정되면 실무위원회의 안건과 관련된 행정기관의 장, 지방자치단체의 장 및 「재한외국인 처우 기본법 시행령」 제6조 각 호의 기관·단체의 장이 지명하는 자를 회의에 참석하게 할 수 있다(재한외국인 처우 기본법 시행령 제11조 제2항).

ii. 운 영: 「재한외국인 처우 기본법」에 규정한 것 외에 실무위원회의 구성과 운영에 필요한 사항은 실무위원회의 의결을 거쳐 실무위원회 위원장이 정한다(재한외국인 처우 기본법 시행령 제13조).

(다) 실무분과위원회

(a) 의 의: 외국인정책실무위원회는 i) 외국인정책실무위원회의 안건 중 실무위원회 위원 간에 이견이 있어 협의가 필요하다고 실무위원회가 인정한 사항, ii) 「재한외국인 처우 기본법 시행령」 제5조의 시행계획의 추진실적 및 평가결과 중 실무위원회에서 처리할 안건에 대한 사항, iii) 그 밖에 실무위원회에서 위임한 사항의 어느 하나에 관한 연구·검토 및 협의 등을 위하여 분야별로 실무분과위원회를 둔다(재한외국인 처우 기본법 시행령 제11조 제3항).

(b) 종 류: 실무분과위원회의 구성에 필요한 사항은 외국인정책실무위원회의 의결을 거쳐 실무위원회 위원장이 정한다(재한외국인 처우 기본법 시행령 제13조). 2007년에 제정된 '외국인정책실무위원회 운영세칙'에서는 외국인정책실무위원회에 전문인력유치지원 실무분과위원회, 국적·통합제도개선 실무분과위원회, 불법체류외국인대책 실무분과위원회를 두고 있다(외국인정책실무위원회 운영세칙 제10조).

(c) 구성 및 운영

i. 위원장: 실무분과위원회의 위원장은 '소관 분야를 주된 업무로 하는 행정기관'의 장이 지명하는 고위공무원단에 속하는 공무원 또는 고위공무원단에 속하지 아니한 1급부터 3급까지의 공무원으로 한다(외국인정책실무위원회 운영세칙 제11조 제1항). 여기에서 '소관 분야를 주된 업무로 하는 행정기관'이란 전문인력유치지원 실무분과위원회의 경우에는 기획재정부, 국적·통합제도개선 실무분과위원회의 경우에는 법무부, 불법체류외국인대책 실무분과위원회의 경우에는 법무부이다(외국인정책실무위원회 운영세칙 별표). 실무분과위원회 위원장은 각 실무분과위원회를 대표하고 그 사무를 총괄한다(외국인정책실무위원회 운영세칙 제12조 제1항). 실무분과위원회 위원장이 부득이한 사유로 직무를 수행할 수 없을 때에는 실무분과위원회 위원장이 지정하는 자가 대행한다(외국인정책실무위원회 운영세칙 제12조 제2항). 실무분과위원회의 위원장은 실무분과위원회에서 연구·검토 및 협의한 사항에 관하여 실무위원회 위원장에게 보고하여야 한다(외국인정책실무위원회 운영세칙 제15조 제2항).

ii. 위 원: 각 실무분과위원회의 위원은 그 '소관 분야와 관련된 행정기관'의 장이 지명하는 3급 또는 4급 공무원으로 하되, 실무분과위원회의 위원장이 필요하다고 인정하는 경우 별도로 소관 분야의 정책에 관하여 학식과 경험이 풍부한 자 중에서 위촉할 수 있다(외국인정책실무위원회 운영세칙 제11조 제2항). 여기에서 '소관 분야와 관련된 행정기관'이란 전문인력유치지원 실무분과위원회의 경우에는 기획재정부, 교육부, 외교부, 법무부, 문화체육관광부, 산업통상자원부, 보건복지부, 고용노동부, 국가정보원, 중기청이고, 국적·통합제도개선 실무분과위원회의 경우에는 법무부, 기획재정부, 미래창조과학부, 교육부, 외교부, 행정자치부, 문화체육관광부, 농림축산식품부, 산업통상자원부, 보건복지부, 고용노동부, 여성가족부, 국가정보원, 경찰청, 병무청이고, 불법체류외국인대책 실무분과위원회의 경우에는 법무부, 행정자치부, 고용노동부, 국가정보원, 경찰청, 해양경찰청이다.

iii. 운 영: 실무분과위원회의 회의는 외국인정책실무위원회 위원장의 요구가 있거나 각 실무분과위원회 위원장이 필요하다고 인정할 때 소집한다(외국인정책실무위원회 운영세칙 제13조 제1항). 외국인정책실무위원회 위원장은 필요한 경우에 2개 이상의 실무분과위원회가 참여하는 연석회의를 개최할 수 있으며, 외국인정책실무위원회 위원장 또는 외국인정책실무위원회 위원장이 지명하는 자가 연석회의의 의장이 된다(외국인정책실무위원회 운영세칙 제13조 제2항).

실무분과위원회의 운영에 필요한 사항은 외국인정책실무위원회의 의결을 거쳐 실무위원회 위원장이 정한다(재한외국인 처우 기본법 시행령 제13조).

iv. 간 사: 지명된 실무분과위원회의 위원장 및 위원은 즉시 그 사실을 실무위원회 간사에게 통보하여야 한다(외국인정책실무위원회 운영세칙 제11조 제3항). 실무분과위원회의 사무처리를 위하여 각 실무분과위원회에 간사 1인을 두며, 간사는 각 실무분과위원회의 위원장이 정한다(외국인정책실무위원회 운영세칙 제14조). 간사는 회의결과 요지를 회의록에 기록하고, 실무분과위원회 위원장에게 보고하여야 한다(외국인정책실무위원회 운영세칙 제15조 제1항).

(3) 외국인정책의 계획 수립

1) 기본계획

(가) 개 념

기본계획이란 국가의 중요정책을 추진하기 위한 큰 틀로서 중대한 국정과제를 중·장기적 전망에 근거하여 체계적으로 수행하여 정책의 예측가능성을 제고하고 시행과정에서 착오를 최소화하기 위한 국정운영의 한 방법을 말한다.[19] 외국인정책

19) 정기선 외, 외국인정책 기본계획 수립방향 및 주요 정책의제 연구, 법무부 출입국외국인정책본부 용역보고서, 2011, p. 19, p. 36.

의 기본계획이란 대한민국의 이민정책에 관한 범정부 차원의 국가계획 내지 정책지침이고, 향후 5년 동안의 이민정책 추진에 관한 기본 설계도를 말한다.[20)]

(나) 주무부처

법무부장관은 관계 중앙행정기관의 장과 협의하여 5년마다 외국인정책에 관한 기본계획을 수립하여야 하고(재한외국인 처우 기본법 제5조 제1항), 수립된 기본계획을 외국인정책위원회의 심의를 거쳐 확정하여야 한다(재한외국인 처우 기본법 제5조 제3항). 기본계획의 수립절차 등에 관하여 필요한 사항은 대통령령으로 정한다(재한외국인 처우 기본법 제5조 제4항).

외국인정책의 기본계획을 수립하는 주무부처의 선정에 대하여, 재한외국인의 처우에 관한 사안은 여러 부처에 관련되어 조정의 필요성이 크기 때문에 법무부장관이 외국인정책의 기본계획을 수립하는 것은 문제가 있다는 견해가 있다.[21)] 그러나 외국인정책은 국가발전, 경제, 인권, 인구구성 등 다방면에 걸친 사안을 조정해야 하므로 사증발급에서부터 출입국관리, 국적 업무 등 이민자의 이주를 관할하는 법무부(출입국·외국인정책본부)에서 수행하는 것이 보다 효율적이다.

(다) 내 용

외국인정책에 관한 기본계획에는 i) 외국인정책의 기본목표와 추진방향, ii) 외국인정책의 추진과제, 그 추진방법 및 추진시기, iii) 필요한 재원의 규모와 조달방안, iv) 그 밖에 외국인정책 수립 등을 위하여 필요하다고 인정되는 사항이 포함되어야 한다(재한외국인 처우 기본법 제5조 제2항). 법무부장관은 기본계획을 수립함에 있어서 상호주의 원칙을 고려한다(재한외국인 처우 기본법 제5조 제5항).

(라) 절 차

(a) **법무부장관의 작성지침 통보:** 법무부장관은 외국인정책에 관한 기본계획의 효율적인 수립을 위하여 미리 기본계획 작성지침을 정하여 관계 중앙행정기관의 장에게 통보하여야 한다(재한외국인 처우 기본법 시행령 제2조 제1항).

(b) **중앙행정기관장의 기본계획안 제출:** 관계 중앙행정기관의 장은 기본계획 작성지침에 따라 소관별로 기본계획안을 작성하여 법무부장관에게 제출하여야 하고, 법무부장관은 이를 종합하여 기본계획을 수립하여야 한다(재한외국인 처우 기본법 시행령 제2조 제2항).

(c) **법무부장관의 확정된 기본계획 통보:** 법무부장관은 외국인정책위원회의 심의를 거쳐 기본계획이 확정되면 이를 관계 중앙행정기관의 장과 지방자치단체의 장에게 통보하여야 한다(재한외국인 처우 기본법 시행령 제2조 제3항, 제5조 제3항).

---

20) 법무부, 제2차 외국인정책 기본계획, 2012.
21) 오동석, 한국 이민법제의 헌법적 평가와 재구조화, IOM 이민정책연구원 새로운 이민법 체계 수립을 위한 국제 심포지움, 2010.

(마) 업무의 협조

법무부장관은 기본계획을 수립 · 시행하기 위하여 필요한 때에는 국가기관 · 지방자치단체 및 대통령령으로 정하는 공공단체의 장에게 관련 자료의 제출 등 필요한 협조를 요청할 수 있다(재한외국인 처우 기본법 제7조 제1항).

(바) 기본계획의 변경

관계 중앙행정기관의 장은 확정된 기본계획 중 소관사항을 변경하려면 기본계획 변경안을 작성하여 법무부장관에게 제출하여야 한다(재한외국인 처우 기본법 시행령 제3조 전단). 법무부장관은 기본계획 변경안을 고려하여 기본계획을 수정하고 외국인정책위원회의 심의를 거쳐 기본계획을 확정하여야 한다(재한외국인 처우 기본법 시행령 제3조 후단, 제5조 제3항).

2) 연도별 시행계획

(가) 수립 · 시행

(a) **중앙행정기관:** 관계 중앙행정기관의 장은 외국인정책에 관한 기본계획에 따라 소관별로 연도별 시행계획을 수립 · 시행하여야 한다(재한외국인 처우 기본법 제6조 제1항).

(b) **지방자치단체:** 지방자치단체의 장은 중앙행정기관의 장이 법령에 따라 위임한 사무에 관하여 당해 중앙행정기관의 장이 수립한 시행계획에 따라 당해 지방자치단체의 연도별 시행계획을 수립 · 시행하여야 한다(재한외국인 처우 기본법 제6조 제2항). 중앙행정기관의 장이 위임한 사무가 아닌 사항(고유사무)에 대하여는 지방자치단체의 장의 자율성을 보장하고 지역실정에 맞는 고유한 시책을 수립 시행하도록 하기 위해 지방자치단체의 장은 중앙행정기관의 장이 수립한 시행계획을 따르지 않고 「재한외국인 처우 기본법」에 위배되지 않는 범위 내에서 자율적으로 연도별 시행계획을 수립 시행할 수 있다.

(나) 절 차

(a) **법무부장관의 시행계획 수립지침 통보:** 법무부장관은 연도별 시행계획의 효율적인 수립을 위하여 시행계획 수립지침을 정하여 매년 7월 말까지 관계 중앙행정기관의 장과 지방자치단체의 장에게 통보하여야 한다(재한외국인 처우 기본법 시행령 제4조 제1항).

(b) **법무부장관의 시행계획 상정**

i. 의 의: 관계 중앙행정기관의 장은 소관별로 다음 해 시행계획을 법무부장관에게 제출하여야 하며, 법무부장관은 이를 종합하여 따른 외국인정책위원회에 상정하여야 한다(재한외국인 처우 기본법 제6조 제4항). 아래에서는 그 절차를 살펴보기로 한다.

ii. 중앙행정기관장의 시행계획 통보 및 제출: 관계 중앙행정기관의 장은 시행계획 수립지침에 따라 소관별로 다음 해 시행계획을 수립하여 지방자치단체의 장에게 통보하여야 한다(재한외국인 처우 기본법 시행령 제4조 제2항). 그리고 관계 중앙행정기관의 장은 법 제6조제4항에 따라 다음 해 시행계획에 지방자치단체의 장이 수립한 시행계획을 종합하여 소관별로 매년 10월 말까지 법무부장관에게 제출하여야 한다(재한외국인 처우 기본법 시행령 제4조 제3항).

iii. 법무부장관의 심의 · 조정된 시행계획 통보: 법무부장관은 제출된 시행계획에 관하여 외국인정책위원회의 심의 · 조정을 거친 후, 그 결과를 관계 중앙행정기관의 장과 지방자치단체의 장에게 통보하여야 한다(재한외국인 처우 기본법 시행령 제4조 제4항).

(다) 업무의 협조

법무부장관은 시행계획을 수립 · 시행하기 위하여 필요한 때에는 국가기관 · 지방자치단체 및 대통령령으로 정하는 공공단체의 장에게 관련 자료의 제출 등 필요한 협조를 요청할 수 있다(재한외국인 처우 기본법 제7조 제1항). 그리고 중앙행정기관 및 지방자치단체의 장은 소관 업무에 관한 시행계획을 수립 · 시행하기 위하여 필요한 때에는 공공기관장에게 관련 자료의 제출 등 필요한 협조를 요청할 수 있다(재한외국인 처우 기본법 제7조 제2항).

(라) 시행계획의 변경

관계 중앙행정기관의 장은 수립된 지방자치단체의 시행계획이 기본계획 및 당해 중앙행정기관의 시행계획에 부합되지 아니하는 경우에는 당해 지방자치단체의 장에게 그 변경을 요청할 수 있다(재한외국인 처우 기본법 제6조 제3항 전단).

3) 외국인정책의 연구 · 추진 등

(가) 의 의

「재한외국인 처우 기본법」에서는 여러 부처에 관련된 정책을 조정하고 정책의제의 해결이 어려운 영역에 대해 연구 · 조사 등을 추진함으로써 장래에 신속하고 효과적인 대응책을 마련하기 위해 외국인정책의 연구 · 추진에 대한 규정을 두고 있다.[22)]

(나) 내 용

법무부장관은 기본계획의 수립, 시행계획의 수립 및 추진실적에 대한 평가, 외국인정책위원회 및 실무위원회의 구성 · 운영 등이 효율적으로 이루어질 수 있도록 i) 재한외국인, 불법체류외국인 및 「재한외국인 처우 기본법」 제15조에 따른 귀화자에 관한 실태 조사, ii) 기본계획의 수립에 필요한 사항에 관한 연구, iii) 위원회 및 실무위원회에 부의할 안건에 관한 사전 연구, iv) 외국인정책에 관한 자료 및 통계의 관리, 위원회 및 실무위원회의 사무 처리 v) 「재한외국인 처우 기본법」 제15

---

22) 박정훈, 입법체계상 기본법의 본질에 관한 연구 – 일본의 기본법을 중심으로 –, 법조협회 법조, 2009, pp. 291~292 참고.

조에 따른 사회적응시책 및 그 이용에 관한 연구와 정책의 추진, vi) 그 밖에 외국인정책 수립 등에 관하여 필요하다고 인정되는 사항에 관한 연구와 정책의 추진의 업무를 수행하여야 한다(재한외국인 처우 기본법 제9조 제1항).

(다) 위 탁

업무를 효율적으로 수행하기 위하여 필요한 사항은 대통령령으로 정한다(재한외국인 처우 기본법 제9조 제2항). 이에 따라, 법무부장관은 외국인정책의 연구 · 추진 업무를 효율적으로 수행하기 위하여 연구소 · 대학, 그 밖에 필요하다고 인정하는 기관 · 단체에 실태조사 및 연구 등을 위탁할 수 있다(재한외국인 처우 기본법 시행령 제14조).

(4) 외국인정책의 공표 및 전달

1) 공 표

국가 및 지방자치단체는 확정된 외국인정책의 기본계획 및 시행계획 등을 공표할 수 있다. 다만, 외국인정책위원회 또는 외국인정책실무위원회에서 국가안전보장 · 질서유지 · 공공복리 · 외교관계 등의 국익을 고려하여 공표하지 아니하기로 하거나 개인의 사생활의 비밀이 침해될 우려가 있는 사항에 대하여는 그러하지 아니하다(재한외국인 처우 기본법 제23조 제1항). 외국인정책의 경우 상호주의에 따라 국가간 적용을 달리하거나 외교 등의 사유로 인해 불가피하게 공개해서는 안 되는 사유가 있으므로 이를 반영하여 재량사항으로 규정한 것이다.

2) 전 달

국가 및 지방자치단체는 모든 국민 및 재한외국인이 공표된 외국인정책의 기본계획 및 시행계획 등을 쉽게 이해하고 이용할 수 있도록 노력하여야 한다(재한외국인 처우 기본법 제23조 제2항).

(5) 외국인정책위원회의 추진체계로서 평가

1) 실무분과위원회 설치

외국인정책위원회는 외국인정책의 추진실적 및 평가결과에 관한 사항을 심의 · 조정한다(재한외국인 처우 기본법 제8조 제2항). 그리고 외국인정책실무위원회는 「재한외국인 처우 기본법 시행령」 제5조(시행계획의 추진실적 및 평가결과)의 시행계획의 추진실적 및 평가결과 중 실무위원회에서 처리할 안건에 대한 사항에 관한 연구 · 검토 및 협의 등을 위하여 분야별로 '실무분과위원회'를 두도록 규정하고 있다(재한외국인 처우 기본법 시행령 제11조 제3항).

2) 시행계획 추진실적 및 평가결과

(가) 중앙행정기관의 시행계획에 대한 평가

관계 중앙행정기관의 장은 소관별로 다음 해 시행계획과 지난 해 추진실적 및 평가결과를 법무부장관에게 제출하여야 하며, 법무부장관은 이를 종합하여 외국인정책위원회에 상정하여야 한다(재한외국인 처우 기본법 제6조 제4항).

(나) 지방자치단체의 시행계획에 대한 변경 및 점검

관계 중앙행정기관의 장은 수립된 지방자치단체의 시행계획이 기본계획 및 당해 중앙행정기관의 시행계획에 부합되지 아니하는 경우에는 당해 지방자치단체의 장에게 그 변경을 요청할 수 있고, 당해 지방자치단체가 수립한 시행계획의 이행사항을 기본계획 및 당해 중앙행정기관의 시행계획에 따라 점검할 수 있다(재한외국인 처우 기본법 제6조 제3항).

3) 업무의 협조

법무부장관은 기본계획과 시행계획을 수립 · 시행하고 이를 평가하기 위하여 필요한 때에는 국가기관 · 지방자치단체 및 대통령령으로 정하는 공공단체의 장에게 관련 자료의 제출 등 필요한 협조를 요청할 수 있다(재한외국인 처우 기본법 제7조 제1항). 그리고 중앙행정기관 및 지방자치단체의 장은 소관 업무에 관한 시행계획을 수립 · 시행하고 이를 평가하기 위하여 필요한 때에는 공공기관장에게 관련 자료의 제출 등 필요한 협조를 요청할 수 있다(재한외국인 처우 기본법 제7조 제2항).

(6) 다문화가족정책위원회 등과의 관계

1) 위원회의 장 · 단점

일반적으로 의사결정과정에서 위원회의 조직형식은 장점과 단점을 함께 지니고 있다. 장점으로는 정책수립 과정에서 다양한 중앙행정기관 및 이해관계자가 폭넓게 참여할 수 있고, 다양한 관점과 의견이 총괄적으로 조정된다. 그리고 단점으로는 중앙행정기관 간에 의견 차이가 클 경우 조정기능이 취약해지며 신속한 정책결정이 지연되고, 위원회 산하에 집행조직이 없어 책임 있는 정책집행이 어렵고, 위원회의 의사결정은 다른 중앙행정기관의 기획예산과 조정에 대하여 구조적 무책임성을 지닐 위험이 있다.[23)]

2) 외국인정책위원회의 문제점

외국인정책위원회가 추진체계의 정점에 있고, 그 아래 추진주체로서 법무부, 고용

23) 김환학, 이민행정법의 구축을 위한 시론, 행정법이론실무학회 행정법연구 제32호, 2012, p. 203에서 외국인정책위원회의 구조적 무책임성을 강조하고 있다.

노동부, 여성가족부, 행정자치부(지방자치단체를 포함한다) 등으로 구성되어 있다. 법무부는 외국인정책위원회의 간사부서에 해당된다. 위원회의 조직형식이 가지는 한계는 외국인정책위원회에도 동일하게 적용된다. 외국인정책위원회는 법무부 외에, 다른 중앙행정기관의 운영체계 및 이와 관련된 이익집단의 이해관계를 조정하여 사업예산 및 집행기능의 중복을 조정할 권한이 부족하다.[24] 또한 외국인정책위원회는 외국인력정책위원회, 다문화가족정책위원회의 기능을 효율적으로 조정할 법적 기반이 부족하다.

3) 대안: 조정기능

외국인정책위원회가 외국인정책을 수립하는 추진체계로서 조정기능을 확보하기 위해서는, i) 우선적으로, 후술할 외국인력정책위원회 및 다문화가족정책위원회를 외국인정책위원회로 통합하여 일원화하는 방안을 검토할 수 있다. 이민의 과정은 다양한 유형의 외국인이 겪는 총체적 생활관계이므로, 이민정책의 결정은 외국인의 법적 지위, 경제적 관계 및 인력수급의 문제, 통합과 비용, 국제관계적 특성 및 공동발전 등을 종합적으로 고려하여야 한다. 또한 외국인력정책위원회는 국내노동시장을 고려한 단순외국인력의 도입규모, 허용업종 등을 다루고, 다문화가족정책위원회는 결혼이민자의 통합지원을 다루고 있다. 두 위원회의 기능은 외국인정책위원회의 기능과 상당한 부분이 중복되고 있다. ii) 차선책으로, 외국인력정책위원회 및 다문화가족정책위원회를 그대로 존속 유지하면서, 외국인력정책위원회 및 다문화가족정책위원회에서 외국인정책과 관련된 사항은 외국인정책위원회의 '외국인정책의 수립 및 추진 체계'에 따르도록 법률적 · 기능적 종속관계를 형성하는 방안을 고려할 수 있다(다문화가족지원법 제3조 제3항 참고). iii) 종국적으로, 외국인정책위원회, 외국인력정책위원회, 다문화가족정책위원회와 같이 비상설적非常設的 조직형태가 아니라, 단일한 행정조직이 전문성을 유지하고 이민행정의 경험과 정보를 종합적으로 관리 조정하고 상설적으로 운영하는 것이 필요하다.[25]

4. 재한외국인의 적응지원 등

(1) 프로그램적 규정

1) 의 의

「재한외국인 처우 기본법」 제3장은 재한외국인 등의 처우에 대해 구체적 지원시

24) 앞의 논문, p. 203.

25) 김환학, 이민행정법의 구축을 위한 시론, 행정법이론실무학회 행정법연구 제32호, 2012, p. 203에서도 단일한 행정조직의 필요성을 강조하고 있다.

책이 아니라, 국가 및 지방자치단체의 정책목표와 포괄적인 내용만을 규정하고 있다. 재한외국인의 사회적응 지원과 결혼이민자 및 그 자녀, 영주권자, 과거 대한민국 국적을 보유하였던 자 등의 처우를 수립하고 시행할 주체는 '국가 및 지방자치단체'이다. 그 처우의 시행에 대하여 "국가 및 지방자치단체는 ~ 할 수 있다."라는 노력규정 또는 임의규정의 형식으로 선언적으로 규정하고 있다(재한외국인 처우 기본법 제11조, 제12조, 제13조, 제17조). 만약에 "국가 및 지방자치단체는 ~ 하여야 한다."라는 강행규정으로 규정될 경우에는 외국인 등이 「재한외국인 처우 기본법」을 근거로 '부작위 위법확인의 소'를 제기할 수도 있다.

2) 평 가

「재한외국인 처우 기본법」에서 재한외국인 등의 처우가 임의규정의 형식으로 되어 정책의 실효성을 확보하기가 어렵다는 지적이 있다. 재한외국인 등의 처우가 권고적·선언적으로 규정되고, 국가 및 지방자치단체의 상징적 역할로 인해 실질적인 의무의 부과로 볼 수 없다는 것이다.[26] 그러나 「재한외국인 처우 기본법」은 '기본법적 성격'을 가진 법률로서, 외국인 등의 처우에 대해 기본적인 이념·원칙 내지 준칙을 정하는 것이다. 재한외국인 처우 기본법의 권고적·선언적 규정은 '기본법적 성격'으로부터 나오는 당연한 결과이다.

(2) 재한외국인에 대한 처우

1) 의 의

「재한외국인 처우 기본법」에서는 재한외국인 등의 인권옹호(제10조), 재한외국인 사회적응 지원(제11조), 결혼이민자 및 그 자녀(제12조), 영주권자(제13조), 난민(제14조), 전문외국인력(제16조), 과거 대한민국의 국적을 보유하였던 자 또는 그의 직계비속, 즉 외국국적동포(제17조)의 처우를 규정하고 있다. 이하에서는 그 대상자에 따른 처우를 살펴보기로 한다.

2) 재한외국인 등의 인권옹호

국가 및 지방자치단체는 재한외국인 또는 그 자녀에 대한 불합리한 차별 방지 및 인권옹호를 위한 교육·홍보, 그 밖에 필요한 조치를 하기 위하여 노력하여야 한다(재한외국인 처우 기본법 제10조).

---

26) 소성규, 결혼이민자 인식조사를 통한 다문화가족 법제도의 개선방향 - 포천시 사례를 중심으로 -, 한국법정책학회 법과 정책연구, 2010, p. 505.

3) 재한외국인의 사회적응 지원

(가) 의 의

국가 및 지방자치단체는 재한외국인이 대한민국에서 생활하는 데 필요한 기본적 소양과 지식에 관한 교육·정보제공 및 상담 등의 지원을 할 수 있다(재한외국인 처우 기본법 제11조). 특히 이하에서는 의료 지원과 관련하여 외국인의 건강보험 가입을 살펴보기로 한다.

(나) 건강보험

(a) 외국인에 대한 특례: 「국민건강보험법」에서는 외국인에 대한 특례를 두고 있다. 국내에 체류하는 외국인으로서 대통령령으로 정하는 자는 「국민건강보험법」 제5조(적용 대상 등)에도 불구하고 「국민건강보험법」의 적용을 받는 가입자 또는 피부양자가 된다(국민건강보험법 제109조 제2항).

(b) **요 건**

ⅰ. 직장가입자: 직장가입자가 되는 외국인은 건강보험 적용 사업장의 근로자, 공무원 또는 교직원으로서 ⅰ) 「재외동포의 출입국과 법적 지위에 관한 법률」 제6조(국내거소신고)에 따라 국내거소신고를 한 자, ⅱ) 「출입국관리법」 제31조(외국인등록)에 따라 외국인등록을 한 자의 어느 하나에 해당하는 자로 한다. 다만, 「국민건강보험법」 제6조(가입자의 종류) 제2항 각 호의 자는 제외한다(국민건강보험법 시행령 제76조 제1항). 다만, 국민건강보험공단은 외국인이 국내에 근무하는 기간 동안 외국의 법령, 외국의 보험 또는 사용자와의 계약 등에 따라 「국민건강보험법」 제41조(요양급여)에 따른 요양급여에 상당하는 의료보장을 받을 수 있는 경우에는 보건복지부령으로 정하는 바에 따라 가입자에서 제외할 수 있다(국민건강보험법 시행령 제5항).

ⅱ. 지역가입자: 지역가입자가 되는 외국인은 ⅰ) 직장가입자가 되는 외국인이 아닐 것, ⅱ) 국내에 3개월 이상 거주하였거나 유학·취업 등의 사유로 3개월 이상 거주할 것이 명백할 것, ⅲ) 「재외동포의 출입국과 법적 지위에 관한 법률」 제6조(국내거소신고)에 따라 국내거소신고를 한 자 또는 「출입국관리법」 제31조(외국인등록)에 따라 외국인등록을 한 자로서 보건복지부령으로 정하는 체류자격이 있는 자의 어느 하나에 해당할 것이라는 3가지 요건을 모두 갖추고 국민건강보험공단에 지역가입자 자격 취득을 신청한 자로 한다(국민건강보험법 시행령 제76조 제2항).

여기에서 '보건복지부령으로 정하는 체류자격'이란 지역가입자가 될 수 있는 외국인의 체류자격을 말하는 것으로, 문화예술(D-1), 유학(D-2), 산업연수(D-3), 일반연수(D-4), 취재(D-5), 종교(D-6), 주재(D-7), 기업투자(D-8), 무역경영(D-9), 교수(E-1), 회화지도(E-2), 연구(E-3), 기술지도(E-4), 전문직업(E-5), 예술흥행(E-6),

특정활동(E-7), 비전문취업(E-9), 선원취업(E-10), 방문동거(F-1), 거주(F-2), 동반(F-3), 재외동포(F-4), 영주(F-5), 결혼이민(F-6), 관광취업(H-1), 방문취업(H-2) 체류자격이 이에 해당한다(국민건강보험법 시행규칙 제61조 제2항, 별표9). 특히 난민신청자, 난민인정자, 인도적 체류자의 지역가입에 대하여는 후술하기로 한다.

iii. 피부양자: 피부양자가 되는 외국인은 i)「국민건강보험법 시행령」 제76조(외국인 등 가입자 및 피부양자) 제1항 각 호의 어느 하나에 해당하는 자일 것, ii) 직장가입자와의 관계가 「국민건강보험법」 제5조(적용 대상 등) 제2항 각 호의 어느 하나에 해당할 것, iii) 보건복지부장관이 정하여 고시하는 기준에 따라 직장가입자에게 주로 생계를 의존하면서 보수 또는 소득이 없는 것으로 인정될 것이라는 3가지 요건을 모두 갖추고 국민건강보험공단에 피부양자 자격취득을 신청한 자로 한다(국민건강보험법 시행령 제76조 제3항).

(c) 제 외: 다음의 어느 하나에 해당하는 자는 직장가입자, 지역가입자 및 피부양자가 될 수 없다(국민건강보험법 시행령 제4항). 그 제외 대상자로는 i)「출입국관리법」 제25조(체류기간 연장허가) 및 「재외동포의 출입국과 법적 지위에 관한 법률」 제10조(출입국과 체류) 제2항에 따라 체류기간 연장허가를 받지 아니하고 체류하는 자, ii)「출입국관리법」 제59조(심사 후의 절차) 제3항에 따라 강제퇴거명령서가 발급된 자이다.

4) 결혼이민자 및 그 자녀

(가) 법률혼의 경우

국가 및 지방자치단체는 결혼이민자에 대한 국어교육, 대한민국의 제도·문화에 대한 교육, 결혼이민자의 자녀에 대한 보육 및 교육 지원, 의료 지원 등을 통하여 결혼이민자 및 그 자녀가 대한민국 사회에 빨리 적응하도록 지원할 수 있다(재한외국인 처우 기본법 제12조 제1항). 특히 결혼이민자의 자녀가 각종 질병에 노출될 위험을 예방하기 위해 국가 및 지방자치단체는 의료 지원을 할 수 있도록 근거규정을 마련하고 있다.

(나) 사실혼의 경우

법률혼을 통한 결혼이민자 및 그 자녀에 대한 처우는 대한민국 국민과 사실혼 관계에서 출생한 자녀를 양육하고 있는 재한외국인 및 그 자녀에 대하여 준용한다(재한외국인 처우 기본법 제12조 제2항).

5) 영주권자

국가 및 지방자치단체는 대한민국에 영구적으로 거주할 수 있는 법적 지위를 가진 외국인(영주권자라 한다)에 대하여 대한민국의 안전보장·질서유지·공공복리, 그 밖에 대한민국의 이익을 해치지 아니하는 범위 안에서 대한민국으로의 입국·체류 또는 대한민국 안에서의 경제활동 등을 보장할 수 있다(재한외국인 처우 기본법 제13조 제1항). 국가 및 지방자치단체는 영주권자에 대한 국어교육, 대한민국의 제도·문화에 대한 교육, 영주권자의 자녀에 대한 보육 및 교육 지원, 의료 지원 등을 통하여 영주권자 및 그 자녀가 대한민국 사회에 빨리 적응하도록 지원할 수 있다(재한외국인 처우 기본법 제13조 제2항, 제12조 제1항).

6) 난 민

「난민법」에 따른 난민인정자가 대한민국에서 거주하기를 원하는 경우에는 국가 및 지방자치단체는 난민에 대한 국어교육, 대한민국의 제도·문화에 대한 교육, 난민의 자녀에 대한 보육 및 교육 지원, 의료 지원 등을 통하여 난민 및 그 자녀가 대한민국 사회에 빨리 적응하도록 지원할 수 있다(재한외국인 처우 기본법 제14조 제1항, 제12조 제1항). 국가는 난민의 인정을 받은 재한외국인이 외국에서 거주할 목적으로 출국하려는 경우에는 출국에 필요한 정보제공 및 상담과 그 밖에 필요한 지원을 할 수 있다(재한외국인 처우 기본법 제14조 제2항).

7) 전문외국인력

국가 및 지방자치단체는 전문적인 지식·기술 또는 기능을 가진 외국인력의 유치를 촉진할 수 있도록 그 법적 지위 및 처우의 개선에 필요한 제도와 시책을 마련하기 위하여 노력하여야 한다(재한외국인 처우 기본법 제16조).

8) 외국국적동포

(가) 의 의

국가 및 지방자치단체는 과거 대한민국의 국적을 보유하였던 자 또는 그의 직계비속(대한민국의 국적을 보유한 자를 제외한다)으로서 대통령령으로 정하는 자에 대하여 대한민국의 안전보장·질서유지·공공복리, 그 밖에 대한민국의 이익을 해치지 아니하는 범위 안에서 대한민국으로의 입국·체류 또는 대한민국 안에서의 경제활동 등을 보장할 수 있다(재한외국인 처우 기본법 제17조).

(나) 과거 대한민국 국적을 보유하였던 자 등의 범위

'대통령령으로 정하는 자'의 범위는 자신 또는 부모의 일방이나 조부모의 일방이 과거 대한민국의 국적을 보유하였던 사실을 증명하는 자로서 i)「출입국관리법」 제11조 제1항 각 호의 어느 하나에 해당하여 입국이 금지되는 자, ii)「재외동포의 출입국과 법적 지위에 관한 법률」 제5조 제2항에 따라 체류자격 부여가 제한되는 자에 해당하지 아니하는 자를 말한다(재한외국인 처우 기본법 시행령 제15조 제1항).

(다) 검토 및 의견·협조요청

중앙행정기관의 장과 지방자치단체의 장은 과거 대한민국 국적을 보유하였던 자

등의 처우에 관하여 대한민국의 안전보장·질서유지·공공복리 등에 부합하는지 여부를 검토하거나, 과거 대한민국 국적을 보유하였던 자 등의 범위에 관한 사항을 확인하기 위하여 관계 행정기관의 장, 지방자치단체의 장 및 「재한외국인 처우 기본법 시행령」 제6조 각 호의 기관·단체의 장에게 의견을 묻거나 협조를 요청할 수 있다(재한외국인 처우 기본법 시행령 제15조 제2항).

(3) 국적취득자에 대한 처우

1) 적응지원 기간

「재한외국인 처우 기본법」에서는 과거에 외국인이었다가 대한민국의 국적을 취득한 귀화자의 적응을 위한 지원기간을 규정하고 있다. 재한외국인이 대한민국의 국적을 취득한 후에 이들의 사회적응을 지원하기 위해서 국적을 취득한 날부터 3년이 경과하는 날까지 국어교육, 대한민국의 제도·문화에 대한 교육, 결혼이민자의 자녀에 대한 보육 및 교육 지원, 의료 지원 등 시책의 혜택을 받을 수 있다(재한외국인 처우 기본법 제15조, 제12조 제1항). 대한민국의 국적을 취득한 자의 권리조항 또는 권리의 성격으로 규정하고 있다. 외국인이 대한민국의 국적을 취득하였을지라도 국적을 취득하기 전에 이용한 적응시책을 그 후 3년까지 계속적으로 이용할 수 있다.

2) 적응지원 기간 제한의 문제

적응지원 기간의 제한을 '국적 취득 후 3년'으로 규정하여 결혼이민자 및 그 자녀에 대한 보육 및 교육 지원에 있어서 지나치게 단기간으로 제한하였다는 견해가 있다.[27] 이 견해에 의하면 재한외국인의 적응을 위한 항시적 지원이 부재하여, 결혼이민자 및 그 자녀에 대한 지원의 경우 대한민국의 국적을 취득한 후 3년까지 지원을 받을 수 있고 정착 지원이 가장 필요한 시점에 지원이 중단되는 결과가 발생하므로 적응지원 기간의 제한을 폐지하여야 한다는 것이다.[28] 그러나 「국적법」에 규정된 귀화 요건 중에 국내 체류기간을 살펴보기로 한다. 일반귀화의 국내 체류기간은 5년 이상 또는 간이귀화의 국내 체류기간은 2년 이상이다. 일반 외국인과 결혼이민자가 대한민국의 국적을 취득한 후에도 3년까지 적응시책을 이용할 수 있으므로 일반 외국인은 총 8년 또는 결혼이민자 및 그 자녀는 총 5년 동안 적응시책을 이용할 수 있다. 국적을 취득한 날부터 3년이 경과하는 날까지 적응시책의 혜택을 받을 수 있는 권리는 과거에 외국인이었다가 대한민국의 국적을 취득한 자와 그 자녀에게 부여된

27) 이정민, 다문화가족의 보호와 지원에 관한 법제 소고, 가족법연구 제23권 제3호, 2009, p. 54.
28) 소성규, 결혼이민자 인식조사를 통한 다문화가족 법제도의 개선방향 - 포천시 사례를 중심으로 -, 한국법정책학회 법과 정책연구, 2010, p. 29.

것으로 지나치게 장기간에 걸쳐 적응시책을 유지할 경우에는 출생시부터 대한민국의 국민 및 그 자녀와 비교하여 형평성의 문제가 발생한다.

(4) 국민과 재한외국인이 더불어 살아가는 환경 조성

국가 및 지방자치단체는 국민과 재한외국인이 서로의 역사·문화 및 제도를 이해하고 존중할 수 있도록 교육, 홍보, 불합리한 제도의 시정이나 그 밖에 필요한 조치를 하기 위하여 노력하여야 한다(재한외국인 처우 기본법 제18조). 국가 및 지방자치단체의 이異문화에 대한 이해 증진 노력의무를 규정하고 있다.

국민과 재한외국인이 서로의 문화와 전통을 존중하면서 더불어 살아갈 수 있는 사회 환경을 조성하기 위하여 매년 5월 20일을 세계인의 날로 하고, 세계인의 날부터 1주간의 기간을 세계인주간으로 한다(재한외국인 처우 기본법 제19조 제1항). 세계인의 날 행사에 관하여 필요한 사항은 법무부장관 또는 특별시장·광역시장·도지사 또는 특별자치도지사가 따로 정할 수 있다(재한외국인 처우 기본법 제19조 제2항).

(5) 외국인에 대한 민원안내 및 상담

공공기관장은 재한외국인에게 민원처리절차를 안내하는 업무를 전담하는 직원을 지정할 수 있고, 그 직원으로 하여금 소정의 교육을 이수하도록 할 수 있다(재한외국인 처우 기본법 제20조 제1항). 그리고 국가는 전화 또는 전자통신망을 이용하여 재한외국인과 그 밖에 대통령령으로 정하는 자에게 외국어로 민원을 안내·상담하기 위하여 외국인종합안내센터를 설치·운영할 수 있다(재한외국인 처우 기본법 제20조 제2항).

(6) 민간과의 협력

국가 및 지방자치단체는 외국인정책에 관한 사업 중의 일부를 비영리법인 또는 비영리단체에 위탁할 수 있고, 그 위탁한 사업수행에 드는 비용의 일부를 지원하거나 그 밖에 필요한 지원을 할 수 있다(재한외국인 처우 기본법 제21조).

(7) 국제교류의 활성화

국가 및 지방자치단체는 외국인정책과 관련한 국제기구에 참여하거나 국제회의에 참석하고, 정보교환 및 공동 조사·연구 등의 국제협력사업을 추진함으로써 국제교류를 활성화하기 위하여 노력하여야 한다(재한외국인 처우 기본법 제22조).

제 3 절 다문화가족지원법

Ⅰ. 의 의

1. 제정취지

2008년 3월 21일에 「다문화가족지원법」이 제정된 취지는 결혼이민자와 그 자녀의 한국어 능력이 부족하고 대한민국 사회와의 문화차이 등으로 부적응이 발생하여 가족구성원 간에 갈등 및 자녀교육에 어려움을 겪고 있음에 따라, 결혼이민자 등으로 이루어진 다문화가족 구성원이 대한민국 사회의 구성원으로 순조롭게 통합되어 안정적인 가족생활을 영위할 수 있도록 하기 위해 지원정책의 제도적 틀을 마련하려는 것이다. 「다문화가족지원법」에서도 그 제정목적을 "다문화가족 구성원이 안정적인 가족생활을 영위할 수 있도록 함으로써 이들의 삶의 질 향상과 사회통합에 이바지함을 목적으로 한다."라고 규정하고 있다(다문화가족지원법 제1조).

2. 결혼이민자 통합과 이민정책의 관계

결혼이민자에 대한 통합은 이민정책과는 뗄 수 없는 불가분의 관계에 있다. 결혼이민자 통합은 가족정책 내지 복지정책에 국한된 것이 아니다. 결혼이민자 통합은 혼인의 진정성 확인을 통한 사증발급 및 입국심사 등 출입국관리, 체류·영주·귀화 등 영구적 사회구성원 자격의 부여 및 이주의 주기, 노동시장에 영향을 주는 인력활용, 그 출신국가와의 외교관계 등으로 인하여 이민정책이 직접적으로 관여하는 영역이다.[29] 특히 이민정책은 국제결혼 중개업에 대한 관리, 사회적응과 취업 지원, 불법체류 및 성매매 방지, 그 자녀에 대한 국민 정체성 정립 등에도 직접적으로 관여한다.

3. 법적 성격

(1) 집행적 자기완결성

「다문화가족지원법」에서는 다문화가족정책에 대한 기본방침을 규정하고 정책의

29) 차용호, 이민자 사회통합을 위한 정책방향, 한국이민학회 후기학술대회, 2008.

형성 · 집행에 대한 지도이념을 마련하고 있는 점과 동시에 그 지향하는 정책목적을 실현하기 위해 다른 법률에서 별도로 규정하지 않고서도 이를 직접적으로 집행하는 자기완결성을 지니고 있다. 예를 들어 다문화가족지원센터를 설치 · 운영할 수 있는 법적 근거를 규정하고(다문화가족지원법 제12조 제1항), 다문화가족지원센터의 업무수행을 위한 구체적 의무를 부과하고(다문화가족지원법 제12조 제4항), 다문화가족지원센터의 설치 · 운영 기준, 위탁 · 지정 기간 및 절차 등 및 전문인력의 기준 등에 필요한 사항을 그 하위법인 대통령령 또는 여성가족부령으로 정하도록 위임하고 있다(다문화가족지원법 제12조 제7항).

(2) 헌법과의 관계

「헌법」 제36조 제1항에서는 "혼인과 가족생활은 개인의 존엄과 양성의 평등을 기초로 성립되고 유지되어야 하며, 국가는 이를 보장한다."라고 규정하여, 「헌법」은 혼인과 가족생활을 스스로 결정하고 형성할 수 있는 자유를 기본권으로서 보장하고, 혼인과 가족에 대한 제도를 보장한다.[30] 여기에서 '가족'은 부부 중 한 명이 대한민국의 국민이고 다른 한 명이 외국인인 국제결혼의 경우도 포함한다.[31]

4. 건강가정기본법 및 재한외국인 처우 기본법과의 관계

(1) 건강가정기본법과의 관계

1) 의 의

다문화가 법률 용어로 처음으로 사용되고 있는 「다문화가족지원법」은 가족정책의 관점에서 다문화가족과 다문화가족의 구성원을 그 지원대상으로 규정하고 있다. 또한 2004년에 제정된 「건강가정기본법」은 건강한 가정생활의 영위와 가족의 유지 및 발전을 위해 가정문제의 적절한 해결방안을 강구하고 가족구성원의 복지증진에 이바지할 수 있는 지원정책을 강화하여 건강가정 구현에 기여하는 것을 목적으로 하고 있다.

2) 개별법

「다문화가족지원법」은 「건강가정기본법」의 개별법(실행법)이라는 견해가 있다. 그 논거로는 「건강가정기본법」의 제정목적인 건강한 가정생활의 영위와 가족의 유지 발전을 다문화가족에게도 실현하기 위한 것이다.[32] 「다문화가족지원법」은 '다문

---

30) 헌법재판소 2002. 8. 29. 자 2001헌바82 결정; 헌법재판소 2013. 11. 28. 자 2011헌마520 결정.
31) 헌법재판소 2013. 11. 28. 자 2011헌마520 결정.
32) 이경희, 다문화가족지원법의 문제점과 개선방향 – 다문화가족의 정의 및 범위를 중심으로 –, 경

화가족 구성원의 안정적인 가족생활 영위를 통해 삶의 질 향상과 사회통합에 이바지'함을 목적으로 하고(다문화가족지원법 제1조), 「건강가정기본법」은 '건강한 가정생활의 영위와 가족의 유지 및 발전"과 "가정문제의 적절한 해결방안을 강구하고 가족구성원의 복지증진에 이바지할 수 있는 지원정책을 강화하여 건강가정 구현에 기여'함을 목적으로 하므로(건강가정기본법 제1조), 두 법률이 지향하는 목적이 동일하다.

(2) 재한외국인 처우 기본법과의 관계

1) 문제 제기

「다문화가족지원법」은 결혼이민자 또는 귀화허가를 받은 자로 이루어진 가족에 대한 지원이라는 측면에서 「재한외국인 처우 기본법」과의 중복 · 충돌문제가 제기된다. 「다문화가족지원법」의 규정형식은 일반적으로 노력규정 내지 프로그램적 규정형식을 따르고 있으므로 그 규정형식만으로 볼 경우 「다문화가족지원법」도 기본법적 성격을 띠는 것으로 해석될 여지가 있다. 「다문화가족지원법」이 「재한외국인 처우 기본법」의 노력규정 내지 프로그램적 규정을 구체적으로 실행하기 위한 개별법적 성격으로 보기 어려워 「재한외국인 처우 기본법」과의 중복 · 충돌문제가 발생하는 것이다.[33] 또한 정책의 수립 및 추진체계와 그 적용 대상자, 각 조문의 구체적인 내용에 있어서 「다문화가족지원법」과 「재한외국인 처우 기본법」은 유사하기 때문에 중복 · 충돌문제가 발생하는 것이다. 「다문화가족지원법」과 「재한외국인 처우 기본법」의 관계가 문제된다.

2) 개별법

두 법률의 제정시점[34] 및 제정취지, 적용 대상자, 법체계 및 조문의 내용 등을 종합적으로 보면, 「재한외국인 처우 기본법」은 법체계와 적용 대상자 등에서 기본법적 성격을 지니고, 「다문화가족지원법」은 「재한외국인 처우 기본법」의 집행법적 하위의 성격을 지니고 있다. 「재한외국인 처우 기본법」은 재한외국인 등의 처우에 대해 기본법적 성격을 지니고, 「다문화가족지원법」은 「재한외국인 처우 기본법」의 개별법(실행법)에 해당한다.[35]

북대학교 법학연구원 법학논고 제32집, 2010, pp. 530～532, 536.

33) 소성규, 결혼이민자 인식조사를 통한 다문화가족 법제도의 개선방향 - 포천시 사례를 중심으로 -, 한국법정책학회 법과 정책연구, 2010, p. 506.

34) 「재한외국인 처우 기본법」은 2007년 5월 17일에 제정되어 같은 연도 7월 18일에 시행되었고, 「다문화가족지원법」은 2008년 3월 21일에 제정되어 같은 연도 9월 22일에 시행되었다.

35) 김기하, 사회통합을 위한 법의 역할, 한국법학원 저스티스 통권 106호, 2008, p. 229; 한승준, 우리나라 다문화정책의 거버넌스 분석, 한국행정학회 2008년도 추계학술대회 발표논문집, 2008, p. 75;

「다문화가족지원법」이 「재한외국인 처우 기본법」의 집행법적 하위의 성격을 지닌다는 논거는 다음과 같다. 첫째, 「재한외국인 처우 기본법」 제4조(다른 법률과의 관계)에서 “국가는 재한외국인에 대한 처우 등과 관련되는 다른 법률을 제정 또는 개정하는 경우에는 이 법의 목적에 맞도록 하여야 한다.”라고 규정하여 외국인정책의 수립 및 추진 체계, 재한외국인의 통합과 인권, 국민과 재한외국인이 더불어 살아가는 환경 조성 등에 대한 다른 법률의 상위법적인 성격을 가진다. 둘째, 「재한외국인 처우 기본법」 제2장 외국인정책의 수립 및 추진 체계(재한외국인 처우 기본법 제5조부터 제9조)에 따라 법무부장관은 관계 중앙행정기관의 장과 협의하여 5년마다 외국인정책에 관한 기본계획을 수립한다(재한외국인 처우 기본법 제5조 제1항). 「다문화가족지원법」에서 여성가족부장관은 다문화가족 지원을 위하여 5년마다 다문화가족정책에 관한 기본계획을 수립하고 외국인정책에 관련된 사항에 대하여는 「재한외국인 처우 기본법」 제2장 외국인정책의 수립 및 추진 체계 〔재한외국인 처우 기본법 제5조(외국인정책의 기본계획), 제6조(연도별 시행계획), 제7조(업무의 협조), 제8조(외국인정책위원회), 제9조(정책의 연구・추진 등)〕에 따른다(다문화가족지원법 제3조, 제3조의2). 여성가족부장관은 다문화가족의 실태조사를 실시함에 있어서 외국인정책에 관련된 사항에 대하여는 법무부장관과의 협의를 거쳐야 한다(재한외국인 처우 기본법 제9조 제1항 제1호, 다문화가족지원법 제4조 제3항). 셋째, 「재한외국인 처우 기본법」과 「다문화가족지원법」은 각각 제1조(목적) 조항에서 ‘사회통합’을 그 목적의 하나로서 동일하게 규정하고, 「재한외국인 처우 기본법」의 외국인정책과 「다문화가족지원법」의 가족정책은 긴밀한 관련성을 가지는 동전의 양면에 해당한다. 「재한외국인 처우 기본법」에 따른 사회통합의 의미를 가족의 영역에서 구체화한 법률이 「다문화가족지원법」이다.[36] 넷째, 「다문화가족지원법」은 다문화가족(다문화가족지원법 제2조 제1호)과 그 구성원인 결혼이민자 및 「국적법」 제4조(귀화에 의한 국적 취득)에 의해 국적을 취득한 자(다문화가족지원법 제2조 제2호)의 안정적인 가족생활을 영위할 수 있도록 하여 이들의 삶의 질 향상과 사회통합에 이바지함을 목적으로 하고 그 적용 대상자에 대한 차별 배제의 금지 형태가 아닌 적극적 사회서비스의 지원을 목적[37]으로 하는 개별적 지원법이다. 「재한외국인 처우 기본법」은 다문화가족과 그 구성원을 포함하여 재한외국인의 처우 등에 관한 기본적인 사항을 정하는 포괄적 지원의 기본법적 성격을 지닌다. 다섯째, 「다문화가족지원법」 제5조

소성규, 결혼이민자 인식조사를 통한 다문화가족 법제도의 개선방향 - 포천시 사례를 중심으로 -, 한국법정책학회 법과 정책연구, 2010, p. 30.

36) 김기하, 사회통합을 위한 법의 역할, 한국법학원 저스티스 통권 106호 pp. 218~237, 2008, p. 229.

37) 김정순, 외국인 이주민의 사회통합 법제 연구, 한국법제연구원 연구보고 2009-13, 2009, p. 51 참조.

(다문화가족에 대한 이해증진), 제6조(생활정보 제공 및 교육 지원), 제7조(평등한 가족관계의 유지를 위한 조치), 제8조(가정폭력 피해자에 대한 보호·지원), 제9조(의료 및 건강관리를 위한 지원), 제10조(아동 보육·교육), 제11조(다국어에 의한 서비스 제공), 제13조(다문화가족 지원업무 관련 공무원의 교육), 제14조(사실혼 배우자 및 자녀의 처우), 제15조(권한의 위임과 위탁), 제16조(민간단체 등의 지원) 등은 「재한외국인 처우 기본법」과 유사한 내용으로 규정되어 있다.

(3) 입법론

「다문화가족지원법」은 가족정책의 관점과 복지증진의 목적에서 「건강가정기본법」의 개별법(실행법)적 성격을 지니고, 이와 동시에 외국인에 대한 사회통합의 관점에서 「재한외국인 처우 기본법」의 집행법적 성격도 지닌다. 여기에서 「건강가정기본법」은 제15조(건강가정기본계획의 수립), 제22조(자녀양육지원의 강화), 제26조(민주적이고 양성평등한 가족관계의 증진), 제34조의2(한국건강가정진흥원의 설립 등)에서 다양한 가족형태를 고려하여 다양한 가족의 삶의 질 제고 및 가족역량 강화를 위한 가족정책을 시행하고 있다. 다문화가족은 다양한 가족형태의 하나이다.[38] 다문화가족은 대한민국의 처우에 준하는 지위를 가지는 외국인과 대한민국의 국민 간에 혼인으로 이루어진 가족으로서 복지증진과 다양한 가족형태를 지원하려는 목적에 부합하면서, 국민과의 역차별 지원이라는 우려를 해소하고, 다문화가족에 대한 지원내용의 중복을 해소하고, 「재한외국인 처우 기본법」과의 정책추진체계 혼란을 해소하여야 한다. 이를 위하여 「다문화가족지원법」의 추진체계와 지원내용을 「건강가정기본법」에 흡수하도록 함으로써 「건강가정기본법」의 적용 대상자와 지원 내용을 확대하는 방향으로 개정하는 것이 필요하다.

Ⅱ. 적용 대상자

1. 다문화가족

(1) 개정 전 다문화가족

2011년 4월 4일에 「다문화가족지원법」이 개정되기 전에, 다문화가족이란 결혼이민자 또는 귀화자가 출생시부터 대한민국의 국적을 취득한 자와의 국제결혼을 통해

38) 다양한 가족형태로는 한부모가족, 분거가족, 동거가족, 무자녀가족, 입양가족, 공동체가족, 동성애가족, 다문화가족 등을 들 수 있다.

이루어진 가족만을 말하였다(구 다문화가족지원법 제2조 제1호 가목, 나목). 외국인 또는 귀화자가 출생시부터 대한민국의 국민과의 국제결혼으로 이루어진 가족이 「다문화가족지원법」의 적용 대상자로 된 기준은 국적주의적 입법 관점에서 외국인, 출신 국가, 가족 형태 또는 가족 상황 등을 이유로 한 평등권 침해의 차별행위로 판단된다(국가인권위원회법 제2조 제3호 참고). 이것은 '외국혈통의 유지'라는 측면이 고려된 결과로서 대한민국 국적을 취득한 자에 대해 외국혈통에 기반을 둔 차별로 해석된다.[39]

(2) 개정 후 다문화가족

「다문화가족지원법」의 적용 대상자는 다문화가족과 다문화가족의 구성원으로서 결혼이민자 또는 귀화허가를 받은 자이다. 2011년 4월 4일에 개정된 「다문화가족지원법」 제2조 제1호에 규정된 '다문화가족'이란 첫째, 「재한외국인 처우 기본법」 제2조(정의) 제3호의 결혼이민자와 「국적법」 제2조(출생에 의한 국적 취득)부터 제4조(귀화에 의한 국적 취득)에 따라 대한민국의 국적을 취득한 자로 이루어진 가족(가목), 둘째, 「국적법」 제3조(인지에 의한 국적 취득) 및 제4조(귀화에 의한 국적 취득)에 따라 대한민국의 국적을 취득한 자와 「국적법」 제2조(출생에 의한 국적 취득)부터 제4조(귀화에 의한 국적 취득)에 따라 대한민국의 국적을 취득한 자로 이루어진 가족(나목)을 말한다. 그리고 「다문화가족지원법」 제2조 제2호에 규정된 '결혼이민자 등'이란 '다문화가족의 구성원으로서 결혼이민자 또는 귀화허가를 받은 자'를 말한다. 즉 「재한외국인 처우 기본법」 제2조 제3호의 결혼이민자(가목) 또는 「국적법」 제4조에 따라 귀화허가를 받은 자(나목)를 말한다.

외국인유학생이 그의 외국인배우자 또는 외국인자녀를 동반하여 이루어진 가족, 전문외국인력 또는 외국인근로자가 그의 외국인배우자와 이루어진 가족, 무국적자가 그의 외국인배우자와 이루어진 가족, 고용허가제로 입국한 외국인근로자와 그 외국인근로자 사이에 태어난 외국인자녀로 이루어진 가족 등은 대한민국 국민과의 결혼을 통해 이루어진 가족이 아니므로 「다문화가족지원법」상의 다문화가족에 해당하지 않는다.[40]

---

39) 김정순, 외국인 이주민의 사회통합 법제 연구, 한국법제연구원 연구보고 2009-13, 2009, p. 55; 김상찬 · 김유정, 국제결혼 이주여성의 인권보호를 위한 법적 과제, 법학연구 제43집, 2011, p. 335 참고.

40) 김정순, 외국인 이주민의 사회통합 법제 연구, 한국법제연구원 연구보고 2009-13, 2009, p. 54; 설동훈, 다문화가족 개념부터 바로잡자, 내일신문, 22면 오피니언, 2010. 6. 21.

(3) 적용 대상자 확대의 문제

1) 문제 제기

외국인은 「국적법」에서 정하는 일정 요건을 충족하는 경우에 대한민국의 국적을 취득하여 국민으로 된다. 국제결혼가족의 결혼이민자에게 한정하여 사용하는 '다문화가족' 개념이 전체 외국인 또는 국민으로 된 종전의 외국인에게로 확대하는 것이 타당한지가 문제된다. 이것은 국적주의적 입법 관점에 의할 때, 새로이 국민으로 된 종전의 외국인이 기존 국민과는 개념적으로 분리되어 구별하는 것이 타당한지의 문제이기도 하다.

2) 재한외국인 및 외국인의 가족

(가) 확대하자는 견해

「다문화가족지원법」의 적용 대상자를 확대하자는 견해 또는 개별적·구체적인 사안에 따라 적용 대상자를 확대하자는 견해가 있다. 이 견해는 다문화가족의 개념에는 국제결혼으로 대한민국 국민과 외국인배우자 간에 이루어진 가족 이외에도 외국인근로자, 난민, 유학생, 전문외국인력 등을 포함하여 「다문화가족지원법」의 적용 범위를 넓히자는 것이다.[41] 또는 외국인으로만 이루어진 외국인 가족도 다문화가족의 개념에 포함하자는 것이다.[42]

(나) 비판적 견해

외국인은 대한민국의 국적을 취득하였는지를 기준으로 국민과 외국인으로 구별되는 것이 보편적이다. 종전에 문화적 다양성을 뜻했던 '다문화'가 특정 외국인 집단의 명칭으로 고착화되면서 고정관념과 편견을 부추기고 결국에는 차별행위로 이어진다. 결혼이민자 또는 외국인의 가족을 다문화가족이라고 지칭하는 것은 장기적으로 사회통합을 저해하는 요인이 된다.[43] 「다문화가족지원법」의 적용 대상자가 전체 외국인으로 확대될 경우에는 「재한외국인 처우 기본법」, 「난민법」, 「외국인근로자의 고용 등에 관한 법률」 등에서 적용 대상자로 규정된 외국인에 대한 처우의 중복·충돌 및 추진체계의 중복·충돌이 발생하고, 관련된 부처 간에 갈등이 초래되어 행정

---

41) 소성규, 결혼이민자 인식조사를 통한 다문화가족 법제도의 개선방향 - 포천시 사례를 중심으로 -, 한국법정책학회 법과 정책연구, 2010, p. 506; 설동훈·서문희·이삼식·김명아, 다문화가족의 중장기 전망 및 대책 연구: 다문화가족의 장래인구추계 및 사회·경제적 효과분석을 중심으로, 보건복지가족부, 2009, p. 131~132; 이혜경, 다인종사회 관련 갈등과 사회통합: 결혼이민자 및 자녀를 중심으로, 대통령 소속 사회통합위원회, 한국의 사회갈등과 통합방안, 2010, p. 279.

42) 이자스민 국회의원 대표발의, 「다문화가족지원법」 개정안의 내용, 2014.

43) 2014. 10. 6 이데일리 뉴스, [K-메이플라워호 맞이하자①] "'다문화'라는 말 꼭 써야 하나요" 기사 참고.

의 비효율이 발생하게 된다. 또한 외국인 가족 및 그 자녀가 대한민국의 국민 및 그 자녀에 비하여 혜택을 받게 되는 국민과의 형평성 논란이 발생할 수 있다.[44)]

3) 다문화가정

다문화가족과 구별되는 개념으로 '다문화가정'이라는 용어가 있다. 다문화가정은 넓은 의미의 다문화가정과 좁은 의미의 다문화가정으로 구분된다는 견해가 있다. 넓은 의미의 다문화가정은 세대간・계층간・지역간의 문화적 차이와 가치관의 차이가 존재하는 가정을 말하고, 좁은 의미의 다문화가정은 외국인근로자 가정 등 대한민국이 아닌 다른 문화권으로 이루어진 가정을 의미한다.[45)] 그러나 다문화가정을 사용하는 취지는 「다문화가족지원법」상 다문화가족의 개념적 범위가 협소한 것을 확장하고자 하는 것으로서 정확한 법률 용어는 아니다.

4) 다문화학생

다문화학생은 「초・중등교육법 시행령」에서 법률 용어로 규정하여 사용하고 있다. 다문화학생이란 「다문화가족지원법」 제2조(정의) 제1호에 따른 다문화가족의 구성원인 아동이나 학생을 말한다(초・중등교육법 시행령 제19조 제4항 참고). 그러나 '다문화가족의 구성원인 아동이나 학생'은 「출입국관리법」 제2조(정의) 제1호, 제2호 또는 「국적법」에 따라 외국인이 아니라 대한민국의 국민에 해당한다. 따라서 국민의 자녀를 다문화학생으로 지속적으로 칭할 경우 일반 국민의 자녀와 구별되어 차별적으로 인식됨으로써 사회통합을 저해하는 요인이 된다.[46)]

2. 합법이민 다문화가족

(1) 문제 제기

「다문화가족지원법」이 불법이민한 결혼이민자 및 그 다문화가족에게도 적용되는지가 문제된다. 이에 대하여는 「다문화가족지원법」의 적용대상자에는 불법이민한 결혼이민자로 이루어진 다문화가족도 포함되어 지원해야 한다는 견해와 합법이민한 결혼이민자로 이루어진 다문화가족에 한정되어 지원해야 한다는 견해로 나뉜다.

---

44) 영유아보육법 제26조(취약보육의 우선 실시 등), 아이돌봄지원법(아이돌봄서비스의 우선 제공), 장애아동복지지원법 제27조(취약가정 복지지원 우선제공)에서는 국민인 자녀 또는 다문화가족의 자녀에게 복지지원을 우선적으로 제공하도록 규정하고 있다.

45) 이선미, 다문화가정의 문제점과 앞으로의 방향, 다문화가정의 문제점과 대응방안, 민주당 다문화가정특별위원회, 2008, p. 5.

46) 2014. 10. 18 서울신문, "편견에… 꿈을 포기하는 다문화 학생들" 기사 참고.

(2) 불법이민 포함설

「다문화가족지원법」의 적용대상자는 그 체류상태와 관련 없이 불법이민 다문화가족도 포함된다는 견해가 있다. 이 견해에 의하면, 결혼이민자가 대한민국의 국민과 결혼하여 거주하는 한 그의 불법체류 등 체류상태와 관계없이 「다문화가족지원법」의 지원 대상자에 포함되어야 한다는 것이다.[47]

(3) 불법이민 제외설 및 소결

「다문화가족지원법」의 적용대상자는 합법이민 다문화가족에 한정된다는 견해가 타당하다. 「다문화가족지원법」은 합법적 체류자격을 가진 다문화가족의 구성원을 그 복지지원 대상자로 한다. 이 견해의 논거로는 「다문화가족지원법」은 합법이민 외국인에게만 적용되므로 불법이민 외국인과 그의 외국인 배우자로 이루어진 가족은 다문화가족에 포함되지 않는다. 「재한외국인 처우 기본법」에서 '결혼이민자'의 개념을 대한민국의 국민과 혼인한 적이 있거나 혼인관계에 있는 대한민국에 거주할 목적을 가지고 합법적으로 체류하고 있는 재한외국인으로 정의하고 있다(재한외국인 처우 기본법 제2조 제1호, 제3호). 「다문화가족지원법」은 「재한외국인 처우 기본법」상 결혼이민자의 개념을 그대로 원용하고(다문화가족지원법 제2조 제2호 가목), 「국적법」에 따라 대한민국의 국적을 취득한 귀화자는 정당한 절차를 거쳐 귀화허가를 받은 경우이다(다문화가족지원법 제2조 제1호, 제2호 나목).

3. 사실혼 관계의 다문화가족

(1) 범 위

「다문화가족지원법」은 대한민국의 국민과 사실혼 관계에 있는 다문화가족이 출생한 자녀를 양육하고 있는 경우에게도 적용된다. 법률혼의 다문화가족뿐만 아니라, 대한민국의 국민과 사실혼 관계에서 출생한 자녀를 양육하고 있는 다문화가족의 구성원도 포함한다(다문화가족지원법 제14조).

(2) 제 외

대한민국의 국민과 사실혼 관계에 있는 다문화가족일지라도 이들 사이에서 출생한 자녀가 없는 경우 및 사실혼 관계까지 이르지 못한 상황에서 자녀를 출산하여 양

---

47) 배병호, 재한외국인 처우 기본법상 사회통합에 관한 연구, 성균관대학교법학연구소 성균법학, 2009, p. 782.

육하는 경우에는 「다문화가족지원법」의 적용대상자가 아니다.

(3) 평 가

다문화가족에 대한 지원은 기본적으로 가족 구성원 개인에 대한 지원이어야 하므로 출생한 자녀의 양육을 요건으로 하는 것은 타당하지 않다.[48)]

Ⅲ. 주요 내용

1. 의 의

「다문화가족지원법」은 크게 국가와 지방자치단체의 책무 부분, 다문화가족정책의 수립 및 추진체계에 관한 부분, 다문화가족의 적응 지원에 관한 부분이라는 3가지 영역으로 구분될 수 있다. 국가와 지방자치단체의 책무 부분으로는 제1조(목적), 제3조(국가와 지방자치단체의 책무)를 두고 있다. 다문화가족정책의 수립 및 추진 체계에 관한 부분으로는 제3조의2(다문화가족 지원을 위한 기본계획의 수립), 제3조의3(연도별 시행계획의 수립 · 시행), 제3조의4(다문화가족정책위원회의 설치), 제4조(실태조사 등)를 두고 있다. 다문화가족의 적응 지원에 관한 부분으로는 제5조(다문화가족에 대한 이해증진), 제6조(생활정보 제공 및 교육 지원), 제7조(평등한 가족관계의 유지를 위한 조치), 제8조(가정폭력 피해자에 대한 보호 · 지원), 제9조(의료 및 건강관리를 위한 지원), 제10조(아동 보육 · 교육), 제11조(다국어에 의한 서비스 제공), 제12조(다문화가족지원센터의 설치 · 운영 등), 제12조의2(보수교육의 실시), 제13조(다문화가족 지원업무 관련 공무원의 교육), 제13조의2(다문화가족지원사업 전문인력 양성), 제14조(사실혼 배우자 및 자녀의 처우), 제15조(권한의 위임과 위탁), 제15조의2(정보 제공의 요청), 제16조(민간단체 등의 지원)를 두고 있다. 이하에서는 그 구체적인 내용을 살펴보고자 한다.

2. 국가와 지방자치단체의 책무

국가와 지방자치단체는 다문화가족 구성원이 안정적인 가족생활을 영위할 수 있도록 필요한 제도와 여건을 조성하고 이를 위한 시책을 수립 · 시행하여야 한다(다문화가족지원법 제3조 제1항). 특별시 · 광역시 · 도 · 특별자치도 및 시 · 군 · 구(자치구를 말한다)에는 다문화가

---

48) 전형배, 다문화가족지원법의 현황과 과제, 법률신문, 2009. 5. 7.

족 지원을 담당할 기구와 공무원을 두어야 한다(다문화가족지원법 제3조 제2항).

3. 다문화가족정책의 수립 및 추진체계

(1) 의 의

기본법에서 주된 기능으로는 기본법이 추구하는 목적을 시행하는 각종 정책을 종합하는 '조정의 기능'이 있는데, 그 분야에 대해 종합계획을 수립하는 규정을 두고 있다.[49) 「다문화가족지원법」에서도 「재한외국인 처우 기본법」에서와 마찬가지로 다문화가족정책에 관한 종합계획을 수립하기 위한 규정을 두고 있다(다문화가족지원법 제3조의2, 제3조의3). 다만, 「다문화가족지원법」은 「재한외국인 처우 기본법」에서와는 달리 다문화가족정책위원회에서 수립된 다문화가족정책이 지방에까지 전달되도록 하는 정책전달체계를 구축하고 있다.[50) 이하에서는 다문화가족정책위원회의 구성·운영, 다문화가족지원센터의 설치·운영과 그 업무의 내용에 대하여 살펴보기로 한다.

(2) 외국인정책 수립 및 추진체계와의 관계

1) 문제 제기

「다문화가족지원법」 제3조(국가와 지방자치단체의 책무) 제3항에 규정된 「재한외국인 처우 기본법」의 우선적용과 관련하여, 「재한외국인 처우 기본법」이 「다문화가족지원법」에 대해 법률상으로 우선하는 효력이 있는지가 문제된다. 「다문화가족지원법」에서는 제3조의2(다문화가족 지원을 위한 기본계획의 수립), 제3조의3(연도별 시행계획의 수립·시행), 제3조의4(다문화가족정책위원회의 설치), 제4조(실태조사 등)로 구성된 '다문화가족정책의 수립 및 추진 체계'를 규정하고 있다. 「재한외국인 처우 기본법」에 규정된 외국인정책 기본계획을 위한 '외국인정책의 수립 및 추진 체계' 및 「다문화가족지원법」에 규정된 다문화가족정책 기본계획을 위한 '다문화가족정책의 수립 및 추진 체계' 사이에서 법률상 효력관계의 문제이다.

2) 우선적용조항

국가와 지방자치단체는 「다문화가족지원법」에 따른 시책 중 외국인정책 관련 사항에 대하여는 「재한외국인 처우 기본법」 제5조부터 제9조까지의 규정에 따른

---

49) 박정훈, 입법체계상 기본법의 본질에 관한 연구 - 일본의 기본법을 중심으로 -, 법조협회 법조, 2009, pp. 290~291.

50) 이상림, 다문화가족의 변화와 정책과제, 한국보건사회연구원 보건·복지 Issue & Focus, 2012, pp. 1~2 참고.

다(다문화가족지원법 제3조 제3항). 이 규정은 다문화가족정책 중 외국인정책에 관련된 사항은 「재한외국인 처우 기본법」이 우선하여 적용된다는 '우선적용조항'이다. 여기에서 「재한외국인 처우 기본법」 제5조부터 제9조까지의 규정이란 제5조(외국인정책의 기본계획), 제6조(연도별 시행계획), 제7조(업무의 협조), 제8조(외국인정책위원회), 제9조(정책의 연구·추진 등)로 구성된 '외국인정책의 수립 및 추진 체계'를 말한다.

3) 소 결

「다문화가족지원법」 제3조 제3항에 의한 「재한외국인 처우 기본법」의 우선적용은 정책수립 또는 집행에 고려사항으로는 될 수 있으나, 법률상의 효력과는 관련이 없다.[51] 「다문화가족지원법」 제3조 제3항에 규정된 '다문화가족정책의 수립 및 추진 체계'에 관한 '외국인정책의 수립 및 추진 체계'의 우선적용을 통하여, 「재한외국인 처우 기본법」이 「다문화가족지원법」에 대해 법률상으로 우월적 지위에 있다고 할 수 없다. 법체계의 효력은 헌법-법률-명령-규칙이라는 위계적 법질서로 구분되어 있고, 법률 간에는 그 효력이 동등하며 법률 간의 효력에 있어서 어떤 법률이 다른 법률에 상위한다고 볼 수 없기 때문이다.

'우선적용조항'의 문제는 법체계의 효력 또는 상하관계에 있는 것이 아니라, 법률 사이에서 충돌하거나 중복될 때에 적용 또는 해석의 문제에 해당된다. 「다문화가족지원법」에 따른 시책은 「재한외국인 처우 기본법」에 의한 외국인정책에 부합하여 조화를 이루어 적용되거나 해석되어야 한다.[52] 「다문화가족지원법」은 그 법체계에서는 「재한외국인 처우 기본법」과 같이 법률로서 동등한 효력을 가진다. 다만, 그 내용상으로는 「재한외국인 처우 기본법」이 총론적 성격을 가지며 「다문화가족지원법」이 각론적 성격을 가진다. 그 제정시기 또는 적용대상자 측면에서는 「재한외국인 처우 기본법」이 일반법에 해당하며 「다문화가족지원법」이 특별법에 해당된다.

(3) 다문화가족정책위원회의 구성·운영

1) 의 의

여성가족부장관은 관계 중앙행정기관의 장과 협의하여 다문화가족 지원을 위하여 5년마다 수립된 다문화가족정책에 관한 기본계획을 다문화가족정책위원회의 심의를 거쳐 확정한다(다문화가족지원법 제3조의2 제4항). 다문화가족정책위원회의 간사부서는 여성가족부이다. 다문화가족의 삶의 질 향상과 사회통합에 관한 중요 사항을 심의·조정하기 위하여

51) 황승흠, 기본법 체제에 대한 법학적 이해 – 아동·청소년 분야 통합·분리논의를 중심으로 –, 한국비교공법학회 공법학연구, 2010, p. 253 참고.

52) 앞의 논문, p. 254 참고.

국무총리 소속으로 다문화가족정책위원회를 설치하는 근거를 두고 있다(다문화가족지원법 제3조의4 제1항).

2) 심의 · 조정

다문화가족정책위원회에서는 i) 다문화가족정책에 관한 기본계획의 수립 및 추진에 관한 사항, ii) 다문화가족정책의 시행계획의 수립, 추진실적 점검 및 평가에 관한 사항, iii) 다문화가족과 관련된 각종 조사, 연구 및 정책의 분석 · 평가에 관한 사항, iv) 각종 다문화가족 지원 관련 사업의 조정 및 협력에 관한 사항, v) 다문화가족정책과 관련된 국가 간 협력에 관한 사항, vi) 그 밖에 다문화가족의 사회통합에 관한 중요 사항으로 위원장이 필요하다고 인정하는 사항을 심의 · 조정한다(다문화가족지원법 제3조의4 제2항).

3) 구 성

(가) 필수적 구성

다문화가족정책위원회는 위원장 1명을 포함한 20명 이내의 위원으로 구성하고, 위원장은 국무총리가 된다(다문화가족지원법 제3조의4 제3항 전단). 위원은 i) 대통령령으로 정하는 중앙행정기관의 장, ii) 다문화가족정책에 관하여 학식과 경험이 풍부한 자 중에서 위원장이 위촉하는 자가 된다(다문화가족지원법 제3조의4 제3항 후단). 여기에서 '대통령령으로 정하는 중앙행정기관의 장'이란 기획재정부장관, 미래창조과학부장관, 교육부장관, 외교부장관, 법무부장관, 행정자치부장관, 문화체육관광부장관, 농림축산식품부장관, 보건복지부장관, 고용노동부장관, 여성가족부장관 및 국무조정실장을 말한다(다문화가족지원법 시행령 제5조 제1항). 그리고 '다문화가족정책에 관하여 학식과 경험이 풍부한 자'에 관하여 위원장은 7명 이내의 위원을 위촉할 수 있고(다문화가족지원법 시행령 제5조 제2항), 위촉된 위원의 임기는 2년으로 한다(다문화가족지원법 시행령 제5조 제3항).

(나) 임의적 구성

위원장은 필요하다고 인정되면 다문화가족정책위원회의 심의 안건과 관련된 중앙행정기관의 장 및 지방자치단체의 장을 회의에 참석하게 할 수 있다(다문화가족지원법 시행령 제5조 제4항).

4) 운 영

(가) 다문화가족정책위원회

(a) **위원장:** 위원장은 다문화가족정책위원회를 대표하고, 다문화가족정책위원회의 사무를 총괄한다(다문화가족지원법 시행령 제6조 제1항). 위원장이 부득이한 사유로 직무를 수행할 수 없을 때에는 여성가족부장관이 그 직무를 대행한다(다문화가족지원법 시행령 제6조 제2항).

(b) **회 의:** 위원장은 정책위원회의 회의를 소집하고 그 의장이 된다(다문화가족지원법 시행령 제7조 제1항). 위원장은 회의를 소집하려면 회의의 일시 · 장소 및 심의 안건을 정책위원회 위원과

「다문화가족지원법 시행령」 제5조(정책위원회의 구성 등) 제4항에 따라 회의에 참석하는 자에게 회의 개최 5일 전까지 서면으로 알려야 한다. 다만, 긴급히 개최하여야 하는 경우와 그 밖의 부득이한 사정이 있는 경우에는 그러하지 아니하다(다문화가족지원법 시행령 제7조 제2항). 다문화가족정책위원회의 회의는 재적위원 과반수의 출석으로 개의開議하고, 출석위원 과반수의 찬성으로 의결한다(다문화가족지원법 시행령 제7조 제3항).

(c) **간 사:** 다문화가족정책위원회의 사무를 처리하기 위하여 정책위원회에 간사 1명을 두며, 간사는 여성가족부 청소년가족정책실장이 된다(다문화가족지원법 시행령 제5조 제5항).

(d) **수당과 여비:** 다문화가족정책위원회의 회의에 출석한 위원, 관계 기관·단체 등의 직원 또는 전문가에게는 예산의 범위에서 수당과 여비를 지급할 수 있다. 다만, 공무원이 소관 업무와 직접 관련하여 출석한 경우에는 그러하지 아니하다(다문화가족지원법 시행령 제9조).

(e) **운영 세칙:** 「다문화가족지원법 시행령」에서 규정한 사항 외에 다문화가족정책위원회의 구성과 운영에 필요한 사항은 다문화가족정책위원회의 의결을 거쳐 위원장이 정한다(다문화가족지원법 시행령 제10조 전단).

(나) 다문화가족정책실무위원회

(a) **의 의:** 다문화가족정책위원회에서 심의·조정할 사항을 미리 검토하고 대통령령에 따라 위임된 사항을 다루기 위하여 정책위원회에 실무위원회를 둔다(다문화가족지원법 제3조의4 제4항). 다문화가족정책실무위원회의 구성 및 운영 등에 필요한 사항은 대통령령으로 정한다(다문화가족지원법 제3조의4 제5항).

(b) **검토사항:** 다문화가족정책위원회에 두는 실무위원회는 i) 정책위원회에서 심의할 안건에 관한 사항, ii) 정책위원회로부터 검토 지시를 받은 사항, iii) 그 밖에 실무위원회 운영에 필요한 사항을 검토한다(다문화가족지원법 시행령 제8조 제1항).

(c) **구성 및 운영**

i. 구 성: 다문화가족정책실무위원회 위원장은 여성가족부차관이 되고, 위원은 다문화가족정책위원회 위원이 소속된 중앙행정기관의 고위공무원단에 속하는 일반직공무원 또는 고위공무원단에 속하지 아니한 1급부터 3급까지의 공무원 중에서 소속 중앙행정기관의 장이 지명한다(다문화가족지원법 시행령 제8조 제2항). 그리고 실무위원회 위원장은 필요하다고 인정되면 실무위원회 안건과 관련된 중앙행정기관 및 지방자치단체의 소속 공무원을 회의에 참석하게 할 수 있다(다문화가족지원법 시행령 제8조 제3항).

ii. 운 영: 다문화가족정책실무위원회의 운영에 관하여는 제7조를 준용한다(다문화가족지원법 시행령 제8조 제6항). 따라서 위원장은 실무위원회의 회의를 소집하고 그 의장이 된다(다문화 가족지원법 시행령 제7조 제1항, 제8조 제6항). 위원장은 회의를 소집하려면 회의의 일시·장소 및 심의 안건을 실무위원회 위원과 회의에 참석하는 자에게 회의 개최 5일 전까지 서면으로 알려야 한다. 다만, 긴급히 개최하여야 하는 경우와 그 밖의 부득이한 사정이 있는 경우에는 그러하지 아니하다(다문화가족지원법 시행령 제7조 제2항, 제8조 제6항). 실무위원회의 회의는 재적위원 과반수의 출석으로 개의하고, 출석위원 과반수의 찬성으로 의결한다(다문화가족지원법 시행령 제7조 제3항, 제8조 제6항). 「다문화가족지원법 시행령」에서 규정한 사항 외에 실무위원회의 구성과 운영에 필요한 사항은 실무위원회의 의결을 거쳐 실무위원회 위원장이 정한다(다문화가족지원법 시행령 제10조 후단).

(d) **협조 요청:** 다문화가족정책실무위원회는 직무수행을 위하여 필요한 경우에는 관계 공무원 또는 전문가의 의견을 듣거나 관계 기관·단체 등에 자료·의견의 제출을 요구하는 등 필요한 협조를 요청할 수 있다(다문화가족지원법 시행령 제8조 제5항).

(e) **수당과 여비:** 다문화가족정책실무위원회의 회의에 출석한 위원, 관계 기관·단체 등의 직원 또는 전문가에게는 예산의 범위에서 수당과 여비를 지급할 수 있다. 다만, 공무원이 소관 업무와 직접 관련하여 출석한 경우에는 그러하지 아니하다(다문화가족지원법 시행령 제9조).

(f) **운영 세칙:** 「다문화가족지원법 시행령」에서 규정한 사항 외에 다문화가족정책실무위원회의 구성과 운영에 필요한 사항은 다문화가족정책실무위원회의 의결을 거쳐 다문화가족정책실무위원회 위원장이 정한다(다문화가족지원법 시행령 제10조 후단).

(다) 실무협의체

(a) **의 의:** 다문화가족정책실무위원회 위원장은 다문화가족과 관련된 사안으로서 전문적인 검토가 필요하다고 인정되는 경우에는 다문화가족정책위원회 위원이 소속된 중앙행정기관 및 관계 행정기관의 과장급 공무원으로 다문화가족정책실무협의체를 구성·운영할 수 있다(다문화가족지원법 시행령 제8조 제4항).

(b) **종 류:** 다문화가족정책실무협의체의 구성에 필요한 사항은 다문화가족정책실무위원회의 의결을 거쳐 다문화가족정책실무위원회 위원장이 정한다(다문화가족지원법 시행령 제10조 후단).

(c) **운영 세칙:** 「다문화가족지원법 시행령」에서 규정한 사항 외에 다문화가족정책실무협의체의 구성과 운영에 필요한 사항은 다문화가족정책실무위원회의 의결을 거쳐 다문화가족정책실무위원회 위원장이 정한다(다문화가족지원법 시행령 제10조 후단).

(4) 다문화가족정책의 계획 수립

1) 기본계획

(가) 주무부처

여성가족부장관은 다문화가족 지원을 위하여 5년마다 다문화가족정책에 관한 기본계획을 수립하여야 하고(다문화가족지원법 제3조의2 제1항), 기본계획은 다문화가족정책위원회의 심의를 거쳐 확정한다(다문화가족지원법 제3조의2 제4항 전단). 이 경우 여성가족부장관은 확정된 기본계획을 관계 중앙행정기관의 장과 특별시장 · 광역시장 · 도지사 · 특별자치도지사에게 알려야 한다(다문화가족지원법 제3조의2 제4항 후단).

(나) 협 의

여성가족부장관은 기본계획을 수립할 때에는 미리 관계 중앙행정기관의 장과 협의하여야 한다(다문화가족지원법 제3조의2 제3항). 특히 국가와 지방자치단체는 「다문화가족지원법」에 따른 시책 중 외국인정책 관련 사항에 대하여는 「재한외국인 처우 기본법」 제5조부터 제9조까지의 규정에 따른다(다문화가족지원법 제3조 제3항).

(다) 내 용

다문화가족정책에 관한 기본계획에는 i) 다문화가족 지원 정책의 기본 방향, ii) 다문화가족 지원을 위한 분야별 발전시책과 평가에 관한 사항, iii) 다문화가족 지원을 위한 제도 개선에 관한 사항, iv) 다문화가족 지원을 위한 재원 확보 및 배분에 관한 사항, v) 그 밖에 다문화가족 지원을 위하여 필요한 사항을 포함하여야 한다(다문화가족지원법 제3조의2 제2항).

(라) 업무의 협조

여성가족부장관은 기본계획을 수립하기 위하여 필요하다고 인정하는 경우 관계 기관의 장에게 기본계획의 수립에 필요한 자료의 제출을 요구할 수 있다(다문화가족지원법 제3조의2 제5항). 이에 따라 자료의 제출을 요구받은 관계 기관의 장은 정당한 사유가 없으면 이에 따라야 한다(다문화가족지원법 제3조의2 제6항).

2) 연도별 시행계획

(가) 수립 · 시행

여성가족부장관, 관계 중앙행정기관의 장과 시 · 도지사는 매년 기본계획에 따라 다문화가족정책에 관한 시행계획을 수립 · 시행하여야 한다(다문화가족지원법 제3조의3 제1항). 시행계획의 수립 · 시행 등에 필요한 사항은 대통령령으로 정한다(다문화가족지원법 제3조의3 제3항).

(나) 절 차

(a) **여성가족부장관의 시행계획 수립지침 통보:** 여성가족부장관은 관계 중앙행정기관의 장과 특별시장 · 광역시장 · 도지사 · 특별자치도지사가 연도별 시행계획을 효율적으로 수립 · 시행할 수 있도록 다음 연도의 시행계획 수립지침을 정하여 매년 10월 31일까지 관계 중앙행정기관의 장과 시 · 도지사에게 알려야 한다(다문화가족지원법 시행령 제2조 제1항). 시행계획 수립지침의 내용 중 외국인정책 관련 사항은 법무부장관과 협의하여 정한다(다문화가족지원법 시행령 제2조 제2항).

(b) **중앙행정기관장 등의 시행계획 제출:** 관계 중앙행정기관의 장과 특별시장 · 광역시장 · 도지사 · 특별자치도지사는 다음 연도의 시행계획을 대통령령으로 정하는 바에 따라 매년 여성가족부장관에게 제출하여야 한다(다문화가족지원법 제3조의3 제2항). 즉 관계 중앙행정기관의 장과 특별시장 · 광역시장 · 도지사 · 특별자치도지사는 시행계획 수립지침에 따라 다음 연도의 시행계획을 수립하여 매년 12월 31일까지 여성가족부장관에게 제출하여야 한다(다문화가족지원법 시행령 제2조 제3항).

(c) **여성가족부장관의 시행계획 상정:** 여성가족부장관은 관계 중앙행정기관의 장과 특별시장 · 광역시장 · 도지사 · 특별자치도지사로부터 제출받은 시행계획과 여성가족부 소관 시행계획을 종합하여 다문화가족정책위원회의 회의에 부쳐야 한다(다문화가족지원법 시행령 제2조 제4항).

(d) **여성가족부장관의 심의 · 조정된 시행계획 통보:** 여성가족부장관은 시행계획이 다문화가족정책위원회의 심의 · 조정을 거쳐 확정된 경우에는 이를 지체 없이 관계 중앙행정기관의 장과 특별시장 · 광역시장 · 도지사 · 특별자치도지사에게 알려야 한다(다문화가족지원법 시행령 제2조 제5항).

(다) 업무의 협조

여성가족부장관, 관계 중앙행정기관의 장 및 특별시장 · 광역시장 · 도지사 · 특별자치도지사는 시행계획을 수립 · 시행하기 위하여 필요한 경우에는 국가기관, 지방자치단체 또는 「공공기관의 운영에 관한 법률」 제4조(공공기관)에 따른 공공기관의 장에게 협조를 요청할 수 있다(다문화가족지원법 시행령 제4조 제1항). 이에 따른 협조 요청을 받은 자는 특별한 사유가 없으면 협조하여야 한다(다문화가족지원법 시행령 제4조 제2항).

3) 실태조사 등

(가) 의 의

여성가족부장관은 다문화가족의 현황 및 실태를 파악하고 다문화가족 지원을 위한 정책수립에 활용하기 위하여 3년마다 다문화가족에 대한 실태조사를 실시하고 그 결과를 공표하여야 한다(다문화가족지원법 제4조 제1항). 실태조사의 대상 및 방법 등에 필요한 사항은 여성가족부령으로 정한다(다문화가족지원법 제4조 제4항).

(나) 대 상

여성가족부장관은 결혼이민자 등과 그 한국인 배우자 및 자녀 등을 대상으로 하는 다문화가족 실태조사를 실시한다(다문화가족지원법 시행규칙 제2조 제1항).

(다) 방 법

(a) **조사의뢰:** 여성가족부장관은 실태조사를 다문화가족에 관한 전문성, 인력 및 장비를 갖춘 연구기관·법인 또는 단체에 의뢰하여 실시할 수 있다(다문화가족지원법 시행규칙 제2조 제2항).

(b) **협조요청:** 여성가족부장관은 실태조사를 위하여 관계 공공기관 또는 관련 법인·단체에 대하여 필요한 자료의 제출 등 협조를 요청할 수 있다. 이 경우 자료의 제출 등 협조를 요청받은 관계 공공기관 또는 관련 법인·단체 등은 특별한 사유가 없는 한 이에 협조하여야 한다(다문화가족지원법 제4조 제2항).

(c) **법무부장관 또는 교육부장관과의 협의:** 여성가족부장관은 실태조사를 실시함에 있어서 외국인정책 관련 사항에 대하여는 법무부장관과, 다문화가족 구성원인 아동의 교육에 관한 사항에 대하여는 교육부장관과 협의를 거쳐 실시한다(다문화가족지원법 제4조 제3항).

(라) 조사사항

실태조사에는 i) 성별, 연령, 학력, 취업상태 등 가족구성원의 일반특성에 관한 사항, ii) 소득, 지출, 자산 등 가족의 경제상태에 관한 사항, iii) 자녀양육, 가족부양 등 가족행태 및 가족관계에 관한 사항, iv) 의식주, 소비, 여가, 정보 이용 등 생활양식에 관한 사항, v) 가족갈등 등 가족문제에 관한 사항, vi) 다문화가족 지원 관련 교육·상담 등 서비스 수요에 관한 사항, vii) 그 밖에 다문화가족의 현황 및 실태파악에 필요한 사항으로서 여성가족부장관이 정하는 사항이 포함되어야 한다(다문화가족지원법 시행규칙 제2조 제3항).

(마) 임의조사

여성가족부장관은 사회환경의 급격한 변동 등으로 추가적인 조사가 필요할 때에는 실태조사 외에 임시조사를 실시하여 이를 보완할 수 있다(다문화가족지원법 시행규칙 제2조 제4항).

4) 평 가

(가) 의 의

다문화가족정책위원회는 다문화가족정책의 시행계획의 추진실적 점검 및 평가에 관한 사항을 심의·조정한다(다문화가족지원법 제3조의4 제2항). 추진실적의 평가 등에 필요한 사항은 대통령령으로 정한다(다문화가족지원법 제3조의3 제3항).

(나) 절 차

(a) **여성가족부장관의 추진실적 작성지침 통보:** 여성가족부장관은 전년도 시행계획 추진실적의 작성지침을 정하여 관계 중앙행정기관의 장과 시·도지사에게 알려야 한다(다문화가족지원법 시행령 제3조 제1항). 추진실적 작성지침의 내용 중 외국인정책 관련 사항은 법무부장관과 협의하여 정한다(다문화가족지원법 시행령 제3조 제2항).

(b) **중앙행정기관장 등의 추진실적 제출:** 관계 중앙행정기관의 장과 특별시장·광역시장·도지사·특별자치도지사는 추진실적 작성지침에 따라 전년도의 시행계획에 따른 추진실적을 작성하여 매년 2월 말까지 매년 여성가족부장관에게 제출하여야 한다(다문화가족지원법 제3조의3 제2항, 시행령 제3조 제3항).

(c) **여성가족부장관의 추진실적 상정:** 여성가족부장관은 관계 중앙행정기관의 장과 특별시장·광역시장·도지사·특별자치도지사로부터 제출받은 추진실적과 여성가족부 소관 추진실적을 종합하여 성과를 평가하고, 그 결과를 다문화가족정책위원회에 보고하여야 한다(다문화가족지원법 시행령 제3조 제4항).

(다) 업무의 협조

여성가족부장관, 관계 중앙행정기관의 장 및 특별시장·광역시장·도지사·특별자치도지사는 추진실적을 평가하기 위하여 필요한 경우에는 국가기관, 지방자치단체 또는 「공공기관의 운영에 관한 법률」 제4조(공공기관)에 따른 공공기관의 장에게 협조를 요청할 수 있다(다문화가족지원법 시행령 제4조 제1항). 이에 따른 협조 요청을 받은 자는 특별한 사유가 없으면 협조하여야 한다(다문화가족지원법 시행령 제4조 제2항).

여성가족부장관은 평가를 효율적으로 하기 위하여 필요한 경우 전문가에게 자문하거나 조사·분석 등을 의뢰할 수 있다. 이 경우 여성가족부장관은 해당 전문가에게 예산의 범위에서 수당과 여비, 그 밖에 필요한 경비를 지급할 수 있다(다문화가족지원법 시행령 제3조 제5항).

(5) 다문화가족지원센터

1) 정책전달의 지원체계

국가와 지방자치단체는 다문화가족지원센터를 설치·운영할 수 있다(다문화가족지원법 제12조 제1항). 다문화가족지원센터는 다문화가족정책위원회의 다문화가족정책에 관한 기본계획 및 시행계획을 지방에까지 전달하는 지원체계이다.

2) 설치 · 운영

(가) 기 준

다문화가족지원센터의 설치 · 운영 기준은 i) 입지 조건(일조 · 채광 · 환기 등이 원활하고 급수 및 교통 수단 등이 구비되어 종사자 및 이용자의 건강유지 및 재해방지가 가능하고 일상생활을 하는 데 적합하며 접근이 편리한 위치여야 한다), ii) 구조 및 설비(45제곱미터 이상의 사무 전용 별도 공간 확보 및 책상 · 컴퓨터 등 사무를 처리할 수 있는 설비 구비를 갖춘 사무실, 원활한 상담과 개인비밀 보호를 위한 분리 또는 방음장치가 설치된 상담실, 청소년 및 보호자 등을 교육하는 별도 공간을 확보한 교육장, 전용공간 16제곱미터 이상의 별도 공간을 확보하고 언어발달 교육에 적합한 설비를 구비한 언어발달 교육을 위한 공간(언어발달 교육과정을 운영하는 경우에만 해당한다), 「소방시설 설치 · 유지 및 안전관리에 관한 법률」에서 정하는 소화기 및 피난기구 등 시설 실정에 맞는 비상재해대비시설 및 장비의 설치 또는 구비한 비상재해대피시설) iii) 운영기준(주 5일 및 하루 8시간 이상 운영시간, 운영방침 · 직원의 업무분장 그 밖에 운영에 필요한 규정을 제정 · 시행하는 관리규정, 그리고 지원센터의 연혁에 관한 기록부, 재산대장 · 재산목록과 그 소유 또는 사용을 증명할 수 있는 서류, 지원센터의 운영일지, 직원센터의 장 및 전문인력의 인사카드, 예산서 및 결산서, 총계정 원장(總計定 元帳) 및 수입 · 지출 보조부, 금전 · 물품의 출납부와 그 증명서류, 보고서철 및 관계 행정기관과의 문서철 장부 등의 비치)이다(다문화가족지원법 제12조 제7항, 시행령 제12조 제1항, 별표1). 그 밖에 다문화가족지원센터의 설치 · 운영에 관한 세부사항은 여성가족부장관이 정한다(다문화가족지원법 시행령 제12조 제2항).

(나) 위탁 지정

(a) 의 의: 국가 또는 지방자치단체는 다문화가족지원센터의 설치 · 운영을 대통령령으로 정하는 법인이나 단체에 위탁할 수 있다(다문화가족지원법 제12조 제2항). 국가 또는 지방자치단체 아닌 자가 다문화가족지원센터를 설치 · 운영하고자 할 때에는 미리 시 · 도지사 또는 시장 · 군수 · 구청장(자치구의 구청장을 말한다)의 지정을 받아야 한다(다문화가족지원법 제12조 제3항). 국가와 지방자치단체는 시 · 도지사 또는 시장 · 군수 · 구청장(자치구의 구청장을 말한다)이 지정한 다문화가족지원센터에 대하여 예산의 범위에서 다문화가족지원센터의 업무를 수행하는 데에 필요한 비용의 전부 또는 일부를 보조할 수 있다(다문화가족지원법 제12조 제6항).

(b) 대 상: 국가 또는 지방자치단체는 다문화가족지원센터의 설치 · 운영을 i) 「사회복지사업법」 제2조 제3호에 따른 사회복지법인, ii) 「민법」 제32조에 따라 설립된 다문화가족 지원 관련 비영리법인, iii) 「공익법인의 설립 · 운영에 관한 법률」 제2조에 따라 같은 법을 적용받는 공익법인, iv) 「비영리민간단체지원법」 제2조에 따른 다문화가족 지원 관련 비영리단체, v) 「고등교육법」 제2조에 따른 학교, vi) 그 밖에 여성가족부장관이 다문화가족 지원을 위한 시설 및 전문인력을 갖추었다고 인정하는 법인 · 단체에 위탁할 수 있다(다문화가족지원법 제12조 제7항, 시행령 제12조의2 제1항).

(c) 절 차: 국가 또는 지방자치단체는 지원센터의 설치 · 운영을 위탁하려는 경우에는 위탁 내용 및 절차를 고시하여 다문화가족지원센터의 설치 · 운영을 위탁받으려는 자의 신청을 받은 후 신청자의 사업수행 능력, 재정적 능력, 활동 실적, 신뢰성 등을 종합적으로 고려하여 위탁받을 자를 선정하고 여성가족부령으로 정하는 내용이 포함된 위탁계약을 체결하여야 한다(다문화가족지원법 제12조 제7항, 시행령 제12조의2 제2항).

i . 신 청: 다문화가족지원센터를 지정받으려는 자는 지원센터의 설치 · 운영 기준에 따른 요건을 갖추고 여성가족부령으로 정하는 지정 신청서에 사업계획서, 별

표1에 따른 설치・운영 기준에 맞는 요건을 갖추었음을 증명하는 서류를 첨부하여 시・도지사 또는 시장・군수・구청장(자치구의 구청장을 말한다)에게 제출하여야 한다(다문화가족지원법 제12조 제7항, 시행령 제12조의3 제1항, 시행규칙 제5조 및 별지 제1호).

ii. 결 정: 시・도지사 또는 시장・군수・구청장은 지정 신청을 받은 경우에는 i) 다문화가족 지원 관련 업무 수행 경력, ii) 교통여건, 지리적 위치 등 접근성, iii)「다문화가족지원법」 제12조 제5항에 따른 전문인력의 확보 수준, iv) 시설의 적정성, v) 사업계획서의 충실성 및 실행 가능성을 고려하여 지정 여부를 결정한다(다문화가족지원법 제12조 제7항, 시행령 제12조의3 제2항). 시・도지사 또는 시장・군수・구청장은 다문화가족지원센터로 지정한 경우에는 여성가족부령으로 정하는 지정서를 발급하여야 한다(다문화가족지원법 제12조 제7항, 시행령 제12조의3 제3항, 시행규칙 제6조 및 별지 제2호).

iii. 위탁계약: 시・도지사 또는 시장・군수・구청장은 선정된 위탁 대상과 여성가족부령으로 정하는 내용이 포함된 위탁계약을 체결하여야 한다(다문화가족지원법 시행령 제12조의2 제2항 참고). 위탁계약에는 i) 수탁자의 성명 및 주소, ii) 위탁계약기간, iii) 위탁대상 시설 및 업무내용, iv) 수탁자의 의무 및 준수 사항, v) 지원센터의 안전관리에 관한 사항, vi) 전문인력의 고용승계에 관한 사항, vii) 계약의 해지에 관한 사항, viii) 그 밖에 여성가족부장관이 지원센터의 운영에 필요하다고 인정하는 사항이 포함되어야 한다(다문화가족지원법 시행규칙 제4조).

(d) 기 간: 다문화가족지원센터 설치・운영의 위탁기간은 최대 3년으로 한다(다문화가족지원법 제12조 제7항, 시행령 제12조의2 제3항). 따라서 다문화가족지원센터의 지정기간은 3년으로 한다(다문화가족지원법 제12조 제7항, 시행령 제12조의3 제4항).

3) 업 무

다문화가족지원센터는 다문화가족을 위한 교육・상담 등 지원사업의 실시, 결혼이민자 등에 대한 한국어교육, 다문화가족 지원서비스 정보제공 및 홍보, 다문화가족 지원 관련 기관・단체와의 서비스 연계, 일자리에 관한 정보제공 및 일자리의 알선, 다문화가족을 위한 통역・번역 지원사업, 그 밖에 다문화가족 지원을 위하여 필요한 사업의 업무를 수행한다(다문화가족지원법 제12조 제4항).

4) 지방자치단체의 자치사무

(가) 문제 제기

「다문화가족지원법」 제12조(다문화가족지원센터의 설치・운영 등) 제1항에서는 국가와 지방자치단체는 다문화가족지원센터를 설치・운영할 수 있다고 함으로써 다문화가족지원센터를 설치 · 운영할 수 있는 주체로 국가와 지방자치단체 모두를 규정하고 있는바, 지방자치단체가 하는 다문화가족지원센터의 설치 · 운영 업무를 자치사무로 볼 수 있는지가 문제된다.

(나) 소 결

지방자치단체가 하는 다문화가족지원센터의 설치 · 운영 업무는 자치사무로 볼 수 있다. 그 논거로는 다음과 같다.[53]

첫째, 사무 구분을 판단하기 위해서는 법령의 규정형식을 우선적으로 고려하여야 할 것인데, 「다문화가족지원법」 제12조(다문화가족지원센터의 설치 · 운영 등) 제1항에 따르면 국가와 동등하게 지방자치단체도 다문화가족지원센터의 설치 · 운영 권한을 갖고 있는 점, 「다문화가족지원법」 제15조(권한의 위임과 위탁) 제1항에서 여성가족부장관이 이 법에 따른 권한의 일부를 대통령령으로 정하는 바에 따라 시 · 도지사 또는 시장 · 군수 · 구청장에게 위임할 수 있도록 하면서 「다문화가족지원법 시행령」 등에서 국가의 다문화가족지원센터 설치 · 운영 업무를 지방자치단체의 장에게 위임하는 규정을 두지 않고 있는 점 등을 볼 때, 지방자치단체의 다문화가족지원센터 설치 · 운영 업무는 국가로부터 위임받아서 하는 사무가 아니라 지방자치단체의 고유한 권한에 따른 자치사무로 볼 수 있다.

둘째, 다문화가족지원센터 설치 · 운영 사무의 성질을 살펴보면, 「다문화가족지원법」 제12조(다문화가족지원센터의 설치 · 운영 등) 제4항에서는 다문화가족지원센터의 업무로 다문화가족을 위한 교육 · 상담 등 지원사업의 실시(제1호), 결혼이민자등에 대한 한국어교육(제2호), 다문화가족 지원서비스 정보제공 및 홍보(제3호), 다문화가족 지원 관련 기관 · 단체와의 서비스 연계(제4호), 일자리에 관한 정보제공 및 일자리의 알선(제5호), 다문화가족을 위한 통역 · 번역 지원사업(제6호), 그 밖에 다문화가족 지원을 위하여 필요한 사업(제7호)을 들고 있다. 이러한 업무는 지방자치단체가 해당 지역의 다문화가족의 거주 실태, 예산 규모, 예산 집행상황 등의 실정을 고려하여 각 지역별로 상이하게 시행할 수 있는 업무로서, 반드시 전국적으로 통일적인 처리가 요구되는 성격의 사무라 보기 어렵다.

셋째, 「지방자치법」 제9조(지방자치단체의 사무범위) 제1항에서 "지방자치단체는 관할 구역의 자치사무와 법령에 따라 지방자치단체에 속하는 사무를 처리한다."라고 하면서, 제2항에서 그 사무를 각 호로 예시하고 있다. 지방자치단체의 지원센터 설치 · 운영은 다문화가족이 안정적으로 정착할 수 있도록 다문화가족에 대한 교육 ·

53) 법제처 12-0646, 2013. 1. 14, 여성가족부.

상담 등의 지원업무를 하는 것으로서 「지방자치법」 제9조(지방자치단체의 사무범위) 제2항 제2호의 '주민의 복지증진에 관한 사무'에 해당하여 자치사무로 볼 수 있다.

넷째, 다문화가족지원센터 운영비 등을 기금으로 지원하고 여성가족부장관이 다문화가족지원정책에 관한 기본계획 등을 주관한다는 점에서 다문화가족지원센터의 경비부담 및 최종적인 책임귀속 주체를 국가로 보아 지방자치단체의 다문화가족지원센터 설치·운영 업무가 국가사무를 위임받은 것이라는 주장이 있을 수 있으나, 국비가 일부 지원된다고 하여 모두 국가사무로 볼 수는 없는 점, 특정 업무에 국비가 지원되어 이에 따른 국가의 지도·감독 책임이 발생하는 것과 해당 업무의 국가사무·자치사무 여부는 별개의 문제인 점, 여성가족부장관은 다문화가족정책의 방향 등 기본계획만을 수립하고 구체적인 시행계획은 시·도지사가 해당 지방자치단체의 필요에 따라 각자 수립하여 시행하는 점 등을 볼 때, 국가가 일부 비용을 부담하고 있다거나 여성가족부장관이 다문화가족지원정책을 주관한다는 이유만으로 지방자치단체의 지원센터 설치·운영을 국가사무를 위임받은 것으로 보기는 어렵다.

5) 전문인력

(가) 배치 및 기준

다문화가족지원센터에는 다문화가족에 대한 교육·상담 등의 업무를 수행하기 위하여 관련 분야에 대한 학식과 경험을 가진 전문인력을 두어야 한다(다문화가족지원법 제12조 제5항). 다문화가족지원센터에는 ⅰ) 「건강가정기본법」 제35조에 따른 건강가정사, ⅱ) 「사회복지사업법」 제11조에 따른 사회복지사, ⅲ) 그 밖에 여성가족부장관이 인정하는 관련 분야의 전문인력의 어느 하나에 해당하는 전문인력을 1명 이상 두어야 한다(다문화가족지원법 제12조 제7항, 시행규칙 제3조).

(나) 양 성

(a) **의 의**: 국가 또는 지방자치단체는 다문화가족지원 및 다문화 이해교육 등의 사업 추진에 필요한 전문인력을 양성하는 데 노력하여야 한다(다문화가족지원법 제13조의2 제1항).

(b) **양성기관 지정**: 여성가족부장관은 전문인력을 양성하기 위하여 대통령령으로 정하는 바에 따라 대학이나 연구소 등 적절한 인력과 시설 등을 갖춘 기관이나 단체를 전문인력 양성기관으로 지정하여 관리할 수 있다(다문화가족지원법 제13조의2 제2항). 국가 또는 지방자치단체는 지정된 전문인력 양성기관에 대하여 예산의 범위에서 필요한 경비의 전부 또는 일부를 지원할 수 있다(다문화가족지원법 제13조의2 제3항).

ⅰ. 신 청: 전문인력 양성기관으로 지정받으려는 자는 여성가족부령으로 정하는 지정 신청서에 ⅰ) 사업계획서, ⅱ) 교육 과정 및 내용을 설명하는 서류, ⅲ) 교

육 관련 인력 현황, ⅳ) 시설 및 장비 등 교육 환경 현황에 해당하는 서류를 첨부하여 여성가족부장관에게 제출하여야 한다(다문화가족지원법 제13조의2 제4항, 시행령 제12조의4 제1항, 시행규칙 제7조 및 별지 제3호).

ⅱ. 결 정: 여성가족부장관은 지정 신청을 받은 경우에는 ⅰ) 교육 과정 및 내용의 체계성, ⅱ) 교육 관련 인력의 전문성 및 교육기능 수행 역량, ⅲ) 시설 및 장비 등의 교육 적합성, ⅳ) 전문인력의 수 및 전문인력 양성기관의 지역적 분포 등 교육 수요를 고려하여 지정 여부를 결정한다(다문화가족지원법 시행령 제12조의4 제2항). 여성가족부장관은 전문인력 양성기관으로 지정한 경우에는 여성가족부령으로 정하는 지정서를 발급하여야 한다(다문화가족지원법 제13조의2 제4항, 시행령 제12조의4 제3항, 시행규칙 제8조 및 별지 제4호).

(다) 보수교육

(a) 의 의: 여성가족부장관 또는 시·도지사는 다문화가족지원센터에 두는 전문인력의 자질과 능력을 향상시키기 위하여 보수교육을 실시하여야 한다(다문화가족지원법 제12조의2 제1항). 보수교육의 내용·기간 및 방법 등은 여성가족부령으로 정한다(다문화가족지원법 제12조의2 제2항).

(b) 실시기준: 보수교육 시간은 연간 8시간 이상으로 한다(다문화가족지원법 시행규칙 제9조 제1항). 보수교육은 집합교육, 온라인 교육 등 다양한 방법으로 실시할 수 있다(다문화가족지원법 시행규칙 제9조 제2항). 보수교육에는 다문화사회의 이해, 다문화가족정책, 비영리기관의 운영관리 등이 포함되도록 하고, 그 구체적인 내용은 여성가족부장관이 정한다(다문화가족지원법 시행규칙 제9조 제3항).

(c) 위 탁: 국가와 지방자치단체는 「다문화가족지원법」에 따른 업무의 일부를 대통령령으로 정하는 바에 따라 비영리법인이나 단체에 위탁할 수 있다(다문화가족지원법 제15조 제2항). 이에 따라, 여성가족부장관은 법 제15조 제2항에 따라 보수교육을 ⅰ) 「고등교육법」 제2조에 따른 학교, ⅱ) 「민법」 제32조 또는 특별법에 따라 설립된 다문화가족 지원 관련 비영리법인의 어느 하나에 해당하는 법인·단체에 위탁할 수 있다(다문화가족지원법 시행령 제13조).

6) 유사명칭 사용 금지

(a) 의 의: 「다문화가족지원법」에 따른 다문화가족지원센터가 아니면 다문화가족지원센터 또는 이와 유사한 명칭을 사용하지 못한다(다문화가족지원법 제12조의3). 이것은 결혼이민자 또는 다문화가족이 다문화가족지원센터와 유사한 명칭을 사용한 민간시설 등을 시·군·구가 설치한 다문화가족지원센터로 오인하여 피해를 당하지 않도록 하기 위한 것이다.

(b) 벌 칙

ⅰ. 과태료: 「다문화가족지원법」 제12조의3(유사명칭 사용 금지)을 위반한 자에게는 300만원 이하의 과태료를 부과한다(다문화가족지원법 제17조 제1항). 이에 따른 과태료는 대통령령으로 정하는 바에 따라 여성가족부장관 또는 지방자치단체의 장이 부과·징수한다

(다문화가족지원법 제17조 제2항).

ⅱ. 부과기준: 과태료 부과기준은 1차 위반의 경우 100만원, 2차 위반의 경우 200만원, 3차 이상 위반의 경우 300만원을 부과한다(다문화가족지원법 시행령 제16조, 별표2). 위반행위의 횟수에 따른 과태료의 부과기준은 최근 1년간 같은 위반행위로 과태료를 부과받은 경우에 적용한다. 이 경우 위반 횟수별 처분기준의 적용일은 위반행위에 대하여 처분을 한 날과 다시 같은 위반행위(처분 후의 위반행위만 해당한다)를 적발한 날로 한다. 과태료 부과권자는 ⅰ) 위반행위자가 「질서위반행위규제법 시행령」 제2조의2(과태료 감경) 제1항 각 호의 어느 하나에 해당하는 경우, ⅱ) 위반행위가 사소한 부주의나 오류 등 과실로 인한 것으로 인정되는 경우, ⅲ) 법 위반상태를 시정하거나 해소하기 위한 노력이 인정되는 경우, ⅳ) 그 밖에 위반행위의 정도, 동기와 그 결과 등을 고려하여 과태료 금액을 줄일 필요가 있다고 인정되는 경우의 어느 하나에 해당하는 경우에는 과태료 금액의 2분의 1 범위에서 그 금액을 줄일 수 있다. 다만, 과태료를 체납하고 있는 위반행위자의 경우에는 그러하지 아니하다.

7) 평 가

결혼이민자와 그 가족이 그 지역의 주민과 분리되는 것이 아니라 교류하고 한국어 교육 등 지원시책에 참여하는 것이 용이하도록 하기 위하여는 주민자치센터를 활용하는 방향으로 전환할 필요가 있다.[54)]

4. 다문화가족에 대한 지원

(1) 프로그램적 규정

1) 의무규정과 노력규정

다문화가족에 대한 지원은 조문 형식을 기준으로 의무규정에 따른 필수적 지원과 노력규정에 따른 임의적 지원으로 구분된다. 의무규정에 따른 필수적 지원은 제4조(실태조사 등), 제7조(평등한 가족관계의 유지를 위한 조치) 등이다. 노력규정에 따른 임의적 지원은 제6조(생활정보 제공 및 교육 지원), 제8조(가정폭력 피해자에 대한 보호·지원), 제9조(의료 및 건강관리를 위한 지원), 제10조(아동 보육·교육), 제11조(다국어에 의한 서비스 제공), 제12조(다문화가족지원센터의 설치·운영 등), 제13조(다문화가족 지원업무 관련 공무원의 교육), 제16조(민간단체 등의 지원) 등이다.[55)]

---

54) 홍미희, 인천시 결혼이주여성 지원정책 '문제점과 향후 개선방안', 다문화가족 사회통합 정책수립을 위한 인천FORUM 2008, 2008, pp. 81~93에서도 정책전달과정에 대한 잠재적 수요자의 참여를 높이고 접근성을 확대하기 위해서 주민자치센터의 활용을 제안하고 있다.

2) 평 가

「다문화가족지원법」에서는 "국가와 지방자치단체는 다문화가족 구성원이 안정적인 가족생활을 영위할 수 있도록 필요한 제도와 여건을 조성하고 이를 위한 시책을 수립·시행하여야 한다."라고 의무규정으로 규정하고 있다(다문화가족지원법 제3조 제1항). 그럼에도 불구하고, 다문화가족 구성원이 안정적인 가족생활을 영위하도록 하기 위한 제도와 지원시책이 권고적 또는 선언적으로 규정된 것은 법체계상 맞지 않는다.56) 다문화가족 구성원의 주관적 권리성을 보장하기 위해 지원시책의 핵심적 부분은 강행규정 또는 의무규정으로 전환할 필요가 있다.57)

(2) 시기적 한계

1) 문제 제기

국가 및 지방자치단체가 결혼이민자와 그 자녀 등 다문화가족에 대한 적응지원을 할 수 있는 시간적 범위가 문제된다. 이에 대하여는 다문화가족의 생애주기에 걸쳐 지원이 제공되어야 한다는 견해와 결혼이민자가 대한민국의 국적을 취득한 후 3년까지 지원이 가능하다는 견해로 나뉜다.

2) 생애주기 지원설

결혼이민자의 출신국이 다양화되고, 그 자녀가 증가하는 등 국내에서 다문화가족의 생애과정이 진전되고 있으므로 다문화가족에 대한 지원은 이주초기의 '적응지원'의 관점으로부터 중장기적으로 '정착지원'의 방향으로 전환해야 한다는 견해가 있다. 이 견해의 의하면, 결혼이민자 및 그 자녀의 부적응으로 인해 초래될 사회갈등을 예방하기 위하여 결혼이민자 및 그의 제1.5세대, 제2세대에 대한 '정착지원'의 필요성이 인정된다. 종래 12세 미만의 결혼이민자 자녀에게 초점이 맞춰져 있는 초기의 '적응지원'58)은 결혼이민자의 제1.5세대(중도입국자녀를 말한다), 제2세대에게는 사각지대로 될 위

55) 전형배, 다문화가족지원법의 현황과 과제, 법률신문, 2009. 5. 7.

56) 소성규, 결혼이민자 인식조사를 통한 다문화가족 법제도의 개선방향 – 포천시 사례를 중심으로 –, 한국법정책학회 법과 정책연구, 2010, p. 30.

57) 전형배, 다문화가족지원법의 현황과 과제, 법률신문, 2009. 5. 7.

58) 그러나 다문화가족지원법에서는 결혼이민자의 자녀에 대한 보육·교육은 초등학교 취학 전인 만 6세 미만에 주로 집중되어 있다.

다문화가족지원법 제10조 (아동 보육 · 교육)

① 국가와 지방자치단체는 아동 보육·교육을 실시함에 있어서 다문화가족 구성원인 아동을 차별하여서는 아니 된다.

② 국가와 지방자치단체는 다문화가족 구성원인 아동이 학교생활에 신속히 적응할 수 있도록 교육지원대책을 마련하여야 하고, 특별시·광역시·도·특별자치도의 교육감은 다문화가족 구성원인 아동에 대하여 학과 외 또는 방과 후 교육 프로그램 등을 지원할 수 있다.

험성이 있다. 중장기적으로 결혼이민자와 그 자녀에 대한 취업·실업 문제, 학업이탈 문제, 빈곤문제를 해소하기 위한 지원이 있어야 한다.[59)]

3) 소결: 국적취득 후 3년 제한설

결혼이민자와 그 자녀 등 다문화가족에 대한 생애주기별 맞춤형 서비스 제공이 그 수혜자가 대한민국의 국적·영주자격을 취득한 후에도 지속적으로 지원하는 것을 비판하는 견해가 있다. 이 견해에 의하면, 국민에게 적용되는 법·제도와「재한외국인 처우 기본법」에 의한 지원 및「다문화가족지원법」에 의한 지원이 조화롭게 적용되어야 하고, 재한외국인, 국민 및 그 자녀에 대한 역차별을 방지하기 위하여는 결혼이민자가 대한민국의 국민 또는 영주자격을 취득한 후에는 국민에 대한 복지정책과 통합적으로 운영되어야 한다. 결혼이민자 및 그 자녀에 대한 생애주기별 맞춤형 서비스 제공은 그 시간적 한계가 있어야 한다. 결혼이민자가 국적 또는 영주자격을 취득한 후에는 국민에 적용되는 법·제도의 적용을 받아야 한다. 그 논거로는 첫째, 다문화가족을 대상으로 하는 생애주기별 맞춤형 서비스에 의한 지원은 대한민국의 국민을 대상으로 하는 지원보다도 전폭적이므로, 국민의 상대적 박탈감을 유발하고 국민과 다문화가족을 지속적으로 분리시킨다.[60)] 둘째, 결혼이민자와 그 자녀에 대한 영구적인 정착지원은 대한민국 국민과 혼인한 적이 없거나 혼인관계에 있지 않는 재한외국인 및 그 자녀, 대한민국의 국민 및 그 자녀 등과의 관계에서 역차별 소지가 있다. 셋째,「재한외국인 처우 기본법」에서는 "결혼이민자가 대한민국의 국적을 취득한 후에는 국적을 취득한 날부터 3년이 경과하는 날까지, 국가 및 지방자치단체는 결혼이민자에 대한 국어교육, 대한민국의 제도·문화에 대한 교육, 결혼이민자의 자녀에 대한 보육 및 교육 지원, 의료 지원 등을 통하여 결혼이민자 및 그 자녀가 대한민국 사회에 빨리 적응하도록 지원할 수 있다."라고 규정하고(재한외국인 처우 기본법 제15조, 제12조 제1항), "제12조 제1항은 대한민국 국민과 사실혼 관계에서 출생한 자녀를 양육하고 있는 결혼이민자 및 그 자녀에 대하여 준용한다."라고 규정하고 있다(재한외국인 처우 기본법 제12조 제2항).

---

③ 국가와 지방자치단체는 다문화가족 구성원인 아동의 초등학교 취학 전 보육 및 교육 지원을 위하여 노력하고, 그 아동의 언어발달을 위하여 한국어교육을 위한 교재지원 및 학습지원 등 언어능력 제고를 위하여 필요한 지원을 할 수 있다.

다문화가족지원법 제14조 (사실혼 배우자 및 자녀의 처우) 제5조부터 제12조까지의 규정은 대한민국 국민과 사실혼 관계에서 출생한 자녀를 양육하고 있는 다문화가족 구성원에 대하여 준용한다.

59) 이상림, 다문화가족의 변화와 정책과제, 한국보건사회연구원 보건·복지 Issue & Focus, 2012 참고.

60) 김혜순, 결혼이민자 정책의 평가와 대안, 대통령소속 사회통합위원회 '한국의 다문화 사회통합정책: 종합평가와 대안' 토론회, 2012, p. 21.

(3) 다문화가족에 대한 처우

1) 의 의

「재한외국인 처우 기본법」에서와는 달리, 「다문화가족지원법」에서는 결혼이민자 등 다문화가족의 구성원이 안정적인 가족생활을 영위할 수 있도록 하여 그들의 삶의 질 향상과 사회통합에 이바지하기 위하여 그 수단을 보다 구체적으로 규정하고 있다. 「다문화가족지원법」은 기능적으로 「재한외국인 처우 기본법」의 집행법적 성격을 지닌다. 「다문화가족지원법」에 규정된 통합시책으로는 다문화가족에 대한 이해증진(제5조), 생활정보 제공 및 교육 지원(제6조), 평등한 가족관계의 유지를 위한 조치(제7조), 가정폭력 피해자에 대한 보호·지원(제8조), 의료 및 건강관리를 위한 지원(제9조), 아동 보육·교육(제10조), 다국어에 의한 서비스 제공(제11조)이다.

2) 다문화가족에 대한 이해증진

국가와 지방자치단체는 다문화가족에 대한 사회적 차별 및 편견을 예방하고 사회구성원이 문화적 다양성을 인정하고 존중할 수 있도록 다문화 이해교육을 실시하고 홍보 등 필요한 조치를 하여야 한다(다문화가족지원법 제5조 제1항). 그리고 교육부장관과 특별시·광역시·도·특별자치도의 교육감은 「유아교육법」 제2조, 「초·중등교육법」 제2조 또는 「고등교육법」 제2조에 따른 학교에서 다문화가족에 대한 이해를 돕는 교육을 실시하기 위한 시책을 수립·시행하여야 한다(다문화가족지원법 제5조 제2항).

3) 생활정보 제공 및 교육 지원

(가) 의 의

국가와 지방자치단체는 결혼이민자 등이 대한민국에서 생활하는 데 필요한 기본적 정보를 제공하고, 사회적응교육과 직업교육·훈련 및 언어소통 능력 향상을 위한 한국어교육 등을 받을 수 있도록 필요한 지원을 할 수 있다(다문화가족지원법 제6조 제1항).

(나) 생활정보 제공

국가와 지방자치단체는 다문화가족 지원 관련 정책정보, 이민자 정착 성공사례, 어린이집 등의 기관 소개, 한국문화 소개 등을 수록한 생활안내책자 등 정보지를 발간하여 배포한다(다문화가족지원법 제6조 제3항, 시행령 제11조 제1항).

(다) 교육 지원

국가와 지방자치단체는 결혼이민자 등의 국적, 수학능력修學能力, 그 밖의 교육여건 등을 고려하여 체계적·단계적 교육을 실시할 수 있다(다문화가족지원법 제6조 제3항, 시행령 제11조 제2항). 국가와 지방자치단체는 결혼이민자 등의 취업 및 창업을 촉진하기 위하여 능력 및 적성을 고려한 직업교육·훈련을 실시할 수 있다(다문화가족지원법 제6조 제3항, 시행령 제11조 제3항).

국가와 지방자치단체는 교육을 실시함에 있어 거주지 및 가정환경 등으로 인하여 서비스에서 소외되는 결혼이민자 등이 없도록 방문교육이나 원격교육 등 다양한 방법으로 교육을 지원하고, 교재와 강사 등의 전문성을 강화하기 위한 시책을 수립·시행하여야 한다(다문화가족지원법 제6조 제2항).

4) 평등한 가족관계의 유지를 위한 조치

국가와 지방자치단체는 다문화가족이 민주적이고 양성평등한 가족관계를 누릴 수 있도록 가족상담, 부부교육, 부모교육, 가족생활교육 등을 추진하여야 한다. 이 경우 문화의 차이 등을 고려한 전문적인 서비스가 제공될 수 있도록 노력하여야 한다(다문화가족지원법 제7조).

5) 가정폭력 피해자에 대한 보호 · 지원

(가) 의 의

국가와 지방자치단체는 「가정폭력방지 및 피해자보호 등에 관한 법률」에 따라 다문화가족 내 가정폭력을 예방하기 위하여 노력하여야 한다(다문화가족지원법 제8조 제1항). 가정폭력이란 「가정폭력범죄의 처벌 등에 관한 특례법」 제2조 제1호의 행위를 말하는 것으로, 가정구성원 사이의 신체적, 정신적 또는 재산상 피해를 수반하는 행위를 말한다(가정폭력범죄의 처벌 등에 관한 특례법 제2조 제1호, 가정폭력방지 및 피해자보호 등에 관한 법률 제2조 제1호). 가정폭력에는 부부강간, 강제추행, 성적 학대, 재물손괴 등 유형의 물리적 폭력뿐만 아니라, 폭언·언어폭력, 협박, 명예훼손 등 무형의 폭력도 포함된다. 그리고 피해자란 가정폭력으로 인하여 직접적으로 피해를 입은 자를 말한다(가정폭력방지 및 피해자보호 등에 관한 법률 제2조 제3호).

(나) 보호 · 지원

국가와 지방자치단체는 가정폭력으로 피해를 입은 결혼이민자 등을 보호·지원할 수 있다(다문화가족지원법 제8조 제2항). 국가와 지방자치단체는 가정폭력의 피해를 입은 결혼이민자 등에 대한 보호 및 지원을 위하여 외국어 통역 서비스를 갖춘 가정폭력 상담소 및 보호시설의 설치를 확대하도록 노력하여야 한다(다문화가족지원법 제8조 제3항). 가정폭력 등을 당한 여성 결혼이민자를 지원하기 위해 '이주여성긴급지원센터'를 설치·운영하고, 가정폭력 등 피해를 받은 여성 결혼이민자 및 그 자녀를 일시적으로 보호 상담할 뿐만 아니라 의료·법률·출국 지원과 치료회복 프로그램 등 서비스를 제공하는 보호시설인 '이주여성쉼터'를 설치·운영하고, 가폭력 등으로 피해를 입은 여성 결혼이민자의 거주와 직업훈련 등 자활을 지원하기 위해 '이주여성자활지원센터'가 설치·운영되고 있다.[61]

(다) 혼인관계 종료자에 대한 지원 등

국가와 지방자치단체는 결혼이민자등이 가정폭력으로 혼인관계를 종료하는 경우 의사소통의 어려움과 법률체계 등에 관한 정보의 부족 등으로 불리한 입장에 놓이지 아니하도록 의견진술 및 사실확인 등에 있어서 언어통역, 법률상담 및 행정지원 등 필요한 서비스를 제공할 수 있다(다문화가족지원법 제8조 제4항).

6) 의료 및 건강관리를 위한 지원

국가와 지방자치단체는 결혼이민자 등이 건강하게 생활할 수 있도록 영양·건강에 대한 교육, 산전·산후 도우미 파견, 건강검진 등의 의료서비스를 지원할 수 있다(다문화가족지원법 제9조 제1항). 국가와 지방자치단체는 결혼이민자 등이 의료서비스를 제공받을 경우 외국어 통역 서비스를 제공할 수 있다(다문화가족지원법 제9조 제2항)

7) 아동 보육·교육

(가) 차별 금지

국가와 지방자치단체는 아동 보육·교육을 실시함에 있어서 다문화가족 구성원인 아동을 차별하여서는 아니 된다(다문화가족지원법 제10조 제1항).

(나) 취학 후 아동

국가와 지방자치단체는 다문화가족 구성원인 아동이 학교생활에 신속히 적응할 수 있도록 교육지원대책을 마련하여야 하고, 특별시·광역시·도·특별자치도의 교육감은 다문화가족 구성원인 아동에 대하여 학과 외 또는 방과 후 교육 프로그램 등을 지원할 수 있다(다문화가족지원법 제10조 제2항).

(다) 취학 전 아동

국가와 지방자치단체는 다문화가족 구성원인 아동의 초등학교 취학 전 보육 및 교육 지원을 위하여 노력하고, 그 아동의 언어발달을 위하여 한국어 및 결혼이민자 등인 부 또는 모의 모국어 교육을 위한 교재지원 및 학습지원 등 언어능력 제고를 위하여 필요한 지원을 할 수 있다(다문화가족지원법 제10조 제3항). 결혼이민자 등인 부 또는 모의 모국어 교육을 지원할 수 있도록 법적 근거를 두고 모국어 교육 지원사업을 활성화시키고자 한다.

8) 사실혼 배우자 및 자녀의 처우

「다문화가족지원법」 제5조부터 제12조까지의 규정은 대한민국 국민과 사실혼 관계에서 출생한 자녀를 양육하고 있는 다문화가족 구성원에 대하여 준용한다(다문화가족지원법 제14조).

---

61) 김상찬·김유정, 국제결혼 이주여성의 인권보호를 위한 법적 과제, 법학연구 제43집, 2011, p. 332.

9) 이혼가족의 자녀에 대한 적용 특례

다문화가족이 이혼 등의 사유로 해체된 경우에도 그 구성원이었던 자녀에 대하여는 「다문화가족지원법」을 적용한다(다문화가족지원법 제14조의2).

10) 다국어에 의한 서비스 제공

(가) 의 의

국가와 지방자치단체는 제5조부터 제10조까지의 규정에 따른 지원정책을 추진함에 있어서 결혼이민자등의 의사소통의 어려움을 해소하고 서비스 접근성을 제고하기 위하여 다국어에 의한 서비스 제공이 이루어지도록 노력하여야 한다(다문화가족지원법 제11조).

(나) 다문화가족 종합정보 전화센터의 설치·운영

(a) **다문화가족 종합정보 전화센터:** 여성가족부장관은 다국어에 의한 상담·통역 서비스 등을 결혼이민자등에게 제공하기 위하여 다문화가족 종합정보 전화센터를 설치·운영할 수 있다. 이 경우 「가정폭력방지 및 피해자보호 등에 관한 법률」 제4조의6(긴급전화센터의 설치·운영 등) 제1항 후단에 따른 외국어 서비스를 제공하는 긴급전화센터와 통합하여 운영할 수 있다(다문화가족지원법 제11조의2 제1항).

(b) **설치·운영의 위탁:** 여성가족부장관은 전화센터의 설치·운영을 대통령령으로 정하는 기관 또는 단체에 위탁할 수 있다(다문화가족지원법 제11조의2 제2항). 여기에서 '대통령령으로 정하는 기관 또는 단체'란 i)「사회복지사업법」에 따른 사회복지법인, ii)「가정폭력방지 및 피해자보호 등에 관한 법률」 제4조의6(긴급전화센터의 설치·운영 등) 제1항 각 호 외의 부분 후단에 따른 외국어 서비스를 제공하는 긴급전화센터를 운영하는 기관 또는 단체, iii) 그 밖에 다문화가족 지원을 위한 다국어 상담·통역 시설 및 전문인력을 갖춘 비영리법인 또는 단체 중 여성가족부장관이 지정·고시하는 법인 또는 단체를 말한다(다문화가족지원법 시행령 제11조의2). 여성가족부장관은 전화센터의 설치·운영을 위탁할 경우 예산의 범위에서 그에 필요한 비용의 전부 또는 일부를 지원할 수 있다(다문화가족지원법 제11조의2 제3항).

(c) **설치·운영의 기준:** 전화센터의 설치·운영에 필요한 사항은 여성가족부령으로 정한다(다문화가족지원법 제11조의2 제4항). 이에 따라 전화센터의 전체 규모에 대하여는 연면적 130제곱미터 이상의 독립된 공간으로 하고, 50제곱미터 이상의 규모로 구획된 전화상담실을 두어야 한다. 종사에 대하여는 전화센터의 장 1명과 외국어 서비스 제공을 위하여 주요 외국어별로 상담원을 배치하여야 한다. 전화센터의 장과 상담원은 전임이어야 하며, 다른 업무를 겸임할 수 없다. 다만, 긴급전화센터와 통합하여 운영하는 경우에는 긴급전화센터의 장이 전화센터의 장을 겸임할 수 있다. 운영시간에 대하여

는 서비스 대상자에게 연중무휴로 24시간 상담・통역 서비스를 할 수 있도록 교대근무자 및 야간근무자를 운영하여야 한다(다문화가족지원법 시행규칙 제2조의2, 별표).

11) 민간단체 등의 지원

국가와 지방자치단체는 다문화가족 지원 사업을 수행하는 단체나 개인에 대하여 필요한 비용의 전부 또는 일부를 보조하거나 그 업무수행에 필요한 행정적 지원을 할 수 있다(다문화가족지원법 제16조 제1항). 국가와 지방자치단체는 결혼이민자등이 상부상조하기 위한 단체의 구성・운영 등을 지원할 수 있다(다문화가족지원법 제16조 제2항).

(4) 공무원 교육

국가와 지방자치단체는 다문화가족 지원 관련 업무에 종사하는 공무원의 다문화가족에 대한 이해증진과 전문성 향상을 위하여 교육을 실시할 수 있다(다문화가족지원법 제13조).

(5) 정보제공의 요청

1) 요 청

여성가족부장관 또는 지방자치단체의 장은 「다문화가족지원법」의 시행을 위하여 필요한 경우에는 법무부장관에게 ⅰ) 「재한외국인 처우 기본법」 제2조 제3호에 따른 결혼이민자의 외국인등록 정보, ⅱ) 「국적법」 제6조 제2항에 따라 귀화허가를 받은 자의 귀화허가 신청 정보 중 결혼이민자 등의 현황 파악을 위한 정보로서 대통령령으로 정하는 정보의 제공을 요청할 수 있다. 이 경우 지방자치단체의 장은 해당 관할구역의 결혼이민자 등에 관한 정보에 한정하여 요청할 수 있다(다문화가족지원법 제15조의2 제1항).

2) 정보의 범위

여성가족부장관 또는 지방자치단체의 장이 법무부장관에게 요청할 수 있는 정보란 이름, 성별, 출생연도, 국적, 국내거주지역(시, 군 또는 자치구까지로 한다), 주소 및 연락처(전화번호・전자우편 주소 등을 말한다)이다(다문화가족지원법 시행령 제14조 제1항 본문). 다만, 주소 및 연락처(전화번호・전자우편 주소 등을 말한다)는 본인이 제공에 동의한 경우로 한정한다(다문화가족법 시행령 제14조 제1항 단서). 여성가족부장관 또는 지방자치단체의 장이 법무부장관에게 요청할 수 있는 정보는 결혼이민자 등의 '현황파악'을 위한 목적으로만 한정된다(개인정보 보호법 제16조 제1항 참고).[62]

---

62) 개인정보 보호법 제16조 (개인정보의 수집 제한)
① 개인정보처리자는 제15조제1항 각 호의 어느 하나에 해당하여 개인정보를 수집하는 경우에는 그 목적에 필요한 최소한의 개인정보를 수집하여야 한다. 이 경우 최소한의 개인정보 수집이라는 입증책임은 개인정보 처리자가 부담한다.

3) 정보의 관리

정보의 제공을 요청받은 법무부장관은 정당한 사유가 없으면 이에 따라야 한다(다문화가족지원법 제15조의2 제2항). 정보를 제공받은 여성가족부장관 또는 지방자치단체의 장은 제공받은 정보를 다문화가족지원센터에 제공할 수 있다(다문화가족지원법 제15조의2 제3항). 법무부장관은 정보를 제출받은 여성가족부장관 또는 지방자치단체의 장(그로부터 정보를 제공받은 다문화가족지원센터를 포함한다)에게 그 정보의 사용내역, 제공·관리 현황 등 정보관리에 필요한 자료를 요청할 수 있다(다문화가족법 시행령 제14조 제2항).

제 4 절 재외동포의 출입국과 법적 지위에 관한 법률

Ⅰ. 의 의

1. 제정취지

1999년 9월 2일에 「재외동포의 출입국과 법적 지위에 관한 법률」이 제정된 취지는 재외동포가 대한민국에의 출입국 및 체류를 할 때에 제한을 완화하고 편의를 받게 함으로써 재외동포의 생활권을 광역화·국제화함과 동시에 대한민국 국민의 의식형태와 활동영역을 세계화가 되도록 촉진하고, 재외동포가 모국인 대한민국에서의 부동산 취득, 금융, 외국환거래 등을 할 때에 각종 제약을 완화함으로써 투자를 촉진하고 경제회생을 위한 분위기를 확산시키기 위한 것이다. 또한 외국에서 영주할 목적으로 해외로 이주한 재외동포 중 상당수가 모국인 대한민국과의 관계가 단절된다는 고립감과 모국에서의 경제활동 제약, 연금지급 정지 등을 걱정하여 체류국가의 국적취득을 꺼리고 체류국가에서 제대로 정착하지 못하고 있는 점을 감안하여 재외동포들이 체류국가의 국적을 취득·정착하여도 모국과의 관계가 단절되지 아니하도록 하고 체류국가에서 정착을 유도하려는 것이다(재외동포의 출입국과 법적 지위에 관한 법률 제1조 참고).

다만, 「재외동포의 출입국과 법적 지위에 관한 법률」이 제정된 당시에 재외동포의 복수국적 허용 요구로 병역, 납세, 외교관계에서의 문제점이 발생하고 국민적 일체감을 저해하는 부작용이 우려되었다. 복수국적 허용 요구에 담긴 애로사항을 선별적으로 수용하고 모국에 대한 불만을 해소하기 위해 「재외동포의 출입국과 법적 지위에 관한 법률」이 제정되었던 취지도 있었다. 그러나 2010년 5월 4일에 시행된 제10차 개정 「국적법」에서는 대한민국 내에서 복수국적자의 법적 지위를 새로이 규정하고 있다. 이에 따라 재외동포의 요구는 어느 정도 해소된 것으로 보인다. 「재외동포의 출입국과 법적 지위에 관한 법률」은 약칭으로 「재외동포법」이라고 말한다.

2. 법적 성격

「재외동포법」은 재외동포정책의 기본계획을 수립하거나 재외동포정책 전반을 포괄적으로 다루는 기본법에 해당하지 않는다. 재외동포의 출입국과 체류, 부동산 거래, 금융 거래, 외국환 거래, 건강보험 등에 대한 불편 내지 애로사항을 해소하는 것을 목적으로 하는 법률이다.[63)]

Ⅱ. 적용 대상자 및 적용 범위

1. 적용 대상자

(1) 의 의

재외동포는 재외국민과 외국국적동포로 구분된다(재외동포의 출입국과 법적 지위에 관한 법률 제2조 참고). 「재외동포의 출입국과 법적 지위에 관한 법률」은 재외국민과 재외동포(F-4) 체류자격을 가진 외국국적동포에게 적용된다(재외동포의 출입국과 법적 지위에 관한 법률 제3조 참고). 재외동포의 개념에 대하여는 제2편 사증제도 중 재외동포(F-4) 사증에 대한 부분에서 「재외동포재단법」의 재외동포 정의 개념과의 비교를 통하여 설명한 바 있다. 이하에서는 「재외동포의 출입국과 법적 지위에 관한 법률」을 중심으로 살펴보기로 한다.

(2) 재외동포

1) 재외국민

재외국민이란 대한민국의 국민으로서 외국의 영주권永住權을 취득한 자 또는 영주할 목적으로 외국에 거주하고 있는 자를 말한다(재외동포의 출입국과 법적 지위에 관한 법률 제2조 제1호). 여기에서 '외국의 영주권을 취득한 자'란 거주국으로부터 영주권 또는 이에 준하는 거주목적의 장기 체류자격을 취득한 자를 말한다(재외동포의 출입국과 법적 지위에 관한 법률 시행령 제2조 제1항). 그리고 '영주할 목적으로 외국에 거주하고 있는 자'란 「해외이주법」 제2조(정의)의 규정에 의한 해외이주자로서 거주국으로부터 영주권을 취득하지 아니한 자를 말한다(재외동포의 출입국과 법적 지위에 관한 법률 시행령 제2조 제2항).

---

63) 정연수, 「재외동포의 출입국과 법적 지위에 관한 법률」의 주요내용 및 쟁점 검토, 법조협회, 1999, p. 180.

2) 외국국적동포

외국국적동포란 대한민국의 국적을 보유하였던 자(대한민국정부 수립 전에 국외로 이주한 동포를 포함한다) 또는 그 직계비속直系卑屬으로서 외국국적을 취득한 자 중 대통령령으로 정하는 자를 말한다(재외동포의 출입국과 법적 지위에 관한 법률 제2조 제2호). 여기에서 '대한민국의 국적을 보유하였던 자(대한민국정부수립 이전에 국외로 이주한 동포를 포함한다) 또는 그 직계비속으로서 외국국적을 취득한 자 중 대통령령이 정하는 자'란 i) 대한민국의 국적을 보유하였던 자(대한민국정부 수립 이전에 국외로 이주한 동포를 포함한다)로서 외국국적을 취득한 자, ii) 부모의 일방 또는 조부모의 일방이 대한민국의 국적을 보유하였던 자로서 외국국적을 취득한 자의 어느 하나에 해당하는 자를 말한다(재외동포의 출입국과 법적 지위에 관한 법률 시행령 제3조).

2. 적용 범위

「재외동포의 출입국과 법적 지위에 관한 법률」은 재외국민과 「출입국관리법」 제10조에 따른 체류자격 중 재외동포(F-4) 체류자격을 가진 외국국적동포의 대한민국에의 출입국과 대한민국 안에서의 법적 지위에 관하여 적용한다(재외동포의 출입국과 법적 지위에 관한 법률 제3조).

Ⅲ. 주요 내용

1. 정부의 책무

정부는 재외동포가 대한민국 안에서 부당한 규제와 대우를 받지 아니하도록 필요한 지원을 하여야 한다(재외동포의 출입국과 법적 지위에 관한 법률 제4조).

2. 재외동포(F-4) 체류자격의 부여

(1) 재외동포(F-4) 체류자격

1) 요 건

재외동포(F-4) 체류자격의 취득요건은 「재외동포의 출입국과 법적 지위에 관한 법률 시행령」으로 정한다(재외동포의 출입국과 법적 지위에 관한 법률 제5조 제4항). 이에 따라, 「출입국관리법 시행령」 제12조(체류자격의 구분)는 재외동포(F-4) 체류자격의 취득요건에 관하여 이를 준용한다(재외동포의 출입국과 법적 지위에 관한 법률 시행령 제4조 제4항). 재외동포(F-4) 체류자격의 대상자와 취득요건 등에 대하여는 재외동포(F-4) 사증 부분에서 설명한 바 있다(출입국관리법 제10조 제1항, 시행령 제12조 및 별표1 참고).

2) 활동범위

재외동포(F-4) 체류자격을 부여받은 외국국적동포의 취업이나 그 밖의 경제활동은 사회질서 또는 경제안정을 해치지 아니하는 범위에서 자유롭게 허용된다(재외동포의 출입국과 법적 지위에 관한 법률 제10조 제5항).

재외동포(F-4) 체류자격을 취득한 자의 활동범위는 「재외동포의 출입국과 법적 지위에 관한 법률 시행령」으로 정한다(재외동포의 출입국과 법적 지위에 관한 법률 제5조 제4항). 이에 따라, 「출입국관리법 시행령」 제23조(외국인의 취업과 체류자격)는 재외동포(F-4) 체류자격의 활동범위에 관하여 이를 준용한다(재외동포의 출입국과 법적 지위에 관한 법률 시행령 제4조 제4항). 재외동포(F-4) 체류자격의 취득자의 취업 등 활동범위에 대하여는 재외동포(F-4) 사증 부분에서 설명한 바 있다(출입국관리법 제18조 제1항, 시행령 제23조 참고).

(2) 신청에 의한 부여

법무부장관은 대한민국 안에서 활동하려는 외국국적동포에게 신청에 의하여 재외동포(F-4) 체류자격을 부여할 수 있다(재외동포의 출입국과 법적 지위에 관한 법률 제5조 제1항). 외국국적동포의 신청에 의하여 재외동포(F-4) 체류자격이 부여되도록 하고 있으므로, 외국국적동포는 재외동포(F-4) 사증발급 거부 처분에 대하여 이를 다툴 수 있는 권리가 인정된다.[64)]

(3) 제외사유

법무부장관은 외국국적동포에게 다음의 어느 하나에 해당하는 사유가 있으면 재외동포(F-4) 체류자격을 부여하지 아니한다(재외동포의 출입국과 법적 지위에 관한 법률 제5조 제2항 본문). 그 사유로는 ⅰ) 직계존속이 외국에 영주할 목적 없이 체류한 상태에서 출생하여 외국국적을 취득함으로써 복수국적자가 된 남자가 병역을 기피할 목적으로 2005년 5월 24일 개정된 법률 제7499호 「국적법」 중 개정법률 시행 전 종전 제12조(이중국적자의 국적선택의무)의 이중국적자의 국적선택의무에 따라 18세가 되는 해의 1월 1일 전에 대한민국 국적을 이탈하여 외국인이 된 경우(재외동포의 출입국과 법적 지위에 관한 법률 제5조 제2항 본문 제1호), ⅱ) 대한민국 남자가 병역을 기피할 목적으로 외국국적을 취득하고 대한민국 국적을 상실하여 외국인이 된 경우(재외동포의 출입국과 법적 지위에 관한 법률 제5조 제2항 본문 제2호), ⅲ) 대한민국의 안전보장, 질서유지, 공공복리, 외교관계 등 대한민국의 이익을 해칠 우려가 있는 경우(재외동포의 출입국과 법적 지위에 관한 법률 제5조 제2항 본문 제3호)이다.

다만, 제1호나 제2호에 해당하는 외국국적동포가 38세가 된 때에는 그러하지 아니하다(재외동포의 출입국과 법적 지위에 관한 법률 제5조 제2항 단서).

---

64) 김승열, 알기쉬운 행정심판 - 외국인의 행정심판 청구 가능 여부 등, 법제처 실무, 2004.

(4) 절 차

1) 의 의

법무부장관은 재외동포(F-4) 체류자격을 부여할 때에는 「재외동포의 출입국과 법적 지위에 관한 법률 시행령」으로 정하는 바에 따라 외교부장관과 협의하여야 한다(재외동포의 출입국과 법적 지위에 관한 법률 제5조 제3항).

2) 의견요청 등

법무부장관은 재외동포(F-4) 체류자격을 신청한 외국국적동포가 「재외동포의 출입국과 법적 지위에 관한 법률」 제5조(재외동포체류자격의 부여) 제2항 각호(제외사유를 말한다)의 어느 하나에 해당하는지의 여부를 판단하기 위하여 관계기관의 장에게 신청자에 대한 신원조회 및 범죄경력조회를 의뢰하거나 기타 필요한 사항에 대하여 의견을 구할 수 있다. 이 경우 관계기관의 장은 조회의뢰나 의견요청을 받은 날부터 30일 이내에 이에 관한 조회결과나 의견을 제시하여야 한다(재외동포의 출입국과 법적 지위에 관한 법률 시행령 제4조 제1항).

3) 협의요청 등

법무부장관은 재외동포(F-4) 체류자격을 신청한 외국국적동포가 「재외동포의 출입국과 법적 지위에 관한 법률」 제5조(재외동포체류자격의 부여) 제2항 제3호(대한민국의 안전보장, 질서유지, 공공복리, 외교관계 등 대한민국의 이익을 해칠 우려가 있는 경우)에 해당한다고 의심할 만한 사유가 있는 때에는 외교부장관에게 협의를 요청하여야 한다. 이 경우 외교부장관은 요청을 받은 날부터 30일 이내에 이에 관한 의견을 제시하여야 한다. 다만, 외교부장관이 사전에 의견을 제시한 경우에는 그러하지 아니하다(재외동포의 출입국과 법적 지위에 관한 법률 시행령 제4조 제2항).

4) 외교부장관의 사전 의견제시

외국국적동포가 재외공관에 재외동포(F-4) 체류자격을 신청한 때에는 외교부장관은 법무부장관의 협의요청이 없는 경우에도 법무부장관에게 재외동포(F-4) 체류자격 부여에 관한 의견을 제시할 수 있다(재외동포의 출입국과 법적 지위에 관한 법률 시행령 제4조 제3항).

(5) 관계부처 등과의 협의

법무부장관은 재외동포의 출입국 및 체류에 관한 i) 재외동포(F-4) 체류자격 부여와 관련된 제도의 개선·변경에 관한 사항, ii) 재외동포(F-4) 체류자격 취득자의 국내에서의 취업 및 활동범위에 관한 사항, iii) 그 밖에 재외동포의 출입국 및 체류제도와 관련된 중요사항을 관계부처 또는 관련단체와 협의하여 결정할 수 있다

(재외동포의 출입국과 법적 지위에 관한 법률 시행령 제5조의2).

3. 국내거소신고

(1) 의 의

재외국민과 재외동포(F-4) 체류자격으로 입국한 외국국적동포는 「재외동포의 출입국과 법적 지위에 관한 법률」을 적용받기 위하여 필요하면 대한민국 안에 거소居所를 정하여 그 거소를 관할하는 지방출입국·외국인관서의 장에게 국내거소신고를 할 수 있다(재외동포의 출입국과 법적 지위에 관한 법률 제6조 제1항).

(2) 대상자

국내거소신고를 할 수 있는 자로는 재외국민과 재외동포(F-4) 체류자격으로 입국한 외국국적동포이다(재외동포의 출입국과 법적 지위에 관한 법률 제6조 제1항 참고). 또한 재외동포(F-4) 체류자격 외의 자격으로 대한민국에 체류하는 외국국적동포가 법무부장관으로부터 재외동포(F-4) 체류자격으로 변경허가를 받은 경우 국내거소신고를 할 수 있다(재외동포의 출입국과 법적 지위에 관한 법률 시행령 제7조 제2항).

(3) 국내거소

국내거소란 대한민국 내에서 30일 이상 거주할 목적으로 체류하는 장소를 말한다(재외동포의 출입국과 법적 지위에 관한 법률 시행령 제6조 참고).

(4) 국내거소신고

1) 기 한

재외동포가 국내거소 신고를 하여야 하는 시간적 기한을 규정하고 있지 않다. 재외동포가 「재외동포의 출입국과 법적 지위에 관한 법률」을 적용받기 위하여 본인의 필요에 의해 신고하는 것이다.

2) 절 차

(가) 신 고

재외동포가 국내거소 신고를 하고자 하는 때에는 그 거소를 관할하는 출입국관리사무소장 또는 출장소장에게 국내거소신고서를 제출하여야 한다(재외동포의 출입국과 법적 지위에 관한 법률 시행령 제7조 제1항 본문). 다만, 국내거소신고를 하지 아니한 경우에는 입국한 날부터 90일 이내에 「출입국관리법」 제31조(외국인등록)의 규정에 의한 외국인등록을 하여야 한다(재외동포의 출입국과 법적 지위에 관한 법률 시행령 제7조 제1항 단서).

(나) 사실조회

재외동포가 국내거소신고를 하는 때에는 출입국관리사무소장 또는 출장소장은 사실확인을 위하여 관계기관의 장에게 사실조회를 의뢰할 수 있다(재외동포의 출입국과 법적 지위에 관한 법률 시행령 제7조 제3항). 사실조회를 의뢰받은 관계기관의 장은 15일 이내에 조회결과를 출입국관리사무소장 또는 출장소장에게 통보하여야 한다(재외동포의 출입국과 법적 지위에 관한 법률 시행령 제7조 제4항).

3) 국내거소신고증

(가) 발 급

(a) 구 분: 지방출입국·외국인관서의 장은 국내거소 신고를 한 재외국민이나 외국국적동포에게 국내거소신고번호를 부여하고, 재외국민의 경우에는 재외국민 국내거소신고증을, 외국국적동포의 경우에는 외국국적동포 국내거소신고증을 발급한다(재외동포의 출입국과 법적 지위에 관한 법률 제7조 제1항).

(b) 기재사항: 국내거소신고증에는 국내거소신고번호, 성명, 성별, 생년월일, 국적, 거주국, 대한민국 안의 거소 등을 적는다(재외동포의 출입국과 법적 지위에 관한 법률 제7조 제2항). 여기에서 국내거소신고번호의 부여방법에 관하여는 「재외동포의 출입국과 법적 지위에 관한 법률 시행규칙」으로 정한다(재외동포의 출입국과 법적 지위에 관한 법률 시행령 제12조 제3항). 국내거소신고번호는 생년월일·성별·등록기관 등을 표시하는 13자리 숫자로 한다(재외동포의 출입국과 법적 지위에 관한 법률 시행규칙 제9조 제1항). 국내거소신고번호는 한 사람에게 하나의 번호를 부여하며, 이미 사용한 번호를 다른 사람에게 다시 부여해서는 아니 된다(재외동포의 출입국과 법적 지위에 관한 법률 시행규칙 제9조 제2항). 이 외에 국내거소신고번호의 체계 및 부여절차에 관하여 필요한 사항은 법무부장관이 정한다(재외동포의 출입국과 법적 지위에 관한 법률 시행규칙 제9조 제3항).

(c) 절 차: 출입국관리사무소장 또는 출장소장은 거소신고를 받은 때에는 신청인에게 개인별 국내거소신고번호를 부여하고 여권 등에 국내거소신고필인을 찍어야 한다(재외동포의 출입국과 법적 지위에 관한 법률 시행령 제12조 제1항).

(나) 재발급

(a) 방 법: 출입국관리사무소장 또는 출장소장은 국내거소신고증을 재발급할 때에는 종전의 국내거소신고번호를 사용하여야 한다(재외동포의 출입국과 법적 지위에 관한 법률 시행규칙 제10조 제1항 전단).

(b) 사 유: 출입국관리사무소장 또는 출장소장은 국내거소신고증을 발급받은 자에게 i) 국내거소신고증을 분실한 때(제1호), ii) 국내거소신고증이 훼손된 때(제2호), iii) 필요한 사항을 기재할 난이 부족한 때(제3호), iv) 성명·생년월일·국적 또는 거주국이 변경된 때(제4호)에 해당하는 사유가 있는 때에는 국내거소신고증을 재발급할 수 있다(재외동포의 출입국과 법적 지위에 관한 법률 시행령 제13조 제1항 각호).

(c) 절 차: 국내거소신고증을 발급받은 후 분실·훼손毁損하거나 그 밖에 「재

외동포의 출입국과 법적 지위에 관한 법률 시행령」으로 정하는 사유로 재발급을 받으려는 자는 지방출입국 · 외국인관서의 장에게 재발급 신청을 하여야 한다(재외동포의 출입국과 법적 지위에 관한 법률 제7조 제4항). 즉 국내거소신고증을 재발급 받고자 하는 자는 국내거소신고증 재발급신청서에 그 사유를 소명하는 서류와 사진 1장을 첨부하여 출입국관리사무소장 또는 출장소장에게 제출하여야 한다. 이 경우 앞에서 설명한 제2호 내지 제4호에 규정된 사유로 재발급을 신청하는 때에는 그 신청서에 원래의 국내거소신고증을 첨부하여야 한다(재외동포의 출입국과 법적 지위에 관한 법률 시행령 제13조 제2항 참고).

출입국관리사무소장 또는 출장소장은 국내거소신고증을 재발급하는 때에는 국내거소신고대장에 필요한 사항을 기재하고 제출된 원래의 국내거소신고증을 관련기록과 함께 보관하여야 한다(재외동포의 출입국과 법적 지위에 관한 법률 시행령 제13조 제3항).

(다) 기록관리

지방출입국 · 외국인관서의 장은 「재외동포의 출입국과 법적 지위에 관한 법률 시행령」으로 정하는 바에 따라 국내거소신고대장과 그 밖의 관계서류를 작성하여 보존하여야 한다(재외동포의 출입국과 법적 지위에 관한 법률 제7조 제3항). 출입국관리사무소장 또는 출장소장은 국내거소신고증을 발급하는 때에는 그 사실을 재외국민의 경우에는 재외국민 국내거소신고대장에, 외국국적동포의 경우에는 외국국적동포 국내거소신고대장에 각각 기재하여야 한다(재외동포의 출입국과 법적 지위에 관한 법률 시행령 제12조 제2항).

4) 국내거소신고 사실증명

지방출입국 · 외국인관서의 장 또는 시 · 군 · 구의 장은 국내거소신고를 한 사실이 있는 자에게는 「재외동포의 출입국과 법적 지위에 관한 법률 시행규칙」으로 정하는 바에 따라 국내거소신고 사실증명을 발급할 수 있다(재외동포의 출입국과 법적 지위에 관한 법률 제7조 제5항). 국내거소신고 사실증명은 본인 또는 그 대리인의 신청에 의하여 출입국관리사무소장 · 출장소장 또는 시 · 군 · 구의 장이 발급한다(재외동포의 출입국과 법적 지위에 관한 법률 시행규칙 제11조 제1항).

5) 주민등록, 외국인등록과의 관계

법령에 규정된 각종 절차와 거래관계 등에서 주민등록증, 주민등록표 등본 · 초본, 외국인등록증 또는 외국인등록 사실증명이 필요한 경우에는 국내거소신고증이나 국내거소신고 사실증명으로 그에 갈음할 수 있다(재외동포의 출입국과 법적 지위에 관한 법률 제9조). 이를 위하여, 국내거소신고증에는 국내거소신고증이 주민등록증 또는 외국인등록증에 갈음할 수 있다는 취지를 기재하여야 한다(재외동포의 출입국과 법적 지위에 관한 법률 시행령 제15조). 따라서 외국국적동포가 국내거소신고를 한 경우에는 외국인등록을 한 것으로 간주된다.[65]

(5) 이전신고

1) 기 한

신고한 국내거소를 이전한 때에는 14일 이내에 그 사실을 신거소新居所가 소재한 시 · 군 · 구의 장이나 신거소를 관할하는 지방출입국 · 외국인관서의 장에게 신고하여야 한다(재외동포의 출입국과 법적 지위에 관한 법률 제6조 제2항).

2) 절 차

(가) 신 고

거소를 이전한 자가 국내거소 이전신고를 하고자 하는 때에는 국내거소이전신고서를 신거소를 관할하는 시 · 군 · 구의 장 또는 출입국관리사무소장 · 출장소장에게 제출하여야 한다(재외동포의 출입국과 법적 지위에 관한 법률 시행령 제11조 제1항).

(나) 교 부

국내거소 이전신고를 받은 시 · 군 · 구의 장 또는 출입국관리사무소장 · 출장소장은 국내거소신고증에 거소이전 사항을 기재하여 신고인에게 교부하여야 한다(재외동포의 출입국과 법적 지위에 관한 법률 시행령 제11조 제2항).

3) 이전신고의 간주

국내거소를 신고한 재외동포가 재입국하여 종전의 거소가 아닌 새로운 거소에 거주하게 된 때에는 새로운 거소에 거주하기 시작한 날에 거소를 이전한 것으로 본다(재외동포의 출입국과 법적 지위에 관한 법률 시행규칙 제6조 제2항).

4) 벌 칙

(가) 과태료

「재외동포의 출입국과 법적 지위에 관한 법률」 제6조(국내거소신고) 제2항을 위반하여 국내거소의 이전 사실을 신고하지 아니한 자에게는 200만원 이하의 과태료를 부과한다(재외동포의 출입국과 법적 지위에 관한 법률 제17조 제1항).

(나) 부과 및 징수

(a) **조사 · 확인 및 의견진술:** 과태료는 「재외동포의 출입국과 법적 지위에 관한 법률 시행령」으로 정하는 바에 따라 지방출입국 · 외국인관서의 장이 부과하고 징수한다(재외동포의 출입국과 법적 지위에 관한 법률 제17조 제3항). 출입국관리사무소장 또는 출장소장은 과태료를 부과하

65) 정연수, 「재외동포의 출입국과 법적 지위에 관한 법률」의 주요내용 및 쟁점 검토, 법조협회, 1999, p. 181.

는 때에는 당해 위반행위를 조사·확인한 후 위반사실과 과태료금액 등을 서면으로 명시하여 이를 납부할 것을 과태료처분대상자에게 통지하여야 한다(재외동포의 출입국과 법적 지위에 관한 법률 시행령 제18조 제1항). 그리고 출입국관리사무소장 또는 출장소장은 과태료를 부과하고자 하는 때에는 10일 이상의 기간을 정하여 과태료처분대상자에게 구술 또는 서면(전자문서를 포함한다)에 의한 의견진술의 기회를 주어야 한다. 이 경우 지정된 기일까지 의견진술이 없는 때에는 의견이 없는 것으로 본다(재외동포의 출입국과 법적 지위에 관한 법률 시행령 제18조 제2항).

(b) **부과기준:** 위반행위의 내용에 따른 과태료의 부과기준은 「재외동포의 출입국과 법적 지위에 관한 법률 시행령」 별표와 같다. 다만, 출입국관리사무소장 또는 출장소장은 당해 위반행위의 내용 및 위반기간 등을 참작하여 그 해당금액의 2분의 1의 범위 안에서 이를 경감하거나 가중할 수 있다(재외동포의 출입국과 법적 지위에 관한 법률 시행령 제18조 제3항).

(c) **징수절차:** 과태료의 징수절차는 법무부령으로 정한다(재외동포의 출입국과 법적 지위에 관한 법률 시행령 제18조 제4항).

(6) 반 납

1) 기 한

재외동포가 국내거소신고증을 지닐 필요가 없게 된 때에는 「재외동포의 출입국과 법적 지위에 관한 법률 시행령」으로 정하는 바에 따라 그 사유가 발생한 날부터 14일 이내에 지방출입국·외국인관서의 장에게 국내거소신고증을 반납하여야 한다(재외동포의 출입국과 법적 지위에 관한 법률 제8조).

2) 사 유

재외동포가 국내거소신고증을 반납하여야 하는 사유는 '재외동포가 국내거소신고증을 소지할 필요가 없게 된 때'이다. 그 구체적인 사유로는 ⅰ) 외국국적동포가 대한민국 국적을 취득한 때(제1호), ⅱ) 외국국적동포가 재외동포(F-4) 체류자격을 상실한 때(제2호), ⅲ) 재외국민이 외국국적을 취득한 때(제3호), ⅳ) 재외국민이 해외이주를 포기하고 귀국한 때(제4호), ⅴ) 재외동포가 국내에서 사망한 때(제5호), ⅵ) 외국국적동포가 재외동포(F-4) 체류자격의 체류기간 내에 재입국할 의사 없이 출국하는 때(제6호)의 어느 하나에 해당하는 때를 말한다(재외동포의 출입국과 법적 지위에 관한 법률 시행령 제14조 각호).

3) 시기와 방법

재외동포가 국내거소신고증을 반납하는 시기와 방법은 다음의 구분에 의한다(재외동포의 출입국과 법적 지위에 관한 법률 시행령 제14조 제2항).

첫째, 「재외동포의 출입국과 법적 지위에 관한 법률 시행령」 제14조 제1항 제1호 내지 제4호의 경우에는 그 사유가 발생한 날부터 14일 이내에 그 사유를 증명하는 자료를 첨부하여 출입국관리사무소장 또는 출장소장에게 제출하여야 한다. 이 경우 동거하는 친족도 이를 제출할 수 있다.

둘째, 「재외동포의 출입국과 법적 지위에 관한 법률 시행령」 제14조 제1항 제5호의 경우에는 동거자・친족 또는 사망장소를 관리하는 자가 진단서 기타 사망사실을 증명하는 서류를 첨부하여 국내거소신고증을 출입국관리사무소장 또는 출장소장에게 제출할 수 있다.

셋째, 「재외동포의 출입국과 법적 지위에 관한 법률 시행령」 제14조 제1항 제6호의 경우에는 출국시 출국항을 관할하는 출입국관리사무소장 또는 출장소장에게 제출하거나 출국한 날부터 14일 이내에 거소관할 출입국관리사무소장 또는 출장소장에게 제출하여야 한다. 출국항을 관할하는 출입국관리사무소장 또는 출장소장이 「재외동포의 출입국과 법적 지위에 관한 법률 시행령」 제14조 제1항 제6호의 규정에 의하여 국내거소신고증을 반납받은 때에는 그 사실을 지체 없이 거소를 관할하는 출입국관리사무소장 또는 출장소장에게 통보하여야 한다(재외동포의 출입국과 법적 지위에 관한 법률 시행령 제14조 제3항).

4) 벌 칙

「재외동포의 출입국과 법적 지위에 관한 법률」 제8조(국내거소신고증의 반납)를 위반하여 국내거소신고증을 반납하지 아니한 자에게는 100만원 이하의 과태료를 부과한다(재외동포의 출입국과 법적 지위에 관한 법률 제17조 제2항). 이 경우 출입국관리사무소장 또는 출장소장의 조사・확인 및 의견진술, 과태료의 부과기준 및 징수절차는 전술한 바와 같다.

(7) 재외국민의 국내거소신고제도 폐지

2014년 5월 20일에 재외국민의 국내거소신고제도를 폐지하는 내용으로 「재외동포의 출입국과 법적 지위에 관한 법률」이 개정되어 2015년 1월 22일부터 시행될 예정이다.

4. 출입국과 체류

(1) 출입국

국내거소신고를 한 외국국적동포가 체류기간 내에 출국하였다가 재입국하는 경우에는 「출입국관리법」 제30조(재입국허가)에 따른 재입국허가가 필요하지 아니하다(재외동포의 출입국과 법적 지위에 관한 법률 제10조 제3항).

(2) 체 류

1) 체류기간

재외동포(F-4) 체류자격에 따른 체류기간은 최장 3년까지로 한다(재외동포의 출입국과 법적 지위에 관한 법률 제10조 제1항).

2) 체류기간 연장

(가) 의 의

법무부장관은 체류기간을 초과하여 국내에 계속 체류하려는 외국국적동포에게는 「재외동포의 출입국과 법적 지위에 관한 법률 시행령」으로 정하는 바에 따라 체류기간 연장허가를 할 수 있다(재외동포의 출입국과 법적 지위에 관한 법률 제10조 제2항 본문). 다만, 「재외동포의 출입국과 법적 지위에 관한 법률」 제5조(재외동포 체류자격의 부여) 제2항 각 호의 어느 하나에 해당하는 사유가 있는 경우에는 그러하지 아니하다(재외동포의 출입국과 법적 지위에 관한 법률 제10조 제2항 단서).

(나) 허가기준

체류기간 연장 허가의 기준은 법무부장관이 관계부처 또는 관련단체와 협의하여 정한다(재외동포의 출입국과 법적 지위에 관한 법률 시행령 제16조 제2항).

(다) 불허가

(a) **재량적 불허가:** 법무부장관은 체류기간 연장 허가를 신청한 외국국적동포가 ⅰ) 「재외동포의 출입국과 법적 지위에 관한 법률」 또는 「출입국관리법」을 위반한 경우, ⅱ) 금고 이상의 형을 선고받은 경우, ⅲ) 그 밖에 법무부장관이 관계부처 또는 관련단체와 협의하여 고시하는 경우에는 체류기간 연장을 허가하지 아니할 수 있다(재외동포의 출입국과 법적 지위에 관한 법률 시행령 제16조 제1항 본문 제2호, 제3호, 제4호).

(b) **의무적 불허가:** 법무부장관은 체류기간 연장 허가를 신청한 외국국적동포가 「재외동포의 출입국과 법적 지위에 관한 법률」 제5조(재외동포 체류자격의 부여) 제2항에 정한 제외사유에 해당하는 경우에는 체류기간 연장을 허가하여서는 아니된다(재외동포의 출입국과 법적 지위에 관한 법률 시행령 제16조 제1항 단서).

(라) 절 차

「출입국관리법 시행령」 제31조(체류기간 연장허가) 내지 제34조(체류자격 부여 등에 따른 출국예고)의 규정은 외국국적동포의 체류기간 연장 허가절차에 관하여 이를 준용한다(재외동포의 출입국과 법적 지위에 관한 법률 시행령 제16조 제3항).

3) 체류지 변경

대한민국 안의 거소를 신고하거나 그 이전신고를 한 외국국적동포에 대하여는 「출입국관리법」 제31조(외국인등록)에 따른 외국인등록과 「출입국관리법」 제36조(체류지 변경의 신고)에 따른 체류지 변경 신고를 한 것으로 본다(재외동포의 출입국과 법적 지위에 관한 법률 제10조 제4항).

5. 부동산 거래 등

(1) 부동산 거래

1) 부동산 취득 · 보유 등

국내거소신고를 한 외국국적동포는 「외국인토지법」 제4조(계약에 따른 토지취득의 신고 등) 제2항 제1호에 따른 경우 외에는 대한민국 안에서 부동산을 취득 · 보유 · 이용 및 처분할 때에 대한민국의 국민과 동등한 권리를 갖는다(재외동포의 출입국과 법적 지위에 관한 법률 제11조 제1항 본문). 여기에서 '「외국인토지법」 제4조 제2항 제1호'란 외국인이 토지취득계약을 체결하기 전에 「외국인토지법 시행령」으로 정하는 바에 따라 시장 · 군수 또는 구청장으로부터 토지취득의 허가를 받아야 하는 토지를 말하는 것으로서, 이는 「군사기지 및 군사시설 보호법」 제2조 제6호에 따른 군사기지 및 군사시설 보호구역, 그 밖에 국방목적을 위하여 외국인의 토지취득을 특별히 제한할 필요가 있는 지역으로서 대통령령으로 정하는 지역이다(외국인토지법 제4조 제2항). 국내거소신고를 한 외국국적동포는 군사기지 및 군사시설 보호구역을 제외한 토지를 자유로이 취득 · 보유 · 이용 및 처분할 수 있다.[66]

2) 신 고

국내거소신고를 한 외국국적동포는 대한민국 안에서 부동산을 취득 · 보유 · 이용 및 처분할 때에 「외국인토지법」 제4조(계약에 따른 토지취득의 신고 등) 제1항, 제5조(계약 외의 토지취득 신고) 및 제6조(계속보유 신고)에 따른 신고를 하여야 한다(재외동포의 출입국과 법적 지위에 관한 법률 제11조 제1항 단서). 따라서 시장 · 군수 또는 구청장에게 신고하여야 한다.

3) 절 차

「외국인토지법 시행령」 제3조(토지취득의 신고 등) 제1항의 규정은 외국국적동포가 「재외동포의 출입국과 법적 지위에 관한 법률」 제11조(부동산거래 등) 제1항의 규정에 의하여 국내부동산을 취득 · 보유하고자 하는 때의 신고절차에 관하여 이를 준용

66) 외국인이 토지취득계약을 체결하기 전에 대통령령으로 정하는 바에 따라 시장 · 군수 또는 구청장으로부터 토지취득의 허가를 받아야 하는 토지는 「군사기지 및 군사시설 보호법」 제2조 제6호에 따른 군사기지 및 군사시설 보호구역, 그 밖에 국방목적을 위하여 외국인 등의 토지취득을 특별히 제한할 필요가 있는 지역으로서 대통령령으로 정하는 지역, 「문화재보호법」 제2조 제2항에 따른 지정문화재와 이를 위한 보호물 또는 보호구역, 「자연환경보전법」 제2조 제12호에 따른 생태 · 경관보전지역, 「야생생물 보호 및 관리에 관한 법률」 제27조에 따른 야생생물 특별보호구역이다(외국인토지법 제4조 제2항 제1호에서 제4호).

한다. 이 경우 발급받은 국내거소신고증 사본을 첨부하여야 한다(재외동포의 출입국과 법적 지위에 관한 법률 시행령 제17조).

(2) 부동산실명제

국내거소신고를 한 외국국적동포가 「부동산 실권리자명의 등기에 관한 법률」의 시행 전에 명의신탁 약정에 따라 명의수탁자 명의로 등기하거나 등기하도록 한 부동산에 관한 물권을 「재외동포의 출입국과 법적 지위에 관한 법률」 시행 후 1년 이내에 「부동산 실권리자명의 등기에 관한 법률」 제11조(기존 명의신탁약정에 따른 등기의 실명등기 등) 제1항 및 제2항에 따라 실명實名으로 등기하거나 매각처분 등을 한 경우에는 「부동산 실권리자명의 등기에 관한 법률」 제12조(실명등기의무 위반의 효력 등) 제1항 및 제2항을 적용하지 아니한다(재외동포의 출입국과 법적 지위에 관한 법률 제11조 제2항).

6. 금융거래

국내거소신고를 한 재외동포는 예금·적금의 가입, 이율의 적용, 입금과 출금 등 국내 금융기관을 이용할 때 「외국환거래법」상의 거주자인 대한민국 국민과 동등한 권리를 갖는다. 다만, 자본거래의 신고 등에 관한 「외국환거래법」 제18조(자본거래의 신고 등)의 경우에는 그러하지 아니하다(재외동포의 출입국과 법적 지위에 관한 법률 제12조).

7. 외국환거래

재외국민이 i) 외국에 거주하기 전부터 소유하고 있던 국내 부동산을 매각하거나 수용으로 처분하였을 경우 그 매각 또는 처분대금(제1호), ii) 외국에서 국내로 수입하거나 국내에 지급한 지급수단(제2호)의 어느 하나에 해당하는 지급수단을 수출하거나 외국에 지급하는 경우 「외국환거래법」 제15조(지급절차 등)와 제17조(지급수단 등의 수출입 신고)를 적용할 때 재외국민은 외국국적동포와 동등한 대우를 받는다(재외동포의 출입국과 법적 지위에 관한 법률 제13조). 따라서 재외국민은 외국국적동포와 마찬가지로 매각대금 등을 국외로 반출할 수 있다.

8. 건강보험

국내거소신고를 한 재외동포가 90일 이상 대한민국 안에 체류하는 경우에는 건강보험 관계 법령으로 정하는 바에 따라 건강보험을 적용받을 수 있다(재외동포의 출입국과 법적 지위에 관한 법률 제14조).

9. 국가유공자 · 독립유공자와 그 유족의 보훈급여금

외국국적동포는 「국가유공자 등 예우 및 지원에 관한 법률」 또는 「독립유공자예우에 관한 법률」에 따른 보훈급여금을 받을 수 있다(재외동포의 출입국과 법적 지위에 관한 법률 제16조). 따라서 국가유공자 · 독립유공자와 그 유족이 대한민국의 국적을 상실하고 외국국적을 취득할지라도 보훈급여금을 계속 수령할 수 있다.

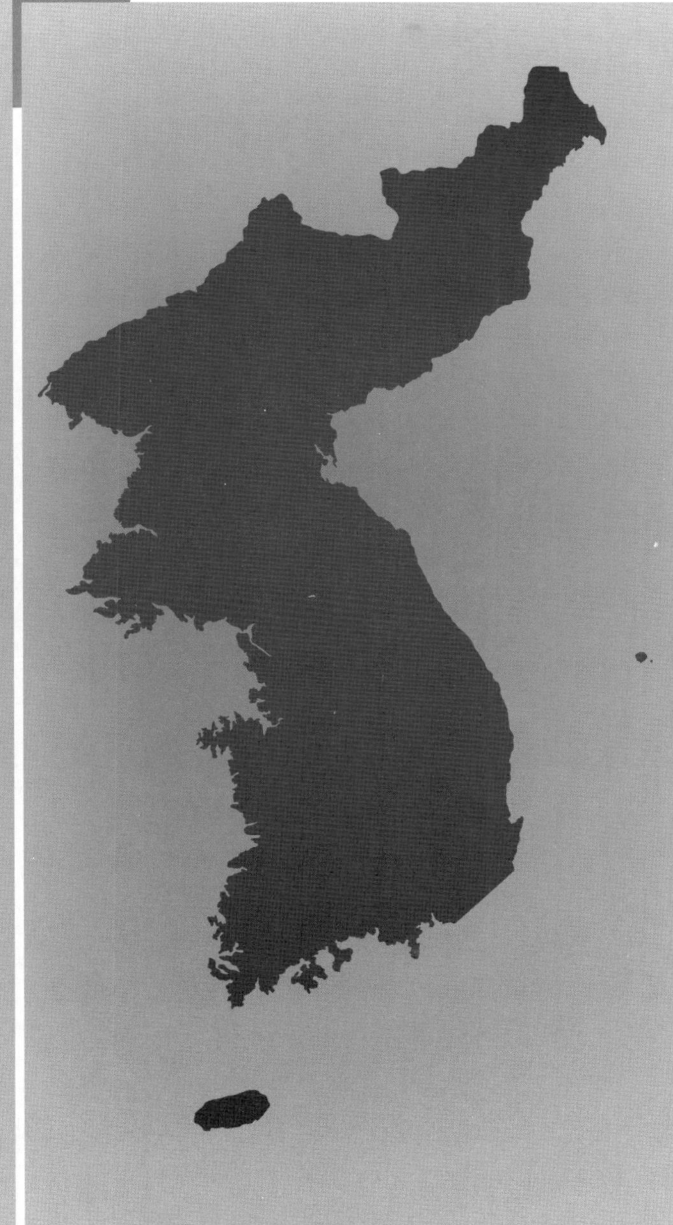

제 3 장

통합교육

제1절 의　　의

I. 개　　념

사회통합프로그램이란 이민자의 사회적응을 지원하여 개인의 능력을 최대한 발휘하도록 하기 위하여 한국어와 한국사회이해 등에 대한 교육, 정보제공, 및 상담 등의 제반 활동을 말한다(출입국관리법 제39조 제1항). 여기에서 '교육'이란 이민자의 사회적응을 지원하기 위하여 제공되는 통합교육을 말한다. 사회통합프로그램의 내용 중에서 통합교육이 차지하는 비중은 크다. 그 이유는 이민자가 체류하는 국가의 언어 및 문화 · 사회 등을 이해하는 것은 이민자의 사회적응, 노동시장에의 통합 및 이민 제2세대를 위한 자녀교육 및 영주 내지 귀화의 요건 충족 등에 중요하기 때문이다. 이민법에서는 대한민국에 필요한 새로운 구성원의 확보와 통합에 필요한 기본소양을 갖추기 위한 제도로 평가된다.[1] 이하에서는 통합교육을 중심으로 그 내용을 살펴보기로 한다.

II. 법적 근거

2012년 1월에 「출입국관리법」이 개정되어 외국인을 위한 통합교육의 법적 근거가 마련되었다. 「출입국관리법」 제5장 제2절 '사회통합프로그램'에 따르면, 법무부장관은 대한민국의 국적, 대한민국에 영주할 수 있는 체류자격 등을 취득하려는 외국인의 사회적응을 지원하기 위하여 통합교육을 시행할 수 있는 법적 근거를 두고(출입국관리법 제39조 제1항), 그 운영기관을 지정 · 관리 및 지정 취소할 수 있도록 하고(출입국관리법 제39조 제2항, 제4항, 출입국관리법 시행령 제49조, 제50조), 통합교육을 담당할 전문인력을 양성할 수 있고(출입국관리법 제39조 제3항, 출입국관리법 시행령 제51조), 통합교육의 내용을 구성하고 및 이를 표준화 · 체계화 · 효율화를 위하여 노력하여야 한다(출입국관리법 제39조 제5항, 출입국관리법 시행령 제48조 제1항, 제3항). 또한 법무부장관은 통합교육에 참여한 자에 대한 각종 평가를 실시하고(출입국관리법 제39조 제5항, 출입국관리법 시행령 제48조 제2항), 사증 발급, 체류 관련 각종 허가 등을 할 때에 통합교육을 이수한 자를 우대할 수 있는 법적 근거를 두고 있다(출입국관리법 제40조). 이와 관련

1) 윤혜선, 다문화사회의 사회통합을 위한 단초로서의 이민제도의 고찰 - 북미의 이민제도를 중심으로, 한국비교공법학회 공법학연구 제13권 제2호, 2012, p. 414 참고.

하여 「국적법 시행규칙」에서는 법무부장관이 정하여 고시하는 사회통합프로그램(실무적으로는 통합교육을 말한다)을 이수한 자에 대하여 귀화필기시험을 면제할 수 있도록 하고 있다(국적법 시행규칙 제4조 제1항 제5호). 통합교육이 사증 발급, 체류 관련 각종 허가, 영주 또는 귀화의 허가 등과 연계되어 있어 「출입국관리법」과 「국적법」이 기능적으로 연결된다.

「출입국관리법」에 법적 근거를 둔 통합교육의 시행에 필요한 세부사항을 정하기 위하여 「사회통합프로그램 기본소양 평가관리 규정(법무부 예규)」, 「사회통합프로그램 운영지침」을 두고 있다. '이민자 사회통합프로그램 운영 등에 관한 규정(법무부 훈령)'은 2014년 4월 1일부터 폐지되었다.

Ⅲ. 법적 성격

1. 문제 제기

「재한외국인 처우 기본법」에서는 국가 및 지방자치단체의 책무를 규정하고 있다. 국가 및 지방자치단체는 재한외국인이 대한민국 사회에 적응하여 개인의 능력을 충분히 발휘할 수 있도록 하고, 대한민국의 국민과 재한외국인이 서로를 이해하고 존중하는 사회 환경을 만들어 대한민국의 발전과 사회통합에 이바지하기 위하여 재한외국인에 대한 처우 등에 관한 정책의 수립·시행에 노력하여야 한다는 선언적 의무규정을 두고 있다(재한외국인 처우 기본법 제3조). 이와 관련하여 국가 및 지방자치단체가 이민자의 사회적응을 위한 통합교육을 의무적으로 제공해야 하는 법적 의무를 부담하는지가 문제된다.

2. 규정 내용

「재한외국인 처우 기본법」에서는 재한외국인의 사회적응을 지원하기 위해 "국가 및 지방자치단체는 재한외국인이 대한민국에서 생활하는 데 필요한 기본적 소양과 지식에 관한 교육·정보제공 및 상담 등의 지원을 할 수 있다."라고 규정하고(재한외국인 처우 기본법 제11조), 특히 결혼이민자 및 그 자녀의 사회적응을 위해 "국가 및 지방자치단체는 결혼이민자에 대한 국어교육, 대한민국의 제도·문화에 대한 교육, 결혼이민자의 자녀에 대한 보육 및 교육 지원, 의료 지원 등을 통하여 결혼이민자 및 그 자녀가 대한민국 사회에 빨리 적응하도록 지원할 수 있다."라고 규정하고 있다(재한외국인 처우 기본법 제12조 제1항). 그리고 「출입국관리법」에서는 "법무부장관은 대한민국의 국적, 대한민국에 영주할 수 있는 체류자격 등을 취득하려는 외국인의 사회적응을 지원하기 위하여 교육, 정보 제공, 상담 등의 사회통합프로그램을 시행할 수 있다."라고 규정하고 있다(출입국관리법 제39조 제1항).

3. 소 결

「재한외국인 처우 기본법」, 「출입국관리법」에 규정된 "교육 · 정보제공 및 상담 등의 지원을 할 수 있다.", "교육, 정보 제공, 상담 등의 사회통합프로그램을 시행할 수 있다." 등 법규범의 규정형식, 취지 또는 그 내용을 종합적으로 검토하면, 국가 및 지방자치단체가 제공하는 통합교육은 의무적인 것이 아니라 노력규정 또는 임의규범에 해당한다. 국가 및 지방자치단체는 이민자에게 사회통합프로그램을 의무적으로 제공해야 할 법적 의무를 부담하지는 않는다.

제 2 절 내 용

Ⅰ. 적용 대상자

1. 외국인

(1) 일반론

사회통합프로그램은 대한민국에 90일 이상 합법적으로 체류하려는 재한외국인을 그 적용 대상자로 한다. 재한외국인이란 대한민국의 국적을 가지지 아니한 자로서 대한민국에 거주할 목적을 가지고 합법적으로 체류하고 있는 자를 말한다(재한외국인 처우 기본법 제2조 제1호).

(2) 외국인근로자 등의 경우

사회통합프로그램은 영주자격자, 귀화자 및 결혼이민자를 중심으로 한 교육제도이므로, 경제적 동기를 이유로 한 외국인근로자 등 경제적 이민자와는 무관하다는 견해가 있다.[2] 그러나 사회통합프로그램은 대한민국에서 국적, 영주할 수 있는 체류자격 등을 취득하려는 외국인의 사회적응을 지원하기 위한 것으로 경제적 동기를 이유로 한 외국인근로자 등 경제적 이민자도 그 적용 대상자에 포함된다(출입국관리법 제39조 제1항).

---

2) 오동석, 한국 이민법제의 헌법적 평가와 재구조화, IOM 이민정책연구원 새로운 이민법 체계 수립을 위한 국제 심포지움, 2010, p. 91.

2. 귀 화 자

「재한외국인 처우 기본법」에 의하면 재한외국인이 대한민국의 국적을 취득한 경우에는 국적을 취득한 날부터 3년이 경과하는 날까지 국어교육, 대한민국의 제도·문화에 대한 교육, 결혼이민자의 자녀에 대한 보육 및 교육 지원, 의료 지원 등의 혜택을 받을 수 있다(재한외국인 처우 기본법 제15조, 제12조 제1항). 여기에서 귀화자란 「국적법」 제4조(귀화에 의한 국적 취득)에 따라 대한민국의 국적을 취득한 자를 말한다. 외국인이 대한민국의 국적을 취득한 경우 국적을 취득한 날부터 3년 이내에서는 귀화자도 그 적용 대상자로 된다.

Ⅱ. 기　　한

1. 문제 제기

일정한 기간 내에 있는 귀화자도 사회통합프로그램의 적용 대상자로 될 수 있다. 외국인이 대한민국의 국적을 취득한 후 사회적응을 위하여 어느 시점까지 통합교육의 대상자로 될 수 있는지가 문제된다. 이것은 재한외국인에게 제공되는 통합교육이 종료되는 일몰지점의 문제이다.

2. 소　　결

「재한외국인 처우 기본법」에서는 "재한외국인이 대한민국의 국적을 취득한 경우에는 국적을 취득한 날부터 3년이 경과하는 날까지 제12조(결혼이민자 및 그 자녀의 처우) 제1항에 따른 시책의 혜택을 받을 수 있다."라고 규정하고 있다(재한외국인 처우 기본법 제15조). 따라서 외국인은 대한민국의 국적을 취득한 후 사회적응을 위하여 국적을 취득한 날부터 3년이 경과하는 날까지 통합교육의 혜택을 누릴 수 있다.

Ⅲ. 교육과정의 구성

1. 의　　의

외국인의 경제·사회·문화적 지위 등을 개선하고, 외국인이 그 체류하는 국가에서 통합되도록 하는 통합정책을 선택하는 과정에서 소통 가능한 수준의 언어능력 및 그 사회·문화 등에 대한 이해를 통합을 위한 교육과정의 내용으로 보고 있다.[3)]

2. 기본과정

사회통합프로그램은 ⅰ) 한국어 교육, ⅱ) 한국사회 이해 교육, ⅲ) 그 밖에 외국인의 사회적응 지원에 필요하다고 법무부장관이 인정하는 교육, 정보 제공, 상담 등의 내용으로 구성한다(출입국관리법 시행령 제48조 제1항). 여기에서 '그 밖에 외국인의 사회적응 지원에 필요하다고 법무부장관이 인정하는 교육, 정보 제공, 상담'으로는 「출입국관리법 시행규칙」 제53조의5(결혼이민자 등의 조기 적응 지원을 위한 프로그램)에 따른 조기적응 지원을 위한 프로그램이 있다.

3. 조기적응프로그램

법무부장관은 대한민국에 결혼이민자 등의 자격으로 입국하려고 하거나 최초로 입국한 외국인의 한국사회 조기적응을 지원하기 위하여 체류허가·영주자격·국적신청 및 기초생활 법질서 등의 교육, 정보 제공 및 상담 등의 프로그램을 시행할 수 있다(출입국관리법 시행규칙 제53조의5 제1항). 조기적응프로그램의 구체적인 내용 및 운영 방법, 그 밖에 프로그램의 운영에 필요한 사항은 법무부장관이 정한다(출입국관리법 시행규칙 제53조의5 제2항).

Ⅳ. 관　　리

1. 주　　체

법무부장관은 대한민국 국적, 대한민국에 영주할 수 있는 체류자격 등을 취득하려는 외국인의 사회적응을 지원하기 위하여 교육, 정보 제공, 상담 등의 사회통합프로그램을 시행할 수 있다(출입국관리법 제39조 제1항).

2. 개　　발

법무부장관은 사회통합프로그램의 표준화·체계화·효율화를 위하여 노력하여야 한다(출입국관리법 시행령 제48조 제3항). 그리고 법무부장관은 필요한 경우 관련 분야에 전문성을 가진 대

3) 법무부, 다문화사회 기반 구축을 위한 사회통합교육 프로그램 개발, 숙명여자대학교 통일문제연구소, 2007, p. 294.

학, 법인, 기관, 단체 등에 사회통합프로그램의 개발을 위탁할 수 있다(출입국관리법 시행령 제48조 제4항). 이 외에 사회통합프로그램의 개발 및 운영에 필요한 사항은 법무부장관이 정한다(출입국관리법 시행령 제48조 제5항).

3. 예산 지원

국가와 지방자치단체는 i) 지정된 운영기관의 업무 수행에 필요한 경비, ii) 전문인력 양성에 필요한 경비의 전부 또는 일부를 예산의 범위에서 지원할 수 있다(출입국관리법 제39조 제4항).

4. 자문위원회

(1) 의 의

사회통합프로그램 업무에 대하여 법무부장관의 자문에 응하기 위하여 법무부장관 소속으로 사회통합프로그램 자문위원회를 둔다(출입국관리법 시행규칙 제53조의4 제1항). 자문위원회 및 지방자문위원회의 구성, 운영에 필요한 사항은 법무부장관이 정한다(출입국관리법 시행규칙 제53조의4 제6항).

(2) 법적 근거

사회통합프로그램 자문위원회를 두는 법적 근거는 「출입국관리법 시행규칙」이다. 그러나 「정부조직법」 제4조(부속기관의 설치)에서 “행정기관에는 그 소관사무의 범위에서 필요한 때에는 대통령령으로 정하는 바에 따라 (중략) 자문기관 등을 둘 수 있다.”라고 규정하여 대통령령에 부속기관의 설치를 위한 근거를 두도록 하고 있다. 「출입국관리법 시행규칙」 제53조의4(사회통합프로그램 자문위원회)에 근거를 둔 사회통합프로그램 자문위원회에서는 운영기관의 지정, 관리 및 지정 취소 등 국민의 권리·의무에 관한 사항을 자문의 내용으로 하므로 그 법적 근거를 「출입국관리법 시행령」으로 상향조정할 필요가 있다.

(3) 법적 성격

사회통합프로그램 자문위원회에서 채택한 의견의 법적 성격은 심의·의결이 아닌 ‘자문’으로서 법무부장관은 그 자문 결과에 구속되는 것은 아니다. 다만, 법무부장관은 사회통합프로그램 운영에 대한 중요사항을 결정함에 있어서 자문위원회에서 채택한 의견을 존중하여야 한다(사회통합프로그램 자문위원회 운영세칙 제8조).

(4) 구 성

자문위원회는 위원장 1명을 포함한 15명 이내의 위원으로 구성한다(출입국관리법 시행규칙 제53조의4 제2항). 여기에서 자문위원회 '위원'은 ⅰ) 관련 분야의 학식과 경험이 풍부한 자로서 법무부장관이 위촉하는 자, ⅱ) 법무부 출입국·외국인정책본부장, ⅲ) 법무부 소속 공무원 중 법무부장관이 임명하는 자가 되며, 위원장은 위원 중에서 법무부장관이 지명한다(출입국관리법 시행규칙 제53조의4 제3항). 법무부 소속 공무원 중 법무부장관이 임명하는 자는 이민통합과장, 외국인정책과장이고, 위원장은 법무부 출입국·외국인정책본부장으로 한다(사회통합프로그램 자문위원회 운영세칙 제2조 제1항). 위원의 임기는 2년으로 한다(출입국관리법 시행규칙 제53조의4 제4항).

(5) 지방자문위원회

법무부장관은 사회통합프로그램 업무에 필요한 경우 출입국관리사무소장 소속으로 지방 사회통합프로그램 자문위원회를 둘 수 있다(출입국관리법 시행규칙 제53조의4 제5항).

(6) 자문의 대상

자문위원회가 사회통합프로그램 업무에 관해 자문할 업무로는 ⅰ) 사회통합 프로그램의 개발·운영, ⅱ) 운영기관의 지정, ⅲ) 운영기관의 관리 및 지정 취소, ⅳ) 전문인력 양성이다(출입국관리법 시행규칙 제53조의4 제1항). 다만, 사회통합프로그램 운영기관으로 지정된 기관에 대한 경비 지원과 관련된 사항은 자문의 대상이 아니다.

Ⅴ. 교육 이수자에 대한 우대

법무부장관은 사증 발급, 체류 관련 각종 허가 등을 할 때에 「출입국관리법」 또는 관계 법령에서 정하는 바에 따라 사회통합프로그램 이수자를 우대할 수 있다(출입국관리법 제40조).

제 3 절 운영기관 지정

Ⅰ. 의 의

법무부장관은 사회통합프로그램을 효과적으로 시행하기 위하여 필요한 전문인력 및 시설 등을 갖춘 기관, 법인 또는 단체를 사회통합프로그램 운영기관으로 지정할 수 있다(출입국관리법 제39조 제2항). 운영기관의 지정 신청 절차 등에 관하여 필요한 사항은 법무부장관이 정한다(출입국관리법 시행규칙 제53조의2 제5항). 이하에서는 운영기관의 구분과 역할, 운영기관을 지정하기 위한 요건 및 절차 등을 살펴보기로 한다.

Ⅱ. 운영기관

1. 구 분

법무부장관은 사회통합프로그램 운영기관을 거점운영기관, 일반운영기관, 중앙거점운영기관으로 구분하여 지정할 수 있다(출입국관리법 시행령 제49조 제6항, 사회통합프로그램 운영지침). 법무부장관은 일반운영기관에 대하여 한국어와 한국문화, 한국사회이해 강사료를 법무부에서 모두 지원하는 '지원형' 및 최소한 한국어와 한국문화 1개 과정(1~4단계중 1개)을 연1회 이상 법무부 강사료 지원 없이 자체 예산으로 운영 가능한 '자립형'으로 구분하여 지정할 수 있다(사회통합프로그램 운영지침). 그리고 법무부장관은 평가관리 · 화상교육 등 전국단위 업무수행을 위해 중앙거점운영기관을 특별히 따로 지정할 수 있다(사회통합프로그램 운영지침).

2. 역 할

(1) 일반적 역할

지정된 운영기관은 사회통합프로그램의 운영, 출입국 · 외국인정책 관련 정보 제공 및 홍보, 외국인 사회통합과 다문화 이해 증진, 그 밖에 외국인의 사회적응 지원을 위하여 필요한 업무를 수행한다(출입국관리법 시행령 제49조 제5항).

(2) 일반운영기관

일반운영기관은 강의실 등 시설을 제공하여 교육을 실시하고, 개설된 과정과 소속된 강사를 관리 감독한다(사회통합프로그램 운영지침).

(3) 거점운영기관

거점운영기관은 i) 법무부로부터 직접 국고보조금을 수령하여 거점 내 학사관리와 강사관리를 총괄하고 거점 내 교육프로그램을 기획·총괄하고, ii) 관할 지방출입국·외국인관서에 각종 학사관련 보고를 하고, 교육실시 및 거점 내 강사운용, 학사관리, 예산집행 등의 제반업무를 수행하고, iii) 강사파견 또는 강사료 지원 등 일반운영기관을 지원한다(사회통합프로그램 운영지침). 법무부장관은 거점운영기관을 통해 일반운영기관을 관리하고 감독할 수 있다.

(4) 중앙거점운영기관

중앙거점운영기관은 평가관리, 화상교육, 전담인력 교육 등 전국단위의 업무를 수행한다(사회통합프로그램 운영지침).

Ⅲ. 요 건

1. 지정요건

(1) 일반요건

사회통합프로그램 운영기관으로 지정받으려는 기관, 법인 또는 단체는 i) 상시 활용이 가능한 사무실 및 교육장소의 확보, ii) 법무부령으로 정하는 전문인력의 확보, iii) 시설물 배상책임보험 및 화재보험 가입, iv) 그 밖에 운영인력 확보 등 운영기관의 지정에 필요한 사항으로서 법무부장관이 정하여 고시하거나 인터넷 홈페이지에 게시하는 요건을 갖추어야 한다(출입국관리법 시행령 제49조 제1항 제1,2,3,4호).

(2) 전문인력

상기 지정요건 중에서 '법무부령으로 정하는 전문인력'이란 아래에 따른 자격을 갖춘 자를 말한다. 첫째, 한국어와 한국문화 교육 강사이다. 즉 「국어기본법 시행령」 제13조(한국어교원 자격 부여 등)에 따른 한국어교원 3급 이상 자격을 소지한 자 또는 「국어기본법 시행령」 별표1에 따른 한국어교원 양성과정 이수자 등 한국어 교육을 할 수 있는 자격이나 학력 등을 갖추었다고 법무부장관이 인정하는 자이다(출입국관리법 시행규칙 제53조의2 제2항 제1호). 둘째, 한국사회이해 교육 강사(다문화사회 전문가)이다. 즉 「출입국관리법 시행규칙」 별표2 제1호에 따라 다문화사회 전문가로 인정받은 자 또는 그 밖에 한국사회이해 교육을 할 수 있는 자격이나 학력 등을 갖추었다고 법무부장관이 인정하는 자이다(출입국관리법 시행규칙 제53조의2 제2항 제2호). 셋째, 외국인의 사회적응지원 교육 등을 위하여 필요한 자격을 갖추었다고 법무부장관이 인정하는 자이다(출입국관리법 시행규칙 제53조의2 제2항 제3호).

2. 고려요건

법무부장관은 운영기관의 지정신청을 받은 때에는 ⅰ) 사회통합프로그램 관련 업무 수행경력 및 전문성, ⅱ) 전문인력의 확보 및 교육시설·기자재 등의 구비 수준, ⅲ) 운영계획서의 충실성 및 실행가능성, ⅳ) 최근 3년 이내에 「출입국관리법 시행령」 제50조(운영기관의 관리 및 지정 취소) 제3항에 따라 지정 취소된 사실이 있는지 여부, ⅴ) 운영재원 조달 방법 및 능력, ⅵ) 그 밖에 사회통합프로그램 참여자들의 접근성 및 이용의 편리성 등 법무부장관이 중요하다고 인정하는 사항을 고려하여 지정 여부를 결정하여야 한다(출입국관리법 시행령 제49조 제2항).

3. 가점요건

법무부장관은 다음의 어느 하나에 해당하는 기관, 법인 또는 단체가 국가나 지방자치단체로부터 사회통합프로그램을 운영할 수 있는 충분한 경비 지원을 받는 경우 「출입국관리법 시행령」 제49조(운영기관의 지정) 제2항 제5호의 요건(운영재원 조달 방법 및 능력)을 판단할 때 가점을 부여할 수 있다(출입국관리법 시행령 제49조 제3항). 가점을 부여받을 수 있는 기관 등으로는 ⅰ) 지방자치단체 및 그 소속기관, ⅱ) 「다문화가족지원법」 제12조(다문화가족지원센터의 설치·운영 등)에 따른 다문화가족지원센터, ⅲ) 「사회복지사업법」 제34조의5(사회복지관의 설치 등)에 따른 사회복지관 중 같은 법 제34조의2(시설의 통합 설치·운영 등에 관한 특례)에 따라 둘 이상의 사회복지시설을 통합하여 설치·운영하거나 둘 이상의 사회복지사업을 통합하여 수행하는 사회복지관, ⅳ) 「고등교육법」 제2조(학교의 종류) 제1호부터 제6호까지의 규정에 따른 대학 및 그 소속기관, ⅴ) 그 밖에 법무부장관이 제1호부터 제4호까지에 준한다고 인정하는 기관, 법인 또는 단체이다(출입국관리법 시행령 제49조 제3항 제1호 내지 제5호).

Ⅳ. 절　　차

1. 신　　청

사회통합프로그램 운영기관으로 지정받으려는 기관, 법인 또는 단체(지정신청인이라고 말한다)는 사회통합프로그램 운영기관 지정신청서에 ⅰ) 사회통합프로그램의 운영계획서 및 일정표, ⅱ) 강사의 자격을 입증하는 서류, ⅲ) 법인등기사항전부증명서(기관 또는 단체의 경우에는 사업자등록증 또는 고유번호증 사본을 말한다), ⅳ) 「출입국관리법 시행령」 제49조(운영기관의 지정) 제1항 각 호의 요건을 갖추었음을 입증하는 서류를 첨부하여 소재지 관할 출입국관리사무소장 또는 출장소장을 거쳐 법무부장관에게 제출하여야 한다(출입국관리법 시행령 제49조 제1항, 출입국관리법 시행규칙 제53조의2 제1항).

2. 송　　부

사회통합프로그램 운영기관 지정신청서 등을 제출받은 출입국관리사무소장 또는 출장소장은 제출받은 서류를 법무부장관에게 송부할 때에는 지정신청인이 지정요건을 갖추었는지와 지정의 적정성에 대한 의견을 첨부하여야 한다(출입국관리법 시행규칙 제53조의2 제3항).

3. 지　　정

법무부장관은 지정신청인을 사회통합프로그램 운영기관으로 지정한 때에는 그 결과를 공고하고, 지정신청인에게 운영기관 지정서를 지체 없이 발급하여야 한다(출입국관리법 시행규칙 제53조의2 제4항).

Ⅴ. 관리 및 지정 취소

1. 운영기관 관리

법무부장관은 운영기관의 사회통합프로그램 운영 실태를 파악하기 위하여 필요한 경우 운영기관에 관련 자료의 제출 또는 보고를 요구할 수 있다(출입국관리법 시행령 제50조 제1항). 그리고 법무부장관은 법을 위반하거나 자료의 제출 또는 보고 요구에 응하지 아니하는 운영기관에 대하여 경고하거나 시정을 요구할 수 있다(출입국관리법 시행령 제50조 제2항). 경고 및 시정 요구에 관한 세부 사항은 법무부령으로 정한다(출입국관리법 시행령 제50조 제4항).

2. 운영기관 지정 취소

(1) 의 의

법무부장관은 운영기관이 i) 거짓이나 부정한 방법으로 운영기관으로 지정받은 경우, ii) 「출입국관리법 시행령」 제49조(운영기관의 지정) 제1항 각 호의 요건을 갖추지 못하게 된 경우, iii) 「출입국관리법」 제39조(사회통합프로그램) 제4항에 따라 지원받은 경비를 부당하게 집행한 경우, iv) 「출입국관리법 시행령」 제50조(운영기관의 관리 및 지정 취소) 제2항에 따른 시정 요구에 정당한 이유 없이 불응한 경우, v) 「출입국관리법 시행령」 제50조(운영기관의 관리 및 지정 취소) 제2항에 따른 경고나 시정 요구를 받은 사항을 반복하여 위반하는 경우의 어느 하나에 해당하는 경우 운영기관 지정을 취소할 수 있다(출입국관리법 시행령 제50조 제3항).

(2) 처분기준

1) 근 거

지정 취소의 처분기준 등 운영기관 관리 및 지정 취소에 관한 세부 사항은 법무부령으로 정한다(출입국관리법 시행령 제50조 제4항, 출입국관리법 시행규칙 제53조의3). 이에 따른 운영기관에 대한 처분기준은 별표3과 같다(출입국관리법 시행규칙 제53조의3). 예를 들어 사회통합프로그램 운영지침에 따른 자격 요건을 갖추지 못한 부적격 강사를 투입하거나 미지정 교재를 사용할 경우 운영기관 지정이 취소될 수 있다(사회통합프로그램 운영지침).

2) 일반기준

위반행위의 횟수에 따른 행정처분의 기준은 운영기관으로 지정받은 이후 같은 유형의 행정처분을 받은 경우에 적용한다. 이 경우 처분의 기준은 최초의 처분을 한 날을 기준으로 한다. 그리고 위반행위가 고의나 중대한 과실이 아닌 사소한 부주의나 오류로 인한 경우에는 개별기준에도 불구하고 지정 취소는 시정 요구로, 시정 요구는 경고로 그 처분을 감경할 수 있다(출입국관리법 시행규칙 제53조의3, 별표3).

3) 개별기준(출입국관리법 시행규칙 제53조의3, 별표3)

구 분	근거법령	1차	2차	3차
가. 자료 제출 또는 보고 요구에 응하지 않은 경우	법 제39조 제5항	시정 요구	지정 취소	
나. 거짓이나 부정한 방법으로 운영기관으로 지정받은 경우	법 제39조 제5항	지정 취소		
다. 영 제49조제1항 각 호의 요건을 갖추지 못하게 된 경우	법 제39조 제5항			
1) 사무실 및 교육장소에 관한 지정요건을 갖추지 못하게 된 경우	법 제39조 제5항	시정 요구	지정 취소	
2) 전문인력을 갖추지 못하게 된 경우	법 제39조 제5항	시정 요구	시정 요구	지정 취소
3) 시설물 배상책임보험 및 화재보험을 갖추지 못하게 된 경우 가) 보험을 중간에 해지한 경우 나) 보험기간과 운영기간이 불일치하는 경우 다) 보험금액이 적정 수준에 미치지 못하는 경우	법 제39조 제5항	시정 요구	지정 취소	
4) 그 밖의 지정요건을 갖추지 못하게 된 경우	법 제39조 제5항	시정 요구	지정 취소	
라. 법 제39조제4항에 따라 지원받은 경비를 부당하게 집행한 경우	법 제39조 제5항	시정 요구	지정 취소	
마. 시정 요구에 정당한 이유 없이 불응한 경우	법 제39조 제5항	시정 요구	지정 취소	
바. 그 밖에 법을 위반한 경우	법 제39조 제5항	경고	시정 요구	지정 취소

제 4 절 전문인력 양성

Ⅰ. 의 의

법무부장관은 대통령령으로 정하는 바에 따라 사회통합프로그램의 시행에 필요한 전문인력을 양성할 수 있고(출입국관리법 제39조 제3항), 사회통합프로그램 시행에 필요한 전문인력을 양성하기 위하여 다문화사회 전문가 등 전문인력 양성과정을 개설·운영한다(출입국관리법 시행령 제51조 제1항). 여기에서 '사회통합프로그램의 시행에 필요한 전문인력'이란 한국어와 한국문화 교육 강사, 다문화사회 전문가 등을 말한다(출입국관리법 시행령 제51조 제1항). 전문인력의 양성에 필요한 사항은 법무부장관이 정한다(출입국관리법 시행령 제51조 제4항).

Ⅱ. 한국어와 한국문화 교육 강사

1. 개 념

한국어와 한국문화 교육 강사는 사회통합프로그램의 한국어와 한국문화 교육을 담당할 자격을 갖춘 자를 말한다(출입국관리법 시행규칙 제53조의2 제2항 제1호).

2. 구 분

한국어와 한국문화 교육 강사는 다음과 같이 구분된다.

(1) 한국어교원 3급 이상 자격 소지자

「국어기본법 시행령」 제13조(한국어교원 자격 부여 등)에 따른 한국어교원 3급 이상 자격을 소지한 자이다(출입국관리법 시행규칙 제53조의2 제2항 제1호 가목).

(2) 법무부장관이 인정하는 자

「국어기본법 시행령」 별표1에 따른 한국어교원 양성과정 이수자 등 한국어 교육을 할 수 있는 자격이나 학력 등을 갖추었다고 법무부장관이 인정하는 자이다(출입국관리법 시행규칙 제53조의2 제2항 제1호 나목). 여기에서 '법무부장관이 인정하는 자'는 ⅰ) 「국어기본법 시행령」 별표1의 한국어교원 양성과정(필수 이수시간 120시간) 이수 후 정부기관 또는 시민·사회단체 등에서 이민자 대상 한국어 교육경력 500시간 이상 경력 확인 가능자이다. 시민·사회단체 등이란 수익사업을 하지 않는 비영리법인 및 국가기관 등에 부여하는 고유번호증을 소지한 기관이거나 법인을 말한다. ⅱ) 초등학교 정교사(2급)자격 이상을 소지하고, 초등학교 교사 2년 이상 경력 확인 가능자로서 「국어기본법 시행령」 별표1의 한국어교원 양성과정(필수이수시간 120시간)을 이수한 자이다(사회통합프로그램 운영지침 붙임4).

3. 보수교육

(1) 실 시

법무부장관은 전문인력의 자질 향상을 위하여 필요한 경우 보수교육을 실시할 수 있다(출입국관리법 시행령 제51조 제2항).

(2) 위 탁

법무부장관은 전문인력의 효율적인 양성을 위하여 「고등교육법」 제2조(학교의 종류) 제1호부터 제6호까지의 규정에 따른 대학에 보수교육을 위탁할 수 있다(출입국관리법 시행령 제51조 제3항). 교육을 위탁받아 운영하는 대학의 장은 당해 교육을 이수한 자에게 수료증을 발급한다(사회통합프로그램 운영지침).

Ⅲ. 한국사회이해 교육 강사(다문화사회 전문가)

1. 개 념

다문화사회 전문가는 사회통합프로그램의 한국사회이해 교육을 담당할 자격을 갖춘 자를 말한다(출입국관리법 시행규칙 제53조의2 제2항 제2호 가목).

2. 구 분

다문화사회 전문가는 다문화사회 전문가 2급 및 1급으로 구분된다(출입국관리법 시행규칙 제53조의2 제2항 제2호 가목, 별표2). 이하에서는 그 내용을 살펴보기로 한다.

(1) 다문화사회 전문가 2급

다문화사회 전문가 2급이란 「출입국관리법 시행규칙」 별표2 제1호의 가목부터 다목까지의 어느 하나에 해당하는 자를 말한다. 즉 다문화사회 전문가 2급으로 인정되기 위한 요건은 ⅰ) 「출입국관리법 시행규칙」 제53조의2(사회통합 프로그램 운영기관의 지정) 제2항 제1호에 따른 한국어 교육 강사로 다문화사회 전문가 양성과정의 교과목 및 교육시간을 이수한 자, ⅱ) 「고등교육법」 제29조(대학원) 및 제30조(대학원대학)에 따른 대학원에서 다문화사회 관련 과목 중 필수과목을 9학점, 선택과목을 6학점 이상 이수하고 석사학위를 취득하거나 박사과정을 수료하고 법무부장관이 정하는 교육을 이수한 자. 다만, 대학(「고등교육법」 제2조(학교의 종류) 제1호부터 제6호까지의 규정에 따른 대학을 말한다)에서 관련과목 중 필수과목을 이수한 경우에는 선택과목 학점으로 필수과목 학점을 대체할 수 있다. iii) 대학에서 관련과목 중 필수과목을 15학점, 선택과목을 9학점 이상 이수하고 학사학위를 취득한 자로서 법무부장관이 정하는 교육을 이수한 자이다(출입국관리법 시행규칙 별표2 제1호의 가목, 나목, 다목, 사회통합프로그램 운영지침, 사회통합 프로그램 다문화사회 전문가 인정 기준 등에 관한 규정 제2조 제1호).

(2) 다문화사회 전문가 1급

다문화사회 전문가 1급이란 「출입국관리법 시행규칙」 별표2 제1호의 라목의 어느 하나에 해당하는 자를 말한다. 즉 다문화사회 전문가 1급으로 인정되기 위한 요건은 「출입국관리법 시행규칙」 별표2 제1호의 가목부터 다목까지의 어느 하나에 해당하는 자 중 i) 법무부장관이 정하는 이민·다문화사회통합과 관련된 업무에 3년 이상 종사한 경력이 있는 자로서 법무부장관이 정하는 교육을 이수한 자, ii) 「고등교육법」 제29조(대학원) 및 제30조(대학원대학)에 따른 대학원에서 관련과목 중 필수과목을 9학점, 선택과목을 6학점 이상 이수하고 박사학위를 취득한 자로서 법무부장관이 정하는 교육을 이수한 자이다(출입국관리법 시행규칙 별표2 제1호의 라목, 사회통합프로그램 운영지침, 사회통합 프로그램 다문화사회 전문가 인정 기준 등에 관한 규정 제2조 제2호).

3. 양성과정

(1) 교과목

다문화사회 전문가 양성과정의 교과목은 기본소양 및 전공소양으로 구분된다(출입국관리법 시행규칙 별표2 제2호).

1) 기본소양

기본소양은 오리엔테이션/설문조사/수료식, 국제이주의 이해, 다문화 명사 특강, 아시아 사회와 문화의 이해, 유럽(러시아 포함) 사회와 문화의 이해, 이슬람 사회와 문화의 이해, 해외 한민족 이해라는 7개 과목으로 전체 14시간의 교육시간으로 구성된다.

2) 전공소양

전공소양은 한국의 이민정책 이해, 「출입국관리법」과 「재외동포의 출입국과 법적 지위에 관한 법률」 이해, 「외국인근로자의 고용 등에 관한 법률」과 방문취업제도 이해, 「국적법」과 가족법 이해, 「재한외국인 처우 기본법」과 「다문화가족지원법」 및 사회통합정책의 이해, 사회통합프로그램 개관, 다문화한국사회의 이해, 한국의 역사

(1)-고대사 · 중세사, 한국의 역사(2)-근대사 · 현대사, 한국의 정치제도 및 정부조직과 행정절차 이해, 한국의 경제와 사회 일반, 한국의 문화 이해, 한국의 지리 이해, 한국의 기초 법률, 건강 및 의료와 복지, 주거와 취업 정보, 한국의 교육 제도와 자녀교육 이해, 한국사회 고급세미나, 강의 기법과 교수법, 교안 작성과 강의 준비 심화, 이민자 상담기법과 실제, 현장 전문가 특강, 지역사회 다문화 이해, 현장 견학과 실습, 자율 과정이라는 25개 과목으로 전체 66시간의 교육시간으로 구성된다.

(2) 실 시

법무부장관은 사회통합프로그램 시행에 필요한 전문인력을 양성하기 위하여 다문화사회 전문가 등 전문인력 양성과정을 개설 · 운영한다(출입국관리법 시행령 제51조 제1항).

(3) 위 탁

법무부장관은 전문인력의 효율적인 양성을 위하여 「고등교육법」 제2조(학교의 종류) 제1호부터 제6호까지의 규정에 따른 대학에 전문인력 양성과정을 위탁할 수 있다(출입국관리법 시행령 제51조 제3항). 이에 따라 법무부장관은 다문화사회 전문가 등 전문인력 양성교육을 대학에 위탁할 수 있다. 교육을 위탁받아 운영하는 대학의 장은 당해 교육을 이수한 자에게 수료증을 발급하고, 10일 이내에 그 명단과 성적증명서를 첨부하여 법무부(이민통합과)로 통보한다. 통보하여야 할 사항은 수료증번호, 성명, 성별, 생년월일, 학교명, 전공(학위)명, 이수기간, 주소, 연락처 등이다(사회통합프로그램 운영지침).

4. 대학(원)의 학위과정

(1) 교과목

대학(원) 학위과정의 교과목은 필수과목 및 선택과목으로 구분된다(출입국관리법 시행규칙 별표2 제3호).

1) 필수과목

(가) 과목명

필수과목은 이민정책 법제론, 다문화사회 교수방법론, 한국사회의 다문화현상 이해, 이민 · 다문화가족 복지론, 국제이주와 노동정책, 이민 · 다문화 현장실습이다. 이 중에서 이민 · 다문화 현장실습은 Pass 학점으로서 운영기관에서 50시간 이상 하여야 한다(출입국관리법 시행규칙 별표2 제3호).

(나) 이수학점

대학원 과정에서는 필수과목 중 3과목(과목당 3학점) 9학점 이상을 이수하고, 대학 · 전문대학 과정에서는 필수과목 중 5과목(과목당 3학점) 15학점 이상을 이수하여야 한다(출입국관리법 시행규칙 별표2 제3호).

2) 선택과목

(가) 과목명

선택과목은 아시아사회의 이해, 해외동포사회 이해, 지역사회와 사회통합, 이주노동자 상담과 실제, 다문화가족의 상담과 실제, 다문화(사회)교육론, 노동법, 국제인권법, 가족법, 국제이주와 사회통합, (이주민을 위한) 한국어교육론, 이중언어교육론, 다문화교육현장 사례연구, 석사논문연구, 국제이주와 젠더이다(출입국관리법 시행규칙 별표2 제3호).

(나) 이수학점

대학원 과정에서는 선택과목 중 2과목(과목당 3학점) 6학점 이상을 이수하고, 대학 · 전문대학 과정에서는 선택과목 중 3과목(과목당 3학점) 9학점 이상을 이수하여야 한다. 그리고 필수과목의 학점은 선택과목 학점으로 인정할 수 있다(출입국관리법 시행규칙 별표2 제3호).

(2) 실 시

대학(원)의 학위과정은 법무부장관이 개설 · 운영하거나 대학에 위탁하여 개설하는 것이 아니라, 대학이 다문화사회 전문가 양성에 필요한 학위과정을 개설하는 것이다(출입국관리법 시행규칙 별표2 제1호). 반면에, 앞에서 설명한 전문인력 양성과정은 법무부장관이 개설 · 운영하거나(출입국관리법 시행령 제51조 제1항), 「고등교육법」 제2조(학교의 종류) 제1호부터 제6호까지의 규정에 따른 대학에 위탁하는 것이다(출입국관리법 시행령 제51조 제3항).

(3) 관 리

1) 법무부장관에 통보

「출입국관리법 시행규칙」 별표2 제1호 나목부터 라목까지의 규정에 따라 다문화사회 전문가 양성에 필요한 과정 또는 관련과목을 개설하고자 하는 대학은 관련 자료를 첨부하여 미리 법무부장관에게 통보하여야 한다(사회통합프로그램 운영지침).

2) 교과내용에 부합

개설 대학은 과목별로 정하는 교과내용에 부합되도록 교육하여야 한다(사회통합프로그램 운영지침).

(4) 법무부장관이 정하는 교육

법무부장관이 정하는 교육의 대상자는 학위과정 대학에서 학위를 취득한 자이다(박사과정을 수료한 자를 포함한다). 법무부장관은 「출입국관리법 시행규칙」 별표2 제1호 나목부터 라목까지의 규정에 따른 '법무부장관이 정하는 교육'을 학위과정 대학 등에 위탁할 수 있다(사회통합 프로그램 다문화사회 전문가 인정 기준 등에 관한 규정 제4조 제1항). 법무부장관이 정하는 교육의 내용은 별표2에서 정하는 바와 같다(사회통합 프로그램 다문화사회 전문가 인정 기준 등에 관한 규정 제4조 제2항). 교육 과목은 이민법제론(10시간), 한국의 이민정책(2시간), 특강(2시간), 오리엔테이션, 설문조사 및 수료식(1시간)으로 구성된다.

5. 의무적 보수교육

다문화사회 전문가로서 사회통합프로그램 한국사회이해 강사로 활동하고 있는 자는 「출입국관리법 시행령」 제51조(전문인력의 양성 등) 제2항에 따른 보수교육을 매년 이수하여야 한다(사회통합 프로그램 다문화사회 전문가 인정 기준 등에 관한 규정 제4조 제3항). 법무부장관은 매년 보수교육의 시간, 방법 및 내용 등을 포함한 보수교육계획을 수립하여 시행하여야 한다(사회통합 프로그램 다문화사회 전문가 인정 기준 등에 관한 규정 제4조 제4항).

Ⅳ. 보수교육

1. 실 시

법무부장관은 전문인력의 자질 향상을 위하여 필요한 경우 보수교육을 실시할 수 있다(출입국관리법 시행령 제51조 제2항).

2. 위 탁

법무부장관은 전문인력의 효율적인 양성을 위하여 「고등교육법」 제2조(학교의 종류) 제1호부터 제6호까지의 규정에 따른 대학에 보수교육을 위탁할 수 있다(출입국관리법 시행령 제51조 제3항). 교육을 위탁받아 운영하는 대학의 장은 당해 교육을 이수한 자에게 수료증을 발급한다(사회통합프로그램 운영지침).

제 5 절 교육평가

Ⅰ. 의 의

법무부장관은 사회통합프로그램에 참여하는 자에 대하여 ⅰ) 사전 평가, ⅱ) 학습성과 측정을 위한 단계별 평가, ⅲ) 이수 여부를 결정하는 종합평가를 실시할 수 있다(출입국관리법 시행령 제48조 제2항). 여기에서 단계별 평가는 한국어와 한국문화 초급1, 초급2, 중급1의 각 과정이 종료된 후 실시하는 '단계평가'와 한국어와 한국문화 중급2 과정이 종료된 후 실시하는 '중간평가'로 다시 구분된다(사회통합프로그램 운영지침). 이하에서는 사전평가, 단계평가, 중간평가, 종합평가의 내용을 살펴보기로 한다.

Ⅱ. 유 형

1. 사전평가

(1) 의 의

사전평가란 외국인에 대하여 한국어와 한국문화 등 기본소양의 함양 정도를 측정하여 함양 수준에 맞는 교육과정을 배정하기 위한 평가를 말한다(출입국관리법 시행령 제48조 제2항 제1호). 사전평가를 통해 한국어와 한국문화 과정의 각 단계를 배정받거나 면제된다.

(2) 주관 및 위임

1) 주 관

사전평가는 법무부 주관으로 실시할 수 있다(출입국관리법 시행령 제48조 제2항).

2) 위 임

법무부장관은 필요한 경우 관련 분야에 전문성을 가진 대학, 법인, 기관, 단체 등에 사회통합프로그램 참여자에 대한 평가를 위탁할 수 있다(출입국관리법 시행령 제48조 제4항). 이에 따라 운영기관에서 자체적으로 사전평가를 실시할 수 있다(사회통합프로그램 운영지침). 운영기관에서 실시하는 사전평가는 그 결과에 따라 한국어와 한국문화 4단계까지 배정할 수 있으며,

결과에 따라 5단계(한국사회이해) 과정에 해당하는 경우에는 중간평가 응시자격을 부여하고 중간평가에 합격한 경우에 한하여 5단계(한국사회이해) 진입이 가능하다(사회통합프로그램 운영지침).

(3) 대상자

사회통합프로그램 참여 신청자는 모두 사회통합정보망에 회원가입을 하여야 하며, 사회통합프로그램 참여를 신청한 후 사전평가를 거쳐야 한다(사회통합프로그램 운영지침). 다만, 참여를 신청할 때에 한국어와 한국문화 과정의 0단계부터 시작하고자 하는 참여자는 사전평가가 생략된다(사회통합프로그램 운영지침).

(4) 방 법

사전평가의 방법은 필기시험 50문항과 구술시험 5문항으로 구성된다(사회통합프로그램 운영지침). 필기시험의 문항수는 총 50문항으로 객관식(48), 단답형 주관식(2)으로 이루어지고, 시험시간은 총 50분이다. 답안지는 OMR카드 사용이 원칙이나, 운영기관에서 실시하는 사전평가의 경우 별도의 답안지 사용이 가능하다. 그리고 구술시험의 문항수는 총 5문항으로 읽기, 이해하기, 대화하기, 듣고 말하기 등으로 이루어지고, 시험시간은 총 10분이다. 운영기관에서 실시하는 구술시험의 경우 별도 시험으로 대체가 가능하다(사회통합프로그램 운영지침).

(5) 결시자

사회통합프로그램 참여를 신청한 자가 사전평가에 무단으로 결시한 경우에는 시험일로부터 6개월 이내에는 사전평가에 참여가 불가능하다. 다만, 유고결시는 소명자료를 출입국관리사무소에 제출한 경우에 인정될 수 있다(사회통합프로그램 운영지침).

(6) 배 정

관할 출입국관리사무소는 참여자의 사전평가 점수에 맞는 교육과정의 단계를 배정한다. 사전평가를 실시한 운영기관은 거점운영기관을 통하여 평가결과를 즉시 관할 출입국관리사무소에 보고하고, 출입국관리사무소는 사회통합정보망에 사전평가 결과(단계 배정)를 반영하여야 한다(사회통합프로그램 운영지침).

사전평가에 의해 배정된 한국어와 한국문화 과정의 각 단계부터 순차적으로 진행하여야 한다(사회통합프로그램 운영지침). 한국사회이해 과정은 법무부에서 주관하는 사전평가의 결과에 따라 곧바로 5단계(한국사회이해)로 배정된 경우를 제외하고는 한국어와 한국문화 과정을 종료한 후에 진입한다(사회통합프로그램 운영지침).

(7) 미참여자

사전평가일로부터 6개월 이내에 배정된 교육과정에 참여하지 않은 경우 해당 사전평가는 무효가 되며, 다시 사전평가에 응시하여 단계배정을 다시 받아야만 교육참여가 가능하다(사회통합프로그램 운영지침).

(8) 재시험

사전평가 재시험에 응시할 수 있는 경우로는 i) 사전평가 후 배정받은 단계의 교육과정에 참여하지 않고 6개월이 경과하였거나, ii) 이수정지 후 6개월 이상이 경과된 참여자가 단계배정을 다시 받고자 하는 경우, iii) 제적된 후 1년이 경과한 경우이다(사회통합프로그램 운영지침). 재시험에 응시한 참여자는 재시험 성적이 재시험 전의 시험 성적보다 낮은 경우에도 재시험 성적만으로 단계 지정을 받는다. 다만, 사전평가를 본 후 운영기관에 등록하여 교육과정에 참여중인 경우에는 재시험 응시가 불가능하다(사회통합프로그램 운영지침).

(9) 단계 조정

1) 사 유

사전평가 결과에 따라 실력보다 높게 과정의 단계가 배정되어 단계를 하향조정하여야만 정상적인 교육이 가능하다고 판단되는 경우 1개 단계에 한하여 조정이 가능하다. 다만, 1단계로부터 0단계로의 조정은 대상에서 제외한다(사회통합프로그램 운영지침).

2) 요건 및 승계

단계 조정은 해당 과정의 진행 40% 이내에서 가능하며, 대상자가 조정되기 전까지 해당 단계에서 이수한 시간은 조정된 단계에서 이수한 것으로 인정하여 승계된다(사회통합프로그램 운영지침).

3) 절 차

거점운영기관의 장이 관할 출입국관리사무소장에게 공문으로 승인요청하고, 출입국관리사무소장은 승인요청 사항을 검토한 후 승인여부를 결정하여 공문으로 해당 거점운영기관에 회신한다(사회통합프로그램 운영지침). 이 경우 거점운영기관의 장은 관할 출입국관리사무소에 단계 조정을 요청하는 경우 참여자 본인의 동의서를 첨부하고, 출입국관리사무소장은 단계 조정을 승인한 경우 사회통합정보망에 조정된 단계를 즉시 반영하여야 한다(사회통합프로그램 운영지침).

2. 단계평가

(1) 의 의

단계평가란 한국어와 한국문화 과정의 각 단계를 이수한 참여자에 대하여 학습성과 측정을 위해 실시하는 평가를 말한다(출입국관리법 시행령 제48조 제2항 제2호).

(2) 주관 및 위임

1) 주 관

단계평가는 법무부 주관으로 실시할 수 있다(출입국관리법 시행령 제48조 제2항).

2) 위 임

법무부장관은 필요한 경우 관련 분야에 전문성을 가진 대학, 법인, 기관, 단체 등에 사회통합프로그램 참여자에 대한 평가를 위탁할 수 있다(출입국관리법 시행령 제48조 제4항). 이에 따라 단계평가의 주관은 거점운영기관의 장이 한다(사회통합프로그램 운영지침). 거점운영기관의 장은 단계평가를 별도의 응시신청 절차 없이 해당 단계의 종료 전까지 해당 단계의 강사와 협의하여 시행한다(사회통합프로그램 운영지침). 다만, 4단계를 이수한 참여자에게 실시하는 단계평가(중간평가라고 말한다)는 그러하지 아니하다.

(3) 대상자

단계평가의 대상자는 한국어와 한국문화 과정의 각 단계(초급1, 초급2, 중급1)에 해당하는 이수시간을 80% 이상 출석한 자이다(사회통합프로그램 운영지침).

(4) 시 기

법무부장관은 참여자가 한국어와 한국문화 과정의 각 단계를 이수할 때 단계별 평가를 실시할 수 있다. 따라서 법무부장관은 참여자가 한국어와 한국문화 초급1, 초급2, 중급1의 각 과정을 종료한 후에 단계평가를 실시할 수 있다(사회통합프로그램 운영지침). 다만, 0단계에서 한국어와 한국문화 초급1로 진입하는 경우에는 그러하지 아니하다.

(5) 구 성

단계평가의 구성은 한국어와 한국문화 과정의 각 단계의 내용이다(사회통합프로그램 운영지침).

(6) 방 법

단계평가의 방법은 필기시험 20문항 및 구술시험 5문항으로 구성된다. 법무부가 문제은행 및 문항구성표 견본을 거점운영기관에 별도 제공하고, 해당 견본문제를 바탕으로 거점운영기관에서 자체 출제하여 활용한다(사회통합프로그램 운영지침).

(7) 합격기준

단계평가의 합격기준은 100점 만점에 60점 이상을 득점하여야 한다(사회통합프로그램 운영지침).

(8) 결 과

단계평가에 합격한 참여자에 한하여 다음 단계로 진입할 수 있다. 불합격한 경우에는 해당단계를 재이수하여야 다음 단계로 진입할 수 있고, 이 경우 재이수자에게는 단계평가를 생략할 수 있다(사회통합프로그램 운영지침). 즉 단계평가에 불합격한 자는 해당 단계를 재이수하거나 단계평가를 다시 합격해야만 다음 단계로 이동이 가능하다. 재이수자는 단계평가 없이 다음 단계로 이동할 수 있다.

3. 중간평가

(1) 의 의

중간평가란 한국어와 한국문화의 중급2를 이수한 참여자에게 실시하는 단계별 평가를 말한다(출입국관리법 시행령 제48조 제2항 제2호).

(2) 주관 및 위임

1) 주 관

중간평가는 법무부 주관으로 실시할 수 있다(출입국관리법 시행령 제48조 제2항).

2) 위 임

법무부장관은 필요한 경우 관련 분야에 전문성을 가진 대학, 법인, 기관, 단체 등에 사회통합프로그램 참여자에 대한 평가를 위탁할 수 있다(출입국관리법 시행령 제48조 제4항).

(3) 대상자

중간평가의 대상자는 한국어와 한국문화 중급2에 해당하는 이수시간을 80% 이상 출석한 자이다(사회통합프로그램 운영지침). 운영기관에서 실시한 사전평가의 결과에 따라 한국사회이해 과정의 대상자로 배정되어 중간평가 응시자격을 부여 받은 자이다(사회통합프로그램 운영지침). 또한 법무부 주관으로 실시한 사전평가에서 한국사회이해의 과정을 배정받은 경우에는 참여자 의사에 따라 중간평가에 응시가 가능하다. 이 경우 합격 또는 불합격 여부에 관계없이 한국사회이해 과정의 참여가 가능하다(사회통합프로그램 운영지침).

중간평가에 응시하고자 하는 참여자는 평가일 7일 전까지 사회통합정보망을 통해 신청하여야 한다(사회통합프로그램 운영지침).

(4) 시 기

법무부장관은 참여자가 한국어와 한국문화 중급2를 이수할 때 중간평가를 실시할 수 있다. 따라서 법무부장관은 참여자가 한국어와 한국문화 중급의 과정을 종료한 후에 중간평가를 실시할 수 있다.

(5) 구 성

중간평가의 구성은 사회통합프로그램의 한국사회이해 과정을 수학하기 위한 한국어와 한국문화 과정의 전반이다(사회통합프로그램 운영지침).

(6) 방 법

중간평가의 방법은 필기시험 30문항 및 구술시험 5문항으로 구성된다. 필기시험의 문항수는 객관식 28문항과 작문형 2문항으로 이루어진다. 구술시험은 이해하기, 대화하기, 듣고 말하기 등으로 이루어지고 구술시험관 2명이 응시자 2명을 동시에 평가한다(사회통합프로그램 운영지침).

(7) 합격기준

중간평가의 합격기준은 100점 만점에 60점 이상을 득점하여야 한다(사회통합프로그램 운영지침).

(8) 결 과

중간평가에 합격한 참여자에 한하여 다음 단계인 한국사회이해의 과정으로 진입할 수 있다. 불합격한 경우 한국어와 한국문화 중급2를 재이수하여야 다음 단계인 한국사회이해로 진입할 수 있고, 이 경우 중간평가는 생략할 수 있다(사회통합프로그램 운영지침). 다만, 재이수자가 중간평가 재응시를 원할 경우 재응시가 가능하고 그 결과에 관계없이 다음 단계인 한국사회이해로 진입이 가능하다(사회통합프로그램 운영지침).

(9) 합격증 발급

관할 출입국관리사무소장 또는 출장소장은 중간평가에 합격한 자에게 '사회통합프로그램 한국어와 한국문화시험 합격증'을 발급할 수 있다(사회통합프로그램 운영지침).

4. 종합평가

(1) 의 의

종합평가란 사전평가에 따라 배정된 모든 교육과정을 이수('수료'라고도 말한다)한 참여자에게 그 이수 여부를 결정하기 위한 평가를 말한다(출입국관리법 시행령 제48조 제2항 제3호).

(2) 주관 및 위임

1) 주 관

종합평가는 법무부 주관으로 실시할 수 있다(출입국관리법 시행령 제48조 제2항).

2) 위 임

법무부장관은 필요한 경우 관련 분야에 전문성을 가진 대학, 법인, 기관, 단체 등에 사회통합프로그램 참여자에 대한 평가를 위탁할 수 있다(출입국관리법 시행령 제48조 제4항).

(3) 대상자

종합평가의 대상자는 사회통합프로그램의 한국사회이해 과정을 이수(수료)한 참여자(수료자)이다(사회통합프로그램 운영지침). 종합평가에 응시하고자 하는 참여자는 평가일 7일 전까지 사회통합정보망을 통해 신청하여야 한다(사회통합프로그램 운영지침).

(4) 시 기

법무부장관은 참여자가 사전평가에 따라 배정된 모든 교육과정을 이수할 때 종합평가를 실시할 수 있다. 따라서 법무부장관은 참여자가 사회통합프로그램의 한국사회이해 과정을 종료한 후에 종합평가를 실시할 수 있다.

(5) 구 성

종합평가의 구성은 한국어와 한국문화 및 한국사회이해 등 종합적인 기본소양의 정도이다(사회통합프로그램 운영지침).

(6) 방 법

종합평가의 방법은 필기시험 40문항 및 구술시험 5문항으로 구성된다. 필기시험의 문항수는 총 객관식 38문항과 작문형 2문항으로 이루어진다. 구술시험은 이해하기, 대화하기, 듣고 말하기 등으로 이루어지며 구술시험관 2명이 응시자 2명을 동시에 평가한다(사회통합프로그램 운영지침).

(7) 합격기준

종합평가의 합격기준은 100점 만점에 60점 이상을 득점하여야 한다(사회통합프로그램 운영지침).

(8) 결 과

관할 출입국관리사무소장 또는 출장소장은 i) 종합평가에 합격한 자, ii) 종합평가에 불합격하여 한국사회이해를 재이수(1차)한 후 종합평가에 재응시하여야 하고 다시 불합격할 경우 한국사회이해를 재이수(2차)해야만 이수완료로 처리할 수 있다(사회통합프로그램 운영지침).

(9) 합격증

관할 출입국관리사무소장 또는 출장소장은 종합평가 합격자에 한하여 '한국이민귀화적격시험 합격증' 및 '사회통합프로그램 이수증'을 발급할 수 있다(사회통합프로그램 운영지침).

제 7 편 국적제도

(Legal System of Nationality)

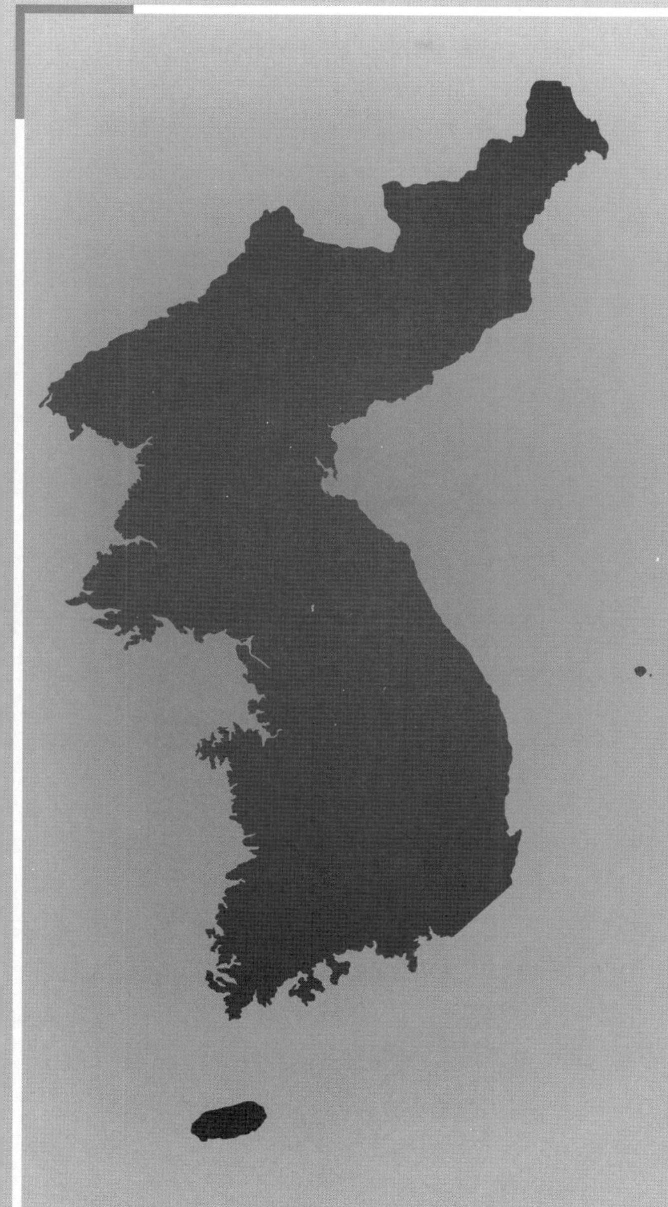

제 1 장

총 설

제1절 국　　적

Ⅰ. 국적 및 국내법의 관계

1. 의　　의

본질적으로 국가는 정치, 외교, 경제, 사회, 문화적인 이유로 국가의 구성원이 되는 신분 또는 자격을 지니는 자, 국가의 구성원이 되는 신분 또는 자격을 지니지 않은 자를 국내법으로 구분한다. 이에 따라 국가는 국가의 구성원 신분 또는 자격을 지니지 않은 자를 차별하여 다르게 취급한다. 그 차별대우의 기준이 되는 것이 국적이다. 국적을 기준으로 국민의 범위가 확정되고, 국적에 의하여 개인은 특정 국가에 연결되어 속하게 된다.[1] 민주주의 정치체계에서 국가는 국적을 주요한 권리와 혜택을 분배하고 구분하기 위한 기준으로 삼고 있다.[2]

국적은 그 국가의 역사적 진화의 결과물이다. 국적은 그 나라의 복잡성 및 특수성을 고려하지 않고서는 일반적 개념과 법규로는 쉽게 설명할 수 없다.[3] 이와 동시에 국가는 민족적, 인종적 배경 및 정치, 경제, 인구, 외교, 문화 등 다른 주요한 정책과의 관련성을 고려하면서 국적정책을 수립하고, 이를 반영한 국적법의 내용을 가지고 있다. 따라서 전 세계에서 보편적으로 적용될 수 있는 국적정책 및 국적에 관한 일반규정을 국내법에서 찾아보기가 쉽지는 않다.

2. 국내법상 국적의 중요성

국적은 국가와 개인 모두에게 중요한 의미를 가진다. 국가는 영토, 주권, 국민이라는 3가지 요소로 구성된다는 국가구성 요소설에 의할 때, 개인이 국적을 갖는다는 것은 그 국가의 구성원임을 표시하는 것이다.[4] 국민은 정치공동체를 전제로 한 개

---

1) 제성호, 국제법상 인권으로서의 국적권, 고시계사 고시계, pp. 64~77, 2001, p. 65; 대통령 자문 고령화 및 미래사회 위원회, 이민정책에 관한 연구 - immigration policy for Korea, 2005, p. 169.
2) T.Alexander Aleinikoff and Douglas Klusmeyer, Citizenship policies for an age of migration, Carnegie Endowment for international peace, 2002, p. 7.
3) IOM, Essentials of Migration Management - A Guide for Policy Makers and Practitioners, Volume Three: Managing Migration, Migration and Citizenship, 2004, p. 7.
4) 이한기, 국제법강의, 박영사, 2006, p. 410.

념으로 국가의 인적 구성요소 또는 항구적 소속원으로 되고, 국가의 통치권에 복종할 의무를 지닌 개개인의 전체집합을 의미하기도 한다.[5] 따라서 개인은 국적에 의하여 특정국가에 연결되어 속하게 되고, 그 국가의 국민이 된다.[6]

국내법에서 국적은 정치적 지위political status 내지 정치적 의미를 지닌다. 이에 의하면 국민은 그의 국적에 대해 자부심을 가지며, 귀중하고 소중히 여겨야 한다. *U.S v. Wong Kim ArK* 판결에서도 "국가 내에서 국적의 문제는 가장 중요한 것이다. 국적은 중요한 유산heritage이고, 헤아릴 수 없는 소유물acquisition이다."라고 판시하였다.[7]

3. 국내법과 그 한계

(1) 국내법의 영역

개인에 대한 국적의 결정은 국제법이 아니라 주로 국내법에 의하여 결정된다. 1930년 4월 12일에 채택되어 1939년 7월 1일에 발효된 「국적법의 충돌에 관한 약간의 문제에 관한 헤이그조약Convention on Certain questions Relating to the Conflict of Nationality Laws」 제2조에서는 "개인이 특정한 국가의 국적을 취득할 수 있는지의 문제는 그 국가의 법에 의하여 결정되어야 한다(Any question as to whether a person possesses the nationality of a particular State shall be determined in accordance with the law of that State.)"라고 규정하고 있다. 또한 상설국제사법재판소PCIJ는 1923년 튀니스 모로코 국적법Nationality Decrees Issued in Tunis and Moroco 사건에서 "국제법의 현 상태에서 국적 문제는 원칙적으로 국내영역에 속한다."라는 권고적 의견을 내린 바 있다.[8]

(2) 국내법의 한계

「국적법의 충돌에 관한 약간의 문제에 관한 헤이그조약」 제1장(일반원칙) 제1조에서는 "각 국가는 그 국내법에 따라 누가 그 국민으로 될 것인지를 결정한다. 이

---

5) 김철수, 헌법학개론, 박영사, 2007, p. 158.

6) 그러나, 이와는 다른 차원의 관점이 있다. 즉 국민은 국가이전에 실존하는 자연인으로서 국가를 형성하는 사실상의 구성요소이고 헌법제정권력의 주체로서 국가질서를 창설하며 국민주권에 입각한 국가권력의 이념적 행사자로서 현실적인 국가의 활동을 가능하게 한다. 따라서 국민은 국가창설, 국가의 정당성부여 및 국가활동의 근원적인 단위가 되는 것이다(헌법재판소 2003. 1. 30. 자 2001헌바95 결정, 재판관 권성의 반대의견).

7) Ronaldo P. Ledesma, An outline of Philippine Immigration and Citizenship Laws, Rex Printing Company, 2006, p. 520; *U.S v. Wong Kim Ark*, 169 U.S. 640.

8) 이주윤, 국제법적 시각에서 본 대한민국의 국적문제, 한국법학회 법학연구 제29집, 2008, p. 377; Advisory Opinion No. 4, Nationality Decrees Issued in Tunis and Morocco, http://www.icj-cij.org/icjwww/idecisions/icpij/

법은 국제협약, 국제관습, 국적에 관한 일반적으로 인정된 법의 원칙들과 합치하는 한에서만 다른 국가들에 의해 인정된다(It is for each State to determine under its own law who are its nationals. This law shall be recognised by other States in so far as it is consistent with international conventions, international custom, and the principles of law generally recognised with regard to nationality.)"라고 규정하고 있다. 국적의 결정은 주로 국내법에 의해 유보되어 있지만, 국적에 관한 국가의 권리 또는 국적에 관한 국내법 규정이 무제한적으로 인정되는 절대적인 성격의 것은 아니다. 국적에 관한 국내법은 국제협약, 국제관습, 일반적으로 인정된 법의 원칙들에 의해 제한을 받는 상대적인 성격의 것이다.[9)]

Ⅱ. 국적 및 국민의 관계

1. 국 적

(1) 전통적 개념

일반적으로 국적nationality, citizenship이란 국가의 구성원을 지칭하는 것으로 이해된다.[10)] 「헌법」에서는 "대한민국의 국민이 되는 요건은 법률로 정한다."라고 규정하고 있다(헌법 제2조 제1항). 따라서 국적이란 '대한민국의 국민이 되는 요건 또는 자격'을 말한다.

국적에 대해 수많은 개념적 정의가 시도되고 있는데 이를 종합하면, 국적이란 국가 안에서 구성원이 되는 상태,[11)] 국민으로서의 신분 또는 국민이 되는 자격,[12)] 영구적인 충성의무allegiance를 부담하는 정치적 사회 또는 정치적 공동체의 구성원으로서의 신분,[13)] 국제법의 일정한 목적상 특정국가에 소속되는 개인의 지위,[14)] 국가가 자국민에 대해 행사하는 인적관할권의 근거와 기준,[15)] 자국민을 특정국가에 귀속하게 하는 법적 유대,[16)] 주권국가와 개인 간의 법적 결속력,[17)] 국가와 국민(개인)을 매

9) 김대순, 국제법론, 삼영사, 2000, p. 417; 이주윤, 국제법적 시각에서 본 대한민국의 국적문제, 한국법학회 법학연구 제29집, 2008, p. 378.

10) T.Alexander Aleinikoff, International Dialogue on Migration, IOM, 2002, p. 45.

11) IOM, 2004, Essentials of Migration Management - A Guide for Policy Makers and Practitioners, Volume One: Migration Management Foundations, 2004, p. 3.

12) 권영성, 헌법학원론, 법문사, 2008, p. 119; 제성호, 국제법상 인권으로서의 국적권, 고시계사 고시계, pp. 64~77, 2001, p. 65; Ronaldo P. Ledesma, An outline of Philippine Immigration and Citizenship Laws, Rex Printing Company, 2006, p. 519.

13) Ronaldo P. Ledesma, An outline of Philippine Immigration and Citizenship Laws, Rex Printing Company, 2006, p. 519; David Weissbrodt, Immigration Law and Procedure, West Group, 2003, p. 323.

14) 김대순, 국제법론, 삼영사, 2000, p. 417.

15) 석동현, 국적의 개념과 그 득상에 관한 고찰, 법조협회 법조, 1996, p. 30

16) 서희원, 국제사법 강의, 일조각, 1995, p. 64.

개하는 법적 연결고리[18] 등이라고 정의된다. 대법원은 '국적은 국민의 자격'이라고 판시하고 있다.[19] 이와 같이 다양한 국적 개념은 근본적으로 상이한 것이 아니라 상호보완적인 것이다. 어떤 정의에 의하든 국적은 개인을 그 국가의 관할권 아래에 두게 된다.[20]

(2) 구별개념

1) 시민권

(가) 유 래

시민권의 초기적 개념은 유럽에서 시작되었다.[21] 시민권citizenship 용어는 원래 라틴어인 'civitas'와 'civis'으로부터 유래되었고, 직접적으로는 프랑스 어인 'citoyen' 또는 'cityeen'에 뿌리를 두고 있다. 'civitas'와 'civis'는 로마법에서 사용되었는데, 로마에서 자유를 누리고 모든 정치적 · 시민적 특권을 향유하는 자를 의미하였다. 'civitas'와 'civis'는 자유와 특권을 누리지 못하는 노예servus 또는 적hostis과 구별되고, 로마와 평화적 관계를 유지하는 외국으로부터의 외국인peregrinus과도 구별되는 개념이었다.[22]

(나) 시민권과 국적의 관계

시민권과 국적은 두 가지 모두 개인의 법적 신분을 나타내지만, 원칙적으로는 상이한 법적 개념이다. 시민권과 국적은 각각 2개의 다른 법적 틀을 반영한다. 시민권citizenship이란 주로 개인과 그가 속한 정치공동체 간의 국내법적 영역domestic legal forum에서 사용되는 용어로, 특정한 국가 내에서 완전한 시민적 · 정치적 권리를 지니는 것을 의미한다.[23] 시민권의 함의는 개인이 국가에 대한 관계를 기초로 하여 '대내적national'으로 특정 부류의 사람들에게 적용되는 권리와 의무를 나타내고, 국내법과 관련되어 국내법이 관여하는 한도에서 개인에게 정치적 지위를 부여하게 되므

---

17) Kay Hailbronne, nationality, Migration and international legal norms, 2003, p. 75.
18) 제성호, 대한민국의 국적법의 문제점 및 개선방안, 국제인권법학회 국제인권법 통권 제4호, 2001, p. 109.
19) 대법원 2010. 7. 15. 선고 2009두19069 판결; 대법원 2010. 10. 28. 선고 2010두6496 판결.
20) IOM, Essentials of Migration Management - A Guide for Policy Makers and Practitioners, Volume Three: Managing Migration, Migration and Citizenship, 2004, p. 7.
21) 시민권(citizenship)이라는 용어는 단지 권리만을 부여받는 지위만이 아니고, 정치공동체의 구성원으로서의 권리는 물론이고 의무와 책임 등이 모두 포함되는 지위라는 점에서 '권(權)'을 피하고 '시민으로서의 지위'라는 용어 사용을 제안하는 견해가 있다(이희정, 이민법의 행정법학에 주는 과제, 이민법학회 창립기념 세미나, 2013, p. 2 참고).
22) Dr. Gurbax Singh, Law of Foreigners Citizenship & Passports in India, Universal Law Publishing Co. Pvt. Ltd, 2011, pp. 809~810.
23) 앞의 책, p. 812.

로 국내법 내에서는 '완전한 정치적 권리full political rights'를 보유하고 있는 자들의 특별한 또는 배타적인 지위를 나타낸다. 반면에 국적nationality이란 보다 넓은 개념으로 국제법의 틀international law forum에서 사용되는 용어로, 특정국가에 소속된 개인의 지위, 즉 국제법의 목적상 개인과 국가를 연결하는 고리를 '대외적international'으로 나타내는 것이다. 국적이 가지는 함의는 그 국적국가에서 모든 정치적 권리를 보유하지 못하는 것이다.[24)]

시민권과 국적의 관계를 살펴보기로 한다. 일반적으로 시민권은 미국, 캐나다, 호주 등 영미법계의 계통을 따르는 국가에서 주로 사용하는 제도이고, 국적은 대한민국, 일본, 중국, 대만 등 대륙법계의 계통을 따르는 국가에서 주로 사용하는 제도이다. 국적제도만을 운영하는 국가에서는 출생에 의한 국적취득 또는 후천적 사유에 의한 국적취득에 상관없이 그 국가의 국적을 가진 자는 모두 그 국가의 인적 구성원이 되고, 그 인적 구성원 간에는 동등한 국민으로서 공법적 신분에는 차이가 없다. 그러나 시민권제도를 운영하는 국가 중에서 시민권제도만을 운영하는 국가의 예로는 필리핀, 이탈리아 등이고, 시민권제도와는 별도로 국적제도의 개념을 법적으로 채용하여 이원적으로 운영하는 국가의 예로는 미국, 영국, 캐나다, 호주, 뉴질랜드, 아르헨티나, 인도네시아 등이다. 시민권제도와는 별도로 국적제도를 이원적으로 운영하는 국가에서는 국적은 시민권을 포함하는 보다 넓은 개념으로 국가의 인적 관할권이 미치는 기준으로 운영되고, 그 국가의 인적 구성원은 시민권을 가진 국민인 시민과 시민권을 가지지 못한 국민으로 나뉘게 된다.[25)] 예컨대 미국처럼 시민권제도와 국적제도가 이원적으로 운영되는 국가에서는 국가 또는 정부 기타 공공단체와의 공법관계에서 국적은 추상적 지위에 불과하고 현실적으로는 시민권의 보유 여부가 구체적이며 실질적인 의미를 가지게 된다. 즉 시민citizen은 미국 내에서 '완전한 정치적 권리full political rights'를 지닌 개인을 의미한다. 미국 이민국적법Immigration and Nationality 제101조(정의) 제a항 제22호에 의하면, 미국의 국민national of the United States이란 미국에 대해 항구적인 충성의무permanent allegiance를 지닌 자로 정의하면서, 미국의 국민은 미국의 시민 및 미국의 시민은 아니지만 미국에 대해 항구적인 충성의무를 지닌 자로 구분하고 있다. 즉 미국 이민국적법에서는 국민을 시민과 시민이

---

24) Gurdip singh, International law, Macmillan, 2009, p. 146; Kim Rubenstein, Globalisation and Citizenship and Nationality, Jurisprudence for an Interconnected Globe, 2004, p. 4; 김대순, 국제법론, 삼영사, 2000, p. 419; 제성호, 국제법상 인권으로서의 국적권, 고시계사 고시계, pp. 64~77, 2001, p. 66.

25) 법무부, 국적취득제도에 관한 비교법적 연구-미국, 일본, 중국의 국적취득제도를 중심으로, 연구용역 보고서, 2002.

아닌 국민으로 구분하고 있는 것이다. 이 경우에 미국에서는 시민권의 상실은 곧 국적의 상실을 의미하는 것은 아니다. 따라서 시민은 자동적으로 국민이 되는 반면에, 국민은 반드시 시민이 되는 것은 아니다. 모든 시민citizen은 그 국가의 국적을 보유하여 자동적으로 국민national으로 되지만, 모든 국민national이 반드시 그 국가의 시민citizen이 되는 것은 아니다.[26)]

(다) 실 제

일반적으로 개인이 국가 안에서 정치적 권리를 향유하기 위하여는 우선 그 국가의 시민이 되어야 한다. 이와 관련하여 1948년 「세계인권선언Universal Declaration of Human Rights」에서는 "모든 사람은 직접 또는 자유롭게 선출된 대표자를 통하여 자국의 통치에 참여할 권리를 가진다."라고 규정하고 있다(세계인권선언 제21조 제1항). 1978년 「미주인권협약American Convention on Human Rights」은 정부에 참여하는 권리에 대하여 위와 유사한 규정을 두고 있다. 즉 「모든 시민은 다음 권리와 기회를 향유한다: a. 직접 또는 자유롭게 선출된 대표자를 통하여 공무의 수행에 참가하는 것, b. 일반적이고 평등한 선거권과 유권자 의지의 자유로운 표현을 보장하는 비밀 투표에 의한 성실하고 정기적인 선거에서 투표하고 선출되는 것, c. 일반적 평등의 조건 아래에서 국가의 행정사무에 접근하는 것」이라고 규정하고 있다.[27)] 시민권제도를 운영하고 있는 국가에서 시민권자는 국가나 정부에 대한 영구적 충성의무를 부담하는 동시에 시민으로서의 모든 권리를 향유할 자격을 부여 받는다. 시민권자는 그 국가의 주요 구성원으로서 공법적 관계에서의 권리와 의무의 주체가 되는 동시에 관할권의 객체가 되는 것이다. 그러나 시민권제도를 운영하는 국가에서의 시민권은 국적제도만을 운영하는 국가에서의 국적과 비교할 때에, 공법적 관계에서 시민권과 국적은 그 법적 성격과 기능면에서 거의 같다고 볼 수 있다.[28)] 실제로도 국적의 변동 기타 섭외적 법률행위에 있어서 국적제도만을 인정하는 국가와 시민권제도만을 인정하는 국가를 비교할 때에 국적과 시민권의 그 법적 성격과 기능은 거의 같다고 볼 수 있다. 시민권제도만을 운영하는 국가에서의 시민권자는 곧 그 나라의 국민이라고 간주해도 무방한 것이다. 이러한 의미에서 국적에 관한 법률문제에 있어서 시민권citizenship

26) 이주윤, 국제법적 시각에서 본 대한민국의 국적문제, 한국법학회 법학연구 제29집, 2008, p. 380; Gurdip singh, International law, Macmillan, 2009, p. 146.
27) Carmen Tiburcio, the human rights of aliens under internatioal and comparative law, Martinus Nijhoff Publishers, 2001; Gurdip singh, International law, Macmillan, 2009, p. 146.
28) 법무부, 국적취득제도에 관한 비교법적 연구-미국, 일본, 중국의 국적취득제도를 중심으로, 연구용역 보고서, 2002; 제성호, 국제법상 인권으로서의 국적권, 고시계사 고시계, pp. 64~77, 2001, p. 66.

과 국적nationality은 동일한 개념으로 취급되고, 양자를 구별할 의미는 중요하지 않으며 상호 교환적interchangeable인 용어로 사용된다.[29] 또한 시민citizen과 국민national이라는 용어도 실제로는 두 용어가 정확히 동일하지는 않지만, 상호 교환적으로 사용되어 양자를 구별할 중요성은 적다.[30] 본서에서는 국민과 시민은 동일한 의미로 보기로 한다.

2) 영주자격

영주자격이란 국가가 그 국민이 아닌 외국인 중에서 특별한 요건·신분 또는 자격을 갖춘 자에게 그의 국적과 상관없이 영구적으로 또는 장기적으로 체류(무기한 체류 내지 장기체류)할 수 있도록 부여한 자격을 말한다. 외국인의 입장에서 바라보면, 외국인이 원래의 국적을 그대로 유지하면서 대한민국에서 적법하게 영구적으로 또는 장기적으로 체류할 수 있는 체류자격을 획득하는 것이다. 「출입국관리법」에서는 영주자격은 체류자격의 하나에 해당하는 것이지만(출입국관리법 시행령 별표1), 일반적으로 다수의 국가에서는 영주권이라는 권리적 성격을 지니고 있다.

영주자격의 취득과 상실은 그 본국의 국적취득과 상실과는 관련이 없다.[31] 예컨대 한국인이 미국 등 다른 국가에서 영주권을 취득하였을지라도 대한민국의 국민으로서의 법적 신분은 계속적으로 유지하게 된다. 「재외동포의 출입국과 법적 지위에 관한 법률」에서는 대한민국의 국적을 보유한 자로서 외국의 영주권永住權을 취득하거나 영주할 목적으로 외국에서 상주하는 자를 재외국민在外國民[32]이라고 규정하고 있다(재외동포의 출입국과 법적 지위에 관한 법률 제2조 제1호).[33] 그러나 대한민국의 국민인 영주권자가 다른 국가에 체류하다가 그 국가의 국적 또는 시민권을 취득할 경우에는 대한민국의 국적을 상실하게 된다.

영주자격은 그 법적 성격과 기능면에서 국적과는 상이하다. 국가가 영주자격을 외국인에게 부여하는 것은 국적정책의 차원에서 이루어지는 것이 아니라, 외국인에 대한 출입국관리정책(좁은 의미의 이민정책을 의미한다)의 차원에서 이루어지는 것이다.[34] 대한민국은 영

---

29) Dr. Gurbax Singh, Law of Foreigners Citizenship & Passports in India, Universal Law Publishing Co. Pvt. Ltd, 2011, p. 812.

30) Stephen H. Legomsky & Cristina M. Rodriguez, Immigration and Refugee law and Policy, Foundation Press(15th), 2009, p. 6.

31) 석동현, 국적법, 법문사, 2011, p. 22.

32) 반면에, 대한민국의 국적을 보유하였던 자(대한민국정부 수립 전에 국외로 이주한 동포를 포함한다) 또는 그 직계비속(直系卑屬)으로서 외국국적을 취득한 자 중 대통령령으로 정하는 자를 '외국국적동포'라고 규정하고 있다(재외동포의 출입국과 법적 지위에 관한 법률 제2조 제2호).

33) 법무부, 국적취득제도에 관한 비교법적 연구-미국, 일본, 중국의 국적취득제도를 중심으로, 연구용역 보고서, 2002.

주자격을 취득한 외국인에게 1회에 부여하는 체류기간의 상한이 없으므로 영주자격의 신분이 존속하는 기간까지 「출입국관리법」에 따른 체류기간의 연장허가 신청의무가 면제되고(출입국관리법 제10조 제2항, 출입국관리법 시행규칙 별표1), 출국한 날부터 2년 이내에 재입국하려는 경우에는 재입국허가 신청의무가 면제될 수 있고(출입국관리법 제30조 제1항 단서, 출입국관리법 시행규칙 제44조의2),[35] 체류자격의 구분에 따른 활동의 제한을 받지 않으므로 취업에 제한 없이 국내에서 자유로운 경제활동이 보장되고(출입국관리법 시행령 제23조 제4항), 「출입국관리법」 제46조 제1항에서 정한 '강제퇴거 대상자' 적용이 제한된다(출입국관리법 제46조 제2항, 출입국관리법 시행규칙 제54조).

3) 여 권

여권旅券, passport이란 소지자의 국적 등 신원을 증명하고 그 소지자가 국외여행, 본국으로 귀국, 해외에서 체류할 때에 그 자가 외교적 보호를 받을 수 있도록 허가하는 국가의 발급권한 있는 부서에 의하여 발행된 공문서를 말한다.[36] 국제관행상 여권이 유효하기 위한 요건으로는 발행권한이 있는 부서에서 발급되어야 하고, 여권명의인의 성명 · 성별 · 생년월일이 필수적으로 기재되어야 하고, 여권명의인의 사진을 통해 여권명의인과 여권소지자가 동일한 자임을 확인할 수 있어야 하고, 유효기간 이내이어야 한다. 여권과 국적 간의 관계에 있어서 국가는 그 국적을 보유한 국민에게 여권을 발급하므로 국적이 있는 경우에만 여권을 발급하는 것이다. 다만, 어떤 사람이 특정국가의 여권을 소지하고 있다고 해서 여권이 국적을 곧바로 창설하는 것은 아니다.[37]

4) 인 민

인민people이란 국가적 정치공동체와는 무관하게 사회적인 개념으로 사회의 구성원을 의미하는 것이다.[38] 따라서 인민은 국가적 정치공동체를 전제로 하는 국적과는 구별된다.

5) 인 종

인종race이란 사람을 신체적 차이 또는 특성에 따라 분류한 것을 말한다. 인종은 생물학적 관점에서 신체적 차이에 기초한 것으로 국적과는 개념적으로 차이가 있다. 또한 인종의 경우에는 그 사회구조가 신체적 차이에 기초하여 만들어진다. 반면에,

---

34) 앞의 연구용역 보고서.

35) 단, 영주자격자가 2년을 초과하는 해외여행을 하고자 하는 경우에는 재입국허가가 필요하다.

36) 외교통상부, 여권실무편람, 2010, p. 8; IOM, Essentials of Migration Management – A Guide for Policy Makers and Practitioners, Volume Three: Glossary, 2004, p. 17.

37) 김대순, 국제법론, 삼영사, 2000, p. 423.

38) 권영성, 헌법학원론, 법문사, 2008, p. 117.

민족성의 사회구조는 문화, 국민성, 언어, 종교와 같이 불명확한 차이 및 사회적 표식에 의하여 만들어진 것이다.[39)]

6) 연방국가의 주 시민권자

연방국가의 주 시민권자membership of the states or provinces of a federation란 연방국가를 구성하는 행정구역인 주에 거주하면서 등록된 주민을 말한다. 연방국가의 주 시민권자는 연방국가의 주 정부에 대하여 충분하고 폭넓은 권리를 주장할 수 있음에도 불구하고, 국적이 가지는 국제법적 상태에는 미치지 못한다는 점에서 국적과는 구별된다.[40)]

7) 난민법에서 박해의 이유로 규정된 국적

「난민법」 제2조 제1호에서 박해의 이유로 규정된 국적은 일반적인 국적의 의미와는 달리 폭넓게 해석된다. 국적은 단순히 시민으로서만 이해되는 것이 아니다. 난민법에서의 국적이란 민족적 또는 언어적 집단의 구성원을 말하는 것이고, 주로 인종이라는 용어와 중복되어 사용될 수 있다(난민지위 인정기준 및 절차 편람 제74항).

8) 주 소

주소domicile도 국적과는 구별되는 개념이다. 국적은 개인이 국가에 대한 연계 또는 관계의 증거로 작용하는 반면에, 주소란 개인이 국가 안에서 장기간에 걸쳐 거주하고자 하는 의도를 지닌 생활의 근거가 되는 곳(민법 제18조 제1항) 또는 사실상 거주de facto residence를 의미한다. 출입국관리법 등 공법적 법률관계에서 주소는 최대한 명확해야 하므로 생활의 실질적 관계를 중시하는 실질주의에 일정한 형식적 기준과 절차를 요구하는 형식주의의 가미가 필요하다. 개인은 주소(출입국관리법 제32조 제4호에 따르면 외국인등록에 따른 국내 체류지를 말한다)를 통해서 국적을 취득하는 것이 가능하므로, 주소는 국적을 취득하기 위한 주요한 요건 중의 하나이다.[41)]

(3) 국제사회와 국적

1) 국적의 기능

국적은 국가와 개인 사이의 관계에서뿐만 아니라, 국제사회에서도 그 중요성은 크다. 국적은 국제사회와 개인의 관계에서 긴요한 관련성indispensable link을 가진다. 첫째, 국적은 그 국가가 해외에 있는 자국민을 보호할 권리인 외교적 보호권diplo-

---

39) 박지선 옮김, 로빈 코헨, 폴 케네디의 글로벌 사회학, 인간사랑, 2012, p. 229 참고.
40) I.A.Shearer, Starke's International Law, OXFORD, 1994, p. 308.
41) Gurdip singh, International law, Macmillan, 2009, p. 146.

matic protection abroad의 기초를 구성한다. 국가는 원칙적으로 그 국민에게만 외교적 보호권을 제공할 수 있다. 둘째, 전시에 적 신분enemy status은 해당 관련자의 국적에 의해 결정된다. 셋째, 국가는 일반적으로 국적을 기초로 하여 형사재판관할권criminal jurisdiction 또는 다른 관할권을 행사한다. 국가는 외국에 있는 그 국민의 행위를 규율하기 위한 법을 제정할 수 있다. 즉 국적은 국가의 역외입법관할권을 행사하기 위한 기초로서 기능한다.[42)]

2) 국가관할권과 국적

(가) 국가관할권: 속지주의, 속인주의

국가관할권state jurisdiction이란 한 국가가 사람・물건・사건 등에 대하여 행사할 수 있는 권한의 총체를 말한다. 국가가 국제사회에서 행사하는 국가관할권은 국가주권의 표현 또는 그 발현형태이다.[43)] 국가관할권을 결정하는 이론적 준칙 내지 기초로는 속지주의 및 속인주의가 있다. 속지주의 및 속인주의는 형사관할권 또는 민사관할권 등의 경우에도 동일하게 적용된다. 첫째, 속지주의territorial principle란 행위자가 외국인 또는 국민인지를 불문하고 '한 국가의 영토 내에서' 발생한 행위에 대하여 당해 영토국가가 관할권을 행사할 수 있다는 원칙을 말한다. 속지주의는 국가의 영토주권領土主權으로부터 당연히 도출되는 것이다. 둘째, 속인주의personal jurisdiction란 국가가 실행자의 국적에 기초하여 외국에서 국민의 행위에 대하여도 관할권을 행사할 수 있다는 원칙을 말한다. 이것을 국적주의nationality principle 또는 국가의 인적 관할권이라고도 한다. 속인주의는 국가의 대인주권對人主權으로부터 도출되는 것이다.[44)] 국가는 자국의 영토주권에 근거하여 국민에 대해 포괄적이고 배타적인 주권을 행사하고 있으므로 속인주의 또는 인적 관할권의 문제는 국가의 영토 내에서는 발생할 여지가 없다. 속인주의 또는 인적 관할권의 문제는 국가의 영토 밖에서 다시 말해 외국・우주공간 등에서 그 국민에 대해 국가의 권리와 의무를 행사하기 위해 또는 국민이 그 국적국가에 대해 권리와 의무를 요구하는 경우에 발생하는 것이 일반적이다.[45)]

---

42) Gurdip singh, International law, Macmillan, 2009, p. 144, p. 147; 김대순, 국제법론, 삼영사, 2000, p. 418.

43) 김대순, 국제법론, 삼영사, 2000, p. 234.

44) 김대순, 국제법론, 삼영사, 2000, pp. 240~245; 이한기, 국제법강의, 박영사, 2006, pp. 298~299.

45) 법무부, 국적취득제도에 관한 비교법적 연구-미국, 일본, 중국의 국적취득제도를 중심으로, 연구용역 보고서, 2002, p. 5; 이주윤, 국제법적 시각에서 본 대한민국의 국적문제, 한국법학회 법학연구 제29집, 2008, p. 380; Ronaldo P. Ledesma, An outline of Philippine Immigration and Citizenship Laws, Rex Printing Company, 2006, p. 519.

(나) 속인주의와 국적

국가가 행사하는 속인주의 또는 인적 관할권의 범위를 정할 때에 국적이 중요한 역할을 수행한다. 국제법에서는 국적이란 개인과 국가를 연결하는 법적 유대를 말한다. 개인은 국적을 통하여 특정한 국가에 법적으로 연결고리를 가지게 된다. 1997년 「국적에 관한 유럽협약European Convention on Nationality」 제2조 a에서도 "국적이란 개인과 국가 간의 법적 유대를 말하고, 개인의 인종적 기원을 의미하지는 않는다 'nationality' means the legal bond between a person and a State and does not indicate the person's ethnic origin."라고 규정하고 있다. 국제사법재판소ICJ는 1955년 Nottebohm 사건의 판결에서 국적이 개인과 국가를 연결하는 법적 유대의 중요성을 강조하였다.

3) 통일성 확보를 위한 국제사회의 노력

국적법은 주로 국내법의 영역에서 다루어지고 있어 각 국가의 국적법에서는 통일성이 결여되어 있다. 국적법에서의 통일성 결여로 인해 복수국적, 무국적, 결혼한 여성의 국적혼동disputed nationality 등의 문제점이 야기된다. 국제사회에서는 이를 해결하기 위한 노력이 지속되어 왔다. 1930년 헤이그법회의Hague Codification Conference에서는 이러한 문제점을 대처하기 위한 시도를 하였는데, 동 회의에서는 1930년 4월 12일에 채택되어 1939년 7월 1일에 발효된 「국적법의 충돌에 관한 약간의 문제에 관한 헤이그조약Convention on Certain questions Relating to the Conflict of Nationality Laws」를 제정하였고, 1930년 「이중국적의 어떤 경우에 있어서의 병역의무에 관한 의정서 Protocol relating to Military Obligations in certain Cases of Double Nationality」와 1930년 「무국적의 어떤 경우에 관한 의정서Protocol relating to a Certain Case of statelessness」라는 2개의 부수적인 의정서를 제정하였다. 그리고 1954년에는 「무국적자의 지위에 관한 협약 Convention relating to the Status of stateless Persons」이 채택되었고, 1957년에는 「기혼 여성의 국적에 관한 협약Convention on the Nationality of Married Women」이 채택되었고, 1961년에는 「무국적자 감소에 관한 협약Convention on the Reduction of Statelessness」이 채택되었다.[46]

(4) 이민법적 시각과 국적개념

헌법적 시각에서는 국적은 국가를 구성하는 요소라는 대내적對內的 차원에서, 국제법적 시각에서는 국적은 외교적 보호 또는 국가주권의 행사라는 대외적對外的 차원에서 정의된다. 반면에 이민법적 시각에 의하면 국적은 인구이동人口移動과 정치

46) Gurdip singh, International law, Macmillan, 2009, p. 147.

공동체에의 구성원, 소속감 내지 통합統合이라는 초국가적 사회연계망transnational social spaces의 차원에서 정의되는 방식을 시도할 수 있다.[47] 또한 국적의 문제는 국가의 정체성identity, 인구의 적정한 질적 수준 내지 규모를 조절하기 위한 문제라고도 할 수 있다.[48] 즉 이민법적 시각에서는 국적이란 '국민이 되기 위한 요건·신분 또는 자격이고, 동시에 정치공동체의 구성원으로 차별대우를 받지 않고 통합되는 요건·신분 또는 자격'으로 이해된다.

국적은 기존의 국민과 외국인 사이에서 통합을 이끄는 중요한 요소로 작용한다. 국적은 이민자의 통합integration of immigrants을 위한 관계에서도 중요하게 다루어진다. 이민자의 통합을 위하여는 언어, 종교, 의견 등 차이에 대한 관용과 인정, 사회적응의 촉진 외에도 국적에 관한 규정이 중요한 역할을 수행한다.[49] 1951년「난민의 지위에 관한 협약the Convention Relating to the Status of Refugees」 제34조에서는 "체약국은 난민의 동화assimilation 및 귀화naturalization를 가능한 한 장려한다. 체약국은 특히 귀화 절차를 신속히 행하기 위하여 또한 이러한 절차에 따른 수수료 및 비용을 가능한 한 경감시키기 위하여 모든 노력을 다한다."라고 규정하여 통합을 위한 국적취득의 중요성을 잘 명시하고 있다.[50]

2. 국 민

(1) 의 의

국가는 그 구성원인 자연인에 의하여 일정한 목적을 가지고 인위적으로 성립된 정치공동체이다. 국민은 영토, 주권과 더불어 국가를 구성하는 3대 구성요소 중의 하나이다.[51] 따라서 국가와 그 구성원인 국민 간에는 명확한 관계가 설정되어야 한다. 그 이유는 국가의 구성원인 국민에게만 인정되는 권리 또는 특권이 있고, 국민에게만 부과되는 의무가 있기 때문이다.[52] 국민national은 넓은 개념으로 정의할 수 있는데, 시민권자citizens 외에 시민권자는 아니지만 국가에 충성allegiance할 의무가 있고 그 국가의 보호를 받을 자격이 있는 개인을 포함한다. 여기에서 충성의 의미는

47) 이희정, 행정법의 관점에서 본 이민법의 쟁점, 고려대학교 법학연구원 고려법학, 2014, p. 9 참고.
48) 박진완, 헌법발전의 문제로서 복수국적의 헌법적 정당화, 동아대학교 법학연구소 동아법학 제55호, 2012, p. 18 참고.
49) T.Alexander Aleinikoff, International Dialogue on Migration, IOM, 2002, p. 45.
50) 앞의 책, p. 46.
51) 헌법재판소 2000. 8. 31. 자 97헌가12 결정.
52) 김상겸, 국민의 의미와 이중국적의 문제, 국적제도 개선을 위한 정책 토론회 - 엄격한 단일국적주의 완화 및 체계적 이중국적 관리방안을 중심으로, 법무부 출입국·외국인정책본부 정책토론회 자료집, 2008, p. 128.

과거에는 봉건·귀족 사회에서 유래한 종속subjection 또는 복종obedience을 의미하였으나, 현대에는 종속 또는 복종의 의미보다는 성실loyalty과 참여participation의 의미를 함유하고 있다.[53)]

국민national, Staatsvolk이란 국가의 인적 요소 또는 항구적 소속원으로서 국가의 통치권에 복종할 의무를 지닌 개개인의 전체집합을 의미한다. 경우에 따라서는 국민은 국가에 소속하는 개개의 자연인을 의미하기도 한다.[54)] 국적을 가진 국민은 대한민국이라는 정치공동체를 만들고, 이를 유지하는 권한과 책임을 나눠 가진다.[55)] 대법원은 "국적을 취득한 자는 국가의 주권자가 되는 동시에 국가의 속인적 통치권의 대상이 된다."고 판시하고 있다.[56)] 미국 연방대법원 판례 *United States v. Cruikshank* (1875)에 따르면, "국민이란 그가 속한 정치적 공동체의 일원을 말한다. 국민은 정치적 공동체를 구성하는 자이고, 국민은 그들의 일반복지를 증진하고 개인적 권리와 집단적 권리를 보호하기 위하여 연합하여 정부의 영향 아래에 있다."라고 판결한 바 있다.[57)]

(2) 구별개념

1) 외국인

외국인alien, alienage이란 국민과 대립되는 개념으로, 대한민국의 국적을 가지지 아니한 자를 말한다(출입국관리법 제2조 제2호). 여기에서 국적이란 대한민국의 국민이 되는 요건·신분 또는 자격을 말한다.[58)] 모든 사람은 대한민국의 국민 또는 외국인 중에서 그 하나에 해당된다. 어떠한 사람이 대한민국의 국민 또는 외국인인지에 대한 결정은 「국적법」에서 규정하고 있다. 따라서 대한민국의 국민이 아닌 외국인이 가족관계증명서 등에 대한민국의 국민으로 등재되어 있더라도 대한민국의 국민으로서의 법적 지위

---

53) Carmen Tiburcio, the human rights of aliens under internatioal and comparative law, Martinus Nijhoff Publishers, 2001.

54) 김철수, 헌법학개론, 박영사, 2007, p. 158; 제성호, 국제법상 인권으로서의 국적권, 고시계사 고시계, pp. 64~77, 2001, p. 65.
이와는 달리, 국민은 국가이전에 실존하는 자연인으로서 국가를 형성하는 사실상의 구성요소이고, 헌법제정권력의 주체로서 국가질서를 창설하며 국민주권에 입각한 국가권력의 이념적 행사자로서 현실적인 국가의 활동을 가능하게 한다. 따라서 국민은 국가창설, 국가의 정당성부여 및 국가활동의 근원적인 단위가 된다는 견해가 있다(헌법재판소 2003. 1. 30. 자 2001헌바95 결정, 재판관 권성의 반대의견).

55) 2014년 7월 17일 목요일 A28면 오피니언, 헌법재판소와 함께 하는 대한민국 헌법 이야기<3>, 동아일보.

56) 대법원 2010. 10. 28. 선고 2010두6496 판결.

57) *United States v. Cruikshank*, 92 U.S. 542, 1875.

58) 헌법재판소 2000. 8. 31. 자 97헌가12 결정.

가 인정되는 것은 아니다.[59] 대한민국의 국적과 외국의 국적을 함께 소지하고 있는 복수국적자는 대한민국의 국적을 가지지 아니한 자가 아니므로 대한민국의 국민에 해당된다. 또한 외국인은 체류하는 국가의 국적을 취득하지 않았거나 그 본국의 국적을 상실한 자라는 기본 개념으로부터, 무국적자도 외국인으로 취급된다.

2) 인 민

국민과 유사한 개념으로는 인민people이 있다. 국민은 국가적 정치공동체를 전제로 한 개념인 반면에, 인민은 국가적 정치공동체와는 무관한 사회적인 개념으로 사회의 구성원 또는 사회적 계급을 의미한다는 점에서 국민과는 구별된다. 「출입국관리법」 및 「국적법」에서는 인민을 사용하지 않고, 국민이라는 용어를 사용하고 있다(출입국관리법 제2조 제1항, 국적법 제1조).[60]

(3) 국민의 권리 및 의무

1965년 「모든 형태의 인종차별 철폐에 관한 국제협약International Convention on the Elimination of All Forms of Racial Discrimination」 제1조 제2항에서는 "이 협약은 체약국이 자국의 국민citizens과 비국민non-citizens을 구별하여 어느 한쪽에의 배척, 제한 또는 우선권을 부여하는 행위에는 적용되지 아니한다."라고 규정한 것으로 볼 때, 국민과 외국인을 구별하는 가능성을 언급하고 있다.[61]

국적은 국민의 권리 및 의무와도 관련된다. 일반적으로 국가는 대한민국의 국적을 가진 국민에게 주권적 보호를 제공하여야 하고, 대한민국의 국적을 가지는 국민은 국가에게 보호 또는 복지를 요구할 수 있다. 반면에 대한민국의 국적을 가지는 국민은 국가에 충성해야 할 의무를 부담한다.[62] 국민에게 요구되는 충성의무allegiance는 외국인에게는 일시적으로만 요구되고, 외국인은 그 국가에 체류하는 동안에 그 국가의 법령에 자발적으로 따를 것이 요구된다.[63] 헌법재판소도 국민의 의무에 대하여, "국민은 항구적 소속원이므로 어느 곳에 있던지 그가 속하는 국가의 통치권에 복종할 의무를 부담하고, 국외에 있을 때에는 예외적으로 거주국의 통치권

59) 안구환, 국적법상(國籍法上) 국적(國籍)의 선천적취득(先天的取得)의 요건(要件) -호적실무를 중심으로-, 법조협회 법조, 2007, p. 197.

60) 이주윤, 국제법적 시각에서 본 대한민국의 국적문제, 한국법학회 법학연구 제29집, 2008, p. 381.

61) 2005년 인종차별철폐위원회(The Committee on the Elimination of Racial Discrimination) 제65차 회기에서 채택된 '비시민권자에 대한 차별에 관한 일반권고 XXX(General Recommendation XXX on Discrimination against Non-Citizens)' 제1장 제1조 참고.

62) Ronaldo P. Ledesma, An outline of Philippine Immigration and Citizenship Laws, Rex Printing Company, 2006, p. 519.

63) David Weissbrodt, Immigration Law and Procedure, West Group, 2003, p. 323.

에 복종하여야 한다."라는 취지로 판시하고 있다.[64)]

(4) 출입국관리법 · 국적법 및 국민의 관계

일상생활에서 사용되는 국민national이란 그 국가의 국적을 가지고 있는 자를 말하고, 외국인alien이란 그 국가의 국적을 가지고 있지 않거나 그 국가의 국적을 상실한 자를 말한다. 일반인이 갖는 이와 같은 법 감정과 생활용어가 법률에 반영된 것이 「출입국관리법」 및 「국적법」이다. 「출입국관리법」에서는 국민이란 '대한민국의 국민'을 말한다(출입국관리법 제2조 제1호). 그리고 「국적법」은 대한민국의 '국민이 되는 요건'을 규정하고 있다(국적법 제1조). 따라서 「국적법」에 따라 대한민국의 국적을 이미 취득한 자가 「가족관계의 등록 등에 관한 법률」에 따른 출생신고 등을 하지 않아서 가족관계증명서 등에 대한민국의 국민으로 등재되어 있지 않더라도 대한민국의 국민으로서의 실체적 지위에는 변함이 없고 그 지위가 상실되는 것은 아니다. 가족관계증명서 등에 기재되는 것은 국적취득의 효과를 창설하는 효력이 없다.[65)] 이와 관련하여, 대법원은 "재외국민이 다른 나라의 여권을 소지하고 대한민국에 입국하였다 하더라도 그가 당초에 대한민국의 국민이었던 점이 인정되는 이상, 다른 나라의 여권을 소지한 사실 자체만으로는 그 나라의 국적을 취득하였다거나 대한민국의 국적을 상실한 것으로 추정 · 의제되는 것이 아니다."라고 판시하여,[66)] 단순히 외국 여권을 소지한 재외국민을 대한민국의 국민으로 보고 있다.

제 2 절 출입국관리와 국적의 관계

Ⅰ. 출입국관리법 및 국적법

1. 내 용

이민법은 출입국관리와 국민이 되는 요건 등의 내용으로 주로 구성된다. 「출입국관리법」은 '대한민국에 입국하거나 대한민국에서 출국하는 모든 국민 및 외국인의

64) 헌법재판소 2000. 8. 31. 자 97헌가12 결정.
65) 안구환, 국적법상(國籍法上) 국적(國籍)의 선천적취득(先天的取得)의 요건(要件) - 호적실무를 중심으로-, 법조협회 법조, 2007, p. 197.
66) 대법원 1996. 11. 12. 선고 96누1221 판결.

출입국관리를 통한 안전한 국경관리와 대한민국에 체류하는 외국인의 체류관리 및 난민難民의 인정절차 등에 관한 사항'을 규율하는 것을 그 목적으로 한다(출입국관리법 제1조). 국민이란 대한민국의 국민을 말하고(출입국관리법 제2조 제1항), 외국인이란 대한민국의 국적을 가지지 아니한 자를 말한다(출입국관리법 제2조 제2항). 반면에, 「국적법」은 '대한민국의 국민이 되는 요건'을 정하는 것을 그 목적으로 한다(국적법 제1조). 「출입국관리법」과 「국적법」으로 이루어진 이민법에서는 국민 및 외국인에 대한 출입국관리, 외국인에 대한 체류관리와 법적 지위, 국적의 취득·상실 등에 관한 내용을 주로 다루고 있다. 이민법에서는 자연인의 국가간 이동, 국가의 구성원이 되기 위한 요건, 국가의 구성원으로 가지는 법적 지위를 규율한다.

2. 관련성

일반적으로 발생하는 오해는 「출입국관리법」은 외국에서 대한민국으로 입국하는 외국인에게 적용되는 것이고, 「국적법」은 대한민국의 국민에게 적용되는 것으로 이해하여 두 법률을 서로 별개의 영역으로 간주하는 것이다. 그러나 이민이란 사람이 국경을 넘나드는 이동의 전 과정이고, 국적의 취득 및 상실은 사람이 새로운 국가의 구성원으로 포함inclusion되거나 제외exclusion되는 것을 의미한다. 따라서 사람의 이동을 규율하는 「출입국관리법」 및 국가의 구성원이되는 요건·신분 또는 자격을 규율하는 「국적법」은 서로 밀접한 관련을 가진다.[67] 이하에서는 「출입국관리법」과 「국적법」이 상호 관련되는 사례를 살펴보기로 한다.

Ⅱ. 출입국관리법 및 국적법의 연계

1. 의　　의

「출입국관리법」과 「국적법」은 하나로 통합되어 있지 않고, 각각 별개의 법률로 존재하고 있다.[68] 이민법 체계에서 두 법률이 각각 별개로 제정되어 시행되고 있으나, 「출입국관리법」과 「국적법」은 동전의 양면과 같이 상호작용하여 그 적용 영역,

---

67) Nikos papastergiadis, The Turbulence of Migration - Globalization, Deterritorialization and Hybridity, Polity Press, 2004, p. 54.

68) 외국의 입법례에 의하면, 이민을 적극적으로 받아들이는 미국 등 주요 이민국가에서는 출입국관리법과 국적법이 서로 통합되어, 통합된 이민법으로 국민 및 외국인의 출입국관리, 외국인의 체류, 국민이 되는 자격요건, 통합을 위한 노력 등을 규정하고 있다.

적용 대상자, 적용 절차, 적용 효과 등에서 밀접한 관련성을 가지고 있다.[69]

2. 사 례

이민법은 그 적용 대상자가 대한민국의 국적을 가지고 있는지에 따라 그 적용 영역 등에서 차이가 발생한다. 첫째, 「국적법」이 「출입국관리법」의 적용에 영향을 미치는 사례를 들어 보기로 한다. 「출입국관리법」의 적용 영역, 적용 대상자, 적용 절차, 적용 효과 등은 그 자가 대한민국의 국적을 가지고 있느냐를 기초로 한다.[70] 대한민국의 국민은 외국에서 대한민국으로 귀국할 경우 입국이 금지 또는 거부되지 않고, 국민이 대한민국 내에서 「출입국관리법」을 위반할지라도 대한민국의 밖으로 강제퇴거되지 않는다. 따라서 사람이 대한민국의 국적을 보유하고 있는지에 따라 「출입국관리법」의 적용조항이 다르게 된다. 둘째, 「출입국관리법」이 「국적법」의 적용에 영향을 미치는 사례를 들어 보기로 한다. 외국인이 일반귀화 허가를 받기 위하여는 5년 이상 계속하여 대한민국에 주소가 있어야 하고, 이것은 그 외국인이 대한민국에 적법하게 입국하여 외국인등록을 마친 후 합법적인 체류자격으로 5년 이상 거주한 것을 의미한다(국적법 제5조 제1항). 그리고 「출입국관리법」 제5장 제2절 '사회통합프로그램'에 법적 근거를 두고 있는 통합교육은 대한민국의 국적취득과 연결되어 「출입국관리법」과 「국적법」은 기능적으로 연계된다. 「출입국관리법」과 「국적법」으로 구성된 이민법은 대한민국에 필요한 새로운 구성원을 확보하고 이들이 통합되도록 하는데 필요한 법적 기능을 갖추고 있다.

제 3 절 국적부여에 관한 기본원칙

Ⅰ. 구 분

「국적법」에서는 국적을 취득하는 방법을 출생에 의한 국적취득(선천적 국적취득) 및 출생에 의하지 않는 국적취득(후천적 국적취득)으로 크게 구분한다. 국적을 취득하는 방법은 출생과 더불어 국적을 취득하는 것이 일반적이므로, 출생에 의한 국적

---

69) 법무부, 국적취득제도에 관한 비교법적 연구-미국, 일본, 중국의 국적취득제도를 중심으로, 연구용역 보고서, 2002, p. 20.

70) 앞의 보고서, p. 20.

취득(선천적 국적취득)에 영향을 미치는 국적취득의 기본원칙이 중요한 의미를 가진다.[71] 선천적 국적취득이란 출생birth 그 자체를 원인으로 하여 출생과 동시에 국적을 취득하는 것을 말한다. 이를 '생래적 국적취득'이라고도 한다.[72] 반면에 출생에 의하지 않는 국적취득(후천적 국적취득)의 대표적인 유형으로는 귀화제도가 있다. 참고로 외국인이 대한민국의 국민과 결혼하는 것은 대한민국의 국적을 취득하기 위한 후천적 국적취득의 요인에 해당하지만, 국적취득을 위한 직접적인 방법에는 해당하지 않는다. 그 이유는 외국인이 대한민국의 국민과 결혼했다는 사실 자체만으로는 대한민국의 국적을 자동적으로 바로 취득하는 것은 아니기 때문이다. 귀화제도에 대하여는 후술하기로 한다.

이하에서는 출생에 의한 국적취득(선천적 국적취득)의 기본원칙을 살펴보기로 한다.

Ⅱ. 출생에 의한 국적취득

1. 표준적 접근방법

(1) 의 의

국제사회에서 보편적으로 적용되는 국적취득의 일반원칙은 존재하지 않는다. 그러나 출생에 의한 국적취득에 대한 표준적 접근방법은 아래 2가지로 다시 구분된다. 즉 출생지를 기준으로 국적취득을 결정하는 출생지주의(속지주의) 및 혈통을 기준으로 국적취득을 결정하는 혈통주의(속인주의)가 있다.[73]

(2) 출생지주의(속지주의)

1) 개 념

출생지주의(속지주의)jus soli, law of the soil란 국가의 영역 내에서의 출생, 다시 말해 출생지the place of birth를 국적취득의 중요한 결정요인으로 보고, 국가의 영역 내에서 출생한 자에게 그 국가의 국민이 되는 요건·신분 또는 자격을 부여하는 것을 말한다.[74] 즉 부모의 국적 또는 혈통 여하를 불문하고 태어난 곳을 기준으로 출생지국가

71) 앞의 보고서, p. 28.
72) 석동현, 국적법, 법문사, 2011, p. 37.
73) David Weissbrodt, Immigration Law and Procedure, West Group, 2003, p. 325.
74) T.Alexander Aleinikoff and Douglas Klusmeyer, Citizenship policies for an age of migration, Carnegie Endowment for international peace, 2002, p. 7; 석동현, 국적법, 법문사, 2011, p. 39.

의 국적이 결정된다. 출생지주의(속지주의)는 부모의 국적 또는 혈통이 고려되지 않을 뿐만 아니라, 그 출생자가 혼인 중의 자(적출자)인지 또는 혼인 외의 자(비적출자)인지는 문제가 되지 않는다.[75]

2) 유 래

출생지주의(속지주의)는 역사적으로 중세 봉건주의feudalism에 그 뿌리를 두고 있다. Jus Soli는 라틴 어로서 영역의 권리right of the land를 의미하는데,[76] 중세 봉건주의 시대에 사람은 영지領地의 부속물로 보아 자국의 영지에 거주하는 이익을 향유하는 자에게 국적을 부여하고 국민으로서의 의무를 부담시킨다는 사상에서 유래한다.[77] 출생지주의(속지주의)는 봉건주의가 종식된 후에 현대까지도 출생에 의한 국적취득에 큰 영향을 미치는 원칙 중의 하나이다.[78] 또한 출생지주의(속지주의)는 원래 영국 보통법상의 원칙tenet of the common law이었던 것으로, 어떤 사람의 국적은 그 사람의 출생지에 의해 결정된다는 것을 의미한다.[79]

3) 장 점

출생지주의(속지주의)의 주된 장점으로는 i) 국적 부여의 기준으로서 객관적 확실성certainty을 확보할 수 있고, 이에 의해 각자에게 정치적 신분 또는 지위가 부여된다.[80] ii) 거주하는 국가에서 외국인의 후세대(이민 제2세대, 제3세대 등을 말한다)에게도 거주하는 국가의 국민과 동일한 법적 지위를 부여하게 되어 외국인의 후세대에 대한 통합을 촉진한다.[81] iii) 인구정책과 유기적으로 연계가 가능하다. 국민의 저출산·고령화로 인한 인구 또는 생산가능인구의 감소를 해결할 수 있는 실마리를 제공한다.[82]

(3) 혈통주의(속인주의)

1) 개 념

혈통주의(속인주의)jus sanguinis, law of the blood란 국적을 가진 부모로부터의 혈통

---

75) 김원숙, 출입국관리정책론, 한민족, 2008, p. 88.
76) Stephen H. Legomsky & Cristina M. Rodriguez, Immigration and Refugee law and Policy, Foundation Press(15th), 2009, p. 1290.
77) 석동현, 국적법, 법문사, 2011, p. 39.
78) 법무부, 국적취득제도에 관한 비교법적 연구-미국, 일본, 중국의 국적취득제도를 중심으로, 연구용역 보고서, 2002, p. 28; 이주윤, 국제법적 시각에서 본 대한민국의 국적문제, 한국법학회 법학연구 제29집, 2008, p. 381; David Weissbrodt, Immigration Law and Procedure, West Group, 2003, p. 326.
79) David Weissbrodt, Immigration Law and Procedure, West Group, 2003, p. 326.
80) 앞의 책, p. 326.
81) 석동현, 국적법, 법문사, 2011, p. 39.
82) 김원숙, 출입국관리정책론, 한민족, 2008, p. 88.

descent, blood relationship을 국적취득의 중요한 결정요인으로 보고, 태어난 곳에 상관없이 부모의 국적을 기준으로 그 자녀의 국적을 결정하는 것을 말한다.[83)] 혈통주의(속인주의)는 부의 국적을 기준으로 하는 부계혈통주의 및 부 · 모 중에서 순위를 두지 않고 어느 일방의 국적을 기준으로 하는 부모양계혈통주의로 다시 구분된다.[84)]

2) 유 래

Jus Sanguinis는 라틴 어로서 혈연의 권리right of the blood를 의미한다. 이를 혈통에 의한 국적citizenship by descent이라고도 한다.[85)] 혈통주의는 로마법상의 원칙the rule of civil law이었던 것으로, 출생 당시에 자녀의 국적은 부모의 국적을 혈통에 의해 계승한다는 것을 의미한다.[86)] 1789년 프랑스혁명의 시기에 혈통에 기초한 국적 개념이 확립되어, 다른 국가의 국민과 구별하기 위해 혈통에 기초한 국적으로 애국심과 동포애를 유발하였다. 프랑스의 이러한 민족주의적 열정은 결국에는 다른 유럽 국가의 국민에게도 확산되었다.[87)] 혈통주의(속인주의)는 동일한 문화를 가진 동일한 민족에 의해 국가를 형성한다는 민족주의에서 유래한 것이다.[88)]

3) 장 점

혈통주의(속인주의)는 사회적 단위인 가족에로의 귀속을 보장하고 부모와 자녀간의 밀접한 관계를 이어가는 기본이 되며, 특정한 국가적 정치공동체로의 귀속을 담보한다.[89)]

2. 새로운 접근방법: 세대적 접근방법(generational Approach)

(1) 배 경

출생에 의한 국적취득의 표준적 접근방법으로 제시된 출생지주의(속지주의) 및 혈

83) T.Alexander Aleinikoff and Douglas Klusmeyer, Citizenship policies for an age of migration, Carnegie Endowment for international peace, 2002, p. 7; 석동현, 국적법, 법문사, 2011, p. 38.
84) 석동현, 국적법, 법문사, 2011, p. 38.
85) Stephen H. Legomsky & Cristina M. Rodriguez, Immigration and Refugee law and Policy, Foundation Press(15th), 2009, p. 129.
86) 법무부, 국적취득제도에 관한 비교법적 연구-미국, 일본, 중국의 국적취득제도를 중심으로, 연구용역 보고서, 2002, p. 28; 이주윤, 국제법적 시각에서 본 대한민국의 국적문제, 한국법학회 법학연구 제29집, 2008, p. 381.
87) David Weissbrodt, Immigration Law and Procedure, West Group, 2003, p. 326.
88) 안구환, 국적법상(國籍法上) 국적(國籍)의 선천적취득(先天的取得)의 요건(要件) -호적실무를 중심으로-, 법조협회 법조, 2007, p. 19.
89) 헌법재판소 2000. 8. 31. 자 97헌가12 결정.

통주의(속인주의)의 구별이 일반적으로 생각하는 것과는 달리 실제로는 그다지 중요하지 않다는 견해가 있다. 그 이유는 대다수의 사람은 그의 부모가 국적을 가지는 국가의 영역에서 출생을 기준으로 국적을 취득하기 때문이다. 또한 현대 국가에서는 출생지주의jus soli와 혈통주의jus sanguinis의 구별이 명확하지 않다는 것을 이유로 든다. 즉 미국, 영국 등 대다수의 국가는 출생지주의 또는 혈통주의 중에서 하나를 원칙으로 삼고 다른 하나를 보충적으로 채택하는 등 출생지주의와 혈통주의를 혼합하여 채택하고 있다.[90] 예를 들어 혈통주의를 채택하고 있는 어떤 국가는 그 국가의 영역에서 출생한 3세대 이민자녀에게 그 국가의 국적을 부여하고 있다. 따라서 출생에 의해 국적을 취득하는 표준적 접근방법은 현저히 수렴해 가는 모습을 보이고 있다.[91]

출생에 의한 국적취득에 대한 새로운 접근방법은 이와 같은 추세와 수렴현상을 반영하고 있다. 새로운 접근방법은 그 기준으로 세대generation라는 개념을 채택하고 있다. 이에 의하면 출생에 의한 국적취득에 관한 주된 관심은 새로이 입국하여 체류하는 외국인 및 그 직계가족의 구성원immediate family members, 그들 자손의 국적취득 방법에 주로 집중된다.[92] 이하에서는 국적취득의 새로운 접근방법으로서 세대적 접근방법generational Approach을 살펴보기로 한다.

(2) 세대적 접근방법

제1세대 이민자의 직계가족 및 그 후세대가 계속적으로 체류하는 국가의 국적을 취득하는 것에 대하여는 새로운 질문이 제기된다. 그 이유는 출생지주의 및 혈통주의의 구별이 점점 모호해지거나 수렴되어 가고, 많은 수의 외국인이 국가 간에 이동함에 따라 새로이 체류하는 국가에서 사회적 동질성social homogeneity이 감소되어 이민사회적 특징이 증가하기 때문이다. 이에 따라 국가는 사회적 단결national cohesion 또는 단일national unity을 유지·발전시켜야 한다는 과제에 직면하게 된다.[93]

출생에 의한 국적취득에 관한 '세대적 접근방법'은 국적 부여를 결정하는 요소로서 '세대generation'를 그 기준으로 한다. 성인으로 이미 성장하여 다른 국가에 새로이 이동해 온 이민 1세대the first generation of immigrants에 대하여는, 기존 국민의 일치된

90) David Weissbrodt, Immigration Law and Procedure, West Group, 2003, p. 325.
91) T.Alexander Aleinikoff and Douglas Klusmeyer, Citizenship policies for an age of migration, Carnegie Endowment for international peace, 2002, p. 7.
92) 앞의 책, p. 7.
93) IOM, Essentials of Migration Management - A Guide for Policy Makers and Practitioners, Volume Three Managing Migration: Migration and Citizenship, 2004, p. 15.

의견이 이민 1세대를 그 국가의 국민으로 새로이 편입하는데 이민 2세대 · 3세대와 비교할 때 동일하지는 않다. 세대적 접근방법은 제1세대 이민자의 후세대가 체류하는 국가의 국적을 취득하도록 하는 것이 바람직하다는 인식으로부터 출발한다. 제2세대 이민자에게는 거의 자동적으로 체류하는 국가의 국적을 취득할 수 있도록 제안하거나, 제3세대 이민자에게는 출생과 동시에 체류하는 국가의 국적을 취득하도록 제안한다. 즉 세대적 접근방법은 혈통주의jus sanguinis 원칙을 따르는 국가에게 그 국적정책의 변화를 요구하는 것이다.[94)]

세대적 접근방법의 과정을 예로 들어보기로 한다. 외국인이 다른 국가에 이민하여 본인과 그 후세대가 새로이 언어를 습득하는 과정은 일반적으로 3세대의 패턴을 거친다. 즉 제1세대 이민자들은 주로 성인으로 그들이 살아가기에 충분한 정도로만 체류하는 국가의 언어를 습득하는 과정을 거친다. 제2세대 이민자들은 그 부모의 언어와 체류하는 국가의 언어를 2중으로 구사하는 과정을 거친다. 제3세대 이민자들은 대체로 그 체류하는 국가의 언어만을 구사하는 과정을 거치게 된다.[95)] 이 경우에 혈통주의 국가가 그 국가에서 출생한 제3세대 이민자(이민자녀를 말한다)에게 출생과 동시에 국적을 부여한다.

3. 국적법의 태도

출생에 의한 국적취득의 표준적 접근방법(출생지주의, 혈통주의)을 「국적법」에 적용하여 해석하기로 한다. '출생에 의한 국적취득'은 선천적 국적취득의 방법으로 출생 그 자체를 원인으로 하여 태어남과 동시에 자동적으로 대한민국의 국적을 취득하는 것을 말한다. 「국적법」은 기본적으로 혈통주의(속인주의)를 원칙으로 하여 부모양계혈통주의를 따르고 있다(국적법 제2조 제1항 제1호). 다만, 출생지주의(속지주의)를 보충적으로 채택하고 있다(국적법 제2조 제1항 제3호 및 제2항).

94) 앞의 책, p. 15.
95) 임형백, 한국의 다문화사회의 방향 모색, 제17회 한글문화토론회 - 다문화 담론과 바람직한 외국인정책, 2012, p. 41.

Ⅲ. 전통적 기준 및 그 변화

1. 국적부여의 전통적 기준

(1) 개 관

국적이란 개인이 어떤 국가의 국민으로 되기 위한 요건 · 신분 또는 자격을 말한다. 또한 국적이란 개인의 국가를 향한 충성이라는 연결고리the tie of allegiance에 의하여 국가에 소속된 자연인의 지위라고도 할 수 있다. 이러한 정의로부터, 국적은 한편으로는 단독인 개인individual과 다른 한편으로는 공적인 국가state 사이에 이중의 관계성twofold relationship이 있고, 둘 사이에는 공식적으로 인정된 유대vinculum, link가 있어야 한다는 결론이 도출되기도 한다. 여기에서 또 다른 중요한 결론에 도달하게 되는데, 오직 국가만이 개인을 그 국가의 국민이라고 인정할 수 있다는 원칙이다. 이 원칙은 1930년 4월 12일에 채택되어 1939년 7월 1일에 발효된 「국적법의 충돌에 관한 약간의 문제에 관한 헤이그조약」[96] 제1조 및 제2조에서도 규정되어 있다. 모든 국가는 자국의 국내법에 의하여 누가 국민으로 되는지를 결정하고, 개인이 특정 국가의 국적을 소지하고 있는지에 대한 판단은 그 국가의 국내법에 의하여 결정되어야 한다.[97]

(2) 전속적 국내관할권

1) 국내문제

전통적으로 외국인이 체류하는 국가의 국민이 되는 요건 · 신분 또는 자격을 취득하는 이민문제는 국내영역으로 간주되어 왔고, 국가는 국내법의 영역 밖인 국제규범의 틀에서 이 문제를 다루는 것을 꺼려한다.[98] 국제법규 또는 국제관습법 등에 따

---

96) 이 조약은 국제법편찬회의에서 채택되었는데, 국제법편찬회의는 국제법전의 편찬을 위하여 1930년 국제연맹 주최로 연맹국뿐만 아니라 비연맹국도 참가한 가운데 헤이그에서 열린 제1회 회의를 말한다. 이 회의는 모두 3부로 구분되는데, 국적충돌에 관한 약간의 문제에 관하여는 한 개의 조약과 세 개의 의정서의 작성에 성공하였고, 영해의 법적 지위에 관해서는 조약안을 작성하였으나 영해의 폭에 관한 의견일치를 보지 못하여 조약안은 채택되지 못하였고, 외국인에 끼친 손해에 대한 국가책임에 관해서는 아무런 성과도 거두지 못하였다. 참가국은 모두 47개국이다.

97) Carmen Tiburcio, the human rights of aliens under internatioal and comparative law, Martinus Nijhoff Publishers, 2001, p. 4.

98) Thomas Straubhaar, Why do we Need a General Agreement on Movement of People (GAMP)?, Managing Migration - Time for a New International Regimes?, edited by Bimal Ghosh, 2003, p. 111.

르면, 개인이 특정한 국가의 국적을 취득할 수 있는 권리 또는 국적을 변경하거나 다른 국적을 추가적으로 취득할 권리는 인정되지 않고 있다.99) 대법원에서도 "국적법 등 관계 법령 어디에도 외국인에게 대한민국의 국적을 취득할 권리를 부여하였다고 볼 만한 규정이 없다."라고 판시하고 있다.100)

일반적으로 국가는 그 국내법에서 정하는 바에 따라 어느 누구가 그 국가의 국민으로 될 것인지에 대해 자유로이 결정할 수 있다. 예를 들어 1955년 노테봄 사건 Nottebohm case에서 국제사법재판소는 "국적에 관한 사항은 국가의 국내적 관할에 속하는 사항으로, 국적의 취득에 관한 국가의 국내법 또는 규칙에 의해 결정된다 Nationality is within the domestic jurisdiction of the State, which settles, by its own legislation, the rules relating to the acquisition of its nationality."라고 결정하였다.101) 1930년 「국적법의 충돌에 관한 약간의 문제에 관한 헤이그협약」 제1장(일반원칙) 제1조 전문에서는 "각 국가는 그 국내법에 따라 누가 그 국민으로 될 것인지를 결정한다."라고 규정하여, 국가가 그 국내법에 따라 어느 누구가 그 국가의 국민으로 될 것인지를 결정하는 것은 국적부여에 관한 지도원리guiding principle로 여겨지고 있다. 그러나 1948년 「세계인권선언」 제15조에서는 "사람은 누구를 막론하고 국적을 가질 권리를 가진다."라고 규정하여, 국적을 가질 권리는 개인의 권리로 인정되었지만, 세계인권선언에서는 개인이 국적을 가질 권리를 실현하도록 하는 국가의 의무를 규정하지는 않았다. 1997년 「국적에 관한 유럽협약European Convention on Nationality」 제2장(국적에 관한 일반원칙) 제3조(국가의 권능) 제1항에서는 "각 국가는 그 국내법에 의해 누가 그 국민으로 될 것인지를 결정한다Each State shall determine under its own law who are its nationals."라고 규정하여, 국적부여에 관한 문제는 국내문제의 영역임을 밝히고 있다.

2) 정책재량과 입법재량

(가) 정책재량

일반적으로 국적부여와 관련된 이민문제는 국가의 국내관할domestic jurisdiction에 속한 문제로서, 국내문제 불간섭의 원칙principle of non-intervention into the internal affairs of another state이 적용되고 국가의 정책재량권이 발휘되는 영역이라고 여겨진다.102)

---

99) T.Alexander Aleinikoff & Vincent Chetail, Migration and International Legal Norms, TMC Asser Press, 2003, p. 77; IOM, Essentials of Migration Management - A Guide for Policy Makers and Practitioners, Volume Three Managing Migration: Migration and Citizenship, 2004, p. 12.

100) 대법원 2010. 10. 28. 선고 2010두6496 판결; 대법원 2010. 7. 15. 선고 2009두19069 판결.

101) Nottebohm case (Liechtenstein v. Guatemala), I.C.J. Report 1955 p.4, Judgement of 6 April 1955.

102) T.Alexander Aleinikoff & Vincent Chetail, Migration and International Legal Norms, TMC

이민행정은 광범위한 정책재량의 영역에 놓여 있는 분야라는 점을 고려하여 완화된 기준을 적용하여야 할 것이다.[103)]

(나) 입법재량

국민이 되는 요건·신분 또는 자격에 관한 사항을 어떻게 규정할 것인가는 국가의 입법재량에 속하게 된다. 「헌법」 제2조 제1항에서도 "대한민국의 국민이 되는 요건은 법률로 정한다."라고 하여 입법자는 대한민국의 국민이 되는 요건·신분 또는 자격을 결정함에 있어서 광범한 재량권을 가지므로 출생지주의를 택할 것인지 혈통주의에 의할 것인지, 그 밖에 국적에 관한 사항을 어떻게 규정할 것인지는 입법재량의 영역이다. 다만 입법자가 국민이 되는 요건·신분 또는 자격에 관한 규정을 정할 때에 합리적인 재량의 범위를 벗어난 것인지가 그 기준이 된다.[104)]

(3) 진정하고 효과적인 관계

1) 노테봄 사건

국가가 개인에게 국적을 부여하기 위하여는 국가와 개인 간에 진정하고 효과적인 관계genuine and effective link가 있어야 하고, 이러한 관계는 다른 국가에 의해 받아들여져야 한다. 진정하고 효과적인 관계를 요구하게 된 계기는 1955년 노테봄 사건Nottebohm Case에서 리히텐슈타인이 외교적 보호를 행사하기 위한 요구를 거부하기 위해 국제사법재판소ICJ: International Court of Justice가 사용한 것으로부터 유래한다. 노테봄은 독일에서 태어나 독일국적을 가지고 리히텐슈타인으로 귀화하였고, 그의 재산이 그가 사업을 하고 있던 과테말라에 의해 제2차 세계대전 중에 몰수되어 리히텐슈타인이 외교보호권을 행사하여 국제사법재판소에 제소하였다.[105)] 국제사법재판소는 "국가가 특정 개인에게 그 국적을 부여하는 결정은 임의적 행위가 아니라, 현실적인 유대를 갖는 사회적 사실을 반영해야 다른 국가에 대항할 수 있다."라고 결정하였다.[106)]

Asser Press, 2003, p. 76.

103) 헌법재판소 2005. 3. 31. 자 2003헌마87 결정; 헌법재판소 2013. 11. 28. 자 2011헌마520 결정.

104) 헌법재판소 2000. 8. 31. 자 97헌가12 결정 참고.

105) Nottebohm case (Liechtenstein v. Guatemala), I.C.J. Report 1955 p.4, Judgement of 6 April 1955.

106) 석동현, 국적법, 법문사, 2011, p. 42; Nottebohm case (Liechtenstein v. Guatemala), I.C.J. Report 1955 p.4, Judgement of 6 April 1955 (The practice of certain States, which refrain from exercising protection in favour of a naturalized person when the latter has in fact severed his links with what is no longer for him anything but his nominal country, manifests the view that, in order to be invoked against another State, nationality must correspond with a factual situation. A State cannot claim that the rules it has laid down

2) 대외적 유효요건

노테봄 사건 이후부터 진정하고 효과적인 관계는 대외적으로 유효한 귀화로 인정되기 위한 국제적인 인식 요소로 인정되고 있다. 국가가 개개인에게 국적을 부여하고 이를 다른 국가가 받아들이기 위하여는 개인과 국가 간에 개인적 또는 영토적 관계의 존재가 요구된다. 따라서 국가가 기존 국민과의 혈통 관계, 그 국가 내에서의 체류기간, 그 국가에 대한 특별한 봉사 등과 같이 국가와 개인 간을 연결하는 관계가 인정되는 기준이 없이 개개인에게 국적을 부여하는 것은 국가의 자의적인 행위로 간주된다.107)

2. 전통적 기준의 변화

(1) 전속적 국내관할권의 한계

1) 국가주권과 인권의 동적 관계

(가) 국내문제로 전이

세계화의 진전으로 일정한 국내문제는 그 국내적 차원의 성격을 잃어가고 있다. 이주의 시대에서는 외국인의 법적 지위가 향상되어 국적에 관한 사항도 단순한 국내문제의 수준을 넘어서 국제적 관심사항으로 전이되고 있다.108) 따라서 국가의 국적문제는 국제조약, 국제관습법, 국적에 관해 일반적으로 인정된 법의 일반원칙the principles of law generally recognized with regard to nationality과 양립되는 범위에서 인정되고, 인권에 관한 국제조약이 적용되는 경우가 아니라면 국적에 관한 행정절차와 판단·구제는 각 국가의 국내영역에 속하게 된다.109)

---

are entitled to recognition by another State unless it has acted in conformity with this general aim of making the nationality granted accord with an effective link between the State and the individual.).

107) T.Alexander Aleinikoff & Vincent Chetail, Migration and International Legal Norms, TMC Asser Press, 2003, p. 76.

108) Thomas Straubhaar, Why do we Need a General Agreement on Movement of People (GAMP)?, Managing Migration - Time for a New International Regimes?, edited by Bimal Ghosh, 2003, pp. 110~111. Thomas Straubhaar의 견해는 국내문제가 국경을 넘어서 국제문제로 되는 것을 공공재(public goods)에 비유하여 설명한다. 공공재는 한 사람이 그것을 소비한다고 해서 다른 사람이 소비할 수 있는 기회가 줄어들지 않으며, 대가를 지불하지 않은 사람이라도 소비에서 배제될 수 없다는 것이 그 특징이다. Thomas Straubhaar는 국경을 넘어 모든 사람이 경쟁과 배제 없이 함께 소비할 수 있는 재화 또는 서비스인 '국제적인 공공재(international public goods)'를 다음과 같이 설명한다. 안보문제는 UN, 재정문제는 World Bank 또는 IMF, 무역문제는 WTO, 이민문제는 자연인의 이동에 관한 일반협정(GAMP: General Agreement on Movement of People) 등 국제레짐이 국가들의 상호관계로부터 그 이익을 최적화하는 것이다.; 제성호, 국제법상 인권으로서의 국적권, 고시계사 고시계, pp. 64~77, 2001, p. 4.

(나) 국가주권의 제한

국적에 관한 원칙은 국가주권sovereignty과 인권human rights 사이의 동적 관계dynamic relationship로부터 나온다.[110] 국적의 취득(국가의 입장에서는 국적의 부여를 말한다) 및 포기·상실에 관하여는 주권국가의 국내법에 유보되어 있다거나 국내법에서 자유로이 결정한다는 전속적 국내관할domestic jurisdiction의 성격을 지닌다는 것은 국가가 개인에게 국적을 부여, 박탈·상실하도록 할 권리를 무제한적으로 자유로이 행사할 수 있다는 것이 아니고, 국제법과 법의 일반원칙 및 비차별적 규범, 절차적 정당성 등 인권human rights적 고려에 의하여 일정한 제한이 따른다는 것을 의미한다.[111] 예를 들어 인종race, 성gender, 적법절차에 의하지 않고 국적을 박탈·상실하게 하는 것은 일반적 인권규범에 의할 때에 정당화되기가 어렵다.[112]

이와 같은 제한은 개인이 국적을 선택·취득할 권리 및 개인의 의사에 반하여 국적을 포기·상실당하지 아니할 권리는 천부적 기본권의 일부로서 보호되어야 한다는 사고로부터 비롯된 것이다.[113] 미주인권법원Inter-American Court of Human Rights의 권고적 의견advisory opinion에 따르면, 국적을 취득할 권리는 인간으로서의 본래적 권리inherent human right로 인정되어야 하고, 국적에 관한 사안을 규율하는 국가의 권능은 인권을 충분히 보호하는 것을 보장하는 국가의 의무에 의해 결정되어야 한다.[114] 국적에 관한 국제적 합의의 확대 및 인권의 국제적 보호와 신장을 배경으로 국적의 취득(국가의 입장에서는 국적의 부여를 말한다) 및 포기·상실에 관한 사항은 국가권능·국가주권의 측면에서 개인이 가지는 기본적 인권의 측면으로, 국가의 권리에서 개인의 권리로, 국가가 외국인에게 부여하는 은혜에서 개인의 자유의사를 기초로 하는 국적으로, 국가이익을 위한 국적에서 인권으로서의 국적으로 이행하는 변천과정을 겪고 있다.[115]

2) 난민인정자, 이민자녀

(가) 의 의

최근에는 난민인정자 그리고 이민 제2세대 또는 제3세대 등의 국적 취득과 관련

109) IOM, Essentials of Migration Management – A Guide for Policy Makers and Practitioners, Volume Three Managing Migration: Migration and Citizenship, 2004, p. 11
110) 앞의 책, p. 3.
111) T.Alexander Aleinikoff & Vincent Chetail, Migration and International Legal Norms, TMC Asser Press, 2003, p. 76; T.Alexander Aleinikoff, International Dialogue on Migration, IOM, 2002, p. 47; 김대순, 국제법론, 삼영사, 2000, p. 417.
112) T.Alexander Aleinikoff, International Dialogue on Migration, IOM, 2002, p. 47.
113) 석동현, 국적법, 법문사, 2011, p. 42.
114) T.Alexander Aleinikoff & Vincent Chetail, Migration and International Legal Norms, TMC Asser Press, 2003, p. 77.
115) 제성호, 국제법상 인권으로서의 국적권, 고시계사 고시계, pp. 64~77, 2001, p. 64.

하여, 국적을 취득할 권리the Right to a Nationality as a Human Rights가 인권으로까지 발전하여 다양한 이슈를 통해서 제기되고 있다. 국가가 개인에게 국적 부여를 결정하는 것이 무제한적으로 정책재량의 원칙the rule of unlimited discretion of states을 향유한다는 전통적인 기준은 난민인정자 그리고 이민 제2세대 또는 제3세대 등 인권적 관점이 적절히 반영되어 국가권능의 한계로 된다.[116] 이하에서는 그 내용을 살펴보기로 한다.

(나) 난민인정자

1951년 「난민의 지위에 관한 협약Convention Relating to the Status of Refugees」 제34조에서는 "체약국은 난민의 (중략) 귀화를 가능한 한 장려한다. 체약국은 특히 귀화 절차를 신속히 행하기 위하여 또한 이러한 절차에 따른 수수료 및 비용을 가능한 한 경감시키기 위하여 모든 노력을 다한다."라고 하여, 국가는 난민의 귀화를 가능한 한 장려하도록 국가의 의무로 규정하고 있다.

그러나 동 협약 제34조를 해석하면, 국가가 난민의 귀화에 대해 재량권을 행사할 때에 고려해야 할 국가의 의무를 규정한 것으로 난민 개개인이 국적을 취득할 권리로까지는 인정되지 않는다.[117]

(다) 이민자녀

1966년 「시민적 및 정치적 권리에 관한 국제규약」 제24조 제3항에서는 "모든 어린이는 국적을 취득할 권리를 가진다."라고 규정하였다. 동 국제규약에서는 일반인의 국적 취득권에 관한 일반조항을 규정하고 있지는 않으나, 아동의 국적 취득권을 규정하고 있다.

그러나 동 국제규약 제2조 제1항에서는 "이 규약의 각 당사국은 자국의 영토 내에 있으며, 그 관할권하에 있는 모든 개인에 대하여 인종, 피부색, 성, 언어, 종교, 정치적 또는 기타의 의견, 민족적 또는 사회적 출신, 재산, 출생 또는 기타의 신분 등에 의한 어떠한 종류의 차별도 없이 이 규약에서 인정되는 권리들을 존중하고 확보할 것을 약속한다."라고 규정하고, 제2조 제2항에서는 "이 규약의 각 당사국은 현행의 입법조치 또는 기타 조치에 의하여 아직 규정되어 있지 아니한 경우, 이 규약에서 인정되는 권리들을 실현하기 위하여 필요한 입법조치 또는 기타 조치를 취하기 위하여 자국의 헌법상의 절차 및 이 규약의 규정에 따라 필요한 조치를 취할 것을

116) T.Alexander Aleinikoff & Vincent Chetail, Migration and International Legal Norms, TMC Asser Press, 2003, p. 77.

117) 앞의 책, p. 77; IOM, Essentials of Migration Management - A Guide for Policy Makers and Practitioners, Volume Three Managing Migration: Migration and Citizenship, 2004, p. 15.

약속한다."라고 규정하고 있다. 따라서 동 국제규약은 직접적으로는 국가에게 어린이(이민자녀를 말한다)의 국적 취득권을 보장하도록 하고, 어린이에게 국적을 부여할 국가의 의무를 명확히 규정하지 않고 이를 국내법에 일임하고 있다. 따라서 동 국제협약의 당사국은 자국의 영역에서 출생한 모든 어린이에 대하여 국내법에 의하여 국적을 부여할 의무를 지는 것은 아니다.[118)]

3) 국제규약

국적법은 국내법으로서, 국제조약, 국제관습법, 국적에 관하여 일반적으로 인정된 법의 일반원칙과의 조화를 이루는 경우에만 인정될 수 있다.[119)] 이에 관한 국제규범을 살펴보기로 한다.

1930년 「국적법의 충돌에 관한 약간의 문제에 관한 헤이그협약」 제1장(일반원칙) 제1조 후단에서는 "법률[120)]은 국제조약, 국제관습법, 국적에 관하여 일반적으로 인정된 법의 일반원칙과의 조화를 이루는 한도에서 다른 국가들에 의하여 인정된다."라고 규정하였다.

1948년 「세계인권선언」이 제15조 제1항에서는 "사람은 누구를 막론하고 국적을 가질 권리를 가진다.", 제15조 제2항에서 "누구를 막론하고 불법하게 그 국적을 박탈당하지 아니하여야 하며 그 국적변경의 권리가 거부되어서는 아니된다."라고 규정하여, 모든 사람은 국적을 가질 권리를 지니고 그의 국적을 자의적으로 박탈당하지 아니하고 그의 국적을 변경할 권리가 부인되지 않는다고 선언하고 있다.[121)]

1997년 「국적에 관한 유럽협약European Convention on Nationality」 제2장(국적에 관한 일반원칙) 제3조(국가의 권능) 제2항에서도 "법률[122)]은 국제조약, 국제관습법, 국적에 관하여 일반적으로 인정된 법의 일반원칙과의 조화를 이루는 한도에서 다른 국가들에 의하여 인정된다."라고 규정하여, 국적에 관한 문제는 기본적으로 국내문제의 영역에 속하지만 그 한계를 인정하고 있다.

「국적에 관한 유럽협약의 설명서Explanatory Report」에서는 "국적에 관한 문제는 일

118) 법무부, 무국적자 관리 및 체류질서 확립을 위한 제도 연구, 2009년도 법무부 연구용역보고서 연구책임자 정인섭, 2009, pp. 30~31.

119) IOM, Essentials of Migration Management - A Guide for Policy Makers and Practitioners, Volume Three Managing Migration: Migration and Citizenship, 2004, p. 11.

120) 여기에서 '법률'이란 동 헤이그협약 제13조 전문에서 규정한 '누가 그 국가의 국민으로 될 것인지를 결정하는 국내법'을 의미한다.

121) IOM, Essentials of Migration Management - A Guide for Policy Makers and Practitioners, Volume Three Managing Migration: Migration and Citizenship, 2004, p. 12.

122) 여기에서 '법률'이란 동 유럽협약 제3조 제1항에서 규정한 '누가 그 국가의 국민으로 될 것인지를 결정하는 국내법'을 의미한다.

반적으로 각 주권국가의 국내적 관할로 간주된다. 이것은 1930년「국적법의 충돌에 관한 약간의 문제에 관한 헤이그협약」제1조 전문 및 1997년「국적에 관한 유럽협약」제3조 제1항에서 "각 국가는 그 국내법에 따라 누가 그 국민으로 될 것인지를 결정한다."라고 규정한 것과 같이 국제법의 지도원리guiding principle이다. 그러나 두 조문들은 누가 그 국민으로 될 것인지를 결정하는 법률은 국제조약, 국제관습법, 국적에 관하여 일반적으로 인정된 법의 일반원칙과의 조화를 이루는 한도에서 다른 국가들에 의하여 인정된다고 추가적으로 규정하고 있다."고 하면서, "제2차 세계대전 이후 인권의 발전으로, 국적에 관한 국가의 정책재량state discretion은 개인의 기본권the fundamental rights of individuals을 보다 고려하여야 한다는 인식이 증가하고 있다."라고 부연 설명하고 있다.[123)]

(2) 진정하고 효과적인 관계의 확장

국적에 관한 국제조약 또는 국가의 관행을 살펴보면, 국적을 판단하기 위한 기준으로는 기존 국민과의 혈통 관계, 국가 내에서의 체류기간, 국가에 대한 특별한 봉사 등이라는 전통적 기준을 넘어서, 국가와 개인의 관계에 폭넓고 다양한 기준을 제공하거나 요구하고 있다.

예를 들어 1966년「시민적 및 정치적 권리에 관한 국제규약」제12조 제4항에서는 "어느 누구도 자국에 돌아올 권리를 자의적으로 박탈당하지 아니한다No one shall be arbitrarily deprived of the right to enter his own country."라고 규정하고 있다. 여기에서 '자국his own country'의 의미를 그의 국적국가에 한정하지 않고, 장기간 합법적으로 체류하여 그 사회와 밀접한 법률적 유대관계를 구축한 경우까지를 폭넓게 포함하는 견해가 있다.[124)] 이에 의하면 외국인일지라도 그가 외국에서 장기간 합법적으로 체류하여 그 사회와 밀접한 법률적 유대관계가 형성된 경우일 때에는 그 외국인은 그 외국과의 진정하고 유효한 관계를 인정할 수 있게 된다.

(3) 판례의 태도

판례는 구체적인 개별 사안을 통하여 개인의 국적취득권 내지 국적선택권을 직접

123) European Convention on Nationality, Chapter II – General principles relating to nationality, Article 3 2.에 관한 Explanatory Report to the European Convention on Nationality.

124) 법무부, 무국적자 관리 및 체류질서 확립을 위한 제도 연구, 2009년도 법무부 연구용역보고서 연구책임자 정인섭, 2009, p. 31; IOM, Essentials of Migration Management – A Guide for Policy Makers and Practitioners, Volume One: Authority and Responsibility of States, 2004, p. 13.

적으로 인정하고 있지는 않다. 대법원은 "국적법 등 관계 법령 어디에도 외국인에게 대한민국의 국적을 취득할 권리를 부여하였다고 볼 만한 규정이 없다."라고 판시하고 있다.[125)]

그러나 헌법재판소는 개인의 국적선택권을 기본권으로 인정할 수 있다는 논거를 제시한 바 있다. 헌법재판소는 "역사적으로 보면, 근대국가 성립 이전의 영민領民은 토지에 종속되어 영주領主의 소유물과 같은 처우를 받았다. 근대국가에서도 개인은 출생지 또는 혈통에 기속되고 충성의무를 강요당하는 지위에 있었으므로 국적선택권이 인정될 여지가 없었다. 그러나 천부인권天賦人權 사상은 국민주권을 기반으로 하는 자유민주주의 헌법을 낳았고, 이 헌법은 인간의 존엄과 가치를 존중하므로, 개인은 자신의 운명에 지대한 영향을 미치는 정치적 공동체인 국가를 선택할 수 있는 권리, 즉 국적선택권을 기본권으로 인식하기에 이르렀다. 1948년 「세계인권선언」 제15조 제1항에서 "사람은 누구를 막론하고 국적을 가질 권리를 가진다.", 제2항에서 "누구를 막론하고 불법하게 그 국적을 박탈당하지 아니하여야 하며 그 국적변경의 권리가 거부되어서는 아니된다."라는 규정을 둔 것은 이를 뒷받침하는 좋은 예다."라는 취지로 판시하고 있다.[126)]

---

125) 대법원 2010. 7. 15. 선고 2009두19069 판결; 대법원 2010. 10. 28. 선고 2010두6496 판결.
126) 헌법재판소 2000. 8. 31. 자 97헌가12 결정.

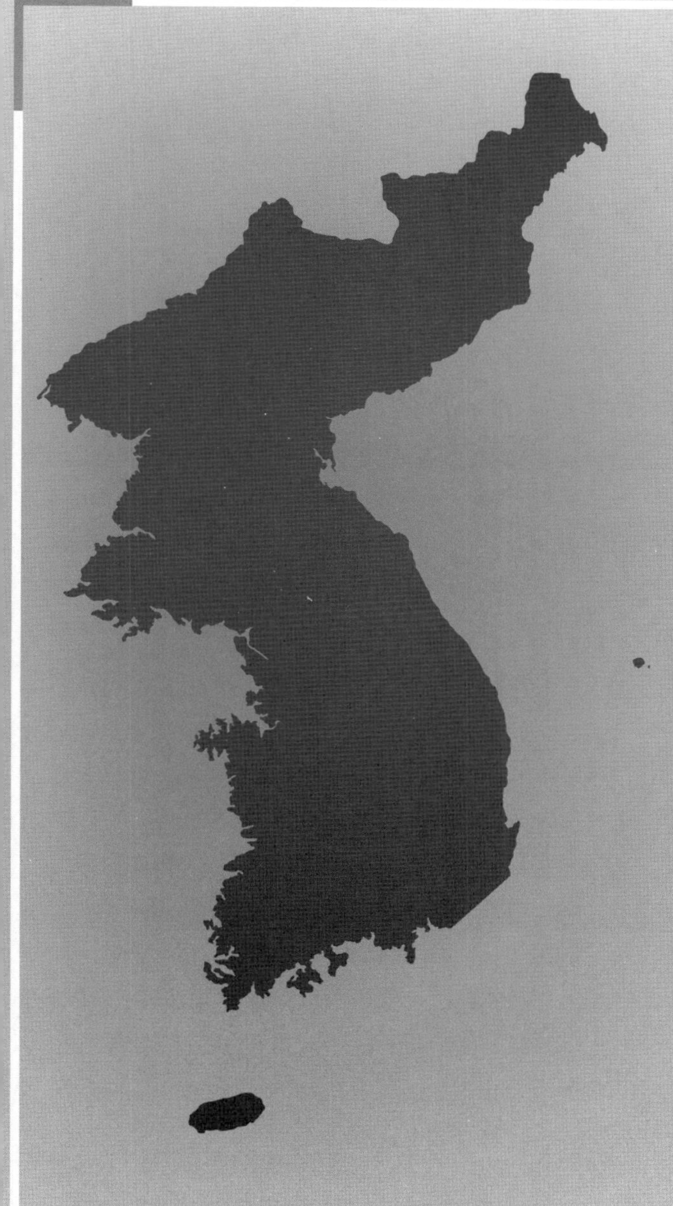

제 2 장

국적취득

제1절 의 의

Ⅰ. 개 념

국적취득이란 대한민국의 국민이 되기 위한 요건·신분 또는 자격으로서의 국적을 얻는 것을 말한다. 「국적법」에서는 국적취득의 요건, 방법 및 절차를 규정하고 있다. 국적취득의 종류로는 선천적 국적취득 및 후천적 국적취득이 있다. 선천적 국적취득이 가장 보편적인 방법으로서 출생에 의한 국적취득이 이에 해당한다. 후천적 국적취득에는 인지, 귀화, 수반취득, 국적회복에 의한 국적취득이 있다.

Ⅱ. 구별개념: 명예국민증 수여

국적취득과 구별되는 개념으로는 명예국민증 수여가 있다. 명예국민의 법적 근거는 법무부 예규인 「명예국민증 수여에 관한 규정」이다. 명예국민증은 외국인이 대한민국의 국위선양 또는 국익증진에 현저한 공로가 있는 경우에 법무부장관이 수여하는 것이다(명예국민증 수여에 관한 규정 제1조). 명예국민증의 수여 대상자는 ⅰ) 국가유공으로 대한민국 정부로부터 훈장·포장 또는 표창을 받은 사실이 있는 자, ⅱ) 국가 안보·사회·경제·문화 등의 분야에서 대한민국의 국익에 기여한 공로가 있는 자, ⅲ) 기타 제1호 및 제2호에 준하는 공로가 있다고 인정되는 자이다(명예국민증 수여에 관한 규정 제2조). 법무부장관은 명예국민증 수여 대상자에게 명예국민증과 함께 명예국민 메달 또는 기념품을 수여할 수 있다(명예국민증 수여에 관한 규정 제4조).

명예국민증 수여는 국적취득의 허가와는 그 취득요건·절차 및 법적 효과에서 구별된다. 명예국민증의 취득절차는 대한민국에서 일정한 체류기간, 신청절차를 필요로 하지 않으므로 귀화 등의 일반적인 요건·절차와는 차이가 있다. 외국인이 명예국민증을 수여 받았을지라도 대한민국의 국민으로 간주되는 것은 아니다. 법무부장관은 명예국민증을 수여받은 명예국민이 대한민국에 입국 또는 체류하거나, 출국하는 경우에 그에게 필요한 편의를 제공할 수 있으므로 일정한 예우를 제공하는 수준에 그친다(명예국민증 수여에 관한 규정 제4조 제2항).

제 2 절 출생에 의한 국적취득

Ⅰ. 의 의

1. 개 념

출생에 의한 국적취득이란 출생을 원인으로 하여 출생과 동시에 선천적으로 대한민국의 국적을 취득하는 것을 말한다(국적법 제2조). 출생에 의한 국적취득은 일반적으로 널리 인정된 국적취득의 주요한 유형이다.[1] 개인이 출생을 원인으로 하여 출생과 동시에 취득한 국적을 '선천적 국적' 내지 '생래적 국적'이라고 말한다.[2] 출생에 의한 국적취득은 후술할 귀화 등 후천적 국적취득(출생에 의하지 않는 국적취득)과 구별되는 선천적 국적취득에 해당한다.

「국적법」에서는 선천적 국적취득의 기준원칙 중에서 혈통주의(속인주의)를 주된 원칙으로 채택하고 있다(국적법 제2조 제1항 제1호). 보충적으로 출생지주의(속지주의)를 채택하고 있다(국적법 제2조 제1항 제3호 및 제2항).

2. 법률에 의한 당연취득

(1) 국적법 및 가족관계등록법의 관계

출생에 의한 국적취득은 혈통에 의한 출생과 동시에 대한민국의 국적을 취득하는 것으로(국적법 제2조), 귀화 또는 국적회복과 같이 신청자의 신청 등 기타 법률행위를 별도로 필요로 하지 않는 '법률에 의한 당연취득'이다. 「가족관계의 등록 등에 관한 법률」 제44조[3]에 의한 출생신고를 하지 않을지라도 「국적법」 제2조에서 정한 요건을 충족하는 경우에는 그 자는 대한민국의 국민으로 된다. 그리고 가족관계등록부에 출생신고 기록이 실수 등으로 여전히 남아 있을지라도 출생신고 당시에 「국적법」 제2조에서 정한 요건을 충족하지 못하는 경우에는 대한민국의 국민으로 볼 수 없다.

---

1) Gurdip singh, International law, Macmillan, 2009, p. 147.
2) 석동현, 국적법, 법문사, 2011, p. 89.
3) **가족관계의 등록 등에 관한 법률 제44조**
① 출생의 신고는 출생 후 1개월 이내에 하여야 한다.

(2) 잠재적 또는 사실상 국민

'잠재적 국민' 또는 '사실상의 국민de facto national'이란 출생과 동시에 대한민국의 국적을 취득하였으나, 대한민국의 국민으로서 완전한 권리를 가지고 의무를 부담하기 위하여 필요한 출생신고 및 가족관계등록부에 등재 등 신분등록절차를 하지 않은 완전한 의미에서의 대한민국의 국민이라고 할 수 없는 자를 말한다. 예를 들어 출생한 당시에 부 또는 모가 대한민국의 국민인 자로서 출생과 동시에 대한민국의 국적을 취득하였으나, 출생신고를 하지 않아 가족관계등록부에 등재되지 않은 경우에 그 자에 대한 제3국에서의 외교적 보호, 대한민국의 여권 발급, 국민에 대한 출입국관리, 병역의무의 대상자 등이 문제된다. 당사자가 희망하는 경우에는 제3국에서의 외교적 보호는 가능하지만, 국민으로서 완전한 권리를 가지고 의무를 부담하기 위하여는 신분등록절차를 마쳐야만 비로소 가능하다.[4]

Ⅱ. 요 건

출생과 동시에 대한민국의 국적을 취득할 수 있는 요건으로는 i) 출생 당시에 부 또는 모가 대한민국의 국민인 자, ii) 출생하기 전에 부가 사망한 경우에는 그 사망 당시에 부가 대한민국의 국민이었던 자, iii) 부모가 모두 분명하지 아니한 경우 또는 국적이 없는 경우에는 대한민국에서 출생한 자의 어느 하나에 해당하여야 한다(국적법 제2조 제1항). 다만, 출생과 동시에 대한민국의 국적을 취득할 수 있는 것은 아니지만, 대한민국에서 발견된 기아棄兒는 대한민국에서 출생한 것으로 추정한다(국적법 제2조 제2항). 이하에서 각 요건을 살펴보기로 한다.

1. 출생 당시에 부 또는 모가 대한민국의 국민인 자

(1) 의 의

자녀가 출생한 당시에 그의 부 또는 모가 대한민국의 국민인 경우에, 그 자녀는 출생과 동시에 대한민국의 국적을 취득한다(국적법 제2조 제1항 제1호).

(2) 요 건

출생한 당시에 부父 또는 모母가 대한민국의 국민인 경우에 그 자녀가 출생과 동

4) 석동현, 국적법, 법문사, 2011, p. 99.

시에 대한민국의 국적을 취득하기 위한 구체적인 요건 및 내용을 살펴보기로 한다.

1) 법률상의 친자관계

(가) 법률상 부

출생한 당시에 부 또는 모가 대한민국의 국민인 자는 출생과 동시에 대한민국의 국적을 취득하는데, 부 또는 모 및 출생한 자와의 관계는 법률상 친자관계가 인정되는 경우에 한정된다. 따라서 부는 법률상 부父를 의미한다.

(나) 사실혼 관계의 생부

사실혼 관계인 한국인 부와 외국인 모 사이에서 출생한 자녀의 경우가 문제된다. 출생한 당시에 생부가 대한민국의 국민이지만 비적출인 사유로 인하여 「국적법」 제2조 제1항 제1호의 적용을 받지 못하므로 그 자녀는 출생과 동시에 대한민국의 국적을 취득하지는 못한다. 이 경우에, 출생한 자가 대한민국의 국적을 취득하기 위하여는 생부가 혼인외의 자를 「민법」 및 「가족관계의 등록 등에 관한 법률」에 따라 인지의 절차를 거쳐 「국적법」 제3조(인지에 의한 국적 취득)에 따라 법무부장관에게 국적취득을 신고하거나, 국적법 제5조(일반귀화 요건)에 따라 일반귀화의 허가를 신청하여야 한다.

생부가 혼인외의 자를 출생한 후에 인지하였을지라도, 그 자녀가 출생한 당시에 법률상 부父의 관계에 있지 않았으므로 「국적법」 제2조 제1항 제1호가 소급하여 적용되지 않는다.[5] 그 이유는 「민법」 제860조(인지의 소급효)에 의하면 인지의 소급효를 인정하고 있지만, 출생 당시로 소급하는 것은 민법상의 친자관계 발생효과에 국한되므로 국적취득의 효과는 출생 당시로 소급하여 적용되지 않기 때문이다.[6]

2) 부모양계혈통주의

(가) 개 념

출생한 당시에 부 또는 모가 대한민국의 국민인 자는 출생과 동시에 대한민국의 국적을 취득한다는 것은 부모양계혈통주의를 규정한 것이다. 부모양계혈통주의란 출생한 시점을 기준으로 부모 중 어느 한 사람이라도 대한민국의 국적을 소지하면 그 자녀는 출생과 동시에 대한민국의 국적을 취득한다는 원칙을 말한다.

(나) 연 혁

부모양계혈통주의는 1997년 제4차 「국적법」 개정으로 1998년 6월 14일에 시행되

---

5) 민법 제860조 (인지의 소급효)
인지는 그 자의 출생시에 소급하여 효력이 생긴다. 그러나 제삼자의 취득한 권리를 해하지 못한다.

6) 석동현, 국적법, 법문사, 2011, p. 101 참고.

어 도입된 원칙으로,[7] 1998년 6월 14일 이후에 출생한 자에게 적용된다. 1998년 6월 14일 이후부터는 출생한 당시에 아버지가 대한민국의 국민인 자녀뿐만 아니라, 아버지가 외국인인 자녀도 어머니가 대한민국의 국민인 경우에는 출생과 동시에 대한민국의 국적을 취득하도록 하였다.

(다) 부계혈통주의 및 그 비판

(a) **부계혈통주의:** 혈통주의에 대한 국적법의 연혁을 살펴보기로 한다. 「국적법」은 1948년에 대한민국 정부가 수립된 이후 최초로 제정된 이래로 1997년 12월까지 3차례의 개정 과정을 거쳤으나, 1948년에 최초로 「국적법」이 제정된 당시의 기본적 기조를 약 50년간 유지하여 왔었다. 즉 1998년 6월 13일 이전에는 부계혈통주의가 적용되어 자녀는 원칙적으로 출생한 당시에 아버지의 국적을 따르고, 아버지가 분명하지 않거나 무국적인 상태에서만 어머니의 국적을 따르도록 하였다. 따라서 아버지가 법률상으로 외국인인 자녀는 출생에 의하여 대한민국의 국적을 취득할 수 없었다.

(b) **비 판:** 구 「국적법」에서 부계혈통주의를 규정한 것은 성별에 의한 차별을 금지한 「헌법」 제11조 제1항에[8] 반하여 남녀 차별적 요소가 많고, 대한민국 정부가 가입한 국제협약상의 남녀평등원칙에 배치된다는 지적이 제기되어 왔었다. 그리고 대한민국의 국적을 결정함에 있어 원칙적으로 속인주의를 취하는 「국적법」의 체계상 성별에 의한 차별을 금지하는 헌법 정신에 충실하기 위하여는 부모양계父母兩系혈통주의가 타당하고, 부계혈통주의는 혼인과 가정생활에 있어서 부父 또는 부夫의 지위를 자子 또는 처妻의 지위에 비하여 현저하게 우월하게 취급하고 있으므로 혼인과 가족생활에 있어서의 양성평등원칙에도 위배된다는 의문이 제기되어 왔었다.[9]

구 「국적법」이 출생에 의한 국적취득에 있어 부계혈통주의를 규정한 것에 대하여, 헌법재판소는 헌법상 평등원칙에 위배된다고 판시하였다.[10] 그 논거로는 첫째, 부계혈통주의 원칙을 채택한 구 「국적법」 조항은 출생한 당시에 자녀의 국적을 부의 국적에만 맞추고 모의 국적은 단지 보충적인 의미만을 부여하는 차별을 하고 있다. 한국인 부와 외국인 모 사이의 자녀 및 외국인 부와 한국인 모 사이의 자녀를 차별 취급하는 것은 모가 한국인인 자녀와 그 모에게 불리한 영향을 끼치므로 「헌

7) 일본의 경우에는 1984년에 부모양계혈통주의를 도입하였다.

8) 헌법 제11조
① 모든 국민은 법 앞에 평등하다. 누구든지 성별·종교 또는 사회적 신분에 의하여 정치적·경제적·사회적·문화적 생활의 모든 영역에 있어서 차별을 받지 아니한다.

9) 대법원 1997. 8. 20. 자 97부776 결정.

10) 헌법재판소 2000. 8. 31. 자 97헌가12 결정.

법」 제11조 제1항의 남녀평등원칙에 어긋난다. 둘째, 「헌법」은 제36조 제1항에서 "혼인과 가족생활은 개인의 존엄과 양성의 평등을 기초로 성립되고 유지되어야 하며 국가는 이를 보장한다."고 하여, 혼인제도와 가족제도에 관한 헌법 원리를 규정하고 있다. 혼인제도와 가족제도는 인간의 존엄성 존중과 민주주의의 원리에 따라 규정되어야 함을 천명한 것이다. 가족생활이 '양성의 평등'을 기초로 성립 유지될 것을 명문화한 것으로 이해되므로 입법자가 가족제도를 형성함에 있어서는 이를 반드시 고려할 것을 요구하고 있다. 한국인과 외국인 간의 혼인에서 배우자의 한쪽이 한국인 부인 경우와 한국인 모인 경우 사이에 성별에 따른 특별한 차이가 있는 것도 아니고, 양쪽 모두 그 자녀는 한국의 법질서와 문화에 적응하고 정치공동체에서 흠없이 생활해 나갈 수 있는 동등한 능력과 자질을 갖추었는데도 불구하고, 전체 가족의 국적을 가부家父에만 연결시키고 있는 구 「국적법」 조항은 「헌법」 제36조 제1항에 규정된 '가족생활에 있어서 양성의 평등원칙'에 위배된다. 셋째, 부계혈통주의에 의하면 모가 한국인인 자녀들은 외국인이므로 원칙적으로 대한민국의 공무원이 될 수 없고, 거주·이전의 자유, 직업선택의 자유, 재산권, 선거권 및 피선거권, 국가배상청구권 및 사회적 기본권 등을 누릴 수 없거나 제한적으로밖에 향유하지 못하게 된다. 그러므로 구 「국적법」의 부계혈통주의 조항은 자녀의 입장에서 볼 때에도 한국인 모의 자녀를 한국인 부의 자녀에 비교하여 현저하게 차별취급을 하고 있으므로 헌법상의 평등원칙에 위배된다.[11]

(3) 구체적인 경우

이하에서는 구체적인 경우를 구분하여 살펴보기로 한다.

첫째, 법률혼 관계인 한국인 부와 외국인 모 사이에서 출생한 자녀의 경우이다. 법률상 부부 사이에서 출생한 자녀는 혼인중의 자 또는 적출자摘出子라고도 말한다. 부가 대한민국의 국민에 해당하고 자녀와의 관계에서 법률상의 부에 해당하므로 그 자녀는 출생과 동시에 대한민국의 국적을 당연히 취득한다.

둘째, 법률혼 관계인 외국인 부와 한국인 모 사이에서 출생한 자녀의 경우이다. 법률상 부부 사이에서 출생한 자녀는 혼인중의 자 또는 적출자摘出子라고도 말한다. 이 경우에도 모가 대한민국의 국민에 해당하고 자녀와의 관계에서 법률상의 모에 해당하므로 그 자녀는 출생과 동시에 대한민국의 국적을 당연히 취득한다.

셋째, 사실혼 관계인 한국인 부와 외국인 모 사이에서 출생한 자녀의 경우이다.

---

11) 앞의 결정.

사실혼 관계의 부부 사이에서 출생한 자녀는 혼인외의 자 또는 비적출자非摘出子라고 말한다. 이 경우에는 「민법」에 따르면 원칙적으로 부와 그 자녀 사이에는 법률상의 부자관계가 성립하지 않으므로 그 자녀는 출생과 동시에 대한민국의 국적을 취득하지 못한다. 그러나 예외적으로 생부인 한국인 부가 그 자녀가 출생하기 전에, 즉 태아인 상태에서 그 태아를 인지한 경우에는 그 자녀는 출생과 동시에 대한민국의 국적을 당연히 취득한다.

넷째, 사실혼 관계인 외국인 부와 한국인 모 사이에서 출생한 자녀의 경우이다. 사실혼 관계의 부부 사이에서 출생한 자녀는 혼인외의 자 또는 비적출자非摘出子라고 말한다. 외국인 부와 한국인 모가 사실혼 관계에 있을지라도 출생한 그 자녀는 법률혼 관계에 있는 외국인 부와 한국인 모 사이에서 출생한 자녀와 같이 대한민국의 국적을 취득한다. 출생한 당시에 모와 자녀 사이에 모자관계가 자연적으로 당연히 인정되므로 그 모자관계만 입증되면, 그 자녀는 「국적법」 제2조 제1항 제1호에 따라 출생을 원인으로 하여 출생과 동시에 대한민국의 국적을 취득하기 때문이다.

2. 출생하기 전에 부가 사망한 경우에는 그 사망 당시에 부가 대한민국의 국민이었던 자

(1) 의 의

「국적법」에서는 자녀가 출생한 당시에 부가 사망하고 어머니만 있는 경우인 이른바 유복자遺腹子가 대한민국의 국적을 취득하는 방법을 규정하고 있다. 자녀가 출생하기 전에 그의 아버지가 사망한 경우에는 그 사망한 당시에 아버지가 대한민국 국민이었던 자는 출생과 동시에 대한민국의 국적을 취득한다(국적법 제2조 제1항 제2호).

(2) 적용범위

주의할 점은 자녀가 출생하기 전에 그의 한국인인 부가 사망한 경우에 자녀에게 그의 부가 사망할 당시의 대한민국의 국적을 적용한다는 부계혈통주의를 별도로 적용한 것은 아니다.[12] 「국적법」에서는 부모양계혈통주의를 따르고 있다. 다만, 「국적법」 제2조 제1항 제2호는 자녀가 출생한 당시에 한국인인 부는 이미 사망하고 모는 외국인인 경우에만 적용되는 규정으로 해석된다.

모가 외국인인 경우에만 적용되는 이유는 부모 모두가 대한민국의 국민인 경우에 그 자녀가 출생한 당시에 부가 이미 사망하였을지라도 모는 대한민국의 국민이므로

12) 석동현, 국적법, 법문사, 2011, p. 102.

「국적법」 제2조 제1항 제1호에 따라 그 자녀는 출생과 동시에 대한민국의 국적을 취득하기 때문이다. 또한, 부가 외국인이고 모가 대한민국의 국민인 경우에 그 자녀가 출생하기 직전에 대한민국의 국민인 모가 사망하였다면, 모가 그 자녀를 출산하기 직전에 사망하였을지라도 모의 사망시점과 자녀의 출생시점은 일반적으로 매우 짧을 것이므로 「국적법」 제2조 제1항 제1호에 따라 그 자녀가 출생한 당시에 모가 대한민국의 국민에 해당되어 그 자녀는 출생과 동시에 대한민국의 국적을 취득하기 때문이다. 또한, 자녀가 출생한 당시에 그의 외국인인 부가 사망하였으나 그의 모가 대한민국 국민인 경우에는 「국적법」 제2조 제1항 제2호가 아니라 제1호가 적용되어, 자녀가 출생한 당시에 모가 대한민국의 국민인 경우로서 그 자녀는 출생과 동시에 대한민국의 국적을 취득하기 때문이다.

3. 부모가 모두 분명하지 아니한 경우 또는 국적이 없는 경우에는 대한민국에서 출생한 자

(1) 의 의

대한민국에서 출생한 자로서 그 부모가 모두 분명하기 않거나 그 부모가 국적이 없는 경우에 그 자녀는 출생과 동시에 대한민국의 국적을 취득하게 된다(국적법 제2조 제1항 제3호). 이것은 무국적자의 발생을 방지하기 위하여 출생지주의jus soli를 보충적으로 채택한 규정이다. 「국적법」에서는 혈통주의를 원칙으로 하고 있으나(국적법 제2조 제1항 제1호, 제2호), 예외적으로 출생지주의를 보충적으로 인정하고 있다.

(2) 보충적 출생지주의

대한민국에서 출생한 자가 「국적법」 제2조(출생에 의한 국적 취득) 제1항 제1호 또는 제2호에 따를지라도 출생한 당시에 어느 국가의 국적을 가지지 못할 경우에는 그의 무국적 발생을 방지하려는 인도주의적 목적으로 대한민국의 국적을 취득할 수 있게 하는 보충적 출생지주의를 채택하고 있다.

(3) 요 건

대한민국에서 출생한 자가 그의 부모가 모두 분명하지 아니한 경우 또는 부모가 모두 국적이 없는 경우의 어느 하나에 해당할 때에는 출생과 동시에 대한민국의 국적을 취득하게 된다. 이하에서는 그 요건을 살펴보기로 한다.

1) 부모가 모두 분명하지 아니한 경우

부모가 모두 분명하지 아니한 경우의 예로는 미혼모 또는 경제적 능력 등 가사 사정이 극히 어려운 부부가 자녀를 대한민국에서 출산한 후 길거리에 내버린 상태에서 제3자 또는 구호기관 등이 발견한 경우를 들 수 있다.

2) 부모가 모두 국적이 없는 경우

부모가 모두 국적이 없는 경우의 예로는 부모가 모두 무국적인 상태로 대한민국에서 일시적 또는 장기적으로 거주하면서 그 자녀를 대한민국에서 출산한 경우를 들 수 있다.

(4) 기아의 대한민국 출생 추정

1) 의 의

부모가 모두 분명하지 아니한 경우에 대한민국에서 출생한 자는 출생과 동시에 대한민국의 국적을 취득한다는 출생지주의를 보충적으로 인정한 것과 관련하여, 대한민국에서 발견된 기아(棄兒, 버려진 아기)는 대한민국에서 출생한 것으로 추정한다(국적법 제2조 제2항). 대한민국에서 발견된 기아는 대한민국에서 출생한 것으로 추정한다는 것은 부모가 모두 불분명한 경우와 관련된 것이다. 부모가 모두 분명하지 아니한 경우에 대한민국에서 발견된 버려진 아기는 그 외모가 일반적인 국민과는 다를지라도 '부모가 모두 분명하지 아니한 경우 대한민국에서 출생한 자'에 해당하여 출생과 동시에 대한민국의 국적을 취득한다. 따라서 예외적 출생지주의를 인정하는 것이다.

2) 효 과

대한민국에서 발견된 기아는 대한민국에서 출생한 것으로 추정한다. 대한민국에서 발견된 기아는 대한민국에서 출생한 것으로 간주하는 것이 아니라, 단순히 추정한다는 것이다. 반대증거가 있는 경우에는 '기아의 대한민국 출생 추정'을 정정할 수 있다.

제 3 절 인지에 의한 국적취득

Ⅰ. 의 의

인지에 의한 국적취득이란 대한민국 국민의 혼외자로 출생한 외국인이 그 부 또는 모의 인지에 의하여 대한민국의 국적을 취득하는 것을 말한다(국적법 제3조). 대한민국 국민의 혼외자로 출생한 외국인은 그의 대한민국 국민인 생부 또는 생모의 인지에 의해 법률상 친자관계가 확인된 경우에 간소하게 국적을 취득할 수 있다. 대한민국 국민의 혼외자로 출생한 외국인은 그 생부 또는 생모와의 인적 유대관계가 있음을 고려하여, 귀화를 통해 국적을 취득하는 방법과 절차에 비하여 보다 용이하고 간소한 방법과 절차를 통하여 대한민국의 국적을 취득하도록 한 것이다.

Ⅱ. 연 혁

인지에 의한 국적취득은 「국적법」이 제정된 당시부터 규정되어 왔다.[13] 1997년 제4차 「국적법」 개정 전까지는 「국적법」에서 정하는 요건을 충족하고 인지를 한 때에 동시에 자동적으로 대한민국의 국적을 취득할 수 있었다.[14] 그러나 1997년 제4차 「국적법」 개정 이후부터는 「국적법」에서 정하는 요건을 충족하는 것 외에도 법무부장관에 신고하는 절차가 추가되어, 법무부장관에 인지의 사실을 신고한 때에 비로소 미성년인 외국인이 대한민국의 국적을 취득할 수 있도록 변경되었다.

---

13) 1948. 12. 20. 제정, 1948. 12. 20 시행된 「국적법」 제4조에 의하면 "외국인이 인지로 인하여 대한민국의 국적을 취득하는 때에는 다음 요건을 갖추어야 한다. 1. 본국법에 의하여 미성년일 것, 2. 외국인의 처가 아닐 것, 3. 부모 중 먼저 인지한 자가 대한민국의 국민일 것, 4. 부모가 동시에 인지한 때에는 부가 대한민국의 국민일 것"이라고 규정하였다.

14) 1976. 12. 22. 시행 「국적법」 제4조에서는 "외국인이 인지로 인하여 대한민국의 국적을 취득하는 때에는 다음 요건을 갖추어야 한다. 1. 본국법에 의하여 미성년일 것, 2. 외국인의 처가 아닐 것, 3. 부모 중 먼저 인지한 자가 대한민국의 국민일 것, 4. 부모가 동시에 인지한 때에는 부가 대한민국의 국민일 것"이라고 규정하였다.

Ⅲ. 요 건

대한민국의 국민인 부 또는 모에 의하여 인지認知된 자가 대한민국의 「민법」에 의해 대한민국의 국민이 아닌 미성년인 자로서 출생한 당시에 부 또는 모가 대한민국의 국민이었던 경우에는 법무부장관에게 신고함으로써 대한민국 국적을 취득할 수 있다(국적법 제3조 제1항). 이하에서는 인지에 의한 국적취득의 실질적 요건 및 절차적 요건을 살펴보기로 한다.

1. 실질적 요건

(1) 유효한 인지

인지란 혼인 외에 출생한 자녀와 그 부 또는 모 사이에 법률상의 친자관계를 형성하는 것을 말한다.[15] 인지는 법률혼 부부가 아닌 남녀 사이에서 출생한 자녀(혼인 외의 자 또는 비적출자라고도 말한다)를 그 생부 또는 생모가 법률상의 자로 인정하는 것으로, 혼인 외의 자는 그 생부 또는 생모가 인지하여야만 법률상의 친자관계가 비로소 형성된다.

혼인 외의 출생자에 대하여 사실상의 부가 사망한 후에 그의 처가 출생신고를 하여 호적에 등재한 것을 부의 인지로 볼 수 있는지에 대하여, 대법원은 "혼인 외의 출생자와 그 부와의 법률상 부자관계는 오로지 인지에 의해서만 생기는 것인바, 부가 사망한 후 그의 처가 그들 간에 출생한 친생자인양 출생신고를 하였다 하더라도 그것이 인지로서의 효력이 있다할 수 없다."라고 판시하였다.[16]

(2) 민법상 미성년자

인지된 대한민국의 국민이 아닌 외국인은 대한민국의 「민법」상 미성년자이어야 한다(국적법 제3조 제1항 제1호). 미성년자인지에 대한 판단은 그 본국법이 아니라, 대한민국의 「민법」에 의한다.[17] 「민법」 제4조(성년)에 따르면 "사람은 19세로 성년에 이르게 된다."라고 규정하고 있다. 따라서 만19세 미만자이어야 한다.

---

15) 김형배, 민법학강의, 신조사, 1999, p. 1330.
16) 대법원 1985. 10. 22. 선고 84다카1165 판결.
17) 노영돈, 국적법 개정안의 검토: 1997년 국적법 개정안의 검토, 서울국제법연구원 서울국제법연구, 1997, p. 39.

(3) 대한민국의 국민인 부 또는 모

인지된 대한민국의 국민이 아닌 외국인이 출생한 당시에 그 부 또는 모가 대한민국의 국민이었어야 하고(국적법 제3조 제1항 제2호), 대한민국의 국민이 아닌 외국인을 인지하는 시점에서도 그 부 또는 모가 대한민국 국민이어야 한다(국적법 제3조 제1항 본문).

2. 절차적 요건: 법무부장관에 신고

(1) 국적취득 신고

인지된 대한민국의 국민이 아닌 외국인은 「국적법」에서 정하는 인지의 실질적 요건을 충족한 후에, 법무부장관에 신고(국적취득 신고)하여야 한다(국적법 제3조 제1항). 외국인이 인지에 의해 대한민국의 국적을 취득하려면 국적취득 신고서를 작성하여 법무부장관에게 제출하여야 한다(국적법 제3조 제3항, 국적법 시행령 제2조 제1항).

(2) 제출서류

인지된 후에 국적취득을 위해 법무부장관에게 신고하려는 자가 국적취득 신고서에 첨부하여야 하는 서류로는 i) 외국인임을 증명하는 서류, ii) 대한민국 국민인 아버지 또는 어머니에 의하여 인지된 사실을 증명하는 서류, iii) 출생한 당시에 그 아버지 또는 어머니가 대한민국 국민이었음을 증명하는 서류, iv) 「가족관계의 등록 등에 관한 법률」 제93조에 따른 국적취득 통보 및 가족관계등록부 작성 등에 필요한 서류로서 법무부장관이 정하는 서류이다(국적법 시행규칙 제2조 제2항).

Ⅳ. 신고수리 후 절차

법무부장관은 국적취득 신고를 수리受理하면 그 사실을 지체 없이 본인과 「가족관계의 등록 등에 관한 법률」에 따른 등록기준지 가족관계등록관서의 장에게 국적취득을 통보하고, 관보에 이를 고시하여야 한다(국적법 시행령 제2조 제2항). 법무부장관이 등록기준지 가족관계등록관서의 장에게 국적취득을 통보하면 국적취득자의 가족관계등록부가 작성된다.

V. 효 과

대한민국의 「민법」상 미성년자인 외국인은 인지에 의한 국적취득의 실질적 요건 및 절차적 요건을 모두 갖춘 때에 대한민국의 국적을 취득하게 된다. 인지에 의한 국적취득을 위해 국적취득을 신고한 자는 그 신고를 한 때에 대한민국 국적을 취득한다(국적법 제3조 제2항).

제 4 절 귀화에 의한 국적취득

I. 의 의

1. 의 의

귀화란 다른 국적을 취득하려는 그 국가의 국적을 과거에 한 번도 가진 적이 없는 순수한 외국인이 출생 후에 일정한 요건을 갖추어 그 국가의 심사절차를 거쳐서 그 국가의 국적을 취득하는 것을 말한다. 귀화는 출생에 의하지 않고서 국가적 정치공동체의 구성원으로 인정되는 후천적 국적취득의 대표적 유형이다.

귀화를 거쳐 다른 국가의 국적을 취득한 자를 귀화자naturalized라고 부른다.[18] 귀화심사란 국가적 정치공동체의 구성원이 되기를 희망하는 외국인에 대한 요건·신분 또는 자격의 심사를 말한다. 그리고 귀화허가란 외국인에게 대한민국의 국민으로서의 법적 지위를 창설적으로 부여하는 것을 말한다.

2. 구 분

(1) 유 형

귀화의 유형은 귀화를 신청하는 외국인의 신분 내지 상황에 따라 일반귀화, 간이귀화, 특별귀화로 구분된다. 귀화의 유형에 따라 그 대상자와 요건이 상이하다.[19]

---

18) Stephen H. Legomsky & Cristina M. Rodriguez, Immigration and Refugee law and Policy, Foundation Press(15th), 2009, p. 6.
19) 이정수, 국적법상 여러 논점들에 관한 소고, 법조협회 법조, 2005, p. 276.

(2) 대상자

귀화제도는 1948년「국적법」제정에서부터 규정되었고, 귀화의 대상자는 1948년「국적법」제정 이래로 혈연 또는 지연 관계의 유무 · 정도에 따라 일반귀화 대상자, 간이귀화 대상자, 특별귀화 대상자 3가지 유형으로 구분된다.

(3) 요 건

귀화의 유형 또는 대상자에 따라 그 요건이 다르다. 일반귀화 대상자는 대한민국에 귀화하려는 외국인이 혈연 또는 지연 관계가 전혀 없는 경우에 해당한다. 일반귀화 대상자에게는 5년 이상 계속하여 대한민국에 주소가 있어야 하는 국내 거주요건을 필요로 한다. 그리고 간이귀화 또는 특별귀화 대상자는 대한민국에 귀화하려는 외국인이 혈연 또는 지연 관계 등이 있는 경우에 해당하고, 그 정도에 따라 간이귀화 또는 특별귀화로 구분된다. 간이귀화 대상자 중에서 배우자가 대한민국의 국민인 외국인의 경우에는 3년 또는 1년 이상 대한민국에 주소가 있어야 하는 국내 거주요건을 필요로 하지만, 특별귀화의 경우에는 국내 거주기간의 요건을 요구하지 않는다.

3. 요건과 절차

(1) 국제사회

외국인이 귀화하기 위하여는 일반적으로 그 외국인이 귀화의 요건과 절차를 갖추어 적극적으로 귀화의 허가를 신청하여야 하는 것이다.[20] 귀화의 요건과 절차란 국적국가가 아닌 다른 국가에서 일정기간 체류하고 계속적으로 거주할 의사가 있는 외국인이「국적법」이 정하는 요건과 소정의 절차를 거쳐 그 국가의 국적을 후천적으로 취득하는 기준과 절차를 말한다.[21] 일반인이 생각하기엔, 외국인이 다른 국가에서 귀화하기 위해 필요한 요건과 절차는 국가마다 상당한 차이가 발생할 것으로 여긴다. 그런데 외국인이 새로운 다른 국가에서 장기간 체류하여 그 국가의 국적을 취득하는 요건과 절차는 일반인이 생각하는 것보다는 대다수 국가에서 그 차이점이

20) Stephen H. Legomsky & Cristina M. Rodriguez, Immigration and Refugee law and Policy, Foundation Press(15th), 2009, p. 6.

21) T.Alexander Aleinikoff and Douglas Klusmeyer, Citizenship policies for an age of migration, Carnegie Endowment for international peace, 2002; 법무부, 국적취득제도에 관한 비교법적 연구-미국, 일본, 중국의 국적취득제도를 중심으로, 연구용역 보고서, 2002, pp. 53~59.

비교적 적은 편이다. 국가들마다 귀화를 위한 요건과 절차가 유사하거나 국가에 따라서는 약간의 차이만 있을 뿐이다.[22)]

(2) 대한민국의 경우

대다수 국가가 귀화의 요건과 절차를 「국적법」에서 규정하고 있다. 대한민국의 경우에는 귀화하려는 외국인은 「국적법」에 규정한 요건을 갖추어 법무부장관에게 귀화를 신청하고, 그 허가를 받아야 하며, 그 귀화허가를 받은 때에 대한민국의 국적을 취득하게 된다.

4. 귀화허가의 법적 성격

(1) 형성적 행정행위: 특허

귀화허가의 법적 성격은 특정 상대방을 위하여 새로이 법적 지위를 설정하는 행위로서 형성적 행정행위 중에서 특허特許에 해당된다. 형성적 행정행위는 상대방에게 포괄적 법률관계를 발생·변경·소멸시키는 행위이다. 특허는 출원을 그 요건으로 하므로, 신청을 요하는 쌍방적 행정행위이다. 특허는 상대방에게 권리·능력 등 법률상의 힘을 발생시킨다. 특허는 상대방에게 새로운 권리·능력 등을 설정하여 주는 행위라는 점에서, 공익적 관점에서 특허 여부에 관한 행정청의 판단여지가 인정될 소지가 크다.[23)] 특허의 효과는 그것이 일신전속적인 경우에는 이전성은 없다. 대법원도 귀화허가는 외국인에게 대한민국의 국적을 부여함으로써 국민으로서의 법적 지위를 포괄적으로 설정하는 특허로 보고 있다.[24)]

(2) 수익적 행정행위

귀화허가는 상대방에게 권리·이익을 부여하거나 법률관계를 확정하는 행정행위로서 수익적 행정행위授益的 行政行爲에 해당한다. 수익적 행정행위의 경우에는 후술할 귀화허가의 취소에 공익상 필요와 신뢰보호의 비교 교량 등 일정한 제한이 따르게 된다.

---

22) T.Alexander Aleinikoff and Douglas Klusmeyer, Citizenship policies for an age of migration, Carnegie Endowment for international peace, 2002; 법무부, 국적취득제도에 관한 비교법적 연구-미국, 일본, 중국의 국적취득제도를 중심으로, 연구용역 보고서, 2002, pp. 53~59.

23) 김동희, 행정법 I, 박영사, 2010, pp. 285~286.

24) 대법원 2010. 10. 28. 선고 2010두6496 판결; 대법원 2010. 7. 15. 선고 2009두19069 판결.

5. 구별개념

(1) 국적회복

국적회복이란 과거에 대한민국의 국민이었던 외국인이 법무부장관의 국적회복허가를 받아 대한민국의 국적을 다시 취득하는 것을 말한다(국적법 제9조 제1항). 귀화와 국적회복의 대상자를 구분하는 기준은 외국인이 과거에 대한민국의 국적을 보유한 적이 있는지 여부이다. 귀화는 외국인이 출생한 이후에 대한민국의 국적을 취득한 적이 없는 경우에 대한민국의 국적을 취득하기 위한 절차이고, 국적회복은 외국인이 과거에 출생에 의하거나 또는 출생에 의하지 않거나 어떤 경우로든 대한민국의 국적을 취득한 적이 있었으나, 대한민국의 국적을 상실했거나 이탈했던 이후에 다시 대한민국의 국적을 취득하기 위한 절차를 말한다.

(2) 귀 순

귀순歸順, surrender은 적국의 군인이나 국민이 대한민국의 국민이 되기를 원하는 경우에 사용된다. 대한민국에서 귀순은 「헌법」 제3조 "대한민국의 영토는 한반도와 그 부속도서로 한다."에 의해 미수복지구인 군사분계선 이북지역에 거주하다가 적국의 반항심을 버리고 스스로 복종하거나 순종하는 북한 군인과 그 주민의 행동을 말한다.[25] 귀순자도 결과적으로 국적을 취득하여 국민으로 확인 편입된다는 점에서 귀화와 유사한 측면이 없지 않으나, 귀순은 전쟁 또는 휴전상황 등 대치상황에서 개인 또는 집단의 자발적 판단에 의한 임의적 행동이라는 점에서 「국적법」에 따라 이루어지는 귀화제도와는 근본적으로 상이하다.

(3) 귀 환

귀환歸還, return은 다른 곳으로 떠나 있던 사람이 본래 있던 곳으로 돌아오거나 돌아가는 것을 말한다. 예를 들어 이스라엘은 1950년 「귀환법the Law of return」을 제정하여 이스라엘의 영토로 돌아온 모든 유대인에 대해 이스라엘의 국적을 부여하였다. 이스라엘의 1950년 「귀환법」에 의하면 모든 유대인 귀환자 및 그 배우자에게 이스라엘의 국적을 부여한다는 점에서는 귀화제도와 유사한 측면이 있다.[26]

그러나 귀화와는 상이한 의미를 지니는 귀환의 사용례를 살펴보기로 한다. i) 대

25) 법무부, 국적취득제도에 관한 비교법적 연구-미국, 일본, 중국의 국적취득제도를 중심으로, 연구용역 보고서, 2002.

26) 앞의 보고서.

한민국의 영해에서 조업하다가 북한해군에 납치되어 북한지역에 억류된 후 다시 대한민국으로 돌아온 경우에 귀환이라는 용어를 사용한다.[27] ii) '난민의 자발적 본국귀환'에 대하여는 난민의 본국이 독립 또는 안정을 되찾게 된 경우에 가장 적절한 난민문제의 해결임을 인정하고, 유엔난민고등판무관은 난민의 본국귀환을 위한 지원을 해왔고 관련정부에 대해 귀환난민을 위해 여행증명서 등 제공을 요청한다. iii) 우수한 자국민의 두뇌유출을 방지하기 위한 정부의 노력 및 국제사회에서 공동발전의 관점에서 '고급인력의 귀환프로그램'이 국제사회에서 진행되고 있다. iv) '자발적 귀환 지원 프로그램AVR: Assisted Voluntary Return'이란 난민인정이 기각된 난민신청자 및 외국인 중 본국으로의 귀환을 원하는 자에게 합법적, 인도적이고 비용면에서도 효과적인 귀환과 본국에서의 재정착을 목적으로 국제이주기구IOM에서 제공하는 지원서비스를 말한다.

Ⅱ. 일반귀화

1. 의 의

일반귀화란 대한민국 국민과의 혈연 또는 지연 관계가 없는 외국인이 5년 이상 계속하여 대한민국에 주소가 있어야 하는 국내 거주요건 등 일정한 요건을 갖추어 대한민국의 국적을 취득하도록 하는 것을 말한다(국적법 제5조).

2. 대 상 자

(1) 장기체류 외국인

일반귀화 대상자는 대한민국에 귀화하려는 외국인이 혈연 또는 지연 관계가 전혀 없는 경우에 해당한다. 일반귀화 대상자에게는 5년 이상 계속하여 대한민국에 주소가 있어야 하는 국내 거주요건을 필요로 한다.

(2) 불법체류 외국인

대한민국에서 불법으로 체류하는 외국인이 귀화를 신청할 자격이 있는지가 문제된다. 「국적법」에서는 불법체류외국인의 귀화 신청에 대해 접수를 거부할 법적 근거가 명확하지 않기 때문이다.[28] 판례는 「출입국관리법」을 위반하면서 대한민국에

27) 앞의 보고서.

C계속적으로 체류하고 있는 외국인에 대하여는 귀화의 대상자에서 제외하고 있다.[29]

3. 요 건

외국인이 일반귀화의 허가를 받기 위하여는 i) 5년 이상 계속하여 대한민국에 주소가 있을 것, ii) 민법에 의하여 성년일 것, iii) 품행이 단정할 것, iv) 자신의 자산資産이나 기능技能에 의하거나 생계를 같이하는 가족에 의존하여 생계를 유지할 능력이 있을 것, v) 국어능력 및 대한민국의 풍습에 대한 이해 등 대한민국의 국민으로서의 기본소양을 갖추고 있을 것, vi) 추천서 및 추천자의 신분을 증명하는 서류를 귀화허가 신청서에 첨부하여야 한다(국적법 제5조, 국적법 시행규칙 제3조 제2항 제4호). 이하에서는 일반귀화의 요건에 대한 구체적인 내용을 살펴보기로 한다.

(1) 국내 체류기간

1) 의 의

(가) 개 념

국내 체류기간은 외국인이 대한민국에서 외국인등록을 마친 후 기간의 단절이 없이 적법하게 계속적으로 주소를 두고 체류한 기간을 의미한다(국적법 시행규칙 제5조 전단). 출생한 후 대한민국의 국민이 된 적이 없고 국민과 친족관계가 없는 외국인은 일반귀화의 허가를 받기 위하여는 5년 이상 계속하여 대한민국에 주소가 있어야 한다(국적법 제5조 제1호). 이것을 일반귀화를 위한 '국내 체류요건'이라고도 한다.

(나) 취 지

일반귀화를 위하여 국내 체류기간을 두는 이유는 귀화를 신청한 자가 과거 국적국가와의 대외적인 연결을 포기하여 새로이 대한민국의 정부체계 등 기본원칙을 습득하고 정치공동체와의 정체성을 형성하기 위해 합리적인 유예기간probation period을 설정하기 위한 것이다.[30] 다수의 국가들에서는 외국인이 귀화하기 전에 일정한 기간 동안 국내에 체류할 것을 요구하고 있다. 국가들의 상황에 따라 길게는 10년, 짧게는 3년을 요구하고 있으므로 공통적으로 표준화된 일정 기간은 존재하지 않는다.[31]

28) 이정수, 국적법상 여러 논점들에 관한 소고, 법조협회 법조, 2005, p. 278.
29) 서울행정법원 2009. 8. 20. 선고 2008구합51400 판결.
30) David Weissbrodt, Immigration Law and Procedure, West Group, 2003, p. 345.
31) T.Alexander Aleinikoff and Douglas Klusmeyer, Citizenship policies for an age of

2) 주 소

(가) 국내주소

일반귀화를 신청하려는 외국인은 5년 이상 계속하여 대한민국에 주소가 있어야 하고, 일반귀화를 신청하는 시점에도 대한민국에 주소를 두어야 한다.

(나) 국외주소

일반귀화하려는 외국인은 외국에 주소를 둔 상태에서 귀화할 수 없다. 외국인이 과거에 대한민국에 체류한 적이 있다 하더라도 일반귀화를 신청하는 시점에 대한민국에서 주소를 가지고 체류하지 않는다면 그 외국인은 일반귀화의 허가를 받을 수 없다.[32] 따라서 외국인이 외국에 체류하는 상태에서는 일반귀화의 허가를 받을 수 없다.

외국인이 재외공관을 통한 일반귀화의 신청은 불가능하다. 이것은 국적회복 신청자의 경우 외국에 주소를 둔 상태에서도 재외공관을 통하여 법무부장관에게 국적회복의 허가를 신청할 수 있는 것과 비교된다.

3) 기산점

국내 체류기간의 기산점은 외국인이 대한민국에 적법하게 입국하여 외국인등록을 마친 날이다(국적법 시행규칙 제5조 전단). 일반귀화를 신청하려는 외국인은 일반귀화를 신청하는 시점까지 역산하여 5년 이상 계속하여 대한민국에 주소가 있어야 한다.

4) 불법체류의 기간

(가) 문제 제기

국내 체류기간이란 외국인이 대한민국에 적법하게 입국하여 외국인등록을 마친 후 합법적인 체류자격으로 계속적으로 주소를 두고 체류하여 온 기간을 말한다. 따라서 외국인이 대한민국에서 계속적으로 체류하였을지라도 불법으로 체류한 기간은 국내 체류기간에 산입하지 아니한다. 외국인이 불법으로 체류한 기간을 「국적법」의 국내 체류기간에 산입하지 않는 이유를 아래에서 살펴보기로 한다.

(나) 사법 · 공법적 관계에서의 주소

(a) 거주와 주소의 의미: 「국적법」에서는 국내 거주기간의 요건으로 "대한민국에 거주하여야 한다."라고 규정하지 않고, "대한민국에 주소가 있어야 한다."라고 규정하고 있다(국적법 제5조 제1호). '거주'란 일정한 곳에서 사실상 자리를 잡고 머물러 살고 있는 상태를 말하고, '주소'란 자연인의 생활관계의 중심지이며 사법관계에 의한 생활의

---

migration, Carnegie Endowment for international peace, 2002, p. 16.

32) 석동현, 국적법, 법문사, 2011, p. 133.

근거지를 말한다.

(b) **사법적 관계에서의 주소:** 「민법」에서는 "생활의 근거가 되는 곳을 주소로 한다."라고 규정하므로(민법 제18조 제1항), 사법적 법률관계에서는 생활의 실질적 관계에 의하여 주소를 결정하고(실질주의), 생활의 근거라는 일정한 사실이라는 객관적 사실에 따라 주소를 결정한다(객관주의). 또한 주소를 동시에 두 곳 이상 둘 수 있다(복수주의, 민법 제18조 제2항).[33]

(c) **공법적 관계에서의 주소:** 공법적 법률관계에서 자연인의 주소는 「주민등록법」이 일반적으로 규정하고 있다. 「주민등록법」에서는 "다른 법률에 특별한 규정이 없으면 이 법에 따른 주민등록지를 공법公法 관계에서의 주소로 한다."라고 규정하고 있다(주민등록법 제23조 제1항). 또한 「주민등록법」은 생활의 실질적 관계 이외에도 주민등록이라는 형식적 기준과 절차에 의하여 주소를 획일적으로 결정하고(실질주의에 형식주의를 가미), "주민등록지를 공법 관계에서의 주소로 하는 경우에 신고의무자가 신거주지에 전입신고를 하면 신거주지에서의 주민등록이 전입신고일에 된 것으로 본다."라고 규정하여(주민등록법 제23조 제2항), 주소의 이중등록을 금지하고 있으므로 공법적 법률관계에서의 주소는 1개에 한정된다(단일주의).[34]

(다) 주민등록과 외국인등록의 관계

(a) **「주민등록법」 및 외국인의 주소:** 「주민등록법」에서는 "시장 · 군수 또는 구청장은 30일 이상 거주할 목적으로 그 관할 구역에 주소나 거소(거주지라 한다)를 가진 자(주민이라 한다)를 이 법의 규정에 따라 등록하여야 한다. 다만, 외국인은 예외로 한다."라고 규정하고 있다(주민등록법 제6조 제1항). 「주민등록법」에 의한 주민등록 대상자는 대한민국의 국적을 가진 자에게만 한정된다. 외국인은 「주민등록법」에 의한 주민등록 대상자가 아니고 주민등록을 할 수 없다.

「주민등록법」에 의한 주민등록지는 공법적 법률관계에서 외국인의 주소를 정하는 기준이 될 수 없다. 「국적법」에서 말하는 주소란 「주민등록법」상의 주소를 말하는 것이 아니다.

(b) **「주민등록법」 및 「출입국관리법」의 관계:** 「출입국관리법」에서는 주민등록과 외국인등록의 관계를 규정하고 있다. "출입국관리법에 따른 외국인등록과 체류지 변경신고는 주민등록과 전입신고를 갈음한다."라고 규정하고 있다(출입국관리법 제88조의2 제2항).[35] 그리

---

33) 김형배, 민법학강의, 신조사, 1999, p. 42; 김동희, 행정법 I, 박영사, 2010, p. 118.

34) 김형배, 민법학강의, 신조사, 1999, p. 42; 김동희, 행정법 I, 박영사, 2010, p. 118.

35) 출입국관리법 제88조의2 (외국인등록증 등과 주민등록증 등의 관계)

① 법령에 규정된 각종 절차와 거래관계 등에서 주민등록증이나 주민등록등본 또는 초본이 필요

고 외국인이 입국한 날부터 90일을 초과하여 대한민국에 체류하고자 하는 경우에 입국한 날부터 90일 이내에 그의 체류지를 관할하는 출입국관리사무소장 또는 출장소장에게 외국인등록을 하여야 하는데(출입국관리법 제31조 제1항), 그 외국인등록의 사항으로 '국내 체류지'를 두어 공법적 법률관계에서 외국인의 주소를 정하는 기준을 정하고 있다(출입국관리법 제32조 제4호). 따라서 「출입국관리법」 제31조 제1항 및 제32조 제4호에 따라 외국인이 외국인등록을 할 때에 기재하는 '국내 체류지'가 출입국관리, 체류, 국적 등 공법적 법률관계에서 그 외국인의 주소로 된다. 「출입국관리법」, 「국적법」 등 공법적 법률관계에서도 법률요건인 주소는 최대한 명확해야 되므로 위와 같이 형식주의와 단일주의가 요구된다.[36]

(라) 결 론

외국인등록을 하기 위하여는 합법적으로 체류하는 외국인을 전제로 하므로 불법체류외국인은 「출입국관리법」에 따른 외국인등록을 할 수 있는 자가 아니다. 외국인등록을 하지 못하는 불법체류외국인은 공법적 법률관계에서는 주소를 가질 수가 없게 된다. 외국인이 불법으로 체류하여 대한민국에서 계속적으로 체류하였더라도 그 체류의 기간을 「국적법」상 일반귀화의 요건인 국내 체류기간에 산입할 수가 없게 된다.[37]

5) 체류자격의 종류 및 체류기간

(가) 문제 제기

일반귀화의 요건으로 '대한민국에 주소가 있을 것(국적법 제5조 제1호)'이라는 규정에 의하면, 외국인이 체류자격의 종류에 상관 없이 대한민국에 주소만 있으면 일반귀화하기 위한 국내 체류기간을 충족할 수 있는 것으로 해석될 수 있다. 그러나, 귀화신청인이 국내 체류기간의 요건을 갖추었는지를 판단할 때에 「출입국관리법」 제10조(체류자격), 「출입국관리법 시행령」 제12조(체류자격의 구분) 및 별표1에 규정된 외국인의 체류자격에 따라 그 기간을 다르게 산정할 수 있는지가 문제된다. 특히 국내에서 영주가 허용되지 않는 외국인근로자(E-9, H-2 체류자격을 가진 자를 말한다) 또는 산업재해로 인해 치료를 받는 자, 소송을 수행하는 자(G-1 체류자격을 가진 자를 말한다) 등 임시적·잠정적 성격의 체류자격을 소지한 외국인의 국내 체류기간을 귀화를 위한 국내 체류요건으로 인정할 수 있는지가 문제된다.

하면 외국인등록증이나 외국인등록 사실증명으로 이를 갈음한다.

36) 이정수, 국적법상 여러 논점들에 관한 소고, 법조협회 법조, 2005, p. 280.

37) 앞의 논문, p. 280.

(나) 제한적 체류자격설

외국인이 귀화하여 대한민국의 국적을 취득하기 위한 요건으로 국내 체류기간을 둔 취지를 감안할 때에 그 체류자격의 종류를 제한적으로 해석하여야 한다는 의견이다. 외국인이 임시적·잠정적 성격의 체류자격을 지닌 상태에서 국내 체류기간을 충족하였다고 하여 귀화를 신청할 수 있는 대상자에 포함하도록 하는 것은 이민의 개념, 이민과 귀화의 관계, 정치공동체의 새로운 구성원으로 받아들이기 위한 고려, 귀화의 형식요건 및 실질요건, 귀화제도를 둔 취지 등을 고려하지 않은 것이다.

(다) 포괄적 체류자격설

외국인이 산업재해로 기타(G-1) 체류자격을 얻었고 이로써 간이귀화하기 위한 국내 체류기간(3년)을 충족하여 간이귀화를 신청한 사안에서, 대법원은 "국적법 제6조 제1항은 간이귀화의 요건으로서 '외국인이 대한민국에 3년 이상 계속하여 주소가 있는 자'에 해당할 것을 규정하고 있고, 국적법 시행규칙 제5조는 '법 제6조의 규정에 의한 기간은 외국인이 적법하게 입국하여 외국인등록을 마치고 국내에서 계속 체류한 기간'으로 한다고 규정하고 있어, 법규정의 문언이나 체계, 국내 거주요건이 간이귀화절차 나아가 귀화절차 일반에서 가지는 의미와 특성·역할 등에 비추어 볼 때, 귀화신청인이 국내 거주요건을 갖추었는지 여부를 판단하는 데에는 출입국관리법 시행령 제12조에 정한 외국인의 체류자격에 따라 그 기간의 산정을 달리할 것은 아니다."라고 하고, 기타(G-1) 체류자격으로 체류한 기간을 포함하여 간이귀화의 국내 체류기간을 충족하였다고 판시하고 있다.[38] 간이귀화에 관한 대법원 판례의 논거를 일반귀화에 그대로 적용할 경우 외국인이 임시적·보충적 체류자격을 소지하더라도 일반귀화하기 위한 국내 체류기간을 충족하였다고 볼 수 있다.

(라) 소 결

소견으로는 외국인이 임시적·잠정적 성격의 체류자격으로는 일반귀화하기 위한 국내 체류기간을 충족하였다고 볼 수는 없다고 본다.

6) 계속된 국내체류

(가) 의 의

「국적법」에서는 5년 이상 '계속하여' 대한민국에 주소가 있을 것을 요구하고 있다(국적법 제5조 제1호). 외국인이 대한민국에 적법하게 입국하여 「출입국관리법」에 따라 외국인등록을 하고 그 후부터 계속하여 5년을 경과하면 그 요건을 충족한다.[39]

---

38) 대법원 2010. 10. 28. 선고 2010두6496 판결; 대법원 2010. 7. 15. 선고 2009두19069 판결.
39) 정인섭, 1991-92년도 국적법 개정작업, 서울국제법연구원 서울국제법연구, 2007, p. 96 참고.

(나) 주소의 계속성

(a) **문제 제기:** 외국인이 외국인등록을 한 후에 어느 기간 정도를 대한민국에 단절 없이 체류하여야만 그 계속성을 인정할 수 있는지가 문제된다. 즉 외국인이 대한민국에 적법하게 입국하여 외국인등록을 마친 후에 적법하게 계속적으로 체류하다가 외국으로 완전히 출국하거나 잠시 출국하게 된 경우에 「국적법」상 '계속' 체류한 것으로 볼 수 있는지의 문제이다. 이것은 일반귀화의 요건으로 '주소의 계속성'을 인정할 수 있는지와 관련된 것이다.

(b) **원 칙:** 귀화 신청자가 국내 체류기간 중 출국한 사실이 있는 경우에는 국내 체류기간의 단절이 있으므로 출국 전의 국내 체류기간은 원칙적으로 산입하지 않고, 재입국한 시점부터 새로이 다시 기산한다. 예를 들어 외국인이 국내에 총 체류한 기간이 5년 이상일지라도 그 중간에 출국한 사실이 있어 체류기간이 중단된 경우에는 원칙적으로 일반귀화를 위한 국내 체류요건을 충족하지 못하게 된다.

(c) **예 외:** 일시적 출국 또는 단기간 출국 등에 해당하는 경우에 그 출국의 전前과 후後를 비교하여 국내체류의 상황 및 생활기반 · 생계유지의 행태 등이 동일성과 연속성이 인정될 때 '주소의 계속성'을 단절시키지 않고, 국내에서 계속하여 체류한 것으로 보아 출국 전 · 후의 체류기간을 통산한다. 이에 해당되는 경우로는 다음과 같다.

i. 국내에서 체류 중 체류기간 만료 전에 외국인등록증을 반납하지 않은 상태에서 재입국허가를 받고 출국한 후 그 허가기간 내에 재입국한 경우이다(국적법 시행규칙 제5조 제1호). 재입국 허가기간 내에 대한민국에 입국한 경우에 그간의 체류기간의 계산은 국내에서 계속하여 체류한 것으로 간주된다. 다만, 출국한 기간만큼은 국내 체류기간에서 제외된다.

ii. 국내에서 체류 중 체류기간 연장이 불가능한 사유 등으로 일시 출국하였다가 1개월 이내에 입국사증을 받아 재입국한 경우이다(국적법 시행규칙 제5조 제2호).

iii. 제1호 및 제2호에 준하는 사유로 법무부장관이 전후의 체류기간을 통산함이 상당하다고 인정하는 경우이다(국적법 시행규칙 제5조 제3호). '법무부장관이 전후의 체류기간을 통산함이 상당하다고 인정하는 경우'는 국내 체류기간에 대한 예외를 인정하는 것으로, 그 판단 기준은 국내에서 체류하는 도중에 출국한 경우일지라도 출국의 목적, 출국기간 중 국내주거 현황, 출국 전 · 후 생활기반의 연속성 등을 종합하여 출국 전 · 후 국내 체류가 동일성을 유지하면서 계속된 것으로 인정될 상당한 사유가 있는 경우 등이다. 예를 들어 외국인 및 그 가족(배우자, 미혼인 동거 자녀)이 대한민국에 적법하게 입국하여 외국인등록을 마친 후에 적법하게 계속적으로 체류하다가 외국에 소재하는 대한민국의 정부기관, 연구기관, 대외무역 및 통상과 관련된 기관 및 대한민국이 회원국인 국제조직 등에 복무하기 위해 대한민국 밖에서 체류하는 경우에는 외국인 및 그 가족(배우자, 미혼인 동거 자녀)은 국내 체류기간의 단절이 없이 국내에서 계속 체류하는 것으로 볼 수 있다.[40]

(2) 성 년

외국인이 일반귀화의 허가를 받기 위하여는 「민법」상 성년이어야 한다(국적법 제5조 제2호). 성년에 대한 판단은 그 본국법이 아니라, 대한민국의 「민법」에 의한다.[41] 「민법」에 의하면 19세로 성년에 이르게 된다(민법 제4조). 2011년 개정 「민법」에 의하여 성년에 이르는 연령이 만 20세에서 만 19세로 하향되었다.

(3) 품행의 단정

1) 의 의

외국인이 일반귀화의 허가를 받기 위하여는 품행이 단정하여야 한다(국적법 제5조 제3호). 일상적인 생활관계에서 '품행의 단정'이란 성품과 행실이 깔끔하고 가지런함을 말한다.[42]

2) 필요성

(가) 문제 제기

외국인이 일반귀화의 허가를 받기 위한 요건으로 「국적법」에서 '품행의 단정'을 요구하는 것과 관련하여, 그 필요성에는 아래와 같이 대립되는 의견이 있다.

(나) 구체적 요건 필요설

외국인이 일반귀화하기 위한 요건으로 '품행의 단정'을 요구하는 것에 대해 비판적인 견해이다. 귀화의 요건과 절차가 투명하고, 명확하고, 객관적이어야 한다는 요구에 배치되는 것이므로 귀화의 요건으로 '품행의 단정'을 요구하는 것은 바람직하지 않다는 것이다. 그 이유로는 i) '품행이 단정할 것'의 의미는 지나치게 자의적이고 불확정 개념으로 수범자인 외국인 및 법집행자 간의 입장에서 그 요건과 기준이 모호하다는 것이다.[43] ii) 품행이 단정하다는 것이 일반적으로 의미하는 광범위성

---

40) 미국 이민국적법(Immigration and Nationality Act) 제316조 제b항 제1호 및 제2호 참고.

41) 노영돈, 국적법 개정안의 검토: 1997년 국적법 개정안의 검토, 서울국제법연구원 서울국제법연구, 1997, p. 39.

42) 이정수, 국적법상 여러 논점들에 관한 소고, 법조협회 법조, 2005, p. 277.

open-ended으로 인하여 귀화를 심사하는 출입국관리공무원이 주관적 · 자의적으로 귀화를 불허할 우려가 있다는 것이다. 품행의 단정함을 해석하는 행정기관의 자의적 재량권discretionary authority이 법원의 판결에 의해 제한될지라도 여전히 문제점으로 남게 된다.[44)]

(다) 포괄적 요건 필요설

'품행의 단정'의 의미는 「국적법」이 가지는 법정신에 기초하여 한다는 견해이다. 모든 외국인은 대한민국의 국적 취득이 가능하다는 것이 아니라, 대한민국의 기존 사회질서를 준수하고 기존 구성원과의 통합이 가능한 자만이 대한민국의 새로운 구성원으로 된다는 「국적법」의 법정신을 기초로 하여 '품행이 단정할 것'의 의미를 해석하여야 한다.[45)] '품행이 단정할 것'이란 외국인의 성별, 연령, 직업, 가족, 경력, 범죄경력, 전과 등 여러 가지 사정을 종합적으로 고려하여 그 외국인을 정치공동체의 구성원으로 인정하여, 건전한 인격자로서 기존 구성원과 조화를 이루고 주권자의 한 사람으로 받아들임에 있어 지장이 없는 품성과 행동을 말한다.[46)] 예를 들어 일반귀화하려는 외국인이 허위사실이 기재된 추천서를 제출하는 경우에는 이를 '품행의 단정'과 관련하여 일반귀화의 불허 사유로 판단될 수 있다.

(라) 소 결

'품행이 단정할 것'은 그 의미가 불확정개념이지만, 일반인의 법감정에서는 외국인이 정치공동체의 새로운 구성원으로 편입되는 데 통합을 촉진하고 사회질서를 유지하기 위하여 고려되어야 할 요건으로 판단된다. 다만, '품행의 단정'을 객관적으로 고려하기 위하여 그 판단기준을 마련하여야 한다.

3) 범죄경력 또는 전과

(가) 문제 제기

'품행이 단정할 것'의 고려사항으로 범죄경력criminal record 또는 전과previous conviction를 살펴보기로 한다. 이것은 외국인의 범죄경력 또는 전과가 일반귀화의 허가를 받기 위한 '품행의 단정'이라는 요건 심사에 고려되는지와 관련된 것이다. 프랑스, 독일, 네덜란드, 영국, 미국 등 국가에 따라서는 일반귀화의 요건으로 '품행이 단정

---

43) 최윤철, 다문화사회로의 변화에 따른 입법적 대응, 한국법학원 저스티스 통권 제134-2호, 2013, p. 292.

44) T.Alexander Aleinikoff and Douglas Klusmeyer, Citizenship policies for an age of migration, Carnegie Endowment for international peace, 2002, p. 20

45) 이정수, 국적법상 여러 논점들에 관한 소고, 법조협회 법조, 2005, p. 277.

46) 국가인권위원회 결정례 2011. 11. 7. 자 11-진정-0098500 실효된 전과를 이유로 한 국적취득 불허 중 피진정인의 주장요지.

할 것' 외에도, 범죄경력이 없을 것을 추가적으로 요구하기 때문이다.[47)]

(나) 판단기준

과실범 또는 경미한 전과, 착오로 인한 체류기간 도과로 단순한 불법체류, 사회통념상 특별한 이유가 있는 경우는 그 사실만으로 일반귀화의 허가를 받기 위한 장애사유가 될 수는 없다. 그러나 중범죄 또는 기타 사회통념상 바람직하지 않은 행동, 밀입국 등 이민법의 중대한 위반 등의 경우에는 '품행이 단정할 것'에 해당되지 아니한다. 따라서 범죄경력 또는 전과의 내용과 정도 및 발생경위 등을 기초로 하여 외국인의 행위가 '대한민국의 법질서를 무시하는 태도'[48)] 또는 '체류기간 동안 특별히 범법행위를 한 것'[49)] 등에 해당하는지가 '품행이 단정할 것'의 판단에 고려될 수 있다.

(다) 실효된 전과

(a) **국가인권위원회의 판단**: 국가인권위원회는 "범죄경력의 내용과 정도를 파악하여 귀화허가 처분으로 달성하려는 공익에 미치는 영향을 형량하여 판단할 필요가 있다. (중략) 전과 자체만으로 굳이 반사회적 성격을 내포한다고 단정하기는 어렵다."라고 하고, "이미 실효된 전과를 아무런 기간 제한 없이 귀화 불허의 요건으로 고려한다면 전과자의 정상적인 사회복귀를 보장하고자 하는 「형의 실효 등에 관한 법률」[50)]의 취지에도 반한다."라는 이유로, 합리적인 이유 없이 실효된 전과를 이유로 귀화에 의한 국적취득을 불허한 것은 평등권 침해의 차별행위에 해당한다고 판단하였다.[51)]

(b) 소 결: 외국인이 처벌받은 범죄경력 또는 전과의 내용 및 정도 등에 따라 일반귀화를 위한 '품행이 단정할 것'인지를 고려하여야 한다. 「국적법」의 제정 목적 및 「형의 실효 등에 관한 법률」의 제정 목적은 다른데, 「국적법」의 제정 목적은 외국인이 대한민국의 국민이 되는 요건을 정하는 것이고(국적법 제1조), 「형의 실효 등에 관한

47) T.Alexander Aleinikoff and Douglas Klusmeyer, Citizenship policies for an age of migration, Carnegie Endowment for international peace, 2002, pp. 16~17.

48) 대법원 2005. 7. 14. 선고 2005두2483 판결.

49) 앞의 판결.

50) 형의 실효 등에 관한 법률 제7조 (형의 실효)
① 수형인이 자격정지 이상의 형을 받지 아니하고 형의 집행을 종료하거나 그 집행이 면제된 날부터 다음 각 호의 구분에 따른 기간이 경과한 때에 그 형은 실효된다. 다만, 구류(拘留)와 과료(科料)는 형의 집행을 종료하거나 그 집행이 면제된 때에 그 형이 실효된다.
1. 3년을 초과하는 징역·금고: 10년
2. 3년 이하의 징역·금고: 5년
3. 벌금: 2년

51) 국가인권위원회 결정례 2011. 11. 7. 자 11-진정-0098500 실효된 전과를 이유로 한 국적취득 불허.

법률」의 제정 목적은 전과기록前科記錄 및 수사경력 자료의 관리와 형의 실효失效에 관한 기준을 정함으로써 전과자의 정상적인 사회복귀를 보장하기 위한 것이다(형의 실효 등에 관한 법률 제1조). 「국적법」은 범죄를 저지른 외국인이 대한민국의 사회에 복귀를 보장하는 것이 아니라, 외국인이 정치공동체의 구성원으로 새로이 편입되기 위한 것이다. 따라서 「국적법」은 「형의 실효 등에 관한 법률」에서 규정한 형의 실효기준과 달리 전과에 대한 고려를 엄격히 정할 수 있다고 본다.

(라) 외국에서의 범죄경력 또는 전과

외국인의 범죄경력 또는 전과는 국내에서뿐만 아니라 본국 등 외국에서의 범죄경력 또는 전과까지를 포함하는지가 문제된다. 귀화 신청자의 범죄경력 또는 전과에는 국내에서 체류하면서 행한 것뿐만 아니라 본국 등 외국에서의 범죄경력 또는 전과까지를 포함하는 것으로 해석된다. 그 이유는 '품행이 단정할 것'이란 외국인이 건전한 인격자로서 대한민국의 정치공동체에 구성원으로 새로이 되는 것이므로 대한민국에 입국하기 전의 범죄경력 또는 전과도 고려되어야 하기 때문이다.

(4) 생계유지능력

1) 의 의

외국인이 일반귀화의 허가를 받기 위하여는 귀화 신청인 본인의 자산資産이나 기능技能에 의하거나 생계를 같이 하는 가족에 의존하여 생계를 유지할 능력이 있어야 한다(국적법 제5조 제4호). 특별귀화의 대상자를 제외하고, 외국인이 일반·간이귀화의 허가를 받기 위하여는 생계유지능력의 입증이 필요하다.

2) 연 혁

1976년 구 「국적법」까지는 '독립의 생계를 유지할 만한 자산 또는 기능이 있을 것'이라고 하여 귀화 신청인 본인의 독립적인 생계유지능력을 요구하였다(구 국적법 제5조 제4호). 이것은 외국인이 귀화한 후에 경제능력 부족으로 사회적 부담이 되는 것을 방지하기 위한 취지이었다. 이러한 기준을 적용한다면 수입이 없는 주부, 미성년 자녀(간이귀화의 경우에 해당된다), 피부양 노인 등은 귀화를 할 수 없었다.[52] 이와 같은 문제를 해소하고자 1997년 「국적법」부터는 '생계를 같이하는 가족에 의존하여 생계를 유지할 능력이 있을 것'이 추가되어 귀화 신청인 본인뿐만 아니라 생계를 같이 하는 가족의 생계유지능력까지 포함하고 있다(국적법 제5조 제4호).

52) 정인섭, 1991-92년도 국적법 개정작업, 서울국제법연구원 서울국제법연구, 2007, p.98 참고.

3) 기 준

귀화허가 신청서에는 3,000만원 이상의 예금잔고증명, 3,000만원 이상에 해당하는 부동산등기부등본・부동산전세계약서사본, 재직증명서・취업예정사실증명서, 그 밖에 상당하다고 법무부장관이 인정하는 서류 등의 어느 하나에 해당하는 서류를 첨부하여 귀화 신청인 본인 또는 생계를 같이 하는 가족이 생계유지능력을 갖추고 있음을 증명하여야 한다(국적법 시행규칙 제3조 제2항 제2호 본문). 따라서 생계유지능력의 기준은 3,000만원 이상의 현금자산 또는 이에 준하는 부동산을 보유하거나, 일정한 보수를 받는 직업에 종사하거나 종사할 예정이거나, 기타 자격 또는 기능을 갖추어야 한다. 생계유지능력의 기준은 일반・간이귀화 구별 없이 기준이 동일하게 적용된다. 다만, 대한민국의 국민인 배우자와 혼인한 경우의 생계유지능력 입증에 대하여는 후술하기로 한다.

4) 입증의 주체

(가) 주 체

생계유지능력의 입증주체는 귀화 신청인 본인이다. 다만, 귀화 신청인 본인이 자산・부동산・직업・자격・기능 등이 없어 생계유지능력을 갖추지 못하는 경우에는 생계를 같이 하는 가족이 생계유지능력을 갖추고 있음을 증명하면 된다.

(나) 생계를 같이 하는 가족

(a) **문제 제기**: 생계를 같이 하는 가족의 범위가 문제된다. 이에 대하여는 다음과 같은 견해대립이 있다.

(b) **생계수단 공유설**: '생계를 같이 한다'라는 것을 반드시 같은 주소지에서 동거하는 관계를 의미하는 것이 아니라, 귀화 신청인 본인과 그 가족 간에 주소지를 달리할지라도 사회통념상 생계수단을 공유하는 관계가 인정되면 그 요건이 충족된다는 견해이다.[53]

(c) **생계수단 공유 및 동거가족설(소결)**: 「민법」에서 가족의 범위는 ⅰ) 배우자, 직계혈족 및 형제자매, ⅱ) 생계를 같이 하는 직계혈족의 배우자, 배우자의 직계혈족 및 배우자의 형제자매이고(민법 제779조), 「민법」에서 가족의 범위는 「국적법」에 준용된다. 귀화의 요건으로 생계유지능력을 필요로 하는 이유는 귀화자가 기존 국민과의 통합을 위해 기본적으로 요구되는 경제적 요건이므로 그 범위는 좁게 해석되어야 한다. 이 견해에 의하면 생계를 같이 하는 가족은 현재의 주소[54]를 같이 하고 같은

53) 석동현, 국적법, 법문사, 2011, p. 141.

54) '주소'란 자연인의 생활관계의 중심지이며 사법관계에 의한 생활의 근거지를 말한다. 민법에서는 "생활의 근거가 되는 곳을 주소로 한다(민법 제18조 제1항)."라고 규정하여, 사법 법률관계에서는 생활의 실질적 관계에 의하여 주소를 결정하고(실질주의), 생활의 근거라는 일정한 사실이라

주소지에서 생계수단을 공유하면서 실제로 동거하는 가족만을 말한다.

5) 새로운 견해

생계유지능력을 요구하는 것에 대하여 비판적인 견해가 있다. 현대 민주주의적 관점에서는 국적취득과 경제력 또는 경제수단economic resources을 연계시키는 것은 부적절하고 계급적 편견을 지녔던 과거시대로 후퇴함을 의미한다는 것이다. 즉 충분한 소득수준, 일정한 경제력 등 생계유지능력의 고려는 귀화하기 위한 요건으로 인정될 수 없다는 것이다.[55]

(5) 국민으로서의 기본소양

1) 의 의

외국인이 일반귀화의 허가를 받기 위하여는 국어능력과 대한민국의 풍습에 대한 이해 등 대한민국 국민으로서의 기본소양素養을 갖추고 있어야 한다(국적법 제5조 제5호). 일반귀화의 요건으로 국어능력과 대한민국의 풍습에 대한 이해 등 대한민국 국민으로서의 기본소양을 요구하는 것은 귀화자가 대한민국의 국민과의 통합을 위한 것이다.

2) 기 준

기본소양의 수준은 초등학교 4학년부터 6학년까지의 교육과정에 상응하는 수준의 대한민국 역사・정치・문화・국어 등이다(국적업무처리지침 제6조).

3) 평가방법

국민으로서의 기본소양에 대한 평가방법은 필기시험 및 면접시험로 구성된 귀화적격심사(국적법 시행령 제4조 제4항) 또는 법무부장관이 정하여 고시하는 사회통합프로그램의 이수(국적법 시행규칙 제4조 제1항 제5호)를 통하여 평가한다.

(6) 추천서 및 추천자의 신분증명

1) 의 의

추천서 및 추천서 작성자의 신분을 증명하는 서류를 귀화허가 신청서에 첨부하여 제출하여야 한다(국적법 시행규칙 제3조 제2항 제4호 본문).

는 객관적 사실에 따라 주소를 결정하고(객관주의), 주소를 동시에 두 곳 이상 둘 수 있다(민법 제18조 제2항, 복수주의). 김형배, 민법학강의, 신조사, 1999, p. 42; 김동희, 행정법 I, 박영사, 2010, p. 118 참고.

55) T.Alexander Aleinikoff and Douglas Klusmeyer, Citizenship policies for an age of migration, Carnegie Endowment for international peace, 2002, p. 20.

2) 추천자

추천서는 아래에 해당하는 자가 작성한 것이어야 한다. 즉 i) 국회의원, ii) 지방자치단체의 장·지방의회의원·교육의원 및 교육감, iii) 판사·검사·변호사, iv)「고등교육법」에 따른 교원, v)「초·중등교육법」에 따른 교원 중 교장·교감, vi) 5급 이상 또는 5급 상당 이상에 해당하는 국가공무원 또는 지방공무원, vii)「은행법」 제8조(은행업의 인가)에 따라 은행업 인가를 받은 금융기관에 근무하는 자(가목),「공공기관의 운영에 관한 법률」에 따른 공공기관 중 법무부장관이 정하는 기관에 근무하는 자(나목),「신문 등의 진흥에 관한 법률」에 따른 일반일간신문사에 근무하는 자(다목),「방송법」에 따른 지상파방송국 또는 위성방송국에 근무하는 자(라목), 그 밖에 가목부터 라목까지에 상당하다고 법무부장관이 인정하는 기관 또는 단체 등에 근무하는 자(마목) 중 법무부장관이 정하는 기준 이상의 직職에 있는 자의 어느 하나에 해당하는 자가 작성한 것이어야 한다(국적법 시행규칙 제3조 제5항).

3) 법무부장관이 정하는 기준

「국적법 시행규칙」 제3조(귀화허가 신청서의 서식 및 첨부서류) 제5항 제7호 가목부터 라목까지 규정된 자 중 귀화추천서를 작성할 수 있는 자는 다음 각 호와 같다. 즉 i)「은행법」 제8조(은행업의 인가)에 의하여 은행업의 인가를 받은 금융기관의 임원, 지배인, 대리점주 또는 본점의 부장 이상의 지위에 있는 자, ii)「공공기관의 운영에 관한 법률」 제4조(공공기관)에서 규정한 공공기관 중 같은 법 제5조(공공기관의 구분) 및 제6조(공공기관 등의 지정 절차)에 따라 기획재정부장관이 지정하여 고시하는 공기업 또는 준정부기관의 임원 또는 지배인, 부장 이상의 직위에 있는 자, iii)「신문 등의 진흥에 관한 법률」에 의한 일반 일간신문사의 임원 또는 부장 이상의 직위에 있는 자, iv)「방송법」에 의한 지상파방송 또는 위성방송사업자의 임원 또는 부장 이상의 직위에 있는 자이다(국적업무처리지침 제3조 제1항).

그리고「국적법 시행규칙」 제3조(귀화허가 신청서의 서식 및 첨부서류) 제5항 제7호 마목에 의하여 귀화추천서를 작성할 수 있는 자는 다음 각 호의 어느 하나에 해당하는 자를 말한다. 즉 i)「신용보증기금법」에 의한 신용보증기금의 임원, 지배인 또는 부장 이상의 지위에 있는 자,「보험업법」에 따라 허가받은 보험회사의 임원 또는 부장 이상의 직위에 있는 자,「자본시장과 금융투자업에 관한 법률」에 따라 설립된 종합금융회사의 임원 또는 지배인 이상의 직위에 있는 자,「상호저축은행법」에 따라 허가받은 상호저축은행의 임원 또는 지배인으로 근무하는 자,「신용협동조합법」상 규정된 중앙회의 임원 이상의 자, ii) 상장법인의 임원 또는 부장 이상의 직위에 있는 자, iii) 「의료법」에 따른 보건복지부장관의 면허를 받은 의사, 치과의사, 한의사, iv) 「약사법」에 따른 보건복지부장관의 면허를 받은 약사 또는 한약사, v) 「수의사법」에 따른 농림축산식품부장관의 면허를 받은 수의사, vi) 자본금 10억원 이상인 비상장법인의 임원 이상의 직위에 있는 자, vii) 사회복지법인이나 사회복지 사업을 하는 비영리법인(단체)의 임원 이상의 직위에 있는 자, viii) 법무부장관이 지정한 사회통합프로그램운영기관의 장(사회통합프로그램에 참여하고 있는 자에 한한다)이다(국적업무처리지침 제3조 제2항).

Ⅲ. 간이귀화

1. 의 의

간이귀화란 외국인이 대한민국 국민과의 혈연·신분관계 또는 대한민국에서의 출생 등 지연을 이유로 대한민국과 밀접한 관계가 인정될 때에 일반귀화의 경우에 비하여 간편하게 대한민국의 국적을 취득하도록 하는 것을 말한다(국적법 제6조).

2. 대 상 자

간이귀화의 대상자는 i) 부 또는 모가 대한민국의 국민이었던 자, ii) 대한민국에서 출생한 자로서 부 또는 모도 대한민국에서 출생한 자, iii) 대한민국 국민의 양자로서 입양 당시 대한민국의 「민법」상 성년이었던 자, iv) 대한민국의 국민이 배우자 또는 배우자이었던 자이다. 이하에서는 대상자의 구체적인 내용을 살펴보기로 한다.

(1) 일반적인 경우

1) 부 또는 모가 대한민국의 국민이었던 자(국적법 제6조 제1항 제1호)

(가) 부 또는 모

부 또는 모는 법률상의 부 또는 모를 말하는 것으로 양부 또는 양모는 이에 해당된다. 그러나 계부[56] 또는 계모[57]는 이에 해당하지 않는다.

(나) 대한민국의 국민이었던자의 범위

부 또는 모가 대한민국의 국민이었던 자의 범위에는 i) 부 또는 모가 이미 사망

56) 계부란 어머니가 개가함으로써 생긴 아버지 즉 의붓아버지를 말한다.
57) 계모란 아버지가 재혼함으로써 생긴 어머니 즉 의붓어머니를 말한다.

하였으나, 그 사망 당시에 대한민국의 국민이었던 자, ii) 부 또는 모가 이미 사망하고 그 사망 당시에 외국인이었을지라도, 생전에 한때라도 대한민국의 국적을 보유했던 사실이 있는 자, iii) 부 또는 모가 현재는 외국인이지만, 과거에 한때라도 대한민국의 국적을 보유했던 사실이 있는 자를 포함한다.

부 또는 모가 대한민국의 국민이었던 사실은 그 부 또는 모의 가족관계등록부 또는 제적부로 증명되어야 한다.

2) 대한민국에서 출생한 자로서 부 또는 모가 대한민국에서 출생한 자(국적법 제6조 제1항 제2호)

(가) 대한민국에서 출생한 자 및 그 부 또는 모

대한민국에서 출생한 자로서 부 또는 모가 대한민국에서 출생한 자란 귀화 신청인 본인뿐만 아니라 그의 부 또는 모도 대한민국에 출생한 것을 말한다.

(나) 대한민국에서 출생한 부 또는 모의 범위

외국인이 귀화를 신청하는 시점에서 그 부 또는 모가 대한민국에서 출생한 자이면 간이귀화의 대상자로 된다. 그 부 또는 모가 과거에 한 때라도 대한민국의 국적을 보유한 적이 있었는지, 현재 대한민국의 국민인지, 이미 사망한 상태인지 여부와는 상관없다.

3) 대한민국 국민의 양자로서 입양 당시 대한민국의 「민법」상 성년이었던 자(국적법 제6조 제1항 제3호)

(가) 대한민국 국민의 양자 및 성년자

대한민국 국민의 양자로서 입양 당시 대한민국의 「민법」상 성년이었던 자란 외국인이 대한민국의 「민법」상 성년에 도달한 이후 대한민국의 국민에게 입양되어 대한민국의 국민과 법률상 친자관계가 형성된 것을 말한다. 성년자인지에 대한 판단은 그 본국법이 아니라, 대한민국의 「민법」에 의한다.[58)]

(나) 입양 및 간이귀화

(a) 법률상 친자관계 및 귀화절차: 외국인이 대한민국의 국민에게 입양된 경우에는 대한민국의 국민과 법률상 친자관계가 형성되는 것이지만, 자동적으로 대한민국의 국민으로 되는 것은 아니다. 대한민국의 국민에게 입양된 외국인인 양자가 대한민국의 국민이 되기 위하여는 귀화의 절차를 별도로 거쳐야 한다.[59)]

(b) 간이 및 특별귀화의 구별: 입양된 시점에 그 입양된 외국인인 양자의 연

58) 노영돈, 국적법 개정안의 검토: 1997년 국적법 개정안의 검토, 서울국제법연구원 서울국제법연구, 1997, p. 39.
59) 석동현, 국적법, 법문사, 2011, p. 143.

령에 따라 간이귀화 또는 특별귀화의 대상자로 구분된다. 외국인이 성년에 도달하기 전에 대한민국의 국민에게 양자로 입양된 경우에는 특별귀화의 대상자이고(국적법 제7조 제1항 제1호), 외국인이 성년에 도달한 후에 대한민국의 국민에게 양자로 입양된 경우에는 간이귀화의 대상자이다. 이와 같은 취지는 외국인이 성년에 도달한 이후 대한민국의 국민에게 입양된 경우는 미성년자 입양의 경우에 비하여 양부모와의 정신적·경제적 유대관계가 약하다는 점이 고려된 것이다.

(2) 대한민국의 국민인 배우자와 혼인한 경우

1) 대한민국의 국민인 배우자와 혼인한 외국인

(가) 법률혼 관계

대한민국의 국민인 배우자와 혼인한 외국인이란 대한민국의 국민과 법률혼 관계에 있는 외국인 배우자를 말한다. 여기에서 혼인은 법률상 유효한 혼인절차를 마친 것을 의미한다. 대한민국의 국민과 혼인을 거행한 장소가 국내 또는 국외인지는 문제가 되지 않으나, 「국제사법」의 적용에 의하여 혼인거행지법에서 정하여진 요건을 충족하였다면 유효한 혼인으로 볼 것이다(국제사법 제36조).[60]

(나) 사실혼 관계

대한민국의 국민과 사실혼 관계에 있는 외국인은 이에 해당하지 않으므로 대한민국의 국민과 사실혼 관계에서 동거 중인 외국인은 그 대상자에서 제외된다. 대한민국의 국민과 사실혼 관계에 있는 외국인이 미혼인 상태에서 대한민국에 2년 이상 계속하여 주소가 있을지라도 '혼인한 상태'가 아니므로 이에 해당하지 않는다. 사실혼 관계에서 동거 중인 외국인은 일반귀화의 대상자에 해당된다.

2) 연 혁

1997년 제4차 「국적법」 개정 전에는 외국인 여성이 대한민국의 국민인 남성과 결혼한 경우에는 대한민국의 국적을 바로 취득하는 '자동국적취득제도'를 두고 있었다.[61] 대한민국의 국민인 남성과 외국인 여성이 혼인한 경우에는 그 외국인 여성은

---

60) 국제사법 제36조 (혼인의 성립)
① 혼인의 성립요건은 각 당사자에 관하여 그 본국법에 의한다.
② 혼인의 방식은 혼인거행지법 또는 당사자 일방의 본국법에 의한다. 다만, 대한민국에서 혼인을 거행하는 경우에 당사자 일방이 대한민국 국민인 때에는 대한민국 법에 의한다.

61) 1976년 구 국적법 제3조
국적이 없거나 대한민국의 국적을 취득함으로 인하여 6월내에 그 국적을 상실하게 되는 외국인으로서 다음 각호의 1에 해당한 자는 대한민국의 국적을 취득한다.
1. 대한민국의 국민의 처가 된 자

6개월 이내에 원국적을 상실한다는 조건하에 일단 자동적으로 대한민국의 국적을 취득하였다. 그러나 대한민국의 국민인 여성과 외국인 남성이 혼인한 경우에는 그 외국인 남성은 자동적으로 대한민국의 국적을 취득하지 못하고 3년 이상 대한민국에 주소를 두고 귀화허가를 받도록 하였다. 이와 같은 구별은 남녀차별적 요소로 지적되어 '자동국적취득제도'는 폐지되었고, 부부의 어느 일방이 대한민국의 국민인지에 상관없이 대한민국의 국민과 결혼한 외국인은 남녀의 구별 없이 간이귀화를 통해 대한민국의 국적을 취득하도록 변경되었다.[62]

3) 범 위

대한민국의 국민인 배우자와 혼인하여 간이귀화의 적용 대상자가 되는 유형은 아래와 같이 구분된다.

(가) 계속된 혼인관계

(a) **대한민국의 국민인 배우자와 혼인한 상태로 대한민국에 2년 이상 계속하여 주소가 있는 자**(국적법 제6조 제2항 제1호)

(b) **대한민국의 국민인 배우자와 혼인한 후 3년이 지나고 혼인한 상태로 대한민국에 1년 이상 계속하여 주소가 있는 자**(국적법 제6조 제2항 제2호)

(나) 중단된 혼인관계(혼인파탄 간이귀화)

(a) 의 의: 2004년 제6차 「국적법」 개정으로, 혼인관계가 중단된 외국인 배우자가 일정한 경우에 해당될 때에는 간이귀화할 수 있는 규정을 신설하였다. 한국인 배우자의 사망 등 혼인관계의 중단에 외국인 배우자 자신의 귀책사유가 없는 경우(국적법 제6조 제2항 제3호) 또는 한국인 배우자와의 혼인으로 출생한 미성년인 자녀를 양육하는 경우(국적법 제6조 제2항 제4호) 혼인관계가 중단된 외국인 배우자는 간이귀화에 의한 국적취득을 신청할 수 있다.

(b) 취 지: 혼인관계가 중단되었을지라도 간이귀화 신청을 가능하게 한 취지는 대한민국의 국민과 결혼한 외국인 배우자가 「국적법」에 정한 간이귀화의 요건을 충족하지 못한 때에도, 대한민국의 국민인 배우자와 혼인한 상태로 대한민국에 주소를 두고 있던 중에 그 배우자가 사망·실종되거나 자신의 귀책사유 없이 혼인생활을 계속할 수 없었던 경우 또는 혼인에 의하여 출생한 미성년인 자녀를 양육할 필요가 있는 경우에는 외국인 배우자의 인권 보장 및 아동보호 차원에서 국적취득을 용이하게 하기 위한 것이다.

---

62) 노영돈, 국적법 개정안의 검토: 1997년 국적법 개정안의 검토, 서울국제법연구원 서울국제법연구, 1997, p. 39.

(c) 유 형: 중단된 혼인관계는 다음의 2가지 유형이다. i) 대한민국의 국민인 배우자와 혼인한 상태로 대한민국에 주소를 두고 있던 중, 그 배우자의 사망이나 실종 또는 그 밖에 자신에게 책임이 없는 사유로 정상적인 혼인 생활을 할 수 없었던 자로서 제1호나 제2호의 잔여기간을 채웠고 법무부장관이 상당하다고 인정하는 자(국적법 제6조 제2항 제3호)이고, ii) 대한민국의 국민인 배우자와의 혼인에 따라 출생한 미성년의 자子를 양육하고 있거나 양육하여야 할 자로서 제1호나 제2호의 기간을 채웠고 법무부장관이 상당하다고 인정하는 자(국적법 제6조 제2항 제4호)이다.

3. 요 건

(1) 공통 요건

1) 간소화된 요건

외국인이 앞에서 설명한 대한민국 또는 대한민국 국민과의 혈연적·신분적·지연적 결합관계에 있는 경우에는 간이귀화의 대상자에 해당된다. 간이귀화의 대상자는 일반귀화의 요건인 연령, 품행의 단정, 생계유지 능력, 대한민국 국민으로서의 기본소양을 동일하게 충족하여야 한다. 따라서 외국인이 간이귀화의 허가를 받기 위하여는 i)「민법」에 의하여 성년일 것, ii) 품행이 단정할 것, iii) 자신의 자산이나 기능에 의하거나 생계를 같이하는 가족에 의존하여 생계를 유지할 능력이 있을 것, iv) 국어능력 및 대한민국의 풍습에 대한 이해 등 대한민국의 국민으로서의 기본소양을 갖추고 있을 것이 요구된다(국적법 6조). 다만, 대한민국의 국민인 배우자와 혼인한 경우의 생계유지능력 입증에 대하여는 후술하기로 한다.

간이귀화에 필요한 국내 체류기간은 단축된다. 이하에서 국내 체류기간의 내용을 살펴보기로 한다.

2) 국내 체류기간

(가) 의 의

「국적법 시행규칙」 제5조에서는「국적법」 제6조에 의한 기간을 '외국인이 적법하게 입국하여 외국인 등록을 마치고 국내에서 계속 체류한 기간'이라고 규정하고 있다(국적법 시행규칙 제5조). 간이귀화하기 위한 국내 체류기간의 요건은 일반귀화와는 달리 상대적으로 간소하다. 즉 간이귀화의 대상자는 국적법 제5조(일반귀화 요건) 제1호에 규정된 '5년 이상 계속하여 대한민국에 주소가 있을 것'이라는 요건을 갖추지 않더라도 간이귀화의 허가를 받을 수 있다(국적법 제6조 제1항, 제2항).

(나) 심사의 성격

「국적법」 제6조의 간이귀화요건 중 국내 체류기간에 대한 심사는 형식적 요건에 관한 사항이 아니라 실질적 심사에 해당한다.[63)]

(다) 유형별 체류기간

(a) **일반적인 경우:** 대한민국의 국민인 배우자와 혼인한 경우를 제외한 일반적인 경우에는 국내 체류기간은 외국인으로서 대한민국에 3년 이상 계속하여 주소가 있어야 한다(국적법 제6조 제1항 제1호, 제2호, 제3호).

(b) **대한민국의 국민인 배우자와 혼인한 경우(계속된 혼인관계):** 대한민국의 국민인 배우자와 혼인한 외국인이 그 혼인관계가 계속 중인 경우에 간이귀화를 할 수 있는 경우로는 ⅰ) 대한민국의 국민인 배우자와 혼인한 상태로 대한민국에 2년 이상 계속하여 주소가 있는 경우(국적법 제6조 제2항 제1호), ⅱ) 대한민국의 국민인 배우자와 혼인한 후 3년이 지나고 혼인한 상태로 대한민국에 1년 이상 계속하여 주소가 있는 경우(국적법 제6조 제2항 제2호)이다. 국내 체류기간은 혼인한 상태로는 대한민국에 2년 이상 계속하여 주소가 있어야 하거나, 혼인한 후 3년이 지나고 혼인한 상태로 대한민국에 1년 이상 계속하여 주소가 있어야 한다.

외국인이 대한민국의 국민과 '혼인하기 전'에 대한민국에서 계속하여 체류하였더라도 그 외국인은 대한민국의 국민과 '혼인한 후'에 정상적인 혼인상태로 다시 대한민국에 2년 이상 계속하여 주소를 가지고 체류하여야 간이귀화할 수 있다.

(라) 체류기간의 합산

간이귀화 신청자의 국내 체류기간을 산정할 때에 국내에서 계속 체류한 것으로 보아 전·후의 체류기간을 통틀어 합산하는 경우로는 ⅰ) 국내 체류 중 체류기간이 끝나기 전에 재입국 허가를 받고 출국한 후 그 허가기간 내에 재입국한 경우(국적법 시행규칙 제5조 제1호), ⅱ) 국내 체류 중 체류기간 연장이 불가능한 사유 등으로 일시 출국하였다가 1개월 이내에 입국사증을 받아 재입국한 경우(국적법 시행규칙 제5조 제2호), ⅲ) 제1호 및 제2호에 준하는 사유로 법무부장관이 전·후의 체류기간을 통틀어 합산하는 것이 상당하다고 인정하는 경우(국적법 시행규칙 제5조 제3호)이다.

(마) 체류자격의 문제

(a) **문제 제기:** 간이귀화 신청자의 국내 체류기간 산정과 관련하여, 간이귀화 신청인이 국내 체류기간의 요건을 갖추었는지 여부를 판단할 때에 「출입국관리법 시행령」 제12조(체류자격의 구분)에서 정한 외국인의 체류자격에 따라 그 기간을 다

---

63) 서울고등법원 2007. 5. 1. 선고 2006누13093 판결.

르게 산정할 수 있는지가 문제된다.

(b) **판 례**: 대법원은 “국적법 규정의 문언이나 체계, 국내 체류요건이 간이귀화 절차, 나아가 귀화절차 일반에서 가지는 의미와 특성·역할 등에 비추어 볼 때, 귀화 신청인이 국내 체류요건을 갖추었는지 여부를 판단함에 있어서 출입국관리법 시행령 제12조에 정한 외국인의 체류자격에 따라 그 기간의 산정을 달리 할 것은 아니다. 출입국관리법 시행령 제12조 및 별표1 소정의 ‘기타(G-1) 체류자격’으로 거주한 기간을 포함하여 간이귀화의 국내 거주요건을 충족하였다고 판단한 것은 정당하다.”라고 판시하고 있다.[64] 또한 하급심 판결에서도 “그 주소가 있는 기간을 계산함에 있어서 특정한 종류의 체류자격을 부여받을 것을 요구하고 있지 않으므로 국내법에 의해 적법하게 체류할 자격을 부여받은 이상 어떠한 종류의 체류자격이든 상관없이 포함시켜 산정해야 한다고 해석함이 상당하다.”라고 판시하고 있다.[65] 위 판결에 의하면 「국적법」 제6조에 따른 기간은 ‘외국인이 적법하게 입국하여 외국인 등록을 마친 후 국내에서 적법하게 계속 체류한 기간’이므로(국적법 시행규칙 제5조), 외국인은 적법하게 입국한 외국인으로서 그 체류자격의 종류는 묻지 않고 기타(G-1) 체류자격으로 체류한 기간도 국내 체류기간으로 인정된다는 것이다.

(c) **소 결**: 기타(G-1) 체류자격을 둔 취지는 외교(A-1)에서 영주(F-5), 관광취업(H-1)·방문취업(H-2) 체류자격에 해당하지 아니하는 자로서 치료, 소송 수행 등을 위해 임시적으로 체류할 사유가 발생한 경우에 임시적·잠정적으로 체류할 수 있도록 한 것이다. 기타(G-1) 체류자격은 대한민국과의 혈연·지연 등 일정한 관계가 없거나 정치공동체의 구성원이 되기 위한 활동 등과는 관련성이 없다고 보이므로 임시적·잠정적 성격인 기타(G-1) 체류자격으로 체류한 기간은 국내체류 기간의 산정에서 제외된다고 보는 것이 귀화제도를 둔 취지에 맞다고 본다.

(d) **간이귀화 허가의 재량**: 위와 같은 취지의 대법원의 판시와 동시에, 법무부장관이 「국적법」에 정한 요건을 갖춘 간이귀화 신청인에게 간이귀화를 허가할 것인지 여부에 관하여 재량권을 가지는지가 문제된다. 대법원은 “법무부장관은 귀화 신청인이 법률이 정하는 귀화요건을 갖추었다고 하더라도 귀화를 허가할 것인지 여부에 관하여 재량권을 가진다.”라고 판시하면서, 법무부장관은 귀화허가에 관한 재량권을 행사하여 간이귀화 신청인의 체류자격의 내용, 체류자격의 부여 경위 등을 참작하여 귀화 불허가 처분을 한 것에 위법이 없다고 판단하고 있다.[66]

---

64) 대법원 2010. 7. 15. 선고 2009두19069 판결.
65) 서울행정법원 2009. 8. 20. 선고 2008구합51400 판결.
66) 대법원 2010. 10. 28. 선고 2010두6496 판결; 대법원 2010. 7. 15. 선고 2009두19069 판결.

(2) 중단된 혼인관계(혼인파탄 간이귀화)

1) 한국인 배우자의 사망 등 귀책사유가 없는 경우

(가) 의 의

혼인관계가 중단된 외국인 배우자가 한국인 배우자의 사망 등 혼인관계의 중단에 외국인 배우자 자신의 귀책사유가 없는 경우에 혼인관계가 중단된 그 외국인 배우자는 간이귀화에 의한 국적취득을 신청할 수 있다. 대한민국의 국민인 배우자와 혼인한 상태로 대한민국에 주소를 두고 있던 중, 그 배우자의 사망이나 실종 또는 그 밖에 자신에게 책임이 없는 사유로 정상적인 혼인 생활을 할 수 없었던 자는 간이귀화의 대상자로 될 수 있다(국적법 제6조 제2항 제3호). 이를 '혼인단절 결혼이민자'라고 말한다. 「국적법」 제6조(간이귀화 요건) 제2항 제3호에 의한 간이귀화의 요건으로는 혼인관계의 진정성, 외국인 배우자에 대한 귀책사유의 부존재를 요구한다.

(나) 귀책사유의 부존재

(a) 내 용: 「국적법」에서는 '자신에게 책임이 없는 사유'라고 규정하여(국적법 제6조 제2항 제3호), 혼인관계가 중단된 외국인 배우자에게 간이귀화 신청을 위한 요건으로 귀책사유의 부존재를 요구하고 있다. '자신에게 책임이 없는 사유'란 외국인 배우자 자신이 혼인관계의 중단에 전적으로 또는 주된 책임을 지는 것이 아닌 경우를 말한다.

(b) 입 증

i. 입증의 주체: 혼인관계의 중단에 외국인 배우자의 책임이 없는 것을 입증할 주체는 외국인 배우자이다.

ii. 입증의 내용: 입증의 내용은 배우자의 사망이나 실종 또는 그 밖에 자신에게 책임이 없는 사유로 정상적인 혼인 생활을 할 수 없었던 경우이다. 여기에서 '자신에게 책임이 없는 사유'의 예로는 한국인 배우자의 사망 또는 실종 등을 들 수 있다. 실종은 법원으로부터의 실종선고를 받은 것뿐만 아니라 장기간 연락 두절된 소재불명 또는 사실상의 실종상태도 포함된다. '그 밖에' 자신에게 책임이 없는 사유에 대하여는 법원의 판결문, 검사의 불기소결정문, 병원의 진단서, 공인된 여성 관련 단체의 확인서 등으로 그 입증이 가능하다.

iii. 정신적 피해를 수반한 가정폭력의 문제: 자신에게 책임이 없는 사유로 정상적인 혼인 생활을 할 수 없었던 경우에 신체적 또는 재산상 피해가 아닌 '정신적' 피해를 수반한 가정폭력이 포함되는지가 문제된다. 「가정폭력방지 및 피해자보호 등에 관한 법률」에서는 가정폭력이란 「가정폭력범죄의 처벌 등에 관한 특례법」 제2

조(정의) 제1호의 행위를 말하므로(가정폭력방지 및 피해자보호 등에 관한 법률 제2조 제1호), 가정구성원 사이의 신체적, 정신적 또는 재산상 피해를 수반하는 행위가 가정폭력에 해당한다(가정폭력범죄의 처벌 등에 관한 특례법 제2조 제1호). 따라서 '정신적' 피해만을 수반한 가정폭력이 있을 경우에는 자신에게 책임이 없는 사유로 정상적인 혼인 생활을 할 수 없었던 경우에 해당한다고 본다.

(c) **협의이혼의 문제:** 한국인 배우자와의 성격 차이 등으로 인한 협의이혼이 귀책사유의 부존재 입증에 해당되는지가 문제된다. 협의이혼의 경우에는 당사자의 자유의사에 따르되 법원은 후견적 역할만을 맡고 있고, 재판상 이혼의 경우에는 법원의 입장이 유책주의에서 파탄주의적 시각을 어느 정도 수용하고 있다. 그러므로 재판상 이혼은 혼인관계의 중단에 귀책사유의 존재를 인정할 수 있겠으나, 협의이혼한 경우를 가지고 혼인관계의 중단에 귀책사유가 있다고 보기는 어렵다는 견해가 있다.[67] 협의이혼을 간이귀화 신청을 위한 귀책사유의 부존재로 간주할 경우에는 외국인 배우자의 인권 보장을 위해 간이귀화제도를 도입한 취지에 어긋나기 때문이다. 「국적실무편람」에서도 협의이혼의 경우에는 혼인이 중단된 외국인 배우자가 간이귀화할 수 있는 요건에 해당하지 않는 것으로 보고, 원칙적으로 불허 처리하고 있다. 다만, 외국인 배우자가 그 협의이혼에 관하여 전적으로 또는 주된 책임이 있는 것이 아니라는 점을 소명하면 간이귀화가 가능하다.

2) 미성년 자녀를 양육하는 경우

(가) 의 의

간이귀화를 신청하기 위한 요건으로 국내 체류기간(국적법 제6조 제2항 제1호, 제2호)을 충족하지 못하였으나, 그 배우자와의 혼인에 따라 출생한 미성년의 자子를 양육하고 있거나 양육하여야 할 자로서 제1호나 제2호의 기간을 채웠고 법무부장관이 상당하다고 인정하는 자는 간이귀화의 대상자로 될 수 있다(국적법 제6조 제2항 제4호). 이를 '자녀양육 결혼이민자'라고 말한다.

(나) 미성년의 자녀에 대한 양육권

「국적법」에서는 '그 배우자와의 혼인에 따라 출생한 미성년의 자子를 양육하고 있거나 양육하여야 할 자'라고 규정하여(국적법 제6조 제2항 제4호), 혼인관계가 중단된 외국인 배우자에게 간이귀화 신청을 위한 요건으로 미성년의 자녀를 양육하고 있거나 양육하여야 하는 것을 요구하고 있다.

(다) 미성년의 자녀에 대한 면접권

외국인 배우자가 미성년의 자녀에 대한 양육권을 갖지 못하고 면접교섭권만을 가

---

67) 이정수, 국적법상 여러 논점들에 관한 소고, 법조협회 법조, 2005, p. 283.

지는 경우에는 간이귀화의 신청요건에 해당하지 않는다.

(3) 대한민국의 국민인 배우자와 혼인한 경우의 생계유지능력 입증

법무부장관은 「국적법」 제6조(간이귀화 요건) 제2항(제3호를 제외한다)에 따라 귀화허가를 신청한 자가 i) 자녀를 임신한 경우(유산한 경우를 포함한다), ii) 자녀를 출산하고자 불임시술을 받은 경우, iii) 자녀를 출산하여 양육하고 있는 경우, iv) 국민인 배우자의 부모를 1년 이상 부양하며 동거하고 있는 경우, v) 위 각 호에 준하는 상당한 사유가 있는 것으로 출입국관리사무소장 또는 출입국관리사무소출장소장이 인정하는 경우의 어느 하나에 해당하는 경우에는 생계유지능력 입증서류를 달리 정할 수 있다(국적업무처리지침 제18조 제1항). 여기에서 '법무부장관이 달리 정할 수 있는 서류'로는 i) 소액이라도 일정한 근로수입이 있는 경우(일용직 등): 통장입금내역 또는 기타 증빙자료, ii) 학원, 직업훈련기관 등에서 취업교육을 받고 있는 경우: 교육기관 발급 확인서, iii) 고용지원센터에 구직등록을 한 경우: 구직등록증, iv) 실업급여를 수령 중인 경우: 통장입금내역의 어느 하나이다(국적업무처리지침 제18조 제2항).

Ⅳ. 특별귀화

1. 의 의

특별귀화란 외국인이 그 부 또는 모가 대한민국의 국민이거나, 대한민국에 특별한 공헌을 하였거나 국익에 기여할 것으로 인정될 때에 그 외국인의 국내 체류기간의 장단, 성년에의 도달 여부, 생계유지 능력 여부에 상관없이 대한민국의 국적을 매우 간소하게 취득하도록 하는 것을 말한다(국적법 제7조).

2. 대상자

특별귀화의 대상자는 i) 부 또는 모가 대한민국의 국민인 자(다만, 양자로서 대한민국의 「민법」상 성년이 된 후에 입양된 자는 제외한다), ii) 대한민국에 특별한 공로가 있는 자, iii) 특별한 분야에서 우수한 외국인재이다. 이하에서는 대상자의 구체적인 내용을 살펴보기로 한다.

(1) 부 또는 모가 대한민국의 국민인 자(다만, 양자로서 대한민국의 「민법」상 성년이 된 후에 입양된 자는 제외한다)(국적법 제7조 제1항 제1호)

1) 의 의

부 또는 모가 대한민국의 국민인 자란 부 또는 모 중에서 어느 한 사람이라도 현재 대한민국의 국민을 둔 외국인인 자녀를 말한다. 가족 간에는 동일한 국적의 토대 위에서 가족들이 신속히 재결합 또는 통합될 수 있도록 하기 위함이다.[68)]

2) 대한민국의 국민인 부 또는 모

부모는 기본적으로 법률상 부 또는 모로서, 모의 경우에는 법률상 모뿐만 아니라 사실상 생모이여도 상관없다.[69)] 양부 또는 양모의 경우도 법률상 부모에 해당하므로 양부 또는 양모에게 성년이 되기 전에 입양된 양자도 특별귀화의 대상자에 포함된다. 다만, 부모가 계부 또는 계모인 경우에는 법률상 부모에 해당하지 않으므로 특별귀화의 대상자에 포함되지 않고, 일반귀화의 대상자에 해당된다. 부 또는 모가 대한민국의 국민이기만 하면 되고, 출생과 동시에 대한민국의 국민인지, 귀화자인지, 국적회복자인지 여부는 상관없다. 예를 들어 부모가 과거에 조선인으로 국적회복을 통해 대한민국의 국적을 취득한 경우도 이에 해당된다.[70)]

3) 「민법」상 성년이 되기 전에 입양된 자

대한민국의 「민법」상 성년이 되기 전에 입양된 양자도 특별귀화의 대상자에 포함된다. 다만, 양자로서 대한민국의 「민법」상 성년이 된 후에 대한민국의 국민에게 입양된 자는 특별귀화의 대상자에서 제외된다. 따라서 대한민국의 민법상 성년이 된 후에 대한민국의 국민에게 입양된 외국인인 양자는 대한민국에 3년 이상 계속하여 주소가 있는 때에 간이귀화를 신청할 수 있다(국적법 제6조 제1항 제3호). 그러나 양자로서 대한민국의 「민법」상 미성년인 때에 대한민국의 국민에게 입양되었다가 그 후에 성년으로 된 자는 특별귀화의 대상자에 해당된다.

(2) 대한민국에 특별한 공로가 있는 자(국적법 제7조 제1항 제2호)

1) 의 의

대한민국에 특별한 공로가 있는 자란 외국인이 그 부 또는 모의 국적과는 상관없

68) 석동현, 국적법, 법문사, 2011, p. 158.
69) 앞의 책, p. 159.
70) 서울고등법원 2004. 10. 29. 선고 2003누12891 판결.

이 본인 또는 그 배우자나 직계존비속이 대한민국에 특별한 공로가 이미 있는 경우를 말한다. 대한민국에 특별한 공로가 있는 자의 범위에는 본인뿐만 아니라 그의 배우자 또는 직계존비속을 포함하고 있으므로 독립유공자의 후손이 특별귀화하는 사례가 적지 않다(국적법 시행령 제6조 제1항 제1호).

2) 특별한 공로

대한민국에 특별한 공로가 있는 자로는 i) 본인 또는 그 배우자나 직계존비속이 독립유공 또는 국가유공으로 관계 법률에 따라 대한민국 정부로부터 훈장·포장 또는 표창을 받은 사실이 있는 자(국적법 시행령 제6조 제1항 제1호), ii) 국가안보·사회·경제·교육 또는 문화 등 여러 분야에서 대한민국의 국익에 기여한 공로가 있는 자(국적법 시행령 제6조 제1항 제2호), iii) 그 밖에 제1호 및 제2호에 준하는 공로가 있다고 법무부장관이 인정하는 자(국적법 시행령 제6조 제1항 제3호)가 이에 해당된다.

(3) 특별한 분야에서 우수한 외국인재(국적법 제7조 제1항 제3호)

1) 의 의

특별한 분야에서 우수한 외국인재란 과학·경제·문화·체육 등 특정 분야에서 매우 우수한 능력을 보유한 자로서 대한민국의 국익에 기여할 것으로 인정되는 경우를 말한다. 특별귀화의 대상이 되는 특별한 분야는 과학·경제·문화·체육 등 특정 분야이다. 대한민국에 특별한 공로가 이미 있는 외국인인 경우에는 「국적법」 제7조 제1항 제2호에 의한 특별귀화의 적용 대상자이다.

2) 연 혁

종전에는 과학·경제·문화·체육 등 특정 분야에서 매우 우수한 능력을 보유하여 장래에 대한민국의 국익에 기여할 것으로 인정되는 외국인재는 그들을 위한 특별귀화 규정이 있지 않아, 일반귀화의 요건과 동일하게 5년 이상 계속하여 대한민국에 주소가 있어야 하는 국내체류 요건을 충족하는 경우에만 일반귀화의 허가를 받을 수 있었다. 2010년 제10차 「국적법」 개정에서는 국가경쟁력 강화를 목적으로 특별귀화의 대상자에 위와 같은 우수 외국인재가 새로이 추가되었다.

3) 국적심의위원회의 심의

(가) 국적심의위원회

특별한 분야에서 우수한 외국인재에 해당하는 자를 정하는 기준 및 절차는 대통령령으로 정한다(국적법 제7조 제2항). 특별한 분야에서 우수한 외국인재에 해당하는지 여부는 법무부장관 소속으로 과학 · 경제 · 문화 · 체육 등 분야별 전문위원들로 구성된 국적심의위원회를 두고(국적법 시행령 제28조), 국적심의위원회의 심의를 거쳐 법무부장관이 정한다(국적법 시행령 제6조 제2항).

(나) 심의 대상자

국적심의위원회의 심의 대상자로는 i) 국회사무총장, 법원행정처장, 헌법재판소 사무처장 또는 중앙행정기관의 장 등이 추천한 자(국적법 시행령 제6조 제2항 제1호), ii) 재외공관의 장, 지방자치단체(특별시 · 광역시 · 도 및 특별자치도를 말한다)의 장, 4년제 대학의 총장, 그 밖에 법무부장관이 정하는 기관 · 단체의 장이 추천하는 자로서 법무부장관이 심의에 부친 자(국적법 시행령 제6조 제2항 제2호), iii) 과학 · 경제 · 문화 · 체육 등의 분야에서 수상, 연구실적, 경력 등으로 국제적 권위를 인정받고 있는 자로서 별도의 추천이 필요 없이 법무부장관이 직권으로 심의에 부친 자(국적법 시행령 제6조 제2항 제3호)이다.

3. 요 건

(1) 귀화의 일반요건 면제

1) 의 의

귀화를 신청하려는 자가 특별귀화의 대상자에 해당되는 경우에는 일반귀화 및 간이귀화의 요건에 비하여 국내 체류기간, 연령, 생계유지 능력에 관계없이 귀화가 가능하다. 특별귀화의 요건은 일반귀화 및 간이귀화와 비교하여 상당히 간소하다.

2) 국내 체류기간의 요건 면제

특별귀화의 대상자에게는 일반귀화의 대상자에게 요구되는 '5년 이상 계속하여 대한민국에 주소가 있을 것'이라는 국내 체류기간의 요건(국적법 제5조 제1호)이 면제된다.

'국내 체류기간'과 관련하여, 양자로서 대한민국의 「민법」상 성년이 되기 전에 입양된 자의 경우에는 국내 체류기간이 요구되지는 않지만,[71] 성년이 되기 전에 입양된 자가 특별귀화하기 위하여는 대한민국에 합법적으로 입국하여 합법적으로 체류하고 있어야 한다.

3) 연령의 요건 면제

특별귀화의 대상자에게는 '대한민국의 「민법」상 성년일 것'이라는 연령의 요건

---

71) 종전 미국 이민국적법에 의하면, 미국 시민권자에게 입양된 외국인이 미국으로 귀화하기 위하여는 국내 체류기간의 요건(최소한 2년 이상)이 필요하였으나, 1978년 개정으로 국내 체류기간의 요건은 폐지되었다(David Weissbrodt, Immigration Law and Procedure, West Group, 1998, p. 365 참고).

(국적법 제5조 제2호)이 면제된다. 대한민국의 「민법」상 성년일 것을 요구하지 않으므로 반드시 성년자일 것이 필요하지 않는다. 따라서 미성년자일지라도 특별귀화가 가능하다.

4) 생계유지능력의 요건 면제

특별귀화의 대상자에게는 '자신의 자산이나 기능에 의하거나 생계를 같이하는 가족에 의존하여 생계를 유지할 능력이 있을 것'이라는 생계유지능력의 요건(국적법 제5조 제4호, 국적법 시행규칙 제3조 제2항 제2호 단서)을 갖추지 아니하여도 귀화허가를 받을 수 있다(국적법 제7조 제1항).

5) 대통령의 승인

2010년 구 「국적법」에서는 법무부장관이 특별귀화를 허가할 때에는 대통령의 승인을 얻어야 하는 것으로 규정하였으나(구 국적법 제7조 제2항), 2010년 5월 4일에 개정되어 2011년 1월 1일에 시행된 구 「국적법」에서부터 대통령의 승인 조항이 삭제되었다.

(2) 특별귀화의 요건

외국인이 특별귀화의 허가를 받기 위하여는 ⅰ) 품행이 단정할 것, ⅱ) 대한민국 국민으로서의 기본 소양을 갖추고 있을 것, ⅲ) 귀화를 신청하는 시점에 대한민국에 주소가 있을 것이 요구된다(국적법 7조 제1항의 반대해석). 이하에서는 특별귀화의 요건에 대한 구체적인 내용을 살펴보기로 한다.

1) 품행의 단정

특별귀화의 대상자는 일반귀화 및 간이귀화의 요건인 품행의 단정을 동일하게 충족하여 갖추어야 된다. '품행의 단정'의 판단에 대하여 특별귀화하려는 미성년인 자녀의 경우에는 반대의 증거가 없는 한 품행이 단정한 것child of tender age으로 추정된다고 본다.72)

2) 국민으로서의 기본소양

특별귀화의 대상자는 일반귀화 및 간이귀화의 요건인 국어능력과 대한민국의 풍습에 대한 이해 등 대한민국 국민으로서의 기본 소양을 동일하게 충족하여 갖추어야 된다.

3) 대한민국 주소의 설정

특별귀화의 대상자는 국내 체류기간에 상관없이 특별귀화를 신청하는 시점에 대한민국에 주소를 두고 있기만 하면 '국내 체류요건'을 충족한 것으로 된다. 귀화에 필요한 국내 체류요건을 충족하지 않더라도 특별귀화를 신청하는 시점에 대한민국

---

72) David Weissbrodt, Immigration Law and Procedure, West Group, 1998, p. 365 참고.

에 주소만 있으면 된다. 국내 체류기간의 장단을 묻지 않는다. 일반귀화의 대상자는 대한민국에서 5년 이상 계속적으로 대한민국에 주소가 있어야 하고, 간이귀화의 대상자는 그 대상자에 따라 대한민국에서 1년·2년·3년 이상 계속적으로 대한민국에 주소가 있어야만 그 요건을 갖추어야 하는 것과는 다르다.

Ⅴ. 귀화절차

1. 귀화허가의 신청

(1) 신 청

과거에 대한민국의 국적을 취득한 사실이 없는 외국인은 법무부장관의 귀화허가를 받아 대한민국의 국적을 취득할 수 있다(국적법 제4조 제1항). 귀화허가 신청인이 법무부장관의 귀화허가를 받으려면 법무부령으로 정하는 귀화허가 신청서를 작성하여 출입국관리사무소장 또는 출장소장에게 제출하여야 한다(국적법 시행령 제3조 제1항). 귀화의 허가는 특정한 상대방을 위하여 새로이 법적 지위를 설정하는 행위로서 형성적 행정행위 중에서 특허에 해당하므로, 일반적으로 출원을 그 요건으로 한다. 따라서 귀화의 허가는 신청을 요하는 쌍방적 행정행위이다. 귀화의 신청이 없거나 그 취지에 반하는 귀화의 허가는 완전한 효력을 발생할 수 없다.[73)]

(2) 신청 및 접수거부의 문제

귀화허가의 신청 및 그 접수거부와 관련하여, 「국적법 시행규칙」 제3조 제2항에서 규정된 외국인임을 증명하는 서류 등 서류를 모두 첨부한 이상 귀화허가의 신청은 형식적 요건을 갖춘 것이므로 법무부장관은 일단 이를 수리하여야 한다. 만일 신청한 사항이 「국적법」에서 정한 귀화허가의 요건이나 기준에 적합하지 아니하다고 판단되는 경우 그 귀화허가의 신청을 반려하거나 그 허가를 거부할 수 있을 뿐이지, 그 귀화허가신청서의 수리 자체를 거부할 수는 없다.[74)] 법원은 "부모가 모두 대한민국 국민이고 대한민국에 주소를 두고 있는 외국인은 국적법 제7조, 국적법 시행령 제3조, 국적법 시행규칙 제3조에 따라 부 또는 모의 가족관계기록사항에 관한 증명서 등 서류를 첨부하여 특별귀화 신청을 할 수 있는 법규상 권리가 있고, 그 외국인이 불법체류자라는 이유로 당연히 허가대상이 되지 않는 것으로 보고 신청단계에서

73) 김동희, 행정법Ⅰ, 박영사, 2010, p. 285.
74) 서울고등법원 2007. 5. 1. 선고 2006누13093 판결.

c이를 배제한 것은 그 외국인의 절차적 신청권을 침해했다."라고 판시하고 있다.[75)] 다만, 대법원은 "외국인이 불법체류자로서 출입국관리법 등 관계 법령에서 요구하는 외국인등록증 사본, 출입국사실증명 등의 서류를 제출할 수 없는 경우에는 귀화허가 신청의 형식적 요건이 갖추어져 있다고 볼 수 없음이 명백하고 이는 보완 또는 보정이 불가능한 것이므로 귀화허가 신청의 접수를 거부한 처분은 적법하다."라고 판시하고 있다.[76)]

2. 송　부

출입국관리사무소장 또는 출장소장은 귀화허가 신청서를 제출받은 때에는 지체 없이 법무부장관에게 송부하여야 한다. 다만, 법무부장관이 정하는 바에 따른 조회·조사 및 확인 등을 해야 할 경우에는 그 절차를 마치고 의견을 붙여 송부하여야 한다(국적법 시행령 제3조 제2항).

3. 귀화허가의 신청에 대한 심사

(1) 개　념

귀화허가의 신청에 대한 심사란 법무부장관의 귀화허가를 신청한 자가 정치공동체의 구성원으로 되기 위한 요건·신분 또는 자격 등 귀화 요건을 갖추고 있는지를 심사하는 것을 말한다. 이를 '귀화적격심사'라고도 한다. 법무부장관은 접수된 귀화허가 신청서에 대한 서류심사와는 별도로, 귀화허가 신청자에 대하여 신원조회 등을 하고, 그 신청자가 품행이 단정한지 대한민국의 국민으로서의 기본 소양을 갖추고 있는지를 심사하게 된다.

(2) 개념적 연혁

종전에는 귀화적격심사는 법무부장관이 귀화허가 신청자에 대한 신원조회, 범죄

---

75) 서울고등법원 2004. 10. 29. 선고 2003누12891 판결.
동 판결에서 특별귀화를 신청한 외국인은 밀입국을 통해 입국한 후 외국인등록을 하지 않으면서 특별귀화허가를 신청한 것이다. 서울고등법원이 판시한 취지는 "동 특별귀화 신청서 접수거부처분이 절차상의 이유에 기한 것이 아니라 실질적으로 그 외국인이 귀화허가 대상자에 해당하지 아니하다는 판단에 기인한 것으로 보여지므로 소송경제적인 측면에서 이 접수거부처분의 실질적인 내용에 들어가 판단함이 상당할 수도 있으나(대법원 1996. 7. 30. 선고 95누12897 판결 참조) 그 외국인의 의사가 우선적으로 이 접수거부처분의 절차적 위법성을 가려 달라는 것이므로 그에 따르기로 한다."이다.

76) 대법원 2005. 2. 17. 선고 2004두13226 판결.

경력조회 및 체류동향조사 의뢰 또는 그 밖에 필요한 사항에 관하여 의견 요청, 증명서류 제출, 체류지를 현지 조사하는 등을 조회·조사·확인한 결과로 인해 귀화요건(국적법 제5조 제3호 및 제5호의 요건은 제외한다)을 갖춘 자에 대하여만 '품행이 단정할 것(국적법 제5조 제3호)' 및 '국어능력과 대한민국의 풍습에 대한 이해 등 대한민국 국민으로서의 기본소양素養을 갖추고 있을 것(국적법 제5조 제5호)'의 요건을 갖추고 있는지를 심사하는 것이었다(구 국적법 시행령 제4조 제3항). 이를 '협의의 귀화적격심사'라고 할 수 있다.

2014년 6월 17일에 「국적법 시행령」을 개정하여, 귀화적격심사란 법무부장관이 귀화허가 신청자에 대한 신원조회, 범죄경력조회 및 체류동향조사 의뢰 또는 그 밖에 필요한 사항에 관하여 의견 요청, 증명서류 제출, 체류지를 현지 조사하는 등을 조회·조사·확인한 결과, 신청자의 품행 및 기본소양에 대한 심사를 하는 것을 말한다(국적법 시행령 제4조 제3항, 제4항). 필기시험과 면접심사를 중심으로 운영되던 귀화적격심사가 필기시험·면접심사뿐만 아니라 범죄경력조회 및 체류동향조사 등의 결과를 통해서도 심사할 수 있도록 심사의 범위가 확대되었다. 이를 '본래 의미의 귀화적격심사'라고 할 수 있다. 이하에서는 본래 의미의 귀화적격심사를 신원조회 등과 협의의 귀화적격심사로 나눠 살펴보기로 한다.

(3) 신원조회 등

1) 의 의

법무부장관은 귀화허가의 신청을 받으면 일반·간이·특별귀화의 요건을 갖추었는지를 심사한 후에 그 요건을 갖춘 자에게만 귀화를 허가한다(국적법 제4조 제2항). 법무부장관은 귀화허가 신청자에 대한 귀화 요건을 심사할 때에 관계 기관의 장에게 귀화허가 신청자에 대한 신원조회, 범죄경력조회 및 체류동향조사를 의뢰하거나 그 밖에 필요한 사항에 관하여 의견을 구할 수 있다(국적법 시행령 제4조 제1항). 그리고 국민의 외국인배우자에 대하여 귀화요건을 갖추었는지를 확인하여야 한다(국적법 시행령 제4조 제2항).

2) 체류동향조사

(가) 법적 성격

귀화심사를 위한 '체류동향조사'에 대하여는, 「출입국관리법」에 규정된 외국인 등에 대한 동향조사(출입국관리법 제81조 제1항) 및 허위초청 또는 결혼중개업에 대한 동향조사(출입국관리법 제81조 제2항)의 내용이 적용된다. 체류동향조사는 상대방의 임의적 협조를 요는 행정조사에 해당하므로 상대방의 의사에 반하여 강제력을 행사할 수 없다. 다만, 출입국관리공무원의 장부 또는 자료제출 요구를 거부·기피하는 경우에는 형벌이 아니라 행정질서벌

인 과태료가 부과될 뿐이다(출입국관리법 제100조 제2항 제3호).[77)]

(나) 내 용

귀화심사를 위한 '체류동향조사'의 구체적인 내용을 살펴보기로 한다.

첫째, 외국인 등에 대한 동향조사와 관련하여서는, 출입국관리공무원과 대통령령으로 정하는 관계 기관 소속 공무원은 귀화허가 신청자가 「출입국관리법」 또는 「출입국관리법」에 따른 명령에 따라 적법하게 체류하고 있는지를 조사하기 위하여 외국인, 외국인을 고용한 자, 외국인의 소속단체 또는 외국인이 근무하는 업소의 대표자, 외국인을 숙박시킨 자에게 방문하여 질문하거나 그 밖에 필요한 자료를 제출할 것을 요구할 수 있다(출입국관리법 제81조 제1항). 그러나 귀화심사를 위한 '체류동향조사'의 경우에는 귀화허가 신청자의 고용관계뿐만 아니라 가족관계, 체류관계 등을 포함한 생활관계 전반을 조사할 필요성이 있으므로, 「출입국관리법」 제81조 제1항에 제한적으로 나열된 동향조사의 대상자 외에도 혈족·배우자·인척을 포함한 친족, 이웃, 목격자, 귀화추천인 등 참고인의 조사가 필요하고 이를 위한 명확한 법적 근거가 필요하다고 본다.[78)]

둘째, 허위초청 또는 결혼중개업에 대한 동향조사와 관련하여서는, 출입국관리공무원은 귀화허가 신청자의 초청이나 국제결혼 등을 알선·중개하는 자 또는 그 업소를 방문하여 질문하거나 자료를 제출할 것을 요구할 수 있다(출입국관리법 제81조 제2항).

3) 국민의 외국인배우자에 대한 심사

(가) 구 분

「국적법 시행령」에서는 간이귀화 신청자 중에서 대한민국의 국민인 배우자와의 혼인을 원인으로 하는 신청에 대하여 심사의 방법을 별도로 규정하고 있다. 법무부장관은 간이귀화 신청자 중 대한민국의 국민인 배우자와의 혼인을 원인으로 하여 신청한 자에 대하여는 심사를 다음과 같이 구분한다.

(나) 계속된 혼인관계의 경우

대한민국의 국민과 혼인관계가 계속 중인 경우에 해당하는 자이다(국적법 제6조 제2항 제1호, 제2호). 이 경우 배우자와 정상적인 혼인관계를 유지하고 있는지 여부를 심사하기 위해 법무부령으로 정하는 증명서류를 제출하게 하거나 거주지를 현지조사하는 등 적절한 방법으로 귀화 요건을 갖추었는지를 확인하여야 한다(국적법 시행령 제4조 제2항 제1호).

77) 김택수, 불심검문과 불법체류자 단속절차의 연계방안, 연세대학교 법학연구원 법학연구, 2011, p. 46.
78) David Weissbrodt, Immigration Law and Procedure, West Group, 1998, p. 367 참고.

(다) 혼인관계 중단에 귀책사유가 없는 경우

(a) **심사 방법**: 대한민국의 국민과 혼인관계가 중단된 경우로 혼인관계의 중단에 귀책사유가 없는 경우에 해당하는 자이다(국적법 제6조 제2항 제3호). 이 경우 정상적인 혼인생활을 유지할 수 없었던 사유를 심사하기 위해 법무부령으로 정하는 증명서류를 제출하게 하거나 거주지를 현지 조사하는 등 적절한 방법으로 귀화 요건을 갖추었는지를 확인하여야 한다(국적법 시행령 제4조 제2항 제2호).

(b) **이혼판결문**: 혼인관계 중단으로 인한 그 혼인의 진정성 및 그 혼인관계 중단에 귀책사유의 부존재에 대한 입증자료와 관련하여, 이혼소송의 구조와 이혼판결의 의미에 따라 가정법원의 이혼판결문이 간이귀화의 심사를 위한 자료로 활용할 수 있는지가 문제된다.

i) 혼인의 진정성에 관한 것이다. 가사소송은 근본적으로 민사소송의 원칙인 처분권주의 및 변론주의를 기초로 하기 때문에 당사자들이 특별히 다투지 않는 사항에 대하여는 그 주장대로 인정할 수밖에 없는 구조이다. 외국인 배우자가 제기한 이혼소송에서 피고인 한국인 배우자의 혼인무효의 항변 또는 혼인무효의 반소 제기가 없는 상태에서 선고된 가정법원의 이혼판결은 귀화심사에서 혼인관계의 진정성 유무를 판단하는 자료로는 불충분하다. 따라서 별도의 실태조사가 반드시 필요하다.[79] 더 나아가 가족법과 이민법, 혼인의 유·무효와 이민허가를 분리하는 것이 바람직하다는 견해가 있다.[80]

ii) 혼인관계의 중단에 귀책사유의 부존재에 관한 것이다. 이혼판결문을 한국인 배우자의 귀책사유의 자료 또는 외국인 배우자의 귀책사유 부존재의 자료로 활용하는 경우에도 가사소송이 앞에서 본 바와 같이 처분권주의 및 변론주의를 기초로 한다는 점을 고려하여야 한다. 이혼판결문의 내용뿐만 아니라 이혼소송이 진행된 과정(예를 들어 ① 피고인 한국인 배우자의 소재가 파악되지 않아 공시송달 상태에서 진행된 경우, ② 원고가 귀책사유에 대한 별다른 증거를 제출하지 않은 사건에서 피고에게 소장부본이 송달되었으나 답변서를 제출하지 않거나 적극적인 반박자료를 제시하지 아니한 채 변론기일에 출석하지 아니한 경우, ③ 원고가 귀책사유에 대한 별다른 증거를 제출하지 않은 사건에서 피고가 원고의 주장을 인정하는 서면을 제출하거나 법정에 출석하여 그러한 취지로 답변한 경우), 원고와 피고가 귀책사유의 유무에 대하여 적극적으로 다투어서 법원이 그에 관한 증거조사를 실시한 경우를 각각 구분하여 종합

79) 김용찬, 혼인파탄 간이귀화에 관하여 가정법원의 관점에서 본 문제 제기, 2014.
80) 이동진, 이주혼인의 법적 규율 – 이민법, 형법, 그리고 가족법 –, 한국이민법학회, 서울대학교 법학연구소 추계공동학술대회 결혼·이민·가족, 2014, p. 21.

적으로 고려하여 귀책사유의 유무를 판단하여야 한다.[81)]

(라) 미성년 자녀를 양육하는 경우

대한민국의 국민과 혼인관계가 중단된 경우로 미성년 자녀를 양육하는 경우에 해당하는 자이다(국적법 제6조 제2항 제4호). 이 경우 자녀의 양육에 관한 사항을 심사하기 위해 법무부령으로 정하는 증명서류를 제출하게 하거나 체류지를 현지 조사하는 등 적절한 방법으로 귀화 요건을 갖추었는지를 확인하여야 한다(국적법 시행령 제4조 제2항 제3호).

4) 판 정

(가) 필기시험과 면접심사 불실시

법무부장관은 따른 조회·조사·확인 결과 및 귀화허가 신청시 제출서류 등의 심사 결과 귀화요건을 갖추지 못한 것으로 인정되는 신청자에 대하여는 필기시험과 면접심사를 실시하지 아니할 수 있다(국적법 시행령 제4조 제4항).

(나) 신원조회 등으로 귀화요건 미비

법무부장관은 귀화허가 신청자가 필기시험이나 면접심사의 실시·면제 여부를 불문하고, 조회·조사·확인 결과 및 귀화허가 신청시 제출서류 등의 심사 결과 귀화요건을 갖추지 못한 것으로 인정되는 경우에는 귀화허가를 해서는 아니 된다(국적법 시행령 제4조 제5항 제1호).

(4) 협의의 귀화적격심사

1) 구 분

협의의 귀화적격심사는 필기시험 및 면접심사로 구분하여 시행한다. 법무부장관은 귀화허가 신청자에 대하여 필기시험과 면접심사를 실시한다(국적법 시행령 제4조 제3항 본문). 다만, 법무부령으로 정하는 자에 대하여는 필기시험 또는 면접심사를 면제할 수 있다(국적법 시행령 제4조 제3항 단서). 필기시험의 출제 방식, 면접심사의 심사 항목 등 필기시험과 면접심사의 시행에 필요한 사항은 법무부령으로 정한다(국적법 시행령 제4조 제6항).

2) 필기시험

(가) 의 의

필기시험이란 대한민국의 역사·정치·문화·국어 및 풍습에 대한 이해 등 대한민국의 국민이 되기 위하여 갖추어야 할 기본소양에 관한 사항을 심사하는 것을 말한다(국적법 시행규칙 제4조 제2항 전단).

---

81) 김용찬, 혼인파탄 간이귀화에 관하여 가정법원의 관점에서 본 문제 제기, 2014.

(나) 출 제

필기시험의 출제 방식 등 필기시험의 시행에 필요한 사항은 법무부령으로 정하도록 하여「국적법 시행규칙」및「국적업무처리지침」에서 상세히 규정하고 있다(국적법 시행령 제4조 제6항). 필기시험은 주관식 또는 객관식으로 10문항 이상 20문항 이하를 출제한다(국적법 시행규칙 제4조 제2항 후단). 이에 따라, 필기시험의 수준과 출제 · 평가에 대하여는 초등학교 4학년부터 6학년까지의 교육과정에 상응하는 수준의 대한민국 역사 · 정치 · 문화 · 국어 등 기본소양에 대하여 객관식 20문항을 출제하고 각 문항별 5점씩 배점하여 합계 100점으로 평가한다(국적업무처리지침 제6조).

(다) 면제자

(a)「**국적법 시행규칙**」**상 면제자**: 법무부령으로 정하는 자에 대하여는 필기시험을 면제할 수 있다(국적법 시행령 제4조 제3항 단서). 이에 따라,「국적법 시행규칙」제4조 제1항에 규정된 필기시험이 면제될 수 있는 자로는 ⅰ) 부부가 함께 귀화허가 신청을 한 경우의 배우자 1명, ⅱ) 미성년자, ⅲ) 만 60세 이상인 자, ⅳ) 특별귀화의 대상자로 대한민국에 특별한 공로가 있는 자에 해당하는 자(국적법 제7조 제1항 제2호), 특별귀화의 대상자로 우수 외국인재에 해당하는 자(국적법 제7조 제1항 제3호), ⅴ) 한국어 및 다문화 이해 등에 대한 교육과 정보제공 등을 내용으로 하는 프로그램으로서 법무부장관이 정하여 고시하는 사회통합프로그램을 이수한 자, ⅵ) 귀화허가 신청일을 기준으로 최근 3년 이내에 필기시험에서 100점을 만점으로 하여 60점 이상을 득점한 자, ⅶ) 그 밖에 법무부장관이 인정하는 특별한 사유가 있는 자이다.

(b)「**국적업무처리지침**」**상 면제자**: 필기시험이 면제될 수 있는 자로서 '그 밖에 법무부장관이 인정하는 특별한 사유'가 있는 경우로는「국적업무처리지침」에서 상세히 정하고 있다.「국적업무처리지침」에서 규정된 필기시험이 면제될 수 있는 자로는 ⅰ)「초 · 중등교육법」에 의한 초 · 중 · 고등학교,「고등교육법」에 의한 대학(산업대학 · 교육대학 · 전문대학 · 방송 · 통신대학 · 사이버대학 · 기술대학) 또는「근로자직업능력개발법」에 의한 기능대학 중 어느 하나를 졸업한 자(국적업무처리지침 제7조 제1항 제1호), ⅱ)「초 · 중등교육법 시행령」에 규정된 중 · 고등학교 입학자격 검정고시 또는 고등학교 졸업학력 검정고시 합격자(국적업무처리지침 제7조 제1항 제2호), ⅲ) 배우자가 대한민국의 국민인 외국인으로서「국적법」제6조(간이귀화 요건) 제2항 제1호 또는 제2호에 의하여 귀화허가를 신청한 자(국적업무처리지침 제7조 제1항 제3호), ⅳ)「출입국관리법 시행령」별표1의 제28의3호 영주(F-5)자격을 취득한 외국인으로서 같은 호 나목 후단 및 다 · 바 · 사 · 자목의 어느 하나에 해당하는 자(국적업무처리지침 제7조 제1항 제4호), ⅴ)「국적법」제7조(특별귀화 요건) 제1항 제1호에 따라 특별귀화의 허가를 신청한 자 중「장애인복지

법 시행규칙」 제2조(장애인의 장애등급 등) 별표1의 '장애인의 장애등급표'에 규정된 지적・정신 장애인으로서 1급부터 3급까지의 판정을 받은 자 또는 보건복지부 고시에 따른 1급부터 3급까지의 장애정도가 있다고 판단되는 자, 자폐성장애인으로서 1급 또는 2급의 판정을 받은 자 또는 보건복지부 고시에 따른 1급부터 2급까지의 장애정도가 있다고 판단되는 자. 뇌병변장애인으로서 1급부터 3급까지의 판정을 받은 자 또는 보건복지부 고시에 따른 1급부터 3급까지의 장애정도가 있다고 판단되는 자의 어느 하나에 해당하는 자(국적업무처리지침 제7조 제1항 제5호)이다.

3) 면접심사

(가) 의 의

면접심사란 국어능력 및 대한민국 국민으로서의 자세와 자유민주적 기본질서에 대한 신념 등 대한민국의 국민으로서 갖추어야 할 기본요건을 심사하는 것을 말한다(국적법 시행규칙 제4조 제4항).

(나) 면제자

ⅰ. 「국적법 시행규칙」상 면제자: 법무부령으로 정하는 자에 대하여는 면접심사를 면제할 수 있다(국적법 시행령 제4조 제3항 단서). 이에 따라, 「국적법 시행규칙」 제4조 제3항에서 규정된 면접심사가 면제될 수 있는 자로는 ⅰ) 국적을 회복한 자의 배우자로서 만 60세 이상인 자, ⅱ) 귀화허가 신청 당시 만 15세 미만인 자, ⅲ) 한국어 및 다문화 이해 등에 대한 교육과 정보제공 등을 내용으로 하는 프로그램으로서 법무부장관이 정하여 고시하는 사회통합프로그램을 이수한 자에 해당하는 자, ⅳ) 그 밖에 법무부장관이 인정하는 특별한 사유가 있는 자이다. 다만, 2010년 2월 이후부터는 귀화허가를 신청하는 결혼이민자에게 한국어 등 기본소양 함양을 유도하기 위하여 면접심사를 부활하였다.

ⅱ. 「국적업무처리지침」상 면제자: 면접시험이 면제될 수 있는 자로서 '그 밖에 법무부장관이 인정하는 특별한 사유'가 있는 경우로는 「국적업무처리지침」에서 상세히 정하고 있다. 법무부장관은 독립유공자의 후손(동반 신청하는 배우자는 제외한다)에 대하여는 면접심사를 면제할 수 있다(국적업무처리지침 제8조 본문). 다만, 귀화허가 심사결정을 위해 면접심사가 필요하다고 판단되는 때에는 그러하지 아니하다(국적업무처리지침 제8조 단서).

(5) 판 정

법무부장관은 귀화허가 신청자가 필기시험에서 100점을 만점으로 하여 60점 미만을 득점하거나, 면접심사에서 부적합평가를 받은 경우에는 귀화허가를 해서는 아니 된다(국적법 시행령 제4조 제5항 제2호).

Ⅵ. 귀화허가의 재량성 및 그 한계

1. 의 의

법무부장관은 외국인의 귀화허가에 대한 배타적인 독점적 권한exclusive authority을 가진다(국적법 제4조 제1항, 제2항 참고). 다만, 법무부장관의 광범위한 재량권은 그 기준에 따라야 하는 등 일정한 한계가 있다. 이하에서 그 내용을 살펴보기로 한다.

2. 귀화허가의 재량성

법무부장관이 「국적법」에 정한 귀화 요건을 갖춘 귀화허가 신청인에게 귀화를 허가할 것인지에 관하여 재량권을 가지는지가 문제된다.[82] 대법원은 "국적법 제4조 제1항은 '외국인은 법무부장관의 귀화허가를 받아 대한민국의 국적을 취득할 수 있다.'라고 규정하고, 국적법 제4조 제2항은 '법무부장관은 귀화요건을 갖추었는지를 심사한 후 그 요건을 갖춘 자에게만 귀화를 허가한다.'라고 규정하고 있는데, 위 각 규정의 문언만으로는 법무부장관이 법률이 정하는 귀화요건을 갖춘 외국인에게 반드시 귀화를 허가하여야 한다는 취지인지 반드시 명확하다고 할 수 없다. 그런데 귀화허가의 근거 규정의 형식과 문언, 귀화허가의 내용과 특성 등을 고려하여 보면, 법무부장관은 귀화 신청인이 법률이 정하는 귀화요건을 갖추었다고 하더라도 귀화를 허가할 것인지 여부에 관하여 재량권을 가진다."라고 판시하여,[83] 법무부장관의 귀화허가에 대한 재량권을 인정하고 있다. 그 논거로 대법원은 "국적은 국민의 자격을 결정짓는 것이고, 이를 취득한 자는 국가의 주권자가 되는 동시에 국가의 속인적 통치권의 대상이 되므로, 귀화허가는 외국인에게 대한민국의 국적을 부여함으로써 국민으로서의 법적 지위를 포괄적으로 설정하는 행위에 해당한다. 국적법 등 관계 법령 어디에도 외국인에게 대한민국의 국적을 취득할 권리를 부여하였다고 볼 만한

82) 기속행위, 기속재량행위 및 재량행위, 자유재량행위의 구분 기준과 그 각각에 대한 사법심사의 방식에 대하여, 대법원은 "행정행위가 그 재량성의 유무 및 범위와 관련하여 이른바 기속행위 내지 기속재량행위와 재량행위 내지 자유재량행위로 구분된다고 할 때, 그 구분은 당해 행위의 근거가 된 법규의 체재·형식과 그 문언, 당해 행위가 속하는 행정 분야의 주된 목적과 특성, 당해 행위 자체의 개별적 성질과 유형 등을 모두 고려하여 판단하여야 한다."라고 판시하고 있다(대법원 2001. 2. 9. 선고 98두17593 판결 참고).

83) 대법원 2010. 7. 15. 선고 2009두19069 판결; 대법원 2010. 10. 28. 선고 2010두6496 판결.

규정이 없다."라는 것을 들고 있다.[84)]

이와 같은 취지의 대법원의 판시와 동시에, 법무부 장관이 국적법에 정한 일반귀화의 요건을 갖춘 귀화 신청인에게 귀화를 허가할 것인지 여부에 관하여 재량권을 가지는지가 문제된다. 대법원은 "국적은 국민의 자격을 결정짓는 것이고, 국적을 취득한 사람은 국가의 주권자가 되는 동시에 국가의 속인적 통치권의 대상이 되므로, 귀화허가는 외국인에게 대한민국의 국적을 부여함으로써 국민으로서의 법적 지위를 포괄적으로 설정하는 행위에 해당한다. 한편 국적법 등 관계 법령 어디에도 외국인에게 대한민국의 국적을 취득할 권리를 부여하였다고 볼 만한 규정이 없다. 이와 같은 귀화허가의 근거 규정의 형식과 문언, 귀화허가의 내용과 특성 등을 고려하여 보면, 법무부장관은 귀화 신청인이 법률이 정하는 귀화요건을 갖추었다고 하더라도 귀화를 허가할 것인지 여부에 관하여 재량권을 가진다."라고 판시하면서,[85)] 법무부장관이 귀화허가에 관한 재량권 행사로써 귀화 신청인의 체류자격의 내용, 체류자격의 부여 경위 등을 참작하여 귀화 불허가 처분을 한 것에 위법이 없다고 판단하고 있다.

3. 재량성의 한계

(1) 의 의

법무부장관은 귀화허가 신청인이 귀화의 요건을 충족하고 있는지에 대하여 광범위한 재량권을 갖고 있는 것으로 인정되고 있으나, 법무부장관이 가지는 귀화허가의 재량권에는 합리적인 범위에서 일정한 한계가 있다.[86)] 귀화허가 신청인이 귀화의 요건을 충족하였을지라도 법무부장관의 재량행위로 인하여 귀화허가가 합리적인 사유 없이 불허될 경우에는, 행정행위의 예측가능성과 투명성을 저해할 우려가 있기 때문이다.

(2) 재량권의 행사기준

재량권을 행사하기 위한 기준으로는 구체적인 법령상의 규정에 따라야 한다는 '형식 요건상의 한계' 및 귀화를 불허할 경우에는 귀화허가를 불허하여 달성하고자 하는 공익과 귀화허가에 의하여 달성하고자 하는 사익을 비교 형량하여야 하는 '실질 요건상의 한계'가 있다. 특히 재량행위의 '실질 요건상의 한계'에 대한 사법심사에 대하여, 대법원은 "행정청의 재량에 기한 공익판단의 여지를 감안하여 법원은 독

84) 앞의 대법원 두 판결.
85) 앞의 대법원 두 판결.
86) 국가인권위원회 결정례 2011. 11. 7. 자 11-진정-0098500 실효된 전과를 이유로 한 국적취득 불허.

자의 결론을 도출함이 없이 당해 행위에 재량권의 일탈·남용이 있는지 여부만을 심사하게 되고, 이러한 재량권의 일탈·남용 여부에 대한 심사는 사실오인, 비례·평등의 원칙 위배, 당해 행위의 목적 위반이나 동기의 부정 유무 등을 그 판단 대상으로 한다."라고 판시하고 있다.[87] 따라서 귀화허가 신청자가 귀화요건을 충족하고 있음에도 법무부장관이 귀화요건의 전제가 되는 사실인정을 그르치거나 귀화요건의 내용을 지나치게 좁게 해석함으로써 당해 신청자가 귀화요건을 충족하지 못하였다고 판단하여 귀화허가 신청을 거부하였다면 이는 재량권을 일탈·남용한 것으로서 위법하다.[88]

Ⅶ. 귀화의 허가 및 효과

1. 귀화의 허가

법무부장관은 대한민국의 국적을 과거에 취득한 사실이 없는 외국인으로부터 귀화허가 신청을 받으면 일반귀화(국적법 제5조), 간이귀화(국적법 제6조), 특별귀화(국적법 제7조)의 귀화 요건을 갖추었는지를 심사(귀화허가의 신청에 대한 심사를 말한다)한 후, 그 요건을 갖춘 자에게만 귀화를 허가한다(국적법 제4조 제1항, 제2항).

2. 귀화허가의 효과

법무부장관의 귀화허가를 받은 자는 법무부장관이 그 허가를 한 때에 대한민국의 국적을 취득한다(국적법 제4조 제3항).

Ⅷ. 귀화허가의 취소

1. 의 의

(1) 개 념

귀화허가의 취소란 권한 있는 행정기관인 법무부장관이 직권으로 그 행정행위인 귀화허가의 효력을 상실시키는 것을 말한다. 이를 '직권취소'라고도 한다. 법무부장

87) 대법원 2001. 2. 9. 선고 98두17593 판결.
88) 서울행정법원 2009. 8. 20. 선고 2008구합51400 판결.

관은 귀화허가뿐만 아니라 귀화허가를 취소할 것인지 여부에 관하여도 재량권을 가진다.[89] 법무부장관이 귀화허가라는 행정행위를 그 성립상의 하자를 이유로 스스로의 발의에 의하여 취소하는 것으로, 그 목적은 행정의 적법상태를 회복시키고 적극적·장래지향적으로 행정의 목적을 실현하는 데 있다.[90]

(2) 연혁 및 근거

1) 연혁 및 법적 근거

「국적법」이 제정된 당시에는 귀화허가를 취소할 수 있는 법적 근거가 규정되어 있지 않았다. 그리고 종전에는 귀화허가 취소의 근거가 「국적업무처리지침(법무부 예규)」에 규정되어 당사자의 법적 지위에 중요한 영향을 미치는 행정행위인 귀화허가의 취소가 법률의 명확성과 행정행위의 예측가능성을 저해한다는 지적이 있었다. 이와 같은 지적을 반영하여 2008년 제9차 「국적법」 개정에서부터 일정한 경우에 귀화허가를 취소할 수 있는 법적 근거가 마련되었다. 「국적법」에서는 "법무부장관은 거짓이나 그 밖의 부정한 방법으로 귀화허가를 받은 자에 대하여 그 허가를 취소할 수 있다."고 규정하고 있다(국적법 제21조 제1항).

2) 이론적 근거

「국적법」이 제정된 이래 귀화허가를 직권으로 취소할 수 있는 법적 근거가 규정되지 않았더라도, '행정행위의 취소에 관한 일반이론'에 의해 귀화허가를 취소할 수 있는 것이다. 행정행위의 직권취소란 그 성립에 흠이 있음에도 불구하고 일단 유효하게 성립한 행정행위를 그 성립상의 하자를 이유로 권한 있는 행정기관이 그 효력을 원칙적으로 기왕에 소급하여 상실시키는 행정행위를 말한다. 대부분 행정행위의 근거법이 당해 행정행위가 위법하게 되는 경우를 상정하여 그 직권취소에 관한 명시적인 규정을 두고 있지 않는 경우가 많다. 그러나 법치주의, 보다 정확히는 행정행위의 법률적합성원칙에 의해 행정기관에 별도의 명시적 근거규정이 없을지라도 위법한 행정작용을 스스로 시정할 수 있는 권한이 있다고 보아야 한다.[91]

---

89) 서울행정법원 2013. 8. 30. 선고 2013구합6336 판결.
90) 김동희, 행정법 I, 박영사, 2010, p. 343.
91) 김동희, 행정법 I, 박영사, 2010, pp. 342~347. 그러나 침해유보설의 관점에 의하면, 행정행위의 직권취소는 주로 수익적 행정행위를 대상으로 한다는 점을 고려하여 그 취소는 상대방의 권익을 침해한다는 점에서 직권취소에 관한 명시적인 근거가 필요하다는 견해가 있다(김동희, 행정법 I, 박영사, 2010, p. 345 참고).

2. 취소의 기준

「국적법」은 귀화허가를 취소할 수 있는 구체적인 기준에 대하여 「국적법 시행령」에 위임하고 있다(국적법 제21조 제2항). 법무부장관이 귀화허가를 취소할 수 있는 기준은 다음과 같다. i) 귀화허가를 받을 목적으로 신분관계 증명서류를 위조·변조하거나 위조·변조된 증명서류를 제출하여 유죄 판결이 확정된 자이다(국적법 시행령 제27조 제1항 제1호). 귀화 신청자가 타인명의로 된 위·변조 여권을 행사하여 귀화허가를 받은 경우가 이에 해당된다. ii) 혼인·입양 등에 의하여 대한민국의 국적을 취득하였으나 그 국적취득의 원인이 된 신고 등의 행위로 유죄 판결이 확정된 자이다(국적법 시행령 제27조 제1항 제2호). 귀화 신청인이 대한민국의 국민과 결혼하여 간이귀화를 신청하였으나, 위장결혼으로 인해 공정증서원본부실기재죄로 유죄판결을 받은 경우가 이에 해당된다. iii) 대한민국의 국적 취득의 원인이 된 법률관계에 대하여 무효나 취소의 판결이 확정된 자이다(국적법 시행령 제27조 제1항 제3호). iv) 그 밖에 귀화허가에 중대한 하자가 있는 자이다(국적법 시행령 제27조 제1항 제4호). 여기에서 '중대한 하자'란 귀화허가 처분의 전제가 된 사실상태 또는 법률관계에 중대한 착오나 불일치가 존재하는 경우, 대한민국의 법질서에 대한 중대한 위반행위가 존재하는 경우 등과 같이 법무부장관이 당초 처분 당시에 그러한 사유를 인지하였다면 귀화허가를 하지 않았을 것으로 객관적으로 추단되는 사정을 말한다.[92)]

3. 취소의 제한

(1) 취소의 기간

1) 원 칙

「국적법」에서는 법무부장관이 귀화허가를 직권으로 취소할 수 있는 기간의 제한을 두고 있지 않다. 직권취소의 경우에는 원칙적으로 취소할 수 있는 기간에 제한이 없다. 특히 취소의 기준이 증명서류의 위조·변조, 사실의 은폐, 사기, 강박, 증수뢰贈收賂 등에 의할 때에는 상대방의 신뢰보호의 문제는 발생하지 않으므로 취소의 기간에 제한이 없다.[93)]

2) 예외: 실권의 법리

신뢰보호의 원칙을 기초로 하는 실권의 법리失權의 法理가 적용될 수 있는지가 문

---

92) 서울행정법원 2013. 8. 30. 선고 2013구합6336 판결.
93) 김동희, 행정법 I, 박영사, 2010, p. 347.

제된다. 실권의 법리란 취소권자가 상당히 장기간에 걸쳐 그 권한을 행사하지 아니한 결과로 장차 당해 행정행위는 취소되지 않을 것이라는 신뢰가 형성된 경우에는 그 취소권은 상실된다는 것을 말한다. 실권의 법리가 적용될 경우에는 취소기간이 실질적으로 제한될 수 있다.[94] 법무부장관이 취소 사유가 있음을 알았고 이에 대한 취소권 행사가 가능했음에도 불구하고 장기간에 걸쳐 그 권한을 행사하지 않아 상대방이 행정청이 더 이상 그 권한을 행사하지 않을 것에 신뢰하는 데 정당한 사유가 있었다면 실권의 법리가 적용될 수 있다.

(2) 신뢰보호의 문제

1) 문제 제기

취소의 기준에 대해 「국적법」 및 「국적법 시행령」에서 규정하고 있다. 「국적법 시행령」 제27조 제1항 제4호가 정한 '그 밖에 귀화허가에 중대한 하자가 있는 자'와 관련하여 신뢰보호의 문제가 발생한다. 행정청인 법무부장관이 착오로 인해 위법한 귀화허가 처분이 행하여진 경우에는 상대방의 신뢰보호의 측면에서 귀화허가의 취소는 허용되지 않거나 제한된다고 할 것이다.

2) 법률관계의 안정

취소의 원인이 되는 하자 있는 귀화허가는 취소되기 전까지는 일단 유효한 행정행위로 존속하고, 이를 기초로 하여 당사자에게는 포괄적 신분관계가 형성되고 당사자를 중심으로 다양한 법률관계가 형성되게 된다. 이 경우에 법무부장관이 당해 귀화허가를 그 성립상의 하자를 이유로 자유로이 취소할 수 있다고 한다면, 그에 따라 법률생활의 안정과 국민의 신뢰를 해치는 결과를 가져오는 경우가 적지 않을 것이다. 따라서 귀화허가의 성립에 형식·절차적 하자가 경미하여 귀화허가의 실체적인 내용에 영향이 없는 경우에는 귀화허가의 취소가 제한된다.[95]

3) 이익형량

신뢰보호를 위한 이익형량에 따라 귀화허가의 취소에 일정한 제한이 따르게 된다. 귀화허가의 취소는 법률적합성의 원칙과 법적 안정성의 원칙(신뢰보호의 원칙)의 양대 원칙을 구체적으로 비교형량하여 결정되어야 한다. 「헌법」상 법률적합성의 원칙과 법적 안정성의 원칙은 동위적·동가치적인 구성요소로 보고 있기 때문이다.[96]

---

94) 앞의 책, pp. 344~349.
95) 앞의 책, p. 348.
96) 앞의 책, p. 348.

귀화허가 신청자에게 중대한 부정행위가 있거나 중대한 하자가 있고, 이와 같은 중대한 부정행위 또는 하자가 귀화적격심사의 단계에 발각되었더라면 귀화허가를 받을 수 없는 경우로서 그 취소에 의하여 회복되는 공익이 취소로 인하여 당사자가 입게 될 불이익 내지 기득권 상실을 초과하는 때에는 귀화허가의 취소가 가능하다.[97] 대법원에서도 "수익적 행정행위인 때에는 그 행위를 취소하여야 할 공익상 필요와 그 취소로 인하여 당사자가 입을 기득권과 신뢰보호 및 법률생활 안정의 침해 등 불이익을 비교 교량한 후 공익상 필요가 당사자의 기득권 침해 등 불이익을 정당화할 수 있을 만큼 강한 경우에 한하여 취소할 수 있다."라고 판시하고 있다.[98]

4) 판례의 태도

대법원에서도 "행정행위를 한 처분청은 그 행위에 하자가 있는 경우에 별도의 법적 근거가 없더라도 스스로 이를 취소할 수 있는 것이다. 다만, 그 행위가 권리나 이익을 부여하는 이른바 수익적 행정행위인 때에는 그 행위를 취소하여야 할 공익상 필요와 그 취소로 인하여 당사자가 입을 기득권과 신뢰보호 및 법률생활 안정의 침해 등 불이익을 비교 교량한 후 공익상 필요가 당사자의 기득권 침해 등 불이익을 정당화할 수 있을 만큼 강한 경우에 한하여 취소할 수 있다."라고 판시하고 있다.[99] 법무부장관의 귀화허가 취소에 대해 재량권을 인정하고 있다. 다만, 명문의 규정이 없는 경우에도 신뢰보호원칙을 불문법원리로 보아 수익적 행정행위의 취소를 제한하고 있다.[100]

5) 사례의 적용

외국인(중국국적)이 강제퇴거된 전력이 있음에도 다른 사람의 인적 사항을 이용하여 허위의 이름과 생년월일을 기재하여 귀화허가를 신청하여 귀화허가를 받은 사안에서, 법원은 "법무부장관은 그러한 사정을 인지하지 못한 채 이러한 귀화허가 신청에 기초하여 귀화허가 처분을 한 것이어서, 이 사건 귀화허가 처분에는 중대한 하자가 있다고 봄이 상당하므로 (중략) 「국적법」 제21조, 「국적법 시행령」 제27조 제1항 제4호에 따라 취소처분을 할 수 있다. 그리고 가족관계 등을 고려하더라도 취소처분에 재량권을 일탈·남용한 위법이 있다고 볼 수 없다."라고 판시하고 있다.[101] 그리고 외국인(중국국적의 재외동포)이 다른 사람의 명의를 도용하고 허위로 작성된 서

97) 석동현, 국적법, 법문사, 2011, pp. 130~131.
98) 대법원 1986. 2. 25. 선고 85누664 판결.
99) 대법원 1986. 2. 25. 선고 85누664 판결.
100) 김동희, 행정법 I, 박영사, 2010, p. 348; 대법원 1991. 4. 12. 선고 90누9520 판결.
101) 서울행정법원 2013. 5. 9. 선고 2012구합37395 판결.

류를 제출하여 귀화허가를 받은 사안에서 법률관계의 안정 또는 이익형량과 관련하여, 법원은 "원고의 가족들이 국내에 거주하고 있고, 생활기반을 형성하고 있으나, 국적취득 이외의 체류자격으로도 이를 유지할 수 있는 점, 불법에 의하여 형성된 신뢰는 법률상 보호될 수 없는 점 등을 고려할 때, 취소처분이 재량권을 일탈·남용하였다고 볼 수 없다."라고 판시하고 있다.[102]

4. 절 차

(1) 소명기회

「국적법」은 귀화허가를 취소할 수 있는 절차와 그 밖에 필요한 사항을 「국적법 시행령」에 위임하고 있다(국적법 제21조 제2항). 귀화허가의 취소는 침익적 행정행위의 성질을 가지므로 당사자에 충분한 방어의 기회를 주어야 한다. 따라서 「국적법 시행령」에서는 "법무부장관은 귀화허가를 취소하려면 당사자에게 소명疏明할 기회를 주어야 한다."라고 규정하고(국적법 시행령 제27조 제2항 본문), "다만, 당사자의 소재를 알 수 없거나 당사자가 소명자료 제출 요구에 정당한 이유 없이 2회 이상 따르지 아니한 경우에는 그러하지 아니하다."라고 규정하고 있다(국적법 시행령 제27조 제2항 단서).

(2) 통보 및 고시

법무부장관은 귀화허가를 취소하면 그 사실을 지체 없이 본인 및 등록기준지 가족관계등록관서의 장에게 통보하고, 관보에 고시하여야 한다(국적법 시행령 제27조 제3항). 법무부장관은 귀화허가가 취소된 자가 주민등록이 되어 있을 때에는 그 주민등록관서의 장에게도 그 사실을 통보하여야 한다.(국적법 시행령 제27조 제4항, 제18조 제4항).

등록기준지 가족관계등록관서의 장과 주민등록관서의 장에게 통보하거나 관보에 고시할 때에는 i) 취소 대상자의 성명, 생년월일, 성별 및 등록기준지, ii) 취소 원인 및 연월일의 사항을 적어야 한다(국적법 시행령 제27조 제5항).

5. 취소의 효과

(1) 원 칙

귀화허가의 취소는 그 성립상의 하자를 이유로 그 효력을 소멸시키는 행정행위이므로, 귀화허가를 취소한 효과는 귀화허가의 시점으로 소급하는 것이 원칙이다.[103]

---

102) 서울행정법원 2013. 8. 30. 선고 2013구합6336 판결.

따라서 귀화허가가 취소된 자는 국적회복허가의 대상자가 될 수 없다.[104)]

(2) 예 외

구체적인 상황 등에 따라 귀화허가가 기왕에 소급하여 취소되지 않는 경우에는, 단지 장래적으로 취소되는 효과만이 인정되는 경우를 상정할 수 있다.[105)] 그 성립상의 하자 발생에 대하여 상대방에게 귀책사유가 없고, 이미 완결된 법률관계 또는 법률사실을 제거하지 않으면 귀화허가 취소의 목적을 달성할 수 없는 경우가 아니라면 법적 안정성 또는 신뢰보호의 측면에서 취소의 효과는 그 소급효가 제한되고, 장래에 향해서만 발생한다고 보아야 한다.[106)]

제 5 절 수반취득에 의한 국적취득

Ⅰ. 의 의

1. 개 념

수반취득에 의한 국적취득이란 외국인인 부 또는 모가 대한민국의 국적을 취득하고자 귀화를 신청할 때에, 그 미성년인 자녀에게는 별도의 귀화허가 신청이 없이도 부 또는 모가 귀화허가를 받을 경우에 부 또는 모와 함께 대한민국의 국적을 자동적으로 취득하도록 하는 제도를 말한다. 수반취득에 의한 국적취득은 부 또는모 및 그 자녀가 모두 외국인인 경우에 발생하는 제도이다.[107)] 자녀의 수반취득제도는 1948년 「국적법」 제정이후부터 두고 있던 제도이다.[108)]

수반취득제도는 귀화에 의한 국적취득의 경우뿐만 아니라, 뒤에서 살펴볼 국적회복에 의한 국적취득의 경우에도 준용된다. 한국계 외국인이 국적회복허가를 받아 대

---

103) 김동희, 행정법 Ⅰ, 박영사, 2010, p. 351; 석동현, 국적법, 법문사, 2011, p. 130.

104) 석동현, 국적법, 법문사, 2011, p. 130.

105) 김동희, 행정법 Ⅰ, 박영사, 2010, p. 348.

106) 앞의 책, pp. 345~351.

107) 노영돈, 국적법 개정안의 검토: 1997년 국적법 개정안의 검토, 서울국제법연구원 서울국제법연구, 1997, p. 40.

108) **1948년 제정 국적법 제8조** 대한민국의 국적을 취득하는 자의 처는 그의 본국법에 반대규정이 없는 한 부와 같이 대한민국의 국적을 취득한다.
대한민국의 국적을 취득하는 자의 자로서 본국법에 의하여 미성년자인 때에도 같다.

한민국의 국적을 재취득하는 때에도 그 국적회복허가를 받은 부 또는 모의 미성년인 자녀에게도 수반취득이 적용된다. 국적회복허가에 대하여는 후술하기로 한다.

2. 취 지

수반취득제도를 둔 취지는 i) 미성년인 자녀는 국적취득을 위한 공법적 법률행위를 독자적으로 할 수 있는 행위능력이 없고, ii) 미성년인 자녀가 그 부 또는 모와 함께 가족단위로 대한민국의 국적취득을 희망한다면, 그 부 또는 모가 대한민국의 국적취득을 위한 요건에 결격사유가 없는 한 미성년인 자녀는 별도로 적격여부를 심사할 필요 없이 그 부 또는 모에 동반하여 대한민국의 국적을 취득하도록 하는 것이 합리적이고, iii) 미성년자는 가급적 그 친권자인 부 또는 모의 국적과 동일한 국적을 취득하는 것이 인도주의적 견지에서 타당하다는 점 등이다.[109]

3. 연혁 및 법적 성격

(1) 구「국적법」

1976년 구「국적법」에서는 외국인(부만 해당되고, 모는 제외된다)이 대한민국의 국적을 취득하면 그의 미성년인 자녀는 그의 본국법에 반대규정이 없는 한 부와 같이 대한민국의 국적을 '자동적으로' 취득하도록 하였다.[110] 그 당시에 미성년인 자녀의 수반취득 조항은 권리조항 또는 권리의 성격에 해당하지 않았다.

(2) 절차적 권리

1997년 제4차 구「국적법」 개정부터는 수반취득의 법적 성격은 외국인의 자녀로서 대한민국「민법」상 미성년인 자녀가 수반취득의사를 표시하여 이를 '신청'한 경우에만 수반취득의 법적 효과가 발생한다는 점에서 절차적 권리조항 또는 절차적 권리의 성격을 지닌다.[111] 즉 미성년인 자녀가 수반취득을 신청한 경우에만 부 또는 모와 함께 대한민국의 국적을 수반취득할 수 있다. 따라서 부 또는 모가 귀화를 신청할 때에 미성년인 자녀가 있는 경우에는, 그 미성년인 자녀가 반드시 수반취득을

109) 이정수, 국적법상 여러 논점들에 관한 소고, 법조협회 법조, 2005, p. 291.
110) 1976년 구 국적법 제8조 대한민국의 국적을 취득하는 자의 처는 그의 본국법에 반대규정이 없는 한 부와 같이 대한민국의 국적을 취득한다. 단, 국적이 없거나 대한민국의 국적을 취득함으로 인하여 6월내에 그 국적을 상실하게 되는 때에 한한다.
대한민국의 국적을 취득하는 자의 자로서 본국법에 의하여 미성년자인 때에도 같다.
111) 이정수, 국적법상 여러 논점들에 관한 소고, 법조협회 법조, 2005, p. 291.

신청하여야 하는 것은 아니다. 수반취득의 여부는 미성년인 자녀 등 가족의 선택사항이다.

Ⅱ. 내 용

1. 대 상 자

(1) 미성년인 자녀

수반취득의 대상자는 귀화를 신청한 외국인의 자子로서 대한민국의 「민법」상 미성년인 자녀에 한정된다(국적법 제8조 제1항). 귀화를 신청한 외국인의 자子로서 대한민국의 「민법」상 미성년인 자녀란 귀화하려는 외국인의 친자로서 대한민국의 「민법」상 미성년에 해당하는 19세 미만의 자녀를 말한다.

성년이 된 자녀는 수반취득을 할 수 있는 대상자가 아니므로, 성년이 된 자녀는 귀화신청을 위한 절차를 독자적으로 따라야 한다.

(2) 처의 수반취득 문제

1) 처의 수반취득제도 폐지

1976년 구 「국적법」에서는 처의 경우는 남편을 따라 자동적으로 수반취득을 하였다.[112] 그러나 처의 강제적 수반취득은 남녀평등을 침해한다는 비판이 제기되어[113] 1997년 제4차 구 「국적법」 개정부터는 처의 수반취득제도는 폐지되었다. 다만, 미성년인 자녀에게는 수반취득의사를 표시하여 이를 '신청'한 경우에만 수반취득을 인정하였다.

2) 견해대립

처의 수반취득이 남녀를 차별하거나 개인의 국적선택권 보장을 침해하는지에 대하여 견해가 대립된다.

---

112) 1976년 구 국적법 제8조 대한민국의 국적을 취득하는 자의 처는 그의 본국법에 반대규정이 없는 한 부와 같이 대한민국의 국적을 취득한다. (중략)

113) 1976년 구 국적법 제8조에서 규정된 처의 강제적 수반취득에 대하여, 이를 강제취득이 아니라 '자동취득'으로 해석하는 견해가 있다. 이 견해에 의하면 대한민국의 국적을 취득하는 자의 처가 대한민국의 국적을 자동취득한 후에 6개월 이내에 원국적을 상실하지 않는다면 대한민국의 국적이 상실되도록 하고 있다. 따라서 그 처에게 대한민국의 국적을 확정적으로 강제하는 것이 아니라 해제조건부(解除條件附)로 대한민국의 국적을 자동적으로 취득하도록 하는 것이다(노영돈, 국적법 개정안의 검토: 1997년 국적법 개정안의 검토, 서울국제법연구원 서울국제법연구, 1997, p. 41 참고).

(가) 남녀평등침해설 및 소결

처의 수반취득은 개인의 국적선택권을 침해한다는 견해이다. 이 견해에 의하면 대한민국의 국민으로 귀화하는 남편(부, 夫)의 처는 그 처의 본국법에 반대규정이 없는 한 남편(부, 夫)과 같이 대한민국의 국적을 취득하도록 하는 수반취득은 강제적으로 대한민국의 국적을 취득하도록 한 것이고, 이것은 처의 독자적 국적선택권을 명백히 침해하는 남녀 차별적 조항이라는 것이다.[114)]

(나) 남녀평등불침해설

처의 수반취득은 가족국적동일주의家族國籍同一主義를 채택한 것으로 남녀평등과는 관련이 없다는 견해이다. 이 견해에 의하면 가족국적동일주의, 즉 처의 수반취득을 둔 취지는 사회의 자연적이고 기초적인 집단단위인 가족의 구성원 간에 국적이 상이함으로써 발생하는 출입국, 체류, 재산권 또는 경제활동 등 여러 가지 불합리한 폐해를 방지하기 위한 것이고, 이것은 남녀를 차별하고 개인의 의사와 권리를 부정하기 위한 것은 아니다. 가족국적동일주의는 1966년 「경제적 · 사회적 · 문화적 권리에 관한 국제규약」 제10조에 정한 '가정에 대한 보호 정신'과도 부합된다. 가족의 다른 구성원(처 또는 미성년인 자녀)의 국적은 외국국적으로 하고, 다른 한 명의 구성원만이 대한민국으로 귀화하는 것은 '국적에 의한 이산가족離散家族'을 초래하는 것으로 바람직하지 않다는 것이다.[115)]

2. 요건: 친자관계 및 그 증명

(1) 일반적인 경우

수반취득을 신청하는 자녀가 있을 때에는 귀화를 신청하려는 그 부 또는 모와의 '친자관계를 증명'하는 서류(수반취득 신청자와 그 부 또는 모의 관계를 증명하는 출생증명서 등이 이에 해당된다)를 그 부 또는 모의 귀화허가 신청서에 첨부하여 이를 증명하여야 한다(국적법 시행규칙 제3조 제2항 제3호).

친자관계의 증명과 관련하여, 반드시 자녀가 혼인 중의 출생자(적출자)일 것을 요하지는 않는다. 다만, 출생증명서 기타 증명서류에 의하여 귀화를 신청하려는 그 부 또는 모와의 친자관계가 증명되어야 한다.[116)]

---

114) 석동현, 국적법 개정안의 검토: 국적법의 개정방향 - 입법예고(안)의 해설 -, 서울국제법연구원 서울국제법연구, 1997, p. 11.

115) 노영돈, 국적법 개정안의 검토: 1997년 국적법 개정안의 검토, 서울국제법연구원 서울국제법연구, 1997, pp. 41~42.

116) 석동현, 국적법, 법문사, 2011, p. 181.

(2) 부모가 이혼한 경우

부모가 이혼한 상태에 있는 수반취득 신청자일 경우이다. 부모가 이혼한 수반취득 신청자는 그 아버지나 어머니가 수반취득을 신청한 자에 대하여 친권 또는 양육권을 가지고 있다는 것을 서면으로 증명하여야 한다(국적법 시행령 제7조 제2항). 부 또는 모가 이혼한 후에도 친권 또는 양육권을 가지고 있다는 사실을 증명할 수 있는 서류로는 외국 또는 국내에서 작성된 이혼판결문, 외국호적부 또는 기타 공적서류 등이다.[117] 따라서 미성년인 자녀가 이혼한 부 또는 모를 따라 대한민국의 국적을 수반하여 취득하고자 하는 경우에는, 대한민국의 국적을 취득하려는 부 또는 모가 그 미성년인 자녀에 대하여 이혼 후에도 친권 또는 양육권을 가지고 있다는 사실이 증명된 때에 한하여 수반취득을 할 수 있다.

Ⅲ. 절 차

1. 부 또는 모의 귀화허가 신청과 동시에 신청

(1) 동시신청의 경우

외국인의 자子로서 대한민국의 「민법」상 미성년인 자녀는 부 또는 모가 귀화허가를 신청할 때 함께 국적 취득을 신청할 수 있다(국적법 제8조 제1항). 그리고 자녀가 수반취득으로 대한민국의 국적을 취득하려면 그 부 또는 모가 출입국관리사무소장 또는 출장소장에게 제출하는 귀화허가 신청서에 수반취득하려는 뜻을 표시하여야 한다(국적법 시행령 제7조 제1항). 수반취득을 하려는 미성년인 자녀는 반드시 부 또는 모가 귀화허가를 신청할 때에 동시에 수반취득을 신청하여야 한다.

부 또는 모가 제출하는 귀화허가 신청서에 수반취득 관계를 표시하는 항목이 있으므로, 그 항목에 수반취득하려는 뜻을 표시하여야 한다. 따라서 수반취득의 경우에는 미성년인 자녀는 별도의 신청서를 작성하지 않는다. 부 또는 모에 대하여만 귀화신청을 위한 수수료를 부과하고, 그 부 또는 모와 동시에 수반취득을 신청한 미성년인 자녀에게는 그 수에 상관없이 수수료를 부과하지 않는다.[118]

117) 법무부, 국적실무편람, 동광문화사, 2010, p. 74.
118) 앞의 실무편람, p. 75.

(2) 동시신청이 아닌 경우

귀화하려는 외국인에게 대한민국의 「민법」상 미성년에 해당하는 19세 미만 자녀가 있을지라도, 그 부 또는 모가 귀화를 신청하는 때에 동시에 수반취득하려는 뜻을 명시적으로 표시하여 신청하지 않는다면 그 미성년인 자녀는 수반취득을 할 수 없다.

부 또는 모가 먼저 대한민국에 귀화를 한 경우에는 그 미성년인 자녀는 수반취득의 절차가 아니라, 독자적으로 귀화절차를 밟아야 대한민국의 국적을 취득할 수 있다. 따라서 부 또는 모가 이미 대한민국에 귀화한 후에는 그 미성년인 자녀는 수반취득을 신청할 수가 없고, 이 경우에는 그 미성년인 자녀는 별도로 귀화신청을 하여야 한다.[119] 부 또는 모가 이미 대한민국에 귀화한 경우에는 그 미성년인 자녀가 나중에 대한민국에 귀화하고자 할 때, 부 또는 모가 계속적으로 대한민국의 국적을 유지하고 있다면, 그 미성년인 자녀는 특별귀화의 대상자에 해당되어 특별귀화 신청이 가능하다(국적법 제7조 제1항 제1호).[120]

2. 통보 및 고시

법무부장관은 수반취득의 요건을 갖춘 미성년인 자녀가 수반취득을 신청한 경우에는, 그 부 또는 모에 대하여 귀화를 허가할 때 수반취득에 관한 사항도 함께 알려야 한다(국적법 시행령 제7조 제3항 전단).

수반취득의 대상자에게 수반취득을 허가할 때, 법무부장관은 등록기준지 가족관계등록관서의 장에게 이를 통보하며, 관보에 고시하여야 한다(국적법 시행령 제7조 제3항 후단). 관보에는 부 또는 모의 귀화뿐만 아니라, 수반취득자의 명단도 함께 고시하여야 한다. 법무부장관이 부 또는 모에 대해 귀화를 허가하면서 그 자녀의 수반취득 신청이 적법하고 그 요건 등을 충족하였을 경우에는 설사 부 또는 모의 귀화 허가서 또는 관보에 수반취득자가 있다는 사실을 누락하였더라도 그 자녀가 대한민국의 국적을 수반하여 취득하는 데는 장애가 없다고 본다.[121]

119) 앞의 실무편람, p. 75.
120) 앞의 실무편람, p. 75.
121) 석동현, 국적법, 법문사, 2011, p. 181.

Ⅳ. 심사 및 허가

1. 심 사

(1) 심사불요설

수반취득의 대상자인 미성년인 자녀는 그 부 또는 모가 귀화를 신청할 때에 동시에 수반취득을 신청하여, 별도로 귀화에 필요한 심사절차를 거치지 않아도 된다는 입장이 있다.[122)]

(2) 심사필요설(소결)

미성년인 자녀의 수반취득 신청이 있을 때에는 그 요건의 충족 여부 또는 수반취득의 여부는 개별적으로 심사하여야 한다고 본다. 따라서 수반취득을 신청하는 자녀와 그 부 또는 모의 친자관계가 증명되었을지라도, 그 부 또는 모가 귀화의 요건을 갖추어 귀화허가를 받을지라도, 수반취득을 신청한 미성년인 자녀가 중대한 범죄자인 경우에는 귀화의 일반적 요건 불비를 이유로 불허가 처분을 받을 수 있다.[123)]

2. 허 가

법무부장관은 수반취득의 요건을 갖춘 수반취득 대상자가 수반취득을 신청한 경우에는, 그 부 또는 모에 대하여 귀화를 허가할 때 수반취득에 관한 사항도 함께 알려야 한다(국적법 시행령 제7조 제3항 전단). 즉 법무부장관은 부 또는 모에 대하여 귀화를 허가할 때에는 수반취득의 대상자인 미성년인 자녀에게도 수반취득을 허가한다.

---

122) 법무부, 2011, 문답식 국적법 해설, 2011, p. 84.
123) 이정수, 국적법상 여러 논점들에 관한 소고, 법조협회 법조, 2005, p. 291 참고.

제 6 절 국적회복에 의한 국적취득

Ⅰ. 의 의

1. 개 념

국적회복에 의한 국적취득(국적회복제도)이란 과거에 대한민국의 국민이었던 외국인, 즉 외국국적 소지자 또는 무국적자가 법무부장관의 국적회복허가를 받아 대한민국의 국적을 다시 취득하는 것을 말한다(국적법 제9조). 대한민국의 국민이 「국적법」에 정한 국적상실의 사유로 국적을 상실하여 외국인으로 되었다가 또는 복수국적자로서 대한민국의 국적을 이탈하여 외국인으로 되었다가 다시 대한민국의 국민으로 되는 것을 말하는 것이고, 국적회복허가는 대한민국의 국민이었던 외국인에게 다시 대한민국의 국적을 부여하는 처분을 말한다. 과거에 국적상실 또는 국적이탈로 인해 폐쇄되었던 가족관계등록부가 국적회복허가에 의해 새로이 작성되는 것이다. 국적회복제도는 1948년 「국적법」이 제정된 이후부터 규정되어 왔다.[124]

2. 취 지

국적회복제도를 둔 취지는 과거에 대한민국의 국민이었던 자(한국계 외국인을 말한다)에게 혈연적 유대관계를 배려하거나 귀화 대상자인 외국인에 비하여 간소한 방법과 절차로 대한민국의 국적을 부여하기 위한 것이다.[125]

3. 법적 성격

국적회복허가의 법적 성격은 법무부장관의 국적회복허가라는 행정행위에 의해 외국인이 형성적으로 대한민국의 국적을 취득한다는 점에서 특정 상대방을 위하여 새로이 법적 지위를 설정하는 행위로 형성적 행정행위 중에서 특허에 해당된다. 형성적 행정행위는 상대방에게 포괄적 법률관계를 발생·변경·소멸시키는 행위이다.

---

124) **1948년 제정 국적법 제14조** 전2조의 규정에 의하여 대한민국의 국적을 상실한 자가 대한민국에 주소를 가진 때에는 법무부장관의 허가를 얻어 대한민국의 국적을 회복할 수 있다.
제8조의 규정은 전항의 때에 준한다.

125) 서울행정법원 2004. 2. 26. 선고 2003구합18439 판결.

특허는 신청을 요하는 쌍방적 행정행위이다. 특허는 상대방에게 새로이 권리·능력 등을 설정하여 주는 행위라는 점에서, 공익적 관점에서 특허 여부에 관한 행정청의 판단여지가 인정될 소지가 크다.[126]

4. 규정방식

(1) 네거티브 방식

국적회복의 요건을 규정한 형태는 네거티브 방식negative system이다. 「국적법」에서는 "법무부장관은 국적회복허가 신청을 받으면 심사한 후 다음 각 호의 어느 하나에 해당하는 자에게는 국적회복을 허가하지 아니한다."라고 규정하고 있다(국적법 제9조 제2항). 「국적법」 제9조 제2항 각 호에서 정한 국적회복 불허사유에 해당하는 경우에만 국적회복이 허가되지 않는다. 국적을 회복하려는 자가 일정한 요건을 구체적으로 충족하여야 하는 것이 아니라, 일정한 사유에 해당될 경우에는 국적회복의 요건을 충족하지 못한 것으로 된다. 국적회복에 의한 국적취득은 과거에 대한민국의 국민이었던 점을 고려하여 대한민국의 국적을 새로이 부여하는 귀화와는 달리 현저히 그 실체적 요건이 완화된다.[127]

(2) 취 지

「국적법」에서 국적회복이 불허되는 사유를 명시적으로 둔 취지는 첫째, 일단 외국인이 된 자를 정치공동체의 구성원으로 다시 인정하여 주권자의 한 사람으로 받아들이기 위하여는 국가 및 사회의 통합과 질서를 저해할 위험이 있는 자를 배제할 필요가 있다. 둘째, 국적취득을 허가하는 행정행위의 투명성과 예측가능성을 확보할 필요가 있다. 셋째, 국가가 외국인에게 국적을 부여하는 것은 전속적 국내관할에 해당하고 일정한 사유가 있는 경우에는 재량적으로 국적회복을 불허할 수 있으므로, 「국적법」에 국적회복이 불허되는 사유를 별도로 규정할 필요는 없다. 다만, 국적회복의 불허 사유를 명시적으로 규정하여 국적회복허가 신청의 거부처분에 대한 행정소송이 제기될 경우를 대비하고자 한 것이다.[128]

---

126) 김동희, 행정법 I, 박영사, 2010, pp. 285~286.
127) 서울행정법원 2004. 2. 26. 선고 2003구합18439 판결.
128) 앞의 판결; 석동현, 국적법, 법문사, 2011, p. 187.

5. 구별개념: 귀화제도

(1) 구별기준

귀화와 국적회복을 구별하는 기준은 대한민국의 국적을 취득하려는 외국인이 과거에 대한민국의 국적을 보유한 적이 있는지 여부이다. 귀화는 외국인이 출생한 이후에 대한민국의 국적을 한 번도 취득한 적이 없는 경우에 대한민국의 국적을 취득하기 위한 절차이다. 국적회복은 외국인이 과거에 출생에 의하거나 또는 출생에 의하지 않거나 어떤 경위로든 대한민국의 국적을 취득한 적이 있었으나, 대한민국의 국적을 상실했거나 이탈했던 이후에 대한민국의 국적을 다시 취득하기 위한 절차를 말한다. 국적회복은 결과적으로 외국인이 귀화하는 방법의 하나이지만, 개념적으로는 귀화제도와 구별할 필요성이 있다.

(2) 공통점 및 차이점

1) 공통점

양자의 공통점을 살펴보면, 귀화와 국적회복은 외국인이 법무부장관으로부터 허가를 받아 대한민국의 국적을 후천적으로 취득한다는 점에서 동일하다. 또한 수반취득제도는 귀화와 국적회복에 모두 적용된다는 점에서 동일하다.

2) 차이점

양자의 차이점을 살펴보면, 귀화는 「국적법」에서 정하는 일정한 요건을 갖추어야만 귀화가 허가된다는 포지티브 방식positive system을 채택하고 있다. 그러나 국적회복은 원칙적으로 대한민국의 국적을 취득할 수 있도록 하되 「국적법」에서 정하는 일정한 사유에 해당하는 자에게는 국적회복이 허가되지 아니한다는 네거티브 방식negative system을 채택하고 있다. 이와 같은 규정방식의 차이는 입증책임의 범위에 차이가 발생하게 된다.[129)]

---

129) 이정수, 국적법상 여러 논점들에 관한 소고, 법조협회 법조, 2005, p. 273.

Ⅱ. 내 용

1. 대상자

(1) 대한민국의 국민이었던 외국인

국적회복의 대상자는 과거에 대한민국의 국적을 보유한 적이 있는 외국인, 즉 대한민국의 국민이었던 외국인이다. 이를 '한국계 외국인'이라고도 한다. 대한민국의 국민이었던 외국인은 법무부장관의 국적회복허가를 받아 대한민국 국적을 취득할 수 있다(국적법 제9조 제1항). '대한민국의 국민이었던 외국인'은 과거 언제 또는 얼마 동안 대한민국의 국민이었는지는 문제가 되지 않는다.[130)]

(2) 유 형

대한민국의 국민이었던 외국인의 유형으로는 2가지가 있다. 첫 번째 유형은 대한민국의 국적을 취득했던 적이 있으나 국적회복의 불허 사유(국적법 제9조 제2항)에 해당하지 않는 다양한 사유로 대한민국의 국적을 상실하게 된 경우이다. 예를 들어 외국인으로서 (일반, 간이, 특별) 귀화허가를 받아 대한민국의 국적을 취득했다가 일정한 기간 내에 외국국적을 포기하지 않았다는 이유로 대한민국의 국적을 상실하게 된 자가 이에 해당된다. 두 번째 유형은 대한민국의 국적과 외국국적을 함께 가진 복수국적자로서 국적회복의 불허 사유(국적법 제9조 제2항)에 해당하지 않는 다양한 사유로 대한민국의 국적을 이탈한 경우이다.

2. 요건: 국적회복 불허사유에 미해당

(1) 의 의

국적회복의 대상자는 국적회복의 불허사유에 해당하지 않아야 한다. 국적회복허가 신청자가 국적회복의 대상자에 해당할지라도, i) 국가나 사회에 위해危害를 끼친 사실이 있는 자(국적법 제9조 제2항 제1호), ii) 품행이 단정하지 못한 자(국적법 제9조 제2항 제2호), iii) 병역을 기피할 목적으로 대한민국의 국적을 상실하였거나 이탈하였던 자(국적법 제9조 제2항 제3호), iv) 국가안전보장·질서유지 또는 공공복리를 위하여 법무부장관이 국적회복을 허가하는

130) 석동현, 국적법, 법문사, 2011, p. 182.

것이 적당하지 아니하다고 인정하는 자(국적법 제9조 제2항 제4호)의 어느 하나에 해당할 경우에는, 법무부장관은 그의 국적회복을 허가하지 아니한다(국적법 제9조 제2항).

이하에서는 「국적법」 제9조 제2항에 규정된 국적회복 불허사유 중 제2호, 제3호의 내용을 살펴보기로 한다.

(2) 품행이 단정하지 못한 자

1) 문제 제기

'품행이 단정하지 못한 자(국적법 제9조 제2항 제2호)'의 의미가 문제된다. 이것은 대한민국에서 불법체류한 자, 범죄를 범한 자 등이 품행이 단정하지 못한 자에 해당되는지의 문제이기도 하다. 앞에서도 살펴본 바와 같이 '품행의 단정할 것'의 의미는 지나치게 자의적이고 불확정한 개념이어서 출입국관리공무원이 주관적·자의적으로 국적회복을 불허할 우려가 있다.

2) 국적법의 해석

'품행이 단정할 것'의 의미는 「국적법」이 가지는 법정신에 기초하여 한다. 즉 모든 외국인이 대한민국의 국적 취득이 가능하다는 것이 아니라, 대한민국의 기존 사회질서를 준수하고 기존 구성원과의 통합이 가능한 자만이 대한민국의 새로운 구성원으로 받아들여진다는 「국적법」의 법정신을 기초로 하여 '품행이 단정할 것'의 의미를 해석하여야 한다.[131)]

3) 판례의 태도

행정법원에서는 "'품행이 단정하지 못한 자'란 단순히 범법행위를 한 자를 의미한다기보다는, 성별, 연령, 직업, 가족, 경력, 전과관계 등 여러 가지 사정을 종합적으로 고려하여 장차 우리사회의 구성원으로 됨에 있어 지장을 초래할 만한 품성과 행동을 보이는 자이다."라고 판시하고 있다.[132)] "국적회복제도의 취지에다가 정부에서도 중국동포의 국적취득기회를 확대하고 일정한 경우 불법체류에 대한 제재를 완화하고 있는 점, 특히 중국동포의 경우 대부분 중국에서 경제적 어려움을 겪고 있고 취업을 하기 위하여 우리나라에 불법으로 입국하거나 장기간 체류하는 예가 많으며 이러한 밀입국이나 불법체류를 전적으로 개인의 책임만으로 돌릴 수 없는 점, 우리나라에 거주하면서 특별히 범법행위를 하였다고 볼 만한 아무런 자료가 없는 점 등

131) 이정수, 국적법상 여러 논점들에 관한 소고, 법조협회 법조, 2005, p. 277
132) 국가인권위원회 결정례 2011. 11. 7. 자 11-진정-0098500 실효된 전과를 이유로 한 국적취득 불허 중 피진정인의 주장요지 참고; 서울행정법원 2004. 2. 26. 선고 2003구합18439 판결; 서울고등법원 2001. 6. 21. 선고 2000누12913 판결.

을 종합하여 보면 불법체류자라는 사정만으로 원고가 장차 우리 사회 구성원으로 됨에 있어 지장을 초래할 만한 자라고 볼 수 없다."라는 논거를 제시하고 있다.[133)]

대법원은 "대한민국 국민의 처가 되어 국적을 취득하였으나 6개월 이내에 종전 국적을 포기하지 않아 대한민국의 국적을 상실하고 적법한 체류기간도 경과함으로써 불법체류자로 된 경우에는, 대한민국의 국적을 취득한 후 일정 기간 내에 종전 국적을 포기하여야만 대한민국의 국적을 유지할 수 있다는 점을 알지 못하여 대한민국의 국적을 계속 유지하고 있는 것으로 알고 있었기 때문에 대한민국의 국적 상실 이후의 체류가 불법인 점을 알지 못하였던 것으로 (중략) 국적법 제9조 제2항 제2호에서 정한 '품행이 단정하지 못한 자'에 해당하지 않는다."고 판시하고 있다.[134)]

(3) 병역기피 목적으로 대한민국의 국적을 상실 또는 이탈

'병역을 기피할 목적으로 대한민국의 국적을 상실하였거나 이탈하였던 자(국적법 제9조 제2항 제3호)'가 국적회복이 불허되는 사유로 규정된 이유는 국민(복수국적자를 포함한다)이 병역을 기피할 목적으로 대한민국의 국적을 상실하거나 이탈하려는 것을 사전에 예방하기 위한 것이다.[135)]

Ⅲ. 절 차

1. 국적상실 신고

(1) 국적상실 기록이 없는 경우

대한민국의 국민이 자진하여 외국국적을 취득한 때에는 그 취득시점에 이미 대한민국의 국적은 자동적으로 상실되므로(국적법 제15조 제1항), 그 자의 가족관계등록부가 폐쇄되지 않고 그대로 남아 있더라도 그 가족관계등록부는 당연히 폐쇄 정리되어야 할 가족관계등록부이므로 그 가족관계등록부를 그대로 사용할 수는 없다. 이와 같이 과거의 가족관계등록부에 국적이 상실된 사실이 기록되지 않는 경우에 국적회복을 신청

---

133) 서울행정법원 2004. 2. 26. 선고 2003구합18439 판결.

134) 대법원 2005. 7. 14. 선고 2005두2483 판결.
대법원 2005. 7. 14. 선고 2005두2483 판결에서는, 대한민국 국민의 처가 되어 국적을 취득하였으나 6개월 이내에 종전 국적을 포기하지 않아 대한민국의 국적을 상실하고 적법한 체류기간도 경과함으로써 불법체류자로 된 경우에는 국적회복에 의한 국적 취득의 불허가 요건인 '품행이 단정하지 못한 자'에 해당하지 아니한다고 판시하였다.

135) 제성호, 대한민국의 국적법의 문제점 및 개선방안, 국제인권법학회 국제인권법 통권 제4호, 2001, p. 130.

하려는 자는 그 가족관계등록부에 국적상실 사실을 기록하기 위해 국적상실 신고와 국적회복허가 신청을 병행해야 한다.[136]

(2) 국적상실 기록이 있는 경우

가족관계등록부에 이미 국적상실의 기록이 있는 경우에는 국적회복허가 신청만을 하면 된다.

2. 국적회복허가 신청 및 송부

(1) 신 청

대한민국의 국민이었던 외국인이 국적회복허가를 받으려면 법무부령으로 정하는 국적회복허가 신청서를 작성하여 출입국관리사무소장 또는 출장소장에게 제출하여야 한다(국적법 시행령 제8조 제1항).

(2) 송 부

출입국관리사무소장 또는 출장소장은 신청서를 제출받은 때에는 지체 없이 법무부장관에게 송부하여야 한다(국적법 시행령 제8조 제2항 본문). 다만, 법무부장관이 정하는 바에 따른 조회·조사 및 확인 등을 해야 할 경우에는 그 절차를 마치고 의견을 붙여 송부하여야 한다(국적법 시행령 제8조 제2항 단서).

3. 국적회복허가 신청에 대한 심사

(1) 심 사

국적회복허가 신청에 대한 심사 방법은, 귀화허가 신청에 대한 신원조회 등 및 귀화적격심사(필기시험 및 면접심사)의 절차와는 달리, 필기시험 및 면접심사의 절차 없이 일반적으로 국적회복허가 신청서류에 대한 서면심사와 관계 기관에 조회·조사 및 확인을 거쳐 국적회복의 허가 여부를 결정한다.

(2) 방 법

법무부장관은 국적회복허가 신청자에 대한 국적회복의 요건을 심사할 때에 관계 기관의 장에게 국적회복허가 신청자에 대한 신원조회, 범죄경력조회, 병적조회 또는

---

136) 법무부, 국적실무편람, 동광문화사, 2010, p. 78.

체류동향조사를 의뢰하거나 그 밖에 필요한 사항에 관하여 의견을 구할 수 있다(국적법 시행령 제9조 제1항). 다만, 법무부장관은 필요하면 국적회복허가 신청자에 대하여 의견을 진술하게 하거나 보완자료 제출을 요구할 수 있다(국적법 시행령 제9조 제2항). 따라서 필요한 경우에는 면접심사의 절차를 거치게 된다.

4. 통보 및 고시

법무부장관은 국적회복허가 신청자에 대하여 국적회복을 허가하였으면, 그 사실을 지체 없이 본인과 등록기준지 가족관계등록관서의 장에게 통보하고, 관보에 고시하여야 한다(국적법 시행령 제10조 제1항).

Ⅳ. 효 과

1. 국적취득 시점

국적회복허가를 받은 자는 법무부장관이 국적회복 허가를 한 때에 대한민국의 국적을 취득한다(국적법 제9조 제3항).

2. 국적회복으로 인한 복수국적자의 경우

국적회복자가 대한민국에서 외국국적을 행사하지 아니하겠다는 뜻을 서약하여 복수국적자로 된 경우, 국적회복자는 국내에서는 국민으로 처우되므로 대한민국으로 출입국할 때에 대한민국의 여권을 사용하여야 한다. 그러나 국적회복으로 인한 복수국적자가 이를 따르지 않고 반복하여 외국여권으로 대한민국에 출국·입국한 경우 법무부장관은 하나의 국적을 선택할 것을 명할 수 있다(국적법 제14조의2 제2항, 국적법 시행령 제18조의2 제4항 제1호). 범칙금 또는 과태료 처분을 부과할 법적 근거는 없고 6개월 이내에 하나의 국적을 선택하도록 하는 국적선택명령을 받을 뿐이다.

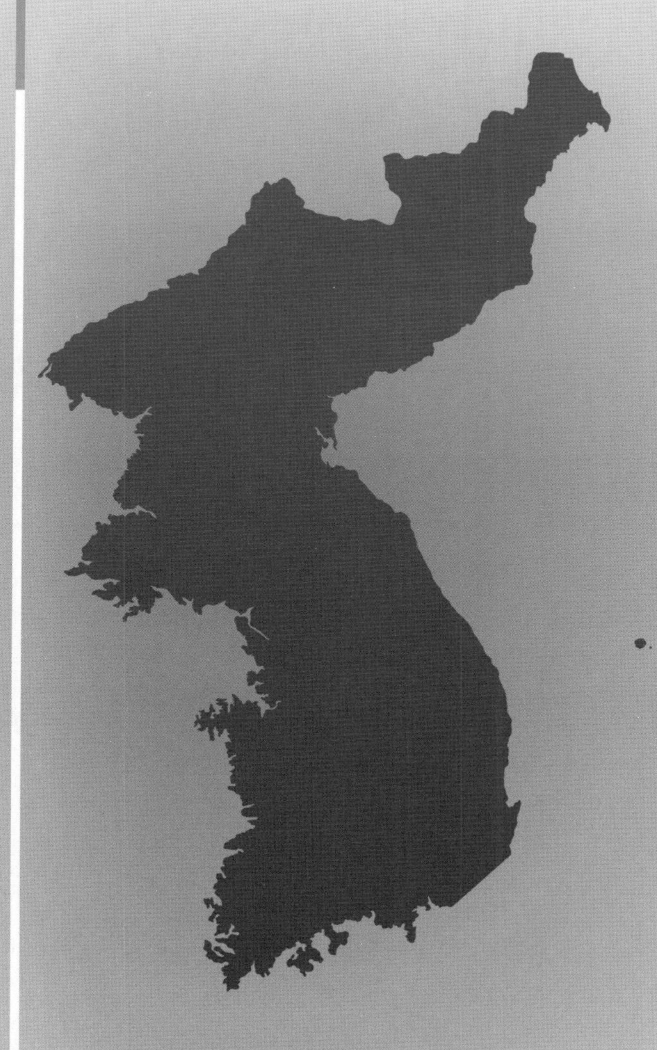

제 3 장

국적취득자의 외국국적 포기 의무 및 외국국적불행사 서약

제1절 의 의

Ⅰ. 외국국적 포기의무

국적취득자의 외국국적 포기의무란 귀화 또는 국적회복 등 후천적 사유로 인하여 대한민국의 국적을 취득한 외국인이 외국국적을 가지고 있는 경우에 원칙적으로 일정기간 내에 그 외국국적을 포기하여야 하는 것을 말한다(국적법 제10조). 이를 '원국적 포기의무'라고도 한다. 외국국적을 포기한다는 것의 의미는 대한민국의 국적을 취득한 외국인이 과거에 그가 속했던 외국의 국적자로서 가지고 있던 권리 내지 지위를 모두 포기한다는 것이다.

Ⅱ. 외국국적 불행사 서약

외국국적 불행사 서약이란 외국인이 대한민국의 국적을 취득한 후 예외적으로 일정한 경우에 해당되어 법무부장관에게 종전의 외국국적을 포기하지 않으면서 대한민국에서 그 외국국적을 행사하지 않겠다는 뜻을 서약하는 것을 말한다(국적법 제10조 제2항).

제2절 내 용

Ⅰ. 원칙: 외국국적 포기의무

1. 의 의

대한민국의 국적을 취득한 외국인으로서 외국국적을 가지고 있는 자는 대한민국의 국적을 취득한 날부터 1년 내에 그 외국국적을 포기하여야 한다(국적법 제10조 제1항). 외국인이 대한민국의 국적을 취득한 후에 1년 이내에 그 외국국적을 포기하지 않으면 그 기간이 지난 때에, 그 기간의 경과와 동시에 대한민국의 국적이 상실되도록 하는 것이 원칙이다(국적법 제10조 제3항).

2. 취 지

국적취득자의 외국국적 포기의무를 둔 취지는 복수국적의 발생을 방지하기 위한 제도이다. 대한민국의 국적을 취득한 외국인은 과거에 그가 속했던 외국에 대한민국의 국적을 취득한 사실을 알리고, 그 국가는 그의 과거 국적을 말소하는 것이다.

3. 대상자

외국국적 포기의무자는 외국인이 인지, 귀화, 수반취득, 국적회복 등 후천적 사유로 인해 대한민국의 국적을 취득할 당시에 외국국적을 가지고 있는 자이다. 따라서 무국적자이었던 자가 대한민국의 국적을 취득할 경우에는 외국국적 포기의무자에 해당하지 않는다. 외국국적 포기의무자는 외국국적 불행사의 서약 의무가 제외된 자이다.

Ⅱ. 예외: 외국국적 불행사 서약

1. 의 의

외국인이 대한민국의 국적을 취득한 후 일정한 경우에는 외국국적 포기의무의 예외를 두어 대한민국의 국적이 상실되지 않도록 규정하고 있다(국적법 제10조 제2항). 대한민국의 국적을 취득한 일정한 유형의 자에게는 그 외국국적을 명시적으로 포기하는 대신에, '외국국적 불행사의 서약' 방식을 통해 외국국적 포기의무를 완화하고 있다. 즉 외국국적 포기의무를 완화하는 방식은 일정한 대상자의 '외국국적 불행사의 서약'에 의한다. 결과적으로 복수국적을 유지할 수 있도록 하고 있다.

2. 취 지

외국국적 포기의무를 완화한 취지는 대한민국에 특별한 공로가 있거나, 국익에 기여할 우수한 외국인재 또는 한국계 외국인을 유치하기 위해 대한민국의 국적 취득을 쉽게 하고, 결혼이민자 또는 해외입양자 등 사회적 소수자에 대한 통합을 유도하고, 고령의 외국국적동포에 대한 배려를 위한 것이다. 특히 미성년일 때에 해외로 입양되어 외국국적을 취득한 해외입양자가 대한민국의 국적을 회복하는 경우에 그 양부모와의 인적 유대를 지속적으로 유지하도록 하기 위한 배려이다. 외국국적 불행사의 서약제도는 2010년 5월 4일 시행된 제10차 개정된 「국적법」에서 도입되었다.

3. 대 상 자

귀화 또는 국적회복 허가 등을 통해 대한민국의 국적을 취득한 자가 외국국적을 포기하지 않고서도, '외국국적 불행사의 서약'을 함으로써 복수국적을 유지하도록 허용되는 대상자로는 아래와 같다. 다만, 무국적자이었던 자는 포기할 외국국적이 없으므로 외국국적 불행사의 서약자에 해당하지 않는다.

(1) 혼인관계를 유지하면서 간이귀화한 결혼이민자(국적법 제10조 제2항 제1호 전단)

1) 혼인관계가 유지된 결혼이민자

'귀화허가를 받은 때에 「국적법」 제6조 제2항 제1호 · 제2호의 어느 하나에 해당하는 사유가 있는 자'의 의미는 배우자가 대한민국의 국민인 외국인으로서 i) 그 배우자와 혼인한 상태로 대한민국에 2년 이상 계속하여 주소가 있거나, ii) 그 배우자와 혼인한 후 3년이 지나고 혼인한 상태로 대한민국에 1년 이상 계속하여 주소가 있는 경우에는 5년 이상 계속하여 대한민국에 주소가 있을 것이라는 요건(국적법 제5조 제1호)을 갖추지 아니하여도 간이귀화의 허가를 받을 수 있다는 것이다. 이와 같은 사유로 간이귀화의 허가를 받은 후 1년 내에 외국국적 포기의무 대신에, '외국국적 불행사의 서약'을 함으로써 복수국적의 유지가 허용되는 결혼이민자는 귀화하는 시점까지도 대한민국 국민과의 혼인관계가 유지되는 경우에 한정된다. 즉 대한민국 국민과의 혼인관계를 유지하면서 간이귀화한 결혼이민자는 그 외국국적을 포기하지 않고서도 '외국국적 불행사의 서약'만으로 대한민국의 국적을 유지할 수 있다.

2) 본인의 귀책사유 없이 혼인관계가 중단된 결혼이민자의 경우

결혼이민자가 그 배우자와 혼인한 상태로 대한민국에 주소를 두고 있던 중 그 배우자의 사망이나 실종 또는 그 밖에 자신에게 책임이 없는 사유로 정상적인 혼인 생활을 할 수 없었던 경우에는 일정한 기간의 국내 체류기간을 충족하고(제1호나 제2호의 잔여기간을 채웠고) 법무부장관이 상당하다고 인정하여야 간이귀화할 수 있다(국적법 제6조 제2항 제3호). 결혼이민자가 배우자의 사망, 실종, 본인의 귀책사유가 없는 이혼 등으로 혼인관계를 유지하지 않은 상태에서 간이귀화의 허가를 받은 경우에는, '외국국적 불행사의 서약'을 할 수 없다. 반드시 대한민국의 국적을 취득한 날로부터 1년 내에 그 외국국적을 포기하여야 한다. 이것은 결혼이민자로 이루어진 국제결혼의 이혼율이 높은 상황에서 복수국적자의 무분별한 급증을 억제하고자 하는 취지이다.

이에 대하여 배우자의 사망, 실종, 본인의 귀책사유가 없는 이혼 등 본인의 귀책사유 없이 혼인관계가 해소된 결혼이민자에게 간이귀화에 필요한 국내 체류기간을 충족하면 간이귀화를 허가하되, 그 출신국가의 국적을 포기하도록 한 것은 합리적인 사유 없는 차별이라는 견해가 있다.[1)]

(2) 대한민국에 특별한 공로가 있거나, 국익에 기여할 우수 외국인재로서 특별귀화한 자(국적법 제10조 제2항 제1호 후단)

'귀화허가를 받은 때에 「국적법」 제7조 제1항 제2호 · 제3호의 어느 하나에 해당하는 사유가 있는 자'의 의미는 대한민국에 주소가 있는 외국인이 ⅰ) 대한민국에 특별한 공로가 있거나(국적법 제7조 제1항 제2호), ⅱ) 과학 · 경제 · 문화 · 체육 등 특정 분야에서 매우 우수한 능력을 보유한 자로서 대한민국의 국익에 기여할 것으로 인정되는 경우(국적법 제7조 제1항 제3호)에 해당될 때에는, 5년 이상 계속하여 대한민국에 주소가 있을 것이라는 국내 체류기간(국적법 제5조 제1호), 대한민국의 「민법」상 성년(국적법 제5조 제2호), 생계유지 능력(국적법 제5조 제4호)의 요건을 갖추지 아니하여도 특별귀화의 허가를 받을 수 있다는 것이다. 이와 같은 사유로 특별귀화한 자는 귀화허가를 받은 후 1년 내에 외국국적 포기의무 대신에, '외국국적 불행사의 서약'만으로 대한민국의 국적을 유지할 수 있다.

(3) 국적회복허가를 받은 자로서 특별한 공로가 있거나, 국익에 기여할 우수 외국인재로 인정되는 자(국적법 제10조 제2항 제2호)

'「국적법」 제9조에 따라 국적회복허가를 받은 자로서 「국적법」 제7조 제1항 제2호 또는 제3호에 해당한다고 법무부장관이 인정하는 자'의 의미는 과거에 대한민국의 국민이었던 외국국적 소지자 또는 무국적자가 법무부장관의 국적회복허가를 받아 대한민국의 국적을 다시 취득하는 경우에, ⅰ) 대한민국에 특별한 공로가 있거나(국적법 제7조 제1항 제2호), ⅱ) 과학 · 경제 · 문화 · 체육 등 특정 분야에서 매우 우수한 능력을 보유한 자로서 대한민국의 국익에 기여할 것으로 인정되는 경우(국적법 제7조 제1항 제3호)에 해당한다고 법무부장관이 인정하는 자이다. 국적회복허가를 받은 한국계 외국인은 이와 같은 사유에 해당하는 경우 대한민국의 국적을 회복한 후 1년 내에 외국국적 포기의무 대신에, '외국국적 불행사의 서약'만으로 대한민국의 국적을 유지할 수 있다.

---

1) 김재련, 이민자 인권존중 및 차별방지 방안, 제2차 외국인정책 기본계획 수립을 위한 공청회, 2012, p. 42.

(4) 성년이 되기 전에 해외입양되어 외국국적을 취득한 후, 대한민국의 국적을 회복한 자(국적법 제10조 제2항 제3호)

1) 「민법」상 미성년이었던 해외입양인

'대한민국의 「민법」상 성년이 되기 전에 외국인에게 입양된 후 외국국적을 취득하고 외국에서 계속 거주하다가, 「국적법」 제9조에 따라 국적회복허가를 받은 자'의 의미는 외국인에게 입양될 당시에 「민법」상 미성년었던 자가 외국국적을 취득하고 외국에서 계속 체류하다가 국적회복에 의한 국적 취득제도를 통해 대한민국의 국적을 다시 회복한 자이다. 이 경우에는 그 자가 대한민국의 국적을 회복한 후 1년 내에 외국국적 포기의무 대신에, '외국국적 불행사의 서약'만으로 대한민국의 국적을 유지할 수 있다.

2) 「민법」상 성년이었던 해외입양인의 경우

해외입양인이 '외국국적 불행사의 서약'을 함으로써 복수국적을 유지할 수 있는 경우로는 「민법」상 미성년인 상태에서 외국인에게 입양되어 외국국적을 취득한 경우에 한정한다. 성년자가 복수국적을 편법적으로 취득하는 것을 방지하기 위해서 「민법」상 성년이 된 후에 외국인에게 입양되어 외국국적을 취득한 경우는 '외국국적 불행사의 서약'의 대상자에서 제외된다.

(5) 외국에서 장기 거주하다가, 만 65세 이후에 대한민국으로 영주 귀국하여 대한민국의 국적을 다시 회복한 동포(국적법 제10조 제2항 제4호)

1) 의 의

'외국에서 거주하다가 영주할 목적으로 만 65세 이후에 입국하여 「국적법」 제9조에 따라 국적회복허가를 받은 자'의 의미는 과거에 대한민국의 국민이었던 자가 외국국적을 취득하여 그 결과로 대한민국의 국적이 당연히 상실되었다가, 만 65세 이후에 다시 대한민국에서 영주 귀국하여 살고자 국적회복에 의한 국적 취득제도를 통해 대한민국의 국적을 다시 회복한 경우를 말한다. 이 경우에는 그 자가 대한민국의 국적을 회복한 후 1년 내에 외국국적 포기의무 대신에, '외국국적 불행사의 서약'만으로 대한민국의 국적을 유지할 수 있다.

2) 취 지

외국에서 장기간 체류하다가 만 65세 이후에 대한민국의 국적을 다시 취득한 자에게 '외국국적 불행사의 서약'을 통해 그 외국국적을 포기하지 않고서도 대한민국의 국적을 유지하도록 한 취지는 첫째로는 고령의 동포들이 대한민국의 국적을 회복하여 여생을 모국에서 보낼 수 있도록 하고,[2] 둘째로는 외국에서 장기간 체류하여 발생한 외국의 연금수급권 등 복지혜택을 그대로 유지하도록 하는 것이 국적회복자 본인뿐만 아니라 대한민국에도 도움이 되기 때문이다.

3) 만65세 이후에 입국한 동포

'외국국적 불행사의 서약'을 함으로써 복수국적을 유지할 수 있는 국적회복자는 원칙적으로 만 65세 이후에 입국하여 국적회복에 의한 국적 취득제도를 통해 대한민국의 국적을 다시 회복한 경우에 한정된다. 다만, 만 65세가 되기 전에 대한민국에 생활기반을 두고 살고 있던 자는 완전히 출국하였다가 만 65세 이후 다시 입국하여 국적회복 허가를 받은 경우에도 그 외국국적을 포기하지 않고서도 '외국국적 불행사의 서약'만으로 대한민국의 국적을 유지할 수 있다고 보는 것이 그 취지에도 부합한다.

4) 만65세 이후에 국적회복허가된 동포

'외국국적 불행사의 서약'을 함으로써 복수국적을 유지할 수 있는 국적회복 허가의 시점은 만 65세 이후이다. 따라서 국적회복 허가의 시점이 만 65세 이후이기만 하면 된다. 그 자가 외국에서 체류하면서 대한민국에 만 65세 이전에 수회 방문하였더라도 만 65세 이후에 대한민국에 영주 귀국하는 경우에도 '외국국적 불행사의 서약'만으로 대한민국의 국적을 유지할 수 있다고 보는 것이 그 취지에도 부합한다.

(6) 본인의 뜻에도 불구하고 외국의 법률 및 제도로 인하여 외국국적 포기의무를 이행하기 어려운 자로서 대통령령으로 정하는 자(국적법 제10조 제2항 제5호)

1) 의 의

'본인의 뜻에도 불구하고 외국의 법률 및 제도로 인하여 「국적법」 제10조 제1항을 이행하기 어려운 자로서 대통령령으로 정하는 자'의 의미는 외국인이 대한민국의 국적을 취득한 경우에 본인의 뜻에도 불구하고 외국의 법률 및 제도로 인하여 외국국적 포기의무를 이행하기 어려운 자로서 「국적법 시행령」에 정하는 일정한 자이다. 이 경우에 그 자는 대한민국의 국적을 취득한 후 1년 내에 외국국적 포기의 의무 대신에, '외국국적 불행사의 서약'만으로 대한민국의 국적을 유지할 수 있다.

---

2) 석동현, 국적법, 법문사, 2011, p. 203.

2) 범 위

본인의 뜻에도 불구하고 외국의 법률 및 제도로 인하여 외국국적 포기의무를 이행하기 어려운 자로서 '대통령령으로 정하는 자'란 i) 외국의 법률 및 제도로 인하여 외국국적의 포기가 불가능하거나 그에 준하는 사정이 인정되는 자이다(국적법 시행령 제13조 제1항 제1호). '그에 준하는 사정'에 해당하는 경우로는 국적국의 박해를 피해 난민을 신청한 자와 같이 외국국적을 포기하기가 사실상 어려운 경우 등을 들 수 있다.[3] ii) 대한민국의 국적을 취득한 후 지체 없이 외국국적의 포기절차를 개시하였으나, 외국의 법률 및 제도로 인하여 「국적법」 제10조 제1항에 따른 기간(대한민국의 국적을 취득한 날부터 1년을 말한다) 내에 국적포기절차를 마치기 어려운 사정을 증명하는 서류를 법무부장관에게 제출한 자이다(국적법 시행령 제13조 제1항 제2호). 다만, 대한민국의 국적을 취득한 후 지체 없이 외국국적의 포기절차를 개시하였으나, 외국의 법률 및 제도로 인하여 대한민국의 국적을 취득한 날부터 1년 내에 국적포기절차를 마치기 어려운 사정을 증명하는 서류를 법무부장관에게 제출한 자는 외국국적의 포기절차를 마쳤을 때에는 지체 없이 국적포기증명서 등을 법무부장관에게 제출하여야 한다(국적법 시행령 제13조 제2항).

Ⅲ. 기간 및 기산점

1. 외국국적 포기 또는 외국국적 불행사 서약의 기산점

대한민국의 국적을 취득한 외국인으로서 외국국적을 가지고 있는 자는 '대한민국의 국적을 취득한 날'로부터 1년 이내에 그 외국국적을 포기하거나 대한민국에서 외국국적을 행사하지 아니하겠다는 뜻을 법무부장관에게 서약하여야 한다(국적법 제10조 제1항, 제2항).

2. 외국국적 포기 또는 외국국적 불행사 서약의 기간

「국적법」에서는 대한민국의 국적을 취득한 자는 '1년 이내에' 외국국적을 포기하거나 대한민국에서 외국국적을 행사하지 아니하겠다는 뜻을 법무부장관에게 서약하여야 한다(국적법 제10조 제1항, 제2항). 반면에, 구 「국적법」에서는 외국인이 대한민국의 국적을 취득하면 대한민국의 국적을 취득한 날부터 6개월 이내에 그 외국국적을 포기해야 했다.[4] 외국인이 대한민국의 국적을 취득한 경우 6개월 이내에 그 외국국적을 포기하

3) 정인섭, 1991-92년도 국적법 개정작업, 서울국제법연구원 서울국제법연구, 2007, p. 97.
4) 2010. 5. 4. 개정 국적법 제10조 (국적 취득자의 외국국적 포기의무)

지 않으면, 그 기간이 지난 때에 대한민국 국적이 상실되었다. 국가에 따라서는 6개월 이내에 국적포기절차가 완료되지 않는 경우가 있어서 그 기간이 1년으로 연장되었다.

제 3 절 절 차

Ⅰ. 외국국적 포기의무

1. 외국국적 포기절차의 종료

대한민국의 국적을 취득한 자는 대한민국의 국적을 취득한 날부터 1년 이내에 그 외국국적을 포기하여야 한다. 이때에 '1년 이내에'의 의미는 1년 이내에 그 외국국적을 포기하기 위한 절차를 마쳐야 한다는 것이지, 1년 이내에 외국국적 포기증명서까지 제출하여야 하는 것은 아니다.

Ⅱ. 외국국적 불행사의 서약

1. 서약서 제출

대한민국의 국적을 취득한 자로서 '외국국적 불행사의 서약'을 법무부장관에게 하여 복수국적을 유지하고자 하는 자가 밟아야 하는 절차는 다음과 같다. 대한민국에서 외국국적을 행사하지 아니하겠다는 뜻을 서약(외국국적 불행사 서약이라 한다)하려는 자는 1년 이내에 국내에 주소를 두고 있는 상태에서 외국국적 불행사 서약서를 작성하여 출입국관리사무소장 등에게 제출하여야 한다(국적법 시행령 제11조 제3항). 따라서 외국국적 불행사의 서약을 하기 위하여는 국내에 주소를 두고 있는 상태이어야 한다. 대한민국의 국적을 취득한 날부터 1년 이내에 외국국적 불행사 서약서를 제출하여야 한다. 이것은 외국국적 포기 의무의 경우 1년 이내에 그 외국국적을 포기하기 위한 절차를 마쳐야 한다는 것이지, 1년 이내에 외국국적 포기증명서까지 제출하여야 하는 것은 아닌 것과는 구별된다.

---

① 대한민국 국적을 취득한 외국인으로서 외국국적을 가지고 있는 자는 대한민국 국적을 취득한 날부터 6개월 내에 그 외국국적을 포기하여야 한다.

2. 송부 및 수리

출입국관리사무소장 등은 외국국적 불행사 서약서를 제출받은 때에는 지체 없이 법무부장관에게 송부하여야 하며, 법무부장관이 외국국적 불행사 서약서를 수리한 때에는 외국국적 불행사 서약서를 제출한 사람에게 외국국적 불행사 서약 확인서를 발급하여야 한다(국적법 시행령 제11조 제4항).

제4절 불이행의 효과

Ⅰ. 대한민국의 국적상실

외국인이 대한민국의 국적을 취득한 경우에 대한민국의 국적을 취득한 날부터 1년 이내에 그의 외국국적을 포기하지 않는다면 그 기간이 지난 때에 대한민국의 국적을 상실한다(국적법 제10조 제3항). 또한 외국국적 포기의무의 예외에 해당하여 외국국적 불행사서약을 행사할 수 있는 자도 대한민국의 국적을 취득한 날부터 1년 이내에 대한민국에서 외국국적을 행사하지 아니하겠다는 뜻을 법무부장관에게 서약하지 않는다면 그 기간이 지난 때에 대한민국의 국적을 상실한다(국적법 제10조 제3항).

Ⅱ. 장래효

외국인이 대한민국의 국적을 취득한 날로부터 1년 이내에 그 외국국적을 포기하지 않거나 외국국적 불행사 서약을 행사하지 않아 대한민국의 국적을 상실한 경우에, 대한민국의 국적을 취득한 효력이 소급하여 상실되는지가 문제된다. 외국인이 귀화 또는 국적회복에 의해 대한민국의 국적을 취득한 경우에는 법무부장관이 귀화허가 또는 국적회복허가를 한 때에 대한민국의 국적을 즉시 취득하고(국적법 제4조 제3항, 제9조 제3항), 외국인이 대한민국의 국적을 취득한 날로부터 1년 이내에 그 외국국적을 포기하지 않거나 외국국적 불행사 서약을 행사하지 않는 경우에는 장래를 향하여만 대한민국의 국적을 상실한다.[5] 외국인이 대한민국의 국적을 취득한 후에 1년 이내에 그 외국국

5) 정인섭, 1991-92년도 국적법 개정작업, 서울국제법연구원 서울국제법연구, 2007, p. 96 참고.

적을 포기하지 않거나, 외국국적 포기의무의 예외자로서 대한민국에서 외국국적을 행사하지 아니하겠다는 뜻을 법무부장관에게 서약하지 않는다면, 대한민국의 국적이 상실되는 시점은 대한민국의 국적을 취득한 때로 소급하는 것이 아니다.

Ⅲ. 국적상실의 시점

대한민국의 국적이 상실되는 시점은 대한민국의 국적을 취득한 날부터 1년이 지난 때이다(국적법 제10조 제3항). 따라서 외국국적 포기 또는 외국국적 불행사 서약을 불이행한 자는 대한민국의 국적을 취득한 때로부터 1년이 지난 후에는 대한민국의 국적을 상실하여 외국인으로 되고, 복수국적자의 신분도 상실한다.

제 5 절 국적재취득 신고제도

Ⅰ. 개 념

국적재취득 신고제도란 외국인이 대한민국의 국적을 후천적으로 취득한 후 1년 이내에 그 외국국적을 포기하지 않거나 대한민국에서 외국국적을 행사하지 아니하겠다는 뜻을 법무부장관에게 서약하지 않아서, 즉 그 외국국적 포기 또는 외국국적 불행사 서약의 불이행으로 대한민국의 국적이 상실된 외국인이 그 후 1년 이내에 그 외국국적을 포기하면 법무부장관에게 신고만 함으로써 간이하게 대한민국의 국적을 재취득할 수 있는 제도를 말한다.

Ⅱ. 내 용

1. 대상자

법무부장관에게 국적의 재취득을 신고할 수 있는 자는 대한민국의 국적을 취득한 후 1년 이내에 그 외국국적을 포기하지 않아 대한민국의 국적을 상실한 외국인, 또는 외국국적 포기의무의 예외자로서 1년 이내에 대한민국에서 외국국적을 행사하지 아니하겠다는 뜻을 법무부장관에게 서약하지 않아 대한민국의 국적을 상실한 외국인이다(국적법 제11조 제1항).

2. 요건: 외국국적 포기

법무부장관에게 국적의 재취득을 신고하기 위하여는 대한민국의 국적을 상실한 외국인이 대한민국의 국적을 상실한 후 1년 이내에 그 외국국적을 포기하는 모든 절차를 마쳐야 한다(국적법 제11조 제1항 참고). 외국국적 포기의무의 예외자로서 1년 이내에 대한민국에서 외국국적을 행사하지 아니하겠다는 뜻을 법무부장관에게 서약하지 않아 대한민국의 국적을 상실한 외국인도 그 외국국적을 포기해야 한다.

Ⅲ. 절　　차

1. 국적재취득의 신고

대한민국의 국적을 재취득하려는 자는 국적재취득 신고서를 작성하여 법무부장관에게 제출하여야 한다(국적법 시행령 제15조 제1항). 국적재취득 신고서에 첨부하여야 하는 서류로는 가족관계기록사항에 관한 증명서 또는 대한민국의 국적 취득사실을 증명하는 서류, 외국국적을 포기한 사실 및 연월일을 증명하는 서류, 「가족관계의 등록 등에 관한 법률」 제93조에 따른 국적취득 통보 및 가족관계등록부 작성 등에 필요한 서류로서 법무부장관이 정하는 서류이다(국적법 시행규칙 제10조 제2항).

2. 통보 및 고시

법무부장관은 국적재취득신고를 수리하였으면 그 사실을 지체 없이 본인과 등록기준지 가족관계등록관서의 장에게 통보하고, 관보에 고시하여야 한다(국적법 시행령 제15조 제2항).

Ⅳ. 효　　과

대한민국의 국적을 재취득하려는 자가 국적재취득 신고서를 작성하여 법무부장관에게 제출하면, 그 국적재취득 신고를 한 때에 대한민국의 국적을 취득한다(국적법 제11조 제2항). 국적재취득을 신고할 수 있는 자가 법무부장관에게 신고만으로 간이하게 대한민국의 국적을 재취득하게 된다.

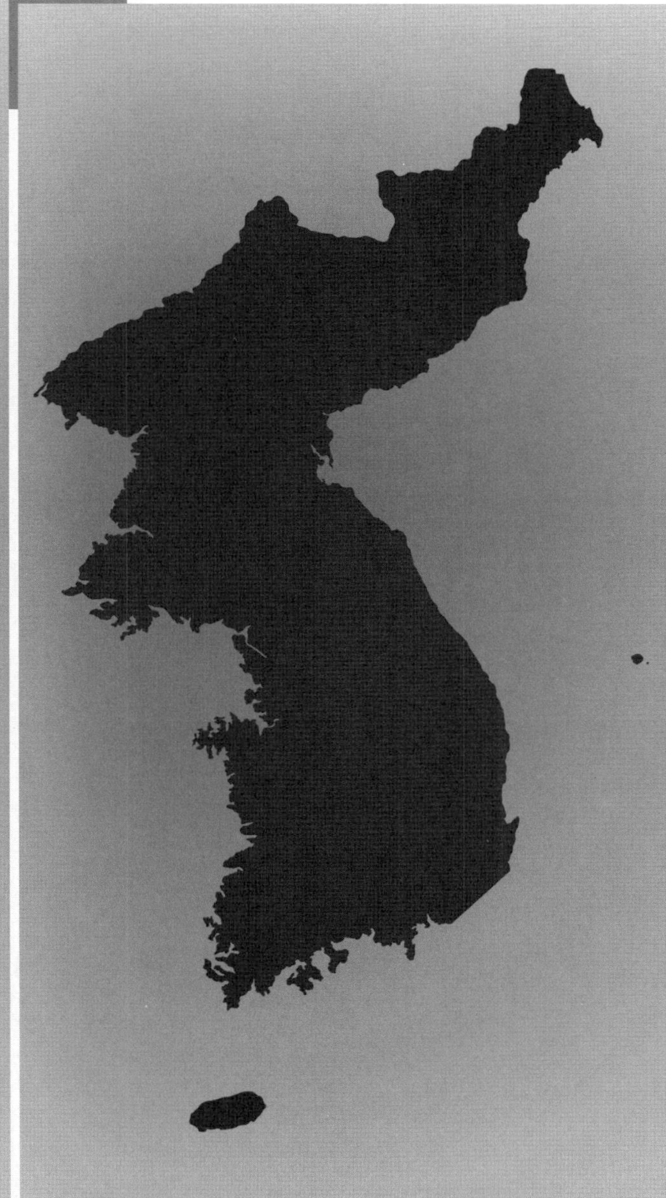

제 4 장

국적상실

제 1 절 의 의

Ⅰ. 개 념

국적상실이란 대한민국의 국민이 외국국적을 취득하거나 복수국적자가 국적선택을 하지 않는 등 「국적법」에서 규정한 국적상실의 사유가 발생하여, 대한민국의 국적이 상실된 자의 신고와 상관없이 자동적으로 대한민국의 국적이 상실되는 것을 말한다(국적법 제15조). 「헌법」 제14조에 규정한 "모든 국민은 거주 · 이전의 자유를 가진다."의 내용에는 국적 변경의 자유까지 포함된다.[1)]

Ⅱ. 국적상실 결정과 그 한계

「헌법」 제14조에서는 "모든 국민은 거주 · 이전의 자유를 가진다."라고 하여 국민에게 거주 · 이전의 자유를 보장하고 있다. 거주 · 이전의 자유에는 출입국의 자유뿐만 아니라, 국적 변경의 자유까지도 포함되는 것으로 해석된다.[2)] 반면에 국적상실 결정은 일반적으로 국가의 재량행위로 간주된다. 그러나 국적상실로 인하여 그 국적을 원인으로 하여 행사하던 기존의 권리에 영향을 미칠 수 있으므로 국제법규 등에서는 국적상실에 엄격한 제한이 따르도록 하고 있다. 예컨대 1948년 「세계인권선언」 제15조 제1항에서 "사람은 누구를 막론하고 국적을 가질 권리를 가진다.", 제2항에서 "누구를 막론하고 불법하게 그 국적을 박탈당하지 아니하여야 하며 (중략)"라고 규정하여, 누구든지 자신의 국적을 임의로 박탈당하지 않는다고 선언하고 있다. 국제법규에서는 어떤 방식과 형태의 국적상실이 금지되는 임의적인 국적상실로 간주되는지에 대한 명확한 기준을 제공하고 있지 않다. 국가가 차별적으로 개인 또는 집단구성원의 국적을 상실하게 하는 것은 국제법규에 어긋나는 것으로 일반적으로 인정되고 있다.[3)]

---

1) 국가인권위원회 결정례 2003. 7. 28. 자 02진인2181, 03진인1124 병합결정 미국시민권자 입국불허 관련.
2) 앞의 결정례.
3) T.Alexander Aleinikoff & Vincent Chetail, Migration and International Legal Norms, TMC Asser Press, 2003, pp. 82～83.

제 2 절 외국국적의 취득에 의한 국적상실

Ⅰ. 개 념

외국국적의 취득에 의한 국적상실이란 국가는 그 국민이 자발적 또는 비자발적으로 외국국적을 취득한 경우에 그 국가의 국적을 상실하도록 하는 제도를 말한다.

Ⅱ. 외국국적의 취득

1. 외국국적의 자진 취득

(1) 의 의

외국국적의 자진 취득이란 대한민국의 국민이 스스로의 뜻과 판단에 따른 자발적인 의사에 기하여 외국에서 정한 국적취득의 요건 및 절차를 통해 그 외국의 국적을 취득하는 것을 말한다. 「국적법」 제15조 제1항에서는 '자진하여 외국국적을 취득'이라고 규정하고 있다.

(2) 구별이유 및 구별기준

1) 구별이유

자진 취득과 비자진 취득을 구별하는 이유로는 자진 취득의 경우에는 그 외국국적을 취득한 때에 대한민국 국적을 상실하게 되고(국적법 제15조 제1항), 비자진 취득의 경우에는 국적보유신고제도를 통해 예외적으로 대한민국의 국적을 유지하여 결과적으로 복수국적의 상태를 유지할 수 있게 된다(국적법 제15조 제2항).

2) 구별기준

자진 취득과 비자진 취득을 구별하는 기준은 형식적 요소 또는 주관적 요소로 구분할 수 있다.

첫째, 형식적 요소로는 외국에서 정한 국적취득 절차를 거쳤는지 여부에 대한 것으로, 외국국적을 취득하기 위한 신청 등 외국국적 취득 절차의 준수를 말한다. 그 논거로는 ⅰ) 외국국적을 자진하여 취득하는 자는 적극적으로 대한민국의 국민이 가지는 권리와 의무를 포기하고, 외국국적을 취득하여 그 국가가 허용하는 권리 또는 특권을 향유하려는 의사가 명백히 추정된다고 가정한다. ⅱ) 다수의 국가는 귀화허가를 신청하는 외국인에게 과거의 국가에 대한 유대를 포기하고, 귀화하려는 국가에 대한 충성의무를 요구한다. 둘째, 주관적 요소로는 외국국적을 취득하는 대한민국의 국민이 가지는 주관적 의사 또는 내심을 말한다. 그 논거로는 대한민국의 국민이 외국국적을 취득할 수밖에 없는 불가피한 경우가 있다는 사실상의 이유를 들 수 있다. 대한민국의 국민이 외국의 연금 등 사회보장 혜택을 수혜 받고자, 자녀의 외국학교 진학 등 교육문제로 인하여, 외국에서 선교 및 종교적 활동을 위하여, 본국으로부터의 정치적 박해를 피하기 위하여 등의 사유로 외국국적을 불가피하게 취득할 수밖에 없다는 것이다.

소견으로는 주관적 요소에 대한 판단이 주관적 의사 내지 내심의 작용에 대한 판단이므로 사실상 불가능에 가깝고, 주관적 요소에 의할 때에 모든 형식적 요소가 그 의미를 상실하게 되므로, 자진 취득과 비자진 취득을 구별하는 기준은 형식적 요소를 기반으로 하여야 한다.

(3) 유 형

대한민국의 국민이 외국국적을 자진하여 취득하는 대표적인 유형으로는 외국에서 영주하면서 그 외국에 귀화허가를 신청하여 귀화허가를 받아 그 국가의 국적을 취득하는 것이다. 귀화에 의한 외국국적의 취득을 자진 취득으로 판단하는 이유는 어떠한 국가에서도 당사자의 적극적이고 명시적인 신청이 없이 귀화를 허가하는 경우가 없기 때문이다.[4] 그리고 대한민국의 국민이 외국인과 결혼하거나 외국인에게 입양된 후 그 외국에서 체류하다가 나중에 별도의 귀화허가를 신청하여 귀화허가를 받은 경우에도 외국국적을 자진하여 취득한 것에 해당한다.

2. 외국국적의 비자진 취득

(1) 의 의

외국국적의 비자진 취득이란 대한민국의 국민이 스스로의 뜻과 판단에 따른 자발적인 의사에 기인한 것이 아니라, 즉 그 외국에서 정한 귀화허가 신청 등 외국국적 취득의 절차를 통하지 않고, 그 외국의 법률에 의하여 자동적으로 그 외국의 국적을

4) 석동현, 국적법, 법문사, 2011, p. 248.

취득하는 것을 말한다. 외국국적을 비자진하여 취득하는 것은 대한민국의 국민이 그 외국에서 정한 외국국적 취득의 절차를 통하지 않는다는 점에서 외국국적의 자진 취득과 구별된다.

(2) 유 형

대한민국의 국민이 외국국적을 비자진하여 취득하는 대표적인 유형으로는 외국인과 결혼하거나 외국인에게 입양된 후 그 외국의 법률에 의하여 그 외국의 국적을 자동적으로 취득한 경우이다.

(3) 비자진 취득자의 국적보유신고

1) 의 의

(가) 개 념

비자진 취득자의 국적보유신고란 외국국적을 비자진하여 취득한 자가 하는 것으로, 대한민국의 국민으로서 외국국적을 비자진하여 취득한 자는 그 외국국적을 취득한 때부터 6개월 내에 법무부장관에게 대한민국의 국적을 보유할 의사가 있다는 뜻을 신고하면 대한민국의 국적이 상실되지 않는 것을 말한다(국적법 제15조 제2항). 1997년 제4차 국적법 개정으로 도입된 제도이다. 국적보유신고를 도입한 취지는 대한민국의 국민이 외국국적을 비자진하여 취득한 경우에 당사자의 의사를 고려해 국적선택의 기회를 부여하기 위한 것이다.[5)]

(나) 복수국적의 상태

대한민국의 국민이 외국국적을 비자진하여 취득하고 국적보유신고를 함으로써 대한민국의 국적이 상실되지 않는 것은 결과적으로 일단 복수국적의 상태로 되는 것을 의미한다. 외국국적을 비자진하여 취득한 자는 자진하여 취득한 경우와는 달리 대한민국의 국적이 자동적으로 상실되는 것이 아니라, 법무부장관에게 대한민국의 국적을 보유할 의사가 있다는 뜻을 신고하여 대한민국의 국적을 그대로 유지할 수 있다. 그러나 영구적으로 복수국적의 상태를 인정하는 것이 아니라, 국적선택제도에 의하여 하나의 국적을 선택하여야 한다(국적법 제12조, 제13조, 제14조, 제14조의 2, 제14조의 3).

2) 대상자

국적보유신고를 할 수 있는 자는 대한민국의 국민으로서 외국국적을 비자진하여 취득한 경우에, i) 외국인과의 '혼인'으로 그 배우자의 국적을 취득하게 된 자

---

5) 앞의 책, p. 252 참고.

(국적법 제15조 제2항 제1호), ii) 외국인에게 '입양'되어 그 양부 또는 양모의 국적을 취득하게 된 자(국적법 제15조 제2항 제2호), iii) 외국인인 부 또는 모에게 '인지'되어 그 부 또는 모의 국적을 취득하게 된 자(국적법 제15조 제2항 제3호), iv) 외국국적을 취득하여 대한민국의 국적을 상실하게 된 자의 배우자나 미성년의 자子로서 그 외국의 법률에 따라 함께 그 외국국적을 취득하게 된 자(국적법 제15조 제2항 제4호)이다. 대한민국의 국민이 외국인과 결혼하거나 외국인에게 입양되거나, 외국인인 부 또는 모에게 인지되거나, 수반취득으로 외국의 법률에 의하여 곧바로 그 외국의 국적을 자동적으로 취득한 자이다. 따라서 대한민국의 국민이 외국인과 결혼하거나 외국인에게 입양된 후 그 외국에서 체류하다가 나중에 별도의 귀화허가를 신청하여 귀화허가를 받은 경우에는 국적보유신고를 할 수 있는 자에 해당되지 않는다.

3) 절 차

(가) 일반적인 경우

국적보유신고를 하려는 자가 대한민국의 국적을 보유할 의사가 있다는 뜻을 신고하려면 그 외국국적을 취득한 때부터 6개월 내에 국적보유 신고서를 작성하여 출입국관리사무소장 또는 출장소장에게 제출하여야 한다(국적법 시행령 제19조 제1항). 국적보유 신고서에 첨부하여야 하는 서류로는 가족관계기록사항에 관한 증명서, 외국국적을 취득하게 된 원인 및 연월일을 증명하는 서류이다(국적법 시행규칙 제13조 제2항). 출입국관리사무소장 또는 출장소장은 국적보유 신고서를 제출받은 때에는 지체 없이 법무부장관에게 송부하여야 한다(국적법 시행령 제19조 제2항).

법무부장관은 국적보유신고를 수리하였으면 그 사실을 지체 없이 본인에게 알리고, 그 등록기준지 가족관계등록관서의 장에게 통보하여야 한다(국적법 시행령 제19조 제3항). 이때에 그 등록기준지 가족관계등록관서의 장에게 통보하는 서류에는 i) 국적보유 신고자의 성명, 생년월일, 성별 및 등록기준지, ii) 외국국적을 취득하게 된 원인 및 연월일을 적어야 한다(국적법 시행령 제19조 제4항).

(나) 외국에 주소를 두고 있는 자

국적보유신고를 하려는 자가 외국에 주소를 두고 있을 때에는 주소지 관할 재외공관의 장을 통해서도 국적보유 신고서를 제출할 수 있다(국적법 시행령 제25조 제1항). 국적보유 신고서에 첨부하여야 하는 서류로는 가족관계기록사항에 관한 증명서, 외국국적을 취득하게 된 원인 및 연월일을 증명하는 서류이다(국적법 시행규칙 제13조 제2항). 국적보유 신고서를 제출받은 재외공관의 장은 이를 지체 없이 외교부장관을 거쳐 법무부장관에게 송부하여야 한다(국적법 시행령 제25조 제2항).

법무부장관은 재외공관의 장을 통하여 제출된 신고를 수리하였으면 그 사실을 외교부장관을 거쳐 해당 재외공관의 장에게 통보한다(국적법 시행령 제25조 제3항).

4) 효 과

(가) 국적보유신고의 이행: 복수국적의 상태

대한민국의 국민으로서 국적보유신고를 한 자는 예외적으로 대한민국의 국적이 상실되지 않아 결과적으로 일단 복수국적의 상태로 된다. 그러나 영구적으로 복수국적의 상태를 인정하는 것이 아니라, 국적선택제도에 의하여 하나의 국적을 선택하여야 한다(국적법 제12조, 제13조, 제14조, 제14조의 2, 제14조의 3).

(나) 국적보유신고의 미이행: 국적상실

대한민국의 국민으로서 국적보유신고를 할 수 있는 자가 그 외국국적을 취득한 때부터 6개월 내에 법무부장관에게 대한민국의 국적을 보유할 의사가 있다는 뜻을 신고하지 아니하면 그 외국국적을 취득한 때로 소급遡及하여 대한민국의 국적을 상실한 것으로 본다(국적법 제15조 제2항). 외국국적을 비자발적으로 취득한 자가 국적보유신고를 하지 않아 대한민국의 국적이 상실되는 시점은 그 외국국적을 취득한 때이다.

Ⅲ. 신고 및 통보

1. 의 의

(1) 필요성

「가족관계의 등록 등에 관한 법률(구 호적법)」에 의하면 외국인은 가족관계등록부에 작성될 수 없고, 대한민국의 국민만이 가족관계등록부에 작성될 수 있다.[6] 가족관계등록부는 대한민국의 신분등록장부에 해당된다. 대한민국의 국민이 가족관계등록부에 작성되어 있다가, 대한민국의 국적을 상실하여 외국인으로 되면 가족관계등록부에 국적상실에 관한 기록을 하여 정리되어야 한다. 그러나 국제관례와 국제관습법에 의하면, 외국인이 다른 국가에 귀화할 때에 그 국가는 그 귀화자의 명단을 그 외국인의 과거 국적국가에 통보할 의무가 없기 때문에 법무부 또는 가족관계등록관서에서는 대한민국의 국민이 외국에 귀화하는 등 대한민국의 국적이 상실되는 사유를 자동적으로 알 수가 없다. 대한민국의 국적을 상실한 본인이 직접 국적상실

6) **가족관계의 등록 등에 관한 법률 제1조 (목적)** 이 법은 국민의 출생·혼인·사망 등 가족관계의 발생 및 변동사항에 관한 등록과 그 증명에 관한 사항을 규정함을 목적으로 한다.

신고를 하거나 공무원이 그 직무상 대한민국 국적을 상실한 자를 발견하여 법무부장관에게 그 사실을 통보함으로써 그 자의 가족관계등록부가 비로소 정리된다. 대한민국의 국민이 외국국적을 취득하였을지라도 자동적으로 가족관계등록부가 정리되는 것은 아니다.

(2) 국적상실신고 및 국적상실통보

「국적법」에서는 대한민국의 국적을 상실한 자에 대한 가족관계등록부를 정리하기 위하여 국적상실자의 신고의무 및 공무원의 통보의무를 규정하고 있다.[7] 즉 외국국적을 취득하여 대한민국의 국적을 상실한 자는 법무부장관에게 국적상실신고를 하여야 한다(국적법 제16조 제1항). 그리고 공무원이 그 직무상 대한민국의 국적을 상실한 자를 발견하면 지체 없이 법무부장관에게 그 사실을 통보하여야 한다(국적법 제16조 제2항). 법무부장관은 국적상실신고 또는 국적상실통보를 받으면 가족관계등록 관서와 주민등록 관서에 이를 통보하고, 수리하면 그 국적상실사실을 관보에 고시하고 동시에 신청인의 등록기준지 가족관계등록관서의 장에게 국적상실사실을 통보하도록 하여, 가족관계등록부를 정리하여야 한다. 만약 외국국적을 취득한 자의 가족관계등록부가 정리되지 않은 경우에는 그 자가 대한민국의 국적 및 외국국적을 동시에 가진 복수국적자로 되는 것이 아니고, 단지 그 자가 국적상실신고를 하지 않아 가족관계등록부에 그대로 남아 있는 것에 불과한 것이다.

법무부장관은 「국적법」 제22조에 따라 국적상실신고 또는 국적상실통보에 관한 권한을 출입국관리사무소장 또는 출장소장에게 위임한다(국적법 시행령 제29조 제6호).

2. 국적상실의 신고

(1) 국적상실자의 국적상실신고

1) 주 체

국적상실신고는 원칙적으로 대한민국의 국적을 상실한 본인이 신청하여야 하지만, 그 신청을 하려는 자가 15세 미만이면 법정대리인이 대신하여 이를 행한다(국적법 제19조).

2) 절 차

대한민국의 국적을 상실한 자(국적법 제14조에 따른 국적이탈의 신고를 한 자는 제외한다)가 국적상실 신고를 하려면 국적상실 신고서를 작성하여, '가족관계기록사항에 관한 증명서', '국적상실의 원인 및 연

---

7) 석동현, 국적법, 법문사, 2011, p. 257.

월일을 증명하는 서류(외국국적을 취득하였을 때에는 그 국적을 취득한 원인 및 연월일을 증명하는 서류)'를 첨부하여 법무부장관에게 국적상실 신고를 하여야 한다(국적법 제16조 제1항, 국적법 시행령 제20조 제1항, 국적법 시행규칙 제14조 제1항 및 제2항). 이 경우에, 외국국적을 취득함으로써 대한민국의 국적을 상실한 자 중 그 외국국적을 취득한 연월일을 증명하는 서류를 제출할 수 없는 자는 '국적상실의 원인 및 연월일을 증명하는 서류(외국국적을 취득하였을 때에는 그 국적을 취득한 원인 및 연월일을 증명하는 서류)'를 그 외국의 여권 사본으로 갈음하여 제출할 수 있다(국적법 시행규칙 제14조 제3항).

3) 외국에 주소를 두고 있는 자

국적상실 신고를 하려는 자가 외국에 주소를 두고 있을 때에는 주소지 관할 재외공관의 장을 통해서도 국적상실 신고서에 첨부서류를 첨부하여 제출할 수 있다(국적법 시행령 제25조 제1항, 국적법 시행규칙 제14조 제2항). 국적상실 신고서를 제출받은 재외공관의 장은 이를 지체 없이 외교부장관을 거쳐 법무부장관에게 송부하여야 한다(국적법 시행령 제25조 제2항). 법무부장관은 재외공관의 장을 통하여 제출된 신고를 수리하였으면 그 사실을 외교부장관을 거쳐 해당 재외공관의 장에게 통보한다(국적법 시행령 제25조 제3항).

(2) 국적상실자의 처리

법무부장관은 국적상실자 본인의 국적상실 신고를 받으면 가족관계등록 관서와 주민등록 관서에 이를 통보하여야 한다(국적법 제16조 제3항). 그리고 법무부장관은 국적상실의 신고를 수리한 경우에는 지체 없이 그 국적상실사실을 관보에 고시하고, 그 등록기준지 가족관계등록관서의 장에게 그 국적상실사실을 통보하여야 한다(국적법 시행령 제21조 제1항).

(3) 미신고시 처벌

대한민국의 국적을 상실한 자가 국적상실 신고를 하지 않는 경우에는 국적상실 신고의 불이행을 처벌하는 직접적인 벌칙규정은 없다. 그러나 대한민국의 국적을 상실한 자가 국적 상실로 인한 무효의 여권을 소유하고 있음을 기화로 대한민국에 입국하는 것은 불법입국에 해당되어 3년 이하의 징역 또는 2천만원 이하의 벌금에 처할 수 있고(출입국관리법 제94조 제2호, 제7조 제1항), 대한민국 내에서 「출입국관리법」에 의한 외국인등록을 하지 않고 장기간 체류하는 것은 불법체류에 해당되어 1년 이하의 징역 또는 1천만원 이하의 벌금에 처할 수 있다(출입국관리법 제95조 제7호, 제31조 제1항).

3. 국적상실의 통보

(1) 공무원의 통보의무

1) 주 체

공무원이 그 직무상 대한민국의 국적을 상실한 자를 발견하면 지체 없이 법무부장관에게 그 사실을 통보하여야 한다(국적법 제16조 제2항). 이것은 출입국관리공무원, 가족관계등록관서와 주민등록관서의 공무원, 재외공관의 공무원 등 공무원이 그 직무를 수행하는 도중에 대한민국의 국민이 대한민국의 국적을 상실하였음에도 국적상실신고를 하지 않아 가족관계등록부가 정리되지 않은 사실을 발견한 경우, 그 공무원에게 적용되는 일반적인 의무규정이다. 국적상실신고를 하지 않아 가족관계등록부가 정리되지 않은 자의 가족관계등록부는 공무원의 통보에 의하여 비로소 정리되어진다.

2) 방 법

공무원이 국적상실을 통보할 때에는 그 자의 성명, 생년월일, 성별 및 등록기준지 등 인적 사항을 적고, 대한민국의 국적을 상실한 원인 및 연월일을 증명하는 서류 또는 그가 소지한 외국여권의 사본을 첨부하여야 한다(국적법 시행령 제20조 제2항). 공무원이 그 자에 대한 대한민국의 국적을 상실한 연월일을 알지 못한 경우에는 그가 소지한 외국여권의 사본을 첨부하면 된다.

(2) 국적상실자의 처리

1) 주 체

법무부장관은 그 직무상 대한민국의 국적을 상실한 자를 발견하거나 국적상실의 통보를 받으면 가족관계등록 관서와 주민등록 관서에 통보하여야 한다(국적법 제16조 제3항). 법무부장관은 그 직무상 대한민국의 국적을 상실하고도 등록기준지에서 말소되지 아니한 자를 발견하거나 공무원의 국적상실 통보를 수리한 경우에는 지체 없이 그 등록기준지 가족관계등록관서의 장에게 통보하여야 한다(국적법 시행령 제21조 제1항). 법무부장관은 국적상실자가 주민등록이 되어 있을 때에는 그 주민등록관서의 장에게도 그 사실을 통보하여야 한다(국적법 시행령 제21조 제2항, 제18조 제4항).

2) 방 법

등록기준지 가족관계등록관서의 장 또는 주민등록관서의 장에게 통보하는 서류에는 국적상실자의 성명, 생년월일, 성별 및 등록기준지, 국적상실의 원인 및 연월일,

외국국적을 적어야 한다(국적법 시행령 제21조 제2항, 국적법 시행령 제18조 제5항).

Ⅳ. 관보고시

1. 의 의

법무부장관은 대한민국 국적의 상실에 관한 사항이 발생하면 그 뜻을 관보에 고시하여야 한다(국적법 제17조 제1항). 법무부장관은 그 직무상 대한민국의 국적을 상실하고도 등록기준지에서 말소되지 아니한 자를 발견하거나 국적상실의 신고나 통보를 수리한 경우에는 지체 없이 그 사실을 관보에 고시하여야 한다(국적법 시행령 제21조 제1항). 고시告示란 행정기관이 일반국민을 대상으로 일정한 사항 또는 사실을 널리 알리는 것으로, 국적상실에 대한 관보 고시의 효력은 단지 국적상실에 관한 사항을 알리기 위한 것이다. 따라서 고시를 하여야만 국적상실의 효력이 발생하는 것은 아니고, 국적상실이 적법하게 이루어졌으나 사무착오 등으로 고시를 하지 않았더라도 국적상실이 취소되는 것도 아니다.[8]

2. 고시사항

관보에 고시할 사항은 국적상실자에 대하여 국적상실 처리를 한 경우에는 국적상실자의 인적 사항(성명, 생년월일, 성별, 외국국적, 등록기준지), 국적상실의 원인 및 국적상실의 연월일(외국국적을 취득하면 그 국적을 포함한다)이다(국적법 제17조 제2항, 국적법 시행령 제26조 제6호).

제 3 절 복수국적자의 국적상실

복수국적자의 국적상실에 대하여는 후술하기로 한다.

---

8) 앞의 책, p. 261 참고.

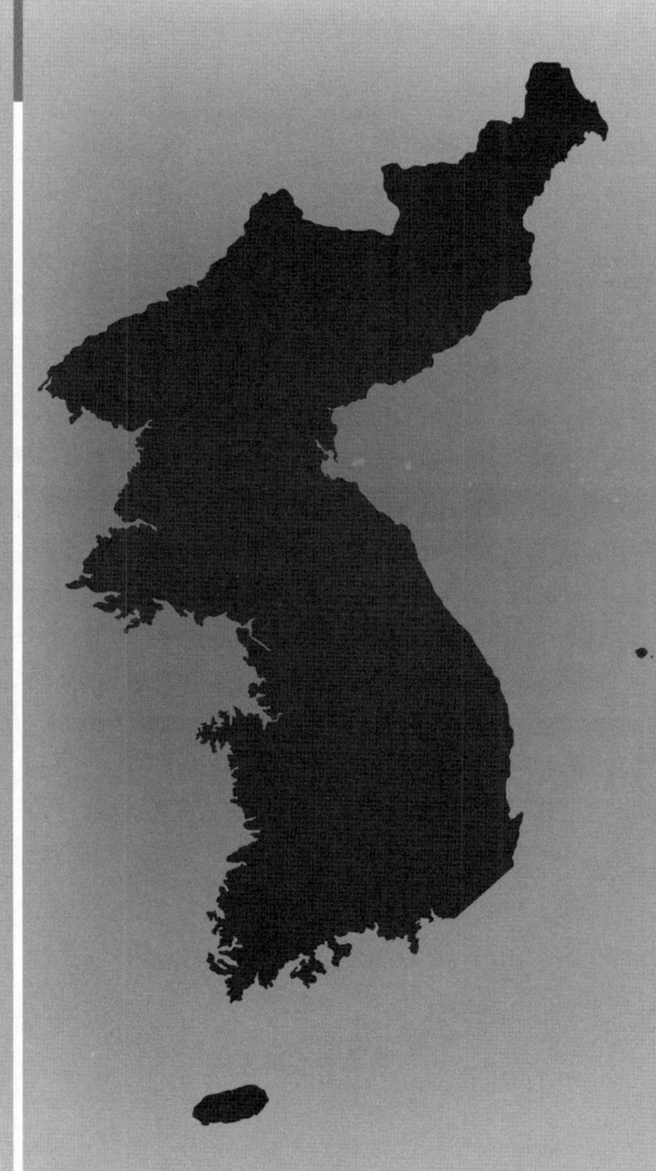

제 5 장

복수국적제도

제1절 의　　의

Ⅰ. 의　　의

복수국적multiple nationality이란 개인이 동시에 2개 또는 그 이상의 국적을 보유하는 상태를 말한다. 복수국적은 그 취득한 시기에 따라 선천적 복수국적 및 후천적 복수국적으로 구분된다. 개인이 동시에 2개의 국적을 보유하는 상태를 '이중국적dual nationality'이라고도 한다.

Ⅱ. 발생시기에 따른 구분

1. 선천적 복수국적

선천적 복수국적은 개인이 출생과 동시에 2개 이상의 국적을 보유하는 상태로서, 국가들마다 선천적으로 국적을 부여하는 기준 및 규칙이 상이하므로 불가피하게 발생하는 것이다.[1] 1930년 「국적법의 충돌에 관한 약간의 문제에 관한 헤이그협약」 제1장(일반원칙) 제1조 전문에서는 "각 국가는 그 국내법에 따라 누가 그 국민으로 될 것인지를 결정한다It is for each State to determine under its own law who are its nationals." 라고 규정하고 있다. 국가마다 자국의 주권적 결정에 따라 그 영역에서 출생한 자에 대한 국적부여의 기준, 즉 국민이 되는 요건·신분 또는 자격을 결정하게 되므로 그 국가의 국민이 다른 국가의 국민으로 되는 기이한 결과가 발생한다.[2]

대한민국의 「국적법」에서 선천적 복수국적이 발생하는 유형을 살펴보기로 한다. 첫째, 출생지주의 국가에서 대한민국 국민의 자녀로 출생한 경우이다. 예를 들면 미국·캐나다 등 출생지주의(속지주의라고도 한다) 국가에서 대한민국의 국민이 자녀를 출산한 경우가 이에 해당된다. 참고로 대한민국은 혈통주의(속인주의라고도 한다)가 적용된다. 둘째, 국제결혼 가정의 자녀이다. 예를 들면 대한민국의 국민이 외국인과 국제결혼을 한 후, 그

1) David Weissbrodt, Immigration Law and Procedure, West Group, 2003, p. 327.
2) 법무부, 국적제도 개선을 위한 정책토론회-엄격한 단일국적주의 완화 및 체계적 이중국적 관리 방안을 중심으로, 2008, p. 12.

외국인배우자가 대한민국의 국적을 취득하기 전에 자녀를 출산한 경우가 이에 해당된다. 참고로 대한민국은 부모양계 혈통주의가 적용된다.

2. 후천적 복수국적

후천적 복수국적은 개인이 출생과 동시에 국적을 보유한 후에, 귀화, 국적회복 및 혼인, 인지, 수반취득 등에 의한 국적보유신고를 통해 후천적 사유에 기하여 다른 국가의 국적을 복수로 취득하는 것이다.

대한민국의 「국적법」에서 후천적 복수국적이 발생하는 유형을 살펴보기로 한다. 첫째, 외국인이 대한민국에 귀화한 경우이다. 대한민국에 특별한 공로가 있는 자(특별귀화), 특별한 분야에서 우수한 외국인재(특별귀화), 대한민국의 국민의 외국인 배우자(혼인파탄자는 제외한다. 간이귀화)가 대한민국에 귀화하여, 대한민국의 국적을 취득한 날부터 1년 내에 외국국적 불행사 서약을 한 경우가 이에 해당된다(국적법 제10조 제2항 제1호). 둘째, 대한민국의 국적을 회복한 외국국적동포이다. 국적회복허가를 받은 외국국적동포로서 대한민국에 특별한 공로가 있는 자, 특별한 분야에서 우수한 외국인재(국적법 제10조 제2항 제2호) 그리고 외국에서 거주하다가 영주할 목적으로 만 65세 이후에 입국하여 국적회복허가를 받은 외국국적동포(국적법 제10조 제2항 제4호)가 대한민국의 국적을 취득한 날부터 1년 내에 외국국적 불행사 서약을 한 경우가 이에 해당된다. 셋째, 외국인과의 혼인, 해외입양, 외국인인 부모의 인지, 외국국적의 수반취득 등에 인해 비자발적으로 외국국적을 취득한 대한민국의 국민이 그 외국국적을 취득한 때부터 6개월 내에 대한민국의 국적을 보유할 의사가 있다는 뜻을 신고한 경우이다(국적법 제15조 제2항).

Ⅲ. 복수국적에 대한 입장

1. 복수국적을 허용하는 입장

복수국적은 국가경쟁력을 강화하고 국가발전에 필요한 우수인재를 안정적으로 유치하기 위해 필요하다는 입장이다. 국제화와 개방화로 인해 국제결혼이 증가하고, 저출산과 고령화에 대비하여 적정 인구수를 유지하고, 외국국적 변경으로 인한 인구의 순유출을 방지하고, 국제사회에서 전문외국인력을 유치하기 위한 경쟁이 심화되는 상황에서 복수국적 허용은 대한민국에 필요한 우수인재를 용이하게 확보할 수 있다. 국익에 도움이 되거나 될 수 있는 외국인에 대해 복수국적을 허용하는 것은 국민적 공감대 형성이 가능한 부분이다.

2. 복수국적을 허용하지 않는 입장

복수국적은 일반적으로 바람직하지 않는 것으로 간주된다는 입장이다. 복수국적은 불가피하게 성실loyalty의 충돌을 초래하는데, 이것은 국적을 취득할 때에 일반적으로 요구되는 충성의무allegiance는 국가에 대한 배타적이고 불가분하다는 개념에 어긋나는 것이다. 복수국적의 발생은 국적의 본래적 본질과는 합치되지 않는다. 복수국적은 국가의 인적 구성요소로서 국민의 개념 및 국가의 정체성, 국민주권의 원리에 기초한 민주주의 토대를 혼란스럽게 한다. 그 이유는 국가의 본질적 인적 구성요소인 국민의 개념은 확정요건이므로 복수국적으로 인해 국적의 토대가 흔들린다는 것은 국가의 불안정성을 의미하기 때문이다.[3)]

Ⅳ. 국제사회와 복수국적: 변화의 과정

1. 복수국적에 대한 반감

(1) 의 의

국제사회에서는 지난 20세기 초 · 중반까지 복수국적은 부자연스럽고 바람직스럽지 않다는 관점으로 인하여 국내법과 국제법의 2분법적 구조를 가졌다. 복수국적은 회피해야 하는 비정상적인 상황으로 보았고, 최선의 경우에는 복수국적은 제거되어야 한다는 입장이었다.[4)] 이러한 관점은 국가에 대한 국민의 충성allegiance은 배타적이고 불가분하다는 개념적 논리로부터 나왔고, 개인이 복수국적을 소지한 경우에는 국가의 외교적 보호권 행사, 외국인의 법적 지위, 병역의 이행, 세금 부과 등에 관한 영역에서 사실상 어려움이 발생한다는 염려가 널리 공유된 시기이었다.[5)]

(2) 1930년 헤이그법회의

1929년 「국적에 관한 하바드안the Harvard Draft Convention on Nationality」은 이중국적 회피의 원칙the principle of prevention of dual nationality을 강조하였다.[6)] 그리고 1930년

3) 박진완, 헌법발전의 문제로서 복수국적의 헌법적 정당화, 동아대학교 법학연구소 동아법학 제55호, 2012, p. 18 참고.

4) 앞의 논문, p. 15.

5) T.Alexander Aleinikoff and Douglas Klusmeyer, Citizenship policies for an age of migration, Endowment for international peace, 2002, p. 23.

헤이그법회의Hague Codification Conference에서 제정된 「국적법의 충돌에 관한 약간의 문제에 관한 헤이그협약」 전문에서는 "모든 개인은 국적을 가져야 하고 하나만의 국적을 지녀야 한다."라고 규정하였다. 즉 개인은 하나의 국적만을 가져야 한다는 것을 인정하고, 개인의 단일국적 보유는 국제사회의 일반적 이익에 부합한다고 선언하였다.[7] 1930년 「국적법의 충돌에 관한 약간의 문제에 관한 헤이그협약」은 단일국적주의 원칙을 성문화한 최초의 협약이다. 그러나 1930년 「국적법의 충돌에 관한 약간의 문제에 관한 헤이그협약」에서는 이중국적 보유를 통제하는 규정을 두고 있지는 않았다.[8]

(3) 1963년 유럽심의회

1953년 「인권과 기본적 자유의 보호를 위한 협약(원래의 명칭은 Convention for the Protection of Human Rights and Fundamental Freedoms이고, 유럽인권조약(European Convention on Human Rights) 또는 로마조약이라고도 한다)」이 발효된 지 10년이 지난 후, 1963년 유럽심의회council of Europe에서는 복수국적의 발생을 감소시키기 위한 노력의 일환으로 1963년 「복수국적 감축과 복수국적하 병역의무에 관한 협약」(Convention on the Reduction of Cases of Multiple Nationality and Military Obligations in Cases of Multiple Nationality)을 채택하였다. 1930년 「국적법의 충돌에 관한 약간의 문제에 관한 헤이그협약」에서 규정된 단일국적주의 원칙은 1963년 「복수국적 감축과 복수국적하 병역의무에 관한 협약」에도 지속적으로 반영되어 20세기 중반까지 단일국적주의는 보편적인 원칙으로 작용하였다.

2. 복수국적에 대한 용인

(1) 의 의

20세기 후반 이후 교통통신의 발달과 국가간 인적 교류의 증대로 인하여 선천적 복수국적자와 후천적 복수국적자가 증가하고 있다. 또한 부모와 자녀 간에 국적이 상이하고 부부 간에도 국적이 상이하게 됨과 동시에, 다른 국가의 국적으로 용이하게 변경하는 경우가 증가하고 있다.

---

6) 박진완, 헌법발전의 문제로서 복수국적의 헌법적 정당화, 동아대학교 법학연구소 동아법학 제55호, 2012, pp. 15~16.

7) Convention on Certain questions Relating to the Conflict of Nationality Laws(헤이그, 1930년 4월 12일)의 전문에서, "BEING CONVINCED that it is in the general interest of the international community to secure that all its members should recognise that every person should have a nationality and should have one nationality only;"라고 규정하고 있다.

8) 대통령 자문 고령화 및 미래사회 위원회, 이민정책에 관한 연구 – immigration policy for Korea, 2005, p. 177.

(2) 1997년 유럽심의회 및 1997년 유럽협약

이와 같은 시대적 배경의 전환을 바탕으로 1997년 유럽심의회council of Europe에서는 1997년 「국적에 관한 유럽협약European Convention on Nationality」을 채택하였다. 복수국적자의 다른 국적의 상실 여부 등 가입국의 국민이 별도의 국적additional nationality을 가지는 것을 허용할 것인지에 대한 결정을 가입국의 국내법에 맡기고 있다. 이와 관련하여 1997년 「국적에 관한 유럽협약」 제15조(other possible cases of multiple nationality)에서는 "이 협약의 규정은 가입국이 그 국내법 내에서 다음의 사항을 결정할 권리를 제한하지 않는다. a. 다른 국가의 국적을 취득하거나 보유하고 있는 그 국가의 국민이 그 국가의 국적을 유지하는지 또는 상실하는 여부, b. 그 국가의 국적의 취득 또는 유지가 다른 국적의 포기 또는 상실에 달려 있는지 여부"라고 규정하고 있다.[9] 이에 따라 당사국은 그 국가의 국민에게 복수국적을 부여할 당사국의 권리가 제한되지 않고, 복수국적의 가능한 경우들이 자유로이 허용된다. 1963년 유럽협약은 복수국적을 회피하고자 하는 의도이었지만, 1997년 유럽협약은 복수국적이 바람직한지에 대하여 중립적인 태도이다.[10] 또한 복수국적자의 이중병역금지의 원칙은 1997년 「국적에 관한 유럽협약」에서도 채택되어, 복수국적자의 이중병역금지의 원칙은 국제사회에서 일반적으로 인정된 원칙이라고 할 수 있다.[11]

제 2 절 복수국적자의 법적 지위

Ⅰ. 의 의

1. 개 념

종전에는 대한민국의 국적과 외국국적을 함께 가진 자를 '이중국적자'라고 말하였다.[12] 이중국적자에서 '이중'라는 용어가 부정적인 어감을 지니며, 국적을 3개 이상

9) 박진완, 헌법발전의 문제로서 복수국적의 헌법적 정당화, 동아대학교 법학연구소 동아법학 제55호, 2012, p. 16 참고.

10) explanatory report on European Convention on Nationality 제15조.

11) 대통령 자문 고령화 및 미래사회 위원회, 이민정책에 관한 연구 - immigration policy for Korea, 2005, p. 178.

12) 2008년 3월 14일 시행된 구 「국적법」 제12조에서는 '이중국적자'의 국적선택의무를 규정하고, '이중국적자'라는 법률용어를 사용하고 있었다.

가진 경우까지를 포함하지 못하는 한계가 있었다. 이에 따라 2010년 5월 4일 시행된 제10차 개정된 「국적법」부터는 '복수국적자複數國籍者'라는 용어를 사용하고 있다.

복수국적자란 출생이나 그 밖에 「국적법」에 따라 대한민국의 국적과 외국국적을 함께 가지게 된 자를 말한다(국적법 제11조의2 제1항). 복수국적자는 국적을 3개 이상 가지고 있는 자까지를 포함하는 용어이다. 여기에서 '그 밖에 국적법에 따라 대한민국의 국적과 외국국적을 함께 가지게 된 자'란 i) 「국적법」 제10조(국적취득자의 외국국적 포기의무) 제2항에 따라 외국국적 불행사의 서약을 한 자, ii) 대한민국의 국민으로서 「국적법」 제15조(외국국적 취득에 따른 국적상실) 제2항에 따라 외국국적을 취득하게 된 후 6개월 내에 법무부장관에게 대한민국 국적의 보유 의사를 신고한 자, iii) 법률 제10275호 국적법 일부개정법률 부칙 제2조 제1항에 따라 법무부장관에게 외국국적불행사서약을 하고 대한민국의 국적을 재취득하거나, 제2조 제2항에 따라 외국국적을 재취득한 후 외국국적불행사서약을 한 자의 어느 하나에 해당하는 자를 말한다(국적법 시행령 제16조 제1항).

2. (구)이중국적자 업무처리지침 및 복수국적자

(1) 규 정

종전에는 복수국적자의 법적 지위를 「국적법」에서 규정하지 않고, 「출입국관리법 시행규칙」 제79조(복수국적자의 출입국절차 등) 제1항에 따라 「(구)이중국적자 업무처리지침」이라는 법무부 예규에서 복수국적자의 출입국 및 체류관리에 관하여 필요한 사항을 규정하고 있었다.[13] 1999년에 제정되어 2011년 1월 1일에 폐지된 「(구)이중국적자 업무처리지침」에서는, 대한민국의 가족관계등록부에 등재된 이중국적자가 본인이 자진하여 국민으로 처우 받기를 희망하는 경우(국민처우신고를 말한다)에만 국민으로 처우되었다((구)이중국적자 업무처리지침 제3조 제1항). 이 경우에 국민으로 처우된 자는 국내에서 체류하는 동안 외국인등록, 체류기간 연장허가 등 외국인으로서의 모든 의무가 면제되었다((구)이중국적자 업무처리지침 제3조 제2항). 반면에 이중국적자가 국민으로 처우 받기를 희망하지 않는 경우에는 그가 행사하는 여권을 발급한 국가의 국민으로 취급되었다((구)이중국적자 업무처리지침 제3조 제4항). 이 경

13) **출입국관리법 시행규칙 제79조 (복수국적자의 출입국 절차 등)**
① 국적법에 따른 복수국적자의 출입국 및 체류에 관한 절차는 법무부장관이 따로 정한다.
구 이중국적자 업무처리지침 제1조 (목적) 이 지침은 출입국관리법 시행규칙 제79조의 규정에 따라 대한민국국적과 외국국적을 함께 가지고 있는 자(이하 이중국적자라 한다)의 출입국 및 체류관리에 관하여 필요한 사항을 규정함을 목적으로 한다.

우에 그 자는 외국인의 법적 지위로 인정되어 외국인등록, 체류기간 연장허가 등 외국인으로서의 모든 의무를 부담하였다.

(2) 복수국적자의 법적 지위

「(구)이중국적자 업무처리지침」에 의하면, 복수국적자는 본인의 의지 내지 편의에 따라 국민이 될 수도 있고 외국인이 될 수도 있으므로 주민등록을 하지 않고 병역의무를 회피할 수 있는 불합리한 결과가 발생할 수 있었다. 「출입국관리법」에서는 '외국인이란 대한민국의 국적을 가지지 아니한 자'라고 규정하여(출입국관리법 제2조 제2호), 복수국적자도 분명히 대한민국의 국민임에도 불구하고 외국인의 법적 지위로 인정되어 외국인등록 대상자로 되는 등 「출입국관리법」과 「국적법」 등 이민법적 체계상 문제점으로 제기되었다.[14]

Ⅱ. 국적법 및 복수국적자의 법적 지위

1. 의 의

2010년 5월 4일에 시행된 제10차 개정 「국적법」에서는 "대한민국의 국적과 외국 국적을 함께 가지게 된 복수국적자는 대한민국의 법령 적용에서 대한민국의 국민으로만 처우한다."라고 규정하여(국적법 제11조의2 제1항), 대한민국 내에서 복수국적자의 법적 지위를 새로이 두고 있다. 복수국적자는 대한민국 내에서 외국인의 법적 지위로 인정되지 않고 국민으로서만 처우된다. 따라서 복수국적자는 대한민국 내에서 생활근거를 두기 위하여 외국인등록을 할 수 없고, 다른 국민과 마찬가지로 주민등록을 하여야 한다.

---

14) 출입국관리법 제31조 (외국인등록)
① 외국인이 입국한 날부터 90일을 초과하여 대한민국에 체류하려면 대통령령으로 정하는 바에 따라 입국한 날부터 90일 이내에 그의 체류지를 관할하는 지방출입국·외국인관서의 장에게 외국인등록을 하여야 한다.
주민등록법 제6조 (대상자)
① 시장·군수 또는 구청장은 30일 이상 거주할 목적으로 그 관할 구역에 주소나 거소(이하 거주지라 한다)를 가진 자(이하 주민이라 한다)를 이 법의 규정에 따라 등록하여야 한다. 다만, 외국인은 예외로 한다.

2. 특정직무 수행 및 복수국적자

(1) 특정직무

일정한 공무와 국가안보 및 보안·기밀, 외교 등 사회통념상 외국인이 수행하기에는 부적절한 특정직무의 경우 복수국적자는 그 외국국적을 포기하여야 하거나 공무원으로 임용되는 데 결격사유로 규정하고 있다. 이하에서 그 내용을 살펴보기로 한다.

(2) 국적법 및 복수국적자의 외국국적 포기

「국적법」에서는 "복수국적자가 관계 법령에 따라 외국국적을 보유한 상태에서 직무를 수행할 수 없는 분야에 종사하려는 경우에는 외국국적을 포기하여야 한다."라고 규정하고 있다(국적법 제11조의2 제2항). 복수국적자가 외국국적을 보유한 상태에서 공무, 국가안보 및 국가보안·기밀, 외교 등을 수행하는 것이 부적절하다고 인정되는 분야에 종사하려는 경우에는 그 외국국적을 포기하여야만 그 직무를 수행할 수 있도록 하였다.

(3) 국가공무원법 및 외국인 또는 복수국적자의 임용제한

1) 의 의

「국가공무원법」 및 「공무원임용령」에서는 일정한 취업분야에서 외국인 또는 복수국적자의 공무원 임용을 제한하고 있다.

2) 외국인의 임용제한

국가기관의 장은 국가안보 및 보안·기밀에 관계되는 분야를 제외하고 국회규칙, 대법원규칙, 헌법재판소규칙, 중앙선거관리위원회규칙 또는 대통령령으로 정하는 바에 따라 외국인을 공무원으로 임용할 수 있다(국가공무원법 제26조의3 제1항). 여기에서 '대통령령으로 정하는' 바에 따르면, 임용권자 또는 임용제청권자는 외국인을 「전문경력관 규정」 제2조(적용 범위)에 따른 전문경력관, 임기제공무원 또는 특수경력직공무원으로 채용할 수 있다(공무원임용령 제4조 제1항).

3) 복수국적자의 임용제한

국가기관의 장은 i) 국가의 존립과 헌법 기본질서의 유지를 위한 국가안보 분야, ii) 내용이 누설되는 경우 국가의 이익을 해하게 되는 보안·기밀 분야, iii) 외교,

국가 간 이해관계와 관련된 정책결정 및 집행 등 복수국적자의 임용이 부적합한 분야의 어느 하나에 해당하는 경우로서 국회규칙, 대법원규칙, 헌법재판소규칙, 중앙선거관리위원회규칙 또는 대통령령으로 정하는 분야에는 복수국적자의 임용을 제한할 수 있다(국가공무원법 제26조의3 제2항). 여기에서 '대통령령으로 정하는' 바에 따르면, 임용권자 또는 임용제청권자는 법령으로 정한 각 기관의 소관 업무 중 다음의 업무 분야에는 복수국적자의 임용을 제한할 수 있다(공무원임용령 제4조 제2항). 즉 복수국적자의 임용을 제한할 수 있는 업무 분야로는 i) 국가안보와 관련되는 정보·보안·기밀 및 범죄수사에 관한 분야, ii) 대통령 및 국무총리 등 국가 중요 인사의 국정수행 보좌 및 경호에 관한 분야, iii) 외교관계·통상교섭 및 국제협정에 관한 분야, iv) 남북간 대화·교류·협력 및 통일에 관한 분야, v) 검찰·교정 및 출입국관리에 관한 분야, vi) 군정 및 군령, 무기체계 획득, 방위력 개선 및 그 밖의 군사에 관한 분야, vii) 국민의 생명·신체·재산 보호, 기업의 영업비밀 및 신기술 보호, 주요 경제·재정 정책 및 예산 운영에 관한 분야, viii) 그 밖에 보안 시설·지역 출입, 비밀문서·자재 취급 등 업무의 성질상 국가의 안보 및 이익에 중대한 영향을 미칠 수 있는 분야로서 복수국적자가 수행하기에 부적합하다고 인정하여 소속 장관이 정하는 분야이다.

3. 국민처우 및 외국인처우

(1) 원칙: 국민처우

「국적법」에서는 복수국적자가 대한민국의 법령 적용에서 대한민국의 국민으로만 처우되도록 규정하여, 복수국적자에 대한 '국민처우 기본원칙'을 채택하고 있다(국적법 제11조의2 제1항). 복수국적자에 대하여는 대한민국의 법령 적용에서 원칙적으로 외국인으로서의 법적 지위를 인정하지 않는다. 따라서 복수국적자는 원칙적으로 대한민국에 출입국할 때에 대한민국의 여권으로 출입국하여야 하고, 대한민국 내에서 체류할 때에 「출입국관리법」에 따른 외국인등록을 할 수 없고, 대한민국의 국민과 마찬가지로 「주민등록법」에 따른 주민등록을 하여야 한다.[15)]

(2) 예외: 외국인처우

1) 임의적 외국인처우 및 그 제한

특별한 사안의 경우에는 복수국적자를 외국인으로 처우할 수 있도록 하는 예외규정이 필요할 수도 있다. 2010년 5월 4일에 시행된 제10차 개정 「국적법」에서는 "중

15) 석동현, 국적법, 법문사, 2011, p. 212.

앙행정기관의 장이 복수국적자를 외국인과 동일하게 처우하는 내용으로 법령을 제정 또는 개정하려는 경우에는 미리 법무부장관과 협의하여야 한다."라는 규정을 신설하였다(국적법 제11조의2 제3항). 예외적으로 특별한 사안의 경우에 복수국적자가 외국인으로 처우될 수 있는 경우를 대비하면서도, 복수국적자에 대한 법적 지위의 통일성을 위하여 중앙행정기관의 장이 복수국적자를 외국인으로 처우하는 내용으로 법령을 제·개정하는 경우에 반드시 법무부장관과 협의하도록 하여 복수국적자를 임의적으로 외국인으로 처우하는 것을 제한하고 있다.

2) 협의주체

「국적법」 제11조의2 제3항의 규정상 법무부장관과 협의하여야 하는 주체가 '중앙행정기관의 장'으로 제한되었기 때문에 의원입법의 경우에는 제외되는지가 문제된다. 법무부장관과 협의하도록 규정한 「국적법」 제11조의2 제3항의 입법취지가 복수국적자를 외국인으로 처우하려는 법령을 제정 또는 개정하는 경우에 임의적인 외국인 처우를 제한하고 복수국적자에 대한 법적 지위의 통일성을 확보하기 위한 것이므로, 정부입법 또는 의원입법에 상관없이 모두 법무부장관과 협의하여야 한다고 해석된다.[16]

제 3 절 국적선택제도

Ⅰ. 의 의

1. 개 념

국적선택제도란 대한민국의 국적과 외국국적을 함께 가지고 있는 복수국적자가 「국적법」에서 정하는 기본적 국적선택의무의 기간(기본선택기간이라고도 한다) 이내에 대한민국의 국적을 선택하거나 대한민국의 국적을 이탈하는 등 하나의 국적을 선택하여야 하는 것을 말한다(국적법 제12조, 제13조, 제14조). 국적선택제도는 1997년 제4차 「국적법」 개정으로 도입되었다.

2. 국적선택의무 및 국적선택명령

「국적법」은 원칙적으로 단일국적주의를 채택하고 있으며, 예외적으로만 복수국적

16) 앞의 책, p. 215.

을 인정하고 있다. 대한민국의 국적과 외국국적을 함께 보유하고 있는 복수국적자는 「국적법」이 정하는 국적선택의무의 기간 이내에 하나의 국적을 선택하여야 하고, 이 기간 이내에 하나의 국적을 선택하지 않는 경우에는 법무부장관으로부터 국적선택명령을 받게 된다. 종전에는 복수국적자가 국적선택의무의 기간 이내에 하나의 국적을 선택하지 않으면 그 기간이 지난 때에 아무런 통지가 없이도 대한민국의 국적이 자동적으로 상실되었다(구 국적법 제12조 제2항).

Ⅱ. 국적선택의무의 대상자

1. 원칙: 출생 또는 국적보유신고로 복수국적자로 된 자

국적선택의무를 부담하는 자는 복수국적자 중에서 출생 또는 국적보유신고로 인하여 대한민국의 국적과 외국국적을 함께 가지고 있는 자이다.

2. 예외: 외국국적불행사 서약으로 복수국적자로 된 자

모든 복수국적자가 국적선택의무를 부담하는 것은 아니다. 외국인이 후천적 사유로 인하여 대한민국의 국적을 취득한 후, 「국적법」 제10조(국적취득자의 외국국적 포기 의무) 제2항에 따라 법무부장관에게 대한민국에서 그 외국국적을 행사하지 아니하겠다는 뜻을 서약하여(외국국적불행사 서약을 말한다) 복수국적자가 된 자는 국적선택의무의 대상자에 해당하지 않는다(국적법 제12조 제1항 단서, 국적법 제10조 제2항).

Ⅲ. 국적선택의무의 기간

1. 기간의 구분: 기본선택기간, 병역의무 이행 관련 선택기간

「국적법」에서는 복수국적자가 따라야 할 국적선택의무의 기간은 기본적 국적선택의무의 기간 및 병역의무의 이행과 관련한 선택기간으로 구분하고 있다. 우선 복수국적자에게 적용되는 기본적 국적선택의무의 기간(기본선택기간이라고도 한다)은 다음과 같다. 대한민국의 「국적법」에 따라 선천적 또는 후천적 사유로 인하여 만 20세가 되기 전에 복수국적자로 된 자는 만 22세가 되기 전까지, 후천적 사유로 인하여 만 20세가 된 후에 복수국적자로 된 자는 그 때부터 2년 내에 하나의 국적을 선택하여야 한다

(국적법 제12조 제1항 본문). 그리고 병역의무의 이행과 관련한 선택기간은 복수국적자인 병역의무자의 경우에 해당한다.

2. 여성 복수국적자의 경우

(1) 의 의

출생 또는 국적보유신고로 인하여 대한민국의 국적과 외국국적을 함께 가지고 있는 복수국적자인 여성은 만 20세가 되기 전까지 어느 하나의 국적을 선택하여야 하고, 국적보유신고로 인하여 만 20세가 된 후에 대한민국의 국적과 외국국적을 함께 가지고 있는 복수국적자인 여성은 그 때부터 2년 내에 어느 하나의 국적을 선택하여야 한다(국적법 제12조 제1항 본문). 따라서 여성 복수국적자의 경우에는 '만 20세가 되기 전'과 '만 20세가 된 후'를 기준으로 국적선택을 하여야 하는 기간이 구분된다.

(2) 만 20세가 되기 전 국적선택과 국적이탈

「국적법」에서는 "만 20세가 되기 전에 복수국적자가 된 자는 만 22세가 되기 전까지 하나의 국적을 선택하여야 한다."라고 규정하고 있다(국적법 제12조 제1항 본문). 만 20세가 되기 전에 복수국적자로 된 여성은 병역의무의 이행과 관계없이 만 22세가 되기 전까지 언제든지 자유로이 대한민국의 국적을 선택하거나 대한민국의 국적을 이탈할 수 있다. 따라서 만 20세가 되기 전에 복수국적자로 된 여성의 경우에는 만 22세까지는 대한민국의 국적을 선택하든지 대한민국의 국적을 이탈하든지 그 기간의 제한을 받지 않는다.

(3) 만 20세가 된 후 국적선택과 국적이탈

1) 국적보유신고 및 복수국적

대한민국의 국적을 가진 여성이 만 20세가 된 후에 복수국적자로 된 경우는 국적보유신고를 통한 경우이다. 즉 대한민국의 국적을 가진 여성이 만 20세가 된 후에 후천적 비자발적으로 외국국적을 취득한 때부터 6개월 이내에 법무부장관에게 대한민국의 국적을 보유할 의사가 있다는 뜻을 신고하면(국적보유신고를 말한다), 대한민국의 국적과 외국국적을 일정기간 함께 가질 수 있게 된다(국적법 제15조 제2항).

2) 국적선택과 국적이탈

「국적법」에서는 "만 20세가 된 후에 복수국적자가 된 자는 그 때부터 2년 내에 하나의 국적을 선택하여야 한다."라고 규정하고 있다(국적법 제12조 제1항 본문). 위의 경우와 같이

만 20세가 된 후에 복수국적자로 된 대한민국의 국적을 가진 여성의 경우에는 그 때부터 2년 이내에 병역의무의 이행과 관계없이 언제든지 자유로이 대한민국의 국적을 선택하거나 대한민국의 국적을 이탈할 수 있다.

3. 남성 복수국적자의 경우

(1) 선천적 복수국적자

1) 출생 및 복수국적

「국적법」 제12조 제1항 본문에서 규정한 기본적 국적선택의무의 기간에도 불구하고, 대한민국의 국적을 가진 남성으로서 병역의무자가 선천적으로 복수국적자로 되어 대한민국의 국적을 선택하려는 경우에는 기본적 국적선택의무의 기간 내에서 언제든지 자유로이 할 수 있다. 그러나 대한민국의 국적을 이탈하려는 경우에는 기본선택기간 내에도 일정한 제한이 따르게 된다.

2) 국적선택

대한민국의 국적을 가진 남성으로서 병역의무자가 선천적으로 복수국적자로 되면 대한민국의 국적을 선택하려는 경우에는 기본선택기간 내에서 자유로이 언제든지 할 수 있다. 즉 복수국적자로서 「국적법」 제12조(복수국적자의 국적선택의무) 제1항 본문에 규정된 기본선택기간 내에 대한민국의 국적을 선택하려는 경우에는 「국적법」 제12조 제3항 각 호의 어느 하나에 해당하기 전에도 할 수 있다(국적법 제12조 제2항 단서). 대한민국의 국적이탈 제한기간 내에도 대한민국의 국적을 선택하는 데 제한이 없다.

3) 국적이탈

대한민국의 국적을 가진 남성으로서 병역의무자는 대한민국의 국적을 이탈하려는 경우에는 병역의무의 이행과 관련하여 일정한 제한이 따른다. 즉 직계존속直系尊屬이 외국에서 영주할 목적 없이 체류한 상태에서 출생한 남자는 병역의무의 이행과 관련하여 ⅰ) 현역·상근예비역 또는 보충역으로 복무를 마치거나 마친 것으로 보게 되는 경우(제1호), ⅱ) 제2국민역에 편입된 경우(제2호), ⅲ) 병역면제처분을 받은 경우(제3호)의 어느 하나에 해당하는 경우에만 국적이탈신고를 할 수 있다(국적법 제12조 제3항). 여기에서 '직계존속이 외국에서 영주할 목적 없이 체류한 상태에서 출생한 남자'란 아버지 또는 어머니가 외국에 생활기반을 두고 있으면서 외국의 시민권이나 영주권을 취득한 상태 또는 법무부령으로 정하는 그에 준하는 체류 상태에서 출생한 자가 아닌 남자를 말한다(국적법 시행령 제16조의2).

(2) 후천적 복수국적자

1) 국적보유신고 및 복수국적

대한민국의 국적을 가진 남성이 비자발적으로 외국국적을 취득한 경우에는 그 외국국적을 취득한 때부터 6개월 내에 법무부장관에게 대한민국의 국적을 보유할 의사가 있다는 뜻을 신고(국적보유신고를 말한다)하면 대한민국의 국적과 외국국적을 일정기간 함께 보유할 수 있게 된다(국적법 제15조 제2항). 이와 같이 비자발적으로 외국국적을 취득하여 국적보유신고를 한 대한민국의 국적을 가진 남성 중에서 만 20세가 되기 전에 복수국적자로 된 자는 만 22세가 되기 전까지 어느 하나의 국적을 선택하여야 하고, 만 20세가 된 후에 복수국적자가 된 자는 그 때부터 2년 내에 어느 하나의 국적을 선택하여야 한다(국적법 제12조 제1항 본문).

2) 국적선택

대한민국의 국적을 가진 남성으로서 병역의무자가 후천적으로 복수국적자로 되면 대한민국의 국적을 선택하려는 경우에는 기본선택기간 내에서 언제든지 자유로이 할 수 있다.

3) 국적이탈

대한민국의 국적을 가진 남성으로서 병역의무자가 후천적으로 복수국적자로 되면 대한민국의 국적을 이탈하려는 경우에는 기본선택기간 내에도 일정한 제한이 따른다.

Ⅳ. 방식과 절차

1. 의 의

국적선택 의무자가 어느 하나의 국적을 선택하는 방식과 절차는 「국적법」에서 규정한 방식과 절차를 준수하여 어느 하나의 국적을 선택하여야만 그 효력이 발생한다. 국적선택 의무자 본인이 임의로 정한 방식과 절차에 따라 외국국적을 선택하거나 대한민국의 국적을 이탈하는 것은 아무런 효력이 발생하지 않는다. 이하에서는 국적선택의무의 방식과 절차를 살펴보기로 한다.

2. 국적선택

(1) 원칙 – 기본선택기간

1) 방 식

(가) 외국국적 포기 또는 외국국적 불행사 서약

복수국적자가 「국적법」 제12조 제1항 본문에서 정한 기본선택기간 내에 대한민국의 국적을 선택하려는 경우, 즉 만 20세가 되기 전에 복수국적자로 된 자는 만 22세가 되기 전까지, 만 20세가 된 후에 복수국적자로 된 자는 그 때부터 2년 내에 대한민국의 국적을 선택하려는 경우에는 외국국적을 포기하거나, 법무부장관이 정하는 바에 따라 대한민국에서 외국국적을 행사하지 아니하겠다는 뜻을 서약(외국국적 불행사 서약을 말한다)하고 법무부장관에게 대한민국의 국적을 선택한다는 뜻을 신고할 수 있다(국적법 제12조 제1항 본문, 국적법 제13조 제1항).

(나) 외국국적 불행사 서약 및 복수국적 유지

위 경우에 '외국국적 불행사 서약'을 통해서 대한민국의 국적을 선택하면 외국국적이 여전히 유지되므로 결과적으로 복수국적을 유지할 수 있게 된다.

2) 절 차

(가) 외국국적 포기 또는 외국국적 불행사 서약

복수국적자가 기본선택기간 내에 대한민국의 국적을 선택하는 절차는 그 기간 내에 i) 외국국적을 포기하는 절차를 마치고 국적선택 신고서를 작성하여 법무부장관에게 제출하거나, ii) '외국국적 불행사 서약'을 한 후 국적선택 신고서를 작성하여 출입국관리사무소장 또는 출장소장에게 제출하여야 한다. 이 경우 출입국관리사무소장 또는 출장소장은 제출받은 국적선택 신고서를 지체 없이 법무부장관에게 송부하여야 한다(국적법 시행령 제17조 제1항).

법무부장관은 국적선택 신고를 수리한 때에는 지체 없이 그 사실을 본인과 등록기준지 가족관계등록관서의 장에게 통보하여야 한다(국적법 시행령 제17조 제4항).

(나) 외국에 주소를 둔 자의 경우

국적선택 신고를 하려는 자가 외국에 주소를 두고 있을 때에는 주소지 관할 재외공관의 장을 통해서도 신고서를 제출할 수 있다(국적법 시행령 제25조 제1항).

(2) 예외 – 기본선택기간의 도과

1) 방 식

(가) 외국국적 포기

복수국적자가 「국적법」 제12조 제1항 본문에서 정한 기본선택기간 후에 대한민국의 국적을 선택하려는 경우이다. 즉 '만 20세가 되기 전에 복수국적자로 된 자는 만 22세가 되기 전까지, 만 20세가 된 후에 복수국적자로 된 자는 그 때부터 2년 내에'라는 기본선택기간을 도과한 후에 대한민국의 국적을 선택하려는 경우에는 외국국적을 포기한 경우에만 법무부장관에게 대한민국의 국적을 선택한다는 뜻을 신고할 수 있다(국적법 제13조 제2항 본문).

(나) 병역의무 이행 및 외국국적 불행사 서약

(a) **외국국적 포기 또는 외국국적 불행사 서약:** 복수국적자가 병역의무를 이행하고 「국적법」 제12조(복수국적자의 국적선택의무) 제1항 본문에서 정한 기본선택기간이 도과한 후에 대한민국의 국적을 선택하려는 경우이다. 즉 '만 20세가 되기 전에 복수국적자로 된 자는 만 22세가 되기 전까지, 만 20세가 된 후에 복수국적자로 된 자는 그 때부터 2년 내에'라는 기본선택기간을 도과한 후에 대한민국의 국적을 선택하려는 경우 '병역의무를 이행한 자'는 기본선택기간이 지났더라도 병역의무의 이행일로부터 2년 이내에는 외국국적을 포기하거나, 법무부장관이 정하는 바에 따라 대한민국에서 외국국적을 행사하지 아니하겠다는 뜻을 서약(외국국적 불행사 서약을 말한다)하고 법무부장관에게 대한민국의 국적을 선택한다는 뜻을 신고할 수 있다(국적법 제13조 제2항 단서). 여기에서 '병역의무를 이행한 자'란 현역・상근예비역 또는 보충역으로 복무를 마치거나 마친 것으로 보게 되는 경우에 해당하는 자를 말한다(국적법 제13조 제2항 단서, 국적법 제12조 제3항 제1호).

(b) **외국국적 불행사 서약 및 복수국적 유지:** 위 경우에도 '외국국적 불행사 서약'을 통해서 대한민국의 국적을 선택하면 외국국적이 여전히 유지되므로 결과적으로 복수국적을 유지할 수 있게 된다.

2) 절 차

(가) 외국국적 포기

(a) **외국국적 포기:** 복수국적자가 기본선택기간을 도과하여 대한민국의 국적을 선택한다는 뜻을 신고하는 절차는 외국국적을 포기하는 절차를 마치고, 국적선택 신고서를 작성하여 법무부장관에게 제출하여야 한다(국적법 시행령 제17조 제2항). 법무부장관은 국적선택 신고를 수리한 때에는 지체 없이 그 사실을 본인과 등록기준지 가족관계등록

관서의 장에게 통보하여야 한다(국적법 시행령 제17조 제4항).

(b) **외국에 주소를 둔 자의 경우:** 국적선택 신고를 하려는 자가 외국에 주소를 두고 있을 때에는 주소지 관할 재외공관의 장을 통해서도 신고서를 제출할 수 있다(국적법 시행령 제25조 제1항).

(나) 병역의무 이행 및 외국국적 불행사 서약

(a) **외국국적 포기 또는 외국국적 불행사 서약:** 복수국적자가 병역의무를 이행하고 기본선택기간을 도과하여 대한민국의 국적을 선택하려는 절차는 그 해당 기간 내에 외국국적을 포기하는 절차를 마치고 국적선택 신고서를 작성하여 법무부장관에게 제출하거나, '외국국적 불행사 서약'을 한 후 국적선택 신고서를 작성하여 출입국관리사무소장 또는 출장소장에게 제출하여야 한다. 이 경우 출입국관리사무소장 또는 출입국관리사무소 출장소장은 제출받은 국적선택 신고서를 지체 없이 법무부장관에게 송부하여야 한다(국적법 시행령 제17조 제1항). 법무부장관은 국적선택 신고를 수리한 때에는 지체 없이 그 사실을 본인과 등록기준지 가족관계등록관서의 장에게 통보하여야 한다(국적법 시행령 제17조 제4항).

(b) **외국에 주소를 둔 자의 경우:** 국적선택 신고를 하려는 자가 외국에 주소를 두고 있을 때에는 주소지 관할 재외공관의 장을 통해서도 신고서를 제출할 수 있다(국적법 시행령 제25조 제1항).

(3) 원정출산자

1) 의 의

(가) 협의의 원정출산자

원정출산자란 출생 당시에 모가 자녀에게 외국국적을 취득하게 할 목적으로 외국에서 체류 중이었던 사실이 인정되는 자를 말한다(국적법 제13조 제3항). 즉 국내에 생활기반을 두고 있는 어머니가 임신한 후 영주 또는 국적취득, 유학, 공무파견, 국외주재, 취업 등 사회통념상 상당한 사유 없이 자녀의 외국국적 취득을 목적으로 출생지주의 국가로 출국하여 그 외국에서 체류하는 동안 출생한 자를 말한다(국적법 시행령 제17조 제3항 본문). 이를 대한민국의 국적 선택 및 복수국적의 허용범위와 관련하여 '협의의 원정출산자'라고도 한다.

(나) 복수국적 불허용

협의의 원정출산자는 복수국적이 허용되는 대상에서 제외된다. 원칙적으로 출생에 의한 복수국적자가 '외국국적 불행사 서약'을 통하여 대한민국의 국적을 선택하면 외국국적이 여전히 유지되므로 결과적으로 복수국적을 유지할 수 있게 된다. 이것은 복수국적을 취득한 사유가 그 부모 또는 본인의 자발적 의사와는 관계없이 국가마다 국적을 부여하는 원칙과 방식이 상이하기 때문에 이를 고려한 것이다. 그러나 원정출산자의 경우 그 모가 자녀에게 외국국적을 취득하게 할 목적으로 의도적으로 출생지주의 국가로 출국하여 출생한 것이므로, '외국국적 불행사 서약'을 통해서 복수국적을 유지할 수 없다.

2) 구별개념: 광의의 원정출산자

협의의 원정출산자는 대한민국의 국적이탈 제한과 관련하여 '직계존속이 외국에서 영주할 목적 없이 체류한 상태에서 출생한 자'를 말하는 '광의의 원정출산자'와는 구별된다(국적법 제12조 제3항). 광의의 원정출산자에 대하여는 후술하기로 한다.

3) 판 단

(가) 문제 제기

원정출산 여부가 문제가 되는 경우로는 복수국적자가 만 22세 전에 '외국국적 불행사 서약'과 함께 대한민국의 국적선택 신고서를 제출할 때에, 국적선택 신고서를 제출한 자가 '외국국적 불행사 서약'의 대상자인지(국적법 제13조 제1항) 또는 외국국적을 포기하여야 하는 대상자인지(국적법 13조 제3항)를 판단하여 국적선택 신고서를 수리하여야 하는지이다. 이와 관련하여 원정출산 여부에 대한 판단시점 및 판단기준은 다음과 같다.

(나) 판단시점

(a) 원정출산 여부에 대한 판단시점은 복수국적자가 만 22세 전에 대한민국의 국적을 선택한다는 뜻으로 '외국국적 불행사 서약서' 및 국적선택 신고서를 제출하는 시점이다.[17] 즉 원정출산자에 해당하는지에 대한 결정은 국적선택 신고를 수리하기 전에 하여야 한다.

(b) 판단을 위한 사실관계 등 자료는 출생 당시가 기준이 되어야 한다.

(다) 판단기준

원정출산 여부에 대한 판단기준은 아래의 기준에 따른다.

(a) **협의의 원정출산자:** 출생 당시에 모가 자녀에게 외국국적을 취득하게 할 목적으로 외국에서 체류 중이었던 사실이 인정되는 자는 국내에 생활기반을 두고 있는 어머니가 임신한 후 자녀의 외국국적 취득을 목적으로 출국하여 외국에서 체류하는 동안 출생한 자이다(국적법 시행령 제17조 제3항 본문).

17) 석동현, 국적법, 법문사, 2011, p. 227.

(b) **협의의 원정출산자가 아닌 자:** 어머니가 임신한 후 출국하여 외국에서 체류하는 동안 출생하였을지라도 아버지 또는 어머니가 i) 자녀의 출생 전후를 합산하여 2년 이상 계속하여 외국에서 체류한 경우, ii) 자녀의 출생 전후에 외국의 영주권 또는 국적을 취득한 경우, iii) 자녀의 출생 당시 유학, 공무파견, 국외주재, 취업 등 사회통념상 상당한 사유로 법무부장관이 정하는 기간 동안 외국에서 체류한 경우의 어느 하나에 해당하는 자는 원정출산자로 보는 것에서 제외된다(국적법 시행령 제17조 제3항 단서).

4) 방 식

(가) 협의의 원정출산자: 외국국적 포기

출생 당시에 모가 자녀에게 외국국적을 취득하게 할 목적으로 외국에서 체류 중이었던 사실이 인정되는 자는 외국국적을 포기한 경우에만 대한민국의 국적을 선택한다는 뜻을 신고할 수 있다(국적법 제13조 제3항). 원정출산으로 복수국적을 가진 경우에는 외국국적 불행사 서약의 방식이 아니라, 반드시 '외국국적을 포기'하여야만 대한민국의 국적을 선택할 수 있다. 즉 협의의 원정출산자는 어떠한 경우에도 '외국국적 불행사 서약'을 통하여 대한민국의 국적을 선택할 수가 없다.

(나) 협의의 원정출산자가 아닌 자: 외국국적 불행사 서약

출생 당시에 아버지 또는 어머니가 출생지주의 국가에서 i) 자녀의 출생 전후를 합산하여 2년 이상 계속하여 외국에서 체류한 경우, ii) 자녀의 출생 전후에 외국의 영주권 또는 국적을 취득한 경우, iii) 자녀의 출생 당시 유학, 공무파견, 국외주재, 취업 등 사회통념상 상당한 사유로 법무부장관이 정하는 기간 동안 외국에서 체류한 경우의 어느 하나에 해당하는 자는 협의의 원정출산자로 보는 것에서 제외되므로(국적법 시행령 제17조 제3항 단서), 이 경우 '외국국적 불행사 서약'을 통하여 대한민국의 국적을 선택하여 외국국적이 유지되므로 결과적으로 복수국적을 유지할 수 있게 된다.

5) 절 차

(가) 외국국적 포기 및 국적선택신고

법무부장관은 국적선택 신고를 수리하기 전에 그 자가 원정출산자에 해당하는지를 판단하여야 한다. 복수국적자가 원정출산자에 해당하는 경우 대한민국의 국적을 선택한다는 뜻을 신고하기 위한 절차는 외국국적을 포기하는 절차를 마치고, 국적선택 신고서를 작성하여 법무부장관에게 제출하여야 한다(국적법 시행령 제17조 제2항).

(나) 통 보

법무부장관은 국적선택 신고를 수리한 때에는 지체 없이 그 사실을 본인과 등록기준지 가족관계등록관서의 장에게 통보하여야 한다(국적법 시행령 제17조 제4항).

3. 국적이탈

(1) 개 념

대한민국의 국적을 이탈하는 것이란 복수국적자가 외국국적을 선택하여 대한민국의 국적을 이탈하는 것을 말한다. 「국적법」에서도 복수국적자가 외국국적을 선택하는 것을 '대한민국의 국적을 이탈'한다고 규정하고 있다(국적법 제14조 제1항).

(2) 시기 및 그 제한

1) 일반적 시기

복수국적자로서 외국국적을 선택하여 대한민국의 국적을 이탈하려는 자는 원칙적으로 기본선택기간 내에서, 즉 만 20세가 되기 전에 복수국적자로 된 자는 만 22세가 되기 전까지, 만 20세가 된 후에 복수국적자로 된 자는 그 때부터 2년 내에 국적이탈을 신고하면 대한민국의 국적을 이탈할 수 있다(국적법 제12조 제1항 본문).

2) 병역의무 이행과 관련된 제한

(가) 의 의

복수국적자가 외국국적을 선택하여 대한민국의 국적을 포기하려는 때에는 병역의무의 이행과 관련하여 그 시기에 제한을 두고 있다(국적법 제14조 제1항 단서 참고). 반면에, 복수국적자가 기본선택기간 내에서 대한민국의 국적을 선택하려는 경우에는 국적선택의 시기에 제한을 두고 있지는 않다(국적법 제12조 제2항 단서).

(나) 영주할 목적 없이 체류한 상태에서 출생 및 병역의무 해소

(a) 광의의 원정출산자: '직계존속이 외국에서 영주할 목적 없이 체류한 상태에서 출생한 자'란 아버지 또는 어머니가 외국에 생활기반을 두고 있으면서 외국의 시민권이나 영주권을 취득한 상태 또는 법무부령으로 정하는 그에 준하는 체류 상태에서 출생한 자가 아닌 자를 말한다(국적법 시행령 제16조의2). 대한민국의 국적이탈을 제한하는 것과 관련하여 '직계존속이 외국에서 영주할 목적 없이 체류한 상태에서 출생한 자'는 '광의의 원정출산자'라고도 말한다(국적법 제12조 제3항). 전술한 협의의 원정출산자와는 구별된다. 광의의 원정출산자는 병역자원의 이탈을 방지하기 위하여 대한민국의 국적이탈이 제한된다. 여기에서 '법무부령으로 정하는 그에 준하는 체류 상태에서 출생한 자'란 ⅰ) 외국에서 출생한 남자로서 출생 이후 아버지 또는 어머니가 외국의 영주권 또는 시민권을 취득한 자, ⅱ) 아버지 또는 어머니가 외국에 체류하다가 외국의

영주권 또는 시민권을 신청한 상태에서 출생한 남자, iii) 외국에서 출생한 남자로서 출생 이후 아버지 또는 어머니가 외국의 영주권 또는 시민권을 신청한 자, iv) 외국에서 출생한 남자로서 국적이탈 신고 전까지 아버지 또는 어머니가 외국에서 17년 이상 계속하여 거주한 자의 어느 하나에 해당하는 자를 말한다(국적법 시행규칙 제10조의2 제1항). 그리고 영주권제도를 채택하고 있지 않는 나라의 경우에는 최장기 체류비자 또는 거주허가증으로 영주권을 갈음하는 것으로 보고, 시민권이라는 용어를 사용하지 않는 나라의 경우에는 국적으로 시민권을 갈음하는 것으로 본다(국적법 시행규칙 제10조의2 제2항).

(b) **병역의무의 해소 및 국적이탈:** 직계존속이 외국에서 영주할 목적 없이 체류한 상태에서 출생한 자는 병역의무의 이행과 관련하여 i) 현역·상근예비역 또는 보충역으로 복무를 마치거나 마친 것으로 보게 되는 경우, ii) 제2국민역에 편입된 경우, iii) 병역면제처분을 받은 경우의 어느 하나에 해당하는 경우에만 법무부장관에게 대한민국의 국적을 이탈한다는 뜻을 신고(국적이탈신고를 말한다)할 수 있다(국적법 제12조 제3항). 예를 들어 아버지 또는 어머니가 출생지주의 국가에서 유학, 공무파견, 국외주재, 취업 등 영주할 목적 없이 체류한 상태에서 자녀(남자)를 출생한 경우에는 병역의무가 해소되기 전에는 대한민국의 국적을 이탈할 수 없게 된다.

(다) 제1국민역 편입자 및 병역의무 해소

「병역법」 제8조(제1국민역 편입)에 따라 제1국민역에 편입된 자는 편입된 때부터 3개월 이내에 하나의 국적을 선택하거나, 「국적법」 제12조(복수국적자의 국적선택의무) 제3항 각 호의 어느 하나에 해당하는 때부터 2년 이내에 하나의 국적을 선택하여야 한다(국적법 제12조 제2항 본문). 여기에서 '「국적법」 제12조 제3항 각 호'는 i) 현역·상근예비역 또는 보충역으로 복무를 마치거나 마친 것으로 보게 되는 경우, ii) 제2국민역에 편입된 경우, iii) 병역면제처분을 받은 경우이다.

(3) 장소적 제한

복수국적자로서 외국국적을 선택하여 대한민국의 국적을 이탈하려는 자는 외국에 주소가 있는 경우에만 주소지 관할 재외공관의 장을 거쳐 법무부장관에게 대한민국의 국적을 이탈한다는 뜻을 신고할 수 있다(국적법 제14조 제1항 본문). 복수국적자로서 대한민국의 국적을 이탈한다는 뜻을 신고하려는 자는 국적이탈 신고서를 작성하여 주소지 관할 재외공관의 장에게 제출하여야 하고, 재외공관의 장은 지체 없이 이를 법무부장관에게 송부하여야 한다(국적법 시행령 제18조 제1항).

(4) 국적이탈 신고의 효력

1) 문제 제기

대한민국의 국적이탈 신고로 인하여 대한민국의 국적을 상실하는 효과가 곧바로 발생하는지와 관련하여, 외국국적을 선택하기 위해 대한민국의 국적을 이탈한다는 뜻을 신고한 자에게 대한민국의 국적이 상실되는 시점이 문제된다. 이것은 국적이탈 신고서 제출로 인한 그 효력발생 시기의 문제이며, 국적이탈 신고를 한 자가 언제까지 대한민국의 국민으로 볼 수 있는지와 관련된 것이다.

2) 신고수리 및 국적이탈

「국적법」에서는 "국적이탈의 신고를 한 자는 법무부장관이 신고를 수리한 때에 대한민국의 국적을 상실한다."라고 규정하고 있다(국적법 제14조 제2항). 법무부장관이 국적이탈의 신고를 수리하는 때에 대한민국의 국적이 상실되는 효력이 발생한다. 구 「국적법」에서는 대한민국의 국적을 이탈하려는 자가 '국적이탈의 신고를 한 때'에 대한민국의 국적이 상실되는 것으로 규정하였다(구 국적법 제14조 제2항). 그러나 대한민국의 국적을 이탈하는 것은 시기적 또는 장소적으로 요건과 제한이 있고, 국적이탈 신고서를 제출할 요건 즉 기본선택기간 내에서의 국적이탈 신고인지, 외국국적을 선택하려는 자가 외국에 주소를 두고 있는지 등을 충족하였는지를 심사하여야 하고, 직계존속이 외국에서 영주할 목적 없이 체류한 상태에서 출생한 자에 해당하는지에 대한 심사가 필요하다. 따라서 복수국적자가 국적이탈의 신고를 할지라도 법무부장관이 그 신고를 수리하기 전까지는 대한민국의 국민으로 본다.

제 4 절 국적선택 명령제도

I. 의 의

1. 개 념

국적선택 명령제도란 복수국적자가 국적선택기간 내에 대한민국의 국적을 선택하거나 이탈하지도 않는 경우에, 또는 대한민국의 국적을 선택하면서 '외국국적 불행사 서약'을 통하여 복수국적을 유지하는 자가 그 후에 그 서약의 취지에 현저히 반하는 행위를 한 경우에, 법무부장관이 대한민국의 국적을 상실시키기 전에 하나의 국적을 선택하도록 그의 의사를 묻는 제도를 말한다(국적법 제14조의2). 국적선택 명령제도에 의하여 복수국적자가 한 번 더 국적선택의 기회를 부여받았을지라도 이를 따르지 않고 어느 하나의 국적을 선택하지 않을 경우에는 대한민국의 국적이 상실된다. 국적선택 명령제도를 통하여 복수국적의 상태가 정리된다. 국적선택 명령제도는 2010년 제10차 「국적법」으로 새로이 도입된 제도이다.

2. 연혁 및 취지

종전에는 복수국적자가 국적선택기간 내에 대한민국의 국적을 선택(외국국적의 포기를 말한다)하지도 않거나 대한민국의 국적을 이탈하지도 않는 경우에는 별도의 통지절차를 거칠 필요도 없이 대한민국의 국적이 자동적으로 상실되도록 하는 '국적자동상실제도'를 두고 있었다(구 국적법 제12조 제2항). 그러나 종전의 국적자동상실제도를 폐지하고, 새로이 국적선택 명령제도를 두어 대한민국의 국적을 상실시키기 전에 그의 의사를 묻는 취지는 복수국적자에게 대한민국의 국적과 외국국적 중에서 선택할 기회를 한 번 더 부여하여 본인의 의사를 명확히 확인하려는 것이다.

Ⅱ. 대 상 자

법무부장관이 행하는 국적선택 명령의 대상자는 아래와 같이 구분된다. 국적선택 명령은 복수국적자가 아래의 2가지 사유의 어느 하나에 해당하는 경우에 행하게 된다.

1. 국적선택의무 불이행

(1) 의 의

법무부장관은 복수국적자로서 「국적법」 제12조(복수국적자의 국적선택의무) 제1항 또는 제2항에서 정한 기간 내에 국적을 선택하지 아니한 자에게 1년 내에 하나의 국적을 선택할 것을 명하여야 한다(국적법 제14조의2 제1항). 여기에서 국적선택 명령의 대상자는 복수국적자로서 「국적법」 제12조(복수국적자의 국적선택의무) 제1항 또는 제2항에서 정한 국적선택의무의 기간 내에 국적을 선택하지 아니한 자이다. 복수국적자가 「국적법」에서 정한 국적선택의무의 기간 내에 대한민국의 국적을 선택하지 않거나 외국국적을 선택하지 않은 상태에서 그 국적선택의무의 기간을 도과한 경우를 말한다.

(2) 구체적 경우

만 20세가 되기 전에 복수국적자로 된 자는 만 22세가 되기 전까지, 만 20세가 된 후에 복수국적자로 된 자는 그 때부터 2년 내에(국적법 제12조 제1항 본문), 「병역법」 제8조(제1국민역 편입)에 따라 제1국민역에 편입된 자는 편입된 때부터 3개월 이내에 하나의 국적을 선택하거나, 「국적법」 제12조(복수국적자의 국적선택의무) 제3항 각 호의 어느 하나에 해당하는 때부터 2년 이내에(국적법 제12조 제2항 본문), 대한민국의 국적을 선택하거나 이탈한다는 적극적인 의사표시를 하지 않은 상태에서 국적선택의무의 기간을 도과한 자를 말한다.

2. 외국국적 불행사 서약자의 서약에 반하는 행위

(1) 외국국적 불행사 서약자

복수국적자로서 대한민국에서 외국국적을 행사하지 아니하겠다는 뜻을 서약(외국국적 불행사 서약을 말한다)한 자가 그 뜻에 현저히 반하는 행위를 한 경우이다(국적법 제14조의2 제2항). 상술한 바와 같이, 외국국적 불행사 서약의 경우에는 다음과 같은 3가지 경우에 할 수 있다. ⅰ) 「국적법」 제10조(국적취득자의 외국국적 포기 의무) 제2항에 따른 외국국적 불행사 서약이다. ⅱ) 「국적법」 제13조(대한민국 국적의 선택절차) 제1항 또는 제2항 단서에 따른 외국국적 불행사 서약이다. ⅲ) 「국적법」 부칙 제2조 제1항 또는 제2항에 따른 외국국적 불행사 서약이다.

(2) 서약에 반하는 행위

외국국적 불행사 서약을 통하여 복수국적이 허용된 자가 그 뜻에 현저히 반하는 행위를 하는 경우에는, 법무부장관은 하나의 국적을 선택할 것을 명할 수 있다(국적법 제14조의2 제2항). 여기에서 '그 뜻에 현저히 반하는 행위'란 외국국적 불행사 서약을 한 자가 ⅰ) 반복하여 외국여권으로 대한민국에 출국·입국한 경우, ⅱ) 외국국적을 행사할 목적으로 외국인등록 또는 거소신고를 한 경우, ⅲ) 정당한 사유 없이 대한민국에서 외국여권 등을 이용하여 국가·지방자치단체, 공공기관, 공공단체 또는 교육기관 등에 대하여 외국인으로서의 권리를 행사하거나 행사하려고 한 경우의 어느 하나에 해당하는 행위를 한 경우를 말한다(국적법 시행령 제18조의2 제4항).

(3) 국적선택명령의 성격: 재량행위

법무부장관의 국적선택 명령은 재량행위의 성격을 가진다. 이와 관련하여 외국국적 불행사 서약자의 서약에 반하는 행위에 대하여 국적선택 명령을 하는 것이 신중할 필요가 있다는 견해가 있다. 즉 단순히 외국여권을 빈번히 사용하거나, 외국인등록 또는 거소신고 등을 한 사실만으로 곧바로 국적선택 명령을 하기보다는, 외국국적 불행사 서약을 통하여 복수국적을 유지하는 자가 복수국적 상태를 명백히 악의적으로 이용하거나 대한민국의 국민으로서의 정체성이 현저히 의심되는 경우에 한하여 국적선택 명령을 하는 것이 바람직하다는 것이다.[18] 그러나 「국적법 시행령」 제18조의2 제4항 각 호에 정한 국적선택 명령의 요건은 각 별개이고, 외국인에 대한 출입국심사에서 여권은 다른 반증이 없는 한 소지자의 국적을 증명하는 한 부분이고, 외국인등록 또는 거소신고 등은 「출입국관리법」에 따른 신분변동을 위한 신청에 해당하므로 실수 또는 오인에 기인한 것이 아닌 한 엄격하게 적용하여야 한다고 본다.

제 5 절 국적상실 결정제도

Ⅰ. 의 의

국적상실 결정제도란 복수국적자가 복수국적을 보유하면서 대한민국의 국적을 보유하는 것이 현저히 부적합하다고 인정되는 행위를 하는 경우에 대한민국의 국적을 본인의 의사에 반하여 강제적으로 상실시키는 것을 말한다(국적법 제14조의3).

Ⅱ. 대 상 자

1. 원 칙

후천적으로 대한민국의 국적을 취득하여 복수국적을 가지게 된 자가 대한민국의 국적을 보유함이 현저히 부적합하다고 인정되는 행위를 하는 경우이다. 이하에서 살

---

18) 석동현, 국적법, 법문사, 2011, p. 238

펴보기로 한다.

(1) 후천적 복수국적자

후천적으로 대한민국의 국적을 취득하여 복수국적을 가지게 된 자만이 국적상실 결정의 대상자로 된다(국적법 제14조의3 제1항 단서의 반대해석).

(2) 복수국적자의 부적합한 국적보유

1) 부적합한 국적보유

법무부장관은 대한민국의 국적을 보유함이 현저히 부적합하다고 인정되는 행위를 하는 복수국적자에 대하여 대한민국의 국적상실을 결정할 수 있다(국적법 제14조의3 제1항 본문). 여기에서 '대한민국의 국적을 보유함이 현저히 부적합하다고 인정되는 행위'로는 i) 국가안보, 외교관계 및 국민경제 등에 있어서 대한민국의 국익에 반하는 행위를 하는 경우(국적법 제14조의3 제1항 제1호), ii) 대한민국의 사회질서 유지에 상당한 지장을 초래하는 행위로서 대통령령으로 정하는 경우(국적법 제14조의3 제1항 제2호)의 어느 하나의 사유에 해당하는 것이다.

2) 죄 명

국적상실 결정의 사유에 해당하는 죄명에 대하여는 「국적법 시행령」과 「국적법 시행규칙」에 규정되어 있다. 대한민국의 사회질서 유지에 상당한 지장을 초래하는 행위로서 '대통령령으로 정하는 경우'란 살인죄, 강간죄 등 법무부령으로 정하는 죄명으로 7년 이상의 징역 또는 금고의 형을 선고받아 그 형이 확정된 경우를 말한다(국적법 시행령 제18조의3 제2항). 여기에서 '법무부령으로 정하는 죄명'이란 「형법」 제2편 제24장 살인의 죄, 제32장 강간과 추행의 죄 또는 제38장 절도와 강도의 죄 중 강도의 죄, 「성폭력범죄의 처벌 등에 관한 특례법」 위반의 죄, 「마약류관리에 관한 법률」 위반의 죄, 「특정범죄 가중처벌 등에 관한 법률」 제5조의2(약취·유인죄의 가중처벌), 제5조의4(상습 강도·절도죄 등의 가중처벌), 제5조의5(강도상해 등 재범자의 가중처벌), 제5조의9(보복범죄의 가중처벌 등) 또는 제11조(마약사범 등의 가중처벌) 위반의 죄, 「폭력행위 등 처벌에 관한 법률」 제4조(단체등의 구성·활동) 위반의 죄, 「보건범죄단속에 관한 특별조치법」 위반의 죄의 어느 하나에 해당하는 죄를 말한다(국적법 시행규칙 제12조의3).

2. 예외: 선천적 복수국적자

출생에 의하여 대한민국의 국적을 취득한 자는 대한민국의 국적상실 결정을 할 수 있는 대상자에서 제외된다(국적법 제14조의3 제1항 단서). 출생에 의하여 선천적으로 대한민국의 국적을 취득한 선천적 복수국적자는 국적상실 결정의 대상자가 아니다.

Ⅲ. 절 차

1. 청 문

법무부장관은 국적상실 결정의 대상자에 대한 국적상실 결정을 하기 전에 먼저 청문을 거쳐야 한다(국적법 제14조의3 제1항 본문). 청문절차에 관하여는 「행정절차법」 제2장 제2절 중 청문에 관한 규정을 준용한다(국적법 시행령 제18조의3 제3항).

2. 국적심의위원회

대한민국의 국적을 보유함이 현저히 부적합하다고 인정하는 경우에는 국적심의위원회의 심의를 거쳐 법무부장관이 결정한다(국적법 시행령 제18조의3 제1항). 대한민국의 국적상실 결정에 관한 사항을 심의하기 위하여 법무부장관 소속으로 국적심의위원회를 둔다(국적법 시행령 제28조 제2호).

3. 관보고시 및 통보

법무부장관은 복수국적자가 국적상실결정을 받아 대한민국의 국적을 상실한 경우에는 지체 없이 i) 국적상실자의 성명, 생년월일, 성별 및 등록기준지, ii) 국적상실의 원인 및 연월일, iii) 외국국적을 관보에 고시하고, 그 등록기준지 가족관계등록관서의 장과 주민등록관서의 장에게 통보하여야 한다(국적법 시행령 제18조의3 제4항, 제18조의2 제6항).

Ⅳ. 효 과

법무부장관이 국적상실의 대상자에 대해 국적상실의 사유에 해당한다고 인정되어 청문절차 및 국적심의위원회의 심의를 거쳐 대한민국의 국적상실을 결정하면, 국적상실 결정을 받은 자는 그 결정을 받은 때에 대한민국의 국적을 상실한다(국적법 제14조의3 제2항). 복수국적자가 대한민국의 국적상실 결정을 받은 때에 외국국적만을 소지하게 되어 더 이상 대한민국의 국민으로 되지 않는다.

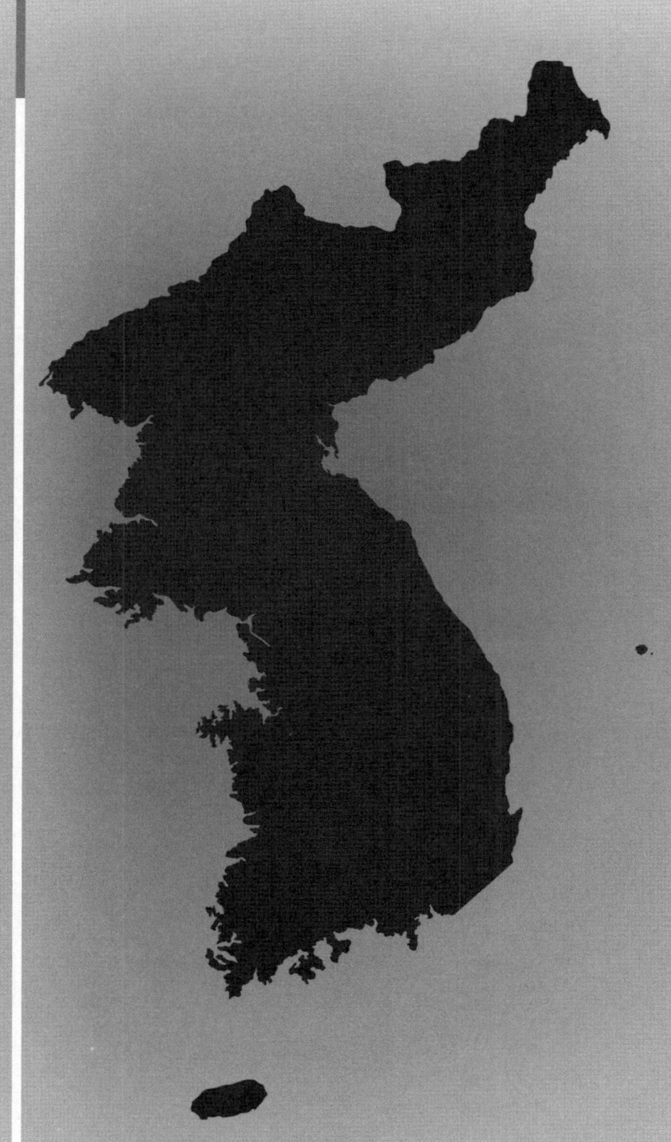

제 6 장

국적판정제도

제1절 의　　의

Ⅰ. 개　　념

국적판정제도란 대한민국 국적의 취득이나 보유 여부가 분명하지 아니한 자에 대하여 그 자의 신청이 있는 경우에 법무부장관이 심사한 후, 그 국적을 판정하는 것을 말한다(국적법 제20조 제1항). 어떤 자에 대하여 그가 과거에 대한민국의 국적을 취득한 사실이 있는지 또는 현재에도 대한민국의 국적을 보유하고 있는지 등이 불분명한 경우에, 그 자의 신청을 받아 법무부장관이 이를 심사하여 대한민국의 국적 보유 여부를 판정하는 것이다.

Ⅱ. 법적 성격

1. 준법률행위적 행정행위(확인)

국적판정의 법적 성격은 국적판정을 신청한 자에 대하여 대한민국의 국적을 형성적으로 취득하게 하거나 상실하게 하는 처분이 아니라, 국적판정을 신청한 현재에도 그 자가 대한민국의 국적을 보유하고 있는지를 '확인'하는 처분이다. 국적판정은 행정법상 준법률행위적 행정행위(확인)에 해당한다. 국적판정은 기존의 사실관계 또는 법률관계를 유권적으로 확정하는 행위이다.[1] 국적판정을 신청한 자가 대한민국의 국적을 보유하고 있는지 여부를 확인하는 처분이다. 특허와 같이 새로운 법률관계를 설정하는 형성적 행정행위가 아니다.

2. 기속행위

확인은 특정한 사실 또는 법률관계에 관하여 의문이 있는 경우에 공적 권위로써 그 존부 또는 정부를 판단하는 행위를 말한다. 국적판정은 법선언적 행위이고 광의의 사법행위로서의 성질을 가진다. 국적판정은 사실과 법률에 근거한 단순한 판단작

1) 김동희, 행정법Ⅰ, 박영사, 2010, p. 290.

용이므로, 일정한 사실관계 또는 법률관계의 존부 또는 정당성이 객관적으로 확인된 경우에는 행정청은 이를 확인하여야 할 기속을 받는 기속행위에 해당한다. 또한 국적판정은 그 판단에 따라 법률상 일정한 법적 효과가 결부된다는 점에서 부관을 붙일 수 없다.[2)]

제 2 절 내 용

Ⅰ. 신 청 자

국적판정을 신청할 수 있는 자로는 본인이 대한민국의 국적을 보유하는지 여부를 확인하고자 하는 자이다. 그 구체적인 예로는 대한민국의 정부 수립 이전에 한반도 및 그 부속도서에서 출생한 자로서 대한민국 국적의 취득 여부가 분명하지 않거나 의심스러운 자, 대한민국의 정부 수립 이전에 국외로 이주한 자와 그 직계비속, 북한적 소지자 등 대한민국과 혈연·지연 관계를 가졌거나 그러한 관계의 개연성이 있어 대한민국 국적을 취득·보유 관계가 불분명한 자, 북한이탈주민 또는 중국 등 제3국에 거주하다가 대한민국에 입국한 북한적 교포 등이다.

Ⅱ. 판정기관

국적판정을 위한 권한을 어느 기관에 부여할 것인가에 관하여는 선택의 여지가 있을 수 있다.[3)] 「국적법」에서는 국적판정을 받고자 하는 신청자에 대해 그 국적을 판정할 수 있는 권한을 사법부가 아니라, 행정부인 법무부장관에게 부여하고 있다 (국적법 제20조 제1항).

Ⅲ. 심사요소

법무부장관은 국적판정 신청자에 관하여 혈통관계, 국외이주 경위, 대한민국의 국

2) 앞의 책, pp. 290~291.
3) 석동현, 국적법, 법문사, 2011, p. 274.

적 취득 여부, 대한민국의 국적을 취득한 후 스스로 외국국적을 취득함으로써 대한민국의 국적을 상실한 사실이 있는지 여부 등을 심사한 후, 국적판정을 신청한 현재에도 대한민국의 국적을 보유하고 있는지를 판정한다(국적법 시행령 제24조 제3항). 이와 같은 심사요소를 통하여 국적판정 신청자가 출생, 인지, 혼인 등 「국적법」에 정한 국적취득 요인으로 국적판정을 신청한 현재에도 대한민국의 국적을 취득하고 있는지를 판정받게 된다.

제 3 절 절 차

Ⅰ. 신청 및 송부

1. 신 청

(1) 국적판정 신청

국적판정을 받으려는 자는 국적판정 신청서를 작성하여 출입국관리사무소장 또는 출장소장에게 제출하여야 한다(국적법 시행령 제23조 제1항).

(2) 첨부서류

국적판정 신청서에 첨부하여야 하는 서류로는 ⅰ) 본인 또는 국내거주 친족의 가족관계기록사항에 관한 증명서나 그 밖에 출생 당시의 혈통관계를 소명할 수 있는 서류, ⅱ) 외국국적을 취득한 적이 있을 때에는 그 사실을 증명하는 서류(그 외국의 여권 사본으로 갈음할 수 있다) 및 그 외국국적을 취득하게 된 경위서, ⅲ) 외국에 거주하다가 대한민국에 입국하여 주소 또는 거소를 두고 있는 자는 입국 당시에 사용한 외국여권·여행증명서 또는 입국허가서의 사본(위·변조된 과거 체류국가의 신분증도 포함된다), ⅳ) 「가족관계의 등록 등에 관한 법률」 제98조(국적선택 등의 통보)에 따른 국적판정 통보 및 가족관계등록부 작성 등에 필요한 서류로서 법무부장관이 정하는 서류, ⅴ) 그 밖에 국적 판정에 참고가 되는 자료이다(국적법 시행규칙 제15조 제2항). '그 밖에 국적 판정에 참고가 되는 자료'에는 ⅰ) 대한민국의 국적 보유를 입증할 수 있는 자료로서 북한여권, 해외공민증, 외국인거류증, 외국인호구부 등이고, ⅱ) 국적판정 신청인의 출생 등 현재에 이르기까지 삶의 모든 과정을 구체적으로 기술한 진술서 내지 경위서, ⅲ) 수사기관의 조사자료 등이다.

2. 송 부

출입국관리사무소장 또는 출장소장은 국적판정 신청서를 제출받은 때에는 지체 없이 법무부장관에게 송부하여야 한다(국적법 시행령 제23조 제2항).

Ⅱ. 심사 · 판정

1. 조사의뢰 등

법무부장관은 국적판정 신청자에 대해 국적을 판정할 때에, 필요하면 관계 기관의 장에게 국적판정 신청자에 대한 신원조회, 범죄경력조회 또는 체류동향조사를 의뢰하거나 그 밖에 심사에 참고가 될 사항에 관한 의견을 구할 수 있다(국적법 시행령 제24조 제1항). 그리고 법무부장관은 필요하면 국적판정 신청자에게 의견을 진술하게 하거나 보완자료 제출을 요구할 수 있다(국적법 시행령 제24조 제2항).

2. 판 정

(1) 국적보유 판정

법무부장관은 국적판정 신청자에 관하여 이를 심사한 후, 국적판정을 신청한 현재에도 대한민국의 국적을 보유하고 있는지를 판정한다(국적법 제20조 제1항, 국적법 시행령 제24조 제3항0). 법무부장관은 국적판정 신청자가 국적판정을 신청한 현재에도 대한민국의 국적을 보유하고 있는 자로 판정하거나, 대한민국의 국적을 보유하고 있지 않은 자로 판정하게 된다.

(2) 국적을 보유하지 않은 자의 경우

'대한민국의 국적을 보유하고 있지 않은 자'로는 대한민국의 국적을 상실하였거나, 대한민국의 국적을 취득한 사실이 없거나, 대한민국의 국적을 보유한 것으로 볼 만한 증거가 없는 경우 등이다. 대한민국의 국적을 보유하고 있지 않은 자로 판정된 경우에, 그 자가 대한민국의 국적을 취득하려면 「국적법」에 정한 별도의 국적취득 절차에 따라 귀화 또는 국적회복의 허가를 받아야 한다. 대한민국의 국적을 보유하고 있지 않은 자로 판정된 경우에는 그 자는 외국인이기 때문이다.

3. 통보 및 고시

법무부장관은 국적판정 신청자가 국적판정을 신청한 현재에도 대한민국의 국적을 보유하고 있는 것으로 판정하면 그 사실을 지체 없이 본인과 등록기준지 가족관계 등록관서의 장에게 통보하고, 관보에 고시하여야 한다(국적법 시행령 제24조 제4항).

제 4 절 효 과

Ⅰ. 국적보유의 확인

대한민국의 국적을 보유하고 있는 것으로 판정된 자는 그 판정에 의하여 대한민국의 국적을 신규로 취득하는 것이 아니라, 기존에 이미 대한민국의 국적을 보유하는 중이라는 사실이 확인된 것이다.

Ⅱ. 가족관계 등록의 창설

국적판정을 신청한 자가 법무부장관으로부터 국적판정을 신청한 현재에도 대한민국의 국적을 보유하고 있는 것으로 판정되면, 대한민국의 국적을 보유하고 있는 것으로 판정받은 자는 「국적법」에 정한 별도의 국적취득 절차를 거치지 아니하고 「가족관계의 등록 등에 관한 법률」에서 정하는 바에 따라 가족관계 등록 창설을 할 수 있다(국적법 시행령 제24조 제5항). 대한민국의 국적을 보유하고 있는 것으로 판정된 자는 귀화 또는 국적회복 등 「국적법」에 정한 별도의 절차를 거치지 않고서도, 그 판정에 기하여 곧바로 가족관계 등록부에 등재될 수 있게 된다.

제 8 편 외국인력제도

(Labor Migration and Trade)

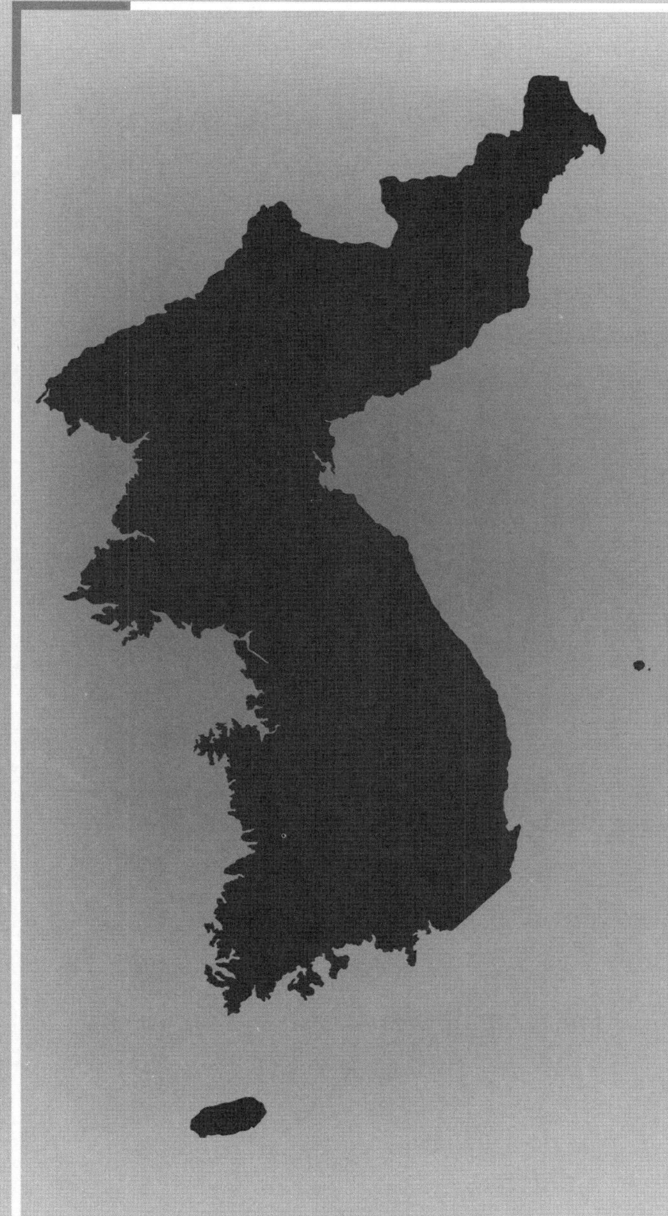

제 1 장
총 설

국제무역체계에서 자연인의 이동the movement of people, 이 중에서 외국인력(노동인력이라고도 말한다)의 국가간 이동이 최근 상대적으로 급부상하는 주요한 주제이다. 외국인력이란 국가간 이동을 통해 생산요소로서의 서비스를 제공하는 전문외국인력 또는 단순외국인력 등을 포함하는 외국인인 자연인으로 보기로 한다. 이하에서는 외국인력의 국가간 이동을 중심으로 세계화의 개념과 유형, 서비스무역과 인력이동의 관계를 살펴보기로 한다. 마지막으로 국경을 넘나드는 외국인력을 설명하는 이론에 대하여도 개관하기로 한다.

제 1 절　세계화와 서비스무역

Ⅰ. 세 계 화

1. 개　　념

세계화로 인하여 국가들은 그 상호의존의 관계가 심화되는 추세이다. 세계화Globalization라는 용어가 공식적으로 사용된 시점은 1996년 세계경제포럼World Economic Forum의 주제로 채택된 'Sustaining Globalization'에서부터이고, 1997년 동아시아 금융위기로 세계화의 개념이 표면화되었다.[1] 세계화의 개념에 대하여는 다양한 정의가 시도되고 있다. 세계화란 세계경제의 통합을 통한 자유무역의 확산이라는 견해,[2] 경제적 또는 비경제적 측면 모두에서 지리적 국경을 초월하는 과정으로 초국가적 양상을 보이는 사회적 변화의 모든 형태를 망라한다는 견해[3] 등이다. 결과적으로 세계화는 통합, 상호의존, 다자주의, 개방, 보편성, 지리적 압축 등의 이념으로 표출된다.[4]

2. 구　　분

세계화는 국가간에 이동하는 대상, 영역에 따라 아래와 같이 구분할 수 있다.

1) 김태수, 세계화에 대한 한국정부 대응방식의 비판적 검토, 한국행정학회 학술대회 발표논문집, 2007, p. 571.
2) 김경환 · 김종석 역, 맨큐의 경제학, 교보문고, 2009, p. 226.
3) IOM, 이주관리매뉴얼-정책입안자와 실무자를 위한 안내서 제2권 이주정책 개발, 국가인권위원회(역), 2006, p. 2.4-6.
4) 앞의 안내서, pp. 2.4~6.

(1) 대 상

국가 간에 이동하는 대상에 따른 구분이다. 국가간 이동의 대상으로는 상품·자본·노동력이 있다. 그리고 그 대상이 이동하는 정도에 따라 옅은 세계화와 짙은 세계화로 구분될 수 있다.5)

(2) 영 역

국가 간에 자연인이 이동하는 영역에 따른 구분이다. 정치·경제·문화적 영역에 따라 정치적 세계화, 경제적 세계화, 문화적 세계화로 구분될 수 있다. i) 정치적 세계화는 UN 등 국제기구에 의한 보편적 정치적 세계화 및 EU, FTA 등 지역경제공동체에 의한 지역적 정치적 세계화로 구분될 수 있다. 정치적 세계화의 척도로는 사증제도, 영주 및 국적제도, 이민자의 정치적 의사표현의 자유 등을 들 수 있다. ii) 경제적 세계화는 WTO 등 국제기구에 의한 보편적 경제적 세계화 및 EU, FTA 등 지역경제공동체에 의한 지역적 경제적 세계화로 구분될 수 있다. 경제적 세계화의 척도로는 국가간 임금격차 등에 의한 노동인력 이동의 관점에서 본 국내 체류하는 외국인력의 수, 국내 인력시장의 개방 정도 등을 들 수 있다. iii) 문화적 세계화의 척도로는 인종, 민족, 종교, 언어적 다양성 및 사회통합에 의한 표준화 정도 등을 들 수 있다.6)

3. 경제적 세계화의 사례

국제사회는 점차적으로 세계화되어 경제활동이 증진되고 있다. 종전에 정치적으로 구분하여 정의되던 국가영역은 경제적 압력의 영향 아래에 놓이고 있다. 예를 들어 구소련 또는 유고슬라비아와 같이 기존의 국가가 여러 국가로 분열되는 경우도 있고, 북미자유무역협정NAFTA: North American Free Trade Agreements, 유럽연합EU: European Union, 동남아시아국가연합ASEAN: Association of South-East Asian Nations, 남미공동시장Mercosur: Mercado Común del Sur과 같이 여러 국가들이 지역통합을 이루는 경우도 있다.7)

---

5) 김태수, 세계화에 대한 한국정부 대응방식의 비판적 검토, 한국행정학회 학술대회 발표논문집, 2007, p. 572.

6) 앞의 논문, p. 572.

7) Thomas Straubhaar, Why do we Need a General Agreement on Movement of People (GAMP)?, Managing Migration – Time for a New International Regimes?, edited by Bimal Ghosh, 2003, p. 110.

Ⅱ. 서비스무역

1. 개 념

서비스 및 서비스무역에 대하여는 제3장 WTO와 외국인력 이동에서 후술하기로 한다.

2. 서비스무역과 이민법

(1) 서비스무역과 이민법의 관계

상품, 자본, 노동력의 국제거래가 증가하고 해외여행, 해외유학, 해외취업 등이 확대되어 서비스무역 및 외국인력의 국가간 이동이 상호간에 긴밀해지고 있다. 아래 그림에서는 이민법(특히 사증을 말한다)과 외국인력, 서비스무역이 교차하는 부분을 나타내고 있다.

아래 그림에서 설명하는 바와 같이 교차하는 부분에 대한 인식이 증가하고 있음에도 불구하고, 그 교집합의 범위가 분명하지는 않다. 서비스무역 전문가(주로 경제학자, 법학자 등을 말한다)는 이민법을 간과하여서는 안 되는데, 서비스무역 전문가는 이민법 전문가와는 서로 사용하는 전문용어와 이론적 근거가 다르므로 이민법의 역할을 경시하는 경향이 있다.[8)]

【서비스무역과 이민법의 관계】

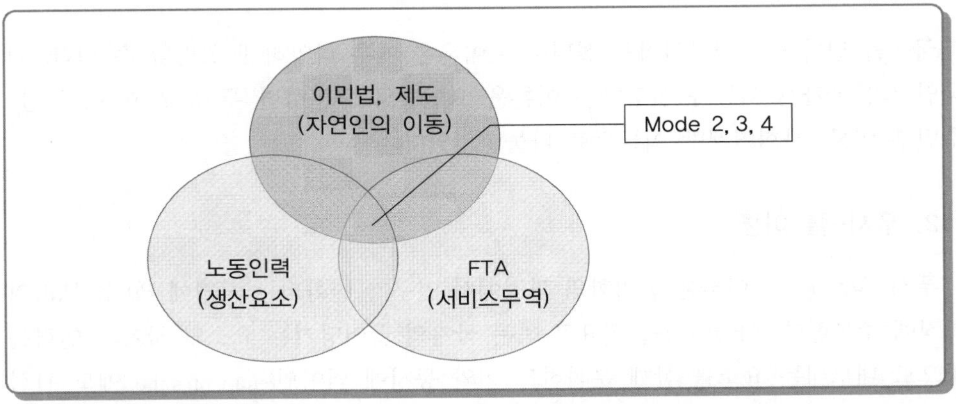

이민법, 제도
(자연인의 이동)
Mode 2, 3, 4
노동인력
(생산요소)
FTA
(서비스무역)

<Aaditya Mattoo and Antonia Carzaniga, 2003, p. 212 재구성>

---

8) Aaditya Mattoo and Antonia Carzaniga, Moving People to Deliver Serivices, World Bank and Oxford University Press, 2003, p. 213.

(2) 관점의 대립

서비스무역 전문가는 국경을 넘는 외국인력의 이동을 '생산요소'로 간주하여 서비스를 제공하고 생산을 일궈내는 경제적 가치를 중시하므로 외국으로부터 노동인력의 시장접근이 확대되어야 한다는 입장이다. 반면에, 이민법 전문가는 외국인력의 국가간 이동을 국가안전과 노동시장수요의 민감도를 염려에 둔 규제적 시각에서 외국인력의 '처우' 및 '인권', '사회통합', '국내경제 또는 노동시장에서 이민자의 역할'과 같은 개인에 관한 이슈를 중시하므로 외국으로부터 노동인력의 시장접근을 제한하려는 입장이다.9)

제 2 절 외국인력의 이동

이하에서는 외국인력이 국가간 이동하는 요인을 이민이론적 관점을 통하여 살펴보고, 외국인력에 대한 시각을 경제이론적 관점에서 살펴보기로 한다.

Ⅰ. 이민이론적 관점

1. 의 의

국경을 넘나드는 외국인력을 설명하는 이론은 매우 다양하게 설명될 수 있다. 외국인력의 국가간 이동을 설명하는 이론을 요인별로 구분하면 푸시-풀 이론, 중심-주변부 이론, 사회연계망 이론으로 나눌 수 있다.

2. 푸시-풀 이론

푸시-풀Push-Pull 이론은 산업화의 과정에서 인구가 변화되는 시기에 Push-Pull의 특징에 주목한다. 외국인력을 필요로 하는 국가의 끌어당기는 요소와 국가가 인력을 밖으로 내보내는 요소를 함께 분석하고 이와 동시에 역이민return migration에도 관심을 가진다.10)

9) IOM, 이주관리매뉴얼-정책입안자와 실무자를 위한 안내서 제2권 이주정책 개발, 국가인권위원회(역), 2006, pp. 2.4~4.

3. 중심-주변부 이론

중심-주변부 이론은 푸시-풀Push-Pull 이론을 보다 발전시켜 외국인력의 국가간 이동은 유입국가와 송출국가 간의 구조적 관계로 인하여 발생한다는 거시적 구조적 연계에 주목한다. 자본주의 세계경제의 중심부와 주변부 지역의 구조적 의존관계에 관심을 가진다. 일반적으로 송출국가는 경제사회적으로 덜 발전되고 과거에 식민지를 경험하여 정치적으로도 영향을 받고 있는 국가들이고, 유입국가는 세계경제에서 정치경제적 위계의 상위층을 차지하는 국가들로 이해된다. 이와 같은 송출국가와 유입국가의 관계는 지역적 이민체계를 구성하고, 무역·군사·문화적 협력 등 다양한 관계망으로 묶이게 된다. 따라서 외국인력의 흐름은 중심부와 주변부를 연결하는 여러 관계망 중 하나의 연결요소로서 작용한다.[11]

4. 사회연계망 이론

(1) 개 념

사회연계망 이론은 현재까지도 형성과정 중에 있는 이론이다. 사회연계망 이론에 의하면, 송출국가와 유입국가 사이에는 단순한 관계를 넘어 초국가적 사회공간transnational social space을 통하여 송출국가와 유입국가를 연결하는 이민자(외국인력을 말한다)의 실제가 형성되고, 초국가적 사회공간을 통제하고자 하는 국가와 같은 제도적 요소의 활동을 강조한다. 사회연계망 이론은 푸시-풀Push-Pull 이론, 중심-주변부 이론을 완전히 대체하는 것이 아니라 보완적으로 작용한다. 사회연계망 이론이 제시한 초국가적 사회공간 또는 국경을 넘는 사회공간transnational social space은 중심-주변부 이론의 거시적 구조적 연계 폭을 보다 확대하여, 자연인(외국인력을 말한다)의 이동뿐만 아니라, 동시에 사고, 상징, 상품, 물질문명 등이 국가간 이동을 하게 된다.

(2) 초국가적 사회공간

외국인력의 국가간 이동은 정치적 국경선을 넘나드는 유대관계를 형성한다. 즉 국경을 넘나드는 가족관계적, 경제적, 사회적, 종교적, 문화적, 정치적 관계가 형성된다. 외국인력의 국가간 이동은 외국인의 여행으로 그치는 것이 아니라 이들의 삶에

---

10) Thomas faist, the volume and dynamics of international migration and transnational social spaces, Oxford, 2000, p. 12.

11) 앞의 책, p. 12.

서 주요한 부분을 차지하게 되고, 더 나아가 외국인력의 국가간 이동의 과정이 지속되고, 송출국가와 유입국가 간에 구별의 의미는 점차 감소하게 되어 송출국가와 유입국가를 구별하기가 사실상 곤란하게 된다. 이와 같은 이민의 과정이 마지막 단계에서는, 모든 국가가 높은 비율로 본국에 돌아오는 귀환자return migrants 또는 국가간 이주를 반복하는 초이민자transmigrants로 인하여 송출국가이면서 동시에 유입국가로 된다.[12)]

Ⅱ. 경제이론적 관점

1. 인적자본 투자

(1) 의 의

외국인력의 국가간 이동은 국내경제에 중요한 요소로 작용하여 영향을 미치고 있다. 이민정책은 국내 고용시장의 실업률 변동 폭, 외국인 고용가능 업종의 인력부족률 등 국내 노동인력 내지 경제정책과 연계되어 수립·시행된다. 국내경제에 영향을 미치는 외국인력의 국가간 이동이 발생하는 결정요인과 관련하여, 노동경제적 관점에서는 외국인력의 국가간 이동을 결정짓는 요인으로 인적자본모형이론이 있다.

(2) 인적자본 및 이민

인적자본모형이론에서는 인간은 투자에 의하여 그 경제가치 내지 생산력의 크기를 증가시킬 수 있는 자본으로 본다. 인적자본에 대한 투자의 대상은 정규교육formal education 또는 학교교육schooling, 현장훈련on-the-spot training, 이민immigration, 건강health, 정보information로 구분된다. 인적자본 투자의 관점에서는 이민이란 인적자본을 축적한 외국인력이 자신의 생산능력을 최대한 발휘하기에 보다 알맞은 지역으로 이동함으로써 자신의 가치를 더욱 증가시키는 과정을 말한다. 외국인력의 국가간 이동의 경우에는 국가간 이동을 위한 초기 비용이 투입되지만, 이민을 통하여 오랫동안 더 높은 수익이 기대될 수 있기 때문에, 국가간 이동은 어떤 초기의 기간에 비용을 부담하여야 하는 일종의 인적자본투자로 간주된다.[13)] 따라서 외국인력의 국가간 이동을 위하여는 이동의 순편익net benefit의 현재가치, 다시 말해 국가간 이동으로 인해

12) 앞의 책, p. 12.
13) 배무기, 노동경제학, 경문사, 2008, pp. 63～65; 한홍순·김중렬 역, 노동경제학(modern labor economicis), 2004, p. 358.

발생될 '편익'에서 '비용'(화폐적 비용과 정신적 비용을 말한다)을 뺀 순편익의 현재가치가 클수록 외국인력은 국경을 넘어서 이동하기로 결정할 것이다.[14]

2. 이민과 경제성장

(1) 경제성장과 성장회계

경제성장economic growth이란 오랜 기간에 걸쳐 일어나는 국가경제의 총체적 생산수준 또는 실질 국내총생산real GDP의 지속적 증가와 평균생활수준 또는 1인당 실질 GDP의 지속적 향상을 의미한다.[15] 경제성장을 이끄는 주된 원동력은 무엇인가? 경제성장의 요인을 분석하기 위하여 거시경제의 총체적 생산함수의 원리를 원용하기도 한다. 총생산의 지속적 증가를 의미하는 경제성장은 기술진보, 자본, 노동의 양적 증가를 통해 이루어진다. 국가의 경제성장은 기술진보, 자본증가, 노동증가가 기여하는 세 가지 부분의 합으로 보고, 경제성장에서 어떠한 요인이 특히 중요한 역할을 하는지 살펴보는 것을 성장회계growth accounting이다.[16]

(2) 경제성장과 이민

경제성장은 인구증가를 통한 노동인력의 꾸준한 증가에 의해서 달성되기도 한다. 이민의 유입이 국내경제에 미치는 경제적 충격 내지 효과에 대하여는 그 입장이 국내·외적으로 완전히 정립된 것으로는 보이지 않는다.[17]

일반적으로 이민을 통해 노동공급이 증가하면 그 외국인력은 생산자로서 국내산업에서 인력을 보강함과 동시에 소비자로서 유효수요를 증대하고, 자본수익률이 제고되어 국내총생산이 증가하게 된다.[18] 이민을 통한 인구증가는 조세기반을 확대하고 내수를 촉진하여 경제의 충격을 완화하는 역할을 수행한다. 저출산·고령화에 따른 노동인력의 감소를 해결하고 지속적인 경제성장을 유지하게 위하여 출산율 제고, 여성·노령인력의 활용이 이루어진다 하더라도, 내국인력만으로는 인력수급의 불일치를 해소하기가 어려우므로 외국인력의 유입이 불가피하게 된다. 특히 생산가능인구의 감소는 노동인력 수급에 불균형이 발생하고 세수의 감소를 동반하여 경제

14) 한홍순·김중렬 역, 노동경제학(modern labor economicis), 2004, p. 358.
15) 정운찬·김영식, 거시경제론, 율곡출판사, 2010, p. 36, p. 590.
16) 앞의 책, pp. 37~41.
17) 최용일, 이민유입이 임금소득격차와 교역조건에 미치는 영향과 한국경제의 대응책, 한국경제연구학회 한국경제연구 제5권, 2000, p. 6.
18) 이대창·설동훈·강준원 공저, 외국인 고용허용 업종추가 연구, 고용노동부 연구용역, 2011, p. 22; 최홍, 다문화사회 정착과 이민정책, 삼성경제연구소 CEO Information 제756호, 2010, pp. 2~6.

성장률이 저하되기 때문이다.[19] 외국인력의 유입은 새로운 일자리가 창출되고 경제 규모가 확대된다. 특히 내국인근로자와 비교하여 상대적으로 저임금의 외국인력을 활용하는 기업은 투자력이 증대하여 신규고용의 창출력이 확대된다.[20] 다만, 단순외국인력은 임금소득의 상당 부분을 본국으로 송금하는 경향이 강하기 때문에 유효수요의 증대효과는 국내총생산 유발효과에 비하여 상대적으로 적게 나타날 가능성이 높다.[21]

19) 최홍, 다문화사회 정착과 이민정책, 삼성경제연구소 CEO Information 제756호, 2010, pp. 2~6.
20) 앞의 논문, p. 5.
21) 이대창 · 설동훈 · 강준원 공저, 외국인 고용허용 업종추가 연구, 고용노동부 연구용역, 2011, p. 22.

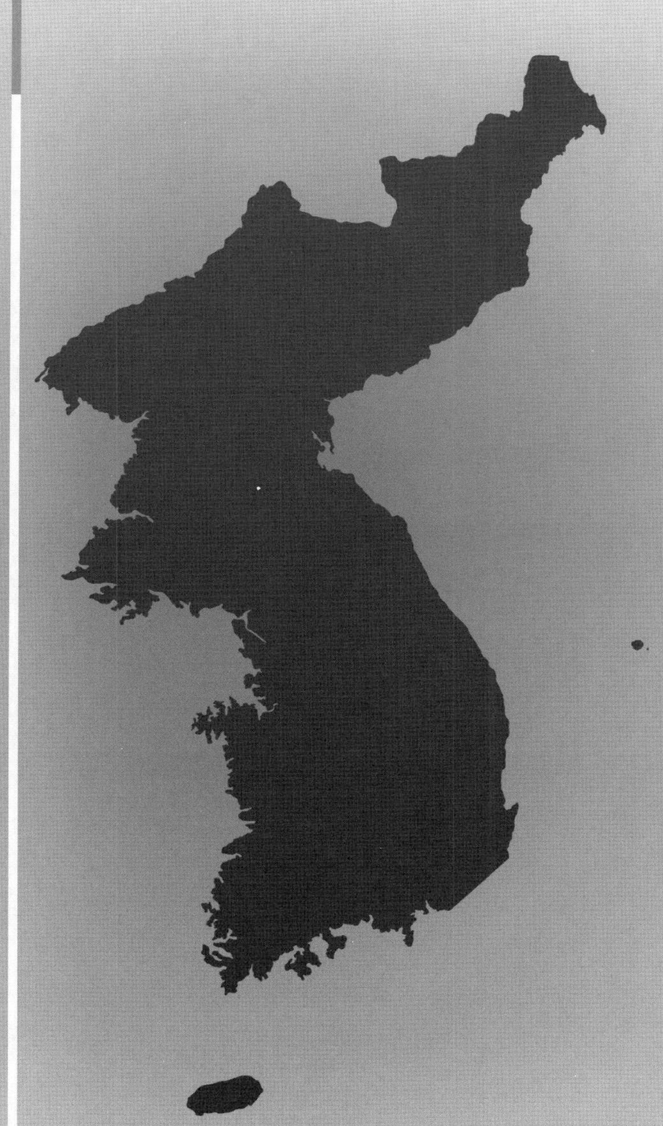

제 2 장

외국인력 고용의 원칙

외국인력에 대한 고용은 전문외국인력 고용 및 단순외국인력 고용으로 구분된다. 이하에서는 전문외국인력 및 단순외국인력의 개념, 그 고용의 기본원칙 등을 살펴보기로 한다.

제 1 절　전문외국인력 고용

Ⅰ. 의　　의

1. 배　　경

전문외국인력의 개념에 관하여는 아직 국제적으로 합의된 정의가 없고, 전문외국인력을 구분하는 일치된 기준과 범위가 존재하지 않는다.[1) 그 이유는 국가들 간에 경제발전의 정도 또는 기술수준이 상이하므로 공통의 기술 또는 숙련을 정의하기 어렵고, 전문외국인력을 개념화하는 시도는 데이터화하기 어려운 문제점을 지니고 있기 때문이다.[2) 일반적으로 전문외국인력을 지나치게 첨단과학 또는 첨단기술 분야에 한정함으로써 예술가, 요리사, 외국어 교사 등 다른 전문화된 분야를 도외시하는 경향이 있다.[3) 이하에서는 전문외국인력의 개념과 그 개념적 구성요소에 대해 살펴보기로 한다.

2. 개　　념

전문외국인력the highly skilled migrant은 다른 용어로 고급외국인력the highly qualified migrant이라고도 한다. 국제이주기구IOM: international organization for migration에서 정의하는 전문외국인력은 아래의 두 가지 개념으로 구분될 수 있다.

첫 번째의 개념은, 전문외국인력이란 '특정한 전문적 기술로 인하여 체류하려는 국가로부터 입국의 특혜가 부여되고, 체류기간과 고용의 변동, 가족 재결합에 있어 제한을 거의 받지 않는 외국인력'을 말한다.[4)

1) John Salt, INTERNATIONAL MOVEMENTS OF THE HIGHLY SKILLED, ORGANISATION FOR ECONOMIC CO-OPERATION AND DEVELOPMENT, 1997, p. 5.

2) 한국경제학회, 국가경쟁력 강화를 위한 외국인력 유치정책 방향, 법무부 2009년도 연구용역보고서, 2009, p. 35.

3) 앞의 연구용역보고서, p. 35.

4) IOM, International Migration Law – Glossary on Migration, International Organization for

두 번째의 개념은, 두 개의 중첩되는 의미를 주로 사용한다. 전문외국인력이란 '정규의 2년제 이상의 대학교육 또는 중등과정 후의 교육tertiary education, post-secondary education을 받은 것으로 인정되는 외국인력'이라고 일반적으로 말하고, 보다 구체적으로는 '정규의 2년제 이상의 대학교육 또는 중등과정 후의 교육 내지는 직장의 경력occupational experience 중에서 1개를 지니고 있는 외국인력'을 말한다.[5] 그러나 전문외국인력을 어떻게 정의하고 구분할 것인지에 대하여는 국가들마다 다르고, 각 국가는 그 상황에 맞는 전문외국인력의 개념을 별도로 사용하고 있다. 또한 세계경제·국가경제 및 노동시장 구조가 지속적으로 변화하므로 숙련기술 또는 숙련외국인력에 대한 정의 자체도 시간에 따라 변하고 있어 많은 논쟁거리를 제공하고 있다.[6]

3. 개념적 구성요소

전문외국인력의 개념은 위에서 설명한 바와 같이 상이하지만, 공통적으로 적용되는 전문외국인력의 개념적 구성요소로는 교육수준 또는 직업적 특성(경력 등)이 그 기준이 된다.

첫째, 교육수준을 기준으로 전문외국인력을 판단하는 방법이다. 이에 의하면 국제적 수준의 데이터 이용이 가능하다는 장점이 있다. 그 한계로는 외국인력이 외국에서 대학교육을 받았지만 대학 졸업장의 국제적 통용성을 보장할 수 없어 상대적으로 저숙련 작업에 종사할 가능성이 있다는 두뇌낭비brain waste 현상이 발생할 수 있다는 것이다.[7]

둘째, 직업의 특성을 기준으로 전문외국인력을 판단하는 방법이다. 이에 의하면 모델, 운동선수, 사진작가, 회화지도 강사, 관광통역안내원 등 여행상품 개발자, 광고·홍보 전문가, 해외시장조사 전문가, 수출입 영업원 등 해외 영업원, 국제회의 기획자 내지 국제행사 기획자 등은 교육수준이 높지는 않지만, 내국인력이 제공할 수 없는 경력, 외국의 고유한 특성과 문화적 배경, 국제적 감각 등을 기반으로 전문외국인력의 범위에 포함될 수 있다는 장점이 있다. 그 한계로는 대학 등 일정한 교육

Migration, 2004, p. 60.
- skilled migrant is Migrant worker who, because of his/her skills, is usually granted preferential treatment regarding admission to a host country (and is therefore subject to fewer restrictions regarding length of stay, change of employment and family reunification).

5) IOM, World Migration 2008 - Managing Labour Mobility in the Evolving Global Economy, Volume 4-IOM World Migration Report Series, 2008, p. 494.
6) 한국이민학회, 전문외국인력 사증제도 개선방안에 관한 연구, 법무부 연구용역, 2008, pp. 4~7.
7) 앞의 보고서, pp. 4~5.

수준을 받은 외국인력을 전문외국인력으로 완전히 파악하는 데 어려움이 있다.[8)]

4. 법 령

(1) 법령상 개념

전문외국인력에 대한 개념을 두고 있는 법령을 살펴보기로 한다. 「재한외국인 처우 기본법」, 「출입국관리법」, 「중소기업 인력지원 특별법」, 법무부 훈령인 「온라인 사증발급 및 사증추천인에 관한 업무처리지침」 등에서 전문외국인력 또는 외국전문인력의 개념을 규정하고 있다.

「재한외국인 처우 기본법」에서는 전문외국인력의 처우 개선과 관련하여 전문외국인력의 개념을 규정한다. 전문외국인력이란 '전문적인 지식·기술 또는 기능을 가진 외국인력'이다(재한외국인 처우 기본법 제16조). 법무부 훈령인 「온라인 사증발급 및 사증추천인에 관한 업무처리지침」 제2조에서도, 전문외국인력이란 '전문적인 지식·기술 또는 기능을 가진 외국인력'이라고 정의하고 있다. 그러나 「출입국관리법」에서는 전문외국인력의 개념에 대한 직접적인 규정을 두고 있지는 않지만, '전문적인 지식·기술 또는 기능을 가진 자로서 교수(E-1)부터 특정활동(E-7)까지의 체류자격 중 어느 하나의 체류자격을 가진 외국인으로서 법무부장관이 고시하는 요건을 갖춘 자'라고 규정하고 있다(출입국관리법 제21조 제1항, 출입국관리법 시행령 제26조의2). 일반적으로 전문외국인력이란 「출입국관리법 시행령」 제12조 및 별표1에서의 교수(E-1) 내지 특정활동(E-7) 체류자격에 해당하는 자를 말한다. 대한민국은 국내·외 인적자원 간의 경쟁을 통하여 기업경쟁력과 국력을 강화하기 위해, 1963년 「출입국관리법」이 제정된 이래 해외로부터 우수한 인적자원을 적극적으로 유치하고자 한다. 「출입국관리법」에 따라 다양한 분야의 전문외국인력에게 교수(E-1), 회화지도(E-2), 연구(E-3), 기술지도(E-4), 전문직업(E-5), 예술흥행(E-6), 특정활동(E-7)의 체류자격이 부여된다. 외국인이 전문외국인력에 해당하는지 여부는 그 외국인의 학력, 경력, 자격증, 기술수준, 업종 및 직업의 특성 등을 종합적으로 평가하여 결정한다. 예를 들어 2010년 「한국-인도 포괄적 경제동반자협정CEPA: Comprehensive Economic Partnership Agreement」에서 분류하는 163개 업종의 전문외국인력이 이에 해당한다.

「중소기업 인력지원 특별법」 제13조 및 중소기업청 고시인 「외국전문인력 도입지원사업 운영요령」 제2조에서 규정하고 있는 외국전문인력이란 '중소기업이 기술개발, 마케팅 등에 활용코자 발굴·도입한 일정자격과 전문지식을 갖춘 외국인력'을

8) 앞의 보고서, pp. 4~5.

말한다. 이에 의하면 전문외국인력에 대한 판단은 학력 외에도, 자격증, 기술수준 등 직업적 특성도 고려요소가 된다.

(2) 법령의 적용

전문외국인력의 입국 및 체류 등에 주로 적용되는 법률로는 「출입국관리법」이 있다. 전문외국인력이 입국하기 위하여는 법무부장관이 발급한 사증을 가지고 있어야 한다(출입국관리법 제7조 제1항). 전문외국인력에 해당하는 사증의 발급을 위하여 관계 중앙행정기관의 장으로부터 추천서를 발급받아 제출하게 하거나 관계 중앙행정기관의 장에게 의견을 물을 수 있도록 하고 있다(출입국관리법 시행령 제7조 제3항). 전문외국인력이 대한민국에서 취업하기 위하여는 취업활동을 할 수 있는 체류자격을 받아야 하고(출입국관리법 제18조 제1항), 그 체류자격의 활동범위에 속하는 취업활동을 규정하고 있다(출입국관리법 시행령 제23조 및 별표1).

중소기업의 인력수급을 원활하게 하고 인력구조의 고도화 및 인식개선 사업을 지원하여 중소기업의 경쟁력을 높이고 고용을 촉진함으로써 국민경제와 사회의 균형 있는 발전에 이바지하기 위하여, 「중소기업 인력지원 특별법」이 적용되고 있다. 중소기업청장은 중소기업이 필요한 전문외국인력을 안정적으로 활용할 수 있도록 지원하여야 한다(중소기업 인력지원 특별법 제13조). 중소기업청장은 중소기업이 전문외국인력을 고용하고자 하는 경우에 「출입국관리법」 제7조 제1항에 따른 사증의 발급을 지원하기 위하여 「출입국관리법 시행령」 제7조 제3항에 따른 추천서를 발부할 수 있도록 함으로써 전문외국인력의 사증발급을 지원하고 있다(중소기업 인력지원 특별법 시행령 제14조). 또한 전문외국인력의 활용을 지원하기 위하여 중소기업청장은 중소기업이 전문외국인력을 활용하는 데 필요한 정보ㆍ경비 등의 지원내용과 절차에 관하여 공고하여야 한다(중소기업 인력지원 특별법 시행령 제15조).

5. 새로운 견해: 글로벌 고급외국인력, 전문외국인력, 준전문외국인력

(1) 의 의

전문외국인력의 개념 및 법령상 개념을 위에서 살펴보았으나, 우수한 고급인력과 중소기업에서 고용된 대졸수준의 외국인력이 전문외국인력이라는 하나의 범주에 포함되어 있어 우수한 고급인력의 유치가 곤란하다는 지적이 있다. 우수한 고급인력을 적극적으로 유치하기 위하여 기존의 전문외국인력의 개념을 세분화하자는 견해가 있다.[9] 전문외국인력을 세분화하고 그 구분에 따라 체류자격을 차별화하여 고용절차와 부여되는 사증ㆍ체류자격의 유형을 다르게 적용하자는 것이다. 이 견해에 의

9) 앞의 보고서, p. 109.

하면 전문외국인력은 글로벌 고급외국인력, 전문외국인력, 준전문외국인력으로 구분된다.

(2) 구 분

1) 글로벌 고급외국인력

글로벌 고급외국인력이란 과학, 예술, 교육, 사업, 체육 등 그 외국인이 속한 분야에서 국제적으로 인정받은 자를 말한다. 그 예로는 교수(E-1), 연구(E-3) 중 우수한 고급인력, 특정직업(E-7)의 임원 중 대기업의 경영진 또는 해당 직종에서 국제적으로 상위인 일정한 범위 내에 속하거나 우수한 능력을 증명할 만한 업적이 있는 고급외국인력이다. 글로벌 고급외국인력에 대하여는 체류기간 또는 체류기간 연장의 횟수에 제한을 두지 않고, 복수사증을 부여하고, 가사보조인의 고용을 허용하고, 영주자격 취득에 혜택을 부여할 수 있다.

2) 전문외국인력

전문외국인력이란 연구(E-3), 기술지도(E-4), 전문직업(E-5), 예술흥행(E-6) 중 일부, 특정활동(E-7)의 대다수를 말한다. 숙련수준의 관점에서 국내에서 구할 수 없는 외국인력뿐만 아니라 국내에서 유사한 기능과 역량을 갖춘 내국인력이 존재하지만 국내기업의 현지화 등 기업의 여건을 고려할 때에 그 활용이 불가피한 외국인력도 포함된다. 숙련수준별로 전문외국인력을 구분할 필요가 있으므로 그 방법으로는 직종별로 점수평가제point assessment system를 두어 점수에 따라 차등화하고, 일정한 점수 이하의 전문외국인력에 대하여는 수량통제를 고려할 수 있다. 전문외국인력에 대하여는 체류기간 또는 체류기간 연장의 횟수에 제한을 두지 않고, 복수사증을 부여하고, 가사보조인의 고용을 허용하고, 영주자격 취득에 혜택을 부여할 수 있다.

3) 준전문외국인력

준전문외국인력이란 회화지도(E-2), 예술흥행(E-6)의 대다수, 특정활동(E-7) 중 일부를 말한다. 특정활동(E-7) 중 전문외국인력의 범주에는 해당하지 않지만 고용허가제도에 의한 단순외국인력의 범주에도 해당하지 않는 외국인력이 이에 해당한다. 그 예로는 특정활동(E-7)의 조선용접공, 판매사원 등이다. 장래에 인구의 고령화로 인하여 간호사 등 사회복지 분야 및 숙련을 요구하는 직종에 대한 수요가 증가할 것으로 예상된다. 다만, 내국인력의 고용안정을 위하여 준전문외국인력에 대해 직종별로 점수평가제point assessment system를 두어 수량을 통제하고, 체류기간의 상한제 설정 및 가족동반 금지의 원칙을 적용할 필요가 있다.[10]

(3) 검 토

전문외국인력의 개념을 글로벌 고급외국인력, 전문외국인력, 준전문외국인력으로 세분화하자는 새로운 견해는 직종 분류와 이민법 적용에 의미가 있다. 다만, 이 책에서는 기존 「출입국관리법」 등 이민법의 현행 규정대로 전문외국인력의 개념으로 설명하도록 하되, 새로운 견해가 필요한 부분에서는 언급하기로 한다.

Ⅱ. 고용의 기본원칙

1. 의 의

전문외국인력 고용에 적용되는 기본원칙으로는 차별금지의 원칙이 단순외국인력 고용의 기본원칙에서와 마찬가지로 적용된다. 차별금지의 원칙에 대하여는 단순외국인력 고용의 기본원칙에서 살펴보기로 하고, 이하에서는 전문외국인력 고용에만 적용되는 기본원칙인 자발적 고용원칙, 거주 또는 영주의 가능, 보충성 원칙의 견지에 대하여만 살펴보기로 한다.

2. 자발적 고용원칙

전문외국인력 고용은 일반적으로 내국인 구인노력이라는 노동시장 테스트Labor Market Test가 면제된다. 사용자에게는 전문외국인력에 대한 자발적 고용원칙이 적용된다. 사용자가 기업의 수요에 부응하여 다양한 검증을 거쳐 전문외국인력을 도입하게 되므로 내국인력 구인노력이 적용되지 않는다.[11] 특히 '글로벌 고급외국인력'은 국제적 이동이 자유롭기 때문에 시장에 의해 자율적으로 그 수요와 공급이 균형을 이룰 수 있도록 입국에 대한 연간 상한선annual ceilings, 도입규모 내지 쿼터quota의 수량통제를 받지 않는다.[12]

3. 거주 또는 영주의 가능

(1) 의 의

전문외국인력은 체류기간 연장의 횟수에 제한이 없어 국내에서 장기간 체류할 수

10) 앞의 보고서, p. 109.
11) 앞의 보고서, pp. 109~111.
12) 앞의 보고서, p. 121.

있고, 대한민국에서 일정기간 이상 합법적으로 체류할 경우에는 거주(F-2) 또는 영주(F-5) 체류자격으로 체류자격 변경이 가능하다. 또한 일정한 경우에는 특별귀화가 가능하다.

(2) 거주 또는 영주

거주(F-2) 체류자격 부여에 대하여는, 교수(E-1)부터 전문직업(E-5)까지 또는 특정활동(E-7) 체류자격을 가진 전문외국인력이 대한민국에서 최소 5년 이상 계속 체류하여 생활의 근거지가 국내에 있는 자로서 법무부장관이 인정하는 경우에는 거주(F-2) 체류자격으로 변경이 가능하다(출입국관리법 시행령 별표1 27. 거주(F-2) 바). 또한 영주(F-5) 체류자격 부여에 대하여는, ⅰ)「출입국관리법」 제46조(강제퇴거의 대상자) 제1항 각 호의 강제퇴거 대상이 아닌 자로서 교수(E-1)부터 특정활동(E-7)까지의 체류자격으로 5년 이상 대한민국에 체류하고 있는 전문외국인력이 「민법」에 따른 성년이고, 본인 또는 동반가족이 생계를 유지할 능력이 있으며, 품행이 단정하고 대한민국에 계속 거주하는 데에 필요한 기본 소양을 갖추는 등 법무부장관이 정하는 조건을 갖춘 경우에는 영주(F-5) 체류자격으로 변경이 가능하고(출입국관리법 시행령 별표1 28의3 영주(F-5) 가), ⅱ)「출입국관리법」 제46조(강제퇴거의 대상자) 제1항 각 호의 강제퇴거 대상이 아닌 자로서 과학·경영·교육·문화예술·체육 등 특정 분야에서 탁월한 능력이 있는 자 중 법무부장관이 인정하는 경우에는 체류기간의 요구 없이 즉시 영주(F-5) 체류자격 부여가 가능하다(출입국관리법 시행령 별표1 28의 3 영주(F-5)).

(3) 특별귀화

2010년 제10차 개정 「국적법」에 의하면, 특별귀화의 대상자에 과학·경제·문화·체육 등 특정 분야에서 매우 우수한 능력을 보유한 자로서 대한민국의 국익에 기여할 것으로 인정되는 경우에 해당하는 자가 새로이 추가되었다(국적법 제7조 제1항 제3호). 특별한 분야에서 우수한 외국인재는 귀화에 필요한 국내 체류기간의 요건을 충족하지 않더라도 특별귀화를 신청하는 시점에 대한민국에 주소만 있으면 된다.

4. 보충성 원칙의 견지

(1) 의 의

전문외국인력 고용은 연간 도입규모가 제한되지 않으며 노동시장 테스트를 적용받지 않아 자발적으로 고용되고, 거주(F-2) 또는 영주(F-5) 체류자격 및 특별귀화에 혜택이 있지만, 이것으로 전문외국인력 고용이 무제한적으로 허용된다는 것을 의미하는 것은 아니다. 전문외국인력의 개념에 대한 새로운 견해 중 전문외국인력·준전문외국인력 고용의 경우에는 후술할 단순외국인력 고용의 기본원칙인 '보충성의 원칙'이 적용될 수 있다. 전문외국인력·준전문외국인력을 고용할 때에는 전문내국인력 노동시장을 보호하거나 전문내국인력의 대체고용이 부적절하여 전문외국인력·준전문외국인력을 고용할 필요성이 있는지를 심사하고, 사업장 면적규모·월매출액·국민고용 인원수 등 산정기준에 따라 전문외국인력·준전문외국인력 고용의 허용인원이 결정되어야 한다. 따라서 전문내국인력 우선고용의 원칙은 견지될 수 있다.[13]

(2) 방 법

국가에 따라서는 전문외국인력·준전문외국인력의 입국에 대한 연간 상한선annual ceilings, 도입규모 내지 쿼터quota, 점수평가제point assessment system를 설정하기도 한다.[14] 여기에서 연간 상한선은 '예상수요지표indictive planning level'라고도 말하는데, 국가의 전문외국인력·준전문외국인력에 대한 관리능력을 충족시키고, 경제적 이민 그리고 가족 재결합, 인도주의 간에 균형을 유지하는 데 기여할 수 있다.[15]

Ⅲ. 고용절차 및 사증·체류자격

1. 고용절차

국내에서 전문외국인력을 고용하는 절차는 기업이 해외 또는 국내로부터 필요로 하는 전문외국인력을 직접 발굴하거나 지인의 소개 등 비공식적 루트를 통해 직접 선발하여 고용계약을 체결한 후, 법무부에 취업활동을 할 수 있는 체류자격에 해당하는 사증 또는 사증발급인정서 발급을 신청한다.

---

13) 백종인·설재영, 외국인근로자 정책 및 법제개선에 관한 연구 – 독일의 외국인근로자 법제를 중심으로 –, 고려대학교 법학연구원 고려법학, 2007, p. 872.

14) 미국의 경우, 이민귀화법(INA)에 의하면 취업 관련 이민을 위한 영구비자의 쿼터를 연간 최대 14만명으로 정하고 있다(한국이민학회, 전문외국인력 사증제도 개선방안에 관한 연구, 법무부 연구용역, 2008, p. 120 참고).

15) IOM, Essentials of Migration Management – A Guide for Policy Makers and Practitioners, Volume Three Managing Migration: Immigration Systems, 2004, p. 16 참고.

2. 전문외국인력에게 부여하는 사증 · 체류자격

(1) 사 증

1) 개 념

외국인이 대한민국에 입국하고자 하는 경우에 유효한 여권과 법무부장관이 발급한 사증을 소지하여야 한다(출입국관리법 제7조 제1항). 사증이란 여권 또는 여행증명서 상에 사증담당 영사에 의해 기재된 배서written endorsement로서 사증발급 신청에 대해 적절한 심사절차를 거쳤으며 사증소지자가 입국하려는 국가로 입국심사절차를 받도록 허가하는 것을 의미하는 문서를 말한다.[16] 재외공관의 장은 외국인이 사증발급 신청을 하면「출입국관리법 시행규칙」 제9조의2(사증 등 발급의 기준)에서 정하는 바에 따라 사증을 발급한다. 이 경우 그 사증에는「출입국관리법 시행령」 제12조에 따른 체류자격 등 필요한 사항을 적어야 한다(출입국관리법 시행령 제7조 제2항).

2) 구별개념

사증과 유사하지만 구별되는 개념으로는 사증발급인정서가 있다. 사증발급인정서란 재외공관의 사증발급 절차를 간소화하기 위해 법무부장관이 사증을 발급함에 앞서 특히 필요하다고 인정할 때에는 입국하려는 외국인의 신청 또는 그 외국인을 초청하려는 자가 대리하여 출입국관리사무소 등에 사증발급을 신청하고, 법무부장관은 그 사증발급 신청에 대하여 사전심사를 거쳐 사증발급인정서를 발급한 후 이를 재외공관의 장에게 송신하면, 재외공관의 장은 그 사증발급인정서의 내용에 따라 사증을 발급하여야 하는 것을 말한다(출입국관리법 제9조, 출입국관리법 시행령 제96조 제1항, 출입국관리법 시행규칙 제17조 제4항, 시행규칙 제17조의2 제3항).

3) 사증의 유형

(가) 취업활동

취업활동의 가능 여부에 따른 사증의 유형이다. 외국인이 대한민국 내에서 취업활동을 할 수 있는지에 따라 체류자격만 부여되는 사증(체류사증이라고 한다) 및 체류자격의 부여뿐만 아니라 취업활동까지 가능한 사증(취업사증이라고 한다)으로 구분된다. 취업사증은 제1회에 부여하는 체류기간의 상한이 90일 이내에서 취업만을 위한 단기취업사증(C-4) 및 제1회에 부여하는 체류기간의 상한이 90일을 초과하는 취업을 위한 장기취업사증으

16) Annalisa Meloni, Visa policy within the European Union Structure, Springer, 2006, p. 31; Ronaldo P. Ledesma, An outline of Philippine Immigration and Citizenship Laws, Rex Printing Company, 2006, p. 84.

로 세분된다.

(나) 입국의 횟수

입국의 횟수에 따른 사증의 유형이다. 외국인이 대한민국에 입국하는 것이 몇 번 가능한지에 따라 단수사증과 복수사증으로 분류된다. 단수사증이란 외국인이 제1회에 한하여 대한민국에 입국할 수 있는 사증을 말하고(출입국관리법 제8조 제1항 전단), 복수사증이란 외국인이 제2회 이상 대한민국에 입국할 수 있는 사증을 말한다(출입국관리법 제8조 제1항 후단).

(2) 체류자격

1) 체류자격의 유형

「출입국관리법 시행령」에서는 전문외국인력에 대한 체류자격을 규정하고 있다(출입국관리법 시행령 별표1). 교육, 문화, 기술, 경영 등의 분야에서 특별한 능력을 소유하고 대한민국의 경제·사회발전에 기여하는 전문외국인력에게 「출입국관리법」에 따라 부여하는 E계열 사증[E-1(교수), E-2(회화지도), E-3(연구), E-4(기술지도), E-5(전문직업), E-6(예술흥행), E-7(특정활동)]이 전문외국인력에게 부여하는 장기취업사증이다. 반면에 「출입국관리법」에 따라 단순외국인력에게 부여하는 E-8(연수취업), E-9(비전문취업), H-1(관광취업), H-2(방문취업)이 있다.

2) 체류자격 및 그 활동

「출입국관리법」에서는 "외국인은 그 체류자격과 체류기간의 범위에서 대한민국에 체류할 수 있다."라고 규정하여(출입국관리법 제17조 제1항), 전문외국인력은 그 체류자격의 범위 내에서만 활동을 할 수 있다. 「출입국관리법」 제17조 제1항을 위반하여 체류자격의 범위를 벗어나서 체류한 전문외국인력에 해당하는 자는 3년 이하의 징역 또는 2천만원 이하의 벌금에 처한다(출입국관리법 제94조 제7호). 그리고 출입국관리사무소장 또는 출장소장은 대한민국에 체류하는 전문외국인력이 「출입국관리법」 제17조를 위반한 자로서 그 위반 정도가 가벼운 경우에 해당하면 그 외국인에게 자진하여 출국할 것을 권고할 수 있고(출입국관리법 제67조 제1항 제1호), 출입국관리사무소장·출장소장 또는 외국인보호소장은 「출입국관리법」 제17조 제1항을 위반한 전문외국인력을 대한민국 밖으로 강제퇴거시킬 수 있다(출입국관리법 제46조 제1항 제8호).

3) 새로운 견해: 체류자격 재조정

전문외국인력의 범위에 글로벌 고급외국인력과 준전문외국인력이 혼재되어 있어 전문외국인력에 대한 체류자격을 재조정해야 한다는 견해가 있다. 이 견해에 의하면 첫째, 특정활동(E-7)의 경우에 용접원, 가축사육사, 숙박시설 접수사무원, 오락, 게

임 및 여가관련 종사원, 악기수리원 및 조율원 등 일부 직종은 학력수준이 비교적 낮다는 것이다. 학력수준이 전문외국인력인지를 판단하는 데 절대적인 기준은 될 수 없고 일정 기간의 경력도 그 고려요소가 될 수는 있다. 그러나 일반적으로 전문외국인력을 구분할 때에 학력이 일차적인 기준으로 적용되므로 위에서 열거된 일부 직종에 대한 특정활동(E-7) 체류자격 부여를 재검토해야 한다는 것이다. 둘째, 전문직종을 표준직업분류에 따른 직종으로 재분류하면,[17] 관리직, 전문가, 기술공 및 준전문가로 구분된다. 관리직, 전문가, 기술공 및 준전문가 중에서 하나의 직종에 해당한다면 전문외국인력으로 간주될 수 있다. 그러나 직종이 서비스직, 사무직, 판매직, 기능원에 해당한다면 그 직종이 전문직종으로 간주되기는 어렵다. 예를 들면 여행안내원, 항공기 객실승무원, 선박 및 열차승무원, 오락・게임 및 여가관련 종사원은 서

---

17) 국제표준직업분류(ISCO-08)에서 직업(occupation)이란 '유사한 직무의 집합'으로 정의된다. 즉 직업은 직무상 유사성을 갖고 있는 여러 직무의 묶음이다. 여기에서 직무(job)는 '자영업을 포함하여 특정한 고용주를 위하여 개별 종사자들이 수행하거나 또는 수행해야 할 일련의 업무와 과업'을 말하고, 유사한 직무는 '주어진 업무와 과업이 매우 높은 유사성을 갖는 것'을 말한다. 그리고 직업분류란 '수입(경제활동)을 위해 개인이 하고 있는 일을 그 수행되는 일의 형태에 따라 체계적으로 유형화한 것'을 말하고, 대한민국의 직업구조 및 실태에 맞도록 표준화한 것이 한국표준직업분류이다.

분류에서 사용되는 기본개념은 정규교육 수준에 의해서만 분류되는 것이 아니라, 비정규적인 직업훈련과 직업경험 등을 통해 얻게 된 직무를 수행하는 필요한 특정업무의 수행능력이다. 분류체계는 4개의 직능수준으로 구분된다. 즉, 제1직능 수준에서는 일반적으로 단순하고 반복적이며 때로는 육체적인 힘을 요하는 과업을 수행한다. 최소한의 문자이해와 수리적 사고능력이 요구되고, 일부 직업에서는 초등교육을 필요로 한다. 제2직능 수준에서는 일반적으로 완벽하게 읽고 쓸 수 있는 능력과 정확한 계산능력 그리고 상당한 수준 정도의 의사소통 능력을 필요로 한다. 보통 중등 이상의 정규교육과정 또는 이에 상응하는 직업훈련과 직업경험을 필요로 한다. 제3직능 수준에서는 복잡한 과업과 실제적인 업무를 수행할 정도의 전문적인 지식을 보유하고 수리계산이나 의사소통 능력이 상당히 높아야 한다. 일반적으로 중등교육을 마치고 1~3년 정도의 추가적인 정규교육과정 또는 직업훈련과 직업경험을 필요로 한다. 제4직능 수준에서는 매우 높은 수준의 이해력과 창의력 및 의사소통 능력이 필요하다. 일반적으로 4년 또는 그 이상 계속하여 학사, 석사 학위가 수여되는 정규교육수준 또는 이에 상응하는 직업훈련과 직업경험을 필요로 한다. 4개의 직능수준은 다음의 표준직업분류상의 10개 대분류항목 중 9개 항목에 적용된다. (군인의 경우는 직능수준과 무관하다)

표준직업분류는 (제4직능 수준 또는 제3직능 수준이 필요한) 대분류1 관리자, 대분류2 전문가 및 관련 종사자, (제2직능 수준이 필요한) 대분류3 사무 종사자, 대분류4 서비스 종사자, 대분류5 판매 종사자, 대분류6 농림어업 숙련 종사자, 대분류7 기능원 및 관련 기능 종사자, 대분류8 장치・기계조작 및 조립 종사자, (제1직능 수준이 필요한) 대분류9 단순노무 종사자, (직능수준과 무관한) 대분류A 군인으로 구분된다. (이상까지의 내용은 통계청, 한국표준직업분류, 2007, pp. 15~28 참고)

대분류1 관리자는 공공 및 기업 고위직, 행정 및 경영지원 관리직, 전문서비스 관리직, 건설・전기 및 생산 관련 관리직, 판매 및 고객서비스 관리직으로 5개 중분류로 구성된다. 대분류2 전문가 및 관련 종사자는 과학 전문가 및 관련직, 정보통신 전문가 및 기술직, 공학 전문가 및 기술직, 보건・사회복지 및 종교 관련직, 교육 전문가 및 관련직, 법률 및 행정 전문직, 경영・금융전문가 및 관련직, 문화・예술・스포츠 전문가 및 관련직으로 8개 중분류로 구성된다. (이상까지의 내용은 통계청, 한국표준직업분류, 2007, pp. 107~420 참고)

비스직으로 분류되고, 숙박시설 접수사무원은 사무직으로 분류되고, 가축사육사는 판매직으로 분류되고, 항공기 정비원, 용접원, 악기수리원 및 조율원은 기능원으로 분류된다. 여행안내원 등 위에 나열된 9개 직종은 특정활동(E-7)에 속하는 다른 전문직종에 비하여 학력수준과 경력이 낮으므로 전문외국인력으로 분류하기보다는 다른 체류자격에 흡수하거나 새로운 체류자격으로 재설정해야 한다는 것이다.[18)]

제 2 절 단순외국인력 고용

Ⅰ. 의 의

단순외국인력의 개념을 명확히 내리기는 매우 모호하고 어렵다. 우선 단순외국인력이란 전문외국인력의 개념 밖에 있는 외국인력이라고 말할 수 있다. 한국표준직업분류에서는 단순노무 종사자란 주로 수공구의 사용과 단순하고 일상적이며, 어떤 경우에는 상당한 육체적 노력이 요구되고, 거의 제한된 창의와 판단만을 필요로 하는 업무를 수행하는 자를 말한다. 단순노무 종사자의 직업은 건설 및 광업 관련 단순노무직, 운송 관련 단순노무직, 제조 관련 단순노무직, 청소 및 경비 관련 단순노무직, 가사·음식 및 판매 관련 단순노무직, 농림어업 및 기타 서비스 단순노무직의 6개 중분류로 구성되어 있다.[19)] 「외국인근로자의 고용 등에 관한 법률」 제2조(외국인근로자의 정의) 및 동법 시행령 제2조(적용 제외 외국인근로자)에 의하면, 단순외국인력은 '외국인근로자'라고도 한다. 단순외국인력에 해당하는 영문 용어로는 low migrant worker, semi-skilled migrant worker, unskilled migrant worker가 주로 사용된다. 이 책에서는 "semi-skilled migrant worker"라는 용어를 사용하기로 한다. 대다수의 외국인근로자는 그 수행하고 있는 업무의 성질에 상관 없이 일정한 어느 정도의 기초 기술basic skill을 가지고 있기 때문이다.[20)]

---

18) 한국경제학회, 국가경쟁력 강화를 위한 외국인력 유치정책 방향, 법무부 2009년도 연구용역보고서, 2009, pp. 65~67.
19) 통계청, 한국표준직업분류, 2007, p. 801 참고.
20) IOM, World Migration 2008 - Managing Labour Mobility in the Evolving Global Economy, Volume 4-IOM World Migration Report Series, 2008, p. 78.

Ⅱ. 고용의 유형

1. 고용 및 이민정책의 관계

단순외국인력을 고용하는 유형으로는 고용허가제도와 노동허가제도로 구분된다. 고용허가제도와 노동허가제도는 단순외국인력 고용의 유형으로 외국인력 고용정책의 한 부분임과 동시에, 사증정책 · 출입국관리정책 · 통합정책과도 관련을 가지며 종국적으로는 이민정책과도 밀접한 관련성을 가진다.[21] 이민정책은 외국인력의 규모, 도입업종 및 외국인력의 통합 등을 포함하는 광의의 개념이기 때문이다.

2. 개념적 유형

(1) 의 의

외국인근로자 고용의 개념적 유형으로 고용허가제도 및 노동허가제도가 있다. 대한민국에서 외국인근로자 고용의 유형으로는 노동허가제를 도입하지 않고 있다.

(2) 고용허가제도

고용허가제도employment permit system란 내국인력 구인노력에도 불구하고 내국인근로자를 구하지 못한 사용자는 정부로부터 특정한 단순외국인력을 고용할 수 있도록 허가를 받고, 외국인근로자는 그 사용자와 근로계약을 체결한 후에 입국하여 합법적인 근로자 신분으로 고용되는 제도를 말한다.[22] 외국인근로자가 입국하기 전에 미리 사용자와 근로계약을 체결한다는 점에서 노동허가제도와는 구별된다.

(3) 노동허가제도

노동허가제도work permit system란 일정한 요건을 갖춘 외국인력이 국내에서 취업할 수 있는 노동허가를 받아 입국한 후에, 그 외국인근로자가 원하는 사업장에서 근로를 제공하는 제도를 말한다.[23] 외국인근로자가 입국하기 전에 미리 사용자와 근로

---

21) 하갑래, 외국인고용허가제의 변천과 과제, 한국비교노동법학회 노동법논총 제22집, 2011 참고. 외국인력정책은 출입국관리정책으로부터 분리된 고용정책의 영역이라는 견해를 제시하고, 그 근거로서 외국인근로자의 고용 등에 관한 법률의 목적조항(제1조)을 들고 있다.

22) 유길상, 고용허가제 시행 3년에 대한 평가 및 발전방향, <고용허가제 시행 3주년 기념> 동아시아의 저숙련 외국인력정책, 2007, p. 5; 하갑래, 근로기준법, ㈜중앙경제 제22판, 2010, p. 911; 하갑래, 외국인고용허가제의 변천과 과제, 한국비교노동법학회 노동법논총 제22집, 2011, p. 336.

계약을 체결하지 않고 입국하여 구직을 한다는 점에서 고용허가제도와는 구별된다. 노동허가제도는 고용허가제도에 비하여 상대적으로 외국인근로자의 사업장 이동을 넓게 인정하고, 취업활동기간도 길다.[24)]

3. 대한민국에의 적용

대한민국은 단순외국인력 고용의 유형으로 원칙적으로 고용허가제를 채택하고, 외국국적동포에 한하여 노동허가제적 요소를 가미하고 있다.[25)] 고용허가제도에서 일반 외국인근로자는 입국하기 전에 미리 사업주와 근로계약을 체결하여야 국내에 비전문취업(E-9) 체류자격으로 입국할 수 있다. 반면에, 특례 외국인근로자는 방문취업(H-2) 체류자격으로 입국한 후에 취업교육, 고용센터의 구직등록 절차 등을 거쳐 국내에서 취업할 수 있다. 외국국적동포의 특례고용허가제도(특례 외국인근로자를 말한다)에 대하여는 이를 '방임적 노동시장정책'이라고 비판적인 입장이 있다.[26)]

Ⅲ. 고용의 기본원칙

「출입국관리법」, 「외국인근로자의 고용 등에 관한 법률」, 「근로기준법」 등에서 나타난 단순외국인력 고용의 기본원칙으로는 차별금지의 원칙, 보충성의 원칙, 정주화 금지의 원칙, 산업구조조정 저해 금지의 원칙 등이 있다. 이하에서는 각 원칙의 의미와 내용을 살펴보기로 한다.

1. 차별금지의 원칙

(1) 의 의

1) 개 념

차별금지의 원칙이란 외국인근로자의 인권보호라는 관점에서 외국인근로자가 내국인근로자와는 달리 불합리한 차별을 받지 않는 것을 말한다. 차별금지의 원칙은 내·외국인 균등처우의 원칙 또는 내·외국인 균등대우의 원칙[27)]이라고도 한다.

---

23) 하갑래, 근로기준법, ㈜중앙경제 제22판, 2010, p. 911.
24) 하갑래, 외국인근로자 활용제도에 관한 입법론적 연구, 동국대학교 대학원 박사논문, 2003, p. 9.
25) 하갑래, 근로기준법, ㈜중앙경제 제22판, 2010, p. 911; 하갑래, 외국인고용허가제의 변천과 과제, 한국비교노동법학회 노동법논총 제22집, 2011, p. 337.
26) 전형배, 외국인근로자 고용정책, 저스티스 제109호, 한국법학원, 2009, p. 295 참고. 이와 관련하여서는 본서의 '특례고용허가제도의 차별금지 위반 여부'에 대한 견해 대립에서 상세히 논하기로 한다.

차별금지의 원칙은 대한민국에서만 채택된 원칙이 아니라, 미국 등 다수의 국가에서 일반적으로 채택하고 있는 외국인근로자 고용을 위한 원칙이다. 차별금지의 원칙은 단순외국인력에게만 적용되는 것이 아니라, 전문외국인력에게도 마찬가지로 적용된다.

외국인근로자 고용과 관련한 차별금지의 사유로는 국적, 남녀, 종교 또는 신앙 등을 들 수 있다. 차별금지의 원칙을 구체적으로 실현하기 위하여는 국적 차별금지의 원칙, 남녀 차별금지의 원칙, 종교 차별금지의 원칙, 직장내 성희롱 금지의 원칙이 활용되고 있다.

2) 기 능

차별금지의 원칙은 인권보호적 측면에서뿐만 아니라 노동경제적 측면에서도 일정한 순기능을 수행한다. 외국인근로자의 근로조건 등에 대한 차별금지 또는 균등처우를 통하여 외국인근로자가 내국인근로자에 비해 지나치게 낮은 임금으로 고용되지 않도록 하고, 무제한적인 외국인근로자 고용을 통제 억제함으로써 외국인력이 국내 노동시장에 미칠 수 있는 내국인근로자의 일자리 침해 등 부정적 영향을 최소화한다.[28]

3) 적용 및 예외

(가) 적 용

노동관계법은 속지주의를 원칙으로 하고 속인주의를 예외로 적용하고 있다. 대한민국 내에서 내국인근로자 또는 외국인근로자를 불문하고 근로자의 신분이 인정되면 노동관계법은 차별 없이 적용된다.[29] 따라서 단순외국인력에게도 「근로기준법」 등 개별적 근로관계법 및 「노동조합 및 노동관계조정법」 등 집단적 노사관계법이 적용된다.

그 외에도 「국가인권위원회법」에서 정한 차별금지도 적용된다. 「국가인권위원회법」에서는 차별금지의 대상이 되는 평등권 침해의 차별행위에 대해 정의하고 있다. 평등권 침해의 차별행위란 합리적인 이유 없이 성별, 종교, 출신 국가, 출신 민족, 인종, 피부색 등을 이유로 한 고용(모집, 채용, 교육, 배치, 승진, 임금 및 임금 외의 금품 지급, 자금의 융자, 정년, 퇴직, 해고 등을 포함한다)과 관련하여 특정한 자를 우대·배제·구별하거나 불리하게 대우하는 행위(국가인권위원회법 제2조 제3호 가목), 직업훈련기관에서

27) 하갑래·최태호, 외국인 고용과 근로관계, ㈜중앙경제, 2005, p. 299.

28) 이학춘, 독일의 외국인 정책 사례 연구와 한국에의 시사점, 한국비교노동법학회 노동법논총 제22집, 2011, p. 176; 하갑래, 외국인근로자 활용제도에 관한 입법론적 연구, 동국대학교 대학원 박사논문, 2003, p. 9.

29) 하갑래·최태호, 외국인 고용과 근로관계, ㈜중앙경제, 2005, p. 299.

의 훈련이나 그 이용과 관련하여 특정한 자를 우대·배제·구별하거나 불리하게 대우하는 행위(국가인권위원회법 제2조 제3호 다목), 성희롱 행위(국가인권위원회법 제2조 제3호 라목)의 어느 하나에 해당하는 행위를 말한다. 다만, 「국가인권위원회법」에서는 현존하는 차별을 없애기 위하여 특정한 자(특정한 자들의 집단을 포함한다)를 잠정적으로 우대하는 행위와 이를 내용으로 하는 법령의 제정·개정 및 정책의 수립·집행은 평등권 침해의 차별행위로 보지 아니한다(국가인권위원회법 제2조 제3호).

(나) 예 외

단순외국인력에 대한 차별금지의 원칙에는 일정한 예외가 있다. 그 예외로는 i) 국가가 특별법 또는 정책적으로 차별금지의 원칙을 제한하는 경우이다. 과거의 산업연수생제도가 이에 해당한다. ii) 법률에서는 보장하고 있지만, 외국인근로자의 특수성 또는 특수한 신분 때문에 실질적으로 차별금지의 원칙이 제한되는 경우이다. 「근로기준법」 제10조에서는 '공민권 행사의 보장'이 규정되어 있으나,[30] 외국인근로자에게는 선거권 행사 등이 제한되므로 실질적으로 차별금지의 원칙이 적용되지 않는다. iii) 문화 또는 관습으로 인해 외국인근로자를 별도로 대우하는 경우이다. 특정한 외국인근로자의 종교활동 보장이 이에 해당한다.[31] iv) 특정한 외국인근로자의 생산성 또는 생산능력 차이 등으로 인해 다른 외국인근로자 또는 내국인근로자 사이에 발생하는 임금격차에는 차별금지의 원칙이 적용되지 않는다.[32] 차별금지는 개개인의 능력과 생산성 등에 따른 합리적인 차별까지 금지하는 것은 아니다.[33]

(2) 국적 차별금지의 원칙

1) 의 의

국적 차별금지의 원칙이란 외국인근로자는 국적과 상관없이 채용과정, 근로조건 등에서 차별 없는 균등한 처우를 받아야 한다는 것을 말한다. 여기에서 근로조건이란 사용자와 근로자 사이의 근로관계에서 임금·근로시간·후생·해고 기타 근로자의 대우에 관하여 정한 조건을 말한다.[34] 국적 차별금지의 원칙은 국적에 의한 차

30) **근로기준법 제10조 (공민권 행사의 보장)** 사용자는 근로자가 근로시간 중에 선거권, 그 밖의 공민권(公民權) 행사 또는 공(公)의 직무를 집행하기 위하여 필요한 시간을 청구하면 거부하지 못한다. 다만, 그 권리 행사나 공(公)의 직무를 수행하는 데에 지장이 없으면 청구한 시간을 변경할 수 있다.

31) 하갑래·최태호, 외국인 고용과 근로관계, ㈜중앙경제, 2005, p. 299.

32) 고준기·이병운, 개정 고용허가제의 문제점과 개선방안 - 2009년 10월 9일 개정 법률을 중심으로, 한국비교노동법학회 노동법논총 제18집, 2010, p. 3.

33) 노동부, 고용허가제 업무편람, 열림기획, 2008, p. 259.

34) **근로기준법 제17조 (근로조건의 명시)**

① 사용자는 근로계약을 체결할 때에 근로자에게 다음 각 호의 사항을 명시하여야 한다. 근로계약 체결 후 다음 각 호의 사항을 변경하는 경우에도 또한 같다.

별대우 금지의 원칙 또는 균등처우의 원칙이라고도 한다. 예를 들어 외국인근로자가 '국적'만을 이유로 채용과정 · 임금 · 근로시간 · 후생 · 해고에 있어서 부당한 차별을 받았다면 이것은 국적 차별금지의 원칙에 위배되는 것이다. 과거의 산업연수생제도에서 산업연수생은 사실상 근로에 종사하고 있음에도 노동관계법에 의한 보호를 받지 못하였으나, 고용허가제도에서는 외국인근로자는 '근로자'로 인정되어 노동관계법에 의한 법적 보호를 받고 있다.[35] 국적 차별금지의 원칙은 단순외국인력에게만 적용되는 것이 아니라, 전문외국인력에게도 마찬가지로 적용된다.

2) 내 용

국적 차별금지의 원칙을 규정하고 있는 법령을 개별적 근로관계법, 노동시장관계법, 집단적 노사관계법으로 구분하여 살펴보기로 한다.

(가) 개별적 근로관계법

(a) 의 의: 「근로기준법」에서는 "사용자는 근로자에 대하여 국적을 이유로 근로조건에 대한 차별적 처우를 하지 못한다."라고 하여 국적 차별금지의 원칙을 규정하고 있다(근로기준법 제6조). 사용자가 「근로기준법」을 위반하여 외국인근로자에 대하여 국적을 이유로 근로조건에 대한 차별적 대우를 한 경우에는 500만원 이하의 벌금에 처한다(근로기준법 제114조 제1호).

(b) 차별금지의 사유: 차별금지의 사유로는 국적을 규정하고 있다. 국적이란 국민으로 되기 위한 요건 · 신분 또는 자격, 외국인으로 차별적 대우를 받지 않을 요건 · 신분 또는 자격을 말한다. 외국인이란 대한민국의 국적을 가지지 아니한 자를 말하므로(출입국관리법 제2조 제2항), 무국적자도 외국인에 해당되어 국적 차별금지의 원칙이 적용된다. 반면에 복수국적자는 외국인이 아니라 국민으로 간주되므로 사회적 신분을 이유로 한 차별적 대우의 금지는 별론으로 하고 국적 차별금지의 원칙이 적용되지 않는

---

1. 임금
2. 소정근로시간
3. 제55조에 따른 휴일
4. 제60조에 따른 연차 유급휴가
5. 그 밖에 대통령령으로 정하는 근로조건

근로기준법 시행령 제8조 (명시하여야 할 근로조건)

① 법 제17조 전단에서 "그 밖에 대통령령으로 정하는 근로조건"이란 다음 각 호의 사항을 말한다.

1. 취업의 장소와 종사하여야 할 업무에 관한 사항
2. 법 제93조제1호부터 제12호까지의 규정에서 정한 사항
3. 사업장의 부속 기숙사에 근로자를 기숙하게 하는 경우에는 기숙사 규칙에서 정한 사항

대법원 1992. 6. 23. 선고 91다19210 판결 참고.

35) 이대창 · 설동훈 · 강준원 공저, 외국인 고용허용 업종추가 연구, 고용노동부 연구용역, 2011, p. 29.

다.[36)]

(c) **차별금지의 영역:** 차별금지의 영역으로는 근로조건을 규정하고 있다. 근로조건은 임금, 근로시간, 휴일, 휴가 등이다(근로기준법 제17조).

(나) 노동시장관계법

(a) **차별금지의 사유:** 「외국인근로자의 고용 등에 관한 법률」은 개별적 근로관계법과 노동시장관계법의 성격을 중복적으로 지닌다.[37)] 「외국인근로자의 고용 등에 관한 법률」에서는 "사용자는 외국인근로자라는 이유로 부당하게 차별하여 처우하여서는 아니 된다."라고 규정하고 있다(외국인근로자의 고용 등에 관한 법률 제22조). 국적이라는 차별금지 사유를 직접적으로 규정하지는 않고 있으나, '외국인근로자'라는 차별금지 사유는 사실상 '국적'에 의한 차별금지를 의미한다.[38)]

「외국인근로자의 고용 등에 관한 법률」에서는 같은 법 제22조를 위반한 경우 이를 처벌하는 벌칙규정을 두지 않고 있다. 사용자가 고용허가제도에 의한 외국인근로자를 외국인근로자라는 이유만으로 부당하게 차별적 대우를 하여서는 아니되고, 내국인근로자와 동등하게 대우하여야 한다는 제재규정이 없는 상징적·선언적 성격을 지닌다.[39)] 근로조건의 기준을 정함으로써 근로자의 기본적 생활을 보장·향상시키며 균형 있는 국민경제의 발전을 꾀하는 것을 목적으로 하는 「근로기준법」에서는 국적에 의한 차별금지를 명문화하고 이를 처벌하는 벌칙규정을 두고 있으므로, 외국인근로자의 원활한 인력수급과 국민경제의 균형 있는 발전을 도모하는 것을 목적으로 하는 「외국인근로자의 고용 등에 관한 법률」은 이러한 원칙을 재확인하는 것으로 볼 수 있다.[40)]

(b) **차별금지의 영역:** 「외국인근로자의 고용 등에 관한 법률」에서는 차별금지의 사유로 외국인근로자를 규정하고 있지만 차별금지의 영역을 별도로 규정하지 않고 있다. 반면에, 「근로기준법」에서는 국적을 이유로 한 차별금지의 영역으로 '근로조건'을 규정하고 있다.

---

36) 최홍엽, 외국인근로자와 균등대우, 한국노동법학회 노동법학 제17호, pp. 69~112, 2003 참고.

37) 하갑래, 집단적 노동관계법, ㈜중앙경제, 2010, p. 9 참고.

38) 고준기·이병운, 개정 고용허가제의 문제점과 개선방안 - 2009년 10월 9일 개정 법률을 중심으로, 한국비교노동법학회 노동법논총 제18집, 2010, p. 7; 헌법재판소 2009. 9. 24. 자 2006헌마1264 결정.

39) 고준기·이병운, 개정 고용허가제의 문제점과 개선방안 - 2009년 10월 9일 개정 법률을 중심으로, 한국비교노동법학회 노동법논총 제18집, 2010, p. 7; 헌법재판소 2009. 9. 24. 자 2006헌마1264 결정.

40) 최홍엽·외국인 고용허가제 아래의 근로계약관계, 한국비교노동법학회 노동법논총 제18집, 2010, p. 96.

이와 관련하여 「근로기준법」상의 근로조건은 개별적 근로계약관계를 염두에 둔 것이므로 집단적 노사관계 또는 사회보장관계까지 적용되는 것은 아니라는 견해가 있다.[41] 그러나 「외국인근로자의 고용 등에 관한 법률」은 그 성격상 개별적 근로관계법과 노동시장관계법이 중복되는 것으로, 외국인근로자라는 이유로 내국인근로자와 비교하여 근로조건에서 부당하게 차별적 대우를 받지 않도록 사용자에게 일정한 의무를 부과하고 있다. 그 예로는 외국인근로자의 임금체불에 대비하여 사업의 규모 및 산업별 특성 등을 고려하여 대통령령으로 정하는 사업 또는 사업장의 사용자는 그가 고용하는 외국인근로자를 위한 보증보험에 가입하여야 한다(외국인근로자의 고용 등에 관한 법률 제23조 제1항).

(c) **사용자와의 관계:** 사용자가 「외국인근로자의 고용 등에 관한 법률」 제22조(차별금지)로 인하여 현실적으로 어떠한 부담이나 제약을 받는다 하더라도 그것만으로는 헌법상 보장된 사용자의 기본권에 대한 제한 또는 규제라고 할 수 없다. 국적 차별금지의 원칙은 사용자의 직업수행 자유 등 기본권 침해의 가능성 내지 직접성이 인정되지 않는다.[42]

(다) 집단적 노사관계법

(a) **차별금지의 사유:** 「노동조합 및 노동관계조정법」에서는 “노동조합의 조합원은 어떠한 경우에도 인종 (중략)에 의하여 차별대우를 받지 아니한다.”라고 규정하여 노동조합의 조합원에 대해 인종을 이유로 한 차별대우를 금지하고 있다(노동조합 및 노동관계조정법 제9조). ‘인종’은 생물학적 관점에서 신체적 차이에 기초한 것으로 ‘국적’과는 개념적으로 차이가 있다.[43] 그러나 그 실질에 있어서는 국적을 이유로 한 차별대우의 금지라고 해석하여도 무방하다.

(b) **차별금지의 영역:** 「노동조합 및 노동관계조정법」에서 인종을 이유로 한 차별이 금지되는 영역으로는 ‘조합원 지위의 취득 · 유지’ 및 ‘조합운영에의 참여’로 구분할 수 있다.[44] 즉 외국인근로자는 자유로이 노동조합을 조직하거나 이에 가입할 수 있으므로, 조합원의 지위 취득 및 상실에 있어서 어떠한 경우에도 인종에 의하여 차별대우를 받지 않는다(노동조합 및 노동관계조정법 제5조).[45] 외국인근로자가 노동조합에 가입한 후에도 조합원으로서 균등하게 그 노동조합의 모든 문제에 참여할 권리와 의무를 가지므로, 조합원의 총회출석 · 의결권, 선거권 · 피선거권 등 권리와 조합비 납입의

41) 최홍엽, 외국인근로자와 균등대우, 한국노동법학회 노동법학 제17호, pp. 69~112, 2003, p. 71.
42) 헌법재판소 2009. 9. 24. 자 2006헌마1264 결정.
43) 박지선 옮김, 로빈 코헨 저, 폴 케네디의 글로벌 사회학, 인간사랑, 2012, p. 229 참고.
44) 하갑래, 집단적 노동관계법, ㈜중앙경제, 2010, pp. 142~143.
45) **노동조합 및 노동관계조정법 제5조 (노동조합의 조직 · 가입)** 근로자는 자유로이 노동조합을 조직하거나 이에 가입할 수 있다. 다만, 공무원과 교원에 대하여는 따로 법률로 정한다.

무 등 의무에 있어서 어떠한 경우에도 인종에 의하여 차별대우를 받지 않는다(노동조합 및 노동관계조정법 제22조 본문).[46)]

3) 효 과

외국인근로자에게도 「근로기준법」, 「최저임금법」, 「산업안전보건법」 등 노동관계법이 내국인근로자와 동일하게 적용된다. 이와 같이 국내에 합법적으로 취업한 외국인근로자에게도 내국인근로자와 동일하게 노동관계법이 적용되는 효과를 '동등성의 원칙'[47)]이라고도 한다. 「근로기준법」 등 노동관계법이 내국인근로자와 동일하게 외국인근로자에게도 적용되므로 사용자는 임금, 근로시간, 휴일, 연차 유급휴가 등 근로조건에 대해 성실하게 이행할 의무가 있고, 사용자의 부당해고 등에 대하여는 노동위원회 등을 통하여 권리구제가 가능하다.[48)]

외국인근로자에게도 「산업재해보상보험법」(산재보험 의무가입), 「국민건강보험법」(건강보험 의무가입), 「국민연금법」(국민연금 상호주의), 「고용보험법」(고용보험 임의가입) 등 4대 사회보험이 내국인근로자와 차별 없이 적용된다.[49)]

4) 한 계

사용자는 외국인근로자를 국적 또는 외국인근로자라는 이유만으로 부당하게 차별적 대우를 하여서는 안 된다는 것은 규정의 문언 그대로 '국적' 또는 '외국인근로자'라는 이유로, '부당하게' 차별적 대우를 하여서는 안 된다는 것을 의미한다.[50)] 따라서 외국인근로자에 대한 차별적 대우가 '국적' 또는 '외국인근로자'라는 이유만에 기초한 것인지, 직무성격 또는 업무 숙련도, 근무경력, 능력과 생산성 등을 고려한 차별인지를 검토하여야 한다.[51)] 사용자가 직무성격 또는 외국인근로자의 업무 숙련도, 근무경력, 능력과 생산성 등에 따라 합리적으로 차별대우하는 것은 가능하다. 또한 외국인근로자에게 내국인근로자와는 달리 임금수준에 차이가 있을지라도 복리후생적 제급여, 교육·훈련의 기회, 숙식의 제공 등을 종합적으로 고려해야 하므로 임금수준의 차이만으로 부당한 차별이라고 할 수는 없다.[52)]

---

46) **노동조합 및 노동관계조정법 제22조 (조합원의 권리와 의무)** 노동조합의 조합원은 균등하게 그 노동조합의 모든 문제에 참여할 권리와 의무를 가진다. 다만, 노동조합은 그 규약으로 조합비를 납부하지 아니하는 조합원의 권리를 제한할 수 있다.

47) 하갑래, 외국인근로자 활용제도에 관한 입법론적 연구, 동국대학교 대학원 박사논문, 2003, p. 9.

48) 노동부, 고용허가제 업무편람, 열림기획, 2011, p. 18.

49) 앞의 업무편람, p. 259.

50) 헌법재판소 2009. 9. 24. 자 2006헌마1264 결정.

51) 최홍엽, 외국인근로자와 균등대우, 한국노동법학회 노동법학 제17호, pp. 69~112, 2003, p. 71; 고준기·이병운, 개정 고용허가제의 문제점과 개선방안 - 2009년 10월 9일 개정 법률을 중심으로, 한국비교노동법학회 노동법논총 제18집, 2010, p. 7.

사용자가 「외국인근로자의 고용 등에 관한 법률」 제22조(차별금지)를 실제로 위반하였을지라도 「근로기준법」에 의한 처벌은 별론으로 하고, 「외국인근로자의 고용 등에 관한 법률」에서는 그 위반에 대한 제재규정 내지 벌칙규정이 없다.[53)]

(3) 남녀 차별금지의 원칙

1) 의 의

「헌법」에서는 "모든 국민은 법 앞에 평등하다. 누구든지 성별 (중략)에 의하여 정치적 · 경제적 · 사회적 · 문화적 생활의 모든 영역에 있어서 차별을 받지 아니한다." 라고 규정하고 있다(헌법 제11조 제1항). 남녀 차별금지의 원칙이란 사업주가 외국인근로자에게 성별, 혼인, 가족 안에서의 지위, 임신 또는 출산 등의 사유로 합리적인 이유 없이 채용 또는 근로의 조건을 다르게 하거나 그 밖의 불리한 조치를 하여서는 아니되는 것을 말한다(남녀고용평등과 일 · 가정 양립 지원에 관한 법률 제2조 제1호 본문 참고). 남녀 차별금지의 원칙에는 사업주가 채용조건 또는 근로조건은 동일하게 적용하더라도 그 조건을 충족할 수 있는 남성 또는 여성이 다른 한 성(性)에 비하여 현저히 적고 그에 따라 특정 성에게 불리한 결과를 초래하며 그 조건이 정당한 것임을 증명할 수 없는 경우를 포함한다(남녀고용평등과 일 · 가정 양립 지원에 관한 법률 제2조 제1호). 다만, 직무의 성격에 비추어 특정 성이 불가피하게 요구되는 경우, 여성 외국인근로자의 임신 · 출산 · 수유 등 모성보호를 위한 조치를 하는 경우, 그 밖에 법률에 따라 적극적 고용개선조치를 하는 경우의 어느 하나에 해당할 때 남녀 차별금지의 원칙에서 제외된다(남녀고용평등과 일 · 가정 양립 지원에 관한 법률 제2조 제1호 단서). 남녀 차별금지의 원칙은 단순외국인력에게만 적용되는 것이 아니라, 전문외국인력에게도 마찬가지로 적용된다.

2) 적용범위

「남녀고용평등과 일 · 가정 양립 지원에 관한 법률」에 따르면, 남녀 차별금지의 원칙은 외국인근로자를 사용하는 모든 사업 또는 사업장에 적용된다(남녀고용평등과 일 · 가정 양립 지원에 관한 법률 제3조 제1항 본문).

다만, 「남녀고용평등과 일 · 가정 양립 지원에 관한 법률」 제3조 제1항 단서에서는 "대통령령으로 정하는 사업에 대하여는 전부 또는 일부를 적용하지 아니할 수 있다."라고 규정하고, 「남녀고용평등과 일 · 가정 양립 지원에 관한 법률 시행령」에 따르면 ⅰ) 동거하는 친족만으로 이루어지는 사업 또는 사업장, ⅱ) 가사사용인에

52) 최홍엽, 외국인근로자와 균등대우, 한국노동법학회 노동법학 제17호, pp. 69~112, 2003 p. 71 참고.

53) 헌법재판소 2009. 9. 24. 자 2006헌마1264 결정.

대하여는 「남녀고용평등과 일 · 가정 양립 지원에 관한 법률」의 전부를 적용하지 아니하고(남녀고용평등과 일 · 가정 양립 지원에 관한 법률 시행령 제2조 제1항), 상시 5명 미만의 근로자를 고용하는 사업 또는 사업장에 대하여는 같은 법 제8조부터 제10조까지 및 제11조 제1항을 적용하지 아니한다(남녀고용평등과 일 · 가정 양립 지원에 관한 법률 시행령 제2조 제2항).54)

3) 내 용

「남녀고용평등과 일 · 가정 양립 지원에 관한 법률」 제7조 제1항에서는 "사업주는 근로자를 모집하거나 채용할 때 남녀를 차별하여서는 아니된다."라고 규정하고, 제7조 제2항에서는 "사업주는 여성 근로자를 모집 · 채용할 때 그 직무의 수행에 필요하지 아니한 용모 · 키 · 체중 등의 신체적 조건, 미혼 조건, 그 밖에 고용노동부령으로 정하는 조건을 제시하거나 요구하여서는 아니 된다."라고 규정하고 있다. 「남녀고용평등과 일 · 가정 양립 지원에 관한 법률」 제37조 제4항 제1호에서는 "사업주가 제7조를 위반하여 근로자의 모집 및 채용에서 남녀를 차별하거나, 여성 근로자를 모집 · 채용할 때 그 직무의 수행에 필요하지 아니한 용모 · 키 · 체중 등의 신체적 조건, 미혼 조건 등을 제시하거나 요구한 경우의 어느 하나에 해당하는 위반행위를 한 경우에는 500만원 이하의 벌금에 처한다."라고 벌칙으로 규정하고 있다.

「근로기준법」에서도 "사용자는 근로자에 대하여 남녀의 성(性)을 이유로 차별적 대우를 하지 못하고"라고 남녀 차별금지를 규정하고(근로기준법 제6조), "사용자가 이를 위반하여 외국인근로자를 남녀의 성을 이유로 차별적으로 대우할 경우에는 500만원 이하의 벌금에 처한다."라고 벌칙으로 규정하고 있다(근로기준법 제114조 제1호). 그리고 「노동조합 및 노동관계조정법」에서는 "노동조합의 조합원은 어떠한 경우에도 (중략) 성별에 의하여 차별대우를 받지 아니한다."라고 하여(노동조합 및 노동관계조정법 제9조), 노동조합의 조합원에 대하여 남녀의 구별에 의한 차별대우 금지를 규정하고 있다.

---

54) 남녀고용평등과 일 · 가정 양립 지원에 관한 법률 제8조 (임금)
① 사업주는 동일한 사업 내의 동일 가치 노동에 대하여는 동일한 임금을 지급하여야 한다.
② 동일 가치 노동의 기준은 직무 수행에서 요구되는 기술, 노력, 책임 및 작업 조건 등으로 하고, 사업주가 그 기준을 정할 때에는 제25조에 따른 노사협의회의 근로자를 대표하는 위원의 의견을 들어야 한다.
③ 사업주가 임금차별을 목적으로 설립한 별개의 사업은 동일한 사업으로 본다.
남녀고용평등과 일 · 가정 양립 지원에 관한 법률 제9조 (임금 외의 금품 등) 사업주는 임금 외에 근로자의 생활을 보조하기 위한 금품의 지급 또는 자금의 융자 등 복리후생에서 남녀를 차별하여서는 아니 된다.
남녀고용평등과 일 · 가정 양립 지원에 관한 법률 제10조 (교육 · 배치 및 승진) 사업주는 근로자의 교육 · 배치 및 승진에서 남녀를 차별하여서는 아니 된다.
남녀고용평등과 일 · 가정 양립 지원에 관한 법률 제11조 (정년 · 퇴직 및 해고)
① 사업주는 근로자의 정년 · 퇴직 및 해고에서 남녀를 차별하여서는 아니 된다.

(4) 종교 차별금지의 원칙

1) 의 의

「헌법」에서는 "모든 국민은 법 앞에 평등하다. 누구든지 종교에 의하여 정치적 · 경제적 · 사회적 · 문화적 생활의 모든 영역에 있어서 차별을 받지 아니한다."라고 규정하고 있다(헌법 제11조 제1항). 종교 차별금지의 원칙이란 사용자는 외국인근로자가 종교를 가지고 있거나 종교가 없다는 것과는 상관없이 채용 또는 근로조건에 차별 없는 균등한 처우를 하여야 하는 것을 말한다. 이를 신앙 차별금지의 원칙[55] 또는 신앙의 자유 억압 금지의 원칙이라고도 한다. 종교 차별금지의 원칙은 단순외국인력에게만 적용되는 것이 아니라, 전문외국인력에게도 마찬가지로 적용된다.

2) 내 용

(가) 모집 · 채용 단계

종교 차별금지의 원칙은 외국인근로자의 모집 · 채용 단계에서도 적용된다. 「고용정책기본법」에서는 "사업주는 근로자를 모집 · 채용할 때에 합리적인 이유 없이 신앙을 이유로 차별을 하여서는 아니 되며, 균등한 취업기회를 보장하여야 한다."라고 규정하고 있다(고용정책기본법 제7조 제1항). 또한 「국가인권위원회법」에서는 모집 · 채용과 관련하여 '합리적인 이유 없이 종교를 이유로 특정한 사람을 우대 · 배제 · 구별하거나 불리하게 대우하는 행위'를 평등권 침해의 차별행위라고 규정하고 있다(국가인권위원회법 제2조 제3호 가목).

(나) 근로조건

종교 차별금지의 원칙은 외국인근로자의 근로조건에도 당연히 적용된다. 「근로기준법」에서는 "사용자는 근로자에 대하여 신앙을 이유로 근로조건에 대한 차별적 처우를 하지 못한다."라고 하여 균등한 처우 중에서 종교 차별금지를 규정하고(근로기준법 제6조), "사용자가 이를 위반하여 외국인근로자에게 신앙을 이유로 차별적으로 대우할 경우에는 500만원 이하의 벌금에 처한다."라고 벌칙으로 규정하고 있다(근로기준법 제114조 제1호). 그리고 「노동조합 및 노동관계조정법」에서는 "노동조합의 조합원은 어떠한 경우에도 종교에 의하여 차별대우를 받지 아니한다."라고 하여 노동조합의 조합원에 대해 종교를 이유로 한 차별대우의 금지를 규정하고 있다(노동조합 및 노동관계조정법 제9조).

3) 사 례

사용자가 외국인근로자에게 회사의 종교행사에 참가하도록 요구할 경우에는 외국

55) 하갑래 · 최태호, 외국인 고용과 근로관계, ㈜중앙경제, 2005, p. 335.

인근로자는 회사의 종교행사에 참가하는 것을 거부할 권리를 갖는다.[56] 그리고 외국인근로자의 사업·사업장 배치 또는 변경과 관련하여, 외국인근로자의 종교적 신념으로 특정한 사업 또는 사업장에서 근무가 부적합한 경우가 있을 수 있고, 종교적 사유에 기한 사업장 변경 신청을 불허하는 것은 차별의 소지가 있을 수 있다.

외국인근로자가 근로시간 중에 종교의식을 갖거나 종교행사를 이유로 기업의 경영 질서를 문란하게 하거나 기업의 경영을 방해할 경우에는 사용자가 이를 금지하더라도 「근로기준법」에서 정한 차별금지에 해당하지 않는다. 반면에, 외국인근로자가 근로시간이 아닌 휴게시간 등을 이용하여 종교의식 또는 종교 행사를 하여 기업의 경영 질서를 문란하게 하지 않거나 기업의 경영을 방해하지 않는다면 사용자가 이를 금지할 때에는 「근로기준법」에서 정한 차별금지에 해당할 수 있다.[57]

(5) 직장내 성희롱 금지의 원칙

1) 의 의

(가) 개 념

직장내 성희롱 금지의 원칙이란 사업주·상급자 또는 근로자가 직장 내의 지위를 이용하거나 업무와 관련하여 다른 근로자에게 성적 언동 등으로 성적 굴욕감 또는 혐오감을 느끼게 하거나 성적 언동 또는 그 밖의 요구 등에 따르지 아니하였다는 이유로 고용에서 불이익을 주어서는 안 된다는 것을 말한다(남녀고용평등과 일·가정 양립 지원에 관한 법률 제2조 제2호, 국가인권위원회법 제2조 제3호 라목 참고). 「남녀고용평등과 일·가정 양립 지원에 관한 법률」에서 말하는 '근로자'란 사업주에게 고용된 자와 취업할 의사를 가진 자를 말하는 것으로, 사용종속관계에 있는 외국인근로자도 이에 해당된다(남녀고용평등과 일·가정 양립 지원에 관한 법률 제2조 제4호). 직장내 성희롱 금지의 원칙은 외국인근로자의 기본적 인권보장의 측면에서 외국인근로자를 고용하는 고용환경을 악화시키는 것을 방지하는 기능을 수행한다. 직장내 성희롱 금지의 원칙은 단순외국인력에게만 적용되는 것이 아니라, 전문외국인력에게도 마찬가지로 적용된다.

성희롱의 개념이 「형법」상의 강간(성폭행), 강제추행과는 행위태양 및 불법행위성의 강도에 따라 어느 정도 중첩성이 있는 것은 사실이다(형법 제297조, 제298조 참고).[58] 다만, 아래에서는 성희롱의 개념을 「형법」상 폭행과 협박을 수단으로 하는 강간죄, 강제추행죄라는 형사범죄까지 이르지 않는 좁은 의미로 사용하기로 한다.

---

56) 앞의 책, p. 335.
57) 앞의 책, p. 335.
58) 황현락, 성희롱의 이해와 쟁점, 한국형사정책연구원 형사정책연구소식, 2010, pp. 26~27.

(나) 관련 법령에 따른 개념

「여성발전기본법」, 「국가인권위원회법」, 「남녀고용평등과 일·가정 양립 지원에 관한 법률」에서 규정된 성희롱의 개념은 표현의 차이만 있을 뿐 그 내용은 대동소이하다.[59)]

첫째, 「여성발전기본법」에서는 남녀평등과 여성발전을 위해 국가와 지방자치단체, 사업주가 해야 할 조치로서 성희롱 예방 교육과 방지 조치를 함에 있어서 사용되는 사전적事前的 개념으로 사용되고 있다(여성발전기본법 제3조 제4호, 제17조의2, 동법 시행령 제2조 제4항). 둘째, 「국가인권위원회법」에서는 성희롱을 평등권 침해의 차별행위의 유형으로 국가인권위원회가 진정을 접수받고 조사하여 사건을 처리하는 데 사용되는 사후적事後的 개념으로 사용되고 있다. 그러나 대법원 판결에 따르면, 국가인권위원회법에 의한 성희롱 행위가 성립하기 위하여는 국가인권위원회법 제2조 제3호 라목의 요건을 충족하면 성립하고 당해 행위가 성희롱 대상자를 우대·배제·구별하거나 불리하게 대우하는 행위이어야 할 필요는 없다.[60)] 셋째, 「남녀고용평등과 일·가정 양립 지원에 관한 법률」에서는 직장내 성희롱 개념이 사용되고 있다. 사업주·상급자 또는 근로자가 직장내의 지위를 이용하거나 업무와 관련하여 다른 근로자에게 성적 언동 등으로 성적 굴욕감 또는 혐오감을 느끼게 하거나 성적 언동 그 밖의 요구 등에 대한 불응을 이유로 고용에서 불이익을 주는 것으로 정의함으로써, 환경형 성희롱 및 조건형 성희롱으로 구분하고 있다고 볼 수 있다.[61)]

(다) 연 혁

1995년 「여성발전기본법」에 처음으로 성희롱이란 용어가 사용된 이래, 현재는 「여성발전기본법」, 「국가인권위원회법」, 「남녀고용평등과 일·가정 양립 지원에 관한 법률」에서 성희롱은 법률적 개념으로 사용된다.[62)] 종전에 여성부가 「남녀차별금지 및 구제에 관한 법률」에 근거하여 행하던 남녀차별 사건의 조사·처리 기능이 2005년부터 국가인권위원회로 이관되어, 국가인권위원회가 성희롱 발생 이후의 구제절차를 담당하게 되었다. 「국가인권위원회법」에서는 성희롱을 '평등권 침해의 차별행위'의 하나로 규정하고 있다(국가인권위원회법 제2조 제3호 라목).[63)]

59) 김용화, 성희롱 판단기준에 대한 소고, 경상대학교 법학연구소 법학연구, 2012, p. 27.
60) 대법원 2008. 10. 9. 선고 2008두7854 판결 참고.
61) 김용화, 성희롱 판단기준에 대한 소고, 경상대학교 법학연구소 법학연구, 2012, p. 27.
62) 황현락, 성희롱의 이해와 쟁점, 한국형사정책연구원 형사정책연구소식, 2010, p. 26.
63) 강동욱, 직장내 성희롱에 대한 결정 등의 성격 및 성희롱의 적용범위, 한양법학회 한양법학, 2012, p. 97; 차선자, 국가인권위원회법의 성희롱 개념 및 그 규제에 관한 고찰, 한국법철학회 법철학연구, 2005, p. 314.

2) 구분 및 판단기준

(가) 구 분

직장내 성희롱은 육체적 행위, 언어적 행위, 시각적 행위로 구분될 수 있다. 육체적 행위란 입맞춤, 포옹, 뒤에서 껴안기 등 신체적 접촉행위와 가슴 등 특정 신체부위를 만지는 행위를 말한다. 언어적 행위란 음란한 농담을 하는 행위, 외모에 대한 성적인 비유 또는 평가를 하는 행위, 성적 사실관계를 묻거나 의도적으로 유포, 성적 관계를 강요 또는 회유하는 행위, 회식자리 등에서 무리하게 옆에 앉혀 술을 따르도록 강요하는 행위를 말한다. 시각적 행위란 음란한 사진 · 낙서 · 출판물 등을 게시하거나 만지는 행위, 성과 관련된 특정한 신체부위를 고의적으로 노출시키거나 만지는 행위, 기타 사회통념상 성적 굴욕감을 유발하는 것으로 인정되는 언동을 말한다.[64)]

(나) 판단기준

성희롱의 판단기준으로는 ⅰ) 성희롱 행위의 당사자, ⅱ) 업무와의 관련성, ⅲ) 원하지 않는 성적 언동, ⅳ) 피해자의 성적인 굴욕감 또는 혐오감, ⅴ) 성적인 접근에 대한 거절에 기인한 근무상 또는 고용상의 불이익이다.[65)]

3) 내 용

(가) 예방교육

「남녀고용평등과 일 · 가정 양립 지원에 관한 법률」에 의하면, 사업주 · 상급자 또는 근로자는 직장내 성희롱을 하여서는 아니 된다(남녀고용평등과 일 · 가정 양립 지원에 관한 법률 제12조). 사업주는 직장내 성희롱을 예방하고 근로자(외국인근로자를 포함한다)가 안전한 근로환경에서 일할 수 있는 여건을 조성하기 위하여 직장내 성희롱의 예방을 위한 교육을 연 1회 이상 실시하여야 한다(남녀고용평등과 일 · 가정 양립 지원에 관한 법률 제13조 제1항, 동법 시행령 제3조 제1항). 직장내 성희롱 예방 교육에는 직장 내 성희롱에 관한 법령, 해당 사업장의 직장 내 성희롱 발생시의 처리 절차와 조치 기준, 해당 사업장의 직장 내 성희롱 피해 근로자의 고충상담 및 구제 절차, 그 밖에 직장 내 성희롱 예방에 필요한 사항의 내용이 포함되어야 한다(남녀고용평등과 일 · 가정 양립 지원에 관한 법률 시행령 제3조 제2항).

(나) 구 제

직장내 성희롱 발생이 확인된 경우에는, 사업주는 지체 없이 행위자에 대하여 징계나 그 밖에 이에 준하는 조치를 하여야 한다(남녀고용평등과 일 · 가정 양립 지원에 관한 법률 제14조 제1항). 사업주는 직장내 성희롱과 관련하여 피해를 입은 근로자(외국인근로자를 포함한다) 또는 성희롱 피해 발생을 주장하는

64) 강수돌, 기업경영과 노동법, 한울출판사, 2010, p. 92.
65) 황현락, 성희롱의 이해와 쟁점, 한국형사정책연구원 형사정책연구소식, 2010, p. 28.

근로자(외국인근로자를 포함한다)에게 해고나 그 밖의 불리한 조치를 하여서는 아니 된다(남녀고용평등과 일·가정 양립 지원에 관한 법률 제14조 제2항).

2. 보충성의 원칙

(1) 의 의

1) 개 념

보충성의 원칙은 외국인근로자의 활용이 국내노동시장에 부정적인 영향을 주어서는 아니 된다는 요구로부터 도출된다.[66] 보충성의 원칙이란 사용자는 내국인근로자가 취업하기에 가능 또는 불가능하거나 어려운 업무 분야에서 내국인근로자의 고용기회 증진 또는 적정임금 보장 등을 이유로 외국인근로자를 보완적으로 채용할 수 있다는 것을 말한다. 국내노동시장에서 필요한 업종에 한하여 적정한 규모의 외국인근로자를 보충적으로 도입하는 것이다.[67] 이를 내국인 고용기회 보호의 원칙,[68] 내국인근로자 우선고용의 원칙, 국내노동시장 보완성의 원칙[69]이라고도 한다. 보충성의 원칙은 외국인근로자 고용이 내국인근로자의 고용기회 내지 일자리를 침해 대체하기 위한 것이 아니라 이를 보완하기 위한 것이다. 넓은 의미의 보충성의 원칙에는 외국인력의 도입업종·도입규모를 국내노동시장의 상황을 반영하여 유연하게 조정하는 것도 포함된다.[70]

보충성의 원칙은 대한민국의 「출입국관리법」과 「외국인근로자의 고용 등에 관한 법률」에서만 채택하고 있는 단순외국인력 활용의 기본원칙이 아니라, 미국·인도 등 다수의 국가에서 단순외국인력 활용에 대하여 일반적으로 인정된 보편원칙이라고 할 수 있다.[71] 「고용정책기본법」에서도 "국가는 노동시장에서의 원활한 인력수급을 위하여 외국인근로자를 도입할 수 있다. 이 경우 국가는 국민의 고용이 침해되지 아니하도록 노력하여야 한다."라고 규정하고 있다(고용정책기본법 제31조 제1항). 보충성의 원칙을 구체적으로 실현하기 위하여 노동시장 테스트, 외국인력 도입업종·도입규모의 지

66) 헌법재판소 2009. 9. 24. 자 2006헌마1264 결정.

67) 하갑래, 외국인근로자 활용제도에 관한 입법론적 연구, 동국대학교 대학원 박사논문, 2003, p. 9 참고.

68) 하갑래·최태호, 외국인 고용과 근로관계, ㈜중앙경제, 2005, p. 99; 하갑래, 근로기준법, ㈜중앙경제 제22판, 2010, p. 910.

69) 임현진·설동훈, 외국인근로자 고용허가제 도입방안, 노동부연구용역, 2000, p. 97.

70) 고준기·이병운, 개정 고용허가제의 문제점과 개선방안 - 2009년 10월 9일 개정 법률을 중심으로, 한국비교노동법학회 노동법논총 제18집, 2010, p. 3.

71) 최홍엽, 외국인 고용허가제 아래의 근로계약관계, 한국비교노동법학회 노동법논총 제18집, 2010, p. 99.

정이 활용되고 있다. 전문외국인력의 개념에 대한 새로운 견해 중 전문외국인력·준전문외국인력 고용의 경우에는 보충성의 원칙이 적용될 수 있다.

2) 구별개념: 대체성의 원칙

대체성의 원칙이란 사용자가 내국인근로자의 취업이 불가능하거나 어려운 업무 분야에서 내국인근로자를 채용하려 하여도 할 수 없는 경우만을 말한다. 대체성의 원칙은 보충성의 원칙과 구별된다는 견해가 있다. 이 견해에 의하면 보충성의 원칙이란 내국인근로자의 근로가 가능한 분야에서 내국인근로자를 채용하려 하여도 할 수 없는 경우에 외국인근로자의 취업을 인정하는 것을 말한다. 업무의 성격상 내국인근로자가 근무를 담당하기 불가능하거나 어려운 업무의 영역에서 일정한 체류자격을 가진 외국인근로자만이 근로를 할 수 있도록 한다는 점에서 단순외국인력 고용의 기본원칙에 대하여 「출입국관리법」은 대체성의 원칙을 채택하고 있다. 그 논거는 「출입국관리법」 제17조 제1항에서 "외국인은 그 체류자격과 체류기간의 범위에서 대한민국에 체류할 수 있다.", 「출입국관리법」 제18조 제1항에서 "외국인이 대한민국에서 취업하려면 대통령령으로 정하는 바에 따라 취업활동을 할 수 있는 체류자격을 받아야 한다.", 「출입국관리법」 제18조 제2항에서 "체류자격을 가진 외국인은 지정된 근무처가 아닌 곳에서 근무하여서는 아니 된다."라고 규정하고 있다.[72)]

대체성의 원칙에 따르면 소위 3D업종에서 내국인근로자의 근로 회피와 인력부족 현상으로 인해 외국인근로자를 도입한 것이 해외투자기업 산업기술연수제도와 단체추천형 산업연수생제도(폐지) 및 고용허가제도이다. 보충성의 원칙은 내국인근로자의 취업이 가능한 업무 분야에서 내국인근로자의 공급 부족을 이유로 일정한 체류자격을 가진 외국인근로자의 근로를 인정하는 것이다. 보충성의 원칙은 대체성의 원칙보다 국내노동시장에 미치는 영향이 크다. 따라서 보충성의 원칙에 대해 폭넓은 예외를 인정할 경우에는 국내노동시장의 동일 직군에서 내국인근로자와 외국인근로자가 서로 경쟁하게 되어 임금 대비 생산성이 높은 외국인근로자에게 유리하게 되고, 「헌법」 제32조에 규정된 국가의 내국인근로자 고용증진 노력의무와 적정임금보장 노력의무를 규범적으로 위반할 소지가 있다.[73)]

3) 법적 근거

보충성의 원칙은 「출입국관리법」 제17조(외국인의 체류 및 활동범위) 및 제18조(외국인 고용의 제한), 그리고 「외국인근로자의 고용 등에 관한 법률」 제4조(외국인

72) 전형배, 외국인근로자 고용정책, 저스티스 제109호, 한국법학원, 2009, pp. 295~296.
73) 앞의 논문, pp. 295~296.

력정책위원회) 및 제6조(내국인 구인 노력) 등에 그 법적 근거를 두고 있다. 사용자가 내국인근로자의 취업이 불가능하거나 어려운 업무 분야에서 내국인근로자를 채용하려 하여도 할 수 없는 경우만을 대체성의 원칙으로 별도로 분류하고, 이를 보충성의 원칙과 개념적으로 구별하고자 하는 견해에 의해서도 「출입국관리법」 제17조 및 제18조는 보충성 원칙의 법적 근거로 될 수 있다. 고용증진 또는 고용기회의 보장은 「헌법」상 근로의 권리에 근거한 것으로 국가가 그 국민에게 보장한 권리이다. 따라서 외국인근로자는 국가로부터 고용증진 또는 고용기회를 보장받는 대상자가 아니고, 외국인근로자에게는 내국인근로자의 근로기회를 침해 또는 대체하지 아니한다는 전제로 예외적으로만 인정된다.[74]

4) 기 능

보충성의 원칙은 내국인근로자에게 우선적으로 근로의 기회를 보장하기 위해 내국인근로자를 채용하지 못한 경우에만 외국인근로자를 고용하도록 하거나 필요한 업종에 한하여 적정한 규모의 외국인근로자를 도입하는 것이므로 내국인근로자의 고용기회 및 고용증진, 적정임금, 근로조건을 보장하는 효과가 있다.[75] 외국인근로자를 고용하려는 사용자에게 불편을 초래하는 측면도 있으나, 사용자가 외국인근로자를 채용하는 것을 절차적으로 어렵도록 하여 국내노동시장에서 외국인근로자의 공급량을 조절하고 이를 통하여 외국인근로자의 근로조건을 개선하는 측면도 있다.[76]

5) 국적 차별금지의 원칙과의 관계

보충성의 원칙은 내국인근로자의 고용기회 증진 또는 적정임금 보장을 그 주된 목적으로 하는 것으로 외국인근로자는 국내노동시장을 보완하는 존재로 이해된다. '국내노동시장을 보완하는 외국인근로자'로서의 지위는 이미 '차별' 대우를 받는 것을 전제로 한 것이다. 하나의 국내노동시장에서 내국인근로자와 외국인근로자가 서로 경쟁하게 되면 고용정책은 보충성의 원칙을 관철하기 위하여 외국인근로자를 차

---

74) 고준기, 외국인근로자의 사업장변경 실태와 문제점 및 법적개선방안, 한국비교노동법학회 노동법논총 제23집, 2011, p. 153; 유길상, 고용허가제 시행 3년에 대한 평가 및 발전방향, <고용허가제 시행 3주년 기념> 동아시아의 저숙련 외국인력정책, 2007, p. 28 외국인근로자의 내국인근로자 보완 참고; 문준조, 주요 국가의 외국인 이주 노동자의 지위와 규제에 관한 연구, 한국법제연구원, 2007, p. 223.

75) 이대창 · 설동훈 · 강준원 공저, 외국인 고용허용 업종추가 연구, 고용노동부 연구용역, 2011, p. 28; 하갑래, 외국인근로자 활용제도에 관한 입법론적 연구, 동국대학교 대학원 박사논문, 2003, p. 9.

76) 최홍엽, 외국인 고용허가제 아래의 근로계약관계, 한국비교노동법학회 노동법논총 제18집, 2010, p. 99.

별적으로 취급하게 된다. 고용정책은 우선적으로 국민의 실업을 방지하고 고용을 유지·증진을 그 목적으로 하기 때문이다.[77)]

보충성의 원칙은 국적 차별금지의 원칙과의 관계에서 정합성이 결여된다. 외국인근로자에 대한 보충성의 원칙과 국적 차별금지의 원칙은 그 지향점 내지는 관점이 상충하고 있다. 그러나 보충성 원칙은 외국인근로자가 국내노동시장에 편입되기 전까지는 '선별적'으로 편입시키는 것을 의미하고, 국적 차별금지 원칙은 외국인근로자가 국내노동시장에 편입된 이후에는 인권 등 보편적 원리에 따라 차별 없이 대우된다는 것을 의미한다.[78)]

(2) 노동시장 테스트

1) 의 의

노동시장 테스트Labor Market Test란 내국인근로자의 일자리가 외국인근로자에 의해 대체되지 않도록 하거나 외국인근로자의 고용이 내국인근로자의 근로기회·근로조건을 저해하지 않도록 하기 위하여 국내노동시장에서 내국인근로자에 견주어 외국인력을 평가하는 것을 말한다. 이를 인력필요확인labor certification, 고용검증job validation이라고도 한다. 사용자는 노동시장 테스트를 통해 두 가지를 증명하여야 한다. 첫째, 자격 있는 내국인근로자 중에서 해당 일자리에 지원한 자가 없다는 것이다. 둘째, 외국인근로자의 고용이 유사 직종에 종사하는 다른 내국인근로자의 근로기회·근로조건을 악화시키지 않는다는 것이다.[79)] 광의의 노동시장 테스트에는 외국인근로자가 자격요건, 경력, 학력 등 일정한 능력이 있다는 것이 객관적으로 평가되어야 한다. 일반적으로 전문외국인력에 대하여는 노동시장 테스트를 생략하고, 단순외국인력에 대하여만 적용한다.[80)]

2) 내 용

(가) 내국인 구인노력

(a) 개 념: 내국인 구인노력이란 내국인근로자의 일자리가 외국인근로자에 의해 침해 또는 저해되지 않도록 하기 위해 국내노동시장에서 내국인근로자를 채용하기 위하여 노력하였음에도 내국인근로자를 채용하지 못하였음을 증명하는 것을 요건으

77) 전형배, 외국인근로자의 노동인권, 한국비교노동법학회 노동법논총 제18집, pp. 125~157, 2010, pp. 130~131 참고.

78) 노상헌, 동아시아 국가의 외국인근로자 유입과 법적 보호, 한국비교노동법학회 노동법논총 제19집, pp. 1~27, 2010, p. 22; 하갑래, 근로기준법, ㈜중앙경제 제22판, 2010, p. 134.

79) 한국이민학회, 전문외국인력 비자제도 개선방안에 관한 연구, 법무부 연구용역, 2008, p. 119.

80) 하갑래·최태호, 외국인 고용과 근로관계, ㈜중앙경제, 2005, p. 100.

로 외국인근로자의 고용을 허가하는 것을 말한다.[81] 내국인 구인노력은 외국인근로자가 고용되기 전에 적용되는 사전적인 노동시장 테스트에 해당한다. 내국인 구인노력의 대표적인 예로는 직업안정기관을 통한 내국인근로자 구인노력(외국인근로자의 고용 등에 관한 법률 제6조) 및 구인광고를 통한 내국인근로자 구인노력(외국인근로자의 고용 등에 관한 법률 시행규칙 제5조의2 제1호)이 있다.[82]

(b) 직업안정기관을 통한 구인노력: 「외국인근로자의 고용 등에 관한 법률」에서는 직업안정기관을 통한 내국인근로자 구인노력 의무를 규정하고 있다. 외국인근로자를 고용하려는 사용자는 「직업안정법」 제2조의2 제1호에 따른 직업안정기관에 우선 내국인근로자 구인 신청을 하여야 하고(외국인근로자의 고용 등에 관한 법률 제6조 제1항), 직업안정기관의 장은 외국인근로자를 고용하려는 사용자로부터 내국인근로자 구인 신청을 받은 경우에는 사용자가 적절한 구인 조건을 제시할 수 있도록 상담·지원하여야 하며, 구인 조건을 갖춘 내국인이 우선적으로 채용될 수 있도록 직업소개를 적극적으로 하여야 한다(외국인근로자의 고용 등에 관한 법률 제6조 제2항). 그리고 내국인 구인 신청을 한 사용자는 직업안정기관의 직업소개를 받고도 인력을 채용하지 못한 경우에만 직업안정기관의 장에게 외국인근로자 고용허가를 신청할 수 있다(외국인근로자의 고용 등에 관한 법률 제8조 제1항 참고). 직업안정기관의 장은 외국인근로자 고용허가 신청을 받으면 '외국인근로자 도입업종 및 규모 등 대통령령으로 정하는 요건'을 갖춘 사용자에게 외국인구직자 명부에 등록된 자 중에서 적격자를 추천하여야 한다(외국인근로자의 고용 등에 관한 법률 제8조 제3항). 직업안정기관의 장은 외국인구직자 명부에 등록된 사람 중에서 추천된 적격자를 선정한 사용자에게 지체 없이 고용허가를 하고, 선정된 외국인근로자의 성명 등을 적은 외국인근로자 고용허가서를 발급하여야 한다(외국인근로자의 고용 등에 관한 법률 제8조 제4항).

(나) 근로조건의 증명

(a) 개 념: 근로조건의 증명attestations이란 외국인근로자가 사용자에 의해 고용되거나 고용된 후에 사용자는 그 외국인근로자의 근로조건을 신고하거나 그 근로조건에 대해 감독을 받는 것을 말한다. 근로조건의 증명은 외국인근로자의 근로조건에 초점을 둔 사후적인 노동시장 테스트에 해당한다.[83]

(b) 취 지: 근로조건의 증명을 둔 취지는 외국인근로자의 임금, 최저임금, 근로시간 등 근로조건에 대해 사후적으로 감독함으로써 유사 직종에 종사하는 내국인근로자의 근로조건을 보호하기 위한 것이다. 외국인근로자에게도 최저임금 등을 내국인근로자와 동일하게 적용하여 내국인근로자의 근로조건이 일정 수준 이하로 저하

81) 앞의 책, p. 100; 고준기·이병운, 개정 고용허가제의 문제점과 개선방안 – 2009년 10월 9일 개정 법률을 중심으로, 한국비교노동법학회 노동법논총 제18집, 2010, p. 3.
82) 하갑래·최태호, 외국인 고용과 근로관계, ㈜중앙경제, 2005, p. 100.
83) 한국이민학회, 전문외국인력 사증제도 개선방안에 관한 연구, 법무부 연구용역, 2008, p. 120 참고.

되는 것을 방지하는 효과가 있다.

(c) **표준근로계약서:** 「외국인근로자의 고용 등에 관한 법률」에서는 근로조건의 증명과 관련하여, 외국인근로자의 표준근로계약서를 규정하고 있다. 적격자를 선정하여 고용허가서를 발급받은 사용자가 그 외국인근로자를 고용하려면, 표준근로계약서를 사용하여 고용허가서 발급일부터 3개월 이내에 외국인근로자와 근로계약을 체결하여야 한다(외국인근로자의 고용 등에 관한 법률 제9조 제1항, 동법 시행령 제14조 제1항). 사용자와 외국인근로자 간에 근로계약을 체결할 때에는 표준근로계약서를 사용해야 한다.

(다) 점수평가제

(a) **개 념:** 점수평가제는 광의의 노동시장 테스트에 포함될 수 있다. 점수평가제point assessment system란 외국인력의 자격요건, 경력, 학력, 훈련, 나이, 언어능력, 개인능력 등을 객관적으로 수치화하여 일정한 점수 이상을 획득한 자에 한하여 입국을 허가하는 제도를 말한다. 원래 점수평가제는 전문외국인력을 유치하기 위해 개발 도입된 제도이다. 점수평가제는 외국인근로자가 입국하기 전에 또는 고용되기 전에 적용되는 사전적인 노동시장 테스트에 해당한다. 객관적 평가기준에 따라 획득된 점수에 근거하여 잠재적인 이민자를 평가하는 제도이다. 유입국가에게 장기적으로 이득이 되는 기술평가에 기초하고 있다.[84] 점수평가제를 통하여 내국인근로자의 일자리 및 근로기회·근로조건을 보호할 수 있다.

(b) **장·단점:** 점수평가제의 긍정적인 면은 첫째, 외국인력을 선발하는 과정에서 투명성·객관성 또는 효율성을 확보할 수 있다. 둘째, 국가와 국내노동시장이 필요로 하는 외국인력이 노동이민을 결정하는 데 요인 내지 유인책으로 작용된다.

점수평가제는 몇 가지 한계를 가지고 있다. 첫째, 신청자가 수행하여 온 직업에 대한 다양한 경험만을 측정할 수 있을 뿐이며 그 분야의 전문성 정도까지 측정할 수는 없다. 둘째, 상상력·창조력·적응력을 객관적으로 측정할 수 없어 상상력·창조력·적응력에 의해 영향을 받는 장래 경제적 기여의 가능성을 반영할 수 없다는 한계가 있다.[85]

(라) 고용업체의 자격요건 및 외국인 고용비율 등 제한

(a) **개 념:** 고용업체의 자격요건 및 외국인 고용비율 등 제한이란 특정활동(E-7) 체류자격에 해당하는 준전문인력, 숙련기능인력을 고용할 때에 고용업체의 자격요건, 고용업체별 외국인 고용의 허용인원 상한, 최저의 임금 요건 등을 설정하

---

84) IOM, Essentials of Migration Management - A Guide for Policy Makers and Practitioners, Volume Three Managing Migration: Immigration Systems, 2004, pp. 5~15.

85) 앞의 책, p. 16.

여 내국인근로자의 근로기회 · 근로조건을 저해하지 않도록 하는 것을 말한다. 전문인력 또는 글로벌 고급외국인력에 대하여는 동 제한을 원칙적으로 적용하지 않는다. 이하에서는 「사증발급편람」을 기준으로 설명하기로 한다.

(b) **고용업체의 자격요건:** 고용된 내국인근로자가 5명 미만이고 내수 위주인 고용업체는 원칙적으로 위의 외국인력(준전문인력, 숙련기능인력을 말한다) 고용을 제한한다. 다만, 특수한 기술을 보유하고 있거나 특수 언어지역을 대상으로 하는 무역업체로서 연간 매출액이 30억원 이상이고 주무부처(KOTRA, 무역협회) 등의 추천이 있는 경우에는 예외적으로 외국인력 고용을 허용한다.

(c) **외국인 고용비율:** 고용업체는 원칙적으로 고용된 내국인근로자의 20% 범위 내에서 특정활동(E-7) 체류자격의 외국인력을 고용할 수 있다. 내국인근로자의 20%를 초과하여 외국인력을 고용 중인 업체는 신규 및 대체 외국인력을 초청하는 것과 체류자격의 변경, 근무처의 변경 · 추가 등이 원칙적으로 허가되지 아니 한다. 다만, 첨단산업분야 또는 특수 언어지역을 대상으로 하는 우량 수출업체 등으로서 주무부처(KOTRA, 무역협회) 등의 추천이 있는 경우에는 내국인근로자의 50% 범위 내에서 외국인력을 추가적으로 고용하는 것이 허용된다.

업체별로 외국인 고용허용 인원을 별도로 정한 직종에 대하여는 해당 허용된 인원이 기준으로 적용된다. 여기에서 '별도로 정한 직종'은 국내복귀기업 생산관리자, 선박관리 전문가, 여행상품 개발자, 디자이너, 판매 사무원, 호텔 접수 사무원, 의료 코디네이터, 관광통역 안내원, 주방장 및 조리사, 해삼양식 기술자, 조선용접 기능공, 뿌리산업체 숙련기능공, 일반제조업체 및 건설업체 숙련기능공, 농축어업 숙련기능인이다.

(d) **임금 요건:** 외국인력을 저임금의 편법인력으로 활용하는 것을 방지하기 위하여 동종 직무를 수행하는 동일 경력의 내국인근로자의 평균임금과 연계하여 심사한다. 근로계약금액이 고용업체에 근무하는 동일 경력의 내국인근로자의 60% 미만(연간 급여 3,000만원 이상인 자에게 적용한다)이거나 월 150만원 미만(연간 급여 3,000만원 미만인 자에게 적용한다)인 경우 원칙적으로 외국인력 고용이 제한된다.

(3) 외국인력 도입업종 · 규모의 지정

1) 의 의

외국인력 도입업종 및 도입규모의 지정이란 인력(내국인근로자 · 외국인근로자)이 부족한 업종 또는 업종별로 인력(내국인근로자 · 외국인근로자)이 부족한 경우에 국내노동시장의 상황을 고려하여 외국인근로자의 활용이 가능한 도입업종과 도입규모를 사전에 지정하는 것을 말한다. 이를 외국인력 도입업종·규모의 통제, 외국인력 도입업종·규모의 제한[86]이라고도 한다. 이를 통하여 외국인근로자 전체의 쿼터와 업종별 쿼터, 외국인근로자의 고용비율 등이 결정된다.

2) 취 지

3D 업종 등 인력이 부족한 업종에서 근로를 제공하려는 자와 사용자 간에 근로조건의 괴리 등으로 일자리의 불일치가 발생하고 있다. 소득증가·고학력·고령화 등으로 국내 유휴인력의 취업유도를 통하여 일자리의 불일치를 해결하기에는 일정한 한계가 있다. 따라서 내국인근로자가 취업을 기피하는 업종 또는 외국인력 공급이 부족한 업종에 대하여는 외국인근로자의 공급이 불가피하다.[87] 이러한 배경에서 외국인력 도입업종·규모의 지정은 무제한적인 외국인근로자의 고용을 통제 억제함으로써 외국인력이 국내노동시장에 미치는 내국인근로자의 일자리 감소 등 영향을 최소화하고, 인력(내국인근로자·외국인근로자)이 부족한 분야에 적정수준의 외국인력을 공급 보충하는 것을 그 목적으로 한다.

3) 내 용

(가) 외국인력 도입업종의 지정

외국인력정책위원회는 외국인근로자 도입업종에 관한 사항을 심의·의결한다(외국인근로자의 고용 등에 관한 법률 제4조 제2항 제2호). 외국인근로자가 취업할 수 있는 업종을 결정하기 위하여는 국내의 실업증가 등 고용사정, 국내 산업별·직종별 인력부족 동향 등 매년 국내노동시장의 인력수급 현황 등과 연계하고, 내국인근로자의 고용기회를 보호하고, 불법체류자의 취업실태 등이 고려되어야 한다(외국인근로자의 고용 등에 관한 법률 제4조 제2항 제2호, 제5조 제2항).[88] 따라서 국내인력의 부족은 고령자, 여성 등 국내 유휴인력의 활용촉진이 우선적으로 고려되어야 하고, 외국인력은 보충적으로 활용되도록 하고 있다.[89]

(나) 외국인력 도입규모의 지정

(a) 의 의: 외국인력정책위원회는 외국인근로자 도입규모에 관한 사항을 심의·의결한다(외국인근로자의 고용 등에 관한 법률 제4조 제2항 제2호). 외국인근로자 도입규모를 지정하는 것은 국내에서

86) 하갑래·최태호, 외국인 고용과 근로관계, ㈜중앙경제, 2005, p. 100.

87) 대통령 자문 고령화 및 미래사회 위원회, 이민정책에 관한 연구 - immigration policy for Korea, 2005, p. 217.

88) 노동부, 고용허가제 업무편람, 열림기획, 2008, p. 7; 하갑래, 근로기준법, ㈜중앙경제 제22판, 2010, p. 913; 하갑래·최태호, 외국인 고용과 근로관계, ㈜중앙경제, 2005, p. 123.

89) 헌법재판소 2011. 9. 29. 자 2009헌마351 결정; 헌법재판소 2009. 9. 24. 자 2006헌마1264 결정.

단순외국인력에 대한 수요를 적정한 수준으로 유지하기 위한 것이다.[90] 외국인근로자 도입규모 지정은 도입업종의 지정과 마찬가지로 국내의 실업증가 등 고용사정, 국내 산업별·직종별 인력부족 동향 등 매년 국내노동시장의 인력수급 현황 등을 고려하여 제한될 수 있다. 국내 유휴인력의 활용촉진을 우선적으로 고려하여야 하고, 외국인력은 보충적으로 활용되도록 하고 있다.[91]

(b) 방 식

i. 의 의: 외국인력의 도입규모를 제한 조정하는 방식으로는 외국인력의 활용에 따른 비용을 외국인 고용부담금 등으로 부담케 하는 가격통제price control 방식, 외국인력의 도입규모를 사전에 지정하거나 업종별로 규모 또는 비율을 일정한 수준으로 제한하고 그 규모·비율 내에서 외국인력을 도입하도록 하는 수량통제quantity control 방식, 이 두 가지 방식을 혼합하는 방식으로 구분할 수 있다.[92] 이하에서 그 내용을 살펴보기로 한다.

ii. 가격통제 방식: 가격통제 방식의 대표적인 예로는 외국인 고용부담금제도levy system이다. 외국인 고용부담금제도란 외국인근로자를 고용하는 사용자가 외국인근로자를 고용할 때마다 일정액의 세금 또는 수수료를 부담하도록 하는 것을 말한다.[93] 외국인근로자를 고용하는 경제적 편익은 이들을 고용한 사용자에게 집중되는 반면에, 산업구조조정의 저해 문제 외에도 내국인근로자의 임금 저하와 고용기회 침해 등으로 인한 사회경제적 비용은 국민 전체가 부담하는 불균형 문제가 발생하게 된다. 외국인근로자 고용으로 인한 편익 및 사회경제적 비용의 불일치 문제를 최소화하기 위한 대안이 필요하게 된다.[94]

외국인 고용부담금제도는 세금 또는 수수료 부담을 통한 가격의 조정기능에 의해 외국인력의 도입규모가 통제 조정되는 시장기능을 활용한다는 장점이 있을 뿐만 아니라, 사용자에게는 금전적인 부담을 부과함으로써 외국인근로자에 대한 수요를 억제 조절하고 외국인근로자에 과도하게 의존하는 것을 예방하고, 사용자에 대하여는 수익자부담의 원칙이라는 형평성을 적용하고, 국가는 재정 수입을 통해 효율적인 외국인근로자 관리와 외국인근로자 고용에 따른 사회적 비용을 충당할 수 있다는 장

90) 이학춘, 독일의 외국인 정책 사례 연구와 한국에의 시사점, 한국비교노동법학회 노동법논총 제22집, 2011, p. 176.

91) 헌법재판소 2011. 9. 29. 자 2009헌마351 결정; 헌법재판소 2009. 9. 24. 자 2006헌마1264 결정.

92) 대통령 자문 고령화 및 미래사회 위원회, 이민정책에 관한 연구 – immigration policy for Korea, 2005, p. 220.

93) 하갑래·최태호, 외국인 고용과 근로관계, ㈜중앙경제, 2005, p. 101.

94) 최석현, 이주노동자의 실태와 고용정책, 미래전략연구원, 2012, pp. 2~3.

점이 있다.[95] 그러나 사용자에 대한 수익자부담의 원칙과 사용자로부터의 세금 또는 수수료 부담을 통한 가격의 조정기능에 의한 시장기능을 활용한다는 당초의 취지는 일정수준의 외국인력 공급이 불가피한 상황에서 외국인근로자의 인건비 상승과 이로 인해 물품가격의 상승이 초래되어 결과적으로 물품을 소비하는 수요자인 국민이 그 부담의 일부를 지게 되는 조세부담의 전가轉嫁, shifting가 일어날 우려가 있다.[96]

iii. 수량통제 방식: 수량통제 방식의 대표적인 예로는 연간 외국인력 도입규모의 지정, 외국인 고용상한제Dependency Ratio, Dependency Ceiling를 들 수 있다. 연간 외국인력 도입규모의 지정은 외국인력정책위원회에서 외국인근로자 도입규모에 관한 사항을 심의·의결한다. 외국인 고용상한제란 국내 기업이 외국인근로자를 사용할 때에 업종별로 그 숫자 또는 고용비율을 일정한 수준으로 제한하는 것을 말한다.[97] 고용비율은 일반적으로 내국인근로자 대비 외국인근로자의 비율이다.[98] 특히 외국인 고용상한제는 무제한적인 외국인근로자 고용을 억제함으로써 내국인근로자의 고용증진과 적정임금을 보호하는 데 그 목적이 있다.

(4) 사업장 이동의 제한

1) 의 의

사업장 변경이란 외국인근로자가 「외국인근로자의 고용 등에 관한 법률」이 정하는 예외적인 사유에 해당하는 경우에는 근무하는 사업장에서 다른 사업장으로 변경하는 것을 말한다(외국인근로자의 고용 등에 관한 법률 제25조). 다만, 특례외국인근로자의 경우에는 사업장 변경 제한에서 제외된다. 고용허가제도 하에서는 원칙적으로 외국인근로자는 처음으로 고용허가를 받은 사업장에서 계속 근로하여야 한다. 외국인근로자에게 사업장의 변

95) 대통령 자문 고령화 및 미래사회 위원회, 이민정책에 관한 연구 - immigration policy for Korea, 2005, p. 221; 하갑래·최태호, 외국인 고용과 근로관계, ㈜중앙경제, 2005, p. 101.

96) 이준구, 미시경제학 제5판, 법문사, 2010, p. 53 물품세 부과의 효과, p. 159 조세부담의 귀착 분석 참고; 김경환·김종석 옮김, 맨큐의 경제학, 교보문고, 2009, p. 146 판매자에 대한 과세가 시장에 미치는 효과 참고.

97) 2009년 9월 인도 고용노동부에 의하면, 외국인근로자의 고용비자는 외국인근로자가 고용될 프로젝트에 투입된 총 근로자 수의 1%(최대 20명, 다만, 전력(power) 및 철강(steel) 분야에서는 최대 40명까지 가능하다)까지만 발급되도록 제한하였다. (No. DGET-M-26025/4/2009-MP(G) government of India, Ministry of Labour and Employment Directorate General of Employment & Training, 3/10, Jam Nagar House/New Delhi-110011, Dated 8th September 2009 참고).

98) 하갑래·최태호, 외국인 고용과 근로관계, ㈜중앙경제, 2005, p. 102; 하갑래, 근로기준법, ㈜중앙경제 제22판, 2010, p. 910; 유길상, 고용허가제 시행 3년에 대한 평가 및 발전방향, <고용허가제 시행 3주년 기념> 동아시아의 저숙련 외국인력정책, 2007, p. 37.

경을 원칙적으로 제한하고 있다.

2) 취 지

외국인근로자에게 사업장 이동을 제한하는 취지는 내국인근로자의 일자리 보호, 외국인근로자의 임금상승을 목적으로 하는 사업장 이동의 방지 등을 위한 것이다.[99)]

3) 내 용

사업장 이동의 제한에 대한 내용을 후술하기로 한다.

(5) 국적 차별금지의 원칙 및 보충성의 원칙

1) 문제 제기

「근로기준법」에서는 "사용자는 근로자에 대하여 (중략) 국적을 이유로 근로조건에 대한 차별적 처우를 하지 못한다."라고 규정하여 균등한 대우를 보장하고 있다(근로기준법 제6조). 외국인근로자가 채용된 후에 근로계약 단계에서는 국적 차별금지의 원칙이 적용되므로 사용자는 근로조건에 대해 차별적 대우를 하지 못한다. 즉 차별이 금지되는 영역은 근로조건이다. 그리고 채용의 기준 또는 채용의 조건은 근로조건이 아니므로 차별적 대우가 금지되는 영역은 아니라는 것이 일반적인 견해이다.[100)]

그러나 외국인근로자에 대한 차별적 대우인지 그 여부에 있어 특히 문제가 되는 것은 근로계약의 전 단계로서 모집·채용 단계이다. 「고용정책기본법」에서는 "사업주는 근로자를 모집·채용할 때에 합리적인 이유 없이 성별, 신앙, 연령, 신체조건, 사회적 신분, 출신지역, 출신학교, 혼인·임신 또는 병력病歷 등을 이유로 차별을 하여서는 아니 되며, 균등한 취업기회를 보장하여야 한다."라고 규정하여 취업기회를 균등하게 보장하고 있다(고용정책기본법 제7조 제1항). 그러나 「고용정책기본법」에 따르면 채용공고 등 모집·채용 단계에서는 아직까지 국적을 차별금지의 사유로 규정하지 않고 있다. 외국인근로자에 대한 모집·채용 단계에서 국적 차별금지의 원칙은 보충성의 원칙(이를 내국인 고용기회 보호의 원칙, 내국인근로자 우선고용의 원칙, 국내노동시장 보완성의 원칙이라고도 한다)과 충돌될 가능성이 있으므로 국적 차별금지의 원칙 및 보충성의 원칙 간의 관계가 문제된다. 국적 차별금지의 원칙은 국적 차별을 금지하는 것이고, 보충성의 원칙은 국적 차별을 허용하는 것이기 때문이다.[101)]

---

99) 고준기, 외국인근로자의 사업장변경 실태와 문제점 및 법적개선방안, 한국비교노동법학회 노동법논총 제23집, 2011, p. 153.

100) 하갑래, 근로기준법, ㈜중앙경제 제22판, 2010, p. 134; 대법원 1992. 8. 14. 선고 92다1995 판결.

101) 최홍엽, 외국인 고용허가제 아래의 근로계약관계, 한국비교노동법학회 노동법논총 제18집, 2010, p. 100.

2) 일반론

일반적으로 사용자의 입장에서는 어떠한 근로자를 채용할 것인지에 대한 채용의 자유가 인정되므로 내국인만을 채용의 조건으로 한 채용공고도 허용된다.[102] 보충성의 원칙은 내국인근로자의 고용증진을 그 주된 목적으로 하는 것이므로 외국인근로자는 국내노동시장을 보완하는 존재로 이해될 수 있다. '국내노동시장을 보완하는 외국인근로자'의 지위는 이미 '차별' 대우를 받는 것을 전제로 한 것이고, 보충성의 원칙은 국적 차별금지의 원칙과의 관계에서 정합성이 결여된다. 외국인근로자에 대한 보충성의 원칙 및 국적 차별금지의 원칙은 그 지향점 내지는 관점이 상충한다. 보충성의 원칙은 외국인근로자가 국내노동시장에 편입되기 전까지는 '선별적'으로 편입시키는 것을 의미하고, 국적 차별금지의 원칙은 외국인근로자가 국내노동시장에 편입된 이후에는 인권 등 보편적 원리에 따라 차별 없이 대우된다는 것을 의미한다.[103]

「출입국관리법」에서는 "외국인이 대한민국에서 취업하려면 출입국관리법 시행령으로 정하는 바에 따라 취업활동을 할 수 있는 체류자격을 받아야 한다."라고 하고, "누구든지 취업활동을 할 수 있는 체류자격을 가지지 아니한 자를 고용하여서는 아니 된다."라고 규정하여 외국인의 고용을 제한하고 있다(출입국관리법 제18조 제1항, 제3항). 외국인은 취업활동을 할 수 있는 체류자격과 그 체류자격의 종류・범위 내에서만 국적 차별금지의 원칙이 적용될 뿐이다. 예를 들어 교수(E-1), 회화지도(E-2), 전문직업(E-5), 특정활동(E-7), 비전문취업(E-9), 방문취업(H-2) 체류자격의 경우 그 허용된 체류자격의 종류・범위 내에서만 취업을 하게 된다. 그리고 단순외국인력의 고용을 위한 「외국인근로자의 고용 등에 관한 법률」에서는 "외국인근로자를 고용하려는 자는 직업안정기관에 우선 내국인 구인 신청을 하여야 한다."라고 하고, "직업안정기관의 장은 내국인 구인 신청을 받은 경우에는 사용자가 적절한 구인 조건을 제시할 수 있도록 상담・지원하여야 하며, 구인 조건을 갖춘 내국인이 우선적으로 채용될 수 있도록 직업소개를 적극적으로 하여야 한다."라고 규정하여 사용자의 내국인 구인노력을 규정하고 있다(외국인근로자의 고용 등에 관한 법률 제6조 제1항, 제2항 후단). 그리고 사용자가 사업 또는 사업장 변경 신청을 한 후에 재취업하려는 외국인근로자를 고용할 경우에도 내국인 구인노력 규정이 동일하게 준용된다(외국인근로자의 고용 등에 관한 법률 제25조 제2항).[104] 「외국인근로자의 고용 등에 관한 법률」에서

102) 앞의 논문, p. 100.

103) 노상헌, 동아시아 국가의 외국인근로자 유입과 법적 보호, 한국비교노동법학회 노동법논총 제19집, 2010, p. 22; 하갑래, 근로기준법, ㈜중앙경제 제22판, 2010, p. 134.

104) 최홍엽, 외국인 고용허가제 아래의 근로계약관계, 한국비교노동법학회 노동법논총 제18집,

는 보충성의 원칙으로 내국인 우선고용이 적용된다. 결과적으로 「근로기준법」, 「고용정책기본법」, 「출입국관리법」, 「외국인근로자의 고용 등에 관한 법률」에 의하면, 근로자에 대한 모집·채용 단계에서는 국적 차별금지의 원칙이 외국인에게 철저히 적용되지 아니한다.

3) 새로운 해석론

최근에는 모집·채용 단계에서도 합리적인 이유 없이 국적을 이유로 차별하는 것은 금지된다는 해석론이 제기되고 있다.[105] 그 논거는 아래와 같다. ⅰ) 「고용정책기본법」에서는 "사업주는 근로자를 모집·채용할 때에 합리적인 이유 없이 성별, 신앙, 연령, 신체조건, 사회적 신분, 출신지역, 출신학교, 혼인·임신 또는 병력病歷 등을 이유로 차별을 하여서는 아니 되며, 균등한 취업기회를 보장하여야 한다."라고 규정한다(고용정책기본법 제7조 제1항). 「고용정책기본법」에서 차별금지의 사유가 계속적으로 추가되어 왔다. 2003년 개정에서는 연령이 추가되고, 2004년 개정에서는 혼인·임신 또는 병력病歷이 추가되고, 2007년 개정에서는 신체조건(장애인 등 신체적 조건을 이유로 한 차별금지를 위한 것이다)이 추가되었다. ⅱ) 「고용정책기본법」의 제·개정 과정에서 보듯이, 모집·채용의 단계에서도 어떠한 이유로든지 차별대우를 금지하여야 하는 것은 시대적 흐름이 되고 있으므로 오직 국적에 의한 차별만이 모집·채용의 단계에서 허용되지 않는다고 해석하는 것은 그 흐름에 상응하지 않는다. ⅲ) 근로자를 모집·채용할 때에 합리적인 이유 없이 구직자·취업지망자 또는 훈련대상자에 대해 차별해서는 아니되는 자의 범위에는 사업주뿐만 아니라, 고용서비스를 제공하는 자(고용정책기본법 제7조 제2항)와 직업능력개발훈련을 실시하는 자(고용정책기본법 제7조 제3항)까지 포함된다. 특히 직업능력개발훈련을 실시하는 자는 훈련대상자의 모집, 훈련의 실시 및 취업지원 등을 하는 경우에 합리적인 이유 없이 성별 등을 이유로 훈련생을 차별하여서는 아니 된다(고용정책기본법 제7조 제3항). 비록 국적이 아닌 사회적 신분(인종)에 해당하는 사례이지만, 2003. 9. 3. *Truell v. Department of the Army*에서 미국 평등고용기회위원회EEOC 항소심은 Department of the Army가 진정인 Truell이 훈련이 잘 되어 있음에도 자격조건이 되는 직위에 응모를 허락하지 않은 것에 대해, 아프리카계 미국인이라는 이유로 인종차별을 했다고 결정한 바 있다. ⅳ) 「고용정책기본법」 제1장 총칙 부분에 제7조(취업기회의 균등한 보장)을 규정함으로써 취업기회의 균등한 보장이 고용정책의 기본원리로 되고 있다는 것을 그 주요 논거로 들고 있다.[106]

2010, p. 102.

105) 앞의 논문, pp. 100~102; 임종률, 노동법, 박영사, 2009, pp. 364~365.

4) 소 결

모집·채용 단계 또는 구직 단계에서 외국인에 대해 국적을 이유로 한 차별이 허용되는가에 대하여는 인권에 관한 기본법으로서 「국가인권위원회법」과의 관계, 이민정책의 한 부분으로서 외국인력 유입과 관련된 사증정책과의 관계 등이 종합적으로 고려되어야 한다.

첫째, 「고용정책기본법」에서는 모집·채용 단계에서 차별금지의 사유로 성별, 신앙, 연령, 신체조건, 사회적 신분, 출신지역, 출신학교, 혼인·임신 또는 병력病歷을 직접적으로 규정하고, 성별 등 차별금지의 사유는 열거·제한적 사유가 아니라 포괄·예시적 사유에 해당된다. 그리고 차별금지의 사유와 영역이 확대되는 추세를 감안할 때에 합리적인 이유 없이 국적을 이유로 한 차별이 금지되어 외국인에게도 균등한 취업기회가 보장된다고 봄이 타당하다. 「국가인권위원회법」에서 규정된 차별금지의 영역에 의하면, '모집·채용' 등 고용과 관련하여 합리적인 이유 없이 출신국가, 출신 민족, 인종, 피부색을 이유로 특정한 사람을 우대·배제·구별하거나 불리하게 대우하는 행위를 평등권 침해의 차별행위라고 규정하고 있다(국가인권위원회법 제2조 제3호 가목 참고). 따라서 「출입국관리법」, 「외국인근로자의 고용 등에 관한 법률」 등에 따라 이미 취업활동을 할 수 있는 체류자격을 받아 대한민국에 입국한 외국인은 모집·채용 단계 또는 구직 단계에서도 동일한 국적의 외국인 구직자뿐만 아니라, 내국인 구직자와의 관계에서도 합리적인 이유 없이 불리하게 차별 대우받지 않고 동등한 대우가 보장되어야 한다.

둘째, 구직(D-10) 체류자격 소지자의 경우에는 모집·채용 단계에서 국적 차별금지의 원칙이 적용될 필요가 있다. 일반적으로 취업사증에 해당하는 사증을 소지하려는 외국인은 사증발급을 신청하기 전에 이미 근무하고자 하는 고용주 등으로부터 고용계약을 체결하여야 한다. 반면에 구직(D-10) 체류자격 소지자의 경우에는 구직을 목적으로 입국하는 것이므로 사전에 고용계약을 체결하지 않는다. 구직(D-10) 체류자격은 교수(E-1), 회화지도(E-2), 연구(E-3), 기술지도(E-4), 전문직업(E-5), 특정활동(E-7) 체류자격에 해당하는 분야에 취업하기 위하여 연수 또는 구직활동 등을 하려는 자에게 발급되는 사증이다. 그 발급대상자는 미국 Fortune지로부터 최근 3년 이내에 선정된 세계 500대 기업에서 전문인력으로 1년 이상 근무한 경력자 또는 영국 The Times지로부터 최근 3년 이내에 선정된 세계 200대 대학(원) 등 졸업예정자 내지 그 학위 취득자이다. 이것은 국가 또는 기업의 국제적 경쟁력을 강화

106) 앞의 논문, p. 101; 임종률, 노동법, 박영사, 2009, pp. 364~365.

하기 위해 전문외국인력에게 문호를 개방한 것으로 모집·채용 단계에서도 국적을 이유로 한 차별금지가 적용되어야 한다. 사증의 기능 및 국내산업정책과의 조화로운 해석과도 관련된다.

셋째, 모집·채용 단계에서 외국인(제1세대 이민자를 말한다)에 대해 국적을 이유로 한 차별금지는 이민의 연속성을 고려할 때에 그 제2세대 이민자, 제3세대 이민자에게도 똑같이 적용되어야 한다. 다만, 대한민국의 국적을 취득한 제2세대 이민자 또는 제3세대 이민자의 경우에는 차별이 금지되는 사유는 국적에 의한 차별금지가 아니라 사회적 신분에 의한 차별금지에 해당된다고 볼 수 있다.

3. 정주화 금지의 원칙

(1) 의 의

1) 개 념

정주화 금지의 원칙이란 단순노무를 제공하는 외국인근로자가 대한민국에 장기간 체류함으로써 발생하는 국내노동시장 교란뿐만 아니라 결혼, 출산, 자녀교육, 연쇄이민 등으로 사회적 비용 증대 및 혼란을 방지하기 위하여 취업활동기간이 만료되면 그의 본국으로 돌아가야 하는 것을 말한다. 이를 단기순환의 원칙rotation principle이라고도 한다.[107] 외국인근로자의 정주화 금지는 단순외국인력이 국내에 장기간 체류하여 사회문제화되고, 이에 대한 사회적 비용 및 혼란이 증가할 수 있다는 우려에 기초하고 있다.[108]

2) 차별적 배제 모형

단순외국인력에 대한 정주화 금지의 원칙은 캐슬과 밀러Castle and Miller가 제시한 '차별적 배제 모형differential exclusionary model에 해당한다.[109] 단순외국인력을 활용하는 국가의 입장에서는 외국인근로자에 대해 생산요소로서 노동인력으로만 공급받고자 하는 것이다.[110]

---

107) 헌법재판소 2011. 9. 29. 자 2009헌마351 결정; 헌법재판소 2009. 9. 24. 자 2006헌마1264 결정.

108) 고준기·이병운, 개정 고용허가제의 문제점과 개선방안 – 2009년 10월 9일 개정 법률을 중심으로, 한국비교노동법학회 노동법논총 제18집, 2010, p. 3.

109) 임형백, 한국의 다문화사회의 방향 모색, 제17회 한글문화토론회 – 다문화 담론과 바람직한 외국인정책, 2012, p. 38.

110) 설동훈, 국제노동력이동과 외국인노동자의 시민권에 대한 연구: 한국·독일·일본의 사례를 중심으로, 민주주의와 인권 제7권 제2호, 2007, p. 370.

(2) 내 용

1) 가족결합의 금지

외국인근로자는 대한민국 밖에 있는 그의 가족을 초청할 권리 또는 대한민국 내에서 그의 가족과 같이 방문동거·거주할 권리가 인정되지 않는다. 가족초청의 금지 또는 방문동거·거주의 금지 등 가족결합의 금지는 외국인근로자의 정주화를 금지하기 위한 수단 중의 하나이다.

2) 취업활동기간 및 재입국 취업의 제한

(가) 원 칙

외국인근로자는 입국한 날부터 3년의 범위에서 취업활동을 할 수 있다(외국인근로자의 고용 등에 관한 법률 제18조). 국내에서 취업한 후 출국한 외국인근로자(제12조 제1항에 따른 외국인근로자 고용의 특례에 해당하는 외국인근로자는 제외한다)는 출국한 날부터 6개월이 지나지 아니하면 「외국인근로자의 고용 등에 관한 법률」에 따라 다시 취업할 수 없다(외국인근로자의 고용 등에 관한 법률 제18조의3). 즉 외국인근로자의 취업활동기간을 '입국일로부터 3년'으로 제한하면서 출국 후 6개월이 경과되어야 재입국 및 재취업이 가능하도록 하여 취업활동기간이 단기순환되도록 하고 있다. 이것은 외국인근로자가 출국하여 일정기간이 경과된 후 재입국 및 재취업할 수 있도록 함으로써 사용자와 외국인근로자의 이해관계를 함께 고려하고 외국인근로자의 정주화를 방지하는 단기순환의 원칙을 고수하고 있는 것이다.[111)]

(나) 예 외

(a) **취업활동기간의 특례:** 「외국인근로자의 고용 등에 관한 법률」에서는 예외적으로 '입국한 날부터 3년'이라는 취업활동기간의 제한에 관해 특례를 규정하고 있다. 고용허가를 받은 사용자에게 고용된 외국인근로자로서 취업활동기간 3년이 만료되어 출국하기 전에 사용자가 고용노동부장관에게 '재고용 허가'를 요청한 근로자인 경우에는 1회에 한하여 2년 미만의 범위(1년 10개월)에서 취업활동기간을 연장받을 수 있다(외국인근로자의 고용 등에 관한 법률 제18조의2 제1항 제1호). 또한 특례고용가능확인을 받은 사용자에게 고용된 외국인근로자로서 취업활동 기간 3년이 만료되어 출국하기 전에 사용자가 고용노동부장관에게 재고용 허가를 요청한 근로자인 경우에도 1회에 한하여 2년 미만의 범위(1년 10개월)에서 취업활동기간을 연장 받을 수 있다(외국인근로자의 고용 등에 관한 법률 제18조의2 제1항 제2호). 따라서 외국인근로자(특례고용허가제도에 의한 외국국적동포를 포함한다)는 사용자에 의해 재고용될 경우에는 최장 4년 10개월

111) 유길상, 고용허가제 시행 3년에 대한 평가 및 발전방향, <고용허가제 시행 3주년 기념> 동아시아의 저숙련 외국인력정책, 2007, p. 14.

까지 국내에서 취업활동을 할 수 있다.

(b) 재입국 취업 제한의 특례

i. 의 의: 재입국 취업 제한의 특례란 고용허가제로 입국하여 취업활동기간(4년 10개월)이 만료된 외국인근로자가 일정 요건을 충족할 경우에 출국한 날부터 3개월이 지나면 재입국하여 재취업할 수 있도록 하는 제도를 말한다. 이를 '성실외국인근로자 재입국 취업특례제도'라고도 말한다. 이 제도는 2012년 7월부터 도입되어 운영되고 있다.

ii. 요 건: 아래의 요건을 모두 갖춘 외국인근로자로서 「외국인근로자의 고용 등에 관한 법률」 제18조의2(취업활동 기간 제한에 관한 특례)에 따라 연장된 취업활동기간이 만료되어 출국하기 전에 사용자가 '재입국 후의 고용허가'를 신청하면 고용노동부장관은 그 외국인근로자에 대하여 출국한 날부터 3개월이 지나면 「외국인근로자의 고용 등에 관한 법률」에 따라 다시 취업하도록 할 수 있다(외국인근로자의 고용 등에 관한 법률 제18조의4 제1항). 특례가 적용되기 위한 요건으로는 i) 「외국인근로자의 고용 등에 관한 법률」 제18조(취업활동 기간의 제한) 및 제18조의2(취업활동 기간 제한에 관한 특례)에 따른 취업활동 기간 중에 사업 또는 사업장 변경을 하지 아니하였을 것. 다만, 제25조(사업 또는 사업장 변경의 허용) 제1항 제2호에 따라 사업 또는 사업장을 변경한 경우에는 재입국 후의 고용허가를 신청하는 사용자와 취업활동기간 만료일까지의 근로계약 기간이 1년 이상일 것, ii) 정책위원회가 도입 업종이나 규모 등을 고려하여 내국인을 고용하기 어렵다고 정하는 사업 또는 사업장에서 근로하고 있을 것, iii) 재입국하여 근로를 시작하는 날부터 효력이 발생하는 1년 이상의 근로계약을 해당 사용자와 체결하고 있을 것이다.

iii. 내국인 구인노력 등 적용 제외: 재입국 후의 고용허가 신청과 재입국 취업활동에 대하여는 「외국인근로자의 고용 등에 관한 법률」 제6조(내국인 구인 노력), 제7조(외국인구직자 명부의 작성) 제2항, 제11조(외국인 취업교육)를 적용하지 아니한다(외국인근로자의 고용 등에 관한 법률 제18조의4 제2항).

iv. 횟 수: 입국 취업은 1회에 한하여 허용된다(외국인근로자의 고용 등에 관한 법률 제18조의4 제3항 전단).

v. 근로계약 및 취업활동 등: 재입국 취업을 위한 근로계약의 체결에 관하여는 「외국인근로자의 고용 등에 관한 법률」 제9조(근로계약)를 준용하며, 재입국한 외국인근로자의 취업활동에 대하여는 제18조(취업활동 기간의 제한), 제18조의2(취업활동 기간 제한에 관한 특례) 및 제25조(사업 또는 사업장 변경의 허용)를 준용한다(외국인근로자의 고용 등에 관한 법률 제18조의4 제3항 후단).

(3) 한 계

1) 의 의

단순외국인력에 대한 차별적 배제 모형의 적용 또는 정주화 금지의 원칙의 효과성에 대해 의문을 제기하는 견해가 있다. 외국인근로자에게 단기순환의 원칙을 적용하는 것 자체가 근본적인 문제라는 것이다. 이하에서는 그 견해의 내용을 살펴보기로 한다.

2) 차별적 배제 모형에 대한 비판

단순외국인력에 대한 차별적 배제 모형의 적용에 대한 비판적 입장이다. 이 입장에 의하면, 노동인력이 생산요소로서의 특성을 지니고 있으나, 노동인력은 자연인으로부터 분리될 수 없는 특성도 동시에 지닌다. 단기순환의 원칙을 철저히 고수할지라도 단순외국인력이 다양한 사유로 정해진 취업활동기간을 초과하여 체류하는 현상은 불가피하고, 장기간 체류하면서 영주자격 및 국적 부여의 문제가 정책적 의제로 발전된다.[112)]

3) 정주화 금지의 원칙에 대한 비판

정주화 금지의 원칙의 효과성에 대한 비판적 입장이다. 이 입장에 의하면, 고용허가제도는 외국인근로자의 선발, 취업활동, 귀국이라는 단기순환구조를 가지고 있지만, 단순외국인력의 근로환경 또는 국내노동시장의 상황은 이와 같은 단기순환구조를 유지할 수 없도록 하는 다양한 요인을 발생시킨다.[113)] 고용허가제도가 도입될 초기에는 취업활동기간은 '입국한 날부터 3년'이었으나, 그 후에 출국 후 6개월이 지나야 재입국 및 재취업이 가능하도록 변경되었다. 예외적이지만 사용자가 외국인근로자의 취업활동기간이 만료되어 출국하기 전에 고용노동부장관에게 '재고용 허가'를 요청한 경우에는 1회에 한하여 2년 미만의 범위(1년 10개월)에서 취업활동기간을 연장 받을 수 있고, 외국인근로자의 연장된 취업활동기간이 만료되어 출국하기 전에 '재입국 후의 고용허가'를 신청하면 외국인근로자는 출국한 날부터 3개월이 지나면 다시 취업할 수 있도록 완화되었다. 그러므로 외국인근로자는 최장 4년 10개월까지 국내에서 취업활동을 할 수 있고 3개월이 지나 재입국하여 다시 최장 4년 10개월까지 국내에서 취업할 수 있도록 변화된 것은 정주화 금지의 원칙이 한계에 이르렀다

112) 설동훈, 국제노동력이동과 외국인노동자의 시민권에 대한 연구: 한국・독일・일본의 사례를 중심으로, 민주주의와 인권 제7권 제2호, 2007, p. 370.

113) 이학춘, 독일의 외국인 정책 사례 연구와 한국에의 시사점, 한국비교노동법학회 노동법논총 제22집, 2011, p. 194.

는 것을 의미한다.[114)]

4. 산업구조조정 저해 금지의 원칙

(1) 의 의

1) 개 념

산업구조조정 저해 금지의 원칙이란 국내·외에서 이미 경쟁력을 상실한 국내의 사양산업이 저임금의 외국인근로자를 고용 활용하여 그 연명을 유지함으로써 경제의 고부가가치와 산업구조의 고도화를 위한 조율체계가 작동되지 않는 부작용이 발생하지 않도록 단순외국인력을 활용해야 한다는 것을 말한다. 이를 '기업구조조정 저해 금지의 원칙'이라고도 한다.[115)]

2) 취 지

산업구조조정 저해 금지의 원칙이 논의된 배경은 외국인근로자의 도입이 국내산업 또는 국내기업의 구조조정에 악영향을 끼치지 않도록 하기 위함이다.[116)] 경쟁력이 없는 국내의 사양산업이 영세기업의 인력난 완화 수단으로만 저임금의 단순외국인력을 활용한다면 기업의 구조조정을 지연시키게 되므로 중장기적으로는 국가와 기업의 국제경쟁력을 저하시키고, 경제의 고부가가치와 산업구조의 고도화를 위한 기업구조조정이 저해될 우려가 있다. 또한 경쟁력이 없는 영세기업이 외국인근로자를 고용함으로써 그 외국인근로자의 빈번한 사업장 이동이 초래되어 관리비용이 증가하고, 외국인근로자에 대한 임금체불이 발생할 가능성이 증가하여 이로 인한 불법체류자가 발생될 우려도 있다.[117)]

(2) 법적 근거

「외국인근로자의 고용 등에 관한 법률」에서는 산업구조조정 저해 금지의 원칙을 명시적으로 또는 직접적으로 규정하지 않고 있다. 또한 단순외국인력에 대한 고용허가로 인해 국내·외에서 경쟁력을 상실한 사양산업의 기업구조조정이 지연되는 것

---

114) 앞의 논문, p. 192.

115) 유길상, 고용허가제 시행 3년에 대한 평가 및 발전방향, <고용허가제 시행 3주년 기념> 동아시아의 저숙련 외국인력정책, 2007, p. 42; 한국경제학회, 국가경쟁력 강화를 위한 외국인력 유치정책 방향, 법무부 2009년도 연구용역보고서, 2009, p. 68.

116) 이대창·설동훈·강준원 공저, 외국인 고용허용 업종추가 연구, 고용노동부 연구용역, 2011, p. 31.

117) 유길상, 고용허가제 시행 3년에 대한 평가 및 발전방향, <고용허가제 시행 3주년 기념> 동아시아의 저숙련 외국인력정책, 2007, p. 42; 한국경제학회, 국가경쟁력 강화를 위한 외국인력 유치정책 방향, 법무부 2009년도 연구용역보고서, 2009, p. 68.

을 방지하기 위한 법제도적 장치가 마련되어 있지는 않다. 다만, 묵시적으로 산업구조조정 저해 금지의 원칙에 대한 공감대가 형성된 것으로 보고 있다.[118)]

(3) 국내 산업정책의 조화 원칙과의 관계

산업구조조정 저해 금지의 원칙은 단순외국인력의 도입이 국내 산업정책 및 국민경제 발전과의 조화를 위해 활용된다는 측면에서는 '국내 산업정책의 조화 원칙'[119)]이라고도 한다. 예를 들어 외국인 가사보조인 고용을 허용하는 것은 한국여성의 경제활동 참가를 유도하고 국민경제 발전과의 조화를 모색한다는 점에서 국내 산업정책의 조화 원칙이 간접적으로 적용된다.[120)]

(4) 입법론

단순외국인력에 대한 고용을 국내인력을 구하지 못한 사용자에게 무조건적으로 허가할 것이 아니라, 국내·외에서 경쟁력은 있으나 인력난을 겪고 있는 일정한 규모 이상의 기업 등 요건을 갖춘 경우에만 고용허가를 해주는 법제도적 장치가 필요하다는 견해가 있다.[121)] 산업구조조정 저해 금지라는 취지를 고려할 때에 타당한 견해이다.

Ⅳ. 단순외국인력의 도입 경과

1. 의 의

단순외국인력의 도입 경과는 법무부 출입국관리국(2007년에 출입국·외국인정책본부로 변경되었다), 노동부(2010년에 고용노동부로 변경되었다), 중소기업청 등 중앙정부 및 이해관계가 있는 시민단체, 학계, 관계인의 지지와 충돌이라는 다양한 역학관계를 통해 진행되어 왔다. 이하에서는 단순외국인력의 도입 경과를 이와 같은 역학관계를 중심으로 살펴보기로 한다.

---

118) 하갑래·최태호, 외국인 고용과 근로관계, ㈜중앙경제, 2005, p. 103; 유길상, 고용허가제 시행 3년에 대한 평가 및 발전방향, <고용허가제 시행 3주년 기념> 동아시아의 저숙련 외국인력정책, 2007, p. 42.

119) 하갑래·최태호, 외국인 고용과 근로관계, ㈜중앙경제, 2005, p. 102.

120) 앞의 책, p. 103.

121) 한국경제학회, 국가경쟁력 강화를 위한 외국인력 유치정책 방향, 법무부 2009년도 연구용역보고서, 2009, p. 68.

2. 고용허가제 도입 전

(1) 해외투자기업 산업연수생제도

1986년 아시안게임 또는 1980년 중반 이후에 단순외국인력의 수요가 증가하게 되어 단순외국인력이 대한민국에 들어오기 시작하였다. 1988년 서울올림픽 이후에 대한민국은 캐나다 등 다른 국가와의 사증면제협정을 체결하고, 28개 국가의 국민에 대하여 최근 2년 이내에 4회 이상 입국한 사실이 있거나 통상 10회 이상 입국한 사실이 있는 경우 무사증 입국을 허용하는 등 출입국관리 규제를 완화하였다.[122] 이러한 규제 완화를 이용하여 아시아지역 출신의 외국인이 관광 등 단기방문으로 입국하여 불법체류 · 불법취업하기 시작하였다. 그러나 당시에는 불법체류 · 불법취업을 통한 비제도적인 단순외국인력 고용으로는 기업의 단순외국인력 수요에 미칠 수가 없었다. 이와 같은 환경변화로 1991년에 법무부는 기업의 요구를 반영하고 단순외국인력을 제도적으로 활용하기 위해 처음으로 '해외투자기업 산업연수생제도'를 도입하였다.

(2) 산업연수생제도

해외투자기업 산업연수생제도는 해외투자기업체가 아닌 중소기업 또는 영세업체가 활용할 수 있는 제도가 아니다. 1991년에 법무부는 구 「외국인 산업기술 연수사증 발급 등에 관한 업무처리지침(법무부 훈령)」을 제정하여 '외국인 산업연수생제도'를 도입하고, 해외투자기업체가 아닌 중소기업 또는 영세업체가 단순외국인력을 활용할 수 있도록 하였다. 사실상 단순외국인력을 연수생의 형태로 운영하였다. 외국인 산업연수생제도의 명목상 목적은 개발도상국과의 경제협력 도모 등을 위해 도입되었으나, 실제로는 단순외국인력을 근로자의 신분이 아닌 연수생의 신분으로 활용하는 제도이었다. 1990년대 초에는 산업연수생 자격으로 입국한 단순외국인력과 불법체류 외국인의 인권침해 사례가 증가하여 시민단체, 종교계, 불법체류 외국인 등이 산업연수생의 인권침해 문제를 사회 문제화하여 정부의 정책의제로까지 선정되기에 이르렀다. 1995년 7월에 '외국인노동자 대책협의회'가 결성되어 동 협의회를 통하여 1996년에 '외국인노동자 보호법(안)'을 국회에 입법청원하였다. 당시의 노동부는 법무부 중심의 단순외국인력제도 상의 문제점을 지적하고 고용허가제 도입 계획을 발표하였으며 1996년에 '외국인근로자 고용 및 관리에 관한 법률(안)'을 발의하였으나,

122) 법무부, 출입국관리 40년사, 문중인쇄, 2003, p. 442.

법무부 및 중소기업청과 중소기업협동조합중앙회 등 사업자측의 반대로 무산되었다. 또한 '외국인노동자 대책협의회'는 2000년에 '외국인노동자 고용 및 인권보장에 관한 법률(안)'을 국회에 입법청원하였다.

(3) 연수취업제도 및 취업관리제도

법무부는 사용자측의 이해관계를 반영하고 산업연수생제도의 문제점을 개선하는데 주력하여, 2000년에 2년간 산업연수 후 1년간 근로자 신분을 부여하여 취업하도록 하는 '연수취업제도'를 시행하면서 공식적으로 근로자 신분으로 활용할 수 있도록 하였다. 2002년부터는 1년간 산업연수 후 2년간 근로자 신분으로 취업하도록 추가적으로 개선하였다. 또한 법무부는 2002년 12월부터 일부 서비스분야에 외국국적동포를 대상으로 취업활동을 허용하는 '취업관리제도'를 도입 운영하였다.

3. 고용허가제 도입

당시의 노동부는 산업연수생 제도의 문제점과 인권침해적 요소를 지적하고 고용허가제 도입의 필요성에 대해 국회 등으로부터 공감을 얻기 시작하였다. 고용허가제 도입으로 인한 임금상승 등 국내기업의 경쟁력이 약화된다는 명분에도 불구하고 마침내 2003년 8월에 「외국인근로자의 고용 등에 관한 법률」이 제정·공포되었고 2004년 8월부터 고용허가제를 시행하여 단순외국인력이 근로자의 신분으로 처음부터 고용될 수 있도록 하였다. 또한 취업관리제도는 '고용허가제의 특례'로 통합되었다. 그 사이에 고용허가제는 「외국인근로자의 고용 등에 관한 법률」을 통하여, 산업연수생제도는 「출입국관리법」을 통하여 같이 운영되어 오다가, 2005년 7월 27일에 외국인력정책위원회에서는 산업연수생제도를 폐지하고 2007년 1월 1일부터 고용허가제로 일원화하기로 확정하였다. 그 이후부터는 단순외국인력의 활용은 고용허가제로 일원화되었다.

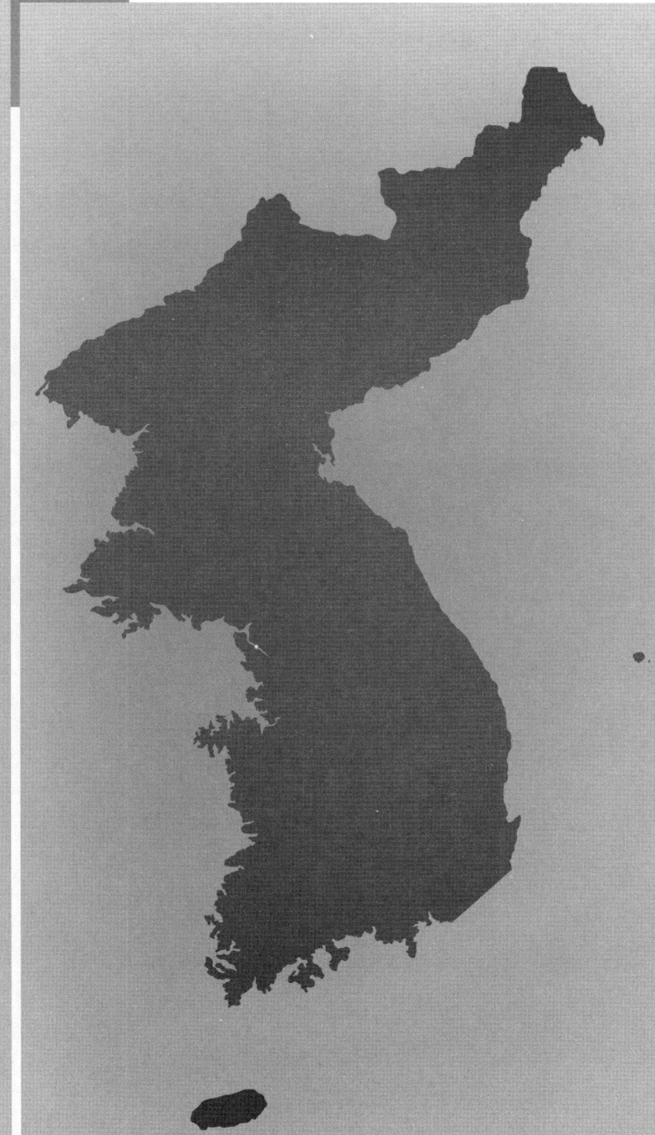

제 3 장

외국인력정책의 추진체계

외국인력정책의 추진체계에 대하여는 「외국인근로자의 고용 등에 관한 법률」에 따른 외국인력정책위원회를 중심으로 외국인력정책위원회의 구성, 심의·의결, 외국인근로자 도입계획 등을 살펴보기로 한다. 그리고 (단순·전문)외국인력 및 이민정책의 관계 등에 대하여도 살펴보기로 한다.

제 1 절　외국인력정책위원회

Ⅰ. 의　　의

1. 법적 근거

「외국인근로자의 고용 등에 관한 법률」 제4조 제1항에서는 외국인력정책위원회의 설치 근거를 규정하고, 「외국인근로자의 고용 등에 관한 법률 시행령」에서 외국인력정책위원회의 구성·기능 및 운영 등에 필요한 사항을 상세히 정하도록 위임하고 있다(외국인근로자의 고용 등에 관한 법률 제4조 제6항).

2. 연　　혁

외국인근로자의 고용관리 및 보호에 관한 주요 사항을 심의·의결하기 위하여 국무총리 소속으로 외국인력정책위원회를 두고 있다(외국인근로자의 고용 등에 관한 법률 제4조 제1항). 종전에는 외국인 산업연수 및 연수취업제도와 관한 중요사항은 국무총리 소속하에 외국인산업인력정책심의위원회(위원장: 국무조정실장)가 심의·조정하였으나(구 출입국관리법 시행령 제24조의 3), 2003년에 「외국인근로자의 고용 등에 관한 법률」이 제정되고 외국인력정책위원회가 설치됨으로써 외국인산업인력정책심의위원회는 폐지되었다.

Ⅱ. 내　　용

1. 구　　성

외국인력정책위원회는 위원장 1명을 포함한 20명 이내의 위원으로 구성된다(외국인근로자의 고용 등에 관한 법률 제4조 제3항). 외국인력정책위원회의 위원장은 국무조정실장이 되고, 위원은 기획재정부・외교부・법무부・산업통상자원부・고용노동부의 차관, 중소기업청장 및 대통령령으로 정하는 관계 중앙행정기관의 차관이 된다(외국인근로자의 고용 등에 관한 법률 제4조 제4항). 여기에서 '외국인근로자의 고용 등에 관한 법률 시행령으로 정하는 관계 중앙행정기관'이란 행정자치부, 문화체육관광부, 농림축산식품부, 보건복지부, 국토교통부 및 해양수산부를 말한다(외국인근로자의 고용 등에 관한 법률 시행령 제4조). 외국인력정책위원회의 위원은 중앙행정기관의 차관으로만 구성되어 있다. 외국인력정책위원회는 외국인력정책실무위원회와는 달리 외국인근로자, 사용자, 외국인근로자 지원을 위한 공익단체 등의 다양한 의견 수렴이 배제된 채 심의・의결한다는 지적이 있다.[1]

2. 대표 및 운영

(1) 대 표

외국인력정책위원회의 위원장(국무조정실장)은 외국인력정책위원회를 대표하며, 그 업무를 총괄한다(외국인근로자의 고용 등에 관한 법률 시행령 제5조 제1항). 위원장이 부득이한 사유로 직무를 수행할 수 없을 때에는 위원장이 지명하는 위원이 그 직무를 대행한다(외국인근로자의 고용 등에 관한 법률 시행령 제5조 제2항).

(2) 운 영

외국인력정책위원회의 운영에 대하여는, 위원장(국무조정실장)은 외국인력정책위원회의 회의를 소집하고, 그 의장이 된다(외국인근로자의 고용 등에 관한 법률 시행령 제6조 제1항). 「외국인근로자의 고용 등에 관한 법률 시행령」에서 규정한 사항 외에 외국인력정책위원회의 운영 등에 필요한 사항은 외국인력정책위원회의 의결을 거쳐 외국인력정책위원회의 위원장이 정한다(외국인근로자의 고용 등에 관한 법률 시행령 제6조 제6항).

3. 심의・의결

(1) 방 법

외국인력정책위원회의 회의는 재적위원 과반수의 출석으로 개의開議하고, 출석위원 과반수의 찬성으로 의결한다(외국인근로자의 고용 등에 관한 법률 시행령 제6조 제2항).

(2) 사 항

외국인력정책위원회가 심의・의결하는 사항으로는 외국인근로자 관련 기본계획

---

1) 최홍엽, 외국인 고용의 현황과 쟁점, 서울대학교 노동법연구회 노동법연구, 2008, p. 202.

의 수립에 관한 사항, 외국인근로자 도입업종 및 도입규모 등에 관한 사항, 외국인근로자를 송출할 수 있는 송출국가의 지정 및 지정취소에 관한 사항, 외국인근로자를 고용할 수 있는 사업 또는 사업장에 관한 사항, 사업 또는 사업장에서 고용할 수 있는 외국인근로자의 규모에 관한 사항, 외국인근로자를 송출할 수 있는 송출국가별 외국인력 도입업종 및 규모에 관한 사항, 외국인근로자의 권익보호에 관한 사항, 그 밖에 외국인근로자의 고용 등에 관하여 외국인력정책위원회의 위원장이 필요하다고 인정하는 사항이다(외국인근로자의 고용 등에 관한 법률 제4조 제2항, 동법 시행령 제3조).

4. 외국인력정책실무위원회

(1) 의 의

1) 법적 근거

「외국인근로자의 고용 등에 관한 법률」 제4조 제5항에서는 외국인력정책실무위원회의 설치 근거를 규정하고, 「외국인근로자의 고용 등에 관한 법률 시행령」에 외국인력정책실무위원회의 구성 · 기능 및 운영 등에 필요한 사항을 상세히 정하도록 위임하고 있다(외국인근로자의 고용 등에 관한 법률 제4조 제6항).

2) 연 혁

외국인근로자 고용제도의 운영 및 외국인근로자의 권익보호 등에 관한 사항을 사전에 심의하게 하기 위하여 외국인력정책위원회에 외국인력정책실무위원회를 두고 있다(외국인근로자의 고용 등에 관한 법률 제4조 제5항). 2003년에 「외국인근로자의 고용 등에 관한 법률」이 제정될 당시에는 노동부가 외국인력고용위원회(위원장: 노동부 차관)를 두고 있었으나, 2009년에 「외국인근로자의 고용 등에 관한 법률」을 개정하여 외국인력정책실무위원회로 그 명칭을 변경하였다.

(2) 내 용

1) 구 성

외국인력정책실무위원회는 위원장 1명을 포함한 25명 이내의 위원으로 구성된다(외국인근로자의 고용 등에 관한 법률 시행령 제7조 제1항). 위원장은 고용노동부 차관이 되고(외국인근로자의 고용 등에 관한 법률 시행령 제7조 제3항), 위원은 근로자를 대표하는 위원(근로자위원), 사용자를 대표하는 위원(사용자위원), 공익을 대표하는 위원(공익위원), 정부를 대표하는 위원(정부위원)으로 구성하되, 근로자위원과 사용자위원은 같은 수로 한다(외국인근로자의 고용 등에 관한 법률 시행령 제7조 제2항). 외국인력정책실무위원회는 외국인력정책위원회와는 달리 근로자위원, 사용자위원, 공익위원, 정부위원으로 구성하여 다양한 의견을 반영할 수 있는 외부적 정당성을 확보하고 있다.[2] 위원의 임기는 2년으로 하되, 정부위원의 경우는 재임기간으로 한다(외국인근로자의 고용 등에 관한 법률 시행령 제7조 제4항).

2) 위원 위촉 · 임명

위원의 위촉 및 임명은 i) 근로자위원: 총연합단체인 노동조합에서 추천한 자, ii) 사용자위원: 전국적 규모를 갖춘 사용자단체에서 추천한 자, iii) 공익위원: 외국인근로자의 고용 및 권익보호 등에 관한 학식과 경험이 풍부한 자, iv) 정부위원: 관계 중앙행정기관의 3급 공무원 또는 고위공무원단에 속하는 일반직공무원 중에서 외국인근로자 관련 업무를 수행하는 자 중에서 외국인력정책실무위원회의 위원장이 위촉하거나 임명한다(외국인근로자의 고용 등에 관한 법률 시행령 제7조 제3항).

3) 대표 및 운영

(가) 대 표

외국인력정책실무위원회의 위원장(고용노동부 차관)은 외국인력정책실무위원회를 대표하며, 그 업무를 총괄한다(외국인근로자의 고용 등에 관한 법률 시행령 제7조 제7항, 제5조 제1항). 외국인력정책실무위원회의 위원장이 부득이한 사유로 직무를 수행할 수 없을 때에는 위원장이 지명하는 위원이 그 직무를 대행한다(외국인근로자의 고용 등에 관한 법률 시행령 제7조 제7항, 제5조 제2항).

(나) 운 영

외국인력정책실무위원회의 운영에 대하여는, 외국인력정책실무위원회의 위원장(고용노동부 차관)은 외국인력정책실무위원회의 회의를 소집하고, 그 의장이 된다(외국인근로자의 고용 등에 관한 법률 시행령 제7조 제7항, 제6조 제1항). 「외국인근로자의 고용 등에 관한 법률 시행령」에서 규정한 사항 외에 외국인력정책실무위원회의 운영 등에 필요한 사항은 외국인력정책실무위원회의 의결을 거쳐 외국인력정책실무위원회의 위원장이 정한다(외국인근로자의 고용 등에 관한 법률 시행령 제7조 제7항, 제6조 제6항).

(다) 수당 · 여비

외국인력정책실무위원회의 위원에게는 예산의 범위에서 수당과 여비를 지급할 수 있다(외국인근로자의 고용 등에 관한 법률 시행령 제7조 제6항 본문). 다만, 공무원인 위원이 그 소관업무와 직접적으로 관련되어 외국인력정책실무위원회에 출석하는 경우에는 그러하지 아니하다(외국인근로자의 고용 등에 관한 법률 시행령 제7조 제6항 단서).

4) 심의 · 보고

외국인력정책실무위원회는 외국인력정책위원회에서 심의 · 의결할 사항 중 필요한 사항에 관하여 사전에 심의하고, 그 결과를 외국인력정책위원회에 보고하여야 한

2) 앞의 논문, p. 202.

다(외국인근로자의 고용 등에 관한 법률 시행령 제7조 제5항).

Ⅲ. 외국인근로자 도입계획

1. 의 의

외국인근로자 도입계획이란 고용노동부장관이 매년 국내인력의 수급 동향과 연계하여 외국인근로자에 관한 기본계획, 적정한 외국인근로자의 도입업종·도입규모 및 외국인근로자를 송출할 수 있는 송출국가의 지정·지정취소 등을 국무총리실에 설치된 외국인력정책위원회의 심의·의결을 거쳐 수립한 것을 말한다(외국인근로자의 고용 등에 관한 법률 제5조 제1항, 제4조 제2항). 외국인근로자 도입계획에는 「외국인근로자의 고용 등에 관한 법률」 제4조 제2항 각 호에 정한 외국인력정책위원회의 심의·의결 사항이 포함된다(외국인근로자의 고용 등에 관한 법률 제5조 제1항). 외국인근로자 도입계획의 주된 내용으로는 외국인근로자의 도입업종·도입규모, 외국인근로자 송출국가의 지정·지정취소, 외국인근로자를 고용할 수 있는 사업 또는 사업장에 관한 사항, 사업 또는 사업장에서 고용할 수 있는 외국인근로자의 규모에 관한 사항, 외국인근로자를 송출할 수 있는 송출국가별 외국인력 도입업종 및 규모에 관한 사항, 외국인근로자의 권익보호에 관한 사항 등이다. 이하에서는 외국인근로자 도입계획의 구체적 내용을 살펴보기로 한다.

2. 조사 및 연구 사업

고용노동부장관은 필요한 경우에 외국인근로자 관련 업무를 지원하기 위하여 조사·연구사업을 할 수 있다(외국인근로자의 고용 등에 관한 법률 제5조 제3항 전단). 고용노동부장관이 조사·연구를 할 수 있는 사항은 ⅰ) 국내 산업별·직종별 인력부족 동향에 관한 사항, ⅱ) 외국인근로자의 임금 등 근로조건 및 취업실태에 관한 사항, ⅲ) 사용자의 외국인근로자 고용만족도에 관한 사항, ⅳ) 「외국인근로자의 고용 등에 관한 법률 시행령」 제12조 제1항에 따른 협의사항의 이행에 관한 사항, 즉 고용노동부장관이 외국인구직자 명부를 작성하는 경우에 송출국가와 협의하여야 하는 인력의 송출·도입과 관련된 준수사항, 인력 송출의 업종 및 규모에 관한 사항, 송출대상 인력을 선발하는 기관·기준 및 방법에 관한 사항, 한국어 구사능력을 평가하는 시험의 실시에 관한 사항, 그 밖에 외국인근로자를 원활하게 송출·도입하기 위하여 고용노동부장관이 필요하다고 인정하는 사항의 이행에 관한 사항을 말한다. ⅴ) 외국인근로자의 국내생활 적응 및 대한민국에 대한 이해 증진과 관련된 사항, vi) 그 밖에 외국인근로자의 도입·관리를 위하여 필요하다고 고용노동부장관이 인정하는 사항이다(외국인근로자의 고용 등에 관한 법률 제5조 제3항 후단, 동법 시행령 제9조).

3. 내 용

(1) 도입업종

외국인력정책위원회는 외국인근로자의 도입업종에 관한 사항을 심의·의결한다(외국인근로자의 고용 등에 관한 법률 제4조 제2항 제2호). 외국인근로자가 취업할 수 있는 업종을 결정하기 위하여는 국내의 실업증가 등 고용사정, 국내 산업별·직종별 인력부족 동향 등 매년 국내노동시장의 인력수급 현황 등과 연계하고, 내국인근로자의 고용기회를 보호하고, 불법체류자의 취업실태 등이 고려되어야 한다(외국인근로자의 고용 등에 관한 법률 제4조 제2항 제2호, 제5조 제2항).[3]

(2) 도입규모

외국인력정책위원회는 외국인근로자의 도입규모에 관한 사항을 심의·의결한다(외국인근로자의 고용 등에 관한 법률 제4조 제2항 제2호). 외국인근로자의 도입규모의 경우에도 도입업종의 지정과 마찬가지로 국내의 실업증가 등 고용사정, 국내 산업별·직종별 인력부족 동향 등 매년 국내노동시장의 인력수급 현황 등을 고려하여 제한될 수 있다. 국내 유휴인력의 활용 촉진이 우선적으로 고려되어야 하고, 외국인력을 보충적으로 활용하도록 하고 있다.[4] 즉 외국인근로자의 도입규모는 외국인력정책위원회가 국내인력의 수급 동향을 고려하고 특정 업종에 외국인근로자가 집중적으로 취업하여 내국인근로자의 고용기회를 침해하지 않도록 하기 위해 전체 도입규모(총 정원)를 정하고, 업종별로 도입규모를 산정한다.[5]

(3) 송출국가 선정

1) 의 의

외국인력정책위원회는 외국인력의 모집 및 송출과정의 투명성 확보, 양국 정부의 책임을 강화하기 위해서 외국인근로자를 송출할 수 있는 송출국가의 지정 및 지정취소에 관한 사항을 심의·의결한다(외국인근로자의 고용 등에 관한 법률 제4조 제2항 제3호).

---

3) 노동부, 고용허가제 업무편람, 열림기획, 2008, p. 7; 하갑래, 근로기준법, ㈜중앙경제 제22판, 2010, p. 913; 하갑래·최태호, 외국인 고용과 근로관계, ㈜중앙경제, 2005, p. 123.
4) 헌법재판소 2011. 9. 29. 자 2009헌마351 결정; 헌법재판소 2009. 9. 24. 자 2006헌마1264 결정.
5) 하갑래·최태호, 외국인 고용과 근로관계, ㈜중앙경제, 2005, p. 123.

2) 선정 기준

송출국가의 선정 기준으로는 사업주의 선호도, 고용허가제 운영능력, 송출과정의 투명성, 외교적 또는 경제적 영향력, 외국인근로자의 사업장 이탈률 및 귀국담보 가능성 등이다. 선정기준별 국가평가를 통해 송출국가 후보를 선정하고 현지조사를 통해 각 국가의 고용안정・인력송출 인프라를 파악한 후에, 외국인력정책위원회가 송출국가를 최종적으로 결정한다.[6] 2013년 기준 외국인근로자를 송출할 수 있는 송출국가로 지정된 국가는 15개국이고, 필리핀, 태국, 베트남, 스리랑카, 몽골, 인도네시아, 우즈베키스탄, 파키스탄, 캄보디아, 중국, 방글라데시, 네팔, 키르키즈스탄, 미얀마, 동티모르가 이에 해당된다.

4. 공표 및 변경

(1) 공 표

고용노동부장관은 외국인근로자 도입계획을 위국인력정책위원회의 심의・의결을 거쳐 수립한다(외국인근로자의 고용 등에 관한 법률 제5조 제1항). 고용노동부장관은 외국인근로자 도입계획을 매년 3월 31일까지 관보, 「신문 등의 진흥에 관한 법률」 제9조 제1항에 따라 그 보급지역을 전국으로 하여 등록한 일간신문, 인터넷 매체를 통하여 공고하는 방법으로 공표하여야 한다(외국인근로자의 고용 등에 관한 법률 제5조 제1항, 동법 시행령 제8조).

(2) 변 경

고용노동부장관은 국내의 실업증가 등 고용사정의 급격한 변동으로 인하여 외국인근로자 도입계획을 변경할 필요가 있을 때에는 외국인력정책위원회의 심의・의결을 거쳐 변경할 수 있다(외국인근로자의 고용 등에 관한 법률 제5조 제2항 전단). 외국인근로자 도입계획을 변경할 경우에는 그 공표의 방법은 관보, 일간신문, 인터넷 매체를 통하여 공고하는 방법을 준용한다(외국인근로자의 고용 등에 관한 법률 제5조 제2항 후단, 동법 시행령 제8조).

---

6) 고용노동부, 고용허가제 업무편람, 열림기획, 2011, p. 20.

제 2 절 고용정책과 이민정책

Ⅰ. 단순외국인력에 대한 고용정책의 문제

1. 고용정책기본법상의 고용정책

(1) 목 적

1993년도에 제정된 「고용정책기본법」이 추구하는 목적은 "국가가 고용에 관한 정책을 수립·시행하여 국민 개개인이 평생에 걸쳐 직업능력을 개발하고 더 많은 취업기회를 가질 수 있도록 하는 한편, 근로자의 고용안정, 기업의 일자리 창출과 원활한 인력 확보를 지원하고 노동시장의 효율성과 인력수급의 균형을 도모함으로써 국민의 삶의 질 향상과 지속가능한 경제성장 및 고용을 통한 사회통합에 이바지함을 목적으로 한다."라고 규정하고 있다(고용정책기본법 제1조). 여기에서 고용정책의 개념은 이를 좁게 보는 견해와 넓게 보는 견해[7]로 나뉘어 있으나, 일반적으로 「고용정책기본법」에서의 고용정책이란 노동시장정책의 일부분로서 '고용의 유지, 안정 및 확대는 물론, 실업자에 대한 생계의 보조, 실업자의 재취업 등에 관련되는 일련의 정책'으로 좁게 이해된다.[8] 따라서 「고용정책기본법」의 주된 목적은 국민의 실업을 방지하고 고용을 유지·안정하기 위한 것이다.

(2) 근 거

「고용정책기본법」의 헌법적 근거를 살펴보기로 한다. 우선 직접적인 헌법적 근거로는 「헌법」 제32조 제1항 "모든 국민은 근로의 권리를 가진다. 국가는 사회적·경제적 방법으로 근로자의 고용의 증진과 적정임금의 보장에 노력하여야 한다.", 「헌법」 제32조 제2항 "모든 국민은 근로의 의무를 진다. 국가는 근로의 의무의 내용과 조건을 민주주의원칙에 따라 법률로 정한다."이다. 또한 간접적인 헌법적 근거로는

---

7) 고용정책의 개념을 넓게 보는 견해는 고용정책이 노동시장정책을 포함한다는 것으로, 국민의 완전고용을 달성하고자 하는 거시경제정책으로부터 시작해서 노동시장정책, 인력개발정책, 미시적 인력정책, 임금정책, 노사관계 내지 노동복지에 이르는 광범한 문제들까지 포함하는 것으로 본다(이준희, 고용정책에서의 고용정책기본법의 실현에 대한 시론적 검토, 한국노사관계학회 산업관계연구, 2011, p. 135 참고).

8) 앞의 논문, pp. 134~135.

「헌법」 제15조 "모든 국민은 직업선택의 자유를 가진다.", 「헌법」 제34조 등이다.

근로의 권리에 대하여 헌법재판소는 "근로의 권리는 사회적 기본권으로서, 국가에 대하여 직접 일자리(직장)를 청구하거나 일자리에 갈음하는 생계비의 지급청구권을 의미하는 것이 아니라, 고용증진을 위한 사회적・경제적 정책을 요구할 수 있는 권리에 그친다. 근로의 권리를 직접적인 일자리 청구권으로 이해하는 것은 사회주의적 통제경제를 배제하고, 사기업 주체의 경제상의 자유를 보장하는 우리 헌법의 경제질서 내지 기본권규정들과 조화될 수 없다. 근로의 권리로부터 국가에 대한 직접적인 직장존속청구권을 도출할 수도 없다."라고 판시하여, 국민이 근로할 권리는 국민이 국가를 상대로 근로의 기회를 제공하여 달라는 주관적 공권으로서가 아니라, 국가가 국민의 고용증진 또는 기회를 확대할 경제적・사회적 근거를 마련한 객관적 규범에 해당한다.[9)]

2. 단순외국인력 활용과 고용정책

(1) 문제 제기

단순외국인력 활용이 「고용정책기본법」상의 고용정책에 포함될 수 있는지 또는 이에 충돌되는지가 문제된다. 「고용정책기본법」은 국민의 실업을 방지하고 고용을 유지・증진시키는 것이 주된 목적이기 때문이다.

(2) 고용정책 포함설

고용허가제도를 통해 입국한 단순외국인력에 대한 고용정책이 「고용정책기본법」상의 고용정책에 속한다는 견해이다. 이 견해는 외국인근로자가 증가하는 현실에서 외국인근로자를 고용정책의 대상에 포함시켜 관리하는 것이 내국인근로자의 고용안정을 침해하지 않고 원활한 인력을 확보를 위하여 적절하다는 것이다. 그 논거로는 첫째, 「고용정책기본법」에서 "고용노동부장관은 관계 중앙행정기관의 장과 협의하여 5년마다 국가의 고용정책에 관한 기본계획을 수립하여야 한다."라고 규정하고 (고용정책기본법 제8조 제1항), 고용정책 기본계획은 국내노동시장의 주요특징을 분석하고, 인력수급계획에 고용허가제를 통한 적정규모의 외국인근로자를 안정적으로 확보하는 등 외국인근로자 고용에 관한 계획도 그 내용으로 포함하고 있다.[10)] 둘째, 고용허가제도

9) 이준희, 고용정책에서의 고용정책기본법의 실현에 대한 시론적 검토, 한국노사관계학회 산업관계연구, 2011, p. 137; 헌법재판소 2002. 11. 28. 자 2001헌바50 결정.
10) 전형배, 외국인근로자 고용정책, 저스티스 제109호, 한국법학원, 2009, pp. 292~294.

를 통한 외국인근로자의 도입과 관련하여, 「고용정책기본법」에서 "국가는 노동시장에서의 원활한 인력수급을 위하여 외국인근로자를 도입할 수 있다. 이 경우 국가는 국민의 고용이 침해되지 아니하도록 노력하여야 한다."라고 규정하고(고용정책기본법 제31조 제1항), "외국인근로자의 도입 등에 필요한 사항은 따로 법률로 정한다."라고 규정하고 있다(고용정책기본법 제31조 제2항). 이에 따라 국내노동시장에서의 원활한 인력수급과 외국인근로자의 도입 등에 필요한 사항을 규율한 법률이 「외국인근로자의 고용 등에 관한 법률」이다.

(3) 고용정책 충돌설 및 소결

고용허가제도를 통한 외국인근로자 활용의 기본원칙에는 보충성의 원칙이 있다. 이것은 국내노동시장에서 필요한 업종에 한하여 적정한 규모의 외국인근로자를 보충적으로 도입하는 것을 말한다.[11] 내국인 고용기회 보호의 원칙[12]이라고도 말한다. 보충성의 원칙은 외국인근로자 활용이 국내노동시장에 부정적인 영향을 주어서는 안 된다는 요구로부터 도출된 것이다.[13] 국민의 실업 방지 및 고용 증진을 주된 목적으로 하는 「고용정책기본법」 및 외국인근로자를 체계적으로 도입·관리하여 원활한 외국인력을 수급하고 활용하려는 「외국인근로자의 고용 등에 관한 법률」은 상호간 충돌적 또는 이율배반적 관계를 가진다. 고용정책은 우선적으로 국민의 실업을 방지하고 고용을 유지·증진을 그 주된 목적으로 하고 있다. 하나의 노동시장 내에서 내국인근로자와 외국인근로자가 서로 경쟁하게 되면 고용정책은 보충성의 원칙을 관철하기 위하여 외국인근로자를 차별적으로 취급하여야 한다.[14] 또한 보충성의 원칙을 관철시키기 위하여, 사용자는 외국인근로자를 고용하기 전에 내국인력 고용노력의 의무를 부담하여야 한다. 그러나 사용자의 내국인력 고용노력 의무는 사실상 형해화되어 사용자가 원하면 언제든지 외국인근로자를 고용할 수 있다. 외국인근로자의 취업활동기간은 지속적으로 연장되어 정주화금지의 원칙이 형해화되었고, 사업장 변경의 사유도 점차적으로 완화되어 내국인근로자의 실업을 방지하고 고용을 유지·증진시키려는 「고용정책기본법」의 목적에 배치된다.

---

11) 하갑래, 외국인근로자 활용제도에 관한 입법론적 연구, 동국대학교 대학원 박사논문, 2003, p. 9 참고.

12) 하갑래·최태호, 외국인 고용과 근로관계, ㈜중앙경제, (2005) p. 99; 하갑래, 근로기준법, ㈜중앙경제 제22판, 2010, p. 910.

13) 헌법재판소 2009. 9. 24. 자 2006헌마1264 결정.

14) 전형배, 외국인근로자의 노동인권, 한국비교노동법학회 노동법논총 제18집, pp. 125~157, 2010, pp. 130~131 참고.

Ⅱ. 단순외국인력에 대한 이민정책

1. 이민정책

「재한외국인 처우 기본법」에서의 외국인정책은 실제로는 이민정책을 말한다. 이민정책은 출입국관리정책Border control & Immigration control policy과 사회통합정책Integration policy을 포괄한다.[15)]

이민정책이라는 용어는 '이민'과 '정책'의 복합어다. 정책이란 '바람직한 사회상태를 이룩하려는 어떤 정책목표를 달성하기 위해 필요한 정책수단에 대해 권위 있는 국가기관이 의도적으로 선택한 기본방침 내지 정부지침'이므로,[16)] 이민정책이란 '이민과 관련한 바람직한 사회상태라는 정책목표를 달성하기 위해 국가기관이 의도적으로 선택한 기본방침 내지 정부지침'이라고 말할 수 있다. 또한 이민정책이란 '국가가 어떠한 국가목표를 위해 외부인을 받아들이거나 배제하는 것으로서, 이민현상 또는 이민자로 인해 발생하는 제반환경에 관한 다양한 정치·외교·안보·경제·사회·문화·종교 등 사회문제를 파악하고 해결하기 위해 채택하는 일련의 국가정책'이라고 말할 수 있다. 이민정책은 외국인이 국적국가가 아닌 다른 국가에서 내부인insider과 외부인outsider으로 구별되는 배제exclusion 또는 포함inclusion의 과정에 연계되어, 외부인이 다른 국가 안에서 일정한 권리에 접근하는 과정이다. 예를 들어 이민정책은 외국인이 다른 국가의 국적을 취득하는 절차적 과정에 대하여 영향을 주게 된다.[17)]

2. 외국인근로자 활용과 이민정책

고용허가제도를 통해 입국한 외국인근로자는 고용정책 또는 생산요소로서 인력이라는 한 부분으로 고려될 것이 아니라, 이민정책 또는 이민의 전 과정과의 관계를 설정하여야 한다. 그 이유는 외국인근로자 도입계획의 결정은 장단기적으로 숙련수준별 검토를 통하여 인구규모의 조정 및 노동시장 구조의 변화, 외국인근로자의 한

15) 법무부, 제2차 외국인정책 기본계획, 2012; 김혜순, 결혼이민자 다문화가족 사회통합정책, 한국이민정책의 이해, 2011, p. 182; 임형백, 한국의 다문화사회의 방향 모색, 제17회 한글문화토론회 - 다문화 담론과 바람직한 외국인정책, 2012, p. 35.
16) 정정길 외 4인 공저, 정책학원론, 대명출판사, 2011, p. 35.
17) Rosemary sales, 2007, understanding immigration and refugee policy, the University of Bristol, 2007, p. 3.

국어 구사능력 및 통합, 외국인근로자 가족의 연쇄적 이민에 대한 선별적 고려, 영주자격 또는 귀화 등 영구적 사회구성원 지위로의 변경이 고려되어야 하기 때문이다. 내국인근로자의 고용기회 확대와 국내노동시장의 안정을 위하여 고용허가제도를 통한 외국인근로자의 유입은 이민정책과 연계되어야 한다.

Ⅲ. 외국인력 활용과 이민정책

1. 단순외국인력과 전문외국인력

국가의 경쟁력을 유지 강화하기 위하여는 단순외국인력 중심의 활용에서 전문외국인력 활용으로 그 중심이 변화되어야 한다.[18)] 단순외국인력과 전문외국인력을 포함한 외국인력에 대한 종합적인 정책수립을 위한 정책결정체계 마련되어야 한다.

외국인력정책위원회는 국내인력의 수급 동향과 연계하여 단순외국인력에 대한 기본계획 및 도입계획을 수립하고 그 도입규모 및 허용업종을 심의·의결하고, 외국인근로자의 권익보호에 관한 사항 등을 심의·의결의 대상으로 포함하여 국내노동시장에서 단순인력 부족을 해소하기 위한 고용정책에 중점을 둔다. 반면에 외국인정책위원회는 이민이 외국인이 겪는 총체적인 생활관계를 반영하므로 외국인정책 기본계획을 심의·확정하기 위하여 외국인의 법적 지위, 경제적 관계 및 외국인력 활용, 외국인근로자의 사회통합, 국제관계적 특성 및 공동개발 등을 종합적으로 고려한다. 특히 「재한외국인 처우 기본법」에서는 외국인정책실무위원회가 분야별로 '실무분과위원회'를 두도록 규정하고 있다(재한외국인 처우 기본법 시행령 제11조 제3항). 이에 따라 2007년에 제정되어 현재 시행중인 「외국인정책실무위원회 운영세칙」에서는 외국인정책실무위원회에 '전문인력유치지원 실무분과위원회'를 두고 있다(외국인정책실무위원회 운영세칙 제10조). 그러나 두 위원회에서 외국인력에 대한 목표 및 기능은 상당한 부분이 중복되지만, 법체계 또는 기능적으로 분리되어 있다.

2. 외국인력 활용과 이민정책의 연계

외국인력정책위원회가 심의·의결하는 외국인근로자 도입계획은 「재한외국인 처우 기본법」 제8조(외국인정책위원회)에 따라 외국인정책위원회에서 심의·조정하는

---

18) 이학춘, 독일의 외국인 정책 사례 연구와 한국에의 시사점, 한국비교노동법학회 노동법논총 제22집, 2011, p. 188.

외국인정책 기본계획 및 제5조(외국인정책의 기본계획) 제1항, 제3항에 따라 법무부 장관이 확정하는 외국인정책 기본계획과 연계되어야 한다.[19)]

외국인력정책위원회와 외국인정책위원회가 연계되기 위하여는 ⅰ) 외국인력정책위원회와 외국인정책위원회가 단일의 위원회로 통합되는 방안을 고려할 수 있다. ⅱ) 차선책으로 외국인력정책위원회를 그대로 유지하면서, 외국인력정책위원회의 외국인정책과 관련된 사항은 외국인정책위원회의 '외국인정책의 수립 및 추진 체계'에 따르도록 하는 유기적 관계를 규정하는 방안을 고려할 수 있다. 예를 들어 「다문화가족지원법」 제3조(국가와 지방자치단체의 책무) 제3항에서 "국가와 지방자치단체는 「다문화가족지원법」에 따른 시책 중 외국인정책 관련 사항에 대하여는 「재한외국인 처우 기본법」 제5조부터 제9조까지의 규정에 따른다."라고 규정하고 있다.

19) 한국경제학회, 국가경쟁력 강화를 위한 외국인력 유치정책 방향, 법무부 2009년도 연구용역보고서, 2009, p. 82.

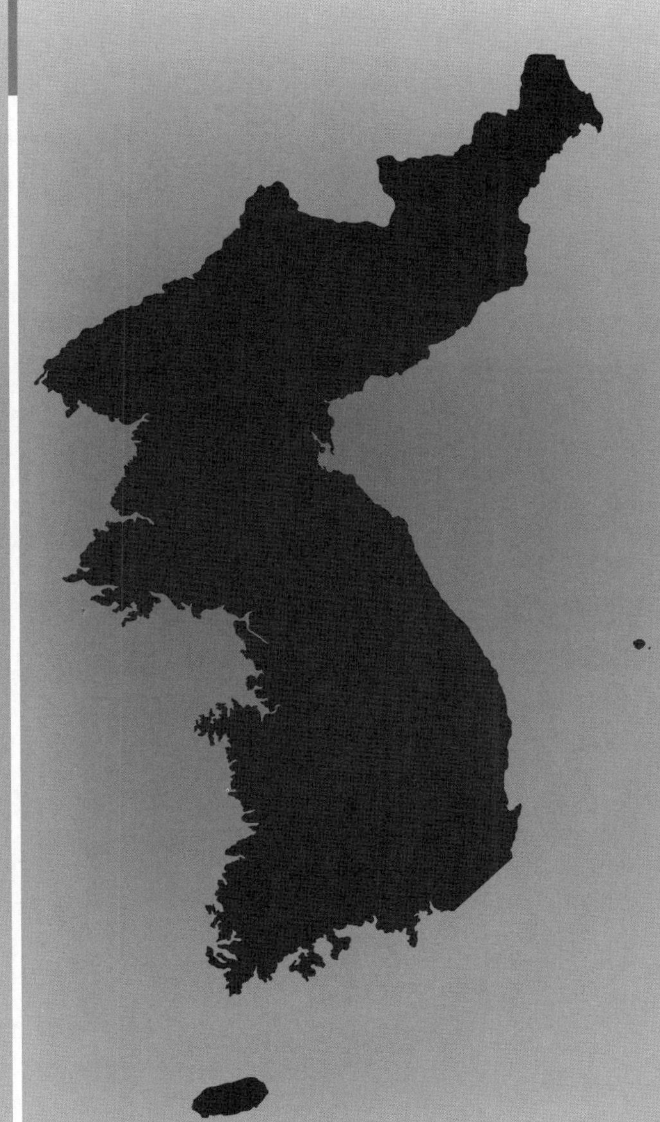

제 4 장

WTO와 외국인력 이동

제 1 절 의　　의

Ⅰ. 신자유주의 및 그 영향

국가간 노동인력의 이동에 관한 문제는 선진국가와 개도국가 간에 경제발전의 차이로 인한 의견 대립, 사용자 단체와 노동계 간에 인력활용을 위한 현실주의 및 인권보호를 위한 인도주의의 입장 차이, 외국인력과 국내인력 간에 정치・경제・사회적 대립관계가 얽혀 있는 복잡한 문제이다. 세계화・정보화・지역화에 따라 상품, 자본과 외국인력이 자유롭게 국가간 이동을 하고, 세계경제가 지역적으로 통합되는 과정은 국가가 신자유주의적 경제정책을 강화하는 것으로 이어지게 되었다. 첫째, 신자유주의의 확산과 대두는 세계화globalization를 확대시켰다. 국가 또는 정부의 영향력은 줄어들고 시장의 영향력이 증대되어 상품과 자본의 국가간 이동은 원칙적으로 자유로이 허용되게 되었다. 또한 세계화는 노동인력의 국가간 이동을 증가시켰다. 둘째, 신자유주의의 확산과 대두는 자유방임적 경제 또는 시장주의적 경제정책의 문제점을 지적하는 질서자유주의Order-Liberalism를 확대시켰다. 국가 간에 인적 이동이 확대되어 외국인력의 이동이 국내경제에 미치는 영향력이 증가하는 등 국가가 인력이동의 변화에 민감하게 반응하고, 신자유주의는 오히려 국가 간에 인적 이동을 억제하는 반대방향으로도 작용하고 있다. 실제에 있어서는 신자유주의가 추구하는 시장경제체제의 이념 그 자체는 국가 간에 인적 이동을 억제 감소시키기보다는 오히려 확대시킨다는 점이 주목된다.[1)] 이러한 정치경제적 배경 하에서 다자간 무역을 논하는 데 있어 서비스무역의 새로운 주제로서 외국인력에 대한 관심이 필요한 시점이다.

---

1) 최금자, 세계화시대 자유무역과 이민: MERCOSUR를 중심으로, 한국라틴아메리카학회, 2002; 최금자, 세계화와 라틴아메리카의 이주와 이민, 오름, 2002; 정정길 외 3인 공저, 정책학원론, 대명출판사, 2003, pp. 115～117.

Ⅱ. 세계경제 및 서비스무역

최근에 세계경제 및 다자간 무역구조에서 나타나는 가장 큰 변화 중의 하나는 자유주의적 무역질서로부터 지역의 이익을 보존하고 강화·방어하려는 국가간 경제블록인 유럽연합EU: European Union, 북미자유무역협정NAFTA: North American Free Trade Agreements, 동남아시아국가연합ASEAN; Association of South-East Asian Nations, 남미공동시장MERCOSUR: Mercado Común del Sur 및 수많은 FTA 등 지역경제통합과 병행되어 나타나는 노동인력의 이동이다.[2)] 세계화가 점진적으로 진행됨에 따라 국가 간에 관세장벽 등 무역장벽이 완화되어 상품무역이 자유화되고, 자본시장의 개방 및 금융규제의 완화 등으로 인하여 외국인직접투자 또는 외국인간접투자가 증가하고 있다. 이와 동시에 과거에는 주로 단순외국인력semi-skilled migrant worker의 국가간 인적 이동이 주된 이슈이었으나, 최근에는 고도의 기술을 지니고 교육을 받은 전문외국인력highly skilled migrant, 예를 들어 컴퓨터 또는 정보 전문가의 국가간 인적 이동이 새로이 부각되고 있다.

국가는 무역의 흐름에 대하여는 자유시장주의 원칙을 택하면서도, 이민의 영역에서는 제한 또는 통제의 기조를 택하고 있다. 이와 같은 국가의 모순된 태도를 홀리필드Holifield는 '자유주의의 패러독스liberal paradox'라고 표현하고 있다.[3)] 국가는 무역에 대하여 국가의 주권을 제한하여 개방을 요구하면서도, 이민에 대하여는 국가의 주권을 강화하려는 입장을 취한다. 국가는 상품과 서비스, 자본의 이동에 대하여 국가의 개입을 제한하지만, 이민에 대하여는 국가의 개입을 강화한다.[4)] 이민에 대한 국가의 신자유주의적 접근은 이민의 대상자를 양극화하고, 전문외국인력 및 단순외국인력의 경계를 만들어 인력이동의 과정을 이원화하고 있다. 이에 의하면 노동이민의 형태는 귀족유형(엘리트이민)과 천민유형(빈곤이민)으로 구분하여 표현되고 있다.[5)]

---

2) 최금자, 세계화와 라틴아메리카의 이주와 이민, 오름, 2002, p. 33; 최금자, 세계화시대 자유무역과 이민: MERCOSUR를 중심으로, 한국라틴아메리카학회, 2002.

3) James F. Hollifield, Offene Weltwirtschaft und nationales Bürgerrecht: das liberale Paradox, Migration Im Spannungsfeld Von Globalisierung Und Nationalstaat, 2003, pp. 35~36.

4) 박경순·윤도현, 세계화와 이민정책 - 독일의 2005년 『이민법』을 중심으로, 한독사회과학회 한독사회과학논총 제19권 제2호, 2009, pp. 114~128.

5) 앞의 논문, p. 132 참고.

Ⅲ. 서비스무역에 대한 무관심

서비스무역 및 외국인력 이동에 관한 국내 논문이나 저서들은 대부분 WTO 협상 자체 등에 한정되거나 임금 또는 고용 등 한정된 영역에 주로 머물고 있다. 대다수의 법학자들은 서비스무역의 '이동' 자체를 규율하는 법령에 대해 많은 관심을 가지고 있지 않다. 다자간 무역구조의 핵심적 논의에서 서비스무역의 이동(특히 외국인력을 의미한다)에 관한 주제는 법학의 중심에서 벗어나 변방에 머물고 있다.[6)]

Ⅳ. 대한민국의 자유무역협정 체결 현황

대한민국이 외국과의 무역증진을 위해 체결하여 발효된 자유무역협정FTA: Free trade Agreement 또는 포괄적 경제동반자협정CEPA: Comprehensive Economic Partnership Agreement은 다음과 같다. 대한민국 정부와 칠레공화국 정부 간의 자유무역협정(발효일 2004. 4. 1.), 대한민국 정부와 싱가포르공화국 정부 간의 자유무역협정(발효일 2006. 3. 2.), 대한민국과 동남아시아국가연합 회원국 정부 간의 포괄적 경제협력에 관한 기본협정 하의 서비스무역에 관한 협정(발효일 2009. 5. 1.), 대한민국과 인도공화국 간의 포괄적 경제동반자협정(발효일 2010. 1. 1.), 대한민국과 유럽연합 및 그 회원국 간의 자유무역협정(발효일 2011. 7. 1.), 대한민국과 페루공화국 간의 자유무역협정(발효일 2011. 8. 1.), 대한민국과 미합중국 간의 자유무역협정(발효일 2012. 3. 15.), 대한민국과 터키공화국 간의 자유무역지대를 창설하는 기본협정(발효일 2013. 5. 1.)이다. 이하에서는 대표적으로 「대한민국과 인도공화국 간의 포괄적 경제동반자협정」 제8장 자연인의 이동을 중심으로 살펴보기로 한다.

6) Deepak Nayyar, Trade and Globalization, Oxford university press, 2008, p. 19 참고.

제 2 절 서비스 및 서비스무역

Ⅰ. 서 비 스

1. 외국인력과 서비스

통신수단의 발전과 저렴한 교통수단이 확대되고 국경을 넘는 노동인력 간에 사회적 연결망이 형성 발전되어 국가간 인적 이동이 증가하고 있다. FTA 또는 CEPA 등 지역간 또는 양자간 무역협정이 체결될 때에 외국인력의 이동과 연관하여 자국의 부족한 서비스 부문을 보완하고 취약한 서비스 부문을 방어하기 위하여 서비스 무역Mode에 대한 관심이 높아지고 있다. 이에 따라 국제무역에서 외국인력의 이동이 차지하는 비중이 증가함에 따라 서비스에 대한 개념이 중요하다.

국제무역에서 서비스의 한 유형으로서, 외국인력의 이동과 관련한 서비스의 개념을 명확히 내리기는 상당히 어렵다. 그 이유는 일상생활에서 서비스라는 용어가 폭넓게 사용되고 있기 때문이다. 예를 들어 관광서비스, 교육서비스, 금융 또는 보험서비스, 건설 또는 노동서비스, 컴퓨터 또는 통신서비스, 연구 또는 개발서비스, 이사서비스, 부동산서비스, 보건서비스 등 일상생활과 밀접하게 관련되어 서비스라는 용어가 사용되고 있다. 서비스에 대한 명확한 개념을 내리기 어려운 또 다른 이유로는 서비스가 재화와 비교하여 지니는 고유한 특성에도 기인한다. 첫째, 재화는 유형의 형체를 지닌 물품이지만, 서비스는 무형의 상태로서 보이지 않는다. 둘째, 재화의 소유권은 거래에 의해 다른 경제주체에게 소유권 이동이 가능하지만, 서비스는 서비스 제공자에 의해 서비스가 제공될지라도 다른 경제주체에게 소유권 이동은 발생하지 않는다. 셋째, 재화는 부패되기 쉬운 것을 제외하고 일반적으로 저장이 가능하지만, 서비스는 생산과 동시에 소비되므로 저장이 불가능하다.[7)]

2. 서비스의 개념

서비스의 개념은 학자에 따라 다양하게 정의된다. 예를 들어 서비스란 사람이나 물건을 변화시키는 경제적으로 유용한 행위라는 견해,[8)] 서비스란 비재화인 무형의

---

7) 조석홍 · 김만길, 세계화와 무역, 두남, 2009, p. 94.

경제재를 생산하는 활동이라는 견해,[9] 노동, 기술 또는 자문과 같이 인간의 수고 형태를 띤 무형의 상품이라는 견해[10] 등이다. 이 책에서는 국제무역에서 외국인력 이동의 중요성과 서비스가 지니는 고유한 특성을 고려하여, 서비스란 '시장에서 경제주체 또는 상품의 상태를 심리적으로 내지 경제적으로 변화시키는 무형의 행위'라고 정의하고자 한다. 국가 간에 이동하는 생산요소로서 서비스의 사례로는 사업방문자의 구매행위 또는 판매행위뿐만 아니라, 영어교사의 교육행위, 외국인근로자의 근로행위, 컴퓨터 전문가의 프로그램 개발행위 등을 들 수 있다.

Ⅱ. 서비스무역

1. 국제사회와 인력이동 논의

1948년 무역과 고용에 관한 유엔회의the United Nations Conference on Trade and Employment에서 설립이 예정되었던 국제무역기구ITO: International Trade Organization는 그 위임을 받아 기술인력skills에 대한 주제를 포함하려 하였다. 국제무역기구 창설을 위한 '하바나헌장'에는 고용 관련 내용이 포함되었으나, 하바나헌장은 발효되지 못하였다.[11] 국제무역기구는 설립되지 못하여 기술인력skills의 이동에 대한 논의는 우루과이라운드 협상(1986년~1994년)까지 40여년 동안 국제무역체계의 밖에 있었다. 세계무역기구WTO: World Trade Organization가 설립되기 이전 시기인 1947년에서 1994년까지는 「관세 및 무역에 관한 일반협정GATT: the General Agreement on Tariff and Trade」에 의해 규율되던 시대로, 당시에는 외국인력workers과 전문가professionals에 대하여 관심을 거의 두지 않았다.[12]

현재 국제무역을 규율하는 무역체계는 1995년에 출범한 세계무역기구이다. 세계무역기구는 1947년에 설립된 이래 국제무역질서를 이끌어온 GATT체제의 문제점을 해결하고 기존 GATT체제를 대신할 새로운 다자간 국제무역질서를 세우고자 1986년부터 시작된 우루과이라운드 협상UR: Uruguay Round of Multinational Trade Nego-

---

8) 앞의 책, p. 94.
9) 유진수, 우리나라 서비스산업의 생산성변화와 생산성의 국제비교, 대외경제정책연구원, 1991, p. 16.
10) 앞의 논문, p. 16 참고(an intangible commodity in the form of human effert, such as labor, skill, or advice).
11) 외교통상부, 세계화와 국제경제 관리체계 - 무역과 이동, 2002, p. 115.
12) T.Alexander Aleinikoff & Vincent Chetail, Migration and International Legal Norms, TMC Asser Press, 2003, p. 242.

tiation을 통하여 1995년 1월 1일에 출범하였다. 세계무역기구의 설립을 위하여 열린 1986년에서 1994년 사이의 우루과이라운드 협상 동안에 기술인력skills에 대한 주제가 다시 논의되기 시작하였다. WTO는 관세 인하뿐만 아니라 시장 개방의 확대, 서비스 등 새로운 규범의 제정 등을 통해 세계 각국 간의 교역을 확대하기 위하여 결성되었다. WTO체제하에서는 「서비스무역에 관한 일반협정GATS: General Agreement on Trade in Services」을 통하여 다자간 국제무역에서 자연인의 국가간 이동을 최초로 규율하고 있다. 이하에서는 「서비스무역에 관한 일반협정」을 중심으로 서비스무역의 개념과 유형을 살펴보기로 한다.

2. 서비스무역

(1) 개 념

앞에서 살펴본 것과 같이 서비스의 개념을 명확히 내리기 어려운 이유로 인하여 서비스무역의 개념도 명확히 규정하기가 어렵다. 상품무역처럼 원거리에서 공급이 이루어지는 형태 외에도, 서비스무역은 생산자와 소비자가 국경을 넘어 이동하여 서비스가 공급되므로 인력과 자본의 이동을 수반하게 된다.[13] 인력인력의 이동과 관련한 서비스무역trade in service이란 하나의 국가에 거주하는 공급자가 다른 국가에 거주하는 소비자에게 서비스를 제공하고 소비가 국경을 넘어 이루어지는 무형의 무역을 말한다.

(2) 유 형

1) 의 의

WTO 서비스무역에 관한 일반협정GATS에 따라 국가 간에 서비스무역의 유형은 4가지로 분류된다. GATS 제1조 제2항에서는 서비스무역의 4가지 유형Modes을 아래와 같이 규정하고 있다. 그리고 한국-인도 포괄적 경제동반자협정CEPA 제6.1조에서는 GATS의 4가지 유형을 그대로 원용하고 있다.

2) 제1유형: 서비스의 국경간 공급

제1유형Mode1은 '서비스의 국경간 공급Cross-border Supply'이라고 하며, 어느 한 쪽 당사국의 영역으로부터 다른 쪽 당사국 영역 내로의 서비스 공급from the territory of one Member into the territory of any other Member을 말한다. 서비스 공급자service supplier가

13) 김준동 외, 서비스자유화 협상의 Mode4 관련 대응방안 연구: 독립전문가를 중심으로, 서울기획문화사, 2008, p. 32.

어느 국가에 있으면서 그 국가의 영역으로부터 다른 국가의 영역으로 인터넷 등 통신수단을 이용하여 서비스의 공급이 이루어지는 형태를 말한다. 이를 '국경통과 무역'이라고도 한다.[14] 예를 들어 인터넷을 통한 원격교육 또는 원격진료 및 국제금융거래, 원고 교정서비스 등이다. 제1유형의 특징은 서비스 공급자가 다른 회원국가의 영토 내에서 주재하지 않는다는 것이며, 전통적인 상품무역에 근접한다.[15]

3) 제2유형: 서비스의 해외소비

제2유형Mode2은 '서비스의 해외소비Consumption Abroad'라고 하며, 어느 한 쪽 당사국의 영역 내에서 그 당사국의 인人에 의한 다른 쪽 당사국의 인人에 대한 서비스 공급in the territory of one Member to the service consumer of any other Member을 말한다. 한 국가의 주권이 미치는 영역 내에서 다른 국가의 서비스 수요자에게 서비스를 공급하는 형태이다. 서비스 소비자service consumer가 어느 국가로부터 다른 국가로 이동하여 서비스를 받는 방식을 의미한다. 예를 들어 해외여행, 해외유학 또는 의료치료 등이다. 제2유형의 특징은 Mode1의 경우처럼 서비스 공급자가 다른 국가의 영토 내에서 주재하지 않는다.

4) 제3유형: 상업적 주재

제3유형Mode3은 '상업적 주재Commercial Presence'라고 하며, 어느 한 쪽 당사국의 서비스 공급자에 의한 다른 쪽 당사국의 영역 내에서의 상업적 주재를 통한 서비스 공급by a service supplier of one Member, through commercial presence in the territory of any other Member을 말한다. 한 국가의 서비스 공급자service supplier가 다른 국가에서 자회사 또는 지점을 설립하여 주재하면서 상업적 성격의 서비스를 공급하는 방식을 의미한다. 예를 들어 자회사 설립 또는 한 국가의 은행이 다른 국가에 지점을 설치하여 은행업bank을 하는 경우 등이다. 제3유형의 특징은 서비스 공급자가 다른 회원국가의 영토 내에서 주재하고, 생산요소인 자본과 노동의 이동을 수반한다.[16]

5) 제4유형: 자연인의 주재

제4유형Mode4은 '자연인의 주재Presence of Natural Persons'라고 하며, 어느 한 쪽 당사국의 서비스 공급자에 의한 다른 쪽 당사국 영역 내에서의 자연인의 주재를 통한 서비스 공급by a service supplier of one Member, through presence of natural persons of a Member

---

14) 송병건, 한미FTA 타결에 대한 역사적 고찰, 한미FTA의 노동시장 파급효과와 노동제도 변화, ㈜중앙경제, 2007, p. 33.

15) 김준동 외, 서비스자유화 협상의 Mode4 관련 대응방안 연구: 독립전문가를 중심으로, 서울기획문화사, 2008, p. 32.

16) 앞의 책, p. 33.

in the territory of any other Member을 말한다. 한 국가의 자연인natural person이 서비스의 공급자로서 다른 국가에 주재하면서 서비스를 공급하는 방식을 의미한다. 예를 들어 모회사에서 자회사로 관리자 · 임원 · 전문가의 이동, 경영 컨설턴트가 다른 회원국에 일시적으로 입국하여 컨설팅 서비스를 제공하고 귀국하는 경우 등이다. 제4유형의 특징은 Mode3의 경우처럼 서비스 공급자가 다른 회원국가의 영토 내에서 주재하고, 생산요소인 자본과 노동의 이동을 수반한다.[17] 과거에는 제4유형(Mode4)은 실질적으로 거의 이루어지지 않는 이론상의 유형으로 보았으나,[18] 최근에는 위에 설명한 4가지 서비스무역 유형(Modes) 중에서 특히 4유형(Mode4)이 중요한 관심을 받고 있다.

제 3 절 WTO GATS와 자연인 이동

I. 의 의

세계무역기구는「세계무역기구 설립을 위한 마라케쉬협정(Marakesh Agreement establishing the World Trade Organization, 이를 WTO협정이라고 약칭한다)」서문에서 "국제무역관계에서 차별적 대우를 폐지하고 무역에 대한 관세와 다른 장애물의 실질적인 감축을 지향하는 상호간 및 다자간 이익이 되는 협약"이라고 규정하고 있듯이, 회원국 간에 상품, 사람, 서비스, 자본의 자유로운 이동을 방해하는 장애물을 완전히 철폐하는 것을 추구하지 않는다. 회원국 정부는 무역장벽을 얼마나 실질적으로 완화하고 시장의 자유를 어느 정도로 허용할 것인지를 결정할 수 있는 상당한 정도의 허용범위를 보유하고 있다. 회원국 정부는 양허commitment에 대해 결정권을 보유하여 계속적으로 협상을 할 수 있다. 서비스무역에 관한 일반협정GATS: the General Agreement on Trade in Services의 규정은 협상을 위한 단순한 가이드라인에 불과하다.[19] 이하에서는 GATS와 고용, 이민에 대하여 스티브 차르노비츠 Steve Charnovitz의 견해를 중심으로 살펴보고자 한다.[20]

17) 앞의 책, p. 33.
18) 이상윤, 국제경제법, 중앙경제사, 1996, pp. 203~204.
19) T.Alexander Aleinikoff & Vincent Chetail, Migration and International Legal Norms, TMC Asser Press, 2003, p. 244.
20) 위의 책, pp. 241~253.

Ⅱ. GATS

서비스무역에 관한 일반협정은 서비스무역을 규율하는 최초의 다자간 무역규범이고 서비스무역에 적용되는 다자간 원칙 및 규율의 틀을 제공하기 위한 국제협정이다.[21] 서비스무역에 관한 일반협정은 WTO협정에 대한 시행령 또는 특별법적 성격을 갖고, WTO협정의 불가분의 일부를 구성한다.[22] 서비스무역에 관한 일반협정 규정은 WTO협정 및 다른 부속서와 마찬가지로 WTO 회원국 사이에서만 효력을 지닌다. 서비스무역에 관한 일반협정에서는 개인이 다른 국가에서 체류하여 취업 내지 근무할 권리를 직접적으로 부여하지 않고, 간접적인 방법을 통하여 개인이 다른 국가에서 체류하여 취업 내지 근무하는 것을 용이하게 하고 있다.

GATS는 회원국 정부에게 몇 가지 주요한 원칙을 준수하도록 하고 있다. 즉 최혜국 대우의 원칙(most-favored-nation requirement, GATS 제2항), 규정의 투명성(transparency of regulations, GATS 제3항), 자유무역을 확대하기 위한 연속적인 협상과정에 임할 의무(GATS 제22항) 등이다. 회원국 정부는 양허계획표schedule 안에서 특정한 양허를 이행하도록 요구되며, 양허계획표에 있지 않는 시장접근제한을 하는 것이 금지된다(GATS 제20항). 예를 들어 외국인력에 대한 수적 제한quota을 설정하는 것을 들 수 있다.

Ⅲ. GATS와 고용

1. 사실상 노동의 제공

서비스무역에 관한 일반협정에 의하면, 자연인은 기업체 등 법인과는 구별된다. 회원국 정부가 자연인의 이동에 대한 장벽을 감소하고 노동시장에의 접근을 개선하도록 하고 동시에 Mode4의 서비스 유형을 공급함으로써 외국인이 보다 용이하게 일할 수 있도록 하고 있다. 노동Work이라는 용어를 실제 사용하지는 않지만, Mode4에 따라 개인이 경제적 수익활동 내지 돈을 벌 목적으로 서비스 거래를 할 수 있으므로 Mode4의 핵심은 사실상 노동이다.

---

21) 최승환, 국제경제법, 법영사, 2001, p. 371 참고.
22) 이상윤, 국제경제법, 중앙경제사, 1996, p. 82～83 참고.

2. 단기간 고용

외국인력에 대한 GATS의 관련성은 GATS의 「서비스를 공급하는 자연인의 이동에 관한 GATS 부속서(GATS Annex on Movement of Natural Persons Supplying Services, 일명 '자연인의 이동 부속서Annex on Movement'라고도 말한다)」에서 명확히 나타나고 있다. 자연인의 이동은 GATS 자체에서 규율하지 않고, '자연인의 이동 부속서'에서 규율하고 있다. GATS는 WTO 회원국의 노동시장에 접근하려는 자연인에게 영향을 미치는 조치에 적용되지 않고, 국적취득, 영구적인 체류 또는 고용과 관련한 조치에도 적용되지 않는다(서비스를 공급하는 자연인의 이동에 관한 GATS 부속서 제2조). 이와 같은 규정의 의미는 GATS가 비非영구적인 고용employment on non-permanent basis에 관한 조치를 다룬다는 것이다. 따라서 GATS는 단기간 고용을 추구하는 자연인만을 다룬다.

3. 고용 형태의 문제

GATS는 어떤 형태의 고용에 대하여 적용되는지 명확하지 않다. 이것은 "GATS가 WTO 회원국의 고용시장에 접근하려는 자연인에게 영향을 미치는 조치에 적용되지 않는다."라는 '자연인의 이동 부속서'의 규정을 어떻게 해석하느냐의 문제이다. 즉 GATS가 외국인이 체류하는 국가에 소재한 회사에 채용되어 근무하는 그 외국인에게 적용되는지의 여부이다. 예를 들어 간호사와 컴퓨터 기술자는 회원국가에 입국하여 사용자를 위하여 채용되어 근무하기를 원할 수 있다. 그러나 WTO에서는 GATS 규정을 적용한 법률사례가 적고, 더욱이 Mode4를 적용한 법률사례가 없는 실정이다. GATS 규정 자체로는 해결되지 않는 문제이다. 그럼에도 불구하고, 흥미로운 사안은 몇몇 지역무역협정(FTA를 말한다)에서는 자연인의 이동에 관한 '자연인의 이동 부속서'를 모방한 규정을 담고 있다는 점이다.

GATS Mode4는 개념적으로는 기업의 임원에서 직원에 이르기까지 서비스를 제공하는 모든 자연인에게 적용될 수 있다. 우루과이라운드 협상 과정 중에 선진국가는 좁은 범위의 Mode4를 요구하였으나, 개발도상국가는 GATS가 적어도 건설분야, 관광분야, 국내노동분야의 가능성까지 포함하여야 한다고 주장하였다.

Ⅳ. GATS와 이민

1. 영구이민의 배제

무역주의자들은 GATS가 영구이민을 배제하는 것을 초기부터 지지하여 왔다. 예를 들어 1996년 자그디쉬 바그와티Jagdish Bhagwati는 'Economic Perspectives on Trade in Professional Services' 발표문에서 "영구이민은 차원이 다르고 매우 어려운 문제들을 야기하며, 만약 이러한 문제들이 토론에 부쳐지면 진보측에 타협하여 양보할 가능성이 많다"고 언급한 바 있다. 영구이민의 주제는 일반적으로 자유무역의 기초를 이루는 실용주의적 계산과는 매우 다른 도덕・철학적 원칙에 의해 판단되기 때문이다.

2. 단기간 이민

GATS 자연인의 이동 부속서GATS Annex on Movement에서는 회원국 정부가 자연인의 입국과 단기체류를 규율하는 조치를 적용하는 것을 금지하지 않으며, 그러한 조치는 국경에서 자연인의 질서 있는 이동을 보장하기 위해 필요한 조치를 포함한다(서비스를 공급하는 자연인의 이동에 관한 GATS 부속서 제4조 본문). 자연인의 Mode4에 대한 접근은 회원국 정부의 이민정책 또는 이민법에 의해 조정될 수 있음을 명백히 한 것이다. 또한 회원국 정부는 어느 국가의 외국인에게는 사증을 요구할 수 있고 다른 국가의 외국인에게는 사증을 요구하지 않을 수 있다. 다만, 회원국 정부가 자연인에 대한 입국 조치는 양허commitment에서 허용된 혜택을 무효로 하거나 훼손하는 방식으로 적용해서는 아니 된다(서비스를 공급하는 자연인의 이동에 관한 GATS 부속서 제4조 단서). 회원국 정부는 이민정책 수립과 집행에서 절대적인 자유재량absolute discretion을 가지지 못한다.

제 4 절 한국-인도 CEPA 제8장

Ⅰ. 한국-인도 CEPA

1. 개 관

(1) 성 격

포괄적 경제동반자협정CEPA: Comprehensive Economic Partnership Agreement은 자유무역협정FTA: Free Trade Agreement과는 용어만의 차이가 있을 뿐이다. CEPA라는 용어 사용은 상품무역, 원산지 규정, 통신, 투자, 관세협력, 서비스무역, 인력이동, 투자, 지적재산권 등 경제관계 전반을 포괄하는 내용을 강조하기 위한 것으로 포괄적 경제동반자협정CEPA은 실질적으로 자유무역협정FTA과 동일한 성격의 협정이다.[23)]

(2) 목 적

한국-인도 CEPA를 체결한 목적에 대하여는, i) 양국간 서비스무역의 자유화 및 촉진, 증대, ii) 양국간 경제관계의 강화 및 향상을 위한 협력의 틀 구축, iii) 양국간 무역을 규율하는 투명한 규칙의 기반 조성, iv) 협정의 해택을 아시아 전역으로 확대하고 증진시키기 위한 보다 심화된 지역 및 다자간 협력기반을 구축하며, 이를 통해 아시아 국가들의 경제적 통합을 촉진한다는 것으로 규정하고 있다(한국-인도 CEPA 제1.1조).

(3) 구 성

한국-인도 CEPA는 제1장 일반규정 및 정의, 제2장 상품무역, 제3장 원산지 규정, 제4장 원산지절차, 제5장 무역원활화 및 관세협력, 제6장 서비스무역, 제7장 통신, 제8장 자연인의 이동Movement of Natural Persons 및 부속서 8-가 전문가 목록, 제9장 시청각 공동제작, 제10장 투자, 제11장 경쟁, 제12장 지적재산권, 제13장 양자간 협력, 제14장 분쟁해결, 제15장 행정 및 최종규정으로 구성되어 있다.

---

23) 외교통상부, 한인도 CEPA 주요내용, 대외경제정책연구원, 2009, p. 2.

2. 한국-인도 협상의 쟁점

인도의 입장은 전문외국인력(계약서비스공급자 및 독립전문가)을 모든 직종에 걸쳐 제한없이 양허할 것을 주장하며, 특히 독립전문가IP: Independent Professionals의 계약상대방이 계약자유의 원칙상 법인에만 한정되어서는 안 된다는 입장이었다. 반면에, 대한민국의 입장은 당초 DDA 수준인 계약서비스공급자CSS: Contractual Service Suppliers만을 양허대상으로 하였지만, 협상 전반의 이익균형을 고려하여 독립전문가IP 양허를 수용하면서 불법체류 등 문제발생의 가능성을 차단하기 위해 도급계약의 진정성 확보가 용이한 법인에 한정된 계약만을 인정하여야 한다는 입장이었다.[24] 한국-인도 CEPA 협상에서 인도의 주된 관심사항은 서비스무역에서 인도가 경쟁력 있는 분야로서 서비스를 제공하는 계약서비스공급자 및 독립전문가에 해당되는 Mode4(자연인의 주재)의 자유로운 양허를 확보하는 것이다. 따라서 한국-인도 CEPA 협상에서 한국-인도 양측은 상당한 입장차이를 나타내어 서비스무역 전문외국인력의 시장개방 양허는 협상 전체의 타결을 좌우하는 최대 쟁점이었다.[25]

3. 한국-인도 CEPA 발효

(1) 발 효

한국-인도 포괄적 경제동반자협정은 2009년 11월 6일에 국회의 비준을 거쳐 2010년 1월 1일에 발효되었다. 한국-인도 CEPA에 대한 체결 논의는 2003년 12월에 인도 뉴델리에서 열린 한국-인도 공동위 외무장관회담이 양국간 무역, 투자 및 서비스 분야에서의 포괄적 협력관계 수립을 위한 공동연구그룹 설치를 검토하기로 합의한 것으로부터 시작되었다. 2006년 3월에 한국-인도 CEPA 제1차 협상이 시작된 이후 3년 6개월 만에 타결되었다.[26]

(2) 전문외국인력의 개방

한국-인도 CEPA 체결을 위한 협상의 과정 중에 양국의 입장 차이가 가장 두드러진 부분은 서비스무역과 관련한 전문외국인력(특히 독립전문가)의 개방이었다.[27] 한국-인도 CEPA 제8장(자연인의 이동)에 따르면 전문외국인력에 대한 개방

24) 앞의 책, p. 112.
25) 백좌흠, 한-인도 CEPA의 서비스무역 규정, 법학연구 제18권 제2호, 2010, p. 329.
26) 외교통상부, 한인도 CEPA 주요내용, 대외경제정책연구원, 2009, pp. 1~3.
27) 정민정, 한-인도 CEPA의 인력유입효과 제고방안, 국회입법조사처, 2009, p. 1; 백좌흠, 한-인도

은 비노동시장 접근의 원칙하에 고용계약이 아닌 '도급계약'에 기초하고 있지만,[28] 도급계약에 의한 인력이동은 국가간 인력이동의 새로운 유형으로 등장하고 있다(한국-인도 CEPA 제8.2조 제2항 아호, 자호, 차호). 고용계약과 도급계약의 구별이 사실상 어렵고, 도급계약에 기초한 전문외국인력의 노동시장 접근으로도 이해되는 경향이 있어 연구가 필요한 분야이다.[29] 2010년 1월 1일에 한국-인도 CEPA가 시행된 이후, WTO 서비스무역에 관한 일반협정GATS에 따른 4가지 서비스무역 유형Modes 중에서 특히 Mode4(자연인의 주재) 규정의 해석과 적용이 중요한 관심을 받고 있다.

Ⅱ. 자연인의 이동 규율

1. 한국-인도 CEPA 제8장

(1) 구 성

한국-인도 CEPA 제8장(자연인의 이동)에서 외국인력 이동을 규율하는 규정은 일반원칙, 적용범위, 일시입국의 허용, 배우자 및 부양가족의 고용, 규제의 투명성, 문제해결, 분쟁해결, 유보조항 등 총 8조의 협정문과 한국-인도 양국이 상호 개방하기로 양허한 전문가 목록인 부속서로 구성되어 있다.[30]

(2) 제6장 및 제8장

제8장(자연인의 이동)은 한국-인도 양국간 자연인의 이동과 관련하여 제2장(상품무역), 제6장(서비스무역), 제10장(투자)에 규정된 권리와 의무에 관한 사항에 부수되는 사항을 규정한다(CEPA 제8장 제8.1조 제1항). 여기에서 한국-인도 CEPA 제6장(서비스무역) 및 제8장(자연인의 이동)은 WTO GATS를 기초로 하여 외국인력이동에 관한 사항을 규정하고 있다.[31] 한국-인도 CEPA 제6.1조에 분류된 서비스무역의 형태에 따라 제4유형(Mode4)에 해당하는 각 자연인의 적용범위(기업내전근자, 계약서비스공급자, 독립전문가), 입국 및 체류기간 등 일시입국에 관한 내용, 배우자 및 부양가족의 고용에 관한 내용 등으로 구성된다.

CEPA의 서비스무역 규정, 법학연구 제18권 제2호, 2010, p. 329; 김준동 외, 서비스자유화 협상의 Mode4 관련 대응방안 연구: 독립전문가를 중심으로, 서울기획문화사, 2008, p. 27.

28) 도급계약이란 당사자의 일방(수급인)이 어느 일을 완성할 것을 약정하고, 상대방(도급인)이 그 일의 결과에 대하여 보수를 지급할 것을 약정함으로써 성립하는 계약을 말한다. 민법 제664조(도급의 의의)에 근거한다.

29) 이규용, 외국인 인력정책의 기초연구, IOM이민정책연구원, 2010, p. 35.

30) 외교통상부, 인력이동 해설서, 2009, p. 115.

31) 백좌흠, 한-인도 CEPA의 서비스무역 규정, 법학연구 제18권 제2호, 2010, p. 328.

한국-인도 CEPA 제8장 이행을 위해 대한민국에서는 『한-인도 포괄적경제동반자 협정 관련 사증 및 체류관리 지침』 마련하여 2010년 1월 1일부터 시행하고 있다.

2. 한국-인도 CEPA 발효로 인한 규율

(1) 발효 이전의 규율

한국-인도 CEPA가 발효되기 이전에는 상용방문자, 기업내전근자, 전문외국인력 및 그 배우자와 부양가족은 한국-인도 양국의 국내법(한국의 출입국관리법, 인도의 외국인법 등)의 요건에 부합되면 사증이 발급되어 상대방 국가로 입국이 가능하였다. 자연인의 국가간 이동을 규율하는 국가의 권한은 국가가 영토와 인구에 대해 전적인 권한을 가진다는 '국가의 국제체계the concept of an international system of states'로부터 나온다. 국가가 외국인에 대해 사증을 발급하고 입국을 허용할지 여부는 국가의 주권사항에 해당하므로,[32] 국가가 외국인에 대하여 사증발급과 입국을 거부할지라도 상대방 국가는 다른 쪽 당사국에 법적으로 취할 수 있는 조치는 없었다. 다만, 정치적 비난과 외교단절, 상호주의에 의한 보복조치 등 외교적 방법과 경제적 보복 등을 취하는 것은 별론으로 한다.

(2) 발효 이후의 규율

2010년 1월 1일에 한국-인도 CEPA가 발효되어 CEPA 규정에 의해 자연인의 이동이 규율받는다. 상용방문자, 기업내전근자, 전문외국인력 및 그 배우자와 부양가족에 대해 합리적인 이유 없이 사증발급과 입국, 체류 등을 거부할 경우에는 한국-인도 CEPA 분쟁해결 절차를 통한 이의제기가 가능하다.[33]

Ⅲ. 적용 대상자 및 범위

1. 적용 대상자

한국-인도 CEPA 제8장(인력이동)의 적용 대상자는 한국-인도 CEPA 제6장(서비스무역)에서 정의된 '당사국 영역 내에 또는 그 밖의 지역에 거주하는 그 당사국의 법률에 따라 그 당사국의 국민'만을 말한다(한국-인도 제8장 제8.2조 제2항 가호). '그 당사국의 영주권을

32) T.Alexander Aleinikoff & Vincent Chetail, Migration and International Legal Norms, TMC Asser Press, 2003, p. 3.
33) 외교통상부, 인력이동 해설서, 2009, p. 122.

가지고 있는 자연인'은 한국-인도 CEPA 제8장(인력이동)에 따른 일시입국 및 일시취업의 적용 대상자에서 제외된다.

2. 적용 범위

자연인의 이동을 규율하는 한국-인도 CEPA 제8장(인력이동)은 당사국의 고용시장에 접근하고자 하는 자연인에게 영향을 미치는 조치나 국적·영주 또는 영구적인 고용에 관한 조치에는 적용되지 아니한다(한국-인도 CEPA 제8장 제8.1조 제2항). 취업을 목적으로 입국하려는 외국인과 국적 또는 영주자격을 취득하려는 영구적 이민자는 한국-인도 CEPA 제8장(인력이동)의 적용 대상자가 아니다.[34] 이것은 WTO서비스무역에 관한 일반협정 GATS 부속서Annex on Movement of Natural Persons Supplying Services under the Agreement 제2항에서 취업employment과 국적·영주 또는 영구적인 고용을 목적으로 입국하려는 자를 제외한 것이 준용된 결과이다. 기업내전근자 및 전문인력(계약서비스공급자 또는 독립전문가)의 배우자와 부양가족은 일시입국에 적용되는 출입국 조치에 따르고, 관련 취업 자격요건을 충족할 경우 그러한 배우자 및 부양가족에게 일시입국 및 일시취업을 허용한다(한국-인도 CEPA 제8장 제8.4조).

3. 서비스무역의 유형

WTO서비스무역에 관한 일반협정 제1조는 서비스무역의 4가지 공급형태를 규정하고, 2012년 한국-인도 CEPA 제8장(인력이동)에서는 이를 준용하고 있다. 2012년 한국-인도 CEPA 제8장(인력이동)에 규정된 자연인의 이동과 관련된 서비스무역의 유형(Modes)에서는 '서비스의 국경간 공급(제1유형, Mode1)'과 '서비스의 해외소비(제2유형, Mode2)' 및 '상업적 주재(제3유형, Mode3)'가 제외되고, '자연인의 주재(제4유형, Mode4)'만이 이에 해당된다. WTO서비스무역에 관한 일반협정 제1조 및 2012년 한국-인도 CEPA 제8장(인력이동)에 나타난 서비스무역의 제4유형(Mode4, 자연인의 주재)의 분류와 내용은 아래 표와 같이 구분될 수 있다. 해외투자로 인한 자연인의 이동 즉, 상업적 주재(Mode3)와 연계된 제4유형(Mode4) 및 해외투자 없이 서비스공급을 위한 자연인의 이동 즉, 상업적 주재(Mode3)와 연계되지 않은 제4유형(Mode4)으로 구분된다.

---

34) 앞의 책, p. 116.

【서비스무역의 유형 및 한국-인도 CEPA 제8장】

공급형태	내용	
Mode3와 연계된 Mode4	기업내 전근자	임원, 관리자, 전문가
	상용 방문자	상업적 주재 설립자(투자자) 등 기업설립 관련
		서비스 판매자
Mode3와 연계되지 않은 Mode4	전문인력	계약서비스공급자(CSS) - 본국 법인 소속
		독립전문가(IP) - 본국법인 미소속된 자가 고용자
	상용 방문자	서비스 판매자

Ⅳ. 일시입국 및 일시체류

한국-인도 양 당사국은 한국-인도 CEPA에 의하여 다른 쪽 당사국에게 발생하는 이익을 부당하게 손상시키거나 서비스무역 등을 지연시키는 방식으로 적용되지 않는 한, 국내법에 근거하여 사증발급의 요건 및 대상 등 자국 영토의 일체성을 보전하고 국경을 통과하는 자연인의 질서 있는 이동을 보장하기 위하여 필요한 조치를 포함하여 다른 쪽 당사국의 자연인의 입국 또는 일시적 체류를 규율하는 조치를 적용하는 것을 방해하지 않는다(한국-인도 CEPA 제8장 제8.1조 제3항). 따라서 CEPA 제8장(인력이동) 제8.3조 및 제8.4조에서 당사국의 국내법에 근거하여 인력이동의 주요 대상자인 상용방문자, 기업내전근자 및 전문인력(계약서비스공급자 또는 독립전문가)의 배우자와 부양가족에 대한 일시 입국의 요건, 자격, 체류기간 및 내용을 규정하고 있다.

Ⅴ. 상용방문자

1. 개 념

상용방문자BV: Business Visitor란 ⅰ) 서비스 판매를 위하여 또는 서비스 공급자를 위하여 서비스 판매계약을 체결하기 위하여 다른 쪽 당사국에 입국하는 서비스 판매자, ii) 상품 판매에 관한 협상이 일반 공중에 대한 직접적인 판매를 수반하지 아니하는 경우 그러한 협상을 목적으로 일시 입국하고자 하는 자, iii) 기업내 전근자(관리자·임원 또는 전문가)로서 투자하기 위하여 일시적으로 입국하고자 하는 당사국의 투자자 또는 투자자의 피고용인을 말한다(한국-인도 CEPA 제8장 제8.2조 제2항 사호). 다시 말해 상품이나 서비스 판매를 위한 협상 또는 투자회사 설립 준비 등을 위해 방문하는 자이다.

2. 사증의 발급요건

상용사증의 발급 요건은 i) 일시입국에 적용되는 출입국 조치에 합치할 것이다. 이것은 당사국의 국내법인 「출입국관리법」 규정에 합치하는 것을 의미한다. ii) 다른 쪽 당사국의 국적 증명을 제출할 것이다. 이것은 당사국의 국민에 한정하고, 당사국에서 인정된 영주권을 가지고 있는 자연인은 제외한다는 것을 의미한다. iii) 주재국에서 상업적 주재를 하고 있지 아니하는 법인의 피고용인이다. 그러나 상용사증의 발급 요건으로서 '상업적 주재를 하고 있지 않는 법인의 피고용인'에 대하여 한국-인도 CEPA 제8.2조 제2항 사호에서 상용 방문자의 개념이 기업내전근자(관리자·임원 또는 전문가)로서 투자하기 위해 일시적으로 입국하고자 하는 아직 상업적으로 주재하지 않는 법인의 피고용인으로 규정하고 있으므로 일응 타당한 것처럼 보일 수 있지만, 한국-인도 CEPA의 체결 목적(한국-인도 CEPA 제1장 제1.1조)을 감안할 때 '상업적 주재를 하고 있는 법인의 피고용인'을 포함할 필요가 있다. iv) 방문하는 당사국 내에 있는 재원에서 보수를 받지 아니하는 상용방문자이다. 이것은 서비스 공급계약 또는 고용계약 관계가 있지 않아야 한다는 것을 의미한다(한국-인도 CEPA 제8장 제8.3조 제5항).

3. 사증 및 체류

상용 방문자는 대한민국의 경우 협정상 단기상용사증(C-3-5), 인도의 경우 상용사증B visa: Business Visa에 해당한다. 상용 방문자의 체류기간은 대한민국의 경우 최대 90일까지 허용하며, 인도의 경우 최대 180일까지 또는 1회 방문시 180일의 체류요건으로 최대 5년 기간 동안 일시입국을 허가한다(한국-인도 CEPA 제8장 제8.3조 제5항). 이에 대한 해석은 대한민국의 경우 최대 90일까지 유효한 상용(C-3-5)사증으로 최대 90일까지 체류할 수 있다는 것이고, 인도의 경우 최대 180일까지 유효한 상용사증B visa으로 최대 180일까지 체류할 수 있거나 최대 5년까지 유효한 상용사증B visa으로 1회 방문시 최대 180일까지 체류할 수 있다는 것이다. 사증의 유효기간과 체류기간이 불일치한 것에 기인한다.

4. 노동시장 영향평가 및 수량제한 금지

한국-인도 양 당사국은 상용 방문자의 일시 입국의 조건으로 노동시장 영향평가를 요구하거나 상용 방문자의 일시 입국과 관련한 수량제한을 부과해서는 아니된다(한국-인도 CEPA 제8장 제8.3조 제5항).

Ⅵ. 전문인력

1. 개 념

(1) 구 분

전문인력은 「부속서 8-가 전문가 목록」에 규정된 162개 전문직종(초·중등학교 영어 원어민보조교사는 제외한다) 중 계약서비스공급자CSS: Contractual Service Supplier 및 독립전문가IP: Independent Professional로 구분된다(한국-인도 CEPA 제8장 제8.3조 제7항). 「부속서 8-가 전문가 목록」에는 컴퓨터와 IT 관련 전문인력, 기계와 통신 등 각종 엔지니어와 산업기술자, 경영컨설턴트, 광고전문가, 자연과학자 일부, 초중등학교 영어 원어민보조교사 등 구체적인 직종 8개 분야 총 163개(초·중등학교 영어 원어민보조교사가 포함된다)가 규정되어 있다.

(2) 계약서비스공급자

계약서비스공급자는 제공되는 서비스와 관련된 적합한 교육 및 그 밖의 자격을 갖추고 다른 쪽 당사국에 상업적으로 주재하지 아니하며 다른 쪽 당사국 법인과 서비스 공급계약을 체결한 어느 한 쪽 당사국 법인의 피고용자로서 계약 서비스의 공급에 종사하는 자를 말한다. 예를 들어 인도 기업(A)에 고용된 인도인 컴퓨터 엔지니어(X)가 국내에 입국하여 인도 기업(A)와 계약을 맺은 대한민국 소비자(B, 법인에 한정한다)를 위하여 컴퓨터 관련 업무를 수행(B에게 고용된 것은 아니다)하는 것이 계약서비스공급자이다. 계약서비스공급자는 소속된 법인의 피고용인으로서 입국허가 신청일 직전 1년 이상 근무하여야 한다(한국-인도 CEPA 제8장 제8.2조 제2항 자호). 이것은 국내에 설립되지 않은 외국'법인'이 다른 쪽 당사국 '법인'간의 서비스 공급계약을 맺고 소속 직원을 국내에 일시파견하는 방식으로 서비스를 공급하는 것을 의미한다.

(3) 독립전문가

독립전문가는 제공되는 서비스와 관련된 적합한 교육 및 그 밖의 자격을 갖추고 다른 쪽 당사국의 자연인과 서비스 공급계약하에 서비스를 공급하는 자영업자를 말한다(한국-인도 CEPA 제8장 제8.2조 제2항 차호). 인도인 컴퓨터 엔지니어 프리랜서(C)가 국내에 입국하여 프리랜서(C)와 계약을 맺은 대한민국 소비자(D, 법인과 개인사업자 모두 가능하다)를 위하여 업무를 수행(D에게 고용된 것은 아니다)하는 것이 독립전문가이다. 이것은 외국법인에 소속되어 있지 않은 '자연인(프리랜서를 뜻한다)'이 다른 쪽 당사국의 '법인 또는 개인'과 서비스 공급계약을 맺고 국내에 일시입국하여 서비스를 공급하는 것을 의미한다. 한국-인도 CEPA 제8장에서는 전문인력 중 지금까지 양허한 바 없는 독립전문가IP를 최초로 개방한 것이다. 한국-인도 CEPA 이전에 한국이 체결한 FTA 중에서 2006년 동남아시아국가연합ASEN의 FTA에서 계약서비스공급자를 양허한 바 있으나, 독립전문가를 양허한 바는 없다.[35)]

2. 자격요건

전문인력의 자격요건은 전문지식을 이론적으로 실질적으로 활용하는 것과 i) 취업을 위하여 최소 3년 또는 그 이상의 학업을 요구하는 전문분야에서의 중등과정 이후의 대한민국 또는 인도의 교육기관으로부터 수여된 학사 · 석사 및 박사 학위(또는 그러한 학위에 상응하는 것) 취득자, ii) 규제가 적용되는 전문직에 대하여적용 가능한 경우, 상용활동에 종사하기 위하여 당사국의 관련 당국에 의하여 구체적으로 특정화된 등록 · 허가 또는 자격을 갖춘 자이어야 한다(한국-인도 CEPA 제8장 제8.2조 제2항 바호).

3. CEPA의 적용요건

한국-인도 CEPA 제8장이 전문인력에게 적용되기 위한 요건에서 주목할 점은 첫째, 서비스 공급계약의 최종 책임은 계약 당사자인 서비스 공급자(인도 법인 또는 독립전문가를 말한다)에게 있어야 한다. 예를 들어 인도 기업 A가 소속 직원 X를 국내 기업 B에 파견하는 형식은 취하고 있으나, 실질적으로는 A가 X를 B에 알선한 것일 뿐 서비스 공급계약 이행 등에 대해 책임 소재가 없는 경우에는 한국-인도 CEPA 제8장의 적용을 받는 전문인력에 해당하지 않는다. 둘째, 서비스 공급계약의 최종 소비자는 다른 쪽 당사

35) 앞의 책, p. 123; 백좌흠, 한-인도 CEPA의 서비스무역 규정, 법학연구 제18권 제2호, 2010, p. 340.

국의 계약 상대방이어야 한다. 예를 들어 인도 기업 A가 국내 기업 B와 서비스 공급계약을 체결하였으나, 실질적으로 서비스를 제공받는 자는 B의 하청업체 등 다른 기업(또는 개인사업자)인 경우에는 한국-인도 CEPA 제8장의 적용을 받는 전문인력에 해당하지 않는다. 셋째, 계약서비스공급자와 독립전문가는 국내 법인 또는 개인사업자와의 관계가 고용계약이 아닌 서비스 공급계약을 맺고 있어야 한다. 만약 고용계약을 맺고 있는 경우에는 한국-인도 CEPA 제8장의 적용을 받는 전문인력에 해당하지 않는다.

4. 사증의 발급요건

전문인력에 대한 사증발급의 요건은 ⅰ) 일시입국에 적용되는 출입국 조치에 따를 것. 이것은 당사국의 국내법인 「출입국관리법」 규정에 합치할 것을 의미한다. ⅱ) 다른 쪽 당사국의 국적 증명을 제출할 것. 이것은 당사국의 국민에 한정하고, 당사국에서 인정된 영주권을 가지고 있는 자연인은 제외한다는 것을 의미한다. ⅲ) 주재국의 법적 실체가 전문인력의 서비스를 사용하겠다는 계약서를 포함하여, 전문인력이 고용되는 것을 증명하고 입국 목적을 명시한 서류이다. 이것은 계약서비스공급자와 독립전문가의 서비스 공급 계약서 및 계약서비스공급자에 한하여 재직증명서를 제출하는 것을 의미한다. ⅳ) 관련된 최소한의 교육 요건 또는 대체 자격의 취득을 입증하는 서류이다. 이것은 학력 또는 자격증을 입증하는 서류를 의미한다(한국-인도 CEPA 제8장 제8.3조 제7항 후단).

5. 체류기간

전문인력의 체류기간은 초기기간 1년 또는 계약기간 중 짧은 기간 동안 입국을 허가한다(한국-인도 CEPA 제8장 제8.3조 제7항). 이에 대한 해석은 대한민국의 경우 단기취업(C-4, 초기기간 90일 또는 계약기간 중 짧은 기간)과 주재(D-7, 초기기간 1년 또는 계약기간 중 짧은 기간), 특정활동(E-7, 초기기간 1년 또는 계약기간 중 짧은 기간)에 해당하고, 인도의 경우 1년 유효한 상용사증B visa: Business visa 또는 고용사증E visa: Employment visa에 해당한다. 고용을 전제로 발급되는 한국의 주재(D-7, 1회 부여하는 체류기간의 상한은 2년이다)와 E계열 사증(E-1~E-7, 1회 부여하는 체류기간 상한 2년~5년이다) 및 인도의 상용사증B visa과는 다르게, 고용을 전제로 하지 않는 한국-인도 CEPA 제8장에 따른 전문인력의 체류기간은 상대적으로 단기간이다. 한국-인도 CEPA 제8.3조 제6항 후단(기업내 전근자의 경우 체류기간 연장이 가능하다)에 규정된 것과는 달리, 전문인력의 체류기간은 초기기간 1년 또는 계약기간 중 짧은 기간이 경과된 후 그 체류기간 연장이 허가되지 않는다고 해석된다(한국-인도 CEPA 제8.3조 제7항의 반대해석).[36)]

Ⅶ. 기업내 전근자

1. 개 념

기업내 전근자란 한국-인도 CEPA 제6장(서비스무역)에 규정된 법인, 투자자 또는 다른 쪽 당사국 영역에 지점·자회사 또는 제휴회사 형태로 설립된 회사의 피고용인을 말한다(한국-인도 CEPA 제8장 제8.2조 제2항 아호 전단). 기업내 전근자는 일시입국 신청일 직전 1년 이상 고용된 자로서 관리자·임원 또는 전문가로 구분된다(한국-인도 CEPA 제8장 제8.2조 제2항 아호 후단).

2. 구 별

기업내 전근자에 속하는 '전문가'와 '전문인력'의 구별이 문제된다. 기업내 전근가에 속하는 '전문가'는 고도의 전문적 지식과 조직의 서비스·연구·장비·기술 또는 관리에 대한 관련 지식을 보유한 조직 내의 자연인을 말하고, 자격증을 소지한 전문직을 포함할 수 있으나 이에 한정되지 아니한다(한국-인도 CEPA 제8장 제8.2조 제2항 아호 3). 기업내 전근자에 해당하는 '전문가'는 '전문인력'에서 요구하는 학력 및 특정 등록·허가·자격을 필요로 하지 않는 점이 차이가 있으며, 고등학교 졸업학력일지라도 일시입국 신청일 직전 1년 이상 고용되어 고도의 전문적 지식을 보유하면 충분하다.

Ⅷ. 한국-인도 CEPA 제8장(인력이동)의 한계

한국-인도 CEPA 제8장(인력이동)에서 독립전문가의 일시입국을 규정하여 기존에 체결했던 FTA와는 차별되게 전문인력 시장을 대폭 개방하였을지라도 기존 대한민국의 「출입국관리법」에 규율하고 있는 전문인력의 범위를 넘어서 많은 수의 전문인력이 입국할 것으로는 기대되지 않는다. 한국-인도 CEPA에 적용을 받는 전문인력이 취업을 목적으로 입국하고자 하거나 영주 내지 국적을 취득하기 위한 입국일 경우에는 그 적용 대상자가 아니다. 영국 등 선진국가에서 전문외국인력 확보수단으로 활용되는 점수평가제Point assessment system, 영주 또는 국적 부여 등에 대한 혜택을 부여하는 데 한계가 있다. 또한 인력이동이 단순히 생산요소로서 평가되는 것 이외에도 사회통합의 주된 대상자로 여겨지지 못하는 한계가 있다.

36) 정민정, 한-인도 CEPA의 인력유입효과 제고방안, 국회입법조사처, 2009, p. 3.

제 5 장

고용허가제도

제 1 절 의　　의

Ⅰ. 외국인근로자의 고용 등에 관한 법률

1. 의　　의

2003년 8월에 「외국인근로자의 고용 등에 관한 법률」이 제정되고, 2004년 8월부터 고용허가제도가 시행됨에 따라 단순외국인력정책의 근간이 되는 법률이 되었다. 약칭으로 '외국인근로자 고용법'이라고 하는 것이 타당하다. 「외국인근로자의 고용 등에 관한 법률」에 규정된 외국인근로자는 개념적으로 외국인과는 상이한 용어이므로 약칭으로 '외국인고용법'이라고 하여서는 안 된다. 「외국인근로자의 고용 등에 관한 법률」에 따라 고용된 외국인근로자는 내국인근로자와 동일한 조건과 대우 하에서 근로를 제공할 수 있다. 「외국인근로자의 고용 등에 관한 법률」이 시행되기 전에는 산업연수생제도를 통해 단순외국인력이 대한민국에 유입되어 「근로기준법」, 「산업재해보상법」 등 일부 규정만이 적용되었다. 단순외국인력은 고용허가제도를 통해 대한민국에 유입되어 「근로기준법」에 의한 근로자로서 내국인근로자와 동일한 노동 3권의 적용을 받는다.

2. 도입배경

1995년부터 산업연수생제도를 폐지하고 고용허가제도를 도입하자는 필요성이 제기되었다. 1995년 열악한 산업연수생제도로 인하여 네팔 산업연수생 13명이 사업체를 이탈하여 명동성당 입구에 천막을 치고 농성한 사건이 발생하였다.[1] 이를 계기로 산업연수생제도의 문제점이 사회적으로 크게 부각되었다. 과거에 산업연수생을 근로자로 편법적으로 활용하면서 각종 송출비리, 불법체류, 인권탄압의 부정적인 결과가 발생하였다.

고용허가제도는 단순외국인력에 대한 합법적이고 투명한 고용관리 체계를 마련함으로써 국내의 비전문인력 또는 저숙련인력의 부족을 해소하기 위해 도입된 것이다.

---

1) 하갑래 · 최태호, 외국인 고용과 근로관계, ㈜중앙경제, 2005, p. 129.

3. 목 적

「외국인근로자의 고용 등에 관한 법률」은 외국인근로자를 체계적으로 도입·관리함으로써 원활한 인력수급 및 국민경제의 균형 있는 발전을 도모함을 그 목적으로 하고 있다(외국인근로자의 고용 등에 관한 법률 제1조). 「외국인근로자의 고용 등에 관한 법률」에서는 외국인근로자 고용절차 및 고용관리, 외국인근로자의 보호 등을 규정하고 있다.

Ⅱ. 고용허가제도

1. 의 의

고용허가제도란 사용자의 입장에서는 내국인력 구인노력에도 불구하고 내국인근로자를 구하지 못한 사용자가 정부로부터 특정한 단순기능 업무에 종사할 수 있는 적정규모의 단순외국인력을 고용할 수 있는 허가를 받아 외국인근로자를 합법적인 근로자의 신분으로 고용하는 외국인력제도를 말하고, 외국인근로자의 입장에서는 외국인근로자가 당해 사용자에게 고용되는 조건으로 대한민국의 정부로부터 취업허가 및 일정기간 취업사증을 발급받는 외국인력제도를 말한다.[2)]

2. 연 혁

2003년 8월에 「외국인근로자의 고용 등에 관한 법률」이 제정되었고, 2004년 8월부터 고용허가제도가 시행되었다. 사용자는 단순노무 분야에 종사할 단순외국인력을 근로자의 신분으로 처음부터 합법적으로 고용할 수 있다. 고용허가제도가 시행되기 전에는 산업연수생제도, 취업관리제도는 원칙적으로 근로자의 신분을 인정받지 못하였다. 종래에 근로자의 신분을 인정받지 못한 산업연수생제도, 취업관리제도는 2007년 1월부터 고용허가제도로 일원화되었다.

3. 특 징

첫째, 외국인근로자의 도입 및 관리를 정부라는 공공기관에 의해 관장되도록 한다. 고용허가제도는 국내노동시장의 인력수급 동향과 연계하여 적정 규모의 단순외

---

2) 유길상, 고용허가제 시행 3년에 대한 평가 및 발전방향, <고용허가제 시행 3주년 기념> 동아시아의 저숙련 외국인력정책, 2007, p. 5; 하갑래, 근로기준법, ㈜중앙경제 제22판, 2010, p. 911.

국인력 도입규모를 결정하고, 단순외국인력을 송출하는 외국과의 정부간 양해각서를 체결하여 공공부문이 외국인근로자의 선정 및 도입을 담당하도록 함으로써 외국인근로자의 송출비리를 방지하고 단순외국인력의 선정과 도입절차의 투명성을 보장하도록 한다.

둘째, 내국인의 고용기회를 보호하기 위해 사용자가 일정기간 구인노력에도 불구하고 내국인근로자를 채용하지 못한 것을 확인하는 등 국내노동시장의 상황을 고려하여 외국인근로자 고용을 허용하는 노동시장 테스트labor market test를 실시한다. 사용자의 내국인 구인노력 의무를 부과하는 등 내국인의 고용기회를 보장하면서 동시에 단순외국인력을 활용하도록 하는 것이다. 또한 사용자가 한국어 능력과 기능수준 등 사용자의 수요를 충족하는 적격자를 선정하도록 한다.

셋째, 외국인근로자에게도 노동관계법이 내국인근로자와 동등하게 적용되어 근로자의 신분이 보장된다. 외국인근로자의 기본적 인권이 보장되도록 하기 위한 것이다. 사용자는 외국인근로자에게 합리적인 이유가 없이 부당한 차별대우를 할 수 없다. 외국인근로자에게도 「최저임금법」·「산업안전보건법」 등 노동관계법이 내국인근로자와 동등하게 적용된다.[3)]

넷째, 고용허가제도를 통해 고용된 외국인근로자에게 취업활동이 가능한 비전문취업(E-9), 방문취업(H-2) 체류자격이 부여된다. 고용허가제도 하에서는 3년 미만의 취업활동기간 또는 재고용된 경우에 5년 미만의 취업활동기간을 부여하고, 취업활동기간이 만료된 후에 외국인근로자는 본국으로 귀국하여야 하는 단순외국인력에 대한 정주화 금지의 원칙이 적용된다.[4)]

4. 구별개념

(1) 해외투자기업 기술연수생제도

기술연수생제도란 해외투자기업의 현지 고용인력의 기능향상과 산업설비 수출업체 등의 해외 기술이전을 위하여 국내기업의 현지 법인의 단순외국인력을 초청하여 국내 모기업에서 일정기간 동안 연수를 시키는 제도를 말한다. 기술연수생제도는 해외투자기업이 활용할 수 있는 단순외국인력제도이다.[5)] 기술연수생제도는 「출입국관리법」 제19조의2(외국인의 기술연수활동) 및 「출입국관리법 시행령」 제24조의2

3) 고용노동부, 고용허가제 업무편람, 열림기획, 2013, p. 4.
4) 앞의 업무편람, p. 4.
5) 대통령 자문 고령화 및 미래사회 위원회, 이민정책에 관한 연구 – immigration policy for Korea, 2005, p. 114.

(기술연수업체 등)에 그 법적 근거를 두고 있다. 동 제도는 1991년 11월부터 산업연수생이라는 용어로 도입되어 오다가 2012년 기술연수생으로 바꾸어 현재까지도 시행되고 있는 대한민국에서 가장 오래된 단순외국인력 활용제도이다. 여기에서 국내기업의 현지 법인이란 「외국환거래법」 제3조(정의) 제1항 제18호에 따라 외국에 직접투자한 산업체, 외국에 기술을 수출하는 산업체로서 법무부장관이 기술연수가 필요하다고 인정하는 산업체, 「대외무역법」 제32조(플랜트수출의 촉진 등) 제1항에 따라 외국에 플랜트를 수출하는 산업체를 말한다(출입국관리법 시행령 제24조의2).

(2) 산업연수생제도

산업연수생제도란 대한민국이 저개발 국가와의 경제협력을 도모하고 그 국가의 외국인에게 연수를 제공하여 선진기술을 이전하기 위한 제도를 말한다. 산업연수생제도는 중소기업의 인력난을 완화하고자 1993년 11월에 도입된 외국인력제도이다. 2005년에 외국인력정책위원회는 산업연수생제도를 2007년 1월 1일부터 고용허가제도로 일원화하기로 결정하였다.[6] 외국인 산업연수생제도는 형식적으로 단순외국인력에게 기능과 기술을 가르쳐주기 위한 제도이지만, 실질적으로 근로에 종사하도록 하는 단순외국인력제도이었다.[7]

제 2 절 대 상 자

Ⅰ. 외국인근로자

1. 용어의 혼용

외국인근로자의 개념을 어떻게 정의하는가에 따라 「외국인근로자의 고용 등에 관한 법률」이 적용되는 대상자의 범위가 다르게 된다. 단순외국인력을 뜻하는 용어로는 일반적으로 이주노동자migrant worker, 외국인노동자foreign worker, 이민노동자immigrant worker, 초빙노동자guest worker 등이 사용되고 있다. 그러나 이러한 용어들은 「외국인근로자의 고용 등에 관한 법률」의 적용대상자로 규정된 '외국인근로자'와는 그

6) 앞의 책, p. 114.
7) 백종인 · 설재영, 외국인근로자 정책 및 법제개선에 관한 연구 - 독일의 외국인근로자 법제를 중심으로 -, 고려대학교 법학연구원 고려법학, 2007, p. 838.

법적 의미가 상이하다. 특히 이주노동자migrant worker란 자신의 생활근거지를 벗어나 취업한 노동자를 통칭하는 의미를 가진다. 이주노동자는 주로 ILO 또는 외국인을 지원하는 시민단체에서 '정착'을 강조하기 위해 사용하는 것으로, 송출 · 정착 · 귀환이라는 이주의 전 과정을 포괄하고자 한다.[8] 이주노동자는 국내에서 자신의 생활근거지를 벗어나 타 지역으로 이주하여 근로를 제공하는 '국내이주노동자'와 국경을 넘어 타국으로 이주하여 근로를 제공하는 '국제이주노동자'로 구분된다. 본서에서 국경을 넘어 근로를 제공하는 외국인근로자는 후자인 국제이주노동자를 의미한다.[9]

2. 개　　념

(1) 국제법규

국제협약 등에서는 단순외국인력의 개념을 어떻게 규정해야 하는지에 대해 통일적으로 확립되어 있지 않고, 이를 각 국가의 실정에 맞게 국내법에 맡기고 있다.[10] 우선 단순외국인력의 개념을 규정하고 있는 국제법규 사례를 살펴보기로 한다.

첫째, 1977년「이주노동자의 법적 지위에 관한 유럽협약European Convention on the Legal Status of Migrant Workers」 제1조(정의) 제1항에서는 "이주노동자migrant worker란 임금이 지급되는 고용을 수행하기 위해 그 국가에서 체류할 수 있도록 다른 상대방 국가에 의해 허가된 상대방 국가의 국민이다(The term 'migrant worker' shall mean a national of a Contracting Party who has been authorised by another Contracting Party to reside in its territory in order to take up paid employment)."라고 규정하고 있다. 이주노동자의 주된 개념적 요소로는 '임금이 지급되는 고용', '그 국가에서 체류', '다른 상대방 국가에 의해 허가'를 들 수 있다.

둘째, 1990년「모든 이주노동자와 그 가족의 권리보호에 관한 국제협약International Convention on the Protection of the Rights of All Migrant Workers and Members of Their Families」 제2조 제1항에서는 "이주노동자migrant worker란 국적국가가 아닌 국가에서 유급활동에 종사할 예정이거나, 종사하고 있거나, 또는 종사하여 온 자이다(The term 'migrant worker' refers to a person who is to be engaged, is engaged or has been engaged in a remunerated activity in a State of which he or she is not a national)."라고 규정하고 있다. 또한 월경노동자, 계절노동자, 해상시설노동자, 순회노동자, 특정사업노동자, 특별취업노동자, 자영노동자 등 특별한 유형의 이주노동자에 대하여도 규정하고 있다(동 국제협약 제2조 제2항, 제5부 57조에서 제63조). 동 국제협약은 어떠한 종류의 구별이 없이 모든 이주노동자에게 적용되고(동 국제협약 제1조 제1항), 이주의 준

8) 설동훈, 이주노동자와 인권, 인권법 교재발간위원회 편저 인권법, 2006, p. 304; 이홍구, 외국인노동자 관리정책의 효과적 운영에 관한 연구, 강원대학교 대학원 행정학과 박사학위 논문, 2011, p. 7.
9) 문준조, 주요 국가의 외국인 이주 노동자의 지위와 규제에 관한 연구, 한국법제연구원, 2007.
10) 이학춘, 외국인근로자의 법적 지위, 한국비교노동법학회 노동법논총 제9집, pp. 329~346, 2006, p. 331.

비, 출국, 통과, 취업국에 체류하여 유급활동을 하는 전 기간은 물론 출신국 또는 상거소국으로의 귀환을 포함하는 이주노동자와 그 가족의 전 이주과정에 적용된다(동 국제협약 제1조 제2항). 따라서 동 국제협약에서는 이주노동자란 취업분야, 취업형태, 취업기간 등을 불문하고 외국에서 소득활동에 종사할 예정이거나, 종사하고 있거나, 또는 종사하여 온 자를 말한다.[11] 단, 동 국제협약 제3조에서는 동 국제협약이 적용되지 않는 이주노동자를 별도로 규정하고 있다. 적용제외 이주노동자에 대하여는 후술하기로 한다.

(2) 국내법

국내법에서 규정한 단순외국인력을 의미하는 외국인근로자의 개념을 살펴보기로 한다.

「근로기준법」에서는 근로자란 '직업의 종류와 관계없이 임금을 목적으로 사업이나 사업장에 근로를 제공하는 자'라고 규정하고 있다(근로기준법 제2조 제1항 제1호). 또한 「노동조합 및 노동관계 조정법」에서는 근로자란 '직업의 종류를 불문하고 임금·급료 기타 이에 준하는 수입에 의하여 생활하는 자'라고 규정하고 있다(노동조합 및 노동관계 조정법 제2조 제1호). 이와 같이 「근로기준법」 및 「노동조합 및 노동관계 조정법」에서 근로자의 공통된 개념적 요소로는 '직업의 종류에 관계없이', '근로를 제공', '그 대가인 임금·급료 기타 이에 준하는 수입을 목적으로'이다. 「출입국관리법」에서는 외국인이란 '대한민국의 국적을 가지지 아니한 자'를 말한다(출입국관리법 제2조 제2호).[12]

근로자 및 외국인의 개념을 종합하여, 「외국인근로자의 고용 등에 관한 법률」에서는 외국인근로자란 '대한민국의 국적을 가지지 아니한 자로서 국내에 소재하고 있는 사업 또는 사업장에서 임금을 목적으로 근로를 제공하고 있거나 제공하려는 자'를 말한다(외국인근로자의 고용 등에 관한 법률 제2조 본문). 외국인근로자의 개념적 요소로는 '임금', '근로의 제공' 또는 '근로의 제공 예정'이다.

---

11) 문준조, 주요 국가의 외국인 이주 노동자의 지위와 규제에 관한 연구, 한국법제연구원, 2007, p. 21.

12) 이학춘, 외국인근로자의 법적 지위, 한국비교노동법학회 노동법논총 제9집, pp. 329~346, 2006, p. 331.

Ⅱ. 적용 및 적용제외

1. 적 용

(1) 외국인근로자 범위

「외국인근로자의 고용 등에 관한 법률」은 외국인근로자 및 외국인근로자를 고용하고 있거나 고용하려는 사업 또는 사업장에 대해 적용된다(외국인근로자의 고용 등에 관한 법률 제3조 제1항 본문). 여기에서 「외국인근로자의 고용 등에 관한 법률」의 적용을 받는 외국인근로자란 대한민국의 국적을 가지지 아니한 외국인으로서 국내에 소재하고 있는 사업 또는 사업장에서 임금을 목적으로 근로를 제공하고 있거나 제공하려는 자를 말한다(외국인근로자의 고용 등에 관한 법률 제2조 본문). 「외국인근로자의 고용 등에 관한 법률」의 적용 대상자인 외국인근로자의 범위에는 대한민국에 이미 입국하여 임금을 목적으로 근로를 제공하고 있는 자뿐만 아니라, 장래에 대한민국에 입국하여 근로를 제공하려는 자, 기존의 사업 또는 사업장에서 정상적인 근로관계를 지속하기가 곤란하여 다른 사업 또는 사업장으로 변경하고자 하는 일시적 이직자(재취업 희망자를 말한다)까지 포함된다. 반면에, 외국인근로자의 입국 · 체류 및 출국 등에 관하여 「외국인근로자의 고용 등에 관한 법률」에서 규정하지 아니한 사항은 「출입국관리법」에서 정하는 바에 따른다(외국인근로자의 고용 등에 관한 법률 제3조 제2항).

(2) 외국인근로자 유형

「외국인근로자의 고용 등에 관한 법률」에 의하면 국내에서 단순기능 업무에 합법적으로 취업할 수 있는 외국인근로자를 크게 2유형으로 구분한다. 「외국인근로자의 고용 등에 관한 법률」의 적용 대상자인 외국인근로자는 비전문취업(E-9) 또는 방문취업(H-2) 체류자격을 가진 외국인이다. 첫 번째 유형은 외국인이 국내에 입국하기 전에 근로계약을 체결하고 「출입국관리법」에 따라 비전문취업(E-9) 사증을 발급받아 외국인력정책위원회에서 인력수급 상황 등을 고려하여 심의 · 의결한 업종에서 근로하는 자를 말한다. 두 번째 유형은 외국국적동포가 「출입국관리법」에 따라 방문취업(H-2) 사증으로 입국하여 소정의 취업교육을 이수하고 구직등록을 한 후에 고용지원센터를 통한 알선 또는 자율구직으로 서비스업 · 건설업 · 제조업 · 농축산업 · 어업으로 외국인력정책위원회에서 정한 업종에서 근로하는 자를 말한다.[13]

---

13) 고용노동부, 고용허가제 업무편람, 열림기획, 2008, p. 4.

2. 외국인근로자 고용법상 적용제외

(1) 국제법규

국제협약에서 이주노동자의 개념으로부터 제외되는 '적용제외 이주노동자'를 살펴보기로 한다.

첫째, 1977년「이주노동자의 법적 지위에 관한 유럽협약」제1조(정의) 제2항에서는, 동 유럽협약이 적용되지 않는 이주노동자로는 i) 국경노동자frontier workers, ii) 단기간 동안 자유직업에 종사하는 예술가, 연예인, 운동선수, iii) 선원seamen, iv) 교육훈련 중에 있는 자, v) 특정기간 또는 특정고용을 위한 고용계약을 기초로 계절의 변화에 따라 활동하는 계절노동자, vi) 다른 상대방 국가의 영토 밖에서 등록된 사무소를 두고 다른 상대방 국가의 영토 내에서 특정업무를 수행하는 상대방 국가의 근로자라고 규정하고 있다.[14)]

둘째, 1990년「모든 이주노동자와 그 가족의 권리보호에 관한 국제협약」제3조에서는, 동 국제협약이 적용되지 않는 이주노동자로는 i) 국제기구 또는 기관에 의하여 파견되었거나 고용된 자 또는 공무 수행을 위하여 국가에 의하여 자국 영토 외로 파견되었거나 고용된 자로서 그의 입국과 지위가 일반 국제법 또는 특정한 국제협정이나 협약에 의하여 규율되는 자, ii) 개발계획 및 기타 협력계획에 참가하도록 국가 또는 그 대리인에 의하여 그 영역 외에서 고용되거나 파견된 자로서 그의 입국과 지위가 취업국과의 협정에 의하여 규율되며, 그 협정에 따라 이주노동자로 간주되지 않는 자, iii) 출신국 이외의 국가에 투자가로 거주하는 자, iv) 난민 및 무국적자(단 관련 당사국의 해당 국내법 또는 발효 중인 국제협약에 의하여 적용이 정해져 있는 경우는 제외한다), v) 학생 및 연수생, vi) 취업국에 주거를 정하여

---

14) European Convention on the Legal Status of Migrant Workers Article 1 - Definition
2. This Convention shall not apply to:
a. frontier workers;
b. artists, other entertainers and sportsmen engaged for a short period and members of a liberal profession;
c. seamen;
d. persons undergoing training;
e. seasonal workers; seasonal migrant workers are those who, being nationals of a Contracting Party, are employed on the territory of another Contracting Party in an activity dependent on the rhythm of the seasons, on the basis of a contract for a specified period or for specified employment;
f. workers, who are nationals of a Contracting Party, carrying out specific work in the territory of another Contracting Party on behalf of an undertaking having its registered office outside the territory of that Contracting Party.

유급활동에 종사할 것을 허가받지 못한 선원 및 해상시설 노동자라고 규정하고 있다.[15)]

(2) 국내법

1) 외국인근로자 고용법상 적용제외 외국인근로자

「외국인근로자의 고용 등에 관한 법률」의 적용을 받는 외국인근로자의 범위에서 제외되는 자를 '적용제외 외국인근로자'라고 한다. 「외국인근로자의 고용 등에 관한 법률」에서는 취업분야 또는 체류기간 등을 고려하여 일정한 자를 '외국인근로자의 고용 등에 관한 법률의 적용 대상자인 외국인근로자'로 보지 않고 있다(외국인근로자의 고용 등에 관한 법률 제2조 단서). 따라서 「외국인근로자의 고용 등에 관한 법률」은 '적용제외 외국인근로자'에게는 적용되지 않는다.

외국인근로자 고용법상 적용제외 외국인근로자란 「출입국관리법」 제18조 제1항에 따라 취업활동을 할 수 있는 체류자격을 받은 외국인[16)] 중에서 취업분야 또는 체류기간 등을 고려하여 「외국인근로자의 고용 등에 관한 법률 시행령」 제2조에서 정하는 자를 말한다(외국인근로자의 고용 등에 관한 법률 제2조 단서). 적용제외 외국인근로자의 특징은 내국인력의 대체성이 미약하거나, 거주(F-2) · 재외동포(F-4) · 영주(F-5) 체류자격에 대한 배려, 국민의 고용창출 등과 관련된 경우들이다.[17)] 전문외국인력, 기술연수(D-3) 체류자격

---

15) International Convention on the Protection of the Rights of All Migrant Workers and Members of Their Families Article 3.
The present Convention shall not apply to:
(a) Persons sent or employed by international organizations and agencies or persons sent or employed by a State outside its territory to perform official functions, whose admission and status are regulated by general international law or by specific international agreements or conventions;
(b) Persons sent or employed by a State or on its behalf outside its territory who participate in development programmes and other co-operation programmes, whose admission and status are regulated by agreement with the State of employment and who, in accordance with that agreement, are not considered migrant workers;
(c) Persons taking up residence in a State different from their State of origin as investors;
(d) Refugees and stateless persons, unless such application is provided for in the relevant national legislation of, or international instruments in force for, the State Party concerned;
(e) Students and trainees;
(f) Seafarers and workers on an offshore installation who have not been admitted to take up residence and engage in a remunerated activity in the State of employment.

16) 출입국관리법 제18조(외국인 고용의 제한) 제1항에 의하면, "외국인이 대한민국에서 취업하려면 출입국관리법 시행령으로 정하는 바에 따라 취업활동을 할 수 있는 체류자격을 받아야 한다."라고 규정하고, 출입국관리법 시행령 제23(외국인의 취업과 체류자격) 및 시행규칙 제27조의2(재외동포의 취업활동 제한)에서 그 내용을 상세히 규정하고 있다.

에 해당자, 거주(F-2)·재외동포(F-4)·영주(F-5) 체류자격에 해당자, 관광취업자, 「선원법」의 적용대상자인 선원 등은 「외국인근로자의 고용 등에 관한 법률」이 적용되지 않는다. 또한 불법으로 체류하는 외국인근로자에게도 「외국인근로자의 고용 등에 관한 법률」이 적용되지 않는다.

2) 유 형

외국인근로자의 고용 등에 관한 법률이 적용되지 않는 외국인근로자를 구분하는 기준은 「외국인근로자의 고용 등에 관한 법률」 제2조(외국인근로자의 정의) 단서 및 제3조(적용 범위 등) 단서, 「외국인근로자의 고용 등에 관한 법률 시행령」 제2조(적용 제외 외국인근로자)에 따르면 다음과 같다.

(가) 전문기능 업무의 성격

고용허가제도는 단순기능 업무에 취업하려는 외국인력을 체계적으로 도입·관리하고 원활한 인력수급을 위한 제도이다. 「외국인근로자의 고용 등에 관한 법률」은 단순기능 업무에 종사하는 외국인력에 대한 원활한 인력수급을 위한 법이므로, 전문외국인력에게는 적용되지 않는다.

「출입국관리법 시행령」 제23조(외국인의 취업과 체류자격) 제1항에 따라 취업활동을 할 수 있는 체류자격 중에서 교수(E-1)·회화지도(E-2)·연구(E-3)·기술지도(E-4)·전문직업(E-5)·예술흥행(E-6)·특정활동(E-7) 및 단기취업(C-4) 체류자격에 해당하는 자에게는 「외국인근로자의 고용 등에 관한 법률」이 적용되지 않는다(외국인근로자의 고용 등에 관한 법률 시행령 제2조 제1호). 즉 교수(E-1)부터 특정활동(E-7)까지의 전문기능 업무에 취업하려는 외국인 및 이와 같은 전문기능 업무를 위해 90일 이하의 단기간 동안 취업하려는 외국인(C-4)에게는 「외국인근로자의 고용 등에 관한 법률」의 적용대상자에서 제외된다.

(나) 체류기간이 단기간인 경우

교수(E-1)부터 특정활동(E-7)까지의 전문기능 업무에 취업하려는 외국인 및 이와 같은 업무를 위해 90일 이하의 단기간 동안 취업하려는 외국인(C-4)은 「외국인근로자의 고용 등에 관한 법률」의 적용대상자에서 제외된다.

(다) 취업활동을 할 수 없는 경우

외국인이 취업활동을 할 수 있는 체류자격에 해당하지 않아 취업활동을 할 수 없는 경우에는 「외국인근로자의 고용 등에 관한 법률」이 적용되지 않는다. 예를 들어 기술연수(D-3) 체류자격에 해당하는 외국인은 「출입국관리법」 제18조(외국인 고용

17) 전형배, 외국인근로자 고용정책, 저스티스 제109호, 한국법학원, 2009, p. 295.

의 제한) 제1항[18] 및 출입국관리법 시행령(외국인의 취업과 체류자격) 제23조 제1항[19]에 따라 '취업활동을 할 수 있는 체류자격'에 해당되지 않는다. 기술연수(D-3) 체류자격에 해당하는 외국인은 「외국인근로자의 고용 등에 관한 법률」의 적용대상자에서 제외된다. 기술연수(D-3) 체류자격에 해당하는 외국인에게는 「출입국관리법」이 적용되고, 기술연수생의 모집 및 관리에 관하여 필요한 사항은 「출입국관리법 시행령」 또는 법무부장관이 따로 정한다(출입국관리법 시행령 제24조의4 제7항).

(라) 취업활동의 제한을 받지 않는 경우

외국인이 체류자격의 구분에 따라 취업활동의 제한을 받지 않는 경우에는 「외국인근로자의 고용 등에 관한 법률」이 적용되지 않는다. 「출입국관리법 시행령」 제23조(외국인의 취업과 체류자격) 제2항부터 제4항까지의 규정에 따라 체류자격의 구분에 따른 취업활동의 제한을 받지 아니하는 외국인은 「외국인근로자의 고용 등에 관한 법률」의 적용을 받지 않는다(외국인근로자의 고용 등에 관한 법률 시행령 제2조 제2호).

취업활동의 제한을 받지 않아 「외국인근로자의 고용 등에 관한 법률」의 적용을 받지 않는 자로는 ⅰ) 거주(F-2) 체류자격자 중에서 「출입국관리법 시행령」 별표1 중 27. 가목부터 다목까지 및 자목부터 카목까지의 어느 하나에 해당하는 체류자격을 가지고 있는 자, 라목·바목 또는 사목의 체류자격을 가지고 있는 자로서 그의 종전 체류자격에 해당하는 분야에서 활동을 계속하고 있는 자이다(출입국관리법 시행령 제23조 제2항 제1호, 제2호). ⅱ) 재외동포(F-4)의 체류자격을 가지고 있는 자이다(출입국관리법 시행령 제23조 제3항). 다만, 재외동포(F-4) 체류자격자에게 허용되는 취업활동이라도 국내 법령에 따라 일정한 자격이 필요할 때에는 그 자격을 갖추어야 하고(출입국관리법 시행령 제23조 제3항 단서), 단순노무행위에 종사할 수 없고, 사행행위 등 선량한 풍속이나 그 밖의 사회질서에 반하는 행위에 종사할 수 없고, 그 밖에 공공의 이익이나 국내 취업질서 등을 유지하기 위하여 그 취업을 제한할 필요가 있다고 인정되는 경우에는 취업활동의 제한을 받을 수 있다(출입국관리법 시행령 제23조 제3항 제1호, 제2호, 제3호). ⅲ) 영주(F-5)의 체류자격을 가지고 있는 자이다(출입국관리법 시행령 제23조 제4항). ⅳ) 결혼이민(F-6)의 체류자격을 가지고 있는 자이다(출입국관리법 시행령 제23조 제2항 제3호). 따라서 거주(F-2), 재외동포(F-4), 영

---

18) **출입국관리법 제18조 (외국인 고용의 제한)**
① 외국인이 대한민국에서 취업하려면 대통령령으로 정하는 바에 따라 취업활동을 할 수 있는 체류자격을 받아야 한다.

19) 출입국관리법 시행령 제23조(외국인의 취업과 체류자격) 제1항에서는 "출입국관리법 제18조 제1항에서 '취업활동을 할 수 있는 체류자격'이라 함은 별표1 중 단기취업(C-4), 교수(E-1) 내지 특정활동(E-7), 비전문취업(E-9), 선원취업(E-10) 및 방문취업(H-2)의 체류자격을 말한다. 이 경우 '취업활동'은 해당 체류자격의 범위에 속하는 활동을 말한다."라고 규정하고 있다. 따라서 기술연수(D-3) 체류자격은 취업활동을 할 수 있는 체류자격에 해당되지 않는다.

주(F-5), 결혼이민(F-6) 체류자격자는 국내에 장기간 체류함으로써 경제생활을 통해 사회적응이 용이하고 체류자격 구분에 따른 활동의 제한을 받지 아니하여 내국인과 동일한 취업이 가능하다.

(마) 관광취업자의 취업활동

「출입국관리법 시행령」 제23조(외국인의 취업과 체류자격) 제5항에 따라 관광취업(H-1) 체류자격에 해당하는 외국인으로서 취업활동을 하거나 하려는 자는 「외국인근로자의 고용 등에 관한 법률」의 적용을 받지 않는다(외국인근로자의 고용 등에 관한 법률 시행령 제2조 제3호). 즉 관광취업의 활동인 경우에는 「외국인근로자의 고용 등에 관한 법률」이 적용되지 않는다. 관광취업이란 일명 '워킹홀리데이working holiday'를 말하는 것으로, 관광취업자란 대한민국과 관광취업에 관한 협정 또는 양해각서를 체결한 국가의 국민(외국인을 말한다)으로서 관광을 주된 목적으로 하면서 이에 수반되는 관광경비를 충당하기 위하여 단기간 취업활동을 하는 자를 말한다. 관광취업자는 일정기간 동안에 관광을 주된 목적으로 입국하는 것이 주된 특징이다.

(바) 선원법의 적용대상자

「선원법」의 적용을 받는 선박에 승무乘務하는 선원 중에서 대한민국의 국적을 가지지 아니한 선원(E-10) 및 그 선원을 고용하고 있거나 고용하려는 선박의 소유자에 대하여는 특별법인 「선원법」에서 별도로 규정하고 있으므로 「외국인근로자의 고용 등에 관한 법률」이 적용되지 않는다(외국인근로자의 고용 등에 관한 법률 제3조 제1항 단서). 「선원법」은 「근로기준법」과의 관계에서 특별법적 관계에 있으므로 「선원법」의 적용 대상자에게는 「근로기준법」 등 노동관계법보다는 「선원법」이 우선 적용된다. 선원은 일반 근로자에 비하여 특별히 위험한 업무에 종사할 뿐만 아니라 하루하루 끝나는 업무가 아니라 육지를 떠나 장기일 항해하는 등 수일간 계속되는 특수한 업무에 종사하므로 선내 질서의 유지가 필요하고, 일반 근로자에 비하여 우대하는 선원근로계약 등 근로조건을 보장할 필요가 있으므로 선원에게는 「외국인근로자의 고용 등에 관한 법률」이 아니라 특별법인 「선원법」이 적용된다.[20]

외국인 선원에 대한 성희롱 및 임금차별 등이 발생한 2011년 오양 75호 사건에서, 국가인권위원회는 원양어선 내에서 외국인 선원이 지리적·공간적 특성, 언어 및 통신수단의 제한, 복잡한 선원 공급 및 임금지급 절차 등으로 폭행 및 폭언, 성희롱, 저임금 및 임금체불 등에 노출될 개연성이 높은 반면에 이를 예방하고 구제할 수 있는 규정과 절차가 미비함을 확인하였다.[21] 선박이라는 특수한 근무환경으로부

20) 고용노동부, 고용허가제 업무편람, 열림기획, 2008, p. 6; 선원법에 대한 질의, 교통부 연도미상, 법무부.

터 외국인 선원의 모집, 선발과정의 공정성·투명성의 확보, 내국인 선원과의 차별 방지 및 처우 등 관리감독 시스템을 구축하기 위해 선원취업(E-10) 체류자격을 고용허가제도로 일원화하고, 「외국인근로자의 고용 등에 관한 법률」에 의한 외국인근로자에 준하는 법적 지위를 보장하여야 한다는 지적이 있다.[22)]

(사) 유학생

외국인 유학생에게는 「외국인근로자의 고용 등에 관한 법률」이 적용되지 않는다. 유학(D-2) 체류자격을 소지한 외국인이 국내에서 유학하는 도중에 시간제 또는 전일제로 근로를 제공할지라도, 이러한 근로의 제공은 「출입국관리법」에 의해 '체류자격외 활동' 허가를 받은 것에 해당한다. 외국인 유학생이 일정한 취업활동을 하고 있을지라도 외국인근로자의 범위에 해당하지 않는다.[23)]

(아) 불법체류 외국인근로자

(a) **외국인근로자의 고용 등에 관한 법률:** 불법체류 외국인근로자에게는 「외국인근로자의 고용 등에 관한 법률」이 적용되지 않는다.

(b) **근로기준법:** 불법체류 외국인근로자는 내국인근로자와 마찬가지로 「근로기준법」상의 근로자에 해당된다. 근로자란 직업의 종류와 관계없이 임금을 목적으로 사업이나 사업장에 근로를 제공하는 자를 말한다(근로기준법 제2조 제1항 제1호). 불법체류 외국인근로자는 불법취업을 원인으로 「출입국관리법」에 따라 처벌을 받더라도, 불법체류 외국인근로자와 사용자 간에 체결된 근로계약은 그 효력이 당연히 무효라고 할 수 없다.[24)] 법원도 "체류자격을 가지지 아니한 외국인의 고용을 금지하는 「출입국관리법」 제18조 제3항은 국가가 외국인의 불법체류를 단속할 목적으로 이를 금지하는 단속법규에 불과하므로 이에 위반하여 한 행위에 대하여는 소정의 벌칙이 적용될 뿐 행위 자체의 법률상 효력에는 아무런 영향이 없다. 따라서 그 근로계약은 유효하므로 그 외국인은 근로기준법상의 근로자에 해당한다."라고 판시하고 있다.[25)] 그러나 불법체류 외국인근로자와 사용자 간에 체결된 근로계약이 「민법」상 반사회질서의 법률행위[26)] 또는 불공정한 법률행위[27)]에 해당할 때에는 그 근로계약은 무효로 된다.

---

21) 국가인권위원회 결정례 2012. 5. 10. 자 원양어선 내 외국인 선원에 대한 성희롱 및 임금차별 등 사건에 관한 의견표명.

22) 경향신문, 2012. 6. 25. [원양어선 인권 침해] 노동권 뺏는 선원 취업사증 폐지, 인력업체 감독 강화해야.

23) 문준조, 주요 국가의 외국인 이주 노동자의 지위와 규제에 관한 연구, 한국법제연구원, 2007, p. 22.

24) 이학춘, 외국인근로자의 법적 지위, 한국비교노동법학회 노동법논총 제9집, pp. 329~346, 2006, p. 332; 최경옥, 한국 헌법상 이주근로자의 근로권 - 2004헌마670, 2007헌마1083, 2011구합5094(서울행정법원) 판례를 중심으로, 한국비교공법학회 공법학연구 제12권 제4호, 2011, p. 221; 대법원 1995. 9. 15. 선고 94누12067 판결.

25) 서울고등법원 1993. 11. 26. 선고 93구16774 판결; 대법원 1997. 8. 26. 선고 97다18875 판결 참고.

제 3 절 일반고용허가제도

Ⅰ. 의 의

일반고용허가제도란 국내에서 단순기능 업무에 합법적으로 취업할 수 있는 외국인근로자가 국내에 입국하기 전에 근로계약을 체결하고 「출입국관리법」에 따라 비전문취업(E-9) 사증을 발급받아 외국인력정책위원회에서 인력수급 상황 등을 고려하여 심의 · 의결한 업종에서 근로하는 제도를 말한다. 이하에서는 일반 외국인근로자의 고용절차와 관리를 위한 일반고용허가제도에 대하여 단순외국인력 활용과 인권보호의 두 관점에서 살펴보기로 한다.

Ⅱ. 고용절차

1. 외국인구직자 선발 및 명부

(1) 한국어 능력시험

1) 의 의

고용노동부장관은 외국인구직자 명부를 작성할 때에는 외국인구직자 선발기준 등으로 활용할 수 있도록 한국어 구사능력을 평가하는 한국어 능력시험을 실시하여야 한다(외국인근로자의 고용 등에 관한 법률 제7조 제2항 전단). 한국어 능력시험의 실시기관 선정 및 선정취소, 평가의 방법, 그 밖에 필요한 사항은 「외국인근로자의 고용 등에 관한 법률 시행령」으로 정한다(외국인근로자의 고용 등에 관한 법률 제7조 제2항 후단).

2) 응시자격

한국어 능력시험의 응시자격으로는 만 18세 이상 39세 이하이고, 금고형 이상의 범죄 경력이 없을 것, 과거 대한민국에서 강제퇴거 · 출국된 경력이 없을 것, 출국에

---

26) 민법 제103조 (반사회질서의 법률행위) 선량한 풍속 기타 사회질서에 위반한 사항을 내용으로 하는 법률행위는 무효로 한다.

27) 민법 제104조 (불공정한 법률행위) 당사자의 궁박, 경솔 또는 무경험으로 인하여 현저하게 공정을 잃은 법률행위는 무효로 한다.

결격사유가 없을 것이 요구된다.[28)]

3) 실시기관

(가) 선 정

고용노동부장관은 i) 한국어 능력시험 실시를 위한 행정적·재정적 능력, ii) 한국어 능력시험을 객관적이고 공정하게 실시할 수 있는지 여부, iii) 한국어 능력시험 내용의 적정성, iv) 그 밖에 한국어 능력시험의 원활한 시행을 위하여 고용노동부장관이 필요하다고 인정하는 사항을 고려하여 한국어 능력시험 실시기관을 선정하여야 한다(외국인근로자의 고용 등에 관한 법률 시행령 제13조 제1항). 2007년 이전에는 한국어 세계화 재단, 한글학회, 한국산업인력공단 3개 기관이 한국어 능력시험을 담당하였으나, 2008년부터는 한국산업인력공단으로 일원화되었다.

(나) 선정취소

고용노동부장관은 선정된 한국어 능력시험 실시기관이 i) 거짓이나 그 밖의 부정한 방법으로 선정된 경우, ii) 한국어 능력시험 응시생의 모집, 한국어 능력시험 시행 또는 합격자 처리과정에서 부정이 있는 경우, iii) 그 밖에 한국어 능력시험 실시기관 선정기준에 미달하는 등 한국어 능력시험 실시기관으로서 업무를 수행하는 것이 어렵다고 인정되는 경우의 어느 하나에 해당하는 때에는 그 선정을 취소할 수 있다(외국인근로자의 고용 등에 관한 법률 시행령 제13조 제2항).

4) 실시기관의 보고의무

한국어 능력시험 실시기관은 매년 4월 30일까지 i) 전년도 한국어 능력시험의 실시 결과와 해당 연도 한국어 능력시험의 실시계획, ii) 한국어 능력시험에서의 부정 방지대책의 수립 및 그 이행에 관한 사항, iii) 한국어 능력시험의 응시수수료, iv) 그 밖에 한국어 능력시험의 실시와 관련하여 고용노동부장관이 정하는 사항을 고용노동부장관에게 보고하여야 한다(외국인근로자의 고용 등에 관한 법률 시행령 제13조 제5항).

5) 능력시험의 평가방법 및 내용

한국어 능력시험은 매년 1회 이상 실시하고, 객관식 필기시험을 원칙으로 하되, 주관식 필기시험을 일부 추가할 수 있다(외국인근로자의 고용 등에 관한 법률 시행령 제13조 제3항). 한국어 능력시험의 내용에는 대한민국의 문화에 대한 이해와 산업안전 등 근무에 필요한 기본사항이 포함되어야 한다(외국인근로자의 고용 등에 관한 법률 시행령 제13조 제4항).

---

28) 고용노동부, 고용허가제 업무편람, 열림기획, 2013, p. 32.

6) 수수료 징수 및 그 사용

한국어능력시험의 실시기관은 시험에 응시하려는 자로부터 대통령령으로 정하는 바에 따라 수수료를 징수하여 사용할 수 있다. 한국어능력시험 실시기관이 수수료를 징수하여 사용하려면 송출국가별로 수수료의 금액, 징수·반환의 절차 및 사용 계획에 대하여 고용노동부장관의 승인을 받아야 한다. 승인받은 사항을 변경하는 경우에도 또한 같다(외국인근로자의 고용 등에 관한 법률 시행령 제13조 제6항).

수수료는 외국인근로자 선발 등을 위한 비용으로 사용하여야 한다(외국인근로자의 고용 등에 관한 법률 제7조 제3항).

(2) 자격요건 평가

1) 의 의

고용노동부장관은 외국인구직자 선발기준 등으로 활용하기 위하여 필요한 경우 기능 수준 등 인력 수요에 부합되는 자격요건을 평가할 수 있다(외국인근로자의 고용 등에 관한 법률 제7조 제4항). 이것은 한국어 능력시험 외에도 기능수준 등 다양한 선발기준을 도입함으로써 사용자의 수요에 부응하는 구직자 풀을 마련하기 위한 것이다.[29]

2) 평가기관

자격요건 평가기관은 「한국산업인력공단법」에 따른 한국산업인력공단으로 한다(외국인근로자의 고용 등에 관한 법률 제7조 제5항 전단).

3) 평가기관의 보고의무

한국산업인력공단은 매년 4월 30일까지 i) 전년도 자격요건의 평가 결과와 해당 연도 자격요건의 평가계획, ii) 그 밖에 자격요건의 평가와 관련하여 고용노동부장관이 정하는 사항을 고용노동부장관에게 보고하여야 한다(외국인근로자의 고용 등에 관한 법률 시행령 제13조의2 제3항).

4) 평가방법 및 내용

(가) 평가방법

자격요건 평가의 방법 등 필요한 사항은 「외국인근로자의 고용 등에 관한 법률 시행령」으로 정한다(외국인근로자의 고용 등에 관한 법률 제7조 제5항 후단). 고용노동부장관은 평가의 방법 및 내용을 정하여 「한국산업인력공단법」에 따른 한국산업인력공단에 통보하고, 고용노동부 게시판 및 인터넷 홈페이지 등에 공고하여야 한다(외국인근로자의 고용 등에 관한 법률 시행령 제13조의2 제2항). 자격요건 평가의 방법은 필기시험, 실기시험, 면접시험으로 한다(외국인근로자의 고용 등에 관한 법률 시행령 제13조의2 제1항 제1호).

---

29) 앞의 업무편람, p. 32.

(나) 평가내용

자격요건 평가의 내용은 취업하려는 업종에 근무하기 위하여 필요한 기능 수준, 외국인구직자의 체력, 근무 경력, 그 밖에 인력 수요에 부합되는지를 평가하기 위하여 필요하다고 인정되는 사항이다(외국인근로자의 고용 등에 관한 법률 시행령 제13조의2 제1항 제2호).

(3) 외국인구직자 명부

1) 송출국가와 협의

(가) 협의 당사자

고용노동부장관은 외국인력정책위원회의 심의·의결로 지정된 송출국가의 노동행정을 관장하는 정부기관의 장과 협의하여 「외국인근로자의 고용 등에 관한 법률 시행령」으로 정하는 바에 따라 외국인구직자 명부를 작성하여야 한다(외국인근로자의 고용 등에 관한 법률 제7조 제1항 본문). 다만, 송출국가에서 노동행정을 관장하는 독립된 정부기관이 없을 경우에는 가장 가까운 기능을 가진 부서를 정하여 외국인력정책위원회의 심의를 받아 그 부서의 장과 협의하여 외국인구직자 명부를 작성하여야 한다(외국인근로자의 고용 등에 관한 법률 제7조 제1항 단서).

(나) 협의 사항

고용노동부장관이 외국인구직자 명부를 작성하는 경우에 송출국가의 노동행정을 관장하는 정부기관의 장과 협의해야 하는 사항으로는 ⅰ) 인력의 송출·도입과 관련된 준수사항, ⅱ) 인력 송출의 업종 및 규모에 관한 사항, ⅲ) 송출대상 인력을 선발하는 기관·기준 및 방법에 관한 사항, ⅳ) 한국어 구사능력을 평가하는 한국어능력시험의 실시에 관한 사항, ⅴ) 그 밖에 외국인근로자를 원활하게 송출·도입하기 위하여 고용노동부장관이 필요하다고 인정하는 사항이다(외국인근로자의 고용 등에 관한 법률 시행령 제12조 제1항).

2) 외국인구직자 명부의 작성·관리

(가) 외국인구직자 명부의 작성

송출국가에서는 건강검진을 통과한 한국어 능력시험 합격자가 송출국가의 송출기관에 구직을 신청한다. 송출국가의 송출기관은 구직신청자를 대상으로 예비 구직자 명부(구직자 명부안)를 작성하여 한국산업인력공단에 전송한다.[30] 그리고 고용노동부장관은 송출국가가 송부한 송출대상 인력을 기초로 외국인구직자 명부를 작성하고, 관리하여야 한다(외국인근로자의 고용 등에 관한 법률 시행령 제12조 제2항). 한국산업인력공단은 송출국가가 송부한 송출대상 인력을 인증하여 외국인구직자 명부를 확정한다.[31]

---

30) 앞의 업무편람, p. 33.
31) 앞의 업무편람, p. 33.

(나) 외국인구직자 명부의 관리

외국인구직자 명부는 인증일로부터 1년간 유효하다. 비록 1년이 경과되어 외국인 구직자 명부에서 삭제되었더라도 한국어 능력시험 합격일로부터 2년 이내에는 재구직 신청이 가능하다.[32)]

2. 내국인 구인노력

(1) 의 의

「외국인근로자의 고용 등에 관한 법률」에서는 내국인근로자의 고용증진을 보호하기 위해 외국인근로자 고용허가를 받으려는 사용자의 필수자격 요건으로 '내국인 구인노력' 의무를 규정하고 있다.[33)] 사용자의 내국인 구인노력은 단순외국인력 고용의 기본원칙에 해당하는 것으로, 보충성의 원칙 내지는 내국인 고용기회 보호의 원칙, 내국인근로자 우선고용의 원칙, 국내노동시장 보완성의 원칙을 구체적으로 실현하기 위한 수단이다. 앞에서 설명한 바와 같이, 보충성의 원칙이란 내국인근로자의 고용증진과 적정임금 보장이라는 측면에서 사용자는 내국인근로자가 취업하기에 가능 또는 불가능하거나 어려운 업무 분야에 내국인근로자의 공급 부족 등을 이유로 내국인근로자를 채용하고자 하여도 할 수 없는 경우에만 외국인근로자를 보완적으로 채용할 수 있다는 것을 말한다. 내국인근로자의 고용기회를 보호하고 외국인근로자의 수요를 최소화한다는 점에서 '노동시장적 접근방법'[34)]이라고도 한다.[35)]

「헌법」 제32조 제1항에서는 "모든 국민은 근로의 권리를 가진다."고 규정하고, "국가는 사회적 · 경제적 방법으로 근로자 고용의 증진과 적정임금의 보장에 노력하여야 하며,"라고 규정하고 있다. 따라서 사용자의 내국인 구인노력은 국가의 내국인 근로자 고용증진 의무와 합치되는 것이다. 외국인근로자는 내국인근로자의 고용기회를 침해하지 않는 범위 내에서 그 고용이 허용된다는 것을 의미한다.[36)]

(2) 내국인 구인 신청

1) 신 청

외국인근로자를 고용하려는 사용자는 「직업안정법」 제2조의2 제1호에 따른 직업

32) 앞의 업무편람, p. 33.
33) 헌법재판소 2011. 9. 29. 자 2009헌마351 결정; 헌법재판소 2009. 9. 24. 자 2006헌마1264 결정.
34) 하갑래, 외국인근로자 활용제도에 관한 입법론적 연구, 동국대학교 대학원 박사논문, 2003, p. 9.
35) 백종인 · 설재영, 외국인근로자 정책 및 법제개선에 관한 연구 - 독일의 외국인근로자 법제를 중심으로 -, 고려대학교 법학연구원 고려법학, 2007, p. 839.
36) 표명환, 외국인근로자 고용제도에 관한 법적 고찰, 한국법학회 법학연구 제41집, 2011, p. 55.

안정기관에 우선 내국인 구인 신청을 하여야 한다(외국인근로자의 고용 등에 관한 법률 제6조 제1항). 그 후에 내국인 구인 신청을 한 사용자는 직업안정기관의 직업소개를 받고도 인력을 채용하지 못한 경우에는 「외국인근로자의 고용 등에 관한 법률 시행규칙」으로 정하는 바에 따라 직업안정기관의 장에게 외국인근로자 고용허가를 신청하여야 한다(외국인근로자의 고용 등에 관한 법률 제8조 제1항).

2) 신청 대상 직종

사용자가 내국인 구인 신청을 할 때에 직종은 반드시 외국인근로자 고용가능 업종에 적합한 경우이어야 한다. 따라서 사무직, 관리직 등으로 내국인 구인 신청을 한 경우에는 「외국인근로자의 고용 등에 관한 법률」에 따른 내국인 구인 신청 및 구인노력 기간으로 인정되지 않는다.[37]

3) 절 차

내국인 구인 신청을 위한 절차는 사용자가 고용노동부 워크넷을 통해 직업안정기관의 장에게 신청하여야 하고, 지방자치단체의 취업알선센터를 이용하여 고용노동부 워크넷에 내국인 구인 신청을 한 경우에도 직업안정기관의 장에게 신청한 것으로 간주한다.[38]

(3) 내국인 구인노력 기간

1) 연 혁

2004년에 제정된 「외국인근로자의 고용 등에 관한 법률 시행규칙」에서는 사용자의 내국인 구인노력 기간은 구인 신청일로부터 1개월이었다(구 외국인근로자의 고용 등에 관한 법률 시행규칙 제2조 제1항). 그러나 이와 같은 내국인 구인노력 기간으로 인하여 사실상 사용자가 필요로 하는 때에 외국인근로자를 고용할 수 없다는 지적이 제기되어 왔다. 외국인근로자의 수요를 이루는 업종에서는 근로조건이 열악하고 내국인근로자가 기피하거나 이직률이 높아 내국인 구인노력은 실효성이 없고, 오히려 내국인 구인노력 기간이 사용자가 단순외국인력을 신속히 구하는 데 불필요한 규제조치에 해당되기 때문이다.[39]

현행 사용자의 내국인 구인노력 기간은 원칙적으로 14일이다. 내국인 구인노력 기간이 점차적으로 축소되어 외국인근로자 도입의 신속성, 노동생산성 확보 등에 긍정적으로 기여한 측면도 있다. 반면에 내국인근로자의 고용증진을 목적으로 하는 보충성의 원칙 내지는 국내노동시장 보완성의 원칙에 위배되어 내국인근로자의 대체

37) 고용노동부, 고용허가제 업무편람, 열림기획, 2013, p. 48.
38) 앞의 업무편람, p. 48.
39) 표명환, 외국인근로자 고용제도에 관한 법적 고찰, 한국법학회 법학연구 제41집, 2011, p. 56; 김환학, 이민행정법의 구축을 위한 시론, 행정법이론실무학회 행정법연구 제32호, 2012, p. 211.

효과가 발생될 우려도 있다.[40]

2) 기 간

(가) 원 칙

사용자의 내국인 구인노력 기간은 원칙적으로 14일이다(외국인근로자의 고용 등에 관한 법률 시행규칙 제5조의2 본문).

(나) 예 외

(a) 의 의: 사용자는 원칙적으로 14일 이상 내국인 구인노력을 해야 하지만, 예외적으로 그 기간이 7일로 단축될 수 있는 경우가 있다. 다만, 예외적으로 단축되는 경우에 해당될지라도 고용노동부 워크넷에 필수적으로 등록하여야 한다.[41]

(b) 사 유: 내국인 구인노력 기간이 7일로 단축되는 사유로는 첫째, 소재지 관할 직업안정기관의 장이 사용자가 제출한 내국인 구인노력 증명서를 검토한 결과, 사용자의 적극적인 내국인 채용노력 사실을 인정하는 경우이다(외국인근로자의 고용 등에 관한 법률 시행규칙 제5조의2 제1호). 그 판단기준으로는 직업안정기관에서 개최한 '구인구직 만남의 날'에 참석하거나, 구인공고 등을 통해 직접 면접을 한 경우로서 이력서, 면접장소, 면접일시, 연락처 등이 확인된 경우 등이다.[42] 둘째, 사용자가 소재지 관할 직업안정기관을 통한 구인노력을 하면서, i)「신문 등의 진흥에 관한 법률」 제2조 제1호 가목에 따른 일반일간신문 또는 제1호 나목에 따른 특수일간신문(경제 및 산업 분야에 한정한다), ii)「잡지 등 정기간행물의 진흥에 관한 법률」 제2조 제1호 나목에 따른 정보간행물, 제1호 다목에 따른 전자간행물, 제1호 라목에 따른 기타간행물, iii)「방송법」 제2조 제1호에 따른 방송 중에서 어느 하나에 해당하는 매체를 통하여 3일 이상 내국인 구인 사실을 알리는 구인노력을 한 경우이다(외국인근로자의 고용 등에 관한 법률 시행규칙 제5조의2 제2호).

(4) 직업안정기관의 직업소개

직업안정기관의 장은 내국인 구인 신청을 받은 경우에는 사용자가 적절한 구인 조건을 제시할 수 있도록 상담·지원하여야 하며, 구인 조건을 갖춘 내국인이 우선적으로 채용될 수 있도록 직업소개를 적극적으로 하여야 한다(외국인근로자의 고용 등에 관한 법률 제6조 제2조). 직업안정기관의 장은 사용자에게 직업소개를 할 때에 지방자치단체 등 공공기관과 「직업안정법」 제18조에 따른 국내 무료직업소개사업자가 하는 직업소개사업을 적극 활용하여야 한다(외국인근로자의 고용 등에 관한 법률 시행규칙 제2조).

---

40) 고준기·이병운, 개정 고용허가제의 문제점과 개선방안 - 2009년 10월 9일 개정 법률을 중심으로, 한국비교노동법학회 노동법논총 제18집, 2010, p. 4.
41) 고용노동부, 고용허가제 업무편람, 열림기획, 2013, p. 49.
42) 앞의 업무편람, p. 49.

(5) 문제점

내국인 구인노력을 둔 취지는 내국인근로자의 고용증진과 적정임금을 보장하기 위한 것이다. 그러나 내국인 구인노력이 지나치게 형식적으로 운영되어 내국인근로자의 고용증진 등에 미치지 못하고 있다.

3. 고용허가 신청

(1) 의 의

내국인 구인 신청을 한 사용자는 직업안정기관의 직업소개를 받고도 내국인력의 전부 또는 일부를 채용하지 못한 경우에는, 「외국인근로자의 고용 등에 관한 법률 시행규칙」으로 정하는 바에 따라 직업안정기관의 장에게 외국인근로자 고용허가를 신청하여야 한다(외국인근로자의 고용 등에 관한 법률 제8조 제1항).

(2) 신청자

고용허가서의 신청자는 외국인근로자를 고용하려는 사용자이다. 사용자는 대리인을 선임하여 사용자가 신청·신고할 사항을 대리인에게 위임할 수 있다. 사용자가 대리인을 선임하거나 해임하고자 하는 경우에는 대리인 신청서식을 직업안정기관에게 제출하여야 한다. 대리인의 범위는 사용자의 가족관계증명서상 직계가족 또는 사업장의 고용보험에 가입된 직원이 된다.[43)]

(3) 기한과 방법·절차

사용자가 외국인근로자 고용허가서 발급신청서에 「외국인근로자의 고용 등에 관한 법률 시행령」 제13조의4 제1호(정책위원회에서 정한 외국인근로자의 도입업종, 외국인근로자를 고용할 수 있는 사업 또는 사업장에 해당할 것)에 해당함을 증명할 수 있는 서류를 첨부하여, 내국인 구인노력 기간이 지난 후 3개월 이내에 사업 또는 사업장의 소재지를 관할하는 직업안정기관의 장에게 제출하여야 한다(외국인근로자의 고용 등에 관한 법률 시행규칙 제5조 제1항). 경기변동에 따른 인력부족 상황의 변화 및 내국인 구인노력 여부 확인 등 업무처리의 효율화를 위하여 외국인근로자 고용허가의 신청기한을 3개월 이내로 제한하고 있는 것이다.

「외국인근로자의 고용 등에 관한 법률 시행규칙」 별지 제4호 서식에 의한 외국인근로자 고용허가서 발급신청서의 구인사항 중에는 '국적' 표기항목이 있으므로, 사

43) 앞의 업무편람, pp. 56~58.

용자는 희망하는 국가의 외국인근로자를 구인 신청할 수 있다.

(4) 유효기간

1) 원 칙

고용허가 신청의 유효기간은 원칙적으로 3개월로 한다(외국인근로자의 고용 등에 관한 법률 제8조 제2항 전단). 따라서 사용자가 외국인근로자 고용허가를 신청한 때로부터 3개월 이내에 고용허가서를 발급받지 못한다면, 사용자는 내국인 구인노력 신청부터 다시 거쳐 고용허가를 재신청하여야 한다.[44]

2) 예 외

(가) 사 유

「직업안정법」 제2조의2 제1호에 따른 직업안정기관의 장은 사용자가 ⅰ) 일시적인 경영악화 또는 예상할 수 없었던 조업단축 등이 발생하여 신규 근로자를 채용할 수 없는 경우, ⅱ) 천재지변이나 그 밖의 부득이한 사유로 사업을 계속하기가 불가능한 경우에 해당하는 사유가 발생하여 고용허가 신청 유효기간의 만료일 이전에 그 연장을 신청하는 경우에는, 3개월의 범위에서 그 고용허가 신청 유효기간을 1회에 한정하여 연장할 수 있다(외국인근로자의 고용 등에 관한 법률 제8조 제2항 후단, 동법 시행령 제13조의3).

(나) 판단기준

ⅰ) 일시적인 경영악화 또는 예상할 수 없었던 조업단축 등이 발생하여 신규 근로자를 채용할 수 없는 경우에 대한 판단기준으로는 고용보험의 고용유지지원금 대상인 '고용조정이 불가피하게 된 사업주의 판단기준'을 준용한다. 즉 직전 월의 말일 재고량이 직전 연도의 평균 재고량에 비하여 50% 이상 증가하였거나, 생산량과 매출액이 기준 월의 직전 월 대비 10% 이상 감소한 경우가 이에 해당된다. 또는 근로자의 과반수로 조직된 노동조합이 있는 경우에는 그 노동조합의 사실확인서, 근로자의 과반수로 조직된 노동조합이 없는 경우에는 근로자 과반수를 대표하는 자의 사실확인서(근로자 연명 확인서를 첨부한다) 등으로 입증한다. ⅱ) 천재지변이나 그 밖의 부득이한 사유로 사업을 계속하기가 불가능한 경우에 대한 판단기준으로는 세무서에서 발급된 휴업증명서, 재해지역의 지방자치단체장이 발급한 확인서 등으로 입증한다.[45]

44) 앞의 업무편람, p. 56.
45) 앞의 업무편람, p. 57.

4. 사용자 확인, 적격자 추천 및 외국인구직자 선정

(1) 사용자 확인

사업 또는 사업장의 소재지를 관할하는 직업안정기관의 장은 사용자의 고용허가 신청을 받으면, 외국인근로자 도입업종 및 도입규모 등 「외국인근로자의 고용 등에 관한 법률 시행령」으로 정하는 요건을 갖춘 사용자인지를 확인하여야 한다(외국인근로자의 고용 등에 관한 법률 제8조 제3항). 이를 통해 직업안정기관의 장은 근로조건을 준수할 수 있는 사용자인지를 확인하여 자격 또는 요건이 미달된 사용자의 외국인근로자 고용을 사전에 차단할 수 있다.[46)]

(2) 적격자 추천

1) 추천 대상자

사업 또는 사업장의 소재지를 관할하는 직업안정기관의 장은 사용자의 고용허가 신청을 받으면, 외국인근로자 도입업종 및 도입규모 등 「외국인근로자의 고용 등에 관한 법률 시행령」으로 정하는 요건을 갖춘 사용자에게 외국인구직자 명부에 등록된 자 중에서 적격자를 추천하여야 한다(외국인근로자의 고용 등에 관한 법률 제8조 제3항). 추천 대상자는 외국인구직자 명부에 등록된 자 중에서 사용자의 모집업종, 모집인원, 근로조건, 직무내용, 국적, 학력, 경력, 연령 등 구인조건을 충족하는 자이다.[47)]

2) 방 법

(가) 추천 및 열람

소재지 관할 직업안정기관의 장은 사용자의 구인조건에 적합한 구직자 명단을 출력하여 사용자에게 추천하고, 사용자는 이를 열람한다. 직업안정기관이 아닌 자의 불법개입 등을 방지하기 위해 추천된 구직자 명단에는 외국인근로자의 성명 및 주소 등 개인 신상에 관한 사항은 제외된다.[48)]

(나) 배수 추천

소재지 관할 직업안정기관의 장이 사용자에게 외국인구직자를 추천하는 경우에는 사용자가 신청한 구인 조건을 갖춘 자를 3배수 이상 추천하여야 한다(외국인근로자의 고용 등에 관한 법률 시행규칙 제5조

46) 백종인 · 설재영, 외국인근로자 정책 및 법제개선에 관한 연구 – 독일의 외국인근로자 법제를 중심으로 –, 고려대학교 법학연구원 고려법학, 2007, p. 839.
47) 고용노동부, 고용허가제 업무편람, 열림기획, 2013, p. 163.
48) 앞의 업무편람, p. 163.

(제2항 본문). 다만, 적격자가 3배수가 되지 아니하는 경우에는 해당하는 적격자 수만큼 추천한다(외국인근로자의 고용 등에 관한 법률 시행규칙 제5조 제2항 단서).

(다) 지정추천 금지

직업안정기관이 아닌 자의 불법개입 등을 방지하기 위해 사용자가 직접 지정한 외국인근로자를 추천하는 것은 원칙적으로 금지된다.[49]

3) 민간 관여의 금지

(가) 의 의

고용허가제도는 사용자 위주의 외국인근로자 공급체계에 따른 부작용을 방지하기 위해 외국인근로자 도입과정에 영리를 추구하는 민간송출기관의 개입을 방지하는 '공공기관 도입모델'을 채택하고 있다.[50] 따라서 직업안정기관만이 외국인근로자의 선발, 알선, 그 밖의 채용에 관여할 수 있고, 그 밖의 민간인 또는 민간기관은 이에 관여할 수 없다. 이것은 외국인근로자의 송출비용을 적정수준으로 통제하여 중간착취와 불법체류를 막고, 외국인근로자 송출과정의 투명성과 공정성을 기하고자 하는 것이다.[51]

(나) 규정 및 벌칙

「외국인근로자의 고용 등에 관한 법률」에서는 "직업안정기관이 아닌 자는 외국인근로자의 선발, 알선, 그 밖의 채용에 개입하여서는 아니 된다."라고 규정하고 있다(외국인근로자의 고용 등에 관한 법률 제8조 제6항). 직업안정기관이 아닌 자가 외국인근로자의 선발, 알선, 그 밖의 채용에 개입한 경우에는 1년 이하의 징역 또는 1천만원 이하의 벌금에 처하게 된다(외국인근로자의 고용 등에 관한 법률 제29조 제1호). 직업안정기관이 아닌 자가 선발, 알선 등 그 과정에서 금전적 대가를 받았는지는 문제가 되지 않는다. 직업안정기관 등이 이를 알게 된 경우에는 경찰 등에 고발할 수 있다. 종전의 금고형을 삭제하여 이민행정형벌 중 자유형은 징역형으로 통일한 것이다.

(다) 직업선택의 자유 관련

(a) 비판적 견해: 민간인 또는 민간기관이 외국인근로자의 선발, 알선, 그 밖의 채용에 개입하지 못하도록 한 것에 대해 비판적인 견해가 있다. 이 견해에 의하면, 직업안정기관만이 외국인근로자의 선발, 알선, 그 밖의 채용에 관여할 수 있도록 하여 결과적으로 민간인 또는 민간기관의 알선을 금지하는 것은 고용의 주체인 기업의 관여를 배제하고 송출국가와 정부가 모집 확보한 특정 외국인근로자들 중에서

49) 앞의 업무편람, p. 163.
50) 헌법재판소 2009. 9. 24. 자 2006헌마1264 결정.
51) 앞의 결정.

고용하도록 제한하는 것으로, 기업 또는 사용자의 경영권을 포함하는 직업선택의 자유를 침해하고 외국인근로자 공급 관련업을 하고자 하는 국민의 직업선택의 자유를 침해한다는 것이다.[52]

(b) **판례의 태도:** 헌법재판소는 직업안정기관이 아닌 자가 외국인근로자의 선발, 알선, 그 밖의 채용 과정에 개입하지 못하도록 한 것은 내국인근로자 고용기회 보호의 원칙하에 외국인근로자를 체계적으로 도입함으로써 중소기업 등의 인력부족을 해소하고 지속적인 경제성장을 도모하는 한편, 외국인근로자의 효율적인 고용관리와 근로자로서의 권익을 보호하기 위한 「외국인근로자의 고용 등에 관한 법률」의 입법목적을 달성하기 위한 효과적이고 적절한 수단이라고 판시하고 있다. 판례에 의하면 민간의 관여는 금지된다.[53]

(3) 외국인구직자 선정

사용자는 사업 또는 사업장의 소재지를 관할하는 직업안정기관의 장이 추천된 적격자 중에서 구직요건 등을 확인하여 외국인근로자를 선정한다(외국인근로자의 고용 등에 관한 법률 제8조 제4항 전단 참고).

(4) 문제점

직업안정기관만이 외국인근로자의 선발, 알선, 그 밖의 채용에 관여하도록 하여 사용자 또는 외국인근로자 양측 모두에서 직업선택의 자유가 보장되지 않고, 외국인근로자의 이탈 요인으로 작용될 우려가 있다.

5. 고용허가

(1) 고용허가서

1) 발 급

직업안정기관의 장은 추천된 적격자를 선정한 사용자에게는 지체 없이 고용허가를 하고, 선정된 외국인근로자의 성명 등을 적은 외국인근로자 고용허가서를 발급하여야 한다(외국인근로자의 고용 등에 관한 법률 제8조 제4항).

2) 재발급

(가) 사 유

고용허가서를 재발급 받기 위한 요건은 사용자가 고용허가서를 발급받은 후 외국

52) 앞의 결정 중 청구인들의 주장요지 참고.
53) 앞의 결정.

인근로자의 귀책사유(사망, 근로계약의 체결 거부), 송출국가의 귀책사유 등 불가피한 사유로 그 외국인근로자와 근로계약을 체결하지 못하여 다른 외국인근로자를 고용하고자 하는 경우이다(외국인근로자의 고용 등에 관한 법률 시행령 제14조 제2항). '불가피한 사유'란 사용자는 외국인근로자를 고용하고자 하였으나, 그 외국인근로자의 사망, 근로조건의 의견차이 등으로 근로계약을 체결하지 못한 것을 말한다. 그러나 사용자의 사정에 의하여 외국인근로자와의 근로계약을 체결하지 못한 경우에는 고용허가서 재발급의 사유에 해당하지 않는다.

(나) 신청 및 재발급

고용허가서 재발급의 사유에 해당하는 경우에는 사용자는 고용허가서의 재발급을 신청할 수 있고, 직업안정기관의 장은 다른 외국인근로자를 추천하여 고용허가서를 재발급하여야 한다(외국인근로자의 고용 등에 관한 법률 시행령 제14조 제2항).

(다) 신청기한 및 절차

사용자는 재발급 사유가 발생한 사실을 안 날부터 7일 이내에 외국인근로자 고용허가서 재발급신청서에 전에 발급받은 외국인근로자 고용허가서의 원본을 첨부하여 소재지 관할 직업안정기관의 장에게 제출하여야 한다(외국인근로자의 고용 등에 관한 법률 시행규칙 제6조 제1호). 다만, 고용허가서 재발급시를 기준으로 하여 고용허가서 발급시의 사업 또는 사업장의 업종 및 규모가 다른 경우 외국인력정책위원회에서 정한 외국인근로자의 도입업종, 외국인근로자를 고용할 수 있는 사업 또는 사업장에 해당함을 증명하는 서류를 추가로 첨부하여 제출하여야 한다(외국인근로자의 고용 등에 관한 법률 시행규칙 제6조 제2호, 외국인근로자의 고용 등에 관한 법률 시행령 제13조의4 제1호).

(라) 근로계약 기간의 확인

직업안정기관의 장이 사용자에게 고용허가서를 재발급하는 경우에는 「외국인근로자의 고용 등에 관한 법률」 제9조 제3항 또는 제4항에 따른 근로계약 기간의 범위에서 고용허가 기간을 부여하여야 한다(외국인근로자의 고용 등에 관한 법률 시행령 제14조 제3항).

(2) 고용허가서의 효력

사용자는 고용허가서 발급일부터 3개월 이내에 외국인근로자와 근로계약을 체결하여야 한다(외국인근로자의 고용 등에 관한 법률 시행령 제14조 제1항). 고용허가서가 재발급된 경우에도 그 효력기간은 3개월 이내로 동일하다. 그 기간 이내에 근로계약을 체결하지 않으면 그 고용허가서는 효력을 상실한다. 고용허가서의 효력이 상실된 경우에 사용자가 외국인근로자를 다시 고용하고자 한다면 내국인 구인노력 등 절차를 새로이 거쳐야 한다.

6. 근로계약

(1) 의 의

적격자를 선정하여 고용허가서를 발급받은 사용자가 그 외국인근로자를 고용하려면, 고용허가서 발급일부터 3개월 이내에 표준근로계약서를 사용하여 외국인근로자와 근로계약을 체결하여야 한다(외국인근로자의 고용 등에 관한 법률 제9조 제1항, 동법 시행령 제14조 제1항). 근로계약의 체결은 외국인근로자를 고용하려는 사용자의 의무이다.[54) 「외국인근로자의 고용 등에 관한 법률」에서는 외국인근로자의 취업을 위하여 사용자와 외국인근로자 간에 근로계약 체결을 전제로 하고 있다. 이것은 외국인근로자에게 근로자성을 인정하는 것으로도 볼 수 있다.[55)]

(2) 법적 성격

1) 채용내정

고용허가제도를 통해 대한민국에서 취업하려는 외국인근로자는 사용자와 근로계약을 체결하였을지라도 법무부장관으로부터 사증발급인정서를 발급받고 국내에서 취업활동을 할 수 있는 체류자격을 부여 받아야만 「외국인근로자의 고용 등에 관한 법률」상의 외국인근로자로 입국하여 근로를 제공할 수 있다. 사용자와 외국인근로자 간의 근로계약은 본채용의 성격이 아니라, 외국인근로자가 입국하여 비전문취업(E-9) 체류자격을 취득할 것을 전제로 채용을 약정하는 채용내정採用內定이다.[56)] 채용내정이란 사용자가 노동인력을 미리 확보하기 위하여 일정한 요건이 충족되면 근로자를 미래에 채용하겠다는 약정을 하는 것을 말한다.[57)] 고용허가제도에 의한 외국인근로자의 경우 외국인근로자가 입국하여 취업활동을 할 수 있는 비전문취업(E-9) 체류자격을 취득할 것 등을 요건으로 채용할 것을 약정하는 것이다. 채용내정은 본채용이 될 때까지는 사용자와 외국인근로자 간에는 사용종속 관계가 존재하지 않고, 근로제공의 의무를 수반하지 않는다. 그러나 채용내정의 법적 의미는 조건 등 부관이 붙어 있는 근로계약이고, 외국인근로자가 고용허가제도에 응모하는 청약행위와 사용자의 근로계약 체결에 따른 승낙행위로서 근로계약이 성립한다.[58)] 따라서

---

54) 백종인・설재영, 외국인근로자 정책 및 법제개선에 관한 연구 – 독일의 외국인근로자 법제를 중심으로 –, 고려대학교 법학연구원 고려법학, 2007, p. 856.

55) 앞의 논문, p. 856.

56) 하갑래・최태호, 외국인 고용과 근로관계, ㈜ 중앙경제, 2005, p. 336.

57) 하갑래, 근로기준법, ㈜중앙경제 제22판, 2010, p. 184.

58) 강수돌, 기업경영과 노동법, 한울출판사, 2010, p. 28.

채용내정의 기간에는 근로제공과 관련한 「근로기준법」상의 규정은 적용되지 않으나, 제6조(균등한 처우), 제17조(근로조건의 명시), 제20조(위약예정의 금지), 제23조(해고 등의 제한), 제26조(해고의 예고) 등 근로제공을 전제로 하지 않는 규정은 적용된다.[59)]

2) 채용내정의 취소 및 보호

채용내정은 그 본질상 불확정적 근로계약 관계라는 성격을 지니므로, 채용이 내정된 외국인근로자는 근로자로서의 신분이 보호되어야 한다. 채용내정과 관련한 주된 분쟁은 사용자가 외국인근로자를 고용하기 위해 표준근로계약서를 사용하여 그 외국인근로자와 근로계약을 체결하고 채용하기로 약속하였으나, 나중에 사용자의 일방적인 의사 또는 회사의 경영상 사정 등을 이유로 채용내정을 취소하는 경우에 발생한다.

채용내정에 있어서 정식채용의 거부 및 취소는 「근로기준법」상의 해고로 해석된다.[60)] 채용내정은 해지권을 유보한 근로계약으로 보아, 원칙적으로 사용자가 추후에 그 채용내정을 거부 및 취소할 수 있지만, 그 거부 및 취소는 상대방에게 중대한 귀책사유가 있거나, 회사의 긴박한 경영상 사정이 생겨 일정한 절차를 거친 경우에 한하여 정당하다. 사용자가 일방적으로 자기의 사정만을 고려하여 임의적으로 정식채용을 거부 및 취소하는 것은 부당하다.[61)] 사용자의 부당한 정식채용의 거부 또는 취소에 대하여 손해배상을 청구할 수 있고, 무효임을 주장하여 근로자로서의 지위를 확인하는 소를 구하는 법적 구제가 가능하다.[62)]

(3) 임 금

1) 최저임금의 적용

「최저임금법」에서의 근로자란 「근로기준법」 제2조(정의)에 따른 근로자를 말한다(최저임금법 제2조).[63)] 「최저임금법」이 적용되는 근로자의 범위는 「근로기준법」 제2조(정의)에서 말하는 근로자와 동일하다. 또한 「외국인근로자의 고용 등에 관한 법률」에서는 외국인근로자란 대한민국의 국적을 가지지 아니한 외국인으로서 국내에 소재하고

---

59) 하갑래, 근로기준법, ㈜중앙경제 제22판, 2010, p. 184.
60) 앞의 책, p. 186.
61) 강수돌, 기업경영과 노동법, 한울출판사, 2010, pp. 28~29.
62) 하갑래, 근로기준법, ㈜중앙경제 제22판, 2010, p. 186.
63) **근로기준법 제2조 (정의)** ① 이 법에서 사용하는 용어의 뜻은 다음과 같다.
1. "근로자"란 직업의 종류와 관계없이 임금을 목적으로 사업이나 사업장에 근로를 제공하는 자를 말한다.

있는 사업 또는 사업장에서 임금을 목적으로 근로를 제공하고 있거나 제공하려는 자를 말한다(외국인근로자의 고용 등에 관한 법률 제2조 본문). 따라서 외국인근로자의 경우에도 최저임금법의 적용 대상자가 된다.

2) 숙식비

(가) 문제 제기

외국인근로자를 위한 숙식비가 최저임금액에 포함되지 않는지 또는 외국인근로자를 고용하는 기업의 부담완화를 위하여 내국인근로자와는 달리 숙식비를 최저임금액에 포함하는 것이 적절한지가 문제된다.

(나) 소 결

「최저임금법 시행규칙」 제2조(최저임금의 범위) 및 별표1에 따르면, i) 급식수당 등 근로자의 생활을 보조하는 수당 또는 식사, ii) 기숙사·주택 제공 등 근로자의 복리후생을 위한 성질의 것은 최저임금액에 산입하는 것이 적당하지 않은 임금에 해당한다. 따라서 식사, 기숙사 등 숙식비는 최저임금액에 포함되지 않는다. 내국인근로자와는 달리, 외국인근로자에게만 식사, 기숙사 등 숙식비를 최저임금액에 산입하는 것은 '국적에 의한 차별금지'에 위배된다.[64]

(4) 근로계약기간

1) 과거의 규정

(가) 최초 입국한 외국인근로자의 경우

구 「외국인근로자의 고용 등에 관한 법률」에서는 "근로계약기간은 1년을 초과하지 못한다. 다만, 외국인근로자가 입국한 날부터 3년의 범위를 초과하지 아니한 범위 이내에서 근로계약을 갱신할 수 있으며, 이 경우 갱신되는 매번의 근로계약기간은 1년을 초과할 수 없다."라고 규정하였다(2010년 1월 10일 시행 외국인근로자의 고용 등에 관한 법률 제9조 제3항). 즉 외국인근로자가 입국한 날로부터 3년의 범위 내에서 취업을 위한 근로계약을 체결하되, 갱신되는 매번의 근로계약기간은 1년을 초과할 수 없도록 하여 근로계약기간을 제한하였다. 1년 단위로 근로계약을 체결하여야 했다. 당시의 입법취지는 세 가지 상반된 입장이 반영되었다고 할 수 있는데, 첫째, 사용자는 1년 이하 단위의 재계약기간을 설정하여 외국인을 1년간 채용한 후 외국인이 제공하는 근로내용이 마음이 들지 않으면 외국인과의 근로계약을 해지할 수 있다. 이로 인해 외국인의 고용불안을 초래할 수

---

64) 전형배, 외국인근로자의 노동인권, 한국비교노동법학회 노동법논총 제18집, pp. 125~157, 2010, p. 140 참고.

있다. 외국인근로자는 사실상 강제근로의 위험에 노출되고 노동3권이 형해화되어 직업선택의 자유의 본질적 내용을 침해할 우려가 있다.[65] 둘째, 사용자의 임의적인 근로계약 행위를 방지하고 외국인근로자의 안정적인 근로계약을 보장할 수 있다. 셋째, 정부의 입장에서는 외국인근로자의 국내 체류동향을 관리하고 국내노동시장에 미치는 영향을 평가할 수 있다.

(나) 취업활동기간이 연장된 경우

구 「외국인근로자의 고용 등에 관한 법률」에서는 국내에서 취업한 후 3년의 취업기간이 만료하는 외국인근로자에 대하여 출국한 날부터 6월이 경과되지 아니한 자는 다시 취업할 수 없었다(2010년 1월 10일 시행 외국인근로자의 고용 등에 관한 법률 제18조 제2항). 다만, 출국 전에 사용자의 요청이 있는 경우에는 그 외국인근로자에 대한 취업제한기간은 그 외국인근로자가 출국한 날부터 1월로 단축되었다(2010년 1월 10일 시행 외국인근로자의 고용 등에 관한 법률 제18조의2 제1항). 그러나 사업장의 성격, 외국인근로자의 숙련도, 사용자와의 신뢰관계 등을 고려할 때 재고용의 경우 3년의 취업기간 종료 후 출국하였다가 1월 후 재입국하여 취업하는 것은 비현실적이고, 불법체류자를 양산할 우려가 있으므로 사용자와 외국인근로자 모두에게 경직된 규제라고 볼 수 있어 외국인근로자가 입국한 날로부터 3년의 범위 이내로 근로계약기간의 제한을 두는 것은 타당하지 않다는 견해가 있었다.[66]

2) 개정된 규정

(가) 최초 입국한 외국인근로자의 경우

현행 「외국인근로자의 고용 등에 관한 법률」에서는, 고용허가를 받은 사용자와 외국인근로자는 외국인근로자가 '입국한 날부터 3년의 범위에서' 당사자 간의 합의에 따라 근로계약을 체결하거나 갱신할 수 있다(외국인근로자의 고용 등에 관한 법률 제9조 제3항, 제18조 제1항). 종전에는 외국인근로자의 근로계약기간이 1년 이하로 제한되었으나, 외국인근로자가 입국한 날부터 취업활동기간인 3년의 범위 내에서 사용자와 외국인근로자 간의 자유로운 합의에 따라 근로계약기간을 정하도록 개정된 것이다. 「근로기준법」에서는 근로계약기간에 대하여는 아무런 규정을 두지 않고, 사용자와 근로자의 자유로운 의사에 맡기고 있다.[67] 「외국인근로자의 고용 등에 관한 법률」은 「근로기준법」에서의 근로계약기간과 같이 사용자와 외국인근로자의 자유로운 의사와 합의를 존중한 것이다.

---

65) 고준기, 현행 고용허가제도의 인권침해적 요소와 인권보장 입법, 한국비교노동법학회 노동법논총 제9집, 2006, p. 68.

66) 고준기 · 이병운, 개정 고용허가제의 문제점과 개선방안 - 2009년 10월 9일 개정법률을 중심으로, 한국비교노동법학회 노동법논총 제18집, 2010.

67) 하갑래, 근로기준법, ㈜중앙경제 제22판, 2010, p. 176.

(나) 취업활동기간이 연장된 경우

현행 「외국인근로자의 고용 등에 관한 법률」에서는 예외적으로 '입국한 날부터 3년'이라는 취업활동기간의 제한에 관해 특례를 규정하고 있다(외국인근로자의 고용 등에 관한 법률 제18조의2 제1항 제1호, 제2호). 「외국인근로자의 고용 등에 관한 법률」에서는 2년 미만의 범위에서 취업활동기간이 연장되는 외국인근로자와 사용자는 그 연장된 취업활동기간의 범위에서 근로계약을 체결할 수 있다(외국인근로자의 고용 등에 관한 법률 제9조 제4항). 고용허가 또는 특례고용가능확인을 받은 사용자에게 고용된 외국인근로자로서 취업활동기간 3년이 만료되어 출국하기 전에 사용자가 고용노동부장관에게 재고용 허가를 요청한 외국인근로자에 대해 적용되던 종전 1개월 출국요건은 폐지되었다. 즉 종전에는 외국인근로자가 입국한 날로부터 3년으로 취업활동이 제한되었으나, 사용자와 재고용 신청으로 취업활동기간이 연장된 외국인근로자는 1회에 한정하여 2년 미만의 범위에서 근로계약을 체결할 수 있도록 개정된 것이다.

(5) 체결방법

1) 근로조건의 확정

근로조건은 외국인근로자가 국가간 이동을 위한 결정요인으로 작용한다.[68] 「근로기준법」에서는 "사용자는 근로계약을 체결할 때 또는 변경할 때에 근로자에게 임금, 소정근로시간, 휴일, 연차 유급휴가, 그 밖에 대통령령으로 정하는 근로조건의 사항을 명시하여야 한다."라고 규정하여 근로조건 및 그 명시를 보장하고 있다(근로기준법 제17조 제1항). 그리고 "근로조건은 근로자와 사용자가 동등한 지위에서 자유의사에 따라 결정하여야 한다."라고 규정하여 자유로운 근로조건의 결정을 보장하고 있다(근로기준법 제4조). 자유로운 근로계약 체결을 위하여 근로조건이 명확히 확정되어야 한다. 이를 위해 「외국인근로자의 고용 등에 관한 법률」에서는 사용자와 외국인근로자 간에 근로계약을 체결할 때에는 표준근로계약서가 사용되도록 하고 있다(외국인근로자의 고용 등에 관한 법률 제9조 제1항).

2) 표준근로계약서

사용자는 적격자로 선정한 외국인근로자와 근로계약을 체결하려면 표준근로계약서를 사용하여야 한다(외국인근로자의 고용 등에 관한 법률 제9조 제1항). 사용자는 반드시 표준근로계약서를 사용하여야 한다. 사용자와 외국인근로자 간에 근로계약을 체결할 때에는 표준근로계약서가 사용되어야 한다. 표준근로계약서를 사용하는 이유는 사용자와 외국인근로자 간에

68) 전형배, 외국인근로자의 노동인권, 한국비교노동법학회 노동법논총 제18집, pp. 125~157, 2010, p. 139 참고.

자율적인 계약으로 근로조건을 결정하되 계약상의 편의와 투명성을 제고하여 근로조건에 관한 분쟁을 예방하고, 외국인근로자가 고용계약의 내용을 명확히 이해할 수 있도록 하고, 사용자에 비하여 상대적으로 약자의 지위에 있는 외국인근로자의 권익을 보호하고 사용자의 노동관계법의 준수를 유도하기 위한 것이다.[69)]

3) 대 행

사용자는 근로계약을 체결하는 경우 이를 한국산업인력공단에 대행하게 할 수 있다(외국인근로자의 고용 등에 관한 법률 제9조 제2항). 대행을 신청할 수 있는 자는 외국인근로자 고용허가서를 발급받은 사용자에 한정된다. 사용자와 외국인근로자의 근로계약 체결(제12조(외국인근로자 고용의 특례) 제1항 각 호 외의 부분 후단, 제18조의4(재입국 취업 제한의 특례) 제3항 및 제25조(사업 또는 사업장 변경의 허용) 제2항에 따라 근로계약 체결을 준용하는 경우를 포함한다)을 대행하는 자는 고용노동부령으로 정하는 바에 따라 사용자로부터 수수료와 필요한 비용을 받을 수 있다(외국인근로자의 고용 등에 관한 법률 제27조 제1항).

4) 절 차

사용자 또는 한국산업인력공단이 근로계약을 체결하거나 이를 대행하는 경우에는 근로계약서 2부를 작성하고 그 중 1부를 외국인근로자에게 내주어야 한다(외국인근로자의 고용 등에 관한 법률 시행령 제16조).

(6) 갱 신

사용자와 외국인근로자는 당사자 간의 합의에 따라 근로계약을 체결하거나 갱신할 수 있다(외국인근로자의 고용 등에 관한 법률 제9조 제3항). 외국인근로자는 최초로 입국하여 처음 3년 동안 취업한 후에, 사용자가 재고용 허가를 요청하여 2년 미만의 범위에서 취업활동기간이 연장되므로, 최대 5년까지 근로계약기간을 체결 또는 갱신할 수 있다.

(7) 효 력

근로계약의 효력이 발생하는 시기는 외국인근로자가 입국한 날로 한다(외국인근로자의 고용 등에 관한 법률 시행령 제17조 제1항). 그 취지는 외국인근로자가 받는 입국 후의 취업교육을 직업능력개발사업의 재직자를 대상으로 하는 훈련으로 간주하여 입국일로부터 근로관계를 유지하게 함으로써 퇴직금산정 및 산재문제가 발생할 경우 분쟁의 소지를 없애기 위한 것이다.[70)]

---

69) 노동부, 고용허가제 업무편람, 열림기획, 2008, p. 70; 고준기 · 이병운, 개정 고용허가제의 문제점과 개선방안 – 2009년 10월 9일 개정 법률을 중심으로, 한국비교노동법학회 노동법논총 제18집, 2010, p. 3; 백종인 · 설재영, 외국인근로자 정책 및 법제개선에 관한 연구 – 독일의 외국인근로자 법제를 중심으로 –, 고려대학교 법학연구원 고려법학, 2007, p. 863.

70) 고용노동부, 고용허가제 업무편람, 열림기획, 2013, p. 173.

7. 입 국

(1) 의 의

외국인근로자와 근로계약을 체결한 사용자 또는 대행기관은 「출입국관리법」 제9조(사증발급인정서) 제2항[71]에 따라 그 외국인근로자를 대리하여 법무부장관에게 비전문취업(E-9) 사증을 발급받을 수 있는 사증발급인정서를 신청할 수 있다(외국인근로자의 고용 등에 관한 법률 제10조). 사용자 또는 대행기관은 출입국관리사무소·출장소로부터 사증발급인정서를 발급받아, 이를 송출국가의 송출기관에 송부한다. 비전문취업(E-9) 사증을 발급받을 수 있는 사증발급인정서를 송부받은 송출국가의 송출기관은 재외공관에 비전문취업(E-9) 사증발급을 신청한다. 그리고 외국인근로자는 비전문취업(E-9) 사증을 발급받아 대한민국에 입국한다.

(2) 사증발급인정서

1) 신청자

사증발급인정서를 신청할 수 있는 자는 외국인근로자와 근로계약을 체결한 사용자 또는 대행기관이다.

2) 접수기관

사증발급인정서 발급 신청을 접수받는 기관은 사증발급인정서를 발급받고자 하는 자(외국인근로자를 초청하려는 사용자를 말한다)의 사업장 소재지를 관할하는 출입국관리사무소 또는 출장소이다(출입국관리법 제9조 제3항, 출입국관리법 시행규칙 제17조 제2항).

3) 절 차

(가) 신 청

사증발급인정서를 발급받고자 하는 자는 사증발급인정신청서에 「출입국관리법 시행규칙」 제76조(사증발급 등 신청시의 첨부서류)의 규정에 의한 서류를 첨부하여 그 외국인근로자를 초청하려는 사용자의 사업장 소재지를 관할하는 출입국관리사무소장 또는 출장소장에게 제출하여야 한다(출입국관리법 시행규칙 제17조 제2항). 사증발급인정서 발급 신청에 필요한 첨부서류로는 ⅰ) 외국인근로자의 고용 등에 관한 법률 제8조의 규정에 의

---

71) 출입국관리법 제9조 (사증발급인정서)
① 법무부장관은 제7조 제1항에 따른 사증을 발급하기 전에 특히 필요하다고 인정할 때에는 입국하려는 외국인의 신청을 받아 사증발급인정서를 발급할 수 있다.
② 제1항에 따른 사증발급인정서 발급신청은 그 외국인을 초청하려는 자가 대리할 수 있다.

한 외국인근로자 고용허가서 사본, ii) 표준근로계약서 사본, iii) 사업자등록증, 법인등기사항전부증명서 등 사업 또는 사업장관련 입증서류, iv) 신원보증서, v) 그 밖에 법무부장관이 필요하다고 인정하는 서류이다(출입국관리법 시행규칙 제76조 제1항 제3호, 별표 5).

(나) 발 급

출입국관리사무소장 또는 출장소장은 사증발급인정신청서를 제출받은 때에는 「출입국관리법 시행규칙」 제17조의3(사증발급인정서 발급의 기준)의 규정에 의한 발급기준을 확인하고 의견을 붙여 이를 법무부장관에게 송부하여야 한다(출입국관리법 시행규칙 제17조 제4항). 법무부장관은 신청서류를 심사한 결과 사증발급이 타당하다고 인정하는 때에는 「전자정부법」의 규정에 의한 전자문서로 비전문취업(E-9) 사증을 발급받을 수 있는 사증발급인정서를 발급하여 이를 재외공관의 장에게 송신하고, 초청자에게는 사증발급 인정번호를 포함한 사증발급 인정 내용을 지체 없이 통지하여야 한다(출입국관리법 시행규칙 제17조 제5항).

(다) 송 부

사용자 또는 대행기관은 출입국관리사무소 또는 출장소로부터 발급받은 사증발급인정서 또는 사증발급인정번호를 포함한 사증발급 인정 내용을 송출국가의 송출기관에 송부한다.[72)]

4) 효 력

사증발급인정서의 유효기간은 3월로 하고, 한 번의 사증발급에 한하여 그 효력을 가진다(출입국관리법 시행규칙 제18조 본문). 다만, 법무부장관은 특히 필요하다고 인정되는 경우에는 사증발급인정서의 유효기간을 달리 정할 수 있다(출입국관리법 시행규칙 제18조 단서).

(3) 사 증

송출국가의 송출기관은 비전문취업(E-9) 사증발급을 위한 신청서류를 구비하고 외국인근로자를 대리하여 재외공관에 사증발급을 신청한다. 비전문취업(E-9) 사증발급을 위한 신청서류로는 사증발급신청서, 사증발급인정서 또는 사증발급인정번호를 포함한 사증발급 인정 내용, 여권 및 사진이다. 그리고 송출국가의 송출기관은 재외공관으로부터 비전문취업(E-9) 사증을 발급받아 외국인근로자에게 전달한다.

(4) 입 국

비전문취업(E-9) 사증을 발급받아 입국준비를 완료한 외국인근로자는 송출국가의 송출기관 인솔 하에 대한민국에 입국한다. 송출기관은 외국인근로자의 입국기간

72) 고용노동부, 고용허가제 업무편람, 열림기획, 2013, p. 38.

동안 사고에 대비하여 송출국가에서 출발할 때부터 국내 입국(또는 교육기관 입소)할 때까지 여행자 보험 등에 가입하여야 한다. 그리고 대한민국에 입국하여 입국심사를 마친 외국인근로자는 공항에서 출입국대행기관(한국산업인력공단)을 통하여 외국인 취업교육기관의 관계자에게 인계되고, 그 관계자는 외국인근로자 명단을 확인한 후에 외국인근로자를 취업교육기관으로 이동시킨다.[73)]

(5) 문제점

송출기관을 통한 사증발급 신청 대행은 외국인근로자가 대한민국에 입국하는 데 장기간 시일이 소요되어 필요한 단순외국인력이 적시에 도입되기 어렵다는 문제점이 있다. 또한 재외공관의 사증발급 심사단계에서 선정된 외국인근로자가 국내 입국하여 체류하면서 사회통합에 어렵거나 저해될 가능성이 높은 경우를 미연에 예방하기 위하여 사증발급을 억제할 수 있는 기능이 적용될 여지가 없다는 문제점도 있다.

8. 취업교육

(1) 의 의

외국인근로자는 입국한 후에 고용노동부령으로 정하는 기간 이내에 대통령령으로 정하는 기관에서 국내 취업활동에 필요한 사항을 주지周知시키기 위하여 실시하는 교육을 받아야 한다(외국인근로자의 고용 등에 관한 법률 제11조 제1항). 국내 취업활동에 필요한 사항을 주지시키기 위하여 실시하는 교육은 '외국인 취업교육'이라고 말한다. 그리고 사용자는 외국인근로자가 외국인 취업교육을 받을 수 있도록 하여야 한다(외국인근로자의 고용 등에 관한 법률 제11조 제2항). 외국인 취업교육의 시간과 내용, 그 밖에 외국인 취업교육에 필요한 사항은 고용노동부령으로 정한다(외국인근로자의 고용 등에 관한 법률 제11조 제3항).

(2) 교육기관 및 기한

외국인근로자는 입국한 후에 고용노동부령으로 정하는 기간 이내에 대통령령으로 정하는 기관에서 외국인 취업교육을 받아야 한다(외국인근로자의 고용 등에 관한 법률 제11조 제1항). 여기에서 "대통령령으로 정하는 기관"이란 다음의 어느 하나에 해당하는 기관을 말한다(외국인근로자의 고용 등에 관한 법률 시행령 제18조). 즉 첫째, 한국산업인력공단이다. 둘째, 산업별 특성 등을 고려하여 고용노동부장관이 지정·고시하는 비영리법인 또는 비영리단체이다. 이 경우 구체적인 지정 기준 및 절차 등에 관하여는 고용노동부장관이 따로 정한다. 그리고 고용노동부령으로 정

73) 앞의 업무편람, p. 40.

하는 기간'이란 15일을 말한다(외국인근로자의 고용 등에 관한 법률 시행규칙 제10조).

(3) 교육내용

외국인 취업교육의 내용에는 ⅰ) 취업활동에 필요한 업종별 기초적 기능에 관한 사항, ⅱ) 외국인근로자 고용허가제도에 관한 사항, ⅲ) 산업안전보건에 관한 사항, ⅳ)「근로기준법」,「출입국관리법」 등 관련 법령에 관한 사항, ⅴ) 한국의 문화와 생활에 관한 사항, ⅵ) 그 밖에 취업활동을 위하여 고용노동부장관이 필요하다고 인정하는 사항이 포함되어야 한다(외국인근로자의 고용 등에 관한 법률 시행규칙 제11조 제3항).

(4) 교육시간

외국인 취업교육의 시간은 16시간 이상으로 한다. 다만,「외국인근로자의 고용 등에 관한 법률」 제18조(취업활동 기간의 제한) 및 제18조의2(취업활동 기간 제한에 관한 특례)의 취업활동기간이 만료된 외국인근로자가 법에 따른 절차를 거쳐 다시 입국한 경우에는 그 외국인근로자의 취업교육 시간을 16시간 미만으로 단축할 수 있다(외국인근로자의 고용 등에 관한 법률 시행규칙 제11조 제2항).

(5) 교육비용

외국인 취업교육에 드는 비용은 사용자가 부담하여야 한다. 다만,「외국인근로자의 고용 등에 관한 법률 시행령」 제19조(외국인근로자 고용 특례의 대상자)에 해당하는 자에 대한 취업교육에 드는 비용은 그러하지 아니하다(외국인근로자의 고용 등에 관한 법률 시행규칙 제11조 제4항).

(6) 교육기관의 보고사항

1) 실시계획 등 보고

외국인 취업교육기관은 매년 4월 30일까지 해당 연도 외국인 취업교육의 실시계획, 외국인 취업교육비 등 고용노동부장관이 정하는 사항을 고용노동부장관에게 보고하여야 하며, 이를 변경하는 경우에는 그 변경사항을 지체 없이 고용노동부장관에게 보고하여야 한다(외국인근로자의 고용 등에 관한 법률 시행규칙 제11조 제1항).

2) 결과 보고

외국인 취업교육기관의 장은 외국인 취업교육을 실시하였을 때에는 그 결과를 지체 없이 고용노동부장관에게 보고하여야 한다(외국인근로자의 고용 등에 관한 법률 시행규칙 제11조 제6항).

(7) 수료증

외국인 취업교육기관의 장은 외국인근로자가 외국인 취업교육을 이수하였을 때에는 외국인 취업교육 수료증을 발급하여야 한다(외국인근로자의 고용 등에 관한 법률 시행규칙 제11조 제5항).

(8) 문제점

취업교육에서 외국인근로자가 필요한 교육을 제공하고 있지만, 충분한 기간에 걸쳐 제공되지 않고 단기간 형식적으로 치우치고 있다. 외국인근로자가 입국 후 장기간 체류하면서 초기에 적응할 수 있도록 지원하고 계속적으로 기초질서를 준수할 수 있도록 하기 위하여 체류연장의 허가와 연계하여 조기적응프로그램의 적용 대상자로 고려하여야 한다.

Ⅲ. 고용관리

1. 의 의

외국인근로자에 대한 고용관리는 사용자의 고용변동 등 신고 및 외국인근로자의 사업장 변경 등이 있다. 이하에서는 그 내용을 살펴보기로 한다.

2. 사용자의 고용변동 등 신고

(1) 의 의

사용자는 외국인근로자와의 근로계약을 해지하거나 그 밖에 고용과 관련된 중요 사항을 변경하는 등 대통령령으로 정하는 사유가 발생하였을 때에는 고용노동부령으로 정하는 바에 따라 직업안정기관의 장에게 신고하여야 한다(외국인근로자의 고용 등에 관한 법률 제17조 제1항). 이하에서는 사용자가 직업안정기관의 장에게 신고해야 할 고용변동 등 신고사유를 살펴보기로 한다.

(2) 사 유

1) 구 분

외국인근로자와의 근로계약을 해지하거나 그 밖에 고용과 관련된 중요 사항을 변경하는 등 대통령령으로 정하는 사유는 외국인근로자의 고용변동이 발생한 경우 및 외국인근로자 고용사업장의 정보변동이 발생한 경우로 구분된다(외국인근로자의 고용 등에 관한 법률 시행령 제23조 제1항). 신고사유의 어느 하나에 해당하는 경우에는 신고사유로 된다.

2) 외국인근로자의 고용변동

외국인근로자의 고용변동이 발생한 경우로는 다음과 같다. 첫째, 외국인근로자가 사망한 경우이다(외국인근로자의 고용 등에 관한 법률 시행령 제23조 제1항 제1호). 둘째, 외국인근로자가 부상 등으로 해당 사업에서 계속 근무하는 것이 부적합한 경우이다(외국인근로자의 고용 등에 관한 법률 시행령 제23조 제1항 제2호). 셋째, 외국인근로자가 사용자의 승인을 받는 등 정당한 절차 없이 5일 이상 결근하거나 그 소재를 알 수 없는 경우이다(외국인근로자의 고용 등에 관한 법률 시행령 제23조 제1항 제3호). '5일 이상 결근'은 외국인근로자가 사용자의 근무지시를 불이행하거나 근무를 해태하는 등 사용자의 귀책사유 없이 무단으로 이탈한 경우만을 의미한다. 5일 이상 결근하였으나 사용자가 외국인근로자의 소재지를 알고 있는 경우에는 문서 등으로 "지정한 날까지 업무복귀를 하지 않을 경우에는 무단결근을 사유로 고용변동신고를 하겠다."라고 알리고, 외국인근로자가 이에 응하지 않은 경우에만 고용변동 신고를 한다. 신고사유의 발생일은 무단결근의 시작일이다.[74] 넷째, 외국인근로자와의 근로계약을 해지하는 경우이다(외국인근로자의 고용 등에 관한 법률 시행령 제23조 제1항 제5호). 이것은 외국인근로자와의 근로계약이 중도에 해지된 경우를 말한다.

3) 고용사업장의 정보변동

외국인근로자 고용사업장의 정보변동이 발생한 경우로는 다음과 같다.

(가) 사용자 또는 근무처의 명칭 변경

사용자 또는 근무처의 명칭이 변경된 경우이다(외국인근로자의 고용 등에 관한 법률 시행령 제23조 제1항 제8호). 첫째, 사용자의 변경이 있는 예로는 영업의 양도·양수, 법인사업체로의 전환 등이다. 이를 '고용승계'라고도 말한다. 양도의 경우에는 사업장이 실질적으로 도산 또는 폐업되어야 하고, 고용승계의 경우에는 근로가 단절 없이 계속적으로 제공되어야 한다. 다만, 미인도된 외국인근로자는 고용승계될 수 없다. 서로 다른 각각의 사업장이 외국인근로자를 고용하다가 그 사업장들이 합병되면서 외국인근로자의 수가 합병된 후의 내국인 피보험자의 수에 따른 외국인근로자 고용허용 인원을 초과할 경우 그 초과된 외국인근로자 인원에 대하여는 계속적으로 고용이 가능하다. 다만, 이미 고용된 외국인근로자에 대한 고용허가 기간의 연장은 가능하되, 재고용은 불가능하다.[75] 둘째, 사업장의 정보 변경이 있는 예로는 사용자의 변동 없이 근무처의 상호 변경, 사업자등록번호의 변경 등이다.[76]

74) 앞의 업무편람, p. 190.
75) 앞의 업무편람, p. 192.

(나) 근무장소 변경

(a) 의 의: 사용자의 변경 없이 근무 장소를 변경한 경우이다(외국인근로자의 고용 등에 관한 법률 시행령 제23조 제1항 제9호). 그 예로는 사업장이 이전하거나, 동일한 사업장 내에서 근무처를 이전하는 '지사간 이동'이다. 다만, 동일한 기업의 다른 사업장으로의 이동은 허용되지 않는다.[77]

(b) 지사간 이동: 지사간 이동에 해당하는 고용사업장의 정보변동이 후술할 사업장 변경에 해당되는지가 문제된다. 이와 관련하여, 동일한 사업체에서 지사별로 고용보험 사업장관리번호가 개별적으로 부여되어 있는 경우 각 지사는 별개의 사업장으로 보아 외국인근로자가 다른 지사로 근무장소를 이동하는 '지사간 이동'은 단순한 고용사업장의 정보변동이 아니라, 사업장 변경에 해당되어 사업장 변경 신청에 해당된다.[78] 다만, 사용자가 외국인근로자 고용 허용인원을 늘리기 위하여 한 개의 사업장을 수개로 분사하여 사업자등록증, 고용보험 및 산재보험 가입 등으로 외국인근로자 고용을 위한 사업장의 형식적 요건을 갖추었더라도, 이것은 장소적으로 분리되지 않은 상태에서 인적・물적 자원 및 노무관리 등 사업장별로 경영상 독립이 유지되지 못한 형식적 분사 사업장에 해당되므로 하나의 사업장으로 보아야 한다.[79]

(3) 신 고

1) 주 체

고용변동 등 신고의 주체는 사용자이다. 즉 소재지 관할 직업안정기관의 장에게 외국인근로자의 고용변동 등 사항을 신고해야 하는 자는 고용관계에 있는 외국인근로자에게 고용변동 등이 발생한 사용자이다(외국인근로자의 고용 등에 관한 법률 제17조 제1항).

2) 기 한

사용자는 고용변동 등의 사유가 발생하거나 발생한 사실을 안 날부터 15일 이내에 외국인근로자 고용변동 등 신고서 또는 외국인근로자 고용사업장 정보변동 신고서에 그 사실을 적어 소재지 관할 직업안정기관의 장에게 제출하여야 한다(외국인근로자의 고용 등에 관한 법률 시행규칙 제14조).

(4) 위반 및 처벌

사용자가 외국인근로자의 고용변동 등 신고의무를 위반하여 신고를 하지 아니하거

76) 앞의 업무편람, p. 192.
77) 앞의 업무편람, p. 193.
78) 앞의 업무편람, p. 193.
79) 앞의 업무편람, p. 193.

나 거짓으로 신고한 경우에는 500만원 이하의 과태료를 부과한다(외국인근로자의 고용 등에 관한 법률 제32조 제1항 제7호).

3. 외국인근로자의 사업장 변경

(1) 의 의

1) 개 념

사업 또는 사업장의 변경(이하에서는 사업장 변경이라 한다)이란 외국인근로자가 「외국인근로자의 고용 등에 관한 법률」이 정하는 예외적인 사유에 해당하는 경우에는 근무하는 사업장에서 다른 사업장으로 변경하는 것을 말한다(외국인근로자의 고용 등에 관한 법률 제25조). 다만, 「외국인근로자의 고용 등에 관한 법률」 제12조(외국인근로자 고용의 특례) 제1항에 따른 외국인근로자는 사업장 변경 신청의 적용대상자에서 제외된다(외국인근로자의 고용 등에 관한 법률 제25조 참고). 외국인근로자의 사업장 변경이란 독립된 사업장으로의 변경을 의미한다.[80)]

2) 제 한

고용허가제도 하에서는 원칙적으로 외국인근로자는 처음으로 고용허가를 받은 사업장에서 계속 근로하여야 한다. 「외국인근로자의 고용 등에 관한 법률」에서는 외국인근로자에게 사업장의 변경을 원칙적으로 제한하고 있다. 「출입국관리법」에서도 "취업활동을 할 수 있는 체류자격을 가진 외국인은 지정된 근무처가 아닌 곳에서 근무하여서는 아니 된다."라고 규정하고 있다(출입국관리법 제18조 제2항). 그러나 예외적으로 사용자가 정당한 사유로 근로계약을 해지하거나 근로계약의 갱신을 거절하는 경우 또는 휴업, 폐업 등 외국인근로자의 책임이 아닌 사유로 그 사업장에서 정상적인 근로관계를 지속하기 곤란한 경우 외국인근로자가 다른 사업장으로 변경하는 것을 허용하고 있다.[81)] 외국인근로자의 사업장 변경을 제한하는 이론적 근거로는 외국인근로자에게 일정한 요건 또는 제한 없이 사업장 변경이 허용될 경우 국내노동시장에 교란이 발생하여 내국인근로자의 고용 또는 근로기회가 침해되고, 외국인근로자의 임금인상을 위한 사업장 변경이 빈번하고, 내국인근로자가 기피하는 업종에 부족한 인력을 보충하고자 하는 단순외국인력 활용을 통한 외국인력정책에 지장이 초래된다는 것이다.[82)] 따라서 「외국인근로자의 고용 등에 관한 법률」에서는 외국인근로자에게 사업장 변경의 자유를 원칙적으로 제한하되, 헌법의 경제질서 및 사용자의 권익 등

80) 하갑래, 근로기준법, ㈜중앙경제 제22판, 2010, p. 922.
81) 고용노동부, 고용허가제 업무편람, 열림기획, 2008, p. 149.
82) 고준기, 외국인근로자의 사업장변경 실태와 문제점 및 법적개선방안, 한국비교노동법학회 노동법논총 제23집, 2011, p. 153.

을 고려하여 예외적으로 인정하고 있다.[83)]

(2) 사 유

1) 구 분

국내에서 외국인근로자가 증가함에 따라 사업장 변경을 희망하는 수가 늘어나고 있다. 통계에 의하면 사업장 변경의 주된 사유로는 '근로계약의 해지 또는 종료'이다.[84)] 「외국인근로자의 고용 등에 관한 법률」에서는 외국인근로자에게 사업장의 변경을 원칙적으로 제한하고 있다. 다만, 외국인근로자가 직업안정기관의 장에게 사업장 변경을 신청할 수 있는 예외적인 사유로는 i) 사용자가 정당한 사유로 근로계약기간 중 근로계약을 해지하려고 하거나 근로계약이 만료된 후 갱신을 거절하려는 경우(외국인근로자의 고용 등에 관한 법률 제25조 제1항 제1호), ii) 휴업, 폐업, 고용허가의 취소, 고용의 제한, 사용자의 근로조건 위반 또는 부당한 처우 등 외국인근로자의 책임이 아닌 사유로 인하여 사회통념상 그 사업장에서 근로를 계속할 수 없게 되었다고 인정하여 고용노동부장관이 고시한 경우(외국인근로자의 고용 등에 관한 법률 제25조 제1항 제2호), iii) 그 밖에 대통령령으로 정하는 사유가 발생한 경우(외국인근로자의 고용 등에 관한 법률 제25조 제1항 제3호)이다. 이와 같은 예외적인 경우에 해당하는 사유가 발생하면, 외국인근로자는 사용자의 동의가 없이도 사업장 변경 신청이 가능하다. 이하에서는 외국인근로자가 사업장 변경을 할 수 있는 사유를 구체적으로 살펴보기로 한다.

2) 근로계약 해지 또는 갱신거절

(가) 내 용

사용자가 정당한 사유로 근로계약기간 중 근로계약을 해지하려고 하거나 근로계약이 만료된 후 갱신을 거절하려는 경우이다(외국인근로자의 고용 등에 관한 법률 제25조 제1항 제1호). 사용자가 정당한 사유로 근로계약을 해지하려고 하거나 근로계약의 갱신을 거절하려는 때에는 외국인근로자는 사용자의 동의가 없이 사업장 변경 신청을 할 수 있도록 허용하고 있다.[85)]

(나) 정당한 사유

'정당한 사유'란 그 구체적인 사유를 조문에서 명시하고 있지는 않지만, 일반적으로 사용자와 외국인근로자 간의 자율합의에 의한 근로계약의 해지, 외국인근로자의

---

83) 앞의 논문, p. 154 비교.

84) 고용노동부에 의하면 외국인근로자 사업장 변경을 위한 신청 건수는 2008년 60,542건, 2009년 70,183건, 2010년 69,861건, 2011년 75,033건으로 지속적으로 증가하고 있다. 2011년 사업장 변경의 사유로는 근로계약 해지·종료(64,893건, 86.5%), 휴업·폐업 등(9,899건, 13.2%), 상해 등(148건, 0.2%), 근로조건 위반(62건, 0.09%), 고용허가 취소 등(31건, 0.03%)이다(고용노동부, 2012. 6. 4. 자 보도자료, 외국인근로자 사업장 변경 개선 및 브로커 개입 방지 대책 참고).

85) 국가인권위원회 결정례 2008. 1. 10. 자 외국인근로자의 사업장 변경 허용기준 등 개선 권고.

태업, 무단결근 등 귀책사유로 인한 해고 또는 근로계약의 해지, 근로계약기간의 만료 등을 말한다.[86] 외국인근로자의 사업장 변경을 보호하기 위하여는 '정당한 사유'의 구체적인 사유를 조문에 명시하여야 한다.[87] 그리고 사용자가 외국인근로자를 부당하게 해고한 경우에는 원직복직이 원칙적으로 가능하지만, 외국인근로자가 원할 경우에는 사업장 변경도 가능하다. 따라서 사용자의 정당한 해고뿐만 아니라 부당한 해고의 경우에도, 외국인근로자는 사업장 변경이 가능하게 된다.[88]

3) 외국인근로자의 책임 없는 사유로 근로를 계속할 수 없는 경우

(가) 내 용

휴업, 폐업, 고용허가의 취소, 고용의 제한, 사용자의 근로조건 위반 또는 부당한 처우 등 외국인근로자의 책임이 아닌 사유로 인하여 사회통념상 그 사업장에서 근로를 계속할 수 없게 되었다고 인정하여 고용노동부장관이 고시한 경우이다(외국인근로자의 고용 등에 관한 법률 제25조 제1항 제2호). 여기에서 '외국인근로자의 책임이 아닌 사유'란 외국인근로자 자신에게 귀책사유가 없는 경우로서 경영상 필요 또는 사업 경영상의 어려움에 의한 해고, 장기간 휴업·휴직, 폐업·도산의 확정, 공사 종료, 임금체불 또는 임금지급 지연, 폭행·상습적 폭언, 성희롱·성폭력, 인종차별, 인격무시, 강제근로 등을 들 수 있다.[89] 그리고 사용자의 근로조건 위반이란 「근로기준법」 제19조(근로조건의 위반) 제1항에서 규정한 바와 같이,[90] 명시된 근로조건과 사실이 다를 경우를 말한다.[91] 사용자의 근로조건 위반의 예로는 사용자가 외국인근로자와 근로계약을 체결할 때에 명시한 임금, 소정근로시간, 휴일, 연차 유급휴가 등 근로계약 조건이 실제로 사업장의 근로조건과 상이한 경우이다. 이러한 경우 외국인근로자는 사용자의 동의가 없이도 사업장 변경 신청이 가능하다. 그러나 외국인근로자가 높은 임금을 받기 위한 것은 사업장 변경의 사유에 해당하지 않는다.[92] 국가인권위원회는 사용자

---

86) 고용노동부, 고용허가제 업무편람, 열림기획, 2011, p. 156 참고.

87) 고준기, 현행 고용허가제도의 인권침해적 요소와 인권보장 입법, 한국비교노동법학회 노동법논총 제9집, 2006, p. 69.

88) 하갑래·최태호, 외국인 고용과 근로관계, ㈜중앙경제, 2005, p. 181.

89) 국가인권위원회 결정례 2011. 12. 16. 자 외국인근로자 인권 증진을 위해 고용허가제 개선 권고 및 의견표명 참고.

90) **근로기준법 제17조 (근로조건의 명시)** ① 사용자는 근로계약을 체결할 때에 근로자에게 다음 각 호의 사항을 명시하여야 한다. 근로계약 체결 후 다음 각 호의 사항을 변경하는 경우에도 또한 같다. 1. 임금, 2. 소정근로시간, 3. 제55조에 따른 휴일, 4. 제60조에 따른 연차 유급휴가, 5. 그 밖에 대통령령으로 정하는 근로조건

근로기준법 제19조 (근로조건의 위반) ① 제17조에 따라 명시된 근로조건이 사실과 다를 경우에 근로자는 근로조건 위반을 이유로 손해의 배상을 청구할 수 있으며 즉시 근로계약을 해제할 수 있다.

91) 최홍엽, 외국인 고용허가제 아래의 근로계약관계, 한국비교노동법학회 노동법논총 제18집, 2010, p. 115.

에게 귀책사유가 있거나 외국인근로자 자신에게 귀책사유 없이 근로를 계속하기가 어려운 때에는 근로계약의 기간 도중이라도 외국인근로자가 사업장 변경 신청을 할 수 있도록 허용하는 것이 타당하다는 권고결정을 한 바 있다.[93)]

(나) 사회통념

외국인근로자에게 귀책사유 없이 사용자가 근로조건을 위반한 경우일지라도, 그 위반의 정도가 '사회통념상 그 사업장에서 근로를 계속할 수 없게 되었다고 인정'되어야 한다는 한계가 있다.

4) 그 밖의 사유

(가) 내 용

그 밖에 대통령령으로 정하는 사유가 발생한 경우이다(외국인근로자의 고용 등에 관한 법률 제25조 제1항 제3호). 여기에서 '대통령령으로 정하는 사유'란 「외국인근로자의 고용 등에 관한 법률 시행령」에서 그 구체적인 내용을 위임하여 규정하고 있다. 외국인근로자가 상해 등으로 해당 사업장에서 계속 근무하기는 부적합하나 다른 사업장에서 근무하는 것은 가능하다고 인정되는 경우를 말한다(외국인근로자의 고용 등에 관한 법률 시행령 제30조 제1항). '상해 등'에는 열악한 작업환경으로 인한 천식, 알레르기 등 건강에 위해한 결과가 포함되는 것으로 해석될 필요가 있다.[94)] '상해'에 해당하는지 여부는 의사의 진단서 등 신뢰 있는 자료를 통해 직업안정기관의 장이 확인한다. 그리고 「외국인근로자의 고용 등에 관한 법률」 제25조(사업 또는 사업장 변경의 허용) 제1항 제2호에서 정한 '사용자의 부당한 처우'와의 관계를 고려할 때에, 사업장 내에서 사용자 이외에 다른 내국인근로자 또는 외국인근로자에 의한 상해 등 인권침해 행위가 포함되도록 하는 해석이 바람직하다.[95)]

(나) 상해 등의 범위

피해사실을 의사의 진단서 등으로 입증하기 어려운 사용자의 폭행, 폭언, 성추행 또는 성희롱, 인종차별, 인격무시, 강제근로, 낮은 임금수준 및 사업장 내에서 사용자 이외 다른 근로자에 의한 폭행, 폭언, 심리적 갈등 등이 포함되는지가 문제된다.[96)] 「외국인근로자의 고용 등에 관한 법률」에서는 '상해 등'으로만 규정하고 있으므로 이러한 문언의 의미와 규정의 취지를 보건대, 사용자의 폭행, 폭언, 성추행 또

92) 하갑래 · 최태호, 외국인 고용과 근로관계, ㈜중앙경제, 2005, p. 181.
93) 국가인권위원회 결정례 2008. 1. 10. 자 외국인근로자의 사업장 변경 허용기준 등 개선 권고.
94) 고준기 · 이병운, 개정 고용허가제의 문제점과 개선방안 – 2009년 10월 9일 개정 법률을 중심으로, 한국비교노동법학회 노동법논총 제18집, 2010, p. 19.
95) 앞의 논문, p. 19.
96) 고준기, 외국인근로자의 사업장변경 실태와 문제점 및 법적개선방안, 한국비교노동법학회 노동법논총 제23집, 2011, pp. 160~162.

는 성희롱, 인종차별, 인격무시, 강제근로, 낮은 임금수준에까지 확대 적용하기는 어렵다고 본다. 다만, 이와 같은 사유는 '사용자의 근로조건 위반 또는 부당한 처우'로서 외국인근로자의 책임이 아닌 사유로 인하여 「외국인근로자의 고용 등에 관한 법률」 제25조(사업 또는 사업장 변경의 허용) 제1항 제2호에는 해당될 수 있다.

(다) 종교 또는 문화적 사유

외국인근로자가 객관적으로 입증이 가능한 상해 이외의 사유로 해당 사업장에서 계속 근무하기 부적합한 예로는 '종교 문화적 특수성'으로 인하여 외국인근로자가 특정한 사업장에서 근무하기가 부적합한 경우이다. "인도네시아 국적의 이슬람교도가 A식품에서 1년간 근무하기로 하였으나, 담당 업무는 이슬람교도로서 하기 어려운 순대제조 작업이라 A식품 대표에게 사업장 변경에 동의해 줄 것을 요청했으나, 받아들여지지 않고 있다."라는 진정에 대하여, 국가인권위원회는 외국인근로자의 사업장 배치 또는 변경과 관련하여 종교적 사유에 기한 사업장 변경 신청을 불허하는 것은 차별의 소지가 있다는 견해를 제시한 바 있다.[97)]

(라) 근로를 계속하기 어려운 사정

국가인권위원회는 외국인근로자가 근로를 계속하기 어려운 사정이 있을 때에는 지방노동관서가 「외국인근로자의 고용 등에 관한 법률」 제19조(외국인근로자 고용허가 또는 특례고용가능확인의 취소)에 따라 사용자에 대하여 외국인근로자의 고용허가나 특례고용가능확인을 취소하여 외국인근로자로 하여금 동법 제25조(사업 또는 사업장 변경의 허용) 제1항 제3호에 따라 사업장 변경 신청을 할 수 있도록 조치할 필요가 있는 것으로 판단된다고 권고결정한 바 있다.[98)]

(3) 판단 및 적용시점

1) 일반적인 경우

사업장의 변경사유에 대한 판단 및 적용시점은 일반적으로 사업장변경 신청서를 접수받은 때이다. 다만, 이견이 있을 경우에는 양 당사자가 주장하는 관련서류 등을 통하여 사실을 최종적으로 확인할 때까지 일시적으로 보류한 후에 판단하여 적용한다.[99)]

---

97) 국가인권위원회, 2012. 4. 3. 자 보도자료, "외국인근로자의 사업장 배치 시 종교 등 고려해야."
98) 국가인권위원회 결정례 2008. 1. 10. 자 외국인근로자의 사업장 변경 허용기준 등 개선 권고.
99) 고용노동부, 고용허가제 업무편람, 열림기획, 2013, p. 210; 고준기, 현행 고용허가제도의 인권침해적 요소와 인권보장 입법, 한국비교노동법학회 노동법논총 제9집, 2006, p. 72.

2) 장기간 소요되는 경우

사업장의 변경사유에 대한 최종적 확인이 소송의 진행 등으로 장기간 소요될 경우 그 기간 동안 외국인근로자의 사업장 변경이 지연되고 외국인근로자의 생활 등에 문제가 발생하므로, 신청서를 접수하여 1개월 이후부터는 취업알선 등 사업장 변경의 절차를 진행한다. 그러나 그 최종 판단의 결과에 따라 출국대상자가 될 수도 있다.[100] 여기에서 외국인근로자가 다른 사업장으로의 변경을 신청한 날부터 3개월 이내에 근무처 변경허가를 받지 못한 경우에는 그 외국인근로자는 출국하여야 한다(외국인근로자의 고용 등에 관한 법률 제25조 제3항 본문). 다만, 업무상 재해, 질병, 임신, 출산 등의 사유로 근무처 변경허가를 받을 수 없거나 근무처 변경신청을 할 수 없는 경우에는 그 사유가 없어진 날부터 그 기간을 계산한다(외국인근로자의 고용 등에 관한 법률 제25조 제3항 단서).

(4) 신 청

1) 주 체

사업장 변경 신청의 주체는 외국인근로자이다. 즉 사업장 변경의 사유가 발생한 때에 직업안정기관의 장에게 다른 사업장으로 변경을 신청할 수 있는 자는 외국인근로자이다(외국인근로자의 고용 등에 관한 법률 제25조 제1항). 신청자는 「외국인근로자의 고용 등에 관한 법률」에서 정한 사업장 변경의 사유가 발생한 경우 기존의 사업장에서 정상적인 근로관계를 지속하기가 곤란한 외국인근로자이다.

2) 기 한

외국인근로자가 사업장 변경을 신청할 수 있는 기한은 사용자와 근로계약이 종료된 날로부터 1개월 이내이다. 외국인근로자가 사용자와 근로계약이 종료된 날부터 1개월 이내에 다른 사업장으로의 변경을 신청하지 아니한 경우에는, 그 외국인근로자는 출국하여야 한다(외국인근로자의 고용 등에 관한 법률 제25조 제3항 본문). 그리고 그 기간의 말일이 토·일요일 및 공휴일에 해당될 경우에는 그 다음 일까지 신청이 가능하다.[101] 다만, 업무상 재해, 질병, 임신, 출산 등의 사유로 근무처 변경신청을 할 수 없는 경우에는 그 사유가 없어진 날부터 각각 그 기간을 계산한다(외국인근로자의 고용 등에 관한 법률 제25조 제3항 단서).

3) 관련된 사안

외국인근로자의 사업장 변경 신청에 대한 직업안정기관의 불성실한 상담 등 부당

100) 고용노동부, 고용허가제 업무편람, 열림기획, 2013, p. 211; 고준기, 현행 고용허가제도의 인권침해적 요소와 인권보장 입법, 한국비교노동법학회 노동법논총 제9집, 2006, p. 72.

101) 고용노동부, 고용허가제 업무편람, 열림기획, 2013, p. 204 참고.

한 업무처리로 인해 외국인근로자가 사업장 변경 신청을 뒤늦게 한 경우가 문제된다. 사업장 변경 신청이 가능한 사유에 대해 잘 알지 못하는 외국인근로자가 종합고용안정센터에 3차례에 걸쳐 방문하여 사업장 변경 의사를 표명하였으나 규정을 알지 못하여 신청기한 내에 사업장 변경 신청을 하지 못했던 사안에 대해, 국가인권위원회는 "외국인근로자가 규정을 알지 못해 임금체불 사실을 밝히지 않았더라도, 센터의 직원은 피해자가 외국인이므로 규정들을 잘 알지 못 할 수 있다는 점을 고려하여 사업장 변경 신청사유에 해당되는지 여부를 확인하거나, 설명, 안내를 하지 않는 등 불성실한 업무처리로 인해 체류기간 내에 사업장 변경 신청을 하지 못하였고, 이미 체류기간이 도과하여 결과적으로 사업장변경 허가를 받지 못하게 된 것은 「헌법」 제10조에 보장된 행복추구권을 침해한 행위다."라고 판단한 바 있다.[102)]

(5) 절 차

1) 신 청

(가) 사업장 변경신청서

사업장 변경의 사유가 발생한 경우, 외국인근로자는 사업장을 변경하려면 사용자와 근로계약이 종료된 후 1개월 이내에 사업장 변경신청서에 여권 사본(외국인등록 사실증명을 확인할 수 없는 경우만 해당한다)을 첨부하여 소재지 관할 직업안정기관의 장에게 제출하여 다른 사업장으로의 변경을 신청할 수 있다(외국인근로자의 고용 등에 관한 법률 제25조 제1항, 외국인근로자의 고용 등에 관한 법률 시행규칙 제16조 제1항 전단).

(나) 사업장 변경 신청기간 연장신청서

외국인근로자가 업무상 재해, 질병, 임신, 출산 등의 사유로 「출입국관리법」 제21조(근무처의 변경·추가)에 따른 근무처 변경허가를 받을 수 없거나 근무처 변경신청을 할 수 없는 경우에는, 사업장 변경 신청기간 연장신청서에 여권 사본(외국인등록 사실증명을 확인할 수 없는 경우만 해당한다)과 업무상 재해, 질병, 임신, 출산 등의 사유를 증명할 수 있는 서류를 첨부하여 소재지 관할 직업안정기관의 장에게 제출하여야 한다(외국인근로자의 고용 등에 관한 법률 제25조 제3항 단서, 시행규칙 제16조 제2항). 사업장 변경 신청기간 연장신청을 할 수 있는 사유로는 외국인근로자가 업무상 재해, 질병, 임신, 출산 등의 사유로 근무처 변경허가를 받을 수 없거나 근무처 변경신청을 할 수 없는 경우이다.

2) 확 인

(가) 사업장 변경의 사유

사업장 변경신청서를 제출받은 소재지 관할 직업안정기관의 장은 「외국인근로자

---

102) 국가인권위원회 결정례 2005. 5. 23. 자 04진인3907 외국인사업장 변경신청 불허처분 부당.

의 고용 등에 관한 법률」 제25조(사업 또는 사업장 변경의 허용) 제1항 각 호에 정한 사업장 변경의 사유를 확인하기 위하여 필요한 경우에는 관련 자료를 제출하게 할 수 있다(외국인근로자의 고용 등에 관한 법률 시행규칙 제16조 제1항 후단).

(나) 외국인등록 사실

사업장 변경신청서 또는 사업장 변경 신청기간 연장신청서를 제출받은 소재지 관할 직업안정기관의 장은 「전자정부법」 제36조(행정정보의 효율적 관리 및 이용) 제1항에 따른 행정정보의 공동이용을 통하여 「출입국관리법」 제88조(사실증명의 발급)에 따른 외국인등록 사실증명을 확인하여야 한다. 다만, 신청인이 확인에 동의하지 아니하는 경우에는 그 서류를 첨부하도록 하여야 한다(외국인근로자의 고용 등에 관한 법률 시행규칙 제16조 제3항).

3) 허 가

(가) 원 칙

외국인근로자는 다른 사업장으로의 변경을 신청한 날부터 3개월 이내에 「출입국관리법」 제21조(근무처의 변경·추가)에 따른 근무처 변경허가를 받아야 한다(외국인근로자의 고용 등에 관한 법률 제25조 제3항 본문). 근무처 변경을 위한 기간은 외국인근로자가 다른 사업장으로의 변경을 신청한 날부터 3개월 이내이다. 그리고 그 기간의 말일이 토·일요일 및 공휴일에 해당될 경우에는 그 다음 일까지 신청이 가능하다.[103]

(나) 예 외

외국인근로자가 다른 사업장으로의 변경을 신청한 날부터 3개월 이내에 근무처 변경허가를 받지 못한 경우에는 출국하여야 한다. 다만, 업무상 재해, 질병, 임신, 출산 등의 사유로 근무처 변경허가를 받을 수 없거나 근무처 변경신청을 할 수 없는 경우에는 그 사유가 없어진 날부터 그 기간을 계산한다(외국인근로자의 고용 등에 관한 법률 제25조 제3항 단서).

(6) 사업장 변경의 제한

1) 변경 횟수의 제한

(가) 구 분

「외국인근로자의 고용 등에 관한 법률」에서는 외국인근로자의 사업장 변경 횟수를 제한하고 있다. 사업장 변경 횟수의 제한은 외국인근로자가 '재고용되기 전'의 변경 횟수 제한 및 외국인근로자가 '재고용된 후'의 변경 횟수 제한으로 구분된다. 원칙적으로 외국인근로자가 입국한 날부터 사업장 변경의 횟수가 3회를 초과하지 않거나, 2년 미만의 범위에서 연장된 취업활동기간 중에 사업장 변경의 횟수가 2회를

103) 고용노동부, 고용허가제 업무편람, 열림기획, 2013, p. 213 참고.

초과하지 않은 경우로 한정한다(외국인근로자의 고용 등에 관한 법률 제25조 제4항 본문 참고).

첫째, 외국인근로자의 사업장 변경은 외국인근로자가 입국한 날부터 3년의 범위에서 원칙적으로 3회를 초과할 수 없다(외국인근로자의 고용 등에 관한 법률 제25조 제4항 본문). 외국인근로자가 새로운 사업장으로 알선되어 사용자에게 이미 고용허가서가 발급되었다면, 외국인근로자가 「출입국관리법」 제21조(근무처의 변경·추가)에 따른 근무처 변경허가를 받지 않았더라도 사업장 변경의 횟수에는 포함된다.

둘째, 「외국인근로자의 고용 등에 관한 법률」 제18조의2(취업활동기간 제한에 관한 특례) 제1항에 따라 2년 미만의 범위에서 연장된 취업활동기간 중에 사업장 변경은 2회를 초과할 수 없다(외국인근로자의 고용 등에 관한 법률 제25조 제4항 본문의 후단). 외국인근로자가 2년 미만의 범위에서 재고용된 경우에는 그 연장기간 내에서 최대 2회까지만 사업장 변경이 가능하다.

(나) 변경 횟수의 미산입

「외국인근로자의 고용 등에 관한 법률」 제25조(사업 또는 사업장 변경의 허용) 제1항 제2호의 사유로 사업장을 변경한 경우에는 사업장 변경의 횟수에 포함되지 아니한다(외국인근로자의 고용 등에 관한 법률 제25조 제4항 단서). 즉 휴업, 폐업, 고용허가의 취소, 고용의 제한, 사용자의 근로조건 위반 또는 부당한 처우 등 외국인근로자의 책임이 아닌 사유로 인하여 사회통념상 그 사업장에서 근로를 계속할 수 없게 되었다고 인정하여 고용노동부장관이 고시한 경우에 해당하여 사업장을 변경한 경우에는 사업장 변경의 횟수 제한에 포함되지 않는다. 이와 관련하여 국가인권위원회는 외국인근로자의 상해 등(외국인근로자의 고용 등에 관한 법률 제25조 제1항 제3호, 동법 시행령 제30조 제1항)으로 사업장을 변경하는 경우에도 외국인근로자의 귀책사유가 아닌 것으로 보아 사업장 변경의 횟수에 포함하지 않도록 권고한 바 있다.[104]

2) 업종간 사업장 변경의 제한

(가) 원 칙

고용허가제는 업종별 도입규모의 범위 내에서만 외국인근로자 고용허가서가 발급되는 것이다. 따라서 업종별 정원관리, 외국인근로자의 기능숙련 및 국내 취약업종을 보호하기 위하여 업종간 사업장 변경이 원칙적으로 제한된다. 외국인근로자가 기존의 사업장의 업종과 동일한 업종으로 사업장 변경을 신청하는 경우에 한하여 사업장 변경이 허용된다.[105]

---

104) 국가인권위원회 결정례 2011. 12. 16. 자 외국인근로자 인권 증진을 위해 고용허가제 개선 권고 및 의견표명.

105) 고용노동부, 고용허가제 업무편람, 열림기획, 2011, p. 162.

(나) 예 외

예외적으로 업종간 사업장 변경이 허용되는 경우가 있다. ⅰ) 제조업에 대해서이다. 외국인근로자가 제조업 분야에 종사하다가 사업장 변경을 신청한 경우에는 제조업 이외에 농축산업, 어업, 건설업으로도 업종 변경 신청이 가능하고, 외국인근로자가 다른 업종에서 정상적으로 근무하다가 사업장 변경의 사유가 발생한 경우에는 제조업으로 업종 변경이 가능하다. ⅱ) 어업에 대해서이다. 외국인근로자가 어업 업종에 종사하다가 '자극적 접촉피부염' 및 '피부건조증' 진단을 받고 '향후 어업 업종에 종사할 경우에 피부병이 악화될 수 있다'는 진단서(소견서)가 있는 경우에는 '농축산업'으로만 변경이 가능하다.[106)]

3) 독립된 사업장으로 변경

외국인근로자의 사업장 변경이란 독립된 사업장으로의 변경을 의미한다. 예를 들어 본사와 지사가 분리되어 있으나 고용보험사업장관리번호를 통합하여 본사가 지사를 관리를 하는 경우에는 사업장 변경의 사유에 해당하지 않는다. 이 경우에는 사업장 변경이 아니라 고용변동 신고(고용사업장의 정보변동)를 하면 된다.[107)]

(7) 사업장 미변경자에 대한 효과

1) 출 국

외국인근로자가 다른 사업장으로의 변경을 신청한 날부터 3개월 이내에 「출입국관리법」 제21조(근무처의 변경·추가)에 따른 근무처 변경허가를 받지 못하거나 사용자와 근로계약이 종료된 날부터 1개월 이내에 다른 사업장으로의 변경을 신청하지 아니한 경우에는, 그 외국인근로자는 출국하여야 한다(외국인근로자의 고용 등에 관한 법률 제25조 제3항 본문). 다만, 업무상 재해, 질병, 임신, 출산 등의 사유로 근무처 변경허가를 받을 수 없거나 근무처 변경신청을 할 수 없는 경우에는 그 사유가 없어진 날부터 각각 그 기간을 계산한다(외국인근로자의 고용 등에 관한 법률 제25조 제3항 단서).

2) 명단 통보

직업안정기관의 장은 그 출국대상자의 명단을 관할 출입국관리사무소장 또는 출장소장에게 통보하여야 한다(외국인근로자의 고용 등에 관한 법률 시행령 제30조 제3항). 출국대상자의 통보대상은 사용자와 근로계약이 종료된 날부터 1개월 이내에 다른 사업장으로의 변경을 신청하지 않은 자, 다른 사업장으로의 변경을 신청한 날부터 3개월 이내에 「출입국관리법」 제21조(근무

106) 앞의 업무편람, p. 162.
107) 하갑래, 근로기준법, ㈜중앙경제 제22판, 2010, p. 922.

처의 변경 · 추가)에 따른 근무처 변경허가를 받지 못한 자이다(외국인근로자의 고용 등에 관한 법률 제25조 제3항 본문 참고).

(8) 구직활동기간

1) 의 의

구 「외국인근로자의 고용 등에 관한 법률」에서는 외국인근로자가 다른 사업장으로 변경을 신청한 날부터 2개월 이내에 「출입국관리법」 제21조(근무처의 변경 · 추가)에 따른 근무처 변경허가를 받아야 했다(구 외국인근로자의 고용 등에 관한 법률 제25조 제3항). 그러나 외국인근로자가 사업장 변경의 사유가 발생한 후 2개월 이내에 사업장 변경 신청, 직업안정기관의 취업알선, 재취업계약의 체결, 법무부장관의 근무처 변경허가를 모두 거치는데 시간적으로 짧다는 문제가 제기되어 왔다. 이와 관련하여 2008년에 국가인권위원회에서는 외국인근로자가 다른 사업장으로 변경을 신청한 날부터 2개월 이내에 사업장 변경허가를 받지 못한 때에는 출국하도록 한 것을 외국인근로자가 안정적으로 재취업할 수 있는 기간으로 재조정되어야 한다는 권고결정을 한 바 있다.[108] 그 후 국가인권위원회의 권고결정이 수용되어, 2009년에 「외국인근로자의 고용 등에 관한 법률」이 개정되어 외국인근로자의 구직활동기간은 기존의 2개월에서 3개월로 연장되었다.[109]

2) 내 용

(가) 원 칙

외국인근로자는 사업장 변경을 신청한 날부터 3개월 이내에 「출입국관리법」 제21조(근무처의 변경 · 추가)에 따른 근무처 변경허가를 받아야 한다. 외국인근로자 사업장 변경을 신청한 날부터 3개월 이내에 근무처 변경허가를 받지 못한 경우에는 출국하여야 한다(외국인근로자의 고용 등에 관한 법률 제25조 제3항 본문). 외국인근로자의 취업이 노동시장의 수급여건에 따라 결정된다는 점을 감안할 때에 사업장 변경 신청이 있은 후 일정기간 또는 충분한 기간 동안 취업을 하지 못한 외국인근로자는 노동시장에서의 수요가 없는 것으로 이미 노동 경쟁력을 상실한 것으로 볼 수 있다.[110] 이것은 외국인근로자 활용원칙 중에서 '보충성의 원칙'이 적용된 결과이다.[111]

---

108) 국가인권위원회 결정례 2008. 1. 10. 자 외국인근로자의 사업장 변경 허용기준 등 개선 권고.
109) 최홍엽, 외국인 고용허가제 아래의 근로계약관계, 한국비교노동법학회 노동법논총 제18집, 2010, pp. 114~115; 고준기, 외국인근로자의 사업장변경 실태와 문제점 및 법적개선방안, 한국비교노동법학회 노동법논총 제23집, 2011, p. 165.
110) 국가인권위원회 결정례 2008. 1. 10. 자 외국인근로자의 사업장 변경 허용기준 등 개선 권고 중에서 노동부의 의견 참고.
111) 전형배, 외국인근로자의 노동인권, 한국비교노동법학회 노동법논총 제18집, 2010, p. 131 참고.

(나) 예 외

외국인근로자의 인권 보호를 위하여 부상, 질병, 임신 등 불가피한 사유로 외국인근로자가 근로를 지속할 수 없다고 판단되는 경우 그 사유가 존속하는 해당기간만큼 구직활동기간이 연장된다. 즉 업무상 재해, 질병, 임신, 출산 등의 사유로 「출입국관리법」 제21조(근무처의 변경・추가)에 따른 근무처 변경허가를 받을 수 없거나, 사용자와 근로계약이 종료된 날부터 1개월 이내에 다른 근무처 변경신청을 할 수 없는 경우에는 그 사유가 없어진 날부터 각각 그 기간을 계산한다(외국인근로자의 고용 등에 관한 법률 제25조 제3항 단서).

(9) 벌칙규정

1) 알선 금지

(가) 민간알선 금지

「외국인근로자의 고용 등에 관한 법률」에서는 "직업안정기관이 아닌 자는 외국인근로자의 (중략) 알선, 그 밖의 채용에 개입하여서는 아니 된다."라고 규정하고 있다(외국인근로자의 고용 등에 관한 법률 제8조 제6항). 직업안정기관만이 외국인근로자의 사업장 변경 과정에 개입할 수 있다. 그 밖의 민간인 또는 민간기관은 외국인근로자의 사업장 변경 과정에 관여할 수 없다. 직업안정기관만이 사업장 변경 과정에 개입할 수 있으므로 외국인근로자가 스스로 새로운 사업장을 찾을 수도 없다.

(나) 지정알선 금지

직업안정기관은 취업알선을 통해 외국인근로자의 사업장 변경을 지원하여야 하므로 원칙적으로 불법 브로커의 개입을 막기 위하여 지정알선은 금지된다. 다만, i) 외국인근로자 구인・구직 만남의 날 행사를 통한 근로계약의 체결, ii) 공사종료로 인하여 근로관계를 종료하는 경우, iii) 상해로 외국인근로자가 해당 사업장에서 계속 근무하기는 부적합하나 다른 사업장에서의 근무는 가능한 경우에는 예외적으로 지정알선이 허용된다.[112)]

(다) 처 벌

직업안정기관이 아닌 자가 외국인근로자의 알선, 그 밖의 채용에 개입한 경우에는 1년 이하의 징역 또는 1천만원 이하의 벌금에 처하게 된다(외국인근로자의 고용 등에 관한 법률 제29조 제1호). 직업안정기관이 아닌 자가 외국인근로자의 사업장 변경 과정에서 금전적 대가를 받았는지는 문제가 되지 않는다. 고용지원센터 등이 이를 알게 된 경우에는 경찰 등에 고발할 수 있다. 종전의 금고형을 삭제하여 이민행정형벌 중 자유형은 징역형으로 통

112) 고용노동부, 고용허가제 업무편람, 열림기획, 2013, p. 214.

일한 것이다.

2) 사업장 변경 방해 금지

외국인근로자의 사업 또는 사업장 변경을 방해한 자는 1년 이하의 징역 또는 1천만원 이하의 벌금에 처한다(외국인근로자의 고용 등에 관한 법률 제29조 제4호).

(10) 사업장 변경의 제한 문제

1) 문제 제기

「외국인근로자의 고용 등에 관한 법률」에서는 외국인근로자의 사업장 변경 사유를 제한하고, 변경 횟수도 제한하고 있다. 외국인근로자의 사업장 변경은 외국인근로자의 기본적 인권 보장 또는 근로조건의 향상을 위하여 도입된 것이다. 고용허가제를 통해 입국한 외국인근로자의 사업장 변경에 대하여는 외국인근로자의 행복추구권, 직업선택의 자유, 근로의 권리 등 기본권 행사 및 내국인근로자와의 차별대우 등 인권침해와 관련하여 아래와 같이 상반된 견해가 대립하고 있다.

2) 견해의 대립

(가) 침해설

외국인근로자에 대한 사업장 변경 제한이 외국인근로자의 기본적 인권을 침해한다는 견해이다. 이는 외국인근로자의 행복추구권, 직업선택의 자유, 근로의 권리 등 기본권 행사를 제약하고, 내국인근로자에 비하여 외국인근로자를 현저히 차별적으로 대우한다는 입장이다. 이 견해의 논거로는 첫째, 헌법재판소는 외국인에게도 기본권 주체성을 인정하고 있으며,[113] 「헌법」 전문에서는 '세계평화 및 인류공영에 이바지'할 것을 목적으로 삼고 있으며, 「근로기준법」에서는 근로조건에 대한 차별금지의 사유로 '국적'을 규정하고 있다(근로기준법 제6조 참고). 둘째, 외국인근로자에 대한 사업장 변경의 제한은 국내노동시장의 수요·공급의 원리에 부합되지 않을 뿐만 아니라, 외국인근로자의 자유로운 근로계약의 자유, 직업선택의 자유 등 근로권의 본질적 내용을 침해하며, 시행령에서 사업장 변경이 예외적으로 허용되는 경우를 지나치게 엄격하게 규정하고 있는 것은 법률유보원칙에 위배된다.[114] 또한 내국인근로자의 일자리 보호와 국내노동시장의 안정이라는 공익은 사업장 변경의 제한으로 달성된다고 보기도 어렵다.[115] 셋째, 「외국인근로자의 고용 등에 관한 법률」 제25조(사업 또는 사

113) 헌법재판소 1994. 12. 29. 자 93헌마120 결정; 헌법재판소 2001. 11. 29. 자 99헌마494 결정.

114) 최경옥, 한국 헌법상 이주근로자의 근로권 - 2004헌마670, 2007헌마1083, 2011구합5094(서울행정법원) 판례를 중심으로, 한국비교공법학회 공법학연구 제12권 제4호, 2011, p. 217.

115) 이부하, 외국인근로자의 직장선택의 자유 - 헌재 2011. 9. 29. 2007헌마1083, 2009헌마230, 352

업장 변경의 허용) 제4항을 이유로 사용자가 외국인근로자의 사업장 변경 횟수를 사실상 통제할 수 있고, 외국인근로자의 사업장 변경 사유는 임금 이외에도 상사 또는 동료와의 갈등, 건강 등 다양한 사유에 기인할 수 있음에도 사업장 변경 사유를 제한하는 것은 사용자가 낮은 임금으로 외국인근로자를 계속 고용하거나 임금체불 또는 삭감, 자유의사에 반하는 부당 노동 등으로 나타난다. 넷째, 사업장 변경의 허가는 지나치게 사용자 위주로 되어 있어 외국인근로자에게 불리하다. 사업장 변경의 제한은 외국인근로자의 직업선택의 자유를 침해하는 것이고, 사회통합을 위한 경제적 활동의 기반을 저해할 수 있다. 다섯째, 사업장의 변경 사유가 제한적이므로 오히려 불법체류를 양산하는 부작용으로 작용한다는 견해이다.[116] 여섯째, 대한민국에서 근로를 제공하는 모든 외국인이 사업장 변경에 제한을 받는 것은 아니다. 고용허가제를 통해 입국한 외국인근로자만이 사업장 변경에 제한을 받으므로 외국인 간에도 부당한 차별대우가 발생한다.[117] 일곱째, 국제법적 기준으로 ILO 제111호「고용 및 직업에 있어서의 차별대우에 관한 협약」[118] 제1조에서는 차별대우에 관하여 "인종·피부색·출신국 등에 의거하여 행하여지는 모든 차별·배제 또는 우대로서, 고용 또는 직업에 있어서의 기회 또는 대우의 균등을 파괴하거나 저해하는 효과가 있는 것"으로 규정하고 있고, 제2조에서는 "회원국은 고용 및 직업에 관한 차별대우를 철폐하기 위하여 국내사정 및 관행에 적합한 방법으로 고용 또는 직업에 관한 기회 및 대우의 균등을 촉진할 것을 목적으로 하는 국가의 방침을 명확히 하여야 하며 이에 따를 것을 약속한다."라고 규정하고 있다.

(나) 불침해설

외국인근로자의 사업장 변경 제한은 외국인근로자의 기본적 인권을 침해하는 것이 아니므로 사업장 변경의 제한을 긍정하는 견해이다. 이 견해의 논거로는 첫째, 외국인근로자가 사업장 변경을 임의적으로 할 수 있도록 허용하면 외국인근로자가 임금 수준이 높은 업체 또는 내국인근로자를 대체하는 분야 등으로 손쉽게 이동하게 되어 내국인근로자의 고용기회를 침해하고 갈등이 발생할 가능성이 있다.[119] 외

사건을 중심으로 -, 국제헌법학회 세계헌법연구, 2011, p. 75.

116) 고준기·이병운, 개정 고용허가제의 문제점과 개선방안 - 2009년 10월 9일 개정 법률을 중심으로, 한국비교노동법학회 노동법논총 제18집, 2010, p. 2; 최경옥, 한국 헌법상 이주근로자의 근로권 - 2004헌마670, 2007헌마1083, 2011구합5094(서울행정법원) 판례를 중심으로, 한국비교공법학회 공법학연구 제12권 제4호, 2011, p. 218.

117) 이성언·최유, 다문화가정 도래에 따른 혼혈인 및 이주민의 사회통합을 위한 법제지원방안 연구, 한국법제연구원, 2006, p. 95; 윤지영, 한국일보 2010년 11월 29일 "임금체불돼도 맘대로 못 옮겨 인권침해하는 현대판 노예제 없애야"; 국가인권위원회 결정례 2008. 1. 10. 자 외국인근로자의 사업장 변경 허용기준 등 개선 권고.

118) 대한민국은 동 협약을 1998년 12월 4일 비준하고 1999년 12월 4일 발효하였다.

국인근로자의 빈번한 사업장 변경은 생산성을 저하시키며 영세업체의 인력난을 심화시키고, 다른 외국인근로자의 근로의욕을 저하시키는 문제점이 유발될 수 있다는 견해이다.[120)]

3) 국가인권위원회의 결정

국가인권위원회는 고용허가제도로 입국한 외국인근로자의 사업장 변경 제한은 외국인근로자에 대한 직업선택의 자유, 근로의 권리를 제한한다고 결정하고 있다.[121)]

4) 판례의 태도

외국인근로자의 사업장 이동을 3회로 제한한 것에 대하여, 헌법재판소는 "외국인도 제한적으로라도 직장 선택의 자유를 향유할 수 있다. (중략) 이미 적법하게 고용허가를 받아 적법하게 우리나라에 입국하여 우리나라에서 일정한 생활관계를 형성, 유지하는 등 우리 사회에서 정당한 노동인력으로서의 지위를 부여받은 상황임을 전제로 하는 이상, 이 사건 청구인들에게 직장선택의 자유에 대한 기본권 주체성을 인정할 수 있다."라고 하면서, "외국인근로자의 무분별한 사업장 이동을 제한함으로써 내국인근로자의 고용기회를 보호하고 외국인근로자에 대한 효율적인 고용관리로 중소기업의 인력수급을 원활히 하여 국민경제의 균형 있는 발전이 이루어지도록 하기 위하여 도입된 것이다. 일정한 사유가 있는 경우에 외국인근로자에게 3년의 체류기간 동안 3회까지 사업장을 변경할 수 있도록 하고 대통령령이 정하는 부득이한 사유가 있는 경우에는 추가로 사업장변경이 가능하도록 하여 외국인근로자의 사업장 변경을 일정한 범위 내에서 가능하도록 하고 있으므로 입법자의 재량의 범위를 넘어 명백히 불합리하다고 할 수는 없다. 따라서 청구인들의 직장 선택의 자유를 침해하지 아니한다."라고 판시하고 있다.[122)]

5) 소 결

외국인근로자가 사업장 변경을 할 수 있는 사유는 외국인근로자의 책임이 아닌 사유 등 거의 폭넓게 망라하고 있고 사업장 변경의 횟수는 연장된 취업활동기간을 고려한다면 최대 5회까지 가능하다. 외국인근로자에 대한 사업장 변경의 제한은 사실상 노동시장에서 그 역할을 제대로 기대하기는 무리가 있다. 외국인근로자의 직장 선택의 자유 등을 고려하여 제한을 완화할 필요가 있다.

---

119) 국가인권위원회 결정례 2008. 1. 10. 자 외국인근로자의 사업장 변경 허용기준 등 개선 권고 참고.
120) 고용노동부, 2012. 6. 4. 자 보도자료, "외국인근로자 사업장 변경 개선 및 브로커 개입 방지 대책".
121) 국가인권위원회 결정례 2008. 1. 10. 자 외국인근로자의 사업장 변경 허용기준 등 개선 권고.
122) 헌법재판소 2011. 9. 29. 자 2007헌마1083 결정.

4. 관계기관의 협조

고용노동부장관은 중앙행정기관 · 지방자치단체 · 공공기관 등 관계기관의 장에게 「외국인근로자의 고용 등에 관한 법률」의 시행을 위하여 ⅰ) 업종별 · 지역별 인력수급 자료, ⅱ) 외국인근로자 대상 지원사업 자료의 제출을 요청할 수 있다(외국인근로자의 고용 등에 관한 법률 제26조의2 제1항). 이에 따라 자료의 제출을 요청받은 기관은 정당한 사유가 없으면 요청에 따라야 한다(외국인근로자의 고용 등에 관한 법률 제26조의2 제2항).

제 4 절 특례고용허가제도(외국국적동포 고용관리)

Ⅰ. 의 의

1. 개 념

특례고용허가제도란 건설업, 서비스업, 제조업, 농업, 어업으로서 외국인력정책위원회에서 정한 사업장의 사용자가 이미 입국한 '외국국적동포'를 고용할 수 있도록 허용하는 제도를 말한다(외국인근로자의 고용 등에 관한 법률 제12조 제1항). 「외국인근로자의 고용 등에 관한 법률」에서는 사용자가 건설업, 서비스업, 제조업, 농업, 어업에 취업하려는 이미 입국한 '외국국적동포'를 고용할 수 있는 외국인근로자 고용의 특례를 인정하고 있다. 특례고용허가제도에 의해 입국하는 외국인(외국국적동포)은 방문취업(H-2)의 체류자격에 해당하는 자이다(외국인근로자의 고용 등에 관한 법률 시행령 제19조).

이하에서는 외국국적동포의 고용절차와 관리를 위한 특례고용허가제에 대하여 재외동포인력의 활용과 인권보호의 두 가지 관점에서 살펴보기로 한다.

2. 도입취지

단순외국인력의 도입은 국내인력난 해소에 단기적으로 도움을 줄 수는 있으나, 단일한 문화와 혈통주의가 강한 대한민국에서 단순외국인력의 유입이 증가하고 이들의 장기간 체류로 인하여 대한민국의 정치 · 경제 · 사회 · 문화적 통합비용 및 복지비용이 증가하게 된다. 국내인력의 부족문제를 해결하고 민족공동체의 발전에 기여하기 위해 대한민국에 유입하는 외국인력 중에서 외국국적동포의 비중을 늘려 재외동포인력을 적극적으로 활용하는 방안이 장기적 관점에서 바람직하다.[123] 특례고용허가제도는 역사적 배경을 감안하여 외국국적동포에게 국내에서의 취업을 지원하기 위한 것이다.[124]

3. 국적에 의한 차별금지 위반 여부

(1) 문제 제기

「외국인근로자의 고용 등에 관한 법률」 제12조(외국인근로자 고용의 특례)에서는 "ⅰ) 건설업으로서 외국인력정책위원회가 일용근로자 노동시장의 현황, 내국인근로자 고용기회의 침해 여부 및 사업장 규모 등을 고려하여 정하는 사업 또는 사업장, ⅱ) 서비스업, 제조업, 농업 또는 어업으로서 외국인력정책위원회가 산업별 특성을 고려하여 정하는 사업 또는 사업장의 사용자는 직업안정기관의 장으로부터 특례고용가능확인을 받은 후 '대통령령으로 정하는 사증을 발급받고 입국한 외국인'으로서 국내에서 취업하려는 자를 고용할 수 있다."라고 규정하고 있다. 여기에서 '대통령령으로 정하는 사증을 발급받고 입국한 외국인'이란 「출입국관리법 시행령」 별표1 중 방문취업(H-2)의 체류자격에 해당하는 자를 말한다(외국인근로자의 고용 등에 관한 법률 시행령 제19조).

「외국인근로자의 고용 등에 관한 법률」 제12조(외국인근로자 고용의 특례)에서는 건설업 및 서비스업, 제조업, 농업 또는 어업에 취업할 수 있는 대상자를 '대통령령으로 정하는 사증을 발급받고 입국한 외국인'이라고 규정하고 있으므로, 법률의 규정 자체만으로는 평등권 위반의 문제가 발생하지 않는다. 그러나 「외국인근로자의 고용 등에 관한 법률 시행령」에서 방문취업(H-2)의 체류자격이라고 대상자를 한정하고 있으므로 외국국적동포와 일반 외국인 간에 차별 문제가 발생할 소지가 있다. 다시 말해 일반 외국인이 외국국적동포에 비하여 차별대우를 받는지의 문제이기도 하다. 외국국적동포는 사용자와 근로자계약을 체결하지 않고 대한민국에 입국하여 구직하는 것이 허용되고, 사업장 이동이 넓게 인정되는 것이 노동허가제적 성격을 지닌다. 이것은 1966년 「시민적 · 정치적 권리에 관한 국제규약」 제26조에 규정된 "모든 사람은 법 앞에 평등하고 어떠한 차별도 없이 법의 평등한 보호를 받을 권리를 가진다. 이를 위하여 법률은 모든 차별을 금지하고, 인종, 피부색, 성, 언어, 종교, 정치적, 또는 기타의 의견, 민족적 또는 사회적 출신, 재산, 출생 또는 기타의 신분 등

123) 윤인진, 장래 우리나라 인력난 문제 해결 및 재외동포 인력 활용방안, 법무부 출입국관리국 정책연구 보고서, 2006, p. 8.
124) 하갑래 · 최태호, 외국인 고용과 근로관계, ㈜중앙경제, 2005, p. 185 참고.

의 어떠한 이유에 의한 차별에 대하여도 평등하고 효과적인 보호를 모든 사람에게 보장한다."[125]와 1965년 「모든 형태의 인종차별 철폐에 관한 국제협약」 제4조 c항에 규정된 "국가 또는 지방의 공공기관이나 또는 공공단체가 인종차별을 촉진시키거나 또는 고무하는 것을 허용하지 아니한다."라는 국제인권법에 위반되는지가 문제된다.

(2) 견해 대립

일반 외국인에 비하여 외국국적동포가 우대되는 것에 대하여는 아래와 같이 두 가지의 견해로 나뉠 수 있다. 이하에서 두 견해의 논거를 살펴보기로 한다.

1) 구별 부인설

일반 외국인이 출신국가national origin 또는 출신민족을 이유로 외국국적동포에 비해 불합리하게 차별받아서는 안 된다는 견해이다. 동포와 비동포를 구분하여 동포에게만 인도적 차원의 혜택을 부여하고 비동포인 일반 외국인은 배제되는 것은 인종차별 철폐 및 평등을 추구하는 국제인권기준의 관점에서는 타당하지 않으며 그 합리성이 결여되고 차별을 야기할 수 있다.

그 논거로는 i) 역사적 유대관계라는 개념을 외국국적동포에 대한 편의와 우대에 대한 설명 이유로 제시할 수는 있겠으나, 그 주관적 성격으로 인해 객관적 근거가 될 수 있는지는 의문이다. ii) 비동포인 일반 외국인이 동포와 달리 대우받아야 할 합리적인 근거와 사유가 없다. iii) 외국인근로자 고용허가제도에서 외국국적동포에 대한 우대는 출신국가national origin 또는 출신민족에 의한 차별대우이다. iv) 비동포인 일반 외국인에 대한 인도적인 측면을 동시에 고려하고 출신국가를 초월하여 모든 인간에 대한 보편적 입장에서 대우하는 것이 바람직하다. v) 외국국적동포의 인력이 국내노동시장에 미치는 영향이 크므로 한민족의 유대감과 동포사회의 호혜적 발전의 마련이라는 정치외교적 또는 윤리적 당위성만으로는 이들에게 방임적인 고용정책을 시행할 수 없다. 비동포인 일반 외국인과 마찬가지로 고용정책적 고려가 필요하다는 입장을 제시한다.[126]

2) 구별 긍정설 및 소결

외국국적동포가 일반 외국인과는 달리 합리적으로 우대되어야 한다는 견해이다.

---

125) 1966년 「시민적 · 정치적 권리에 관한 국제규약」 제26조에서는 차별의 근거로 인종, 피부색, 성, 언어, 종교, 정치적, 또는 기타의 의견, 민족적 또는 사회적 출신, 재산, 출생 또는 기타의 신분 등을 들고 있다.

126) 전형배, 외국인근로자 고용정책, 저스티스 제109호, 한국법학원, 2009, p. 295, p. 307.

외국국적동포를 역사적 유대관계에 근거하여 일반 외국인과는 달리 우대하는 것은 「외국인근로자의 고용 등에 관한 법률 시행령」 제19조(외국인근로자 고용 특례의 대상자)가 일반 외국인에 대한 차별적인 조치로 보일 수 있으나, 이러한 차별은 합리적이고 객관적인 사유에 근거하고 있으므로 인종 또는 국적에 의한 차별을 금지한 국제인권법에 위반되지 않는다.

그 논거로는 i) 외국인의 입국 또는 체류에 대한 결정은 국내문제의 범위가 축소되어 국제문제의 범위가 확장되는 추세이지만, 여전히 국가의 재량적 판단이 크게 작용하는 분야이다. ii) 국가가 외국국적동포를 일반 외국인에 비하여 편의와 우대를 부여하는 것은 국가의 재량적 이민정책에 속한다. iii) 「재외동포의 출입국 및 법적 지위에 관한 법률」에 따라 중국동포 등 외국국적동포를 대상으로 포용정책의 차원에서 특별한 혜택을 부여하는 것이지 비동포인 일반 외국인을 차별하는 것은 아니다.[127] iv) 동포 포용정책을 통해 장래에 남·북한의 통일시대를 준비하기 위한 것이다.[128] v) 국가가 국민정서를 고려하여 외국국적동포와의 긴밀한 역사적 유대관계를 강화하기 위해 노력하는 것은 바람직한 것이며, 국제인권법이 이를 금지한다고는 보이지 않는다. vi) 외국국적동포는 단순히 외국인으로 간주될 수 없다는 특수한 역사적 사정이 있고,[129] 외국국적동포에 대해 우대조치를 하는 것은 세계적인 추세라는 입장을 제시한다. 이 견해가 타당하다고 본다.

(3) 국가인권위원회의 태도

대한민국에서 불법체류 중인 동포의 고충해소 및 합법화 조치로 인해 비동포인 일반 외국인이 인종 또는 국적을 이유로 차별을 받는다는 것에 대하여, 국가인권위원회는 인도적인 차원에서 외국인정책을 추진할 경우에 비동포인 일반 외국인이 배제되어 차별받지 않도록 할 것을 권고 결정을 한 바 있다.[130] 국가인권위원회는 구별부인설의 입장을 채택하고 있다.

---

127) '국가인권위원회 결정례 2012. 4. 24. 자 11진정0147700 재외동포 고충해소 합법화 조치로 인한 비동포 외국인에 대한 차별' 중에서 피진정인인 법무부장관의 주장 요지이다.

128) 이규용 외 4인, 외국인력 노동시장 분석 및 중장기 관리체계 개선 방향 연구, 한국노동연구원, 2006, p. 320.

129) 이학춘, 외국인근로자의 법적 지위, 한국비교노동법학회 노동법논총 제9집, 2006, p. 344.

130) 국가인권위원회 결정례 2012. 4. 24. 자 11진정0147700 재외동포 고충해소 합법화 조치로 인한 비동포 외국인에 대한 차별 참고.

Ⅱ. 내 용

1. 기본계획

(1) 도입계획

방문취업(H-2) 체류자격의 가목 7)[131]에 해당하는 자에 대한 연간 허용인원, 방문취업(H-2) 체류자격에 해당하는 자에 대한 사업장별 고용인원의 상한에 대하여 「외국인근로자의 고용 등에 관한 법률」 제4조(외국인력정책위원회) 제2항에 따라 외국인력정책위원회 심의를 거칠 경우에는 법무부차관과 고용노동부차관은 그 심의 안건을 미리 협의하여 공동으로 상정하고, 심의 · 의결된 사항을 법무부장관과 고용노동부장관이 공동으로 고시한다(출입국관리법 시행령 제23조 제7항).

(2) 법무부장관의 고시

법무부장관은 ⅰ) 방문취업(H-2) 체류자격의 가목 7)에 해당하는 자의 사증발급에 관한 중요 사항, ⅱ) 출입국관리법 시행령 제23조 제7항 제1호에 따라 결정된 연간 허용인원의 국적별 세부 할당에 관한 사항(이 경우 거주국별 동포의 수, 경제적 수준 및 대한민국과의 외교관계 등을 고려한다), ⅲ) 그 밖에 방문취업(H-2) 체류자격에 해당하는 자의 입국 및 체류활동 범위 등에 관한 중요 사항을 결정하는 경우에는 이를 고시할 수 있다(출입국관리법 시행령 제23조 제8항).

2. 대 상 자

특례고용허가제도의 대상자는 '대통령령으로 정하는 사증을 발급받고 입국한 외국인'으로서 국내에서 취업하려는 자이다(외국인근로자의 고용 등에 관한 법률 제12조). 여기에서 '대통령령으로 정하는 사증을 발급받고 입국한 외국인'이란 방문취업(H-2) 체류자격에 해당하는 자를 말한다(외국인근로자의 고용 등에 관한 법률 시행령 제19조). 따라서 중국, 구소련 지역 등에서의 외국국적동포는 방문취업(H-2) 체류자격으로 입국한 후에, 취업교육 및 직업안정기관의 장에 구직 신청을 통하여 국내에서 취업할 수 있다. 특례고용허가제도에 해당하는 외국국적동포를 '특례외국인근로자'라고도 말한다.

---

131) 출입국관리법 시행령 별표1 중 31. 방문취업(H-2) 체류자격의 가목 7): 1)부터 6)까지의 규정에 해당하지 않는 자로서 법무부장관이 정하여 고시하는 한국말 시험, 추첨 등의 절차에 따라 선정된 자.

3. 대상사업

특례고용허가제도에서 외국국적동포가 취업하도록 허용된 대상사업은 건설업, 서비스업, 제조업, 농업, 어업이다. 건설업은 외국인력정책위원회가 일용근로자 노동시장의 현황, 내국인근로자 고용기회의 침해 여부, 사업장 규모 등을 고려하여 정하는 사업장에 대해 허용된다(외국인근로자의 고용 등에 관한 법률 제12조 제1항 제1호). 서비스업, 제조업, 농업, 어업은 외국인력정책위원회가 산업별 특성을 고려하여 정하는 사업장에 대해 허용된다(외국인근로자의 고용 등에 관한 법률 제12조 제2항).

Ⅲ. 고용절차

1. 특례외국인근로자의 구직절차

(1) 취업교육

1) 의 의

방문취업(H-2) 체류자격에 해당하는 외국인, 즉 특례외국인근로자는 건설업, 서비스업, 제조업, 농업, 어업의 어느 하나에 해당하는 사업장에 취업하려는 경우에는, 취업교육을 받은 후에 직업안정기관의 장에게 구직 신청을 하여야 한다(외국인근로자의 고용 등에 관한 법률 제12조 제2항 전단). 특례외국인근로자가 구직을 신청하기 전에 취업교육기관(한국산업인력공단)에서 취업교육을 받아야 한다.

2) 법적 성격

취업교육은 특례외국인근로자가 사용자의 사용종속관계에 의하여 이루어진 교육으로 볼 수 없으므로 「근로기준법」에 의한 근로의 제공으로 볼 수 없다.[132] 「근로기준법」상 근로자를 판단하는 기준으로 사용종속관계가 있다. 사용종속관계란 근로자가 사용자의 지휘・명령을 받아 사용자가 원하는 내용의 일을 하는 것을 말한다. 근로자란 직업의 종류와 관계없이 임금을 목적으로 사업이나 사업장에 근로를 제공하는 자를 말한다(근로기준법 제2조 제1항 제1호). 여기에서 '근로를 제공하는 자'의 의미는 「근로기준법」에는 직접적인 표현은 없지만, 사용종속관계에 의하여 근로를 제공하는 자로 이해된다.[133]

132) 고용노동부, 고용허가제 업무편람, 열림기획, 2013, p. 269.
133) 하갑래, 근로기준법, ㈜중앙경제 제22판, 2010, p. 102.

3) 대상자

취업교육을 받아야 하는 대상자는 방문취업(H-2) 체류자격으로 입국하여 구직을 신청하려는 특례외국인근로자이다. 건설업, 서비스업, 제조업, 농업, 어업의 어느 하나에 해당하는 사업장에 취업하려는 특례외국인근로자이다. 다만, 특례외국인근로자가 최초로 입국한 날로부터 3년의 범위 내에서 취업교육을 수료한 후 출국하였다가 재입국한 경우에는, 최초 입국한 이후 취업교육의 유효기간(방문취업(H-2) 사증의 유효기간인 5년을 뜻한다) 동안에 취업교육은 면제된다.[134]

4) 교육기관

특례외국인근로자는 대통령령으로 정하는 기관에서 외국인 취업교육을 받아야 한다(외국인근로자의 고용 등에 관한 법률 제11조). 여기에서 '대통령령으로 정하는 기관', 즉 취업교육기관이란 다음의 어느 하나에 해당하는 기관을 말한다. i) 한국산업인력공단, ii) 산업별 특성 등을 고려하여 고용노동부장관이 지정·고시하는 비영리법인 또는 비영리단체이다(외국인근로자의 고용 등에 관한 법률 시행령 제18조). 비영리법인 또는 비영리단체의 경우에는 그 구체적인 지정기준 및 절차 등에 관하여 고용노동부장관이 따로 정한다. 현재 특례외국인근로자를 위한 취업교육기관은 한국산업인력공단이다.

5) 교육내용

취업교육의 내용에는 i) 취업활동에 필요한 업종별 기초적 기능에 관한 사항, ii) 외국인근로자 고용허가제도에 관한 사항, iii) 산업안전보건에 관한 사항, iv) 「근로기준법」, 「출입국관리법」 등 관련 법령에 관한 사항, v) 한국의 문화와 생활에 관한 사항, vi) 그 밖에 취업활동을 위하여 고용노동부장관이 필요하다고 인정하는 사항이 포함되어야 한다(외국인근로자의 고용 등에 관한 법률 시행규칙 제11조 제3항).

6) 교육시간

취업교육의 시간은 16시간 이상으로 한다(외국인근로자의 고용 등에 관한 법률 시행규칙 제11조 제2항 본문). 다만, 「외국인근로자의 고용 등에 관한 법률」 제18조(취업활동기간의 제한) 및 제18조의2(취업활동기간 제한에 관한 특례)의 취업활동기간이 만료된 특례외국인근로자가 법에 따른 절차를 거쳐 다시 입국한 경우에는 그 특례외국인근로자의 취업교육 시간을 16시간 미만으로 단축할 수 있다(외국인근로자의 고용 등에 관한 법률 시행규칙 제11조 제2항 단서).

134) 고용노동부, 고용허가제 업무편람, 열림기획, 2013, p. 270.

7) 교육비용

취업교육에 드는 비용은 사용자가 부담하는 것이 아니라, 특례외국인근로자 본인이 부담하여야 한다(외국인근로자의 고용 등에 관한 법률 시행규칙 제11조 제4항 단서). 이것은 특례외국인근로자가 사용자와 근로계약을 체결하기 전에 취업교육을 받는 것이므로 당연한 결과이다. 반면에, 일반 외국인근로자의 경우 취업교육에 드는 비용은 사용자가 부담하여야 한다(외국인근로자의 고용 등에 관한 법률 시행규칙 제11조 제4항 본문).

8) 교육신청

특례외국인근로자가 취업교육기관에 직접 방문, 우편, 팩스 또는 인터넷으로 취업교육을 신청할 수 있다. 그 신청을 위한 제출서류로는 취업교육 신청서, 여권 사본, 교육비 입금확인증이다.[135]

9) 기 타

취업교육 과정 중에 건강진단을 받고, 각종 보험에 가입하여야 한다. 건강진단은 법정 감염병을 가진 특례외국인근로자의 국내 취업활동을 사전에 방지하기 위한 것으로, 취업교육 과정 중에 실시한다. 그리고 귀국비용보험 등 보험에 가입하여야 한다.

(2) 구직신청

1) 신 청

취업교육을 받은 특례외국인근로자는 i) 건설업으로서 외국인력정책위원회가 일용근로자 노동시장의 현황, 내국인근로자 고용기회의 침해 여부 및 사업장 규모 등을 고려하여 정하는 사업장, ii) 서비스업, 제조업, 농업 또는 어업으로서 외국인력정책위원회가 산업별 특성을 고려하여 정하는 사업장에 취업하려는 경우에, 직업안정기관의 장에게 구직 신청을 하여야 한다(외국인근로자의 고용 등에 관한 법률 제12조 제2항 전단).

2) 제출서류

구직신청을 하려는 특례외국인근로자는 특례외국인근로자 구직신청서에 i) 외국인등록증 사본 또는 여권 사본, ii) 방문취업(H-2) 체류자격에 해당하는 사증 사본을 첨부하여 소재지 관할 직업안정기관의 장에게 제출하여야 한다(외국인근로자의 고용 등에 관한 법률 시행규칙 제12조).

3) 외국인구직자 명부

고용노동부장관은 구직을 신청한 특례외국인근로자에 대하여 외국인구직자 명부

135) 앞의 업무편람, p. 270.

를 작성 · 관리하여야 한다(외국인근로자의 고용 등에 관한 법률 제12조 제2항 후단).

2. 사용자의 고용절차

(1) 내국인 구인노력

내국인근로자의 일자리를 보호하고 임금 · 근로조건을 저해하지 않기 위하여 사용자는 일정한 기간 동안에 내국인 구인노력을 실시하여야 한다(외국인근로자의 고용 등에 관한 법률 제12조 제3항 전단, 제6조 제1항). 특례외국인근로자를 채용하기 위한 사용자의 내국인 구인노력은 일반 외국인근로자를 채용하기 위한 사용자의 내국인 구인노력과 동일하다. 이것은 단순외국인력을 활용하는 데 있어 보충성의 원칙 또는 내국인 고용기회 보호의 원칙, 국내노동시장 보완성의 원칙과 관련된 것이다.

(2) 특례고용가능확인 신청

1) 확인 신청

내국인 구인 신청을 한 사용자는 직업안정기관의 장의 직업소개를 받고도 인력(내국인근로자를 말한다)을 채용하지 못한 경우에는, 고용노동부령으로 정하는 바에 따라 직업안정기관의 장에게 특례고용가능확인을 신청할 수 있다(외국인근로자의 고용 등에 관한 법률 제12조 제3항 전단).

2) 신청자

특례고용가능확인을 신청할 수 있는 자는 특례외국인근로자를 고용하려는 사용자이다.

3) 요 건

사용자가 특례고용가능확인을 신청하기 위한 요건으로는 ⅰ) 특례고용가능확인서 발급을 신청하는 현재에 취업알선 전산망 또는 신문, 간행물 등에 의하여 내국인 구인노력을 충족하여야 하고, ⅱ) 내국인 구인노력의 종료일로부터 특례고용가능확인서 발급 신청일 전까지 부족 인력에 대한 내국인근로자의 전부 또는 일부를 채용하지 못하여야 한다.[136]

4) 기 한

사용자가 특례고용가능확인을 신청할 수 있는 기한은 내국인 구인노력 기간이 지난 후 3개월 이내 사업장의 소재지를 관할하는 직업안정기관의 장에게 제출하여야 한다(외국인근로자의 고용 등에 관한 법률 시행령 제20조 제1항, 외국인근로자의 고용 등에 관한 법률 시행규칙 제5조). 이것은 경기변동에 따라 인력부족 상황이 변화

136) 앞의 업무편람, p. 274.

될 수 있으므로 그 신청기간을 제한한 것이다.

5) 절 차

특례고용가능확인을 신청하려는 사용자는 특례고용가능확인서 발급신청서에 「외국인근로자의 고용 등에 관한 법률 시행령」 제20조(특례고용가능확인서의 발급요건 등) 제1항에 따라 준용되는 제13조의4(고용허가서의 발급요건)에 따른 고용허가서의 발급요건에 해당함을 증명할 수 있는 서류를 첨부하여 소재지 관할 직업안정기관의 장에게 제출하여야 한다(외국인근로자의 고용 등에 관한 법률 시행규칙 제12조의2 제1항). 여기에서 '고용허가서의 발급요건에 해당함을 증명할 수 있는 서류'란 외국인력정책위원회에서 정한 외국인근로자의 도입 업종, 외국인근로자를 고용할 수 있는 사업장을 입증할 수 있는 서류를 말한다.[137]

(3) 특례고용가능확인서 발급

1) 확 인

특례고용가능확인 신청을 받은 소재지 관할 직업안정기관의 장은 외국인근로자의 도입업종 및 규모 등 대통령령으로 정하는 요건을 갖춘 사용자에게 특례고용가능확인을 하여야 한다(외국인근로자의 고용 등에 관한 법률 제12조 제3항 후단). 특례고용가능확인서의 발급요건에 관하여는 「외국인근로자의 고용 등에 관한 법률 시행령」 제13조의4(고용허가서의 발급요건)에 따른 고용허가서의 발급 요건을 준용한다. 이 경우 '고용허가서'는 '특례고용가능확인서'로 본다(외국인근로자의 고용 등에 관한 법률 시행령 제20조 제1항).

2) 유효기간

특례고용가능확인의 유효기간은 3년으로 한다(외국인근로자의 고용 등에 관한 법률 제12조 제5항 본문). 다만, 건설업으로서 외국인력정책위원회가 일용근로자 노동시장의 현황, 내국인근로자 고용기회의 침해 여부 및 사업장 규모 등을 고려하여 정하는 사업장으로서 공사기간이 3년보다 짧은 경우에는 그 기간으로 한다(외국인근로자의 고용 등에 관한 법률 제12조 제5항 단서).

3) 발 급

직업안정기관의 장이 특례고용가능확인을 한 경우에는 대통령령으로 정하는 바에 따라 해당 사용자에게 특례고용가능확인서를 발급하여야 한다(외국인근로자의 고용 등에 관한 법률 제12조 제6항). 즉 소재지 관할 직업안정기관의 장은 특례고용가능확인서 발급 신청서를 검토한 결과 특례고용가능확인서의 발급요건이 충족되어 특례고용가능확인을 하여야 하는 경우에는 해당 사용자에게 신청일로부터 7일 이내에 특례고용가능확인서를 발급하여야

---

137) 앞의 업무편람, p. 274.

한다(외국인근로자의 고용 등에 관한 법률 시행령 제20조 제2항, 시행규칙 제12조의2 제2항). 직업안정기관의 장은 고용허가서의 발급요건이 충족되는 경우 특례고용가능확인서를 발급하여야 한다. 사용자는 특례고용가능확인서의 유효기간(원칙적으로 3년이다) 내에서 특례외국인근로자와의 근로계약 체결이 가능하다.

4) 변 경

(가) 의 의

사용자가 특례고용가능확인서를 발급받은 후에 해당 사업장의 경영여건 변화 등으로 특례고용가능확인서의 내용을 변경하여야 할 필요가 있는 경우 직업안정기관의 장에게 특례고용가능확인서의 변경 확인을 받아야 한다. 즉 사용자는 특례고용가능확인서를 발급받은 후에 해당 사업장의 업종, 규모 등의 변화로 특례고용가능확인서의 내용 중 그 사업장에서 고용할 수 있는 외국인근로자의 수 등 고용노동부령으로 정하는 중요 사항을 변경하여야 할 필요가 있는 경우에는 직업안정기관의 장에게 특례고용가능확인서의 변경 확인을 받아야 한다(외국인근로자의 고용 등에 관한 법률 시행령 제20조의2 제1항).

(나) 사 유

사용자는 '고용노동부령으로 정하는 중요 사항'을 변경하여야 할 필요가 있는 경우에는 직업안정기관의 장에게 특례고용가능확인서의 변경 확인을 받아야 한다(외국인근로자의 고용 등에 관한 법률 시행령 제20조의2 제1항). 여기에서 '고용노동부령으로 정하는 중요 사항' 즉 특례고용가능확인서의 변경사유로는 i) 사업 또는 사업장에서 고용할 수 있는 외국인근로자의 수, ii) 사업 또는 사업장의 업종·규모의 어느 하나의 사항을 말한다(외국인근로자의 고용 등에 관한 법률 시행규칙 제13조 제1항).

(다) 절 차

특례고용가능확인서의 변경 확인 절차에 관하여 필요한 사항은 고용노동부령에서 규정하고 있다(외국인근로자의 고용 등에 관한 법률 시행령 제20조의2 제2항). 특례고용가능확인서의 변경 확인을 받아야 하는 사용자는 특례고용가능확인서 변경신청서에 i) 기존에 발급된 외국인근로자 특례고용가능확인서 원본, ii) 변경사유 중에 어느 하나의 사항을 변경할 필요가 있음을 증명하는 서류를 첨부하여 소재지 관할 직업안정기관의 장에게 제출하여야 한다(외국인근로자의 고용 등에 관한 법률 시행규칙 제13조 제2항).

특례고용가능확인서 변경 신청을 받은 소재지 관할 직업안정기관의 장은 특례고용가능확인서 변경신청서를 검토한 결과 변경사유 중에 어느 하나의 사항을 변경하여야 할 필요가 있다고 인정되는 경우에는 변경 신청일부터 7일 이내에 특례고용가능 변경확인서를 발급하여야 한다(외국인근로자의 고용 등에 관한 법률 시행규칙 제13조 제3항).

5) 취 소

(가) 의 의

직업안정기관의 장은 사용자가 ⅰ) 거짓이나 그 밖의 부정한 방법으로 특례고용가능확인을 받은 경우, ⅱ) 사용자가 입국 전에 계약한 임금 또는 그 밖의 근로조건을 위반하는 경우, ⅲ) 사용자의 임금체불 또는 그 밖의 노동관계법 위반 등으로 근로계약을 유지하기 어렵다고 인정되는 경우의 어느 하나에 해당하는 경우 대통령령으로 정하는 바에 따라 특례고용가능확인을 취소할 수 있다(외국인근로자의 고용 등에 관한 법률 제19조 제1항).

(나) 방 식

고용노동부장관이 사용자에 대하여 특례고용가능확인을 취소할 때에는 취소의 사유, 해당 특례외국인근로자와의 근로계약 종료기한, 외국인근로자 고용의 제한 여부의 사항이 포함된 문서로 하여야 한다(외국인근로자의 고용 등에 관한 법률 시행령 제24조).

(다) 효 과

(a) **근로계약 종료:** 특례고용가능확인이 취소된 사용자는 취소된 날부터 15일 이내에 그 특례외국인근로자와의 근로계약을 종료하여야 한다(외국인근로자의 고용 등에 관한 법률 제19조 제2항).

(b) **고용의 제한:** 직업안정기관의 장은 특례고용가능확인이 취소된 사용자에 대하여 그 사실이 발생한 날부터 3년간 외국인근로자의 고용을 제한할 수 있다(외국인근로자의 고용 등에 관한 법률 제20조 제1항 제2호). 고용노동부장관은 외국인근로자의 고용을 제한하는 경우에는 그 사용자에게 고용노동부령으로 정하는 바에 따라 알려야 한다(외국인근로자의 고용 등에 관한 법률 제20조 제2항).

3. 취업 알선 또는 구인

특례외국인근로자 및 특례고용가능확인서를 발급받은 사용자를 위한 취업 알선 또는 구인은 직업안정기관을 통하는 취업 알선 또는 구인 및 자율 구인·구직으로 구분된다.[138]

첫째, 직업안정기관을 통하는 취업 알선 또는 구인이다. 특례고용가능확인서를 발급받은 사용자가 직업안정기관을 통한 특례외국인근로자의 구인을 요청하는 경우 직업안정기관은 사업주의 구인조건에 따라 적합한 구직자 명단(3배수)을 사용자에게 알선하고, 사용자는 3일 이내에 채용여부를 통보하여야 한다. 직업안정기관이 아닌 자는 외국인근로자의 선발, 알선, 그 밖의 채용에 개입하여서는 아니 된다(외국인근로자의 고용 등에 관한 법률 제8조 제6항).

138) 이하에서는 앞의 업무편람, p. 315 참고.

둘째, 자율 구인・구직이다. 특례외국인근로자와 특례고용가능확인서를 발급받은 사용자는 상호간에 자율 구인・구직을 통하여 근로계약을 체결할 수 있다.

4. 근로계약 체결

(1) 의 의

특례외국인근로자와 특례고용가능확인서를 발급받은 사용자가 근로계약을 체결하도록 한 것은 표준근로계약서를 사용하여 서면계약을 체결하도록 함으로써 근로계약의 내용을 명확히 하고 장래의 분쟁을 예방하기 위한 것이다.

(2) 당사자

근로계약 체결의 당사자는 특례외국인근로자와 특례고용가능확인서를 발급받은 사용자이다.

(3) 체결시기

특례고용허가제도에서는 대한민국에 이미 입국한 특례외국인근로자가 사용자와 근로계약을 체결한다. 반면에 일반고용허가제도에서는 외국인이 대한민국에 입국하기 전에 사용자와 근로계약을 체결한다는 점이 차이가 있다.

(4) 내 용

근로계약의 내용은 ⅰ) 근로계약기간, ⅱ) 취업의 장소 및 업무의 내용에 관한 사항, ⅲ) 시업・종업의 시각, 휴게시간, 휴일에 관한 사항, ⅳ) 임금의 구성항목, 지급시기・방법에 관한 사항, ⅴ) 그 밖에 특례외국인근로자와 사용자가 상호간에 정하고자 하는 근로조건 등에 관한 사항이다. 여기에서 '근로계약기간'은 특례외국인근로자의 취업활동기간 내에서 당사자 간의 합의에 따라 결정한다.[139)]

(5) 효력발생 시기

근로계약의 효력발생 시기는 특례외국인근로자가 사업 또는 사업장에 취업하여 근로를 개시한 날이다.[140)]

---

139) 앞의 업무편람, pp. 316~317.
140) 앞의 업무편람, p. 317.

(6) 근로개시 신고

1) 의 의

사용자는 특례외국인근로자가 근로를 시작하면 고용노동부령으로 정하는 바에 따라 직업안정기관의 장에게 신고하여야 한다(외국인근로자의 고용 등에 관한 법률 제12조 제4항 후단). 근로계약기간을 변경(연장)하는 경우에는 새로운 근로계약으로 보아 근로개시 신고를 하여야 한다.[141]

2) 신고자

외국인근로자의 근로개시를 신고하여야 하는 자는 특례외국인근로자를 고용한 사용자이다.

3) 기 한

근로개시 신고의 기한은 외국인근로자가 근로를 시작한 날부터 10일 이내이다.

4) 절 차

외국인근로자의 근로개시를 신고하여야 하는 사용자는 외국인근로자가 근로를 시작한 날부터 10일 이내에 특례고용외국인근로자 근로개시 신고서에 표준근로계약서 사본, 외국인등록증 사본, 여권 사본을 첨부하여 소재지 관할 직업안정기관의 장에게 제출하여야 한다(외국인근로자의 고용 등에 관한 법률 시행규칙 제12조의3).

5) 벌 칙

외국인근로자가 근로를 시작한 후 직업안정기관의 장에게 신고를 하지 아니하거나 거짓으로 신고한 사용자에게는 500만원 이하의 과태료가 부과된다(외국인근로자의 고용 등에 관한 법률 제32조 제1항 제4호).

제 5 절 고용허가 취소 및 제한

Ⅰ. 고용허가 취소

1. 의 의

외국인근로자의 권익보호 및 효율적인 고용관리를 위하여 거짓이나 그 밖의 부정한 방법으로 고용허가를 받는 등 사용자에게 중대한 귀책사유가 있는 경우에 직

---

141) 앞의 업무편람, p. 317.

업안정기관의 장은 그 사용자에 대하여 외국인근로자 고용허가를 취소할 수 있다(외국인근로자의 고용 등에 관한 법률 제19조). 아래에서 고용허가가 취소되는 사유, 절차 등을 살펴보기로 한다.

2. 사 유

직업안정기관의 장은 다음의 어느 하나에 해당하는 사용자에 대하여 대통령령으로 정하는 바에 따라 고용허가나 특례고용가능확인을 취소할 수 있다(외국인근로자의 고용등에 관한 법률 제19조 제1항). 첫째, 거짓이나 그 밖의 부정한 방법으로 고용허가나 특례고용가능확인을 받은 경우이다. 둘째, 사용자가 입국 전에 계약한 임금 또는 그 밖의 근로조건을 위반하는 경우이다. 이것은 사용자가 외국인근로자를 최초로 고용할 때 또는 고용한 후에 갱신한 근로계약서에 제시된 임금보다 3할 이상 낮게 임금 차이가 발생하거나 최저임금액 미만으로 임금이 낮아진 경우 등을 말한다. 다만, 외국인근로자가 근로조건 변경에 자발적으로 동의하여 근로조건이 낮아지게 된 경우는 이에 해당하지 아니한다.[142] 셋째, 사용자의 임금체불 또는 그 밖의 노동관계법 위반 등으로 근로계약을 유지하기 어렵다고 인정되는 경우이다. 이것은 ⅰ) 3개월분 이상의 임금이 누적되어 체불되거나, 1회의 체불기간이 30일 이상으로 연간 5회 이상의 체불을 하는 등 상습적인 체불행위에 해당하는 경우, ⅱ) 폭행·협박·감금 등 신체상의 자유를 부당하게 구속하는 수단으로서 외국인근로자의 자유의사에 반하여 근로를 시키는 경우, ⅲ) 업무와 관련하여 사용자의 지위에 있는 자가 외국인근로자를 폭행하여 전치 5주 이상의 상해를 입힌 경우, ⅳ) 외국인근로자에 대한 인권침해로 사회적 물의를 일으키거나, 기타 노동관계법의 위반 등으로 직업안정기관의 장이 고용허가를 취소해야 된다고 판단하는 경우이다.[143]

3. 절 차

(1) 사전통지 및 의견청취

직업안정기관의 장은 사용자에 대하여 외국인근로자 고용허가를 취소하고자 하는 경우에는 「행정절차법」에 의한 처분의 사전통지 및 의견청취를 실시하여야 한다(행정절차법 제21조, 제22조).

142) 앞의 업무편람, p. 423.
143) 앞의 업무편람, p. 423.

(2) 통 지

고용노동부장관이 사용자에 대하여 고용허가나 특례고용가능확인을 취소할 때에는 취소의 사유, 해당 외국인근로자와의 근로계약 종료기한, 외국인근로자 고용의 제한 여부의 사항이 포함된 문서로 하여야 한다(외국인근로자의 고용 등에 관한 법률 시행령 제24조).

(3) 근로계약 종료

외국인근로자 고용허가나 특례고용가능확인이 취소된 사용자는 그 취소된 날로부터 15일 이내에 그 외국인근로자와의 근로계약을 종료하여야 한다(외국인근로자의 고용 등에 관한 법률 제19조 제2항). 사용자는 고용허가 취소 통지서를 받은 날로부터 15일 이내에 외국인근로자와의 근로계약을 종료하여야 하므로, 그 기간이 지나면 자동적으로 근로계약이 종료된 것으로 간주된다.

4. 효 과

(1) 사용자에 대한 효과

외국인근로자 고용허가나 특례고용가능확인이 취소된 사용자가 그 취소된 날로부터 15일 이내에 그 외국인근로자와의 근로계약을 종료하지 아니하는 경우 그 사용자는 1년 이하의 징역 또는 1천만원 이하의 벌금에 처한다(외국인근로자의 고용 등에 관한 법률 제29조 제3호). 종전의 금고형을 삭제하여 이민행정형벌 중 자유형은 징역형으로 통일한 것이다.

직업안정기관의 장은 외국인근로자의 고용허가나 특례고용가능확인이 취소된 사용자에 대하여 그 사실이 발생한 날부터 3년간 외국인근로자의 고용을 제한할 수 있다(외국인근로자의 고용 등에 관한 법률 제20조 제1항 제2호). 외국인근로자의 고용제한에 대하여는 후술하기로 한다.

(2) 외국인근로자에 대한 효과

사용자에 대하여 고용허가의 취소가 있게 된 경우 외국인근로자는 고용노동부령으로 정하는 바에 따라 직업안정기관의 장에게 다른 사업 또는 사업장으로의 변경을 신청할 수 있다(외국인근로자의 고용 등에 관한 법률 제25조 제1항 제2호).

Ⅱ. 고용 제한

1. 의 의

사용자가 고용허가서를 발급받지 않고서 외국인근로자를 불법으로 고용하거나, 외국인근로자 고용허가나 특례고용가능확인이 취소되는 등 사용자에게 중대한 귀책사유가 있는 경우에 직업안정기관의 장은 내국인근로자의 고용기회를 보호하고 외국인근로자의 고용관리를 확보하기 위하여 일정한 기간 동안 외국인근로자 고용을 제한할 수 있다(외국인근로자의 고용 등에 관한 법률 제20조).

2. 사 유

직업안정기관의 장은 사용자가 다음의 어느 하나의 사유에 해당하는 경우에는 외국인근로자의 고용을 제한할 수 있다(외국인근로자의 고용 등에 관한 법률 제20조). 첫째, 외국인근로자 고용허가 또는 특례고용가능확인을 받지 아니하고 외국인근로자를 고용한 자이다(제1호). 둘째, 외국인근로자의 고용허가나 특례고용가능확인이 취소된 자이다(제2호). 외국인근로자의 고용허가 또는 특례고용가능확인에 대한 취소 사유에 대하여는 전술하였다. 셋째, 「외국인근로자의 고용 등에 관한 법률」 또는 「출입국관리법」을 위반하여 처벌을 받은 자이다(제3호). 넷째, 그 밖에 대통령령으로 정하는 사유에 해당하는 자이다(제4호). 여기에서 '대통령령으로 정하는 사유에 해당하는 자'란 ⅰ) 외국인근로자 고용허가서를 발급받은 날부터 6개월 이내에 내국인근로자를 고용조정으로 이직시킨 자, ⅱ) 외국인근로자로 하여금 근로계약에 명시된 사업 또는 사업장 외에서 근로를 제공하게 한 자, ⅲ) 근로계약이 체결된 이후부터 외국인 취업교육을 마칠 때까지의 기간 동안 경기의 변동, 산업구조의 변화 등에 따른 사업 규모의 축소, 사업의 폐업 또는 전환과 같은 불가피한 사유가 없음에도 불구하고 근로계약을 해지한 자의 어느 하나에 해당하는 경우를 말한다(외국인근로자의 고용 등에 관한 법률 시행령 제25조).

3. 절 차

(1) 사전통지 및 의견청취

직업안정기관의 장은 사용자에 대하여 외국인근로자 고용을 제한하고자 하는 경우에는 「행정절차법」에 의한 처분의 사전통지 및 의견청취를 실시하여야 한다

(행정절차법 제21조, 제22조).

(2) 통 지

고용노동부장관은 외국인근로자의 고용을 제한하는 경우에는 그 사용자에게 고용노동부령으로 정하는 바에 따라 알려야 한다(외국인근로자의 고용 등에 관한 법률 제20조 제2항). 이에 따른 통지는 사용자에게 외국인근로자 고용제한의 사유를 명시하여 문서로 하여야 한다(외국인근로자의 고용 등에 관한 법률 시행규칙 제15조).

4. 효 과

(1) 사용자에 대한 효과

사용자가 외국인근로자 고용제한의 사유에 해당할 경우 직업안정기관의 장은 그 사용자에 대하여 고용제한의 사유 사실이 발생한 날부터 3년간 외국인근로자의 고용을 제한할 수 있다(외국인근로자의 고용 등에 관한 법률 제20조 제1항 본문).

(2) 외국인근로자에 대한 효과

사용자에 대하여 고용허가의 제한이 있는 경우 외국인근로자는 고용노동부령으로 정하는 바에 따라 직업안정기관의 장에게 다른 사업 또는 사업장으로의 변경을 신청할 수 있다(외국인근로자의 고용 등에 관한 법률 제25조 제1항 제2호).

제 9 편 난민제도

(Refugee Law)

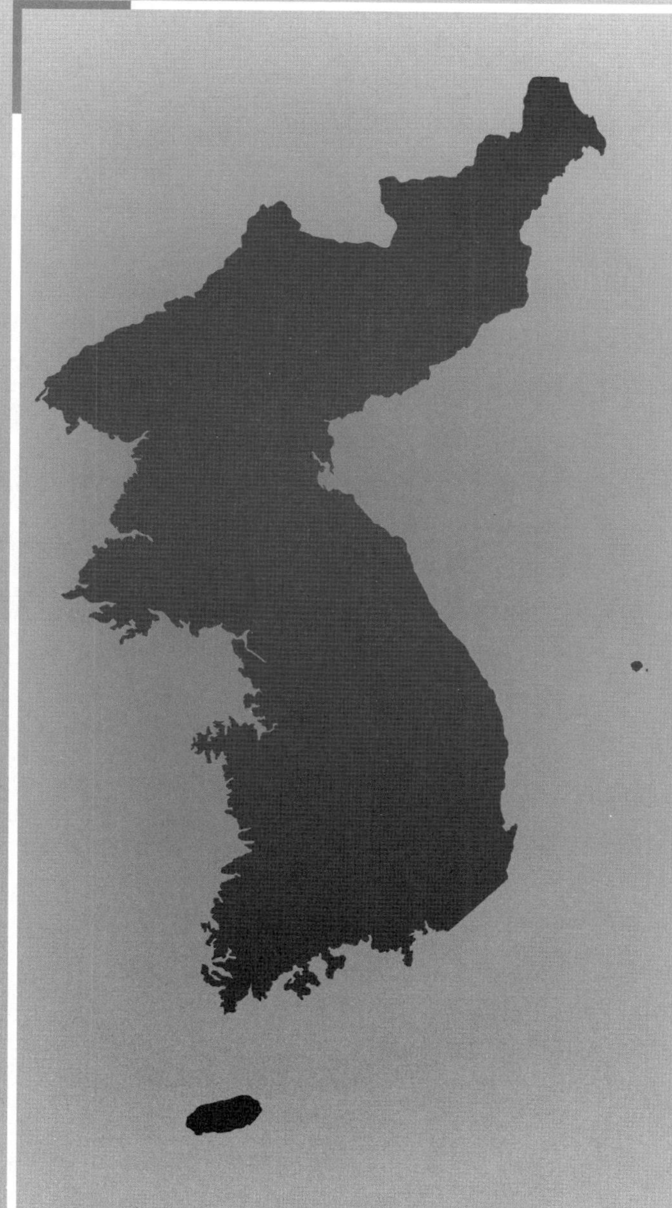

제 1 장

의 의

제 1 절 의 의

난민인정 결정에 중요한 판단기준으로 되는 것은 1951년 「난민의 지위에 관한 협약the Convention relating to the Status of Refugees」, 1967년 「난민의 지위에 관한 의정서the Protocol Relating to the Status of Refugees」 및 「난민법」에서 규정된 난민의 개념과 인정요건 · 절차임에도 불구하고, 그간 국내 학계에서는 이에 관한 논의가 충분하지 못하였다. 난민제도의 주요한 내용으로는 난민으로 인정되기 위한 실체적 요건, 절차적 요건 및 난민불인정결정 등에 대한 불복 또는 구제절차가 있다.

이하에서는 1951년 「난민의 지위에 관한 협약」, 1967년 「난민의 지위에 관한 의정서」상의 기본적 개념을 우선 설명하고 이를 대한민국의 「난민법」과 난민제도에 적용하기로 한다.

제 2 절 국제규범상의 난민

Ⅰ. 난민에 관한 국제규범

1948년 「세계인권선언Universal Declaration of Human Rights」 제14조 제1항에서는 "모든 사람은 박해를 피하여 타국에서 피난처를 구하고 비호를 향유할 권리를 가진다." 라고 규정하여 모든 사람은 박해를 피하여 비호를 구할 권리가 있음을 선언하고 있다. 그리고 일반적으로 난민에 대한 법적 근거는 1951년 「난민의 지위에 관한 협약」, 1967년 「난민의 지위에 관한 의정서」, 「유엔난민고등판무관실UNHCR 규칙」에 두고 있다. 1951년 「난민의 지위에 관한 협약」은 난민에 관한 기본 개념 등을 규정하고 있다. 동 협약은 1951년 1월 1일 이전에 발생한 사건의 결과로 난민이 된 자라는 시기적 제한과 유럽지역에서 발생한 사건이라는 지역적 제한을 두고 있다. 1967년 「난민의 지위에 관한 의정서」는 1951년 「난민의 지위에 관한 협약」에서 시기적 또는 지역적으로 제한된 난민의 개념을 확대하였다(난민의 지위에 관한 의정서 제1조 제2항, 제3항). 즉 1951년 「난민의 지위에 관한 협약」에서 정의된 난민의 개념이 1951년 1월 1일 이전이라는 시기적 제한과 유럽지역에서 발생한 사건이라는 지역적 제한 없이 적용될 수 있는 국제법적 체계가 마련되었다.[1)]

Ⅱ. 용　　어

1. 기본개념

일반적으로 난민의 개념은 1951년 「난민의 지위에 관한 협약」을 따르는데, 난민이란 '1951년 1월 1일 이전에 발생한 사건의 결과로서, 또한 인종, 종교, 국적, 특정 사회집단의 구성원 신분 또는 정치적 의견을 이유로 박해를 받을 우려가 있다는 충분한 이유가 있는 공포로 인하여 자신의 국적국 밖에 있는 자로서 그 국적국의 보호를 받을 수 없거나 그러한 공포로 인하여 그 국적국의 보호를 받는 것을 원하지 아니하는 외국인 및 상주국 밖에 있는 무국적자로서 종전의 상주국가로 돌아갈 수 없거나 또는 그러한 공포로 인하여 종전의 상주국가로 돌아가는 것을 원하지 아니하는 자.'라고 규정하고 있다(난민협약 제1조 A(2)). 1951년 「난민의 지위에 관한 협약」에 의하면 난민의 개념은 시간적으로 1951년 1월 1일 이전에 발생한 난민에 한정된다. 그러나 1967년 「난민의 지위에 관한 의정서」에서는 1951년 「난민의 지위에 관한 협약」이 1951년 1월 1일 이전에 발생한 사건의 결과로 난민이 되었던 자에게만 적용된다는 점을 고려하고, 동 협약이 채택된 이후에 새로운 사태에 의하여 난민이 발생하였고 이러한 난민은 동 협약의 적용범위에 속하지 아니할 수 있다는 점을 고려하여, 1951년 1월 1일의 기준시점에 관계없이 동 협약의 개념에 해당되는 모든 난민을 그 적용대상자로 일반화하였다(난민의 지위에 관한 의정서 제1조 제2항).

2. 유사개념

(1) 인도주의적 난민

인도주의적 난민은 난민의 요건을 충족하지는 않았더라도 자연재해 또는 정치적 상황 등으로 국제적인 보호가 필요한 외국인에게 부여하는 지위로서 일시적으로 출국을 유예하는 것이다. 난민협약상의 난민에 대하여 '보충적 보호'의 성격을 지닌다. 인도주의적 난민은 「난민법」에 그 법적 근거를 두고 인도적 체류의 허가를 인정하고 있다(난민법 제2조 제3호). 그 예로는 ⅰ) 지진, 홍수 등 자연재해로 인한 일시적 탈출은 난민

---

1) 박찬운, 인권법, 한울아카데미, 2008, p. 451 참고.

협약상의 난민은 아니지만, 유엔난민고등판무관실UNHCR 등 국제기구는 인도주의적인 차원에서 원조활동이 필요한 경우에 난민으로 간주되거나, ii) 경제적 사유로 자국을 탈출하여 난민임을 주장하는 경우에 난민협약상의 난민은 아니지만, 송환시 신변이 보장되지 않는 불안한 상황인 경우에 한해 난민으로 인정되기도 한다.[2)]

(2) 위임난민

위임난민mandate refugee은 난민협약의 당사국이 아닌 국가에서 체류하는 자에 대하여 유엔난민고등판무관실이 유엔난민고등판무관실 규칙에 따라 또는 유엔총회가 요청한 국제적 난민보호가 필요한 자를 난민으로 인정하여 그 국가에서 체류가 허용된 외국인을 말한다.[3)] 다만, 위임난민은 난민협약의 당사국이 아닌 국가로부터 보호의무의 대상에서 제외된다.

3. 구별개념

(1) 경제적 이민자

1) 의 의

난민의 개념과 구별되는 것으로는 경제적 이민자가 있다. 「난민지위 인정기준 및 절차 편람」에서는 난민과 구별되는 경제적 이민자를 언급하고 있다. 이에 따르면, 이민자는 1951년 「난민의 지위에 관한 협약」상 난민의 개념에 포함된 것 이외의 이유로 다른 국가에 체류하기 위하여 자발적으로 본국을 떠나는 자이다. 이민자는 변화 또는 모험을 구하고, 또는 가정적 혹은 개인적 성격의 기타 이유로 인하여 이주할 수 있다. 전적으로 경제적 이유로 이주한다면 그는 경제적 이민자이지 난민은 아니다(난민지위 인정기준 및 절차 편람 제62항).

2) 구별기준

난민인정 신청인의 출신국에서의 경제적 조치와 정치적 조치를 구분하는 것이 늘 명료하지 않은 것과 같이 경제적 이민자와 난민의 구분이 분명하지 않다. 경제적 이민자와 난민을 구별하는 기준에 대하여는 「난민지위 인정기준 및 절차 편람」에서 언급하고 있다. 이에 따르면, 개인의 생계에 영향을 주는 경제적 조치의 배후에는 특정 집단을 향하는 인종적, 종교적, 정치적 목적 또는 의도가 있을 수 있다. 예를 들어 특정

2) 김희진 · 박상희, 난민법 총론 및 관련제도, 한국 난민법의 바람직한 제개정방안, 난민법 제개정 추진모임, 2006, p. 4.
3) 앞의 논문, p. 4.

의 민족집단 또는 종교집단에게 교역의 권리를 박탈하거나, 또는 차별적이거나 과도한 세금을 부과하는 경우처럼 '특정적인 경제적 조치'가 인구의 특정 부분의 경제적 존립을 파괴하는 경우에 피해자는 상황에 따라서 자신의 국가를 떠난 난민이 될 수 있다(난민지위 인정기준 및 절차 편람 제63항). 그러나 동일한 경우가 '일반적인 경제적 조치(예를 들어 차별 없이 전 국민에 적용되는 조치를 말한다)'에 의한 피해자에게도 적용되는지 여부는 사안의 상황에 따라 다르다. 일반적인 경제적 조치에 대한 반대는 그 자체로 난민지위를 주장할 수 있는 상당한 이유가 되지 아니한다. 또 한편으로는, 언뜻 보기에 기본적으로 경제적 동기에 의한 출국으로 보이는 것은 실제로 정치적 요소를 포함할 수 있고, 경제적 조치 자체에 반대하기보다는 그에게 중대한 결과를 가져오는 개인의 정치적 의견에 의한 것일 수 있다(난민지위 인정기준 및 절차 편람 제64항).

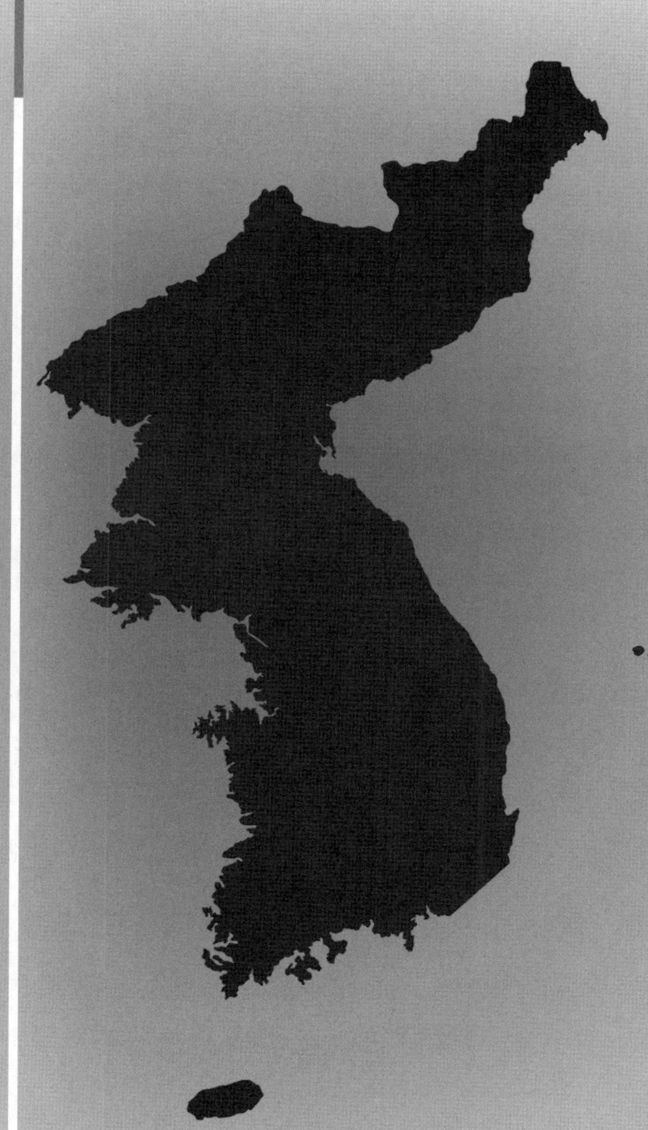

제 2 장

난민법상의 난민

제1절 난민법

1992년에 대한민국은 1951년 「난민의 지위에 관한 협약」 및 1967년 「난민의 지위에 관한 의정서」에 가입하였다. 그리고 1993년에는 「출입국관리법」에 난민지위의 보장을 위하여 난민에 관한 규정을 신설하였다.

2012년에 「난민법」이 제정되기 전까지 난민의 개념, 인정절차 등에 관한 내용은 「출입국관리법」에서 규정하고 있었다.[1] 이에 대해 국가인권위원회에서는 "「출입국관리법」으로부터 독립된 난민인정 절차 및 사회적 처우에 대한 사항만을 규정하는 독립법의 제정이 바람직하다고 판단된다. 난민에 대하여 「출입국관리법」과 별도의 법률을 갖는다는 것은 난민을 단순히 출입국관리의 차원이 아닌 인권보호라는 관점에서 난민문제에 접근할 수 있다는 점, 법률체계상 「출입국관리법」에서 다룰 수 없는 난민의 기본적 지위 및 난민에 대한 사회적 처우에 대한 적절한 규정을 둘 수 있다는 점, 난민인정 절차와 난민에 대한 사회적 처우 문제가 분리되지 않도록 할 수 있다는 점 등의 이점이 있다. 또한 국내 난민정책의 경우 난민인정 절차는 법무부 소관의 「출입국관리법」에 따르고, 각종 사회적 처우에 대한 문제는 고용노동부, 보건복지부 등의 소관사항으로 구분되어 있어 일관적이고 통합적인 난민에 대한 정책추진이 어려운 실정이다."라고 권고한 바 있다.[2] 난민정책은 인권적 측면이 고려되어야 한다는 지적과 합리적인 난민보호의 필요성이 반영되어, 2012년 2월 10일에 「난민법」은 「출입국관리법」에서 분리되어 독립된 법률로 제정되어 2013년 7월 1일부터 시행되고 있다.

---

1) 국외의 입법례로는 ⅰ) 출입국관리와 난민인정을 분리하여 독립된 난민법을 두고 있는 국가이다. 독일, 아일랜드, 스페인, 스위스 등이 이에 해당한다. ⅱ) 출입국관리와 난민을 분리하지 않고 하나의 법률에서 규율하는 국가이다. 미국, 캐나다, 영국, 프랑스, 일본 등이 이에 해당한다.

2) 국가인권위원회 결정례 2006. 6. 12. 자, 난민의 인권보호를 위한 정책개선에 대한 권고.

제 2 절 난 민

Ⅰ. 개 념

난민의 개념은 「난민법」 제2조 제1호, 「출입국관리법」 제2조 제3호에서 규정하고 있다. 「난민법」에서는 난민이란 '인종, 종교, 국적, 특정 사회집단의 구성원인 신분 또는 정치적 견해를 이유로 박해를 받을 수 있다고 인정할 충분한 근거가 있는 공포로 인하여 국적국의 보호를 받을 수 없거나 보호받기를 원하지 아니하는 외국인, 또는 그러한 공포로 인하여 대한민국에 입국하기 전에 거주한 국가(상주국이라 한다)로 돌아갈 수 없거나 돌아가기를 원하지 아니하는 무국적자인 외국인'이라고 규정하고(난민법 제2조 제1호), 「출입국관리법」에서는 난민이란 '「난민법」 제2조 제1호에 따른 난민'이라고 규정하고 있다(출입국관리법 제2조 제3호). 반면에 구 「출입국관리법」에서는 난민이란 '「난민의 지위에 관한 협약」 제1조나 「난민의 지위에 관한 의정서」 제1조에 따라 「난민의 지위에 관한 협약」의 적용을 받는 자'라고 규정하여 1951년 「난민의 지위에 관한 협약」상의 개념을 그대로 수용하고 있었다(구 출입국관리법 제2조 제3호).[3] 「난민법」은 1951년 「난민의 지위에 관한 협약」 제1조의 정의를 충실히 따르고 있으므로 난민의 정의에 대하여는 1951년 「난민의 지위에 관한 협약」, 「난민법」, 「출입국관리법」 및 구 「출입국관리법」 사이에 본질적인 차이가 없다.[4]

Ⅱ. 개념의 확장

1. 의 의

「난민법」 제2조 제1호에서 규정된 난민의 개념에 따르면, 최근 국제사회에서 난민의 정의를 확장하려는 최근의 변화를 반영하지 못한다. 다만, 인도주의적 고려, 1967년 「난민의 지위에 관한 의정서」의 적용, 난민인정의 요건에 대한 해석으로 난민 개념을 확장할 수 있다. 이하에서는 그 내용을 살펴보기로 한다.

---

3) 서울행정법원 2006. 1. 26. 선고 2005구합21859 판결 참고.

4) 오승진, 난민법 제정의 의의와 문제점, 대한국제법학회 국제법학회논총 제57권 제2호, 2012 참고.

2. 보충적 보호

보충적 보호complementary protection는 난민의 개념에는 포함되지 않는다. 보충적 보호란 난민에는 해당하지 않지만, 자국으로 귀국할 때에는 일정한 고통을 받을 위험이 있기 때문에 자국에 돌아 갈 수 없는 자를 보호할 필요가 있는 것을 말한다. 이는 보완적 보호라고도 한다. 「난민법」에서는 '보충적 보호'로서 인도적 체류의 허가를 인정하고 있다. 인도적 체류의 허가를 받은 자란 "난민에는 해당하지 아니하지만 고문 등의 비인도적인 처우나 처벌 또는 그 밖의 상황으로 인하여 생명이나 신체의 자유 등을 현저히 침해당할 수 있다고 인정할 만한 합리적인 근거가 있는 자로서 「난민법 시행령」으로 정하는 바에 따라 법무부장관으로부터 체류허가를 받은 외국인"을 말한다(난민법 제2조 제3호). 인도적 체류의 허가를 받은 자를 인도적 체류자라고도 말한다. 인도적 체류자는 체류허가와 체류기간 연장을 제외하고는 기본적으로 난민인정자에 대한 처우와 동등하다.

3. 시기적 제한의 극복

(1) 1967년 「난민의 지위에 관한 의정서」 적용

1992년에 대한민국은 1967년 「난민의 지위에 관한 의정서the Protocol relating to the Status of Refugees」에 가입하였다. 동 의정서에서는 1951년 「난민의 지위에 관한 협약」의 시간적 적용범위인 1951년 1월 1일 이전에 발생한 사건의 결과라는 시기적 제한을 벗어나, 난민의 개념을 1951년 1월 1일의 기준시점에 관계없이 1951년 1월 1일 이후에 발생한 모든 난민을 그 적용대상자로 일반화하여 그 개념을 확장하였다.

(2) 출입국항에서의 신청

구 「출입국관리법」에서는 대한민국에서 입국허가를 받은 후에만 난민인정을 신청할 수 있도록 시기적으로 제한하였다(구 출입국관리법 제76조의2 제1항). 즉 대한민국 안에 있는 외국인만이 난민인정을 신청할 수 있었다. 그러나 「난민법」 제6조(출입국항에서 하는 신청)에서 규정된 난민 신청은 외국인의 '입국'을 전제로 하고 있다. 대법원 판례에 따르면, 외국인의 입국이란 외국인이 대한민국의 영해, 영공 안의 지역으로 들어오는 것으로서, 대한민국 밖의 지역으로부터 대한민국 안의 지역으로 들어오는 것을 말한다.[5] 대법원 판례는 영역진입설을 취한다. 다만, 「난민법」에서 출입국항에서 하는

5) 대법원 2005. 1. 28. 선고 2004도7401 판결 참고.

신청은 입국의 의미에 대하여 영역진입설이 아니라 입국심사설을 따르고 있다. 외국인이 입국허가를 받기 전에 난민인정을 신청할 수 있는 '출입국항에서의 신청'에 대하여는 후술하기로 한다.

4. 박해 개념의 확대

난민인정의 요건 중에서 '박해'의 의미에 대하여, 대법원은 2008년 나르씨쓰 판결에서 '생명 또는 자유에 대한 위협'뿐만 아니라 인간의 본질적 존엄성에 대한 중대한 침해나 차별을 일으키는 행위까지도 박해에 해당한다고 해석하여 박해의 개념을 넓게 이해하고 있다.[6] 이와 같은 판례의 해석을 통하여 난민의 개념이 확대된다.

6) 대법원 2008. 7. 24. 선고 2007두3930 판결(일명 나르씨쓰 판결이라고 한다).

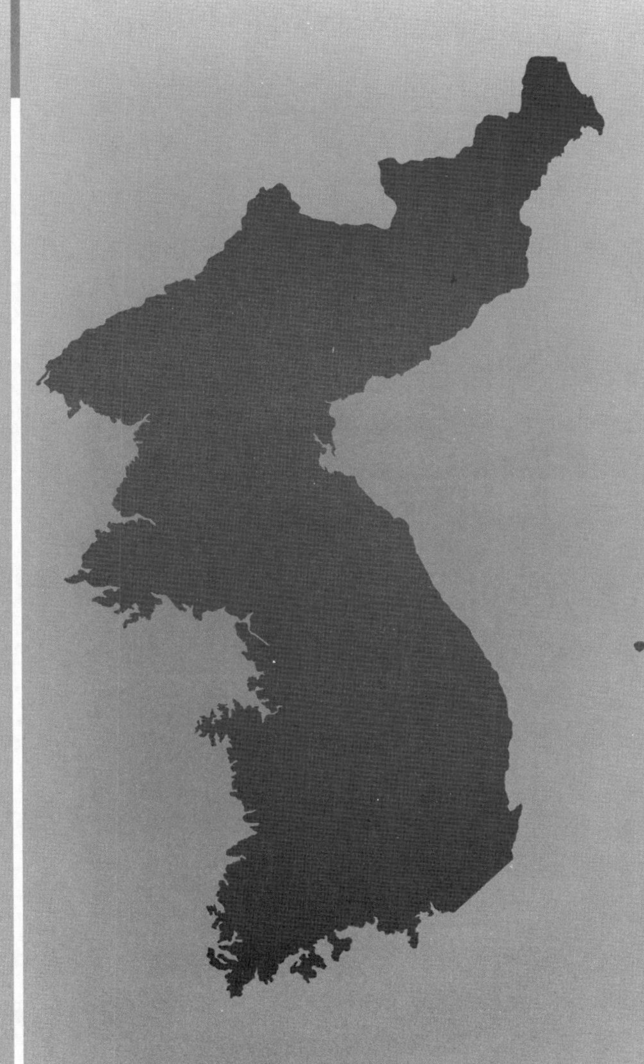

제 3 장

난민인정 요건: 난민심사의 준거기준

「난민법」에서 난민으로 인정되기 위한 요건으로는 ① 인종, 종교, 국적, 특정 사회집단의 구성원인 신분 또는 정치적 견해를 이유로, ② 박해를 받을 수 있다고 인정할, ③ 충분한 근거 있는 공포로 인하여, ④ 자신의 국적국 밖에 있는 자로서, ③ 그러한 공포로 인하여 국적국의 보호를 받을 수 없거나 국적국의 보호를 받는 것을 원하지 아니하는 외국인 또는 그러한 공포로 인하여 대한민국에 입국하기 전에 거주한 국가(상주국을 말한다)로 돌아갈 수 없거나 돌아가기를 원하지 아니하는 무국적자인 외국인이다(난민법 제2조 제1호). 이하에서는 「난민법」에서 난민으로 인정되기 위한 요건을 살펴보기로 한다.

제1절 박 해

I. 개 념

1951년 「난민의 지위에 관한 협약」, 「난민법」 등에서는 박해의 정의를 규정하지 않고 있다. 「난민지위 인정기준 및 절차 편람」에서는 “보편적으로 받아들여지는 박해의 정의는 없으며, 그러한 정의를 확립하려는 다양한 시도가 있었으나 결국 성공하지 못했다.”라고 언급하고 있다(난민지위 인정기준 및 절차 편람 제51항). 이와 관련하여 1951년 「난민의 지위에 관한 협약」 제31조 제1항 본문에서는 “체약국은 (중략) 생명과 자유가 위협받는 영역에서 직접 탈출해 온 난민에게,”, 제33조 제1항에서는 “체약국은 난민을 (중략) 그 생명 또는 자유가 위협받을 우려가 있는 영역의 국경으로 추방하거나 송환하여서는 아니된다.”라고 규정하고 있으므로 박해란 통상적으로 ‘생명 또는 자유에 대한 위협’으로 이해된다.

박해가 무엇을 의미하는지 관하여는 확립된 견해는 없지만, 일단 생명 또는 신체의 자유와 같은 중대한 인권에 대한 침해행위가 박해에 해당한다고 할 수 있다. 그밖에 일반적으로 문명사회에서 허용될 수 없을 것으로 생각되는 부당한 차별, 고통, 불이익의 강요 등이 박해에 해당한다.[1] 대법원은 2008년 나르씨쓰 판결에서 박해란 ‘생명, 신체 또는 자유에 대한 위협을 비롯하여, 인간의 본질적 존엄성에 대한 중대한 침해나 차별을 일으키는 행위’라고 판시하고 있다.[2] 박해를 생명 또는 자유에 대

1) 서울행정법원 2008. 2. 20. 선고 2007구합22115 판결; 서울행정법원 2007. 1. 9. 선고 2006구합28345 판결.

한 위협으로 좁게 해석하지 않고 인간으로서의 존엄과 가치를 훼손하는 행위까지도 박해에 해당한다고 해석하여 박해의 개념을 넓게 이해하고 있다. 또한 「난민지위 인정기준 및 절차 편람」에서는 "다른 인권의 중대한 침해도 인종, 종교, 국적, 정치적 의견 또는 특정사회집단의 구성원 신분이라는 동일한 이유로 박해를 구성한다고 볼 수 있다."라고 언급하고 있다(난민지위 인정기준 및 절차 편람 제51항). 즉 '생명 또는 자유에 대한 위협'뿐만 아니라 인간으로서의 존엄과 가치를 훼손하는 행위 또는 다른 인권의 중대한 침해도 박해에 해당하는 것으로 해석되므로 난민의 개념이 확장된다.

Ⅱ. 박해와 차별의 관계

1. 중대한 차별

박해의 개념에서 살펴본 바와 같이, '인간의 본질적 존엄성에 대한 중대한 차별을 일으키는 행위'는 넓은 의미의 박해에 해당한다. 「난민지위 인정기준 및 절차 편람」에서는 "차별이 박해에 해당되는 특정한 경우가 있다. 차별적 조치가 당해인에게 실질적으로 편견적 성격의 결과를 이끄는 경우에 차별은 박해에 해당한다. 예를 들어, 생계를 유지할 권리, 자신의 종교를 신봉할 권리, 일반적으로 유용한 교육시설을 이용할 권리에 대한 중대한 제약은 박해에 해당된다."라고 언급하고 있다(난민지위 인정기준 및 절차 편람 제54항).

2. 판단기준

차별이 박해에 해당하는지 여부를 판단하기 위하여 「난민지위 인정기준 및 절차 편람」에서는 "차별조치 그 자체가 중대한 성격을 가지지 않는 경우라도, 당해인의 마음에 자신의 장래 생존에 관하여 위기감과 불안감을 준다면, 이들 조치는 박해를 받을 우려가 있는 상당한 공포를 야기할 수 있다. 그러한 차별조치 자체가 박해에 해당되는지의 여부는 모든 사정에 비추어 보아 결정하여야 한다. 박해를 받을 우려가 있는 공포를 가지고 있다는 주장은, 이러한 형태의 많은 차별적 조치의 피해자가 되었고, 또한 누적된 관련요소가 있는 경우에 더욱 설득력있게 된다."라고 언급하고

2) 대법원 2008. 7. 24. 선고 2007두3930 판결(일명 나르씨쓰 판결이라고 한다); 대법원 2008. 7. 24. 선고 2007두19539 판결; 대법원 2011. 7. 14. 선고 2008두12559 판결; 대법원 2012. 3. 29. 선고 2010두26476 판결; 서울행정법원 2011. 7. 14. 선고 2011구합6301 판결; 서울행정법원 2011. 7. 14. 선고 2011구합6578 판결; 서울행정법원 2011. 7. 15. 선고 2011구합6561 판결; 서울행정법원 2013. 4. 25. 선고 2012구합32581 판결.

있다(난민지위 인정기준 및 절차 편람 제55항).

3. 한 계

「난민법」에서 열거한 사유로 인해 차별을 받고 있는 경우일지라도 그 차별이 심각한 수준에 이르지 못한다면, 차별을 받고 있다는 것만으로는 박해에 해당한다고 볼 수 없다.[3)]「난민지위 인정기준 및 절차 편람」에서도 "다양한 집단의 대우상 차이는, 크든 작든 실제로 많은 사회에서 존재한다. 그러한 차이의 결과로서 불리한 대우를 받는 자가 반드시 박해의 피해자는 아니다."라고 언급하고 있다(난민지위 인정기준 및 절차 편람 제54항).

Ⅲ. 박해의 주체

1. 국가기관의 박해

박해는 통상적으로 국가기관에 의하여 발생되는 것이 일반적이다.[4)]「난민지위 인정기준 및 절차 편람」에서도 "박해는 통상적으로 국가기관에 의한 행위와 관련된다."라고 언급하고 있다(난민지위 인정기준 및 절차 편람 제65항).

2. 비정부조직의 박해

(1) 규 정

국가기관이 아닌 비정부조직으로부터 박해를 받은 경우에 난민으로 인정될 수 있는지가 문제된다. 「난민지위 인정기준 및 절차 편람」에서는 "박해는 또한 관련국의 법에 의하여 확립된 기준을 존중하지 않는 일부 계층으로부터 생길 수 있다. 예컨대, 국민의 일부가 이웃의 종교적 신념을 존중하지 않는 세속적 국가에서의 종교적 불관용이 있을 수 있고, 이러한 종교적 불관용은 박해에 해당된다. 지역주민이 심히 차별적이거나 다른 공격적인 행위를 하여도, 이들 행위가 국가기관에 의하여 고의로 묵인되고, 국가기관이 효과적인 보호의 제공을 거부하고, 또는 효과적인 보호를 제공할 수 없는 한, 이들 행위는 박해로 간주된다."라고 언급하고 있다(난민지위 인정기준 및 절차 편람 제65항).

---

3) 장상균 외 5인, 난민재판의 이해, 서울행정법원, 2011, p. 98.
4) 앞의 책, p. 99 참고.

(2) 판 례

종교단체로부터 종교적 이유로 박해를 받은 사안에서, 법원은 "박해의 주체는 국가기관에 한정되지 아니하고, 정부의 보호가 이루어지지 않는 상황에서 비정부조직이 될 수도 있다. 예컨대, 국민의 일부가 이웃의 종교적 신념을 존중하지 않는 세속적 국가에서의 종교적 불관용이 있을 수 있고, 이러한 종교적 불관용은 박해에 해당된다. 지역주민이 심히 차별적이거나 다른 공격적인 행위를 하여도, 이들 행위가 국가기관에 의하여 고의로 묵인되고, 국가기관이 효과적인 보호의 제공을 거부하고, 또는 효과적인 보호를 제공할 수 없는 한, 이들 행위는 박해로 간주된다."라고 판시하고 있다.[5] 또한 동성애라는 '특정 사회집단의 구성원인 신분'에 대하여, 법원은 "우간다 정부가 동성애자를 탄압하고 있고 지역 주민들의 탄압으로부터 동성애자를 효과적으로 보호하지도 않는 사실에 비추어, 우간다 국적자가 우간다로 귀국할 경우 동성애자라는 '특정 사회집단의 구성원인 신분'을 이유로 박해를 받을 우려가 있다고 볼 만한 충분한 근거 있는 공포가 있다."라고 판시하고 있다.[6]

Ⅳ. 원인 제공자에 대한 박해의 판단

국적국을 떠난 후 체류하는 다른 국가에서 정치적 의견을 표명하는 것과 같은 행동의 결과로서 '박해를 받을 충분한 공포'가 발생한 경우 또는 난민으로 보호받기 위하여 박해의 원인을 스스로 제공한 경우에 대하여, 대법원은 "난민으로 보호받기 위하여 스스로 박해의 원인을 제공하였다는 이유만으로 난민인정을 거부할 수는 없다."고 판시하고 있다.[7]

그러나 국내에 입국한 직후부터 회사에 취업하여 일하는 등 불법체류해 오던 미얀마인 갑甲이 불법체류자에 대한 단속이 강화되자 불법체류자 자진신고를 한 후에, 그 갑甲이 대한민국 내에서 정치적 활동 등으로 미얀마에 귀국할 경우 박해를 받을 우려가 있다는 이유로 난민인정 신청을 하였으나 법무부장관이 이를 불허한 사안에서, 대법원은 "갑甲이 버마민족민주동맹NLD-LA 한국지부의 정치적 집회에 참여하고 회원으로 가입하였다고 하더라도 단순히 주한 미얀마대사관 앞에서 시위하거

5) 서울행정법원 2007. 1. 9. 선고 2006구합28345 판결.
6) 서울행정법원 2013. 4. 25. 선고 2012구합32581 판결.
7) 대법원 2011. 7. 14. 선고 2008두12559 판결; 대법원 2008. 7. 24. 선고 2007두19539 판결; 대법원 2012. 3. 29. 선고 2010두26476 판결.

나 시위하는 모습이 사진에 찍혔다는 사정만으로는 국내 정치활동으로 미얀마로 귀국 시 박해를 받을 충분한 근거 있는 공포를 갖는 난민에 해당한다고 보기 부족하다."라고 판시하고 있다.[8)]

Ⅴ. 박해의 이유

1. 의 의

(1) 5가지 이유

「난민법」에서는 박해의 이유로 인종, 종교, 국적, 특정 사회집단의 구성원인 신분 또는 정치적 견해라는 5가지 이유를 제한적으로 열거하고 있다(난민법 제2조 제1호). 따라서 5가지 이유로 인한 박해 외에 환경, 경제 등을 이유로 한 난민의 발생은 제외된다.

(2) 관련성

난민으로 인정되기 위하여는 박해를 받는 이유와의 관련성이 있어야 한다. 즉 박해와 그 이유 사이에 관련성 또는 인과관계가 존재하여야 하는데, 이를 '관련성의 요건'이라고도 한다. 관련성의 요건은 앞에서 살펴본 난민과 경제적 이민자를 구별하는 중요한 기준이 된다.[9)] 난민으로 인정되기 위하여 신청인은 위와 같은 열거된 이유로 인하여 '박해를 받을 우려가 있다'라는 충분히 근거가 있는 공포를 입증하여야 한다. 박해가 위 이유들 중에서 한 가지 이유로 또는 두 가지 이상의 복합된 이유로 발생된 것인지의 문제는 중요하지 않다(난민지위 인정기준 및 절차 편람 제66항).

2. 인 종

(1) 의 의

1951년 「난민의 지위에 관한 협약」 및 1967년 「난민의 지위에 관한 의정서」, 「난민법」에서는 인종race의 정의를 두고 있지 않다. 일반적으로 인종은 생물학적 관점에서 신체적 차이에 기초한 것으로 국적과는 개념적으로 차이가 있다. 인종의 사회구조는 신체적 차이에 기초하여 만들어지고, 민족성의 사회구조는 문화, 국민성, 언어, 종교와 같이 사회적 표식에 의하여 만들어진 것이다.[10)] 그러나 「난민지위 인정기준

8) 대법원 2011. 7. 14. 선고 2008두12559 판결.
9) 조정현, 난민지위협약상 박해의 이유, 난민의 개념과 인정절차, 경인문화사, 2011, p. 116 참고.

및 절차 편람」에 의하면, 난민인정의 요건으로서 인종은 통상적으로 '인종'이라고 쓰이는 모든 종류의 민족적 집단을 포함하는 광의의 의미로 이해되어야 한다. 이는 주로 다수의 인구 내에 소수민족을 구성하고 있는 공통가계로 이루어진 특정사회집단의 구성원을 말한다(난민지위 인정기준 및 절차 편람 제68항).

(2) 인종을 이유로 하는 박해

인종을 이유로 차별하는 것은 가장 현저한 인권침해의 하나로서 세계적으로 비난받아왔다. 따라서 인종차별은 박해의 존재를 인정하는 중요한 요소가 된다(난민지위 인정기준 및 절차 편람 제68항). 인종을 이유로 한 차별은 주로 1951년 「난민의 지위에 관한 협약」상의 의미로 박해에 해당된다. 인종차별의 결과가 개인의 존엄성이 가장 기본적이고도 양도될 수 없는 인권과 합치되지 않는 정도로 영향을 받거나, 또는 인종적 장벽의 무시가 중대한 결과를 가져오는 경우라면 이는 박해에 해당된다(난민지위 인정기준 및 절차 편람 제69항).

특정한 인종집단에 단지 속한다는 사실만으로는 난민지위 주장의 정당성을 입증하기에 통상 충분하지 않다. 그러나 그 집단에 영향을 주는 특별한 상황 때문에 그 구성원이 박해를 받을 우려가 있다는 충분한 근거가 있는 공포를 가지는 상황이 있을 수 있다(난민지위 인정기준 및 절차 편람 제70항).

3. 종　교

(1) 의　의

1951년 「난민의 지위에 관한 협약」 및 1967년 「난민의 지위에 관한 의정서」, 「난민법」에서는 종교의 정의를 두고 있지 않다. 종교란 일반적으로 초인간적인 또는 초자연적인 존재에 대한 인간의 신앙체계를 말한다. 1948년 「세계인권선언」 및 국제인권규약은 사상, 양심 및 종교의 자유에 대한 권리를 선언하고 있고, 이 권리는 자신의 종교를 변경할 자유, 또는 공적 혹은 사적으로 교육, 신봉, 숭배 및 의식에 있어서 자신의 종교를 표현할 자유를 포함하고 있다(난민지위 인정기준 및 절차 편람 제71항).

(2) 종교를 이유로 한 박해

종교를 이유로 한 박해는 다양한 형태를 생각할 수 있다, 예컨대 종교단체의 구성원 신분, 개인적 또는 공적 숭배, 또는 종교교육의 금지, 또는 자신의 종교를 신봉하거나 특정의 종교집단에 속한다는 이유로 중대한 차별조치를 가하는 경우이다

---

10) 박지선 옮김, 로빈 코헨, 폴 케네디의 글로벌 사회학, 인간사랑, 2012, p. 229 참고.

(난민지위 인정기준 및 절차 편람 제72항). 단지 특정의 종교집단의 구성원이라는 이유만으로는 난민지위의 주장의 정당성을 입증하기에 통상 충분하지 않다. 그러나 단순히 그 구성원이라는 이유로 박해를 받을 우려가 있다는 충분한 근거가 있는 공포를 가지는 특별한 상황이 있을 수 있다(난민지위 인정기준 및 절차 편람 제73항).

4. 국 적

(1) 의 의

1951년「난민의 지위에 관한 협약」 및 1967년「난민의 지위에 관한 의정서」,「난민법」에서는 국적의 정의를 두고 있지 않다. 일반적으로 국적이란 '국민이 되기 위한 요건·신분 또는 자격이고, 동시에 정치공동체의 구성원으로 차별대우를 받지 않고 통합되는 요건·신분 또는 자격'으로 이해된다. 그러나「난민지위 인정기준 및 절차 편람」에 의하면, '국적'이라는 용어는 단순히 시민으로서만 이해되는 것이 아니다. 국적이란 민족적 또는 언어적 집단의 구성원을 말하는 것이고, 주로 인종이라는 용어와 중복되어 사용될 수 있다(난민지위 인정기준 및 절차 편람 제74항).

(2) 복수국적의 경우

1951년「난민의 지위에 관한 협약」에서는 복수국적에 대하여 규정하고 있다. 즉 "2개 이상의 국적을 가진 자의 경우, 국적국의 용어는 그가 국적을 가지고 있는 국가 각각을 의미하며, 또한 충분한 근거가 있는 공포에 기초한 정당한 이유 없이 국적국가 중 어느 한 국가의 보호를 받고 있지 아니하였다면 당해인에게 국적국의 보호가 없는 것으로 인정되지 아니한다."라고 규정하고 있다(1951년 난민의 지위에 관한 협약 제1조 제A항 제2호).

2개 이상의 국적을 가진 자에 관하여는「난민지위 인정기준 및 절차 편람」에서 다루어진다(난민지위 인정기준 및 절차 편람 제92항). 편람 제106항은, 자체 해석으로, 국적국가들 중 적어도 한 국가의 보호를 받을 수 있는 복수국적자를 난민지위에서 배제할 의도로 마련된 것이다. 국민에 대한 보호가 항상 가능한 경우, 국가의 보호는 국제적 보호보다 우선한다(난민지위 인정기준 및 절차 편람 제106항). 그러나 이중국적 또는 다국적을 가진 신청인의 사안을 조사하는 경우, 법적 의미의 국적보유와 그 국적국의 보호를 받을 수 있는 가능성 간의 구별을 명확히 할 필요가 있다. 신청인이 공포가 있다고 주장하지 않은 국가의 국적을 가지고 있으나, 그러한 국적은 통상 국민에 대하여 부여되는 보호가 수반되지 않는 한 실효성이 없는 경우가 있을 수 있다. 그러한 경우 제2의 국적의 보유는 난민지위와 모순되지 않는다. 일반적으로 부여된 국적이 실효성이 없음을 입증하기 전에 그 국적에 따른 보호의 요청 또한 보호의 거부가 있어야 한다. 보호의 명확한 거부가 없는 경우라도 합리적 기간 내에 응답이 없다면 보호의 거부로 볼 수 있다(난민지위 인정기준 및 절차 편람 제107항).

(3) 국적을 이유로 한 박해

국적을 이유로 한 박해로는 민족적 또는 언어적 소수자에 대한 불리한 대우와 조치를 들 수 있다. 일정한 경우 그러한 소수자에 속한다는 사실만으로 박해를 받을 우려가 있다는 충분한 근거가 있는 공포를 야기하는 상황이 있을 수 있다(난민지위 인정기준 및 절차 편람 제74항). 대부분의 경우 국적을 이유로 한 박해는 소수민족에 속하는 자에게 공포의 이유가 되는 반면, 여러 대륙에서는 다수 집단에 속하는 자가 지배권을 가진 소수집단에 의하여 박해를 받는 공포를 가지는 경우가 많았다(난민지위 인정기준 및 절차 편람 제76항).

한 국가 내에 2개 이상의 민족적 또는 언어적 소수집단이 공존하는 사실은 분쟁과 박해상황, 또는 박해의 위험을 야기시킬 수 있다. 민족집단 간의 분쟁이 정치적 운동과 결합하는 경우, 특히 정치적 운동이 특정의 국적과 결부되는 경우에 국적을 이유로 한 박해와 정치적 의견을 이유로 한 박해간의 구별은 그리 쉽지 않다(난민지위 인정기준 및 절차 편람 제75항).

5. 특정 사회집단의 구성원인 신분

(1) 의 의

1951년「난민의 지위에 관한 협약」및 1967년「난민의 지위에 관한 의정서」,「난민법」에서는 특정 사회집단의 구성원인 신분의 정의를 두고 있지 않다. 그러나「난민지위 인정기준 및 절차 편람」에 의하면, 특정 사회집단은 통상 유사한 배경, 습관, 또는 사회적 지위를 가진 자들로 구성된다. 특정 사회집단의 구성원인 신분이라는 이유로 박해를 받을 우려가 있는 공포를 가진다는 주장은 주로 다른 이유 즉, 인종, 종교 또는 국적의 이유로 박해를 받을 우려가 있는 공포를 가진다는 주장과 중복될 수 있다(난민지위 인정기준 및 절차 편람 제77항).

(2) 특정 사회집단의 구성원인 신분을 이유로 한 박해

특정 사회집단의 구성원인 신분은 박해의 근원이 될 수 있다. 왜냐하면 그 집단의 정부에 대한 충성은 신뢰할 수 없고, 또는 그 구성원의 정치적 전망, 경력 혹은 경제적 활동, 또는 그러한 사회집단의 존재 자체가 정부정책에 장애가 된다고 주장되기 때문이다(난민지위 인정기준 및 절차 편람 제78항). 특정 사회집단의 구성원인 신분을 가진 자는 사회적인 적대를 당할 경우 그들은 국가 내의 다른 지역으로 이동하여 사회적인 적대를 피할 수 있으나, 그 사회적 적대 태도가 국가 전반에 걸쳐 만연해 있다는 점을 고려하면 내부적인 이동을 통하여 안전을 찾는 것에는 어려움이 있다. 새로운 지역에서 박해의 두려움으로 자신의 신분을 숨기는 것이 그 자에게 달려 있다면 내부적인 이동은 해답이 아니다.[11)]

특정 사회집단의 구성원인 신분이라는 사실만으로는 통상 난민지위의 주장의 정당성을 입증하기에 충분하지 않다. 그러나 단순히 그 구성원이라는 이유로 박해를 받을 우려가 있다는 충분한 근거가 있는 공포를 가지는 특별한 상황이 있을 수 있다(난민지위 인정기준 및 절차 편람 제79항).

(3) 판례의 태도

우간다 국적자가 우간다로 귀국할 경우에 '동성애자'라는 특정 사회집단의 구성원인 신분을 이유로 박해를 받을 우려가 있다고 볼 만한 충분한 근거 있는 공포가 있다고 인정된 바 있다.[12)]

6. 정치적 견해

(1) 의 의

1951년 「난민의 지위에 관한 협약」 및 1967년 「난민의 지위에 관한 의정서」, 「난민법」에서는 정치적 견해의 정의를 두고 있지 않다. 「난민법」에서 말하는 정치적 견해란 국가, 정부, 정책과 연관될 수 있는 문제에 대한 비판적 의견으로 용인될 수 없는 것을 말한다.[13)] 또한 민족집단 간의 분쟁이 정치적 운동과 결합하는 경우, 특히 정치적 운동이 특정의 국적과 결부되는 경우에 국적을 이유로 한 박해와 정치적 의견을 이유로 한 박해 간의 구별은 그리 쉽지 않다(난민지위 인정기준 및 절차 편람 제75항).

(2) 구별개념

대법원은 "단순히 강제징집을 거부한 사정만으로는 박해의 원인이 있었다고 할 수 없으나, 그 징집거부가 정치적 동기에 의하여 이루어지는 등 정치적 의견을 표명한 것으로 평가될 수 있을 때에는 박해의 원인이 있었다."라고 판시하고 있다.[14)] 이

11) 서울행정법원 2013. 4. 25. 선고 2012구합32581 판결 참고.
12) 앞의 판결.
13) 주진열, 난민지위협약상 박해의 의미, 난민의 개념과 인정절차, 경인문화사, 2011, p. 110; 조정현, 난민지위협약상 박해의 이유, 난민의 개념과 인정절차, 경인문화사, 2011, p. 127.

와 같이 정치적 견해와 구별되는 것으로 '정치적 동기로 말미암은 행위'가 있다. 「난민지위 인정기준 및 절차 편람」에 의하면, 개인이 정치적 범죄에 대한 기소 또는 형벌의 대상이 되는 경우 그 기소가 정치적 견해 때문에 행해지는 것인지 또는 정치적 동기로 말미암은 행위 때문에 행해지는 것인지를 구별하여야 한다. 기소가 정치적 동기로 인하여 저질러진 가벌적 행위 때문에 행하여지고 예상되는 형벌이 관련국의 일반법에 합치되는 것이라면, 그러한 기소에 대한 공포의 이유로는 신청인은 난민이 되지 않는다(난민지위 인정기준 및 절차 편람 제84항).

(3) 정치적 견해를 이유로 한 박해

1) 전제적 조건

정부의 의견과 다른 정치적 견해를 가지는 것 자체는 난민지위를 주장할 수 있는 근거가 되지 않고, 신청인은 자신이 그러한 견해를 가지고 있음으로 인하여 박해를 받을 우려가 있는 공포를 가지고 있음을 입증하여야 한다. 이것은 신청인이 정부기관에 의하여 용인될 수 없는 견해를 가지고 있고, 그 견해는 당국의 정책이나 방법을 비판하는 것임을 전제로 한다. 또한 그러한 견해가 당국의 주목을 받게 되거나 당국이 그러한 비판적 견해는 신청인에게서 기인하는 것으로 알고 있음을 전제로 한다. 교사 또는 작가의 정치적 견해는 밖으로 노출이 적은 지위에 있는 자의 견해보다 더 겉으로 밝혀질 수 있다. 신청인의 견해의 상대적 중요성 또는 고집 또한, 이것이 사안의 모든 상황으로부터 입증될 수 있는 한, 관련이 있다(난민지위 인정기준 및 절차 편람 제80항).

정치적 견해를 이유로 한 박해는 그것이 이미 표현되었거나 또는 정부기관의 주목을 받게 된 의견을 신청인이 가지고 있음을 의미한다. 신청인이 자신의 견해를 표현하지 않은 경우가 있을 수 있다. 그러나 그의 강한 확신으로 인하여 자신의 견해를 조만간 표현하고 결과적으로 신청인이 당국과 충돌하게 될 것임을 합리적으로 가정할 수 있다. 이러한 상황이 합리적으로 예견될 수 있는 경우 신청인은 정치적 견해를 이유로 박해를 받을 공포를 가지는 것으로 인정될 수 있다(난민지위 인정기준 및 절차 편람 제82항).

2) 입증의 문제

정치적 견해를 이유로 한 박해에 대하여, 신청인이 표현된 정치적 견해와 그로 인해 고통을 당하거나 공포를 가지게 되는 관련조치 간의 인과관계를 입증하는 것이 항상 가능하지는 않다. 그러한 조치가 신청인의 '견해'에서 분명히 기인하는 경우는 극히 드물다. 그러한 조치는 빈번히 정권에 대항한 범죄행위에 대한 제재형태

14) 대법원 2008. 7. 24. 선고 2007두3930 판결.

를 취한다. 따라서 신청인의 행동의 근원이 된 정치적 견해를 또한 그 견해가 공포로 주장되는 박해를 이끌었고 박해를 이끌 수 있다는 사실을 입증하는 것이 필요하다(난민지위 인정기준 및 절차 편람 제81항).

3) 정치범과 난민

(가) 난민인정

정치범이 난민으로 인정될 수 있는지 여부는 다양한 요소들을 고려하여 판단할 문제이다. 범죄를 기소하는 것은, 사정에 따라서, 범죄인에 대하여 그의 정치적 견해 또는 그러한 견해에 의한 표현을 처벌하는 구실이 될 수 있다. 또한 정치범은 주장된 범죄에 대하여 가혹한 또는 자의적 형벌을 받게 될 것임을 믿을 만한 근거가 있을 수 있다. 그러한 가혹한 또는 자의적인 형벌은 박해에 해당된다(난민지위 인정기준 및 절차 편람 제85항).

(나) 고려요소

정치범이 난민으로 인정될 수 있는지 여부를 결정하는 데 다음과 같은 요소를 고려하여야 한다. 즉, 신청인의 인성, 그의 정치적 견해, 행위의 동기, 저질러진 행위의 성격, 기소의 성격과 그 동기, 끝으로 기소의 근거가 되는 법의 성격을 들 수 있다. 이들 요소는 당해인이 자신이 저지른 행위에 대하여 법의 범위 내에서의 단순히 기소와 형벌에 대한 공포가 아닌 박해의 공포를 가지고 있음을 입증할 수 있는 것이 된다(난민지위 인정기준 및 절차 편람 제86항).

4) 현지에 체재 중 난민이 된 자

정치적 견해를 이유로 박해를 받을 공포가 있다고 주장하는 신청인은 출신국을 떠나기 전에 출신국 당국이 그의 견해를 알고 있었다는 것을 입증할 필요는 없다. 자신의 정치적 견해를 숨겨야 했고 어떠한 차별이나 박해로부터 고통을 당하지 않을 수도 있다. 한편 자국 정부의 보호를 받기를 거부하고 또는 그곳으로 돌아가는 것을 거부함으로써 신청인이 자신의 진심을 보이고, 그가 박해의 공포를 가지고 있음을 보일 수 있다. 이러한 경우 박해를 받을 우려가 있다는 충분한 근거가 있는 공포에 대한 합리성 여부를 가려내는 방법으로 출신국으로 돌아간다면 특정한 정치적 성향을 가지고 있는 신청인이 직면하게 될 결과를 평가하여야 한다. 이는 특히 '현지에 체재 중 난민이 된 자refugee sur place'의 경우에 적용된다(난민지위 인정기준 및 절차 편람 제83항).[15)]

15) 난민지위 인정기준 및 절차 편람 제94항에서 제96항 참조.

제 2 절 충분한 근거 있는 공포

Ⅰ. 의 의

박해를 받을 우려가 있다는 '충분한 근거 있는 공포well founded fear of being persecuted'는 난민으로 인정되기 요건의 핵심이다. 그러나 1951년 「난민의 지위에 관한 협약」, 1967년 「난민의 지위에 관한 의정서」, 「난민법」, 대법원 판례 등에서는 '충분한 근거 있는 공포'의 개념을 정의하지 않고 있다.

「난민지위 인정기준 및 절차 편람」에서는 충분한 근거 있는 공포를 '공포'라는 주관적 요소와 '충분한 근거 있는'라는 객관적 요소로 구분하고 있다. 공포는 주관적 요소이지만 충분한 근거가 있어야 한다는 점에서 공포는 객관적 요소에 의하여 뒷받침되어야 한다.[16] 즉 "공포는 주관적이기 때문에 협약의 난민정의는 난민지위의 인정을 신청하는 자의 주관적 요소를 포함하고 있다. 따라서 난민으로서의 지위의 인정에는 일차적으로 그의 출신국의 지배적인 상황에 따른 판단보다는 신청자의 진술에 대한 평가가 더 요구된다."라고 언급하고(난민지위 인정기준 및 절차 편람 제37항), "심리상태의 주관적 조건인 공포라는 요소에는 '충분한 근거가 있는'이라는 조건이 첨가된다. 이는 난민지위를 인정하는 데 있어서 당해인의 심리상태뿐만 아니라 그러한 심리상태가 객관적 상황에 의하여 뒷받침되어야 한다는 것을 의미한다. '충분한 근거 있는 공포'라는 용어는 주관적 요소와 객관적 요소를 포함한다. 따라서 '충분한 근거 있는 공포'의 존재 여부를 결정하는 데 있어서 두 가지 요소가 모두 고려되어야 한다."라고 언급하고 있다(난민지위 인정기준 및 절차 편람 제38항).

Ⅱ. 입증의 주체

난민인정을 신청하는 외국인은 그러한 박해를 받을 '충분한 근거 있는 공포'가 있음을 증명하여야 한다.[17]

16) 오승진, 난민법 제정의 의의와 문제점, 대한국제법학회 국제법학회논총 제57권 제2호, 2012, p. 95.

17) 대법원 2008. 7. 24. 선고 2007두3930 판결; 대법원 2013. 4. 25. 선고 2012두14378 판결.

Ⅲ. 신 뢰 성

1. 주관적 요소의 판단기준

1951년「난민의 지위에 관한 협약」상 난민의 개념은 주관적 요소에 따라 결정된다는 중요성으로, 기록에 의한 사실로서 사안이 충분히 명백하지 않은 경우 그 신뢰성에 대한 판단이 필요하다. 이 경우 신청인의 개인적 배경 및 가족배경, 특정의 인종적, 종교적, 민족적, 사회적 또는 정치적 집단의 구성원인 신분, 자신이 처해 있는 사정에 대한 본인의 해석 및 개인적 경험을 고려할 필요가 있다. 즉 그가 난민인정 신청을 하게 된 주요 동기가 공포라는 것을 나타낼 수 있는 모든 것을 고려할 필요가 있다. 공포는 합리적인 것이어야 한다. 한편 과장된 공포는 사안의 모든 상황에 비추어 보아 그러한 심리상태가 정당한 것으로 인정될 수 있다면 충분한 근거가 있는 것이 될 수 있다(난민지위 인정기준 및 절차 편람 제41항).

2. 객관적 요소의 판단기준

객관적 요소에 관하여는 신청인의 진술을 평가하는 것이 필요하다. 난민지위의 인정을 요청받는 관할기관은 신청인의 출신국의 상황에 대한 판단을 내릴 의무는 없다. 그러나 신청인의 진술은 추상적으로 고려될 수 없고, 관련된 배후사정의 문맥에 따라 고려되어야 한다. 신청인의 출신국 상황을 아는 것이 제일의 목적이 될 수는 없지만, 신청인의 신뢰성을 평가하는 데 있어서 중요한 요소가 된다. 일반적으로 신청인이 가지고 있는 공포의 경우 그가 출신국에 계속해서 거주하는 것이 1951년「난민의 지위에 관한 협약」상 난민의 개념에 언급된 이유로 그에게 참을 수 없는 것이 되고, 또는 그가 출신국으로 돌아간다면 동일한 이유로 참을 수 없는 것이 될 것임을 신청인이 상당한 정도로 입증할 수 있다면, 이는 충분한 근거가 있는 공포로 판단되어야 한다(난민지위 인정기준 및 절차 편람 제42항).

위와 같은 판단은 반드시 신청인 자신의 개인적인 경험에 근거할 필요는 없다. 예를 들어 친구, 가족, 또는 동일한 인종집단 또는 동일한 사회집단의 다른 구성원들에게 일어난 일은 조만간 신청인 역시 박해의 피해자가 될 것이라는 그의 공포가 충분한 근거가 있는 것임을 입증하는 것이 된다. 출신국의 법, 특히 법 적용의 방법도 관련이 있다. 한편 각 개인의 상황은 자체 진가에 따라 평가되어야 한다. 잘 알려진 인물의 경우는 무명의 인물의 경우보다 박해의 가능성은 더 크다고 할 수 있다. 신청인은 모든 요소, 예를 들어 그의 성격, 경력, 영향력, 재산 또는 정직성에 의하여 그가 우려하는 박해의 공포가 '충분한 근거가 있는' 것인지가 결정될 수 있다(난민지위 인정기준 및 절차 편람 제43항).

3. 판례의 태도

대법원은 "박해를 받을 '충분한 근거 있는 공포'가 있음은 난민의 특수한 사정을 고려하여 그 외국인에게 객관적인 증거에 의하여 주장사실 전체를 증명하도록 요구할 수는 없고, 그 진술에 일관성과 설득력이 있고 입국 경로, 입국 후 난민 신청까지의 기간, 난민 신청 경위, 국적국의 상황, 주관적으로 느끼는 공포의 정도, 신청인이 거주하던 지역의 정치 · 사회 · 문화적 환경, 그 지역의 통상인이 같은 상황에서 느끼는 공포의 정도 등에 비추어 전체적인 진술의 신빙성에 의하여 그 주장사실을 인정하는 것이 합리적인 경우에는 그 증명이 된 것이다."라고 판시하고 있다.[18)]

Ⅳ. 입증책임의 문제

1. 의 의

「난민법」에서는 입증책임에 관하여 구체적인 규정을 두지 않고 있다. 난민인정을 신청하는 자는 그 국적국으로부터 박해를 피하여 긴급히 피난을 온 경우에 해당하므로 일반적으로 신분증명서, 기타 문서 및 박해의 내용 또는 가능성, 원인에 관한 충분한 객관적 증거자료 등 입증자료를 제대로 갖추지 못하고 있다.[19)] 난민에 해당하는 자가 입증자료의 부족으로 인해 그 국적국에 돌아갈 경우 생명이 위험한 상황에 처해질 수 있으므로 형사법 또는 민사법과는 달리 처우하여야 할 필요성이 제기된다. 이하에서는 입증책임의 주체와 그 정도에 대하여 살펴보기로 한다.

2. 입증의 주체

「난민법」에서는 입증책임의 주체에 대하여 명확히 규정하지 않고 있지만, 증거법

18) 대법원 2008. 7. 24. 선고 2007두3930 판결.

19) 서울행정법원 2008. 2. 20. 선고 2007구합22115 판결; 서울행정법원 2007. 1. 9. 선고 2006구합28345 판결 참고.

의 일반원칙에 따르면 입증책임은 주장을 하는 자에게 있다. 난민인정 신청의 경우 자신의 주장에 대한 진실성과 난민인정 신청이 기초하는 사실에 대한 정확성을 입증할 책임은 난민인정을 신청한 자(난민신청자)에게 있다.[20] 법원은 "난민의 요건은 신청을 제출한 자가 증명책임을 지는 것이 일반적인 법원칙이다."고 판시하고 있다.[21] 따라서 박해를 받을 '충분한 근거 있는 공포'가 있는지에 대한 입증의 주체는 난민인정을 신청한 외국인(난민신청자)이 증명하여야 한다.[22] 다만, 「난민법」에서는 "법무부장관은 난민신청자에게 유리한 자료도 적극적으로 수집하여 심사자료로 활용하여야 한다."라고 규정하고 있다(난민법 제9조).

3. 입증의 정도

(1) 입증의 완화

입증의 정도에 대하여는, 난민의 특수한 상황에 비추어 입증이 불명확할지라도 진술이 일관성과 설득력이 있고 진술의 신빙성에 의하여 주장사실을 인정하는 것이 합리적인 경우에는 난민신청자의 입증책임을 완화하여야 한다. 법원은 "그 진술의 전체적인 신빙성만 수긍할 수 있으면 되지만, 이를 위하여는 적어도 주장사실 자체로서 일관성과 설득력을 갖추어야 하고 일반적으로 알려져 있는 사실과 상반되어서는 안 된다."라고 판시하고 있다.[23] 대법원에서도 "박해의 경험에 관한 난민신청인의 진술을 평가할 때 진술의 세부내용에서 다소간의 불일치가 발견되거나 일부 과장된 점이 엿보인다고 하여 곧바로 신청인 진술의 전체적 신빙성을 부정해서는 안 되고, 그러한 불일치 · 과장이 진정한 박해의 경험에 따른 정신적 충격이나 난민신청인의 궁박한 처지에 따른 불안정한 심리상태, 시간 경과에 따른 기억력의 한계, 우리나라와 서로 다른 문화적 · 역사적 배경에서 유래한 언어감각의 차이 등에서 비롯되었을 가능성도 충분히 염두에 두고 진술의 핵심내용을 중심으로 전체적인 일관성 및 신빙성을 평가해야 하며, 특히 난민신청인이 여성으로서 심각한 박해의 피해

---

20) 김종철 외 4인, 이주외국인을 위한 법률 매뉴얼 Ⅱ, 대한변협법률구조재단, 2011, p. 41; 오승진, 난민법 제정의 의의와 문제점, 대한국제법학회 국제법학회논총 제57권 제2호, 2012, p. 97.

21) 서울행정법원 2008. 2. 20. 선고 2007구합22115 판결; 서울행정법원 2007. 1. 9. 선고 2006구합28345 판결.

22) 대법원 2011. 7. 14. 선고 2008두12559 판결; 대법원 2008. 7. 24. 선고 2007두3930 판결; 대법원 2008. 7. 24. 선고 2007두19539 판결; 대법원 2012. 3. 29. 선고 2010두26476 판결; 서울행정법원 2011. 7. 14. 선고 2011구합6301 판결; 서울행정법원 2011. 7. 14. 선고 2011구합6578 판결; 서울행정법원 2011. 7. 15. 선고 2011구합6561 판결.

23) 서울행정법원 2008. 2. 20. 선고 2007구합22115 판결; 서울행정법원 2007. 1. 9. 선고 2006구합28345 판결.

자라고 주장하는 경우에는 그 가능성과 이에 따른 특수성도 진술의 신빙성을 평가하는 과정에서 염두에 두어야 한다."라고 판시하고 있다.

일부는 더 나아가 "난민신청자의 진술이 허위라고 의심할 만한 상당한 이유가 없는 한 그 진술을 뒷받침할 증거가 없다는 이유만으로 난민인정을 거부하여서는 아니된다."라는 입장을 제시하기도 한다. 그러나 대법원에서는 "난민의 특수한 사정을 고려하여 그 외국인에게 객관적인 증거에 의하여 주장사실 전체를 증명하도록 요구할 수는 없고, 그 진술에 일관성과 설득력이 있고, 입국 경로, 입국 후 난민신청까지의 기간, 난민 신청 경위, 국적국의 상황, 주관적으로 느끼는 공포의 정도, 신청인이 거주하던 지역의 정치·사회·문화적 환경, 그 지역의 통상인이 같은 상황에서 느끼는 공포의 정도 등에 비추어 전체적인 진술의 신빙성에 의하여 그 주장사실을 인정하는 것이 합리적인 경우에는 그 증명이 되었다."고 판시하고 있다.[24)]

(2) 사실조사와 신빙성 판단

사실조사를 위한 면담조사를 통해 난민신청자의 주장사실을 합리적으로 인정하는 것과 관련하여, 법원은 "면담조사 당시 성경 등 기독교에 관한 조사관의 질문에 대하여 다소 부족한 답변을 하기는 하였으나, 면담조사 당시 난민신청자가 제대로 된 종교교육을 받은 적이 없었던 점, 난민신청자가 다니는 교회의 목사 등이 난민신청자의 기독교 신앙의 진정성을 확인하여 주고 있는 점 등을 고려하면 이러한 사정만으로 난민신청자가 기독교로 개종하였다는 진술의 신빙성을 부정하기 어렵다."라고 판시하고 있다.[25)]

(3) 유리한 해석에 의한 이익부여

유리한 해석에 의한 이익부여란 신청인의 주장 또는 진술을 뒷받침할 수 있는 필요한 증거가 충분하지 않은 경우일지라도 그 주장 또는 진술이 신빙성 있는 것으로 생각되면, 그 주장에 반하는 상당한 이유가 없는 한, 증거가 불충분한 경우라도 신청인에게 유리한 해석에 의한 이익benefit of the doubt을 부여하여야 한다는 것을 말한다.[26)] 「난민법」에서는 "법무부장관은 난민신청자에게 유리한 자료도 적극적으로 수집하여 심사 자료로 활용하여야 한다."라고 규정하여 법무부장관의 난민신청자에게

---

24) 대법원 2008. 7. 24. 선고 2007두3930 판결; 대법원 2008. 7. 24. 선고 2007두19539 판결; 대법원 2011. 7. 14. 선고 2008두12559 판결; 대법원 2012. 3. 29. 선고 2010두26476 판결.

25) 서울행정법원 2011. 7. 14. 선고 2011구합6301 판결.

26) 서울행정법원 2008. 2. 20. 선고 2007구합22115 판결; 장복희·김기연, 인종차별의 시각에서 본 난민의 인권 - 한국의 경우 -, 서울국제법연구, 2001, p. 251.

유리한 자료를 수집할 의무를 인정하고 있다(난민법 제9조). 법원은 "① 세부사항의 불일치만을 문제 삼아 진술 전체가 신빙성이 없다고 판단할 수 없을 뿐만 아니라, 오히려 통역상의 난점, 기억의 한계 등을 감안하면 진술의 세부사항이 조금씩 다른 것은 자연스러운 현상으로도 볼 수 있는 점, ② 세부사항에서의 다소의 불일치를 제외하면, 진술내용은 박해의 원인이 된 사건의 배경과 발단, 전개경위 등에 있어서 충분히 구체적이고 상세하며 논리적이고 설득력이 있을 뿐만 아니라, 출신국가의 일반적인 사회·정치상황에도 어긋나지 아니하는 점" 등을 감안하여 그 전체적인 내용에 있어 신빙성이 있다고 판단하고 있다.[27]

(4) 사례의 적용

입국 경로, 입국 후 난민신청까지의 기간, 난민 신청 경위와 관련하여, 판례는 "국내 입국 경위에 대하여 대한민국 전도사들로부터 대한민국에 관한 이야기를 듣고 대한민국을 동경하여 입국하게 되었다고 하고 있고, 아무런 어려움 없이 여권을 발급받아 국내에 입국하게 된 점, 입국 이후 6년이 훨씬 경과해서야 난민신청을 하기에 이르렀다는 점",[28] "정부로부터 정상적인 절차에 따라 여권을 발급받은 점",[29] "국내에 입국하여 7년여 동안 불법체류해 오면서 별다른 정치적 활동을 해오지 않다가 불법체류자에 대한 단속이 강화되자 (중략) 비로소 버마민족민주동맹NLD 한국지부의 정치적 집회 등에 참여하여 그 정식회원으로 가입한 점,"[30] 등은 박해를 받을 우려가 있다는 공포에 대한 충분한 근거가 있다고 볼 수 없다.

제 3 절 자신의 국적국 밖에 있는 자

I. 의 의

국적을 가지고 있는 신청인이 자신의 국적국 밖에 있어야 한다는 것은 난민으로 인정받기 위한 일반적 요건이다. 이 원칙에는 예외가 없다. 국적국이 그 영토관할권 내에 있는 자를 위해 국제적 보호를 행할 수는 없다(난민지위 인정기준 및 절차 편람 제88항). 여기에서의 '국적'

---

27) 서울행정법원 2008. 2. 20. 선고 2007구합22115 판결 참고.
28) 서울행정법원 2007. 6. 5. 선고 2006구합39703 판결.
29) 서울행정법원 2007. 10. 16. 선고 2007구합993 판결.
30) 서울행정법원 2007. 10. 16. 선고 2007구합993 판결.

은 '시민권'을 말한다. '자신의 국적국 밖에 있는 자'라는 문구는 무국적자와는 구별되는 의미로, 국적을 가지고 있는 자와 관련된다. 대부분의 경우 난민은 출신국의 국적을 가지고 있다(난민지위 인정기준 및 절차 편람 제87항). '자신의 국적국 밖에 있는 자'에서 '국적'은 전술한 박해의 이유 중의 하나인 '국적'의 의미와는 차이가 있다.

Ⅱ. 입증 및 입증방법

1. 입　　증

국적국과 관련한 박해의 공포를 주장하는 난민신청자는 실제로 그 국가의 국적을 가지고 있음을 입증하여야 한다. 그러나 국적 유무가 불확실한 경우가 있을 수 있다. 난민신청자는 특정 국적을 가졌거나 무국적자임을 자신도 모를 수 있고, 잘못 주장할 수 있다. 국적을 명확하게 입증할 수 없는 경우 그의 지위는 무국적자의 경우와 유사하고, 국적국을 대신하여 종전의 상주국을 고려하여 결정되어야 한다(난민지위 인정기준 및 절차 편람 제89항).

2. 입증방법

(1) 여권의 추정적 기능

국적은 국가가 발급한 여권의 소지를 통하여 추정되어 입증될 수 있다. 여권 자체가 달리 기재하고 있지 않는 한, 소지인은 발급국의 국민이다.

(2) 편의여권

발급국의 국민이라는 것을 나타내는 여권의 소지인이 그 발급국의 국적을 가지고 있지 않다고 주장하는 경우, 그 여권이 소위 '편의여권(passport of convenience, 국민이 아닌 자에게 국가기관이 발급해 주는 외관상 일반여권)'임을 보여줌으로써 자신의 주장을 입증하여야 한다. 한편 편의여권이 단순히 여행목적의 편의상 발급되었다는 소지인의 주장은 국적의 추정을 반박하는 데 충분하지 않다. 일정한 경우 여권을 발급한 기관으로부터 정보를 얻을 수 있다. 그러한 정보를 얻을 수 없거나 또는 상당한 기간 내에 얻을 수 없는 경우 난민심사관은 신청인의 진술의 모든 요소를 고려하여 그의 주장의 신뢰성을 결정하여야 한다(난민지위 인정기준 및 절차 편람 제93항).

Ⅲ. 현지에 체재 중 난민이 된 자

1. 의　　의

본국을 떠날 때에는 난민이 아니었지만 이후에 난민이 된 자를 소위 '현지에 체재 중에 난민이 된 자(체재 중 난민 또는 현지난민, refugee sur place)'라고 말한다(난민지위 인정기준 및 절차 편람 제94항 후단). '현지에 체재 중 난민이 된 자'의 문제는 박해의 이유가 국적국 또는 상주국을 떠난 후에 발생할 수도 있다는 점에서 박해 이유의 발생시기와도 관련된다.[31] 1951년 「난민의 지위에 관한 협약」등에서는 난민신청자가 반드시 국적국 또는 상주국을 떠나기 전에 박해의 이유가 발생하였을 것을 요구하고 있지 않다. 난민이 되기 위하여 국적국 밖에 있어야 한다는 요건은 반드시 그가 국적국을 불법적으로 떠났거나 충분한 근거가 있는 공포 때문에 그 국가를 떠났어야 함을 의미하는 것은 아니다. 그가 이미 일정 기간 동안 외국에 체재한 후 난민인정을 신청할 수 있다(난민지위 인정기준 및 절차 편람 제94항 전단).

2. 판단기준

이미 인정된 난민과 결합하거나 또는 체류국에서 정치적 견해를 표명하는 것과 같은 자신의 행동의 결과로서, 그는 '현지에 체재 중 난민'이 될 수도 있다. 그러한 행동이 박해의 우려가 있다는 충분한 근거가 있는 공포를 정당화시킬 수 있는지 여부는 사정을 신중히 검토함으로써 결정하여야 한다. 특히 그러한 행동이 출신국 당국의 주목을 받을 수 있는 것인지 또는 그러한 행동이 출신국 당국에 의하여 어떻게 판단될지 유의하여야 한다(난민지위 인정기준 및 절차 편람 제96항).

3. 판례의 태도

판례는 '현지에 체재 중 난민이 된 자'를 인정하고 있다. 이란 인이 원래 이슬람신도이었으나 대한민국에 입국한 후 3년 정도 지난 시점에 기독교로 개종하여, 만일 그가 이란으로 돌아갈 경우 종교의 자유, 특히 개종의 자유 또는 종교활동의 자유를 인정하지 아니하는 이란 정부로부터 종교적 박해를 받게 될 우려가 있다는 난민신청자의 주장에 대하여, 법원은 박해를 받을 우려가 있다고 볼 만한 충분한 근거가

31) 장상균 외 5인, 난민재판의 이해, 서울행정법원, 2011, p. 109.

있는 공포가 있다고 판시하여 '현지에 체재 중 난민이 된 자'로 인정한 바 있다.[32)]

32) 서울행정법원 2011. 7. 14. 선고 2011구합6301 판결; 서울행정법원 2011. 7. 14. 선고 2011구합6578 판결; 서울행정법원 2011. 7. 15. 선고 2011구합6561 판결.

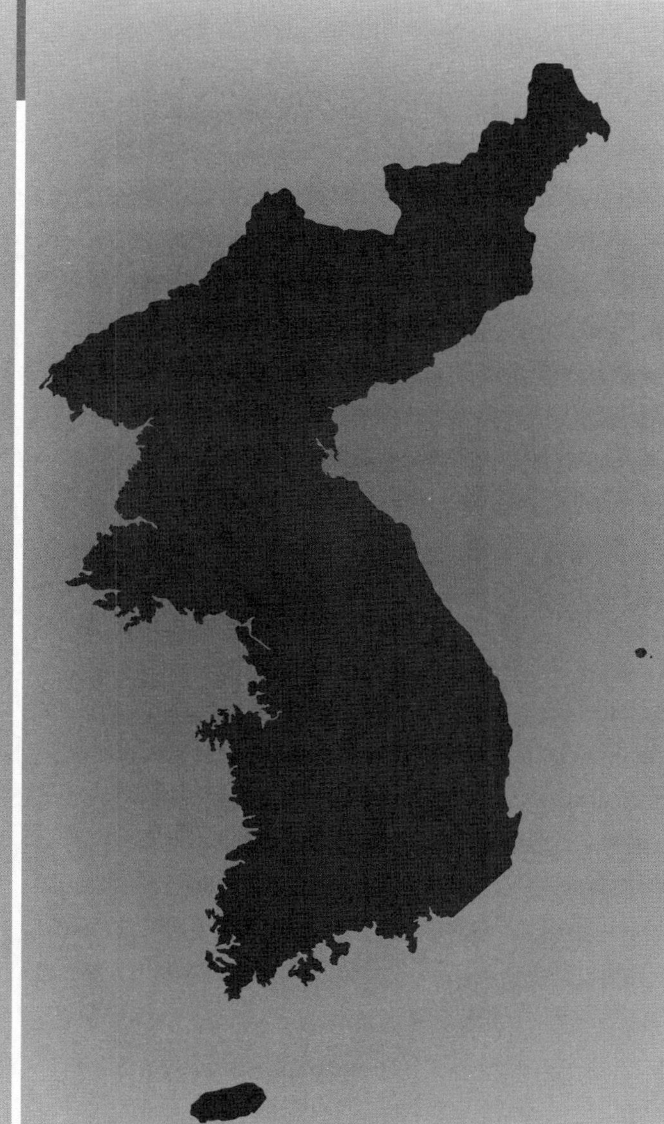

제 4 장

난민인정 신청절차

제1절 난민인정 신청

Ⅰ. 의 의

난민인정 신청은 난민신청자가 난민인정의 요건에 해당한다는 것을 이유로 상당한 기간의 체류자격을 부여받아 난민인정자에 대한 처우를 받기 희망한다는 의미에서의 비호에 대한 신청을 말한다. 이하에서는 난민신청자의 개념을 살펴보고, 외국인(무국적자를 포함한다)이 대한민국에서 난민인정을 신청하기 위한 신청자격, 신청기한, 신청절차 및 난민신청자의 처우에 대하여 살펴보기로 한다.

Ⅱ. 난민신청자

1. 개 념

난민인정을 신청한 자(난민인정 신청자 또는 난민신청자)란 대한민국에서 난민인정을 신청한 외국인으로서 ⅰ) 난민인정 신청에 대한 심사가 진행 중인 자, ⅱ) 난민 불인정결정이나 난민 불인정결정에 대한 이의신청의 기각결정을 받고 이의신청의 제기기간이나 행정심판 또는 행정소송의 제기기간이 지나지 아니한 자, ⅲ) 난민 불인정결정에 대한 행정심판 또는 행정소송이 진행 중인 자의 어느 하나에 해당하는 자를 말한다(난민법 제2조 제4호). 난민신청자의 범위에는 난민 불인정결정 등에 대한 이의신청, 행정심판, 행정소송 등 불복기간이 경과되지 아니한 자 또는 이의신청, 행정심판, 행정소송이 진행 중인 자가 포함된다.

2. 구별개념

「난민법」에서는 난민신청자 중에서 별도로 '특정 난민신청자'라는 용어를 사용하고 있다(난민법 제44조). 특정 난민신청자란 ⅰ) 난민 불인정결정에 대한 행정심판 또는 행정소송이 진행 중인 자(난민법 제2조 제4호 다목), ⅱ) 난민인정을 받지 못한 자 또는 난민인정이 취소된 자가 중대한 사정의 변경 없이 다시 난민인정을 신청한 경우(난민법 제8조 제5항 제2호), ⅲ) 대한민국에서 1년 이상 체류하고 있는 외국인이 체류기간 만료일에 임박하여 난민인정

신청을 하거나 강제퇴거 대상 외국인이 그 집행을 지연시킬 목적으로 난민인정 신청을 한 경우(난민법 제8조 제5항 제3호)를 말한다. 특정 난민신청자의 경우에는 후술하는 바와 같이 난민신청자의 처우에 일정한 제한이 따르고, 난민인정 심사절차의 일부가 생략될 수 있다.

3. 신청자격

(1) 의 의

「난민법」에서 난민인정 신청은 '대한민국 안에서의 신청'과 '출입국항에서의 신청(출입국항 난민신청제도)'로 구분된다(난민법 제5조, 제6조). 이하에서는 그 내용을 살펴보기로 한다.

(2) 대한민국 안에 있는 외국인

1) 대한민국 안에 있는

「난민법」에서 "대한민국 안에 있는 외국인으로서 난민인정을 받으려는 자는 법무부장관에게 난민인정 신청을 할 수 있다."라고 규정하고 있다(난민법 제5조 제1항 전단). 난민인정을 신청할 수 있는 자는 '대한민국 안에 있는 외국인'으로서 난민인정을 받으려는 자이어야 한다. 이는 대한민국에서 입국심사 또는 상륙심사를 마치고 입국허가 또는 상륙허가를 받은 외국인, 국내에 체류 중인 외국인을 말한다. 대한민국의 안으로 들어왔으나 입국허가 또는 상륙허가를 받지 않은 자는 포함되지 않는다.[1] 또한 대한민국 밖에 있는 외국인은 난민인정을 신청할 수 없으므로, 재외공관에서의 사증신청자는 난민신청자로 인정되지 않는다.

2) 외국인

대한민국의 국민 또는 외국인이 대한민국으로 귀화하여 대한민국의 국적을 취득한 자는 난민신청자로 인정되지 않는다. 대한민국의 국적과 외국국적을 동시에 가지는 복수국적자도 대한민국의 국민이므로 난민신청자로 인정되지 않는다.[2]

---

1) 구 「출입국관리법」에서는 외국인이 대한민국에 상륙 또는 입국허가를 받아 국내에 체류하는 경우에 한하여 난민인정의 신청을 할 수 있었다(구 출입국관리법 제76조의2 제1항, 제2항). 반면에, 「난민법」 제6조에서 출입국항에서 하는 신청을 규정하고 있는 취지를 고려할 때 「난민법」 제5조에서 대한민국 안에 있는 외국인은 입국허가 또는 상륙허가를 받은 외국인으로 한정하여 해석해야 한다.

2) 난민의 지위에 관한 협약 제1조 제E항
이 협약은 거주국의 권한 있는 기관에 의하여 그 국가의 국적을 보유하는 데에 따른 권리 및 의무를 가진 것으로 인정되는 자에게는 적용하지 아니한다.

(3) 출입국항에서의 신청

외국인이 입국심사를 받는 과정 또는 입국심사가 개시되는 때에도 난민신청을 할 수 있도록 공항만 절차를 두고 있다(난민법 제6조). 외국인이 대한민국 안에서 입국심사를 받는 때에도 이미 대한민국 안에 있다고 할 수 있으나, 아직 출입국관리공무원의 입국허가를 받지 않았으므로 구분의 편의상 이를 '출입국항에서의 신청'이라고 한다. 이 경우 난민인정 신청을 하려는 자를 '출입국항에서의 난민신청자'라 한다(난민법 시행령 제3조 제1항 참고).

난민 임시상륙허가를 받아 상륙한 외국인이 입국심사를 받는 때에 난민인정 신청을 하는 것도 포함된다. 다만, 「난민법」에서는 '외국인이 입국심사를 받는 때'라고 한정하고 있으므로 환승구역에서의 난민인정 신청은 허용되지 않는다.

(4) 불법체류외국인

난민인정을 신청할 수 있는 자는 합법 또는 불법체류에 상관없이 대한민국에 있는 외국인을 말한다. 불법체류외국인도 난민인정을 신청할 수 있다. 난민인정을 신청할 수 있는 자에는 출입국관리공무원의 입국허가를 받지 않고 대한민국에 체류하는 밀입국자도 포함된다. 난민은 그 특성상 불법체류를 할 수밖에 없는 경우가 많으므로 이를 고려한 것이다.

난민으로 인정된 자에게는 「출입국관리법」을 위반한 것에 대한 형을 면제하고 있다. 즉 "제93조의3 제1호, 제94조 제2호 · 제5호 · 제6호 및 제15호부터 제17호까지 또는 제95조 제3호 · 제4호에 해당하는 자가 그 위반행위를 한 후 지체 없이 출입국관리사무소장이나 출장소장에게 ⅰ) 「난민법」 제2조 제1호에 규정된 이유로 그 생명 · 신체 또는 신체의 자유를 침해받을 공포가 있는 영역으로부터 직접 입국하거나 상륙한 난민이라는 사실, ⅱ) 공포로 인하여 해당 위반행위를 한 사실 모두를 직접 신고하는 경우에 그 사실이 증명되면 그 형을 면제한다."라고 규정하고 있다(출입국관리법 제99조의2).

불법체류외국인이 대한민국에서 1년 이상 체류하고 그 체류기간 만료일에 임박하여 난민인정 신청을 한 경우, 체류자격별 체류기간의 상한에 이르러 더 이상 체류기간의 연장이 어려운 경우, 그 체류기간이 이미 도과한 경우는 신속절차의 대상자로 되어 난민인정 심사절차의 일부가 생략될 수 있다(난민법 제8조 제5항).

(5) 난민임시상륙 허가를 받은 자

난민임시상륙의 허가를 받은 외국인이 난민으로 인정받기 위하여는 또는 외국인이 난민임시상륙의 허가를 받는 때에 난민으로 인정받기 위하여는 별도로 난민인정의 신청을 하여야 한다(출입국관리법 제16조의2 제1항). 일반적으로 외국인이 대한민국의 영역에 들어오는 것을 '입국'이라고 말한다. 이와 구별되는 용어로 '상륙'이라는 것이 있다. 외국인의 '상륙허가'는 특별한 사유와 간소화된 입국의 요건・절차에 의한 입국허가라는 점에서 일반적인 '입국허가'의 특수한 형태에 해당될 뿐이다. 외국인에게 있어서 상륙허가의 효과와 입국허가의 효과 간에는 차이가 없다. 이와 관련하여 「난민법」에서는 출입국항에서의 신청(출입국항 난민신청제도)를 두고 있다. 출입국항에서의 난민신청자에는 대한민국에 난민임시상륙허가를 한 자가 포함된다.

(6) 신청의 대리 문제

「난민법」에서는 난민인정을 신청하는 것에 대하여 대리를 규정하지 않고 있다. 난민인정을 신청하는 것은 난민신청자의 일신전속적 행위인 점과 난민인정의 요건으로서 진술의 신빙성 심사 등을 감안할 때에 난민인정 신청의 대리는 원칙적으로 허용되지 않는다. 그러나 난민의 특수성 또는 사고・질병 등 불가피한 사정이 있는 경우에는 난민신청자의 배우자, 4촌 이내 혈족, 변호사 등에게 신청의 대리를 인정할 필요가 있다. 특히 「민법」상 미성년자인 경우에는 법정대리인에게 신청의 대리를 인정할 필요가 있다.[3)]

Ⅲ. 신청기한

「난민법」에서는 구 「출입국관리법」이 정한 신청기한의 제한을 삭제하였다. 구 「출입국관리법」에서는 난민인정의 신청은 난민인정을 신청할 자격이 있는 신청인이 정해진 기간 내에만 신청하여야 했었다. 즉 "난민의 인정에 관한 신청은 그 외국인이 대한민국에 상륙하거나 입국한 날(대한민국에 있는 동안에 난민의 사유가 발생한 경우에는 그 사실을 안 날)부터 1년 이내에 하여야 한다. 다만, 질병이나 그 밖의 부득이한 사유가 있는 경우에는 그러하지 아니하다."라고 규정하였다(구 출입국관리법 제76조의2 제2항). 즉 구 「출입국관리법」에 의하면 난민신청자는 ⅰ) 상륙허가 또는 입국허가를 받은 날, ⅱ) 대한민국에 있는 동안에 난민의 사유가 발생한 경우에는 그 사실을 안 날, ⅲ) 질병이나 그 밖의 부득이한 사유가 있는 경우에는 그 사유가 없어진 날로부터 1년 이내에 난민인정을 신청하여야 했었다.

---

3) 민법 제911조 (미성년자인 자의 법정대리인) 친권을 행사하는 부 또는 모는 미성년자인 자의 법정대리인이 된다.

따라서 대한민국 안에 있는 외국인은 입국 또는 상륙하여 체류한 시간 또는 기간에 상관없이 난민인정을 신청할 수 있다. 다만, 「난민법」에서는 '대한민국에서 1년 이상 체류하고 있는 외국인이 체류기간 만료일에 임박하여 난민인정 신청을 하거나 강제퇴거 대상 외국인이 그 집행을 지연시킬 목적으로 난민인정 신청을 한 경우'를 난민인정 심사절차의 일부가 생략될 수 있는 신속절차의 사유로 인정하고 있다(난민법 제8조 제5항 제3호).

Ⅳ. 신청절차

1. 대한민국 안에서의 신청

(1) 의 의

대한민국 안에 있는 외국인이 난민인정신청서를 출입국관리사무소장, 출장소장 또는 외국인보호소장에게 제출하는 때에 난민인정 신청절차가 개시된다. 난민인정 신청절차가 개시는 시점에 난민인정 심사절차가 진행되므로 그 외국인은 난민신청자로 되고, 난민신청자에 대한 처우가 동시에 개시된다.

(2) 절 차

대한민국 안에 있는 외국인으로서 난민인정을 받으려는 자는 법무부장관에게 난민인정 신청을 할 수 있다(난민법 제5조 제1항 전단). 이 경우 그 외국인은 난민인정신청서를 지방출입국·외국인관서의 장에게 제출하여야 한다(난민법 제5조 제1항 후단).

(3) 방 법

1) 원 칙

난민인정 신청은 서면으로 하여야 한다(난민법 제5조 제3항 본문). 난민인정 신청은 서면으로 하여야 하므로 구두에 의한 난민인정 신청은 인정되지 않는 것이 원칙이다. 난민신청자가 직접 자필로 작성한 신청서이어야 한다. 다만, 우편 또는 전자문서에 의한 난민인정 신청은 인정되지 않는다.

2) 예 외

난민인정 신청자가 글을 쓸 줄 모르거나 장애 등의 사유로 인하여 신청서를 작성할 수 없는 경우에는 접수하는 공무원이 신청서를 작성하고 신청자와 함께 서명 또는 기명날인하여야 한다(난민법 제5조 제3항 단서). 난민인정 신청자가 문맹, 장애 등으로 신청서를 작성할 수 없는 경우에는 예외적으로 구두에 의한 난민인정 신청을 할 수 있으며 신청을 접수하는 출입국관리공무원이 신청서를 대신 작성하도록 한 것이다.

(4) 신청서류

난민인정을 신청하려는 자가 난민인정 신청을 하는 때에는 난민인정신청서에 ⅰ) 여권(「출입국관리법」 제2조 제4호의 여권을 말한다) 또는 외국인등록증(난민인정 신청자가 종전에 외국인등록을 한 경우를 말한다). 다만, 부득이한 사유로 여권 또는 외국인등록증을 제시할 수 없는 경우에는 그 사유서로 갈음할 수 있다. ⅱ) 난민인정 심사에 참고할 문서 등 자료가 있는 경우 그 자료(체포영장, 법원판결문, 신문기사, 사진 등 난민을 입증하는 서류로서 그 입증서류에는 제한이 없다), ⅲ) 최근 6개월 이내에 찍은 사진(3.5센티미터 × 4.5센티미터) 1장을 첨부하여 출입국관리사무소장, 출장소장 또는 외국인보호소장에게 제출하여야 한다(난민법 제5조 제2항, 난민법 시행규칙 제2조).

2. 출입국항에서의 신청

(1) 의 의

난민인정을 신청하려는 자가 「출입국관리법」에 따른 출입국항을 관할하는 출입국관리사무소장 또는 출장소장에게 출입국항에서의 난민인정신청서를 제출하는 때에 난민인정 신청절차가 개시된다. 다만, 출입국항을 관할하는 출입국관리사무소장 또는 출장소장이 그 신청에 대하여 난민인정 심사에 회부하는 결정을 하는 때에 난민인정 심사절차가 진행되므로 그 시점에 그 외국인은 난민신청자로 되고, 난민신청자에 대한 처우가 동시에 개시된다.

(2) 시 기

출입국항에서 난민신청을 할 수 있는 시기는 외국인이 입국심사를 받는 때이다(난민법 제6조 제1항). 입국심사가 개시되기 전 또는 종료된 후에는 원칙적으로 출입국항에서의 난민인정 신청이 허용되지 않는다.

(3) 절 차

외국인이 입국심사를 받는 때에 난민인정 신청을 하려면 「출입국관리법」에 따른 출입국항을 관할하는 지방출입국·외국인관서의 장에게 난민인정신청서를 제출하여야 한다(난민법 제6조 제1항).

(4) 방 법

난민인정을 신청하는 방법은 '대한민국 안에서의 신청'에서 설명한 바와 동일하다.

(5) 신청서류

난민인정을 신청하기 위한 신청서류는 '대한민국 안에서의 신청'에서 설명한 바와 동일하다.

Ⅴ. 접수기관

1. 대한민국 안에서의 신청

(1) 의 의

대한민국 안에 있는 외국인으로서 난민인정을 받으려는 자는 법무부장관에게 난민인정 신청을 할 수 있다. 이 경우 외국인은 난민인정신청서를 지방출입국·외국인관서의 장에게 제출하여야 한다(난민법 제5조 제1항). 지방출입국·외국인관서의 장은 난민인정 신청을 접수 받는 기관으로서, 난민인정 신청의 상대방이 된다. 난민인정을 받으려는 외국인이 국내에 체류하는 경우에는 출입국관리사무소장 또는 출장소장에게 제출하고, 외국인보호시설에 보호된 경우에는 외국인보호소장에게 제출하면 된다.

(2) 면접 및 사실조사

이에 대하여는 난민인정 심사절차에서 후술하기로 한다.

(3) 접수증 교부 및 위임

1) 교 부

법무부장관은 난민인정 신청을 받은 때에는 즉시 신청자에게 접수증을 교부하여야 한다(난민법 제5조 제5항). 출입국관리사무소장, 출장소장 또는 외국인보호소장이 교부하는 난민인정신청 접수증은 별지 제3호 서식에 따른다(난민법 시행규칙 제3조).

2) 위 임

법무부장관은 「난민법」에 따른 권한의 일부를 대통령령으로 정하는 바에 따라 지방출입국·외국인관서의 장에게 위임할 수 있다(난민법 제46조). 이에 따라 법무부장관은 접수증 교부의 권한을 관할 출입국관리사무소장, 출장소장 또는 외국인보호소장에게 위임한다(난민법 시행령 제24조 제2호).

2. 출입국항에서의 신청 및 회부

(1) 의 의

외국인이 입국심사를 받는 때에 난민인정 신청을 하려면 「출입국관리법」에 따른 출입국항을 관할하는 지방출입국·외국인관서의 장에게 난민인정신청서를 제출하여야 한다(난민법 제6조 제1항). 출입국항을 관할하는 출입국관리사무소장, 출장소장은 출입국항에서의 난민인정 신청을 접수 받는 기관으로서, 난민인정 신청의 상대방이 된다. 다만, 「난민법」 제5조에 규정된 '대한민국 안에서의 신청'과는 달리, 외국인보호소장은 외국인이 입국심사를 받는 때에 난민인정 신청을 접수 받는 기관에서 제외된다. 출입국항에서 난민인정 신청서의 제출은 출입국항을 관할하는 출입국관리사무소장 또는 출장소장에게 제출해야 되는 것이다. 공항공사, 항공사 등 운송업자 또는 그의 직원에게 제출하는 것은 허용되지 않는다.

(2) 대기실 설치 및 의식주 제공

1) 대기실 설치

출입국항을 관할하는 지방출입국·외국인관서의 장은 입국심사를 받는 때에 출입국항에서 난민인정신청서를 제출한 자에 대하여 7일의 범위에서 출입국항에 있는 일정한 장소에 머무르게 할 수 있다(난민법 제6조 제2항). 이를 '난민인정 신청 대기실'이라고 한다. 난민인정 신청 대기실은 강제퇴거 대상자 여부를 심사·결정하기 위해 외국인을 보호할 수 있는 보호시설에 해당하지 않는다(출입국관리법 제2조 제12호 및 제13호, 제52조 제2항 참고). 「출입국관리법」에 따른 출입국항을 관할하는 출입국관리사무소장 또는 출장소장은 출입국항에서의 난민신청자가 7일의 범위에서 머무를 수 있도록 출입국항에 대기실을 둘 수 있다(난민법 시행령 제4조 제1항).

2) 의식주 제공

출입국항에서의 난민신청자에 대하여는 「난민법 시행령」으로 정하는 바에 따라 7일의 기간 동안 기본적인 의식주를 제공하여야 한다(난민법 제6조 제4항). 출입국항에서의 난민신청자에게 제공되는 의식주는 개인의 안전과 위생, 국적국의 관습과 생활문화 등을 고려하여 제공되어야 한다(난민법 시행령 제4조 제2항).

(3) 회부심사 및 결정

1) 의 의

「난민법」에서는 출입국항에서의 신청에 대하여 본안심사인 난민인정 심사에 회부할 것인지를 결정하는 난민인정 심사에 대한 사전심사제도를 두고 있다(난민법 제6조 제3항). 난민인정 심사에 회부할 것인지를 결정하는 때에 출입국관리사무소장 또는 출장소장은 난민인정 신청이 불회부결정의 사유에 해당하는지 여부를 검토하고, 불회부결정의 사유에 해당하지 않은 신청을 난민인정 심사에 회부한다.

2) 회부 심사절차

난민인정신청서를 받은 출입국관리사무소장 또는 출장소장은 출입국항에서의 난민신청자에 대하여 지체 없이 면담 등을 통하여 조사를 한 후 그 결과를 첨부하여 법무부장관에게 보내야 한다(난민법 시행령 제3조 제2항). 출입국관리사무소장 또는 출장소장은 조사를 하는 과정에서 필요하면 출입국항에서의 난민신청자에게 탑승 항공기명 또는 선박명, 인적사항, 입국경위, 신청이유 등 난민인정 심사 회부 여부 결정에 필요한 사항을 질문하고 관련 자료를 제출할 것을 요구할 수 있다(난민법 시행령 제3조 제3항).

3) 결정기한 및 입국허가

법무부장관은 입국심사를 받는 때에 출입국항에서의 난민인정신청서를 제출한 자에 대하여는 그 신청서가 제출된 날부터 7일 이내에 난민인정 심사에 회부할 것인지를 결정하여야 한다(난민법 제6조 제3항 전단). 출입국항에서의 난민인정신청서가 제출된 날부터 7일 이내에 난민인정 심사에 회부할 것인지를 결정하지 못하면 난민인정 심사에 회부한 것으로 간주되며, 그 신청자의 입국을 허가하여야 한다(난민법 제6조 제3항 후단). 7일이 경과된 후에는 입국이 허가되어 그 시점에 그 외국인은 난민신청자로 되고, 난민신청자에 대한 처우가 동시에 개시된다.

법무부장관은 난민인정 심사 회부 결정 및 입국허가의 권한을 관할 출입국관리사무소장, 출장소장에게 위임한다(난민법 제46조, 난민법 시행령 제24조 제3호).

4) 불회부결정

(가) 사 유

「난민법」에서 열거된 사유의 하나에 해당하는 경우에는 그 난민신청자를 난민인정 심사에 회부하지 아니하는 불회부결정을 할 수 있다(난민법 시행령 제5조 제1항 참고). 법무부장관이 불회부결정을 할 수 있는 사유는 다음과 같다.

(a) **대한민국 안전 또는 사회질서 위해자:** 출입국항에서의 난민신청자가 대한민국의 안전 또는 사회질서를 해칠 우려가 있다고 인정할 만한 상당한 이유가 있는 경우이다(난민법 시행령 제5조 제1항 제1호). 대한민국에서 금고 이상의 형을 선고받고 석방된 자(출입국관리법 제46조 제1항 제13호), 불법체류한 사실이 있는 자 등이 이에 해당된다. 이에 대한 입증책임은 법무부장관 또는 난민인정 심사 회부 결정을 위임받은 관할 출입국관리사무소장, 출장소장에게 있다.

「출입국관리법」에서는 「난민법」에 따른 난민신청자가 대한민국의 공공의 안전을 해쳤거나 해칠 우려가 있다고 인정되면 난민신청자에 대한 강제퇴거명령의 집행이 보류되지 않는다(출입국관리법 제62조 제4항 단서). 다만, 「난민법」 제3조 및 「고문 및 그 밖의 잔혹하거나 비인도적 또는 굴욕적인 대우나 처벌의 방지에 관한 협약」 제3조에 따라 고문을 받을 위험이 있다고 믿을 만한 상당한 근거가 있는 다른 나라로 그 개인을 추방·송환 또는 인도하여서는 아니 된다.

(b) **신원 미확인자:** 출입국항에서의 난민신청자가 인적사항 관련 질문 등에 응하지 아니하여 신원을 확인할 수 없는 경우이다(난민법 시행령 제5조 제1항 제2호). 인적사항 또는 탑승지·여행경로 등에 관한 질문에 거짓으로 진술하거나 진술을 거부하는 것, 여권 또는 외국인등록증 등 신분증명서를 은폐할 목적으로 고의로 파기하는 것도 신원을 확인할 수 없는 경우에 포함된다.

다만, 언어소통의 곤란, 성폭행 등 박해로 인한 정신적 충격으로 인하여 출입국항에서의 난민신청자가 질문 등에 제대로 응하지 못할 때에는 이들이 난민인정 심사 절차에 접근할 수 있도록 통역인으로 하여금 통역하게 하거나(난민법 제14조),[4] 난민신청자의 요청이 있는 경우 같은 성性의 공무원이 면접을 하여야 한다(난민법 제8조 제2항).

(c) **사실 은폐자:** 출입국항에서의 난민신청자가 거짓 서류를 제출하는 등 사실을 은폐하여 난민인정을 받으려는 경우이다(난민법 시행령 제5조 제1항 제3호). 위·변조된 여권을 제출하여 난민인정을 신청하는 자, 거짓 서류를 이용하여 난민인정의 요건에 거짓으로 진술하는 자 등이 이에 해당된다.

다만, 본인이 지체 없이 자진하여 그 사실을 신고한 경우는 제외한다. 지체 없는 자진신고를 불회부 사유의 예외로 인정한 것은 1951년 「난민의 지위에 관한 협약」 제31조 제1항에서 "체약국은 이 협약 제1조와 같은 의미로 그들의 생명과 자유가 위협받는 영역에서 직접 탈출해 온 난민에게 그들이 불법적으로 자국 영역 내에 입

---

4) 다만, 「난민법」에서는 난민면접 과정에서만 통역인을 제공하도록 규정하고, 난민신청 단계에서 통역인을 제공하는 규정은 두고 있지 않다.

국하고 또는 체류하고 있다는 이유로 형벌을 과하여서는 아니 된다. 다만, 그 난민이 지체 없이 국가기관에 출두하고 그들의 불법적인 입국 또는 체재에 대한 상당한 이유를 제시할 것을 조건으로 한다."라고 한 것을 반영한 것이다. 출신국으로부터 박해를 피하기 위한 수단으로 위・변조된 여권 등을 소지하여 불법으로 입국한 난민신청자 또는 밀입국한 자일지라도 지체 없이 자진하여 그 사실을 신고하고 그 불법적 입국에 대한 상당한 이유를 제시할 때에는 난민인정 심사절차에의 접근이 거부되지 않는다.

(d) **안전한 국가 출신자 또는 안전한 제3국 경유자:** 출입국항에서의 난민신청자가 박해의 가능성이 없는 안전한 국가 출신이거나 안전한 국가로부터 온 경우이다(난민법 시행령 제5조 제1항 제4호). 난민신청자가 안전한 국가 또는 제3국으로부터 직접 오거나 경유하여 온 경우에 해당할 때에는 법무부장관은 불회부결정을 할 수 있다. 이것을 '안전한 출신국 또는 안전한 제3국 기준'이라고 한다. 안전한 출신국 또는 안전한 제3국이란 난민인정을 신청할 수 있는 여건을 갖춘 국가 또는 난민인정 신청으로 인해 박해의 가능성이 없는 국가를 말한다.

다만, 난민신청자가 안전한 출신국 또는 안전한 제3국에서 난민인정을 신청하지 않은 합리적인 이유를 제시한 경우에는 불회부결정의 사유에서 제외하여야 한다.

(e) **난민불인정자 또는 난민인정취소자:** 출입국항에서의 난민신청자가 난민인정을 받지 못한 자 또는 난민인정이 취소된 자가 중대한 사정의 변경 없이 다시 난민인정을 받으려는 경우이다(난민법 시행령 제5조 제1항 제5호). 난민불인정자 또는 난민인정이 취소된 자가 중대한 사정의 변경이 없이 난민인정을 재신청한 경우에는 불회부결정을 할 수 있다.

다만, 중대한 사정의 변경이 있는 경우에는 불회부결정으로 되지 않는다. 여기에서 '중대한 사정의 변경'이란 출신국에서 정치적 상황의 변경, 새로운 증거의 제출 등을 말한다. 새로운 증거는 출입국항에서 난민인정을 받지 못한 자가 그 후에 발견된 증거뿐만 아니라 난민인정이 불허된 당시 증거가 발견되었다 하더라도 이를 제출할 수 없었던 증거를 포함한다. 그러나 출입국항에서 난민인정의 재신청을 불회부결정의 사유로 정한 것은 「난민법」 제8조 제5항 제2호에서 '난민인정을 받지 못한 자 또는 난민인정이 취소된 자가 중대한 사정의 변경 없이 다시 난민인정을 신청한 경우에는 난민인정 심사절차의 일부를 생략할 수 있도록' 하여 난민인정의 재신청을 인정하여 신속절차를 적용하도록 한 것과는 대립되는 규정이다.

(f) **난민인정 제한 사유 해당자:** 출입국항에서의 난민신청자가 「난민법」 제19

조(난민인정의 제한) 각 호의 어느 하나에 해당된다고 인정할 만한 상당한 이유가 있는 경우이다(난민법 시행령 제5조 제1항 제6호). 「난민법」에서는 난민신청자가 난민에 해당할지라도 난민인정을 배제할 수 있는 법적 근거를 마련하고 있다. 이것을 '배제조항'이라고 한다. 난민신청자가 난민인정의 제한 사유에 해당하는 경우에는 불회부결정을 할 수 있다. 이에 대한 입증책임은 법무부장관 또는 난민인정 심사 회부여부 결정을 위임받은 관할 출입국관리사무소장, 출장소장에게 있다.

다만, 「난민법」 제3조 및 「고문 및 그 밖의 잔혹하거나 비인도적 또는 굴욕적인 대우나 처벌의 방지에 관한 협약」 제3조에 따라 고문을 받을 위험이 있다고 믿을 만한 상당한 근거가 있는 다른 나라로 그 개인을 추방·송환 또는 인도하여서는 아니 된다.

(g) **난민신청 이유가 없는자:** 출입국항에서의 난민신청자가 그 밖에 오로지 경제적인 이유로 난민인정을 받으려는 등 난민인정 신청이 명백히 이유 없는 경우이다(난민법 시행령 제5조 제1항 제7호). 난민신청의 사유가 「난민법」에서 난민으로 인정되기 위한 인종, 종교, 국적, 특정 사회집단의 구성원인 신분, 정치적 견해를 이유로 한 박해에 해당하지 않고, 오로지 경제적인 이유에 있거나 사인간의 채무관계 등에 있는 경우에는 불회부결정을 할 수 있다. 난민인정 신청이 명백히 이유 없는 경우가 본안심사 사항에 해당하는 것으로 볼 여지도 있지만, 경제적인 이유로 난민인정을 신청하는 등 구체적인 사유를 통해 난민인정 신청이 명백히 이유 없는지가 특정될 수 있다. 다만, 재량권의 일탈 남용이 되지 않도록 난민심사관의 신중한 적용이 필요하다.

(나) 입국불허

출입국관리공무원은 난민인정 심사에 회부하지 아니하는 불회부결정을 받은 난민신청자에 대해 「출입국관리법」에 따라 입국허가 여부를 결정하여 처리한다.

(다) 불 복

(a) **문제 제기:** 난민인정 심사에 회부하지 아니하는 불회부결정에 대하여 불복(이의신청, 행정쟁송)을 제기할 수 있는지가 문제된다.

(b) **이의신청:** 「난민법」에서는 불회부결정에 대한 이의신청 등 불복절차 또는 불복이 가능하다는 고지절차를 규정하지 않고 있다. 「난민법」 제21조(이의신청)에서는 출입국항에서의 난민인정 신청에 대하여 불회부결정을 받은 자를 이의신청의 대상자에서 제외하여, 출입국항에서의 난민신청자는 이의신청을 제기할 수 없다.

(c) **행정쟁송**

i. 부정설: 불회부결정은 입국불허결정의 전제인 내부적 의사결정에 불과하여

그 실질이 입국불허결정이고, 외국인의 입국허가 여부에 대한 처분은 국제법상 주권국가의 고권적 재량행위이므로 불회부결정은 사법심사의 대상이 될 수 없다.[5)]

그 논거로는 「난민법」 제6조(출입국항에서 하는 신청)에서 정한 출입국항에서의 난민신청제도는 「출입국관리법」상 입국금지 사유에 해당함에도 인도적 고려에서 예외적인 경우에 입국이 가능하도록 한 제도이다. 이러한 제도를 통한 난민신청은 그 제도의 법적 근거를 마련하는 과정에서 발생한 반사적 이익에 불과하여 난민인정심사회부를 요청할 수 있는 법규상 또는 조리상 권리가 있다고 할 수 없으므로, 불회부결정은 항고소송의 대상이 되는 행정처분이라고 할 수 없다.[6)]

ii. 긍정설: 불회부결정은 입국불허결정의 전제인 내부적 의사결정에 불과하다고 할 수 없고, 입국불허결정과 구별되는 별도의 처분으로서 사법심사의 대상이 된다.[7)]

그 논거로는 ① 불회부결정은 「난민법」 제5조(난민인정 신청)에서 정한 난민인정심사에 회부하지 않는다는 결정이고, 입국불허결정은 대한민국의 입국을 불허하는 결정으로서 그 내용 및 법률효과가 다르다. ② 불회부결정은 「난민법」 제6조(출입국항에서 하는 신청)에 근거한 것이고, 입국불허결정은 「출입국관리법」 제12조(입국심사)에 근거한 것으로서 그 법률상 근거가 다르다. ③ 「난민법 시행령」 제5조(출입국항에서의 난민신청자에 대한 난민인정 심사 회부) 제2항, 제3항에 따르면 해당 처분청은 출입국항에서 난민신청을 한 자에게 난민인정심사 회부 여부에 대한 결정을 별도로 알려야 하고, 난민인정심사 불회부결정을 하였다면 그 난민신청자에게 「출입국관리법」에 따른 입국심사를 진행하여야 하지만, 그 입국심사과정에서 해당 처분청이 반드시 그 난민신청자에게 입국불허결정을 할 법률상 의무는 없다. ③ 난민인정심사 회부결정을 할 경우에는 「난민법 시행령」 제5조(출입국항에서의 난민신청자에 대한 난민인정 심사 회부) 제3항에 따라서 입국이 허가될 뿐만 아니라, 난민신청자의 지위를 부여받게 되어 「난민법」에서 정한 변호사의 조력을 받을 권리(제12조), 자료 등의 열람 · 복사권(제16조) 등의 법률상 이익을 얻게 된다. ④ 난민인정 심사과정에서 난민으로 인정받는 경우에는 「난민법」 제30조(난민인정자의 처우) 내지 제43조(교육의 보장)에서 정한 대한민국의 국민과 같은 수준의 사회보장 내지는 교육의 보장 등의 법률상 권리를 받게 된다.[8)]

---

5) 인천지방법원 2014. 5. 16. 선고 2014구합30385 판결 중 피고의 본안전 항변.
6) 앞의 판결 중 피고의 본안전 항변.
7) 인천지방법원 2014. 5. 16. 선고 2014구합30385 판결.
8) 앞의 판결.

iii. 판례의 태도: 판례는 "불회부결정으로 난민신청자의 지위를 받지 못하여 난민인지 여부를 확인받을 기회조차 박탈됨으로써 받게 되는 불이익을 단순히 출입국항에서의 난민신청제도가 생기면서 발생하게 된 반사적 이익의 상실이라고 볼 수 없으므로, 처분의 취소를 구할 법률상 이익이 있다."라고 판시하여, 난민인정 심사에 회부하지 아니하는 불회부결정에 대하여 행정쟁송 제기를 인정하고 있다.[9] 또한 지방법원 판결이지만, "출입국항에서 난민인정 신청을 하였으나 난민인정심사 불회부결정을 받고 이에 대해 불복하여 취소소송을 제기한 청구인은 (중략) 「난민법」 제2조(정의) 제1호가 정한 난민으로 인정해 줄 의사를 표시한 자로 '실질상'의 난민신청에 해당하는 것"으로 판시하고 있다.[10]

iv. 소 결: 난민인정 심사에 회부하지 아니한다는 불회부결정이 있는 경우 그 불회부결정은 행정처분에 해당하므로 난민신청자는 행정심판 또는 행정소송 등 불복절차를 제기할 수 있다.

5) **회부결정**

(가) 난민인정 심사의 개시

출입국항에서의 난민인정 신청에 대하여 출입국항을 관할하는 출입국관리사무소장 또는 출장소장이 난민인정 심사에 회부하는 결정을 하는 때에 난민인정 심사절차가 개시된다(난민법 시행령 제5조 제6항 후단). 그 시점에 그 외국인은 난민신청자로 되고, 난민신청자에 대한 처우가 동시에 개시된다.

(나) 접수증 교부 및 위임

(a) **접수증 교부**: 법무부장관은 난민인정 심사 회부 여부를 결정한 때에는 지체 없이 그 결과를 출입국항에서의 난민신청자에게 알려야 한다(난민법 시행령 제5조 제2항). 법무부장관은 난민인정 심사에 회부하기로 결정된 자에게 그 결정일에 난민인정 신청을 한 것으로 보아 난민인정신청 접수증을 교부한다(난민법 시행령 제5조 제6항 전단). 출입국관리사무소장, 출장소장이 교부하는 난민인정신청 접수증은 별지 제3호 서식에 따른다(난민법 시행규칙 제3조).

(b) **위 임**: 법무부장관은 「난민법」에 따른 권한의 일부를 대통령령으로 정하는 바에 따라 지방출입국·외국인관서의 장에게 위임할 수 있다(난민법 제46조). 이에 따라 법무부장관은 접수증 교부의 권한을 관할 출입국관리사무소장, 출장소장 또는 외국인보호소장에게 위임한다(난민법 시행령 제24조 제2호).

---

9) 앞의 판결.
10) 인천지방법원 2014. 4. 30. 자 2014인라4 결정.

(다) 입국심사

(a) **출입국관리법에 따른 입국심사:**　출입국관리사무소장 또는 출장소장은 난민인정 심사에의 회부 여부가 결정된 자에게 지체 없이 「출입국관리법」에 따른 입국심사를 받을 수 있도록 하여야 한다(난민법 시행령 제5조 제3항).

(b) **조건부 입국허가**

i. 결 정:　난민인정 심사에 회부하기로 결정된 자에 대하여는 「출입국관리법」 제12조(입국심사)에 따른 입국허가 또는 「출입국관리법」 제13조(조건부 입국허가)에 따른 조건부 입국허가를 한다(난민법 시행령 제5조 제4항 전단). 출입국관리사무소장 또는 출장소장은 난민인정 심사에 회부하기로 결정된 자가 여권 미소지, 위·변조된 여권의 소지 등으로 입국요건을 갖추지는 못하였으나 조건부 입국을 허가할 필요가 있다고 인정되는 경우에 조건부 입국을 허가할 수 있다(출입국관리법 제13조 제1항).

ii. 기 간:　조건부 입국허가를 하는 경우에는 「출입국관리법 시행령」 제16조(조건부 입국허가) 제1항[11)]에도 불구하고 90일의 범위에서 허가기간을 정할 수 있다(난민법 시행령 제5조 제4항).

iii. 절 차:　출입국관리사무소장 또는 출장소장은 조건부 입국허가를 할 때 조건부입국허가서를 발급하고 그 조건부입국허가서에는 주거의 제한, 출석요구에 따를 의무 및 그 밖에 필요한 조건을 붙여야 하며, 필요하다고 인정할 때에는 1천만원 이하의 보증금을 예치預置하게 할 수 있다(출입국관리법 제13조 제2항). 출입국관리사무소장 또는 출장소장은 조건부 입국허가를 받은 자가 부득이한 사유로 그 허가기간 내에 조건을 갖추지 못하였거나 조건을 갖추지 못할 것으로 인정될 때에는 허가기간을 연장할 수 있다(난민법 시행령 제5조 제5항).

(라) 신원확인을 위한 보호

출입국항에서의 난민신청자가 조건부 입국을 허가 받은 경우 그 신원을 확인할 필요가 있는 때 출입국관리공무원은 출입국관리사무소장·출장소장 또는 외국인보호소장으로부터 보호명령서를 발급받아 그 난민신청자를 보호할 수 있다. 신원확인을 위한 보호는 후술하기로 한다.

---

11) 출입국관리법 시행령 제16조 (조건부 입국허가)
① 출입국관리사무소장 또는 출장소장은 출입국관리법 제13조 제1항에 따라 조건부 입국을 허가할 때에는 72시간의 범위에서 허가기간을 정할 수 있다.

Ⅵ. 조력의무

1. 출입국관리공무원의 조력의무

출입국관리공무원은 난민인정 신청에 관하여 문의하거나 신청 의사를 밝히는 외국인이 있으면 적극적으로 도와야 한다(난민법 제5조 제4항). 그리고 난민인정 신청자가 글을 쓸 줄 모르거나 장애 등의 사유로 인하여 신청서를 작성할 수 없는 경우에는 접수하는 출입국관리공무원이 신청서를 작성하고 신청자와 함께 서명 또는 기명날인하여야 한다(난민법 제5조 제3항 단서).

2. 필요사항 게시의무

(1) 의 의

「난민법」에서는 난민을 신청하려는 자를 위해 필요한 정보에의 접근성을 보장하고 있다. 지방출입국·외국인관서의 장은 지방출입국·외국인관서에 난민인정 신청에 필요한 서류를 비치하고 「난민법」에 따른 접수방법 및 난민신청자의 권리 등 필요한 사항을 게시(인터넷 등 전자적 방법을 통한 게시를 포함한다)하여 누구나 열람할 수 있도록 하여야 한다(난민법 제7조 제1항).

(2) 방 법

난민인정 신청에 필요한 서류의 비치 및 게시의 구체적인 방법은 법무부령으로 정한다(난민법 제7조 제2항). 출입국관리사무소장·출장소장 또는 외국인보호소장은 난민인정 신청에 필요한 서류를 한국어 및 영어를 포함한 2개 이상의 언어로 작성하여 출입국관리사무소, 출장소 또는 외국인보호소의 사람들이 잘 볼 수 있는 곳에 비치하여야 한다(난민법 시행규칙 제4조 제1항).

(3) 게시내용

출입국관리사무소장·출장소장 또는 외국인보호소장은 ⅰ) 난민인정신청서를 작성하여 제출하는 방법, ⅱ) 「난민법」 제8조 제6항에 따라 출석요구에도 불구하고 3회 이상 연속하여 출석하지 아니하는 경우에는 난민인정 심사를 종료할 수 있다는 사실, ⅲ) 「난민법」 제40조부터 제43조까지의 규정에 따른 난민인정을 신청한 자

(난민신청자)에 대한 처우에 관한 사항, ⅳ)「난민법」 제44조에 따른 난민신청자에 대한 처우의 일부 제한에 관한 사항, ⅴ) 그 밖에 난민인정 신청 및 접수방법 등과 관련하여 법무부장관이 정하는 사항을 출입국관리사무소, 출장소 또는 외국인보호소와 해당 기관의 인터넷 홈페이지 등에 한국어 및 영어를 포함한 2개 이상의 언어로 게시하여야 한다(난민법 시행규칙 제4조 제2항).

3. 유엔난민기구의 접견권 등 보장

법무부장관은 유엔난민기구UNHCR 또는 난민신청자의 요청이 있는 경우 유엔난민기구가 난민신청자 면담, 난민인정 신청에 관한 의견제시를 할 수 있도록 협력하여야 한다(난민법 제29조 제2항 제1호, 제3호). 출입국항에서의 난민인정 신청에 대하여도 유엔난민기구UNHCR의 난민신청자 접견권은 보장된다.

제 2 절 난민신청자의 처우

Ⅰ. 의 의

「난민법」에서는 난민신청자의 처우를 규정하고 있다. 난민신청자의 처우에 관하여 「난민법」에서 정하지 아니한 사항은 「출입국관리법」을 적용한다(난민법 제4조). 즉 난민신청자의 출입국심사, 체류관리 등에 관한 사항은 「출입국관리법」을 적용한다. 그리고 법무부장관은 난민신청자의 처우를 위하여 필요한 경우에는 관계 기관의 공무원으로 협의회를 구성하여 운영할 수 있다(난민법 시행령 제22조).[12)]

이하에서는 난민인정을 신청한 자의 일반적 처우에 대하여 살펴보고, 난민불인정 결정에 대한 행정심판 또는 행정소송이 진행 중인 난민신청자 등 특정 난민신청자의 처우 제한을 살펴보기로 한다.

12) 난민법 시행령 제22조(난민인정자 등의 처우를 위한 협의회 운영)에서는 "법무부장관은 난민인정자나 난민신청자 등의 처우를 위하여 필요한 경우에는 관계 기관의 공무원으로 협의회를 구성하여 운영할 수 있다."라고 규정하고 있다. 여기에서 난민인정자 등에는 난민신청자, 인도적체류자, 재정착희망난민이 포함된다.

Ⅱ. 개시 시점

난민신청자의 처우가 개시되는 시점은 「난민법」상 대한민국 안에 있는 외국인이 난민인정 신청을 하는 때이다. 난민인정 신청만으로 즉시 난민신청자의 처우를 얻게 된다. 다만, 출입국항에서의 난민인정 신청에 대하여는 회부결정을 하는 때가 난민신청자의 처우가 개시되는 시점이다.

Ⅲ. 체 류

1. 체류허가

난민인정을 신청한 자는 난민인정 여부에 관한 결정이 확정될 때까지(난민불인정 결정에 대한 행정심판이나 행정소송이 진행 중인 경우에는 그 절차가 종결될 때까지) 대한민국에 체류할 수 있다(난민법 제5조 제6항). '체류할 수 있다'의 의미에 대하여는 난민인정 심사절차를 보장받기 위해 체류자격의 부여 또는 변경을 신청할 수 있는 권리로 해석되어야 한다. 난민신청자가 대한민국에 계속하여 체류하기 위하여는 체류자격을 새로이 부여받거나 기존의 체류자격을 유지하거나 다른 체류자격으로 변경허가를 받아야 한다.

2. 체류자격

난민신청자가 ⅰ) 체류자격이 없는 경우에는 새로이 기타(G-1) 체류자격을 부여받거나, ⅱ) 기존의 체류자격이 있는 경우에는 기존의 체류자격을 유지하거나 기타(G-1) 체류자격으로 변경을 허가받아야 한다. 그리고 외국인등록을 하여야 한다. 예를 들어 난민신청자가 유학(D-2), 기업투자(D-8), 결혼이민(F-6), 관광취업(H-1), 방문취업(H-2) 등 기존의 체류자격을 소지하고 기존의 체류자격을 유지할 수 있는 경우 기존의 체류자격을 유지할 수 있다. 다만, 기존의 체류자격을 소지한 난민신청자가 난민신청자로서의 처우를 받고자 하는 경우 기타(G-1) 체류자격으로 변경을 신청하여야 허가를 받을 수 있다. 예를 들어 외교(A-1), 공무(A-2), 협정(A-3) 등 체류자격의 성질상 난민인정 신청과 기존의 체류자격을 동시에 유지할 수 없는 경우 기타(G-1) 체류자격으로 변경을 신청하여 허가를 받을 수 있다. 사증면제(B-1), 관광통과(B-2), 단기방문(C-3) 등 90일 이하의 단기 체류자격을 소지하고 있는 경우 기타(G-1) 체류자격으로 변경을 신청하여 허가를 받을 수 있다.

3. 체류기간

기타(G-1) 체류자격의 1회에 부여하는 체류기간의 상한은 1년이다(출입국관리법 시행규칙 별표1). 기타(G-1) 체류자격을 소지한 난민신청자가 i) 종전에 부여받은 기타(G-1) 체류자격의 체류기간의 범위 내에서 난민인정 여부가 결정되지 않은 경우, ii) 이의신청을 제기할 수 있는 기간 중이거나 이의신청에 대한 결정이 종료되기 전에 기타(G-1) 체류자격의 체류기간이 만료된 경우, iii) 행정소송을 제기할 수 있는 기간 중이거나 행정소송에 대한 결정이 종료되기 전에 기타(G-1) 체류자격의 체류기간이 만료된 경우 그 체류기간의 만료 전에 체류기간 연장 신청을 하여 6개월 단위로 체류기간을 연장할 수 있다.

4. 강제퇴거명령의 집행보류

(1) 의 의

「난민법」에서는 난민인정을 신청한 자를 '대한민국 안에서의 신청자'와 '출입국항에서의 신청자'로 구분하고 있다. 출입국관리공무원의 입국허가를 받지 않은 '출입국항에서의 난민신청자'도 난민인정 여부에 관한 결정이 확정될 때까지(난민불인정 결정에 대한 행정심판이나 행정소송이 진행 중인 경우에는 그 절차가 종결될 때까지) 대한민국에 체류할 수 있다. 그리고 난민인정을 신청할 수 있는 자에는 합법 또는 불법체류를 불문한다. 불법체류외국인도 난민인정 여부에 관한 결정이 확정될 때까지(난민불인정 결정에 대한 행정심판이나 행정소송이 진행 중인 경우에는 그 절차가 종결될 때까지) 강제퇴거명령의 집행이 보류되며 대한민국에 체류할 수 있다(난민법 제5조 제6항 참고).

(2) 원 칙

1) 출입국관리법

「출입국관리법」에서는 난민신청자에게 강제퇴거명령의 집행이 보류된다고 규정하고 있다. 출입국관리공무원이 강제퇴거명령서를 집행할 때에는 강제퇴거명령을 받은 자에게 강제퇴거명령서를 내보이고 지체 없이 그를 「출입국관리법」 제64조(송환국)에 따른 송환국으로 송환하여야 한다(출입국관리법 제62조 제1항, 제3항). 그러나 강제퇴거명령을 받은 자가 i) 「난민법」에 따라 난민인정 신청을 하였으나 난민인정 여부가 결정되지 아니한 경우, ii) 「난민법」 제21조에 따라 이의신청을 하였으나 이에 대한 심사가 끝나지 아니한 경우의 어느 하나에 해당하는 경우에는 송환하여서는 아니 된다.

2) 난민법

「난민법」에서는 “난민신청자는 난민협약 제33조 및 「고문 및 그 밖의 잔혹하거나 비인도적 또는 굴욕적인 대우나 처벌의 방지에 관한 협약」 제3조에 따라 본인의 의사에 반하여 강제로 송환되지 아니한다.”라고 규정하여 난민신청자에게 강제송환 금지의 원칙을 인정하고 있다(난민법 제3조).

(3) 예 외

「난민법」에 따른 난민신청자가 대한민국의 공공의 안전을 해쳤거나 해칠 우려가 있다고 인정되면 「출입국관리법」 제64조(송환국)에 따른 송환국으로 송환될 수 있다(출입국관리법 제62조 제4항 단서). 즉 강제퇴거명령을 받은 자가 난민신청자일지라도 대한민국의 공공의 안전을 해쳤거나 해칠 우려가 있다고 인정되면 그를 「출입국관리법」 제64조에 따른 송환국으로 송환이 가능하다.

강제송환 금지의 원칙에 대한 예외는 후술하기로 한다.

Ⅳ. 취 업

1. 취업허가

법무부장관은 난민인정 신청일부터 6개월이 지난 경우에는 대통령령으로 정하는 바에 따라 난민신청자에게 취업을 허가할 수 있다(난민법 제40조 제2항). 난민신청자가 그 신청 후 6개월이 지났지만 난민인정 여부가 결정되지 않은 경우 체류자격외 활동허가를 통해 취업허가를 받을 수 있다. 이에 따라 난민신청자에게는 제한된 근로권이 보장된다. 난민신청자는 난민신청자로서의 처우가 인정되는 한 그 체류기간의 범위 내에서 취업활동이 가능하다. 법무부장관은 취업허가의 권한을 관할 출입국관리사무소장, 출장소장에게 위임한다(난민법 시행령 제24조 제9호).

2. 체류자격외 활동허가

난민신청자에 대한 취업허가는 「출입국관리법」 제20조에 따른 체류자격외 활동에 대한 허가(체류자격외 활동허가)의 방법으로 한다(난민법 시행령 제18조). 이 경우 난민신청자에게 체류자격외 활동허가가 부여되는 것이고, 「출입국관리법」 제18조 제1항에 따른 취업활동을 할 수 있는 체류자격이 부여되는 것은 아니다.

3. 대 상 자

체류자격외 활동허가를 통해 취업활동이 가능한 난민신청자의 범위는 합법 또는 불법체류자 여부에 관계없이, i) 난민불인정 결정이나 난민불인정 결정에 대한 이의신청의 기각결정을 받고 이의신청의 제기기간이나 행정심판 또는 행정소송의 제기기간이 지나지 아니한 자, ii) 난민불인정 결정에 대한 행정심판 또는 행정소송이 진행 중인 자가 포함된다. 불법체류외국인은 원래 체류자격이 없으나, 난민인정을 신청하여 기타(G-1) 체류자격이 부여되고 이를 전제로 체류자격외 활동허가를 받을 수 있다.

Ⅴ. 생 계 비

1. 생계비 지급

「난민법」에서는 "법무부장관은 대통령령으로 정하는 바에 따라 난민신청자에게 생계비 등을 지원할 수 있다."라고 규정하고 있다(난민법 제40조 제1항). 따라서 난민신청자에 대한 생계비 등 지원은 법무부장관의 재량사항에 해당한다.

2. 대 상 자

생계비 등을 지급받을 수 있는 자는 난민신청자 중 취업허가가 불가능한 자이다. 따라서 취업허가가 가능한 체류자격을 소지한 난민신청자는 대상자에서 제외된다.[13]

3. 기　　간

법무부장관은 난민신청자에게 난민인정 신청서를 제출한 날부터 6개월을 넘지 아니하는 범위에서 생계비 등을 지원할 수 있다. 다만, 중대한 질병 또는 신체장애 등으로 생계비 등의 지원이 계속 필요한 부득이한 경우에는 6개월을 넘지 아니하는 범위에서 생계비 등의 지원기간을 연장할 수 있다(난민법 시행령 제17조 제1항).

---

13) 난민인정 심사, 처우, 체류 지침.

4. 고려 요소

생계비 등의 지원 여부 및 지원 금액은 난민신청자의 국내 체류기간, 취업활동 여부, 난민지원시설 이용 여부, 부양가족 유무, 생활여건 등을 고려하여 법무부장관이 정한다(난민법 시행령 제17조 제2항). 그 밖의 고려 요소로는 소득 및 가족 부양능력, 주거 형태, 임신 유무, 연령(미성년자, 고령자) 등이다.[14)]

5. 지원 금액

생계비 지원 금액은 원칙적으로 「긴급복지지원법」 제9조(긴급지원의 종류 및 내용) 제1항 제1호 가목의 생계지원 상당액(409,000원)을 기준으로 한다.[15)] 1인 가구의 경우 409,000원, 2인 가구의 경우 696,500원, 3인 가구의 경우 901,100원, 4인 가구의 경우 1,105,600원, 5인 가구의 경우 1,310,200원이다(법무부 고시).[16)] 다만, 출입국·외국인지원센터 입주자는 비입주자의 70% 상당액(1인 가구의 경우 286,300원)을 기준으로 한다(법무부 고시).[17)] 생계비 지원 금액(출입국·외국인지원센터 입주자를 포함한다)은 가구 구성원이 5인 이상일 경우 5인까지 지급한다(법무부 고시). 다른 공공기관의 중복지원금이 있는 경우에는 해당 금액만큼 감액하여 지원한다.[18)]

6. 절　　차

생계비 등의 지원 신청 등에 필요한 사항은 법무부령으로 정한다(난민법 시행령 제17조 제3항). 생계비 등을 지원받으려는 난민신청자는 생계비 등 지원신청서를 출입국관리사무소장 또는 출장소장에게 제출하여야 한다(난민법 시행규칙 제15조 제1항). 신청서를 받은 출입국관리사무소장 또는 출장소장은 지원 필요 여부에 대한 의견을 붙여 해당 서류를 지체 없이 법무부장관에게 보내야 한다(난민법 시행규칙 제15조 제2항). 생계비 등의 지원 신청을 받은 법무부장관은 지체 없이 생계비 등의 지원 여부를 심사하고, 그 결과를 난민신청자에게 알려주어야 한

14) 앞의 지침.

15) 긴급복지지원법 제9조 (긴급지원의 종류 및 내용) ① 이 법에 따른 지원의 종류 및 내용은 다음과 같다.
1. 금전 또는 현물(現物) 등의 직접지원
가. 생계지원: 식료품비·의복비 등 생계유지에 필요한 비용 또는 현물 지원

16) 난민인정 심사, 처우, 체류 지침; 법무부, UNHCR, 국회 Friends of UNHCR, 난민법 시행 1년, 앞으로의 난민정책 100년, 국회공동포럼, 2014, p. 108.

17) 앞의 지침; 앞의 자료, p. 11.

18) 난민인정 심사, 처우, 체류 지침.

다(난민법 시행규칙 제15조 제3항).

Ⅵ. 주거시설

1. 주거시설 지원

법무부장관은 대통령령으로 정하는 바에 따라 난민신청자가 거주할 주거시설을 설치하여 운영할 수 있다(난민법 제41조 제1항). 「난민법 시행령」에 따르면, 법무부장관은 「난민법」 제45조 제1항에 따른 난민지원시설 등에 난민신청자 등이 거주할 수 있는 주거시설을 설치 · 운영할 수 있다(난민법 시행령 제19조 제1항). 주거시설의 운영 등에 필요한 사항은 대통령령으로 정한다(난민법 제41조 제2항).

2. 대 상 자

(1) 원 칙

주거시설을 이용할 수 있는 자는 난민신청자 등이다. 이 경우에 법무부장관은 출입국항에서의 난민신청자와 재정착희망난민을 주거시설 우선 이용 대상자로 할 수 있다(난민법 시행령 제19조 제2항).

(2) 예 외

법무부장관은 주거시설의 안전과 질서를 해치거나 해칠 우려가 있는 자에 대하여 주거시설의 이용을 제한할 수 있다(난민법 시행령 제19조 제4항).

3. 기 간

법무부장관은 6개월을 넘지 아니하는 범위에서 주거시설 이용자의 이용기간을 정할 수 있다. 다만, 주거시설 이용자의 건강상태, 부양가족 등을 고려할 때 부득이하게 난민지원시설을 계속 이용할 필요가 있다고 인정하는 경우에는 주거시설 이용기간을 연장할 수 있다(난민법 시행령 제19조 제3항).

4. 절 차

주거시설을 이용하려는 자는 주거시설 이용신청서에 가족관계를 입증할 수 있는 서류(신청인의 배우자나 미성년 자녀가 함께 이용하고자 하는 경우만 해당한다)를 첨부하여 출입국관리사무소장, 출장소장 또는 주거시설의 장에게 제출하여야 한다. 다만, 난민지원시설에 설치된 주거시설을 이용하려는 경우에는 제17조에 따른다(난민법 시행규칙 제16조 제1항). 신청서를 받은 출입국관리사무소장, 출장소장 또는 주거시설의 장은 주거시설 이용 필요 여부에 대한 의견을 붙여 해당 서류를 법무부장관에게 보내야 한다(난민법 시행규칙 제16조 제2항). 주거시설의 이용 신청을 받은 법무부장관은 지체 없이 주거시설 이용 여부 및 이용기간을 결정하고, 그 결과를 신청인에게 알려주어야 한다(난민법 시행규칙 제16조 제3항).

Ⅶ. 의 료

1. 의료지원

법무부장관은 대통령령으로 정하는 바에 따라 난민신청자에게 의료지원을 할 수 있다(난민법 제42조). 법무부장관은 의료지원의 권한을 관할 출입국관리사무소장, 출장소장 또는 외국인보호소장에게 위임한다(난민법 시행령 제24조 제10호).

2. 건강검진

법무부장관은 난민신청자의 건강을 보호하기 위하여 필요하다고 인정되면 난민신청자에게 건강검진을 받게 하거나 예산의 범위에서 난민신청자가 받은 건강검진 등의 비용을 지원할 수 있다(난민법 시행령 제20조 제1항).

3. 응급의료

법무부장관은 난민신청자에게 「응급의료에 관한 법률」에 따른 응급의료에 관한 정보와 그 밖에 난민신청자가 이용할 수 있는 의료서비스에 관한 정보를 제공하도록 노력하여야 한다(난민법 시행령 제20조 제2항). 「응급의료에 관한 법률」 제3조에서는 “모든 국민은 성별, 나이, 민족, 종교, 사회적 신분 또는 경제적 사정 등을 이유로 차별받지 아니하고 응급의료를 받을 권리를 가진다. 국내에 체류하고 있는 외국인도 또한 같다.”라고 규정하여, 난민신청자에도 국민과 마찬가지로 응급의료를 받을 권리가 인정된다.

4. 절 차

난민신청자에게 의료서비스를 제공하려는 관계 부처 또는 기관의 장은 출입국관리사무소장이나 출장소장에게 난민신청자에 대한 확인을 요청할 수 있다. 이 경우 출입국관리사무소장 또는 출장소장은 그 자가 난민신청자에 해당하는지를 확인하여 지체 없이 확인을 요청한 부처나 기관에 그 결과를 알려야 한다(난민법 시행령 제20조 제3항).

5. 지역의료보험 가입의 문제

난민신청자가 기타(G-1) 체류자격을 부여받는 경우에는 「국민건강보험법」에 따른 지역의료보험 가입대상에서 제외된다(국민건강보험법 시행령 제76조 제2항 제3호 나목, 시행규칙 제61조 제2항 및 별표9).

Ⅷ. 교육 보장

난민신청자 및 그 가족 중 미성년자인 외국인은 국민과 같은 수준의 초등교육 및 중등교육을 받을 수 있다(난민법 제43조).

Ⅸ. 강제송환 금지

강제송환 금지는 후술할 난민인정자 또는 인도적 체류자의 처우뿐만 아니라, 난민신청자의 처우에도 마찬가지로 적용된다(난민법 제3조). 강제송환 금지에 대하여는 난민인정자의 처우에서 살펴보기로 한다.

Ⅹ. 특정 난민신청자의 처우

1. 의 의

「난민법」에서는 난민신청자 중에서 '특정 난민신청자'를 구분한다. 난민신청자 중에서 별도로 '특정 난민신청자'라는 용어를 사용하고 있다(난민법 제44조). 특정 난민신청자의 경우에는 난민신청자의 처우에 일정한 제한이 따를 수 있다.

2. 원 칙

특정 난민신청자에게는 「난민법」 제5조(난민인정 신청) 제6항에 따른 체류허가 또는 「난민법」 제40조(생계비 등 지원) 제2항에 따른 취업허가가 제한되지 않는다.

특정 난민신청자에게도 취업허가가 가능하다.

3. 제 한

특정 난민신청자의 경우에는 난민신청자의 처우에 일정한 제한을 할 수 있다. i) 난민불인정 결정에 대한 행정심판 또는 행정소송이 진행 중인 경우(난민법 제2조 제4호 다목), ii) 난민인정을 받지 못한 자 또는 난민인정이 취소된 자가 중대한 사정의 변경 없이 다시 난민인정을 신청한 경우(난민법 제8조 제5항 제2호), iii) 대한민국에서 1년 이상 체류하고 있는 외국인이 체류기간 만료일에 임박하여 난민인정 신청을 하거나 강제퇴거 대상 외국인이 그 집행을 지연시킬 목적으로 난민인정 신청을 한 경우(난민법 제8조 제5항 제3호)에 해당하는 난민신청자의 경우에는 대통령령으로 정하는 바에 따라 생계비 등 지원, 주거시설 지원, 의료 지원, 교육 보장을 일부 제한할 수 있다(난민법 제44조). 「난민법 시행령」에 따르면, 법무부장관은 특정 난민신청자에게 i) 생계비 등 지원, ii) 주거시설의 지원, iii) 의료지원을 하지 아니한다(난민법 시행령 제21조 본문). 다만, 긴급하거나 인도적인 차원에서 특별히 지원이 필요하다고 인정하는 경우에는 그 처우가 제한되지 아니한다(난민법 시행령 제21조 단서).

XI. 인적사항 등 공개금지

1. 의 의

난민신청자는 그 생명과 신체의 안전을 보장받아야 할 대상이므로 그 인적사항 등을 공개하거나 누설하여서는 아니된다. 「난민법」에서는 난민신청자의 인적사항 등을 공개하는 것을 금지하고 이를 위반한 경우에는 처벌하고 있다(난민법 제17조, 제47조 제1호). 이는 후술할 난민인정자의 인적사항 등 공개금지에도 동일하게 적용된다고 해석된다.

2. 주 체

누구든지 난민신청자의 인적사항 등을 공개하거나 타인에게 누설하여서는 아니되고, 인적사항과 사진 등을 출판물에 게재하거나 방송매체 또는 정보통신망을 이용하여 공개하여서는 아니된다(난민법 제17조 제1항 본문, 제17조 제2항). 난민신청자의 인적사항 등을 공개하여서는 아니되는 주체는 제한이 없다. 예를 들어 난민심사관, 통역인 등은 난민신청자의 동의 없이 인적사항 등을 공개하여서는 아니된다.

3. 대 상 자

인적사항 등 공개가 금지되는 대상자는 난민신청자이다. 난민불인정자는 난민신청자가 아니므로 그 대상자에게 해당되지 아니한다.

4. 대상 및 예외, 제한

(1) 대 상

공개가 금지되는 대상은 다음과 같다. 난민신청자를 특정하여 파악할 수 있게 하는 인적사항과 사진 등을 공개하거나 타인에게 누설하여서는 아니 된다(난민법 제17조 제1항 본문). 그리고 난민신청자와 면접에 동석하는 신뢰관계 있는 자의 주소·성명·연령·직업·용모를 공개하거나 타인에게 누설하여서는 아니된다(난민법 제17조 제1항 본문). 난민신청자와 면접에 동석하는 신뢰관계 있는 자의 인적사항과 사진 등을 출판물에 게재하거나 방송매체 또는 정보통신망을 이용하여 공개하여서는 아니된다(난민법 제17조 제2항).

(2) 예 외

본인의 동의가 있는 경우에는 공개금지의 예외로 한다(난민법 제17조 제1항 단서, 제17조 제2항). 본인의 동의가 있는 경우 난민신청자를 특정하여 파악할 수 있게 하는 인적사항과 사진 등을 공개하거나 타인에게 누설할 수 있다. 난민신청자와 면접에 동석하는 신뢰관계 있는 자의 주소·성명·연령·직업·용모를 공개하거나 타인에게 누설할 수 있고, 그의 인적사항과 사진 등을 출판물에 게재하거나 방송매체 또는 정보통신망을 이용하여 공개할 수 있다.

(3) 제 한

본인의 동의가 있더라도 난민인정 신청에 대한 어떠한 정보도 출신국에 제공되어서는 아니된다(난민법 제17조 제3항).

5. 관계 행정기관 등에 대한 협조요청과의 관계

법무부장관은 난민인정 심사에 필요한 경우 관계 행정기관의 장이나 지방자치단체의 장 또는 관련 단체의 장에게 자료제출 또는 사실조사 등의 협조를 요청할 수 있고, 이러한 협조를 요청받은 관계 행정기관의 장이나 관련 단체의 장은 정당한 사유 없이 이를 거부하여서는 아니 된다(난민법 제11조). 이것은 법무부장관이 공정하고 정확한 난민인정 심사를 위한 것으로「난민법」제17조에 따른 난민신청자의 인적사항 등 공개금지가 적용되지 않는다.

6. 벌 칙

난민신청자의 인적사항 등을 본인의 동의 없이 공개하여「난민법」제17조를 위반한 자는 1년 이하의 징역 또는 1천만원 이하의 벌금에 처한다(난민법 제47조 제1호).

제 3 절 난민인정 신청의 철회

Ⅰ. 의 의

1. 개 념

난민인정 신청의 철회란 난민신청자가 법무부장관의 난민인정 결정이 있기 전에 그 신청을 철회하는 것을 말한다.

2. 구별개념

법무부장관이 난민인정 결정이 있은 후에 난민인정자가 일정한 사유에 해당하는 경우에 행하는 '난민인정 결정의 철회'는 난민인정 신청의 철회와 구별된다(난민법 제22조 제2항).

Ⅱ. 효 과

난민인정 신청이 철회된 경우에는 난민신청자로서의 지위가 상실되어 난민신청자의 처우도 마찬가지로 종료되고, 동시에 난민인정 심사절차가 종료된다.

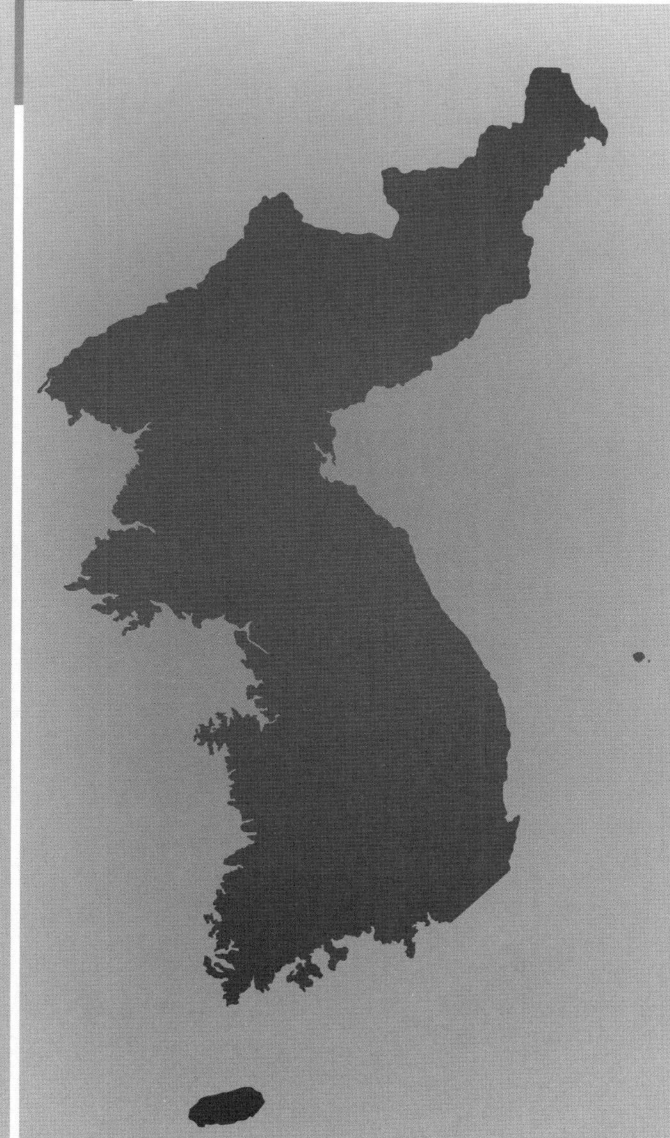

제 5 장

난민인정 심사절차

제1절 의 의

Ⅰ. 일반절차 및 위임

1. 일반절차

난민인정신청서를 제출받은 지방출입국·외국인관서의 장은 지체 없이 난민신청자에 대하여 면접을 실시하고 사실조사를 한 다음 그 결과를 난민인정신청서에 첨부하여 법무부장관에게 보고하여야 한다(난민법 제8조 제1항).

2. 위 임

법무부장관은 「난민법」에 따른 권한의 일부를 대통령령으로 정하는 바에 따라 지방출입국·외국인관서의 장에게 위임할 수 있다(난민법 제46조). 이에 따라 법무부장관은 난민인정 심사의 권한을 관할 출입국관리사무소장, 출장소장 또는 외국인보호소장에게 위임한다(난민법 시행령 제24조 제4호).

Ⅱ. 심사기간

1. 심사시점

난민인정 심사절차가 시작되는 시점에 따라 난민신청자는 「난민법」에 따른 난민신청자로서의 처우를 받게 된다. 난민인정 신청에 대한 난민인정 심사절차가 시작되는 시점은 대한민국 안에서의 신청 또는 출입국항에서의 신청인지에 따라 상이하다. 첫째, 대한민국 안에서의 신청의 경우에는 출입국관리사무소장, 출장소장 또는 외국인보호소장이 난민인정신청서를 접수한 때가 난민인정 심사절차가 시작되는 시점이다. 둘째, 출입국항에서의 신청의 경우에는 출입국항을 관할하는 출입국관리사무소장, 출장소장이 난민인정 심사에 회부하기로 결정한 때가 난민인정 심사절차가 시작되는 시점이다. 다만, 출입국항에서의 신청의 경우 회부심사를 위해 면담 또는 사실조사 등이 진행되는 것은 난민인정 심사절차에 해당되지 않는다.

2. 심사기한

출입국관리사무소장 등은 난민인정 또는 난민불인정 결정을 난민인정신청서를 접수한 날부터 6개월 안에 하여야 한다. 다만, 부득이한 경우에는 6개월의 범위에서 기간을 정하여 연장할 수 있다(난민법 제18조 제4항). 출입국관리사무소장, 출장소장 또는 외국인보호소장이 난민인정 심사기간을 연장한 때에는 종전의 기간이 만료되기 7일 전까지 난민인정 심사기간 연장 통지서를 난민신청자에게 통지하여야 한다(난민법 제18조 제5항, 난민법 시행규칙 제9조). 난민인정 심사기간 연장 통지는 상대방 있는 의사표시이므로 도달주의를 택하여 7일 전까지 난민신청자에게 도달하여야 한다.[1)]

Ⅲ. 난민심사관

1. 역할 및 업무

법무부장관은 지방출입국・외국인관서에 면접과 사실조사 등을 전담하는 난민심사관을 둔다. 난민심사관의 자격과 업무수행에 관한 사항은 「난민법 시행령」으로 정한다(난민법 제8조 제4항).

2. 자 격

난민심사관은 출입국관리 업무에 종사하는 5급 이상의 공무원으로서 ⅰ) 난민 관련 업무에 2년 이상 종사하였을 것, ⅱ) 법무부장관이 정하는 난민심사관 교육과정을 마쳤을 것의 어느 하나에 해당하는 자격을 갖추어야 한다(난민법 시행령 제6조). 공무원만이 난민심사관을 할 수 있으며, 일반인은 난민심사관으로 될 수 없다.

1) 김형배, 민법학강의, 신조사, 1999, p. 160 참고; 김동희, 행정법Ⅰ, 박영사, 2010, p. 114.

제 2 절　심사절차

Ⅰ. 면　　접

1. 동성(同性)공무원

난민신청자의 요청이 있는 경우 같은 성性의 공무원이 면접을 하여야 한다(난민법 제8조 제2항). 난민신청자의 권리로서 동성공무원 면접요청권이 인정된다.

2. 녹음 또는 녹화

지방출입국·외국인관서의 장은 필요하다고 인정하는 경우 면접과정을 녹음 또는 녹화할 수 있다. 다만, 난민신청자의 요청이 있는 경우에는 녹음 또는 녹화를 거부하여서는 아니 된다(난민법 제8조 제3항). 난민신청자의 권리로서 면접과정에서의 녹음 또는 녹화요청권이 인정된다.

3. 통　　역

(1) 통역인 제공

난민인정은 난민의 특수한 상황에 비추어 난민인정 신청자가 행하는 진술이 일관성과 설득력이 있고 그 진술의 신빙성이 주장사실을 입증하는 데 중요한 역할을 하므로 통역인의 자격과 절차 등이 문제된다. 이와 관련하여, 법무부장관은 난민신청자가 한국어로 충분한 의사표현을 할 수 없는 경우에는 면접 과정에서 「난민법 시행령」으로 정하는 일정한 자격을 갖춘 통역인으로 하여금 통역하게 하여야 한다(난민법 제14조).

「난민법」에서는 난민면접 과정에서만 통역인을 제공하도록 규정하고(난민법 제14조), 난민신청 단계에서 통역인을 제공하는 규정은 두고 있지 않다. 법무부장관은 난민신청자에 대한 통역을 담당한 자에게 법무부장관이 정하는 바에 따라 수당을 지급할 수 있다(난민법 시행령 제8조 제4항).

(2) 통역인 자격

1) 원 칙

법무부장관은 외국어에 능통하고 난민통역 업무 수행에 적합하다고 인정되는 자로서 법무부장관이 정하는 교육과정을 마친 난민전문통역인으로 하여금 난민신청자 면접 과정에서 통역하게 하여야 한다(난민법 시행령 제8조 제1항). 난민전문통역인이 되기 위하여는 '외국어에 능통', '난민통역 업무 수행에 적합', '법무부장관이 정하는 교육과정'이라는 요건을 충족하여야 한다.

2) 예 외

「난민법 시행령」 제8조 제1항에도 불구하고, 난민신청자가 사용하는 언어에 능통한 난민전문통역인이 없거나 긴박한 경우에는 i) 난민신청자가 사용하는 언어를 다른 외국 언어로 1차 통역하게 한 다음 그 외국 언어를 난민전문통역인으로 하여금 한국어로 2차 통역하게 하는 방법, ii) 난민신청자가 사용하는 언어에 능통한 자에게 통역에 대한 사전 교육을 실시한 후 통역하게 하는 방법으로 통역하게 할 수 있다(난민법 시행령 제8조 제3항).

(3) 동성(同性)통역인

1) 원 칙

법무부장관은 난민신청자가 요청하는 경우에는 같은 성性의 난민전문통역인으로 하여금 통역하게 하여야 한다(난민법 시행령 제8조 제2항). 난민신청자의 권리로서 동성통역인 제공 요청권이 인정된다. 동성의 난민전문통역인은 난민인정을 신청한 여성이 성폭행 등 피해를 받은 적이 있는 경우 인권보호 차원에서 도입된 것이다.

2) 예 외

「난민법 시행령」 제8조 제2항에도 불구하고, 난민신청자가 사용하는 언어에 능통한 난민전문통역인이 없거나 긴박한 경우에는 i) 난민신청자가 사용하는 언어를 다른 외국 언어로 1차 통역하게 한 다음 그 외국 언어를 난민전문통역인으로 하여금 한국어로 2차 통역하게 하는 방법, ii) 난민신청자가 사용하는 언어에 능통한 자에게 통역에 대한 사전 교육을 실시한 후 통역하게 하는 방법으로 통역하게 할 수 있다(난민법 시행령 제8조 제3항). 소수언어를 통역할 자를 구하기 어려운 점을 감안하여 동성의 난민전문통역인에 대한 예외를 규정하고 있다.

4. 난민면접조서

(1) 기록의무

난민심사관은 난민신청자에 대하여 면접을 실시한 경우에는 그 내용을 난민면접조서에 기록하여야 한다(난민법 시행령 제7조 제2항). 난민심사관은 기록한 난민면접조서를 난민신청자에게 읽어주거나 열람하게 한 후 잘못 기록된 부분이 없는지 물어야 한다. 이 경우 난민신청자가 난민면접조서의 기록 사항에 대하여 추가·삭제 또는 변경을 요청하면 그 요청한 내용을 난민면접조서에 추가로 기록하여야 한다(난민법 시행령 제7조 제3항). 이것은 난민면접 과정에서 난민신청자를 보호하기 위한 것이다.

(2) 확인의무

난민심사관은 난민신청자가 난민면접조서에 기재된 내용을 이해하지 못하는 경우 '난민면접을 종료한 후' 난민신청자가 이해할 수 있는 언어로 통역 또는 번역을 하여 그 내용을 확인할 수 있도록 하여야 한다(난민법 제15조). 난민심사관은 i) 난민신청자, ii) 난민면접 과정 또는 난민면접 종료 후 통역이나 번역을 한 자가 있는 경우에는 그 통역이나 번역을 한 자로 하여금 기록된 난민면접조서에 서명하거나 기명날인記名捺印하게 하여야 한다. 다만, 난민신청자가 서명 또는 기명날인을 할 수 없거나 이를 거부할 때에는 그 사실을 난민면접조서에 기록하여야 한다(난민법 시행령 제7조 제4항). 이것은 난민면접이 종료된 후 난민신청자를 보호하기 위한 것이다.

5. 유엔난민기구의 관여

법무부장관은 유엔난민기구UNHCR 또는 난민신청자의 요청이 있는 경우 유엔난민기구가 난민신청자 면담, 난민신청자에 대한 면접 참여를 할 수 있도록 협력하여야 한다(난민법 제29조 제2항).

Ⅱ. 사실조사

1. 의 의

법무부장관은 난민의 인정 여부를 결정하기 위하여 필요하면 법무부 내 난민전담 공무원 또는 지방출입국·외국인관서의 난민심사관으로 하여금 그 사실을 조사하게 할 수 있다(난민법 제10조 제1항).

2. 출석요구 등

(1) 출석요구 및 질문 등

법무부 내 난민전담 공무원 또는 출입국관리사무소·출장소·외국인보호소의 난민심사관은 사실조사를 하기 위하여 필요한 경우 난민신청자, 그 밖에 관계인을 출석하게 하여 질문을 하거나 문서 등 자료의 제출을 요구할 수 있다(난민법 제10조 제2항).

(2) 출석요구 절차

법무부 내 난민전담공무원 및 난민심사관이 난민신청자, 그 밖에 관계인의 출석을 요구할 때에는 「난민법 시행규칙」으로 정하는 바에 따라 출석요구의 취지, 출석 일시 및 장소 등을 적은 '출석요구서'를 발급하여 출석요구서를 난민신청자, 그 밖에 관계인에게 보내고(난민법 시행규칙 제5조 제1항), 출석요구 사실을 출석요구대장에 기록하여야 한다(난민법 시행령 제7조 제1항 본문). 다만, 긴급을 요하여 출석요구서를 발급할 시간적 여유가 없거나 출석요구서를 발급하여서는 출석요구의 목적을 달성할 수 없는 불가피한 사정이 있는 등 긴급한 경우에는 구두로 출석요구를 할 수 있다(난민법 시행령 제7조 제1항 단서). 출석요구 대장은 전자적 처리가 불가능한 특별한 사유가 없으면 전자적 방법에 따라 작성하고 관리하여야 한다(난민법 시행규칙 제5조 제2항).

(3) 출석요구 불응 및 심사절차 종료

난민신청자는 난민심사에 성실하게 응하여야 한다. 법무부장관은 난민신청자가 면접 등을 위한 출석요구에도 불구하고 3회 이상 연속하여 출석하지 아니하는 경우에는 난민인정 심사를 종료할 수 있다(난민법 제8조 제6항). 이것은 난민인정 신청의 직권철회에 해당된다.

3. 관계기간 등의 협조 요청

(1) 협조요청

법무부장관은 난민인정 심사에 필요한 경우 관계 행정기관의 장이나 지방자치단체의 장 또는 관련 단체의 장에게 자료제출 또는 사실조사 등의 협조를 요청할 수 있다(난민법 제11조 제1항). 협조를 요청받은 관계 행정기관의 장이나 지방자치단체의 장 또는 관련 단체의 장은 정당한 사유 없이 이를 거부하여서는 아니 된다(난민법 제11조 제2항).

(2) 위 임

법무부장관은 협조 요청의 권한을 관할 출입국관리사무소장, 출장소장 또는 외국인보호소장에게 위임한다(난민법 시행령 제24조 제5호). 다만, 이의신청과 관련한 협조 요청의 권한을 위임하는 것은 제외된다(난민법 시행령 제24조 제5호 단서).

Ⅲ. 법무부장관 보고

법무부 내 난민전담 부서의 장 또는 지방출입국·외국인관서의 장은 난민전담 공무원 또는 난민심사관이 난민의 인정에 관한 사실조사를 마친 때에는 지체 없이 그 내용을 법무부장관에게 보고하여야 한다(난민법 제10조 제3항).

Ⅳ. 신속절차

1. 의 의

「난민법」에서는 난민인정 심사절차에서 면접 또는 사실조사의 일부를 생략할 수 있는 신속절차fast track를 두고 있다(난민법 제8조 제5항). 이하에서는 난민인정 심사절차의 일부가 생략되는 신속절차에 대하여 살펴보기로 한다.

2. 대상자

법무부장관은 ⅰ) 거짓 서류의 제출이나 거짓 진술을 하는 등 사실을 은폐하여 난민인정 신청을 한 경우, ⅱ) 난민인정을 받지 못한 자 또는 난민인정이 취소된 자가 중대한 사정의 변경 없이 다시 난민인정을 신청한 경우, ⅲ) 대한민국에서 1년 이상 체류하고 있는 외국인이 체류기간 만료일에 임박하여 난민인정 신청을 하거나 강제퇴거 대상 외국인이 그 집행을 지연시킬 목적으로 난민인정 신청을 한 경우의 어느 하나에 해당하는 난민신청자에 대하여는 심사절차의 일부를 생략할 수 있다(난민법 제8조 제5항).

3. 사 유

(1) 사실을 은폐하여 난민인정 신청을 한 경우

1) 의 의

사실을 은폐하여 난민인정 신청을 한 경우로는 거짓 서류의 제출이나 거짓 진술을 하는 등이다.

2) 거짓 서류

거짓 서류의 제출이란 여권 및 선원신분증명서 등을 위·변조하거나, 난민임을 입증하는 서류를 위·변조하여 허위로 난민인정 신청을 하는 경우를 말한다. 난민임을 입증하는 서류에는 박해의 사실을 증명하거나 난민인정 신청의 사유를 입증하는 신분증, 체포영장, 신문기사 등 모든 서류 또는 물건이 해당된다. 다만, 본인이 지체 없이 자진하여 거짓 서류를 제출한 사실을 신고한 경우는 제외한다(1951년 「난민의 지위에 관한 협약」 제31조 제1항). 출신국으로부터 박해를 피하기 위한 수단으로 위·변조된 여권 등을 소지하여 불법으로 입국한 난민신청자 또는 밀입국한 자일지라도 지체 없이 자진하여 그 사실을 신고하고 그 불법적 입국에 대한 상당한 이유를 제시할 때에는 거짓 서류의 제출만으로 신속절차의 대상으로 되지 않는다.

3) 거짓 진술

거짓 진술이란 난민인정을 받을 목적으로 사실과 다른 내용을 허위로 진술하는 것을 말한다. 다만, 진술의 일부분에 사실과 다른 내용이 있거나 과장된 내용이 있다는 이유만으로 곧바로 신속절차의 대상으로 되는 것이 아니다. 신분 등 인적사항 또는 박해 사실의 핵심적 부분에 관하여 사실과 다른 내용이 있는 경우에만 신속절차의 대상으로 하여야 한다.

(2) 특정 난민신청자

1) 의 의

일반적인 난민신청자와는 달리, 심사절차의 일부가 생략되는 대상자 중 ⅰ) 난민인정을 받지 못한 자 또는 난민인정이 취소된 자가 중대한 사정의 변경 없이 다시 난민인정을 신청한 경우, ⅱ) 대한민국에서 1년 이상 체류하고 있는 외국인이 체류기간 만료일에 임박하여 난민인정 신청을 하거나 강제퇴거 대상 외국인이 그 집행을 지연시킬 목적으로 난민인정 신청을 한 경우를 '특정 난민신청자'라고 구별한다

(난민법 제44조). 특정 난민신청자를 구별한 취지는 난민인정 신청을 통하여 체류기간의 연장이라는 남용적 신청을 방지하기 위한 것이다. 특정 난민신청자의 경우에는 후술하는 바와 같이 난민신청자의 처우에 일정한 제한이 있다.

2) 난민불인정자 또는 난민인정취소자

난민인정을 받지 못한 자 또는 난민인정이 취소된 자가 중대한 사정의 변경 없이 다시 난민인정을 신청한 경우에서 '중대한 사정의 변경'이란 당초 그러한 사정이 있었더라면 난민으로 인정받을 수 있을 정도에 이르는 난민인정 요건의 필수적 부분에 관한 사정의 변경을 말한다. 예를 들어 당초의 난민인정 신청의 사유와는 다른 새로운 사유가 발생한 경우, 당초에 난민인정 요건으로 제시하지 못했던 필수적인 입증자료가 새로이 발견 또는 발생한 경우 등이 중대한 사정의 변경에 해당한다.

3) 체류기간 만료일 임박자

대한민국에서 1년 이상 체류하고 있는 외국인이 체류기간 만료일에 임박하여 난민인정 신청을 한 경우에서 '체류기간 만료일에 임박'이란 체류기간 만료가 1개월 이내이거나 체류자격별 체류기간의 상한에 이르러 더 이상 체류기간의 연장이 어려운 경우를 말한다. 체류기간이 이미 도과한 경우도 이에 해당한다.

4) 강제퇴거 대상 외국인

강제퇴거 대상 외국인이 그 집행을 지연시킬 목적으로 난민인정 신청을 한 경우에서 '강제퇴거 대상 외국인'이란 「출입국관리법」을 위반하였거나 장래 국가의 이익을 해할 우려 등의 사유로 국내체류가 바람직하지 않은 자로서 그의 의사에 반하여 대한민국 영역 밖으로 정해진 절차와 방법에 의해 강제적으로 출국되는 외국인을 말한다. 예를 들어 「출입국관리법」 제46조의 어느 하나에 해당한다고 의심되는 상당한 이유가 있어 적발되거나 「출입국관리법」 제47조에 따라 그 사실을 조사 중에 있는 자, 「출입국관리법」 제51조 제1항에 따라 일반보호 중에 있는 자 또는 「출입국관리법」 제51조 제3항에 따라 긴급보호 중에 있는 자, 「출입국관리법」 제62조에 따라 강제퇴거명령을 받은 자 또는 「출입국관리법」 제63조에 따라 강제퇴거집행을 위한 보호 중에 있는 자가 이에 해당한다.

4. 심사절차의 생략

신속절차의 대상자에 해당하는 자에 대하여는 난민인정 심사절차에서 면접 또는 사실조사의 일부가 생략될 수 있다(난민법 제8조 제5항).

Ⅴ. 신원확인을 위한 보호

1. 의 의

출입국관리공무원은 난민신청자가 자신의 신원을 은폐하여 난민의 인정을 받을 목적으로 여권 등 신분증을 고의로 파기하였거나 거짓의 신분증을 행사하였음이 명백한 경우 그 신원을 확인하기 위하여 「출입국관리법」 제51조(보호)에 따라 지방출입국·외국인관서의 장으로부터 보호명령서를 발급받아 보호할 수 있다(난민법 제20조 제1항). 신원확인을 위한 보호는 임시적 보호이다. 신원확인을 위한 보호에 관하여 「난민법」에서 정하지 아니한 사항은 「출입국관리법」을 적용한다(난민법 제4조).

2. 대 상 자

(1) 난민신청자

신원확인의 대상자는 난민신청자이다(난민법 제20조 제1항). 난민신청자가 여권 등 신분증을 고의로 파기하였거나, 거짓의 신분증을 행사하였음이 명백한 경우이다. 다만, 출입국항에서의 난민신청자는 「난민법」에 의한 신원확인의 대상자가 아니다.

(2) 회부결정된 출입국항에서의 난민신청자

출입국항에서의 난민신청자가 난민인정 심사에 회부하기로 결정되어 조건부 입국을 허가 받은 경우 그 신원을 확인할 필요가 있는 경우이다.

3. 보호장소

출입국관리공무원은 「출입국관리법」 제51조(보호)에 따라 지방출입국·외국인관서의 장으로부터 보호명령서를 발급받아 외국인보호실 또는 외국인보호소에 보호할 수 있다(난민법 제20조 제1항, 출입국관리법 제51조 및 제52조).

4. 보호기간의 연장

부득이한 사정으로 신원 확인이 지체되는 경우 지방출입국·외국인관서의 장은 10일의 범위에서 보호를 연장할 수 있다(난민법 제20조 제2항).

5. 보호의 해제

신원을 확인하기 위하여 보호된 자에 대하여는 그 신원이 확인되거나 10일 이내에 신원을 확인할 수 없는 경우 즉시 보호를 해제하여야 한다.

제 3 절 난민신청자의 권리

Ⅰ. 변호사의 조력을 받을 권리 등

1. 변호사의 조력을 받을 권리

난민신청자는 변호사의 조력을 받을 권리를 가진다(난민법 제12조). 다만, 별도의 법률적 근거가 없는 한 난민신청자에게는 국선변호인을 선임할 권리가 인정되지 않는다.

2. 유엔난민기구의 관여 요구권

법무부장관은 난민신청자의 요청이 있는 경우 유엔난민기구가 난민신청자 면담, 난민신청자에 대한 면접 참여, 난민인정 신청 또는 이의신청에 대한 심사에 관한 의견 제시를 할 수 있도록 협력하여야 한다(난민법 제29조 제2항).

Ⅱ. 신뢰관계자의 동석을 요구할 권리

1. 의 의

난민심사관은 난민신청자의 신청이 있는 때에는 면접의 공정성에 지장을 초래하지 아니하는 범위에서 신뢰관계 있는 자의 동석을 허용할 수 있다(난민법 제13조). 난민심사관이 난민신청자에게 신뢰관계자의 동석을 허락할 것인지는 난민신청자의 심리적 상태 등 여러 사정을 고려하여 정하는 재량사항이다.

2. 신뢰관계자의 범위

신뢰관계에 있는 자(신뢰관계자)란 난민신청자가 면접을 하는 동안 심리적 안정이

유지도록 일정한 신뢰관계에 있는 자를 말한다. 가족, 친족, 변호사 등이 이에 해당된다. 신뢰관계는 난민신청자의 주관에 의한 것으로 신뢰관계자의 직업, 신분 등과는 무관하다.

3. 동석의 내용

면접에서의 동석만이 허용되므로 신뢰관계 있는 자가 난민심사관의 난민신청자에 대한 질문을 대신하여 답변을 할 수 없고, 난민신청자에게 답변할 내용을 알려줄 수 없다.

4. 동석의 제한

「난민법」에서는 신뢰관계자의 동석은 면접의 공정성에 지장을 초래하지 아니하는 범위에서 인정하고 있다(난민법 제13조). 신뢰관계자의 동석이 면접의 공정성에 지장을 초래할 것으로 인정되는 경우에는 그 동석을 제한할 수 있다.

Ⅲ. 관계 서류 등을 열람·복사할 권리

1. 의 의

난민신청자는 본인이 제출한 자료, 난민면접조서의 열람이나 복사를 요청할 수 있다(난민법 제16조 제1항). 출입국관리공무원은 열람이나 복사의 요청이 있는 경우 지체 없이 이에 응하여야 한다. 다만, 심사의 공정성에 현저한 지장을 초래한다고 인정할 만한 명백한 이유가 있는 경우에는 열람이나 복사를 제한할 수 있다(난민법 제16조 제2항).

2. 방법 및 절차

열람과 복사의 구체적인 방법과 절차는 대통령령으로 정한다(난민법 제16조 제3항). 이에 따르면, 난민신청자는 본인이 제출한 자료나 난민면접조서의 열람이나 복사를 요청하려는 경우에는 열람이나 복사 부분을 특정하여 열람신청서 또는 복사물 교부신청서를 출입국관리공무원에게 제출하여야 한다(난민법 시행령 제9조 제1항, 난민법 시행규칙 제7조 제1항). 열람신청서를 받은 출입국관리공무원은 열람 일시 및 장소를 정하여 열람신청서를 제출한 난민신청자에게 통보하여야 한다(난민법 시행령 제9조 제2항). 또한 복사물 교부신청서를 받은 출입국관리공무원은 신청된 난민신청자 본인이 제출한 자료나 난민면접조서를 복사하여 복사물 교부신청서를 제출한 난민신청자에게 내주어야 한다(난민법 시행령 제9조 제3항). 출입국관리공무원은 난민신청자 본인이 제출한 자료나 난민면접조서를 열람하는 과정에서 그 제출한 자료나 난민면접조서가 훼손되지 아니하도록 열람 과정에 참여하는 등 필요한 조치를 하여야 한다(난민법 시행령 제9조 제4항).

3. 수 수 료

난민신청자 본인이 제출한 자료나 난민면접조서의 열람이나 복사를 요청하려는 난민신청자는 법무부령으로 정하는 수수료를 내야 한다(난민법 시행령 제9조 제5항). 열람이나 복사를 요청하려는 난민신청자는 i) 열람의 경우 1회당 500원, ii) 복사의 경우 1매당 50원 수수료를 내야 한다(난민법 시행규칙 제7조 제2항). 수수료는 수입인지로 납부한다(난민법 시행규칙 제7조 제4항). 이와 같은 수수료 규정에도 불구하고 출입국관리사무소장, 출장소장 또는 외국인보호소장은 인도적인 사유 등을 고려하여 필요하다고 인정하는 경우 수수료의 납부를 면제할 수 있다(난민법 시행규칙 제7조 제3항).

제 4 절 심사절차의 종료

Ⅰ. 의 의

난민인정 심사절차의 종료란 난민인정 신청에 대하여 법무부장관이 난민인정 또는 난민불인정 등 결정을 하지 않고 심사절차를 종결하는 것을 말한다. 「난민법」에서는 “난민신청자는 난민심사에 성실하게 응하여야 한다.”라고 규정하고 있다(난민법 제8조 제6항 전단).

Ⅱ. 사 유

법무부장관은 난민신청자가 면접 등을 위한 출석요구에도 불구하고 3회 이상 연속하여 출석하지 아니하는 경우에는 난민인정 심사를 종료할 수 있다.”라고 규정하고 있다(난민법 제8조 제6항 후단).

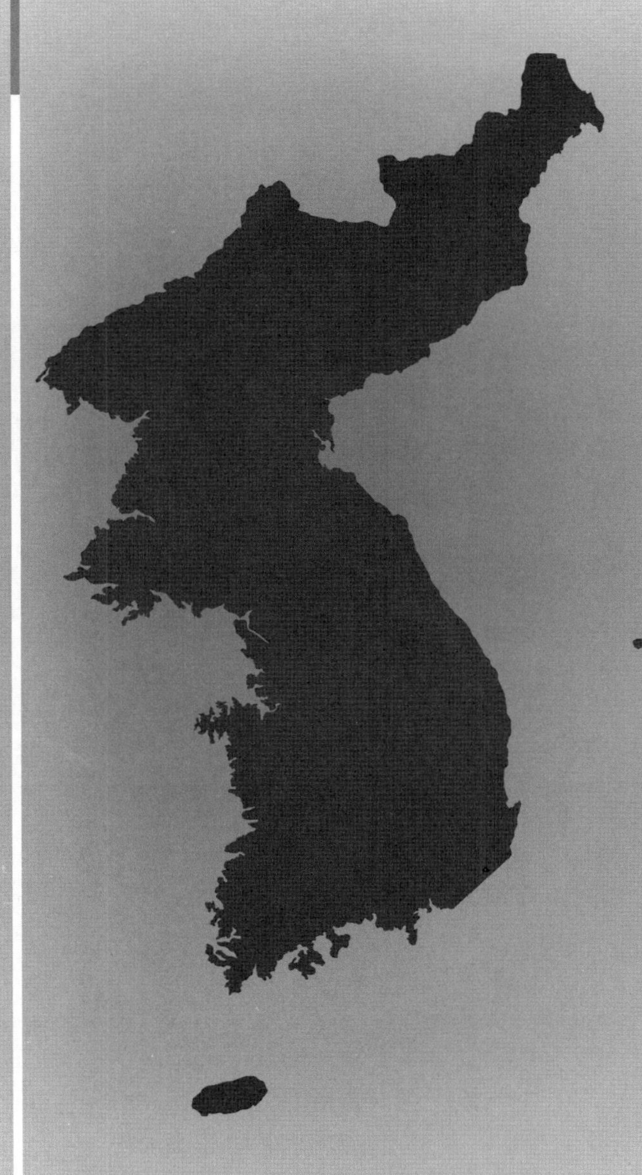

제 6 장

난민인정 결정

난민인정이란 난민인정의 요건에 충족하는 난민신청자를 난민으로 확인하는 것을 말한다. 그러나 법무부장관의 난민인정행위는 난민신청자가 1951년「난민의 지위에 관한 협약」,「난민법」 등에서 정한 난민인정의 요건을 갖추었는지를 단순히 확인하는 것이 아니라, 난민인정의 요건을 갖춘 자에게는 난민으로 인정할 의무를 지니며, 난민인정행위로 의하여 해당 외국인에게 일정한 범위 내에서 적법하게 체류자격을 부여하는 비호의 취지가 당연히 포함되어 있는 것으로 해석된다.[1] 법무부장관의 난민인정행위에는 이와 같은 비호의 부여에 더 나아가 난민인정자에 대한 처우가 포함된다.

제1절 난민인정의 법적 성격

Ⅰ. 문제 제기

1951년「난민의 지위에 관한 협약」은 체약국으로 하여금 협약에서 정한 난민에 대하여 항상 이를 받아들여 비호庇護, Asylum를 부여하도록 의무를 지우고 있지는 아니하다. 난민에게 비호를 부여할 것인지 여부는 일반적으로 각 체약국의 주권적 결정사항으로 이해된다.[2]

「난민법」 제18조 제1항에서는 "법무부장관은 난민인정 신청이 이유 있다고 인정할 때에는 난민임을 인정하는 결정을 하고, 난민인정증명서를 난민신청자에게 교부한다."라고 규정하고 있다. 종전에 구「출입국관리법」 제76조의 2에서는 "법무부장관은 대한민국안에 있는 외국인으로부터 대통령령이 정하는 바에 따라 난민의 인정에 관한 신청이 있는 때에는 그 외국인이 난민임을 인정할 수 있다."라고 난민인정 여부를 법무부장관의 재량으로 규정한 것과 비교하여 볼 때,「난민법」에서 난민인정의 법적 성격이 문제된다. 그리고「난민법」에서는 난민의 법적 지위에 관한 별도의 규정이 없다. 다만,「난민의 지위에 관한 협약」 제12조에서는 "난민의 개인적 지위는 주소지 국가의 법률에 의하거나 또는 주소가 없는 경우에는 거소지 국가의 법률에 의하여 규율된다."고 규정하고 있다. 난민협약상 '난민의 개인적 지위'는 난민

1) 서울행정법원 2008. 2. 20. 선고 2007구합22115 판결 참고; 서울행정법원 2006. 1. 26. 선고 2005구합21859 판결 참고.
2) 서울행정법원 2006. 1. 26. 선고 2005구합21859 판결 참고.

의 일반적 법적 지위를 규정한 것이 아니라, 가족, 친족관계 등 신분상의 지위를 의미하는 것으로 권리능력, 혼인능력, 가족권, 상속권 등을 포함한다. 「난민법」 제18조 제1항에 의한 난민인정이 「난민의 지위에 관한 협약」 제12조상 법적 지위와의 관계에서 난민인정의 법적 성격이 문제된다. 난민인정의 법적 성격은 법무부장관이 난민인정의 요건을 충족한 난민신청자에게 난민인정을 불허할 수 있는지의 문제이기도 하다. 이에 대하여는 난민인정행위란 체류자격을 부여하는 재량행위라는 견해, 2단계의 과정을 거치는 재량행위로 보는 견해, 난민협약과의 조화로운 해석상 기속행위로 보는 견해가 대립하고 있다. 이하에서 각 견해의 주요내용과 논거를 살펴보기로 한다.[3)]

Ⅱ. 견해대립

1. 재량행위설

난민인정행위란 난민으로 인정된 자에게 난민의 지위 또는 체류자격을 창설・부여하는 것으로 이를 재량행위로 보는 입장이다. 이러한 입장은 난민에게 필요한 사회보장적 편익은 적법한 체류자격과 결부되어 있고, 난민인정을 신청하는 자의 대부분은 적법한 체류자격을 갖지 못하거나 갖지 못할 우려가 많은 외국인들로서 이들이 난민인정을 신청하는 이유는 상당한 기간 동안 적법한 체류자격의 부여를 의미하는 비호를 요구하는 것으로 이해된다. 난민인정자에게 적법한 체류자격의 부여를 의미하는 비호 여부는 아직까지 국가의 국제법적 의무로 확립되어 있지 않다. 1948년 「세계인권선언」 제14조에서는 "모든 사람은 박해를 피해, 타국에 피난처를 구하고 그곳에 망명할 권리가 있다."라고 선언하고 있지만, 법적 구속력이 있는 1966년 「시민적 및 정치적 권리에 관한 국제규약」에서는 채택되지 못하고 있다. 1969년 UN총회의 「영토적 비호에 관한 선언Declaration on Territorial Asylum」에도 불구하고, 1977년 시도된 「영토적 비호에 관한 협약Convention on Territorial Asylum」은 체결에 실패하였다.[4)]

---

3) 국가인권위원회, 국내 난민 등 인권실태조사, 2008년도 인권상황실태조사 연구용역보고서, 국가인권위원회, p. 11 참고.

4) 김성수, 난민의 실태와 법적 지위에 관한 세미나 토론문, 서울지방변호사회, 『난민의 실태와 법적 지위에 관한 세미나』, 2008.

2. 2단계 재량행위설

난민인정행위란 난민으로서의 요건을 확인하는 확인행위 및 난민에게 체류자격을 창설・부여하는 설권행위라는 2단계 과정을 거치는 체약국의 주권적 결정사항인 재량행위로 보는 입장이다. 난민에 해당하는지 여부에 대한 판단은 확인행위이므로 기속행위에 해당하고, 난민으로서의 요건을 갖춘 경우 난민으로 인정할 것인지 여부에 대하여는 설권행위로서 재량행위이다. 기속행위와 재량행위의 결합이지만 재량행위라는 부분에 더 중점을 두고 있다.[5] 이러한 입장은 난민인정행위는 난민협약 등에서 정한 난민으로서의 요건을 갖추었는지 난민의 해당 여부를 먼저 판단한 후, 난민에 해당될 경우 비호 부여의 필요성 여부를 판단하는 2단계의 과정을 거치는 행위로 이해한다. 난민의 법적 지위의 내용은 체약국가의 주권적 결정사항으로서 체약국가에게 일정한 재량이 부여된다. 「출입국관리법」이 난민의 법적 지위에 대하여 규정하고 있지 않으나, 해석상 적법한 체류자격을 부여하는 비호의 취지가 당연히 포함되는 것이다. 난민인정행위는 난민임을 확인하는 절차와는 별도의 적법한 체류자격을 부여하는 등 설권행위가 포함되고 이 설권행위에 법무부장관이 재량권을 행사한다는 것이다. 일정한 비호를 부여할 것인지는 법무부장관의 재량행위에 해당하므로 난민으로 인정될지라도 제3국으로의 강제퇴거 또는 보호상태의 유지가 가능하게 된다.

3. 기속행위설

난민인정행위란 난민으로서의 요건을 갖추었는지를 확인하는 것으로 난민협약과의 조화로운 해석상 기속행위로 보는 입장이다. 이러한 입장은 「난민법」 제18조 제1항에서 "법무부장관은 난민인정 신청이 이유 있다고 인정할 때에는 난민임을 인정하는 결정을 하고,"라고 규정한 것의 의미를 "난민임을 인정하여야 한다."라고 이해한다.[6] 또한 종전에 구 「출입국관리법」 제76조의2에서 "법무부장관은 (중략) 그 외국인이 난민임을 인정할 수 있다."라고 규정하여 재량행위로 볼 여지가 있었으나, 이것은 국제법상 일반적 의무와 난민협약에 대한 그릇된 해석에 기초하고 있다는 비판을 받았고, 난민협약이 국내법적 효력을 갖도록 하는 「헌법」 제6조 제1항에도

5) 임재홍, 출입국관리법상 난민인정행위의 법적 성격과 난민인정요건, 행정판례연구, 2010, pp. 44 ~47.

6) 오승진, 난민법 제정의 의의와 문제점, 대한국제법학회 국제법학회논총 제57권 제2호, 2012, p. 94.

정면으로 위배된다고 보았다. 난민협약은 헌법 제6조 제1항 "헌법에 의하여 체결·공포된 조약과 일반적으로 승인된 국제법규는 국내법과 같은 효력을 가진다."라는 규정에 따라 체결, 공포된 조약으로서 난민협약은 그 가입 비준시 유보한 조항을 제외하고는 모두 대한민국의 법률로서의 효력을 가지므로 별도의 법률이 없더라도 난민협약의 내용에 의하여 난민의 대한민국 내에서 법적 지위는 보장된다. 또한 대한민국은 난민협약의 당사국으로 난민신청자가 난민협약상의 난민인정 요건에 해당하면 반드시 난민으로 인정할 의무를 지니므로 난민협약상의 난민인정 요건에 해당하는 자에게도 법무부장관이 난민으로 인정할 것인지 대하여 재량권을 행사할 수 있는 것은 아니다. 법무부장관은 난민신청자가 난민협약상의 난민에 해당하면 반드시 난민으로 인정해야 하고 난민인정의 요건을 충족한 자를 난민으로 인정하지 않을 수 있는 재량을 행사할 수 있는 것이 아니다. 난민인정행위는 이미 난민인 자를 난민으로 공식 확인하는 절차에 불과하다.[7] 난민협약은 난민으로 인정되는 요건만을 규정하고 있는 것이 아니라, 동산 및 부동산의 소유권 등 난민의 권리에 관한 다양한 구체적인 규정을 포함하고 있으며, 이들 규정은 국내법적 효력을 지닌다. 대한민국이 난민협약을 가입 비준하였다는 의미는 난민협약이 국내법적 효력을 갖는 법규범으로 승인되어 난민에게 비호를 부여할 국가의 의무로 받아 들였다는 것이다. 「출입국관리법」 또는 「난민법」에 난민의 법적 지위에 관한 규정이 없을지라도, 난민협약은 「헌법」 제6조 제1항에 따라 국내법적 효력을 지니므로 난민으로 인정되면 난민협약과 「난민법」 등 국내법령에 의해 난민의 법적 지위를 보장할 법적 의무가 대한민국에게 발생한다고 본다.[8]

4. 소 결

「난민법」 제18조(난민의 인정 등) 제1항에 규정된 난민인정행위의 법적 성격은 기속행위로 해석하는 것이 타당하다고 본다.

7) 정인섭, 한국의 난민수용 실행과 문제점, 서울대학교 법학연구소 공익인권법센터 공익과 인권 18 난민의 개념과 인정절차, 2011, p. 23.

8) 정인섭, 난민의 실태와 법적 지위에 관한 세미나 토론문, 서울지방변호사회, 『난민의 실태와 법적 지위에 관한 세미나』, 2008: 오승진, 난민법 제정의 의의와 문제점, 대한국제법학회 국제법학회논총 제57권 제2호, 2012, p. 94.

Ⅲ. 판례의 태도

난민인정행위의 법적 성격에 대한 판례의 기본적 입장을 검토하기로 한다. 대법원은 "「출입국관리법」 및 난민협약 상 요건에 해당하는 자가 난민인정 신청을 한 경우에는 난민으로 인정하여야 한다."라고 판시하여 기속행위로 판단한다.[9] 이에 따라 법원은 구 「출입국관리법」 제76조의2(난민의 인정) 및 1951년 「난민의 지위에 관한 협약」, 1967년 「난민의 지위에 관한 의정서」를 종합하여 볼 때, "행정청은 인종, 종교, 국적, 특정 사회집단의 구성원인 신분 또는 정치적 의견을 이유로 박해를 받을 충분한 근거 있는 공포로 인해 국적국의 보호를 받을 수 없거나 국적국의 보호를 원하지 않는 대한민국 안에 있는 외국인에 대하여 그 신청이 있는 경우 난민협약이 정하는 난민으로 인정하여야 한다.",[10] "난민인정은 난민신청자가 난민의 요건을 갖추었는지 확인하는데는 법무부장관의 재량이 인정될 여지가 없다."[11]라고 판시하고 있다. 판례는 난민인정행위의 법적 성격에 대해 난민협약과의 조화로운 해석상 기속행위로 보는 견해를 따른다고 본다.

제 2 절 난민인정 결정

Ⅰ. 의 의

법무부장관은 난민인정 신청이 이유 있다고 인정할 때에는 난민임을 인정하는 결정을 한다(난민법 제18조 제1항 참고). 1951년 「난민의 지위에 관한 협약」상 난민의 요건은 선언적인 규정이지 창설적인 규정은 아니므로 난민의 요건을 충족하면 당연히 난민협약에서 정한 난민에 해당한다.[12] 난민임을 인정하는 것은 난민신청자를 난민이 되게 하는 것이 아니라, 난민으로서 선언하는 것이다. 난민신청자가 난민으로 인정받기 때문에 난민이 되는 것이 아니라, 난민이기 때문에 난민으로 인정되는 것이다(난민지위 인정기준 및 절차편람 제28조).

9) 대법원 2008. 7. 24. 선고 2007두3930 판결.
10) 서울행정법원 2013. 4. 25. 선고 2012구합32581 판결.
11) 서울행정법원 2006. 1. 26. 선고 2005구합21859 판결 참고.
12) 앞의 판결.

법무부장관은 「난민법」에 따른 권한의 일부를 대통령령으로 정하는 바에 따라 지방출입국·외국인관서의 장에게 위임할 수 있다(난민법 제46조). 이에 따라 법무부장관은 난민인정 결정에 관한 사항을 관할 출입국관리사무소장, 출장소장 또는 외국인보호소장에게 위임한다(난민법 시행령 제24조 제6호). 출입국관리사무소장, 출장소장 또는 외국인보호소장은 난민전담 공무원 또는 난민심사관의 심사 결과를 받아 난민인정 여부를 결정한다.

Ⅱ. 대 상 자

1. 난민인정 해당자

난민인정의 대상자는 「난민법」 제2조 제1호에 해당하는 자이다. 난민인정의 요건에 대하여는 앞에서 상술하였다. 법무부장관은 난민인정 신청이 있을 경우 먼저 1951년 「난민의 지위에 관한 협약」 등에서 정한 난민으로서 요건을 갖추었는지 여부를 확정한 후, 그 요건을 갖춘 것으로 인정되는 경우 이를 기초로 「난민법」 제2조 제1호의 난민으로 인정하여야 한다.[13]

2. 난민인정자의 가족

가장家長이 난민인정의 요건을 충족하면, 일반적으로 가족결합의 원칙에 따라 그의 부양가족도 난민으로 인정된다. 그러나 이것이 부양가족의 법적 지위와 부합되지 않는 경우 그 부양가족은 난민으로 인정되지 않는다. 난민의 부양가족이 비호국이나 다른 국가의 국민일 수 있고, 그 국가의 보호를 받을 수 있다. 그러한 경우 난민으로 인정해 줄 것을 요구할 수 없다(난민지위 인정기준 및 절차 편람 제184항). 또한 난민의 부양가족이 적용배제조항에 해당되는 경우 그 자는 난민으로 인정되지 않는다(난민지위 인정기준 및 절차 편람 제188항).

Ⅲ. 처 우

난민인정자의 처우에 대하여는 후술하기로 한다.

13) 앞의 판결 참고.

제 3 절 인도적 체류의 허가

Ⅰ. 의 의

1. 개 념

인도적 체류의 허가를 받은 자란 「난민법」 제2조 제1호의 난민에는 해당하지 아니하지만 고문 등 비인도적인 처우나 처벌 또는 그 밖의 상황으로 인하여 생명이나 신체의 자유 등을 현저히 침해당할 수 있다고 인정할 만한 합리적인 근거가 있는 자로서 법무부장관으로부터 체류허가를 받은 외국인을 말한다(난민법 제2조 제3호). 인도적 체류의 허가를 받은 자는 '인도적 체류자'라고도 한다. 구 「출입국관리법」에서는 "법무부장관은 난민의 인정을 받지 못한 자에 대하여 특히 인도적인 고려가 필요하다고 인정되는 경우에는 대통령령으로 정하는 바에 따라 그의 체류를 허가할 수 있다."라고 하여 인도적 체류의 허가를 추상적으로 규정하였다(구 출입국관리법 제76조의8 제2항). 인도적 체류자의 지위와 처우에 관하여 「난민법」에서 정하지 아니한 사항은 「출입국관리법」을 적용한다(난민법 제4조). 인도적 체류자의 출입국심사, 체류관리 등에 관한 사항은 「출입국관리법」이 적용된다.

2. 법적 성격

법무부장관의 난민신청자에 대한 인도적 체류의 허가는 재량행위에 해당한다. 인도적 체류의 허가는 '보충적 보호'로서 후술하는 바와 같이 강제송환 금지의 원칙이 마찬가지로 적용된다.

3. 구별개념

(1) 난 민

인도적 체류의 허가는 난민인정과는 다르다. 국내에 있는 외국인에 대한 인도적 체류의 허가 및 난민인정은 각각 별도의 요건과 절차에 따라 이루어지는 것이다. 외국인이 인도적 체류의 허가를 받았다고 하여 그것만으로 '박해를 받을 충분한 근거

있는 공포'를 갖는 등 난민의 요건을 갖춘 것으로 인정할 수는 없다.[14)]

(2) 체류허가의 특례

체류허가의 특례란 법무부장관은 강제퇴거명령에 대한 이의신청에 따른 결정을 할 때 이의신청이 이유 없다고 인정되는 경우라도 용의자가 대한민국 국적을 가졌던 사실이 있거나 그 밖에 대한민국에 체류하여야 할 특별한 사정이 있다고 인정되면 그의 체류를 허가할 수 있는 것을 말한다(출입국관리법 제61조 제1항). 이것은 강제퇴거명령에 대한 이의신청을 전제로 하는 것으로 「출입국관리법」상의 인도적 체류의 허가라고도 말한다.

(3) 기타(G-1) 체류자격

인도적 체류의 허가는 기타(G-1) 체류자격의 허가와는 다르다. 기타(G-1) 체류자격은 외교(A-1) 내지 결혼이민(F-6), 관광취업(H-1), 방문취업(H-2) 체류자격의 활동에 해당하지 않는 자가 의료치료를 받거나 산업재해, 각종 소송을 수행하는 경우 인도주의적 사유에 기하여 부여되는 체류자격이다.

Ⅱ. 대 상 자

인도적 체류 허가의 대상자는 다음의 요건에 모두 해당하는 자이다. ⅰ) 「난민법」 제2조 제1호의 난민에는 해당하지 아니하는 자이다. 난민인정의 요건을 충족하지 않는 자이다. ⅱ) 「난민협약」 제33조 및 「고문 및 그 밖의 잔혹하거나 비인도적 또는 굴욕적인 대우나 처벌의 방지에 관한 협약」 제3조에 따라 본인의 의사에 반하여 강제로 송환되어서는 아니되는 자, 또는 그 밖의 상황으로 인하여 송환될 경우 생명이나 신체의 자유 등을 현저히 침해당할 수 있다고 인정할 만한 합리적인 근거가 있는 자이다.

Ⅲ. 신청권 여부

1. 문제 제기

난민신청자가 본인에 대한 인도적 체류의 허가가 부여되지 않는 경우 이의신청,

14) 대법원 2008. 7. 24. 선고 2007두19539 판결.

행정심판 또는 행정소송 등 불복절차를 제기할 수 있는지가 문제된다. 이것은 난민신청자에게 난민인정 신청 외에도 인도적 체류의 허가를 신청할 수 있는 권리가 있는지와 관련된 것이다.

2. 인 정 설

「난민법」에서는 구 「출입국관리법」과는 달리 법무부장관의 난민인정을 기속행위로 규정하고, 인도적 체류의 허가는 보충적 보호의 성격을 지니며 인도적 체류자에게도 강제송환 금지의 원칙이 예외 없이 적용된다는 점을 고려할 때, 난민인정 심사절차 및 이의신청 절차에서 법무부장관이 행하는 난민신청자에 대한 인도적 체류의 허가는 기속행위이어야 한다는 견해가 있다.[15] 이 견해에 의할 때에는 난민신청자에게 인도적 체류 허가의 신청권이 인정되어야 하고, 법무부장관은 난민신청자 등의 신청 또는 법무부장관의 직권으로 인도적 체류 허가의 대상자인지를 의무적으로 심사하여야 한다. 난민신청자에게 인도적 체류 허가의 신청권을 인정할 경우 그 불허결정에 대하여 불복할 수 있도록 이의신청, 행정심판 또는 행정소송 등 불복절차를 두어야 한다.

3. 부 정 설

「난민법」에서는 "법무부장관은 인도적 체류의 허가를 할 수 있다."라고 규정하여 법무부장관의 난민신청자에 대한 인도적 체류의 허가를 재량행위로 규정하고 있다(난민법 시행령 제2조 제1항). 난민신청자에게 인도적 체류 허가의 신청권이 인정되지 않는다. 법무부장관이 직권으로 난민불인정 결정을 받은 자에 대하여 직권으로 인도적 체류의 허가를 부여한다. 난민신청자는 인도적 체류의 허가가 부여되지 않는 경우 이의신청, 행정심판 또는 행정소송 등 불복절차를 거칠 수 없다.

4. 소 결

「난민법」에서 법무부장관이 행하는 인도적 체류의 허가는 재량행위이다. 또한 인도적 체류의 허가는 고문 등으로 생명이나 신체의 자유 등이 현저히 침해당할 수 있다고 인정할 만한 합리적인 이유가 있는 경우에 법무부장관이 예외적으로 인정하는

---

15) 황필규, 난민법 시행령 시행규칙(안)에 대한 의견 – 총칙과 난민인정 신청과 심사 등 일부 조항을 중심으로 –, 법무부 난민법 시행령 제정을 위한 공청회, 2013, p. 22; 김병주, 난민법 시행령 등 공청회 토론문, 법무부 난민법 시행령 제정을 위한 공청회, 2013, p. 29.

것이다. 따라서 난민신청자에게는 인도적 체류 허가의 신청권이 인정되지 않는다.

Ⅳ. 허가 및 불복

1. 허 가

(1) 내 용

법무부장관은 난민신청자가 i)「난민법」 제18조 제2항에 따라 난민에 해당하지 아니한다고 결정하는 경우, ii)「난민법」 제21조 제1항에 따른 이의신청에 대하여 「난민법 시행령」 제11조 제1항에 따라 기각결정을 하는 경우의 어느 하나에 해당하는 경우「난민법」 제2조 제3호에 따라 인도적 체류의 허가를 할 수 있다(난민법 시행령 제2조 제1항). 법무부장관은 난민신청자가 난민인정 불허 대상자이거나 이의신청이 기각되는 경우에도 인도적 체류를 허가할 수 있다.

(2) 절 차

1) 통 지

법무부장관은 인도적 체류의 허가를 한 경우 그 내용을 난민신청자에게 서면으로 통지한다. 이 경우 난민불인정결정통지서 또는 이의신청 기각결정통지서에 인도적 체류를 허가하기로 한 뜻을 적어 통지할 수 있다(난민법 시행령 제2조 제2항).

2) 위 임

법무부장관은「난민법」에 따른 권한의 일부를 대통령령으로 정하는 바에 따라 지방출입국·외국인관서의 장에게 위임할 수 있다(난민법 제46조). 이에 따라 법무부장관은 인도적 체류허가의 권한을 관할 출입국관리사무소장, 출장소장 또는 외국인보호소장에게 위임한다(난민법 시행령 제24조 제1호).

2. 불 복

인도적 체류의 허가를 받은 자는「난민법」상 난민불인정 결정을 받은 자에 해당하므로 그 난민불인정 결정에 대하여 이의신청 또는 행정소송을 제기할 수 있다(난민법 제21조 제1항).

Ⅴ. 취소 및 철회

1. 취 소

「난민법」에서는 인도적 체류의 허가에 대한 취소 규정을 두고 있지는 않다. 그러나, 행정법의 일반이론에 따라 인도적 체류의 허가를 받은 자가 그 허가 결정이 거짓 서류의 제출이나 거짓 진술 또는 사실의 은폐에 따른 것으로 밝혀진 경우에는 법무부장관은 그 허가를 취소할 수 있다.

2. 철 회

「난민법」에서는 인도적 체류의 허가에 대한 철회 규정을 두고 있지는 않다. 그러나, 행정법의 일반이론에 따라 인도적 체류의 허가를 받은 자가 자발적으로 국적국의 보호를 다시 받고 있는 경우 등 철회의 사유에 해당하는 경우에는 법무부장관은 그 허가를 철회할 수 있다.

Ⅵ. 처 우

1. 의 의

인도적 체류의 허가는 난민인정과는 각각 별도의 요건과 절차에 따라 이루어진 것이지만, 인도적 체류의 허가를 받은 자(인도적 체류자)에 대한 처우는 체류허가와 체류기간 연장을 제외하고는 기본적으로 난민인정자에 대한 처우와 동등하다. 이하에서는 그 주된 처우의 내용을 살펴보기로 한다.

2. 체 류

인도적 체류의 허가를 받은 자는 「출입국관리법」 제23조부터 제25조까지의 규정에 따라 체류자격을 받거나 체류자격에 대한 변경허가 또는 체류기간의 연장허가를 받아야 한다(난민법 시행령 제2조 제3항). 인도적 체류자에게는 난민신청자와 동일하게 기타(G-1) 체류자격이 부여된다(출입국관리법 시행령 제12조 및 별표1). 1회에 부여하는 기타(G-1) 체류기간의 상한은 1년이고(출입국관리법 제10조 제2항, 동법 시행규칙 제18조 제2항 및 별표1), 그 사유가 소멸될 때까지 그 체류기간을 연장할 수 있다(출입국관리법 제25조).

3. 취 업

(1) 의 의

법무부장관은 인도적 체류자에 대하여 취업활동 허가를 할 수 있다(난민법 제39조). 인도적 체류자는 난민인정자에 해당하지 않지만, 취업활동을 허가 받을 수 있는 대상자에는 해당된다. 인도적 체류자는 인도적 체류자로서의 지위가 인정되는 한 그 체류기간의 범위 내에서 취업활동이 가능하다. 인도적 체류자에게 체류자격외 활동을 허가하여 그 체류기간 내에서 취업활동을 허가한다. 법무부장관은 취업활동 허가의 권한을 관할 출입국관리사무소장, 출장소장에게 위임한다(난민법 시행령 제24조 제9호).

(2) 허가기간

인도적 체류자에 대한 취업허가는 그 체류기간의 범위 내에서 1년간 허용하고, 계속적으로 연장이 가능하다.[16)]

(3) 체류자격외 활동허가

1) 종전의 취업허가방식

인도적 체류자의 경우 고용주와 고용계약을 체결한 후 근무처가 지정된 경우에만 체류자격외 활동허가를 발급받는 방식으로 취업을 허가하였다.[17)]

2) 변경된 취업허가방식

인도적 체류자에 대한 취업허가는 고용주와 고용계약을 사전에 체결하지 않아 근무처가 지정되지 않은 경우에도 체류자격외 활동허가 신청이 가능하다. 체류자격외 활동허가를 받은 자가 근무처를 구한 경우 근무처 변경을 사후에 신청하면 된다.[18)]

4. 지역의료보험 가입의 문제

인도적 체류자는 기타(G-1) 체류자격이 부여되므로 「국민건강보험법」에 따른 지역의료보험 가입대상에서 제외된다(국민건강보험법 시행령 제76조 제2항 제3호 나목, 시행규칙 제61조 제2항 및 별표9).

16) 난민인정 심사, 처우, 체류 지침.
17) 법무부, UNHCR, 국회 Friends of UNHCR, 난민법 시행 1년, 앞으로의 난민정책 100년, 국회공동포럼, 2014, p. 10.
18) 난민인정 심사, 처우, 체류 지침; 앞의 자료, p. 10.

5. 강제송환 금지

강제송환 금지는 난민신청자 또는 난민인정자의 처우뿐만 아니라, 인도적 체류자의 처우에도 마찬가지로 적용된다(난민법 제3조). 강제송환 금지에 대하여는 난민인정자의 처우에서 살펴보기로 한다.

Ⅶ. 벌 칙

거짓 서류의 제출이나 거짓 진술 또는 사실의 은폐로 인도적 체류 허가를 받은 자는 1년 이하의 징역 또는 1천만원 이하의 벌금에 처한다(난민법 제47조 제2호).

제 4 절 재정착희망난민의 국내정착 허가

Ⅰ. 의 의

재정착희망난민이란 대한민국 밖에 있는 난민 중 대한민국에서 정착을 희망하는 외국인을 말한다(난민법 제2조 제5호). 재정착희망난민제도는 해외에 있는 난민캠프 등에 체재하는 난민이 그 해외로부터 대한민국에 재정착하고자 하는 경우에 그 난민을 입국하도록 하여 「난민법」에 따른 난민인정자의 처우를 부여하는 것을 말한다. 2014년 6월에 대한민국은 재정착희망난민제도 시행 국가, 시민단체, 유엔난민기구가 참여하는 '난민 재정착을 위한 연례 3자회의ATCR: annual tripartite consultant on resettlement'에서 재정착희망난민제도의 시행을 표명하였다.

Ⅱ. 법적 성격

재정착희망난민에 대한 법무부장관의 국내정착 허가는 난민인정으로 본다(난민법 제24조 제1항 후단). 입국허가 절차를 거쳐 국내정착이 허가된 재정착희망난민에게는 거주(F-2) 체류자격이 부여된다.

Ⅲ. 내 용

1. 수 용

법무부장관은 재정착희망난민의 수용 여부와 규모 및 출신지역 등 주요 사항에 관하여 「재한외국인 처우 기본법」 제8조(외국인정책위원회)에 따른 외국인정책위원회의 심의를 거쳐 재정착희망난민의 국내정착을 허가할 수 있다(난민법 제24조 제1항 전단).

2. 요 건

재정착희망난민에 대한 국내정착 허가의 요건과 절차 등 구체적인 사항은 「난민법 시행령」으로 정한다(난민법 제24조 제2항). 재정착희망난민의 국내정착 허가 요건은 i) 「난민법」 제19조에 따른 난민인정의 제한 사유에 해당하지 아니할 것, ii) 대한민국의 안전, 사회질서 또는 공중보건을 해칠 우려가 없을 것이다(난민법 시행령 제12조 제1항).

Ⅳ. 절 차

법무부장관은 재정착희망난민의 국내정착 허가를 위하여 필요하면 유엔난민기구로부터 재정착희망난민을 추천받을 수 있다(난민법 시행령 제12조 제2항). 법무부장관은 난민심사관 등을 현지에 파견하여 재정착희망난민이 국내정착 허가 요건을 갖추었는지를 조사하게 할 수 있다(난민법 시행령 제12조 제3항). 법무부장관은 재정착희망난민의 국내정착을 허가하려는 경우에는 국내정착 허가 전에 건강검진 및 기초적응교육을 실시할 수 있다(난민법 시행령 제12조 제4항). 법무부장관은 「출입국관리법」에 따른 입국허가 절차를 거쳐 재정착희망난민의 국내정착을 허가한다(난민법 시행령 제12조 제5항). 「난민법 시행령」 제12조 제1항부터 제5항까지에서 규정한 사항 외에 재정착희망난민의 국내정착 허가에 필요한 사항은 법무부장관이 정한다(난민법 시행령 제12조 제6항).

제 5 절 난민불인정

Ⅰ. 의 의

법무부장관은 난민인정 신청이 이유 없다고 인정할 때에는 난민에 해당하지 아니한다는 결정을 한다(난민법 제18조 제2항 참고). 「난민법」 제2조 제1호에 정한 난민의 요건을 입증하지 못하거나, 「난민법」 제19조에 따라 난민인정의 제한 사유에 해당하거나, 「난민법」 제22조에 따라 난민인정결정의 최소 또는 철회에 해당하는 경우에는 난민인정이 불허된다. 법무부장관은 난민인정 결정에 관한 사항을 관할 출입국관리사무소장, 출장소장 또는 외국인보호소장에게 위임한다(난민법 시행령 제24조 제6호). 이하에서는 난민인정의 제한에 대하여 살펴보기로 한다.

Ⅱ. 난민인정의 제한

1. 배제조항

「난민법」에서는 난민신청자가 난민에 해당할지라도 일정한 상당한 이유가 있는 경우 난민인정을 배제할 수 있는 법적 근거를 마련하고 있다(난민법 제19조). 이를 '배제조항'이라고 한다. 배제조항에 의한 난민인정 불허 결정은 난민인정 심사절차에서 난민인정에 선행하여 결정되고, 그 후 난민인정의 배제사유에 의하여 난민인정이 제한된다.

2. 1951년 난민의 지위에 관한 협약

1951년 「난민의 지위에 관한 협약」에서도 난민인정이 배제되는 사유로 (a) 유엔난민기구 외 유엔의 다른 기구 또는 기관으로부터 보호 또는 원조를 현재 받고 있는 자,[19] (b) 평화에 반하는 범죄, 전쟁범죄, 인도에 반하는 범죄, (c) 피난국에 입국하

---

19) 난민의 지위에 관한 협약 제1조 제D항
이 협약은 유엔난민기구 외에 유엔의 다른 기구 또는 기관으로부터 보호 또는 원조를 현재 받고 있는 자에게는 적용하지 아니한다. 그러한 보호 또는 원조를 현재 받고 있는 자의 지위에 관한

는 것이 허가되기 이전에 그 국가 밖에서 중대한 비정치적 범죄, (d) 국제연합의 목적과 원칙에 반하는 행위를 한 자를 규정하고 있다.[20] 「난민법」은 1951년 「난민의 지위에 관한 협약」의 난민인정 배제사유를 일반적으로 따르고 이를 확인하고 있다.

3. 대 상 자

법무부장관은 난민신청자가 난민에 해당한다고 인정하는 경우에도 i) 유엔난민기구 외에 유엔의 다른 기구 또는 기관으로부터 보호 또는 원조를 현재 받고 있는 경우. 다만, 그러한 보호 또는 원조를 현재 받고 있는 자의 지위가 국제연합총회에 의하여 채택된 관련 결의문에 따라 최종적으로 해결됨이 없이 그러한 보호 또는 원조의 부여가 어떠한 이유로 중지되는 경우는 제외한다. ii) 국제조약 또는 일반적으로 승인된 국제법규에서 정하는 세계평화에 반하는 범죄, 전쟁범죄 또는 인도주의에 반하는 범죄를 저지른 경우, iii) 대한민국에 입국하기 전에 대한민국 밖에서 중대한 비정치적 범죄를 저지른 경우, iv) 국제연합의 목적과 원칙[21]에 반하는 행위를 한 경우의 어느 하나에 해당된다고 인정할 만한 상당한 이유가 있는 경우에는 「난민법」 제18조 제1항에도 불구하고(난민에 해당함에도 불구하고) 난민불인정 결정을 할 수 있다(난민법 제19조).

문제가 유엔총회에 의하여 채택된 관련 결의에 따라 최종적으로 해결됨이 없이 그러한 보호 또는 부여가 종지되는 경우 그 자는 그 사실에 의하여 이 협약에 의하여 부여되는 이익을 받을 자격이 있다.

20) 난민의 지위에 관한 협약 제1조 제F항
이 협약의 규정은 다음 각호에 해당된다고 인정된 상당한 이유가 있는 자에게는 적용하지 아니한다.
(a) 평화에 반하는 범죄, 전쟁범죄, 또는 인도에 반하는 범죄에 관하여 규정하고 있는 국제문서에서 정하여진 범죄를 저지른 자.
(b) 난민으로서 피난국에 입국하는 것이 허가되기 이전에 그 국가 밖에서 중대한 비정치적 범죄를 저지른 자.
(c) 국제연합의 목적과 원칙에 반하는 행위를 한 자.

21) 국제연합의 목적과 원칙에 대하여는 국제연합헌장(Charter of the United Nations) 제1조 및 제2조에서 규정하고 있다. 제1조에 의하면 국제연합의 목적은 국제평화와 안전을 유지하고, 사람들의 평등권 및 자결의 원칙의 존중에 기초하여 국가 간의 우호관계를 발전시키며, 경제적 사회적 문화적 또는 인도적 성격의 국제문제를 해결하고, 모든 사람의 인권 및 기본적 자유에 대한 존중을 촉진하고 장려하는 것이다. 그리고 제2조에 의하면 국제연합의 7가지 행동원칙은 i) 회원국의 주권평등 원칙, ii) 모든 회원국의 헌장상 의무를 성실히 이행할 의무, iii) 국제분쟁에 대한 평화적 해결, iv) 무력의 위협 또는 무력행사의 금지, v) 국제연합의 조치에 대한 원조의무, 국제연합의 방지조치 또는 강제조치의 대상국에 대한 원조금지, vi) 비회원국에 대한 상기 원칙에 따른 행동 확보, vii) 국가의 국내관할권 간섭 금지이다.

제 6 절 통 지

Ⅰ. 난민인정자에 대한 통지

1. 난민인정증명서

(1) 교 부

법무부장관은 난민인정 신청이 이유 있다고 인정할 때에는 난민임을 인정하는 결정을 하고 난민인정증명서를 난민신청자에게 교부한다(난민법 제18조 제1항). 이를 위하여 출입국관리사무소장, 출장소장 또는 외국인보호소장은 난민으로 인정된 자(난민인정자)에게 난민인정증명서를 교부하고, 그 내용을 난민인정증명서 발급대장에 기록하여야 한다(난민법 시행규칙 제8조 제1항). 즉 법무부장관이 난민신청자를 난민으로 인정할 때에는 그 결과를 난민인정 신청을 받은 출입국관리사무소장 등을 거쳐 난민신청자에게 통지하여야 한다.

(2) 방 법

난민인정증명서는 지방출입국·외국인관서의 장을 거쳐 난민신청자 또는 그 대리인에게 교부하거나, 난민신청자 또는 그 대리인에게 직접 교부할 수 없는 경우에는 「행정절차법」 제14조에 따라 송달한다(난민법 제18조 제6항). 송달하는 때에 송달받을 자의 주소 등을 통상의 방법으로 확인할 수 없는 경우 또는 송달이 불가능한 경우 송달받을 자가 알기 쉽도록 관보·공보·게시판·일간신문 중 하나 이상에 공고하고 인터넷에도 공고하여야 한다(행정절차법 제14조 제4항).

2. 난민인정증명서 재발급

난민인정증명서를 교부받은 난민인정자가 난민인정증명서를 분실하거나 훼손한 경우 난민인정증명서 재발급 신청서에 ⅰ) 재발급 신청 사유를 소명하는 자료, ⅱ) 난민인정증명서(훼손한 경우만 해당한다), ⅲ) 최근 6개월 이내에 찍은 사진(3.5센티미터×4.5센티미터) 1장을 첨부하여 출입국관리사무소장, 출장소장 또는 외국인보호소장에게 난민인정증명서의 재발급을 신청하여야 한다(난민법 시행규칙 제8조 제3항). 난민인정증명서 재발급 신청을 받은 출입국관리사무소장 등은 난민인정자에게 난민인정증명서를 재발급하고, 그 내용을 난민인정증명서 재발급대장에 기록하여야 한다(난민법 시행규칙 제8조 제4항).

3. 발급대장 및 재발급대장

난민인정증명서 발급대장과 난민인정증명서 재발급대장은 전자적 처리가 불가능한 특별한 사유가 없으면 전자적 방법에 따라 작성하고 관리하여야 한다(난민법 시행규칙 제8조 제5항).

Ⅱ. 난민불인정자에 대한 통지

1. 난민불인정결정통지서

(1) 교 부

법무부장관은 난민인정 신청에 대하여 난민에 해당하지 아니한다고 결정하는 경우에는 난민신청자에게 그 사유와 30일 이내에 이의신청을 제기할 수 있다는 뜻을 적은 난민불인정결정통지서를 교부한다(난민법 제18조 제2항). 이를 위하여 출입국관리사무소장, 출장소장 또는 외국인보호소장은 난민에 해당하지 아니한다고 결정된 난민신청자에게 난민불인정결정통지서를 교부하여야 한다(난민법 시행규칙 제8조 제2항). 난민인정의 제한을 이유로 하여 난민인정이 불허된 자에 대하여도 난민불인정결정통지서를 교부한다. 구「출입국관리법」에서도 난민인정 불허 결정에 대하여는 이의신청권을 보장하기 위하여 불허 결정을 하게 된 사유를 통지하도록 마찬가지로 규정하였다(구 출입국관리법 제76조의2 제3항 후단).[22]

(2) 방 법

난민불인정결정통지서는 지방출입국・외국인관서의 장을 거쳐 난민신청자 또는 그 대리인에게 교부하거나, 난민신청자 또는 그 대리인에게 직접 교부할 수 없는 경우에는「행정절차법」제14조에 따라 송달한다(난민법 제18조 제6항). 송달하는 때에 송달받을 자의 주소 등을 통상의 방법으로 확인할 수 없는 경우 또는 송달이 불가능한 경우 송달받을 자가 알기 쉽도록 관보・공보・게시판・일간신문 중 하나 이상에 공고하고 인터넷에도 공고하여야 한다(행정절차법 제14조 제4항).

---

22) 출입국관리법 제76조의2 (난민의 인정) 제3항 후단
법무부장관은 (중략) 난민의 인정을 하지 아니한 경우에는 서면으로 그 사유를 통지하여야 한다.

(3) 내 용

난민불인정결정통지서에는 결정의 이유(난민신청자의 사실 주장 및 법적 주장에 대한 판단을 포함한다)와 이의신청의 기한 및 방법 등을 명시하여야 한다(난민법 제18조 제3항).

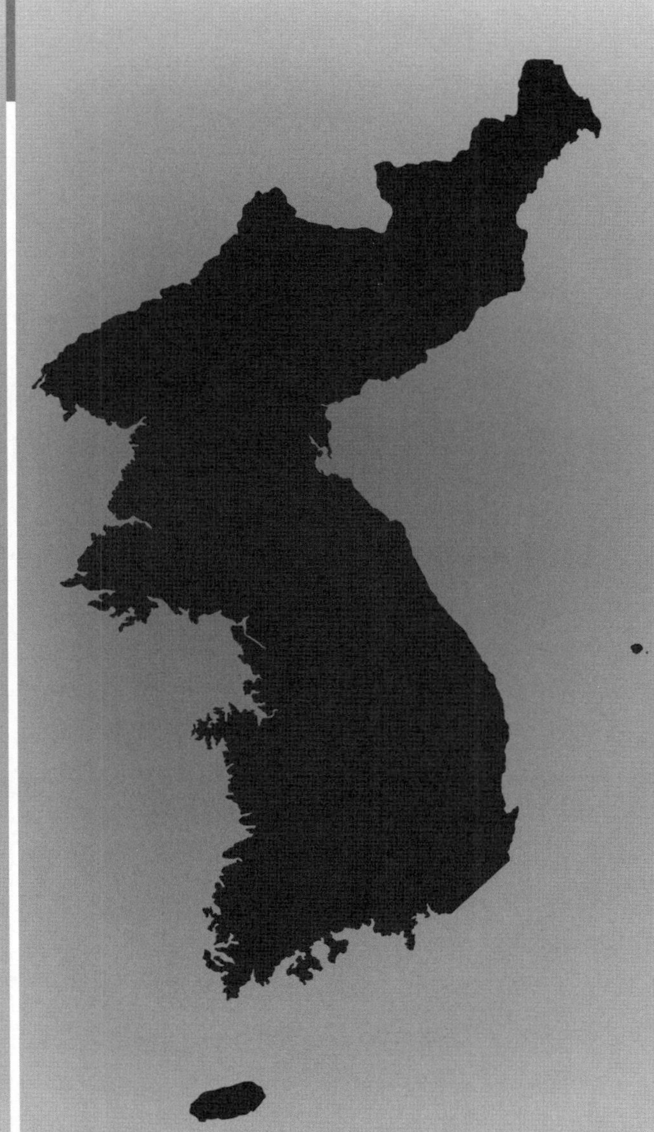

제 7 장

난민인정자의 처우

Ⅰ. 의 의

1. 일 반 론

(1) 재한외국인 처우 기본법

「재한외국인 처우 기본법」에서는 "「난민법」에 따른 난민인정자가 대한민국에서 거주하기를 원하는 경우에는 국가 및 지방자치단체는 난민에 대한 국어교육, 대한민국의 제도·문화에 대한 교육, 난민의 자녀에 대한 보육 및 교육 지원, 의료지원 등을 통하여 난민 및 그 자녀가 대한민국 사회에 빨리 적응하도록 지원할 수 있다."라고 하여 난민에 대한 지원을 프로그램적 형식으로 규정하고 있다(재한외국인 처우 기본법 제14조 제1항, 제12조 제1항).

(2) 난민법

1) 재량행위

난민에게 비호를 부여한다면 그 법률상 처우를 어떻게 정할 것인지 여부는 일반적으로 1954년 「난민의 지위에 관한 협약」 체약국의 주권적 결정사항으로 이해된다. 난민의 요건을 갖춘 외국인에게 일정한 권리를 부여하는 것은 설권행위設權行爲로서 법무부장관에게 일정한 재량이 부여된다.[1)]

2) 처우의 마련

「난민법」에서는 "대한민국에 체류하는 난민인정자는 다른 법률에도 불구하고 난민협약에 따른 처우를 받는다."라고 하고(난민법 제30조 제1항), "국가와 지방자치단체는 난민의 처우에 관한 정책의 수립·시행, 관계 법령의 정비, 관계 부처 등에 대한 지원, 그 밖에 필요한 조치를 하여야 한다."라고 하여 난민인정자의 처우를 마련할 것을 의무적 형식으로 규정하고 있다(난민법 제30조 제2항). 난민인정자의 처우에 관하여 「난민법」에서 정하지 아니한 사항은 「출입국관리법」을 적용한다(난민법 제4조). 난민인정자의 출입국심사, 체류관리 등에 관한 사항은 「출입국관리법」이 적용된다.[2)]

난민인정자에 대하여는 다른 법률에도 불구하고 상호주의를 적용하지 아니한다(난민법 제38조). 법무부장관은 난민인정자의 처우를 위하여 필요한 경우에는 관계 기관의 공

---

1) 서울행정법원 2006. 1. 26. 선고 2005구합21859 판결.

2) 구 「출입국관리법」에서는 "정부는 대한민국에서 난민의 인정을 받고 체류하는 외국인에 대하여 난민협약에서 규정하는 지위와 처우가 보장되도록 노력하여야 한다."라고 선언적 형식으로 규정하였다(구 출입국관리법 제76조의8 제1항).

무원으로 협의회를 구성하여 운영할 수 있다(난민법 시행령 제22조).[3)]

3) 국민의 처우에 준하는 수준

난민으로 인정되어 국내에 체류하는 외국인은 「사회보장기본법」 제8조(외국인에 대한 적용) 등에도 불구하고 대한민국 국민과 같은 수준의 사회보장을 받고(난민법 제31조), 「국민기초생활 보장법」 제5조의2(외국인에 대한 특례)에도 불구하고 본인의 신청에 따라 같은 「국민기초생활 보장법」 제7조부터 제15조까지에 따른 보호를 받는다(난민법 제32조). 「사회보장기본법」 및 「국민기초생활 보장법」은 그 적용 대상자를 대한민국의 국민으로 한정하고 있으나, 「난민법」에서는 「사회보장기본법」 및 「국민기초생활 보장법」의 예외를 두어 난민인정자에게 국민에 준하는 처우를 하도록 규정한 것이다.

2. 법적 성격

(1) 문제 제기

「난민법」 제30조 제1항에서는 "대한민국에 체류하는 난민인정자는 다른 법률에도 불구하고 난민협약에 따른 처우를 받는다."라고 하고, 제2항에서는 "국가와 지방자치단체는 난민의 처우에 관한 정책의 수립·시행, 관계 법령의 정비, 관계 부처 등에 대한 지원, 그 밖에 필요한 조치를 하여야 한다."라고 규정하고 있다. 반면에, 구 「출입국관리법」 에서는 "정부는 대한민국에서 난민의 인정을 받고 체류하는 외국인에 대하여 「난민협약」에서 규정하는 지위와 처우가 보장되도록 노력하여야 한다."라고 하여(구 출입국관리법 제76조의8), 난민인정자에 대한 처우가 선언적 또는 프로그램적으로 규정되어 있었다. 「난민법」에 따르면 법무부장관의 난민인정행위는 기속행위로 보아야 하므로 난민인정으로 인해 난민인정자에 대한 생계비 또는 교육비, 사회적응교육 등 처우도 의무적으로 부여되어야 하는 기속행위로 볼 수 있는지가 문제된다.

(2) 판례의 태도

법원은 "체약국이 난민에게 비호를 부여한다면 그 법률상 지위를 어떻게 정할 것인지 여부는 일반적으로 각 체약국의 주권적 결정사항으로 이해되고 있다."라고 판시하여 어떠한 처우를 할 것인지는 재량행위로 보고 있다.[4)]

---

3) 난민법 시행령 제22조(난민인정자 등의 처우를 위한 협의회 운영)에서는 "법무부장관은 난민인정자나 난민신청자 등의 처우를 위하여 필요한 경우에는 관계 기관의 공무원으로 협의회를 구성하여 운영할 수 있다."라고 규정하고 있다. 여기에서 난민인정자 등에는 난민신청자, 인도적체류자, 재정착희망난민이 포함된다.

4) 서울행정법원 2006. 1. 26. 선고 2005구합21859 판결 참고.

Ⅱ. 내 용

1. 체 류

(1) 체류허가

난민인정은 그 외국인에게 일정한 범위 내에서 적법한 체류자격을 부여하는 비호의 취지가 당연히 포함되어 있는 것으로 해석된다.[5] 출입국관리사무소장 등은 난민인정을 받은 외국인에 대하여 거주(F-2) 체류자격을 부여하고(출입국관리법 시행령 제12조 및 별표1), 1회에 부여하는 체류기간의 상한은 3년이다(출입국관리법 제10조 제2항, 출입국관리법 시행규칙 제18조 제2항 및 별표1). 거주(F-2) 체류자격의 체류기간을 연장할 수 있다(출입국관리법 제25조). 예를 들어 기타(G-1) 체류자격 또는 다른 체류자격을 소지한 외국인이 난민 인정을 받은 경우 거주(F-2) 체류자격으로 체류자격 변경이 허가된다. 또한 외국인보호시설에 보호된 보호외국인이 난민 인정을 받은 경우 거주(F-2) 체류자격으로 체류자격 변경이 허가되며 지체 없이 그 보호가 해제된다.

(2) 난민에 대한 체류허가의 특례

법무부장관은 「난민법」에 따른 난민인정자가 「출입국관리법」 제60조 제1항에 따른 '강제퇴거명령에 대한 이의신청'을 한 경우 「출입국관리법」 제61조 제1항에 규정된 체류허가의 특례 사유[6]에 해당되지 아니하고 그 이의신청이 이유 없다고 인정되는 경우에도 그의 체류를 허가할 수 있다(출입국관리법 제76조의7 전단). 법무부장관은 난민에 대한 체류허가의 특례에 따른 체류허가를 할 때 체류기간 등 필요한 조건을 붙일 수 있다(출입국관리법 제76조의7 후단, 제61조 제2항).

(3) 난민에 대한 형의 면제

「출입국관리법」 제93조의3 제1호, 제94조 제2호 · 제5호 · 제6호 및 제15호부터 제17호까지 또는 제95조 제3호 · 제4호에 해당하는 자가 그 위반행위를 한 후 지체 없이 출입국관리사무소장이나 출장소장에게 i) 「난민법」 제2조 제1호에 규정된 이

---

5) 앞의 판결 참고.

6) **출입국관리법 제61조 (체류허가의 특례)**
① 법무부장관은 제60조 제3항에 따른 결정을 할 때 이의신청이 이유 없다고 인정되는 경우라도 용의자가 대한민국 국적을 가졌던 사실이 있거나 그 밖에 대한민국에 체류하여야 할 특별한 사정이 있다고 인정되면 그의 체류를 허가할 수 있다.

유로 그 생명 · 신체 또는 신체의 자유를 침해받을 공포가 있는 영역으로부터 직접 입국하거나 상륙한 난민이라는 사실, ⅱ) 제1호의 공포로 인하여 해당 위반행위를 한 사실의 모두에 해당하는 사실을 직접 신고하는 경우에 그 사실이 증명되면 그 형을 면제한다(출입국관리법 제99조의2).

2. 귀　　화

1951년 「난민의 지위에 관한 협약」 제34조에서 "체약국은 난민의 자국에의 동화 및 귀화를 가능한 한 장려한다. 체약국은 특히 귀화절차를 신속히 행하기 위하여 또한 이러한 절차에 따른 수수료와 비용을 가능한 한 경감시키기 위하여 모든 노력을 다한다."라고 규정하고 있다.

3. 취　　업

난민으로 인정되어 거주(F-2) 체류자격을 부여 받은 자는 취업할 수 있다.

4. 가족결합

(1) 의　의

가족결합이란 가족이 함께 살아가는 것을 말한다. 1951년 「난민의 지위에 관한 협약」은 난민의 정의에 가족결합의 원칙을 포함하고 있지는 않다(난민지위 인정기준 및 절차 편람 제183항). 그러나 가족은 사회의 기초단위로서 존중되고, 보호되고, 지탱되어야 한다는 것은 국제사회에서 합의된 일치된 의견이다. 「난민법」에서는 난민인정자의 헤어진 가족에 대한 가족결합의 원칙을 보장하고 있다(난민법 제37조).

(2) 국제협약

국제협약에서 다음과 같이 가족결합의 원칙을 보장하고 있다. 1948년 「세계인권선언」 제16조 제3항에서는 "가족은 사회의 자연적이며 기초적인 구성단위fundamental group unit이며, 사회와 국가의 보호를 받을 권리를 가진다."라고 규정하고 있다. 1966년 「경제적 · 사회적 · 문화적 권리에 관한 국제규약」 제10조 제1항에서는 "사회의 자연적이고 기초적인 단위인 가정에 대하여는, 특히 가정의 성립을 위하여 그리고 가정이 부양 어린이의 양육과 교육에 책임을 맡고 있는 동안에는 가능한 한 광범위한 보호와 지원이 부여된다."라고 규정하고, 1966년 「시민적 및 정치적 권리에 관한 국제규약」 제23조 제1항에서는 “가정은 사회의 자연적이며 기초적인 단위이고, 사회와 국가의 보호를 받을 권리를 가진다.”, 제2항에서는 “혼인적령의 남녀가 혼인을 하고, 가정을 구성할 권리가 인정된다.”라고 규정하고 있다. 1989년 「아동의 권리에 관한 협약Convention on the Rights of the Child」 제9조 제1항에서는 “당사국은 사법적 심사의 구속을 받는 관계당국이 적용 가능한 법률 및 절차에 따라서 분리separation가 아동의 최상의 이익을 위하여for the best interests of the child 필요하다고 결정하는 경우 외에는, 아동이 그의 의사에 반하여 부모로부터 분리되지 아니하도록 보장하여야 한다.”, 제10조 제1항에서는 “제9조 제1항에 규정된 당사국의 의무에 따라서, 가족의 재결합을 위하여 아동 또는 그 부모가 당사국에 입국하거나 출국하기 위한 신청은 당사국에 의하여 긍정적이며 인도적인 방법으로 그리고 신속하게 취급되어야 한다. 또한 당사국은 이러한 요청의 제출이 신청자와 그의 가족구성원들에게 불리한 결과를 수반하지 아니하도록 보장하여야 한다.”라고 규정하고 있다. 1992년 「난민지위 인정기준 및 절차 편람」에서도 가족결합의 원칙을 인정하고 있다.

(3) 가족결합의 적용

1) 대상자

가족결합의 원칙은 난민인정자에 한하여 인정된다(난민법 제37조 제1항). 난민인정 신청자 또는 인도적 체류자에게는 가족결합의 원칙이 인정되지 않는다.

2) 가족의 구성원

가족결합의 원칙은 가족의 구성원이 동시에 난민이 되는 경우에만 적용되는 것은 아니다. 이 원칙은 가족 중 1명 이상이 탈출함으로써 일시적으로 가족단위가 해체되는 경우에도 동일하게 적용된다(난민지위 인정기준 및 절차 편람 제186항). 가족결합의 원칙에 기초하여 난민지위를 인정받은 부양가족은 난민가족의 결합이 이혼·별거 또는 사망으로 해체되는 경우, 자신이 적용정지조항cessation clause의 조건에 해당되지 않는 한, 난민지위를 유지한다. 이러한 경우는 난민지위를 유지하기를 희망함에 있어서 개인적인 사정 이외의 다른 이유가 없거나, 또는 자신이 난민으로 인정되는 것을 더 이상 원하지 않는 한 그러하다(난민지위 인정기준 및 절차 편람 제187항).

3) 가족의 범위

(가) 원 칙

난민인정자에 대한 가족결합이 적용되는 가족의 범위는 배우자 및 미성년 자녀이다. 배우자 및 미성년 자녀의 범위는 「민법」에 따른다(난민법 제37조 제2항). 배우자란 혼인으로 결합된 남녀를 말하는 것이다. 혼인은 법률혼에 한하고, 사실혼 또는 첩, 동서同棲, 부첩관계夫妾關係는 가족결합이 보장되는 배우자에 해당되지 않는다.[7] 자녀는 미성년인 경우에 한하며(민법 제4조),[8] 미성년인 자녀가 혼인한 경우이거나[9] 자녀가 성년인 경우에는 가족결합이 보장되는 자녀에 해당되지 않으므로 일반적인 사증발급 신청 및 입국신청 절차에 따른다.

(나) 예 외

「난민법」에 따르면 부모 또는 형제자매는 가족결합이 보장되는 자에 해당되지 않는다. 그러나 「난민지위 인정기준 및 절차 편람」에 따르면 가족의 범위는 「난민법」에 비하여 넓다. "난민의 가족 구성원이 가족결합의 원칙에 의하여 혜택을 받을 수 있는 것에 대하여, 최소한의 요건으로 배우자와 미성년자인 자녀를 포함한다. 실제로 난민의 다른 부양가족, 예컨대 고령의 부모 및 생계를 같이 하는 부양가족이 통상 포함된다."라고 언급하고 있다(난민지위 인정기준 및 절차 편람 제185항).

(4) 사증 및 입국

난민인정자의 배우자 또는 미성년자인 자녀가 재외공관에서 사증발급을 신청하는 경우 재외공관의 장은 90일까지 체류기간이 유효한 단기방문(C-3) 체류자격의 사증을 발급한다. 법무부장관은 난민인정자의 배우자 또는 미성년자인 자녀가 입국을 신청하는 경우 「출입국관리법」 제11조(입국의 금지 등)에 해당하는 경우가 아니면 입국을 허가하여야 한다(난민법 제37조 제1항). 난민인정자의 배우자 또는 미성년자인 자녀가 「출입국관리법」 제11조에 따라 입국금지자에 해당되는 경우에는 입국이 불허될 수 있다. 법무부장관은 난민인정자의 배우자 또는 미성년자인 자녀의 입국허가 권한을 관할 출입국관리사무소장, 출장소장에게 위임한다(난민법 시행령 제24조 제8호).

(5) 체류자격 변경 등

난민인정자와의 가족결합을 위하여 입국한 배우자 또는 미성년인 자녀는 출입국관리사무소 또는 출장소에서 방문동거(F-1) 체류자격으로 체류자격을 변경 신청한다. 체류자격을 변경하는 때에 외국인등록 신청을 하여야 한다(출입국관리법 제31조 제3항).

---

7) 김형배, 민법학강의, 신조사, 1999, p. 1276.
8) **민법 제4조 (성년)** 사람은 19세로 성년에 이르게 된다.
9) **민법 제826조의2 (성년의제)** 미성년자가 혼인을 한 때에는 성년자로 본다.

(6) 난민인정 신청

난민인정자의 배우자 또는 미성년인 자녀는 난민으로 인정받고자 하는 경우 대한민국 안에서 난민인정을 신청할 수 있다. 난민인정을 신청한 가족은 기존의 방문동거(F-1) 체류자격 또는 기타(G-1) 체류자격 중 원하는 체류자격을 선택할 수 있다. 기존의 방문동거(F-1) 체류자격을 유지하는 경우 생계비 혜택 등 난민신청자로서의 지위는 향유할 수 없고 취업활동의 허가를 받아 취업이 가능하다. 반면에 기타(G-1) 체류자격으로 변경할 경우 생계비 혜택 등 난민신청자로서의 지위는 향유 수 있으나 일정기간 동안 취업이 제한된다.

5. 복　　지

(1) 사회보장

국내에 거주하는 외국인에게 사회보장제도를 적용할 때에는 상호주의의 원칙에 따른다(사회보장기본법 제8조 전단). 그러나 난민인정자의 경우에는 외국인임에도 불구하고 상호주의의 원칙이 적용되지 않는다(사회보장기본법 제8조 후단 참고). 즉 난민으로 인정되어 국내에 체류하는 외국인은 「사회보장기본법」 제8조 등에도 불구하고 대한민국 국민과 같은 수준의 사회보장을 받는다(난민법 제31조).

(2) 기초생활보장

외국인에 대하여는 일반적으로 「국민기초생활 보장법」에 따른 수급권자가 될 수 없다. 그러나 「국민기초생활 보장법」 제5조의2에서는 "국내에 체류하고 있는 외국인 중 대한민국 국민과 혼인하여 본인 또는 배우자가 임신 중이거나 대한민국 국적의 미성년 자녀를 양육하고 있거나 배우자의 대한민국 국적인 직계존속과 생계나 주거를 같이하고 있는 사람으로서 대통령령으로 정하는 자가 제5조(수급권자의 범위)[10]에 해당하는 경우에는 수급권자가 된다."라고 하여 외국인에 대한 특례를 규정

---

10) 국민기초생활 보장법 제5조 (수급권자의 범위)

① 수급권자는 부양의무자가 없거나, 부양의무자가 있어도 부양능력이 없거나 부양을 받을 수 없는 사람으로서 소득인정액이 최저생계비 이하인 사람으로 한다.

② 제1항에 따른 수급권자에 해당하지 아니하여도 생활이 어려운 사람으로서 일정 기간 동안 이 법에서 정하는 급여의 전부 또는 일부가 필요하다고 보건복지부장관이 정하는 사람은 수급권자로 본다.

③ 제1항의 부양의무자가 있어도 부양능력이 없거나 부양을 받을 수 없는 경우는 대통령령으로 정한다.

하고 있다. 즉 난민으로 인정되어 국내에 체류하는 외국인은 「국민기초생활 보장법」 제5조의2에도 불구하고 본인의 신청에 따라 같은 「국민기초생활 보장법」 제7조부터 제15조까지에 따른 보호를 받는다(난민법 제32조). 「국민기초생활 보장법」에 따른 급여의 종류는 생계급여, 주거급여, 의료급여, 교육급여, 해산급여解産給與, 장제급여葬祭給與, 자활급여이다(국민기초생활 보장법 제7조).

6. 교 육

(1) 학교입학

난민인정자나 그 자녀가 「민법」에 따라 미성년자인 경우에는 국민과 동일하게 초등교육과 중등교육을 받는다(난민법 제33조 제1항). 난민인정자나 그 자녀는 교육 관계 법령에서 정하는 기준과 절차에 따라 「초・중등교육법」 제2조에 따른 학교에 입학하거나 편입학할 수 있다(난민법 시행령 제13조 제1항).

(2) 교육 관련 지원

1) 의 의

법무부장관은 난민인정자에 대하여 「난민법 시행령」으로 정하는 바에 따라 그의 연령과 수학능력 및 교육여건 등을 고려하여 필요한 교육을 받을 수 있도록 지원할 수 있다(난민법 제33조 제2항).

2) 교육비 지원

법무부장관은 난민인정자 및 그 자녀 가운데 「초・중등교육법」 제60조의4에 따른 교육비 지원이 필요하다고 인정되는 자를 법무부령으로 정하는 바에 따라 교육부장관에게 추천할 수 있다(난민법 시행령 제13조 제2항).

3) 절 차

교육비 지원 추천을 받으려는 난민인정자나 그 자녀는 교육비 지원 추천 신청서에 i) 입학(재학) 증명서 1부, ii) 가족관계를 증명할 수 있는 서류 1부(추천을 받으려는 자가 난민인정자의 자녀인 경우만 해당한다)를 첨부하여 출입국관리사무소장이나 출장소장에게 제출하여야 한다(난민법 시행규칙 제13조 제1항). 신청서를 받은 출입국관리사무소장 또는 출장소장은 지원 필요 여부에 대한 의견을 붙여 해당 서류를 지체 없이 법무부장관에게 보내야 한다(난민법 시행규칙 제13조 제2항). 교육비 지원 추천 신청을 받은 법무부장관은 「초・중등교육법」 제60조의4에 따른 교육비 지원이 필요하다고 인정되면 신청인에게 교육비 지원 추천서를 발급하고, 그 결과를 교육부장관에게 통보하여야 한다(난민법 시행규칙 제13조 제3항).

7. 사회적응교육 및 직업훈련

(1) 사회적응교육

법무부장관은 난민인정자에 대하여 대통령령으로 정하는 바에 따라 한국어 교육 등 사회적응교육을 실시할 수 있다(난민법 제34조 제1항). 법무부장관은 난민인정자에 대한 사회적응교육으로 「출입국관리법」 제39조에 따른 사회통합프로그램을 시행할 수 있다(난민법 시행령 제14조).

(2) 직업훈련

1) 직업훈련 지원

법무부장관은 난민인정자가 원하는 경우 「난민법 시행령」으로 정하는 바에 따라 직업훈련을 받을 수 있도록 지원할 수 있다(난민법 제34조 제2항).

2) 직업훈련의 추천

법무부장관은 직업훈련을 원하는 난민인정자 가운데 「근로자직업능력 개발법」 제12조(실업자 등에 대한 직업능력개발훈련 지원 등)에 따른 직업능력개발훈련이 필요하다고 인정되는 자를 법무부령으로 정하는 바에 따라 고용노동부장관에게 추천할 수 있다(난민법 시행령 제15조).

「근로자직업능력 개발법」에 따르면, "국가와 지방자치단체는 ⅰ) 실업자, ⅱ) 「국민기초생활 보장법」에 따른 수급권자, 여성가장 또는 청소년으로서 대통령령으로 정하는 요건에 해당하는 자, ⅲ) 그 밖에 대통령령으로 정하는 자의 어느 하나에 해당하는 자의 고용촉진 및 고용안정을 위하여 직업능력개발훈련을 실시하거나 직업능력개발훈련을 받는 자에게 비용을 지원할 수 있다."라고 규정하고 있다(근로자직업능력 개발법 제12조 제1항). 여기에서 '그 밖에 대통령령으로 정하는 자'에 대하여 「근로자직업능력 개발법 시행령」에서는 '「난민법」 제2조 제2호에 따른 난민인정자로서 법무부장관이 직업훈련이 필요하다고 인정하여 고용노동부장관에게 추천하는 자' 중 해당 훈련의 목적 및 특성을 고려하여 고용노동부장관이 정하는 자라고 규정하고 있다(근로자직업능력 개발법 시행령 제6조 제2항 제12호 참고).

3) 추천절차

직업훈련 추천을 받으려는 난민인정자는 직업훈련 추천 신청서를 출입국관리사무소장이나 출장소장에게 제출하여야 한다(난민법 시행규칙 제14조 제1항). 신청서를 받은 출입국관리사무소장 또는 출장소장은 지원 필요 여부에 대한 의견을 붙여 해당 서류를 지체 없이 법무부장관에게 보내야 한다(난민법 시행규칙 제14조 제2항). 직업훈련 추천 신청을 받은 법무부장관은 「근로자직업능력 개발법」 제12조(실업자 등에 대한 직업능력개발훈련 지원 등)에 따른 직업능력개발훈련이 필요하다고 인정되면 신청인에게 직업훈련 추천서를 발급하고, 그 결과를 고용노동부장관에게 통보하여야 한다(난민법 시행규칙 제14조 제3항).

8. 학력인정 및 자격인정

(1) 학력인정

난민인정자는 「난민법 시행령」으로 정하는 바에 따라 외국에서 이수한 학교교육의 정도에 상응하는 학력을 인정받을 수 있다(난민법 제35조). 난민인정자가 외국에서 이수한 학력은 교육 관계 법령에서 정하는 기준에 따라 인정한다(난민법 시행령 제16조).

(2) 자격인정

난민인정자는 관계 법령에서 정하는 바에 따라 외국에서 취득한 자격에 상응하는 자격 또는 그 자격의 일부를 인정받을 수 있다(난민법 제36조).

9. 강제송환 금지

(1) 의 의

구 「출입국관리법」에서는 난민에 대한 강제송환 금지의 원칙을 독립적으로 규정하기보다는 난민을 추방 또는 송환이 금지되는 영역이 속하는 국가로 송환하지 아니한다는 강제퇴거명령에 대한 예외로서 소극적으로 규정하였다(구 출입국관리법 제64조 제3항).[11] 그러나 「난민법」에서는 "난민인정자와 인도적 체류자 및 난민신청자는 「난민협약」 제33조 및 「고문 및 그 밖의 잔혹하거나 비인도적 또는 굴욕적인 대우나 처벌의 방지에 관한 협약」 제3조에 따라 본인의 의사에 반하여 강제로 송환되지 아니한다."라고 규정하여 강제송환 금지의 원칙을 확인하고 있다(난민법 제3조). 따라서 「난민법」은 강제송환 금지의 원칙을 규정한 「난민협약」 및 「고문 및 그 밖의 잔혹하거나 비인도적 또는

11) 오승진, 난민법 제정의 의의와 문제점, 대한국제법학회 국제법학회논총 제57권 제2호, 2012, p. 95.
구 출입국관리법 제64조
③ 난민은 제1항이나 제2항에도 불구하고 난민협약 제33조 제1항에 따라 추방 또는 송환이 금지되는 영역이 속하는 국가로 송환하지 아니한다. 다만, 법무부장관이 대한민국의 안전을 해친다고 인정하는 경우에는 그러하지 아니하다.

굴욕적인 대우나 처벌의 방지에 관한 협약(고문방지협약이라고도 말한다)」를 따르고 있다.

(2) 국제협약

1951년「난민의 지위에 관한 협약」제33조 제1항에서는 "체약국은 난민을 어떠한 방법으로도 인종, 종교, 국적, 특정사회집단의 구성원 신분 또는 정치적 의견을 이유로 그 생명 또는 자유가 위협받을 우려가 있는 영역의 국경으로 추방하거나 송환하여서는 아니 된다."라고 규정하고, 1984년「고문 및 그 밖의 잔혹하거나 비인도적 또는 굴욕적인 대우나 처벌의 방지에 관한 협약」제3조에서는 "어떠한 당사국도 고문 받을 위험이 있다고 믿을 만한 상당한 근거가 있는 다른 나라로 개인을 추방·송환 또는 인도하여서는 아니 된다."라고 규정하고 있다. 또한 1966년「시민적 및 정치적 권리에 관한 국제규약」제7조에서는 "어느 누구도 고문 또는 잔혹한, 비인도적인 또는 굴욕적 취급 또는 형벌을 받지 아니한다."라고 규정하고 있다.

(3) 법적 성격

강제송환 금지의 원칙은 국제관습법에는 해당하지만 강제규범으로는 확인되지 않았다는 견해가 있다.[12] 그러나 강제송환 금지의 원칙principle of non-refoulement은 국제관습법으로「난민협약」또는「고문 및 그 밖의 잔혹하거나 비인도적 또는 굴욕적인 대우나 처벌의 방지에 관한 협약(고문방지협약이라고도 말한다)」의 체약국이 아닐지라도 또는 명문의 규정이 없더라도 예외 없이 반드시 준수해야 하는 강행규범에 해당된다.

(4) 적용 대상자

강제송환 금지의 원칙은 난민인정자뿐만 아니라, 인도적 체류자 및 난민신청자에게도 적용된다(난민법 제3조). 강제송환 금지의 원칙은 난민인정자, 인도적 체류자 및 난민신청자를 본인의 의사에 반하여 강제로 송환하지 않는다는 것을 말한다. 그러나 그 생명 또는 자유가 위협받을 우려가 없는 영역 또는 고문 받을 위험이 없다고 인정되는 다른 나라로 송환되는 것까지 금지하는 것은 아니다.

(5) 적용 예외

강제송환 금지의 원칙은 그 적용대상자에게 인도주의적 사유에 기하여 대한민국에서 체류하도록 기타(G-1) 체류자격을 의무적으로 부여한다는 것을 의미하는 것이 아니다.「난민법」은 난민협약 제32조, 제33조를 따르고 있으므로, 난민이 '국가안보

---

12) 이재유, 우리나라의 난민인정절차에 관한 고찰, 서울대학교 대학원 석사학위논문, 2000 참고.

또는 공공질서를 이유로 하는 경우', '국가의 안보에 위험하다고 인정되기에 충분한 상당한 이유가 있는 자', 또는 '중대한 범죄에 관하여 유죄의 판결이 확정되고 그 국가적 정치공동체에 대하여 위험한 존재가 된 자'라는 강제송환 금지의 원칙에 대한 예외사유에 해당할 경우 그 본인의 의사에 반하여도 강제로 송환될 수 있다. 다만, 1984년 「고문 및 그 밖의 잔혹하거나 비인도적 또는 굴욕적인 대우나 처벌의 방지에 관한 협약(고문방지협약)」 제3조에 의한 강제송환 금지의 원칙에서는 「난민협약」 제33조 제2항에 의한 강제송환 금지의 원칙과 비교하여 볼 때 강제송환 금지의 원칙에 대한 예외사유를 규정하지 않고 있다.

구 「출입국관리법」에서는 강제송환 금지의 원칙에 대한 예외사유로 '대한민국의 이익이나 안전을 해한다고 인정되는 경우'를 규정하고 있었다(구 출입국관리법 제64조 제3항). 그러나 1951년 「난민의 지위에 관한 협약」에서는 "체약국은 국가안보 또는 공공질서를 이유로 하는 경우를 제외하고 합법적으로 자국영역 내에 체재하고 있는 난민을 추방하여서는 아니된다."라고 규정하고(난민협약 제32조 제1항), "체약국에 있는 난민으로서 그 국가의 안보에 위험하다고 인정되기에 충분한 상당한 이유가 있는 자 또는 특히 중대한 범죄에 관하여 유죄의 판결이 확정되고 그 국가적 정치공동체에 대하여 위험한 존재가 된 자는 이 규정의 이익을 요구하지 못한다."라고 규정하고 있다(난민협약 제33조 제2항). 따라서 구 「출입국관리법」은 「난민협약」에서 인정된 강제송환 금지의 원칙에 대한 예외사유보다 폭넓다는 비판을 받아 왔다.[13)]

10. 인적사항 등 공개금지

「난민법」 제17조에 따른 난민신청자의 인적사항 등 공개금지는 난민인정자에게도 동일하게 적용된다.

13) 오승진, 난민법 제정의 의의와 문제점, 대한국제법학회 국제법학회논총 제57권 제2호, 2012, p. 96.

제 8 장

난민인정 결정의 취소 및 철회

제1절 난민인정 결정의 취소

Ⅰ. 의 의

법무부장관은 난민인정 결정이 거짓 서류의 제출이나 거짓 진술 또는 사실의 은폐에 따른 것으로 밝혀진 경우에는 난민인정을 취소할 수 있다(난민법 제22조 제1항). 행정행위의 취소에는 협의의 취소 외에 무효선언으로서의 취소가 포함된다. 무효선언으로서의 취소는 당해 행정행위가 그 하자의 중대・명백성으로 인하여 처음부터 효력을 발생하지 않았던 것으로서, 내용적으로는 공적으로 그 무효임을 선언하는 것이다.[1] 이 경우 난민인정 결정의 효력은 처음부터 무효로 되는 것이다. 법무부장관은 난민인정 결정의 취소에 관한 사항을 관할 출입국관리사무소장, 출장소장 또는 외국인보호소장에게 위임한다(난민법 시행령 제24조 제7호). 그러나 1951년 「난민의 지위에 관한 협약」에서는 난민인정을 취소할 수 있는 법적 근거를 두지 않고 있다.

Ⅱ. 사 유

법무부장관은 난민인정자가 다음의 어느 하나에 해당하는 것으로 밝혀진 경우에는 난민인정을 취소할 수 있다(난민법 제22조 제1항). 난민인정 결정이 취소되는 사유로는 첫째, 거짓 서류를 제출하여 난민인정이 결정된 경우이다. 예를 들어 난민인정 신청자가 위・변조된 타인명의의 여권 또는 신분증을 제출하여 국적 또는 성명 등을 허위로 조작하거나, 박해의 사실을 입증하는 수사서류・신문기사 등 중요한 서류를 거짓으로 작성하여 난민인정 결정을 받은 경우를 들 수 있다. 둘째, 거짓 진술을 하여 난민인정이 결정된 경우이다. 예를 들어 난민인정 신청자가 박해의 사실에 대한 주된 진술을 거짓으로 진술하여 난민인정 결정을 받은 경우를 들 수 있다. 셋째, 사실을 은폐하여 난민인정이 결정된 경우이다.

1) 김동희, 행정법 I , 박영사, 2010, pp. 342~343.

Ⅲ. 처 벌

거짓 서류의 제출이나 거짓 진술 또는 사실의 은폐로 난민으로 인정된 자는 1년 이하의 징역 또는 1천만원 이하의 벌금에 처한다(난민법 제47조 제2호).

제 2 절 난민인정 결정의 철회

Ⅰ. 의 의

법무부장관은 난민인정자가 자발적으로 국적국의 보호를 다시 받고 있는 경우 등에 해당하는 경우에는 그 난민인정 결정을 철회할 수 있다(난민법 제22조 제2항). 행정행위의 철회는 하자 없이 적법하게 성립한 행정행위의 효력을 더 이상 존속시킬 수 없는 후발적 사유에 기하여 그 효력을 상실시키는 별개의 행위이다.[2] 이 경우 난민인정 결정의 철회는 원칙적으로 장래를 향하여 무효로 되는 것이다. 법무부장관은 난민인정 결정의 철회에 관한 사항을 관할 출입국관리사무소장, 출장소장 또는 외국인보호소장에게 위임한다(난민법 시행령 제24조 제7호). 난민인정 결정의 취소와는 달리, 1951년 「난민의 지위에 관한 협약」에서도 일정한 경우에 해당하는 난민인정자에게 난민협약의 적용을 종지하는 법적 근거를 두고 있다(난민의 지위에 관한 협약 제1조 제C항).[3]

---

2) 앞의 책, p. 352.

3) 난민의 지위에 관한 협약 제1조 제C항
이 협약은 제A항의 요건을 해당하는 자에게 다음의 어느 것에 해당하는 경우 적용이 종지된다.
(1) 자발적으로 국적국의 보호를 다시 받고 있는 경우. 또는
(2) 국적을 상실한 후, 자발적으로 국적을 회복한 경우. 또는
(3) 새로운 국적을 취득하고, 또한 새로운 국적국의 보호를 받고 있는 경우. 또는
(4) 박해를 받을 우려가 있는 공포 때문에 거주하고 있는 국가를 떠나거나 또는 그 국가 밖에서 체류하고 있다가 자발적으로 그 국가에 재정착한 경우. 또는
(5) 난민으로 인정되게 된 관련사유가 소멸되었기 때문에, 더 이상 국적국의 보호를 받는 것을 거부할 수 없게 된 경우. 다만, 이 조항은 제A항 제1호에 해당되는 난민으로서 국적국의 보호를 거부하기 위하여 과거의 박해로부터 발생한 불가피한 사유에 호소하는 자에게는 적용되지 아니한다.
(6) 무국적자로서, 난민으로 인정되게 된 관련사유가 소멸되었기 때문에, 종전의 상주국으로 돌아갈 수 있는 경우. 다만, 이 조항은 동조 제A항 제1호에 해당하는 난민으로서 종전의 상주국으로 돌아가는 것을 거부하기 위하여 과거의 박해로부터 발생한 불가피한 사유에 호소하는 자에게는 적용되지 아니한다.

Ⅱ. 구별개념

1. 난민인정 신청의 철회

난민인정 신청의 철회란 난민신청자가 법무부장관의 난민인정 결정이 있기 전에 그 신청을 철회하는 것을 말한다. 반면에, 난민인정 결정의 철회란 법무부장관이 난민인정 결정이 있은 후에 난민인정자가 일정한 사유에 해당하는 경우 난민인정 결정을 철회하는 것을 말한다(난민법 제22조 제2항).

2. 난민인정 결정의 취소

난민인정 결정의 취소란 난민인정 결정이 거짓 서류의 제출이나 거짓 진술 또는 사실의 은폐에 따른 것으로 밝혀진 경우 난민인정 결정의 효력이 처음부터 무효로 되는 것을 말한다(난민법 제22조 제1항). 반면에, 난민인정 결정의 철회란 처음부터 유효하게 존재하는 난민인정 결정이 난민인정자가 일정한 사유에 해당하는 경우 장래를 향하여 무효로 되는 것을 말한다(난민법 제22조 제2항).

Ⅲ. 사 유

법무부장관은 난민인정자가 다음의 어느 하나에 해당하는 경우에는 난민인정 결정을 철회할 수 있다(난민법 제22조 제2항). 난민인정 결정이 철회되는 사유로는 첫째, 자발적으로 국적국의 보호를 다시 받고 있는 경우이다(난민법 제22조 제2항 제1호). 예를 들어 난민인정자가 국적국의 법률·제도·정치 등 사정변경을 이유로 자발적으로 그 국적국에 돌아가 그 국적국의 보호를 다시 받는 경우이다. 둘째, 국적을 상실한 후 자발적으로 국적을 회복한 경우이다(난민법 제22조 제2항 제2호). 예를 들어 국적국의 박해 등을 이유로 다른 국가의 국적을 취득하여 국적국의 국적을 상실했던 난민인정자가 자발적으로 그 국적국의 국적을 회복한 경우이다. 셋째, 새로운 국적을 취득하여 그 국적국의 보호를 받고 있는 경우이다(난민법 제22조 제2항 제3호). 넷째, 박해를 받을 것이라는 우려 때문에 거주하고 있는 국가를 떠나거나 또는 그 국가 밖에서 체류하고 있다가 자유로운 의사로 그 국가에 재정착한 경우이다(난민법 제22조 제2항 제4호). 다섯째, 난민인정 결정의 주된 근거가 된 사유가 소멸하여 더 이상 국적국의 보호를 받는 것을 거부할 수 없게 된 경우이다(난민법 제22조 제2항 제5호). 1951년

「난민의 지위에 관한 협약」에서는 "난민으로 인정되게 된 관련사유가 소멸되었기 때문에, 더 이상 국적국의 보호를 받는 것을 거부할 수 없게 된 경우. 다만, 이 조항은 제A항 제1호에 해당되는 난민으로서 국적국의 보호를 거부하기 위하여 과거의 박해로부터 발생한 불가피한 사유에 호소하는 자에게는 적용되지 아니한다(난민의 지위에 관한 협약 제1조 제C항 제5호)."라고 규정하고 있다. 여섯째, 무국적자로서 난민으로 인정된 사유가 소멸되어 종전의 상주국으로 돌아갈 수 있는 경우이다(난민법 제22조 제2항 제6호).

제 3 절 취소 및 철회의 절차

Ⅰ. 사실조사 등

1. 사실조사

법무부장관은 난민인정의 취소·철회 여부를 결정하기 위하여 필요하면 법무부 내 난민전담 공무원 또는 지방출입국·외국인관서의 난민심사관으로 하여금 그 사실을 조사하게 할 수 있다(난민법 제10조 제1항). 구 「출입국관리법」에서는 난민인정의 취소에 관한 사실조사를 할 수 있는 자는 출입국관리공무원이었다(구 출입국관리법 제80조 제2항 제3호). 그러나 「난민법」에서는 난민업무의 전문성으로 인해 난민인정의 취소 및 철회에 관한 사실조사를 할 수 있는 자는 출입국관리공무원 중 난민전담 공무원 또는 난민심사관이다.

2. 출석요구 및 질문

난민전담 공무원 또는 난민심사관은 사실조사를 하기 위하여 필요한 경우 난민신청자, 그 밖에 관계인을 출석하게 하여 질문을 하거나 문서 등 자료의 제출을 요구할 수 있다(난민법 제10조 제2항). 난민인정이 취소 또는 철회된 경우 당사자는 「난민법」에 의한 처우를 받을 수 없으므로, 「난민법」에서는 그 취소 또는 철회에 앞서 당사자 등에게 소명할 기회를 부여하고 있다.

3. 보 고

법무부 내 난민전담부서의 장 또는 지방출입국·외국인관서의 장은 난민전담 공무원 또는 난민심사관이 난민인정의 취소나 철회 등에 관한 사실조사를 마친 때에는 지체 없이 그 내용을 법무부장관에게 보고하여야 한다(난민법 제10조 제3항).

Ⅱ. 통 지

1. 의 의

법무부장관은 난민인정 결정을 취소 또는 철회한 때에는 그 사유와 30일 이내에 이의신청을 할 수 있다는 뜻을 기재한 난민인정취소통지서 또는 난민인정철회통지서로 그 사실을 통지하여야 한다(난민법 제22조 제3항 전단). 구 「출입국관리법」에서도 난민인정 결정이 취소된 경우에 대하여는 이의신청권을 보장하기 위하여 취소된 사유를 통지하도록 마찬가지로 규정하였다(구 출입국관리법 제76조의3 제2항).[4]

2. 방 법

통지의 방법은 지방출입국・외국인관서의 장을 거쳐 난민인정자나 그 대리인에게 교부하거나 난민인정자 또는 그 대리인에게 직접 교부할 수 없는 경우에는 「행정절차법」 제14조에 따라 송달한다(난민법 제22조 제3항 후단, 난민법 제18조 제6항). 송달하는 때에 송달받을 자의 주소 등을 통상의 방법으로 확인할 수 없는 경우 또는 송달이 불가능한 경우에는 송달받을 자가 알기 쉽도록 관보・공보・게시판・일간신문 중 하나 이상에 공고하고 인터넷에도 공고하여야 한다(행정절차법 제14조 제4항).

Ⅲ. 난민인정증명서 등 반납

「난민법」에 따른 난민인정자는 「난민법」에 따라 난민인정 결정의 취소나 철회의 통지를 받은 경우 그가 지니고 있는 난민인정증명서나 난민여행증명서를 지체 없이 출입국관리사무소장이나 출장소장에게 반납하여야 한다(출입국관리법 제76조의6 제1항).

---

4) 구 출입국관리법 제76조의3 (난민인정의 취소)
② 법무부장관은 난민의 인정을 취소한 경우에는 그 사실을 외국인에게 서면으로 통지하여야 한다.

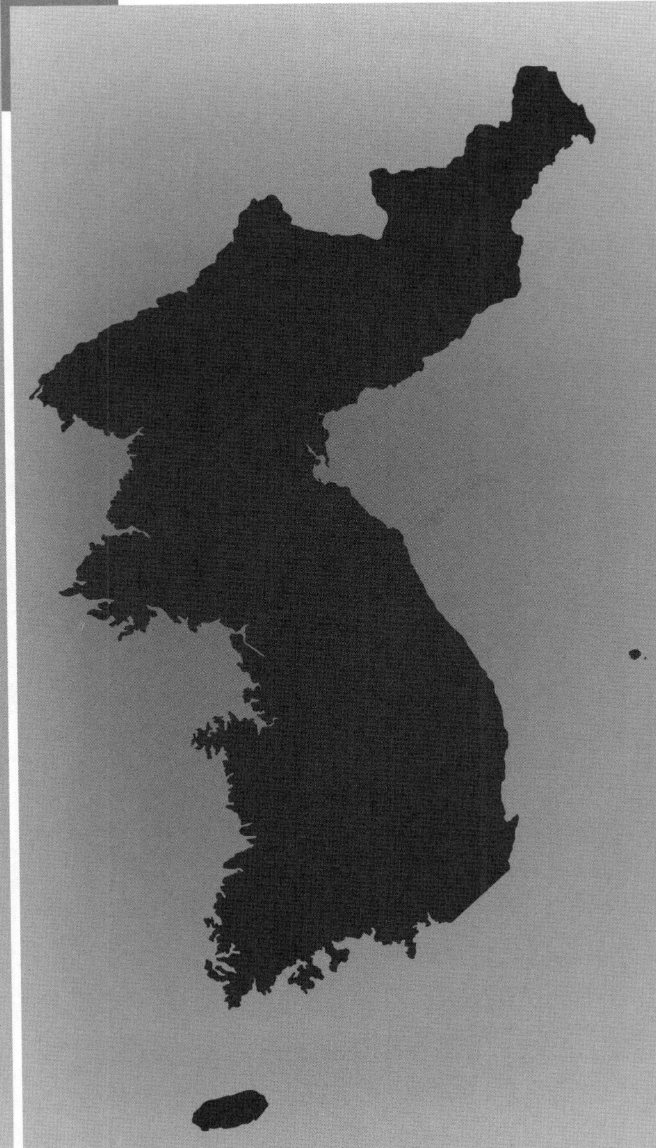

제 9 장

이의신청 및 행정소송

2013년 12월 현재로 대한민국 안에서 난민인정을 신청한 자는 5,382명이다. 이 중에서 난민으로 인정된 자는 329명이고, 인도적 체류의 허가를 받은 자는 171명이고, 난민으로 불인정된 자는 2,412명이다. 난민불인정 결정이 전체 난민인정 신청 건수의 45%에 달함에 따라 난민불인정 결정에 대해 불복하는 이의신청 및 행정소송이 적지 않게 제기되고 있다. 이하에서는 이의신청을 할 수 있는 신청권자, 기한 및 절차, 이의신청에 대한 심의기구로서 난민위원회 등에 대하여 살펴보기로 한다.

제 1 절 이의신청

Ⅰ. 의 의

난민불인정 결정을 받은 자 또는 난민인정이 취소·철회된 자는 그 통지를 받은 날부터 30일 이내에 법무부장관에게 이의신청을 할 수 있다(난민법 제21조 제1항 전단). 난민불인정 결정을 받은 자 또는 난민인정이 취소·철회된 자에게 이의신청권이 인정된다. 이 경우 이의신청서에 이의의 사유를 소명하는 자료를 첨부하여 지방출입국·외국인관서의 장에게 제출하여야 한다(난민법 제21조 제1항 하단).

Ⅱ. 행정심판과의 관계

1. 특별행정심판

「난민법」에서는 "이의신청을 한 경우에는 행정심판법에 따른 행정심판을 청구할 수 없다."라고 규정하고 있다(난민법 제21조 제2항). 난민불인정 결정 또는 난민인정 결정의 취소·철회에 대하여는 「난민법」에서의 이의신청이라는 특별행정심판 절차를 거친 경우 「행정심판법」에 따른 행정심판을 청구할 수 없도록 한 것이다. 이것은 「행정심판법」에서 "사안의 전문성과 특수성을 살리기 위하여 특히 필요한 경우 외에는 행정심판법에 따른 행정심판을 갈음하는 특별한 행정불복절차(특별행정심판)나 행정심판법에 따른 행정심판 절차에 대한 특례를 다른 법률로 정할 수 없다."라고 규정한 것에 따른 것이다(행정심판법 제4조 제1항). 「난민법」에 특별행정심판이라는 별도의 불복절차를 규정한 것은 난민인정 사안의 전문성·기술성과 행정통제의 능률성 보장의 필요성이 인정된 것이다.[1] 다만, 「난민법」에서 규정한 이의신청 절차를 거치지 않은 경우 「행정심판법」에 따른 행정심판을 청구할 수 있는 여지를 두고 있다.

2. 사법절차 준용

「난민법」에 따른 이의신청은 특별행정심판에 해당하므로 「헌법」 제107조 제3항에[2] 따라 사법절차가 준용되어야 한다. 그러나 「난민법」에서는 이의신청자에게 출석하여 진술할 기회를 권리로서 보장하지 않고 난민위원회의 재량으로 하고 있으므로 충실한 심리가 이루어지지 않는다는 비판이 있다.[3]

Ⅲ. 신 청 자

이의신청을 제기할 수 있는 자로는 법무부장관으로부터 난민인정 신청에 대하여 난민에 해당하지 아니한다고 결정을 받은 자(난민법 제18조 제2항), 법무부장관으로부터 난민신청자가 난민에 해당한다고 인정하는 경우에도 난민인정의 제한에 해당된다고 인정할 만한 상당한 이유가 있어 난민불인정 결정을 받은 자(난민법 제19조), 법무부장관으로부터 난민인정 결정에 거짓 서류의 제출이나 거짓 진술 또는 사실의 은폐에 따른 것으로 밝혀져 난민인정이 취소된 자(난민법 제22조 제1항), 법무부장관으로부터 난민인정자가 난민인정의 철회사유에 해당하여 난민인정 결정이 철회된 자이다(난민법 제22조 제2항). 난민인정 신청에 대하여 난민에 해당하지 아니한다고 결정을 받은 자의 범위에는 '인도적 체류의 허가'를 받은 자가 포함된다. 인도적 체류의 허가 및 난민 인정은 각각 별도의 요건과 절차에 따라 이루어지는 것이다.[4]

Ⅳ. 신청기한

난민불인정 결정 또는 난민인정 취소·철회에 대하여 이의신청을 하려는 자는 그 통지를 받은 날부터 30일 이내에 법무부장관에게 이의신청을 할 수 있다(난민법 제21조 제1항).

---

1) 김동희, 행정법Ⅰ, 박영사, 2010, p. 657 참고.
2) 헌법 제107조
   ③ 재판의 전심절차로서 행정심판을 할 수 있다. 행정심판의 절차는 법률로 정하되, 사법절차가 준용되어야 한다.
3) 장상균 외 5인, 난민재판의 이해, 서울행정법원, 2011, p. 16.
4) 대법원 2008. 7. 24. 선고 2007두19539 판결.

구「출입국관리법」에서는 이의신청의 기한을 그 통지를 받은 날부터 14일로 규정하였으나(구 출입국관리법 제76조의4 제1항),「난민법」에서는 충분히 이의신청을 준비하도록 30일로 연장하였다.

V. 절 차

1. 신 청

이의를 신청하려는 자는 이의신청서에 이의신청 사유를 소명하는 자료를 첨부하여 출입국관리사무소장·출장소장 또는 외국인보호소장에게 제출하여야 한다(난민법 제21조 후단, 난민법 시행규칙 제10조 제1항).

2. 이의신청서 송부

이의신청서를 받은 출입국관리사무소장·출장소장 또는 외국인보호소장은 그 이의신청서를 지체 없이 법무부장관에게 보내야 한다(난민법 시행규칙 제10조 제2항).

3. 난민위원회 회부 및 심의

(1) 회 부

법무부장관은 이의신청서를 접수하면 지체 없이 난민위원회에 회부하여야 한다(난민법 제21조 제3항). 난민위원회는 직접 또는 난민조사관을 통하여 사실조사를 할 수 있다(난민법 제21조 제4항). 법무부장관은 난민위원회의 심의를 거쳐「난민법」제18조에 따라 난민인정 여부를 결정한다(난민법 제21조 제6항). 그 밖에 난민위원회의 심의절차에 대한 구체적인 사항은「난민법 시행령」으로 정한다(난민법 제21조 제5항). 난민위원회의 구성 및 운영, 심의 등에 관하여는 후술하기로 한다.

(2) 심 의

법무부장관은 난민위원회의 심의를 거쳐「난민법」제18조에 따라 난민인정 여부를 결정한다(난민법 제21조 제6항). 법무부장관은 결정을 할 때에는 국가안전보장, 질서유지 또는 공공복리를 해칠 우려가 없다고 인정되는 범위에서 이의신청에 대한 난민위원회의 심의결과를 존중하여야 한다(난민법 시행령 제11조 제2항). 법무부장관은 국가안전보장, 질서유지 또는 공공복리를 해칠 우려가 있다고 인정되는 경우에는 난민위원회의 심의결과와 다른 결정을 할 수 있다.

4. 법무부장관 심사

법무부장관은 이의신청서를 접수한 날부터 6개월 이내에 이의신청에 대한 결정을 하여야 한다. 다만, 부득이한 사정으로 그 기간 안에 이의신청에 대한 결정을 할 수 없는 경우에는 6개월의 범위에서 기간을 정하여 연장할 수 있다(난민법 제21조 제7항). 법무부장관이 이의신청의 심사기간을 연장한 때에는 그 기간이 만료되기 7일 전까지 이의신청 심사기간 연장 통지서를 이의신청을 한 자에게 통지하여야 한다(난민법 시행규칙 제10조 제4항). 구 「출입국관리법」에서는 난민불인정 결정 또는 난민인정 취소·철회에 대한 이의신청의 심사기한에 제한이 없었다(구 출입국관리법 제76조의4).

Ⅵ. 결　　정

1. 이유있음의 결정

법무부장관은 이의신청이 이유 있다고 인정되면 난민인정 결정을 하고 '난민인정증명서'를 이의신청인에게 교부한다(난민법 시행령 제11조 제1항 전단). 난민인정증명서는 출입국관리사무소장·출장소장 또는 외국인보호소장을 거쳐 이의신청인 또는 그 대리인에게 교부하거나 「행정절차법」 제14조에 따라 송달한다(난민법 시행령 제11조 제3항).

2. 이유없음의 결정

법무부장관은 이의신청이 이유 없다고 인정되면 이의신청에 대한 기각결정을 하고 '이의신청 기각결정통지서'를 이의신청인에게 교부한다(난민법 시행령 제11조 제1항 후단). 이의신청 기각결정통지서는 출입국관리사무소장·출장소장 또는 외국인보호소장을 거쳐 이의신청인 또는 그 대리인에게 교부하거나 「행정절차법」 제14조에 따라 송달한다(난민법 시행령 제11조 제3항).

3. 인도적 체류의 허가

법무부장관은 이의신청이 이유 없다고 인정되어 기각결정을 하는 경우에도 인도적 체류를 허가하기로 결정하는 때에는 인도적 체류의 허가를 할 수 있다

(난민법 시행령 제2조 제1항 제2호). 법무부장관은 인도적 체류의 허가를 한 경우 그 내용을 난민신청자에게 서면으로 통지한다. 이 경우 「난민법 시행령」 제11조 제1항에 따른 '이의신청 기각결정통지서'에 인도적 체류를 허가하기로 한 뜻을 적어 통지할 수 있다(난민법 시행령 제2조 제2항).

Ⅶ. 난민위원회

1. 의 의

난민불인정 결정 또는 난민인정 취소·철회의 이의신청에 대한 심의를 하기 위하여 법무부에 난민위원회를 둔다(난민법 제25조 제1항). 난민위원회의 기능은 난민불인정 결정 또는 난민인정 취소·철회의 이의신청에 관한 사항을 심의하기 위한 것이다. 난민위원회는 결정기관이 아니다.

2. 연 혁

구 「출입국관리법 시행규칙」에서 난민인정협의회로 운영되던 것을 「난민법」에서는 난민위원회로 개편한 것이다. 난민인정협의회는 난민의 인정 및 이의신청 등에 관한 중요사항을 협의하기 위하여 법무부장관 소속으로 설치되었고, 위원장 1인과 12인 이내의 위원으로 구성하되 민간위원이 2분의 1 이상 되도록 하였다(구 출입국관리법 시행규칙 제67조의2 제1항, 제2항). 난민인정협의회는 난민의 인정 및 보호에 관한 사항, 이의신청에 관한 사항, 난민의 정착지원에 관한 사항, 기타 법무부장관이 난민업무에 관련하여 필요하다고 인정하여 협의회에 회부하는 사항을 협의하였다(구 출입국관리법 시행규칙 제67조의3). 이에 따라 난민인정에 대한 심사 및 이의신청에 대한 심사를 동일한 기관인 난민인정협의회가 처리하므로, 난민인정 결정 및 난민불인정 결정 또는 난민인정 취소·철회의 이의신청이 분리되지 않았다는 지적이 있었다. 「난민법」에서는 난민인정협의회에 관한 문제점과 지적을 반영하여, 법무부장관의 난민인정 결정과는 별도로 난민위원회에서는 난민불인정 결정 또는 난민인정 취소·철회의 이의신청에 대한 심의를 하도록 분리하였다.

3. 구성 및 운영

(1) 의 의

난민위원회는 위원장 1명을 포함하여 법무부장관이 임명 또는 위촉하는 15명

이하의 위원으로 구성한다(난민법 제25조 제2항, 난민위원회 운영세칙 제2조 제1항). 「난민법」 제25조부터 제27조까지에서 규정한 사항 외에 위원회의 운영 등에 필요한 사항은 법무부령으로 정한다(난민법 제28조). 이에 따라 「난민법 시행규칙」 제1항부터 제5항까지에서 규정한 사항 외에 위원회의 운영 및 분과위원회 구성·운영 등에 필요한 사항은 법무부장관이 정한다(난민법 시행규칙 제12조 제6항).

(2) 위원장

난민위원회의 위원장은 위원 중에서 법무부장관이 임명한다(난민법 제26조 제2항). 이 경우 위원장은 법무부차관으로 한다(난민위원회 운영세칙 제3조 제1항). 위원장은 위원회를 대표하고 위원회의 업무를 총괄하며, 위원회 회의의 의장이 된다(난민법 시행규칙 제12조 제1항, 난민위원회 운영세칙 제3조 제2항).

위원장이 부득이한 사유로 직무를 수행할 수 없을 때에는 법무부장관이 지명하는 위원이 그 직무를 대행한다(난민법 시행규칙 제12조 제2항). 이 경우 법무부장관은 위원 중에서 대행할 자를 지명하여 그 직무를 대행하게 할 수 있다(난민위원회 운영세칙 제3조 제3항).

(3) 위 원

1) 임명 또는 위촉

위원은 ⅰ) 변호사의 자격이 있는 자, ⅱ) 「고등교육법」 제2조 제1호 또는 제3호에 따른 학교에서 법률학 등을 가르치는 부교수 이상의 직에 있거나 있었던 자, ⅲ) 난민 관련 업무를 담당하는 4급 이상 공무원이거나 이었던 자, ⅳ) 그 밖에 난민에 관하여 전문적인 지식과 경험이 있는 자의 어느 하나에 해당하는 자 중에서 법무부장관이 임명 또는 위촉한다(난민법 제26조 제1항). 이에 따라 법무부장관이 임명 또는 위촉하는 위원은 ① 법무부 출입국·외국인정책본부 국적통합정책단장, ② 법무부 인권국장, ③ 국가정보원 방첩단장, ④ 외교부 국제기구국장, ⑤ 보건복지부 사회복지정책실 복지정책관, ⑥ 대법원 추천 법관, ⑦ 대한변호사협회 추천 변호사, ⑧ 대한적십자사 추천 난민전문가, ⑨ 대한국제법학회 추천 난민전문가, ⑩ 인권관련 시민단체 추천 난민전문가, ⑪ 4급 이상 공무원으로 2년 이상 난민 관련 업무를 담당하였던 자, ⑫ 기타 난민 관련 분야에 3년 이상 근무하였거나 전문지식을 구비한 교수 등 난민전문가이다(난민위원회 운영세칙 제2조 제2항). 법무부장관은 위원을 임명 또는 위촉할 때에는 위촉장을 교부하여야 한다(난민위원회 운영세칙 제4조 제1항). 위원의 임기는 3년으로 하고, 연임할 수 있다(난민법 제26조 제3항). 난민위원회의 위원은 상임위원이 아니다.

2) 해임 또는 위촉해제

법무부장관은 위원회의 위원이 i) 심신장애로 직무수행이 불가능하거나 현저히 곤란하다고 인정되는 경우, ii) 직무 태만, 품위 손상, 그 밖의 사유로 인하여 위원으로서 직무를 수행하기에 적합하지 아니하다고 인정되는 경우, iii) 「난민법」 제17조(인적사항 등의 공개 금지)의 금지사항을 위반한 경우의 어느 하나에 해당하는 경우에는 해임하거나 위촉을 해제할 수 있다(난민법 시행규칙 제12조 제3항). 위원회의 간사는 위원의 임기가 만료되거나 「난민법 시행규칙」 제12조(난민위원회의 구성 및 운영 등) 제3항 각 호의 사유가 발생한 경우 그 사유를 위원장에게 보고하여야 하고, 위원장은 지체 없이 당해 위원을 해임 또는 해촉하고, 새로운 위원의 임명 또는 위촉을 위한 절차를 수행하여야 한다(난민위원회 운영세칙 제4조 제2항). 해임 또는 위촉 해제로 인하여 새로 임명되거나 위촉된 위원의 임기는 전임 위원의 남은 임기로 한다(난민법 시행규칙 제12조 제4항).

(4) 간 사

1) 구 성

난민위원회에 간사 1인을 둔다(난민위원회 운영세칙 제6조 제1항). 난민위원회의 간사는 법무부 출입국·외국인정책본부 난민과장으로 한다(난민위원회 운영세칙 제6조 제2항). 간사는 회의전반을 준비하고 안건을 보고한다(난민위원회 운영세칙 제6조 제3항).

2) 회의록 작성

간사는 회의에 참석하여 회의록을 작성하고, 위원장의 서명 또는 날인을 받아 이를 보관하여야 한다(난민위원회 운영세칙 제16조 제1항). 회의록에는 회의일시 및 장소, 참석위원, 심의사항, 위원 발언 요지, 심의결과, 그 밖에 필요한 사항을 기재한다(난민위원회 운영세칙 제16조 제3항). 그리고 위원장은 분과위원회 회의록 작성을 난민조사관에게 담당하게 할 수 있다. 이 경우 난민조사관은 회의에 참석하여 회의록을 작성하고, 분과위원장의 서명 또는 날인을 받아 이를 보관하여야 한다(난민위원회 운영세칙 제16조 제1항, 제2항).

(5) 분과위원회

1) 구 성

난민위원회에 상정할 안건을 사전심의하기 위하여 난민위원회 위원으로 구성된 분과위원회를 둔다(난민위원회 운영세칙 제8조). 분과위원회는 난민위원회 위원장을 제외한 위원 전원으로 구성하되 2개 이상의 분과위원회를 둔다(난민위원회 운영세칙 제9조 제1항). 그리고 1개의 분과위원회는 분과위원장 1명을 포함한 4명 이상의 위원으로 한다(난민위원회 운영세칙 제9조 제2항). 기타 분과위원회 소관 사무와 관련한 사항은 위원장이 난민위원회의 심의를 거쳐 정한다(난민위원회 운영세칙 제9조 제3항).

2) 운 영

분과위원회의 회의는 분과위원회 위원 3명 이상의 출석으로 개의한다(난민위원회 운영세칙 제10조 제1항). 분과위원회는 난민위원회에서 심의할 안건에 대하여 인용, 기각 등의 의견을 붙여 난민위원회에 상정한다(난민위원회 운영세칙 제10조 제2항).

(6) 난민조사관

난민위원회에 난민조사관을 둔다(난민법 제27조 제1항). 법무부장관은 법무부 출입국·외국인정책본부 소속 공무원 중에서 난민조사관을 지명한다(난민위원회 운영세칙 제7조 제1항). 그리고 난민조사관은 위원장의 명을 받아 이의신청에 대한 조사 및 그 밖에 난민위원회의 사무를 처리한다(난민법 제27조 제2항). 따라서 난민조사관은 위원장의 명을 받아 이의신청인에 대한 면접, 사실조사 등을 실시하고, 그 결과를 회의 7일 전까지 위원회에 서면으로 제출하여야 한다(난민위원회 운영세칙 제7조 제2항). 난민조사관의 위원회 서면제출은 위원에게 직접 배부하는 것으로 갈음한다. 다만, 부득이한 사유가 있는 경우에는 회의 당일에 배부할 수 있다(난민위원회 운영세칙 제7조 제3항).

4. 심 의

(1) 소집 또는 개최요청

난민위원회는 위원장이 이의신청에 대한 심의가 필요하다고 인정하는 때에 소집한다(난민위원회 운영세칙 제11조 제1항). 또한 난민위원회 위원은 긴급한 사정이 있는 경우 위원장에게 위원회 개최를 요청할 수 있다(난민위원회 운영세칙 제11조 제2항).

(2) 심의사항

난민위원회의 심의사항은 ⅰ) 난민불인정 결정 또는 난민인정의 취소·철회의 이의신청, ⅱ) 난민위원회 및 분과위원회의 운영에 관한 사항이다(난민위원회 운영세칙 제12조 제1항).

(3) 심의참여

1) 이의신청인 등

위원장은 이의신청인 등을 난민위원회에 직접 출석하게 하여 진술의 기회를 부여할 수 있다(난민위원회 운영세칙 제14조 제1항). 이 경우 위원장은 필요한 경우 통역인으로 하여금 통역을 하게 할 수 있다(난민위원회 운영세칙 제14조 제3항). 난민위원회는 이의신청한 난민신청자 또는 그 밖에 관계인을 회의에 출석시켜 진술하게 하여 의견을 청취할 수 있으므로 청문을 실시할 것인지 여부는 난민위원회 위원장의 재량에 해당한다. 난민위원회에 출석 및 진술은 이의신청한 난민신청자 등의 권리로서 보장되지 않는다.

2) 전문가

난민위원회는 필요한 경우에는 심의사항에 대한 경험이나 지식이 풍부한 자로부터 심의사항에 대한 의견을 들을 수 있다(난민법 시행령 제10조 제2항). 위원장은 난민에 관한 전문적인 경험이나 지식이 풍부한 전문가로부터 서면 또는 진술로 심의사항에 관한 의견을 들을 수 있다(난민위원회 운영세칙 제14조 제2항).

3) 유엔난민기구

법무부장관은 유엔난민기구UNHCR 또는 난민신청자의 요청이 있는 경우 유엔난민기구가 이의신청에 대한 심사에 관한 의견제시를 할 수 있도록 협력하여야 한다(난민법 제29조 제2항 제3호).

(4) 비공개 심의

난민위원회는 난민신청자나 그 가족 등의 안전을 위하여 필요하다고 인정하면 난민신청자의 신청에 따라 또는 직권으로 심의 또는 심리를 공개하지 아니하는 결정을 할 수 있다(난민법 제23조). 이에 따라 「난민위원회 운영세칙」에서는 "난민위원회 및 분과위원회 심의는 비공개로 한다."라고 규정하고 있다(난민위원회 운영세칙 제15조).

(5) 비밀준수의 의무

난민위원회의 위원이나 위원이었던 자는 난민위원회의 업무를 수행하는 과정에서 업무상 알게 된 비밀을 누설하여서는 안 된다(난민위원회 운영세칙 제18조 제1항). 위원은 위촉시 「난민법」 제17조(인적사항 등의 공개 금지)에 따른 비밀엄수의 의무 등을 준수하겠다는 서약서를 제출하여야 한다(난민위원회 운영세칙 제18조 제2항).

(6) 의 결

1) 표 결

난민위원회는 재적위원 과반수의 출석과 출석위원 과반수의 찬성으로 이의신청 안건을 의결한다(난민법 시행령 제10조 제1항, 난민위원회 운영세칙 제13조 제1항 본문). 다만, 가부동수인 때에는 부결된 것으로 본다(난민위원회 운영세칙 제13조 제1항 단서). 위원장은 의결에 있어서 표결권을 가진다(난민위원회 운영세칙 제13조 제2항).

2) 의결서

난민위원회는 심의를 한 때는 의결서를 작성하여야 하고(난민위원회 운영세칙 제17조 제1항), 의결서에는 위원장 및 출석위원 전원이 서명하여야 한다(난민위원회 운영세칙 제17조 제2항).

3) 인도적 체류자로 인정

난민위원회는 이의신청에 대한 기각결정을 하는 경우 「난민법」 제2조(정의) 제3호의 인도적 체류자로 인정할 만한 상당한 이유가 있는 자에 대하여는 법무부장관에게 그 뜻을 제안할 수 있다(난민위원회 운영세칙 제12조 제2항).

4) 난민위원회 심의가 생략되는 경우

(가) 분과위원회에서 전원 기각

위원장은 위원회의 효율적 운영을 위하여 분과위원회 위원 전원이 이의신청을 '기각'하기로 하는 경우에는 난민위원회의 심의를 생략한다. 다만, 위원장이 사안에 따라 심의의 필요성이 있다고 판단되는 경우에는 그러하지 아니하다(난민위원회 운영세칙 제13조 제3항).

(나) 분과위원회에서 전원 인용

분과위원회 위원 전원이 이의신청을 인용하였을지라도 난민위원회의 심의를 생략하지 아니한다. 종전에는 분과위원회 위원 전원이 이의신청을 '인용'하는 경우에도 난민위원회의 심의를 생략하도록 하였다(구 난민위원회 운영세칙 제10조 제3항). 2014년 8월에 개정된 「난민위원회 운영세칙」은 난민인정을 결정하는 것에 신중을 기할 필요가 있어 '분과위원회 위원 전원이 이의신청을 인용 또는 기각'하는 것에서 '분과위원회 위원 전원이 이의신청을 기각'으로 규정하여, 난민위원회의 심의 생략 대상을 분과위원회에서 만장일치 인용 또는 기각 결정을 한 경우에서 기각 결정을 한 경우로 축소하고 있다.

5. 변호사의 수임제한

(1) 의 의

난민위원회의 공정성과 객관성을 담보하기 위하여 「변호사법」 제31조(수임제한)의 규정을 원용하고 있다. 난민위원회에서 심의한 이의신청 건에 대하여는 변호사의 수임제한의 근거를 마련하고 있다.

(2) 내 용

위원회 위원이 변호사인 경우 임기기간 동안 심의한 이의신청 건에 대하여는 변호사로서의 직무를 수행할 수 없다(난민위원회 운영세칙 제5조 제1항). 이 외에도 변호사로서의 직무를 수행할 수 없는 경우는 i) 변호사가 법무법인, 법무법인(유한), 법무조합의 담당변호사로 지정되는 경우, ii) 변호사가 다른 변호사, 법무법인, 법무법인(유한), 법무조합으로부터 명의를 빌려 사건을 실질적으로 처리하는 등 사실상 수임하는 경우, iii) 법무법인, 법무법인(유한), 법무조합의 경우 사건수임계약서, 소송서류 및 변호사의견서 등에는 공직퇴임변호사가 담당변호사로 표시되지 않았으나 실질적으로는 사건의 수임이나 수행에 관여하여 수임료를 받는 경우를 포함한다(난민위원회 운영세칙 제5조 제2항). 또한 법무법인, 법무법인(유한), 법무조합이 아니면서도 변호사 2명 이상이 사건의 수임·처리나 그 밖의 변호사 업무 수행시 통일된 형태를 갖추고 수익을 분배하거나 비용을 분담하는 형태로 운영되는 법률사무소의 경우에도 변호사로서의 직무를 수행할 수 없는 경우를 준용한다(난민위원회 운영세칙 제5조 제3항).

제 2 절 행정소송

Ⅰ. 의 의

난민불인정 결정에 대하여는 「난민법」에 따른 이의신청을 거치지 않고 행정소송(취소소송)을 제기할 수도 있다.

Ⅱ. 대 상

1. 난민불인정 결정

행정소송의 심사 대상이 되는 것은 난민불인정 결정이다. 또한 난민불인정 결정에 이의신청을 거친 경우일지라도 그 이의신청에 대한 결정이 행정소송의 대상이 되는 것이 아니라, 최초의 난민불인정 결정이 행정소송의 심사대상이 된다(행정소송법 제19조 참고).[5)]

행정소송의 심사대상은 난민불인정 결정에 대한 것이므로 법무부장관이 행한 난민불인정 결정을 하게 된 적법사유가 그 심사의 내용으로 된다. 다시 적법사유는 실

5) **행정소송법 제19조 (취소소송의 대상)** 취소소송은 처분등을 대상으로 한다. 다만, 재결취소소송의 경우에는 재결 자체에 고유한 위법이 있음을 이유로 하는 경우에 한한다.

체적 적법사유와 절차적 적법사유로 구분된다.

2. 실체적 적법사유

실체적 적법사유의 주된 예로는 법무부장관이 난민인정 신청자를 난민인정의 요건에 해당하지 않는다고 판단한 논거이다.[6] 난민인정의 법적 성격(기속행위설)과 관련하여 법무부장관이 난민인정의 요건을 충족한 난민신청자에게 난민인정을 불허한 것이 그 심사대상이 될 수 있다. 법무부장관이 난민의 요건을 갖추었는지 여부에 관한 사실인정을 그르친 경우라면 그 처분은 그 사유만으로 위법하여 취소를 면하지 못한다.[7]

3. 절차적 적법사유

절차적 적법사유의 주된 예로는 다음에 살펴볼 제소기간이다.

Ⅲ. 제소기간

1. 취소소송

난민불인정 결정에 대하여 행정소송을 제기하려는 자는 그 난민불인정 결정에 이의신청을 거친 경우에는 이의신청 기각결정통지서를 받은 날부터 90일 이내에 취소소송을 제기할 수 있고(행정소송법 제4조 제1호), 그 난민불인정 결정에 이의신청을 거치지 않은 경우에는 그 난민불인정 결정을 받은 날부터 90일 이내에 취소소송을 제기할 수 있다(행정소송법 제4조 제1호).

2. 무효 등 확인소송

난민불인정 결정에 대하여 취소소송을 제기하려던 자가 위에 설명된 90일을 도과하면 제소기간이 경과되어 취소소송 제기는 불가능하다. 다만, 그 난민불인정 결정에 대하여 행정청의 처분등의 효력 유무 또는 존재여부를 확인하는 무효 등 확인소송을 제기할 수는 있다(행정소송법 제4조 제2호).

---

6) 장상균 외 5인, 난민재판의 이해, 서울행정법원, 2011, p. 17.
7) 서울행정법원 2006. 1. 26. 선고 2005구합21859 판결 참고.

Ⅳ. 심리의 비공개

법원은 난민신청자나 그 가족 등의 안전을 위하여 필요하다고 인정하면 난민신청자의 신청에 따라 또는 직권으로 심의 또는 심리를 공개하지 아니하는 결정을 할 수 있다(난민법 제23조).

Ⅴ. 판 결

행정소송에서 난민신청자가 승소하면 난민불인정 결정은 취소되고 난민신청자는 난민으로 인정된다.

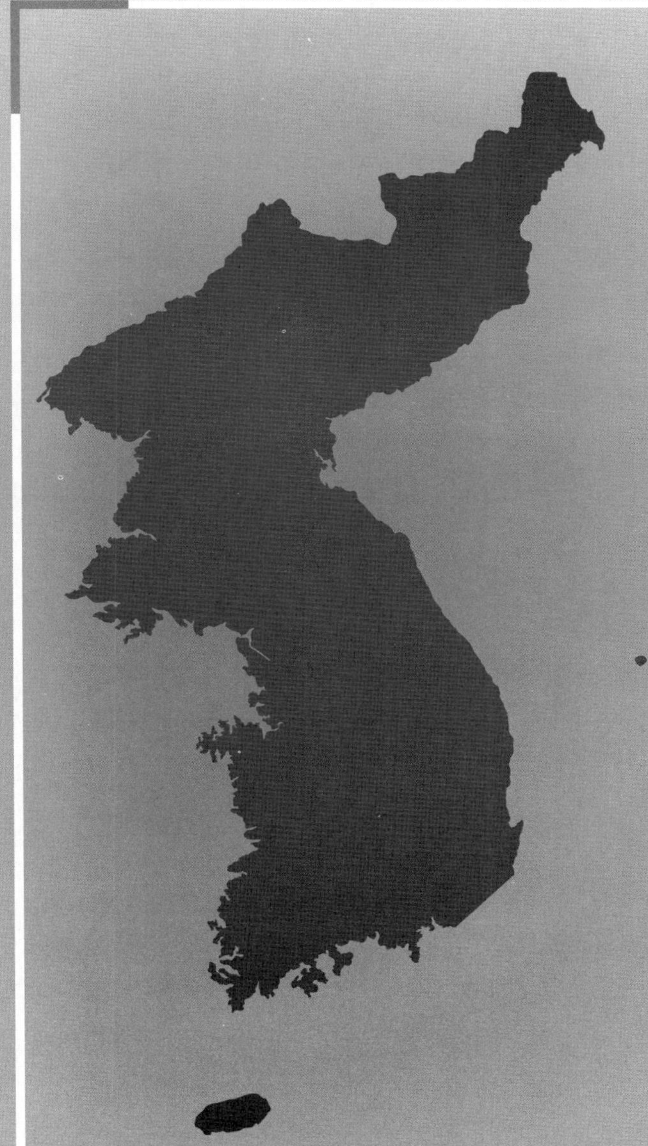

제 10 장

난민지원시설

법무부장관은 「난민법」 제34조(사회적응교육 및 직업훈련), 제41조(주거시설의 지원), 제42조(의료지원)에서 정하는 업무 등을 효율적으로 수행하기 위하여 난민지원시설을 설치하여 운영할 수 있다(난민법 제45조 제1항). 난민지원시설의 이용대상, 운영 및 관리, 민간위탁 등에 필요한 사항은 「난민법 시행령」으로 정한다(난민법 제45조 제3항).

제 1 절 이 용

Ⅰ. 이용 대상자

법무부장관은 난민인정자, 난민신청자, 인도적 체류자 및 그의 배우자와 미성년 자녀의 어느 하나에 해당하는 자로 하여금 난민지원시설을 이용하게 할 수 있다. 다만, 법무부장관은 난민지원시설의 종류 및 수용규모 등을 고려하여 이용 대상자를 제한하거나 우선 이용 대상자를 결정할 수 있다(난민법 시행령 제23조 제2항).

Ⅱ. 이용 절차

난민지원시설을 이용하려는 자는 난민지원시설 이용신청서에 가족관계를 입증할 수 있는 서류(신청인의 배우자나 미성년 자녀가 함께 이용하고자 하는 경우만 해당한다)를 첨부하여 출입국관리사무소장, 출장소장 또는 난민지원시설의 장에게 제출하여야 한다(난민법 시행규칙 제17조 제1항). 신청서를 제출받은 출입국관리사무소장, 출장소장 또는 난민지원시설의 장은 난민지원시설 이용 필요 여부에 대한 의견을 붙여 해당 서류를 법무부장관에게 보내야 한다(난민법 시행규칙 제17조 제2항). 난민지원시설의 이용 신청을 받은 법무부장관은 지체 없이 난민지원시설의 이용 여부 및 이용기간을 결정하고, 그 결과를 신청인에게 알려 주어야 한다(난민법 시행규칙 제17조 제3항).

제 2 절 시 설

난민지원시설에서는 사회적응교육 및 직업훈련, 주거시설의 지원, 의료지원 등의 업무를 할 수 있다. 법무부장관은 난민인정자나 난민신청자 등에 대한 지원 업무가 효율적으로 수행될 수 있도록 난민지원시설에 주거시설, 급식시설, 교육시설, 의료시설, 운동시설, 상담실 등 지원 시설을 둘 수 있다(난민법 시행령 제23조 제1항).

제 3 절 민간위탁

법무부장관은 필요하다고 인정하면 사회적응교육 및 직업훈련, 주거시설의 지원, 의료지원에서 정하는 업무 등의 일부를 민간에게 위탁할 수 있다(난민법 제45조 제2항). 이에 따라 법무부장관은 난민지원시설에서 수행하는 급식, 교육 및 의료 등에 관한 업무의 일부를 해당 업무를 전문적으로 수행하는 법인이나 단체에 위탁할 수 있다(난민법 시행령 제23조 제4항).

참고문헌

[국내 서적]

강수돌, 기업경영과 노동법, 한울출판사, 2010

권영성, 헌법학원론, 법문사, 2008

김경환, 김종석 옮김, 맨큐의 경제학, 교보문고, 2009

김대순, 국제법론, 삼영사, 2000

김동희, 행정법Ⅰ, 박영사, 2010

김원숙, 출입국관리정책론, 한민족, 2008

김인준・이영섭, 국제경제론, 다산출판사, 2010

김철수, 헌법학개론, 박영사, 2007

김형배, 민법학강의 - 이론, 판례, 사례 -, 신조사, 1999

박지선 옮김, 로빈 코헨, 폴 케네디의 글로벌 사회학, 인간사랑, 2012

박찬운, 인권법, 한울아카데미, 2008

배무기, 노동경제학, 경문사, 2008

석동현, 국적법, 법문사, 2011

신양균, 형사소송법, 법문사, 2004

이규창, 추방과 외국인 인권, 한국학술정보, 2006

이상윤, 국제경제법, 중앙경제사, 1996

이재상, 형사소송법, 박영사, 1998

______, 형법총론, 박영사, 2000

______, 신형사소송법, 박영사, 2007

______, 형법총론, 박영사, 2009

이준구, 미시경제학, 법문사, 2010

이준일, 헌법학강의, 홍문사, 2011

이한기, 국제법강의, 박영사, 1997

______, 국제법강의, 박영사, 2006

장상균 외 5인, 난민재판의 이해, 서울행정법원, 2011

정운찬・김영식, 거시경제론, 율곡출판사, 2010

정정길 외 3인 공저, 정책학원론, 대명출판사, 2003

정정길 외 4인 공저, 정책학원론, 대명출판사, 2011

하갑래, 근로기준법, ㈜중앙경제, 2010
______, 집단적 노동관계법, ㈜중앙경제, 2010
하갑래 · 최태호, 외국인 고용과 근로관계, ㈜중앙경제, 2005
한홍순 · 김중렬 역, 노동경제학 - 이론과 공공정책, 2004
홍정선, 경찰 행정법, 박영사, 2010
______, 신행정법입문, 박영사, 2011
황근수, 여성과 법, 한국학술정보, 2009
Hiroshi Nishihara, 세계화와 법적과제 - 외국인의 법적지위, 경세원, 2008

[외국 서적]

Aaditya Mattoo & Antonia Carzaniga, Moving people to deliver services, World Bank and Oxford University Press, 2003
Annalisa Meloni, Visa Policy within the European Union Structure, Springer, 2006
Carmen Tiburcio, the human rights of aliens under internatioal and comparative law, Martinus Nijhoff Publishers, 2001
Caroline B. Brettell & Hames F. Hollifield, Migration Theory: talking across disciplines, Routledge, 2003
David Fisher, Suan Martin, & Andrew Schoenholtz, Migration and Security in International Law, Migration and International Legal Norms, TMC Asser Press, 2003
David Weissbrodt, Immigration Law and Procedure, West Group, 1998
Deepak Nayyar, Trade and Globalization, Oxford University press, 2008
Dr. Gurbax Singh, Law of Foreigners Citizenship & Passports in India, Universal Law Publishing Co. Pvt. Ltd, 2011
Fragomen Global, Global Business Immigration Handbook, West, 2009
Grete Brochmann & Tomas Hamma, Mechanisms of Immigration Control - a comparative analysis of european regulation policies, Berg publisher, 1999
Gurdip singh, International law, Macmillan, 2009
H. Victor conde, A Handbook of International Human Rights Terminology, University of Nebraska Press, 1999
I.A.Shearer, 1994, Starke's International Law, OXFORD, (1994)

IOM, Essentials of Migration Management - A Guide for Policy Makers and Practitioners, Volume 1, International Organization for Migration, 2004

_____, Essentials of Migration Management - A Guide for Policy Makers and Practitioners, Volume 2, International Organization for Migration, 2004

_____, Essentials of Migration Management - A Guide for Policy Makers and Practitioners, Volume 3, International Organization for Migration, 2004

_____, Interanational Dialogue on Migration - International Legal Norms and Migration: an Analysis, International Organization for Migration, 2002

_____, International Migration Law - Glossary on Migration, International Organization for Migration, 2004

Jeremy Rosenblatt, Ian Lewis, Children and Immigration, Cavendish Publishing Limited, 1997

Nikos papastergiadis, The Turbulence of Migration - Globalization, Deterritorialization and Hybridity, Polity Press, 2004

Ronaldo P. Ledesma, An outline of Philippine Immigration and Citizenship Laws, Rex Printing Company, 2006

Rosemary sales, understanding immigration and refugee policy, Policy Press at the University of Bristol, 2007

Stephen H. Legomsky & Cristina M. Rodriguez, Immigration and Refugee law and Policy, Foundation Press, 2009

T.Alexander Aleinikoff & Douglas Klusmeyer, Citizenship policies for an age of migration, Carnegie Endowment for international peace, 2002

T.Alexander Aleinikoff & Vincent Chetail, Migration and International Legal Norms, TMC Asser Press, 2003

Thomas Faist, the volume and dynamics of international migration and transnational social spaces, Oxford, 2000

판례색인

[헌법재판소]

[대 법 원]

[하 급 심]

[기 타]

사항색인

[ㅅ]

[ㅇ]

[ㅎ]

[기타]

저자약력

■ 차용호

››› 학 력

전북대 정치외교학과(정치학 전공) 졸업

KDI 국제정책대학원 외국인직접투자학과(투자경영학 전공) 석사졸업

서울대 행정대학원 행정학과(정책학 전공) 석사재학

››› 경 력

제45회 행정고시 합격(2001년)

법무부 춘천출입국관리사무소 속초출장소장

국가인권위원회 차별조사국 차별조사1과 사무관

법무부 청주외국인보호소 경비과장

법무부 출입국관리국 출입국기획과 사무관

법무부 출입국·외국인정책본부 사회통합과 사무관

미국 국토안보부 이민국적청 단기교육연수

법무부 출입국·외국인정책본부 출입국심사과 서기관

주인도 한국대사관 1등서기관 겸 영사

법무부 출입국·외국인정책본부 이민통합과장(現)

한국이민학회, 한국다문화학회, 한국이민법학회 회원(現)

››› 발표논문, 수상 등

이민자 사회통합을 위한 정책방향(2008, 한국이민학회 후기학술대회)

이민정책과 통합정책의 관계성 및 연계방안 연구: 결혼이민자 통합정책을 중심으로 (2009, 다문화와 평화 제3집 1호)

이민현황과 외국인정책의 주요쟁점(2013, 한국이민법학회 창립총회 학술대회) 등

국가인권위원회 위원장상(2005), 외교부 장관상(2012)

한국 이민법

2015년 1월 25일 초판 인쇄

2015년 1월 30일 초판 1쇄 발행

저 자 **차 용 호**

발행인 **배 효 선**

발행처 도서출판 **法 文 社**

주 소 413-120 경기도 파주시 회동길 37-29

등 록 1957년 12월 12일/제2-76호(윤)

전 화 (031)955-6500~6 FAX (031)955-6525

E-mail (영업) bms@bobmunsa.co.kr

(편집) edit66@bobmunsa.co.kr

홈페이지 http://www.bobmunsa.co.kr

조 판 **법 문 사 전 산 실**

정가 53,000원 ISBN 978-89-18-08461-9